注册会计师考试辅导用书·基础进阶

打好基础·财务成本管理

斯尔教育　组编

電子工業出版社
Publishing House of Electronics Industry
北京·BEIJING

图书在版编目（CIP）数据

打好基础．财务成本管理 / 斯尔教育组编．-- 北京 ：电子工业出版社，2025．2．--（注册会计师考试辅导用书）．-- ISBN 978-7-121-49750-6

Ⅰ．F23

中国国家版本馆CIP数据核字第2025EC3593号

责任编辑：张春雨
印　　刷：河北鸿运腾达印刷有限公司
装　　订：河北鸿运腾达印刷有限公司
出版发行：电子工业出版社
北京市海淀区万寿路173信箱　　邮编：100036
开　　本：787×1092　1/16　　印张：57　　字数：1369千字
版　　次：2025年2月第1版
印　　次：2025年2月第1次印刷
定　　价：90.00元（全3册）

凡所购买电子工业出版社图书有缺损问题，请向购买书店调换。若书店售缺，请与本社发行部联系，联系及邮购电话：（010）88254888，88258888。

质量投诉请发邮件至zlts@phei.com.cn，盗版侵权举报请发邮件至dbqq@phei.com.cn。

本书咨询联系方式：faq@phei.com.cn。

开卷必读

一、考试概况

根据最新公布的考试安排，本年专业阶段考试于2025年8月23日至24日举行。财务成本管理科目考试时长为150分钟，采用闭卷、计算机化方式。财务成本管理科目题型及得分规则如下表所示。

题型	得分规则
单项选择题	本题型共13小题，每小题2分，共26分。每小题只有一个正确答案，请从每小题的备选答案中选出一个你认为正确的答案
多项选择题	本题型共12小题，每小题2分，共24分。每小题均有多个正确答案，请从每小题的备选答案中选出你认为正确的答案。每小题所有答案选择正确的得分，不选、错选、漏选的均不得分
计算分析题	本题型共4小题36分。涉及计算的，要求列出计算步骤，否则不得分，除非题目特别说明不需要列出计算过程
综合题	本题型共14分。涉及计算的，要求列出计算步骤，否则不得分，除非题目特别说明不需要列出计算过程

二、图书特色介绍

在本书的编写过程中，我们经历了无数次的“头脑风暴”，研讨、提议、否定、再否定，最终决定将对热门考点的把握、对命题规律的研究、对疑难问题的解答、对解题方法的总结都毫无保留地用文字呈现在书中。当你在学习中感到困惑之时，可能会欣喜地发现一个恰到好处的栏目。在章节中有选择地设置这些栏目的目的是，希望能够帮助你更高效、顺利地学习、备考。

为了让你更好地使用这些栏目，下面逐一进行介绍。

（1）学习提要：本栏目设置在章首页，对本章所设知识点的“重要程度”“考查分值”“考核题型”进行分析，并给出本章提示，用于帮助大家在学习该章内容前简明扼要地了解相关考情，一览重难点，了解学习方法，更好地做出学习计划。

（2）解题高手：本栏目给出命题角度并对做题方法进行分析，设置在相关知识点之后；本栏目根据考点选择性地简述常见命题陷阱、解题思路和技巧、知识点辨析等内容，帮助你不仅会学习，而且会做题。

（3）精准答疑：本栏目以“问题＋解答”的形式呈现，设置在相关知识点之后；通过在总结用户真实提问的基础上，精选出高频、典型、与考试相关的问题，配以详细解答，帮助你顺利解决学习过程中可能出现的疑问，更贴心地满足日常学习需要。

（4）原理详解：本栏目对晦涩知识点进行原理剖析，挖掘知识背后更深层的原理；采用简洁明了的语言，将复杂的概念以易于理解的方式呈现，帮助你加深对知识点的理解。

（5）典例研习：本栏目列出例题配套解析或案例等内容，设置在重难点知识之后，通过经典题目或易懂案例帮助你巩固知识点。部分典例研习后面有原创的“陷阱提示”，目的在于帮助你识别题目中的“踩坑点”，由一道题推及一类题。

（6）斯考卡片：本栏目设置在每章结束页，扫码即可解锁本章配套的背诵知识卡片。斯考卡片融入核心考点，帮助你充分利用零碎时间巩固学习、加深记忆。

（7）学习进度：本栏目设置在每章结束页，帮助你清楚掌握基础阶段的学习进度，做到心中有数。

三、教材变动解读

章节名称	主要变动	变动解读
第一章 财务管理概述	【新增】 （1）财务管理内容与资产负债表关系图。 （2）可持续发展目标的相关内容。 【修改】利益相关者的相关概念	本章新增财务管理内容与资产负债表关系图以及可持续发展等内容，该变动主要通过文字型题目来考查，可能会涉及客观题或者是主观题中的一小问，同学们需要重点关注可持续发展目标的内容
第二章 财务报表分析和财务预测	【新增】敏感性分析法	本章新增敏感性分析法，这个知识点本身并不难，既可以考查客观题也可以考查主观题，同学们不但要掌握敏感性分析法的重要理论，还要会计算
第三章 价值评估基础	【修改】 （1）风险的概念。 （2）例 3-25 的题目和解析的表述。 【删除】投资对象的相关描述	本章涉及的变动较小，对考试无影响
第四章 资本成本	【修改】例 4-11 部分题目数据及解析	本章涉及的变动较小，对考试无影响
第五章 投资项目资本预算	【修改】优化敏感性分析的相关表述。 【删除】敏感性分析的局限性	本章涉及的变动较小，对考试无影响
第六章 期权价值评估	【修改】 （1）复制原理例 6-10 中的表 6-11。 （2）两期二叉树模型例 6-11 中表 6-13、6-14。 （3）放弃期权例 6-19 题目表述	本章涉及的变动较小，对考试无影响

续表

章节名称	主要变动	变动解读
第七章 企业价值评估	【新增】 （1）技术分析和基本面分析的名词解释。 （2）相对价值模型的缺陷的相关内容	本章新增技术分析和基本面分析的名词解释，以及相对价值模型的缺陷。其中，技术分析和基本面分析难度较低，同学们在备考时应关注相对价值模型缺陷，该知识点既可以单独作为一道客观题，也可以作为主观题的一小问
第八章 资本结构	【新增】 （1）哈马达模型。 （2）米勒模型。 【修改】 （1）MM 资本结构理论依据的直接及隐含的假设条件。 （2）考虑所得税条件下 MM 理论的命题 II 示意图	本章新增内容较多，其中哈马达模型和米勒模型都可以考查计算型题目，建议同学们先理解理论模型以及各参数的意义，然后在此基础上掌握计算
第九章 长期筹资	【删除】 （1）普通股筹资的优点中财务风险小及相关表述。 （2）普通股筹资的缺点中股票上市会增加公司被收购的风险及相关表述	本章主要变动是删除，对考试无影响
第十章 股利分配、股票分割与股票回购	【新增】回购本公司股份的两种情形及相关规定。 【修改】将“除息日”修改为“除权除息日”	本章主要变动是日期名称的更改以及新增的回购情形，对考试无影响
第十一章 营运资本管理	【新增】司库管理与营运资本管理	本章新增了司库管理和营运资本管理的内容，主要通过文字型题目考查。建议同学们在备考时，重点关注司库管理和营运资本管理之间的联系与区别，深入理解两者的概念、功能以及在企业财务管理中的作用，从而更好地应对相关题目

续表

章节名称	主要变动	变动解读
第十三章 标准成本法	【新增】标准成本差异分析和弹性预算差异的联系	本章新增标准成本差异分析和弹性预算差异的联系。主要通过文字型题目考查，建议同学们先对标准成本差异分析和弹性预算差异的核心概念与原理形成清晰的理解，再在此基础上进行记忆
第十四章 作业成本法	【修改】将原 2024 年第十七章第五节作业预算的编制调整至本节	本章主要涉及节的内容调整，作业预算的编制作为重要考点可以考查主观题，建议同学们在备考时要更加关注
第十九章 业绩评价	【新增】业绩评价的定义。 【删除】 （1）关键绩效指标的个数要求。 （2）经济增加值与剩余收益的两点不同	本章新增业绩评价的定义，在于帮助大家理解业绩评价的主要内涵，对考试无影响

目录

第一章

财务管理概述

学习提要

重要程度： 次重点章节

平均分值： 2分

考核题型： 客观题

本章提示： 本章重点内容为企业组织形式、财务管理目标、金融市场的类型和资本市场效率。本章难点内容为资本市场效率

考点精讲

第一节　企业组织形式和财务管理内容

一、企业的组织形式（★）

典型的企业组织形式有三种：个人独资企业、合伙企业、公司制企业。

（一）个人独资企业与公司制企业

维度	个人独资企业	公司制企业
法律基础	《中华人民共和国个人独资企业法》	《中华人民共和国公司法》
是否为独立法人	不是独立法人	是独立法人
创立成本与监管	创立容易、监管较少	组建成本高、监管严格
投资主体	1 名自然人	至少 1 名自然人或法人
代理问题	不存在	存在
权益转让和外部融资	难	容易
纳税义务	个人所得税	公司和股东双重课税
责任承担	业主对企业债务承担无限责任	所有者对公司债务承担有限责任
企业寿命	有限	无限存续

（二）合伙企业

（1）企业性质：合伙人共同出资、合伙经营、共享收益、共担风险。

（2）投资主体：两个或两个以上的自然人、法人或者非法人组织。

（3）责任承担：

①**普通合伙人对合伙企业债务承担无限连带责任**。

②**有限合伙人以其认缴的出资额为限对合伙企业债务承担责任**。

（4）特殊普通合伙企业：

①本质是“普通合伙企业”：特殊普通合伙企业，是一种特殊类型的普通合伙企业，这类企业的名称中应当标明“特殊普通合伙”字样，以区别于一般普通合伙企业。

②特征是“术业有专攻”：通常是以专业知识和专门技能为客户提供有偿服务的专业服务机构，如律师事务所、会计师事务所、设计师事务所等。

③责任承担要“具体问题具体分析”：

a. 合伙人在执业活动中因故意或者重大过失造成合伙企业债务的，**过错合伙人承担无限责任或者无限连带责任，其他合伙人承担有限责任**。以合伙企业财产对外承担责任后，过错合伙人应当按照合伙协议的约定对给合伙企业造成的损失承担赔偿责任。

b. **非上述原因造成企业债务的，全体合伙人承担无限连带责任**。

④执业风险基金和职业保险制度：为了保护债权人的利益，特殊普通合伙企业应当建立执业风险基金，办理职业保险。执业风险基金用于偿付合伙人执业活动造成的债务，应当单独立户管理。

（5）其他特点和约束条件：除以上描述之外，合伙企业具有与个人独资企业类似的优点和约束条件，只是程度不同。

典例研习 · 1-1 多项选择题

下列关于股东或合伙人承担有限责任的表述中，正确的有（　　）。

A. 有限责任公司的大股东只承担有限责任

B. 特殊合伙制企业无过失的合伙人只承担有限责任

C. 股份制公司的股东只承担有限责任

D. 合伙制企业的普通合伙人只承担有限责任

斯尔解析 本题考查企业的组织形式。公司（包括有限责任公司和股份有限公司）的债务是法人的债务，不是所有者的债务，所有者（包括大股东和中小股东）以其出资额为限对公司的债务承担责任，选项 AC 当选。特殊普通合伙企业中，只有当过失合伙人是在执业过程中，因故意或者重大过失造成合伙企业债务的，无过失合伙人只承担有限责任。如果过失合伙人只是因很小的过失造成合伙企业债务的，或者不是由于执业过程中的过失造成合伙企业债务的，由全体合伙人承担无限连带责任，此时无过失合伙人并不是只承担有限责任，选项 B 不当选。合伙制企业的普通合伙人对合伙企业债务承担无限连带责任，选项 D 不当选。

本题答案 AC

典例研习 · 1-2 单项选择题

下列关于有限合伙企业与公司制企业共同点的说法中，正确的是（　　）。

A. 都是独立法人　　B. 都需要缴纳企业所得税

C. 都需要两个或两个以上出资人　　D. 都可以有法人作为企业的出资人

斯尔解析 本题考查企业的组织形式。有限合伙企业不是独立法人，选项 A 不当选。合伙企业纳税采取穿透原则，由合伙人纳税，合伙人为公司制企业的缴纳企业所得税，合伙人为个人的缴纳个人所得税，而合伙企业不缴纳所得税，选项 B 不当选。公司制企业包含一人有限责任公司，可由一人投资设立，选项 C 不当选。合伙企业和公司制企业的出资人可以是自然人，也可以是法人，选项 D 当选。

本题答案 D

二、财务管理的主要内容

财务管理的对象是资金及其运动，并在资金的不断循环中实现价值增值。**财务管理活动主要包括投资和筹资两大领域。**

投资可以分为长期投资和短期投资，筹资可以分为长期筹资和短期筹资。**其中，短期投资和短期筹资通常合在一起讨论，称为营运资本管理。**

内容	主体	客体	目的	说明
长期投资	公司	经营性长期资产	获取经营活动所需的实物资源	公司对于子公司、非子公司（合营企业、联营企业）的长期股权投资属于经营性投资
长期筹资	公司	长期资本	获取长期资本	长期筹资决策的主题是资本结构决策和股利分配决策。其中，资本结构是指长期债务资本和权益资本的特定组合
营运资本管理	（1）营运资本 = 流动资产 − 流动负债。 （2）营运资本管理分为营运资本投资和营运资本筹资两部分。 （3）营运资本投资管理主要是决定分配多少资金用于应收账款和存货、决定保留多少现金以备支付，以及对这些资产进行日常管理等。 （4）营运资本筹资管理主要是决定向谁借入多少短期资金、是否需要采用赊购融资等			

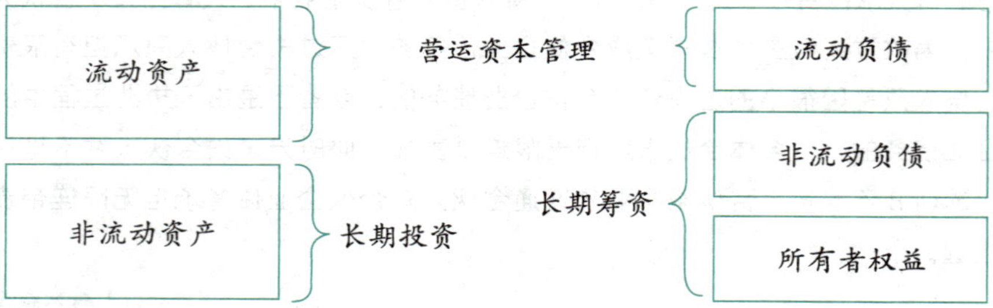

财务管理内容与资产负债表关系

第二节　财务管理的目标与利益相关者的要求

一、财务管理的目标（★）

公司财务管理的目标与公司的目标是一致的。通过对教材有关表述的整合，关于公司财务管理的基本目标，可以归纳为以下五种观点：

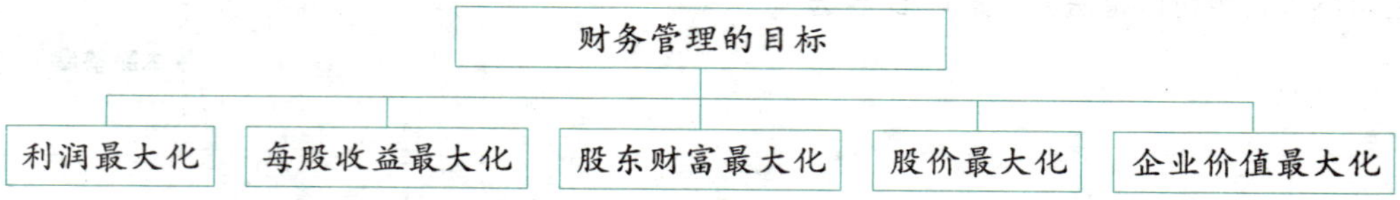

（一）观点一：利润最大化

维度	解读
基本观点	利润代表公司新创造的财富，利润越多，说明公司财富增加得越多，越接近公司的目标
观点局限	没有考虑利润的取得时间
	没有考虑所获利润和所投入资本额的关系
	没有考虑所获利润和所承担的风险的关系
修正	如果时间、投入、风险都相同，利润最大化也是可以接受的

（二）观点二：每股收益最大化

维度	解读
计算	每股收益 = 归属于普通股股东的净利润 ÷ 流通在外的普通股加权平均数量
基本观点	该观点认为，应当把公司的利润和股东投入的资本联系起来考察，用每股收益最大化来概括公司的财务管理目标
观点局限	没有考虑每股收益取得的时间
	没有考虑每股收益的风险
	没有考虑现实中每股股票投入资本的差别，不同公司的每股收益不可比
修正	假设取得时间、承担风险、投入资本相同，每股收益最大化也是可以接受的

精准答疑

问题：为什么利润最大化和每股收益最大化观点均没有考虑投入资本？

解答：利润是绝对数指标。用利润指标对财务管理活动进行评价时，没有考虑任何与投入资本相关的因素。

每股收益是相对数指标，表示每一股股票所获得的收益，在某种程度上考虑了股东投入的资本，但对股东投入资本的考虑并不全面。比如 A 公司股价是 100 元 / 股，B 公司股价是 10 元 / 股，两家公司的每股收益均为 1 元 / 股。虽然两家公司的每股收益是相同的，但是同样用 100 元的总投资，购买 A、B 两家公司获得的财富增量是不同的。经综合分析，每股收益最大化财务管理目标，并没有考虑股东投入的资本。

（三）观点三：股东财富最大化（本书采纳的观点）

维度	解读
基本观点	增加股东财富是财务管理的基本目标
衡量指标	股东权益的市场增加值＝股东权益的市场价值－股东投资资本 提示： （1）衡量指标不是股东权益的市场价值，而是股东权益的市场增加值（增量股东财富）。 （2）资本市场有效时，股东财富的增加＝股东权益的市场增加值＝股东权益的市场价值（每股价格×股数）－股东投资资本
优点	考虑了利润取得的时间
	考虑了所获利润与所承担的风险的关系
	考虑了所获利润与所投入资本额的关系
	没有忽视其他利益相关者的利益（股东权益是剩余权益）

（四）观点四：股价最大化

维度	解读
基本观点	提升每股价格是财务管理的基本目标
理论基础	在资本市场有效的情况下，如果股东投资资本不变，股价上升反映股东财富的增加，股价下跌反映股东财富的减损
优点	考虑了时间和风险
缺点	公司与股东之间的交易也会影响股价，例如分派股利时股价下跌等，但不会影响股东财富
修正	在资本市场有效的情况下，如果股东投资资本不变，股价最大化与股东财富最大化具有同等意义

原理详解

为什么公司与股东之间的交易不影响股东财富？

例如，在股票数量不变的情况下，股东追加投资（股东持有的现金减少）会导致股价上升（股东持有的股份价值上升），却并不会导致股东财富增加，这只是股东左口袋的钱进到了右口袋而已。类似地，当公司分派现金股利时会导致股价下跌，股东持有的股份价值下跌，但持有的现金会增加，总的财富也是不变的。因此，公司与股东之间的交易只是财富形式的切换，但并不影响股东财富总量。

（五）观点五：企业价值最大化

维度	解读
基本观点	增加企业价值是财务管理的基本目标
计算	企业价值 = 股东权益价值 + 债务价值
缺点	股东投资资本的变化以及债务价值的变化都会影响企业价值，但并不影响股东财富，例如新增一笔银行借款会增加债务价值和企业价值，但不能增加股东财富
修正	假设股东投资资本和债务价值不变，企业价值最大化与股东财富最大化具有同等意义

提示：在辨析财务管理目标的不同观点时，我们会着眼于不同观点的前提和优缺点；但教材在后续不同议题的讨论中，股东财富最大化、股价最大化和公司价值最大化都可能被用于描述财务管理目标，其含义均泛指股东财富最大化。

解题高手

命题角度：判断哪些表述能够用于描述财务管理的目标。

财务管理目标的准确表述是股东财富最大化，其他目标表述都需要满足某些特定前提。建议大家可以按照“3312”的口诀记住每个表述需要满足的条件数量，根据题目信息快速作出选择。具体总结如下：

利润最大化（3）：相同时间 + 相同风险 + 相同投入。

每股收益最大化（3）：相同时间 + 相同风险 + 相同投入。

股价最大化（1）：投资资本不变。

企业价值最大化（2）：投资资本不变 + 债务价值不变。

需要注意的是，股价最大化用于描述财务管理的目标，往往隐含了“资本市场有效”这一前提。

典例研习 · 1-3 单项选择题

在股东投资资本不变的情况下，下列各项中能够体现股东财富最大化这一财务管理目标的是（　　）。

A. 利润最大化　　B. 每股收益最大化

C. 每股股价最大化　　D. 企业价值最大化

斯尔解析　本题考查财务管理的目标。在资本市场有效的情况下，如果股东投资资本不变，股价最大化与股东财富最大化具有同等意义。在股东投资资本不变的情况下，股价上升可以反映股东财富的增加，股价下跌可以反映股东财富的减损，选项 C 当选。

本题答案　C

典例研习 · 1-4 多项选择题

下列关于公司财务管理目标的说法中，正确的有（　　）。

A. 利润最大化目标没有考虑利润取得的时间

B. 每股收益最大化目标没有考虑每股收益的风险

C. 股价最大化目标没有考虑股东投入的资本

D. 公司价值最大化目标没有考虑债权人的利益

斯尔解析 本题考查财务管理的目标。利润最大化目标没有考虑利润的取得时间、风险和投入，选项 A 当选。每股收益最大化目标没有考虑每股收益的取得时间、风险和投入，选项 B 当选。在资本市场有效的情况下，股东追加投资通常会导致股价上升，但是股东财富并没有因此而变动，因而股价最大化目标没有考虑股东投入的资本，选项 C 当选。公司价值 = 股东权益价值 + 债务价值，要想实现公司价值最大化，必须同时考虑股东和债权人的利益，选项 D 不当选。

本题答案 ABC

二、利益相关者的要求（★）

1-2-2

利益相关者，是指有能力影响企业或者被企业所影响的人或者组织，通常包括股东、债权人、员工、客户、供应商、监管机构等。利润最大化、每股收益最大化、股东财富最大化目标都是为了实现股东利益的最大化，但公司决策时还应关注其他利益相关者的利益。

（一）经营者的利益要求与协调

1. 股东与经营者的利益要求

对象	利益要求	
股东	使自己的财富最大化，并千方百计要求经营者以最大努力去实现这一目标	
经营者	增加报酬	包括物质和非物质报酬，如工资、奖金、荣誉和社会地位等
	增加闲暇时间	包括较少的工作时间、工作时间里较多的空闲和有效工作时间中较小的劳动强度等
	避免风险	经营者努力工作可能得不到应有的报酬，他们的行为和结果之间有不确定性，经营者总是力图避免这种风险，要求付出一份劳动便得到一份报酬

2. 经营者背离股东利益的表现

表现	解读
道德风险	不是尽最大努力去实现股东的目标，不求有功，但求无过，各种偷懒逃避（不干事）
逆向选择	为了自己的目标而背离股东的目标，直接进行利益侵害，比如铺张浪费、以权谋私等（干坏事）

3. 股东的应对措施

类型	具体措施
监督（大棒）	完善公司治理结构，对财务报表进行审计，要求经营者定期披露信息
激励（胡萝卜）	使经营者分享企业增加的财富，给经营者以现金、股票期权奖励

提示：

（1）监督并不是全面监督，全面监督经营者管理行为的代价是高昂的，很可能超过它所带来的收益。

（2）激励可以减少经营者违背股东意愿的行为，但也不能解决全部问题。报酬过低，不足以激励经营者，股东不能获得最大利益；报酬过高，股东付出的激励成本过大，也不能实现自己的最大利益。

（3）监督成本、激励成本和偏离股东目标的损失之间，此消彼长、相互制约。股东要权衡轻重，力求找出能使**三项之和最小的解决办法（即最佳的解决办法）**。

典例研习 · 1-5 多项选择题

为防止经营者背离股东目标，股东可以采取的措施有（　　）。

A. 对经营者实行固定年薪制

B. 给予经营者股票期权奖励

C. 聘请注册会计师审计财务报告

D. 要求经营者定期披露信息

斯尔解析 本题考查利益相关者的要求。为防止经营者背离股东目标，股东可以采取的措施有监督和激励，其中，给予经营者股票期权奖励属于激励手段，选项 B 当选。聘请注册会计师审计财务报告和要求经营者定期披露信息属于监督手段，选项 CD 当选。对经营者实行固定年薪制无法起到激励的作用，进而也就无法防止经营者背离股东目标，选项 A 不当选。

本题答案 BCD

（二）债权人的利益要求与协调

1. 债权人的利益要求

债权人把资金借给公司，要求到期收回本金，并获得约定的利息收入。

2. 股东侵害债权人利益的行为

关键词	解读
投资高风险项目	股东不经债权人的同意，投资于比债权人预期风险更高的新项目。如果高风险的计划侥幸成功，超额收益归股东独享；如果计划不幸失败，公司无力偿债，债权人与股东将共同承担由此造成的损失
私自发行新债	股东为了提高公司的利润，不征得债权人的同意而发行新债。此种行为会导致公司负债比率加大，使公司破产的可能性增加，进而致使旧债券价值下降

3. 债权人的应对措施

关键词	解读
限制性条款（预防性措施）	在借款合同中加入限制性条款，如规定借款的用途、规定不得发行新债或限制发行新债的额度等
终止合作（止损性措施）	发现公司有损害其债权利益意图时，拒绝进一步合作，不再提供新的贷款或提前收回贷款

解题高手

命题角度：判断股东的行为是否会侵害债权人的利益。

债权人的利益与公司的偿债能力息息相关，股东的行为只要会降低企业的偿债能力，就有可能侵害债权人的利益（结合第二章内容更容易理解）。历年真题中股东常见的行为及分析如下表所示：

股东行为	是否可能会侵害债权人利益	解读
提高股利支付率	是	提高股利支付率会增加企业股利支付的金额，降低所有者权益，导致资产负债率上升，降低企业偿债能力
提高利润留存率	否	提高利润留存率会减少企业股利支付的金额，增加所有者权益，导致资产负债率下降，提升企业偿债能力
加大高风险投资比例	是	会增加企业投资失败的可能性，若投资失败，公司将蒙受损失，降低企业偿债能力
发行公司债券	是	发行公司债券，企业的股东权益不变，负债增加，导致资产负债率上升，降低企业偿债能力
将大量设备对外出售	是	生产设备最佳的利用方式，是通过生产产品，源源不断地为企业创造现金流量。而将大量生产设备出售，虽然短时间内可以获得一些现金，但是会严重影响企业的长远发展，降低企业未来的偿债能力
为其他企业提供担保	是	对其他企业提供担保，若未来需要履行担保义务，会导致资金流出企业，降低企业偿债能力
发行新股	否	发行新股，企业的负债不变，股东权益上升，导致资产负债率下降，提升企业偿债能力

典例研习 · 1-6 多项选择题

公司的下列行为中，可能损害债权人利益的有（　　）。

A. 提高股利支付率

B. 加大为其他企业提供的担保

C. 提高资产负债率

D. 加大高风险投资比例

斯尔解析 本题考查利益相关者的要求。提高股利支付率、增加负债、提供担保和加大高风险投资比例都会增加公司偿债风险，降低企业偿债能力，可能损害债权人利益，选项 ABCD 当选。

本题答案 ABCD

（三）其他利益相关者的利益要求与协调

类别	具体内容
合同利益相关者	包括客户、供应商和员工，其和企业之间存在法律关系，受到合同的约束
非合同利益相关者	包括社区居民以及其他与公司有间接利益关系的群体

一般说来，公司只要遵守法律和信守合同就可以基本满足合同利益相关者的要求。对于非合同利益相关者，法律关注较少，其享受的法律保护低于合同利益相关者。公司的社会责任政策，对非合同利益相关者影响很大。

三、可持续发展目标 新

对利益相关者利益的关注，使得越来越多的企业重视其在全球可持续发展目标中的责任。可持续发展是指既能满足当代人的需要，又不对后代人满足其需要的能力构成危害的发展。**可持续发展目标不仅关注经济增长，还强调社会包容性和环境保护，以公平性、持续性、共同性为三大基本原则。**

可持续发展目标在企业中体现的就是 ESG 理念。该理念强调企业要注重生态环境保护、履行社会责任、提高治理水平。

（1）环境方面，企业应尽可能提升环境绩效表现，降低生产经营对环境带来的负面影响，在应对气候变化、资源利用、污染排放等方面采取有效措施。

（2）社会方面，强调企业应承担的社会责任，如员工保护、慈善公益等。

（3）治理方面，企业应该关注治理结构的合理性、透明度和责任性等。

第三节 财务管理的基础概念和基本理论

一、财务管理的基础概念

1-3-1

核心概念	描述	应用
货币的时间价值	货币在经过一定时间的投资和再投资后所增加的价值	（1）现值概念，即不同时间点的货币价值需要折算至同一时点再进行运算或比较。 （2）“早收晚付”观念
风险与报酬	高收益往往伴随高风险，低风险往往只有低收益	确定合适的货币的机会成本或利率，以将未来的现金流进行折现和估值

二、财务管理的基本理论

1-3-2

基本理论	描述
现金流量理论	关于现金、现金流量和自由现金流量的理论，是财务管理最基础性的理论
价值评估理论	关于内在价值、净增加值和价值评估模型的理论，是财务管理的一个核心理论
风险评估理论	风险导致财务收益的不确定性，理论上，风险与收益成正比
投资组合理论	投资组合的收益等于组合内各证券收益的加权平均值，但其风险并不等于组合内证券风险的加权平均数，即投资组合能降低甚至消除非系统性风险
资本结构理论	关于资本结构与财务风险、资本成本以及公司价值之间关系的理论

第四节 金融工具与金融市场

一、金融工具的类型（★）

1-4-1

（一）含义与特征

金融工具是资金融通过程中载明双方当事人权利义务的具有法律效力的凭证，如债券、股票、外汇、保单等。金融工具具有下列基本特征：期限性、流动性、风险性和收益性。

（二）分类及对比

金融工具按其收益性特征可以分为固定收益证券、权益证券和衍生证券三类。

类型	含义	风险与收益	常见类型
固定收益证券	能够提供固定或根据固定公式计算出来现金流的证券	收益与发行人的财务状况相关程度低，风险也较低	固定/浮动利率债券、优先股、永续债
权益证券	代表特定公司所有权的证券	收益取决于公司经营业绩和净资产价值，风险高于固定收益证券	普通股股票
衍生证券	在传统的固定收益证券和权益证券等原生资产基础上衍生出来的，价值随原生资产价格波动而波动的合约	价值依赖于其他证券，既可以用来套期保值，也可以用来投机获利，但投资失败的风险非常高	远期合约、期货合约、互换合约、期权合约、可转换债券、认股权证等

典例研习 · 1-7 多项选择题

下列金融资产中，属于固定收益证券的有（　　）。

A. 固定利率债券

B. 浮动利率债券

C. 可转换债券

D. 优先股

斯尔解析 本题考查金融工具的类型。固定收益证券指能够提供固定或根据固定公式计算出来的现金流的证券，主要包括固定利率债券、浮动利率债券、优先股等，选项 ABD 当选。可转换债券属于衍生证券，选项 C 不当选。

本题答案 ABD

二、金融市场的类型（★）

1-4-2

（一）货币市场和资本市场

分类标准：所交易的金融工具的期限是否超过 1 年。

项目	货币市场	资本市场
金融工具期限	小于或等于 1 年	大于 1 年
主要功能	保持金融资产的流动性	进行长期资本的融通
风险与利率	较低	较高
主要工具	短期国债、大额可转让定期存单和商业票据等	股票、长期公司债券、长期政府债券和银行长期贷款合同等

（二）债务市场和股权市场

分类标准：金融工具的属性。

项目	债务市场	股权市场
交易对象	债务凭证，如公司债券	股票
特征	借款者承诺按期支付利息和偿还本金	股票持有者可以不定期收取股利，且股票没有到期期限
持有人收益	固定收益	不固定收益
投资风险	较低	较高

（三）一级市场和二级市场

分类标准：所交易证券是否初次发行。

项目	一级市场	二级市场
含义	资本需求者将证券首次出售给投资者形成的市场	各种证券发行后在不同投资者之间买卖所形成的市场
关系	一级市场是二级市场的基础；二级市场为一级市场产生的证券提供流动性	

（四）场内交易市场和场外交易市场

分类标准：交易程序。

项目	场内交易市场	场外交易市场
交易方式	证券交易所组织的集中交易市场	持有证券的交易商分别进行
交易特征	有固定的交易场所、固定的交易时间和规范的交易规则	没有固定场所，价格由双方协商形成
举例	主板、创业板、科创板等	新三板、区域性股权交易市场等

解题高手

命题角度：判断给定的金融工具属于货币市场工具还是资本市场工具。

从应试的角度来说，一般先判断是否属于资本市场工具，然后利用排除法确定货币市场工具。资本市场工具的判断可以使用以下规律：

带有“股”或“长期”属性的工具只可能是资本市场工具，例如普通股、优先股、长期政府债券、长期公司债券、银行长期贷款合同等。

典例研习 · 1-8 单项选择题

下列各项中，属于资本市场工具的是（　　）。

A. 商业票据　　B. 短期国债

C. 银行承兑汇票　　D. 长期公司债券

斯尔解析 本题考查金融市场的类型。资本市场指的是期限在 1 年以上的金融工具交易市场，资本市场的工具包括股票、长期公司债券、长期政府债券和银行长期贷款合同等，选项 D 当选。商业票据、短期国债和银行承兑汇票的期限都不超过 1 年，属于货币市场工具，选项 ABC 不当选。

本题答案 D

三、金融市场的功能

功能	描述
资金融通功能	将资金提供者手中的资金转移到资金需求者
风险分配功能	在转移资金的同时，将实际资产预期现金流的风险重新分配给资金提供者和需求者
价格发现功能	（1）买卖形成证券价格：金融市场上买卖双方的相互作用决定了证券的价格。 （2）价格引导资源配置：价格引导资金流向效率高的部门和企业，促进了社会稀缺资源的合理配置和有效利用
调节经济功能	政府可以通过货币政策引导和调节各经济主体行为，主要包括公开市场操作、调整贴现率和改变存款准备金率等
节约信息成本	完善的金融市场提供了充分的信息，可以节约寻找投资对象和评估投资价值的成本

四、资本市场效率（★★）

（一）资本市场效率的含义

资本市场效率是指资本市场功能发挥的有效性程度。

（二）有效资本市场的含义

（1）资本市场上的价格能够同步地、完全地反映全部的可用信息。

（2）价格会对新的信息作出迅速、充分的反应。

（三）资本市场有效的外部标志

（1）证券的有关信息能够充分地披露和均匀地分布，使每个投资者在同一时间内得到等质等量的信息。

（2）价格能迅速地根据有关信息变动，而不是没有反应或反应迟钝。

（四）资本市场有效的基础条件

满足以下三个条件之一，资本市场就是有效的。

基础条件	描述
理性的投资者	假设所有投资者都是理性的，当资本市场发布新的信息时，所有投资者都会以理性的方式调整自己对股价的估计
独立的理性偏差	即使存在非理性投资者，只要每个投资者都是独立的，则预期偏差就是随机的；如果乐观和悲观投资者人数大体相同，则非理性行为可以互相抵消，使得股价变动与理性预期一致，市场仍然有效
套利	当乐观和悲观投资者人数并不相当，非理性的投资者的偏差不能互相抵消时，专业投资者会理性地重新配置资产组合，进行套利交易，就能够抵消业余投资者的投机，使市场保持有效

典例研习·1-9 多项选择题

根据有效市场假说，下列说法中正确的有（　　）。

A. 只要所有的投资者都是理性的，市场就是有效的

B. 只要投资者的理性偏差具有一致倾向，市场就是有效的

C. 只要投资者的理性偏差可以互相抵消，市场就是有效的

D. 只要有专业投资者进行套利，市场就是有效的

斯尔解析 本题考查资本市场效率。满足以下条件之一的，资本市场即为有效：（1）投资者都是理性的；（2）独立的理性偏差可以相互抵消；（3）有专业投资者进行套利。故选项ACD当选。如果理性偏差存在一致倾向，则偏差不能被抵消，资本市场也无法保持有效，选项B不当选。

本题答案 ACD

（五）资本市场效率的程度

在资本市场有效性理论研究中，需要对市场信息和市场有效程度进行分级。资本市场有效程度不同，价格可以吸纳的信息类别也不同。

1. 与证券价格有关信息的类别

分类	内容
历史信息	证券价格、交易量等与证券交易有关的历史信息
公开信息	公司的财务报表、附表、补充信息等公司公布的信息，以及政府和有关机构公布的影响股价的信息
内部信息	没有发布的只有内幕人知悉的信息

2. 资本市场有效性的程度

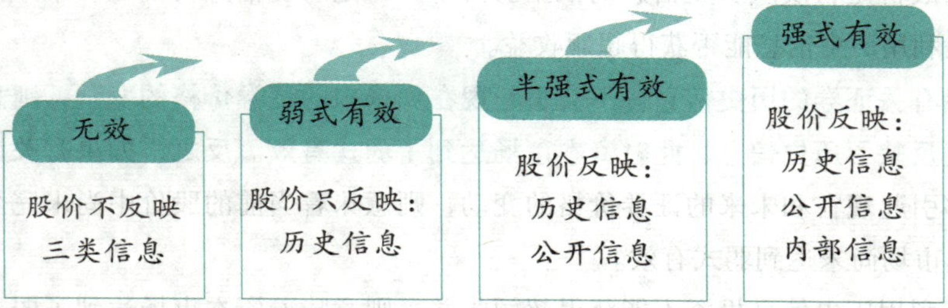

3. 在不同资本市场如何获得超额收益

（1）在不同资本市场如何利用信息获得超额收益。

资本市场	股价反映的信息	利用什么信息可以获得超额收益
无效	—	历史信息、公开信息或内部信息
弱式有效	历史信息	公开信息或内部信息
半强式有效	历史 + 公开信息	内部信息
强式有效	历史 + 公开 + 内部信息	无

（2）在不同资本市场使用投资策略能否获得超额收益。

投资策略	利用的信息	无效	弱式有效	半强式有效	强式有效
技术分析	历史信息	√	×	×	×
估值模型和基本面分析	历史信息 + 公开信息	√	√	×	×
内部交易	内部信息	√	√	√	×

提示：

在一个达到弱式有效的资本市场上，投资者无法利用历史信息获得超额收益，并不意味着投资者不能获取一定的收益，也并不是说每个投资者的每次交易都不会获利或亏损。因此，需注意区分：

①无法取得超额收益，不代表无法取得正常收益。

②无法取得超额收益，是平均而言的，不排除个别投资者在个别交易中获利或亏损。

③无法取得超额收益，是长期而言的，不排除短期内个别情况下的获利或亏损。

（六）资本市场有效性的检验

1. 弱式有效资本市场的检验

（1）检验规则。

如果一个资本市场的股价只反映历史信息，则它是弱式有效资本市场。反之，如果一个资本市场的股价尚未反映历史信息，则它还没有达到弱式有效资本市场。

而判断股价是否反映历史信息的依据有两个：一是历史信息与现在和未来证券价格的关系；二是利用历史信息能否获得超额收益。

①如果有关证券的历史信息，不会引起现在和未来的证券价格的变动，则意味着当前的股价已经反映了历史信息，此时资本市场达到了弱式有效。反之，如果有关证券的历史信息，能够引起现在和未来的证券价格的变动，则意味着当前的股价中尚未完全反映历史信息，资本市场尚未达到弱式有效。

②如果利用历史信息投资不能获得超额收益，则意味着资本市场达到了弱式有效。反之，如果利用历史信息投资能够获得超额收益，则意味着资本市场尚未达到弱式有效。

（2）检验方法。

①随机游走模型。测试时选择一只股票，以当天为基准日，建立一个日收益率序列；与此同时，以前一天为基准日建立该股票的日收益率序列；计算这两个数列的相关系数。如果相关系数接近于0，说明前后两天的股价无关，即股价是随机游走的，市场达到弱式有效。

②过滤检验。根据历史信息制定一个交易规则买卖股票，测定其收益率并与“简单购买／持有”策略比较。如果其收益率超过“简单购买／持有”，则资本市场尚未达到弱式有效。

2. 半强式有效资本市场的检验

（1）检验规则。

投资者利用公开信息不能获得超额收益，则资本市场达到半强式有效。

（2）检验方法。

①事件研究法。如果发现超额收益率只与当天披露的事件相关，则资本市场达到了半强式有效。

②投资基金表现分析法。投资基金经理根据公开信息选择股票，如果投资基金的平均业绩与市场整体的收益率大体一致，则资本市场达到了半强式有效。

精程答疑

问题：事件研究法中，若超额收益率只与当天披露的事件相关，难道不是表明公开信息可以获得超额收益？为什么资本市场达到了半强式有效呢？

解答：在半强式有效资本市场中，股价反映公开信息的本质内涵是：当一个公开信息公布之后，股价会迅速根据公开信息进行调整。一旦价格调整到位，该公开信息不会再对股价产生任何影响。

假设在 2024 年 3 月 2 日之前，A 公司股价长期稳定在 10 元 / 股的合理价格。2024 年 3 月 2 日 10:00，市场上披露了一个对 A 公司非常有利的公开信息。如果此时资本市场是半强式有效的，则 A 公司股价会在 2024 年 3 月 2 日 10:00，迅速上涨，之后继续保持相对稳定。

若小老虎在 2024 年 3 月 2 日股价上涨前持有 A 公司股票，则在公开信息披露的当天，小老虎就可以获得超额收益。但并不意味着小老虎是利用公开信息投资才获得超额收益的，因为小老虎在购买股票的时候，该公开信息还未披露。小老虎并非因为该公开信息才购买 A 公司股票的。

若小猴子收到了该公开信息，并在 2024 年 3 月 3 日购买 A 公司的股票。小猴子能够获得超额收益吗？显然是不能的。因为 A 公司的股价已经趋于稳定。

因此，可以得出结论：若超额收益率只与当天披露的事件相关，则投资人无法利用公开信息获得超额收益，资本市场达到了半强式有效。

3. 强式有效资本市场的检验

（1）检验规则。

如果内幕信息获得者利用内部信息无法获得超额收益，则资本市场达到了强式有效。

（2）检验方法。

考察内幕信息获得者参与交易时能否获得超额收益。如果内幕信息获得者参与交易时，不能获得超额收益，则资本市场达到了强式有效。

（七）有效资本市场对财务管理的意义

结论	描述
管理者不能通过改变会计方法提升股票价值	通过改变会计方法提升股票价值，不仅有违职业道德，在技术上也是行不通的
管理者不能通过金融投机获利	实业公司从事利率和外汇期货等交易的正当目的是套期保值，锁定价格，降低金融风险，而不应指望投机获利
关注自己公司的股价是有益的	资本市场既是企业的一面镜子，又是企业行为的校正器。管理者关注自己公司的股价，可以从中看出市场对公司行为的评价

提示：在有效资本市场中，管理者不能通过改变会计方法提升股票价值，但可以通过改变财务政策来影响企业价值。

典例研习 · 1-10 多项选择题

在有效资本市场中，管理者可以通过（　　）。

A. 财务决策增加公司价值从而提升股票价格

B. 改变会计方法增加会计盈利从而提升股票价格

C. 关注公司股价对公司决策的反映而获得有益信息

D. 从事利率、外汇等金融产品的投机交易获取超额利润

斯尔解析 本题考查有效资本市场对财务管理的意义。管理者不能通过改变会计方法提升股票价值，但可以通过改变财务政策来影响企业价值，选项 A 当选、选项 B 不当选。关注自己公司的股价是有益的，选项 C 当选。管理者不能通过金融投机获利，选项 D 不当选。

本题答案 AC

解题高手

命题角度 1：判断在不同有效程度的资本市场中，利用什么信息或使用什么交易策略可以获得超额收益。

做这类题目时，一定要建立“有效程度—信息—交易策略”三者之间的对应关系，只有利用那些股价里没有反映的信息和对应的交易策略才能获得超额收益。

命题角度 2：根据投资者的策略及收益，判断资本市场达到何种有效程度。

我们可以遵循“三步法”进行判断：

第一步　找信息：明确投资者利用了什么信息 / 策略进行交易（如历史信息 / 技术分析）。

第二步　看收益：明确投资者是否取得了超额收益，即投资收益率是否持续超过市场整体收益率水平。

第三步　得结论：若未取得超额收益，说明股价中已包含此信息，资本市场已达到对应有效性；若取得了超额收益，说明股价中未包含此信息，资本市场尚未达到对应有效性。

典例研习 · 1-11 多项选择题

某投资者利用内幕信息在市场上交易甲公司股票并获得了超额收益。下列有效性不同的资本市场中，会出现上述情况的有（　　）。

A. 弱式有效市场

B. 强式有效市场

C. 无效市场

D. 半强式有效市场

斯尔解析 本题考查资本市场效率。投资者利用内幕信息可以获取超额收益，说明股价并没有反映内幕信息，故市场没有达到强式有效，选项 B 不当选。在无效市场、弱式有效市场和半强式有效市场，投资者都可以通过内幕信息获取额外收益，选项 ACD 当选。

本题答案 ACD

典例研习 · 1-12 单项选择题

如果当前资本市场弱式有效，下列说法正确的是（　　）。

A. 投资者不能通过投资证券获取超额收益

B. 投资者不能通过获取证券非公开信息进行投资获取超额收益

C. 投资者不能通过分析证券历史信息进行投资获取超额收益

D. 投资者不能通过分析证券公开信息进行投资获取超额收益

斯尔解析 本题考查资本市场效率。在弱式有效资本市场中，股价只反映历史信息，所以投资者不能通过分析证券历史信息进行投资获取超额收益，但可以利用公开信息和内部信息获得超额收益，选项 C 当选。

本题答案 C

第二章
财务报表分析和财务预测

学习提要

重要程度： 重点章节　　**平均分值：** 8分

考核题型： 客观题、主观题

本章提示： 本章内容较多，难度较大，并且都属于考试中的重点内容。学习本章需要花费较长的时间，希望大家都能坚持到底

考点精讲

第一节　财务报表分析的框架与方法

一、财务报表分析的框架

财务报表分析的目的是将财务报表数据转换成有用的信息，以帮助信息使用者改善决策，财务报表分析一般包括战略分析、会计分析、财务分析和前景分析四个维度。

二、财务报表分析的方法（★★）

财务报表分析的方法包括比较分析法、因素分析法、敏感性分析法等。不同财务分析者由于分析目的有别，而采用不同的分析方法。

（一）比较分析法（目标：定性识别差异或异常项目）

分类标准	具体方法	运用
比较对象	纵向分析 / 趋势分析	与企业自身历史期间指标进行比较
	横向分析	与行业平均数或对标企业指标进行比较
	预算差异分析	实际执行结果与计划预算指标进行比较
比较内容	会计要素的总量比较分析	主要采用时间序列分析，有时也用于同业对比
	结构百分比比较分析	揭示占比不合理项目和进一步分析方向
	财务比率比较分析	相对数指标，常用于比较分析

（二）因素分析法（目标：定量解释差异或异常项目）

因素分析法，是依据财务指标与其驱动因素之间的关系，从数量上确定各因素对指标影响程度的一种方法。由于分析时，要逐次进行各因素的有序替代，因此又称为连环替代法，一般分为如下四个步骤：

步骤	具体操作
定对象	确定需要分析的财务指标，计算其实际数额和标准数额的差额
定驱动	根据该财务指标的内在逻辑关系，建立其与各驱动因素间的函数关系模型
定顺序	根据驱动因素的重要性排序，确定驱动因素的替代顺序
算影响	按顺序计算各驱动因素脱离标准的差异对财务指标的影响

典例研习·2-1

小兔子打算捏一个体积为 R_0 的长方体软陶罐，但最终捏出来的软陶罐体积为 R_1，他想用因素分析法算一算长、宽、高各因素偏差对体积的影响数额。

长方体的体积 R= 长 × 宽 × 高，我们用 A、B、C 分别表示长、宽、高，按照 A、B、C 的顺序依次研究各因素对最终体积的影响，具体步骤如下：

基期（计划）指标 $R_0=A_0\times B_0\times C_0$ ①

第一次替代 $A_1\times B_0\times C_0$ ②

第二次替代 $A_1\times B_1\times C_0$ ③

第三次替代 $R_1=A_1\times B_1\times C_1$ ④

② − ① =（A_1-A_0）$\times B_0\times C_0\rightarrow A$ 的偏差对 R 的影响，即长度偏差对体积的影响。

③ − ② $=A_1\times$（B_1-B_0）$\times C_0\rightarrow B$ 的偏差对 R 的影响，即宽度偏差对体积的影响。

④ − ③ $=A_1\times B_1\times$（C_1-C_0）$\rightarrow C$ 的偏差对 R 的影响，即高度偏差对体积的影响。

总差异：$\Delta R=R_1-R_0$。

提示：如果将各因素替代的顺序改变，则各个因素的影响程度也会不同。替代的先后顺序一般是基于驱动因素的重要性判断由高到低进行确定的，考试时的替代顺序通常是已知条件。

精准答疑

问题： 因素分析法中，连环替代的起点如何确定？

解答： 我们可以先明确连环替代的终点，即研究对象本期的实际指标，比如 A 公司本年营业收入，而连环替代的起点则应当是研究对象的比较标准，常见的比较标准包括：预算或计划指标（A 公司本年营业收入预算）、本企业的历史指标（A 公司去年营业收入）、同行业企业的平均指标（A 公司所在行业本年平均营业收入）、同行业竞争对手的实际指标（A 公司竞争对手 B 公司本年营业收入）等。

典例研习·2-2 单项选择题

甲公司某项费用受 X、Y、Z 因素影响，关系表达式：费用 =（$X+Y$）$\times Z$，2023 年甲公司该项费用的相关资料如下：

因素	单位	计划数	实际数
X	万元 / 次	200	190
Y	万元 / 次	50	55
Z	次	10	11

基于因素分析法，按 X、Y、Z 先后顺序替代，Y 因素变动对该项费用计划执行情况影响金额为（　　）万元。

A. −100　　B. 50　　C. 195　　D. 245

斯尔解析 本题考查因素分析法。

计划费用　（200+50）×10=2 500（万元）　①

替换 X 因素　（190+50）×10=2 400（万元）　②

替换 Y 因素　（190+55）×10=2 450（万元）　③

替换 Z 因素　（190+55）×11=2 695（万元）　④

因此，Y 因素变动对该项费用计划执行情况影响金额 = ③ − ② =2 450−2 400=50（万元），选项 B 当选。

本题答案　B

（三）敏感性分析法 新

敏感性分析法，是一种研究不确定性的方法，是在确定性分析的基础上，分析不确定性因素对目标变量的影响及其程度，进而判断相关风险的分析方法。

敏感性分析法的核心思想是：**假定其他因素不变的情况下，测定某一个影响因素发生特定变化对目标变量的影响**，来揭示目标变量受这些因素变动影响的规律。敏感性分析主要包括最大最小法和敏感程度法两种分析方法。

1. 最大最小法

最大最小法是**求解令目标变量处于临界值时的某个影响因素的最大（或最小）值**，从而了解某个影响因素的可接受的临界值。

最大最小法的主要步骤是：

（1）预测预期值：预测每个影响因素的预期值。

（2）计算目标变量预期值：根据影响因素的预期值计算目标变量的预期值。

（3）**测定临界值：选取一个影响因素并假设其他因素不变，令目标变量等于临界值，计算选定的影响因素的临界值**。如此往复，测算每个影响因素的临界值。

通过上述步骤，可以得出使目标变量处于临界状态时各影响因素的最大（或最小）值。通过分析影响因素出现最大（或最小）值的可能性，帮助决策者判断风险，优化决策。

典例研习 · 2-3 计算分析题

稻草人公司生产和销售 A 产品，单价每件为 30 元，单位变动成本每件为 20 元。预测每年销售量为 10 万件，每年固定成本为 20 万元。假设不考虑所得税。

要求：

用最大最小法分析单位变动成本的最大值。

斯尔解析

令利润（目标变量）的临界值等于 0，则：

0=（30− 单位变动成本）×100 000−200 000

计算可得，单位变动成本 =28（元 / 件）。

这就是该企业生产 A 产品不亏损的单位变动成本的最大值。企业决策时，可以通过分析单位变动成本≥ 28 元 / 件的可能性，对生产 A 产品这项投资的风险进行分析。

2. 敏感程度法

敏感程度法是求解目标变量变化幅度相对影响因素变化幅度的倍数，即敏感系数。

敏感系数 = 目标变量变动百分比 ÷ 选定影响因素变动百分比

它表示选定影响因素变动 1% 导致目标变量变动的百分数，可以反映目标变量对于选定因素变化的敏感程度。

若敏感系数绝对值＞ 1，则称此因素为敏感因素。

若敏感系数绝对值≤ 1，则称此因素为非敏感因素。

典例研习 · 2-4 计算分析题

稻草人公司生产和销售 A 产品，单价每件为 30 元，单位变动成本每件为 20 元。预测每年销售量为 10 万件，每年固定成本为 20 万元。假设不考虑所得税。

要求：

计算每年销售量增长 10% 的情况下，利润对销售量的敏感系数。

斯尔解析

先计算原有利润：

利润 =（单价 − 单位变动成本）× 销售量 − 固定成本 =（30−20）×100 000−200 000=800 000（元）

若销售量增长 10%，预计的每年销售量 =100 000×（1+10%）=110 000（件）。

此时新的利润 =（30−20）×110 000−200 000=900 000（元）

利润变动百分比 =（900 000−800 000）÷800 000×100%=12.5%

利润对销售量的敏感系数 =12.5%÷10%=1.25

同样，可以计算：利润对单价的敏感系数 =3.75，利润对单位变动成本的敏感系数 =−2.5，利润对每年固定成本的敏感系数 =−0.25。

根据以上结果可知，四个因素按照利润对其的敏感程度排序（按敏感系数绝对值排序）依次是：

单价（3.75）＞单位变动成本（2.5）＞每年销售量（1.25）＞每年固定成本（0.25）。

其中，单价、单位变动成本、每年销售量为敏感因素，每年固定成本为非敏感因素。

这意味着，在决策之前要对敏感因素的预期值进行谨慎预测，在决策执行过程中应密切关注这些敏感因素的变化，因为目标变量的变化受这些敏感因素的变化影响较大。

敏感性分析是一种最常用的风险分析方法，计算过程简单，易于理解，但也存在局限性，主要有：

（1）在进行敏感分析时，只允许一个因素发生变动，而假设其他因素保持不变，但在现实世界中这些因素通常是相互关联的，会一起发生变动，只是变动的幅度不同。

（2）每次测算一个因素变化对目标变量的影响，可以提供一系列分析结果，但是没有给出每一个因素发生该变化的可能性。

三、财务报表分析的局限性

财务报表分析以财务报表数据为主要分析依据，而财务报表本身存在一定的局限性。主要体现在以下几个方面：

（1）财务报表信息的披露问题：财务报表是部分而非全部信息的披露。

（2）财务报表信息的可靠性问题：很难认定是否存在虚假陈述。

（3）财务报表信息的比较基础问题：同业数据未必有代表性、历史数据代表过去并不代表合理性等。

提示：要准确理解比较基础本身，并且要有限定地使用分析结论，避免简单化和绝对化。

第二节 财务比率分析

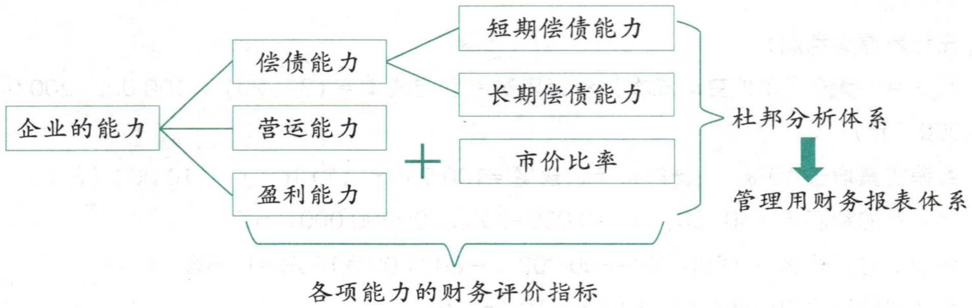

解题高手

命题角度：考查各类财务比率指标的计算。

关键财务比率指标的记忆规律和注意要点提示总结如下：

（1）指标记忆规律。

①母子比率指标：比率名称中出现两个报表项目，前者是分母，后者是分子，如资产负债率、营业净利率等。

②子比率指标：比率名称中只出现一个报表项目，一般作为分子，分母是流动负债，如流动比率、速动比率、现金流量比率等。

③周转率指标：××资产周转次数 = 周转额 ÷ ××资产，××资产周转天数 = 365÷××资产周转次数，××资产与收入比 =××资产 ÷ 营业收入，如：应收账款周转次数 = 营业收入 ÷ 应收账款，应收账款周转天数 =365÷ 应收账款周转次数，应收账款与收入比 = 应收账款 ÷ 营业收入。

（2）注意要点提示。

①区分时期数和时点数：一般而言，取自利润表和现金流量表的数据属于时期数，而取自资产负债表的数据属于时点数。

②取数口径（原则：时点配时点，时期配时期或配时点平均）：

a. 有要求，按要求：计算时点和时期口径混搭的指标（如应收账款周转率）时，题目一般会明确取数口径，按要求计算即可。

b. 无要求，查特例：如果没有要求，检查是否属于特别指标，比如现金流量比率等流量指标，默认分子和分母的口径是可以混搭的。

c. 非特例，循原则：如果不属于特别指标，并且相关数据可得，则应当按原则搭配计算，即混搭指标中的时点数应当取平均。

一、短期偿债能力比率（★）

债务一般按到期时间分为短期债务和长期债务，偿债能力分析由此分为短期偿债能力分析和长期偿债能力分析两部分。

偿债能力的衡量方法有两种：一种是比较可供偿债资产与债务的存量，如果资产存量超过债务存量较多，则认为偿债能力较强，这类衡量指标统称为存量指标；另一种是比较经营活动现金流量和偿债所需现金，如果产生的现金超过偿债所需的现金较多，则认为偿债能力较强，这类指标统称为流量指标。

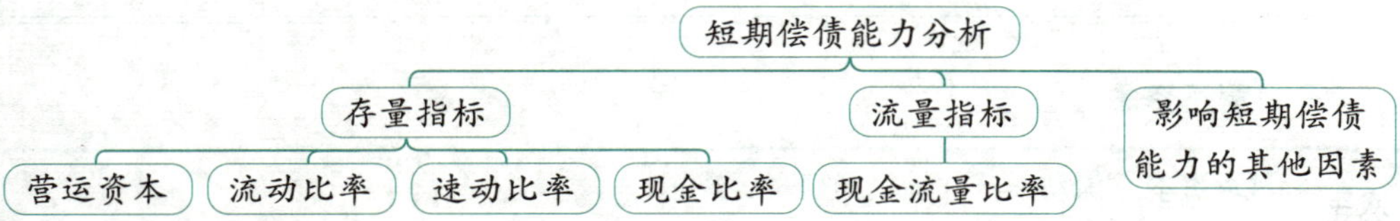

原理详解

如何理解长期资本和速动资产？

接下来在学习各项财务指标时，我们会看到大部分参数都是财务报表项目，也有两个概念并不是报表项目，而是多个报表项目组成的集合，所以有必要提前进行介绍。

（1）长期资本。

长期资本=长期负债+所有者权益。根据这一公式，资产负债表可以作如下变形：

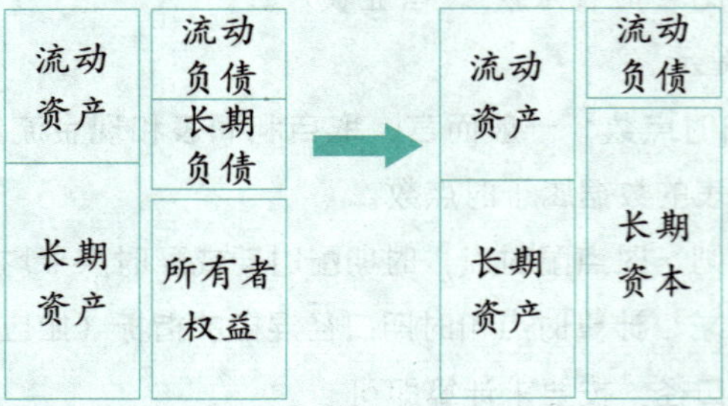

（2）速动资产。

在流动资产各项目中，可在较短时间内变现的资产，称为速动资产，包括货币资金、交易性金融资产和各种应收款项。其他各项目为非速动资产，具体原因如下图所示：

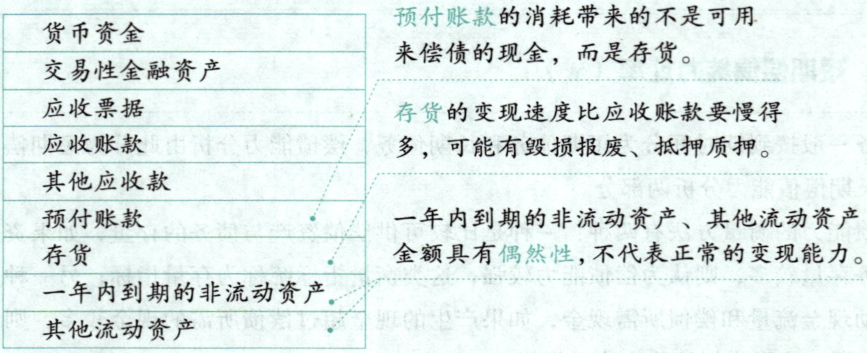

（一）营运资本

公式	营运资本＝流动资产－流动负债（公式1） ＝长期资本－长期资产（公式2）
计算	指标均直接取自资产负债表
解读	公式1：营运资本反映了全部流动资产抵偿全部流动负债后的差额，为防止流动负债“穿透”流动资产的“缓冲垫”；营运资本＞0，表明短期偿债能力较好，反之，表明短期偿债能力较差
	公式2：营运资本反映了全部流动资产中使用长期资本筹措的份额，即长期资本超过长期资产的部分

续表

分析	营运资本越多，说明越多的长期资本用于了流动资产，即长期资本在 1 年或 1 个营业周期内不需要归还，所以企业的财务状况稳定；但是营运资本是绝对数，不便于不同时期及不同企业之间的比较，实务中很少直接使用营运资本作为偿债能力的评价指标
补充	营运资本配置比率 = 营运资本 ÷ 流动资产 = （长期资本 − 长期资产）÷ 流动资产 该指标反映了流动资产中长期资本的配置比例，属于正向指标，比率越高，表明长期资本供给资金的比重越大，企业的短期偿债能力越强

（二）流动比率

公式	流动比率 = 流动资产 ÷ 流动负债
计算	指标均直接取自资产负债表
解读	流动比率假设全部流动资产都可用于偿还流动负债，表明每 1 元流动负债有多少流动资产作为偿债保障
分析	流动比率是正向指标，比率越高，表明短期偿债能力越强；同时，流动比率也是相对数指标，排除了企业规模的影响，更适合同业比较以及本企业不同历史时期的比较
	不存在统一、标准的流动比率，不同行业的流动比率通常有明显差异
	资产的变现速度和质量会影响企业的短期偿债能力，因此我们通常还要结合周转率分析、检查应收账款坏账、关注季节性变动等，以便更好地进行评价

典例研习 · 2-5 单项选择题

下列关于营运资本的说法中，正确的是（　　）。

A. 营运资本越多的企业，流动比率越大

B. 营运资本越多，长期资本用于流动资产的金额越大

C. 营运资本增加，说明企业短期偿债能力提高

D. 营运资本越多的企业，短期偿债能力越强

斯尔解析 本题考查短期偿债能力分析。营运资本 = 长期资本 − 长期资产，营运资本越多，表明长期资本对流动资产的供给越多，选项 B 当选。营运资本是绝对数，与流动比率没有绝对的同向变动关系，既不便于不同历史时期及不同企业之间的比较，也不便于直接评价企业的短期偿债能力，选项 ACD 不当选。

提示：营运资本越多，流动比率越大，短期偿债能力越强的结论，虽然不具有普遍适用性，但是在特定情况下，也是有一定适用性的。比如当企业流动负债不变时，营运资本越多，代表流动资产越多，此时流动比率越大，短期偿债能力越强。

本题答案 B

（三）速动比率

公式	速动比率 = 速动资产 ÷ 流动负债	
计算	指标均直接取自资产负债表	
解读	速动比率假设速动资产是可偿债资产，表明每 1 元流动负债有多少速动资产作为偿债保障	
	速动资产主要包括货币资金、交易性金融资产和各种应收款项	
分析	速动比率是正向指标，比率越高，表明短期偿债能力越强；与流动资产相比，速动资产的变现能力更强，速动比率用于评价短期偿债能力也更具说服力，且作为相对数指标，都可以用于纵横比较	
	影响速动比率可信性的重要因素是应收款项的变现能力： （1）账面的应收账款不一定能够迅速变现，实际的坏账可能比计提的多。 （2）季节性的变化使报表应收款项不能反映平均水平	

典例研习 · 2-6 单项选择题

甲公司流动资产 3 000 万元，其中货币资金 800 万元，应收账款 500 万元，预付款项 200 万元，存货 1 300 万元，其他流动资产 200 万元，流动负债 2 000 万元，其中一年内到期的非流动负债 500 万元，甲公司的速动比率是（　　）。

A. 0.5

B. 0.75

C. 0.65

D. 0.52

斯尔解析　本题考查速动比率。速动比率 =（货币资金 + 应收账款）/ 流动负债 =（800+500）/2 000=0.65，选项 C 当选。

本题答案　C

（四）现金比率

公式	现金比率 = 货币资金 ÷ 流动负债
计算	指标均直接取自资产负债表
解读	现金比率假设货币资金是可偿债资产，表明每 1 元流动负债有多少现金作为偿债保障
分析	现金比率是正向指标，比率越高，表明短期偿债能力越强；与其他流动资产相比，货币资金的流动性最强，可直接用于偿债

（五）现金流量比率

公式	现金流量比率 = 经营活动现金流量净额 ÷ 流动负债
计算	（1）经营活动现金流量净额取自现金流量表，为时期数。 （2）流动负债为资产负债表期末值，无须取平均
解读	经营活动现金流量净额，代表了企业创造现金的能力，且已经扣除了经营活动自身所需的现金流出，是可以用来偿债的现金流量
	现金流量比率表明每 1 元流动负债的经营活动现金流量保障程度，该比率越高，偿债能力越强
	虽然该比率的分子、分母取数口径不一致，但流动负债无须计算平均值，因为真正需要偿还的是期末金额，而非平均金额
分析	用流量代替存量说服力更强，因为一方面现金流量比率克服了可偿债资产未考虑未来变化及变现能力等问题，另一方面，实际偿还债务支付的是现金，而不是其他可偿债资产

解题高手

命题角度：考查短期偿债能力比率的计算和应用。

记忆	相关比率均为分子比率
公式	流动比率 = 流动资产 ÷ 流动负债
	速动比率 = 速动资产 ÷ 流动负债
	现金比率 = 货币资金 ÷ 流动负债
	现金流量比率 = 经营活动现金流量净额 ÷ 流动负债
解读	都是正向指标，都是相对数，便于比较
	比率的大小关系：流动比率≥速动比率≥现金比率

此外，关于短期偿债能力的评价指标，还应注意以下易混易错点：

误区一：计算现金流量比率时，为匹配分子、分母的口径，分母中“流动负债”应选用平均数。

【错】现金流量比率 = 经营活动现金流量净额 ÷ 流动负债。一般而言，该比率中的流动负债采用期末数而非平均数，因为实际需要偿还的是期末金额而非平均金额。

误区二：对公司而言，营运资本越多越好，流动比率越高越好。

【错】营运资本不是越多越好，流动比率也不是越高越好。营运资本过多，流动比率过高，都说明公司有大量资金闲置，可能缺乏投资机会，无法给股东创造价值。

误区三：营运资本越多，流动比率越大。

【错】绝对数指标越大并不代表其相对数指标也越大。不同规模的公司作比较，不能用营运资本的多少来判断流动比率的大小。

误区四：现金比率越高越好。

【错】对债权人而言，该比率越高，公司偿债越有保障；但对公司而言，因为资产的流动性和其获利能力成反比，保持过高的现金比率，会降低公司的获利能力。

误区五：因为实际偿债支付的是现金，所以现金比率比现金流量比率更有说服力。

【错】货币资金的流动性最强，且可直接用于偿债，所以现金比率较其他存量比率的说服力更强；但季节性的变化可能使报表上的货币资金不能反映平均水平，选择某一时点计算出的现金比率无法涵盖因季节性因素带来的未来变化。相较而言，使用现金流量比率时，经营活动现金流量净额是时期数，可以涵盖季节性因素带来的波动，反映全年平均水平，因而更有说服力。

（六）影响短期偿债能力的其他因素

影响方向	因素	描述
增强	可动用的银行授信额度	可随时借款，增加企业现金，提高支付能力，可能在董事会决议公告中披露
	可快速变现的非流动资产	可随时出售变现，但未在“一年内到期的非流动资产”项目中列示
	偿债的声誉	信用记录优秀、筹集资金容易
降低	与担保有关的或有负债事项	如果该金额较大且很可能发生，应在评价偿债能力时予以关注

典例研习 · 2-7 多项选择题

下列各项影响因素中，能够增强公司短期偿债能力的有（　　）。

A. 良好的公司声誉　　B. 可动用的银行授信额度

C. 可快速变现的非流动资产　　D. 公司股价上涨

斯尔解析 本题考查短期偿债能力分析。良好的公司声誉、可动用的银行授信额度以及可快速变现的非流动资产，可以使公司在短期债务到期时，迅速获得可用于偿债的资金，因此通常会增强公司的短期偿债能力，选项 ABC 当选。公司股价上涨既不会导致可偿债资产增加，也不会导致短期债务减少，通常不会增强公司的短期偿债能力，选项 D 不当选。

提示：股价变动影响的是股东的财富，由于公司属于独立的法人，股东财富变动并不会直接影响公司的可偿债资产。

本题答案 ABC

二、长期偿债能力比率（★★）

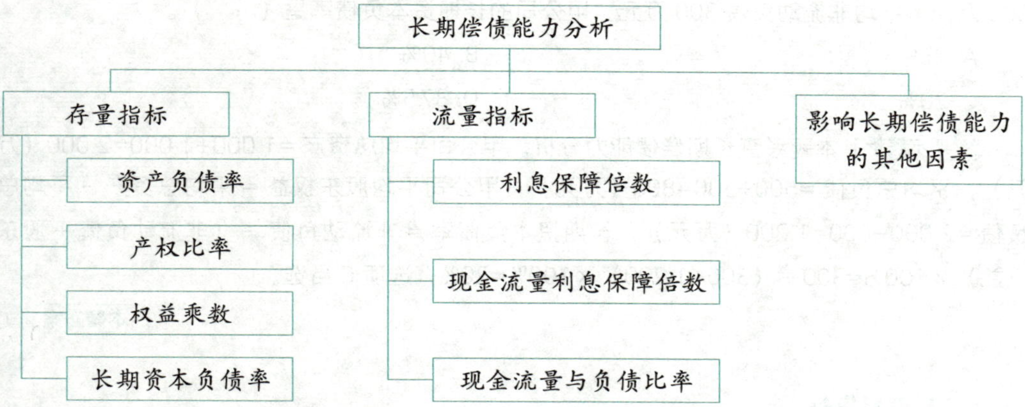

（一）存量指标

1. 资产负债率、产权比率和权益乘数

公式	资产负债率 = 总负债 ÷ 总资产 ×100%
	产权比率 = 总负债 ÷ 股东权益
	权益乘数 = 总资产 ÷ 股东权益
计算	指标均取自资产负债表
解读	资产负债率反映总资产中有多大比例是通过负债取得的
	产权比率反映了总资产的产权分配比例，也表明每 1 元股东权益配套的总负债金额
	权益乘数表明每 1 元股东权益启动的总资产金额，也反映了总资产相当于股东权益的倍数
分析	三个比率之间可以相互转换，已知一个比率，可以求解另外两个比率
	三个比率都是长期偿债能力的反向指标，即比率越高，表明公司的负债越多，债务负担越重，企业的长期偿债能力越弱
	三者同方向变动，其中一个指标达到上限，另外两个指标也会达到上限
	产权比率和权益乘数是常用的财务杠杆比率，财务杠杆比率表示负债的比例

2. 长期资本负债率

长期资本负债率 = 非流动负债 ÷（非流动负债 + 股东权益）×100%

= 长期负债 ÷ 长期资本 ×100%

（1）资产负债率是广义的资本结构，既考虑长期结构，也考虑短期结构；长期资本负债率是狭义的资本结构，仅考虑长期结构，也是教材所采纳的用以衡量资本结构的指标。

（2）长期资本负债率命名规则也属于母子比率指标，但是“长期”两字，既修饰分母资本，也修饰分子负债，即“长期资本长期负债率”。

典例研习·2-8 单项选择题

甲公司 2022 年平均流动资产 1 000 万元，平均非流动资产 1 000 万元，平均流动负债 500 万元，平均非流动负债 300 万元，甲公司的长期资本负债率是（　　）。

A. 25%　　B. 40%

C. 20%　　D. 37.5%

斯尔解析　本题考查长期偿债能力分析。甲公司平均总资产 =1 000+1 000=2 000（万元），平均总负债 =500+300=800（万元），甲公司平均股东权益 = 平均总资产 − 平均总负债 =2 000−800=1 200（万元），长期资本负债率 = 非流动负债 ÷（非流动负债 + 股东权益）×100%=300÷（300+1 200）×100%=20%，选项 C 当选。

本题答案　C

（二）流量指标

1. 利息保障倍数

公式	利息保障倍数 = 息税前利润 ÷ 利息支出
解读	该比率表明每 1 元利息支出有多少倍的息税前利润作为偿付保障
	息税前利润 = 净利润 + 所得税费用 + 利息费用 此处的“利息费用”，仅包括利润表中财务费用下的利息费用
	分母中的“利息支出”是指本期全部的应付利息，既包括计入利润表中财务费用的费用化利息，还包括计入资产负债表固定资产等成本的资本化利息
分析	该比率越大，表明公司偿还利息的能力越强
	如果利息保障倍数小于 1，表明自身产生的经营收益不能支持现有规模的债务
	利息保障倍数等于 1，或稍微大于 1，也是很危险的，因为息税前利润受经营风险的影响，很不稳定，但支付利息却是固定的

原理详解

息税前利润的计算方法及含义

利息保障倍数单独考查的频率很高，同时考查也很全面，既考查公式的计算，又考查公式的解读分析，建议全面掌握。

（1）直接法计算。

息税前利润=收入−费用（不包括利息费用和所得税费用）

（2）间接法计算。

公式	息税前利润	=	净利润	+	所得税费用	+	利息费用
解读	企业经营活动收益，是衡量一个企业盈利能力的重要指标		企业经营和财务活动成果中归属于股东的部分		归属于政府的部分		归属于债权人的部分

典例研习 · 2-9 单项选择题

在“利息保障倍数 =（净利润 + 利息费用 + 所得税费用）÷ 利息支出”计算式中，分子的“利息费用”是（　　）。

A. 计入本期现金流量表的利息支出

B. 计入本期利润表的费用化利息

C. 计入本期利润表的费用化利息和资产负债表的资本化利息

D. 计入本期资产负债表的资本化利息

斯尔解析 本题考查长期偿债能力分析。利息保障倍数计算公式中，分子的“利息费用”是指计入本期利润表中财务费用的利息费用；分母的“利息支出”是指本期的全部利息支出，不仅包括计入利润表中财务费用的费用化利息，还包括计入资产负债表固定资产等成本的资本化利息，选项 B 当选。

本题答案 B

典例研习 · 2-10 单项选择题

甲公司 2024 年息税前利润 1 000 万元，计入财务费用利息支出 20 万元，资本化利息支出 5 万元，所得税费用 245 万元，则利息保障倍数为（　　）。

A. 50　　B. 40　　C. 37.75　　D. 36.75

斯尔解析 本题考查长期偿债能力比率。利息保障倍数 = 息税前利润 ÷ 利息支出 = 1 000÷（20+5）=40，选项 B 当选。

本题答案 B

2. 现金流量利息保障倍数

公式	现金流量利息保障倍数 = 经营活动现金流量净额 ÷ 利息支出
解读	该比率表明每 1 元利息支出有多少倍的经营活动现金流量净额作为支付保障
	分母中的“利息支出”，既包括计入利润表中财务费用的费用化利息，还包括计入资产负债表固定资产等成本的资本化利息

续表

分析	它比利润基础的利息保障倍数更为可靠，因为实际用以支付利息的是现金，而不是利润。该比率越大，表明公司偿还利息的能力越强

3. 现金流量与负债比率

公式	现金流量与负债比率 =（经营活动现金流量净额 ÷ 负债总额）×100%
计算	分母中“负债总额”采用期末数而非平均数
解读	该比率表明企业用经营活动现金流量净额偿付全部债务的能力
分析	该指标为正向指标，指标越高，表明长期偿债能力越强

提示：注意辨析“现金流量比率”和“现金流量与负债比率”。前者计算时分母为流动负债，用于短期偿债能力分析；后者计算时分母为负债总额，用于长期偿债能力分析。两者分子均为经营活动现金流量净额。

（三）影响长期偿债能力的其他因素

因素	影响
债务担保	担保项目的时间长短不一，有的会影响长期偿债能力，有的会影响短期偿债能力。在分析公司长期偿债能力时，应根据有关资料判断担保责任可能带来的影响
未决诉讼	未决诉讼一旦判决败诉，可能会影响公司的偿债能力

2-2-3

三、营运能力比率（★）

（一）营运能力的含义

营运能力比率是衡量公司资产管理效率的财务比率，即公司利用资产创造收入的能力，包括一系列的周转率指标。

原理详解

如何通俗理解公司的营运能力？

公司的营运能力就好比个人的运动能力，衡量个人运动能力常用的方法有两种，比如在400米的跑道上，一种是在给定的1小时内，谁跑的圈数多，谁的运动能力就强；另一种是只跑1圈，谁用时少，谁的运动能力就强。前者对应的是营运能力中的周转次数，后者对应的是营运能力中的周转天数。

（二）营运能力的衡量

衡量指标	××资产的周转次数（周转率）= 营业收入（或营业成本）÷××资产
	××资产的周转天数 =365÷××资产的周转次数 =365×××资产 ÷ 营业收入（或营业成本）
	××资产与收入比 = ××资产 ÷ 营业收入
指标解读	××资产包括总资产、流动资产、非流动资产、营运资本、应收账款、存货等
	资产原则上应取平均值，具体看题目要求
	周转次数是营运能力的正向指标，周转天数和资产与收入比是营运能力的反向指标
	周转天数、资产与收入比是可以分解、相加的

（三）常用的营运能力比率

1. 总资产周转率

公式	总资产周转次数 = 营业收入 ÷ 总资产
	总资产周转天数 =365÷ 总资产周转次数 =365× 总资产 ÷ 营业收入
	总资产与收入比 = 总资产 ÷ 营业收入
解读	总资产周转次数，表明 1 年中总资产周转的次数，或者说明每 1 元总资产投资所支持的营业收入
分析	总资产由各项资产组成，在营业收入既定的情况下，总资产周转率的驱动因素是各项资产，即各项资产周转天数之和等于总资产周转天数，各项资产与收入比之和等于总资产与收入比（各项资产周转次数之和不等于总资产周转次数）

总资产周转率拆分举例：

总资产周转天数

$$=365\times\frac{总资产}{营业收入}$$

$$=365\times\frac{流动资产+非流动资产}{营业收入}$$

$$=365\times\frac{流动资产}{营业收入}+365\times\frac{非流动资产}{营业收入}$$

= 流动资产周转天数 + 非流动资产周转天数

典例研习 · 2-11 单项选择题

顾氏炼钢厂 2024 年的总资产周转次数为 4，非流动资产周转次数为 6，一年按 360 天计算，则流动资产周转次数为（　　）。

A. 12　　B. 10　　C. 20　　D. 2

斯尔解析 本题考查营运能力比率。由总资产周转次数为 4，可以推出总资产周转天数为 90 天（360÷4）。由非流动资产周转次数为 6，可以推出非流动资产周转天数为 60 天（360÷6）。总资产周转天数 = 流动资产周转天数 + 非流动资产周转天数，所以流动资产周转天数为 30 天（90−60），流动资产周转次数为 12（360÷30），选项 A 当选。

本题答案 A

2. 应收账款周转率

（1）指标计算与分析解读。

公式	应收账款周转次数 = 营业收入 ÷ 应收账款
	应收账款周转天数 =365 ÷ 应收账款周转次数 =365 × 应收账款 ÷ 营业收入
	应收账款与收入比 = 应收账款 ÷ 营业收入
解读	应收账款周转次数，表明一年中应收账款周转的次数，或每 1 元应收账款投资支持的营业收入
	应收账款周转天数，也称应收账款收现期，表明从销售开始到收回现金所需要的平均天数
	应收账款与收入比，表明每 1 元营业收入所需要的应收账款投资
分析	应收账款周转天数不是越少越好（比如当赊销比现销更有利时）。此外，收现时间的长短也与公司的信用政策有关

（2）应收账款周转率计算需要注意的问题。

具体问题	相关解读
营业收入的赊销比例问题	在计算应收账款周转率的时候，从理论上讲，应收账款是由赊销引起的，其对应的是营业收入中的赊销部分，而非全部，但实践中往往采用全部营业收入
	原因： ①外部人员无法获得赊销额，只好使用营业收入。 ②假设现销是收现时间等于零的应收账款
	结果： ①高估了应收账款周转次数，低估了应收账款周转天数。 ②影响了应收账款周转率的可比性（如果赊销比例不同）
应收账款年末余额的可靠性问题	应收账款是存量指标，容易受季节性、偶然性和人为因素影响，**最好使用各月末的平均数**；如果要使用期初和期末的平均数，前提是销售不受季节性影响

续表

具体问题	相关解读
应收账款的坏账准备问题	资产负债表中应收账款是按净额列示的，如果使用净额计算，可能导致高估应收账款周转率。但此时的“高周转”是由于坏账准备多导致的，这对公司来说不是一件好事情，说明应收账款管理欠佳。 结论：如果**坏账准备金额较大**，应使用**未计提坏账准备的应收账款余额**来计算周转率
应收票据问题	大部分应收票据是赊销形成的，是应收账款的另一种形式，应将其**纳入应收账款周转率的计算**

典例研习 · 2-12 多项选择题

假设其他条件不变，下列计算方法的改变会导致应收账款周转天数减少的有（　　）。

A. 从使用赊销额改为使用营业收入进行计算

B. 从使用应收账款平均余额改为使用应收账款平均净额进行计算

C. 从使用应收账款全年日平均余额改为使用应收账款旺季的日平均余额进行计算

D. 从使用已核销应收账款坏账损失后的平均余额改为使用核销应收账款坏账损失前的平均余额进行计算

斯尔解析 本题考查营运能力比率。应收账款周转天数 =365× 应收账款 ÷ 营业收入，从使用赊销额改为使用营业收入进行计算，会导致分母增大，应收账款周转天数减少，选项 A 当选。从使用应收账款平均余额改为使用应收账款平均净额进行计算会导致分子减小，应收账款周转天数减少，选项 B 当选。选项 CD 中计算方法的改变，会导致分子应收账款增大，应收账款周转天数增加，选项 CD 不当选。

提示：本题不考查计算方法的合理性，只考查数学问题，即计算指标的取值方式发生变化时，计算结果的变化趋势。

本题答案 AB

3. 存货周转率

（1）指标计算与分析解读。

公式	存货周转次数 = **营业收入（或营业成本）÷ 存货**
	存货周转天数 =365÷ 存货周转次数 =365× 存货 ÷ 营业收入（或营业成本）
	存货与收入比 = 存货 ÷ 营业收入
解读	存货周转次数，表明 1 年中存货周转的次数，或每 1 元存货投资支持的营业收入（或营业成本）
	存货周转天数，表明存货周转一次需要的时间，即存货转换成现金平均需要的时间

续表

解读	存货与收入比，表明每 1 元营业收入需要的存货投资
分析	存货周转率是影响企业流动比率可信度的重要因素之一
	一般情况下，存货周转速度快，表明存货具有较好的管理效率和变现能力，说明企业的营运能力较强。但存货周转天数不是越少越好，周转过快意味着存货不足，可能导致缺货或被迫频繁采购而加大订货成本

（2）存货周转率计算取值的问题。

不同情况下，存货周转率的周转额可选择“营业收入”或“营业成本”。

分析目的	周转额	原因
短期偿债能力分析	营业收入	为了评估资产的变现能力，需要计量存货转换为现金的金额和时间，存货通过实现销售完成向现金的转换
分解总资产周转率	营业收入	系统分析各项资产的周转情况并识别主要影响因素时需要统一周转额取数口径
评估存货管理业绩	营业成本	销售存货时，需要将存货账面价值结转至营业成本，用营业成本计算周转率，得到的存货周转次数更符合实际情况

典例研习·2-13 单项选择题

甲公司是一家电器销售企业，每年 6—10 月是销售旺季，管理层拟用存货周转率评价全年存货管理业绩，适合使用的公式是（　　）。

A. 存货周转率 = $\frac{\text{销售收入}}{（\text{年初存货}+\text{年末存货}）\div 2}$

B. 存货周转率 = $\frac{\text{销售收入}}{\sum\text{各月末存货}\div 12}$

C. 存货周转率 = $\frac{\text{销售成本}}{（\text{年初存货}+\text{年末存货}）\div 2}$

D. 存货周转率 = $\frac{\text{销售成本}}{\sum\text{各月末存货}\div 12}$

斯尔解析 本题考查营运能力比率。用存货周转率评价全年存货管理业绩时，应当使用“销售成本”计算，选项 AB 不当选。由于甲公司生产经营活动存在季节性，年初和年末均处于生产经营淡季，存货较少，因此，采用 12 个月的平均数比采用年初和年末的平均数计算的结果更真实可靠，选项 C 不当选、选项 D 当选。

本题答案 D

四、盈利能力比率（★）

2-2-4

公司的盈利能力，一般用营业净利率、总资产净利率和权益净利率进行衡量。

指标	公式	理解
营业净利率	营业净利率 =（净利润 ÷ 营业收入）×100%	该指标表明每 1 元营业收入创造的净利润，概括描述了公司的全部经营成果，比率越大，公司的盈利能力越强
总资产净利率	总资产净利率 =（净利润 ÷ 总资产）×100%	该指标表明每 1 元总资产创造的净利润，是公司盈利能力的关键，也是提高权益净利率的基本动力
权益净利率（净资产净利率）	权益净利率 =（净利润 ÷ 股东权益）×100%	该指标表明每 1 元股东权益赚取的净利润，概括反映了公司的全部经营业绩和财务业绩，可以衡量企业的总体盈利能力，其中分母是股东投入，分子是股东所得，综合反映了股东的投入产出

提示：对于总资产净利率和权益净利率指标的计算，分子是来自利润表的流量数据（时期数），分母是来自资产负债表的存量数据（时点数），该存量数据通常采用该期间的平均值。

五、市价比率（★★）

2-2-5

市价比率主要用于企业价值评估，具体应用方法将在后续有关章节中介绍。

指标	公式	含义
市盈率	市盈率 = 每股市价 ÷ 每股收益	反映普通股股东愿意为每 1 元净利润支付的价格
市净率	市净率 = 每股市价 ÷ 每股净资产	反映普通股股东愿意为每 1 元净资产支付的价格，说明市场对公司净资产质量的评价
市销率	市销率 = 每股市价 ÷ 每股营业收入	反映普通股股东愿意为每 1 元营业收入支付的价格

公式中分母的计算：

指标	公式
每股收益	每股收益 = 归属于普通股股东净利润 ÷ 发行在外普通股加权平均股数
每股净资产	每股净资产 = 普通股股东权益 ÷ 发行在外普通股股数
每股营业收入	每股营业收入 = 营业收入 ÷ 发行在外普通股加权平均股数

解题高手

命题角度：考查不同市价比率的计算。

在市价比率的计算中，以下易错点需要特别注意：

（1）归属于普通股股东净利润 = 净利润 − 优先股股息。

（2）普通股股东权益 = 股东权益总额 − 优先股的清算价值及全部拖欠的股息。

（3）计算每股净资产时，分子是普通股股东权益，属于时点数，因此分母可以直接取流通在外普通股股数，不需要加权。但计算每股收益和每股营业收入时，分子属于时期数，分母应选择发行在外普通股加权平均股数与之匹配。

（4）发行在外普通股加权平均股数 = 期初发行在外普通股股数 + 当期新发行普通股股数 × 已发行时间 ÷ 报告期时间 − 当期回购普通股股数 × 已回购时间 ÷ 报告期时间。

（5）新发行股票在计算股数时要考虑时间权重，因为有新的资本投入，而不同时间投入资本的价值不同。当年派发股票股利、资本公积转增资本、拆股、并股和送股虽然也会影响股数，但没有新的资本投入，并不会影响所有者权益总额，所以在计算发行在外普通股的加权平均股数时不需要考虑时间权重。

典例研习·2-14 （单项选择题）

甲公司 2016 年初流通在外普通股 8 000 万股、优先股 500 万股；2016 年 6 月 30 日增发普通股 4 000 万股。2016 年末股东权益合计 35 000 万元，优先股每股清算价值 10 元，无拖欠的累积优先股股息。2016 年末甲公司普通股每股市价 12 元，市净率是（　　）。

A. 2.8　　B. 4.8　　C. 4　　D. 5

斯尔解析 本题考查市净率的计算。普通股股东权益 =35 000−500×10=30 000（万元），每股净资产 =30 000÷（8 000+4 000）=2.5（元 / 股），市净率 = 每股市价 ÷ 每股净资产 =12÷2.5=4.8，选项 B 当选。

本题答案 B

典例研习·2-15 （计算分析题）

甲公司 2024 年初发行在外普通股 100 万股，优先股 10 万股，优先股股息为每股 2 元，优先股清算价值为每股 20 元，无累计拖欠的优先股股息。2024 年 6 月 30 日，甲公司增发普通股 40 万股。甲公司 2024 年营业收入为 3 000 万元、净利润为 200 万元，2024 年末股东权益为 760 万元。2024 年末普通股每股市价 36 元。

要求：

分别计算甲公司 2024 年的市盈率、市净率和市销率。

斯尔解析

（1）市盈率。

①发行在外普通股加权平均股数 =100+40×（6÷12）=120（万股）。

②归属于普通股股东净利润 =200−10×2=180（万元）。

③每股收益 =180÷120=1.5（元 / 股）。

④市盈率 =36÷1.5=24（倍）。

（2）市净率。

①年末发行在外普通股股数 =100+40=140（万股）。

②年末普通股股东权益 =760−10×20=560（万元）。

③年末每股净资产 =560÷140=4（元 / 股）。

④市净率 =36÷4=9（倍）。

（3）市销率。

①每股营业收入 =3 000÷120=25（元 / 股）。

②市销率 =36÷25=1.44（倍）。

六、杜邦分析体系（★★）

杜邦分析体系，是利用各主要财务比率之间的内在联系，对公司财务状况和经营成果进行综合评价的系统方法。该体系以权益净利率为核心，以总资产净利率和权益乘数为分解因素，重点揭示公司获利能力及杠杆水平对权益净利率的影响，以及各相关指标间的相互关系。

（一）核心比率及基本框架

权益净利率

$$=\frac{净利润}{股东权益}$$

$$=\frac{净利润}{总资产}\times\frac{总资产}{股东权益}=总资产净利率\times权益乘数$$

$$=\frac{净利润}{营业收入}\times\frac{营业收入}{总资产}\times\frac{总资产}{股东权益}=营业净利率\times总资产周转次数\times权益乘数$$

三因素法	含义	两因素法
营业净利率	每 1 元营业收入所带来的利润是多少，反映了公司的定价策略以及控制经营成本的能力，体现的是盈利能力，是利润表的概括	总资产净利率（反映经营风险和获利能力）
总资产周转次数	衡量每 1 元资产所带来的收入是多少，体现的是企业的营运能力，是联系利润表和资产负债表的纽带	
权益乘数	受行业属性和资产特性的影响，体现了公司的偿债能力和财务杠杆程度，是对资产负债表的概括	权益乘数（反映财务风险和杠杆水平）

（二）指标间关系的解读

（1）营业净利率和总资产周转次数的关系可以反映公司的经营战略。

一些公司营业净利率较高，而总资产周转次数较低（“高盈利、低周转”）；另一些公司与之相反，总资产周转次数较高，而营业净利率较低（“低盈利、高周转”），两者经常呈反方向变化。

采取“高盈利、低周转”还是“低盈利、高周转”的方针，是企业根据外部环境和自身资源作出的战略选择。正因如此，仅从营业净利率的高低并不能看出业绩好坏，应把它与总资产周转次数联系起来考察企业经营战略。

真正重要的是两者共同作用得到的总资产净利率。总资产净利率可以反映管理者运用企业资产赚取盈利的业绩，能够体现企业最重要的盈利能力。

（2）财务杠杆（以权益乘数表示）可以反映企业的财务政策。

在总资产净利率不变的情况下，提高财务杠杆可以提高权益净利率，但同时也会增加财务风险。如何配置财务杠杆是公司最重要的财务政策。

提示：为了控制总风险，公司往往会根据自身经营风险，反向搭配财务杠杆。

典例研习·2-16 单项选择题

某公司2015年与上年度相比，营业收入增长10.9%，净利润增长8.8%，平均资产总额增加12.6%，平均负债总额增加10.5%。则该公司2015年的权益净利率与上一年相比应是（　　）。

A. 下降　　　　B. 不变

C. 上升　　　　D. 不确定

斯尔解析 本题考查杜邦分析体系。权益净利率＝营业净利率×总资产周转次数×权益乘数，营业收入增长10.9%，净利润增长8.8%，营业净利率下降；营业收入增长10.9%，平均资产总额增加12.6%，总资产周转次数下降；平均资产总额增加12.6%，平均负债总额增加10.5%，资产负债率下降。由于资产负债率、产权比率和权益乘数同方向变动，权益乘数也下降。所以，2015年权益净利率与上年相比下降，选项A当选。

本题答案 A

典例研习·2-17 单项选择题

甲公司处于快速发展阶段，2023年至2024年销售收入由5 000万元增长至8 000万元，净利润由800万元增长至1 000万元，总资产周转次数由0.5增长至0.8，甲公司2023年的权益净利率为20%，假设资本结构不变，2024年的权益净利率为（　　）。

A. 32%　　　　B. 15.63%

C. 26.31%　　　　D. 25%

斯尔解析 本题考查杜邦分析体系。2023年权益净利率＝营业净利率×总资产周转次数×权益乘数=800÷5 000×100%×0.5×权益乘数=20%，2023年权益乘数=20%÷（800÷5 000×100%×0.5）=2.5，因为资本结构不变，所以2024年权益乘数=2023年权

益乘数 =2.5，则 2024 年权益净利率 = 营业净利率 × 总资产周转次数 × 权益乘数 =1 000 ÷ 8 000 × 100% × 0.8 × 2.5=25%，选项 D 当选。

本题答案 D

（三）杜邦分析体系的局限性

（1）计算总资产净利率的“总资产”与“净利润”不匹配。

总资产是全部资产提供者（包括无息和有息负债债权人以及股东）享有，而净利润则专属于股东，两者不匹配，不能反映实际的报酬率。

（2）没有区分金融活动损益与经营活动损益。

对于大多数公司来说，金融活动是净筹资，它们在金融市场上主要是筹资，而不是投资，应与经营活动相区别。

（3）没有区分金融资产与经营资产。

从财务管理角度看，金融资产是尚未投入实际经营活动的资产，应将其与经营资产相区别。

（4）没有区分金融负债与经营负债。

一方面，经营负债没有固定成本和杠杆作用，将其计入财务杠杆，会歪曲杠杆的实际效应；另一方面，区分金融负债和经营负债后，才能准确计算出真正的平均利息率（利息 / 金融负债）和符合实际的财务杠杆（金融负债 / 股东权益）。

七、管理用财务报表体系（★★★）

2-2-7

（一）基本思想

1. 将公司活动分为经营活动和金融活动两种

经营活动指销售商品或提供劳务等营业活动以及与此相关的生产性资产投资活动；金融活动指筹资活动以及多余资本的利用。

维度	经营活动	金融活动
资产负债表	经营资产	金融资产
	经营负债	金融负债
利润表	税前经营利润	税前金融利润
	经营所得税	金融所得税
	经营损益	金融损益
现金流量表	经营现金流量	金融现金流量

原理详解

构建管理用财务报表的基本逻辑

在将报表数据分为经营类和金融类的时候，一定要从最根本的经营活动和金融活动出发，秉承一脉相承的思想，去重构资产负债表、利润表和现金流量表。

经营活动所需的资产称为经营资产，经营活动涉及的负债称为经营负债，经营活动产生的损益称为经营损益，经营活动涉及的现金流量称为经营现金流量。

金融活动涉及的资产称为金融资产，金融活动涉及的负债称为金融负债，金融活动产生的损益称为金融损益，金融活动涉及的现金流量称为金融现金流量。

2. 保留原报表的基本思想

所有者权益和净利润的金额与对应关系，不会因为报表体系的重构而发生变化，即报表重构并不会改变股东的投入和产出。

（二）管理用资产负债表

1. 编制过程

第一步：将总资产划分为经营资产和金融资产，将总负债划分为金融负债和经营负债。

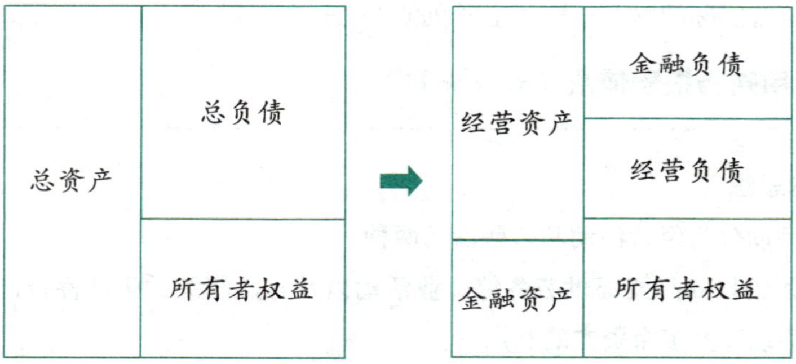

第二步：将经营资产和经营负债集中在一起形成净经营资产，将金融负债和金融资产集中在一起形成净负债。

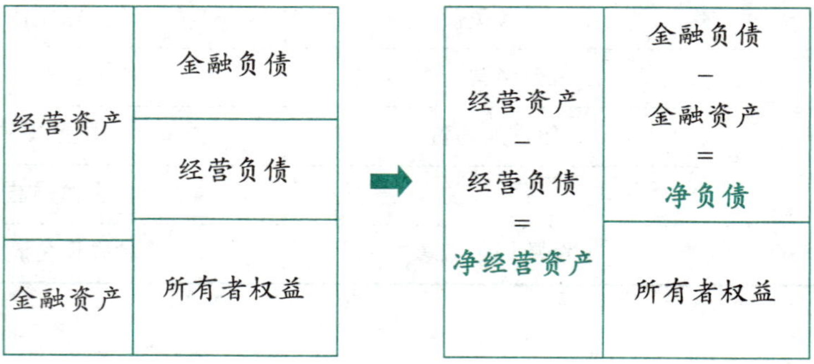

第三步：按照流动性，将净经营资产分为经营营运资本和净经营（性）长期资产。

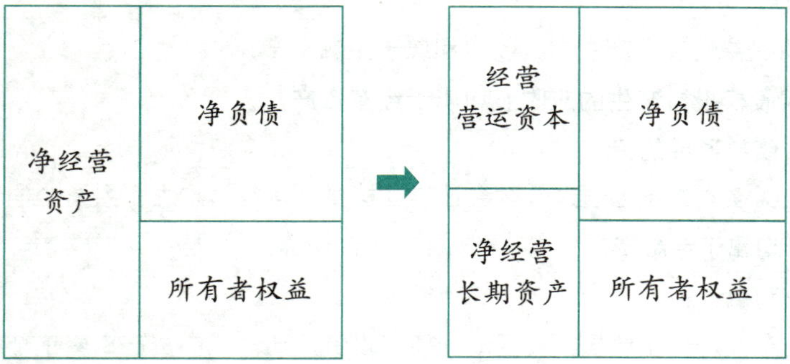

2. 基本等式

资产 = 负债 + 所有者权益

经营资产 + 金融资产 = 经营负债 + 金融负债 + 所有者权益

经营资产 − 经营负债 = 金融负债 − 金融资产 + 所有者权益

净经营资产 = 净负债 + 所有者权益

净经营资产 = 经营资产 − 经营负债

= （经营性流动资产 + 经营性长期资产）−（经营性流动负债 + 经营性长期负债）

= （经营性流动资产 − 经营性流动负债）+（经营性长期资产 − 经营性长期负债）

= 经营营运资本 + 净经营长期资产

净负债 = 净金融负债 = 金融负债 − 金融资产

解题高手

命题角度：根据传统资产负债表编制管理用资产负债表。

编制管理用资产负债表时需重点关注的项目：

（1）经营资产和金融资产的区分。

①货币资金。

常见的处理方式有三种（具体如何处理，题干会直接给定）：

a. 全部列为经营资产。

b. 根据经营活动需要的货币资金与营业收入的关系及本期营业收入，推算经营活动所需货币资金，多余部分列为金融资产。

c. 全部列为金融资产。

②购买股票形成的资产。

a. 若形成长期股权投资，则属于经营性资产，因为长期股权投资的目的是从被投资方的经营活动中获益。

b. 若不能形成长期股权投资，则属于多余资金的利用，应归属于金融资产。

③应收股利。

a. 短期权益性投资产生的应收股利属于金融资产。

b. 长期股权投资产生的应收股利属于经营资产。

④购买债券形成的资产。

企业购买债券，不论通过什么会计科目核算，其行为均为多余资金的利用活动，形成的资产均属于金融资产。

⑤应收利息。

应收利息，产生于债权投资活动，债权投资活动形成的资产均属于金融资产。

⑥合同资产。

合同资产产生于销售活动，属于经营资产。

（2）经营负债和金融负债的区分。

①应付股利（包括普通股股利和优先股股利）和应付利息。

属于金融负债，因为两者均产生于企业的筹资活动。

②优先股。

属于金融负债，因为从普通股股东角度看，优先股也是企业的筹资活动。

③合同负债。

属于经营负债，因为合同负债产生于销售活动。

典例研习·2-18 多项选择题

甲公司是一家非金融企业，在编制管理用资产负债表时，下列资产中属于金融资产的有（　　）。

A. 短期债券投资

B. 长期债券投资

C. 短期股票投资

D. 长期股权投资

斯尔解析 本题考查管理用资产负债表。对于非金融企业，进行短期债券投资、长期债券投资、短期股票投资，都是利用多余资金进行投资形成的资产，都属于金融资产，选项ABC当选。长期股权投资的目的是从被投资方的经营活动中获益，属于经营资产，选项D不当选。

本题答案 ABC

（三）管理用利润表

1. 编制过程

第一步：识别传统利润表中各项目的性质。

传统利润表主要项目	性质
一、营业收入	经营类
减：营业成本	经营类
税金及附加	经营类
销售费用	经营类
管理费用	经营类
财务费用	金融类和经营类均有可能。 不过在历年考题中，均有财务费用全部是利息支出的相关表述，此时应将其归入金融类
资产减值损失	经营资产带来的资产减值损失归入经营类。 金融资产带来的减值损失归入金融类
加：公允价值变动损益	原则上需要根据产生公允价值变动的资产类型进行分类。但历年真题涉及的公允价值变动损益，通常来自金融资产，因此应归入金融类
投资收益	**若产生于长期股权投资，属于经营类。** **若产生于金融资产，属于金融类**
……	……
二、营业利润	混合项目
加：营业外收入	具体情况具体分析，历年考试尚未涉及
减：营业外支出	具体情况具体分析，历年考试尚未涉及
三、利润总额	混合项目
减：所得税费用	混合项目
四、净利润	混合项目

第二步：将经营类项目归类分析。

（1）计算税前经营利润。

税前经营利润＝经营类收入之和－经营类成本之和

其中，经营类收入主要指的是营业收入，经营类成本主要指营业成本、销售费用、管理费用等。

（2）计算经营利润所得税。

经营利润所得税＝税前经营利润×平均所得税税率

其中，平均所得税税率＝所得税费用÷利润总额。

（3）计算税后经营净利润。

税后经营净利润＝税前经营利润－经营利润所得税

第三步：将金融类项目归类分析。

（1）计算（广义）利息费用。

（广义）利息费用 = 金融类费用之和 − 金融类收入之和

其中，金融类费用的典型代表是利息支出和金融资产公允价值变动带来的损失等，金融类收入的典型代表是利息收入和金融资产投资收益等。

（2）计算利息费用抵税。

利息费用抵税 =（广义）利息费用 × 平均所得税税率

（3）计算税后利息费用。

税后利息费用 =（广义）利息费用 − 利息费用抵税

第四步：将经营类项目和金融类项目汇总分析。

（1）计算利润总额。

税前经营利润 −（广义）利息费用 = 利润总额

（2）计算所得税费用。

经营利润所得税 − 利息费用抵税 = 所得税费用

（3）计算净利润。

税后经营净利润 − 税后利息费用 = 净利润

其中，经营损益 = 税后经营净利润，金融损益 =− 税后利息费用，经营损益 + 金融损益 = 净利润。

解题高手

命题角度：考查平均所得税税率的应用。

平均所得税税率 = 所得税费用 ÷ 利润总额

在实务中，税后利息费用和税后经营净利润的计算，原则上应采用平均所得税税率，而非企业适用的所得税税率。但在做题时，需要全面阅读题干内容，特别是报表注释。

如果题干将企业的各项损益分成不同类别，分别适用不同的所得税税率（比如，有些损益适用 25% 的所得税税率，有些损益免税），则在计算经营损益和金融损益时，要根据各项损益各自适用的税率分别计算，否则应根据平均所得税税率计算。

典例研习·2-19 计算分析题

甲公司是一家通用设备制造企业，拟采用管理用报表进行财务分析。相关资料如下：

（1）甲公司 2018 年主要财务报表数据（单位：万元）。

资产负债表项目	2018 年末
货币资金	1 400
应收账款	5 600

续表

资产负债表项目	2018 年末
存货	10 500
固定资产	38 500
资产总计	56 000
应付账款	14 000
长期借款	14 000
股东权益	28 000
负债及股东权益总计	56 000

利润表项目	2018 年
营业收入	70 000
减：营业成本	42 000
税金及附加	2 240
销售和管理费用	14 000
财务费用	1 120
利润总额	10 640
减：所得税费用	2 660
净利润	7 980

（2）甲公司货币资金全部为经营活动所需，财务费用全部为利息支出。甲公司的企业所得税税率 25%。

要求：

编制甲公司 2018 年管理用财务报表（结果填入下方表格中，不用列出计算过程）。

单位：万元

管理用资产负债表项目	2018 年末
经营性资产	
经营性负债	
净经营资产	
金融负债	
金融资产	
净负债	
股东权益	
净负债及股东权益总计	

单位：万元

管理用利润表项目	2018 年
税前经营利润	
减：经营利润所得税	
税后经营净利润	
利息费用	
减：利息费用抵税	
税后利息费用	
净利润	

斯尔解析

单位：万元

管理用资产负债表项目	2018 年末
经营性资产	56 000
经营性负债	14 000
净经营资产	42 000
金融负债	14 000
金融资产	0
净负债	14 000
股东权益	28 000
净负债及股东权益总计	42 000

单位：万元

管理用利润表项目	2018 年
税前经营利润	11 760
减：经营利润所得税	2 940
税后经营净利润	8 820
利息费用	1 120
减：利息费用抵税	280
税后利息费用	840
净利润	7 980

2. 管理用资产负债表与利润表之间的数据关系

税后经营净利润	=	税后利息费用	+	净利润
÷		÷		÷
净经营资产	=	净负债	+	股东权益
=		=		=
净经营资产净利率（反映公司投产比）		税后利息率（反映债权人投产比）		权益净利率（反映股东投产比）

精准答疑

问题 1： 如何辨析营业利润、利润总额、净利润、息税前利润、税前经营利润及税后经营净利润？

解答 1： 首先，我们先看看以上利润指标哪些属于传统利润表，哪些又属于管理用利润表。

（1）属于传统利润表的指标：营业利润、利润总额、净利润及息税前利润。

（2）属于管理用利润表的指标：税前经营利润、税后经营净利润及净利润。

管理用利润表强调经营损益和金融损益的区分，因此指标中带有“经营”两字的一般属于管理用利润表指标，而净利润并不会因为报表重构发生变化，因此两张利润表中净利润保持不变。息税前利润是基于传统利润表构建的财务指标。

其次，我们再来分别看下这些利润的形成过程：

（1）传统利润表：营业利润是在营业收入的基础上扣除营业成本、税金及附加等成本费用计算得出的；利润总额是在营业利润的基础上考虑营业外收支项目；而净利润是在利润总额的基础上考虑了所得税。

息税前利润 = 收入 − 费用（不包括利息费用和所得税费用）（直接法）

（2）管理用利润表：

①税前经营利润 = 经营类收入之和 − 经营类成本之和。

②税后经营净利润 = 税前经营利润 − 经营所得税。

③净利润 = 税后经营净利润 − 税后利息费用。

（3）我们再来对比下大家比较容易混淆的“税前经营利润”和“息税前利润”。按照直接法计算两个指标的公式如下：

①税前经营利润 = 经营类收入之和 − 经营类成本之和。

②息税前利润 = 收入 − 费用（不包括利息费用和所得税费用）。

通常情况下，经营类收入指的就是传统利润表中的营业收入，即两个指标中收入的含义通常相同。

因此，两个指标的区别点在于计算公式中成本费用的构成。比如交易性金融资产公允价值变动产生的损失，属于金融损益，因此在按照直接法计算税前经营利润时，无须考虑该损失带来的影响。但是该公允价值变动损失，不属于利息费用，也不属于所得税费用，因此在按照直接法计算息税前利润时，应当考虑它的影响。

所以，“税前经营利润”并不能直接和“息税前利润”划等号。但是在历年考题给出的传统利润表中，归属于金融损益的项目通常只有利息支出，此时税前经营利润和息税前利润在数值上是相等的。

问题 2： 广义的利息费用与狭义的利息费用有何区别，广义利息费用是否包含资本化利息？

解答 2：（1）狭义利息费用，指的是传统利润表中的费用化利息。

（2）广义利息费用，是对传统利润表进行分析，将计入金融损益的各项目归类之后产生的一个指标，即：广义利息费用 = 金融类费用之和 − 金融类收入之和。

比如，交易性金融资产产生的公允价值变动损失，是不影响狭义利息费用的，但却影响广义利息费用。

同时，需要注意的是，广义利息费用的计算基础是传统的利润表。资本化利息既然不会影响传统的利润表，也就不会影响广义利息费用。

（四）管理用现金流量表

管理用现金流量表，将企业现金流量分为经营现金流量和金融现金流量。

1. 经营现金流量

（1）经营活动现金流量的含义。

经营活动现金流量，又称为**实体现金流量**，是指企业因销售商品或提供劳务等营业活动以及与此有关的生产性资产投资活动产生的现金流量。它是企业全部现金流入扣除成本费用和必要的投资后的剩余部分，是企业**一定期间可以提供给所有投资者（债权人和股东）的税后现金流量**。

（2）经营活动相关现金流量的计算。

①营业现金（毛）流量。

营业现金毛流量是指企业全部现金流入扣除成本费用的现金流出后形成的现金流量。

为方便计算，通常假设企业的营业收入当期全部收现，因此企业的全部现金流入指的是企业的营业收入。而成本费用引起的现金流出，包括企业因支付付现的营业费用和所得税产生的现金流出。因此可得：

营业现金（毛）流量 = 营业收入 − 付现营业费用 − 所得税（直接法）

对上述公式变形后，可以得到另外两种计算公式：

营业现金（毛）流量 = 税后经营净利润 + 折旧与摊销（间接法）

营业现金（毛）流量 = 税后营业收入 − 税后付现营业费用 + 折旧与摊销抵税额（分算法）

提示：公式中的“折旧与摊销”为按照税法计税基础确定的折旧与摊销，“所得税”指经营所得税。

原理详解

营业现金（毛）流量计算公式的推导过程

营业现金（毛）流量

=营业收入−付现营业费用−所得税（直接法）

=营业收入−（营业费用−折旧与摊销）−所得税

=税前经营利润+折旧与摊销−所得税

=税后经营净利润+折旧与摊销（间接法）

=（营业收入−付现营业费用−折旧与摊销）×（1−税率）+折旧与摊销

=营业收入×（1−税率）−付现营业费用×（1−税率）+折旧与摊销×税率

=税后营业收入−税后付现营业费用+折旧与摊销抵税额（分算法）

②营业现金净流量。

营业现金净流量，是指在营业现金（毛）流量的基础上，扣除企业在经营类短期资产的投资额而形成的现金流量。

其中，企业在经营类短期资产上的投资额，体现为经营营运资本的增加。因此：

营业现金净流量 = 营业现金（毛）流量 − 经营营运资本增加

③实体现金流量。

实体现金流量，是指在营业现金净流量的基础上，扣除企业在经营类长期资产的投资额而形成的现金流量。

其中，企业在经营类长期资产上的投资额，被称为资本支出。因此：

实体现金流量 = 营业现金净流量 − 资本支出

= 税后经营净利润 + 折旧与摊销 − 经营营运资本增加 −（净经营长期资产增加 + 折旧与摊销）

= 税后经营净利润 − 净经营资产增加

精准答疑

问题：如何理解资本支出的计算公式？

解答：资本支出 = 净经营长期资产期末原值 − 净经营长期资产期初原值

净经营长期资产期末原值 = 净经营长期资产期末账面价值 + 期末累计折旧与摊销

净经营长期资产期初原值 = 净经营长期资产期初账面价值 + 期初累计折旧与摊销

资本支出 = 净经营长期资产期末账面价值 + 期末累计折旧与摊销 −（净经营长期资产期初账面价值 + 期初累计折旧与摊销）

=（净经营长期资产期末账面价值 − 净经营长期资产期初账面价值）+（期末累计折旧与摊销 − 期初累计折旧与摊销）

= 净经营长期资产增加 +（本期）折旧与摊销

2. 金融现金流量（站在投资者角度判断 +/−）

金融现金流量，又称为融资现金流量，是指企业因筹资活动和金融市场投资活动而产生的现金流量，包括债务现金流量和股权现金流量。

（1）债务现金流量（站在债权人角度判断 +/−）。

债务现金流量，是指企业与债权人之间的交易形成的现金流，包括支付利息、偿还或借入债务以及金融资产购入或出售。

债务现金流量 = 税后利息费用 − 借入金融负债 + 偿还金融负债

= 税后利息费用 −（借入金融负债 − 偿还金融负债）

= 税后利息费用 − 净负债增加

提示：金融资产可视为金融负债的抵减项，购入金融资产视为偿还金融负债，出售金融资产视为借入金融负债。

（2）股权现金流量（站在股东角度判断 +/−）。

股权现金流量，是指企业与股东之间的交易形成的现金流，包括股利分配、股份发行和回购等。

股权现金流量 = 股利分配 − 股票发行 + 股票回购

=（净利润 − 利润留存）− 股票发行 + 股票回购

= 净利润 −（利润留存 + 股票发行 − 股票回购）

= 净利润 − 股东权益增加

（3）融资现金流量。

融资现金流量 = 金融现金流量

= 债务现金流量 + 股权现金流量

= 税后利息费用 − 净负债增加 + 净利润 − 股东权益增加

= 税后经营净利润 − 净经营资产增加

3. 实体现金流量与融资现金流量的平衡关系

从实体现金流的来源来看，实体现金流量是营业现金毛流量超出经营营运资本增加和资本支出的部分，即来自经营活动；从实体现金流的去向分析，实体现金流量被用于债务融资活动和权益融资活动，即被用于金融活动。因此：

营业现金毛流量 − 经营营运资本增加 − 资本支出 = 债务现金流量 + 股权现金流量

经营现金流量 = 实体现金流量 = 融资现金流量 = 金融现金流量

税后经营净利润	−	税后利息费用	=	净利润
‖		‖		‖
净经营资产（增加）	−	净负债（增加）	=	股东权益（增加）
‖		‖		‖
实体现金流量	−	债务现金流量	=	股权现金流量

典例研习 · 2-20 多项选择题

甲公司 2023 年的税后经营净利润为 250 万元，折旧和摊销为 55 万元，经营营运资本净增加 80 万元，分配股利 50 万元，税后利息费用为 65 万元，净负债增加 50 万元，公司当年未发行权益证券。下列说法中，正确的有（　　）。

A. 公司 2023 年的营业现金毛流量为 225 万元

B. 公司 2023 年的债务现金流量为 50 万元

C. 公司 2023 年的实体现金流量为 65 万元

D. 公司 2023 年的资本支出为 160 万元

斯尔解析 本题考查管理用现金流量表相关流量的计算。2023 年的营业现金毛流量 =250+55=305（万元），选项 A 不当选。2023 年的债务现金流量 =65−50=15（万元），选项 B 不当选。2023 年的股权现金流量 =50−0=50（万元），2023 年的实体现金流量 =15+50=65（万元），选项 C 当选。2023 年资本支出 =305−80−65=160（万元），选项 D 当选。

本题答案 CD

（五）管理用财务分析体系

1. 管理用财务报表体系下的相关财务比率

指标	计算公式
净利润	净利润 = 税后经营净利润 − 税后利息费用
权益净利率	权益净利率 = 净利润 ÷ 股东权益
净经营资产净利率	净经营资产净利率 = 税后经营净利润 ÷ 净经营资产
税后利息率	税后利息率 = 税后利息费用 ÷ 净负债
净财务杠杆	净财务杠杆 = 净负债 ÷ 股东权益
税后经营净利率	税后经营净利率 = 税后经营净利润 ÷ 营业收入
净经营资产周转次数	净经营资产周转次数 = 营业收入 ÷ 净经营资产

续表

指标	计算公式
经营营运资本周转次数	经营营运资本周转次数 = 营业收入 ÷ 经营营运资本
净经营长期资产周转次数	净经营长期资产周转次数 = 营业收入 ÷ 净经营长期资产

2. 核心公式

虽然管理用财务分析体系的核心指标仍然是权益净利率，但与杜邦分析体系不同的是，该权益净利率是基于管理用财务报表项目进行计算的。

（1）推导过程。

权益净利率

$$=\frac{税后经营净利润}{股东权益}-\frac{税后利息费用}{股东权益}$$

$$=\frac{税后经营净利润}{净经营资产}\times\frac{净经营资产}{股东权益}-\frac{税后利息费用}{净负债}\times\frac{净负债}{股东权益}$$

$$=\frac{税后经营净利润}{净经营资产}\times\left(1+\frac{净负债}{股东权益}\right)-\frac{税后利息费用}{净负债}\times\frac{净负债}{股东权益}$$

$$=\frac{税后经营净利润}{净经营资产}+\frac{税后经营净利润}{净经营资产}\times\frac{净负债}{股东权益}-\frac{税后利息费用}{净负债}\times\frac{净负债}{股东权益}$$

= 净经营资产净利率 +（净经营资产净利率 − 税后利息率）× 净财务杠杆

（2）公式变形。

权益净利率

= 净经营资产净利率 +（净经营资产净利率 − 税后利息率）× 净财务杠杆

= 净经营资产净利率 + 经营差异率 × 净财务杠杆

= 净经营资产净利率 + 杠杆贡献率

其中，净经营资产净利率可进一步分解：

$$净经营资产净利率=\frac{税后经营净利润}{净经营资产}$$

$$=\frac{税后经营净利润}{营业收入}\times\frac{营业收入}{净经营资产}$$

= 税后经营净利率 × 净经营资产周转次数

由此可知，权益净利率的驱动因素包括：净经营资产净利率、税后利息率、净财务杠杆。其中，净经营资产净利率的驱动因素又包括：税后经营净利率与净经营资产周转次数。

典例研习·2-21 （单项选择题）

假设其他因素不变，在净经营资产净利率大于税后利息率的情况下，下列变动中，不利于提高杠杆贡献率的是（　　）。

A. 提高税后经营净利率　　B. 提高净经营资产周转次数

C. 提高税后利息率　　D. 提高净财务杠杆

斯尔解析 本题考查管理用财务分析体系。杠杆贡献率 = （净经营资产净利率 − 税后利息率）× 净财务杠杆 = （税后经营净利率 × 净经营资产周转次数 − 税后利息率）× 净财务杠杆，由上式可以看出，在其他因素不变以及净经营资产净利率大于税后利息率的情况下，提高税后经营净利率、提高净经营资产周转次数和提高净财务杠杆都有利于提高杠杆贡献率，选项 ABD 不当选。提高税后利息率会使得杠杆贡献率下降，选项 C 当选。

本题答案 C

第三节 财务预测的步骤和方法

一、财务预测的含义和意义

（一）财务预测的含义

狭义的财务预测仅指**估计公司未来融资需求**，广义的财务预测包括编制预计的财务报表。

（二）财务预测的意义

（1）财务预测是融资计划的前提。

（2）财务预测有助于改善投资决策。

（3）预测有助于应变。

二、财务预测的步骤和方法

（一）财务预测的步骤

销售预测 → 估计经营资产和经营负债 → 估计各项费用和留存收益 → 估计所需外部融资需求

（二）财务预测的方法

方法	解读
销售百分比法	是根据资产负债表和利润表中有关项目与营业收入之间的依存关系预测资金需求量的一种方法
回归分析法	利用一系列历史资料求得各资产负债表项目和营业收入的函数关系，然后基于预计营业收入预测资产、负债数量，最后预测融资需求
运用信息技术预测	影响融资需求的变量有很多，如产品组合、信用政策、价格政策等。考虑这些变量的预测模型在手工条件下非常难求解，需要借助信息技术方可完成。运用信息技术进行财务预测的最简单方式，是使用电子表格软件

三、销售百分比法（★★）

（一）含义

销售百分比法是假设经营资产、经营负债与营业收入之间存在稳定的百分比关系，并根据预计营业收入和相应百分比预测资金需求量的一种方法。

提示：若存在经营资产、经营负债与营业收入的稳定百分比关系→净经营资产与营业收入存在稳定的百分比关系→净经营资产周转率不变。

（二）预测步骤

企业通常的融资优先顺序为“先内后外，先债后股”，具体如下：

动用可动用的金融资产→增加留存收益→增加金融负债→增发股票。

因此，运用销售百分比法预测的步骤如下：

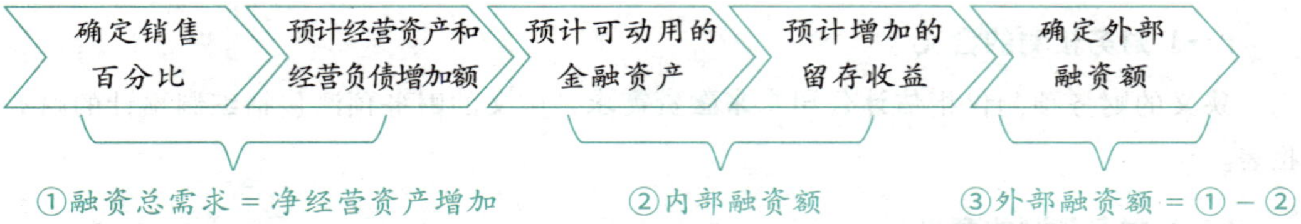

（1）确定经营资产和经营负债项目的销售百分比。

经营资产（或负债）销售百分比＝基期经营资产（或负债）÷基期营业收入

（2）预计经营资产和经营负债增加额。

①增长率法：

经营资产（或负债）增加额＝基期经营资产（或负债）×营业收入增长率

②百分比法：

经营资产（或负债）增加额＝营业收入增加额×经营资产（或负债）销售百分比

（3）计算融资总需求。

融资总需求＝经营资产增加额－经营负债增加额
＝净经营资产增加额
＝基期净经营资产×营业收入增长率
＝净经营资产销售百分比×营业收入增加额

（4）预计可动用的金融资产。

可动用的金融资产可以减少企业外部的资金需求，因此，如果有可动用的金融资产，应扣减该金融资产，形成新的融资需求。

（5）预计增加的留存收益。

预计增加的留存收益＝预计的利润留存
＝预计净利润×预计利润留存率
＝预计营业收入×预计营业净利率×（1－预计股利支付率）

精准答疑

问题 1： 留存收益、留存收益增加和利润留存有什么区别与联系？

解答 1： 通俗来讲，利润留存是当年净利润留在企业的部分；留存收益是企业从历年净利润中留存在企业的部分。因此，当年留存收益增加 = 当年年末留存收益 − 当年年初留存收益 = 当年利润留存。

假设 2020 年初新成立一家企业，成立之后每年的净利润均为 100 万元，利润留存率均为 50%，即每年的利润留存为 50 万元。则，第 1 年的利润留存 = 第 1 年留存收益的增加 =50（万元），第 1 年年末的留存收益 =50（万元）；第 2 年的利润留存 = 第 2 年留存收益的增加 =50（万元），第 2 年年末的留存收益 =50+50=100（万元）；第 3 年的利润留存 = 第 3 年留存收益的增加 =50（万元），第 3 年年末的留存收益 =100+50=150（万元）。

问题 2： 利润留存是否与营业收入存在稳定的百分比关系？

解答 2： 需要具体问题具体分析。利润留存 = 营业收入 × 营业净利率 × 利润留存率。当题目中指明营业净利率和利润留存率保持不变时，利润留存与营业收入会存在稳定的百分比关系。只要题目中明确表示，营业净利率和利润留存率有一个发生变化，则利润留存和营业收入就不会保持稳定的百分比关系。

净利润与营业收入的关系也同理。净利润 = 营业收入 × 营业净利率，当营业净利率保持不变时，净利润与营业收入会存在稳定的百分比关系，否则两者不存在稳定的百分比关系。

问题 3： 为什么只有留存收益的增加值才能被利用，以前账上趴着的留存收益累计额去哪了，为啥不能用？

解答 3： 企业过去实现的留存收益，已经形成企业的资产。这部分资产要么已经投入生产经营活动，要么形成多余的金融资产。因此，只有未来新增加的留存收益，才能满足企业企业未来的融资需求。

（6）确定外部融资额。

外部融资额 = 融资总需求 − 内部融资额

= 融资总需求 − 预计可动用的金融资产 − 预计增加的留存收益

典例研习 · 2-22 （计算分析题）

甲公司是一家新型建筑材料生产企业，为做好 2017 年财务规划，拟进行财务报表分析和预测。相关资料如下：

（1）甲公司 2016 年主要财务数据：

单位：万元

资产负债表项目	2016 年末
货币资金	600
应收账款	1 600
存货	1 500
固定资产	8 300
资产总计	12 000
应付账款	1 000
其他流动负债	2 000
长期借款	3 000
股东权益	6 000
负债及股东权益总计	12 000
利润表项目	**2016 年度**
营业收入	16 000
减：营业成本	10 000
税金及附加	560
销售费用	1 000
管理费用	2 000
财务费用	240
利润总额	2 200
减：所得税费用	550
净利润	1 650

（2）公司没有优先股且没有外部股权融资计划，股东权益变动均来自留存收益。公司采用固定股利支付率政策，股利支付率 60%。

（3）销售部门预测 2017 年公司营业收入增长率 10%。

（4）甲公司的企业所得税税率 25%。

要求：

假设 2017 年甲公司除长期借款外所有资产和负债与营业收入保持 2016 年的百分比关系，所有成本费用与营业收入的占比关系维持 2016 年水平，用销售百分比法初步测算公司 2017 年融资总需求和外部融资需求。

斯尔解析 如果2017年甲公司除长期借款外所有资产和负债与营业收入保持2016年的百分比关系，即所有资产均为经营资产，应付账款与其他流动负债为经营负债，可得出：

甲公司2017年净经营资产=12 000−1 000−2 000=9 000（万元）

2017年融资总需求=9 000×10%=900（万元）

2017年外部融资需求=融资总需求−可动用金融资产−留存收益的增加

=900−0−16 000×（1+10%）×1 650÷16 000×（1−60%）=174（万元）

第四节 增长率与资本需求的测算

从资本来源看，公司实现增长（收入增长）有三种方式：

方式	含义	特点	应用
完全依靠内部资本增长	无法取得或不愿意借款，主要靠内部积累实现增长	资本积累有限，企业发展受限	内含增长率
主要依靠外部资本增长	销售增长主要依靠增加债务筹资和增发股票筹资来实现	加大财务风险、分散控制权、稀释每股收益	外部融资额测算
平衡增长	保持目前的资本结构，按照股东权益内源融资的增长比例增加借款	不会增加财务风险，一般也不会消耗公司的财务资源，是一种可持续的增长	可持续增长率

一、内含增长率的测算（★）

2-4-1

（一）内含增长率的含义与假设

销售增长会引起资本需求增长，其中，**只靠内部积累（即增加留存收益）实现的销售增长**，其销售增长率被称为“内含增长率”，其假设是可动用的金融资产和外部融资额均为0，经营资产（负债）销售百分比保持不变。

（二）外部融资销售增长比

代表每增加1元营业收入需要追加的外部融资额，假设可动用的金融资产为0，经营资产销售百分比与经营负债销售百分比保持不变，则计算公式如下：

$$外部融资销售增长比=\frac{外部融资额}{营业收入增加额}=经营资产销售百分比-经营负债销售百分比-[(1+增长率)\div 增长率]\times 预计营业净利率\times(1-预计股利支付率)$$

（三）内含增长率的测算

公式一：

假设可动用的金融资产为0，经营资产销售百分比、经营负债销售百分比保持不变，

内含增长率为 g，则计算公式如下：

经营资产销售百分比 − 经营负债销售百分比 − [（1+g）÷g] × 预计营业净利率 ×（1− 预计股利支付率）=0

净经营资产销售百分比 − [（1+g）÷g] × 预计营业净利率 × 预计利润留存率 =0

解方程，即可得到内含增长率 g。

公式二：

$$g=\frac{\text{预计营业净利率}\times\text{净经营资产周转次数}\times\text{预计利润留存率}}{1-\text{预计营业净利率}\times\text{净经营资产周转次数}\times\text{预计利润留存率}}$$

或，

$$g=\frac{\dfrac{\text{预计净利润}}{\text{预计净经营资产}}\times\text{预计利润留存率}}{1-\dfrac{\text{预计净利润}}{\text{预计净经营资产}}\times\text{预计利润留存率}}$$

提示：注意辨析以上公式中的“$\dfrac{\text{预计净利润}}{\text{预计净经营资产}}$”并不等于预计的净经营资产净利率，净经营资产净利率的分子是税后经营净利润，取自管理用利润表。

典例研习·2-23 计算分析题

甲公司上年营业收入为 3 000 万元，经营资产为 2 000 万元，经营资产销售百分比为 66.67%，经营负债为 185 万元，经营负债销售百分比为 6.17%，净利润为 135 万元。假设经营资产销售百分比和经营负债销售百分比保持不变，可动用的金融资产为 0，营业净利率保持 4.5% 不变，预计股利支付率为 30%。

要求：

根据上述指标，计算甲公司的内含增长率。

斯尔解析

计算方法一：

净经营资产销售百分比 − [（1+g）÷g] × 预计营业净利率 × 预计利润留存率 =0

66.67%−6.17%− [（1+g）÷g] ×4.5%×（1−30%）=0

解方程可得：内含增长率 =5.49%。

计算方法二：

由于已知营业净利率保持不变，经营资产销售百分比和经营负债销售百分比保持不变，则净利润增长率、净经营资产增长率都等于收入增长率。因此，计算时，可使用基期数据替代预期数据。

$$g=\frac{\dfrac{\text{预计净利润}}{\text{预计净经营资产}}\times\text{利润留存率}}{1-\dfrac{\text{预计净利润}}{\text{预计净经营资产}}\times\text{利润留存率}}=\frac{\dfrac{135}{2\,000-185}\times(1-30\%)}{1-\dfrac{135}{2\,000-185}\times(1-30\%)}=5.49\%$$

典例研习 · 2-24 单项选择题

甲公司 2015 年经营资产销售百分比 70%，经营负债销售百分比 15%，销售净利率 8%。假设公司 2016 年上述比率保持不变，没有可动用的金融资产，不打算进行股票回购，并采用内含增长方式支持销售增长。为实现 10% 的销售增长目标，预计 2016 年股利支付率为（ ）。

A. 37.5%　　B. 42.5%　　C. 57.5%　　D. 62.5%

斯尔解析 本题考查内含增长率。0= 经营资产销售百分比 − 经营负债销售百分比 − [（1+ 增长率）÷ 增长率] × 预计销售净利率 ×（1− 预计股利支付率）=70%−15%−[（1+10%）÷10%] ×8%×（1− 股利支付率），股利支付率 =37.5%，选项 A 当选。

本题答案 A

（四）内含增长率与实际增长率的关系

（1）当实际增长率 = 内含增长率时，外部融资需求为零。

（2）当实际增长率 > 内含增长率时，外部融资需求为正数。

（3）当实际增长率 < 内含增长率时，外部融资需求为负数，即销售实现了实际增长率，资金还会有剩余，可用于发放股利或进行短期投资。

（五）内含增长率的影响因素

根据内含增长率的公式：

$$g=\frac{\text{预计营业净利率}\times\text{净经营资产周转次数}\times\text{预计利润留存率}}{1-\text{预计营业净利率}\times\text{净经营资产周转次数}\times\text{预计利润留存率}}$$

可知：预计营业净利率、净经营资产周转次数和预计利润留存率越高，内含增长率越高，三个指标与内含增长率呈同向变动关系。在这三个指标的基础上，再分析其他指标：

（1）预计股利支付率越高，预计利润留存率越低，则内含增长率越低。

（2）净经营资产销售百分比越高，净经营资产周转次数越低，则内含增长率越低。

（3）**净经营资产销售百分比 = 经营资产销售百分比 − 经营负债销售百分比**，因此经营资产销售百分比越高（经营资产周转次数越低），净经营资产销售百分比越高，内含增长率越低；经营负债销售百分比越高（经营负债周转次数越低），净经营资产销售百分比越低，内含增长率越高。

典例研习 · 2-25 多项选择题

假设其他因素不变，下列变动中会导致企业内含增长率提高的有（ ）。

A. 预计营业净利率的增加　　B. 预计股利支付率的增加

C. 经营负债销售百分比的增加　　D. 经营资产销售百分比的增加

斯尔解析 本题考查内含增长率的测算。内含增长率 = 预计营业净利率 × 净经营资产周转次数 × 预计利润留存率 ÷（1− 预计营业净利率 × 净经营资产周转次数 × 预计利润留存率），预计营业净利率、净经营资产周转次数和预计利润留存率与内含增长率同向变动，预计股利支付率 =1− 预计利润留存率，故预计股利支付率和内含增长率反向变动，选项 A 当选、选项 B 不当选。净经营资产销售百分比 = 经营资产销售百分比 − 经营负债销售百分比，因此经营资产销售百分越高，净经营资产销售百分比越高，净经营资产周转次数越低，内含增长率越低；经营负债销售百分比越高，净经营资产销售百分比越低，净经营资产周转次数越高，内含增长率越高，选项 C 当选、选项 D 不当选。

本题答案 AC

二、外部资本需求的测算（★）

外部融资销售增长比 = 外部融资额 ÷ 销售增长额

提示：

（1）外部融资额 = 外部融资销售增长比 × 销售增长额。

（2）若存在通货膨胀：销售增长率 =（1+ 通货膨胀率）×（1+ 销量增长率）−1。

1. 外部融资需求的影响因素分析

外部融资额 = 融资总需求 − 预计可动用的金融资产 − 预计增加的留存收益

= 净经营资产销售百分比 × 营业收入增加额 − 预计可动用的金融资产 − 预计营业收入 × 预计营业净利率 ×（1− 预计股利支付率）

由此可知，外部融资需求的影响因素包括：净经营资产销售百分比、销售增长率、营业净利率、股利支付率及可动用的金融资产。

2. 具体影响

（1）经营资产销售百分比（同向变动）：经营资产销售百分比越高，外部融资需求越大。

（2）经营负债销售百分比（反向变动）：经营负债销售百分比越高，外部融资需求越小。

（3）销售增长率。

①当销售增长率＞内含增长率时，企业需要外部融资。

②当销售增长率≤内含增长率时，企业不需要外部融资，且可能有多余资金。

（4）营业净利率。

①当股利支付率＜ 1 时，营业净利率越高，外部融资需求越少。

②当股利支付率 =1 时，营业净利率的高低不影响外部融资需求。

（5）股利支付率：当营业净利率＞ 0 时，股利支付率越高，外部融资需求越大。

（6）可动用的金融资产（反向变动）：可动用的金融资产越多，外部融资需求越少。

典例研习·2-26 多项选择题

假设其他因素不变，下列变动中，有利于减少企业外部融资额的有（　　）。

A. 提高存货周转率　　B. 提高产品毛利率

C. 提高权益乘数　　D. 提高股利支付率

斯尔解析　本题考查外部资本需求的测算。提高存货周转率可以降低经营资产销售百分比，从而可以降低融资总需求和外部融资额，选项 A 当选。提高产品毛利率可以提高营业净利率，从而可以提高留存收益增加额，减少外部融资额，选项 B 当选。外部融资额解决的是融资总量的问题，而权益乘数解决的是融资时债务资金和权益资金之间比例关系的问题。在不改变融资总量的前提下，若增加债务融资，减少股权融资，也可以增加权益乘数，因此改变权益乘数对外部融资额的影响不确定，选项 C 不当选。提高股利支付率会减少留存收益增加额，导致外部融资额增加，选项 D 不当选。

本题答案 AB

三、可持续增长率的测算（★★）

（一）可持续增长率的含义

可持续增长率指**不增发新股或回购股票**，**不改变经营效率（不改变营业净利率和资产周转率）和财务政策（不改变权益乘数和利润留存率）**时，其**下期销售**所能达到的增长率。

（二）可持续增长需要满足的假设条件

1. 可持续增长率的假设条件（“4+1”）

假设条件		推导结果
不增发新股或回购股票		股东权益的增长只来源于留存收益增加额
经营效率不变	营业净利率不变	净利润增长率 = 收入增长率
	总资产周转率不变	总资产增长率 = 收入增长率
财务政策不变	资本结构不变	负债增长率 = 权益增长率 = 总资产增长率
	利润留存率（股利支付率）不变	利润留存增长率 = 股利增长率 = 净利润增长率

当企业处于可持续增长状态时：

销售增长率 = 总资产增长率 = 负债增长率 = 股东权益增长率
= 净利润增长率 = 股利增长率 = 利润留存增长率

2. 各种增长率的辨析

名称	含义
内含增长率	没有可动用的金融资产，且满足销售百分比假设条件下，仅依靠增加留存收益可实现的销售增长率
上年的可持续增长率	站在上年年末，假设本年满足“4+1”个条件时，可以实现的销售增长率
本年的可持续增长率	站在本年年末，假设下一年满足“4+1”个条件时，可以实现的销售增长率

续表

名称	含义
下一年的可持续增长率	站在下一年年末，假设下下一年满足“4+1”个条件时，可以实现的销售增长率
本年的实际增长率	（本年实际收入 – 上年实际收入）/ 上年实际收入
下一年的实际增长率	（下一年实际收入 – 本年实际收入）/ 本年实际收入

精程答疑

问题： 如果我们准备计算 2023 年的可持续增长率，但是 2024 年实际发行了新股，此时还能计算 2023 年的可持续增长率吗？

解答： 是可以的。理由：

2023 年的可持续增长率，是基于 2023 年的财务数据和假设的 2024 年的情况计算出的一个财务增长率。

如果 2024 年实际增发了新股，只能表明 2024 年的实际情况和我们假设的不一致，但该不一致并不能限制我们的假设。

我们可以站在 2023 年末，根据假设条件计算出 2023 年的可持续增长率，也可以根据 2024 年的实际情况计算出 2024 年的实际增长率。

如果 2024 年的实际情况与我们站在 2023 年末所假设的情况是一致的，此时，2024 年的实际增长率 =2023 年的可持续增长率。否则，两者可能会不相等，但 2023 年的可持续增长率依然存在。

（三）可持续增长率的计算

计算原理：可持续增长率的本质是**站在本年年末，假设下一年满足“4+1”个条件时，下一年收入的增长率**。

但在计算过程中，通常使用股东权益的增长率来计算可持续增长率，主要原因有两点：一是股东权益增长率等于收入增长率，二是计算简便。

计算方法一：

本期可持续增长率

$$= 下期股东权益增长率$$

$$= \frac{下期股东权益增加额}{下期期初股东权益}$$

$$= \frac{下期留存收益增加额}{下期期末股东权益 - 下期留存收益增加额}$$

$$= \frac{下期利润留存}{下期期末股东权益 - 下期利润留存}$$

$$=\frac{本期利润留存\times(1+g)}{本期期末股东权益\times(1+g)-本期利润留存\times(1+g)}$$

$$=\frac{本期利润留存}{本期期末股东权益-本期利润留存}$$

计算方法二：

如果本期没有增发股票或回购股票，则：

本期期末股东权益 − 本期利润留存 = 本期期初股东权益

本期可持续增长率

$$=\frac{本期利润留存}{本期期末股东权益-本期利润留存}$$

$$=\frac{本期利润留存}{本期期初股东权益}$$

计算方法三（方法二的公式变形）：

可持续增长率

$$=\frac{本期利润留存}{本期期初股东权益}$$

$$=\frac{本期净利润\times本期利润留存率}{本期期初股东权益}$$

= 期初股东权益净利率 × 本期利润留存率

按照杜邦分析体系的原理，对“期初股东权益净利率”进行分解，可得：

期初股东权益净利率

$$=\frac{本期净利润}{本期期初股东权益}$$

$$=\frac{本期净利润}{本期营业收入}\times\frac{本期营业收入}{期末总资产}\times\frac{期末总资产}{本期期初股东权益}$$

= 营业净利率 × 期末总资产周转次数 × 期末总资产期初权益乘数

因此，可持续增长率的公式可以变形为：

可持续增长率 = 营业净利率 × 期末总资产周转次数 × 期末总资产期初权益乘数 × 本期利润留存率

计算方法四（方法一的公式变形）：

可持续增长率

$$=\frac{本期利润留存}{本期期末股东权益-本期利润留存}$$

$$=\frac{本期净利润\times本期利润留存率/本期期末股东权益}{1-本期净利润\times本期利润留存率/本期期末股东权益}$$

$$=\frac{期末权益净利率\times本期利润留存率}{1-期末权益净利率\times本期利润留存率}$$

$$=\frac{营业净利率\times期末总资产周转次数\times期末总资产权益乘数\times本期利润留存率}{1-营业净利率\times期末总资产周转次数\times期末总资产权益乘数\times本期利润留存率}$$

公式	特征
方法一：$\frac{\text{本期利润留存}}{\text{本期期末股东权益}-\text{本期利润留存}}$	计算方便，适用性强，可以根据期末报表直接计算
方法二：$\frac{\text{本期利润留存}}{\text{期初股东权益}}$	本期股本不变时适用，计算方便
方法三：期初权益净利率 × 本期利润留存率	本期股本不变时适用，理解记忆比较困难
方法四：$\frac{\text{期末权益净利率}\times\text{本期利润留存率}}{1-\text{期末权益净利率}\times\text{本期利润留存率}}$	适用性强，计算复杂，根据报表比率计算

典例研习 · 2-27 单项选择题

甲公司处于可持续增长状态。2019 年初总资产 1 000 万元，总负债 200 万元，预计 2019 年净利润 100 万元，股利支付率 20%。甲公司 2019 年可持续增长率是（　　）。

A. 6.5%　　　　B. 10%

C. 9.1%　　　　D. 6.1%

斯尔解析 本题考查可持续增长率的测算。由甲公司处于可持续增长状态可知，甲公司当期和未来均不增发新股或回购股票，因此可以采用方法二计算可持续增长率，即：可持续增长率 = 本期利润留存 ÷ 期初股东权益 =100×（1−20%）÷（1 000−200）=10%，选项 B 当选。

本题答案 B

（四）基于管理用财务报表的可持续增长率

基于管理用财务报表计算可持续增长率时，只须将“总资产”替换为“净经营资产”。基于传统报表计算的可持续增长率与基于管理用报表计算的可持续增长率，结果是相等的。

1. 假设条件

假设条件		推导结果
不增发新股或回购股票		股东权益的增长只来源于留存收益增加额
经营效率不变	销售净利率不变	净利润增长率 = 收入增长率
	净经营资产周转率不变	净经营资产增长率 = 收入增长率
财务政策不变	资本结构不变	净负债增长率 = 权益增长率 = 净经营资产增长率
	利润留存率（股利支付率）不变	利润留存增长率 = 股利增长率 = 净利润增长率

2. 计算公式

计算方法一、方法二与传统财务报表的可持续增长率计算公式相同。

计算方法三：

可持续增长率＝营业净利率 × 期末净经营资产周转次数 × 期末净经营资产期初权益乘数 × 本期利润留存率

计算方法四：

可持续增长率＝（营业净利率 × 期末净经营资产周转次数 × 期末净经营资产权益乘数 × 本期利润留存率）/（1－营业净利率 × 期末净经营资产周转次数 × 期末净经营资产权益乘数 × 本期利润留存率）

（五）可持续增长率与实际增长率

可持续增长率是在不增发新股或回购股票的情况下，企业当前经营效率和财务政策决定的未来内在增长能力，它和实际增长率之间有如下关系：

（1）下一年经营效率和财务政策不变，且不增发新股或回购股票：

下年实际增长率＝本年可持续增长率＝下年可持续增长率

（2）下一年4个财务比率中一个/多个提高，且不增发新股或回购股票：

下年实际增长率＞本年可持续增长率

下年可持续增长率＞本年可持续增长率

（3）下一年4个财务比率中一个/多个下降，且不增发新股或回购股票：

下年实际增长率＜本年可持续增长率

下年可持续增长率＜本年可持续增长率

（4）4个财务比率已达到极限：只有增发新股，才能满足更高销售增长率对资金的需求。

解题高手

命题角度：考查内含增长率与可持续增长率的区别。

对比	内含增长率	可持续增长率
是否发行股票	不发行	不发行
是否从外部举债融资	不从外部举债融资	从外部举债融资
是否改变资本结构	可能会改变资本结构	不改变资本结构
是否改变股利支付率	可以改变	不能改变

典例研习 · 2-28 计算分析题

甲公司是一家制造业企业，为做好财务计划，甲公司管理层拟采用管理用财务报表进行分析。相关资料如下：

（1）甲公司 2014 年的重要财务报表数据：

单位：万元

资产负债表项目	2014 年末
货币资金	300
应收账款	800
存货	750
长期股权投资	500
固定资产	3 650
资产合计	6 000
应付账款	1 500
长期借款	1 500
股东权益	3 000
负债及股东权益合计	6 000
利润表项目	**2014 年度**
营业收入	10 000
减：营业成本	6 000
税金及附加	320
管理费用	2 000
财务费用	80
加：投资收益	50
利润总额	1 650
减：所得税费用	400
净利润	1 250

（2）甲公司没有优先股，股东权益变动均来自利润留存；经营活动所需的货币资金是当年销售收入的 2%；投资收益均来自长期股权投资。

（3）根据税法相关规定，甲公司长期股权投资收益不缴所得税，其他损益的所得税税率为 25%。

（4）甲公司采用固定股利支付率政策，股利支付率 60%；经营性资产、经营性负债与销售收入保持稳定的百分比关系。

要求：

（1）编制甲公司 2014 年的管理用财务报表（提示：按照各种损益的适用税率计算应分担的所得税，结果填入下方表格中，不用列出计算过程）。

单位：万元

管理用资产负债表	2014 年末
经营性资产	
经营性负债	
净经营资产	
金融负债	
金融资产	
净负债	
股东权益	
净负债及股东权益总计	
管理用利润表	**2014 年度**
税前经营利润	
减：经营利润所得税	
税后经营净利润	
利息费用	
减：利息费用抵税	
税后利息费用	
净利润	

（2）假设甲公司目前已达到稳定状态，经营效率和财务政策保持不变且不增发新股和回购股票，可以按照目前的利率水平在需要的时候取得借款，不变的营业净利率可以涵盖不断增加的负债利息。计算甲公司 2015 年的可持续增长率。

（3）假设甲公司 2015 年销售增长率为 25%，营业净利率与 2014 年相同。在 2014 年年末金融资产都可动用的情况下，用销售百分比法预测 2015 年的外部融资额。

（4）从经营效率和财务政策是否变化角度，回答上年可持续增长率、本年可持续增长率和本年实际增长率之间的联系。

斯尔解析

（1）

单位：万元

管理用资产负债表	2014 年末
经营性资产	5 900
经营性负债	1 500
净经营资产	4 400

续表

管理用资产负债表	2014 年末
金融负债	1 500
金融资产	100
净负债	1 400
股东权益	3 000
净负债及股东权益总计	4 400
管理用利润表	**2014 年度**
税前经营利润	1 730
减：经营利润所得税	420
税后经营净利润	1 310
利息费用	80
减：利息费用抵税	20
税后利息费用	60
净利润	1 250

计算说明：

经营性资产总计 =10 000×2%+800+750+500+3 650=5 900（万元）

经营性负债总计 = 应付账款 =1 500（万元）

金融负债 = 长期借款 =1 500（万元）

金融资产 =300−10 000×2%=100（万元）

税前经营利润 =10 000−6 000−320−2 000+50=1 730（万元）

经营利润所得税 =（1 730−50）×25%=420（万元）

（2）由于甲公司目前已达到稳定状态，故 2015 年的可持续增长率 =2014 年的可持续增长率 =2014 年股东权益增长率 =1 250×（1−60%）÷［3 000−1 250×（1−60%）］=20%。

（3）2015 年外部融资需求 = 融资总需求 − 可动用的金融资产 − 留存收益的增加 =4 400×25%−100−10 000×（1+25%）×（1 250÷10 000）×（1−60%）=375（万元）。

（4）①如果某一年的经营效率和财务政策与上年相同，在不增发新股或回购股票的情况下，则本年实际增长率、上年可持续增长率以及本年可持续增长率三者相等。

②如果某一年公式中的 4 个财务比率有一个或多个比率提高，在不增发新股或回购股票的情况下，则本年实际增长率就会超过上年可持续增长率，本年可持续增长率也会超过上年可持续增长率。

③如果某一年公式中的 4 个财务比率有一个或多个比率下降，在不增发新股或回购股票的情况下，则本年实际增长率就会低于上年可持续增长率，本年可持续增长率也会低于上年可持续增长率。

④如果公式中的 4 个财务比率已经达到企业的极限，只有通过增发新股增加资金，才能提高销售增长率。

【斯考卡片】
扫码背重点

333

至此，财务成本管理的学习已经进行了15%，继续加油呀！

15%

第三章
价值评估基础

学习提要

重要程度： 重点章节

平均分值： 6分

考核题型： 客观题、主观题

本章提示： 本章重点内容为货币时间价值和风险与报酬，考查非常全面，建议全面掌握，不留死角

考点精讲

第一节　利率

一、基准利率及其特征

（一）利率的含义、表示方法及影响因素

1. 利率的含义及表示方法

利率，指一定时期内利息与本金的比率，代表了资本的价格。利率根据利息计量的期限不同，表示方法有年利率、月利率、日利率等。

2. 利率的影响因素

（1）经济因素：产业平均利润水平、经济发展状况、物价水平、国际经济状况。

（2）政策因素：利率管制、货币政策。

（3）市场因素：货币供给与需求状况。

（二）基准利率的含义、作用和基本特征

1. 基准利率的含义及作用

基准利率是金融市场上具有普遍参照作用的利率。基准利率是利率市场化机制形成的核心，其他利率水平或金融资产价格均受这一基准利率水平的影响，同时也有助于融资者衡量融资成本、投资者计算投资收益。

2. 基准利率的基本特征

（1）市场化：基准利率由市场供需关系决定，不仅反映实际供需，还反映市场对未来供求状况的预期。

（2）基础性：基准利率在利率体系、金融产品价格体系中处于基础性地位，与其他金融市场的利率或金融资产的价格具有较强的关联性。

（3）传递性：基准利率所反映的市场信号，或者央行通过基准利率发出的调控信号，能有效地传递到其他金融市场和金融产品价格上。

二、利率的影响因素（★）

利率R=纯粹利率R^*+风险溢价RP=纯粹利率R^*+通货膨胀溢价IP+违约风险溢价DRP+流动性风险溢价LRP+期限风险溢价MRP

（一）纯粹利率R^*

纯粹利率，也称真实无风险利率，是指在没有通货膨胀、无风险情况下资金市场的平均利率。没有通货膨胀时，短期政府债券的利率可以视作纯粹利率。

（二）通货膨胀溢价 IP（“资本贬值”的风险补偿）

通货膨胀溢价，指证券存续期间预期的平均通货膨胀率。

（名义）无风险利率 $R_{RF}=R^{*}+IP$，政府债券的信誉很高，通常假设不存在违约风险，其利率被视为名义无风险利率。

（三）违约风险溢价 DRP（“到期还不上钱”的风险补偿）

违约风险溢价，指债券因存在发行者到期不能按约定足额支付本金或利息的风险而给予债权人的补偿。违约风险越大，债权人要求的贷款利率越高；发行公司评级越高，违约风险溢价越低；政府债券的违约风险溢价为零。

（四）流动性风险溢价 LRP（“短期内脱不了手”的风险补偿）

流动性风险溢价，指债券因存在不能短期内以合理价格变现的风险而给予债权人的补偿。国债的流动性好，流动性溢价较低；小公司发行的债券流动性差，流动性溢价相对较高。流动性溢价很难准确计量。

（五）期限风险溢价 MRP（“夜长梦多”的风险补偿）

期限风险溢价，指债券因面临存续期内市场利率上升导致价格下跌的风险而给予债权人的补偿，因此也被称为“市场利率风险溢价”。

典例研习 · 3-1 多项选择题

确定市场利率时，需要考虑的风险溢价有（　　）。

A. 违约风险溢价　　B. 汇率风险溢价　　C. 期限风险溢价　　D. 流动性风险溢价

斯尔解析 本题考查利率的影响因素。在市场经济条件下，利率 = 纯粹利率 + 风险溢价，其中，风险溢价 = 通货膨胀溢价 + 违约风险溢价 + 流动性风险溢价 + 期限风险溢价，选项 ACD 当选。确定市场利率时，我们所考虑的是普遍适用的一般风险溢价，汇率风险溢价只是在外汇市场才适用的一种风险补偿机制，所以无须考虑，选项 B 不当选。

本题答案 ACD

三、利率的期限结构（★）

（一）含义及表达

利率的期限结构是指某一时点不同期限债券的到期收益率与期限之间的关系，反映的是长期利率和短期利率的关系，通常用债券收益率曲线表示。

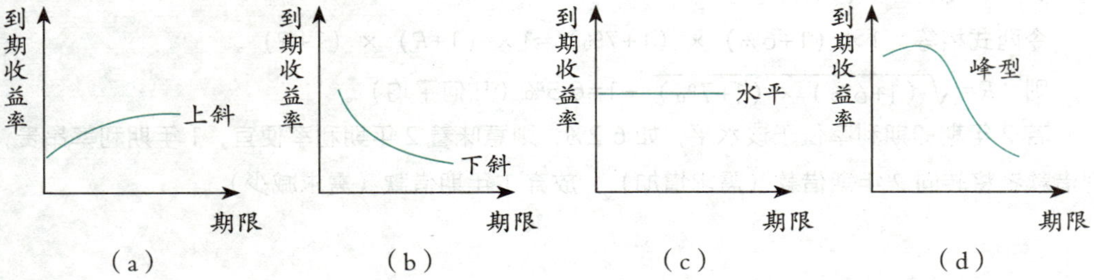

原理详解

如何区分即期利率和预期利率（也称“远期利率”）？

即期利率（Spot Rate），是指从当前时点开始至未来某一时点止的利率；预期利率（Forward Rate），是指从未来某一时点开始到另一时点止的利率。

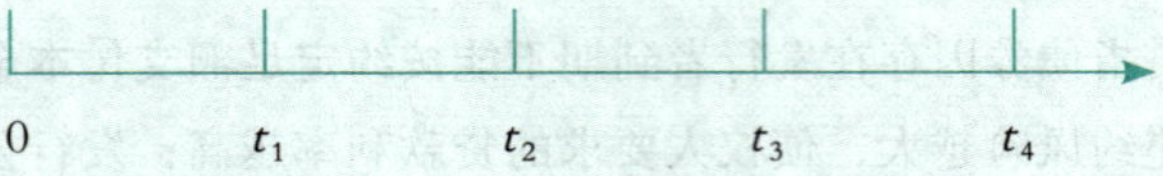

如上图，0到t_1的利率为一年期的即期利率（属于短期即期利率），可以用S_1表示；0到t_2的利率为两年期的即期利率（属于长期即期利率），可以用S_2表示；t_1到t_2的利率为一年期的预期利率（属于短期预期利率），可以用$f_{1,2}$表示；t_1到t_3的利率为两年期的预期利率（属于长期预期利率），可以用$f_{1,3}$表示。

（二）理论解释

1. 无偏预期理论

（1）理论假设。

①人们对**未来短期利率具有确定的预期**。

②不同期限的债券**可以完全替代**，投资者对不同期限的债券没有偏好，资金在长期资金市场和短期资金市场之间的流动完全自由。

（2）基本观点。

①**利率期限结构完全取决于市场对未来利率的预期**。

②长期债券即期利率是短期债券预期利率的函数。

③**长期即期利率是短期预期利率的无偏估计**。

典例研习 · 3-2

根据无偏预期理论，假定 1 年期即期利率为 6%，市场预测 1 年后 1 年期预期利率 7%，那么，2 年期即期利率为多少？

斯尔解析 设 2 年期即期利率为 R，则 1 元钱投资 1 年后，用得到的本金和利息再投资 1 年所得到的本金和利息为：

$1\times(1+6\%)\times(1+7\%)$

1 元钱直接投资 2 年所得到的本金和利息为：

$1\times(1+R)\times(1+R)$

令两式相等：$1\times(1+6\%)\times(1+7\%)=1\times(1+R)\times(1+R)$。

则：$R=\sqrt{(1+6\%)\times(1+7\%)}-1=6.5\%$（几何平均）。

若 2 年期即期利率低于该水平，如 6.2%，则意味着 2 年期利率便宜，1 年期利率昂贵，则借款者将转向 2 年期借款（需求增加），放弃 1 年期借款（需求减少）。

贷款者放弃 2 年期贷款（供给减少），转向 1 年期贷款（供给增加）。2 年期利率将会上升，1 年期利率将会下降，直至市场利率重回均衡。

（3）收益率曲线解释。

上斜收益率曲线：市场预期未来短期利率会上升（带动长期利率上升）。

下斜收益率曲线：市场预期未来短期利率会下降（带动长期利率下降）。

水平收益率曲线：市场预期未来短期利率保持稳定。

峰型收益率曲线：市场预期较近的未来短期利率会上升，而在较远的未来预期短期利率会下降。

（4）理论缺陷。

无偏预期理论假定人们对未来短期利率具有确定的预期，且资金在长期资金市场和短期资金市场之间的流动完全自由，过于理想化，与金融市场的实际差距太远。

2. 市场分割理论

（1）理论假设。

①投资者会比较固定地投资于某一期限的债券，即**每类投资者固定偏好于收益率曲线的特定部分**。

②市场以期限为划分标志被分为不同的、相互独立的细分市场，**不同期限的债券完全不可替代**。

（2）基本观点。

①**不同期限的即期利率水平完全由各个期限市场上的供求关系决定**。

②单个市场上的利率变化不会对其他市场上的供求关系产生影响。

（3）收益率曲线解释。

上斜收益率曲线：短期债券市场的均衡利率水平低于长期债券市场的均衡利率水平。

下斜收益率曲线：短期债券市场的均衡利率水平高于长期债券市场的均衡利率水平。

水平收益率曲线：各个期限市场的均衡利率水平持平。

峰型收益率曲线：中期债券市场的均衡利率水平最高。

（4）理论缺陷。

该理论认为不同期限的债券市场互不相关，无法解释不同期限债券的利率所体现的同步波动现象，也无法解释长期债券市场利率随短期债券市场利率波动呈现的明显有规律性变化的现象。

3. 流动性溢价理论

（1）理论假设。

①投资者为了减少风险，**偏好于流动性好的短期债券**，因此，长期债券要给予投资者一定的流动性溢价。

②不同期限的债券虽然不像无偏预期理论所述的那样是完全替代品，但也不像市场分割理论说的那样完全不可替代。

（2）基本观点。

长期即期利率是未来短期预期利率平均值加上一定的流动性风险溢价。

（3）收益率曲线解释。

上斜收益率曲线：市场预期未来短期利率既可能上升，也可能不变，还可能下降。

下斜收益率曲线：市场预期未来短期利率将会下降。

水平收益率曲线：市场预期未来短期利率将会下降。

峰型收益率曲线：市场预期较近一段时期短期利率可能上升，也可能不变，还可能下降；而在较远的将来，市场预期短期利率会下降。

典例研习·3-3 多项选择题

如果债券收益率曲线呈水平状态，下列表述正确的有（　　）。

A. 流动性溢价理论的解释是市场预期未来短期利率会下降

B. 流动性溢价理论的解释是市场预期未来短期利率会上升

C. 市场分割理论的解释是市场预期未来短期利率会保持稳定

D. 无偏预期理论的解释是市场预期未来短期利率会保持稳定

斯尔解析 本题考查利率期限结构。如果债券收益率曲线呈水平状态，无偏预期理论的解释是市场预期未来短期利率保持稳定，选项D当选。市场分割理论的解释是各个期限市场的均衡利率水平持平，但无法得知预期未来短期利率的变化趋势，选项C不当选。流动性溢价理论的解释是市场预期未来短期利率将会下降，选项A当选、选项B不当选。

本题答案 AD

第二节　货币时间价值

3-2-1

一、货币时间价值的概念

货币时间价值，指货币经历一定时间的投资和再投资所增加的价值。

原理详解

如何理解货币时间价值的意义？

由于现在的1元钱和将来的1元钱经济价值不相等，不同时点的货币不宜直接进行比较，需要把它们折算到同一个时点上，才能计算价值并进行比较。理论上，货币的时间价值率是没有风险和没有通货膨胀下的社会平均利润率。实务中，通常以利率、报酬率等来替代货币的时间价值率。

二、复利终值和现值（★）

（一）复利终值 F（Future Value）

复利终值是指现在的特定资金按复利计算的将来一定时间的价值，或者说是现在的一定本金在将来一定时间按复利计算的本金与利息之和，简称本利和。

典例研习 · 3-4

某人将 10 000 元投资于某项目，年报酬率为 6%，经过 1 年时间的期末金额为：

$F=P\times(1+i)$

$=10\ 000\times(1+6\%)$

$=10\ 600$（元）

其中：P 表示现值或初始值；i 表示报酬率或利率；F 表示终值或本利和。

若此人并不提走现金，将 10 600 元继续投资于该项目，则第二年本利和为：

$F=P\times(1+i)^2$

$=10\ 000\times(1+6\%)^2$

$=11\ 236$（元）

则，第 n 年的期终金额为：$F_n=P(1+i)^n$，其中 $(1+i)^n$ 被称为复利终值系数，用符号（F/P，i，n）表示，代表利率为 i 的 n 期复利终值系数或 1 元的复利终值。

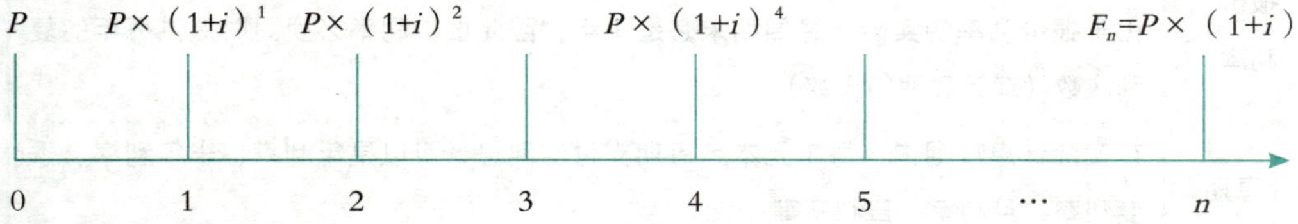

（二）复利现值 P（Present Value）

复利现值是复利终值的对称概念，指未来一定时间的特定资金按复利计算的现在价值，或者说是为取得将来一定本利和现在所需要的本金。

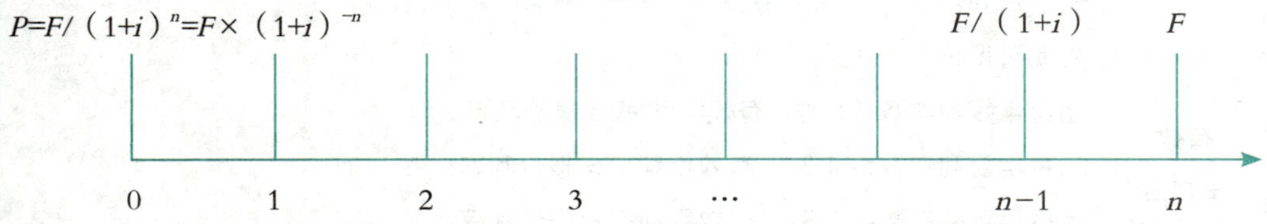

其中 $(1+i)^{-n}$ 称为复利现值系数，或称作 1 元的复利现值，用符号（P/F，i，n）来表示。

典例研习·3-5 单项选择题

张某 5 年后需用资金 50 000 元，假定银行 5 年期存款年利率为 5%，则在复利计息情况下，目前需存入银行的资金为（　　）元。［已知：（P/F，5%，5）=0.7835，（F/P，5%，5）=1.2763］

A. 40 000　　B. 39 175

C. 45 000　　D. 63 815

斯尔解析 本题考查复利现值的计算。

方法一：目前需存入银行的资金 =50 000×（P/F，5%，5）=50 000×0.7835=39 175（元），选项 B 当选。

方法二：目前需存入银行的资金 =50 000÷（F/P，5%，5）=50 000÷1.2763=39 175.74（元）。方法二的计算结果与方法一并非完全一致，其原因在于货币时间价值的相关系数大多都是四舍五入后的结果，因此并不是很精准，在采用不同方法、不同系数计算时，可能会产生小数尾差。这种现象是正常现象，只要计算原理正确，运算过程正确，考试都是会给分的。

本题答案 B

（三）报价利率和有效年利率

类型	含义与计算
报价利率	银行等金融机构为利息报价时提供的年利率，亦称名义利率、票面利率。 由于报价利率的实际计息周期未必是 1 年，因此报价利率必须同时提供每年的复利次数（或计息期的天数）
计息期利率	在实际计息周期内，每 1 元本金每期支付的利息，可以是年利率、半年利率、季度利率、月利率、日利率等
	计息期利率 = 报价利率 / 每年复利次数
有效年利率	按照给定的计息期利率和每年复利次数计算利息时，能够产生相同结果的每年复利一次的年利率，亦称等价年利率
	有效年利率 =（1+ 计息期利率）^{每年复利次数} −1 由此可得： 当每年复利次数 =1 时，有效年利率 = 报价利率。 当每年复利次数＞1 时，有效年利率＞报价利率。 当每年复利次数＜1 时，有效年利率＜报价利率
	当复利次数趋近于无穷大，利息支付的频率比每秒 1 次还频繁，所得到的利率为连续复利，连续复利的有效年利率 =$e^{报价利率}-1$。 则连续复利的终值 $F=P\times e^{R_c t}$（R_c 是连续复利利率，t 是以年为单位的相应利率获取时间的整数倍）

精准答疑

问题：在做题时如何分辨报价利率、计息期利率和有效年利率？

解答：第一步，看题目是否明确表示。很多题目会在利率前明确表示，其属于哪种形式。比如，年报价利率是 10%。

第二步，看利率的期限。如果题目没有明确表示，需要看题干中利率的期限。

如果期限不是一年，表明是计息期利率，比如，月利率是 1%。

如果期限是一年，则需要按照惯例进行分析。通常情况下，银行提供的利率、债券的票面利率均为报价利率。市场利率为有效年利率。

解题高手

命题角度：结合利率换算考核货币时间价值的计算。

在计算终值和现值时，需要以"期"为口径，找到每个期间的现金流量和对应的期利率。而题目中通常给出的是年口径的利率。

如果题目给出的是报价利率，则需要利用公式"计息期利率 = 报价利率 / 每年复利次数"，计算计息期利率。

如果题目给出的是有效年利率，则需要利用公式"有效年利率 = $(1+\text{计息期利率})^{\text{每年复利次数}}-1$"，倒算计息期利率。

典例研习 · 3-6 单项选择题

甲公司平价发行 5 年期的公司债券，债券票面利率为 10%，每半年付息一次，到期一次偿还本金。该债券的有效年利率是（　　）。

A. 9.5%　　B. 10%

C. 10.25%　　D. 10.5%

斯尔解析　本题考查有效年利率。该债券的有效年利率 = $(1+10\%/2)^2-1=10.25\%$，选项 C 当选。

本题答案　C

三、年金终值和现值（★★）

3-2-3

（一）年金 A（Annuity）

年金是指等额、定期的系列收支。

种类	含义
普通年金	又称后付年金，指各期期末收付的年金
预付年金	又称即付年金或期初年金，指在每期期初收付的年金
递延年金	指第一次收付发生在第二期或第二期以后的年金
永续年金	无限期定额收付的（普通）年金

（二）普通年金终值和现值

1. 普通年金终值

普通年金终值是指其最后一次收付时的本利和，它是每次收付的复利终值之和。

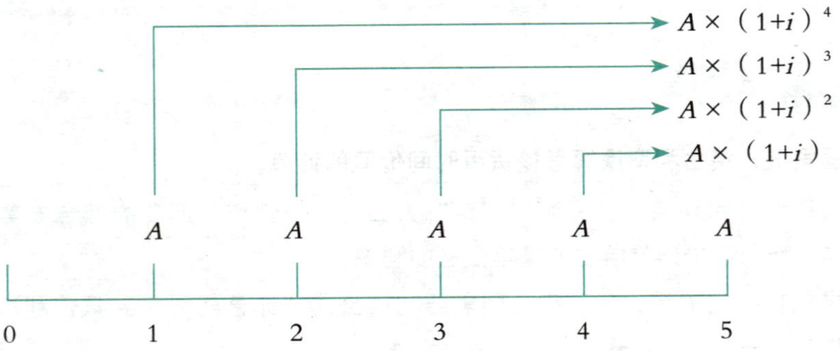

如果期数为 n，则：

终值 $F=A+A\times(1+i)+A\times(1+i)^2+A\times(1+i)^3+\cdots+A\times(1+i)^{n-1}$

$$=A\times\frac{(1+i)^n-1}{i}$$

式中 $\frac{(1+i)^n-1}{i}$ 称为年金终值系数，是普通年金为 1 元、利率为 i、经过 n 期的年金终值，记作（F/A，i，n）。

2. 普通年金现值

普通年金现值是指为在每期期末收付相等金额的款项，现在需要投入或收取的金额。

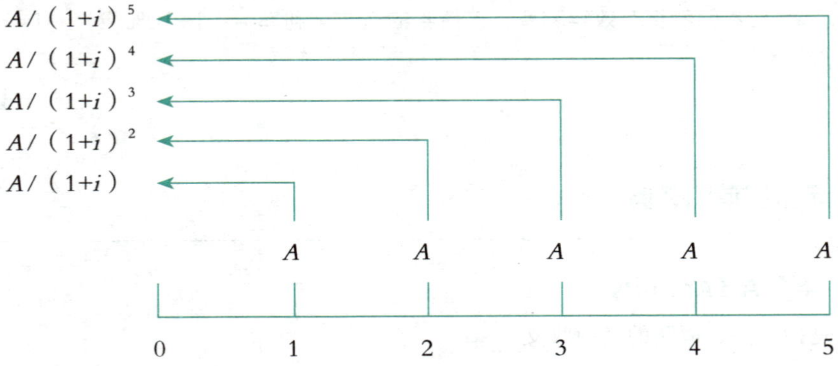

如果期数为 n，则：

现值 $P=A\times(1+i)^{-1}+A\times(1+i)^{-2}+A\times(1+i)^{-3}+A\times(1+i)^{-4}+\cdots+A\times(1+i)^{-n}$

$$=A\times\frac{1-(1+i)^{-n}}{i}$$

式中 $\frac{1-(1+i)^{-n}}{i}$ 记作年金现值系数，是普通年金为 1 元、利率为 i、经过 n 期的年金现值，记作（P/A，i，n）。

3. 应用

（1）偿债基金。

偿债基金是指为使年金终值达到既定金额每年年末应收付的年金数额。

偿债基金系数是普通年金终值系数的倒数，记作（A/F，i，n）。

典例研习 · 3-7

某人拟在 5 年后还清 10 000 元债务，从现在起每年年末等额存入银行一笔款项。假设银行存款年利率为 10%，则每年需存入多少元？［已知：（F/A，10%，5）=6.1051］

斯尔解析 根据公式 F=A×（F/A，10%，5），可得：

A=F÷（F/A，10%，5）=10 000÷6.1051=1 637.97（元）

在银行利率为 10% 时，每年存入 1 637.97 元，5 年后可得 10 000 元，用来清偿债务。

提示：F÷（F/A，10%，5）=F×（A/F，10%，5），因为已有年金终值系数表，故不须再建立偿债基金系数表。

（2）投资回收额。

投资回收额是指为使年金现值达到既定金额，每年年末应收取的年金数额。

投资回收系数亦称资本回收系数，是普通年金现值系数的倒数，记作（A/P，i，n）。

典例研习 · 3-8

假设以 10% 的利率借款 20 000 元，投资于某个寿命为 10 年的项目，每年至少要收回多少现金才是有利的？

斯尔解析 根据普通年金现值的计算公式可知：

P=A×（P/A，10%，10）

则，A=P÷（P/A，10%，10）=20 000÷6.1446=3 254.89（元）。

提示：P÷（P/A，10%，10）=P×（A/P，10%，10），因为已有年金现值系数表，故不须再建立投资回收系数表。

解题高手

命题角度：互为倒数的三组系数。

（1）复利终值系数与复利现值系数。

（2）普通年金终值系数与偿债基金系数。

（3）普通年金现值系数与投资回收系数。

（三）预付年金终值与现值

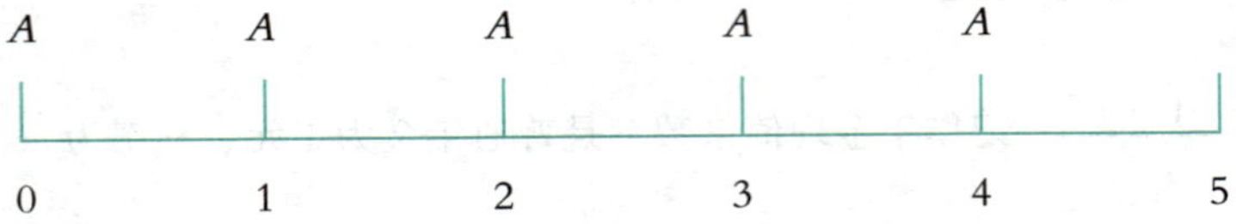

1. 预付年金现值

方法一：$P=A+A\times(P/A, i, n-1)$。

方法二：$P=A\times(P/A, i, n)\times(1+i)$。

2. 预付年金终值

方法一：$F=A\times(F/A, i, n+1)-A$。

方法二：$F=A\times(F/A, i, n)\times(1+i)$。

典例研习·3-9

5 年期分期付款投资某项目，每年年初付 20 万元，假设银行利率为 10%，分别计算该项目的现值和终值。[已知：$(P/A, 10\%, 4)=3.1699$，$(P/A, 10\%, 5)=3.7908$，$(F/A, 10\%, 5)=6.1051$，$(F/A, 10\%, 6)=7.7156$]

斯尔解析

（1）计算现值。

方法一：

$P=A+A\times(P/A, 10\%, 4)$

$=20+20\times3.1699$

$=83.40$（万元）

方法二：

$P=A\times(P/A, 10\%, 5)\times(1+10\%)$

$=20\times3.7908\times(1+10\%)$

$=83.40$（万元）

（2）计算终值。

方法一：

$F=A\times(F/A, 10\%, 6)-A$

$=20\times7.7156-20$

$=134.31$（万元）

方法二：

$F=A\times(F/A, 10\%, 5)\times(1+10\%)$

$=20\times6.1051\times(1+10\%)$

$=134.31$（万元）

（四）递延年金

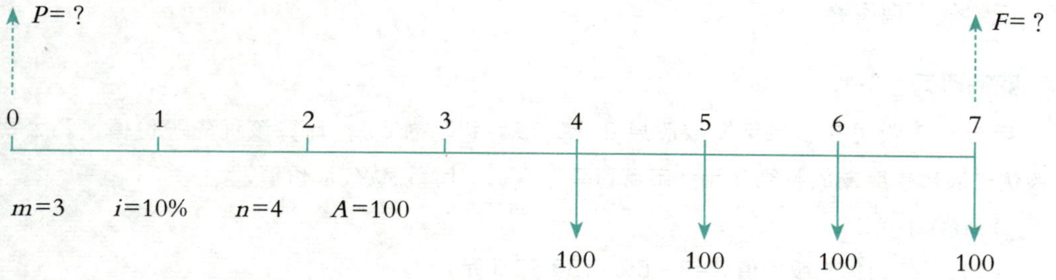

注：m 表示递延期数，首次支付发生在第 $m+1$ 期期末，连续收付 n 次。

1. 递延年金终值

递延年金终值 $F=A\times(F/A,i,n)$

2. 递延年金现值

（1）两次折现法：将递延年金视为 n 期普通年金，利用普通年金现值系数求出递延期末的现值后，再利用复利现值系数将此现值折现至期初。

$P=A\times(P/A,i,n)\times(P/F,i,m)$

（2）年金作差法：假设递延期中也进行收付，先求出（$m+n$）期的年金现值，再扣除实际未收付的递延期间 m 期的年金现值。

$P=A\times(P/A,i,m+n)-A\times(P/A,i,m)$

典例研习 · 3-10

分别使用两次折现法和年金作差法计算现值［m=3（期），i=10%，n=（4）次，A=100（元）］。

斯尔解析

（1）两次折现法。

第一步：

普通年金折现：$P_3=A\times(P/A,i,n)$

$=100\times(P/A,10\%,4)=316.99$（元）

第二步：

复利折现：$P_0=P_3\times(P/F,i,m)$

$=316.99\times(P/F,10\%,3)=238.15$（元）

（2）年金作差法。

第一步：

计算（$m+n$）期年金现值：$P_{(m+n)}=100\times(P/A,10\%,3+4)=486.84$（元）。

第二步：

计算 m 期年金现值：$P_m=100\times(P/A,10\%,3)=248.69$（元）。

第三步：

作差：$P_0=P_{(m+n)}-P_m=238.15$（元）。

（五）永续年金

无终值，现值 $P=A\times\frac{1}{i}$ 。

典例研习 · 3-11

甲公司 1 股优先股每年发放股息 8 元，市场利率为 6%，计算该优先股价值；乙公司 1 股优先股每季度发放股息 2 元，市场利率为 6%，计算该优先股价值。

斯尔解析

（1）甲公司优先股价值 $P=8\div6\%=133.33$（元）。

（2）乙公司优先股股息为季度支付，利率应调整为同口径。因为年利率为 6%，可以使用有效年利率的公式倒推求出每季度的利率：$(1+r)^4-1=6\%$，$r=1.47\%$。

优先股价值 $P=2\div1.47\%=136.05$（元）

陷阱提示

①市场利率默认为有效年利率口径指标。

②由于甲公司优先股每年发放一次股息，因此折现率应该选择年利率，所以可以直接用市场利率进行折现。

③由于乙公司优先股每季度发放一次股息，因此折现率应当选择季度利率，而市场利率是有效年利率口径指标，所以需要利用有效年利率的公式，将年市场利率换算为季度利率。

典例研习 · 3-12 单项选择题

甲商场进行分期付款销售活动，某款手机可在半年内分 6 期付款，每期期初付款 600 元。假设年报价利率为 12%。该手机价款如果购买时一次性付清，下列金额中最接近的是（　　）元。

A. 2 912　　B. 3 437　　C. 3 477　　D. 3 512

斯尔解析 本题考查货币时间价值。由于本题中款项是在半年内分 6 期支付，计息期为 1 个月，计息期利率 =12%/12=1%，600×（P/A，1%，5）+600=600×4.8534+600=3 512（元），选项 D 当选。

陷阱提示 本题中，两次付款的间隔期为 1 个月，因此折现时需要用月利率折现。而题目给出的是年报价利率。将报价利率换算为计息期利率，需要利用公式“计息期利率 = 报价利率 / 每年复利次数”。若题目中的 12% 为市场利率，就需要利用有效年利率的公式进行换算了。

本题答案 D

（六）内插法

1. 基本原理

假设相邻两个利率之间，系数随利率呈线性变化。利用相似三角形三边边长对应比例相等的原理，计算利率。

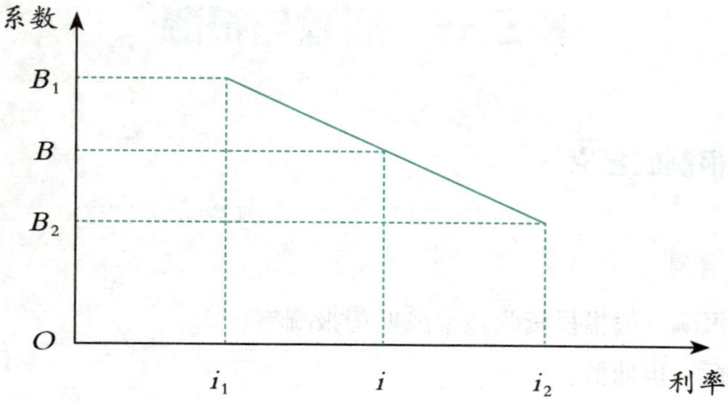

$$\frac{i-i_1}{i_2-i_1}=\frac{B_1-B}{B_1-B_2}=\frac{B-B_1}{B_2-B_1}$$

口诀：利率差之比等于系数差之比。

2. 计算举例

提示：内插法在财务管理中应用广泛，如在货币时间价值中，计算利率 i 和计算期限 n；在债券估值中，计算债券到期收益率；在项目投资决策指标中，计算内含报酬率等。本章主要是介绍基本原理，因此只介绍最简单的案例，后续章节遇到具体问题，再有针对性地介绍内插法的实际应用。

典例研习 · 3-13 单项选择题

A 公司向银行借入 20 000 元，借款期为 6 年，每年的还本付息额为 5 000 元，则借款年利率为（　　）。[已知：（P/A，12%，6）=4.1114，（P/A，14%，6）=3.8887]

A. 12%　　B. 13%　　C. 14%　　D. 15%

斯尔解析 本题考查利用内插法计算借款利率。

（1）确定期数已知、利率未知的货币时间价值系数：

20 000=5 000×（P/A，i，6）

（P/A，i，6）=20 000÷5 000=4

（2）查相应的货币时间价值系数表，确定在相应期数的一行中，该系数位于哪两个相邻系数之间，以及相邻系数对应的利率：（P/A，12%，6）=4.1114，（P/A，14%，6）=3.8887。

列比例方程，求解利率 i：

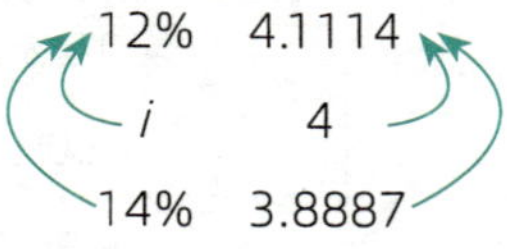

$$\frac{i-12\%}{14\%-12\%}=\frac{4-4.1114}{3.8887-4.1114}$$

解得：i=（4−4.1114）/（3.8887−4.1114）×（14%−12%）+12%=13%，选项 B 当选。

本题答案 B

第三节　风险与报酬

3-3-1

一、风险与报酬的含义

（一）报酬的含义

（1）含义：报酬一般指投资收益率或期望报酬率。

（2）衡量指标：预期值。

$$预期值（\overline{K}）=\sum_{i=1}^{N}(P_i \cdot K_i)$$

式中：P_i 表示第 i 种结果出现的概率；K_i 表示第 i 种结果的报酬率；N 表示所有可能结果的数目。

（二）风险的含义

从财务管理的角度，可以将风险定义为：风险是指实际结果偏离预期结果的程度与可能性。风险体现的是结果的不确定性，危险（负面效应）与机会（正面效应）并存。风险不仅可以带来超出预期的损失，也可以带来超出预期的收益（波动性、离散性）。

（1）衡量指标：方差、标准差、变异系数。

（2）区分：投资对象本身固有的风险和投资人需要承担的风险。

3-3-2

二、单项资产的风险与报酬（★）

典例研习 · 3-14

甲公司有两个投资机会，A 投资机会是一个高科技项目，所处的环境竞争非常激烈。如果发展得比较好，利润会很大；否则，利润很小甚至亏本。B 项目是一个老产品并且是必需品，销售前景可以准确预测出来。假设未来的经济情况只有三种可能：繁荣、正常、衰退，有关的概率分布和期望报酬率如下表所示，分析判断甲公司应选择哪个项目？

公司未来经济情况表

经济情况	发生概率	A 项目期望报酬率	B 项目期望报酬率
繁荣	0.3	90%	20%
正常	0.4	15%	15%
衰退	0.3	−60%	10%
合计	1.0	—	—

斯尔解析

（1）预期值，反映预计收益的平均值，可以用来衡量报酬，不能直接用来衡量风险。

期望报酬率（A）=0.3×90%+0.4×15%+0.3×（−60%）=15%

期望报酬率（B）=0.3×20%+0.4×15%+0.3×10%=15%

（2）方差 σ^2，它是离差平方的平均数，属于绝对指标，可比性较差，只有当预期值相同时，才可以用于比较，方差越大，风险越大。

σ_A^2=0.3×（90%－15%）^{2}+0.4×（15%－15%）^{2}+0.3×（－60%－15%）^{2}=0.3375

σ_B^2=0.3×（20%－15%）^{2}+0.4×（15%－15%）^{2}+0.3×（10%－15%）^{2}=0.0015

（3）标准差 σ，它是方差的平方根，属于绝对指标，可比性较差，只有当预期值相同时，才可以用于比较，标准差越大，风险越大。

$\sigma_A=\sqrt{0.3375}=58.09\%$

$\sigma_B=\sqrt{0.0015}=3.87\%$

（4）变异系数（标准离差率）= 标准差 ÷ 预期值。

变异系数是衡量整体风险的相对数指标，适用于期望值不同项目的风险比较。

变异系数越大，则风险越大；反之，则风险越小。

变异系数（A）=58.09%÷15%=3.87

变异系数（B）=3.87%÷15%=0.26

根据以上分析，A 项目和 B 项目的期望报酬率相同，但其概率分布不同，A 项目的方差、标准差和变异系数均大于 B 项目，即 A 项目的报酬率分散程度较大，风险较高。因此，甲公司应选择投资 B 项目。

三、投资组合的风险与报酬（★）

（一）投资组合的期望收益率

两种或者两种以上证券的组合，其期望报酬率等于组合内各证券期望报酬率的加权平均值，权重为各证券投资额在全部投资额中的比重。投资组合不会分散收益。

（二）投资组合的标准差

投资组合的标准差，并不是单个证券标准差的简单加权平均。投资组合的风险不仅取决于组合内各资产的风险，还取决于各个资产之间的关系（相关性）。反映资产收益率之间相关性的指标是协方差和相关系数。

1. 协方差

协方差可以用来衡量两个变量之间共同变动的程度（绝对指标），通常用 σ_{xy} 或者 cov（X，Y）进行表示。

协方差为正，表示两项资产的收益率呈同方向变化；协方差为负，表示两项资产的收益率呈反方向变化。

2. 相关系数

相关系数可以用来衡量两个变量之间共同变动的程度（相对指标）。

$$相关系数\ r_{xy}=\frac{\sigma_{xy}}{\sigma_x\sigma_y}$$

可得：$\sigma_{xy}=r_{xy}\sigma_x\sigma_y$。

相关系数的取值范围：$-1 \leqslant r \leqslant 1$。

取值范围	含义	解读
相关系数 =+1	完全正相关	一种证券报酬率的增长总是与另一种证券报酬率的增长成比例（正确的题目数与考试成绩）
相关系数＞0	正相关	两种证券报酬率的变动方向一致（复习时间与考试成绩）
相关系数 =0	缺乏相关性	每种证券的报酬率相对于另外的证券报酬率独立变动（国足进球数与考试成绩）
相关系数＜0	负相关	两种证券报酬率的变动方向相反（玩的时间与考试成绩）
相关系数 =−1	完全负相关	一种证券报酬率的增长总是与另一种证券报酬率的减少成比例（学习时间与非学习时间）

3. 两项资产组合的风险

两项资产组合的标准差：

$$\sigma_P=\sqrt{A_1^2\times\sigma_1^2+A_2^2\times\sigma_2^2+2A_1\sigma_1A_2\sigma_2r_{1,2}}$$

式中：

A：表示投资比重。

σ：表示标准差。

$r_{1,2}$：表示两项资产报酬率之间的预期相关系数。

为方便计算，设：$A_1\sigma_1=a$，$A_2\sigma_2=b$，

则：两项资产组合的标准差 $\sigma_P=\sqrt{a^2+b^2+2abr_{1,2}}$。

（1）当两种资产完全正相关，即 $r_{1,2}=+1$ 时：

两种证券组合的标准差 $=a+b$

即：投资组合的标准差（风险）是组合内个别资产的标准差（风险）的加权平均值——无法分散风险。

（2）当两种证券完全负相关，即 $r_{1,2}=-1$ 时：

两种证券组合的标准差 $=|a-b|$

两种资产完全负相关时，当且仅当 $|a-b|=0$，能够完全抵消风险。

（3）当 $-1<$ 相关系数 <1 时：

$|a-b|<$ 组合的标准差 $<a+b$

有风险分散化效应，但风险不能完全抵消。

提示：在实务中，各证券之间不可能完全正相关，也不可能完全负相关，所以不同证券的投资组合可以降低风险，但又不能完全消除风险。一般而言，证券的种类越多，组合降低风险的效果越好。

典例研习 · 3-15

假设 A 股票的期望报酬率为 10%，标准差是 12%；B 股票的期望报酬率是 18%，标准差是 20%。假设等比例投资于该两种股票，即投资占比各占 50%，分别计算当两种股票的相关系数等于 1 和等于 0.2 时，该投资组合的期望报酬率和标准差。

斯尔解析

（1）投资组合的期望报酬率。

组合的期望报酬率 r_p=10%×0.5+18%×0.5=14%，与相关系数无关。

（2）投资组合的标准差。

当 r=1 时：

投资组合的标准差 σ_p=12%×50%+20%×50%=16%

当 r=0.2 时：

投资组合的标准差 σ_p

$=\sqrt{(0.5\times12\%)^2+(0.5\times20\%)^2+2\times(0.5\times12\%)\times(0.5\times20\%)\times0.2}$

=12.65%

典例研习 · 3-16 单项选择题

一项投资组合由两项资产构成。下列关于两项资产的期望收益率相关系数与投资组合风险分散效应的说法中，正确的是（　　）。

A. 相关系数等于 0 时，风险分散效应最强

B. 相关系数等于 1 时，不能分散风险

C. 相关系数大小不影响风险分散效应

D. 相关系数等于 −1 时，才有风险分散效应

斯尔解析 本题考查投资组合的风险与报酬。相关系数 =1 时，两项资产完全正相关，不能分散风险，选项 B 当选。只要相关系数小于 1，就具有风险分散效应，选项 CD 不当选。相关系数越小风险分散效应越强，相关系数的最小值为 −1，因此当相关系数 =−1 时，风险分散效应最强，选项 A 不当选。

本题答案 B

4. 多项资产组合的风险

证券组合的标准差不仅取决于单个证券的标准差，还取决于证券之间的协方差，**随着证券组合中证券个数的增加，协方差项比方差项越来越重要**。

当一个组合扩大到能够包含所有证券时，只有协方差是重要的，方差项将变得微不足道。

因此，**充分投资组合的风险，只受证券之间协方差的影响，而与各证券本身的方差无关**。

（三）两种证券组合的机会集

沿用【典例研习·3-15】数据（两种股票的相关系数等于0.2），当投资比例变化时，投资组合的期望报酬率和标准差也会发生变化，如下表所示：

不同投资比例的组合

组合	对 A 的投资比例	对 B 的投资比例	组合的期望收益率	组合的标准差
1	1	0	10.00%	12.00%
2	0.8	0.2	11.60%	11.11%
3	0.6	0.4	13.20%	11.78%
4	0.4	0.6	14.80%	13.79%
5	0.2	0.8	16.40%	16.65%
6	0	1	18.00%	20.00%

将其描绘在坐标轴（横轴为标准差，纵轴为期望报酬率）中，形成的点连接起来所形成的曲线称为机会集，可以反映出风险与报酬之间的权衡关系，如下图（左）所示：

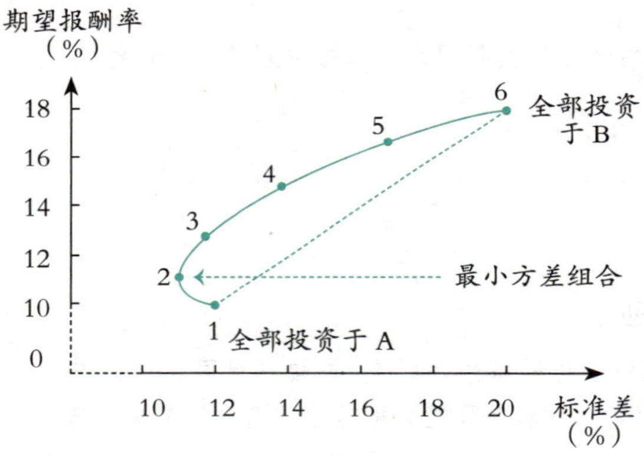

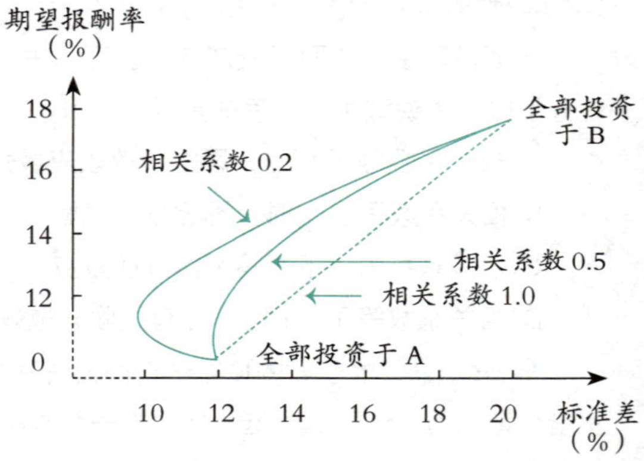

从以上图形中，可以得到以下重要结论：

1. 分散化效应

A ~ B 虚直线是当两种证券完全正相关（r=1 时）的机会集曲线，无风险分散化效应；而 1 ~ 6 实曲线则代表 r=0.2 时的机会集曲线，其与直线间的距离体现了投资组合的风险分散化效应；分散化投资并非必然导致机会集曲线向第 1 点组合 A 左侧凸出，它取决于相关系数的大小，如上图（右）相关系数为 0.5 时的机会集曲线，虽然体现了风险分散化效应，但并没有向第 1 点组合 A 左侧凸出。

2. 最小方差组合

曲线最左端的第 2 点组合被称作最小方差组合，它在持有证券的各种组合中有最小的标准差。本例中，最小方差组合是 80% 的资金投资于 A 证券，20% 的资金投资于 B 证券。

3. 投资的有效集

在只有两种证券的情况下，投资机会集是 1 ~ 6 实曲线，所有投资机会只能出现在机会集曲线上；其中，投资有效集是 2 ~ 6 实曲线（称为“有效边界”），最小方差组合以下的曲线 1 ~ 2 部分是无效的。

4. 相关性对风险的影响

证券报酬率之间的相关系数越小，机会集曲线就越弯曲，风险分散化效应也就越强； 证券报酬率之间的相关系数越大，风险分散化效应就越弱；完全正相关的投资组合，不具有风险分散化效应，其机会集是一条直线。

解题高手

命题角度：考查两种证券构成的投资组合中，最高、最低收益率和最大、最小方差组合的判断。

解决这种问题的关键，是要充分考虑各种情况，而非只考虑个别特例。

（1）最高收益率和最大方差组合，不论什么情形，均是将全部资金投资于高风险资产的投资组合。

（2）最低收益率组合，不论什么情形，均是将全部资金投资于低风险资产的投资组合。

（3）最小风险组合的位置，区分三种情形进行分析。

情形一：当机会集是一条直线时，最小方差组合是将全部资金投资于低风险资产。

情形二：当机会集是一条曲线，但未向低风险资产左侧凸出时，最小方差组合是将全部资金投资于低风险资产。

情形三：当机会集是一条曲线，并向低风险资产左侧凸出时，最小方差组合不是将全部资金投资于低风险资产。

典例研习 · 3-17 多项选择题

A 证券的预期报酬率为 12%，标准差为 15%；B 证券的预期报酬率为 18%，标准差为 20%。投资于该两种证券组合的机会集是一条曲线，有效边界与机会集重合，以下结论中正确的有（　　）。

A. 两种证券的投资组合不存在无效集

B. 两种证券的投资组合不存在风险分散效应

C. 最小方差组合是全部投资于 A 证券

D. 最高预期报酬率组合是全部投资于 B 证券

斯尔解析 本题考查投资组合的风险与收益。有效边界与机会集重合，表明不存在无效集，选项 A 当选。两种证券组合的机会集是一条曲线（而不是直线），表明存在风险分散效应，选项 B 不当选。在不存在无效集的情况下，最小方差组合就是全部投资于组合内风险较低的证券（A 证券），选项 C 当选。由于投资组合的期望报酬率是组合内各资产期望报酬率的加权平均值，因此，投资组合的最高期望报酬率就是将全部资金投资于收益最高的证券

（B 证券），选项 D 当选。

陷阱提示 只要机会集是一条曲线，就表示相关系数小于 1，就代表有风险分散化效应，不要误以为没有向左侧凸出就不存在风险分散化效应；同时是否向低风险资产左侧凸出一定要看清楚题目的表述，本题如果没有“有效边界与机会集重合”这句话，仅凭机会集是一条曲线无法辨别是否存在无效集。

本题答案 ACD

（四）多种证券投资组合的有效集

两种证券组合机会集是一条曲线，多种（风险）证券组合的机会集为一个平面，如下图所示：

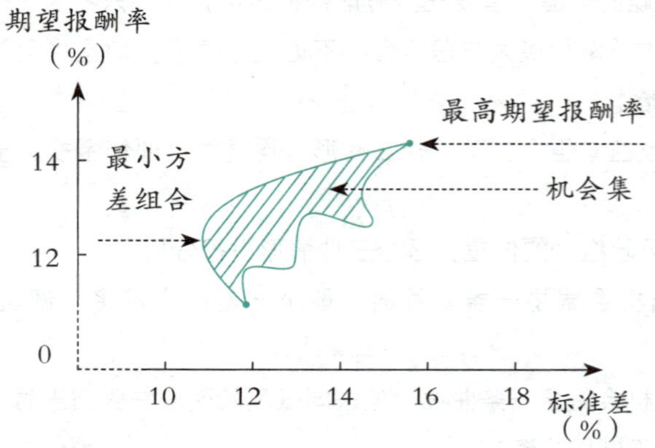

基本结论：

（1）机会集外缘最左端的点（最小方差组合点），具有最低的风险。

（2）机会集外缘的顶部，从最小方差组合点起到最高期望报酬率点止为有效集；机会集中的其余组合点均位于有效集的右下方（风险高、收益低），为无效集。

（3）如果投资组合是无效的，可以通过改变投资比例转换为有效组合，以提高收益而不增加风险，或降低风险而不降低收益，或既提高收益又降低风险。

（4）在机会集内，有效集以外的组合与有效边界上的组合相比，有三种情况：

①相同的标准差和较低的期望报酬率。

②相同的期望报酬率和较高的标准差。

③较低的期望报酬率和较高的标准差。

（五）资本市场线（无风险资产与风险资产组合的二次有效组合）

1. 基本假设

假设存在无风险资产，并且**可以按照无风险利率自由借入或贷出资金**，其利息是固定的无风险资产报酬率 R_f，标准差为零。

此时，风险厌恶型的投资者可以贷出资金降低风险，但同时也会降低预期报酬率，风险偏好型的投资者可以借入资金进行风险投资，并将**风险资产组合的投资额占自有资本的比例记作 Q**。

Q 的取值	含义	举例
$Q<1$	风险资产组合的投资额小于投资者的自有资本，即投资者将一部分自有资本投资于无风险资产——按无风险利率将资金贷出，将另一部分自有资本投资于风险资产	投资者拥有 100 元现金，将其中的 70 元用于购买股票，其余 30 元购买国债，则：$Q=70\div100=0.7$
$Q>1$	风险资产组合的投资额大于投资者的自有资本，多出部分为投资者的借入资金；此时，无风险资产的投资比例（1–Q）为负数，表明投资者按无风险利率 R_f 借入了资金	投资者以自有资本 100 元和按无风险利率借入的资金 20 元购买了 120 元股票，则：$Q=120\div100=1.2$
$Q=1$	即投资者刚好将全部自有资本投资于风险资产组合，既没有贷出资金，也没有借入资金	投资者拥有 100 元现金，全部用于购买股票

2. 二次组合的标准差与期望报酬率

从风险资产组合机会集中，任意选择一个风险资产组合，称为组合 A，现将风险资产组合 A 与无风险资产构成二次组合，相关信息如下表所示：

资产	投资比例	标准差	期望收益率	相关系数
风险资产组合 A	Q	σ_A	R_A	0
无风险资产	$1-Q$	0	R_f	

（1）二次组合的标准差。

二次组合标准差：

$$\sigma=\sqrt{Q^2\times\sigma_A^2+2\times0\times Q\times\sigma_A\times(1-Q)\times0+(1-Q)^2\times0}$$
$$=Q\times\sigma_A$$

上式表明，无风险资产与风险资产组合构成的二次组合的风险由风险资产的风险（σ_A）以及组合中投资于风险资产的比例（Q）决定。

同时可得：$Q=\sigma\div\sigma_A$。

（2）二次组合的期望报酬率。

$$R=Q\times R_A+(1-Q)\times R_f$$
$$=Q\times R_A-(Q-1)\times R_f$$
$$=R_f+Q\times(R_A-R_f)$$
$$=R_f+\frac{(R_A-R_f)}{\sigma_A}\times\sigma$$

根据上述公式可知，在坐标轴（标准差为横轴、期望报酬率为纵轴）中，任意一个风险资产组合与无风险资产构成的二次组合的机会集，均为一条直线。

3. 资本市场线

从无风险资产的收益率（y 轴的 R_f）开始，做有效边界的切线，切点为 M，该直线被称为资本市场线，如下图所示：

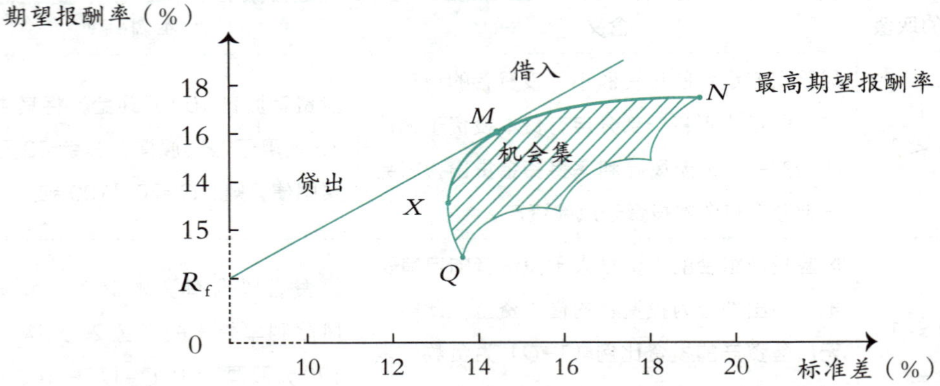

该直线也是风险资产组合 M 与无风险资产构成的二次组合的机会集，是所有风险资产组合与无风险资产构成的二次组合的有效集。表达式为：$R=R_f+\frac{(R_M-R_f)}{\sigma_M}\times\sigma$。

关于资本市场线，需关注以下结论：

（1）坐标轴、截距、斜率。

横轴是标准差，纵轴是期望报酬率 R，反映的是总风险与报酬的权衡关系。根据公式 $R=R_f+\frac{(R_M-R_f)}{\sigma_M}\times\sigma$，并结合图形，资本市场线在纵轴的截距是无风险报酬率 R_f，斜率是单位风险市场价格 $\frac{(R_M-R_f)}{\sigma_M}$，与投资机会集的交点落在有效边界上，因此仅适用于衡量有效投资组合风险与报酬的关系。

（2）市场均衡点（M 点）。

资本市场线与有效边界集的切点称为市场均衡点，它代表唯一最有效的风险资产组合，是所有证券以各自的总市场价值为权数的加权平均组合，即市场组合。

（3）组合中资产构成情况（M 点左侧和右侧）。

资本市场线上任一点揭示出持有不同比例的无风险资产和市场组合情况下风险与预期报酬率之间的关系。

在 M 点左侧，是不借入资金且同时持有无风险资产和风险资产组合的情况，风险较低。

在 M 点右侧，仅持有市场组合，并且会借入资金进一步投资于市场组合 M，风险较高。

（4）分离定理。

个人的效用偏好与最佳风险资产组合相独立，对于不同风险偏好的投资者来讲，只要能以无风险利率自由借贷，他们都会选择市场组合，即分离定理——最佳风险资产组合的确定独立于投资者的风险偏好。它取决于各种可能风险组合的期望报酬率和标准差。

分离定理在理财方面非常重要，它表明企业管理层在决策时，不必考虑每位投资者对风险的态度。

典例研习 · 3-18 多项选择题

下列关于资本市场线的说法中，正确的有（　　）。

A. 市场组合代表唯一最有效的风险资产组合

B. 存在无风险资产是资本市场线的假设条件之一

C. 投资者个人对风险的态度影响最佳风险资产组合

D. 分离定理表明企业管理层在决策时不必考虑每位投资者对风险的态度

斯尔解析 本题考查资本市场线。当存在无风险资产并可以自由借贷时，市场组合是唯一最有效的风险资产组合，选项 A 当选。资本市场线假设存在无风险资产，投资者可以在资本市场上借到钱，将其纳入自己的投资总额；或者可以将多余的钱贷出。无论借入还是贷出，利息都是固定的无风险资产的报酬率，选项 B 当选。分离定理说明由于个人的效用偏好与最佳风险资产组合相独立，所以企业管理层在决策时不必考虑每位投资者对风险的态度，选项 D 当选。最佳风险资产组合的确定独立于投资者的风险偏好，它取决于各种可能风险组合的期望报酬率和标准差，选项 C 不当选。

本题答案 ABD

（六）风险的种类

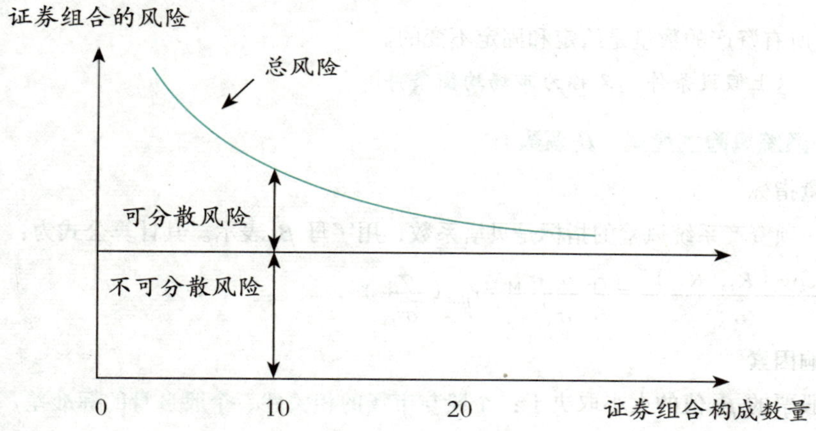

投资组合的风险

1. 系统风险

系统风险，也称市场风险或不可分散风险，是影响所有公司的因素引起的风险，例如战争、经济衰退、通货膨胀等。**系统风险不能通过资产组合消除**，即充分市场组合也无法消除全部系统风险。

2. 非系统风险

非系统风险，也称特有风险或可分散风险，是发生于个别公司的特有事件造成的风险，例如某公司的工人罢工、产品研发失败、失去某重要客户等。**非系统风险能通过资产组合消除**，通过多样化的分散投资可以抵消特有风险。

3-3-4

四、资本资产定价模型（★★）

从风险的定义（期望报酬率的不确定性）出发，我们根据投资理论将风险划分为系统风险和非系统风险，明确了在高度分散化的资本市场中仅存在系统风险并有相应补偿，而资本资产定价模型能够实现对系统风险的具体定价。接下来，我们就具体研究衡量系统风险的资本资产定价模型。

（一）基本假设

资本资产定价模型建立在如下基本假设之上：

（1）所有投资者均追求单期财富的期望效用最大化，并以各备选组合的期望收益和标准差为基础进行组合选择。

（2）所有投资者均可以无风险报酬率无限制地借入或贷出资金。

（3）所有投资者拥有同样预期，即对所有资产报酬的均值、方差和协方差等，投资者均有完全相同的主观估计。

（4）所有的资产均可被完全细分，拥有充分的流动性且没有交易成本。

（5）没有税金。

（6）所有投资者均为价格接受者。即任何一个投资者的买卖行为都不会对股票价格产生影响。

（7）所有资产的数量是给定和固定不变的。

提示：以上假设条件，又称为市场均衡条件。

（二）系统风险的度量（β 系数）

1. 衡量指标

度量一项资产系统风险的指标是贝塔系数，用字母 β 表示。其计算公式为：

$$\beta_J=\frac{\text{cov}(K_J,K_M)}{\sigma_M^2}=\frac{r_{JM}\sigma_J\sigma_M}{\sigma_M^2}=r_{JM}\left(\frac{\sigma_J}{\sigma_M}\right)$$

2. 影响因素

一种股票的 β 值的大小取决于：个股与市场的相关性、个股自身的标准差、整个市场的标准差。

3. 投资组合的 β 系数

投资组合的 β 系数等于组合内各证券 β 值的加权平均数（理由是投资组合不能分散系统风险）。

原理详解

如何理解 β 系数的含义？

某股票的 β 值反映了其报酬率波动与整个市场报酬率波动间的相关性及其程度；市场组合相对于它自己的 β 系数是1。

β=0.5，表明该资产的系统风险是市场组合系统风险的二分之一，其报酬率的波动幅度只是一般市场报酬率波动幅度的一半。

β=2，表明该资产报酬率波动幅度为一般市场报酬率波动幅度的两倍。

β<0，表明该资产报酬率波动方向与一般市场报酬率波动方向是相反的，即当市场平均收益率增加时，该资产的收益率却在减少。

典例研习 · 3-19 多项选择题

投资组合由证券 X 和证券 Y 各占 50% 构成。证券 X 的期望收益率 12%，标准差 12%，β 系数 1.5。证券 Y 的期望收益率 10%，标准差 10%，β 系数 1.3。下列说法中，正确的有（　　）。

A. 投资组合的期望收益率等于 11%

B. 投资组合的 β 系数等于 1.4

C. 投资组合的变异系数等于 1

D. 投资组合的标准差等于 11%

斯尔解析 本题考查投资组合的风险与报酬。组合的期望收益率 =12%×50%+10%×50%=11%，组合的 β 系数 =1.5×50%+1.3×50%=1.4，选项 AB 当选。题中没有给出相关系数，因此无法计算组合的标准差，选项 D 不当选。投资组合的变异系数 = 投资组合的标准差 / 投资组合的期望收益率，由于投资组合的标准差无法计算，所以投资组合的变异系数也无法计算，选项 C 不当选。只有当两证券相关系数 =1 时，选项 CD 的表述才是正确的。

本题答案 AB

（三）证券市场线和资本资产定价模型

按照资本资产定价模型理论，单一证券的系统风险可由 β 系数来度量，而且其风险与收益之间的关系可由证券市场线来描述。

1. 资本资产定价模型

$R_i=R_f+\beta(R_m-R_f)$

式中：

R_i：第 i 个股票的必要报酬率。

R_f：无风险报酬率，通常以国库券的报酬率（到期收益率）来表示。

R_m：平均股票（即市场组合）的必要报酬率，投资者承担平均系统风险（β=1）时的必要报酬率。

(R_m-R_f)：市场风险溢价，是投资者为补偿承担超过无风险报酬的平均风险而要求的额外收益。

$\beta\times(R_m-R_f)$：某证券（或证券组合）的系统风险补偿率。

精准答疑

问题：如何区分 R_m 和（R_m-R_f）？

解答：R_m 表示市场中所有股票的平均收益率，而（R_m-R_f）表示市场中所有股票平均收益率超出无风险利率的差额，是由于投资者购买股票承担了风险而要求的风险溢价。常见表述如下表所示：

指标	常见表述	理解要点
R_m	证券市场收益率、平均风险股票收益率、市场平均收益率、市场组合收益率	该收益率形容的是整体股票市场的平均收益率
（R_m-R_f）	市场（平均）风险溢酬（溢价、补偿率、附加率）、风险收益率、风险价格	该收益率形容的是市场当中风险的收益率，强调的是在无风险收益率基础之上多出来的那部分

2. 证券市场线

证券市场线是基于资本资产定价模型的图示形式，用于测度**市场均衡条件下单项资产或资产组合（不论它是否已经有效地分散风险）的必要报酬率与风险之间的关系**。证券市场线的研究对象既可以是单项资产，也可以是资产组合，既可以是有效组合，也可以是无效资产组合。

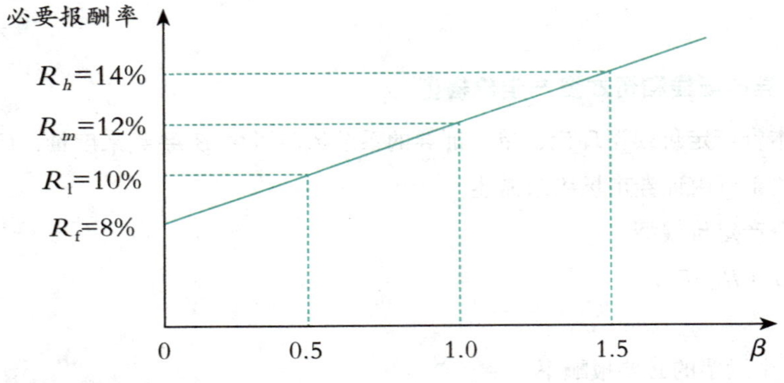

（1）纵轴为必要报酬率（收益），横轴为 β 系数（系统风险）。

（2）纵轴截距为无风险报酬率 R_f。

（3）斜率为市场风险溢价（R_m-R_f），表示经济系统中风险厌恶感的程度。一般来说，投资者对风险的厌恶感越强，对风险资产所要求的风险补偿越大，证券市场的斜率越大，风险资产的必要报酬率越高。

解题高手

命题角度：考查各因素变动对证券市场线的影响。

（1）无风险利率上升：证券市场线在纵轴的截距上升，但证券市场线的斜率不变，因为当无风险利率上升时，R_m 和 R_f 同时上升，两者的差额不变，斜率不变。

（2）通货膨胀率上升：通货膨胀率上升，会引起无风险利率上升，两者对证券市场线的影响一致。

（3）风险厌恶感加强：市场风险溢价上升，证券市场线斜率上升。

典例研习 · 3-20 多项选择题

下列关于证券市场线的说法中，正确的有（　　）。

A. 无风险报酬率越大，证券市场线在纵轴的截距越大

B. 证券市场线描述了由风险资产和无风险资产构成的投资组合的有效边界

C. 预计通货膨胀提高时，证券市场线将向上平移

D. 投资者对风险的厌恶感越强，证券市场线的斜率越大

斯尔解析 本题考查证券市场线。证券市场线的截距为无风险报酬率，选项A当选。资本市场线描述的是由风险资产和无风险资产构成的投资组合的有效边界，选项B不当选。无风险报酬率 = 纯粹利率 + 通货膨胀补偿率，预计通货膨胀提高时，无风险报酬率会随之提高，进而导致证券市场线向上平移，选项C当选。投资者对风险厌恶感的加强，会提高市场风险收益率，从而提高证券市场线的斜率，选项D当选。

本题答案 ACD

解题高手

命题角度：考查资本市场线与证券市场线的区别。

项目	资本市场线	证券市场线
含义	风险资产和无风险资产构成的投资组合期望收益与风险之间的关系	市场均衡条件下单项资产或资产组合的必要报酬率与风险之间的关系
理论模型基础	有效边界模型	资本资产定价模型
适用性	仅适用于有效组合	普遍适用于各单项资产或资产组合
用途	根据期望收益确定投资组合比例	利用必要报酬率进行股票估值

续表

项目	资本市场线	证券市场线
坐标轴	横轴：标准差。 纵轴：期望报酬率。 总风险与报酬的权衡关系	横轴：β 系数。 纵轴：必要报酬率。 系统风险与报酬的权衡关系
截距	无风险收益率 R_f	无风险收益率 R_f
斜率	单位风险市场价格（R_m-R_f）$/\sigma_m$	市场风险溢价（R_m-R_f）
风险偏好影响	个人的风险偏好仅影响其借入或贷出的资金量，不影响最佳风险资产组合	投资者整体对风险越厌恶，对风险资产要求的风险补偿越大，证券市场线斜率越大

典例研习 · 3-21 单项选择题

下列关于投资组合的说法中，错误的是（　　）。

A. 有效投资组合的期望收益与风险之间的关系，既可以用资本市场线描述，也可以用证券市场线描述

B. 用证券市场线描述投资组合（无论是否有效地分散风险）的期望收益与风险之间的关系的前提条件是市场处于均衡状态

C. 当投资组合只有两种证券时，该组合报酬率的标准差等于这两种证券报酬率标准差的加权平均值

D. 当投资组合包含所有证券时，该组合报酬率的标准差主要取决于证券报酬率之间的协方差

斯尔解析 本题考查投资项目组合的风险与报酬。资本市场线只适用于有效组合，而证券市场线普遍适用于各单项资产或资产组合，选项 A 不当选。资本资产定价模型假设描述的市场是处于均衡状态的市场，选项 B 不当选。当投资组合中有两种证券时，只有在相关系数等于 1 的情况下，组合报酬率的标准差才等于这两种证券报酬率标准差的加权平均值，选项 C 当选。当一个组合扩大到能够包含所有证券时，只有协方差是重要的，方差项变得微不足道。因此，当投资组合包含所有证券时，该组合报酬率的标准差主要取决于证券报酬率之间的协方差，选项 D 不当选。

本题答案 C

第四章 资本成本

学习提要

重要程度： 重点章节　　**平均分值：** 6分

考核题型： 客观题、主观题

本章提示： 本章包括资本成本和债券、股票价值评估两个重点内容，其中债券、股票价值评估，计算比较灵活，需要抓住问题的本质

考点精讲

第一节 资本成本的概念和影响因素

一、资本成本的概念（★）

4-1-1

资本成本的概念包括两个方面：一方面，资本成本与公司的筹资活动有关，它是公司募集和使用资金的成本，即筹资的成本；另一方面，资本成本与公司的投资活动有关，它是投资的必要报酬率。

一般说来，资本成本是指投资资本的机会成本。这种成本不是实际支付的成本，而是一种失去的收益，是将资本用于本项目投资所放弃的其他所有等风险投资机会的最高收益，因此被称为机会成本。此外，资本成本也称为投资项目的取舍率、最低可接受的报酬率。

资本成本根据应用对象的不同，可分为公司的资本成本和投资项目的资本成本：

（1）公司资本成本是投资者针对整个公司要求的报酬率，或者说是投资者对于企业全部资产要求的报酬率。

（2）项目资本成本是公司投资于资本支出项目所要求的报酬率。

（一）公司的资本成本

公司的资本成本，指公司各种资本要素（债务、优先股、普通股等）成本的加权平均数。

（1）公司资本成本是公司取得资本使用权的代价。

在债券和股票估价中，我们是从投资者的角度评价证券的报酬和风险。任何交易都至少有两方，一方的所得就是另一方的所失，一方的收益就是另一方的成本。所以，不考虑交易费用等因素的影响时，投资者的税前必要报酬率等于公司的税前资本成本。

（2）公司资本成本是公司投资者的必要报酬率。

如果公司的投资报酬率超过投资者的要求，必然会吸引新的投资者购买该公司股票，股价就会上升，现有股东的财富将增加。如果情况相反，有些股东会出售股票，股价就会下跌，股东的财富将减少。因此，假设不考虑所得税、交易费用等其他因素的影响，公司的资本成本是投资者的必要报酬率，或者说是维持公司股价不变的报酬率。

（3）不同资本来源的资本成本不同。

公司有多种资本来源，如债务、优先股、普通股等。每一种资本来源被称为一种资本要素。公司的资本成本是企业资本结构中各种资金来源成本的组合，即各资本要素成本的加权平均值。

债权人要求的报酬率是事先规定的利率；股东要求的报酬率来源于股利和股价上升两个方面。由于股利收益和股价上升收益具有不确定性，且股东的股利要求权排在债权人的利息之后，因此，股东的风险比债权人大，公司应当为股东支付更高的报酬。

（4）不同公司的资本成本不同。

公司资本成本的高低，取决于无风险利率、经营风险溢价和财务风险溢价。公司的经营风险和财务风险大，投资者要求的报酬率就会较高，公司的资本成本也就较高。

（二）投资项目的资本成本

投资项目的资本成本，指项目本身所需投资资本的机会成本。每个项目都有自己的资本成本，它是项目风险的函数。

因为不同投资项目的风险不同，投资者要求的报酬率也就不同。风险高的投资项目要求的报酬率较高，风险低的投资项目要求的报酬率较低。作为投资项目的资本成本，即项目的必要报酬率，其高低既取决于资本运用于什么项目，又受筹资来源影响。

精准答疑

问题：公司资本成本与项目资本成本有什么区别和联系？

解答：（1）区别：

①公司资本成本是投资人针对整个公司要求的报酬率，或者说是投资者对于企业全部资产要求的必要报酬率。

②项目资本成本是公司投资于资本支出项目所要求的必要报酬率。

（2）联系：

①如果公司新投资项目的风险与企业现有资产平均风险相同，则项目资本成本等于公司资本成本。

②如果新投资项目的风险高于企业现有资产的平均风险，则项目资本成本高于公司资本成本。

③如果新投资项目的风险低于企业现有资产的平均风险，则项目资本成本低于公司资本成本。

典例研习 · 4-1 （多项选择题）

下列关于投资项目资本成本的说法中，正确的有（　　）。

A. 资本成本是投资项目的取舍率

B. 资本成本是投资资本的必要报酬率

C. 资本成本是投资项目的内含报酬率

D. 资本成本是投资资本的机会成本

斯尔解析 本题考查资本成本的概念。资本成本是投资资本的机会成本，是投资所要求的必要报酬率，选项 BD 当选。内含报酬率是项目本身的盈利能力，计算出项目的内含报酬率之后，可以根据企业的资本成本对项目进行取舍，如果内含报酬率高于资本成本，则项目具有财务可行性。所以，资本成本是投资项目的取舍率，选项 A 当选、选项 C 不当选。

本题答案 ABD

二、资本成本的影响因素（★）

（一）外部因素（个别公司无法控制）

影响因素	解读
无风险利率	无风险利率上升，投资机会成本增加，公司债务资本成本上升；根据资本资产定价模型，无风险利率上升也会引起普通股成本上升
市场风险溢价	市场风险溢价由资本市场上的供求双方决定，根据资本资产定价模型，市场风险溢价会影响股权资本成本
税率	税率变化直接影响税后债务资本成本以及公司加权平均资本成本

（二）内部因素（公司可以自主决定）

影响因素	解读
资本结构	增加债务比重，可能会使平均资本成本趋于降低，同时会加大公司的财务风险。财务风险的提高，又会引起债务和股权资本成本上升。因此，公司应适度负债，寻求资本成本最小化的资本结构
投资政策	公司资本成本反映现有资产的平均风险。如果公司向高于现有资产风险的新项目大量投资，公司资产的平均风险就会提高，并使得资本成本上升

典例研习 · 4-2 多项选择题

下列可能影响公司资本成本的因素有（　　）。

A. 提高资产负债率

B. 加大对高风险项目的投资

C. 资本利得税率变化

D. 无风险利率提高

斯尔解析 本题考查资本成本的影响因素。提高资产负债率，即改变资本结构，将影响公司资本成本，选项 A 当选。加大对高风险项目的投资，即改变投资政策，也将影响公司资本成本，选项 B 当选。资本利得税率变化，会影响人们对于权益投资和债务投资的选择，并间接影响公司的最佳资本结构，进而影响公司资本成本，选项 C 当选。无风险利率提高，将引起债务成本和普通股成本的上升，影响公司资本成本，选项 D 当选。

本题答案 ABCD

第二节 债务资本成本的估计

一、债务资本成本的概念（★）

（一）债务筹资的特征

估计债务资本成本就是确定债权人要求的报酬率。债务资本成本的估计方法与债务筹资的特征有关。与权益筹资相比，债务筹资有以下特征：

（1）债务筹资产生合同义务。

（2）债权人本息的请求权优先于股东的股利。

（3）提供债务资本的投资者，没有权利获得高于合同约定利息之外的任何收益。

债务资本的提供者承担的风险显著低于股东，所以其要求的报酬率也低于股东，即债务资本成本低于权益资本成本。

（二）债务资本成本的区分

1. 区分债务的历史成本和未来成本

作为投资决策和企业价值评估依据的资本成本，只能是未来借入新债务的成本。现有债务的历史成本，对于未来的决策来说是不相关的沉没成本。

2. 区分债务的承诺收益和期望收益

（1）承诺收益是指在没有违约风险的情况下，根据债券的本金和利息等金额计算出的收益；而期望收益是投资者未来各种可能收益的加权平均值，是考虑了违约风险的情况下投资者预期可以获得的收益。因此，期望收益≤承诺收益。

（2）对于筹资者来说，在不考虑筹资费用的情况下，债权人的期望收益率是其债务的真实成本（因为公司可以违约）。

（3）在实务中，往往把债务的承诺收益率作为债务资本成本。从理论上看是不对的，但在实务中经常是可以接受的。主要原因有两个：第一，多数公司的违约风险不大；第二，计算方便，估计违约风险比较困难。

（4）如果筹资公司处于财务困境或者财务状况不佳，债务的承诺收益率可能非常高，例如各种“垃圾债券”。此时，应区分承诺收益和期望收益。

3. 区分长期债务资本成本和短期债务资本成本

由于加权平均资本成本主要用于资本预算，涉及的是长期债务，因此，通常只考虑长期债务，而忽略各种短期债务。但是，有时候公司无法取得长期债务，被迫采用短期债务筹资并将其不断续约，这种债务实质上是一种长期债务，是不能忽略的。

典例研习 · 4-3 单项选择题

在进行投资决策时，需要估计的债务资本成本是（　　）。

A. 现有债务的承诺收益　　B. 未来债务的期望收益

C. 未来债务的承诺收益　　D. 现有债务的期望收益

斯尔解析 本题考查债务资本成本的区分。作为投资决策和企业价值评估依据的债务成本，只能是未来借入新债务的成本。现有债务的历史成本，对于未来决策来说是不相关的沉没成本，选项 AD 不当选。由于公司可以违约，相对于承诺收益，债权人的期望收益率是其债务的真实成本，选项 B 当选、选项 C 不当选。

本题答案 B

典例研习·4-4 多项选择题

企业在进行资本预算时需要对债务资本成本进行估计。如果不考虑所得税与筹资费用的影响，下列关于债务资本成本的说法中，正确的有（　　）。

A. 债务资本成本等于债权人的期望收益

B. 当不存在违约风险时，债务资本成本等于债务的承诺收益

C. 估计债务资本成本时，应使用现有债务的加权平均债务资本成本

D. 计算加权平均债务资本成本时，通常不需要考虑短期债务

斯尔解析 本题考查债务资本成本。作为投资决策和企业价值评估依据的资本成本，只能是未来借入新债务的成本，现有债务的历史成本，对于未来的决策来说是不相关的沉没成本，选项 C 不当选。

本题答案 ABD

二、税前债务资本成本的估计（★★★）

4-2-2

（一）不考虑发行费用的税前债务资本成本估计（有优先适用顺序）

适用方法	适用条件
到期收益率法	公司目前有上市发行的长期债券
可比公司法	虽然没有上市债券，但可以找到一个拥有可交易债券的可比公司作为参照物
风险调整法	既没有上市债券，也找不到合适的可比公司，但有企业的信用评级资料
财务比率法	“三无”：没有上市债券，找不到可比公司，没有信用评级资料

1. 到期收益率法

（1）如果债券按年付息：

到期收益率是使“债券未来现金流量（本金 + 利息）现值 = 债券当前市价”的折现率。

典例研习·4-5 计算分析题

甲公司 8 年前发行了面值为 1 000 元、期限 30 年的长期债券，该债券票面利率为 7%，每年付息一次，刚支付了上年利息，目前市价为 900 元。

要求：

计算甲公司长期债券的到期收益率。

斯尔解析

设到期收益率为 r_d：

$1\,000\times7\%\times(P/A,\ r_d,\ 22)+1\,000\times(P/F,\ r_d,\ 22)=900$

利用内插法求解：

当 $r_d=8\%$ 时，$1\,000\times7\%\times(P/A,\ 8\%,\ 22)+1\,000\times(P/F,\ 8\%,\ 22)=897.95$。

当 $r_d=7\%$ 时，$1\,000\times7\%\times(P/A,\ 7\%,\ 22)+1\,000\times(P/F,\ 7\%,\ 22)=999.98$。

$(r_d-7\%)/(8\%-7\%)=(900-999.98)/(897.95-999.98)$

则 $r_d=7.98\%$。

（2）如果债券不是按年付息，而是每年付息 m 次：

第一步：设计息期折现率为 r_d，用内插法计算，使“债券未来现金流量现值 = 债券当前市价”的计息期折现率。

第二步：债务税前资本成本 = 有效年利率 = $(1+r_d)^m-1$。

典例研习 · 4-6 计算分析题

甲公司 8 年前发行了面值为 1 000 元、期限 30 年的长期债券，该债券票面利率为 7%，每半年付息一次，刚支付了上年利息，目前市价为 900 元。

要求：

计算甲公司长期债券的到期收益率。

斯尔解析

设计息期折现率为 r_d：

$1\,000\times(7\%\div2)\times(P/A,\ r_d,\ 44)+1\,000\times(P/F,\ r_d,\ 44)=900$

利用内插法求解：

当 $r_d=4\%$ 时：

$1\,000\times(7\%\div2)\times(P/A,\ 4\%,\ 44)+1\,000\times(P/F,\ 4\%,\ 44)=897.21$

当 $r_d=3\%$ 时：

$1\,000\times(7\%\div2)\times(P/A,\ 3\%,\ 44)+1\,000\times(P/F,\ 3\%,\ 44)=1\,121.30$

$(r_d-3\%)/(4\%-3\%)=(900-1\,121.30)/(897.21-1\,121.30)$

则 $r_d=3.99\%$。

税前债务资本成本 = $(1+r_d)^2-1=8.14\%$

提示：

（1）债券票面利率的用途是计算与债券有关的现金流量，而折现率的用途是将债券的未来现金流量折为现值。

（2）债券利率和折现率的计算口径均有三种：**报价口径、计息期口径和有效年利率口径**。在表述报价利率、计息期利率和有效年利率时，一定要说明是谁的报价利率、谁的计息期利率、谁的有效年利率。比如 A 债券的票面利率为 8%，每半年支付一次利息；B 债券的票面利率为 10%，每年支付一次利息。则可得：A 债券的报价利率为 8%，计息期利率 =8%/2=4%，有效年利率 = $(1+4\%)^2-1=8.16\%$；B 债券的报价利率 = 计息期利率 = 有

效年利率 =10%。

（3）折现时，需要**找到与债券计息期相匹配的计息期口径折现率**。

精准答疑

问题：如何区分到期收益率、期望报酬率、投资报酬率、必要报酬率和资本成本？

解答：（1）到期收益率 vs 期望报酬率：就注会财管考试而言，到期收益率与期望报酬率两个指标可以视为是等效的。

（2）到期收益率 vs 投资报酬率：到期收益率是投资者按照当前市场价格购买并且一直持有到期满时可以获得的年平均收益率；投资报酬率是投资者按照实际购买价格、实际持有时间和出售价格计算的平均收益率，既可能买贵或买便宜了，也可能并未持有到期满就出售了。

（3）到期收益率 vs 必要报酬率：到期收益率衡量的是以当前市价购买一项资产所能实现的收益率；而必要报酬率是投资人购买一项资产所要求的最低收益率，如果到期收益率≥必要报酬率，则该资产可以投资。

（4）必要报酬率 vs 资本成本：资本成本是投资人的必要报酬率。为什么债务资本成本的计算可以用到期收益率法呢？因为在市场均衡的情况下，到期收益率 = 必要报酬率。作为筹资公司，很难取得关于投资人必要报酬率的数据，因此可以用到期收益率法估计债务资本成本。但这只是一种计算方法，资本成本的本质依然是投资人的必要报酬率。

2. 可比公司法

如果公司没有上市债券，则找一个拥有可上市交易债券的可比公司作为参照物，以可比公司长期债券的到期收益率作为本公司的长期债务资本成本。

可比公司应具有以下特征：

（1）**应当与目标公司处于同一行业，具有类似的商业模式。**

（2）**最好两者的规模、负债比率和财务状况也比较类似。**

典例研习·4-7 多项选择题

甲公司目前没有上市债券，在采用可比公司法测算公司的债务资本成本时，选择的可比公司应具有的特征有（　　）。

A. 与甲公司在同一行业　　B. 拥有可上市交易的长期债券

C. 与甲公司商业模式类似　　D. 与甲公司在同一生命周期阶段

斯尔解析 本题考查用可比公司法估计债务资本成本。如果需要计算债务资本成本的公司没有上市债券，就需要找一个拥有可上市交易债券的可比公司作为参照物。可比公司应当与目标公司处于同一行业，具有类似的商业模式，最好两者的规模、负债比率和财务状况也比较类似，选项 ABC 当选。对于企业所处的生命周期没有硬性要求，选项 D 不当选。

本题答案 ABC

3. 风险调整法

（1）适用条件。

公司既没有上市债券，也找不到合适的可比公司，但有企业的信用评级资料。

（2）计算公式。

税前债务资本成本 = 无风险收益率 + 企业的信用风险补偿率

其中：

①无风险收益率是指与公司债券**到期日相同或相近**的**政府债券到期收益率**。

②估计企业信用风险补偿率，一般可采用“三步法”：

第一步　找上市公司债券：选择若干与本公司**信用级别相同**的上市公司债券（不一定符合可比公司条件），并分别计算其到期收益率。

第二步　找长期政府债券：选择与这些上市公司债券**到期日相同或相近**的长期政府债券，并计算其到期收益率（无风险利率）。

第三步　算平均差额：计算上述两个到期收益率差额（信用风险补偿率）的平均值，作为本公司的信用风险补偿率。

典例研习 · 4-8　计算分析题

甲公司是一家制造业企业，信用级别为 A 级，目前没有上市的债券，为投资新产品项目，公司拟通过发行面值 1 000 元的 5 年期债券进行筹资，公司采用风险调整法估计拟发行债券的税前债务资本成本，并以此确定该债券的票面利率。

2012 年 1 月 1 日，公司收集了当时上市交易的 3 种 A 级公司债券及与这些上市债券到期日接近的政府债券。相关信息如下：

A 级公司			政府债券	
出售公司	到期日	到期收益率	到期日	到期收益率
X 公司	2016.5.1	7.5%	2016.6.8	4.5%
Y 公司	2017.1.5	7.9%	2017.1.10	5%
Z 公司	2018.1.3	8.3%	2018.2.20	5.2%

要求：

计算 2012 年 1 月 1 日，甲公司拟发行债券的税前资本成本。

斯尔解析

（1）平均信用风险补偿率 =［（7.5%−4.5%）+（7.9%−5%）+（8.3%−5.2%）］/3=3%。

（2）以 2012 年 1 月 1 日为评估基准日，同期限（到期日相同或相近）的政府债券到期收益率可以使用 2017 年 1 月 10 日到期的政府债券的到期收益率 5%。

则：拟发行债券的税前资本成本 =5%+3%=8%。

4. 财务比率法

（1）适用条件：公司既没有上市债券，也找不到合适的可比公司，也缺少企业的信用评级资料。

（2）具体方法：根据目标公司的关键财务比率和信用级别与关键财务比率对照表可以大体判断该公司的信用级别，并据此使用风险调整法确定其债务资本成本。可参考的关键财务比率包括利息保障倍数、净现金流 / 总负债、资本回报率、经营利润 / 销售收入、长期负债 / 总资产、总负债 / 总资产等。

典例研习 · 4-9 多项选择题

甲公司目前没有上市交易的债券，在测算公司债务资本成本时，下列表述正确的有（　　）。

A. 采用可比公司法时，可比公司应与甲公司具有相同的信用级别

B. 采用可比公司法时，可比公司应与甲公司在同一行业且拥有上市交易的债券

C. 采用风险调整法时，用来估计无风险利率的政府债券应与甲公司债券到期日相近

D. 采用风险调整法时，用来估计信用风险补偿率的发债公司应与甲公司在同一行业

斯尔解析 本题考查债务资本成本的估计。采用可比公司法时，可比公司应当与甲公司处于同一行业，具有类似的商业模式，最好两者的规模、负债比率和财务状况也比较类似，选项 B 当选、选项 A 不当选。采用风险调整法时，用来估计无风险利率的政府债券应选择与甲公司债券到期日相同或相近的政府债券，选项 C 当选。用来估计信用风险补偿率的发债公司应与甲公司信用级别相同，对是否处于同一行业不作强制性要求，选项 D 不当选。

本题答案 BC

（二）考虑发行费用的税前债务资本成本估计

在估计债券资本成本时考虑发行费用，需要将其从筹资额中扣除，此时，债券资本成本是使“债券未来现金流量现值 = 发行价格 – 发行费用”的折现率。

三、税后债务资本成本的估计（★）

4-2-3

税后债务资本成本 = 税前债务资本成本 ×（1– 所得税税率）

政府实际上支付了部分债务资本成本（以减少征收税款的方式），所以公司的税后债务资本成本小于债权人要求的税前收益率（税前债务资本成本）——前提是公司盈利，需承担纳税义务。

第三节　普通股资本成本的估计

普通股资本成本指筹集普通股所需的成本。这里的筹资成本，是指面向未来的成本，而不是过去的成本。增加普通股有两种方式：一种是增发新的普通股，另一种是留存收益转增普通股。

普通股资本成本的计算方法有三种（无优先适用顺序）：

（1）资本资产定价模型。

（2）股利增长模型。

（3）债券收益率风险调整模型。

一、不考虑发行费用的普通股资本成本的估计（★★★）

4-3-1

（一）资本资产定价模型

基本模型：$r_S=r_{RF}+\beta\times(r_m-r_{RF})$。

式中：

r_S：普通股资本成本。

r_{RF}：无风险利率。

β：股票的贝塔系数。

r_m：平均风险股票报酬率（市场组合平均报酬率）。

r_m-r_{RF}：市场风险溢价。

$\beta\times(r_m-r_{RF})$：股票的风险溢价。

1. 无风险利率 r_{RF} 的估计

（1）通常选择长期政府债券利率，而非选择短期政府债券利率。

政府债券基本上没有违约风险，其利率可以代表无风险利率。问题在于政府债券有不同的期限，它们的利率各不相同。

考虑因素	影响
普通股是长期的有价证券	长期政府债券期限长，比较接近普通股现金流的时间覆盖范围
资本预算涉及的时间长	计算资本成本的目的主要是作为长期投资的折现率，长期政府债券的期限和投资项目现金流持续时间能较好地配合
长期政府债券的利率波动较小	短期政府债券的利率波动性较大，不宜作为无风险利率的代表
最常见的做法是选用 10 年期的政府债券利率作为无风险利率的代表	

（2）通常选择到期收益率而非票面利率。

①票面利率受发行时间、付息期、付息方式的影响，差异较大，可比性较差。

②到期收益率根据当前市价和未来现金流量计算求得，差异较小，可比性强。

因此，估计股权资本成本时，应当选择上市交易的长期政府债券的到期收益率作为无风险利率的代表。

（3）选择名义利率还是实际利率。

名义利率（包含通货膨胀）与实际利率（不包含通货膨胀）的关系可描述为：

1+ 名义利率 =（1+ 实际利率）×（1+ 通货膨胀率）

如果企业对未来现金流量的预测是基于预算年度的价格水平，并消除了通货膨胀的影响，那么这种现金流量称为实际现金流量。包含了通货膨胀影响的现金流量，称为名义现金流量。两者的关系为：

名义现金流量 = 实际现金流量 ×（1+ 通货膨胀率）^{n}

其中：n 表示相对于基期的期数。

①决策分析的原则：现金流量与折现率必须相互匹配。含有通胀的（名义）现金流量使用含有通胀的（名义）折现率进行折现，实际现金流量使用实际折现率进行折现。

政府债券的未来现金流量，都是按含有通胀的货币支付的，据此计算出的到期收益率是含有通货膨胀利率的。

②实务处理：一般选择名义利率。因为通货膨胀是一种现实，人们已经习惯用名义货币表示的现金流量；用实际数字编制报表，调整复杂。只有在以下两种情况下，才使用实际利率计算资本成本：一是存在恶性通货膨胀；二是预测周期特别长，通货膨胀的累积影响巨大。

2. 股票贝塔系数（β）的估计

（1）时间维度。

股票 β 系数等于证券的报酬率与市场组合报酬率的协方差与市场组合报酬率方差的比值。股票 β 系数的估计有回归直线法和定义公式法两种，两种方法均是建立在历史资料的基础之上的。

在选择历史数据的过程中，需要重点把握两个维度的问题：

维度	结论
历史期间的长度	①并非越长越好。较长的期限虽然可以提供较多数据，但公司风险特征可能发生变化。 ②公司风险特征无重大变化时，可以采用5年或更长的历史期长度；如果公司风险特征发生重大变化，应当使用变化后的年份作为历史期长度
收益计量的时间间隔	①广泛使用每周或每月的报酬率。 ②不使用年报酬率：因为需要很多年的数据，在此期间资本市场和企业都发生很大变化。 ③不使用日报酬率：没有成交或停牌的日子报酬率为0，此偏差会降低股票报酬率与市场组合报酬率之间的相关性，进而降低 β 值

（2）β 系数的时效性问题。

财务估价使用的数据是面向未来的，而计算出来的 β 系数却是历史的。使用历史 β 系数能否指导未来，关键看驱动因素是否发生重大变化。β 系数的驱动因素包括经营风险和财务风险，如果没有显著变化，可用；如果发生显著变化，不可用。

3. 市场风险溢价（r_m-r_{RF}）的估计

市场风险溢价，指在一个相当长的历史时期里，市场平均收益率与无风险资产平均收益率之间的差异。前面已经解决了无风险资产收益率的估计问题，因此，剩下的只是市场平均收益率的估计。

估计市场平均收益率最常见的方法是进行历史数据分析，在分析时会碰到两个问题：

（1）时间跨度的选择。

由于股票收益率的影响因素较多，因此，短期的风险溢价比较极端，无法反映平均水平，应选择较长的期限。其中既包括经济繁荣时期，也包括经济衰退时期，要比只用最近几年的数据计算更具有代表性。

（2）算术平均数与几何平均数的选择。

多数人倾向计算市场平均收益率时选择几何平均，而非算术平均。

类型	特征
算术平均收益率	更符合资本资产定价模型中的平均方差的结构
几何平均收益率	考虑了复合平均，能更好地预测长期的平均风险溢价。多数人倾向于采用几何平均法。几何平均法得出的预期风险溢价，一般情况下比算术平均法要低一些

典例研习 · 4-10

甲公司股票最近两年的相关数据见下表。假设该公司最近两年未发放股利，计算该公司股票最近两年的算术平均收益率和几何平均收益率。

年限	价格指数	市场收益率
0	2 500	—
1	4 000	（4 000−2 500）/2 500=60%
2	3 000	（3 000−4 000）/4 000=−25%

斯尔解析

算术平均收益率 = ［60%+（−25%）］/2=17.5%

几何平均收益率 = $\sqrt{\dfrac{3\,000}{2\,500}}-1=9.54\%$

精准答疑

问题：运用资本资产定价模型估计普通股资本成本，进行参数估计时，时间跨度选长期，还是短期？

解答：关于时间跨度的选择，不可一概而论，在利用资本资产定价模型时，一共涉及三个指标，其对于时间跨度的选择标准是不同的。

指标	时间跨度
无风险收益率	选择长期政府债券，而非短期政府债券
β 系数	历史期长度并非越长越好，如果公司风险特征无重大变化，可以采用 5 年或者更长的历史期长度；如果公司风险特征发生重大变化，应当使用变化后的年份作为历史期长度
市场收益率	应选择较长的时间跨度，既包括经济繁荣时期，也包括经济衰退时期

典例研习·4-11 多项选择题

资本资产定价模型是估计权益资本成本的一种方法。下列关于资本资产定价模型参数估计的说法中，正确的有（　　）。

A. 估计无风险报酬率时，通常可以使用上市交易的政府长期债券的票面利率

B. 估计 β 值时，使用较长年限数据计算出的结果比使用较短年限数据计算出的结果更可靠

C. 估计市场风险溢价时，使用较长年限数据计算出的结果比使用较短年限数据计算出的结果更可靠

D. 预测未来资本成本时，如果公司未来的业务将发生重大变化，则不能用企业自身的历史数据估计 β 值

斯尔解析　本题考查资本资产定价模型参数的估计。估计无风险报酬率时，通常可以使用上市交易的政府长期债券的到期收益率，而不是票面利率，选项 A 不当选。估计 β 值时，公司风险特征无重大变化时，可以采用 5 年或更长的历史期长度；如果公司风险特征发生重大变化，应当使用变化后的年份作为历史期长度，选项 B 不当选。短期的风险溢价比较极端，无法反映平均水平，应选择较长的期限，选项 C 当选。β 值的驱动因素包括经营风险和财务风险，如果未来业务和风险将发生重大变化，则不可用历史数据估计 β 值，选项 D 当选。

本题答案　CD

（二）股利增长模型

1. 基本模型

假定收益（股利）以固定的年增长率递增，则股权资本成本的计算公式为：

$$r_S=\frac{D_1}{P_0}+g$$

式中：

r_S：普通股资本成本。

D_1：预期下年现金股利额。

P_0：普通股当前市价。

g：股利的年增长率。

精准答疑

问题：如何区分题目给出的股利是 D_0 还是 D_1？

解答：

项目	D_0	D_1
本质	现金流量的发生时点与评估时点在同一时点	现金流量的发生时点比评估时点晚一期
常见表述	本期、本年、已经、实际支付了、最近一期	下一年、下一期、将要、预期、预计
具体处理	一般是已经支付的股利，需要转换为 D_1 才可代入公式计算	属于尚未支付的股利，可直接代入公式计算

2. 长期平均增长率 g 的估计

（1）历史增长率。

这种方法是根据过去的股利支付数据估计未来的股利增长率。

①股利增长率可以按几何平均数计算，也可以按算术平均数计算。

几何平均增长率适合投资者在整个期间长期持有股票的情况，算术平均增长率适合在某一段时间持有股票的情况。由于股利折现模型需要长期的平均增长率，几何增长率更符合逻辑。

②历史增长率法很少单独应用（股利稳定增长的公司很少），仅仅是估计股利增长率的一个参考，或是一个需要调整的基础。

（2）可持续增长率。

假设未来不增发新股或回购股票，保持当前的经营效率和财务政策不变，则可根据可持续增长率来确定股利的增长率。

股利的增长率 = 可持续增长率 = 期初权益预期净利率 × 预计利润留存率

提示：根据可持续增长率估计股利增长率，隐含了一些重要的假设，如果这些假设与未来的状况有很大区别，则不宜单独使用，需要与其他方法结合使用。

（3）采用证券分析师的预测。

证券服务机构的分析师会经常发布大多数公司的增长率预测值。估计增长率时，可以将不同分析师的预测值进行汇总，并求其平均值。

证券分析师发布的各公司增长率预测值，通常是分年度或季度的，而不是一个唯一的长期增长率。对此，有两种解决办法：

①将不稳定的增长率平均化：转换的方法是计算未来足够长期间的年度增长率的几何平均数。

②根据不均匀的增长率直接计算股权资本成本。

提示：以上三种增长率的估计方法中，采用分析师的预测可能是最好的方法。

（三）债券收益率风险调整模型

1. 基本模型

根据投资“风险越大，要求的报酬率越高”的原理，普通股股东对企业的投资风险大于债券持有者，因而会在债券投资者要求的收益率上再要求一定的风险溢价。依照这一理论：

权益资本成本＝税后债券资本成本＋股东比债权人承担更大风险所要求的风险溢价

2. 参数估计——风险溢价

方法	解释
经验估计	一般认为，某企业普通股对自己企业发行的债券的溢价在 3% ～ 5% 之间。风险较高的股票用 5%，风险较低的股票用 3%
历史数据分析	比较过去不同年份的权益报酬率和债券收益率，两者的差额（即风险溢价）相当稳定

典例研习·4-12 单项选择题

甲公司采用债券收益率风险调整模型估计股权资本成本，税前债券资本成本 8%，股权相对债权风险溢价 4%。企业所得税税率 25%。甲公司的股权资本成本是（　　）。

A. 6%　　B. 8%　　C. 10%　　D. 12%

斯尔解析 本题考查债券收益率风险调整模型。甲公司的股权资本成本＝本公司税后债券资本成本＋股东比债权人承担更大风险所要求的风险溢价＝8%×（1−25%）+4%=10%，选项 C 当选。

本题答案 C

典例研习·4-13 单项选择题

某公司预计未来保持经营效率、财务政策不变且不增发新股或回购股票。刚支付的每股股利为 3 元，每股净利润为 5 元，每股净资产为 20 元，股票当前的每股市价为 50 元，则股票的资本成本为（　　）。

A. 11.11%　　B. 16.25%　　C. 17.78%　　D. 18.43%

斯尔解析 本题考查股票资本成本的计算。预计利润留存率 =1−3/5=40%；权益净利率 =5/20=25%。股利增长率＝可持续增长率＝预计利润留存率 × 权益净利率 /（1− 预计利润留存率 × 权益净利率）=40%×25%/（1−40%×25%）=11.11%；股票的资本成本 =3×（1+11.11%）/50+11.11%=17.78%，选项 C 当选。

本题答案 C

二、考虑发行费用的普通股资本成本的估计

4-3-2

基本模型：$r_S=\dfrac{D_1}{P_0\times(1-F)}+g$ 。

式中：F 表示发行费用率。

第四节　混合筹资资本成本的估计

一、优先股资本成本的估计

优先股是股利分配和财产清偿优先于普通股的股份。优先股股息通常是固定的，是一种永续年金。优先股资本成本包括股息和发行费用，因此其资本成本的估计方法如下：

$$r_p=\frac{D_p}{P_p(1-F)}$$

式中：

r_p：优先股资本成本。

D_p：优先股每股年股息。

P_p：优先股每股发行价格。

F：优先股发行费用率。

典例研习·4-14

甲公司拟发行一批优先股，每股发行价格为 105 元，每股发行费用 5 元，预计每股年股息 10 元，计算该批优先股的资本成本。

斯尔解析

根据优先股资本成本的计算公式，r_p=10÷（105−5）=10%。

精程答疑

问题： 上例中，优先股资本成本 10%，是税前资本成本，还是税后资本成本？

解答： 在财务管理的教学中，一般认为优先股属于权益工具，优先股股息在税后支付，属于企业的利润分配，因此，上例中的 10% 为税后优先股资本成本。但按照金融工具准则规定，若将优先股划分为金融负债，优先股股利按照借款费用进行处理，可以税前抵扣，上例中的 10% 为税前优先股资本成本。而对于永续债，一般认为永续债属于金融负债，其利息可以税前抵扣，因此需先计算税前资本成本，然后再转换为税后资本成本；如果按照金融工具准则规定，将永续债划分为权益工具，其利息支出不可税前抵扣，计算结果直接为税后资本成本。

二、永续债资本成本的估计

永续债是没有明确到期日或期限非常长的债券，一般附有发行人赎回条款或利率调整条款。永续债清偿顺序优先于优先股和普通股；永续债利息未获全额清偿前，清偿顺序相同或靠后的证券也不得派息。

永续债资本成本的估计与优先股类似，公式如下：

$$r_{pd}=\frac{I_{pd}}{P_{pd}(1-F)}$$

式中：

I_{pd}：永续债每年利息。

P_{pd}：永续债发行价格。

F：永续债发行费用率。

如果计息期小于 1 年，需将计息期 r_{pd} 按照每年复利次数转换为有效年利率，即有效年利率 =（$1+r_{pd}$）$^m-1$，式中 m 表示每年复利次数。优先股如分次计息，亦如此。

典例研习 · 4-15 单项选择题

甲公司拟发行优先股筹资，发行费用率和年股息率分别为 2% 和 8%，每半年支付一次股利，企业所得税税率 25%。根据税法规定，该优先股股利不能抵税。该优先股资本成本为（　　）。

A. 7.84%　　B. 8.00%　　C. 8.16%　　D. 8.33%

斯尔解析 本题考查优先股资本成本的计算。$r=\left(1+\frac{8\%/2}{1-2\%}\right)^2-1=8.33\%$，选项 D 当选。

本题答案 D

第五节　加权平均资本成本的计算

一、加权平均资本成本的计算方法（★★）

加权平均资本成本 $WACC=r_d\times w_d\times(1-T)+r_e\times w_e$

式中：

r_d：税前债务资本成本。

w_d：债务权重。

r_e：股权资本成本。

w_e：权益权重。

二、加权平均资本成本的加权方法（★★）

关于加权平均资本成本的计算，有以下三种加权方法：

权重依据	含义	特点	优点	缺点
账面价值	根据企业资产负债表上显示的会计价值来衡量每种资本的比例	反映历史	计算简便	账面价值与市场价值相差甚远，可能歪曲资本成本

续表

权重依据	含义	特点	优点	缺点
实际市场价值	根据当前负债和权益的市场价值比例衡量每种资本的比例	反映现在	反映目前实际状况	市场价值不断变动，导致加权平均资本成本频繁变动
目标资本结构	根据按市场价值计量的目标资本结构衡量每种资本要素的比例	反映未来	体现目标资本结构。选用平均市场价格，回避证券市场价格变动频繁的不便；可以适用于评价未来的资本结构	—

提示：有发行费用的债务应与没有发行费用的债务分开，分别计量资本成本和权重。

典例研习·4-16 计算分析题

甲公司是一家上市公司，主营保健品生产和销售。2017 年 7 月 1 日，为对公司业绩进行评价，需估算其资本成本，相关资料如下：

（1）甲公司目前长期资本中有长期债券 1 万份，普通股 600 万股，没有其他长期债务和优先股。长期债券发行于 2016 年 7 月 1 日，期限 5 年，票面价值 1 000 元，票面利率 8%，每年 6 月 30 日和 12 月 31 日付息。公司目前长期债券每份市价 935.33 元，普通股每股市价 10 元。

（2）目前无风险利率 6%，股票市场平均收益 11%，甲公司普通股 β 系数 1.4。

（3）甲公司的企业所得税税率 25%。

要求：

（1）计算甲公司长期债券税前资本成本。

（2）用资本资产定价模型计算甲公司普通股资本成本。

（3）以公司目前的实际市场价值为权重，计算甲公司加权平均资本成本。

（4）在计算公司加权平均资本成本时，有哪几种权重计算方法？简要说明各种权重计算方法并比较优缺点。

斯尔解析

（1）$935.33=1\,000\times\frac{8\%}{2}\times(P/A,\ i,\ 8)+1\,000\times(P/F,\ i,\ 8)$。

解得，i=5%。

甲公司长期债券税前资本成本 $=(1+5\%)^2-1=10.25\%$

（2）甲公司普通股资本成本 $=6\%+1.4\times(11\%-6\%)=13\%$。

（3）加权平均资本成为：

$$10.25\%\times(1-25\%)\times\frac{935.33}{935.33+600\times10}+13\%\times\frac{600\times10}{935.33+600\times10}=12.29\%$$

（4）有三种权重依据可供选择，即账面价值权重、实际市场价值权重和目标资本结构权重。

①账面价值权重：根据企业资产负债表上显示的会计价值来衡量每种资本的比例。

优点：资产负债表提供了负债和权益的金额，计算时很方便。

缺点：账面结构反映的是历史的结构，不一定符合未来的状态；账面价值权重会歪曲资本成本。

②实际市场价值权重：根据当前负债和权益的市场价值比例衡量每种资本的比例。

优点：计算结果反映企业目前的实际状况。

缺点：由于市场价值不断变动，负债和权益的比例也随之变动，计算出的加权平均资本成本数额也是经常变化的。

③目标资本结构权重：根据按市场价值计量的目标资本结构衡量每种资本要素的比例。

优点：这种方法可以选用平均市场价格，回避证券市场价格变动频繁的不便；可以适用于公司评价未来的资本结构，而不像账面价值权重和实际市场价值权重那样只反映过去和现在的资本结构。

精程答疑

问题： 关于资本成本和各种利率，是税前口径，还是税后口径，能总结一下吗？

解答： 第一，看题目要求，很多题目会明确指出出现的资本成本和利率是税前口径或者是税后口径。

第二，如果题目没有特别指明，则需要按照惯例进行分析。在此将考试中经常涉及的资本成本和利率的默认口径总结如下：

（1）债务相关的指标默认为税前口径，如市场利率、票面利率、借款利率、债务资本成本、债券的期望报酬率等。

（2）股权、公司、项目相关的指标默认为税后口径，如股权资本成本、加权平均资本成本、项目资本成本、股票投资必要报酬率、项目必要报酬率等。

第六节 债券、股票价值评估

一、债券价值评估（★★）

4-6-1

（一）债券的类型

1. 债券的概念

债券是发行者为筹集资金发行的、在约定时间支付一定比例的利息，并在到期时偿还本金的一种有价证券。

要素	含义
面值	代表发行人承诺于未来某一特定日期偿付给债券持有人的金额
票面利率	发行者预计一年内向投资者支付的利息占票面金额的比率。 提示：票面利率可能不等于有效年利率
计息方式	单利计息或复利计息
付息方式	半年一次、一年一次或到期一次性支付
到期日	偿还本金的日期

2. 债券的分类

分类标准	类型
是否记名	记名债券和无记名债券
能否转股	可转换债券和不可转换债券
能否提前赎回	可提前赎回债券和不可提前赎回债券
有无财产抵押	抵押债券和信用债券
能否上市	上市债券和非上市债券
偿还方式	到期一次债券和分期债券
发行人	（中央）政府债券、地方政府债券、公司债券和国际债券

（二）债券价值的评估方法

原理详解

债券价值的计算思路

债券的价值是发行者按照合同规定从现在至债券到期日所支付的款项现值。计算时需要理清以下三点：

（1）发行者支付的款项包括：

①债券每期利息=债券面值×票面利率/每年付息次数。

②到期支付的本金=债券面值。

（2）折现率取决于当前等风险投资的市场利率。该利率默认为有效年利率口径。题目中有可能描述为：折现率、资本成本、当前市场利率、必要报酬率、现行市场报酬率等。

（3）折现口径：现金流和折现率统一按照计息期口径计算。

1. 债券的估值模型

（1）债券估值的基本模型。

典型的债券是固定利率、按年支付利息、到期还本的债券。因此，其基本估值模型为：

V_d= 年利息 ×（P/A，r_d，n）+ 面值 ×（P/F，r_d，n）

式中：r_d 指年折现率，一般采用当前等风险投资的市场利率。

典例研习·4-17

甲公司拟于 2021 年 2 月 1 日发行面额为 1 000 元的债券，其票面利率为 8%，每年 2 月 1 日计算并支付一次利息，并于 5 年后的 1 月 31 日到期。同等风险投资的必要报酬率为 10%，计算该债券在发行时点的价值。

斯尔解析

V_d=1 000×8%×（P/A，10%，5）+1 000×（P/F，10%，5）=924.16（元）

（2）平息债券的估值。

平息债券是指利息在期间内平均支付的债券。支付的频率可能是一年一次、半年一次或每季度一次等。因此，其计算公式为：

V_d= 计息期利息 ×［P/A，$(1+r_d)^{1/m}-1$，mn］+ 面值 ×［P/F，$(1+r_d)^{1/m}-1$，mn］

提示：平息债券的估值模型以利息支付频率为基础计算，即利息为每期利息，折现率为计息期折现率，期数为年付息次数 m× 到期前年数 n。

典例研习·4-18

有一债券面值为 1 000 元，票面利率为 8%，每半年支付一次利息，5 年后到期。假设年折现率为 10.25%，计算该债券价值。

斯尔解析

按惯例，票面利率为债券按年计算的报价利率，则半年期的期利率 =8%÷2=4%，每次支付 40 元。年折现率为按年计算的有效年折现率，每半年期的折现率 = $(1+10.25\%)^{1/2}-1$=5%。该债券的价值为：

V_d=1 000×4%×（P/A，5%，10）+1 000×（P/F，5%，10）=922.77（元）

精准答疑

问题：对债券利率与折现率的辨析。

解答：债券利率的用途是计算与债券有关的现金流量，题目中常以票面利率的条件给出；而折现率的用途是将债券的现金流量折算为现值，题目中常以市场利率的条件给出。

不论是债券利率，还是折现率，计算口径均有三种：报价口径、计息期口径和有效年利率口径。比如题目中的票面利率一般为报价口径的债券利率，而市场利率则默认为是有效年利率口径的折现率。此外，在表述报价利率、计息期利率和有效年利率时，一定要讲清楚是谁的报价利率、谁的计息期利率、谁的有效年利率。

三种口径利率相互间的换算关系，如下图所示：

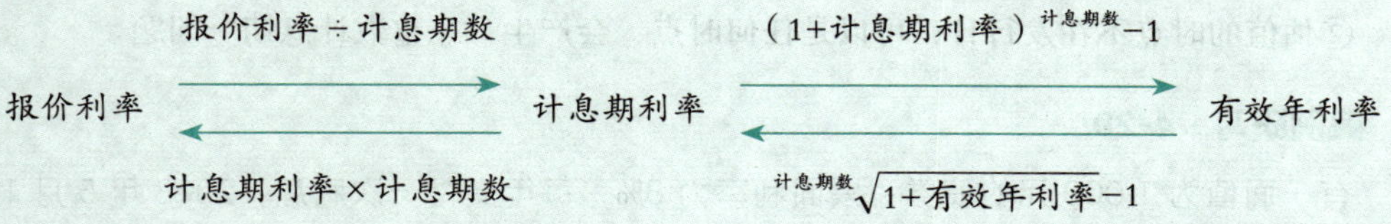

比如 A 债券的票面利率为 8%，每半年支付一次利息；B 债券的票面利率为 10%，每年支付一次利息。则：A 债券的报价利率为 8%，计息期利率 =8%/2=4%，有效年利率 =（1+4%）^{2}−1=8.16%；B 债券的报价利率 = 计息期利率 = 有效年利率 =10%。

不论 A、B 债券的报价利率、计息期利率、有效年利率如何变化，跟折现率本身并没有关系。在折现时，不能直接使用上述口径的债券利率，而是要找到与债券计息期相匹配的、计息期口径的折现率。

计算债券价值的折现率取决于等风险投资的市场利率，即投资人要求的必要报酬率。如果市场利率为 10.25%（按照现行教材规定，默认该利率为有效年利率口径），在计算 B 债券价值时，由于 B 债券每年支付一次利息，可以直接用 10.25% 对债券的利息和本金折现。但在计算 A 债券价值时，由于 A 债券是每半年支付一次利息，为了使折现率对应的期限和现金流收付对应的期限相同，需要找到半年期的折现率 =（1+10.25%）$^{1/2}$−1=5%，对债券的利息和本金折现。

（3）纯贴现债券 / 零息债券的估值。

纯贴现债券是指承诺在未来某一确定日期按面值支付的债券。这种债券在到期日前购买人不能得到任何现金支付，因此，也称为零息债券。通常采用按年计息的复利计算规则。

纯贴现债券的价值：V_d= 到期日支付额 ×（P/F，r_d，n）。

提示：到期一次还本付息债券实际上也是一种纯贴现债券，只不过到期日不是按票面额支付，而是按本利和作单笔支付。

典例研习 · 4-19

甲公司刚刚发行一批 5 年后到期的公司债券，每张债券面值为 1 000 元，票面利率为 12%，单利计息，到期时一次还本付息。假设年折现率为 10%，计算每张债券在发行时点的价值。

斯尔解析

V_d=（1 000+1 000×12%×5）×（P/F，10%，5）=993.48（元）

（4）流通债券的估值。

流通债券是指已发行并在二级市场上流通的债券。它们不同于新发行债券，已经在市场上流通了一段时间，在估值时需要考虑现在至下一次利息支付的时间因素。

流通债券的特点：

①到期时间小于债券发行在外的时间。

②估值的时点不在发行日，可以是任何时点，会产生“非整数计息期”问题。

典例研习·4-20

有一面值为 1 000 元的债券，票面利率为 8%，每年支付一次利息，2013 年 5 月 1 日发行，2018 年 4 月 30 日到期。假设年折现率为 10%，问该债券 2016 年 4 月 1 日的价值是多少？

斯尔解析 未来期限为：评估基准日（2016.4.1）—到期日（2018.4.30），共 2 年零 1 个月（25 个月）。

方法一：以评估基准日（2016.4.1）为折算时间点，历年现金流量按非整数计息期折现。该债券价值为：

日期	现金流量（元）	折现期	现金流量现值（元）
2016.4.30	80	1/12 年	79.37
2017.4.30	80	13/12 年	72.15
2018.4.30	1 080	25/12 年	885.50
债券价值（现金流量现值合计）			1 037.02

计算说明：

以 2017 年 4 月 30 日的 80 元现金流量为例，该笔现金流量现值 =80÷（1+10%）$^{13/12}$=72.15（元）。

方法二：以距离评估基准日（2016.4.1）最近的一次未来付息时间（2016.4.30）为折算时间点，计算历次现金流量现值，然后将其折算至现在时点。

2016 年 4 月 30 日价值 =80+80×（P/A，10%，2）+1 000×（P/F，10%，2）=1 045.24（元）

2016 年 4 月 1 日价值 =1 045.24÷（1+10%）$^{1/12}$=1 036.97（元）

（三）债券价值的影响因素

1. 面值和票面利率（同向）

面值越大，债券价值越大；票面利率越高，债券价值越大。

2. 折现率（反向）

（1）折现率越大，债券价值越小。

①折价发行债券：计息期折现率＞债券计息期利率时，债券价值＜面值。

②平价发行债券：计息期折现率＝债券计息期利率时，债券价值＝面值。

③溢价发行债券：计息期折现率＜债券计息期利率时，债券价值＞面值。

提示：由于折现率是按年计算的有效年利率，而债券的票面利率是报价利率口径，二者口径不匹配，不可以直接对比，最简便的方法是将二者统一转换为计息期口径进行对比。

（2）债券期限越短，折现率变动对债券价格的影响越小。

因为债券的价值等于其未来现金流量的现值，随着到期时间的缩短，折现率所能够影响的现金流就越少，其现值的波动就越小。

典例研习·4-21

甲公司拟于2021年2月1日发行面额为1 000元的债券，其票面利率为8%，每年2月1日计算并支付一次利息，并于5年后的1月31日到期。分别计算等风险投资的必要报酬率为10%、8%和6%时，该债券的价值。

斯尔解析

V_d=1 000×8%×（P/A，10%，5）+1 000×（P/F，10%，5）

=924.16（元）——折价债券

V_d=1 000×8%×（P/A，8%，5）+1 000×（P/F，8%，5）

=1 000（元）——平价债券

V_d=1 000×8%×（P/A，6%，5）+1 000×（P/F，6%，5）

=1 084.29（元）——溢价债券

3. 付息频率

不论债券是折价、平价或是溢价发行，付息频率提高，债券价值都会上升。

提示：这一结论可以结合货币时间价值进行理解。如果债券由按年付息改为按月付息，则投资人可以更早收回利息，债券价值更高，这与发行人是折价、平价还是溢价发行无关。

4. 到期时间

债券的到期时间，是指当前日至到期日之间的时间间隔。随着时间的延续，债券的到期时间逐渐缩短，至到期日时该间隔为零。

对于连续付息债券，在折现率一直保持不变的情况下，不管它高于或低于票面利率，随着到期时间缩短，其价值均趋近于面值，至到期日等于面值。

（1）当债券是连续支付利息，债券价值的运动轨迹如图所示：

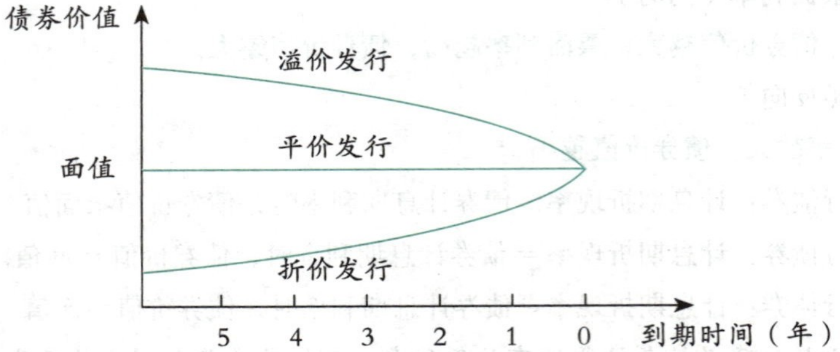

（2）当债券是每间隔一段时间支付一次利息，受应计利息现值的影响，债券价值在两个付息日之间呈现周期性波动，总体趋势和连续付息一样。债券价值的运动轨迹如图所示（如果题目没有特别指明，平息债券默认为每间隔一段时间支付一次利息的债券）：

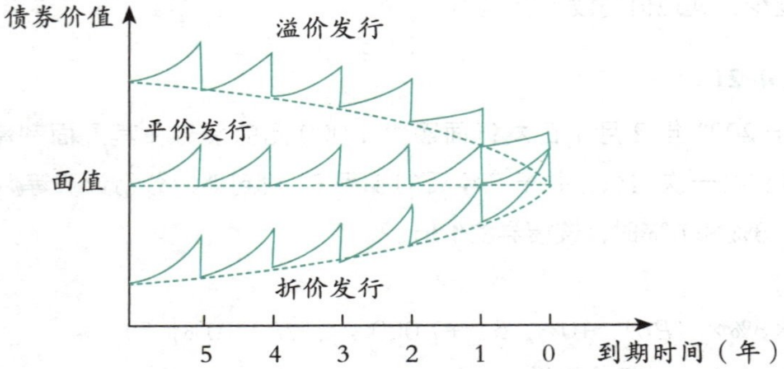

解题高手

命题角度：考查到期时间变化对债券价值的影响。

第一步：判断债券的发行方式，属于折价发行、溢价发行还是平价发行。

第二步：判断债券利息的支付方式，属于连续付息还是间隔一段时间支付一次利息。

第三步：根据到期时间的变化方向得出对应的结论。

随着到期时间的逐渐缩短：

发行方式	连续付息债券	每间隔一段时间支付一次利息的债券
折价发行	逐渐上升	波动上升，到期日前债券价值可能高于、等于或低于债券面值
平价发行	一直等于面值	波动持平，到期日前债券价值可能高于或等于债券面值
溢价发行	逐渐下降	波动下降，到期日前债券价值一直高于债券面值

精准答疑

问题：平价债券与平息债券的区别？

解答：平价和平息是两个完全不同的概念，切勿混淆。

（1）平价形容的是债券的发行价格。当债券的发行价格等于债券面值时，债券为平价债券。

（2）平息形容的是债券利息的支付方式。平息债券是指利息在期间内平均支付的债券。根据对历年真题的分析，平息债券包括连续付息债券和间隔一段时间支付一次利息的债券。如果没有特别指明，平息债券默认为间隔一段时间支付一次利息的债券。

（3）平息债券的发行方式，包括溢价发行、折价发行和平价发行。

典例研习 · 4-22 单项选择题

假设折现率保持不变，溢价发行的平息债券自发行后债券价值（　　）。

A. 直线下降，至到期日等于债券面值

B. 波动下降，到期日之前一直高于债券面值

C. 波动下降，到期日之前可能等于债券面值

D. 波动下降，到期日之前可能低于债券面值

斯尔解析 本题考查债券价值的影响因素。平息债券默认为每间隔一段时间支付一次利息的债券，在计息期内受应计利息现值的影响，债券价值在两个付息日之间呈现周期性波动，选项 A 不当选。同时该平息债券是溢价发行的，因此其价值随着到期日的临近是波动下降的，且到期日之前债券的价值会一直高于债券面值，选项 B 当选、选项 CD 不当选。

本题答案 B

典例研习 · 4-23 多项选择题

假设市场有效，下列关于平息债券价格影响的说法中，正确的有（　　）。

A. 债券期限越短，市场利率变动对债券价格的影响越小

B. 债券期限越长，债券价格与面值的差异越大

C. 市场利率与票面利率的差异越大，债券价格与面值的差异越大

D. 当市场利率高于票面利率时，债券价格高于面值

斯尔解析 本题考查债券价值的影响因素。债券的价值取决于未来现金流量的现值，对于平息债券，债券期限越短，未来的现金流量越少，折现率（即市场利率）变动对现金流量现值的影响越小，选项 A 当选。如果债券是平价发行的，债券的期限不会影响债券价格与面值之间的差异，选项 B 不当选。债券价格与面值的差异是由市场利率与票面利率的差异引起的，市场利率与票面利率的差异越大，债券价格与面值的差异越大，选项 C 当选。当市场利率高于票面利率时，债券价值低于面值，选项 D 不当选。

本题答案 AC

（四）债券的期望报酬率

债券的期望报酬率通常用到期收益率来衡量。到期收益率是指以特定价格购买债券并持有至到期日所能获得的报酬率，它是使未来现金流量现值等于债券购入价格的折现率。

$P_0=I\times(P/A, r_d, n)+M\times(P/F, r_d, n)$

典例研习·4-24

甲公司2021年2月1日平价购买了一张面值为1 000元的债券，其票面利率为8%，每年2月1日计算并支付一次利息，并于5年后的1月31日到期。计算其到期收益率；如果买价为1 105元，计算其到期收益率。

斯尔解析 若平价购入债券，则：

$1\ 000=1\ 000\times8\%\times(P/A, r_d, 5)+1\ 000\times(P/F, r_d, 5)$

当r_d=8%时，$80\times(P/A, 8\%, 5)+1\ 000\times(P/F, 8\%, 5)=1\ 000$。

因此r_d=8%。

可见，平价购买的每年付息一次的债券的到期收益率等于票面利率。

如果买价为1 105元，则：

$1\ 105=80\times(P/A, r_d, 5)+1\ 000\times(P/F, r_d, 5)$

利用内插法：

当r_d=6%时，$80\times(P/A, 6\%, 5)+1\ 000\times(P/F, 6\%, 5)=1\ 083.96$。

当r_d=5%时，$80\times(P/A, 5\%, 5)+1\ 000\times(P/F, 5\%, 5)=1\ 129.86$。

$(r_d-5\%)/(6\%-5\%)=(1\ 105-1\ 129.86)/(1\ 083.96-1\ 129.86)$，解得，$r_d$=5.54%。

可见，如果购买价格与面值不等，则期望报酬率（到期收益率）和票面利率不同。当购买价格高于面值时，到期收益率低于票面利率；当购买价格低于面值时，到期收益率高于票面利率。

二、普通股价值评估（★★）

（一）普通股价值的评估方法

1. 股票估值的基本模型

（1）基本理念：未来现金流量折现。

（2）现金流量：股利收入和股票售价，如果计划永远持有股票，则为永续股利流量。

（3）折现率：投资的必要报酬率。

2. 零增长股票的价值

假设未来股利保持不变，现金流量呈现为永续年金，则股票价值为：$V_0=D\div r_S$。

典例研习·4-25

甲公司每股股票每年分配股利2元，必要报酬率为16%，计算该公司每股股票的价值。

斯尔解析

$V_0=2\div16\%=12.5$（元）

由于市场上的实际股价不一定为 12.5 元，投资者可根据上述条件计算出的股票价值进行决策。

例如，实际股价为 12 元，表明股票价值被低估，应购入；且购入后的预期报酬率 r_S=2÷12×100%=16.67%，高于投资要求的必要报酬率。

3. 固定增长股票的价值

当公司进入可持续增长状态时，股利是不断增长的，且其增长率是固定的。

当 g 为常数，并且 $r_S>g$，$n\to\infty$ 时，固定增长股票的价值计算公式如下：

$$V_0=\frac{D_1}{r_S-g}$$

式中：

V_0：现在时点普通股价值。

r_S：年折现率。

D_1：下一期的股利。

g：股利的年增长率。

典例研习 · 4-26

甲公司投资人的必要报酬率为 16%，公司股利年增长率为 12%，D_0=2（元），计算该公司每股股票的内在价值。

斯尔解析

V_0=［2×（1+12%）］÷（16%−12%）=56（元）

精稚答疑

问题： 在满足可持续增长的条件下，股利增长率、股价增长率与可持续增长率是什么关系？

解答：（1）根据可持续增长的假设条件可知，只要企业处于可持续增长状态，股利增长率就等于可持续增长率。

（2）在可持续增长条件下，企业的股利增长率并非一定与股价增长率相等。因为在现实的资本市场中，股价可能被低估，也可能被高估，因此股价增长率可能是不稳定的。

（3）只有当企业处于可持续增长状态，并且资本市场有效时（股价不会被高估，也不会被低估），股票价格增长率才等于股利增长率。

（4）需要注意的是，当估计企业未来的股价增长率时，由于未来实际的股价具有很强的不确定性，所以通常用未来的股票价值来估计未来的股票价格（即不存在被高估和低估的情况）。因此，在面向未来作决策时，只要企业处于可持续增长状态，企业的可持续增长率、股利增长率和股价增长率就是相等的。

4. 非固定增长股票的价值

在现实生活中，有的公司股利是不固定的。例如，在一段时间里高速增长，在另一段时间里正常固定增长或固定不变。在这种情况下，只有分段计算，才能确定股票的价值。通常，如果将预测期分成两阶段的话，该模型被称为**两阶段增长模型**，第一阶段被称为详细预测期，第二阶段被称为后续期。

典例研习·4-27 计算分析题

一个投资人持有甲公司的股票，等风险投资的必要报酬率为 15%。预计甲公司未来 3 年股利将高速增长，增长率为 20%。在此以后转为永续增长，增长率为 12%。公司刚刚支付上年股利每股 2 元。

要求：

计算该公司股票目前的每股价值。

斯尔解析

计算方法一：将前三年不规则的现金流量单独折现求现值，将第四年及以后的现金流量作为永续增长现金流分两次折现（类似于递延年金）。

前三年现金流量现值之和 =2×（1+20%）×（P/F，15%，1）+2×（1+20%）^{2}×（P/F，15%，2）+2×（1+20%）^{3}×（P/F，15%，3）=6.5369（元）

$$第四年及以后现金流量现值=\frac{D_4}{r_S-g}\times(P/F,15\%,3)$$

$$=\frac{2\times(1+20\%)^3\times(1+12\%)}{15\%-12\%}\times0.6575$$

$$=84.8333（元）$$

股票目前价值 V_0=6.5369+84.8333=91.3702（元）

提示：上述方法一中，$\frac{D_4}{r_S-g}$是利用股利增长模型将第四年及以后的永续增长股利折算至第四年年初，即第三年年末（第一次折现）；接下来，再乘以 3 年期的复利现值系数将结果折算至当前（第二次折现）。

计算方法二：将前两年不规则的现金流量单独折现求现值，将第三年及以后的现金流量作为永续增长现金流分两次折现。

前两年现金流量现值之和 =2×（1+20%）×（P/F，15%，1）+2×（1+20%）^{2}×（P/F，15%，2）=4.2646（元）

$$第三年及以后现金流量现值=\frac{D_3}{r_S-g}\times(P/F,15\%,2)$$

$$=\frac{2\times(1+20\%)^3}{15\%-12\%}\times0.7561$$

$$=87.1027（元）$$

股票目前价值 V_0=4.2646+87.1027=91.3673（元）

提示：上述方法二中，$\frac{D_3}{r_S-g}$是利用股利增长模型将第三年及以后的永续增长股利折算至第三年年初，即第二年年末（第一次折现）；接下来，再乘以 2 年期的复利现值系数将结果折算至当前（第二次折现）。

本题中，第三年既是详细预测期的终点，也是后续期的起点。既可以将其计入详细预测期，单独计算该股利的现值，也可将其计入后续期，一并计算整个后续期价值的现值。两种方法计算结果殊途同归，没有区别。因为在使用股利增长模型 $V_0=\frac{D_1}{r_S-g}$计算股票价值时，只要满足从 D_1 开始进入稳定增长期即可，D_0 是多少，以及 D_1 相对于 D_0 的增长率是多少，不影响 D_1 及其以后各年现金流量的现值。

在本题中，方法一是将第三年股利列入详细预测期进行计算；方法二是将第三年股利列入后续期进行计算。虽然两种方法计算得出的最终的结果可能会不完全一样，但是两个结果都是正确的。这是因为在系数表中查到的系数是经过四舍五入之后的结果，在应用系数的过程中，不可避免地会因为系数的选择产生小数尾差，这是正常现象，不用过于担心，只要计算过程没有错误，两个结果都是正确的。

（二）普通股的期望报酬率

根据股利固定增长模型，可推导出股票投资的期望报酬率 $r_S=D_1/P_0+g$。

从公式可见，股票的总报酬率可以分为两个部分：

组成	含义
股利收益率（D_1/P_0）	它是根据预期现金股利除以当前股价计算出来的
增长率（g）	g 为股利增长率。由于该模型下股利的增长速度也就是股价的增长速度，因此，g 可解释为股价增长率或资本利得收益率，并可用公司的可持续增长率估计

典例研习 · 4-28

甲公司普通股每股价格为 20 元，预计下一期的股利为 1 元，该股利将以 10% 的速度持续增长，计算该股票的期望报酬率。

斯尔解析

$r_S=\frac{D_1}{P_0}+g=1/20+10\%=15\%$

如果股东要求的报酬率也为 15%，则一年后的股票价值为：

$P_1=D_1\times（1+g）/（r_S-g）=1\times（1+10\%）/（15\%-10\%）=22$（元）

如果现在用 20 元购买该股票，持有一年后卖掉，年末将收到 1 元股利，并且得到 2 元（22−20）的资本利得；总报酬率 = 股利收益率 + 资本利得收益率 =1/20+2/20=15%。

典例研习 · 4-29 单项选择题

在其他条件不变的情况下，下列事项中，能够引起股票期望收益率上升的是（　　）。

A. 当前股票价格上升

B. 资本利得收益率上升

C. 预期现金股利下降

D. 预期持有该股票的时间延长

斯尔解析 本题考查普通股的期望收益率。股票的期望收益率 $r_S=D_1/P_0+g$，当前股票价格上升使得 D_1/P_0 降低，所以能够引起股票期望收益率降低，选项 A 不当选。资本利得收益率上升，会引起股票期望收益率上升，选项 B 当选。预期现金股利下降，将导致股利收益率的下降，选项 C 不当选。预期持有该股票的时间延长不会影响股票期望收益率，选项 D 不当选。

本题答案 B

4-6-3

三、混合筹资工具价值评估（★）

（一）优先股的特殊性

1. 优先分配利润

优先股股东按照约定的票面股息率，优先于普通股股东分配公司利润。在完全支付约定的股息之前，不得向普通股股东分配利润。

公司应当在公司章程中明确以下事项：

（1）优先股股息率是采用固定股息率还是浮动股息率，并相应明确固定股息率水平或浮动股息率计算方法。

（2）公司在有可分配税后利润的情况下是否必须分配利润。

（3）如果公司因本会计年度可分配利润不足而未向优先股股东足额派发股息，差额部分是否累积到下一会计年度。

（4）优先股股东按照约定的股息率分配股息后，是否有权同普通股股东一起参加剩余利润分配。

（5）优先股利润分配涉及的其他事项。

2. 优先分配剩余财产

公司因解散、破产等原因进行清算时，公司财产在按照公司法和破产法有关规定进行清偿后的剩余财产，应当优先向优先股股东支付未派发的股息和公司章程约定的清算金额，不足以支付的按照优先股股东持股比例分配。

3. 表决权限制

除以下情况外，优先股股东不出席股东大会会议，所持股份没有表决权：

（1）修改公司章程中与优先股相关的内容。

（2）一次或累计减少公司注册资本超过 10%。

（3）公司合并、分立、解散或变更公司形式。

（4）发行优先股。

（5）公司章程规定的其他情形。

典例研习 · 4-30 多项选择题

与普通股相比，下列各项中属于优先股特点的有（　　）。

A. 公司回购股份时比普通股具有优先回购权

B. 公司清算时比普通股优先分配剩余财产

C. 公司召开股东大会时比普通股具有优先表决权

D. 公司分配股利时比普通股优先分配股利

斯尔解析 本题考查优先股的特殊性。相对于普通股而言，优先股的优先性主要体现在优先分配利润和优先分配剩余财产两个方面，在其他事项上，优先股股东并无优先权，选项BD当选。

本题答案 BD

（二）优先股价值的评估方法

优先股价值等于未来优先股股利的折现值，即采用股利现金流量折现模型计算。

当优先股存续期内采用相同的固定股息率时，股利现金流呈现为永续年金，则优先股价值 $V_p=\frac{D_p}{r_p}$，而永续债的估值与优先股类似 $V_{pd}=\frac{I}{r_{pd}}$。

（三）优先股的期望报酬率

优先股股息通常是固定的，则根据上述估值公式，可推导出优先股股东的期望报酬率 $r_p=D_p/P_p$（P_p 为优先股当前股价），永续债的期望报酬率与优先股类似，公式为：$r_{pd}=I/P_{pd}$。

【斯考卡片】
扫码背重点

335

至此，财务成本管理的学习已经进行了29%，继续加油呀！

29%

第五章 投资项目资本预算

学习提要

重要程度： 重点章节

平均分值： 10分

考核题型： 客观题、主观题

本章提示： 本章是主观题考查频率最高的一章，题目的灵活性比较强，一定要打好基础，灵活应变，切忌生搬硬套

考点精讲

第一节　投资项目的类型和评价程序

一、投资项目的类型

5-1-1

划分标准	具体项目
按所投资对象划分	新产品开发或现有产品的规模扩张项目
	设备或厂房的更新项目
	研究与开发项目
	勘探项目
	其他项目：劳动保护设施建设、购置污染控制装置等
按投资项目间的相互关系划分	独立项目：相容性投资，主要考虑方案本身是否满足某种决策标准
	互斥项目：非相容性投资，需要从多个可行方案中选择最优方案

二、投资项目的评价程序

5-1-2

提出方案→估计现金流量→计算价值指标→比较价值指标与可接受标准→敏感分析

第二节　投资项目的评价方法

一、独立项目的评价方法（★★★）

5-2-1

投资项目评价使用的基本方法是现金流量折现法，主要有净现值法和内含报酬率法。此外，还有一些辅助方法，主要是回收期法和会计报酬率法。

（一）净现值法

维度	解读
基本定义	净现值（NPV），指特定项目未来现金净流量现值与原始投资额现值的差额，计算现值的折现率为资本成本
指标计算	净现值 = 未来现金净流量现值 – 原始投资额现值

续表

维度	解读
指标评价	净现值为正数，表明投资报酬率大于资本成本，该项目可以增加股东财富，应予采纳
	净现值为 0，表明投资报酬率等于资本成本，不改变股东财富，可选择采纳或不采纳该项目
	净现值为负数，表明投资报酬率小于资本成本，该项目将减损股东财富，应予放弃
优点	净现值表明投资项目的预期收益率（内含报酬率）与必要收益率（资本成本）之间的关系
	净现值表明投资项目带给投资者的财富增量，对企业来讲，净现值＞ 0 的项目可以增加股东财富
缺点	净现值为绝对数指标，在用于比较期限、投资额不同的项目时有一定的局限性

（二）现值指数法

维度	解读
基本定义	现值指数（PI），指投资项目未来现金净流量现值与原始投资额现值的比值，亦称现值比率或获利指数——净现值指标的相对数形式，表示 1 元初始投资现值取得的毛收益现值
指标计算	现值指数 = 未来现金净流量现值 ÷ 原始投资额现值
指标评价	现值指数＞1，表明投资报酬率大于资本成本，该项目可以增加股东财富，应予采纳
	现值指数 =1，表明投资报酬率等于资本成本，不改变股东财富，可选择采纳或不采纳该项目
	现值指数＜ 1，表明投资报酬率小于资本成本，该项目将减损股东财富，应予放弃
优点	现值指数是相对数，反映投资的效率，现值指数消除了投资规模的差异
缺点	没有消除项目期限的差异

（三）内含报酬率法

维度	解读
基本定义	内含报酬率（IRR），指能够使未来现金净流量现值等于原始投资额现值的折现率，或者说是使投资项目净现值为 0 的折现率

续表

维度	解读
指标计算	利用内插法，计算使项目“净现值 =0”的折现率
指标评价	内含报酬率＞项目资本成本或要求的最低报酬率，该项目可以增加股东财富，应予采纳
	内含报酬率 = 项目资本成本或要求的最低报酬率，不改变股东财富，可选择采纳或不采纳该项目
	内含报酬率＜项目资本成本或要求的最低报酬率，该项目将减损股东财富，应予放弃
优点	内含报酬率是项目本身的盈利能力，是项目本身的投资报酬率
	用相对比率来评价项目，可比性较强
	不必事先估计资本成本，只是最后需要一个切合实际的资本成本来判断项目是否可行
缺点	可能出现多解或无解的情况，以致结论无效或无法得出结论
	假设项目现金流入的再投资报酬率与项目内含报酬率相同，不符合实际情况
弥补缺点的方法	以项目资本成本为折现率分别计算现金流出的现值和现金流入的终值，然后再利用内插法计算该终值与现值的内含报酬率，计算结果即为修订的内含报酬率。如果修订的内含报酬率高于项目资本成本，则该独立项目可行

典例研习·5-1 计算分析题

甲公司的资本成本为 10%，有三项投资项目，有关数据如下表所示：

投资项目数据

单位：万元

年限	A 项目			B 项目			C 项目		
	净利润	折旧	现金净流量	净利润	折旧	现金净流量	净利润	折旧	现金净流量
0	–	–	(20 000)	–	–	(9 000)	–	–	(12 000)
1	1 800	10 000	11 800	(1 800)	3 000	1 200	600	4 000	4 600
2	3 240	10 000	13 240	3 000	3 000	6 000	600	4 000	4 600
3	–	–	–	3 000	3 000	6 000	600	4 000	4 600
合计	5 040	–	5 040	4 200	–	4 200	1 800	–	1 800

注：表内使用括号的数字为负数。

要求：

分别运用净现值法、现值指数法和内含报酬率法，对以上项目作出投资决策。

斯尔解析

（1）净现值。

净现值（A）=［11 800÷（1+10%）+13 240÷（1+10%）^{2}］−20 000

=21 669−20 000=1 669（万元）

净现值（B）=［1 200÷（1+10%）+6 000÷（1+10%）^{2}+6 000÷（1+10%）^{3}］−9 000

=10 557−9 000=1 557（万元）

净现值（C）=4 600×（*P*/*A*，10%，3）−12 000=11 440−12 000=−560（万元）

A、B 两个项目投资的净现值为正数，说明这两个项目投资报酬率均超过 10%，都可以采纳。C 项目净现值为负数，说明该项目报酬率未达到 10%，应予放弃。

A 项目和 B 项目相比，哪一个更好？不能根据净现值直接判断。两个项目的期限和投资额不同，A 项目用 20 000 万元投资、2 年时间取得较多的净现值，B 项目用 9 000 万元投资、3 年时间取得较少的净现值，两个净现值没有直接可比性。

（2）现值指数。

现值指数（A）=21 669÷20 000=1.08

现值指数（B）=10 557÷9 000=1.17

现值指数（C）=11 440÷12 000=0.95

A、B 项目的 1 元投资都可以创造增量股东财富，但 C 项目的 1 元投资会导致股东财富损失，因此应采纳 A、B 项目。由于 A、B 项目的项目周期不同，不能仅通过比较现值指数得出 B 项目比 A 项目好的结论。

（3）内含报酬率。

①设 A 项目的内含报酬率为 *R*。则：

11 800×（*P*/*F*，*R*，1）+13 240×（*P*/*F*，*R*，2）−20 000=0

当折现率 =18% 时：

11 800×0.8475+13 240×0.7182−20 000=−490.532

当折现率 =16% 时：

11 800×0.8621+13 240×0.7432−20 000=12.748

$$\frac{R-16\%}{18\%-16\%}=\frac{0-12.748}{-490.532-12.748}$$

可得：A 项目的内含报酬率为 16.05%。

②设 B 项目的内含报酬率为 *K*。则：

1 200×（*P*/*F*，*K*，1）+6 000×（*P*/*F*，*K*，2）+6 000×（*P*/*F*，*K*，3）−9 000=0

当折现率 =18% 时：

1 200×0.8475+6 000×0.7182+6 000×0.6086−9 000=−22.2

当折现率 =16% 时：

1 200 × 0.8621+6 000 × 0.7432+6 000 × 0.6407−9 000=337.92

$$\frac{K-16\%}{18\%-16\%}=\frac{0-337.92}{-22.2-337.92}$$

可得：B 项目的内含报酬率为 17.88%。

③设 C 项目的内含报酬率为 i。则：

4 600 ×（P/A，i，3）−12 000=0

可得：（P/A，i，3）=2.6087。

（P/A，7%，3）=2.6243

（P/A，8%，3）=2.5771

$$\frac{i-7\%}{8\%-7\%}=\frac{2.6087-2.6243}{2.5771-2.6243}$$

可得：C 项目的内含报酬率为 7.33%。

由于资本成本是 10%，则 A、B 两个项目可以接受，C 项目应放弃。

精程答疑

问题： A 项目在进行内插法计算时，怎么确定最开始要用 18% 或 16% 进行测算？

解答： 内插法中，确定相邻的两个利率，依靠的是多次测试，不断试错。解析中展示的只是不断试错后最终的成果，但并不代表一下就能够找到内含收益率。若想快速找到相邻的两个利率，需要大家在平时不断积累经验。现以 A 项目为例，提供一种测试思路：

第一，找到项目的资本成本 10%，以 10% 为折现率，计算的项目净现值为 1 669 万元。根据折现率越高现值越小的原则，可知项目的内含收益率大于 10%。

第二，当折现率大于 10% 时，测试时可以间隔 2% 测试一次。由于净现值比 0 大的比较多，因此第一次测试，可以选择 14% 或者 16%。

第三，若第一次选择 14% 进行测试，计算完毕后会得到结论：以 14% 为折现率计算的净现值大于 0，进而再测试 16% 和 18%。

（四）回收期法

1. 静态回收期法

静态回收期指投资引起的未来现金净流量累计到与原始投资额相等所需要的时间。

典例研习 · 5-2 计算分析题

某投资项目各年现金净流量如下表所示：

投资项目数据

单位：万元

年限	0	1	2	3
现金净流量	−9 000	1 200	6 000	6 000
累计现金净流量	−9 000	−7 800	−1 800	4 200

要求：

计算该项目的静态回收期。

斯尔解析

静态回收期 = 累计现金净流量最后一次为负值的年份 + 该年年末尚未收回投资额 ÷ 下一年现金净流量 =2+1 800÷6 000=2.3（年）

提示：在原始投资额一次性支出、没有建设期且未来每年现金净流量相等时，静态回收期 = 原始投资额 ÷ 未来每年现金净流量。

2. 动态回收期法

动态回收期（或称折现回收期）指在考虑货币时间价值的情况下，投资引起的未来现金流量累计到与原始投资额相等所需要的时间。

典例研习 · 5-3 计算分析题

根据【典例研习·5-1】的资料，甲公司的资本成本为 10%，计算 A 项目的动态回收期。

斯尔解析

A 项目投资回收期计算表

单位：万元

A 项目	现金流量	折现系数（10%）	现值	累计净现值
原始投资	−20 000	1	−20 000	−20 000
第 1 年流入	11 800	0.9091	10 727	−9 273
第 2 年流入	13 240	0.8264	10 942	1 669

动态回收期 = 累计现金净流量现值最后一次为负值的年份 + 该年年末尚未收回投资额现值 ÷ 下一年现金净流量现值 =1+（9 273÷10 942）=1.85（年）

3. 决策原则

回收期＜期望回收期，项目风险满足最低要求，可以采纳。

一般项目回收期越短，风险越低；回收期越长，风险越高。

4. 回收期法的优缺点

维度	解读
优点	计算简便
	容易理解
	可大体上衡量项目的流动性和风险。时间越长，不确定性越大。短期项目可以提供较大的灵活性，快速收回的资金可用于别的项目
缺点	静态回收期法，忽略了时间价值，把不同时间点的货币收支看成是等效的
	两种方法都没有考虑回收期以后的现金流，也就是没有衡量盈利性
	容易促使公司接受短期项目，放弃战略性长期项目

（五）会计报酬率法

维度	解读
指标计算	会计报酬率 = 年平均税后经营净利润 ÷ 资本占用 ×100% 通常有两种资本占用的定义：一种是简单地把原始投资额当作资本占用；另一种是计算项目寿命期内平均资本占用，平均资本占用 =（原始投资额 + 投资净残值）/2
优点	一种衡量盈利性的简单方法，概念易于理解
	数据来自财务报告，容易取得
	考虑了整个项目寿命期的全部利润
	揭示了采纳一个项目后财务报表将如何变化，使经理人员知道业绩的预期成果，也便于项目的后续评价
缺点	使用账面利润而非现金流量，忽视了折旧对现金流量的影响
	忽视了税后经营净利润的时间分布对于项目经济价值的影响（货币时间价值因素）

典例研习·5-4 计算分析题

某投资项目的原始投资额为 20 000 万元，投资净残值为 0，其他相关数据如下表所示：

投资项目数据

单位：万元

年份	第一年	第二年	合计
税后经营净利润	1 800	3 240	5 040

要求：

（1）以原始投资额当作资本占用，计算该项目的会计报酬率。

（2）以项目寿命期内平均数当作资本占用，计算该项目的会计报酬率。

斯尔解析

（1）会计报酬率 $=\dfrac{(1\,800+3\,240)\div 2}{20\,000}\times 100\%=12.6\%$。

（2）会计报酬率 $=\dfrac{(1\,800+3\,240)\div 2}{20\,000\div 2}\times 100\%=25.2\%$。

解题高手

命题角度：考查评价指标之间的相互关系。

（1）对于同一个项目，若净现值＞0，则现值指数＞1，内含报酬率＞资本成本，上述三个指标对同一个独立项目的评价结果是一致的。

（2）对于同一个项目，动态回收期＞静态回收期。

（3）根据净现值，判断回收期与项目寿命期的关系。

情形	通俗理解	回收期与寿命期的关系
净现值＞0	考虑货币时间价值的情况下，项目寿命到期前已经回本，至项目寿命期末有超额收益	项目寿命期＞动态回收期＞静态回收期
净现值 =0	考虑货币时间价值的情况下，至项目寿命期末正好回本	项目寿命期 = 动态回收期＞静态回收期
净现值＜0	考虑货币时间价值的情况下，至项目寿命期末仍未回本	项目寿命期＜动态回收期 无法判断项目寿命期与静态回收期之间的关系

典例研习 · 5-5 （多项选择题）

甲公司拟在华东地区建立一家专卖店，经营期限 6 年，资本成本 8%。假设该投资的初始现金流量发生在期初，营业现金流量均发生在投产后各年年末，该投资现值指数小于 1。下列关于该项目的说法中，正确的有（　　）。

A. 净现值小于 0　　B. 内含报酬率小于 8%

C. 折现回收期小于 6 年　　D. 会计报酬率小于 8%

斯尔解析　本题考查投资项目的评价方法。对于单一投资项目，现值指数小于 1，则净现值小于 0，内含报酬率小于资本成本，项目不可行，选项 AB 当选。净现值小于 0，即未来 6 年现金流量现值小于原始投资额现值，折现回收期大于项目经营期 6 年，选项 C 不当选。会计报酬率使用账面利润而非现金流量，且没有考虑货币时间价值，无法直接与资本成本进行比较，选项 D 不当选。

本题答案　AB

二、互斥项目的优选问题（★★★）

互斥项目的优选，是要解决评价指标结论出现矛盾时（尤其是基本指标净现值和内含报酬率的结论出现矛盾时），应当如何选择的问题。评价指标出现矛盾的可能原因：一是投资额不同；二是时间分布不同；三是项目期限不同。

（一）投资额不同

对于互斥项目，如果时间分布相同、项目期限相同，但投资额不同，应当以净现值法优先，因为它可以给股东带来更多的财富。股东需要的是实实在在的报酬，而不是报酬的比率。

（二）时间分布不同

对于互斥项目，如果投资额相同、项目期限相同，但时间分布不同，应当以净现值法优先，因为它可以给股东带来更多的财富。

（三）项目期限不同

如果净现值与内含报酬率的矛盾是由项目期限不同引起的，通常有两种解决办法，一个是共同年限法，另一个是等额年金法。

1. 共同年限法

假设投资项目可以在终止时进行重置，通过重置使两个项目达到相同的年限，然后比较其净现值，该方法也被称为重置价值链法。

共同比较期是两个项目寿命期的最小公倍数。共同年限法比较直观，易于理解，但是预计现金流的工作很困难。

典例研习·5-6 多项选择题

现有A、B两个互斥项目，A项目的净现值为50万元，折现率为10%，年限为4年；B项目的净现值为60万元，折现率为12%，年限为6年。在用共同年限法确定两个项目优劣时，下列说法中正确的有（　　）。

A. 重置后A项目的调整后净现值为73.40万元

B. 重置后A项目的调整后净现值为107.48万元

C. 重置后B项目的调整后净现值为37.70万元

D. A项目优于B项目

斯尔解析 本题考查共同年限法。A项目和B项目的共同年限为12年，A项目需要再重置两次，B项目需要再重置一次。重置后A项目的调整后净现值=50+50×（P/F，10%，4）+50×（P/F，10%，8）=50+50×0.6830+50×0.4665=107.48（万元），重置后B项目的调整后净现值=60+60×（P/F，12%，6）=60+60×0.5066=90.40（万元），因此A项目优于B项目，选项BD当选。

本题答案 BD

2. 等额年金法

第一步：计算两项目的净现值。

第二步：计算净现值的等额年金额。

第三步：假设项目可以无限重置（每次都在该项目终止时开始重置），等额年金的资本化就是项目的净现值。

等额年金法应用简单，但不便于理解。

典例研习 · 5-7

假设公司资本成本是 10%，有 A 和 B 两个互斥的投资项目。A 项目的年限为 6 年，净现值 12 441 万元，内含报酬率 19.73%；B 项目的年限为 3 年，净现值为 8 324 万元，内含报酬率 32.67%。

采用等额年金法进行项目决策。

斯尔解析

A 项目的净现值 =12 441（万元）

A 项目的净现值的等额年金 =12 441 ÷（P/A，10%，6）=2 857（万元）

A 项目的永续净现值 =2 857 ÷ 10%=28 570（万元）

B 项目的净现值 =8 324（万元）

B 项目的净现值的等额年金 =8 324 ÷（P/A，10%，3）=3 347（万元）

B 项目的永续净现值 =3 347 ÷ 10%=33 470（万元）

比较永续净现值，B 项目优于 A 项目，结论与共同年限法相同。

提示：在资本成本相同时，等额年金大的项目永续净现值肯定大，根据等额年金大小就可以直接判断项目的优劣。

3. 两种方法的局限性与适用条件

（1）局限性。

①技术进步快的领域，预期升级换代不可避免，不可能原样复制。

②没有考虑通货膨胀导致重置成本上升的影响。

③忽视了竞争会使项目净利润下降，甚至有被淘汰的可能性。

（2）适用条件。

①适用于重置概率很高的项目。

②预计项目年限差别不大的项目直接比较净现值。

典例研习 · 5-8 多项选择题

对于两个期限不同的互斥项目，可采用共同年限法和等额年金法进行项目决策，下列关于两种方法共同缺点的说法中，正确的有（　　）。

A. 未考虑竞争导致的收益下降

B. 未考虑项目收入带来的现金流入

C. 未考虑通货膨胀导致重置成本上升

D. 未考虑技术更新换代导致的投入产出变更

斯尔解析 本题考查互斥项目的优选问题。两种方法存在共同的缺点有：（1）有的领域技术进步快，目前就可以预期升级换代不可避免，不可能原样复制；（2）如果通货膨胀比较严重，必须考虑重置成本的上升，两种方法都没有考虑；（3）从长期来看，竞争会使项目净利润下降，甚至被淘汰，对此分析时没有考虑，选项 ACD 当选。两种方法都考虑了收入带来的现金流入，选项 B 不当选。

本题答案 ACD

典例研习·5-9 多项选择题

现有甲和乙两个互斥投资项目，均可重置，甲项目期限 10 年，乙项目期限 6 年，甲项目净现值 2 000 万元，折现率 10%，下列表述中正确的有（　　）。

A. 根据等额年金法，甲项目永续净现值为 3 254.89 万元

B. 根据等额年金法，甲项目等额年金为 200 万元

C. 按共同年限法，以最小公倍数确定共同年限，甲项目重置的净现值为 3 068 万元

D. 按共同年限法，以最小公倍数确定共同年限，甲项目需要重置 5 次

斯尔解析 本题考查互斥项目的优选问题。甲项目等额年金 =2 000/（*P*/*A*，10%，10）=2 000/6.1446=325.489（万元），选项 B 不当选。永续净现值 =325.489/10%=3 254.89（万元），选项 A 当选。按共同年限法，以 10 和 6 的最小公倍数确定的共同年限为 30 年，故甲项目需要重置 2 次，选项 D 不当选。甲项目重置的净现值 =2 000+2 000×（*P*/*F*，10%，10）+2 000×（*P*/*F*，10%，20）=3 068（万元），选项 C 当选。

本题答案 AC

典例研习·5-10 单项选择题

甲公司有两个互斥的投资项目 M 和 N，项目 M 期限 4 年，资本成本 10%，净现值 120 万元，项目 N 期限 3 年，资本成本 14%，净现值 100 万元，两项目均可重置，下列正确的是（　　）。

A. 项目 M 的永续净现值高于 N，因此选择 M

B. 项目 M 的净现值高于 N，因此选择 M

C. 项目 M 的等额年金低于 N，但永续净现值高于 N，无法决策

D. 项目 M 的等额年金低于 N，选择 N

斯尔解析 本题考查互斥项目的优选问题。甲公司的两个项目的期限不同，应使用共同年限法或者等额年金法进行计算。M 项目的等额年金 =120÷（*P*/*A*，10%，4）=120÷3.1699=37.86（万元），M 项目的永续净现值 =37.86÷10%=378.6（万元）；N 项目的等额年金 =100÷（*P*/*A*，14%，3）=100÷2.3216=43.07（万元），N 项目的永续净现值 =43.07÷14%=307.64（万元）。M 项目的永续净现值高于 N 项目，应选择永续

净现值高的项目，故选择 M 项目，选项 A 当选。

本题答案 A

三、总量有限时的资本分配（★）

资本分配问题，指在企业投资项目有总量预算约束的情况下，如何选择相互独立的项目。

（一）方法

第一步：将全部项目排列出不同的组合，每个组合的投资需要不超过资本总量。

第二步：计算各项目的净现值以及各组合的净现值合计。

第三步：选择净现值最大的组合作为采纳的项目。

（二）适用性 变

仅适用于单一期间的资本分配，不适用于多期间的资本分配问题，多期间的资本分配需要使用线性规划等方法。

典例研习 · 5-11 计算分析题

甲公司可以利用的资本总量上限为 10 000 万元，资本成本为 10%。目前有三个投资项目，有关数据如下表所示：

单位：万元

项目	时间（年末）	0	1	2	净现值
现值系数（10%）		1	0.9091	0.8264	—
A	现金净流量	−10 000	9 000	5 000	—
	现值	−10 000	8 182	4 132	2 314
B	现金净流量	−5 000	5 057	2 000	—
	现值	−5 000	4 597	1 653	1 250
C	现金净流量	−5 000	5 000	1 881	—
	现值	−5 000	4 546	1 555	1 100

要求：

请判断在资本总量有限的情况下，甲公司应该如何决策？

斯尔解析

第一步：排列不同的投资组合。

在资本总量 10 000 万元的范围内，可以选择的投资组合包括：

（1）单独投资 A 项目。

（2）单独投资 B 项目。

（3）单独投资 C 项目。

（4）同时投资 B+C 项目。

第二步：计算各组合的净现值。

（1）单独投资 A 项目的净现值为 2 314 万元。

（2）单独投资 B 项目的净现值为 1 250 万元。

（3）单独投资 C 项目的净现值为 1 100 万元。

（4）同时投资 B+C 项目的净现值为 2 350 万元（1 250+1 100）。

第三步：选择净现值最大的组合，即同时投资 B+C 项目。

提示：以上方法是解决总量有限时资本分配问题的一般方法，但如果问题比较简单，则无须严格按照上述步骤进行选择。

第三节　投资项目现金流量的估计

一、投资项目的现金流量构成

时期	主要内容	举例
项目建设期	购买资产和使之正常运行所必需的直接现金流出	设备购置及安装支出、垫支营运资本等非成本费用性支出，还可能有机会成本
项目经营期	新项目实施所带来的税后增量现金流入和流出	新项目实施引起的增量收入和成本费用等。 提示：不包括以债务方式融资带来的利息支付和本金偿还，以及股权方式融资带来的现金股利支付等
项目寿命期末	与项目终止有关的现金流量	设备变现税后净现金流入、收回营运资本现金流入，还可能涉及弃置义务等现金流出

二、投资项目现金流量的估计方法（★★★）

（一）投资项目现金流量估计的基本原则

只有增量现金流量才是与项目相关的现金流量。所谓增量现金流量，指**接受或拒绝某个投资方案后，企业总现金流量因此发生的变动。**

只有那些由于采纳某个项目引起的现金支出增加额，才是该项目的现金流出；只有那些由于采纳某个项目引起的现金流入增加额，才是该项目的现金流入。两者之间的差额即为归属于该项目的现金净流量。

（二）投资项目现金流量估计的影响因素

1. 区分相关成本和非相关成本

（1）相关成本指与特定决策有关的、在分析评价时必须加以考虑的有差别的未来成本，它随着决策的改变而改变。例如，变动成本、边际成本、机会成本、重置成本、付现成本、可避免成本、可延缓成本、专属成本、差量成本等。

（2）非相关成本指与特定决策无关的、在分析评价时不必加以考虑的成本，例如，沉没成本、不可避免成本、不可延缓成本、无差别成本、共同成本等。

例如，某公司打算新建一个车间，并请一家咨询机构进行可行性分析，支付咨询费 5 万元。在进行投资分析时，这笔咨询费是否是相关成本呢？答案应当是否定的。该笔支出已经发生，不管公司是否采纳新建一个车间的方案，它都已无法收回，与公司未来的总现金流量无关。

2. 不要忽视机会成本

在投资方案的选择中，如果选择了一个投资方案，则必须放弃投资于其他途径的机会，其他投资机会可能取得的收益是实行本方案的一种代价，被称为这项投资方案的机会成本。

例如，某公司计划投资一个新项目，需要使用公司拥有的一台设备。在进行投资分析时，因为公司不必动用资金去购买，可否不将此设备的成本考虑在内呢？答案是否定的。因为新项目若不利用这台设备，则公司可将这台设备移作他用，并取得一定的收入。只是由于新项目投资需要才放弃了这笔收入，而这笔收入代表投资新项目使用这台设备的机会成本。假设这台设备出售可净得 15 万元，它就是项目的一项机会成本。值得注意的是，不管该公司当初是以 5 万元还是 20 万元购进这台设备，都应以目前的变现净收入作为该设备的机会成本。

3. 要考虑投资方案对公司其他项目的影响

当我们采纳一个新的项目后，该项目可能对公司的其他项目造成有利或不利的影响，也应考虑此类影响产生的增量现金流。

例如，新建项目生产的产品上市后，预计每年可实现销售收入 1 000 万元。原有产品 A 受到新产品冲击，预计每年销售收入减少 200 万元；原有产品 B 可与新产品配套销售，预计每年销售收入增长 100 万元。分析时，应如何考虑新建项目对公司现金流的影响？

原有产品的销售变化是新建项目生产的新产品带来的影响，因此应在投资项目现金流分析中予以考虑，即每年增量收入应当为 1 000−200+100=900（万元）。

4. 对营运资本的影响

所谓营运资本的需要，指增加的经营性流动资产与增加的经营性流动负债之间的差额。

一般情况下，当公司开办一个新业务并扩大销售后，对存货和应收账款等经营性流动资产的需求会增加，公司需筹措新的资金以满足增量需求；此外，业务扩充的同时也会导致应付账款等经营性流动负债增加，从而降低公司营运资金的实际需要。公司在临近项目期末出售存货、收回应收款项、偿付应付款项后，营运资本恢复到原有水平。

因此，投资分析时通常假定期初筹措的营运资本在期末收回，有时开办新业务带来的未必是营运资本的占用，也有可能是营运资本的节约，我们也假定期初节约的营运资本在期末要恢复到原来水平。

典例研习 · 5-12 多项选择题

因大米的市场需求增长，南方某农场在决定是否生产双季稻时，下列各项需考虑的有（　　）。

A. 生产双季稻增加的种子购买成本

B. 生产双季稻增加的农场人工支出

C. 生产双季稻放弃的其他经济作物的收益

D. 生产双季稻使用现有耕地的年固定租金成本

斯尔解析 本题考查投资项目现金流量估计的影响因素。生产双季稻增加的成本属于决策相关成本，需要考虑，选项 AB 当选。生产双季稻放弃的其他经济作物的收益属于机会成本，也是决策相关成本，需要考虑，选项 C 当选。无论是否生产双季稻，现有耕地的年固定租金成本都是需要支付的，因此属于决策不相关成本，无需考虑，选项 D 不当选。

本题答案 ABC

（三）新建项目现金流量的估计

1. 初始（建设期）现金流量的估计

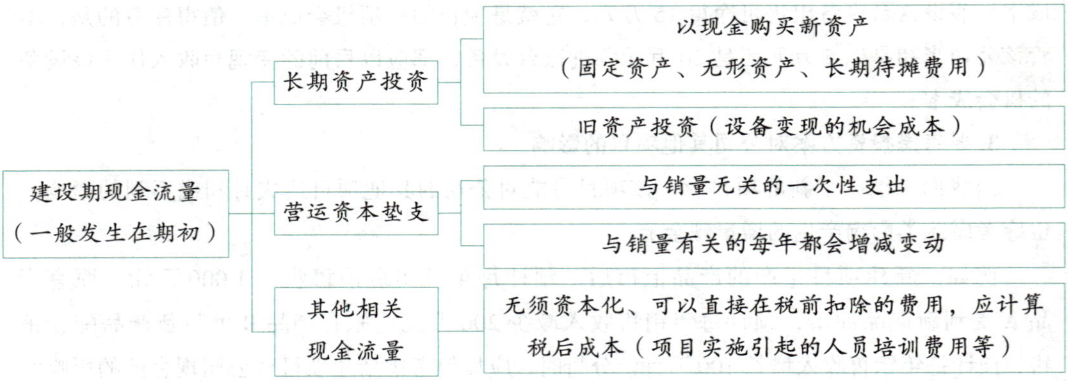

典例研习 · 5-13 计算分析题

甲公司是一家制造业上市公司，公司准备新增一条智能化包装箱生产线，项目预期持续 3 年。目前，正在进行该项目的可行性研究。

（1）该项目预计 2018 年生产并销售 24 000 万件，产销量以后每年按 5% 增长，预计包装箱单位售价 0.5 元。

（2）该项目预计营运资本占销售收入的 20%，营运资本垫支在运营年度的上年年末投入，在项目结束时全部收回。

要求：

根据题目信息，将与营运资本有关的现金流量填入下表。

单位：万元

项目	2017 年末	2018 年末	2019 年末	2020 年末
营运资本垫支				
营运资本收回				

斯尔解析

单位：万元

项目	2017 年末	2018 年末	2019 年末	2020 年末
销售收入	—	12 000	12 600	13 230
营运资本需求	—	2 400	2 520	2 646
营运资本垫支	−2 400	−120	−126	—
营运资本收回	—	—	—	2 646

精程答疑

问题：不同情况的营运资本垫支，在计算净现值和现值指数时应当如何考虑？

解答：原始投资额指的是营业期开始前，企业为使项目正常运行而支出的款项。

因此，如果营运资金垫支发生在项目正常运行之前，则该款项需要计入原始投资额。

如果营运资金垫支发生在项目正常运行期间，即营业期追加的营运资金，则该款项不需要计入原始投资额。

2. 营业期现金流量的计算

营业期现金流量计算的核心指标是营业现金毛流量，具体计算方法有三种：

方法	公式
直接法	营业现金毛流量 = 营业收入 − 付现营业成本费用 − 所得税
间接法	营业现金毛流量 = 税后经营净利润 + 折旧与摊销
分算法	营业现金毛流量 = 税后营业收入 − 税后付现营业成本费用 + 折旧与摊销抵税额

其中：

（1）折旧与摊销为税法规定计提的折旧与摊销，跟公司的折旧政策无关。

（2）注意营业期间可能会发生营运资本的垫支与提前收回，但由于营运资金的垫支与收回的各种情况在初始建设期统一计算过了，所以在营业期不再考虑。

（3）付现营业成本费用是经营活动中产生的付现成本费用，不包含债务利息费用等金融活动产生的费用。

（4）上述公式中的营业收入、付现营业成本费用、折旧、所得税等均为项目实施引起的增量部分。

典例研习 · 5-14 计算分析题

甲公司是一家传统制造业上市公司，只生产 A 产品。2018 年末公司准备新上一条生产线，正在进行项目的可行性研究。相关资料如下：

（1）如果可行，该生产线拟在 2019 年初投产，经营周期 4 年。预计 A 产品每年销售 1 000 万只，单位售价 60 元，单位变动制造成本 40 元，每年付现固定制造费用 2 000 万元，付现销售和管理费用 800 万元。

（2）项目需要一套设备和一项专利技术。设备购置成本 10 000 万元，无须安装，可于 2019 年初投入使用，4 年后变现价值 1 600 万元。税法规定，设备采用直线法计提折旧，折旧年限 5 年，折旧期满后无残值。专利技术使用费 8 000 万元，于 2019 年初一次性支付，期限 4 年。税法规定，专利技术使用费可按合同约定使用年限平均摊销，所得税前扣除。

（3）公司企业所得税税率 25%。假设项目每年销售收入和付现费用均发生在各年年末。

要求：

根据题目信息，将题目涉及的营业期现金流量填入下表。

单位：万元

项目	2018 年末	2019 年末	2020 年末	2021 年末	2022 年末
税后销售收入	—				
税后变动制造成本	—				
税后付现固定制造费用	—				
税后付现销售和管理费用	—				
设备每年折旧	—				
使用费每年摊销	—				
折旧与摊销抵税	—				

斯尔解析

单位：万元

项目	2018 年末	2019 年末	2020 年末	2021 年末	2022 年末
税后销售收入	—	45 000	45 000	45 000	45 000
税后变动制造成本	—	−30 000	−30 000	−30 000	−30 000
税后付现固定制造费用	—	−1 500	−1 500	−1 500	−1 500
税后付现销售和管理费用	—	−600	−600	−600	−600
设备每年折旧	—	2 000	2 000	2 000	2 000
使用费每年摊销	—	2 000	2 000	2 000	2 000
折旧与摊销抵税	—	1 000	1 000	1 000	1 000

3. 终结期现金流量的计算

一般发生于终结点（经营期最后一年年末），主要包括以下三类：

现金流量类型	相关计算
垫支营运资本的收回或节约营运资本的恢复	假设没有提前收回营运资本，各年垫支营运资本的累计数通常在项目终结时全部收回
资产处置或残值变现净收入	指资产出售或报废时的出售价款或残值收入扣除清理费用后的净额
资产处置或残值变现净损益对现金净流量的影响	资产处置或残值变现净损益对现金净流量的影响 =（账面价值 − 变现净收入）× 所得税税率

典例研习 · 5-15 计算分析题

甲公司是一家传统制造业上市公司，只生产 A 产品。2018 年末公司准备新上一条生产线，经营周期为 4 年，正在进行项目的可行性研究。相关资料如下：

（1）项目需要一套设备和一项专利技术。设备购置成本 10 000 万元，无须安装，可于 2019 年初投入使用，4 年后变现价值 1 600 万元。税法规定，设备采用直线法计提折旧，折旧年限 5 年，折旧期满后无残值。专利技术使用费 8 000 万元，于 2019 年初一次性支付，期限 4 年。税法规定，专利技术使用费可按合同约定使用年限平均摊销，所得税前扣除。

（2）公司企业所得税税率 25%。假设项目每年销售收入和付现成本均发生在各年年末。

要求：

根据题目信息，将题目涉及的终结期现金流量填入下表。

单位：万元

项目	2022 年末
设备变现价值	
设备变现损失抵税	

斯尔解析

单位：万元

项目	2022 年末
设备变现价值	1 600
设备变现损失抵税	100

4. 与租金相关的现金流量计算

提示：基于官方公布的历年真题的答案，现将因实施新项目而产生的与租金相关的现金流量计算，分为三种情形进行介绍。未来考试若有特殊要求，应遵循题目要求，灵活作答。

情形一：租金于每年年末收取。

典例研习·5-16 计算分析题

甲公司计划于 2018 年末新上一条生产线，经营周期 4 年，正在进行项目的可行性研究。

（1）项目需要一栋厂房。目前公司有一栋厂房，正好适合新项目使用。该厂房正在对外出租，每年年末收取租金 100 万元，于 2018 年末租期到期，可续租也可收回自用。

（2）公司企业所得税税率 25%。假设项目每年销售收入和付现费用均发生在各年年末。

要求：

根据题目信息，计算该项目因占用厂房而产生的相关现金流量（结果填入下方表格）。

单位：万元

项目	2018 年末	2019 年末	2020 年末	2021 年末	2022 年末
丧失的租金收入	—				
节约的租金纳税	—				

斯尔解析

单位：万元

项目	2018 年末	2019 年末	2020 年末	2021 年末	2022 年末
丧失的租金收入	—	-100	-100	-100	-100
节约的租金纳税	—	25	25	25	25

情形二：租金于上年年末收取。

典例研习 · 5-17 计算分析题

甲公司准备新增一条智能化易拉罐生产线。目前，正在进行该项目的可行性研究。相关资料如下：

（1）该项目如果可行，拟在 2016 年 12 月 31 日开始投资建设生产线，预计建设期 1 年，即项目将在 2017 年 12 月 31 日建设完成，2018 年 1 月 1 日投资使用。项目预期持续 3 年。

（2）公司有一闲置厂房拟对外出租，每年租金 60 万元，在出租年度的上年年末收取。该厂房可用于安装该生产线，安装期间及投资后，该厂房均无法对外出租。

（3）公司所得税税率 25%。假设该项目的营业现金流量均发生在投产后各年年末。

要求：

根据题目信息，计算该项目因占用厂房而产生的相关现金流量（结果填入下方表格）。

单位：万元

项目	2016 年末	2017 年末	2018 年末	2019 年末	2020 年末
丧失的租金收入					—
节约的租金纳税					—

斯尔解析

单位：万元

项目	2016 年末	2017 年末	2018 年末	2019 年末	2020 年末
丧失的租金收入	−60	−60	−60	−60	—
节约的租金纳税	15	15	15	15	—

情形三：租金于每年年初收取。

典例研习 · 5-18 计算分析题

甲生物制药公司拟于 2021 年末投资建设一条新药生产线，项目期限 3 年。现正进行可行性研究，相关信息如下：

（1）该项目需要一栋厂房，厂房拟用目前公司对外出租的闲置厂房，租金每年 200 万元，每年年初收取。

（2）企业所得税税率 25%。各年营业现金流量均发生在当年年末。

要求：

根据题目信息，计算该项目因占用厂房而产生的相关现金流量（结果填入下方表格）。

单位：万元

项目	2021 年末	2022 年末	2023 年末	2024 年末
丧失的租金收入				
节约的租金纳税				

斯尔解析

单位：万元

项目	2021 年末	2022 年末	2023 年末	2024 年末
丧失的租金收入	−200	−200	−200	—
节约的租金纳税	—	50	50	50

总结：

租金收取方式	现金流量计算
每年年末收取	可直接确定每年年末丧失的税后租金
上年年末收取	可直接确定上年年末丧失的税后租金
本年年初收取	丧失的租金收入发生在本年年初，节约的租金纳税发生在本年年末，需分开计算

5. 与税相关的现金流计算

若涉及税收优惠政策，财管的现金流量计算与税法规定保持一致。

提示：若涉及会计规定与税法规定不一致的情形，财管中相关现金流的计算均与税法规定保持一致，例如折旧应按照税法要求进行计算。

典例研习 · 5-19 计算分析题

甲公司为上市公司，2024 年末发行在外的普通股为 1 亿股，其中，控股股东持有 6 000 万股。为配合地方政府开展环境治理及配套产业开发，2024 年末拟投资 6 亿元，开展生态环境导向开发（EOD）项目。相关资料如下：

投资方案：绿色环保项目。

该项目利用山林砂石矿生产低碳清洁建筑材料，期限 4 年。2024 年末项目初始投资 6 亿元，其中，环境治理研发费用化支出 2 亿元，购置生产设备支出 3 亿元，无建设期。根据税法相关规定，研发费用可在计税基础上 100% 加计扣除，设备按直线法计提折旧，折旧年限 10 年，无残值。研发费用可在 2024 年末抵税，假设甲公司有足够利润抵扣。设备预计 4 年后变现价值 2 亿元。2024 年末投入营运资本 1 亿元（包含在初始投资内），项目结束时收回。

预计 2025 年营业收入 2 亿元，2026−2028 年营业收入 3 亿元，付现变动成本占营业收入的 10%；每年付现固定成本 2 000 万元。假设各年营业现金流量均发生在当年年末。项目等风险投资必要报酬率为 10%。企业所得税税率 25%。

要求：

估计投资方案 2024−2028 年末的现金净流量及 2024 年末的净现值判断投资方案是否

可行，并简要说明理由（结果填入下方表格中，不用列出计算过程）。

单位：亿元

项目	2024 年末	2025 年末	2026 年末	2027 年末	2028 年末
现金净流量					
折现系数（10%）					
现金流量现值					
净现值					

斯尔解析

单位：亿元

项目	2024 年末	2025 年末	2026 年末	2027 年末	2028 年末
初始投资额	−6				
研发费用抵税	1				
年折旧抵税		0.075	0.075	0.075	0.075
设备变现净收入					2
设备变现净收益纳税					−0.05
税后营业收入		1.5	2.25	2.25	2.25
税后付现变动成本		−0.15	−0.225	−0.225	−0.225
税后付现固定成本		−0.15	−0.15	−0.15	−0.15
收回的营运资本					1
现金净流量	−5	1.275	1.95	1.95	4.9
折现系数（10%）	1	0.9091	0.8264	0.7513	0.6830
现金流量现值	−5	1.1591	1.6115	1.4650	3.3467
净现值	2.58				

净现值＞0，投资项目可行。

计算说明：

研发费用抵税 =2×（1+100%）×25%=1（亿元）

年折旧抵税 =3÷10×25%=0.075（亿元）

项目结束时设备账面价值 =3÷10×（10−4）=1.8（亿元）

设备变现净收益纳税 =（2−1.8）×25%=0.05（亿元）

2025 年税后营业收入 =2×（1−25%）=1.5（亿元）

2026−2028 年每年税后营业收入 =3×（1−25%）=2.25（亿元）

2025 年税后付现变动成本 =1.5×10%=0.15（亿元）

2026−2028 年每年税后付现变动成本 =2.25×10%=0.225（亿元）

每年税后付现固定成本 =2 000÷10 000×（1−25%）=0.15（亿元）

精准答疑

问题：投资项目各期间的现金流，哪些要用税后，哪些可以用税前？

解答：针对这一问题，希望大家能够先从原理角度出发，理解我们是否要考虑所得税，判断标准是该现金流项目是否影响利润表，进而影响所得税，最终影响现金流大小。

（1）建设期。

①长期资产投资（×）：资产购置不影响利润表，是资产负债表的资产置换（比如现金换设备），通过后期折旧与摊销影响利润表，因此投资额无须计算税后。

②营运资本垫支或节约（×）：终结期都将收回或恢复，不影响利润表，无须计算税后。

③其他相关现金流量：如果不资本化，影响利润表（如项目实施培训费等），则应计算税后。

（2）营业期。

①营业收入（√）：影响利润表，应计算税后。

②付现营业成本费用（√）：影响利润表，应计算税后。

③折旧与摊销（√）：折旧与摊销本身并不影响现金流，但会影响利润表，可以税前抵扣，减少所得税，因此对现金流的影响体现为其抵税额。

④机会成本（√）：对其他项目的影响，如果影响利润表（比如因占用厂房丧失的租金收入、给其他项目带来的收益变化等），应计算税后，但要注意正负号。

（3）终结期。

①垫支营运资本收回或节约营运资本恢复（×）：不影响利润表，无须计算税后。

②资产处置或残值变现（√）：产生的损失或收益，影响利润表，则应计算损失产生的抵税额或收益产生的缴税额（需要注意的是，如果直接通过损益计算考虑了所得税，则在计算资产处置或残值变现的收入和成本时，不应重复考虑）。

三、固定资产更新决策分析（★★★）

（一）固定资产更新决策的方法

固定资产更新决策是继续使用旧设备与购置新设备的选择。

方法一：将出售旧设备与购置新设备视作一个独立的项目，计算该项目的净现值进行决策（即差额分析法）。

需要注意的是，采用这种方法估计现金流量的复杂程度比较高，并且该方法通常只能适用于新、旧设备预计使用年限相同的情况。因为项目现金流量是增量现金流量，而继续使用旧设备就是计算增量现金流量的基础。但如果旧设备寿命期末，项目仍能继续进行，则需要预估旧设备寿命期末，该选择何种设备，但这个难度太高了。因此差额分析法的适用性是比较差的。

方法二：**将出售旧设备与购置新设备分别研究，视作是使用旧设备投资一个新项目，与使用新设备投资一个新项目的互斥方案决策**。采用该方法估计现金流量的难度比较低，并且不论新、旧设备的预计使用寿命是否相同，均可适用。因此，实务中广泛使用该方法进行决策。

（二）固定资产更新决策的决策指标

如果将固定资产更新决策视为使用旧设备与使用新设备的互斥方案进行决策，可以根据不同情况选择合适的决策指标：

期限	预期营业收入不同	预期营业收入相同（可不考虑收入）
期限相同	净现值法	现金流出总现值法
期限不同	共同年限法、等额年金法	平均年成本法

（三）固定资产的平均年成本

固定资产的平均年成本，是指该资产引起的现金流出的年平均值。

（1）如果不考虑货币时间价值：

固定资产平均年成本 = 未来现金流出量总额 ÷ 使用年限

（2）如果考虑货币时间价值：

$$固定资产平均年成本=\frac{未来现金流出总现值}{(P/A,\ i,\ n)}$$

典例研习 · 5-20 计算分析题

甲公司于 3 年前购入 1 台设备，由于设备操作成本较高，正考虑是否进行更新。该公司所得税税率为 25%，假设税法允许大修理支出一次性税前扣除，其他有关资料如下表所示：

单位：元

项目	旧设备	新设备
原价	60 000	50 000
税法规定残值（10%）	6 000	5 000
税法规定使用年限（年）	6	4
已用年限	3	0
尚可使用年限	4	4
每年操作成本	8 600	5 000
两年年末大修理支出	28 000	—
最终报废残值	7 000	10 000
目前变现价值	10 000	—
每年折旧额：	（直线法）	（年数总和法）
第一年	9 000	18 000
第二年	9 000	13 500
第三年	9 000	9 000
第四年	0	4 500

要求：

假设两台设备的生产能力相同，并且未来可使用年限相同，项目资本成本为 10%，分析是否应该更新设备。

斯尔解析

（1）更换新设备。

单位：元

项目	0	1	2	3	4
新设备的购置成本	−50 000				
新设备税后付现成本		−3 750	−3 750	−3 750	−3 750
新设备折旧抵税		4 500	3 375	2 250	1 125

续表

项目	0	1	2	3	4
新设备残值变现收入					10 000
新设备残值变现利得纳税					−1 250
现金净流量	−50 000	750	−375	−1 500	6 125
折现系数（10%）	1	0.9091	0.8264	0.7513	0.6830
现值	−50 000	681.825	−309.9	−1 126.95	4 183.375
合计	−46 571.65				

（2）继续使用旧设备。

单位：元

项目	0	1	2	3	4
丧失的旧设备变现收入	−10 000				
丧失的旧设备变现损失抵税	−5 750				
旧设备税后付现成本		−6 450	−6 450	−6 450	−6 450
旧设备折旧抵税		2 250	2 250	2 250	
税后大修理支出			−21 000		
残值变现收入					7 000
残值变现利得纳税					−250
现金净流量	−15 750	−4 200	−25 200	−4 200	300
折现系数（10%）	1	0.9091	0.8264	0.7513	0.6830
现值	−15 750	−3 818.22	−20 825.28	−3 155.46	204.9
合计	−43 344.06				

由于，更换新设备的现金流出总现值为 46 571.65 元，继续使用旧设备的现金流出总现值 43 344.06 元。因此，继续使用旧设备较好。

提示：

①旧设备当前的账面价值＝原值－累计折旧＝60 000−（60 000−6 000）÷6×3=33 000（元）。

②如果未来的尚可使用年限不同，则需要将现金流出总现值转换为平均年成本，以本题为例：

更换新设备的年金成本 =46 571.65÷（P/A，10%，4）=14 691.84（元）

继续使用旧设备的年金成本 =43 344.06÷（P/A，10%，4）=13 673.64（元）

四、固定资产的经济寿命分析（★★）

固定资产使用初期的运行费较低，随着设备逐渐陈旧，性能变差，维护费用、修理费用、能源消耗等运行成本会逐步增加。与此同时，固定资产的价值逐渐减少，资产占用的资金应计利息等持有成本会逐步减少。随着时间的递延，平均年运行成本和平均年持有成本呈反方向变化，两者之和呈马鞍形（如下图所示）。**最经济的使用年限，即是使固定资产的平均年成本最小的那一年限。**

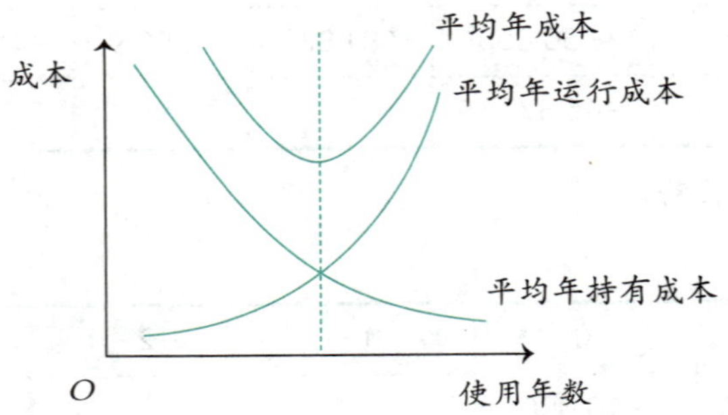

决策步骤：

第一步，确定可供选择的固定资产更新年限的区间。

第二步，分别计算不同更新年限下，与固定资产相关的现金净流量。

第三步，计算现金流出总现值和年金成本。

第四步，选择年金成本最小的那一年限为最佳使用年限。

典例研习·5-21 计算分析题

甲公司是一家制造业企业，产品市场需求旺盛。为增加产能，拟于2019年末添置一台新设备，该设备无须安装，预计购置成本300万元。根据税法相关规定，该设备按直线法计提折旧，折旧年限3年，净残值率5%。甲公司现需确定该设备的经济寿命，相关资料如下表。

单位：万元

年份	运行成本	年末变现价值
2019年	—	300
2020年	90	200
2021年	100	110
2022年	150	40

甲公司加权平均资本成本10%，企业所得税税率25%。假设运行成本均发生在各年年末。

要求：

（1）在考虑货币时间价值的情况下，分别计算该设备更新年限为1年、2年、3年的平均年成本。

（2）根据要求（1）计算的平均年成本，确定该设备的经济寿命。

斯尔解析

（1）新设备年折旧额 =300×（1−5%）÷3=95（万元）。

①设备更新年限为 1 年。

1 年后设备账面价值 =300−95=205（万元）

设备变现损失抵税收益 =（205−200）×25%=1.25（万元）

现金流出总现值 =300+［90×（1−25%）−95×25%−200−1.25］×（*P*/*F*，10%，1）=156.82（万元）

平均年成本 =156.82÷（*P*/*A*，10%，1）=172.5（万元）

②设备更新年限为 2 年。

2 年后设备账面价值 =300−95×2=110（万元），与变现价值相等。

现金流出总现值 =300+90×（1−25%）×（*P*/*F*，10%，1）+100×（1−25%）×（*P*/*F*，10%，2）−95×25%×（*P*/*A*，10%，2）−110×（*P*/*F*，10%，2）=291.22（万元）

平均年成本 =291.22÷（*P*/*A*，10%，2）=167.8（万元）

③设备更新年限为 3 年。

3 年后设备账面价值 =300−95×3=15（万元）

设备变现相关的现金流量 =40−（40−15）×25%=33.75（万元）

现金流出总现值 =300+90×（1−25%）×（*P*/*F*，10%，1）+100×（1−25%）×（*P*/*F*，10%，2）+150×（1−25%）×（*P*/*F*，10%，3）−95×25%×（*P*/*A*，10%，3）−33.75×（*P*/*F*，10%，3）=423.45（万元）

平均年成本 =423.45÷（*P*/*A*，10%，3）=170.27（万元）

（2）固定资产的经济寿命，指固定资产的平均年成本最小的那一年限。该设备在更新年限为 2 年的时候平均年成本最小，故该设备的经济寿命为 2 年。

第四节　投资项目折现率的估计

任何投资项目都有风险或不确定性。针对投资项目的风险，可以通过调整折现率，即资本成本进行衡量，再计算净现值。

一、使用企业当前加权平均资本成本作为投资项目的资本成本

使用企业当前的资本成本作为项目的资本成本，应同时满足以下两个条件：

（1）等风险假设（等经营风险假设）：项目经营风险与企业当前资产的平均经营风险相同。

（2）等资本结构假设（等财务风险假设）：公司继续采用相同的资本结构为新项目筹资。

在等风险假设或资本结构不变假设明显不能成立时，不能使用企业当前的平均资本成本作为新项目的资本成本，此时需要运用可比公司法估计投资项目的资本成本。

二、运用可比公司法估计投资项目的资本成本（★★★）

可比公司法是寻找一个经营业务与待评价项目类似的上市公司（控制变量法，即与控制经营风险类似），以该上市公司的 β 值来估计项目的 β 值。

可比公司的资本结构已反映在其 β 值中，如果可比公司的资本结构与项目所在企业显著不同，那么在估计项目的 β 值时，应针对资本结构差异作出相应调整。

（一）第一步：卸载可比公司财务杠杆

$\beta_{资产}=\beta_{权益}\div[1+(1-T)\times(净负债/股东权益)]$

提示：将可比公司的资本结构因素排除，确定其不含财务杠杆的 β 值，该过程称“卸载财务杠杆”。$\beta_{权益}$是根据公司股东收益波动性估计的含有财务杠杆的 β 值，$\beta_{资产}$是假设全部用权益资本融资的不含财务杠杆的 β 值，此时股东只承担经营风险，即资产的风险。

可比企业不一定是其他企业，真题中也会以本企业改变资本结构之前的状态作为可比企业进行计算。由于资本结构改变，财务风险变化，但经营风险相同，因此改变资本结构之前的本企业也符合作为可比企业的条件。

（二）第二步：加载目标公司财务杠杆

$\beta_{权益}=\beta_{资产}\times[1+(1-T)\times(净负债/股东权益)]$

提示：根据项目的资本结构调整 β 值，该过程称“加载财务杠杆”。

（三）第三步：根据目标企业 $\beta_{权益}$计算股东的必要报酬率

股东的必要报酬率 = 股东权益资本成本 $=R_f+\beta_{权益}\times(R_m-R_f)$

提示：如果使用股权现金流量计算净现值，该股东权益成本就是适合的折现率。

（四）第四步：计算目标企业加权平均资本成本

WACC= 债务资本成本 $\times(1-T)\times w_d+$ 股东权益资本成本 $\times w_e$

w_d 表示：$\dfrac{净负债}{资本}$。

w_e 表示：$\dfrac{股东权益}{资本}$。

提示：如果使用实体现金流计算净现值，WACC 就是适宜的折现率。

典例研习·5-22 计算分析题

甲公司是一家传统汽车制造企业，拟开始进入智能家居行业。甲公司目前的资本结构净负债 / 股东权益为 2/3，进入智能家居行业后仍维持该目标结构。在该目标资本结构下，债务税前成本为 6%。智能家居行业的代表企业是乙公司，其资本结构净负债 / 权益为 7/10，

股东权益的 β 值为 1.2。已知无风险报酬率为 5%，市场风险溢价为 8%，两个公司的所得税税率均为 30%。

要求：

运用可比公司法计算甲公司进入智能家居行业后的资本成本。

斯尔解析

（1）将乙公司的 $\beta_{\text{权益}}$ 转换为无负债的 $\beta_{\text{资产}}$：

$\beta_{\text{资产}}$ =1.2 ÷ ［1+（1−30%）×（7/10）］=0.8054

（2）将无负债的 $\beta_{\text{资产}}$ 值转换为甲公司含有负债的股东权益 $\beta_{\text{权益}}$ 值：

$\beta_{\text{权益}}$ =0.8054 × ［1+（1−30%）× 2/3］=1.1813

（3）根据 $\beta_{\text{权益}}$ 计算甲公司的股东权益成本：

股东权益成本 =5%+1.1813 × 8%=5%+9.4504%=14.45%

（4）计算加权平均资本成本：

加权平均资本成本 =6% ×（1−30%）×（2/5）+14.45% ×（3/5）=10.35%

第五节　投资项目的敏感分析

敏感分析是投资项目评价中常用的一种研究不确定性的方法。它在确定性分析的基础上，分析不确定性因素对投资项目最终经济效益指标的影响及其程度。一般可选择主要参数（如销售收入、经营成本、生产能力、初始投资、寿命期、建设期、达产期等）进行敏感分析。

一、最大最小法（★★）

5-5-1

步骤	计算过程
第一步：预测预期值	计算预期的初始投资、营业现金流入、营业现金流出等变量
第二步：计算基准净现值	根据变量的预期值计算基准净现值
第三步：测定临界值	选择一个变量并假设其他变量不变，令净现值等于零，计算选定变量的临界值。如此往复，测定每个变量的临界值

二、敏感程度法（★★）

5-5-2

步骤	计算过程
第一步：计算基准净现值	根据变量的预期值计算基准净现值

续表

步骤	计算过程
第二步：重新计算净现值	选定一个变量（如每年税后营业现金流入），假设其发生一定幅度的变化，而其他因素不变，重新计算净现值
第三步：计算敏感系数	敏感系数 = 目标值变动百分比 ÷ 选定变量变动百分比

5-5-3

三、敏感分析的局限性

一方面，由于变量通常是联动变化的，因此敏感分析所要求的控制变量法不现实；另一方面，每次测算一个变量变化对净现值的影响，可以提供一系列分析结果，但是无法给出每个数值发生的可能性。

典例研习·5-23 计算分析题

甲公司拟投资一个新的项目，初始投资额为 90 万元，项目寿命期为 4 年，公司适用的所得税税率为 20%。其他相关资料如下表所示：

单位：万元

项目	预期值
每年税后营业现金流入	100
每年税后营业现金流出	69
折旧抵税（20%）	4.5
每年税后营业现金净流量	35.5
年金现值系数（10%，4 年）	3.1699
每年税后营业现金净流量总现值	112.53
初始投资	90
净现值	22.53

要求：

（1）运用最大最小法分析营业现金流变动对净现值的影响。

（2）运用敏感程度法分别计算税后营业现金流入、流出和初始投资变动对净现值的影响。

斯尔解析

（1）分别分析营业现金流入和流出变动的影响，令净现值等于零，其他因素不变，分别求解营业现金流入或流出，具体如下表所示：

最大最小法敏感分析表

单位：万元

项目	预期值	每年税后营业现金流入最小值	每年税后营业现金流出最大值
每年税后营业现金流入	100	92.89	100
每年税后营业现金流出	69	69	76.11
折旧抵税（20%）	4.5	4.5	4.5
每年税后营业现金净流量	35.5	28.39	28.39
年金现值系数（10%，4 年）	3.1699	3.1699	3.1699
每年税后营业现金净流量总现值	112.53	90	90
初始投资	90	90	90
净现值	22.53	0	0

根据上表，如果每年税后营业现金流入下降到 92.89 万元，或税后营业现金流出上升至 76.11 万元，则净现值变为零，该项目不再具有投资价值。

设每年税后营业现金流入最小值为 x，则（$x-69+4.5$）$\times 3.1699-90=0$。

解方程，求出 $x=92.89$，即每年税后营业现金流入最小值为 92.89 万元。

设每年税后营业现金流出最大值为 y，则（$100-y+4.5$）$\times 3.1699-90=0$。

解方程，求出 $y=76.11$，因此每年税后营业现金流出最大值为 76.11 万元。

提示：如果决策者对于上述最小营业现金流入和最大营业现金流出有信心，认为不至于比上述最小值还小、最大值还大，则项目是可行的；如果相反，决策者认为每年税后现金流入很可能低于上述最小值，或者每年税后现金流出很可能超出上述最大值，则项目风险很大，应慎重考虑是否应承担该风险。

（2）运用敏感程度法计算税后营业现金流入、流出和初始投资变动对净现值的影响如下表所示：

敏感程度法：每年税后营业现金流入变化

单位：万元

项目	−10%	−5%	基准情况	+5%	+10%
每年税后营业现金流入	90	95	100	105	110
每年税后营业现金流出	69	69	69	69	69
每年折旧抵税（20%）	4.5	4.5	4.5	4.5	4.5
每年税后营业现金净流量	25.5	30.5	35.5	40.5	45.5
年金现值系数（10%，4 年）	3.1699	3.1699	3.1699	3.1699	3.1699

续表

项目	-10%	-5%	基准情况	+5%	+10%
每年税后营业现金净流量总现值	80.83	96.68	112.53	128.38	144.23
初始投资	90	90	90	90	90
净现值	-9.17	6.68	22.53	38.38	54.23
每年税后营业现金流入的敏感系数	（54.23-22.53）÷22.53÷10%=140.7%÷10%=14.07				

敏感程度法：每年税后营业现金流出变化

单位：万元

项目	-10%	-5%	基准情况	+5%	+10%
每年税后营业现金流入	100	100	100	100	100
每年税后营业现金流出	62.1	65.55	69	72.45	75.9
每年折旧抵税（20%）	4.5	4.5	4.5	4.5	4.5
每年税后营业现金净流量	42.4	38.95	35.5	32.05	28.6
年金现值系数（10%，4年）	3.1699	3.1699	3.1699	3.1699	3.1699
每年税后营业现金净流量总现值	134.4	123.47	112.53	101.60	90.66
初始投资	90	90	90	90	90
净现值	44.40	33.47	22.53	11.60	0.66
每年税后营业现金流出的敏感系数	（0.66-22.53）÷22.53÷10%=-97.07%÷10%=-9.71				

敏感程度法：初始投资变化

单位：万元

项目	-10%	-5%	基准情况	+5%	+10%
每年税后营业现金流入	100	100	100	100	100
每年税后营业现金流出	69	69	69	69	69
每年折旧抵税（20%）	4.05	4.275	4.5	4.725	4.95
每年税后营业现金净流量	35.05	35.275	35.5	35.725	35.95
年金现值系数（10%，4年）	3.1699	3.1699	3.1699	3.1699	3.1699
每年税后营业现金净流量总现值	111.1	111.82	112.53	113.24	113.96
初始投资	81	85.5	90	94.5	99
净现值	30.10	26.32	22.53	18.74	14.96
初始投资敏感系数	（14.96-22.53）÷22.53÷10%=-33.60%÷10%=-3.36				

提示：根据上述测算数据，税后营业现金流入降低 10% 就会使该项目失去价值，若这种可能性较大就应考虑放弃项目，或者重新设计项目加以避免，至少要有应对的预案。该变量是引发净现值变化的主要敏感因素，营业收入每减少 1%，项目净现值就损失 14.07%，或者说营业收入每增加 1%，净现值就提高 14.07%。若实施该项目，应予以重点关注。次要敏感因素是税后营业现金流出，相对不太敏感的因素是投资额，但都具有一定的影响。因此，从总体上看该项目风险较大。

【斯考卡片】
扫码背重点

336

至此，财务成本管理的学习已经进行了36%，继续加油呀！

36%

第六章
期权价值评估

学习提要

重要程度： 重点章节　　**平均分值：** 7分

考核题型： 客观题、主观题

本章提示： 本章内容较多、难度较高。本章的重点内容为金融期权，难点内容为实物期权。学好本章的关键点是准确理解本章所涉及专业名词的含义

考点精讲

第一节 衍生工具概述

一、衍生工具的概念和交易特点

衍生工具是从原生工具中派生的一种合同。原生工具，也称基础资产或标的资产，可以是金融资产或实物资产。衍生工具的价值随原生工具价格的波动而波动。

与基础资产相比，衍生工具在交易方面具有很多特点，主要包括未来性、灵活性、杠杆性、风险性和虚拟性。

二、衍生工具的种类（★）

常见的衍生工具包括远期合约、期货合约、互换合约、期权合约等。

种类	含义	标准化/定制化合约	单边/双边合约	场内/场外交易
远期合约	合约双方同意在未来日期按照事先约定的价格交换资产的合约	定制化	双边	场外
期货合约	在约定的将来某个日期按约定的条件（包括价格、交割地点、交割方式）买入或卖出一定标准数量、质量某种资产的合约	标准化	双边	主要在场内
互换合约	交易双方约定在未来某一期限相互交换各自持有的资产或现金流的交易形式	定制化	主要是双边	场外
期权合约	在某一特定日期或该日期之前的任何时间以固定价格购买或者出售某种资产的权利	标准化	单边	场内和场外

三、衍生工具的交易目的（★）

衍生工具可用于多种用途，包括套期保值、投机获利等。从目的上看，套期保值是为了降低风险，投机则是承担额外的风险以盈利；从结果上看，套期保值降低了风险，投机增加了风险。接下来以期货为例，介绍如何利用期货进行套期保值和投机获利。

（一）套期保值

期货的套期保值也称为期货对冲，是指为配合现货市场上的交易，而在期货市场上做与现货市场商品相同或相近但交易部位相反的买卖行为，以便将现货市场价格波动的风险在期货市场上抵消。

期货套期保值有利于回避价格风险的原理在于：某一特定商品的期货价格和现货价格受相同的经济因素影响和制约。所以一般而言，现货与期货的价格走势一致，只有通过反向操作才能对冲风险。利用期货套期保值有两种方式：空头套期保值和多头套期保值。

1. 空头套期保值

如果某公司要在未来某时出售某种资产，可以通过持有该资产期货合约的空头来对冲风险。如果到期日资产价格下降，现货出售资产亏损，则期货的空头获利；如果到期日资产价格上升，现货出售资产获利，则期货的空头亏损。

典例研习 · 6-1

商品期货空头套期保值实例

日期	现货市场	期货市场
7 月	签订合同承诺在 12 月提供 200 吨铜给客户，因此购买现货铜 200 吨，每吨价格 7 000 美元	在期货交易所卖出 12 月到期的期铜 200 吨，每吨期铜价格 7 150 美元
12 月	现货市场每吨铜的价格是 6 800 美元，按现货价格提交客户 200 吨铜	当月期铜价格接近现货价格，每吨 6 800 美元，按此价格买进期铜 200 吨
结果	每吨亏损 200 美元	每吨盈利 350 美元

简化示意图（每吨）：

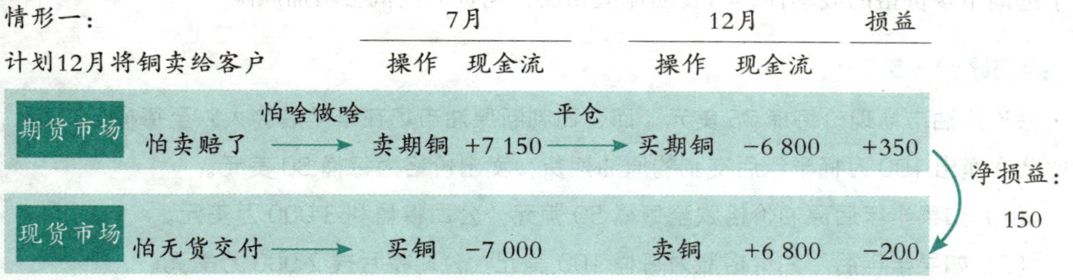

2. 多头套期保值

如果要在未来某时买入某种资产，则可采用持有该资产期货合约的多头来对冲风险。如果到期日资产价格上升，现货购买资产亏损，则期货的多头获利；如果到期日资产价格下降，现货购买资产获利，则期货的多头亏损。

典例研习 · 6-2

商品期货多头套期保值实例

日期	现货市场	期货市场
7 月	签订合同承诺在 12 月购买 1 000 吨原油，此时现货每吨价格 380 美元	在期货交易所买进 12 月到期的原油期货 1 000 吨，每吨价格 393 美元

续表

日期	现货市场	期货市场
12 月	现货市场每吨原油价格是 400 美元，按现货价格购买 1 000 吨原油	当月原油期货价格接近现货价格，为每吨 399 美元，按此价格卖出原油期货 1 000 吨
结果	每吨亏损 20 美元	每吨盈利 6 美元

简化示意图（每吨）：

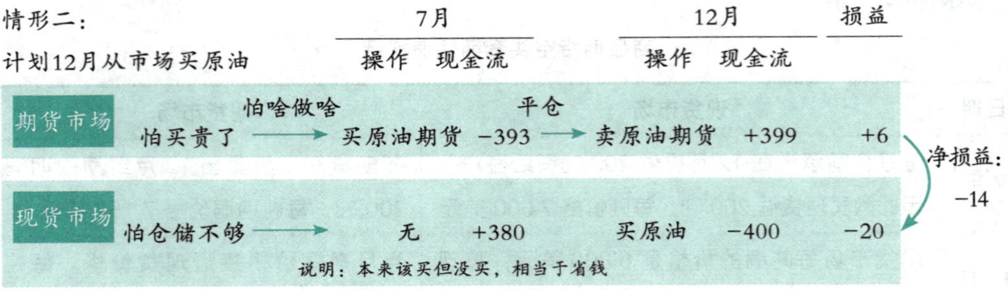

（二）投机获利

期货投机是指基于对市场价格走势的预期，为了盈利在期货市场上进行的买卖行为。由于远期市场价格的波动性，与套期保值相反，期货的投机会增加风险。

典例研习 · 6-3

假设原油市场现价每桶 75 美元，而公司判断原油市场在半年后会大跌至每桶 50 美元，因此公司卖出 100 万桶半年后交割的原油期货，卖出价格为每桶 80 美元。

（1）如果半年后原油价格跌至每桶 50 美元，公司将盈利 3 000 万美元。

（2）如果半年后原油价格涨为每桶 100 美元，公司将亏损 2 000 万美元。

（3）如果半年后原油价格涨为每桶 200 美元，公司将亏损 1.2 亿美元。

第二节 期权的概念和类型

一、期权的概念

期权是一种合约，该合约赋予持有人在某一特定日期或该日之前的任何时间以固定价格购进或售出约定数量某种资产的权利。

期权概念的要点，可以总结如下：

（一）"特权"

期权合约至少涉及购买人和出售人两方，期权持有人只享有权利而不承担相应的义务，因而购买时需支付期权费，作为不承担义务的代价。期权合约不同于远期合约和期货合约，远期和期货合约中双方权利义务对等，因此签订时无须支付费用。

（二）标的资产

期权的标的资产指选择购买或出售的资产，如股票、债券、房产等。

理解标的资产需要把握的几个要点：

（1）期权的价值随标的资产价值的变动而变动，期权是标的物的衍生工具。

（2）标的资产可能从不交割，期权到期时只需按价差补足价款。

（3）期权出售人不一定拥有标的资产，期权购买人也不一定真要购买，即期权持有人并不真正拥有标的资产的所有权。

（三）到期日

双方约定期权到期的那一天称为"到期日"。在那一天之后，期权失效。

（四）执行

依据期权合约购进或售出标的资产的行为称为"执行"，在期权合约中约定的、持有人据以购进或售出标的资产的固定价格，称为"执行价格"。

二、期权的类型（★）

划分标准	类型	特征
按执行时间不同	欧式期权	期权只能在到期日执行
	美式期权	期权可以在到期日或到期日之前的任何时间执行
按授予权利不同	看涨期权	期权赋予持有人在到期日或到期日之前，以固定价格购买标的资产的权利，其权利特征是购买。因此，也可以称为择购期权、买入期权或买权
	看跌期权	期权赋予持有人在到期日或到期日之前，以固定价格出售标的资产的权利，其授予权利的特征是出售。因此，也可以称为择售期权、卖出期权或卖权

典例研习·6-4 单项选择题

长颈鹿于 2020 年以 100 万元的价格购入一处房产，同时与房地产商小老虎签订了一项期权合约。合约赋予长颈鹿享有在 2023 年 8 月 16 日或者此前的任何时间，以 120 万元的价格将该房产出售给房地产商小老虎的权利。则该期权合约属于（　　）。

A. 美式看涨期权　　B. 欧式看涨期权

C. 美式看跌期权　　D. 欧式看跌期权

斯尔解析 本题考查期权的类型。看涨期权是指期权赋予持有人在到期日或到期日之前，以固定价格购买标的资产的权利，看跌期权是指期权赋予持有人在到期日或到期日之前，以固定价格出售标的资产的权利。由于该合约授予长颈鹿的是出售权利，因此该权利是看跌期权，选项AB不当选。如果期权只能在到期日执行，称为欧式期权。如果期权可以在到期日或到期日之前的任何时间执行，称为美式期权。本题中长颈鹿在2023年8月16日或者此前的任何时间都可以选择执行，因此属于美式期权，选项C当选、选项D不当选。

本题答案 C

第三节 单一期权的损益分析

名词	解释
多头、空头	多头，指买方；空头，指卖方
期权到期日价值	到期日执行期权可以取得的净收入，它依赖于标的资产的到期日价格和执行价格（不考虑初始期权费）
期权净损益	由到期日执行净收入和初始期权费共同决定

6-3-1

一、看涨期权的损益分析（★★）

典例研习·6-5

某欧式看涨期权以ABC公司股票为标的，执行价格为100元，期权价格为5元。试分析，标的股票到期日股价分别为95元、103元、105元、108元时，买入或卖出该看涨期权的到期日价值与净损益。

斯尔解析

单位：元

到期日股价	买入（多头）看涨期权		卖出（空头）看涨期权	
	到期日价值	净损益	到期日价值	净损益
95	0	−5	0	5
103	3	−2	−3	2
105	5	0	−5	0
108	8	3	−8	−3

看涨期权到期日的损益状态分析，如下表所示：

项目	买入（多头）看涨期权		卖出（空头）看涨期权	
	到期日股价＞执行价格	到期日股价≤执行价格	到期日股价＞执行价格	到期日股价≤执行价格
到期日价值	到期日股价－执行价格	0	－（到期日股价－执行价格）	0
净损益	多头到期日价值－期权费		空头到期日价值＋期权费	
损益平衡点	到期日股价＝执行价格＋期权费			

1. 图形表现

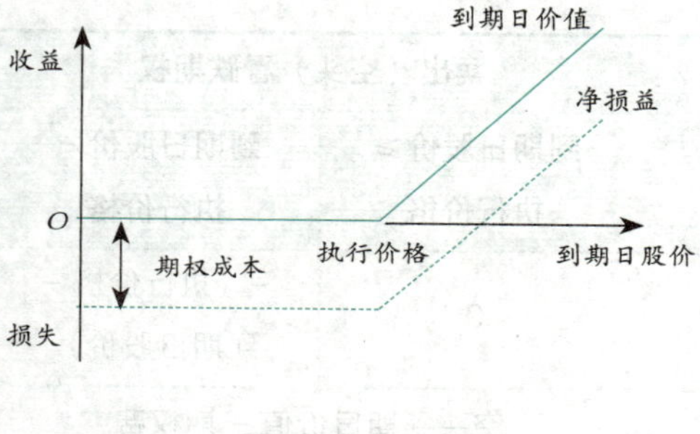

多头看涨期权

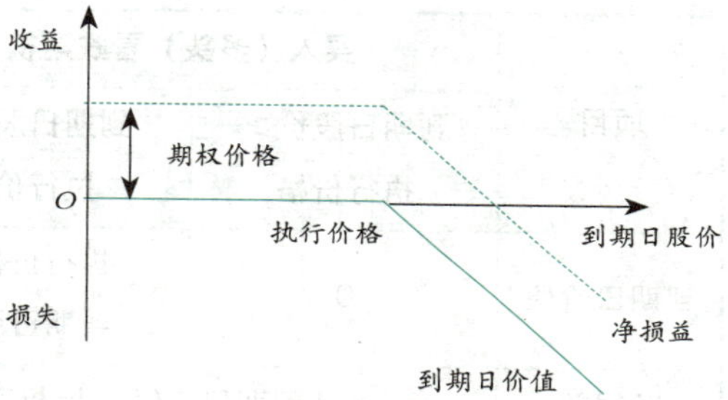

空头看涨期权

2. 基本特征

项目	买入（多头）看涨期权		卖出（空头）看涨期权	
	情形	金额	情形	金额
最大净损失	股价低于执行价格	期权费	股价无限大	损失无限大
最大净收益	股价无限大	收益无限大	股价低于执行价格	期权费
总结	净损失有限，但净收益无限		净收益有限，但净损失无限	

二、看跌期权的损益分析（★★）

6-3-2

典例研习·6-6

某欧式看跌期权以 ABC 公司股票为标的，执行价格为 100 元，期权价格为 5 元。试分析，标的股票到期日股价分别为 105 元、97 元、95 元、92 元时，买入或卖出该看跌期权的到期日价值与净损益。

斯尔解析

单位：元

到期日股价	买入（多头）看跌期权		卖出（空头）看跌期权	
	到期日价值	净损益	到期日价值	净损益
105	0	−5	0	5
97	3	−2	−3	2
95	5	0	−5	0
92	8	3	−8	−3

看跌期权到期日的损益状态分析，如下表所示：

项目	买入（多头）看跌期权		卖出（空头）看跌期权	
	到期日股价≥执行价格	到期日股价＜执行价格	到期日股价≥执行价格	到期日股价＜执行价格
到期日价值	0	执行价格 − 到期日股价	0	−（执行价格 − 到期日股价）
净损益	多头到期日价值 − 期权费		空头到期日价值 + 期权费	
平衡点	到期日股价 = 执行价格 − 期权费			

1. 图形表现

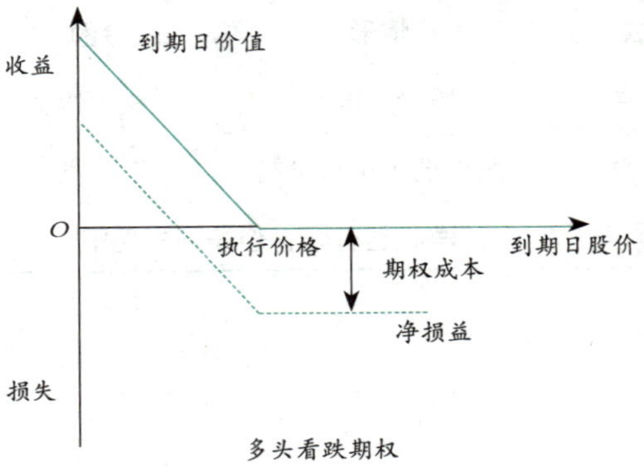

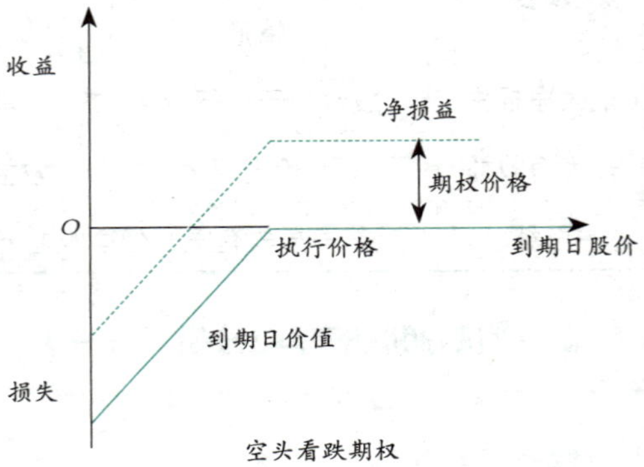

2. 基本特征

项目	买入（多头）看跌期权		卖出（空头）看跌期权	
	情形	金额	情形	金额
最大净损失	股价高于执行价格	期权费	股价为 0	执行价格 − 期权费
最大净收益	股价为 0	执行价格 − 期权费	股价高于执行价格	期权费
总结	净损失有限，净收益也有限		净收益有限，净损失也有限	

提示：

（1）多头是期权的购买者，空头是期权的出售者，多头和空头彼此是零和博弈。

（2）空头期权到期日价值 =– 多头期权到期日价值，空头期权净损益 =– 多头期权净损益。

典例研习 · 6-7 单项选择题

甲公司股票目前市价为 50 元，有 1 股以该股票为标的资产的看跌期权，执行价格为 52 元，到期时间为 1 年，期权价格为 4 元。若到期日股价为 45 元，则下列各项中，错误的是（　　）。

A. 多头看跌期权到期日价值为 7 元　　B. 空头看跌期权到期日价值为 –7 元

C. 多头看跌期权净损益为 3 元　　D. 空头看跌期权净损益为 3 元

斯尔解析 本题考查单一期权的损益分析。由于到期日股价小于执行价格，因此多头看跌期权到期日价值 =52–45=7（元），选项 A 不当选。空头看跌期权到期日价值 =–（52–45）=–7（元），选项 B 不当选。多头看跌期权净损益 =7–4=3（元），选项 C 不当选。空头看跌期权净损益 =–7+4=–3（元），选项 D 当选。

本题答案 D

三、期权投资的杠杆作用

6-3-3

杠杆作用，可以简化理解为：放大收益与风险的作用。以欧式看涨期权为例，假设期权价格为 5 元，标的股票的当前市价为 100 元，执行价格为 100 元，到期日为 1 年后的今天。

投资策略	到期日股价为 120 元	到期日股价为 80 元
买入 1 股股票，成本为 100 元	股票到期日价值 120 元，净损益为 +20 元，股票投资收益率为 20%	股票到期日价值 80 元，净损益为 –20 元，股票投资收益率为 –20%
买入 20 份看涨期权，成本为 100 元	到期日期权价值为： （120–100）×20=400（元） 净损益为 +300 元。 期权的投资收益率为 300%	到期日期权价值为 0 元。 净损益为 –100 元。 期权的投资收益率为 –100%

第四节　期权的投资策略

前面我们讨论了单一股票期权的损益状态。买入期权的特点是最小的净收入为 0，不会发生进一步的损失。因此，具有构造不同损益的功能。从理论上讲，期权可以帮助我们建立任意形式的损益状态，用于控制投资风险。这里只介绍四种投资策略。

一、保护性看跌期权（★★★）

策略：购入1股股票＋购入该股票的1股看跌期权（获得在未来以固定价格“卖出”标的股票的选择权）。单独投资于股票时风险很大，此时可以考虑该组合，同时增加1股看跌期权，降低单独投资股票的风险。

典例研习 · 6-8

大猩猩购入1股ABC公司的股票，购入价格 S_0=100（元）；同时购入该股票的1股看跌期权，执行价格 X=100（元），期权价格 P=2.56（元），1年后到期，分析该项投资组合的净收入和净损益。

斯尔解析

保护性看跌期权的损益

单位：元

项目	股价小于执行价格		股价大于执行价格	
	符号	下降20%	符号	上升50%
股票净收入	S_T	80	S_T	150
买入看跌期权净收入	$X-S_T$	20	0	0
组合净收入	X	100	S_T	150
股票净损益	S_T-S_0	−20	S_T-S_0	50
期权净损益	$X-S_T-P$	17.44	$0-P$	2.56
组合净损益	$X-S_0-P$	−2.56	S_T-S_0-P	47.44

1. 图形表现

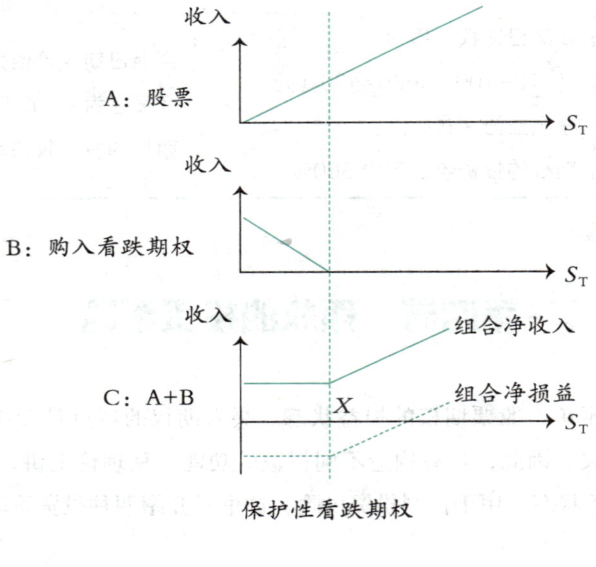

保护性看跌期权

2. 组合收入与组合净损益

组合净损益 = 执行日组合收入 − 初始投资

项目	说明
到期股价（S_T）<执行价格（X）	组合净收入 = 执行价格（X）
	组合净损益 = 执行价格（X）− 股票买价（S_0）− 期权价格（P）
到期股价（S_T）>执行价格（X）	组合净收入 = 到期股价（S_T）
	组合净损益 = 到期股价（S_T）− 股票买价（S_0）− 期权价格（P）
特征	保护性看跌期权锁定了最低到期净收入（执行价格）和最低净损益（执行价格 − 初始投资）
	同时净损益的预期也因此降低了（当股价高于执行价格时，比单一投资股票获得的收益低）
适用情形	降低单独投资股票的风险

二、抛补性看涨期权（★★★）

策略：**购入 1 股股票 + 出售该股票的 1 股看涨期权**（承担在未来以固定价格“卖出”标的股票的潜在义务，可以被组合中持有的股票抵补，不需要另外补进股票）。

典例研习 · 6-9

小鹦鹉购入 1 股 ABC 公司的股票，购入价格 S_0=100（元），同时出售该股票的 1 股看涨期权，期权价格 C=5（元），执行价格 X=100（元），1 年后到期，分析该项投资组合的净收入和净损益。

斯尔解析

抛补性看涨期权的损益

单位：元

项目	股价小于执行价格		股价大于执行价格	
	符号	下降 50%	符号	上升 20%
股票净收入	S_T	50	S_T	120
卖出看涨期权净收入	−（0）	0	−（S_T−X）	−20
组合净收入	S_T	50	X	100
股票净损益	S_T−S_0	−50	S_T−S_0	20
期权净损益	C−0	5	−（S_T−X）+C	−15
组合净损益	S_T−S_0+C	−45	X−S_0+C	5

1. 图形表现

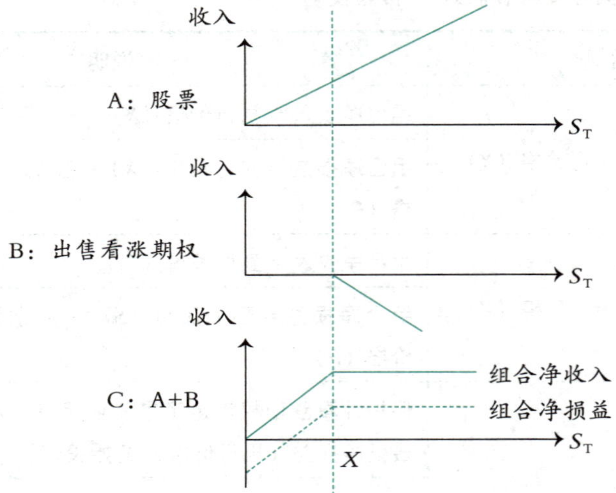

抛补性看涨期权

2. 组合收入与组合净损益

项目	说明
到期股价（S_T）＜执行价格（X）	执行日组合收入 = 到期股价（S_T）
	组合净损益 = 到期股价（S_T）− 股票买价（S_0）+ 期权价格（C）
到期股价（S_T）＞执行价格（X）	执行日组合收入 = 执行价格（X）
	组合净损益 = 执行价格（X）− 股票买价（S_0）+ 期权价格（C）
特征	锁定最高到期净收入（X）和最高净损益（执行价格 X−初始投资）
	可以将收入（净损益）限定在一定的区间内
适用情形	缩小了未来的不确定性，是机构投资者常用的投资策略

6-4-3

三、多头对敲（★★★）

策略：同时买进 1 只股票的看涨期权和看跌期权，它们的执行价格、到期日都相同。

典例研习 · 6-10

小孔雀同时购入 ABC 公司股票的 1 股看涨期权和 1 股看跌期权，ABC 公司股票当前股价 S_0=100（元），看涨期权价格 C=5（元），看跌期权价格 P=2.56（元），两种期权的执行价格 X=100（元），均为 1 年后到期，分析该项投资组合的净收入和净损益。

斯尔解析

多头对敲的损益

单位：元

项目	股价小于执行价格		股价大于执行价格	
	符号	下降 20%	符号	上升 50%
买入看涨期权净收入	0	0	S_T-X	50
买入看跌期权净收入	$X-S_T$	20	0	0
组合净收入	$X-S_T$	20	S_T-X	50
买入看涨期权净损益	$0-C$	−5	S_T-X-C	45
买入看跌期权净损益	$X-S_T-P$	17.44	$0-P$	−2.56
组合净损益	$X-S_T-P-C$	12.44	$S_T-X-P-C$	42.44

1. 图形表现

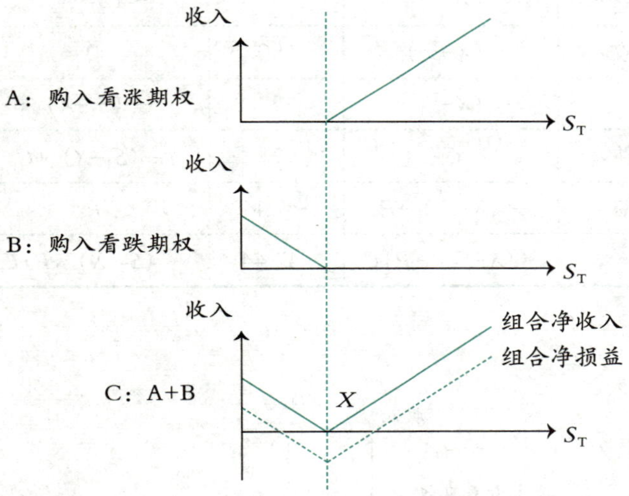

多头对敲

2. 组合收入与组合净损益

项目	说明
到期股价（S_T）＜执行价格（X）	组合净收入＝执行价格（X）－到期股价（S_T）
	组合净损益＝（执行价格－到期股价）－两种期权价格
到期股价（S_T）＞执行价格（X）	组合净收入＝到期股价（S_T）－执行价格（X）
	组合净损益＝（到期股价－执行价格）－两种期权价格
特征	锁定最低净收入（0）和最低净损益（－两种期权买价）
	最坏结果是股价没有变动，白白损失了看涨期权和看跌期权的购买成本
	股价偏离执行价格的差额必须超过期权购买成本，才能给投资者带来净收益
适用情形	对于预计市场价格将发生剧烈变动，但是不知道升还是降的投资者非常有用

四、空头对敲（★★★）

策略：**同时卖出 1 只股票的看涨期权和看跌期权**，它们的执行价格、到期日都相同。

典例研习 · 6-11

小袋鼠同时卖出 ABC 公司股票的 1 股看涨期权和 1 股看跌期权，ABC 公司股票当前股价 S_0=100（元），看涨期权价格 C=5（元），看跌期权价格 P=2.56（元），两种期权的执行价格 X=100（元），均为 1 年后到期，分析该项投资组合的净收入和净损益。

斯尔解析

空头对敲的损益

单位：元

项目	股价小于执行价格		股价大于执行价格	
	符号	下降 50%	符号	上升 20%
卖出看涨期权净收入	0	0	$-(S_T-X)$	−20
卖出看跌期权净收入	$-(X-S_T)$	−50	0	0
组合净收入	$-(X-S_T)$	−50	$-(S_T-X)$	−20
看涨期权净损益	C	5	$-(S_T-X)+C$	−15
看跌期权净损益	$-(X-S_T)+P$	−47.44	P	2.56
组合净损益	$-(X-S_T)+P+C$	−42.44	$-(S_T-X)+P+C$	−12.44

1. 图形表现

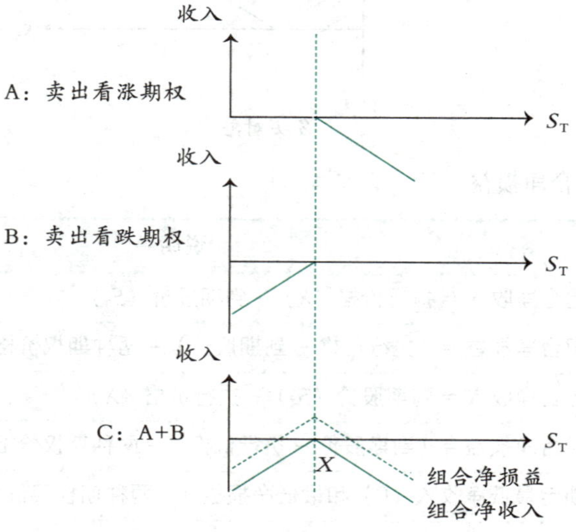

空头对敲

2. 组合收入与组合净损益

项目	说明
到期股价（S_T）＜执行价格（X）	组合净收入 = 到期股价（S_T）− 执行价格（X）
	组合净损益 =（到期股价 − 执行价格）+ 两种期权价格
到期股价（S_T）＞执行价格（X）	组合净收入 = 执行价格（X）− 到期股价（S_T）
	组合净损益 =（执行价格 − 到期股价）+ 两种期权价格
特征	锁定最高到期净收入（0）和最高净损益（两种期权买价）
	最好结果是到期股价等于执行价格时，可以得到看涨期权和看跌期权的出售价格
	股价偏离执行价格的差额只要不超过期权出售价格，就能给投资者带来净收益
适用情形	对于预计市场价格相对比较稳定的投资者非常有用

解题高手

命题角度 1：根据投资者的预期，选择合适的投资策略。

常见预期	投资策略
希望降低单独投资股票的风险	保护性看跌期权
希望将净损益限定在有限区间内	抛补性看涨期权
预计未来股价大幅度波动	多头对敲
预计未来股价波动较小	空头对敲

命题角度 2：计算投资策略的净损益。

方法一：单独计算组合内各项目的净损益，然后加总求和。

方法二：计算投资策略到期日总的净收入，然后扣除投资策略最初总的投资成本。

命题角度 3：判断不同的期权组合如何影响损益。

口诀：低买高卖（买权组合锁最低，卖权组合锁最高）。

（1）保护性看跌期权和多头对敲：多头及多头组合锁定最低净收入和净损益。

（2）抛补性看涨期权和空头对敲：空头及空头组合锁定最高净收入和净损益。

典例研习·6-12 单项选择题

下列关于期权投资策略的表述中，正确的是（　　）。

A. 保护性看跌期权可以锁定最低净收入和最低净损益，但不改变净损益的预期值

B. 抛补性看涨期权可以锁定最低净收入和最低净损益，是机构投资者常用的投资策略

C. 多头对敲组合策略可以锁定最低净收入和最低净损益，其最坏的结果是损失期权的购买成本

D. 空头对敲组合策略可以锁定最低净收入和最低净损益，其最低收益是期权收取的期权费

斯尔解析　本题考查期权的投资策略。保护性看跌期权可以锁定最低净收入和最低净损益，但由于支付期权费，相较于单独投资股票，该组合的净损益的预期也会同时降低，选项A不当选。抛补性看涨期权可以锁定股价上涨（超过执行价格）时的净收入和净损益，选项B不当选。股价发生变动时，多头对敲组合策略可以锁定最低净收入和最低净损益，其最坏结果是当到期股价与执行价格一致时损失期权费，选项C当选。空头对敲组合策略可以锁定最高净收入（0）和最高净损益，不能锁定最低净收入和最低净损益，选项D不当选。

陷阱提示　通过抛补性看涨期权的组合策略，能够实现在股价未来持续上涨时锁定住最高净收入和净损益。结合图形，大家容易陷入误区，认为该组合策略也能够锁定最低净收入和净损益，进而认为选项B当选。但其实出现最低净收入和净损益并不是由于该组合策略，而是由于股价最低为零所导致的。换言之，锁定是带有主观目的的，该组合策略的目的并非是“锁最低”，而是由于股价最低为零，因此净收入和净损益都客观上存在最小值而已。

本题答案　C

典例研习·6-13 单项选择题

甲公司当前股票价格为85元，以该股票为标的资产的欧式看涨期权价格为8元，每份看涨期权可买入1份股票。看涨期权的执行价格为90元，6个月后到期。乙投资者购入100股甲公司股票的同时出售100份看涨期权。若6个月后甲公司股价为105元，乙投资者的净损益是（　　）元。

A. −700　　B. 1 300

C. 2 800　　D. 500

斯尔解析　本题考查期权的投资策略。

方法一：股票净损益 =（105−85）×100=2 000（元），期权净损益 =（90−105）×100+8×100=−700（元），乙投资者净损益 = 股票净损益 + 期权净损益 =2 000+（−700）=1 300（元）。

方法二：投资组合到期日的净收入 =105×100+（90−105）×100=9 000（元），投资组合的成本 =100×85−100×8=7 700（元），乙投资者的净损益 = 投资组合到期日的净收入 − 投资组合成本 =9 000−7 700=1 300（元），选项B当选。

本题答案　B

第五节　金融期权价值的影响因素

一、金融期权价值构成（★★）

期权的价值由两部分构成：内在价值和时间溢价。

1. 内在价值

期权的内在价值，是指期权立即执行产生的经济价值，由标的资产的现行市价与执行价格决定。

由于标的资产的价格是随时间变化的，所以内在价值也是变化的。当执行期权给持有人带来正回报时，称该期权为“实值期权”；当执行期权给持有人带来负回报时，称该期权为“虚值期权”；当现行资产价格等于期权执行价格时，称该期权为“平价期权”。

类型	现行市价＞执行价格	现行市价 = 执行价格	现行市价＜执行价格
看涨期权	内在价值＞0 期权处于实值状态	内在价值 =0 期权处于平价状态	内在价值 =0 期权处于虚值状态
看跌期权	内在价值 =0 期权处于虚值状态	内在价值 =0 期权处于平价状态	内在价值＞0 期权处于实值状态

2. 时间溢价

期权的时间溢价是指期权价值超过内在价值的部分。

期权的时间溢价是一种等待的价值。期权买方，寄希望于标的股价的变化可以增加期权的价值。时间溢价是时间带来的波动的价值，是未来存在不确定性而产生的价值，**不确定性越强，期权的时间溢价越大。**

对于美式期权，在其他条件不变的情况下，离到期时间越远，股价波动的可能性越大，期权的时间溢价也就越大。如果已经到了到期时间，期权的价值（价格）就只剩下内在价值（时间溢价为零）。

精程答疑

问题：期权价值与期权到期日价值的区别与联系。

解答：期权价值是期权在市场上交易的理论价格，等于期权未来现金流量的现值。为便于分析，将期权价值分解为内在价值和时间溢价。

期权到期日价值是指到期日执行期权可以取得的净收入，它依赖于标的资产的到期日价格和执行价格。为便于分析，将到期日价值分为：多头到期日价值和空头到期日价值。但如果没有特别指明，期权到期日价值仅指多头到期日价值。

在到期日，期权的时间溢价为 0，期权价值 = 期权内在价值 = 期权到期日价值。

典例研习 · 6-14 多项选择题

甲公司股票目前每股 20 元，市场上有 X、Y 两种该股票的看涨期权。执行价格分别为 15 元、25 元。到期日相同，下列说法中，正确的有（　　）。

A.X 期权内在价值为 5 元

B.Y 期权时间溢价为 0 元

C.X 期权价值高于 Y 期权价值

D. 股票价格上涨 5 元，X、Y 期权内在价值均上涨 5 元

斯尔解析　本题考查金融期权价值构成。目前 X 看涨期权的内在价值 =20−15=5（元），Y 看涨期权的执行价格高于目前的股票市价，因此 Y 看涨期权处于虚值状态，其内在价值 =0，选项 A 当选。期权价值 = 内在价值 + 时间溢价，该股票的两种期权到期日相同，因此波动率相同，故时间溢价相同，因 X 期权内在价值大于 Y 期权内在价值，故 X 期权价值高于 Y 期权价值，选项 C 当选。因为期权尚未到期，所以时间溢价大于 0，选项 B 不当选。股票价格上涨 5 元，每股价格将变为 25 元，X 期权的内在价值 =25−15=10（元），比原来上涨了 5 元；Y 期权的内在价值依然是 0 元，并未上涨，选项 D 不当选。

陷阱提示　由于股票的内在价值和股票的价值是同样的概念，很多同学学到期权之后，会感觉期权的内在价值和期权的价值是一回事。如果你也是这么认为的话，后续做题错误率会非常高，同时还会感觉自己并没有错。

期权的价值指的是期权目前交易的理论价格，但是内在价值是立即执行产生的经济价值，期权的价值比期权的内在价值多了一个时间溢价。只有准确地理解这两个概念，才能真正把握好期权价值的影响因素。这个考点非常重要，必须精准掌握。

本题答案　AC

6-5-2

二、期权价值的影响因素（★★）

影响期权价值的六大因素主要有：股票市价、执行价格、到期期限、股价波动率、无风险利率和预期红利。具体影响如下：

影响因素	影响方向	
	看涨期权	看跌期权
股票市价上升	上升	下降
期权有效期内预计发放的红利上升	下降	上升
执行价格上升	下降	上升
无风险利率上升	上升	下降
到期期限变长	美式：上升	美式：上升
	欧式：不确定	欧式：不确定
股价波动率上升	上升	上升

提示：

（1）股价 =0 时，看涨期权价值 =0。

（2）看涨期权价值下限 = 内在价值，看涨期权价值上限 = 股价。

（3）看跌期权价值下限 = 内在价值，看跌期权价值上限 = 执行价格。

典例研习 · 6-15 多项选择题

市场上有以甲公司股票为标的资产的美式看涨期权和欧式看涨期权，下列各项中会同时引起二者价值上升的有（　　）。

A. 降低执行价格　　B. 无风险利率上升

C. 缩短到期期限　　D. 股价波动率下降

斯尔解析 本题考查期权价值的影响因素。看涨期权的执行价格越低，其价值越高，选项 A 当选。假设股票价格不变，高的无风险利率会导致执行价格的现值降低，从而增加看涨期权的价值，选项 B 当选。对于美式期权而言，缩短到期期限会降低期权价值，选项 C 不当选。股价波动率增加会使期权价值增加，股价波动率下降会使期权价值减少，选项 D 不当选。

本题答案 AB

典例研习 · 6-16 多项选择题

假设其他条件不变，下列各项中，会导致美式看跌期权价值上升的有（　　）。

A. 无风险利率下降　　B. 标的股票发放红利

C. 标的股票价格上涨　　D. 标的股票股价波动率增加

斯尔解析 本题考查期权价值的影响因素。无风险利率下降，执行价格的现值升高，导致看跌期权的价值升高，选项 A 当选。红利的发放会引起股票价格降低，导致看涨期权价格降低，看跌期权价值上升，选项 B 当选。标的股票价格上涨，看跌期权价值下降，选项 C 不当选。标的股票股价波动率增加，期权价值增加，选项 D 当选。

本题答案 ABD

第六节　金融期权价值的评估方法

如果没有足够的数学背景知识，要全面理解期权定价模型是非常困难的。从应试的目的出发，我们主要通过举例的方法介绍期权估值的基本原理和主要模型，该部分的学习重点在于对模型的熟练运用。

一、复制原理和套期保值原理（★★）

6-6-1

复制原理的基本思想：

构造一个适当的“买入股票 + 借款”的投资组合，使得无论股价如何变动，该投资组合的损益都与我们要评估的期权损益相同，那么，构建该投资组合花费的成本反映的就是待评估期权的价值。

套期保值原理的含义：

确定复制组合的股票数量和借款数量，使投资组合的到期日价值与期权相同，这个比率（即组合中的股票数量）称为套期保值比率，用 H 表示。

精准答疑

问题： 期权价值评估计算中的字母太多，分别代表什么含义？

解答： 我们将期权价值评估中常用的字母缩写及其含义，总结如下：

字母缩写	含义
u、d	上行乘数 u=1+ 股价上行百分比 下行乘数 d=1− 股价下行百分比
P_u、P_d	上行概率 $P_u=\frac{1+r-d}{u-d}$、下行概率 $P_d=1-P_u$
S_0、S_u、S_d	当前股价 S_0、上行时股价 $S_u=S_0\times u$、下行时股价 $S_d=S_0\times d$
C_0、C_u、C_d	看涨期权的价值 C_0、股价上行时的看涨期权到期日价值 C_u=Max（0，S_u-X）、股价下行时的看涨期权到期日价值 C_d=Max（0，S_d-X）

典例研习 · 6-17

假设甲公司目前每股市价为 50 元。有 1 股以该股票为标的资产的看涨期权，执行价格为 52.08 元，到期时间是 6 个月。6 个月后，股价有两种可能：上升 33.33%，或者下降 25%。无风险利率为每年 4%。拟构建一个投资组合，包括购进适量的股票以及借入必要的款项，使得该组合 6 个月后的价值与购进该看涨期权相等，并分析当目前期权价格分别为 8 元、6.62 元、6 元时，该如何进行套期保值。

斯尔解析

（1）①确定 6 个月后可能的股价。设当前股价为 S_0，未来变化有两种可能：上升后股价为 S_u，下降后股价为 S_d；$S_u=u\times S_0$，u 称为股价上行乘数；$S_d=d\times S_0$，d 为股价下行乘数。用二叉树表示的股价分布如下图所示，其中，S_0=50（元），u=1.3333，d=0.75。

S_0 → $S_u=u\times S_0$；$S_d=d\times S_0$　　S_0 → $S_u=1.3333\times 50=66.67$；$S_d=0.75\times 50=37.50$

股票价格分布

②确定看涨期权的到期日价值。由于执行价格 X=52.08（元），到期日看涨期权的价值如下图所示。

C_0 ＜ Max（0，S_u-X）=C_u ； Max（0，S_d-X）=C_d

C_0 ＜ Max（0，66.67−52.08）=14.59 ； Max（0，37.50−52.08）=0

看涨期权利到期日价值分布

③建立对冲组合。设组合中包含 H 股股票和 B 元借款。

当前组合成本 =$H\times S_0-B$

到期日，如果股价上升：

投资组合的净收入 =$H\times S_u-B\times$（1+r）

如果股价下降：

投资组合的净收入 =$H\times S_d-B\times$（1+r）

其中，r 表示与借款期限相同的计息期利率。

④令该组合的到期日净收入应与期权的到期日价值相同，即：

$C_u=H\times S_u-B\times(1+r)$ ①

$C_d=H\times S_d-B\times(1+r)$ ②

①式 − ②式，可得，$H=\dfrac{C_u-C_d}{S_u-S_d}$。

根据②式，可得，$B=\dfrac{H\times S_d-C_d}{(1+r)}$。

⑤将题干数据代入计算公式：

$$H=\frac{14.59-0}{66.67-37.5}=0.5$$

$$B=\frac{0.5\times37.5-0}{1+2\%}=18.38\text{（元）}$$

则，构建的投资组合为：购买 0.5 股的股票，同时以 2% 的利率（半年）借入 18.38 元。该投资组合的收入如下表所示。

投资组合：股票和借款

单位：元

交易策略	当前（0 时刻）	到期日 S_u=66.67	到期日 S_d=37.5
购入 0.5 股股票	$-H\times S_0$= −0.5×50=−25	$H\times S_u$= 0.5×66.67=33.34	$H\times S_d$= 0.5×37.5=18.75
借入 18.38 元	18.38	$-D\times$（1+r）=−18.38× （1+2%）=−18.75	$-D\times$（1+r）=−18.38× （1+2%）=−18.75
合计净现金流量	−6.62	14.59	0

组合投资成本 = 购买股票支出 − 借款 =50×0.5−18.38=6.62（元）

因此，该看涨期权的价格应当是 6.62 元。

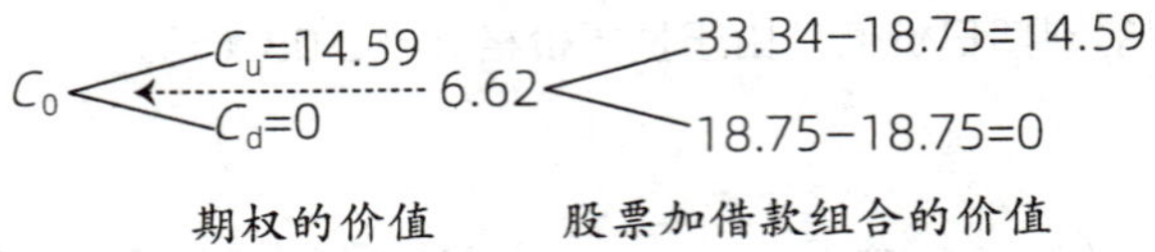

提示：*r* 一定要使用与期权到期时间相同的计息期无风险利率。由于期权价值对利率的变化并不敏感，在期权价值计算过程中，通常作简化处理，直接将无风险利率视为报价利率，进而计算计息期利率。例如，在本题中半年利率 =4%÷2=2%。如果题目中有明确要求，需要将无风险利率按照有效年利率公式折算为计息期利率，则应按题目要求计算。

（2）价值投资的基本原则：

如果价值被高估，即价格＞价值，则卖出；如果价值被低估，即价格＜价值，则买入。

期权价格＞期权价值	卖出一股股票的看涨期权，买入 *H* 股股票，借款 *B* 元
期权价格＜期权价值	买入一股股票的看涨期权，卖出 *H* 股股票，借出 *B* 元（买入 *B* 元债券）

①如果期权价格为 8 元＞ 6.62 元。

实现套利的对策：卖出 1 股看涨期权，同时购入 0.5 股股票，并借入 18.38 元——肯定盈利，盈利金额为期权价格与期权价值的差额。

单位：元

交易策略	当前（0 时刻）	到期日 S_u=66.66	到期日 S_d=37.50
购入 0.5 股股票	$-H\times S_0=$ −0.5×50=−25	$H\times S_u=$ 0.5×66.66=33.33	$H\times S_d=$ 0.5×37.50=18.75
借入 18.38 元	+*B*=18.38	−*B*×（1+*r*）=−18.38×（1+2%）=−18.75	−*B*×（1+*r*）=−18.38×（1+2%）=−18.75
抛出 1 股看涨期权	$+C_0$=8	$-C_u$=−14.58	$-C_d$=0
合计净现金流量	1.38	0	0

通过套利，无论未来股价如何变动，均使未来现金净流量 =0，但当期可获得 1.38 元现金（收益）。

提示：

a. 上述表格中的“+、−”代表的是现金流量的方向，现金流入用“+”表示，现金流出用“−”表示。

b. 现金流量计算说明：

i. 当前时刻购入 0.5 股股票，支出 25 元，现金流量为 −25 元；借入 18.38 元，收到 18.38 元，现金流量为 +18.38 元；抛出 1 股看涨期权，收到 8 元，现金流量为 +8 元；合计净现金流量 =−25+18.38+8=1.38（元）。

ii. 若到期日股价为 66.66 元：出售 0.5 股股票，得到 33.33 元，现金流量为 +33.33 元；归还借款本金和利息，支出 18.75 元，现金流量为 −18.75 元；最初抛出的看涨期权要承担义务，支出 14.58 元，现金流量为 −14.58 元；合计现金净流量 =33.33−18.75−14.58=0（元）。

②如果期权价格等于 6.62 元。

实现完全套期保值的对策：卖出 1 股看涨期权，同时购入 0.5 股股票，并借入 18.38 元或者买入 1 股看涨期权，同时卖空 0.5 股股票，并借出 18.38 元。

单位：元

交易策略	当前（0 时刻）	到期日 S_u=66.66	到期日 S_d=37.50
购入 0.5 股股票	$-H \times S_0=-0.5 \times 50=-25$	$H \times S_u=0.5 \times 66.66=33.33$	$H \times S_d=0.5 \times 37.50=18.75$
借入 18.38 元	$+B=18.38$	$-B \times (1+r)=-18.38 \times (1+2\%)=-18.75$	$-B \times (1+r)=-18.38 \times (1+2\%)=-18.75$
抛出 1 股看涨期权	$+C_0=6.62$	$-C_u=-14.58$	$-C_d=0$
合计净现金流量	0	0	0

③如果期权价格为 6 元＜6.62 元。

实现套利的对策：买入 1 股看涨期权；同时卖空 0.5 股股票，并借出 18.38 元——肯定盈利，盈利金额为期权价格与期权价值的差额。

单位：元

交易策略	当前（0 时刻）	到期日 S_u=66.66	到期日 S_d=37.50
卖空 0.5 股股票	$H \times S_0=0.5 \times 50=25$	$-H \times S_u=-0.5 \times 66.66=-33.33$	$-H \times S_d=-0.5 \times 37.50=-18.75$
借出 18.38 元	$-B=-18.38$	$B \times (1+r)=18.38 \times (1+2\%)=18.75$	$B \times (1+r)=18.38 \times (1+2\%)=18.75$
买入 1 股看涨期权	$-C_0=-6$	$C_u=14.58$	$C_d=0$
合计净现金流量	0.62	0	0

通过套利，无论未来股价如何变动，均使未来现金净流量 =0，但当期可获得 0.62 元现金（收益）。

二、风险中性原理（★★）

风险中性原理是假设投资者对待风险的态度是中性的，所有证券的期望报酬率都应当是无风险利率。**将期权到期的期望值用无风险利率折现，可以获得现金流量的现值，即期权价值**。因此，可以得到以下公式：

股票期望报酬率＝无风险利率 r＝上行概率 P_u× 上行时报酬率＋下行概率 P_d× 下行时报酬率

假设股票不派发红利，则股价的上升百分比就是股票投资的报酬率，因此：

股票期望报酬率＝无风险利率 $r=P_u$× 股价上升百分比 $+P_d$×（－股价下降百分比）

推导变形之后可得：

上行概率 $P_u=\dfrac{1+r-d}{u-d}$

下行概率 $P_d=1-P_u$

根据这个原理，在期权定价时只要先求出期权执行日的期望值，然后用无风险利率折现，就可以求出期权的现值，即：

期权价格 C_0=（$P_u \times C_u+P_d \times C_d$）/（$1+r$）

提示：r 一定要使用与期权到期时间相同的计息期无风险利率。

典例研习·6-18 计算分析题

假设甲公司股票现在的市价为 50 元。有 1 股以该股票为标的资产的看涨期权，执行价格为 52.08 元，到期时间是 6 个月。6 个月后股价有两种可能：上升 33.33%，或者降低 25%。无风险利率为每年 4%。假设该股票不派发红利。

要求：

根据风险中性原理，计算该看涨期权的价值。

斯尔解析

（1）确定可能的到期日股票价格。

S_u=50×（1+33.33%）=66.67（元），S_d=50×（1−25%）=37.5（元）。

（2）根据执行价格计算确定到期日期权价值。

C_u=Max（66.66−52.08，0）=14.59（元），C_d=Max（37.5−52.08，0）=0。

（3）计算上行概率和下行概率。

期望报酬率 =2%= 上行概率 ×33.33%+（1− 上行概率）×（−25%）

解方程可得：上行概率 =（2%+25%）/（33.33%+25%）=0.4629。

或者，直接利用公式“上行概率 $=\dfrac{1+r-d}{u-d}$”进行计算：

r=4%/2=2%

上行乘数 u=1+ 上升百分比 =1+33.33%=1.3333

下行乘数 d=1− 下降百分比 =1−25%=0.75

则可得：上行概率 $=\dfrac{1+2\%-0.75}{1.3333-0.75}$=0.4629，下行概率 =1−0.4629=0.5371。

（4）计算期权价值。

期权 6 个月后的期望价值 =0.4629×14.59+0.5371×0=6.75（元）

期权的现值 C_0=6.75/（1+2%）=6.62（元）

三、二叉树期权定价模型（★★）

（1）二叉树期权定价模型的假设：

①市场投资没有交易成本。

②投资者都是价格的接受者。

③允许完全使用卖空所得款项。

④允许以无风险利率借入或贷出款项。

⑤未来股票的价格将是两种可能值中的一个。

（2）二叉树期权定价模型的计算步骤：

①以当前股价 S_0 为起点，依据上行乘数和下行乘数，由前至后，构建股价二叉树。

②根据期权到期日的股价和期权执行价格确定期权到期日价值。

③以期权到期日价值为起点，由后至前，采用套期保值原理或者风险中性原理构建期权价值二叉树，进行期权估值。

内容	要点阐释
单期二叉树模型	期权的现值 $C_0=(1+r-d)/(u-d)\times C_u/(1+r)+(u-1-r)/(u-d)\times C_d/(1+r)$
两期二叉树模型	单期二叉树模型的两次应用
多期二叉树模型	单期二叉树模型的多次应用。 u=1+ 上升百分比 =$e^{\sigma\sqrt{t}}$ d=1− 下降百分比 =1÷u 其中：e 是自然常数，约等于 2.7183。 σ 是标的资产连续复利报酬率的标准差，一般为题目已知条件。 t 是以年表示的时段长度，比如 3 个月，即 t=1/4
提示：如果每个期间无限小，股价就成了连续分布，BS 定价模型就诞生了	

典例研习 · 6-19

假设甲公司的股票现在的市价为 50 元。有 1 股以该股票为标的资产的看涨期权，执行价格为 52.08 元，到期时间是 6 个月。把 6 个月的时间分为两期，每期 3 个月。每期股价有两种可能：上升 22.56% 或下降 18.4%。无风险利率为每 3 个月 1%。运用二叉树模型，计算该看涨期权的价格。

斯尔解析 根据题目数据，画出二叉树图形如下图所示：

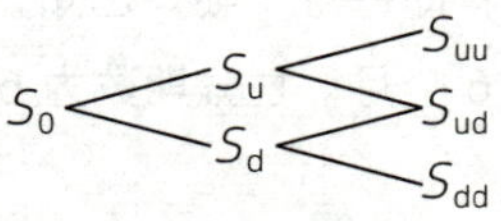

股价二叉树

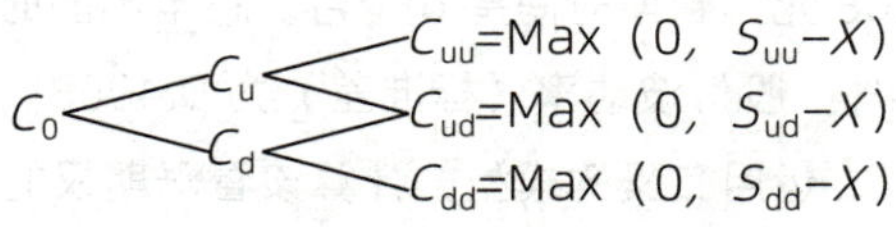

期权二叉树

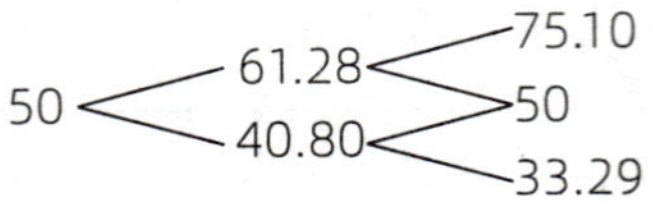

股价二叉树

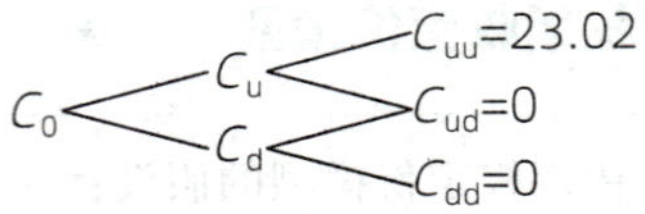

期权二叉树

（1）利用复制原理进行期权估值。

①计算 C_u。

H= 期权价值变化 ÷ 股价变化 =（23.02−0）÷（75.10−50）=0.9171

借款 =（50×0.9171）÷1.01=45.40（元）

3 个月后股票上行的价格是 61.28 元。

C_u= 投资成本 = 购买股票支出 − 借款 =61.28×0.9171−45.40=10.80（元）

②计算 C_d。

由于 C_{ud} 和 C_{dd} 的值均为零，所以 C_d 的值也为零。

③计算 C_0 的价值。

H= 期权价值变化 ÷ 股价变化 =（10.80−0）÷（61.28−40.80）=0.5273

借款 =（40.80×0.5273）÷1.01=21.3008（元）

C_0= 投资成本 = 购买股票支出 − 借款 =50×0.5273−21.3008=5.06（元）

（2）利用风险中性原理进行期权估值。

①计算 C_u。

期望回报率 =1%= 上行概率 ×22.56%+ 下行概率 ×（−18.4%）

1%= 上行概率 ×22.56%+（1− 上行概率）×（−18.4%）

上行概率 =0.4736

期权价值 6 个月后的期望值 =0.4736×23.02+（1−0.4736）×0=10.9030（元）

C_u=10.9030÷1.01=10.80（元）

②计算 C_d。

由于 C_{ud} 和 C_{dd} 的值均为零，所以 C_d 的值也为零。

③计算 C_0 的价值。

C_0=0.4736×10.80÷1.01=5.06（元）

提示：二叉树模型中，通常情况下利用风险中性原理的计算量相对较小，因此题目没有特别要求，尽量利用风险中性原理计算。

典例研习 · 6-20

假设 A 公司的股票现在的市价为 50 元。有 1 股以该股票为标的资产的看涨期权，执行价格为 52.08 元，到期时间是 6 个月。将半年的时间分为 6 期，即每月 1 期。已知：年无风险利率为 4%，股价波动率（标准差）为 0.4068，到期时间为 6 个月，划分期数为 6 期（每期 1 个月）。运用二叉树模型，计算该看涨期权的价值。

斯尔解析

（1）确定每期股价变动乘数：

$u=e^{0.4068\sqrt{1/12}}=e^{0.1174}=1.1246$，$d=1\div1.1246=0.8892$。

提示：计算中注意 t 必须以年为单位，由于每期为 1 个月，所以 $t=1/12$（年）。

（2）构建股价二叉树与期权价值二叉树：

股票期权的 6 期二叉树

单位：元

项目	第 0 期	第 1 期	第 2 期	第 3 期	第 4 期	第 5 期	第 6 期
时间（年）	0	1/12	2/12	3/12	4/12	5/12	6/12
上行乘数	$u=e^{0.4068\sqrt{1/12}}=e^{0.1174}=1.1246$						
下行乘数	$d=1\div1.1246=0.8892$						
股票价格	50	56.23	63.24	71.12	79.98	89.94	101.15
		44.46	50.00	56.23	63.24	71.12	79.98
			39.53	44.46	50.00	56.23	63.24
				35.15	39.53	44.46	50.00
					31.26	35.15	39.53
						27.80	31.26
							24.72
执行价格							52.08
上行概率	$P_u=(1+r-d)\div(u-d)=0.4848$						
下行概率	$P_d=1-P_u=0.5152$						
买入期权价格	5.30	8.52	13.26	19.84	28.24	38.04	49.07
		2.30	4.11	7.16	12.05	19.21	27.90
			0.61	1.26	2.61	5.39	11.16
				0	0	0	0
					0	0	0
						0	0
							0

（3）确定期权当前价格：

期权现值 =（8.52×0.4848+2.30×0.5152）÷（1+4%÷12）=5.30（元）

四、布莱克-斯科尔斯期权定价模型（BS模型）（★★）

（一）假设

（1）在期权寿命期内，期权标的股票不发放股利，也不做其他分配。

（2）股票或期权的买卖没有交易成本。

（3）短期的无风险利率是已知的，并且在期权寿命期内保持不变。

（4）任何证券购买者都能以短期的无风险利率借得任何数量的资金。

（5）允许卖空，卖空者将立即得到所卖空股票当天价格的资金。

（6）看涨期权只能在到期日执行。

（7）所有证券交易都是连续发生的，股票价格随机游走。

（二）公式

1.基本公式

$C_0=S_0[N(d_1)]-PV(X)[N(d_2)]$

$\quad =S_0[N(d_1)]-Xe^{-r_ct}[N(d_2)]$

式中：

$N(d)$为标准正态分布中离差小于d的概率。

r_c为连续复利的年度的无风险利率。

t为期权到期日前的时间（年）。

提示：公式的第一项是最终股票价格的期望现值，第二项是期权执行价格的期望现值，两者之差是期权的价值。

2.$N(d_1)$和$N(d_2)$的计算

$$d_1=\frac{\ln(S_0/X)+[r_c+(\sigma^2\div 2)]t}{\sigma\sqrt{t}}\text{或}\ d_1=\frac{\ln\left[\dfrac{S_0}{PV(X)}\right]}{\sigma\sqrt{t}}+\frac{\sigma\sqrt{t}}{2}$$

$d_2=d_1-\sigma\sqrt{t}$

式中：σ^2为连续复利的以年计的股票回报率的方差。

提示：

股价上升时，d_1和d_2都会上升，$N(d_1)$和$N(d_2)$也都会上升。

（1）$N(d_1)$和$N(d_2)$接近1时，期权肯定被执行，此时期权价值$=S_0-PV(X)$。

（2）$N(d_1)$和$N(d_2)$接近0时，期权几乎不会被执行，看涨期权的价值C_0接近零。

（3）$N(d_1)$和$N(d_2)$等于0～1之间的数值，看涨期权的价值是其潜在收入的现值。

3.PV（X）的计算

PV（X）指的是连续复利情况下执行价格的现值。

（1）原则上应当按照连续复利计算现值。

在连续复利情况下终值$F=P\times e^{r_ct}$。

其中，r_c 表示连续复利的无风险利率，t 表示时间（年）。

因此，连续复利情况下 PV（X）=$Xe^{-r_c t}$。

（2）由于期权价值对利率的变化并不敏感，同时为了便于手工计算，往往使用分期复利作为连续复利的近似替代。此时：

$$PV(X)=\frac{X}{1+\text{期无风险利率}}$$

其中，期无风险利率指的是与期权到期时间相同的计息期的无风险利率。

而市场中已知的，往往是年无风险利率。通过年无风险利率，计算期无风险利率也有两种选择：一是按照有效年利率折算；二是按照报价利率折算。不过为了计算方便，如果题目没有特别指明，通常按照报价利率折算。

典例研习 · 6-21 计算分析题

假设 A 公司的股票现在的市价为 50 元。有 1 股以该股票为标的资产的看涨期权，执行价格为 52.08 元，到期时间是 6 个月。每年复利一次的无风险利率为 4%。连续复利的标准差 σ=0.4068。

要求：

使用布莱克－斯科尔斯期权定价模型，计算该看涨期权的价值。

斯尔解析

（1）计算 PV（X）。

半年期的无风险利率 =4%÷2=2%

PV（X）=52.08÷（1+2%）=51.06（元）

（2）计算 $N(d_1)$ 和 $N(d_2)$。

$$d_1=\frac{\ln\left[\frac{50}{51.06}\right]}{0.4068\times\sqrt{0.5}}+\frac{0.4068\times\sqrt{0.5}}{2}=0.0709$$

d_2=0.0709−0.4068×$\sqrt{0.5}$=−0.2168

根据 d 求 $N(d)$ 的数值时，可以查本书附表 G“正态分布下的累积概率［$N(d)$］”。由于表格的数据是不连续的，需要使用内插法计算更准确的数值。

当 d=0.07 时，$N(d)$=0.5279；当 d=0.08 时，$N(d)$=0.5319。

使用内插法得出：当 d_1=0.0709 时，$N(d_1)$=0.5283。

当 d 为负值时，如 d_2=−0.2168，按其绝对值 0.2168 查表。当 d=0.21 时，$N(d)$=0.5832；当 d=0.22 时，$N(d)$=0.5871。使用内插法得出：当 d_2=−0.2168 时，$N(-d_2)$=0.5859。

$N(d_2)$=1−0.5859=0.4141

（3）计算 C_0。

C_0=50×0.5283−51.06×0.4141=5.27（元）

（三）BS 模型无法适用的例外情形

1. 派发股利的期权定价

BS 模型假设在期权寿命期内买方期权标的股票不发放股利。如果考虑股利发放，股利的现值是股票价值的一部分，但是只有股东可以享有该收益，期权持有人不能享有。因此，在期权估值时要从股价中扣除期权到期日前所派发的全部股利现值。考虑派发股利的期权定价公式如下：

$$C_0=S_0e^{-\delta t}N(d_1)-Xe^{-r_ct}N(d_2)$$

式中：$d_1=\dfrac{\ln\left(\dfrac{S_0}{X}\right)+\left(r_c-\delta+\dfrac{\sigma^2}{2}\right)t}{\sigma\sqrt{t}}$，$d_2=d_1-\sigma\sqrt{t}$。

δ 表示标的股票的年股利报酬率（假设股利连续支付，而不是离散分期支付）。

2. 美式期权估值

美式期权在到期前的任意时间都可以执行，除享有欧式期权的全部权利之外，还有提前执行的优势。因此，美式期权的价值应当至少等于相应欧式期权的价值，在某种情况下比欧式期权的价值更大。

提示：BS 模型假设看涨期权只能在到期日执行，即 BS 模型仅适用于欧式期权。

（四）看跌期权估值（平价定理）

标的资产价格 S+ 看跌期权价格 P= 看涨期权价格 C+ 执行价格现值 PV（X）

典例研习 · 6-22 计算分析题

甲公司股票当前每股市价 40 元，6 个月以后股价有两种可能，上升 25% 或下降 20%，市场上有两种以该股票为标的资产的期权：看涨期权和看跌期权。每份看涨期权可买入 1 股股票，每份看跌期权可卖出 1 股股票，两种期权执行价格均为 45 元，到期时间均为 6 个月，期权到期前，甲公司不派发现金股利，半年无风险报酬率为 2%。

要求：

（1）利用风险中性原理，计算看涨期权的股价上行时到期日价值、上行概率及期权价值，利用看涨期权 – 看跌期权平价定理，计算看跌期权的期权价值。

（2）假设目前市场上每份看涨期权价格 2.5 元，每份看跌期权价格 6.5 元，投资者同时卖出一份看涨期权和一份看跌期权，计算确保该组合不亏损的股票价格区间；如果 6 个月后的标的股票价格实际上涨 20%，计算该组合的净损益。（注：计算股票价格区间和组合净损益时，均不考虑期权价格的货币时间价值）

斯尔解析

（1）上行时股价及下行时股价：

S_u=40×（1+25%）=50（元），S_d=40×（1−20%）=32（元）。

则上行时到期日价值及下行时到期日价值：

C_u=50−45=5（元），C_d=0。

根据风险中性原理，2%= 上行概率 ×25%+（1− 上行概率）×（−20%）。

计算可知，上行概率 =0.4889，下行概率 =1−0.4889=0.5111。

看涨期权 6 个月后的期望价值 =5×0.4889+0×0.5111=2.4445（元）

看涨期权的期权价值 =2.4445÷（1+2%）=2.40（元）

根据看涨 − 看跌期权平价定理：

看跌期权价值 =45÷（1+2%）+2.40−40=6.52（元）

（2）该投资策略为空头对敲策略：

确保组合不亏损的最高股价 =X+（C+P）=45+（2.5+6.5）=54（元）

确保组合不亏损的最低股价 =X−（C+P）=45−（2.5+6.5）=36（元）

股票价格在［36，54］范围内，组合不亏损。

如果 6 个月后的标的股票价格实际上涨 20%，即股票价格为 40×（1+20%）=48（元）。

则：组合净损益 =（45−48）+（2.5+6.5）=6（元）。

第七节　实物期权价值评估

一、实物期权的概念和研究意义

6-7-1

实物期权，是指以实物资产为标的资产，未来可以采取某种行动的选择权。

与金融资产投资只能被动等待而无法影响其现金流的情况不同，投资于实物资产，投资者可以通过管理行动影响它所产生的现金流。实物资产投资在执行过程中也可能会出现许多新变化和新机会，给投资者带来经营灵活性，而这些经营灵活性嵌入在投资项目中，通常可以增加项目投资者的选择权，进而影响项目价值评估或资本预算。

传统现金流量折现法，是一种静态的投资分析方法，通常假设公司只能被动地接受既定方案，但实际上，管理者会随时关注各种变化，如果事态表明未来前景比当初设想得更好，管理者会加大投资力度，反之则会设法减少损失。仅仅依靠现金流量折现法有时会导致错误的资本预算决策，如果考虑实物期权的价值，那么净现值为负值的项目也有可能被接受，而不是被断然拒绝。

实物期权隐含在投资项目中，一个重要的问题是将其识别出来。并不是所有项目都含有值得重视的期权，有的项目期权价值很小，有的项目期权价值很大。这要看项目不确定性的大小，不确定性越大，则期权价值越大。本节主要讨论三种常见的实物期权：扩张期权、延迟期权和放弃期权。

二、实物期权的价值评估模型

6-7-2

实物期权估价使用的模型主要是 BS 模型和二叉树模型。

模型	优点	局限性
BS 模型（首选）	使用简单、计算精确	应用条件限制（需要实物期权的情景符合 BS 模型的假设条件）、复杂情况下的适用性较差
二叉树模型（替代）	比较灵活，适用于处理到期日前支付股利的期权、美式期权、多阶段期权、事实上不存在最后到期日的期权等复杂情况	计算不够精确

6-7-3

三、扩张期权（★★★）

扩张期权，是指项目持有人未来可以扩大项目投资规模的选择权，是一项看涨期权。

公司的扩张期权包括许多种具体类型。例如，采矿公司投资于采矿权以获得开发或者不开发的选择权，尽管目前它还不值得开采，但是，产品价格升高后它却可以大量盈利。房屋开发商要投资于土地，经常是建立土地的储备，以后根据市场状况决定新项目的规模。医药公司要控制药品专利，不一定马上投产，而是根据市场需求推出新药。再如，制造业小规模推出新产品，抢先占领市场，以后视市场的反应再决定扩充规模。如果它们今天不投资，就会失去未来扩张的选择权。

典例研习 · 6-23 计算分析题

A 公司是一家颇具实力的智能终端设备制造商。公司管理层估计智能穿戴设备可能有巨大发展，计划引进新型生产技术。

考虑到市场的成长需要一定时间，该项目分两期进行。第一期项目的规模较小，目的是迅速占领市场并减少风险，大约需要投资 1 000 万元；2021 年建成并投产，预期税后营业现金流量如下表所示：

智能穿戴设备项目第一期税后营业现金流量

单位：万元

项目	2021 年末	2022 年末	2023 年末	2024 年末	2025 年末
税后营业现金流量	200	300	400	400	400

第二期 2024 年初建成并投产，生产能力为第一期的 2 倍，需要投资 2 000 万元，项目寿命期为 5 年，预期每年税后营业现金流量 800 万元。智能终端行业风险很大，未来现金流量的不确定性也很大。项目现金流量的标准差为 35%。假设投资的必要报酬率为 20%，无风险报酬率为 10%，第二期项目的决策必须在 2023 年底前决定。

要求：

（1）分别计算第一期和第二期不含期权的项目净现值。

（2）利用 BS 模型，计算该项目的扩张期权价值。

（3）判断分析是否应该投资第一期项目。

斯尔解析

（1）第一期不含期权的项目净现值计算如下：

智能穿戴设备项目第一期计划

单位：万元

项目	2020年末	2021年末	2022年末	2023年末	2024年末	2025年末
税后营业现金流量		200	300	400	400	400
折现率（20%）		0.8333	0.6944	0.5787	0.4823	0.4019
各年营业现金流量现值		166.67	208.33	231.48	192.90	160.75
营业现金流量现值合计	960.13					
投资	1 000.00					
净现值	−39.87					

第二期不含期权的项目净现值计算如下：

智能穿戴设备项目第二期计划

单位：万元

项目	2020年末	2023年末	2024年末	2025年末	2026年末	2027年末	2028年末
税后营业现金流量			800	800	800	800	800
折现率（20%）			0.8333	0.6944	0.5787	0.4823	0.4019
各年营业现金流量现值			666.67	555.56	462.96	385.80	321.50
营业现金流量现值合计	1 384.54	2 392.49					
投资（按10%折现）	1 502.63	2 000.00					
净现值	−118.09						

提示：预计未来营业现金流量折现到2023年底为2 392.49万元，折现到2020年底为1 384.54万元，这是期权标的资产的当前价格 S_0。第二期项目的投资额为2 000万元，折现到零时点使用10%的折现率，因为它是确定的现金流量，在2021—2023年中并未投入风险项目。该投资额折现到2020年末为1 502.63万元，它是期权执行价格的现值PV（X）。

这两个方案采用传统的现金流量折现法分析（即不考虑期权），均没有达到公司投资的必要报酬率。计算净现值时，使用的税后营业现金流量是期望值，实际现金流量可能比期望值高或者低。公司可以在第一期项目投产后，根据市场的发展状况再决定是否上马第二期项目。因此，应当考虑扩张期权的影响。

（2）如果营业现金流量现值合计超过投资，就选择执行（实施第二期项目计划）；如果投资超过营业现金流量现值合计，就选择放弃。因此，这是一个看涨期权问题。因为题目假设第二期项目的决策必须在 2023 年底前决定，即这是一项到期时间为 3 年的期权。

扩张期权与典型的股票期权类似，可以使用 BS 模型，其计算结果如下：

①计算 d_1 和 d_2。

$$d_1=\frac{\ln\left[\frac{S_0}{PV(X)}\right]}{\sigma\sqrt{t}}+\frac{\sigma\sqrt{t}}{2}=\frac{\ln(1\ 384.54\div1\ 502.63)}{0.35\times\sqrt{3}}+\frac{0.35\times\sqrt{3}}{2}=0.1682$$

$d_2=d_1-\sigma\times\sqrt{3}=0.1682-0.6062=-0.438$

②查表计算 $N(d_1)$。

查表“正态分布下的累计概率［$N(d)$］”，可得：

当 d=0.16，$N(d)$=0.5636。

当 d=0.17，$N(d)$=0.5675。

根据内插法，$\frac{0.1682-0.16}{0.17-0.16}=\frac{N(d_1)-0.5636}{0.5675-0.5636}$，求解可得：

$N(d_1)=0.5667$

③查表计算 $N(d_2)$。

d_2=−0.438，按其绝对值 0.438 查表。查表“正态分布下的累计概率［$N(d)$］”，可得：

当 d=0.43，$N(d)$=0.6664。

当 d=0.44，$N(d)$=0.6700。

当 d_2=−0.438 时，$N(-d_2)$=0.6693。

$N(d_2)=1-0.6693=0.3307$

④计算期权价值。

$C=S_0N(d_1)-PV(X)N(d_2)$

$=1\ 384.54\times0.5667-1\ 502.63\times0.3307$

$=287.71$（万元）

（3）不含期权的第一期项目净现值为 −39.87 万元，它可以视为取得第二期开发选择权的成本。投资第一期项目使得公司有了是否开发第二期项目的扩张期权，该扩张期权的价值为 287.71 万元。根据公式“含有期权的项目净现值 = 不含期权的项目净现值 + 实物期权价值”，则：含有期权的第一期项目净现值 =287.71+（−39.87）=247.84（万元）。考虑扩张期权的价值后，第一期项目的净现值由负转正，即投资第一期项目是有利的，应该投资。

解题高手

命题角度：计算考虑扩张期权前后的项目净现值以及扩张期权价值。

考试时，扩张期权一般考查两期项目投资，在计算时需要注意：

（1）总体思路：

①第一步计算不含期权的项目净现值。

②第二步利用 BS 模型计算扩张期权价值，关键在于分别确定 S_0、PV（X）和 N（d）。

③第三步计算含有期权的项目净现值＝不含期权的项目净现值＋扩张期权价值。

（2）S_0 的计算：在确定第二期项目未来现金流量的现值 S_0 时，由于投资项目是有风险的，未来现金流量具有不确定性，S_0 的折现率应使用考虑风险的投资人要求的必要报酬率。

提示：S_0 是第二期项目未来现金流量的现值，而不是计算净现值，因此千万不要多此一举地将投资额进行扣除。

（3）PV（X）的计算：在确定第二期项目投资额的现值 PV（X）时，由于项目所需要的投资额是确定的现金流量，在第二期开始前并未投入风险项目，PV（X）的折现率应使用无风险报酬率。因为投资额是确定的现金流。

（4）N（d）的计算：根据 d 求 N（d）的数值时，可以查表“正态分布下的累计概率［N（d）］”。由于表格的数据是不连续的，N（d）的计算有时需要使用内插法求得更准确的数值。当 d 为负值时，对应的 N（d）=1−N（−d），例如 N（−0.35）=1−N（0.35）=1−0.6368=0.3632。

四、延迟期权（★★★）

6-7-4

延迟期权，是指为了解决当下投资项目所面临的不确定性，项目持有人可以推迟对项目进行投资的选择权，也是一项看涨期权。从时间选择来看，任何投资项目都具有期权的性质。

如果一个项目在时间上不能延迟，只能立即投资或者永远放弃，那么，它就是马上到期的看涨期权。项目的投资成本是期权执行价格，项目的未来营业现金流量的现值是期权标的资产的现行价格。如果该现值大于投资成本，项目的净现值就是看涨期权的收益。如果该现值小于投资成本，看涨期权不被执行，公司放弃该项投资。

如果一个项目在时间上可以延迟，那么，它就是未到期的看涨期权。项目具有正的净现值，并不意味着立即开始（执行）总是最佳的，也许等一等更好。对于前景不明朗的项目，大多值得观望，看一看未来是更好还是更差，再决定是否投资。

原理详解

如何理解延迟期权对于项目投资的价值？

延迟期权常见于油田开采和房地产开发等项目中，这些项目往往投资大、周期长，不确定性也很强。如果当下就开采油田或者开发房地产的话，其净现值很可能为负值。但油田和房地产的价格波动和增值空间都很大，如果可以延迟开采或开发，项目可以等不确定性较小时再择机启动，彼时项目的投资价值才能得以充分发挥。在市场竞争中，如果公司相对于其竞争对手具有如证照许可、核心技术专利等特殊优势，这类排他权往往会成为延迟期权价值发挥的基础。如果不具备这类排他权，公司的竞争优势很快就会被同行的模仿所削弱，唯有快速行动、立即投资才能抢得先机，延迟期权的价值并不显著，甚至毫无价值。

典例研习·6-24 计算分析题

B 公司拟投产一款新产品，预计投资需要 1 050 万元，每年税后可持续营业现金流量为 100 万元，项目的资本成本为 10%（其中无风险报酬率为 5%，风险溢价为 5%）。

假设一年后可以判断出市场对产品的需求：如果新产品受顾客欢迎，预计每年税后可持续营业现金流量为 120 万元；如果不受欢迎，预计每年税后可持续营业现金流量为 80 万元。

要求：

（1）计算不含期权的项目净现值。

（2）采用二叉树模型，计算含有期权的项目净现值和延迟期权价值，并判断是否延迟执行项目。

斯尔解析

（1）项目价值 = 永续现金流量 ÷ 折现率 =100÷10%=1 000（万元）。

不含期权的项目净现值 = 项目价值 − 投资成本 =1 000−1 050=−50（万元）

（2）利用二叉树模型进行分析的主要步骤如下：

①构造现金流量和项目价值二叉树。

项目价值 = 永续现金流量 ÷ 折现率

上行项目价值 =120÷10%=1 200（万元），下行项目价值 =80÷10%=800（万元）。

②构造净现值二叉树。

上行净现值 =1 200−1 050=150（万元），下行净现值 =800−1 050=−250（万元）。

③计算在延迟投资时点含有期权的上行项目净现值和下行项目净现值。

由于上行净现值＞ 0，因此值得投资，则含有期权的上行项目净现值 =150（万元）。

由于下行净现值＜ 0，因此投资人会放弃该项目，则含有期权的下行项目净现值 =0。

④根据风险中性原理计算上行概率。

方法一：代入方程解方程计算。

报酬率 =（本年现金流量 + 期末项目价值）÷ 期初项目价值 −1

上行报酬率 =（120+1 200）÷1 000−1=32%

下行报酬率 =（80+800）÷1 000−1=−12%

无风险报酬率 = 上行概率 × 上行报酬率 + 下行概率 × 下行报酬率

5%= 上行概率 ×32%+（1− 上行概率）×（−12%）

上行概率 =0.3864，下行概率 =1−0.3864=0.6136。

方法二：直接代入公式计算。

u=（120+1 200）÷1 000=1.32，d=（80+800）÷1 000=0.88。

上行概率 =（1+5%−0.88）÷（1.32−0.88）=0.3864，下行概率 =1−0.3864=0.6136。

⑤计算含有期权的项目净现值。

含有期权的项目净现值（延迟投资时点）=0.3864×150+0.6136×0=57.96（万元）

含有期权的项目净现值（现在时点）=57.96÷1.05=55.2（万元）

⑥计算延迟期权的价值。

延迟期权的价值 =55.2−（−50）=105.2（万元）

以上计算结果，用二叉树表示如下表所示。

投资成本为 1 050 万元的期权价值

单位：万元

项目	第 0 年	第 1 年	注释
不含期权的项目净现值	−50		
现金流量二叉树	100	120	P=0.5
		80	P=0.5
项目资本成本	10%	10%	
项目价值二叉树	1 000	1 200	
		800	
项目投资成本	1 050	1 050	
项目净现值二叉树	−50	150	
		−250	
上行报酬率		0.32	（120+1 200）÷1 000−1=32%
下行报酬率		−0.12	（80+800）÷1 000−1=−12%
无风险报酬率		5%	
上行概率		0.3864	［5%−（−12%）］÷［32%−（−12%）］=0.3864
下行概率		0.6136	1−0.3864=0.6136

续表

项目	第 0 年	第 1 年	注释
含有期权的项目净现值	55.2	150	（0.3864×150）÷1.05=55.2
		0	负值，放弃
净差额（期权价值）	105.2		55.2–（–50）=105.2

⑦判断是否应延迟投资。

如果立即投资该项目，其净现值为负值，不是有吸引力的项目；如果延迟投资，考虑期权后的项目净现值为正值，是个有价值的投资项目，因此应当延迟投资。此时的净现值的增加是由于考虑期权引起的，实际上就是该期权的价值。

提示：每年的现金流量 100 万元是期望值，并不是确定的现金流量。由于市场需求和未来营业现金流量具有不确定性，应当考虑延迟期权的影响。虽然本例假设一年后可以判断需求情况，实际上也可能需要继续等待。具有时间选择灵活性的项目，本身并没有特定的期权执行时间，并不符合典型股票期权的特征。因此，延迟期权大多使用二叉树模型。

精锥答疑

问题 1： 为什么在计算含有期权的项目净现值（现在时点）时，使用的折现率是 5%，而不是 10%。

解答 1： 这一步计算依据的理论基础是风险中性原理。而风险中性原理假设投资者对待风险的态度是中性的，所有证券的期望报酬率都应当是无风险利率，因此在使用风险中性原理折现时，折现率应使用无风险利率。

若不是采用风险中性原理进行折现，则通常选择与现金流量风险相对应的折现率，即有风险的现金流量使用含有有风险的折现率折现，无风险的现金流量使用无风险利率折现。

问题 2： 为什么计算上行和下行报酬率时，要考虑本年现金流量？而分母为什么是未考虑期权的未来现金流量的现值。

解答 2： 首先我们要搞清楚为什么要计算项目的报酬率，计算报酬率的目的是为了计算项目上行和下行的概率。以上行概率为例：

上行概率指的是从 0 时点看，到 1 时点时项目上行的可能性。

因此对应的上行报酬率，应当是项目以 0 时点价值为基础计算的（即在 0 时点投资），至 1 时点上行时所能获得的报酬率。

该上行报酬率是一个客观存在的指标，与实际上项目是何时投资无关，与是否存在延迟期权无关。

因此 0 时点的价值就是站在 0 时点，不考虑其他因素计算的未来现金流量现值。

而 0 时点投资的项目持续到 1 时点，会在 1 时点得到一笔现金流量，因此在计算上行报酬率时应当考虑本年现金流量。

问题 3： 为什么扩张期权例题计算出的直接是扩张期权的价值，而延迟期权例题计算出的却是包含期权的项目净现值，为什么不是直接得出延迟期权价值？

解答 3： 两者的不同，主要是由于选择的计算方法不同导致的。

第一，扩张期权例题中用的是 BS 模型，而 BS 模型只能用于计算期权价值，所以算出来的就是实物期权的价值。

第二，延迟期权例题中用的是二叉树模型，而二叉树模型的本质就是未来现金流量折现，具体现值是什么指标，主要看未来现金流量是什么指标。本题中，未来现金流量是延迟投资时点含有期权的上行项目净现值和下行项目净现值，因此根据二叉树模型直接算出的指标是含有期权的项目净现值。

解题高手

命题角度：计算考虑延迟期权前后的项目净现值以及延迟期权价值。

使用二叉树模型对包含延迟期权的投资项目进行决策的思路，总结如下：

第一步：计算不含期权的项目价值和净现值。

其中，项目价值指的是项目未来现金净流量的现值；项目净现值 = 项目价值 − 投资成本。

第二步：计算延迟决策时点上行项目价值和下行项目价值。

其中，上行项目价值指的是上行时未来现金流量在延迟决策时点的现值；下行项目价值同理。

第三步：计算延迟决策时点上行项目净现值和下行项目净现值。

其中，上行项目净现值 = 上行项目价值 − 投资成本；下行项目净现值同理。

第四步：计算在延迟投资时点含有期权的上行项目净现值和下行项目净现值。

其中，若上行项目净现值 ≥ 0，则企业会进行投资，此时含有期权的上行项目净现值 = 上行项目净现值；若上行项目净现值 < 0，则企业不会投资，此时含有期权的上行项目净现值 =0；含有期权的下行项目净现值同理。

第五步：计算项目上行概率和下行概率。

利用风险中性原理：无风险报酬率 = 上行概率 × 上行报酬率 + 下行概率 × 下行报酬率。

其中，上行报酬率指的是自零时点至延迟投资时点，若项目上行所能获得的收益率。

第六步：计算零时点含有期权的项目净现值。

第七步：计算延迟期权的价值。

延迟期权价值 = 零时点含有延迟期权的项目净现值 − 零时点不含延迟期权的项目净现值

投资方案的决策原则如下：

若零时点含有延迟期权的项目净现值＞零时点不含延迟期权的项目净现值，且零时点含有延迟期权的项目净现值＞0，则应当延迟投资。

若零时点不含延迟期权的项目净现值＞零时点含有延迟期权的项目净现值，且零时点不含延迟期权的项目净现值＞0，则应当立即投资。

6-7-5

五、放弃期权（★★）

放弃期权，是指项目的收益不能弥补投资成本或市场变差后，项目持有人拥有的可以放弃继续持有该项目的选择权。例如，开发周期很长、不确定性很高的新药研发项目和软件开发项目通常都嵌入了放弃期权。

放弃期权是一项**看跌期权**，其标的资产价值是项目的继续经营价值，而执行价格是项目的清算价值。一个项目，只要继续经营价值大于清算价值，项目持有人就可以继续持有下去；反之，如果清算价值大于继续经营价值，就应当终止。这里的清算价值，不仅指残值的变现收入，也包括有关资产的重组和价值的重新发掘。在评估项目时，就应当事先考虑中间放弃的可能性和它的价值。这样，可以获得项目更全面的信息，减少决策错误。

一个项目何时应当放弃，在项目启动时并不明确。缺少明确到期期限的实物期权，不便于使用 BS 模型。虽然在项目分析时可以假设一个项目有效期，但是实际上多数项目在启动时并不确知其寿命。有的项目投产后很快碰壁，只有一两年的现金流量；有的项目很成功，不断改进的产品使该项目可以持续几十年。在评估放弃期权时，需要预测很长时间的现金流量，逐一观察历年放弃或不放弃的项目价值，才能知道放弃期权的价值，所以放弃期权的价值评估通常要使用多期二叉树模型。

典例研习 · 6-25

C 公司拟开发一个玉石矿，预计需要投资 1 000 万元；矿山的产量每年约 29 吨，假设该矿藏只有 5 年的开采量；该种玉石的价格目前为每吨 10 万元，标准差为 35%，等风险的必要报酬率为 8%。

营业的固定成本每年 100 万元。为简便起见，忽略其他成本和税收问题。由于固定成本比较稳定，可以使用无风险报酬率 5% 作为折现率。

1 ~ 5 年后矿山的残值分别为 600 万元、500 万元、400 万元、300 万元和 200 万元。

放弃期权的分析程序如下：

（1）计算项目的净现值。

实物期权分析的第一步是计算标的资产的价值，也就是不含期权的项目净现值。用现金流量折现法计算的净现值为 −139.03 万元（如下表所示）。

项目的净现值

单位：万元

项目	第 0 年	第 1 年	第 2 年	第 3 年	第 4 年	第 5 年
预期收入		290	290	290	290	290
折现系数（等风险的必要报酬率 8%）		0.9259	0.8573	0.7938	0.7350	0.6806
各年收入现值		268.51	248.62	230.20	213.15	197.37
收入现值合计	1 157.85					
残值						200
残值的现值（i=8%）	136.12					
固定成本		−100	−100	−100	−100	−100
折现系数（无风险报酬率 5%）		0.9524	0.9070	0.8638	0.8227	0.7835
各年固定成本现值		−95	−91	−86	−82	−78
固定成本现值合计	−433					
投资	−1 000					
净现值	−139.03					

如果不考虑期权，项目净现值为负值，是个不可取的项目。

（2）构造二叉树。

①确定上行乘数和下行乘数。由于玉石价格的标准差为 35%，所以：

$u=e^{\sigma\sqrt{t}}=e^{0.35\times\sqrt{1}}=1.419068$

$d=1\div u=1\div 1.419068=0.704688$

②构造销售收入二叉树。按照计划产量和当前价格计算，销售收入为：

销售收入 =29×10=290（万元）

不过，目前还没有开发，明年才可能有销售收入：

第 1 年的上行收入 =290×1.419068=411.53（万元）

第 1 年的下行收入 =290×0.704688=204.36（万元）

以下各年的二叉树以此类推，如下表所示。

放弃期权的二叉树

单位：万元

项目	第 0 年	第 1 年	第 2 年	第 3 年	第 4 年	第 5 年
销售收入	290.00	411.53	583.99	828.72	1 176.01	1 668.83
		204.36	290.00	411.53	583.99	828.72
			144.01	204.36	290.00	411.53
				101.48	144.01	204.36
					71.51	101.48
						50.39
固定成本	100	100	100	100	100	100
营业现金流量 = 销售收入 − 固定成本	190.00	311.53	483.99	728.72	1 076.01	1 568.83
		104.36	190.00	311.53	483.99	728.72
			44.01	104.36	190.00	311.53
				1.48	44.01	104.36
					−28.49	1.48
						−49.61
期望报酬率（r）	5%					
上行报酬率（u−1）	41.9068%					
下行报酬率（d−1）	−29.5312%					
上行概率	0.483373					
下行概率	0.516627					
未修正项目价值	1 173.76	1 456.06	1 652.41	1 652.90	1 271.25	200.0
		627.38	770.44	818.52	679.23	200.0
			332.47	404.18	385.24	200.0
				198.43	239.25	200.0
					166.75	200.0
						200.0
固定资产余值（清算价值）		600	500	400	300	200

续表

项目	第 0 年	第 1 年	第 2 年	第 3 年	第 4 年	第 5 年
修正项目价值	1 221	1 463.30	1 652.41	1 652.90	1 271.25	200.00
		716.58	785.15	818.52	679.23	200.00
			500.00	434.08	385.24	200.00
				400.00	300.00	200.00
					300.00	200.00
						200.00

③构造营业现金流量二叉树。由于固定成本为每年 100 万元，销售收入二叉树各节点减去 100 万元，可以得出营业现金流量二叉树。

④确定上行概率和下行概率。

期望收益率 = 上行百分比 × 上行概率 +（– 下行百分比）×（1– 上行概率）

5%=（1.419068–1）× 上行概率 +（0.704688–1）×（1– 上行概率）

上行概率 =0.483373

下行概率 =1– 上行概率 =1–0.483373=0.516627

⑤确定未修正项目价值。首先，确定第 5 年各节点未修正项目价值。由于项目在第 5 年年末终止，无论哪一条路径，最终的清算价值均为 200 万元。然后，确定第 4 年年末的项目价值，顺序为先上后下。最上边的节点价值取决于第 5 年的上行现金流量和下行现金流量。它们又都包括第 5 年的营业现金流量和第 5 年年末的残值。

第 4 年年末项目价值 = [p×（第 5 年上行营业现金流量 + 第 5 年期末价值）+（1–p）×（第 5 年下行营业现金流量 + 第 5 年期末价值）] ÷（1+r）= [0.483373×（1 568.83+200）+0.516627×（728.72+200）] ÷（1+5%）=1 271.25（万元）

⑥确定修正项目价值。各个路径第 5 年的期末价值均为 200 万元，不必修正，填入“修正项目价值”二叉树相应节点。

第 4 年各节点由上而下进行，检查项目价值是否低于同期清算价值（300 万元）。该年第 4 个节点数额为 239.25 万元，低于清算价值 300 万元，清算比继续经营更有利，因此该项目应放弃，将清算价值填入“修正项目价值”二叉树相应节点。此时相应的销售收入为 144.01 万元。需要修正的还有第 4 年最下方的节点 166.75 万元，用清算价值 300 万元取代；第 3 年最下方的节点 198.43 万元，用清算价值 400 万元取代；第 2 年最下方的节点 332.47 万元，用清算价值 500 万元取代。

完成以上 4 个节点的修正后，重新计算各节点的项目价值。计算的顺序仍然是从后向前，从上到下，依次进行，并将结果填入相应的位置。最后，得出 0 时点的项目价值为 1 221 万元。

（3）确定最佳放弃策略。

由于项目考虑期权的现值为 1 221 万元，投资为 1 000 万元，所以：

含有期权的项目净现值 =1 221−1 000=221（万元）

不含期权的项目净现值 =−139.03（万元）

期权的价值 = 含有期权的项目净现值 − 不含期权的项目净现值 =221−（−139.03）= 360.03（万元）

因此，公司应当进行该项目。但是，如果价格下行使得销售收入低于 144.01 万元时（即清算价值大于继续经营价值）应放弃该项目，进行清算。

那么，公司是否应当立即投资该项目呢？不一定。还需进行延迟期权的分析才知道。

【斯考卡片】
扫码背重点

337

至此，财务成本管理的学习已经进行了45%，继续加油呀！

45%

第七章

企业价值评估

学习提要

重要程度： 重点章节 **平均分值：** 8分

考核题型： 客观题、主观题

本章提示： 本章知识的综合性比较强，尤其是涉及很多第二章所学的公式，在学习本章之前，大家可以先回顾一下第二章的内容

考点精讲

第一节 企业价值评估的目的和对象

7-1-1

一、企业价值评估的目的

价值评估的目的是帮助投资者和管理当局改善决策，具体可用于投资分析、战略分析和以价值为基础的管理。

7-1-2

二、企业价值评估的对象（★）

价值评估的一般对象是企业整体的经济价值。企业整体的经济价值是指企业作为一个整体的公平市场价值。

（一）企业的整体价值

1. 整体不是各部分的简单相加

企业作为整体虽然是由部分组成的，但是它不是各部分的简单相加，而是有机的结合。这种有机的结合，使得企业总体具有它各部分所没有的整体性功能。

企业单项资产价值的总和不等于企业整体价值。

企业整体能够具有价值，在于它可以为投资者带来现金流量。这些现金流量是所有资产联合起来运用的结果，而不是资产分别出售获得的现金流量。

2. 整体价值来源于要素的结合方式

各种资源的结合方式不同，可以产生不同效率的企业以及不同的企业价值。资源的重组即改变各要素之间的结合方式，可以改变企业的功能和效率，进而改变企业的价值。

提示：有效资源结合可以实现“1+1 ＞ 2”的效果，无效资源结合则可能导致“1+1 ＜ 2”。

3. 部分只有在整体中才能体现出其价值

部分依赖于整体，整体支配部分。可以单独存在的部分，其单独价值不同于作为整体一部分的价值。剥离某一部分后的企业也不同于原来的企业。

（二）企业的经济价值

经济价值是指一项资产的公平市场价值，通常用该资产所产生的未来现金流量的现值来计量。要做好如下区分：

指标	解读
会计价值	资产、负债和所有者权益的账面价值。账面价值大多使用历史成本，而没有关注未来

续表

指标	解读
现时市场价值	按现行市场价格计量的资产价值，可能公平，也可能不公平
公平市场价值	公允价值，指市场参与者在计量日发生的有序交易中，出售一项资产所能收到或者转移一项负债所需支付的价格

（三）企业整体经济价值的类别

1. 实体价值与股权价值

企业全部资产的总体价值，称为“企业实体价值”。大多数企业并购是以购买股份的形式进行的，因此，评估的最终目标和双方谈判的焦点是卖方的股权价值。但是，如果买方收购的是整个企业实体，其实际收购成本应等于股权成本加上所承接的债务。

企业实体价值 = 股权价值 + 净负债价值

其中，股权价值指的是股权的公平市场价值，净负债价值指的是净负债的公平市场价值。

2. 持续经营价值与清算价值

企业能够给所有者提供价值的方式有两种：一种是由营业所产生的未来现金流量的现值，称为持续经营价值；另一种是停止经营，出售资产产生的现金流，称为清算价值。

企业的公平市场价值，应当在其持续经营价值与清算价值中取孰高。

3. 少数股权价值与控股权价值

买入企业的少数股权和买入企业的控股权，是完全不同的两回事。买入企业的少数股权，是承认企业现有的管理和经营战略，买入者只是一个旁观者。买入企业的控股权，投资者获得改变企业生产经营方式的充分自由，或许还能增加企业的价值。

在股票市场上交易的只是少数股权，大多数股票并没有参加交易。我们看到的股价，通常只是少数已经交易的股票价格。它们衡量的只是少数股权的价值。

少数股权与控股股权的价值差异，明显地出现在收购交易当中。一旦控股权参加交易，股价会迅速飙升，甚至达到少数股权价值的数倍。在评估企业价值时，必须明确拟评估的对象是少数股权价值，还是控股权价值。

从少数股权投资者来看，V（当前）是企业股票的公平市场价值。它是现有管理和战略条件下企业能够给股票投资人带来的现金流量现值。对于谋求控股权的投资者来说，V（新的）是企业股票的公平市场价值。它是企业进行重组，改进管理和经营战略后可以为投资人带来的未来现金流量的现值。新的价值与当前价值的差额称为控股权溢价，它是由于转变控股权而增加的价值。

控股权溢价 =V（新的）$-V$（当前）

精准答疑

问题：企业股权价值 = 少数股权价值 + 控股权价值，是否正确？

解答：企业股权价值≠少数股权价值 + 控股权价值。少数股权价值与控股权价值，均属于企业股权价值，只是所站角度不同，导致企业股权价值有不同的体现方式。从少数股权投资者来看，企业股权价值 = 少数股权价值；从谋求控制权的投资者来看，企业股权价值 = 控股权价值。

典例研习·7-1 （多项选择题）

下列关于企业价值的说法中，正确的有（ ）。

A. 企业的实体价值归全体股东享有

B. 企业的实体价值等于各项资产的公允价值之和

C. 企业的实体价值等于股权价值和净负债价值之和

D. 企业一旦改变资产的组合方式或使用方式，其价值可能会发生变化

斯尔解析 本题考查企业价值评估的对象。企业的实体价值归股东和债权人所有，选项 A 不当选。企业的整体价值不是各部分价值的简单相加，而是有机结合，选项 B 不当选。企业的实体价值等于股权价值和净负债价值之和，其中的股权价值和净负债价值都是指公平市场价值，选项 C 当选。企业的整体价值来源于要素的结合方式，企业一旦改变资产的组合方式或使用方式，其价值可能会发生变化，选项 D 当选。

本题答案 CD

典例研习·7-2 （多项选择题）

甲上市公司目前普通股市价每股 30 元，净资产每股 8 元。如果资本市场是有效的，下列关于甲公司价值的说法中，正确的有（ ）。

A. 清算价值是每股 8 元

B. 会计价值是每股 8 元

C. 少数股权价值是每股 30 元

D. 现时市场价值是每股 30 元

斯尔解析 本题考查企业价值评估的对象。清算价值是指停止经营，出售资产产生的现金流，根据题目资料无法判断清算价值大小，选项 A 不当选。会计价值是指账面价值，选项 B 当选。在资本市场有效的情况下，股票的现时市场价值等于其公平市场价值，由于在股票市场上交易的只是少数股权，大多数股票并没有参加交易，我们看到的股价衡量的只是少数股权的价值，选项 C 当选。现时市场价值是指按照现行市场价格计量的资产价值，选项 D 当选。

本题答案 BCD

第二节　企业价值评估方法

一、现金流量折现模型（★★★）

（一）基础模型

$$××价值=\sum_{t=1}^{n}\frac{××现金流量_t}{(1+资本成本)^t}$$

该模型有三个参数：现金流量、资本成本和时间序列（n）。

1. 现金流量

模型中的“现金流量$_t$”，是指各期的预期现金流量。对于投资者来说，企业现金流量有三种：股利现金流量、股权现金流量和实体现金流量。

2. 资本成本

模型中的“资本成本”，是计算现值使用的折现率。折现率是现金流量风险的函数，风险越大则折现率越大，因此，折现率和现金流量要相互匹配。股利现金流量和股权现金流量只能用股权资本成本来折现，实体现金流量只能用企业的加权平均资本成本来折现。

3. 时间序列

时间序列“n”，是指产生现金流量的时间，通常用“年”数来表示。

从理论上来说，现金流量的持续年数应当等于资源的寿命。企业的寿命是不确定的，通常采用持续经营假设，但预测无限期的现金流量数据很困难。为了避免预测无限期的现金流量，大部分估值将预测的时间分为两个阶段。

第一阶段是有限的、明确的预测期，称为“详细预测期”，简称“预测期”，在此期间需要对每年的现金流量进行详细预测。

第二阶段是预测期以后的无限时期，称为“后续期”或“永续期”，在此期间假设企业进入稳定状态，有一个稳定的增长率，可以用简便方法直接估计后续期价值。

这样，企业价值被分为两部分：

企业价值＝预测期价值＋后续期价值

后续期价值＝［现金流量$_{m+1}$/（资本成本－现金流量增长率）］×（P/F，i，m）

其中，m 表示预测期。

（二）现金流量折现模型的种类

1. 股利现金流量模型

$$股权价值=\sum_{t=1}^{\infty}\frac{股利现金流量_t}{(1+股权资本成本)^t}$$

提示：股利现金流量是企业分配给股权投资者的现金流量，在实务中很少被使用。

2. 股权现金流量模型

$$股权价值=\sum_{t=1}^{\infty}\frac{股权现金流量_t}{(1+股权资本成本)^t}$$

提示：股权现金流量是一定期间企业可以提供给股权投资者的现金流量。它等于企业实体现金流量扣除对债权人支付后剩余的部分。如果假设企业不保留多余的现金，而将股权现金流量全部作为股利发放，则股权现金流量等于股利现金流量，股权现金流量模型可以取代股利现金流量模型，避免对股利政策进行估计的麻烦。

3. 实体现金流量模型

$$实体价值=\sum_{t=1}^{\infty}\frac{实体自由现金流量_t}{(1+加权平均资本成本)^t}$$

提示：股权价值 = 实体价值 − 净负债价值。

实体现金流量是企业一定期间可以提供给所有投资者（包括股权投资者和债权投资者）的税后现金流量。在实务中，大多使用实体现金流量模型，主要原因是股权资本成本受资本结构的影响较大，估计起来比较复杂。

（三）现金流量的估计

1. 预测销售收入

预测销售收入是全面预测的起点，大部分财务数据与销售收入有内在联系。

2. 确定预测基期数据

进行未来现金流量预测时，通常需要一个预测的起点，即预测基期。基期是指作为预测基础的时期，它通常是预测工作的上一个年度。确定预测基期数据的方法有两种：一种是以上年实际数据作为基期数据；另一种是以修正后的上年数据作为基期数据（修正不具有可持续性的数据）。

解题高手

命题角度：修正预测基期数据。

根据题目条件，判断数据是否具有可持续性。从考试的角度而言，营业利润以上的数据一般具备可持续性，营业外收支数据可能不具有可持续性。

比如，因为自然灾害导致的非正常损失或者当年收到的一笔一次性的政府补助等，在预测期不具有可持续性，需要从基期数据中剔除。需要注意的是，如果是将传统报表调整为管理用口径，并作为预测基期数据进行修正，则修正前后的报表净利润将发生变化，这一点是正常的。

3. 确定预测期现金流量

实务中的详细预测期通常为 5 ~ 7 年，如果有疑问还应当延长，但很少超过 10 年。

典例研习 · 7-3 （计算分析题）

甲公司 2020 年的营业收入为 1 000 万元，目前正处在高速增长的时期。预计 2021 年收入增长率为 12%，2022 年增长率开始逐步下降，每年下降 2 个百分点，2025 年下降 1 个百分点，即增长率为 5%。自 2025 年起，公司进入稳定增长状态，永续增长率为 5%。

预计未来甲公司相关财务比率保持稳定，具体如下：

项目	预测
销售成本 / 营业收入	70%
销售和管理费用 / 营业收入	5%
净经营资产 / 营业收入	80%
净负债 / 营业收入	40%
债务利息率	6%
所得税税率	25%

要求：

计算甲公司预测期各年的股权现金流量（结果填入下方表格中，不需要列出计算过程）。

单位：万元

项目	2020 年	2021 年	2022 年	2023 年	2024 年	2025 年
一、营业收入						
减：营业成本						
销售和管理费用						
二、税前经营利润						
减：经营利润所得税						
三、税后经营净利润						
减：净经营资产增加						
四、实体现金流量						
减：税后利息费用						
加：净负债增加						
五、股权现金流量						

斯尔解析

单位：万元

项目	2020 年	2021 年	2022 年	2023 年	2024 年	2025 年
一、营业收入	1 000	1 120	1 232	1 330.56	1 410.39	1 480.91
减：营业成本	—	784	862.4	931.39	987.28	1 036.64
销售和管理费用	—	56	61.6	66.53	70.52	74.05
二、税前经营利润	—	280	308	332.64	352.6	370.23

续表

项目	2020 年	2021 年	2022 年	2023 年	2024 年	2025 年
减：经营利润所得税	—	70	77	83.16	88.15	92.56
三、税后经营净利润	—	210	231	249.48	264.45	277.67
减：净经营资产增加	—	96	89.6	78.85	63.87	56.42
四、实体现金流量	—	114	141.4	170.63	200.58	221.26
减：税后利息费用	—	20.16	22.18	23.95	25.39	26.66
加：净负债增加	—	48	44.8	39.42	31.93	28.21
五、股权现金流量	—	141.84	164.02	186.1	207.12	222.81

计算说明（以 2021 年为例）：

营业收入 =1 000×（1+12%）=1 120（万元）

营业成本 =1 120×70%=784（万元）

销售和管理费用 =1 120×5%=56（万元）

税前经营利润 =1 120−784−56=280（万元）

经营利润所得税 =280×25%=70（万元）

税后经营净利润 =280−70=210（万元）

净经营资产增加 =1 000×12%×80%=96（万元）

实体现金流量 =210−96=114（万元）

税后利息费用 =1 120×40%×6%×（1−25%）=20. 16（万元）

净负债增加 =1 000×12%×40%=48（万元）

股权现金流量 =114−20.16+48=141.84（万元）

陷阱提示 本题中虽然甲公司自 2025 年起，进入稳定增长状态，永续增长率为 5%。但并不意味着企业的现金流量（实体现金流量和股权现金流量），也是自 2025 年起进入稳定增长状态的。

比如本题中，2025 年的收入增长率为 5%；2025 年实体现金流量的增长率 =（221.26−200.58）÷200.58×100%=10.31%，两者并不相等。原因分析如下：

实体现金流量 = 税后经营净利润 −（当年净经营资产 − 上年净经营资产）。企业进入稳定增长期的第一年，税后经营净利润和当年净经营资产与当年收入存在稳定的百分比关系，但上年净经营资产与当年收入并不存在稳定的百分比关系，因此当年的实体现金流量与当年的营业收入，并不存在稳定的百分比关系，即两者的增长率并不相同。

自收入进入稳定增长期第二年开始，影响实体现金流量和股权现金流量的各因素都与收入同步增长，此时现金流量增长率与收入增长率相同。

所以，通常情况下，现金流量进入稳定增长的时间点要比收入进入稳定增长的时间点晚一期。而计算企业价值依据的是现金流量，因此我们需要重点关注企业现金流量何时进入稳定增长状态，而非收入何时进入稳定增长状态。

4. 估计后续期现金流量增长率

后续期的销售增长率大体上等于宏观经济的名义增长率。如果不考虑通货膨胀因素，宏观经济的增长率大多在 2% ~ 6% 之间。

典例研习 · 7-4 计算分析题

甲公司是一家新能源汽车制造企业。预计 2021—2025 年每股股权现金流量如下表所示，企业自 2026 年进入稳定增长状态，永续增长率为 3%。企业股权资本成本为 12%。

甲公司每股股权现金流量

单位：元 / 股

项目	2020	2021	2022	2023	2024	2025	2026
每股股权现金流量	1.003	1.2	1.44	1.728	2.0736	2.4883	5.1011

要求：

计算甲公司 2021 年初的每股股权价值，并将结果填入下方表格。

甲公司每股股权价值

单位：元 / 股

项目	2020	2021	2022	2023	2024	2025	2026
每股股权现金流量	1.003	1.2	1.44	1.728	2.0736	2.4883	5.1011
折现系数（12%）							
预测期现值							
后续期价值							
每股股权价值合计							

斯尔解析

甲公司每股股权价值

单位：元 / 股

项目	2020	2021	2022	2023	2024	2025	2026
每股股权现金流量	1.003	1.2	1.44	1.728	2.0736	2.4883	5.1011
折现系数（12%）	—	0.8929	0.7972	0.7118	0.6355	0.5674	—
预测期现值	6.1792	1.0715	1.1480	1.2300	1.3178	1.4119	
后续期价值	32.1596	—	—	—	—	56.6789	—
每股股权价值合计	38.3388	—	—	—	—	—	—

陷阱提示

（1）本题计算的是 2021 年初的股权价值。站在 2021 年初看 2020 年的现金流量 1.003 元 / 股，属于过去的现金流量，不属于未来现金流量，因此本题不需要考虑 2020 年的现金流量。

（2）后续期起点的判断。虽然题干中说企业自 2026 年进入稳定增长状态，永续增长率为 3%。但根据表格中的数据计算的 2026 年每股股权现金流量增长率 =（5.1011−2.4883）÷2.4883×100%=105%。因此可以判定，题干中所说的企业自 2026 年进入稳定增长状态，指的是自 2026 年末起进入稳定增长状态，即从 2027 年开始，以后各年的现金流量相对于前一年的增长率为 3%。

在计算时，通常有两种选择：第一种是把 2026 年当作详细预测期的终点，单独计算其现值；第二种是把 2026 年当作后续期的起点，一并计算整个后续期的现值。本题解析中选择的是第二种方法。

典例研习·7-5 计算分析题

乙企业预计 2021—2025 年实体现金流量如下表所示，自 2026 年进入稳定增长状态，永续增长率为 5%。企业当前的加权平均资本成本为 11%，2026 年及以后年份资本成本降为 10%。债务当前的市场价值为 4 650 万元，普通股当前每股市价 12 元，流通在外的普通股股数为 1 000 万股。

乙企业实体现金流量

单位：万元

项目	2020	2021	2022	2023	2024	2025	2026
实体现金流量	—	614.00	663.12	716.17	773.46	835.34	1 142.40
资本成本	—	11%	11%	11%	11%	11%	10%
折现系数	—	0.9009	0.8116	0.7312	0.6587	0.5935	—

要求：

计算乙公司当前时点每股价值，将计算结果填入下方表格，并据此判断该股票被市场高估还是低估了。

乙企业每股股权价值

单位：万元

项目	2020	2021	2022	2023	2024	2025	2026
实体现金流量	—	614.00	663.12	716.17	773.46	835.34	1 142.40
资本成本	—	11%	11%	11%	11%	11%	10%
折现系数	—	0.9009	0.8116	0.7312	0.6587	0.5935	—
预测期现值							
后续期现值							
实体价值							

续表

项目	2020	2021	2022	2023	2024	2025	2026
净债务价值							
股权价值							
股数（万股）							
每股价值（元）							

斯尔解析

乙企业每股股权价值

单位：万元

项目	2020	2021	2022	2023	2024	2025	2026
实体现金流量	—	614.00	663.12	716.17	773.46	835.34	1 142.40
资本成本	—	11%	11%	11%	11%	11%	10%
折现系数	—	0.9009	0.8116	0.7312	0.6587	0.5935	—
预测期现值	2 620.24	553.15	538.20	523.66	509.50	495.73	—
后续期现值	13 560.29	—	—	—	—	22 848	—
实体价值	16 180.53	—	—	—	—	—	—
净债务价值	4 650.00	—	—	—	—	—	—
股权价值	11 530.53	—	—	—	—	—	—
股数（万股）	1 000.00	—	—	—	—	—	—
每股价值（元）	11.53	—	—	—	—	—	—

该股票目前每股市价 12 元，所以它被市场高估了。

计算说明：

后续期实体现金流量在 2025 年末的价值 =1 142.40 ÷（10%−5%）=22 848（万元）

后续期实体现金流量现值 =22 848 × 0.5935=13 560.29（万元）

实体价值 =2 620.24+13 560.29=16 180.53（万元）

股权价值 = 实体价值 − 净债务价值 =16 180.53−4 650=11 530.53（万元）

每股股权价值 =11 530.53 ÷ 1 000=11.53（元 / 股）

二、相对价值评估模型（★★★）

相对价值评估模型分两类：

（1）以股票市价为基础的模型。

（2）以企业实体价值为基础的模型，包括“实体价值/息税折旧摊销前利润”“实体价值/税后经营净利润”等。

教材中只介绍了三种最常用的股票市价模型。

（一）市盈率模型

1. 基本模型

该模型认为，影响每股市价的关键变量为每股收益。

$$市盈率=\frac{每股市价}{每股收益}$$

运用市盈率模型估计每股市价通常分为两步：

第一步，根据可比企业财务数据，计算可比企业市盈率。

第二步，代入公式计算目标企业每股价值，目标企业每股价值 = 可比企业市盈率 × 目标企业每股收益。

2. 市盈率的计算

市盈率分为本期市盈率（静态市盈率）和内在市盈率（预期市盈率、动态市盈率）。

本期市盈率是根据当前市价和当期每股收益计算的市盈率，而内在市盈率是根据当前市价和预期每股收益计算的市盈率。

提示：以相对价值评估模型计算企业价值，需要满足企业处于可持续增长状态这一基本假设。此时，$每股价值_0=每股股利_1/(股权资本成本-增长率)=每股股利_0\times(1+增长率)/(股权资本成本-增长率)$。

（1）本期市盈率。

$$本期市盈率=\frac{每股市价_0}{每股收益_0}$$

$$=\frac{每股股利_0\times(1+增长率)/(股权资本成本-增长率)}{每股收益_0}$$

$$=\frac{股利支付率\times(1+增长率)}{股权资本成本-增长率}$$

其中，

$$股利支付率=\frac{股利总额}{净利润}\times100\%=\frac{股利总额/股数}{净利润/股数}\times100\%=\frac{每股股利}{每股收益}\times100\%$$

（2）内在市盈率。

$$内在市盈率=\frac{每股市价_0}{每股收益_1}$$

$$=\frac{每股股利_1/(股权资本成本-增长率)}{每股收益_1}$$

$$=\frac{股利支付率}{股权资本成本-增长率}$$

精程答疑

问题：利用市盈率模型计算每股市价时，应使用本期市盈率，还是内在市盈率？

解答：选择本期市盈率还是内在市盈率？关键看题目中给出的目标企业的每股收益是本期每股收益，还是预期每股收益。

如果题目中给出的是目标企业本期的每股收益，就选择本期市盈率。

如果题目中给出的是目标企业预期的每股收益，就选择内在市盈率。

市净率模型与市销率模型同理。

典例研习 · 7-6 单项选择题

甲公司 2012 年每股收益 0.8 元，每股分配现金股利 0.4 元，如果公司每股收益增长率预计为 6%，股权资本成本为 10%，股利支付率不变，公司的预期市盈率为（　　）。

A. 8.33　　B. 11.79　　C. 12.5　　D. 13.25

斯尔解析 本题考查市盈率的计算。股利支付率 =0.4/0.8×100%=50%，预期市盈率 = 股利支付率 /（股权资本成本 − 增长率）=50%/（10%−6%）=12.5，选项 C 当选。

本题答案 C

典例研习 · 7-7

甲公司今年每股收益是 0.5 元，分配股利 0.35 元 / 股，该公司净利润和股利增长率都是 6%，β 值为 0.75。无风险利率为 7%，市场风险溢价为 5.5%。分别计算该公司的本期市盈率和预期市盈率各是多少？

乙公司与甲公司是类似企业，今年实际每股收益为 1 元，根据甲公司的本期市盈率对乙公司估值，其股票价值是多少？乙公司预期明年每股净利是 1.06 元，根据甲公司的预期市盈率对乙公司估值，其股票价值是多少？

斯尔解析

（1）甲公司股利支付率 = 每股股利 ÷ 每股收益 ×100%=0.35÷0.5×100%=70%。

甲公司股权资本成本 = 无风险报酬率 +β× 市场风险溢价 =7%+0.75×5.5%=11.125%

甲公司本期市盈率 = 股利支付率 ×（1+ 增长率）÷（股权资本成本 − 增长率）=70%×（1+6%）÷（11.125%−6%）=14.48

（2）甲公司预期市盈率 = 股利支付率 ÷（股权资本成本 − 增长率）=70%÷（11.125%−6%）=13.66。

（3）根据甲公司的本期市盈率对乙公司股票估值。

乙公司股票价值 = 目标企业本期每股收益 × 可比企业本期市盈率 =1×14.48=14.48（元 / 股）

（4）根据甲公司的预期市盈率对乙公司股票估值。

乙公司股票价值 = 目标企业预期每股收益 × 可比企业预期市盈率 =1.06×13.66=14.48（元 / 股）

3. 市盈率的驱动因素

内在市盈率 = 股利支付率 /（股权资本成本 − 增长率）

这个公式可以表明，市盈率的驱动因素是企业的增长潜力、股利支付率和风险（股权资本成本），其中关键因素是增长潜力。所谓增长潜力类似，不仅指具有相同增长率，还包括增长模式类似。

提示：可比企业应当是这三个比率类似的企业，同行业企业不一定都具有这种类似性，所以可比企业并不要求都是同行业企业。但实务中，往往选择的都是同行业的可比公司。

4. 修正模型

选择可比企业的时候，经常找不到符合条件的可比企业，可以用增长率修正市盈率，把增长率不同的同业企业纳入可比范围。修正市盈率排除了增长率对市盈率的影响，剩下的部分是由股利支付率和股权资本成本决定的市盈率，可称为“排除增长率影响的市盈率”。

$$修正市盈率 = \frac{每股市价}{每股收益 \times 预期增长率 \times 100}$$

运用修正市盈率模型估计每股市价通常分为三步：

第一步，根据可比企业财务数据，计算可比企业市盈率。

第二步，根据可比企业市盈率和预期增长率，计算可比企业修正市盈率。

第三步，计算目标企业每股价值，目标企业每股价值 = 目标企业每股收益 × 目标企业预期增长率 ×100× 修正市盈率。

应用修正市盈率模型时，通常有两种方法：一是修正平均比率法；二是股价平均法。

（1）修正平均比率法（先平均后修正）。

第一步：

可比企业修正平均市盈率 = 可比企业平均市盈率 /（可比企业平均预期增长率 ×100）

第二步：

目标企业每股股权价值 = 可比企业修正平均市盈率 × 目标企业预期增长率 ×100× 目标企业每股收益

（2）股价平均法（先修正后平均）。

第一步：

可比企业$_i$的修正市盈率 = 可比企业$_i$的市盈率 /（可比企业$_i$的预期增长率 ×100）

第二步：

目标企业每股股权价值$_i$= 可比企业$_i$的修正市盈率 × 目标企业预期增长率 ×100× 目标企业每股收益

第三步：

目标企业每股股权价值 = $\sum$目标企业每股股权价值$_i$/n

提示：考试中是使用基础模型还是修正模型，以及是使用修正平均比率法还是股价平均法，题目中一般会明确告知。

典例研习 · 7-8 计算分析题

甲公司是一家手机生产企业，其每股收益为 0.5 元 / 股，股票价格为 15 元，预期增长率为 15.5%。假设手机生产企业上市公司中，增长率、股利支付率和风险与甲公司类似的有 3 家，它们的本期市盈率和预期增长率如下表所示。

企业名称	本期市盈率	预期增长率（%）
A	24.3	11
B	32.1	17
C	33.3	18
平均数	29.9	15.33

要求：

分别使用修正平均比率法和股价平均法计算甲公司每股价值。

斯尔解析

（1）使用修正平均比率法：

修正平均市盈率 =29.9 ÷ 15.33=1.95

甲公司每股价值 =1.95 × 15.5% × 100 × 0.5=15.11（元 / 股）

（2）使用股价平均法：

甲公司每股价值

企业名称	本期市盈率	预期增长率	修正市盈率	甲公司每股收益（元）	甲公司预期增长率	甲公司每股价值（元）
A	24.3	11%	2.21	0.5	15.5%	17.13
B	32.1	17%	1.89	0.5	15.5%	14.65
C	33.3	18%	1.85	0.5	15.5%	14.34
平均数	—	—	—	—	—	15.37

上述过程仅针对目标公司与可比公司的单一影响因素差异进行了市价比率的修正。实务中，目标公司与可比公司可能存在多个影响因素的差异，因此，可将目标公司与可比公司的相关影响因素进行比较，计算调整系数，对可比公司的市价比率进行调整，最终得出适合目标公司的修正的市价比率。具体公式如下：

修正的市价比率 = 可比公司的市价比率 × 可比公司调整系数

= 可比公司的市价比率 × $\prod$影响因素 A_i 的调整系数

其中，影响因素 A_i 的调整系数 = 目标公司系数 ÷ 可比公司系数。

（二）市净率模型

1. 基本模型

该模型认为，影响每股市价的关键变量为每股净资产。

$$市净率=\frac{每股市价}{每股净资产}$$

运用市净率模型估计每股市价通常分为两步：

第一步，根据可比企业财务数据，计算可比企业市净率。

第二步，代入公式计算目标企业每股价值，目标企业每股价值 = 可比企业市净率 × 目标企业每股净资产。

2. 市净率的计算

市净率分为本期市净率和内在市净率（预期市净率）。

（1）本期市净率。

$$本期市净率=\frac{每股市价_0}{每股净资产_0}$$

$$=\frac{股利支付率\times权益净利率\times(1+增长率)}{股权资本成本-增长率}$$

$$=本期市盈率\times权益净利率$$

其中，

$$权益净利率=\frac{净利润}{股东权益}\times100\%=\frac{净利润/股数}{股东权益/股数}\times100\%=\frac{每股收益}{每股净资产}\times100\%$$

（2）内在市净率。

$$内在市净率=\frac{每股市价_0}{每股净资产_1}$$

$$=\frac{股利支付率\times权益净利率}{股权资本成本-增长率}$$

$$=内在市盈率\times权益净利率$$

典例研习·7-9 单项选择题

甲公司进入可持续增长状态，股利支付率 50%，权益净利率 20%，股利增长率 5%，股权资本成本 10%，甲公司内在市净率为（　　）。

A. 2　　B. 10.5　　C. 10　　D. 2.1

斯尔解析 本题考查市净率的计算。内在市净率 = 股利支付率 × 权益净利率 /（股权资本成本 − 增长率）=50%×20%/（10%−5%）=2，选项 A 当选。

本题答案 A

3. 市净率的驱动因素

内在市净率 = 权益净利率 × 股利支付率 /（股权资本成本 − 增长率）

这个公式表明，市净率的驱动因素是企业的权益净利率、增长潜力、股利支付率和风险（股权资本成本）。其中，关键因素是权益净利率。

4. 修正模型

与市盈率模型类似，在找不到符合条件的可比企业的情况下，可以用关键影响因素，即用权益净利率来修正市净率，把权益净利率不同的同业企业纳入可比范围。修正市净率排除了权益净利率对市净率的影响。

$$修正市净率=\frac{每股市价}{每股净资产\times预期权益净利率\times100}$$

运用修正市净率模型估计每股市价通常分为三步：

第一步，根据可比企业财务数据，计算可比企业市净率。

第二步，根据可比企业市净率和预期权益净利率，计算可比企业修正市净率。

第三步，计算目标企业每股价值，目标企业每股价值 = 目标企业每股净资产 × 目标企业预期权益净利率 ×100× 可比企业修正市净率。

应用修正市净率模型时，也分为修正平均比率法和股价平均法两种方法。

典例研习 · 7-10 单项选择题

甲公司为一家智能设备制造企业，2024 年末每股净资产 15 元，预期未来营业收入年增长率 4.4%，权益净利率 11%，销售净利率 15%，与该公司可比的乙上市公司同期市净率为 1.2 倍，预期未来营业收入年增长率 4%，权益净利率 12%，销售净利率 11.25%，用修正市净率法估计该公司每股价值是（　　）元。

A. 14.85　　B. 18　　C. 16.5　　D. 24

斯尔解析 本题考查相对价值评估模型。修正市净率 = 可比公司市净率 ÷（可比公司预期权益净利率 ×100）=1.2÷（12%×100）=0.1，则甲公司每股价值 = 甲公司每股净资产 × 甲公司预期权益净利率 ×100× 可比公司修正市净率 =15×11%×100×0.1=16.5（元），选项 C 当选。

提示：本题题干未提及需考虑多个因素的差异影响，故默认仅使用关键驱动因素——权益净利率进行修正。若题干明确需考虑所有相关因素的差异影响，本题计算应如下。

甲公司每股价值 =1.2×11%÷12%×4.4%÷4%×15=18.15（元）。

本题答案 C

（三）市销率模型

1. 基本模型

该模型认为，影响每股市价的关键变量为每股营业收入。

$$市销率=\frac{每股市价}{每股营业收入}$$

运用市销率模型估计每股市价通常分为两步：

第一步，根据可比企业财务数据，计算可比企业市销率。

第二步，代入公式计算目标企业每股价值，目标企业每股价值 = 可比市场市销率 × 目标企业每股营业收入。

2. 市销率的计算

市销率分为本期市销率和内在市销率（预期市销率）。

（1）本期市销率。

$$本期市销率=\frac{每股市价_0}{每股收入_0}$$

$$=\frac{股利支付率\times营业净利率\times(1+增长率)}{股权资本成本-增长率}$$

$$=本期市盈率\times营业净利率$$

其中，

$$营业净利率=\frac{净利润}{营业收入}\times100\%=\frac{净利润/股数}{营业收入/股数}\times100\%=\frac{每股收益}{每股营业收入}\times100\%$$

（2）内在市销率。

$$内在市销率=\frac{每股市价_0}{每股收入_1}$$

$$=\frac{股利支付率\times营业净利率}{股权资本成本-增长率}$$

$$=内在市盈率\times营业净利率$$

3. 市销率的驱动因素

内在市销率 = 营业净利率 × 股利支付率 /（股权资本成本 − 增长率）

这个公式表明，市销率的驱动因素是企业的营业净利率、增长潜力、股利支付率和风险（股权资本成本）。其中，关键因素是营业净利率。

4. 修正模型

与市盈率模型类似，在找不到符合条件的可比企业的情况下，可以用关键影响因素，即用营业净利率来修正市销率，把营业净利率不同的同业企业纳入可比范围。修正市销率排除了营业净利率对市销率的影响。

$$修正市销率=\frac{每股市价}{每股营业收入\times预期营业净利率\times100}$$

运用修正市销率模型估计每股市价通常分为三步：

第一步，根据可比企业财务数据，计算可比企业市销率。

第二步，根据可比企业市销率和预期营业净利率，计算可比企业修正市销率。

第三步，计算目标企业每股价值，目标企业每股价值 = 目标企业每股营业收入 × 目标企业预期营业净利率 ×100× 可比企业修正市销率。

应用修正市销率模型时，也分为修正平均比率法和股价平均法两种方法。

典例研习 · 7-11

甲公司是一个笔记本电脑生产企业。该公司目前每股营业收入为 83.06 元，每股收益为 3.82 元。公司采用固定股利支付率政策，股利支付率为 74%。预期净利润和股利的长期增长率为 6%。该公司的 β 值为 0.75，假设无风险利率为 7%，平均风险股票报酬率为 12.5%。乙公司也是一个笔记本电脑生产企业，与甲公司具有可比性，目前，每股营业收入为 50 元，请根据市销率模型估计乙公司的股票价值。

斯尔解析

营业净利率 $=3.82\div 83.06\times 100\%=4.6\%$

股权资本成本 $=7\%+0.75\times(12.5\%-7\%)=11.13\%$

$$市销率=\frac{4.6\%\times 74\%\times(1+6\%)}{11.13\%-6\%}=0.7$$

乙公司股票价值 $=50\times 0.7=35$（元）

解题高手

命题角度：三个模型的公式总结及驱动因素。

市盈率模型	驱动因素：增长潜力、股利支付率和风险（股权资本成本的高低与其风险有关），其中关键因素是增长潜力。 $本期市盈率=\frac{股利支付率\times(1+增长率)}{股权资本成本-增长率}$ $内在市盈率=\frac{股利支付率}{股权资本成本-增长率}$
市净率模型	驱动因素：权益净利率、股利支付率、增长潜力和风险，其中关键因素是权益净利率。 $本期市净率=\frac{股利支付率\times权益净利率\times(1+增长率)}{股权资本成本-增长率}$ $内在市净率=\frac{股利支付率\times权益净利率}{股权资本成本-增长率}$
市销率模型	驱动因素：营业净利率、股利支付率、增长潜力和风险，其中关键因素是营业净利率。 $本期市销率=\frac{股利支付率\times营业净利率\times(1+增长率)}{股权资本成本-增长率}$ $内在市销率=\frac{股利支付率\times营业净利率}{股权资本成本-增长率}$

（四）模型优缺点及适用性

1. 市盈率模型

维度	解读
优点	（1）数据容易取得，且计算简单。 （2）把价格和收益联系起来，直观地反映投入和产出的关系。 （3）涵盖了风险、增长率、股利支付率的影响，具有很高的综合性

续表

维度	解读
缺点	如果收益是 0 或负值，则市盈率没有意义
适用范围	最适合连续盈利的企业

2. 市净率模型

维度	解读
优点	（1）市净率极少为负值，可用于大多数企业。 （2）数据容易取得，且容易理解。 （3）净资产账面价值比净利稳定，也不像利润那样经常被人为操纵。 （4）如果会计标准合理且各企业会计政策一致，市净率的变化可以反映企业价值的变化
缺点	（1）账面价值受会计政策选择的影响，继而影响市净率的可比性。 （2）固定资产很少的服务性企业和高科技企业，净资产与企业价值的关系不大，市净率的比较没有实际意义。 （3）净资产为 0 或负值的企业无法采用
适用范围	需要拥有大量资产、净资产为正值的企业

3. 市销率模型

维度	解读
优点	（1）不会出现负值，亏损企业和资不抵债企业也可以使用。 （2）比较稳定、可靠，不容易被操纵。 （3）市销率对价格政策和企业战略变化敏感，可以反映这种变化的后果
缺点	不能反映成本的变化，而成本是影响企业现金流量和价值的重要因素之一
适用范围	销售成本率较低的服务类企业，或者销售成本率趋同的传统行业的企业

典例研习·7-12 单项选择题

下列关于相对价值估价模型适用性的说法中，错误的是（　　）。

A. 市盈率估价模型不适用于亏损的企业

B. 市净率估价模型不适用于资不抵债的企业

C. 市净率估价模型不适用于固定资产较少的企业

D. 市销率估价模型不适用于销售成本率较低的企业

斯尔解析 本题考查相对价值评估模型。市盈率模型最适合连续盈利的企业，如果收益是 0 或负值，市盈率将失去意义，因此市盈率估价模型不适用于亏损的企业，选项 A 不当选。市净率模型主要适用于需要拥有大量资产、净资产为正值的企业，对于资不抵债的企业，市净率没有意义，选项 BC 不当选。市销率模型适用于销售成本率较低的服务类企业，或者销售成本率趋同的传统行业的企业，选项 D 当选。

本题答案 D

精程答疑

问题： 全书主要的可比企业以及所需要满足的条件。

解答： 本书中主要有三处涉及到可比公司：

（1）利用可比公司法估计债务资本成本。此时，可比公司应当与目标公司处于同一行业，具有类似的商业模式。最好两者的规模、负债比率和财务状况也比较类似。同时，该可比公司应当拥有可上市交易的债券。

（2）利用可比公司法估计投资项目的资本成本。其本质是利用可比公司的 β 值估计投资项目的 β 值。此时，可比公司应当是一个经营业务与待评价项目类似的上市公司。

（3）利用可比公司估计目标企业的每股市价。

①市盈率模型。可比企业应当是增长潜力、股利支付率和风险类似的企业。

②市净率模型。可比企业应当是权益净利率、股利支付率、增长潜力和风险类似的企业。

③市销率模型。可比企业应当是营业净利率、股利支付率、增长潜力和风险类似的企业。

典例研习 · 7-13 综合题

甲上市公司是一家电气设备制造企业，目前正处在高速增长期。为判断公司股票是否被低估，正进行价值评估。相关资料如下：

（1）甲公司 2021 年末发行在外普通股 5 亿股，每股市价 100 元，没有优先股。未来不打算增发和回购股票。2021 年相关报表项目如下：

单位：百万元

资产负债表项目	2021 年末
货币资金	7 500
交易性金融资产	600
应收账款	7 500
预付款项	400
其他应收款	900
存货	5 100

续表

资产负债表项目	2021 年末
流动资产合计	22 000
固定资产	3 200
无形资产	1 600
非流动资产合计	4 800
短期借款	400
应付账款	13 400
其他应付款	1 200
流动负债合计	15 000
长期借款	2 000
负债合计	17 000
所有者权益	9 800
利润表项目	**2021 年度**
营业收入	20 000
营业成本	14 000
税金及附加	420
销售费用	1 000
管理费用	400
财务费用	200
公允价值变动收益	20
所得税费用	1 000
净利润	3 000

货币资金全部为经营活动所需，其他应收款、其他应付款均为经营活动产生，财务费用均为利息费用，2021 年没有资本化利息支出。企业所得税税率 25%。

（2）甲公司预测 2022 年、2023 年营业收入增长率 20%，2024 年及以后保持 6% 的永续增长；税后经营净利率、净经营资产周转次数、净财务杠杆和净负债利息率一直维持 2021 年水平不变。

（3）甲公司普通股资本成本 12%。

（4）可比公司乙公司 2021 年每股收益 1 元，2021 年末每股市价 15 元。

为简化计算，财务指标涉及平均值的，均以年末余额替代全年平均水平。

要求：

（1）计算甲公司 2021 年每股收益，用市盈率模型估算 2021 年末甲公司股权价值，并判断甲公司股价是否被低估。

（2）编制甲公司 2021 年管理用资产负债表和利润表（结果填入下方表格中，不用列出计算过程）。

单位：百万元

管理用资产负债表项目	2021 年末
净经营资产	
净负债	
股东权益	
管理用利润表项目	**2021 年度**
税后经营净利润	
税后利息费用	
净利润	

（3）预测甲公司 2022 年、2023 年和 2024 年的实体现金流量和股权现金流量（结果填入下方表格中，不用列出计算过程）。

单位：百万元

项目	2022 年	2023 年	2024 年

续表

项目	2022 年	2023 年	2024 年
实体现金流量			
股权现金流量			

（4）用股权现金流量折现模型估算 2021 年末甲公司每股股权价值，并判断甲公司股价是否被低估。

（5）与现金流量折现模型相比，市盈率模型有哪些优点和局限性？

斯尔解析

（1）2021 年每股收益 =3 000÷500=6（元 / 股）。

每股价值 =15÷1×6=90（元 / 股）

甲公司股票价值未被低估。

（2）

单位：百万元

管理用资产负债表项目	2021 年末
净经营资产	11 600
净负债	1 800
股东权益	9 800
管理用利润表项目	**2021 年度**
税后经营净利润	3 135
税后利息费用	135
净利润	3 000

（3）

单位：百万元

项目	2022 年	2023 年	2024 年
税后经营净利润	3 762	4 514.40	4 785.26
净经营资产	13 920	16 704	17 706.24
净经营资产增加	2 320	2 784	1 002.24

续表

项目	2022 年	2023 年	2024 年
实体现金流量	1 442	1 730.40	3 783.02
税后利息费用	162	194.40	206.06
净负债	2 160	2 592	2 747.52
净负债增加	360	432	155.52
债务现金流量	−198	−237.6	50.54
股权现金流量	1 640	1 968	3 732.48

（4）股权价值 =1 640×（P/F，12%，1）+1 968×（P/F，12%，2）+3 732.48÷（12%−6%）×（P/F，12%，2）=1 640×0.8929+1 968×0.7972+62 208×0.7972=52 625.46（百万元）=526.25（亿元）。

每股价值 =526.25÷5=105.25（元 / 股）

甲公司股票价值被低估。

（5）市盈率模型的优点：计算数据容易取得，计算简单；价格和收益相联系，直观反映投入和产出的关系；市盈率涵盖了风险、增长率、股利支付率的影响，具有综合性。

市盈率法的局限性：用相对价值对企业估值，如果可比企业的价值被高估（或低估）了，目标企业的价值也会被高估（或低估）；如果收益是 0 或负值，市盈率就失去了意义。

【斯考卡片】
扫码背重点

338

至此，财务成本管理的学习已经进行了50%，继续加油呀！

50%

第八章
资本结构

学习提要

重要程度： 次重点章节　　**平均分值：** 5分

考核题型： 客观题、主观题

本章提示： 教材中本章共三个模块，包括资本结构理论、资本结构决策分析和杠杆系数。为方便学习本书将杠杆系数调整至第十五章介绍

考点精讲

第一节 资本结构理论

资本结构，是指企业各种长期资本来源的构成和比例关系。通常情况下，企业的资本由长期债务资本和权益资本构成，资本结构指的就是长期债务资本和权益资本各占多大比例。一般来说，在资本结构概念中不包含短期负债，短期负债通常作为营运资本管理的组成部分。

一、资本结构的 MM 理论（★★）

8-1-1

（一）假设条件

（1）经营风险可以用息税前利润的方差来衡量，经营风险相同的企业处于同一风险等级。

（2）投资者等市场参与者对公司未来的收益与风险的预期是相同的。

（3）资本市场是完善的，没有交易成本。

（4）投资者可同企业一样以同等利率获得借款。

（5）无论借债多少，企业及个人的负债均无风险，故负债利率为无风险利率。

（6）投资者预期的 EBIT 不变，即假设企业的增长率为零，从而所有现金流量都是年金。

典例研习 · 8-1 多项选择题

资本结构的 MM 理论是基于完美资本市场的假设条件提出的，下列属于 MM 资本结构理论所依据的假设条件有（　　）。

A. 市场参与者对公司未来的收益与风险的预期是相同的

B. 公司或个人投资者的所有债务利率都是无风险利率

C. 投资者预期的 EBIT 不变，所有现金流量都是年金

D. 不存在个人和企业所得税

斯尔解析 本题考查资本结构的 MM 理论。MM 资本结构理论所依据的假设条件有：

（1）经营风险可以用息税前利润的方差衡量，经营风险相同的企业处于同一风险等级。

（2）投资者等市场参与者对企业未来的收益与风险的预期相同（选项 A 当选）。

（3）资本市场是完善的，没有交易成本。

（4）投资者可同企业一样以同等利率获得借款。

（5）无论借债多少，企业及个人的负债均无风险，故负债利率为无风险利率（选项 B 当选）。

（6）投资者预期的 EBIT 不变，即假设企业的增长率为零，从而所有现金流量都是年金（选项 C 当选）。

本题答案 ABC

（二）无税 MM 理论

1. 命题Ⅰ

（1）**在没有企业所得税的情况下，无税有负债企业的价值与无税无负债企业的价值相等，企业的资本结构与企业价值无关**，企业的价值仅由其预期收益决定，即：

$$V_L^0=\frac{EBIT}{r_{WACC}^0}=V_U^0=\frac{EBIT}{r_{sU}^0}$$

其中：V_L^0 表示无税有负债企业的价值；V_U^0 表示无税无负债企业的价值；EBIT 表示企业全部资产的预期收益（永续）；r_{WACC}^0 表示无税有负债企业的加权平均资本成本；r_{sU}^0 表示具有相同经营风险等级的无税无负债企业的权益资本成本。

（2）**在没有企业所得税的情况下，企业加权平均资本成本与其资本结构无关**，仅取决于企业的经营风险，无税有负债企业的加权平均资本成本与无税无负债企业的权益资本成本相等，即：

$$r_{WACC}^0=r_{sU}^0$$

2. 命题Ⅱ

在无税情况下，无税有负债企业的权益资本成本随着财务杠杆（债务市值 / 股东权益市值）的提高而增加。无税有负债企业的权益资本成本等于无税无负债企业的权益资本成本加上与以市值计算的债务与股权比例成正比例的风险溢价，即：

$$r_{sL}^0=r_{sU}^0+\text{风险溢价}=r_{sU}^0+(r_{sU}^0-r_d^0)\frac{D}{E}$$

其中：r_{sL}^0 表示无税有负债企业的权益资本成本；r_{sU}^0 为表示无税无负债企业的权益资本成本；r_d^0 表示无税有负债企业的债务资本成本；D 表示无税有负债企业的债务价值；E 表示无税有负债企业的权益价值。风险溢价是对无税有负债企业财务风险的补偿，其大小由无税无负债企业的权益资本成本与无税有负债企业的债务资本成本之差以及债务权益价值比决定。

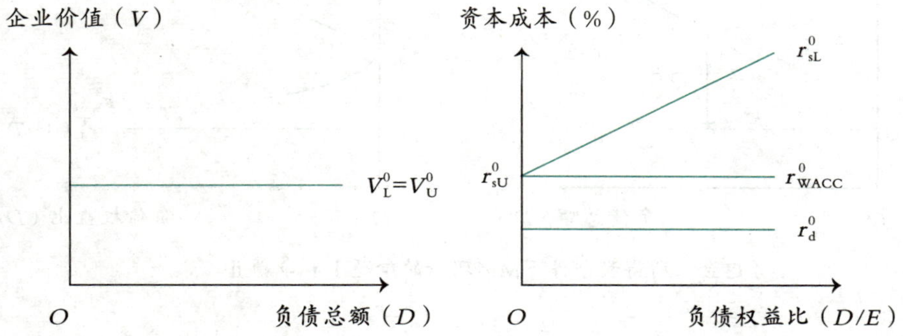

无企业所得税条件下MM理论的命题Ⅰ和命题Ⅱ

（三）有税 MM 理论

1. 命题 I

有税有负债企业的价值等于具有相同经营风险等级的有税无负债企业的价值加上债务利息抵税收益的现值；随着企业负债比例的提高，企业价值也随之提高，理论上全部融资来源于负债时，企业价值最大，即：

$V_L^T = V_U^T + DT$

其中：V_L^T 表示有税有负债企业的价值；V_U^T 表示有税无负债企业的价值；D 表示有税有负债企业的债务价值；T 为企业所得税税率。

2. 命题 II

（1）**有税有负债企业的权益资本成本等于具有相同经营风险等级的有税无负债企业的权益资本成本加上与以市值计算的债务与权益比例成比例的风险溢价**，且风险溢价取决于有负债企业的债务比例以及企业所得税税率，即：

$$r_{sL}^T = r_{sU}^T + \text{风险溢价} = r_{sU}^T + (r_{sU}^T - r_d^T)(1-T)\frac{D}{E}$$

其中：r_{sL}^T 表示有税有负债企业的权益资本成本；r_{sU}^T 表示有税无负债企业的权益资本成本；r_d^T 表示有税有负债企业的税前债务资本成本；T 表示企业所得税税率；D 表示有税有负债企业的债务价值；E 表示有税有负债企业的权益价值。

（2）有税 MM 理论最显著的特征是债务利息抵税对企业价值的影响。在考虑企业所得税的条件下，企业使用债务筹资时所支付的利息成本中，有一部分被利息抵税所抵销，使实际债务利息成本为 $r_d^T(1-T)$，**此时有税有负债企业的加权平均资本成本，随着债务筹资比例的增加而降低**，即：

$$r_{WACC}^T = \frac{D}{D+E} r_d^T (1-T) + \frac{E}{D+E} r_{sL}^T$$

$$= \frac{D}{D+E} r_d^T + \frac{E}{D+E} r_{sL}^T - \frac{D}{D+E} r_d^T T$$

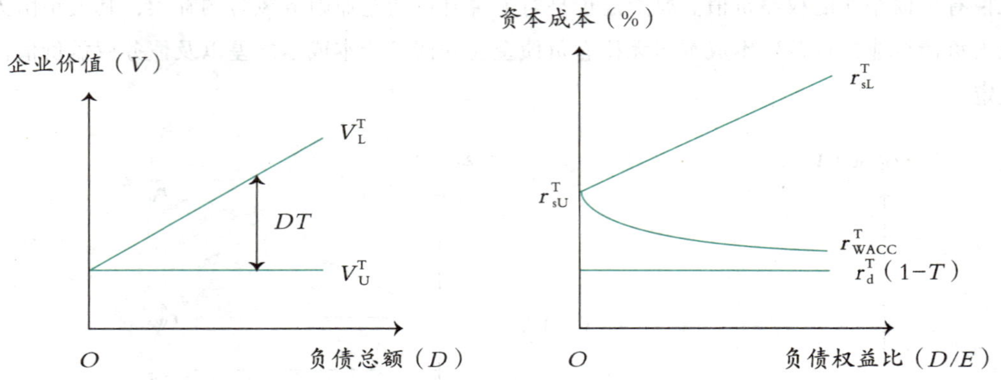

考虑企业所得税条件下MM理论的命题 I 和命题 II

精程答疑

问题： 为什么随着负债比例的增加，在不考虑企业所得税的情况下，企业的加权平均资本成本不变；而在考虑企业所得税的情况下，企业的加权平均资本成本会降低？

解答： MM 理论假设借债无风险，即公司或个人投资者的所有债务利率均为无风险利率，与债务数量无关。因此，增加负债并不影响债务资本成本，但债务比重加大，会拉低加权平均资本成本。同时，负债水平上升又会增加财务风险，进而导致股权资本成本上升。如果不考虑企业所得税，两部分影响相互抵消，加权平均资本成本不变。

如果考虑企业所得税，在以上影响的基础上，还要考虑债务的利息抵税效应，其可以降低债务资本成本。因此，随着企业债务的增加，债务利息的抵税效应会逐步增大，打破了以上影响相互抵消的平衡，进而导致加权平均资本成本也逐步下降。

企业的加权平均资本成本与企业价值为反方向变动关系。在不考虑企业所得税的情况下，企业价值不变，加权平均资本成本也不变；在考虑企业所得税的情况下，企业价值会随着负债比例的上升而上升，加权平均资本成本会随着负债比例的上升而下降。

解题高手

命题角度：考查随着负债比例的不断上升，在 MM 理论下，各指标的变化趋势。

项目	随着负债比例的不断上升	
	无税 MM 理论	有税 MM 理论
企业价值	不变	上升
加权平均资本成本	不变	降低
负债资本成本	不变（无风险利率）	不变（税后无风险利率）
股权资本成本	上升（幅度大）	上升（幅度小，因为考虑了所得税的影响）

典例研习 · 8-2 多项选择题

甲公司为家电生产和销售企业，计划布局线上运营渠道，将通过筹资开展业务转型。在考虑企业所得税情况下，根据资本结构的有税 MM 理论，随着甲公司财务杠杆提高，下列表述中，正确的有（　　）。

A. 加权平均资本成本上升　　B. 利息抵税现值增加

C. 权益资本成本上升　　D. 公司价值提高

斯尔解析 本题考查资本结构的MM理论。在考虑企业所得税的情况下，由于债务利息可以在税前扣除，形成了债务利息的抵税收益，相当于增加了企业的现金流量，增加了企业的价值。随着企业负债比例的提高，企业价值也随之提高，在理论上全部融资来源于负债时，企业价值达到最大，选项BD当选。在考虑所得税的情况下，有负债企业的加权平均资本成本随着债务筹资比例的增加而降低，选项A不当选。有税有负债企业的权益资本成本等于具有相同经营风险等级的有税无负债企业的权益资本成本加上与以市值计算的债务与权益比例成比例的风险溢价，无税有负债企业的权益资本成本随着财务杠杆的提高而增加，选项C当选。

本题答案 BCD

（四）哈马达模型

1969年，哈马达在考虑企业所得税的MM理论的基础上结合资本资产定价模型提出了哈马达模型：

$$\beta_{sL}^{T}=\beta_{sU}^{T}\times\left[1+(1-T)\frac{D}{E}\right]$$

其中：β_{sL}^{T}表示有税有负债企业的权益资本β系数；β_{sU}^{T}表示有税无负债企业的权益资本β系数；T表示企业所得税税率；D表示有税有负债企业的债务价值；E表示有税有负债企业的权益价值。

与资本资产定价模型相比，哈马达模型将权益资本承担的系统风险分为经营风险和财务风险。该模型能更好地解释资本结构对权益资本成本的影响。

（五）米勒模型

修正的MM理论（有税MM理论）考虑了企业所得税，但是并没有考虑个人所得税对债务比例与企业价值之间关系的影响。米勒在1976年进一步提出了同时考虑企业所得税和个人所得税的资本结构理论模型——米勒模型。

$$V_{L}^{Tt}=V_{U}^{Tt}+D^{Tt}\left[1-\frac{(1-T_{C})(1-T_{E})}{1-T_{D}}\right]$$

其中：V_{L}^{Tt}表示有企业所得税有个人所得税有负债企业的价值；V_{U}^{Tt}表示有企业所得税有个人所得税无负债企业的价值；D^{Tt}表示有企业所得税有个人所得税有负债企业的债务价值；T_C为企业所得税税率；T_E为股东个人所得税税率；T_D为债权人个人所得税税率。

式中，$D^{Tt}\left[1-\frac{(1-T_{C})(1-T_{E})}{1-T_{D}}\right]$代表负债的节税价值。

（1）如果$T_C=T_E=T_D=0$，即无税MM理论。

（2）如果$T_E=T_D=0$，即考虑企业所得税的MM理论。

（3）如果$T_E=T_D$，节税价值与考虑企业所得税的MM理论相同。

（4）如果$(1-T_C)\times(1-T_E)=1-T_D$，有负债企业价值等于无负债企业价值，意味着负债的节税价值正好被个人所得税抵销，财务杠杆不发挥任何效应。

（5）如果 $T_E < T_D$，来自债务的节税收益就会减少；如果 $T_E > T_D$，来自债务的节税收益就会增加。

二、资本结构的其他理论（★★）

（一）权衡理论

1. 基本观点

负债在为企业带来抵税收益的同时，也给企业带来了陷入财务困境的成本，此时，**有负债企业的价值是无负债企业价值加上抵税收益的现值，再减去财务困境成本的现值**。其表达式为：**V_L=V_U+PV（利息抵税）−PV（财务困境成本）**。

其中：

PV（利息抵税）=$T \times D$，随着负债增加呈线性变动。

PV（财务困境成本），受发生财务困境的可能性、企业发生财务困境的成本大小所影响。

财务困境成本的影响因素		解读
发生财务困境的可能性		现金流与资产价值稳定程度低的企业，因违约无法履行偿债义务而发生财务困境的可能性相对较高
		债务增加会增加发生财务困境的可能性
财务困境成本的大小	直接成本	企业因破产、清算或重组所发生的法律费用和管理费用等
	间接成本	因财务困境所引发的企业资信状况恶化，以及持续经营能力下降而导致的企业价值损失。间接成本通常比直接成本大得多，具体表现为：企业客户、供应商、员工的流失，投资者的警觉与谨慎导致的融资成本增加等

2. 最佳资本结构

所谓权衡理论，就是强调在平衡债务利息的抵税收益与财务困境成本的基础上，企业价值最大化时的资本结构就是最佳资本结构，此时所确定的债务比率应当使债务抵税收益的边际价值等于增加的财务困境成本现值。

典例研习 · 8-3 多项选择题

权衡理论认为企业在选择资本结构时，需要考虑的因素有（　　）。

A. 利息抵税收益　　B. 折旧抵税收益

C. 客户流失成本　　D. 破产清算费用

斯尔解析 本题考查资本结构的权衡理论。权衡理论，就是强调在平衡债务利息的抵税收益与财务困境成本的基础上，实现企业价值最大化时的最佳资本结构，选项A当选、选项B不当选。企业陷入财务困境后所引发的成本分为直接成本与间接成本。财务困境的直接成本是指企业因破产、进行清算或重组所发生的法律费用和管理费用等，选项D当选。间接成本是指因财务困境所引发企业资信状况恶化以及持续经营能力下降而导致的企业价值损失。具体表现为企业客户、供应商、员工的流失，投资者的警觉与谨慎导致的融资成本增加，被迫接受保全他人利益的交易条款等，选项 C 当选。

本题答案 ACD

（二）代理理论

企业负债将会引发代理成本及相应的代理收益，最终均反映在对企业价值产生的影响上。在考虑了企业债务的代理成本与代理收益后，资本结构的权衡理论模型可以扩展为如下形式：

$V_L=V_U+PV$（利息抵税）$-PV$（财务困境成本）$-PV$（债务代理成本）$+PV$（债务代理收益）

1. 债务代理成本

（1）第一组冲突：股东与经营者之间的冲突——过度投资问题。

当企业的所有权与控制权发生分离时，经理与股东之间的利益冲突会表现为经理的机会主义行为。具体表现为：

表现	解读
增加控制	如果企业的自由现金流量相对富裕，即使在企业缺乏可以获利的投资项目和成长机会时，经理也会倾向于通过扩大企业规模来扩大自身对企业资源的管理控制权，随意支配企业自由现金流量，投资于净现值为负的项目，从而损害股东利益，降低企业价值
过分乐观	在没有真正意识到项目投资风险与价值的情况下进行投资，从而损害股东利益，降低企业价值

（2）第二组冲突：股东与债权人之间的冲突——过度投资问题和投资不足问题。

项目	过度投资	投资不足
含义	投资于净现值为负的高风险项目	放弃净现值为正的项目
表现	企业遇到财务困境时，经理和股东倾向于选择高风险的投资项目，提高债务资金的实际风险水平，降低债务价值。这种通过高风险项目的过度投资实现把债权人的财富转移到股东手中的现象被称为“资产替代问题”	企业陷入财务困境且债务比例较高时，如果用股东的资金去投资对企业整体而言一个净现值为正的项目，当债务价值的增加超过项目净现值时，对股东而言则会导致权益价值不增反降（即对股东而言项目净现值为负），因为投资新项目后发生了财富从股东转移至债权人的现象。因此，如股东事先预见到投资新项目后的大部分收益将由债权人获得并导致自身价值下降时，就会拒绝为净现值为正的新项目投资

典例研习 · 8-4 过度投资案例

假设某公司有一笔 100 万元年末到期的债务。如果公司的策略不变，年末的资产市值仅为 90 万元，显然公司将违约。公司经理正在考虑一项新策略，不需要预先投资，但成功的概率只有 50%。如果成功，公司价值增加到 130 万元；如果失败，资产价值下降到 30 万元。新策略下，公司资产的期望值为 80 万元（50% × 130+50% × 30），与原先 90 万元的企业价值相比，减少了 10 万元。债务与股权价值的变化如下。

单位：万元

项目	原策略	新策略（冒险）		
		成功 50%	失败 50%	期望值
资产价值	90	130	30	80
债务	90	100	30	65
股权	0	30	0	15

新策略下，股东的期望所得为 15 万元，与原策略相比增加 15 万元；债权人的期望所得损失 90−65=25（万元），其中包括：转移给股东的所得 15 万元，以及因新策略风险加大而产生的预期损失 10 万元。

典例研习 · 8-5 投资不足案例

假设某公司有一笔 100 万元年末到期的债务。如果公司的策略不变，年末的资产市值仅为 90 万元，显然公司将违约。管理者正在考虑一个有吸引力的投资机会，需要投资 10 万元，预期将获得 15 万元的无风险现金流量（即产生 50% 的无风险报酬率）。如果当前的无风险利率为 5%，这项投资机会的净现值明显为正。问题是企业并无充裕的剩余现金投资该项目。由于公司已陷入财务困境，无法发行新股筹资。假设现有股东向企业提供所需要的 10 万元新资本，股东和债权人在年末的所得将如下表所示）。

单位：万元

项目	无新项目	有新项目
现有资产	90	90
新项目	—	15
公司的总价值	90	105
债务	90	100
股权	0	5

新策略下，股东为项目提供 10 万元，只能收回 5 万元，对股东来说是一项净现值为负的投资［5−10=−5（万元）］。

2. 债务代理收益

债务代理收益是指引入债务之后，债权人、股东和经营者之间的代理关系，将有利于减少企业的价值损失或增加企业价值。具体表现如下：

表现	解读
引入债权人保护条款	债权人为保护自身利益，在债务合同中加入限制性条款，以避免发生企业价值减损的潜在风险
激励措施	债务利息支付的约束性特征，有利于激励企业经理尽力实现营业现金流量的稳定性，保证履行偿付义务，在此基础上进一步提高企业创造现金流的能力，提高债权人与股东的价值，维护自身的职业声誉
对经理的约束	适当增加债务，提高债务现金流量的支付比率，约束经理随意支配企业自由现金流量的浪费性投资与在职消费行为，抑制以损害股东利益为代价的机会主义行为所引发的企业价值下降

（三）优序融资理论

优序融资理论的理论依据是：信息不对称情况下的信号传递，导致投资者的逆向选择。

企业在筹集资本的过程中，遵循先内源融资后外源融资的基本顺序。在需要外源融资时，按照风险程度的差异，优先考虑债务融资（先普通债券后可转换债券），不足时再考虑权益融资。

提示：先内后外，先债后股。

典例研习·8-6 单项选择题

在信息不对称和逆向选择的情况下，根据优序融资理论，选择融资方式的先后顺序应该是（　　）。

A. 普通股、可转换债券、优先股、公司债券

B. 普通股、优先股、可转换债券、公司债券

C. 公司债券、可转换债券、优先股、普通股

D. 公司债券、优先股、可转换债券、普通股

斯尔解析 本题考查资本结构的优序融资理论。企业在筹集资本的过程中，遵循着先内源融资后外源融资的基本顺序。在需要外源融资时，按照风险程度的差异，优先考虑债务融资（先普通债券后可转换债券），不足时再考虑权益融资，选项C当选。

本题答案 C

第二节　资本结构决策分析

一、资本结构的影响因素（★）

长期有息债务与权益资本的组合形成了企业的资本结构。债务融资虽然可以实现抵税收益，但在增加债务的同时也会加大企业的风险，并最终要由股东承担风险的成本。因此，企业资本结构决策的主要内容是权衡债务的收益与风险，实现合理的目标资本结构，从而实现企业价值最大化。

影响资本结构的内部因素有营业收入、成长性、资产结构、盈利能力、财务灵活性以及股权结构等，外部因素有税率、利率、资本市场等，具体解读如下。

企业特征	财务安排
现金流量波动大的企业	负债水平低
成长性好的企业	负债水平高
盈利能力强的企业	负债水平低
一般用途资产比例高，特殊用途资产比例低	负债水平高
财务灵活性大的企业	负债能力强

二、资本结构决策的分析方法（★★★）

适当利用负债可以降低公司资本成本，但当债务比率过高时，杠杆利益会被债务困境成本抵消，公司面临较大财务风险。因此，企业应该确定其最佳的债务比率（资本结构）。常用的资本结构决策分析方法有资本成本比较法、每股收益无差别点法、企业价值比较法。

（一）资本成本比较法

在不考虑各种融资方式在数量与比例上的约束以及财务风险差异时，通过计算各种基于市场价值的长期融资组合方案的加权平均资本成本，并根据计算结果选择加权平均资本成本最小的融资方案，确定为相对最优的资本结构。

（1）优点：测算过程简单，方法便捷。

（2）缺点：实际计算中难以确定各种融资方式的资本成本，并且只比较了各种融资组合方案的资本成本，难以区别不同融资方案间的财务风险因素差异。

典例研习 · 8-7 计算分析题

甲企业初始成立时需要筹集的资本总额为 7 000 万元，有以下三种筹资方案，如下表所示：

各种筹资方案基本数据

单位：万元

筹资方式	方案一		方案二		方案三	
	筹资金额	资本成本	筹资金额	资本成本	筹资金额	资本成本
长期借款	500	4.5%	800	5.25%	500	4.5%
长期债券	1 000	6%	1 200	6%	2 000	6.75%
优先股	500	10%	500	10%	500	10%
普通股	5 000	15%	4 500	14%	4 000	13%
资本合计	7 000	—	7 000	—	7 000	—
其他资料：表中债务资本成本均为税后资本成本，所得税税率为 25%						

要求：

请运用资本成本比较法，分析该企业应当选择的筹资方案。

斯尔解析 将上表中的数据代入计算三种不同筹资方案的加权平均资本成本：

方案一：

r_{WACC}^{A}=500/7 000×4.5%+1 000/7 000×6%+500/7 000×10%+5 000/7 000×15%=12.61%

方案二：

r_{WACC}^{B}=800/7 000×5.25%+1 200/7 000×6%+500/7 000×10%+4 500/7 000×14%=11.34%

方案三：

r_{WACC}^{C}=500/7 000×4.5%+2 000/7 000×6.75%+500/7 000×10%+4 000/7 000×13%=10.39%

方案三的加权平均资本成本最低。

因此，在适度的财务风险条件下，企业应按照方案三的各种资本比例筹集资金，由此形成的资本结构为相对最优的资本结构。

（二）每股收益无差别点法

每股收益无差别点法是在计算不同融资方案下企业的每股收益（EPS）相等时所对应的息税前利润（EBIT）基础上，通过比较在企业预期盈利水平下的不同融资方案的每股收益，进而选择每股收益较大的融资方案。

要点	内容
基本观点	比较不同融资方式能否给股东带来更大的净收益
关键指标	每股收益无差别点是每股收益不受融资方式影响的 EBIT 水平
每股收益的无差别点的计算公式	$\frac{(EBIT-I_1)\times(1-T)-PD_1}{N_1}=\frac{(EBIT-I_2)\times(1-T)-PD_2}{N_2}$ 其中：EBIT—息税前利润；I—年利息额；T—所得税税率；PD—优先股股利；N—流通在外的普通股股数。
决策原则	高收益，高杠杆；低收益，低杠杆
方法的缺点	没有考虑风险因素

典例研习 · 8-8 计算分析题

甲企业目前已有 1 000 万元长期资本，均为普通股，股价为 10 元 / 股。现企业希望再实现 500 万元的长期资本融资以满足扩大经营规模的需要。有三种筹资方案可供选择：

方案一：全部通过年利率为 10% 的长期债券融资。

方案二：全部是优先股股利率为 12% 的优先股融资。

方案三：全部依靠发行普通股股票融资，按照目前的股价，需增发 50 万股新股。

假设企业预期的息税前利润为 210 万元，企业所得税税率为 25%。

要求：

利用每股收益无差别点法，在预期的息税前利润水平下选择合适的融资方案。

斯尔解析

（1）比较方案一与方案三，即令 $EPS_1=EPS_3$，则有：

$$\frac{(EBIT-I_1)(1-T)-PD_1}{N_1}=\frac{(EBIT-I_3)(1-T)-PD_3}{N_3}$$

代入数据后，可得：

$$\frac{(EBIT-500\times10\%)(1-25\%)-0}{1\ 000\div10}=\frac{(EBIT-0)(1-25\%)-0}{1\ 000\div10+50}$$

EBIT=150（万元），即长期债务和普通股融资的每股收益无差别点所对应的 EBIT 为 150 万元。

（2）比较方案二与方案三，即令 $EPS_2=EPS_3$，则有：

$$\frac{(EBIT-I_2)(1-T)-PD_2}{N_2}=\frac{(EBIT-I_3)(1-T)-PD_3}{N_3}$$

代入数据后，可得：

$$\frac{(EBIT-0)(1-25\%)-500\times12\%}{1\ 000\div10}=\frac{(EBIT-0)(1-25\%)-0}{1\ 000\div10+50}$$

EBIT=240（万元），即优先股和普通股融资的每股收益无差别点所对应的 EBIT 为 240 万元。

（3）画出每股收益无差别点图（如下图所示，横轴为 EBIT，纵轴为 EPS）：

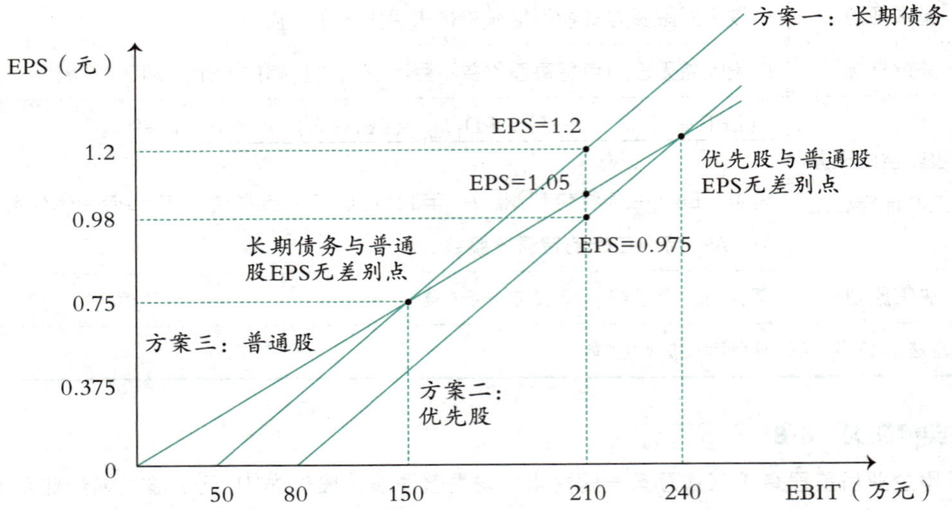

（4）由于预期的 EBIT=210（万元）。

在方案一与方案三比较时选择长期债务融资；在方案二与方案三比较时选择普通股融资；但方案一与方案二中，长期债务线与优先股线是平行的，不会产生每股收益无差别点，这说明债务融资在任何同一预期收益条件下均比发行优先股能提供更高的 EPS。三个方案综合考虑，选择长期债务融资方案（方案一）能够实现最大的 EPS。

提示：由于使用每股收益无差别点法的目的是对比不同融资方案，为了方便对比，我们往往将对比期间统一为整年。因此，计算每股收益时，分母的股数通常不需要考虑时间权重，即普通股融资方案，我们都简化地认为是年初完成融资。

解题高手

命题角度：利用每股收益无差别点法进行融资方案决策。

此类题目在主客观题中均可能考查，解题方式各有不同：

（1）针对客观题：记住三种融资方案图形的两个特征。①长期债务线与优先股线平行，且长期债务线始终位于优先股线上方；②普通股线从原点出发，先后穿过长期债务线和优先股线（这也是为什么计算两两比较的每股收益无差别点时，均选择普通股方案进行比较的原因）。在草稿纸上简单画出图形，标注两个交点（每股收益无差别点）对应的 EBIT，进而根据题目条件中预期的 EBIT 水平，结合图形可快速选出融资方案。

提示：长期债务线一直高于且平行于优先股线，因此，如果备选方案中长期债务、优先股、普通股仅各自存在一种，可直接比较预期 EBIT 水平是否高于长期债务与普通股方案的每股收益无差别点的 EBIT 水平，即可得出结论（“低股高债”）。

（2）针对主观题：如果题目要求计算不同方案的每股收益无差别点，则需要通过联立等式求解；如果题目仅要求根据预期 EBIT 水平选择融资方案，也可以直接代入预期 EBIT 计算不同融资方案下的每股收益进行比较。

典例研习 · 8-9 单项选择题

甲公司为智能家居企业，计划用息税前利润和每股收益无差别点法进行长期筹资决策，普通股与长期债券每股收益无差别点的年息税前利润 10 亿元，普通股与优先股每股收益无差别点的年息税前利润 15 亿元，预计每年息税前利润 18 亿元，下列选项中正确的是（　　）。

A. 可以用长期债券，也可以用优先股融资

B. 应该用优先股融资

C. 应该用长期债券融资

D. 应该用普通股融资

斯尔解析 本题考查每股收益无差别点法。在计算不同融资方案下企业的每股收益（EPS）相等时所对应的息税前利润（EBIT）基础上，比较在企业预期盈利水平下的不同融资方案的每股收益，选择每股收益较大的融资方案。当预计公司总的息税前利润大于每股收益无差别点的息税前利润时，运用负债筹资可获得较高的每股收益；反之，运用权益筹资可获得较高的每股收益，预计每年息税前利润（18 亿元）大于普通股与长期债券每股收益无差别点的年息税前利润（10 亿元），故选择长期债券融资，选项 C 当选。

提示：长期债务线一直高于且平行于优先股线，因此，如果备选方案中长期债务、优先股、普通股仅各自存在一种，可直接比较预期 EBIT 水平是否高于长期债务与普通股方案的每股收益无差别点的 EBIT 水平，即可得出结论。

本题答案 C

（三）企业价值比较法

1. 方法

计算企业的市场价值 V，其等于普通股的市场价值 S 加上长期债务的价值 B 再加上优先股的价值 P，即：$V=S+B+P$。

2. 基本假设

（1）长期债务（长期借款和长期债券）和优先股的现值等于其账面价值，且长期债务和优先股的账面价值等于其面值。

（2）股票的现值等于企业未来的净收益按照股东要求的报酬率折现。

（3）企业的 EBIT 永续，股东要求的回报率（权益资本成本）不变，则普通股的市场价值为：$S=\frac{(\text{EBIT}-I)(1-T)-\text{PD}}{r_s}$。

3. 决策

选择能使企业价值最大的融资方案，此时加权平均资本成本也最小。

典例研习 · 8-10 计算分析题

甲企业的长期资本构成均为普通股。股票的账面价值为 3 000 万元。预计未来每年 EBIT 为 600 万元，所得税税率为 25%。该企业认为目前的资本结构不合理，准备通过发行债券回购部分股票的方式，调整资本结构，提高企业价值。假设长期债务利率等于债务税前资本成本，债务市场价值等于债务面值。通过调查，目前的长期债务利率和权益资本成本的情况如下表所示：

不同债务水平下的债务资本成本和权益资本成本

债务市场价值 B（万元）	债务税前资本成本 r_d	股票 β 值	无风险利率 r_{RF}	平均风险股票报酬率 r_m	权益资本成本 r_s
0	—	1.2	8%	12%	12.8%
300	10%	1.3	8%	12%	13.2%
600	10%	1.4	8%	12%	13.6%
900	12%	1.55	8%	12%	14.2%
1 200	14%	1.7	8%	12%	14.8%
1 500	16%	2.1	8%	12%	16.4%

要求：

根据上述资料，运用企业价值比较法，进行融资方案的选择。

斯尔解析

根据资料，计算不同长期债务规模下的企业价值和加权平均资本成本。

企业市场价值和加权平均资本成本

企业市场价值 V（万元）①=②+③	债务市场价值 B（万元）②	股票市场价值 S（万元）③	债务税前资本成本 r_d	权益资本成本 r_s	加权平均资本成本 r_{WACC}
3 515.63	0	3 515.63	—	12.8%	12.8%
3 538.64	300	3 238.64	10%	13.2%	12.72%
3 577.94	600	2 977.94	10%	13.6%	12.58%
3 498.59	900	2 598.59	12%	14.2%	12.86%
3 389.19	1 200	2 189.19	14%	14.8%	13.28%
3 146.34	1 500	1 646.34	16%	16.4%	14.3%

（1）初始情况下，企业无长期债务，企业价值 $V=S=\frac{(EBIT-I)(1-T)-PD}{r_s}=\frac{600\times(1-25\%)}{12.8\%}=3\ 515.63$（万元），加权平均资本成本 $r_{WACC}=r_s=12.8\%$。

（2）当企业开始发行债务回购股票时，企业的价值上升，加权平均资本成本降低，直到长期债务 $B=600$（万元），企业价值达到最大，企业价值 $V=S+B=\frac{(EBIT-I)(1-T)-PD}{r_s}+B=\frac{(600-600\times10\%)\times(1-25\%)}{13.6\%}+600=3\ 577.94$（万元），加权平均资本成本最低，$r_{WACC}=12.58\%$。

（3）若企业继续增加负债，企业价值便开始下降，加权平均资本成本上升。因此，长期债务为 600 万元时的资本结构为该企业的最佳资本结构。

【斯考卡片】
扫码背重点

339

至此，财务成本管理的学习已经进行了53%，继续加油呀！

53%

第九章 长期筹资

学习提要

重要程度： 重点章节　　**平均分值：** 8分

考核题型： 客观题、主观题

本章提示： 本章重点内容为附认股权证债券筹资、可转换债券筹资和租赁筹资，其中前两个考点与债券资本成本估计、第三个考点与项目投资有一定的相似性，可以类比学习

考点精讲

第一节 长期债务筹资

一、长期债务筹资的特点

对比项目	优点	缺点
与普通股筹资相比	资本成本一般比普通股筹资成本低，且不会分散投资者对企业的控制权	需固定支付债务利息，从而形成企业固定的负担
与短期债务筹资相比	可以解决企业长期资金的不足	成本较高
	还债压力或风险相对较小	负债的限制较多

二、长期借款筹资（★）

（一）保护性条款

类型	内容
一般性保护条款	一般性保护条款应用于大多数借款合同，但根据具体情况内容会有不同，主要包括： （1）对借款企业流动资金保持量的规定。 （2）对支付现金股利和再购入股票的限制。 （3）对净经营性长期资产总投资规模的限制。 （4）限制其他长期债务。 （5）借款企业定期向银行提交财务报表。 （6）不准在正常情况下出售较多资产。 （7）如期缴纳税费和清偿其他到期债务。 （8）不准以任何资产作为其他承诺的担保或抵押。 （9）不准贴现应收票据或出售应收账款。 （10）限制租赁固定资产的规模
特殊性保护条款	特殊性保护条款是针对某些特殊情况而出现在部分借款合同中的，主要包括： （1）贷款专款专用。 （2）不准企业投资于短期内不能收回资金的项目。 （3）限制企业高级职员的薪金和奖金总额。 （4）要求企业主要领导人在合同有效期间担任领导职务等

（二）长期借款筹资的优点和缺点

与其他长期负债筹资相比，长期借款筹资的优缺点主要有：

（1）长期借款筹资的优点。

①筹资速度快。

②借款弹性好。

（2）长期借款筹资的缺点。

①筹资金额有限。

②限制条款较多。

典例研习 · 9-1 单项选择题

甲公司为一家上市公司，准备采取长期借款方式进行融资，下列各项中，不属于长期借款合同中债权人保护条款的是（　　）。

A. 限制企业购买固定资产的规模

B. 限制企业高级管理人员的薪酬和奖金总额

C. 限制企业发行优先股或普通股融资

D. 限制企业增加具有优先求偿权的其他长期债务

斯尔解析 本题考查长期借款筹资。长期借款的保护性条款分为一般性保护条款和特殊性保护条款。

一般性保护条款主要包括：（1）对借款企业流动资金保持量的规定；（2）对支付现金股利和再购入股票的限制；（3）对净经营性长期资产总投资规模的限制（选项 A 不当选）；（4）限制其他长期债务（选项 D 不当选）；（5）借款企业定期向银行提交财务报表；（6）不准在正常情况下出售较多资产；（7）如期缴纳税费和清偿其他到期债务；（8）不准以任何资产作为其他承诺的担保或抵押；（9）不准贴现应收票据或出售应收账款；（10）限制租赁固定资产的规模。

特殊性保护条款主要包括：（1）贷款专款专用；（2）不准企业投资于短期内不能收回资金的项目；（3）限制企业高级职员的薪金和奖金总额（选项 B 不当选）；（4）要求企业主要领导人在合同有效期间担任领导职务等。综上，选项 C 当选。

本题答案 C

三、长期债券筹资（★）

9-1-3

（一）债券的偿还时间与形式

1. 债券的偿还时间

债券偿还时间按其实际发生与规定的到期日之间的关系，分为到期偿还、提前偿还与滞后偿还三类。

提前偿还是指在债券尚未到期之前就予以偿还。具有提前偿还条款的债券可使企业融资有较大的弹性。**当企业资金有结余时，可提前赎回债券；当预测利率下降时，也可提前赎回债券，而后以较低的利率来发行新债券**。

债券在到期日之后偿还叫滞后偿还。滞后偿还有转期和转换两种形式。转期指将较早到期的债券换成到期日较晚的债券，实际上是将债务的期限延长。常用的办法有两种：一是**直接以新债券兑换旧债券**；二是**用发行新债券得到的资金来赎回旧债券**。转换通常指股份有限公司发行的债券可以**按一定的条件转换成发行公司的股票**。

2. 债券的偿还形式

债券的偿还形式有现金偿还（最为常见）、新债换旧债和普通股偿还。

（二）债券筹资的优点和缺点

优点	缺点
（1）筹资规模较大。 （2）具有长期性和稳定性。 （3）有利于资源优化配置	（1）发行成本高。 （2）信息披露成本高。 （3）限制条件多

典例研习·9-2 多项选择题

下列债券偿还的方式中，属于滞后偿还的有（　　）。

A. 发行新债券替换旧债券

B. 以发行新债券获得的资金赎回旧债券

C. 转为普通股

D. 到期一次还本付息

斯尔解析 本题考查债券偿还。债券偿还时间按其实际发生与规定的到期日之间的关系，分为到期偿还、提前偿还与滞后偿还三类。债券在到期日之后偿还叫滞后偿还。滞后偿还有转期和转换两种形式。转期指将较早到期的债券换成到期日较晚的债券，实际上是将债务的期限延长。常用的办法有两种：一是直接以新债券兑换旧债券；二是用发行新债券得到的资金来赎回旧债券。转换通常指股份有限公司发行的债券可以按一定的条件转换成发行公司的股票。综上，选项ABC当选。

本题答案 ABC

第二节　普通股筹资

普通股筹资包括内部股权筹资和外部股权筹资，反映在资产负债表上，前者是指留存收益的增加，后者则体现为股本或实收资本的增加（通常伴随资本公积的增加）。

一、普通股筹资的特点 要

优点	缺点
（1）没有固定利息负担。 （2）没有固定到期日。 （3）能增加公司的信誉。 （4）筹资限制较少。 （5）在通货膨胀时普通股筹资更容易吸收资金	（1）普通股的资本成本较高。 （2）以普通股筹资会增加新股东，可能会分散公司的控制权，削弱原有股东对公司的控制。 （3）若公司股票上市，信息披露成本较大，公司保护商业秘密的难度增加

二、普通股的发行方式

除通过增加留存收益进行普通股筹资外，股票发行（即股票经销出售）是另一种普通股筹资方式。股票发行遵循公平、公正等原则，必须同股同权、同股同利。同次发行的股票，每股的发行条件和价格应当相同。同时，发行股票还应接受国务院证券监督管理机构的管理和监督。

由于各国的金融市场监管制度、金融体系结构和金融市场结构不同，股票发行方式也有所不同。股票的发行方式，可按不同标准划分为不同类型。

标准	分类	具体内容
以发行对象为标准	公开发行（公募）	优点： （1）发行范围广，发行对象多，易于足额募集资本。 （2）股票的变现性强，流通性好。 （3）有助于提高发行公司的知名度、扩大影响力。 缺点：手续繁杂，发行成本高
	非公开发行（私募）	优点：灵活性较大，发行成本低。 缺点：发行范围小，股票变现性差
以发行中是否有中介机构协助为标准	直接发行	优点：发行公司直接控制发行过程，节省发行费用。 缺点：筹资时间长，发行公司要承担全部发行风险，并需要发行公司有较高的知名度、信誉和实力
	间接发行（委托发行）	委托销售又分为包销和代销。 包销可及时筹足资本，免于承担发行风险，但会损失部分溢价，发行成本较高。 代销可获得部分溢价，降低发行成本，但发行方需承担发行风险

续表

标准	分类	具体内容
以发行股票能否带来现款为标准	有偿增资发行	认购者必须按股票的某种发行价格支付现款，方能获得股票的一种发行方式，如公开增发、配股和定向增发等
	无偿增资发行	认购者不必向公司缴纳现金就可获得股票的发行方式，一般只在分配股票股利、资本公积或盈余公积转增资本时采用。提示：主要目的是增强股东信心和公司信誉
	搭配增资发行	股东仅需支付发行价格的一部分，其余部分由资本公积或留存收益转增，是对原股东的一种优惠

三、普通股的发行定价

根据《公司法》的规定，股份有限公司的资本划分为股份。公司的全部股份，根据公司章程的规定择一采用面额股或者无面额股。采用面额股的，每一股的金额相等；采用无面额股的，应当将发行股份所得股款的 1/2 以上计入注册资本。面额股股票发行价格可以按票面金额，也可以超过票面金额，但不得低于票面金额。我国《证券法》规定，股票发行采取溢价发行的，其发行价格由发行人与承销的证券公司协商确定。

我国《上市公司证券发行注册管理办法》规定，公开增发股票的发行价格，应不低于公告招股意向书前 20 个交易日公司股票均价或前 1 个交易日的均价；非公开发行股票的发行价格不低于定价基准日前 20 个交易日公司股票均价的 80%。

四、普通股的首次公开发行

普通股的首次公开发行，即 IPO（Initial Public Offering），是指一家公司第一次将其普通股向公众出售。

首次公开发行股票，可以通过向网下投资者询价的方式确定股票发行价格，也可以通过发行人与主承销商自主协商直接定价等其他合法可行的方式确定发行价格。公开发行股票数量在 2 000 万股（含）以下且无老股转让计划的，应当通过直接定价的方式确定发行价格。

五、股权再融资（★★）

股权再融资，即 SEO（Seasoned Equity Offering），是指上市公司在首次公开发行以后，再次发行股票以进行股权融资的行为。股权再融资包括向原股东配股和增发新股融资。

（一）配股

配股是指向原普通股股东按其持股比例、以低于市价的某一特定价格配售一定数量新发行股票的融资行为。

1. 配股权

当股份公司为增加公司股本而决定发行新股时，原普通股股东享有的按其持股数量、以低于市价的某一特定价格优先认购一定数量新发行股票的权利。

提示：配股权是普通股股东的优惠权，实际上是一种短期的看涨期权。配股权在某一股权登记日前颁发，在此之前购买的股东享有配股权，即此时股票的市场价格中含有配股权的价值。

2. 目的

（1）不改变原控股股东对公司的控制权和享有的各种权利。

（2）发行新股将导致短期内每股收益稀释，通过折价配售的方式可以给原股东一定的补偿。

（3）鼓励原股东认购新股，以增加发行量。

3. 配股价格

一般采取**网上定价发行**的方式，由**主承销商和发行人协商确定**。

4. 配股条件

配股除了要符合公开发行股票的基本条件外，还应当符合下列规定：

（1）拟配售股份数量**不超过**本次配售股份前**股本总额的 50%**。

（2）**控股股东**应当在股东大会召开前**公开承诺**认配股份的数量。

（3）采用证券法规定的**代销方式发行**。

5. 配股除权价格

通常配股股权登记日后要对股票进行除权处理。除权后股票的理论除权基准价格为：

$$配股除权参考价=\frac{配股前股票市值+配股价格\times 配股数量}{配股前股数+配股数量}$$

$$=\frac{配股前每股价格+配股价格\times 股份变动比例}{1+股份变动比例}$$

除权参考价只是作为计算除权日股价涨跌幅度的基准，提供的只是一个参考价格。如果除权后股票交易市价高于该除权参考价，这种情形使得参与配股的股东财富较配股前有所增加，一般称之为“填权”；股价低于除权参考价则会减少参与配股股东的财富，一般称之为“贴权”。

6. 每股股票配股权价值

一般来说，原股东可以以低于配股前股票市价的价格购买所配发的股票，即配股权的执行价格低于当前股票价格，此时配股权是实值期权。每股股票配股权价值为：

$$每股股票配股权价值=\frac{配股除权参考价-配股价格}{购买一股新配股所需的原股数}$$

典例研习 · 9-3 单项选择题

甲公司采用配股方式进行融资，拟每 10 股配 1 股，配股前价格每股 9.1 元，配股价格每股 8 元。假设所有股东均参与配股，则配股除权价格是（　　）元。

A. 8　　B. 8.8　　C. 9　　D. 10.01

斯尔解析 本题考查配股除权价格。配股除权价格 =（配股前每股价格 + 配股价格 × 股份变动比例）/（1+ 股份变动比例）=（9.1+8×10%）/（1+10%）=9（元），选项 C 当选。

本题答案 C

典例研习·9-4 单项选择题

A 公司采用配股的方式进行融资。以公司 2018 年 12 月 31 日总股本 5 000 万股为基数，拟每 10 股配 2 股。配股价格为配股说明书公布前 20 个交易日公司股票收盘价平均值 15 元 / 股的 80%，则配股权的价值为（　　）元 / 股。

A. 2.5　　B. 0.5　　C. 14.5　　D. 15

斯尔解析 本题考查每股股票配股权的价值。

配股除权参考价 =（配股前股票市值 + 配股价格 × 配股数量）/（配股前股数 + 配股数量）=（5 000×15+15×80%×5 000×20%）/（5 000+5 000×20%）=14.5（元 / 股）

配股权价值 =（配股除权参考价 − 配股价格）/ 购买一股新股所需的股数 =（14.5−15×80%）/5=0.5（元 / 股），选项 B 当选。

本题答案 B

典例研习·9-5 单项选择题

甲公司采用配股方式进行融资，每 10 股配 3 股，配股价 20 元；配股前股价 26 元。最终参与配股的股权占 50%。乙在配股前持有甲公司股票 1 000 股，若其全部行使配股权，乙的财富（　　）。

A. 增加 1 800 元

B. 增加 786 元

C. 减少 786 元

D. 不发生变化

斯尔解析 本题考查配股。配股除权参考价 =（配股前每股股票价格 + 配股价格 × 股份变动比例）/（1+ 股份变动比例），甲公司采用的配股方式为每 10 股配 3 股，如果所有股东都参与配股，甲公司股份变动比例为 30%，但是最终参与配股的股权占 50%。因此，甲公司的股份变动比例 =30%×50%=15%，配股除权参考价 =（26+20×15%）/（1+15%）=25.22（元 / 股），乙的财富变动 =25.22×1 000×（1+30%）−20×1 000×30%−26×1 000=786（元），选项 B 当选。

本题答案 B

（二）增发新股

增发新股是指上市公司为了筹集权益资本而再次发行股票的融资行为，包括面向不特定对象的公开增发和面向特定对象的非公开增发（即定向增发）。

提示：配股和公开增发属于公开发行，非公开增发属于非公开发行。

1. 增发方式

增发新股，包括公开增发和非公开增发。

2. 定价与认购方式

增发类型	增发新股的定价	增发新股的认购方式
公开增发	不低于公告招股意向书前 20 个交易日公司股票均价或前 1 个交易日的均价	通常为现金认购
非公开增发	不低于定价基准日前 20 个交易日公司股票均价的 80%	现金、股权、债权、无形资产、固定资产等

提示：

定价基准日前 20 个交易日股票交易均价，并非每天收盘价的算术平均，其计算公式为：

$$定价基准日前20个交易日股票交易均价=\frac{定价基准日前20个交易日股票交易总额}{定价基准日前20个交易日股票交易总量}$$

3. 增发对新老股东财富的影响

增发价格	财富影响
增发价格＞现行市价	老股东财富增加，新股东财富减少，总额不变
增发价格＜现行市价	老股东财富减少，新股东财富增加，总额不变

（三）股权再融资对企业的影响

项目	具体内容
资本结构	（1）降低资产负债率，并可能会使资本成本增大。 （2）如果股权再融资有助于企业目标资本结构的实现，就会在一定程度上降低企业的加权平均资本成本，增加企业的整体价值
财务状况	（1）降低企业的财务杠杆水平，并降低净资产报酬率。 （2）如果企业能将股权再融资筹集的资金投资于具有良好发展前景的项目，获得正的投资活动净现值，或者能够改善企业的资本结构，降低资本成本，就有利于增加企业的价值
控制权	（1）就配股而言，控股股东只要不放弃认购的权利，就不会削弱控制权。 （2）公开增发会引入新的股东，股东的控制权受到增发认购数量的影响。 （3）非公开增发，一般不会对控股股东的控制权形成威胁： ①若对财务投资者和战略投资者增发，则会降低控股股东的控股比例，但财务投资者和战略投资者大多与控股股东有良好的合作关系，一般不会对控股股东的控制权形成威胁。 ②若面向控股股东的增发是为了收购其优质资产或实现集团整体上市，则会提高控股股东的控股比例，增强控股股东对上市公司的控制权

第三节　混合筹资

一、优先股筹资（★）

（一）发行主体

上市公司可以发行优先股，非上市公众公司可以非公开发行优先股。

（二）优先股的筹资成本

筹资方式	求偿顺序	筹资风险	筹资成本
债务筹资	先	大	小
优先股筹资	中	中	中
普通股筹资	后	小	大

（三）优先股筹资的优缺点

特点	具体说明
优点	与债券相比，不支付股利不会导致公司破产；没有到期期限，不需要偿还本金
	与普通股相比，发行优先股一般不会稀释股东权益
缺点	优先股股利不可以税前扣除（税收劣势），但投资者购买优先股所获股利免税（税收优势）。 提示：按金融工具准则，优先股根据合同条款可分类为金融负债或权益工具。如分类为金融负债，优先股股利可税前抵扣，但投资者需缴个人所得税，与债券利息没什么差别；如分类为权益工具，优先股股利不可以税前扣除，但投资者可免缴个人所得税
	优先股股利通常被视为固定成本（固定性融资成本、产生财务杠杆作用），增加公司的财务风险并进而增加普通股的成本

二、永续债筹资

（一）永续债的筹资成本

与优先股类似，永续债作为具有一定权益属性的债务工具，也是一种混合筹资工具，因此，其风险介于普通债券和普通股之间。永续债的利率一般比同期限、同等级的普通债券要高，但比普通股要低。

（二）永续债筹资的优缺点

1. 永续债筹资优点

（1）与普通债券相比，永续债不用偿还本金，无还本压力，不会给企业造成财务困境，而普通债券则需发行人到期还本；永续债筹资有可能计入企业权益，从而补充资本金，降低资产负债率，改善企业财务报表，而普通债券筹资则会提高资产负债率，抬高杠杆，加大财务风险。

（2）与普通股相比，永续债资本成本低于普通股资本成本；永续债投资者不具有表决权，永续债筹资即使计入企业权益，也是计入其他权益工具，不增加股本，不会稀释股权，不会摊薄每股收益等财务指标，而配股和增发等普通股筹资则增加股本，稀释股权，摊薄每股收益等；永续债利息有可能税前扣除，具有抵税效果，股利则不可以在税前扣除，没有抵税效果。

2. 永续债筹资缺点

尽管永续债发行人可以选择递延付息，但通常也要承担相应的代价，例如在递延期间利息要孳息，且在发放现金股利、减少注册资本等方面受到很多限制；因永续债混合债务和权益的属性，导致投资者对其定位不清晰，以致流通性较差，变现能力较弱。

三、附认股权证债券筹资（★★★）

9-3-3

（一）认股权证的含义与用途

1. 认股权证的含义

公司向股东发放的一种凭证，**授权其持有者在一个特定期间以特定价格购买特定数量的公司股票**。

2. 认股权证的用途

（1）在公司发行新股时，为避免原有股东每股收益和股权被稀释，给原有股东配发一定数量的认股权证，使其可以按优惠价格认购新股，或直接出售认股权证，以弥补新股发行的稀释损失。

（2）作为奖励发给本公司的管理人员。

（3）作为筹资工具，认股权证与公司债券同时发行，用来吸引投资者购买票面利率低于市场要求的长期债券。

提示：本节主要讨论筹资问题，因此重点是认股权证与债券的捆绑发行。

（二）认股权证 vs 看涨期权

1. 相同点

（1）均以股票为标的资产，其价值随股票价格变动。

（2）均在到期前可以选择执行或不执行，具有选择权。

（3）均有一个固定的执行价格。

2. 区别

项目	认股权证	股票看涨期权
期限	期限长，可以长达 10 年，甚至更长	期限短，通常只有几个月
估值模型	不能假设有效期限内不分红，不能应用 BS 模型估价	适用 BS 模型估价
股票来源	新发股票	二级市场
稀释问题	当认股权执行时，需要新发股票，稀释每股收益和股权	标准化的期权合约，在行权时根本不涉及股票交易，不存在稀释问题
股票交易	涉及股票交易	结清价差，不涉及股票交易

典例研习·9-6 单项选择题

下列关于认股权证与股票看涨期权共同点的说法中，正确的是（　　）。

A. 两者行权后均会稀释每股价格

B. 两者均有固定的行权价格

C. 两者行权后均会稀释每股收益

D. 两者行权时买入的股票均来自二级市场

斯尔解析　本题考查附认股权证债券筹资。认股权证的执行会引起股份数的增加，从而稀释每股收益和股价。而标准化的期权合约，在行权时只是与发行方结清差价，根本不涉及股票交易，所以不存在稀释问题，选项 AC 不当选。认股权证和股票看涨期权均有固定的行权价格，选项 B 当选。认股权证行权时，股票来自一级市场，股票看涨期权执行时，股票来自二级市场，选项 D 不当选。

本题答案　B

（三）分类

附认股权证债券，指公司债券附认股权证，是“债券 + 认股权证”的产品组合。其按不同的标准可以作如下分类：

分类标准		类型及含义
按能否分离交易	分离型	认股权证与公司债券可以分开，单独在流通市场上自由买卖
	非分离型	认股权证无法与公司债券分开，两者存续期限一致，同时流通转让，不得分开转让
按认购方式	现金汇入型	当持有人行使认股权利时，必须再拿出现金来认购股票
	抵缴型	公司债票面金额本身可按一定比例直接转股

提示：非分离型和抵缴型类似于可转债，本节附认股权证债券默认的是分离型和现金汇入型。

（四）优缺点、适用性及本质

项目	具体说明
优点	可以起到一次发行、两次（发行债券、发行股票）融资的作用，可以有效降低融资成本，代价是潜在的股权稀释
缺点	（1）灵活性较差，相对于可转换债券，发行人一直都有偿还本息的义务，因无赎回和强制转股条款，从而在市场利率大幅度降低时，发行人需要承担一定的机会成本。 （2）如果将来股票价格大大超过执行价格，原股东也会受到较大损失。 （3）承销费用通常高于债务融资
适用性	高速增长的小公司，有较高的风险，直接发行债券需要较高的票面利率
本质	为了低成本（低票面利率）发行债券，附带期权

（五）认股权证的价值

如果附带认股权证债券的发行价格为市场公允价格，则：

债券附带的总认股权证的价值 = 附带认股权证债券的发行价格 − 纯债券的价值

每份认股权证的价值 = 债券附带的总认股权证的价值 / 债券附带的认股权证张数

（六）筹资成本

1. 附认股权证债券的税前资本成本的估计

附认股权证债券的税前债务资本成本，可用投资人的内含报酬率来估计，即：使得购买 1 份附认股权证债券的“债券利息现值 + 到期面值现值 + 每份债券附认股权证的行权净流入的现值 = 购买价格”的折现率。

2. 附认股权证债券的税前资本成本的合理区间

计算出的内含报酬率，必须处在债务市场利率和税前普通股成本之间，才可以被发行人和投资者同时接受。

（1）低于等风险普通债券市场利率，则投资者不接受，因为认股权证和债券组合的风险大于直接债务投资。

（2）高于税前普通股成本，则发行人不接受，因为这样还不如直接增发新股。

典例研习 · 9-7 计算分析题

A 公司是一个高成长的公司，该公司目前股价 20 元 / 股，没有负债。预计公司未来可持续增长率为 5%。公司拟通过平价发行附带认股权证债券筹集资金，债券面值为每份 1 000 元，期限 20 年，票面利率 8%，同时每份债券附送 20 张认股权证，认股权证在 10 年后到期，在到期前每张认股权证可以按 22 元的价格购买 1 股普通股。相关数据如表所示。

每股价格	20 元
预期增长率	5%
每张债券面值	1 000 元

续表

票面利率	8%
认股权证执行价格	22 元
附认股权证数量	20 张

若等风险普通债券的市场利率为 10%。

要求：

（1）计算债券所附带的每张认股权证的价值。

（2）计算附带认股权证债券的税前资本成本。

（3）判断投资人是否接受此投资。

（4）为了提高投资人的报酬率，发行公司可采取哪些措施调整附带认股权证的条款。

（5）发行公司应如何调整票面利率，投资人可以接受？

（6）发行公司应如何调整认购价格，投资人可以接受？

斯尔解析

（1）每张纯债券价值 =1 000×8%×（P/A，10%，20）+1 000×（P/F，10%，20）=80×8.5136+1 000×0.1486=681.088+148.6=829.69（元）。

债券附带的总认股权证的价值 =1 000−829.69=170.31（元）

每张认股权价值 =170.31÷20=8.52（元）

（2）购买 1 组认股权证和债券组合的现金流量如下：

第 1 年年初：流出现金 1 000 元，购买债券和认股权证。

第 1 ~ 20 年，每年利息流入 80 元。

第 10 年年末：股票的每股市价 =20×（1+5%）^{10}=32.58（元）。

行权价差收入 =（32.58−22）×20=211.6（元）。

第 20 年年末，取得归还本金 1 000 元。

80×（P/A，IRR，20）+211.6×（P/F，IRR，10）+1 000×（P/F，IRR，20）−1 000=0

根据上述现金流量计算，内含报酬率 =8.98%。

（3）因为内含报酬率低于普通债券利息率 10%，投资人不接受此投资。

（4）为了提高投资人的报酬率，发行公司需要降低执行价格或提高债券的票面利率，增加附认股权证数量、延长行权日。

（5）设调整后票面利率为 i：

1 000×i×（P/A，10%，20）+211.6×（P/F，10%，10）+1 000×（P/F，10%，20）−1 000=0

解得：i=9.04%。

（6）设调整后执行价格为 X：

80×（P/A，10%，20）+（32.58−X）×20×（P/F，10%，10）+1 000×（P/F，10%，20）−1 000=0

解得：X=10.49（元）。

精准答疑

问题： 请问使用内插法计算的时候，怎么确定两个相近的利率，比如这个题怎么选的 8% 和 9%？

解答： 可以用粗算收益率的方法进行定位。粗算收益率 = 平均年收益 ÷ 投资额 =（80+211.6 ÷ 20）÷1 000=0.0906=9.06%。在测试时，可以先测试 9%，然后再根据测试结果进行调整。

典例研习 · 9-8 单项选择题

某公司拟发行附带认股权证的债券筹集资金，已知目前等风险公司债券的市场利率为 6%，该公司税后普通股成本为 10%，所得税税率为 25%。要使得本次发行附带认股权证债券的筹资方案可行，则其内含报酬率的范围为（　　）。

A. 大于 6%，小于 10%

B. 大于 6%，小于 13.33%

C. 大于 4.5%，小于 13.33%

D. 大于 4.5%，小于 10%

斯尔解析 本题考查附认股权证债券筹资。附带认股权证的债券的内含报酬率必须处在债务市场利率和税前普通股成本之间，债务的市场利率为 6%，税前普通股成本 =10%/（1−25%）=13.33%，选项 B 当选。

陷阱提示 同学们在做题时，一定要注意资本成本的比较口径。如果是税前口径，则三个指标都要是税前的；如果是税后口径，则三个指标都要是税后的。其中，附认股权证债券的内含报酬率指的是投资人的内含报酬率。在计算投资人的内含报酬率时，使用的现金流，比如买价和利息收入等，均属于税前的现金流，因此该内含报酬率属于税前口径指标，而非税后指标。

本题答案 B

四、可转换债券筹资（★★★）

9-3-4

（一）主要条款

条款	含义
可转换性	可转换债券可以转换为特定公司的普通股。这种转换，在资产负债表上只是负债转换为普通股，并不增加额外的资本；是一种期权，债券持有人可以选择转换，也可选择不转换而继续持有债券
转换价格	是转换发生时投资者为取得普通股每股所支付的实际价格；通常比发行时的股价高出 20% ~ 30%

续表

条款	含义
转换比率	是债权人将一份债券转换成普通股可获得的普通股股数。 转换比率 = 债券面值 ÷ 转换价格
转换期	可转换债券转换为股份的起始日至结束日的期间，可以与债券期限相同，也可以短于债券期限，例如： （1）递延转换期：发行一定时间之后才能行使转换权。 （2）有限转换期：只能在发行日后一定时间内行使转换权
赎回条款（加速条款）	可转换债券的发行企业可以在债券到期日之前提前赎回债券的规定。包括以下内容： （1）不可赎回期，可转换债券从发行时开始，不能被赎回的那段期间，目的是保护债券持有人的利益，防止发行企业通过滥用赎回权，促使债券持有人尽早转换债券。 （2）赎回期，可转换债券的发行公司可以赎回债券的期间，在不可赎回期结束之后。 （3）赎回价格，一般高于可转换债券的面值，两者之差为赎回溢价，赎回溢价随债券到期日的临近而减少。 （4）赎回条件，对可转换债券发行公司赎回债券的情况要求，即需要在什么情况下才能赎回债券，赎回条件分为无条件赎回和有条件赎回。 （5）目的： ①可以促使债券持有人转换股份，因此又被称为加速条款。 ②可以使发行公司避免市场利率下降后，继续向债券持有人按较高的债券票面利率支付利息所蒙受的损失
回售条款	在可转换债券发行公司的股价达到某种程度时，债券持有人有权按照约定的价格将可转换债券卖给发行公司的有关规定（相当于债券持有人的“看跌期权”），目的是保护债券投资人的利益，以降低投资风险，使投资者具有安全感，有利于吸引投资者
强制性转换条款	在某些条件具备之后，债券持有人必须将可转换债券转换为股票，无权要求偿还债券本金，目的是保证可转换债券顺利地转换成股票，实现发行公司扩大权益筹资的目的

提示：不可赎回期和回售条款有利于投资人；赎回条款和强制性转换条款有利于发行人。

典例研习 · 9-9 单项选择题

有些可转换债券在赎回条款中设置不可赎回期，其目的是（　　）。

A. 防止赎回溢价过高

B. 保证可转换债券顺利转换成股票

C. 保证发行公司长期使用资金

D. 防止发行公司过度使用赎回权

斯尔解析　本题考查可转换债券筹资。设置不可赎回期的目的，在于保护债券持有人的利益，防止发行企业滥用赎回权，选项 D 当选。

本题答案　D

（二）优缺点

特点	内容要点
优点	（1）与普通债券相比，可转换债券使得公司能够以较低的利率取得资金。 （2）与普通股相比，可转换债券使得公司取得了以高于当前股价出售普通股的可能性
缺点	（1）股价上涨风险。公司只能以较低的固定转换价格换出股票，会降低公司的股权筹资额。 （2）股价低迷风险。发行可转换债券后，如果股价没有达到转股所需要的水平，可转换债券持有者没有如期转换普通股，则公司只能继续承担债务。在订有回售条款的情况下，公司短期内集中偿还债务的压力会更明显。 （3）筹资成本高于普通债券。尽管可转换债券的票面利率比普通债券低，但是加入转股成本之后的总筹资成本比普通债券要高

（三）可转债与附认股权证债券的区别

项目	可转换债券	附认股权证债券
资本	转换时不增加新资本	认购股份时增加新资本
灵活性	灵活性强	灵活性差
适用情况	目的是发行股票，只是当前股价偏低，通过转股实现较高的发行价	目的是发行债券，只是利率偏高，希望捆绑期权以较低利率吸引投资者
发行费用	承销费用类似纯债券	承销费用介于债务筹资与普通股筹资之间
债务现金流	从发行开始到转换截止	认购不会改变债务现金流，现金流从发行开始，到债券到期日止

（四）可转换债券的价值评估

类别		具体内容
可转换债券的估价	纯债券价值	纯债券价值 = 利息的现值 + 本金的现值 折现率：等风险普通债券的市场利率
	债券的转换价值	债券转换价值是债券转换成的股票价值。 转换价值 = 股价 × 转换比例
	可转换债券的底线价值	可转换债券的底线价值，应当是纯债券价值和转换价值两者中较高者
可转换债券的税前成本	计算方法	可转换债券的税前资本成本可用投资人的内含报酬率来估计： 买价 = 利息现值 + 可转换债券的底线价值（或赎回价格）现值 上式中求出的折现率，就是可转换债券的税前成本
	合理的范围	可转换债券的税前筹资成本应在普通债券市场利率与税前股权资本成本之间

提示：赎回价值，是赎回期的赎回价格，赎回价格一般高于可转换债券的面值，两者之差为赎回溢价，一般赎回溢价随着债券到期日的临近而减少。

典例研习·9-10 计算分析题

甲公司是一家上市公司，目前拟发行可转换债券筹集资金。乙投资机构是一家从事证券投资的专业机构，正对甲公司可转换债券进行投资的可行性分析，为此收集了甲公司的发行公告、股票价格等信息。相关资料如下：

（1）甲公司于 2021 年 12 月 20 日发布的《公开发行可转换债券发行公告》摘要：

本次发行证券的种类为可转换为公司 A 股普通股股票的可转换公司债券。本次募集资金总额为人民币 100 000 万元，发行数量为 100 万张。

本可转债每张面值人民币 1 000 元，票面利率 5%，每年末付息一次，到期归还本金。

本可转债按面值发行，期限为自发行之日起 10 年，即 2022 年 1 月 1 日至 2031 年 12 月 31 日。本可转债的转股期自可转债发行结束之日满六个月后的第一个交易日起至可转债到期日止，转股价格为 100 元 / 股。在转股期内，如果可转债的转换价值高于 1 500 元时，公司董事会有权以 1 080 元的价格赎回全部未转股的可转债。

（2）预计债券发行后，甲公司普通股每股市价 55 元，公司进入生产经营稳定增长期，可持续增长率 12%。

（3）假定转股必须在年末进行，赎回在达到赎回条件后可立即执行。

（4）市场上等风险普通债券市场利率 8%。

要求：

（1）什么是赎回条款？为什么设置赎回条款？什么是有条件赎回？

（2）计算每张可转换债券第 8 年年末和第 9 年年末的转换价值。

（3）计算每张可转换债券第 8 年年末（付息后）的纯债券价值和底线价值，判断债券持有者是否应在第 8 年年末转股，并说明理由。

（4）如果投资者在第 8 年年末（付息后）转股，计算投资可转换债券的期望报酬率，判断乙投资机构是否应购买该债券，并说明原因。

斯尔解析

（1）赎回条款是可转换债券的发行企业可以在债券到期日之前提前赎回债券的规定。

设置赎回条款是为了促使债券持有人转换股份，因此被称为加速条款；同时，也使发行公司避免市场利率下降后，继续向债券持有人按较高的债券票面利率支付利息所蒙受的损失。

有条件赎回是对赎回债券有一些条件限制，只有在满足了这些条件之后才能由发行企业赎回债券。

（2）转换比率 =1 000÷100=10。

第 8 年年末的转换价值 = 第 8 年年末的股价 × 转换比率 =55×（F/P，12%，8）×10=1 361.80（元）

第 9 年年末的转换价值 = 第 9 年年末的股价 × 转换比率 =55×（F/P，12%，9）×10=1 525.21（元）

（3）第 8 年年末（付息后）的纯债券价值 =1 000×5%×（P/A，8%，2）+1 000×（P/F，8%，2）=1 000×5%×1.7833+1 000×0.8573=946.47（元）

第 8 年年末的转换价值 =1 361.80（元）

可转换债券的底线价值是两者中较高者，即 1 361.80 元。

债券持有者应在第 8 年年末转换。

因为第 9 年年末股价超过 1 500 元，甲公司将赎回可转债；而第 8 年年末的转换价值高于赎回价格 1 080 元，如果债券持有者不在第 8 年年末转股，将遭受损失。

（4）设期望报酬率为 K，则有：

1 000=1 000×5%×（P/A，K，8）+1 361.80×（P/F，K，8）

当 K=8% 时，未来流入现值 =50×5.7466+1 361.80×0.5403=1 023.11（元）。

当 K=9% 时，未来流入现值 =50×5.5348+1 361.80×0.5019=960.23（元）。

$$\frac{K-8\%}{9\%-8\%}=\frac{1\ 000-1\ 023.11}{960.23-1\ 023.11}$$

K=8.37%

乙投资机构应购买该债券。因为乙投资机构的投资报酬率 8.37% 高于等风险普通债券的市场利率 8%，对投资者具有一定的吸引力。

第四节 租赁筹资

一、租赁的概念及原因

（一）租赁的概念

租赁，是指在一定的期间内，出租人将资产使用权让与承租人以获取对价的合同。

分类标准	类型	具体内容
当事人之间的关系	直接租赁	该租赁是指出租人直接向承租人提供租赁资产的租赁形式
	杠杆租赁	出租人引入资产时只支付引入所需款项，其余款项则以引入的资产或出租权等为抵押，向另外的贷款者借入；资产出租后，出租人以收取的租金向贷款者（债权人）还贷
	售后租回	该种租赁是指承租人先将某资产卖给出租人，再将该资产租回的一种租赁形式
租赁期的长短	短期租赁	短期租赁的时间明显少于租赁资产的经济寿命
	长期租赁	长期租赁的时间接近租赁资产的经济寿命
租赁费是否超过资产的成本	不完全补偿租赁	是指租金不足以补偿租赁资产的全部成本的租赁
	完全补偿租赁	是指租金超过资产全部成本的租赁
承租人是否可以随时解除租赁	可以撤销租赁	是指合同中注明承租人可以随时解除租赁
	不可撤销租赁	是指在合同到期前不可以单方面解除的租赁
租赁资产的维护	毛租赁	指由出租人负责资产维护的租赁
	净租赁	指由承租人负责资产维护的租赁
租赁费用	租赁费用的经济内容包括出租人的全部出租成本和利润，出租成本包括租赁资产的购置成本、营业成本以及相关的利息	

（二）租赁的原因

原因	含义
节税	若承租方的有效税率高于出租方，通过租赁可以节税。即资产使用方处于较高税率级别，在购买方式下从折旧中获得的抵税收益小于在租赁方式下获得的抵税收益，资产使用方倾向于采用租赁方式（长期租赁存在的重要原因）
降低交易成本	租赁公司购置资产可获得价格优惠，维修可能更内行或更有效率。 出租方融资成本往往比承租人低（短期租赁存在的主要原因）

续表

原因	含义
减少不确定性	（1）承租人不拥有租赁资产所有权，不承担与此有关的风险。 （2）规模较小或新成立的公司，总风险较大，较倾向于租赁。 （3）蓝筹公司有能力承担资产余值风险，更偏好自行购置

二、租赁的会计处理和税务处理（★）

9-4-2

（一）租赁的会计处理

按照新租赁准则，承租人会计处理不再区分经营租赁和融资租赁，而是采用单一的会计处理模型，也就是说，除采用简化处理的短期租赁和低价值资产租赁外，对所有租赁均确认使用权资产和租赁负债，参照固定资产准则对使用权资产计提折旧，采用固定的周期性利率确认每期利息费用。

出租人租赁仍分为融资租赁和经营租赁两大类，并分别采用不同的会计处理方法。一项租赁属于融资租赁还是经营租赁取决于交易的实质，而不是合同的形式。如果一项租赁实质上转移了与租赁资产所有权有关的几乎全部风险和报酬，出租人应当将该项租赁分类为融资租赁。出租人应当将除融资租赁以外的其他租赁分类为经营租赁。

1. 采用简化处理的短期租赁和低价值资产租赁

（1）短期租赁，是指在租赁期开始日，租赁期不超过 12 个月的租赁。包含购买选择权的租赁不属于短期租赁。

（2）低价值资产租赁，是指单项租赁资产为全新资产时价值较低的租赁。

（3）对于短期租赁和低价值资产租赁，承租人可以选择不确认使用权资产和租赁负债。作出该选择的，承租人应当将短期租赁和低价值资产租赁的租赁付款额，在租赁期内各个期间按照直线法或其他系统合理的方法计入相关资产成本或当期损益。

2. 其他租赁

对除采用简化处理的短期租赁和低价值资产租赁外的租赁，在租赁期开始日，承租人应当对租赁确认**使用权资产和租赁负债**。

（二）租赁的税务处理

1. 基本原则

目前税法上仍然将租赁划分为经营租赁和融资租赁，但没有规定租赁的分类标准，可以采用会计准则对租赁的分类和确认标准；税收法规规定了租赁资产的计税基础和扣除时间，并且与会计准则不一致，应遵循税收法规。

提示：按照教材观点，会计上选择简化处理的短期租赁或者低价值资产的租赁，在税法上分类为经营租赁，否则在税法上分类为融资租赁。

财务管理主要关注估值。由于税法的相关规定将影响税后现金流量，故**财务管理将采用税法的角度**而不是会计的角度看待租赁问题。

2. 租赁费的扣除方法和计税基础

根据税法规定，以融资租赁方式租入固定资产发生的租赁费支出（不考虑货币时间价值），按照规定构成融资租入固定资产价值的部分应当提取折旧，分期扣除。

合同情况	计税基础	折旧计算
合同约定付款总额时	以租赁合同约定的付款总额和承租人在签订租赁合同过程中发生的相关费用为计税基础： 计税基础 = 约定付款总额（租赁费 + 留购价款）+ 交易费用	年折旧 = 合同约定的付款总额及相关费用 ×（1− 预定残值率）/ 同类设备折旧年限
合同未约定付款总额时	以该资产的公允价值和承租人在签订租赁合同过程中发生的相关费用为计税基础： 计税基础 = 资产公允价值 + 交易费用	年折旧 = 公允价值及相关费用 ×（1− 预定残值率）/ 同类设备折旧年限

9-4-3

三、租赁决策分析（★★★）

（一）决策原则

租赁决策的本质是为获得同一项资产中互斥方案（租赁与购买）的优选问题。一般方案的选择不会引起收入的变化，如果租赁取得资产的现金流出总现值小于借款购买，则应选择租赁方案。

决策指标：

租赁净现值 = 租赁的现金流量总现值 − 借款购买的现金流量总现值

租赁净现值＞0，选租赁；租赁净现值＜0，选购买。

（二）现金流量

1. 自行购置

初始现金流量	− 购置设备支出
营业现金流量	（1）折旧抵税 = 折旧 × 所得税税率。 （2）− 税后维护保养成本
回收余值的现金流量	期末资产余值变现价值 + 变现损失抵税（或 − 变现收益纳税）

2. 融资租赁（税法口径）

（1）若期末所有权不转移。

初始现金流量	0
租赁期现金流量	①折旧抵税 = 折旧 × 所得税税率。 ② − 租金
终结点现金流量	变现价值 + 变现损失抵税 =0+（计税基础 − 已提折旧）× 所得税税率

（2）若期末所有权转移。

初始现金流量	0
租赁期现金流量	①折旧抵税 = 折旧 × 所得税税率。 ② − 租金
终结点现金流量	① − 支付购买设备余值的名义买价。 ②期末资产余值变现价值。 ③变现损失抵税（或 − 变现收益纳税）

提示：若分类为采用简化处理的短期租赁和低价值资产租赁，租金可以直接抵税，租赁期内现金流量就是税后租金，即承租人租赁期现金流量 =− 租金 ×（1− 所得税税率）。

（三）折现率

理论上，折现率应当体现现金流量的风险，租赁涉及的各种现金流风险并不同，应当使用不同的折现率；**实务中，一般进行简化处理，统一使用有担保债券的利率作为折现率。**

原理详解

如何理解不同流量应使用不同的折现率？

折现率是现金流量风险的函数，折现率和现金流量要相互匹配，税前的现金流量应使用税前资本成本折现，税后的现金流量应使用税后资本成本折现。

租赁费的折现率：采用有担保债券的利率，稍高于无风险利率。

折旧抵税额的折现率：折旧抵税额的风险比租金大，折现率也应较高。

期末资产余值的折现率：应使用项目必要报酬率，即加权平均资本成本。

（四）计算方法

1. 总额法

分别计算租赁的现金流量总现值和购买的现金流量总现值，然后计算租赁净现值。

2. 差额法

计算每年的差额现金流量，然后折现计算租赁净现值。

典例研习 · 9-11 计算分析题

甲公司是一个制造企业，为增加产品产量决定添置一台设备，设备的预计使用年限为 4 年。公司正在研究应通过自行购置还是租赁取得该设备。相关资料如下：

（1）如果自行购置该设备，购置成本 100 万元。税法规定采用直线法计提折旧，折旧年限为 5 年，折旧期满时预计净残值率为 5%。4 年后该设备的变现价值预计为 30 万元。设备维护费用（保险、保养、修理等）预计每年 1 万元，假设发生在每年年末，可以直接税前扣除。

（2）乙租赁公司可提供该设备的租赁服务，租赁期 4 年，年租赁费 20 万元，在年初支付。租赁公司负责设备的维护，不再另外收取费用。租赁期内不得撤租。租赁期届满时租赁资产所有权不转让。

（3）甲公司的所得税税率为 25%，税后借款（有担保）利率为 8%。

要求：

（1）判断租赁的税务性质，分别计算租赁方案和自行购置方案现金流量总现值，并判断甲公司应该选择哪种方案。

（2）计算租赁方案相对于购置的差额现金流量及其净现值，并判断甲公司应该选择哪种方案。

斯尔解析

（1）①判断租赁税务性质。该合同不属于选择简化处理的短期租赁和低价值资产租赁，符合融资租赁的认定标准，租赁费每年 20 万元，不可在税前扣除。

②租赁方案现金流量总现值计算。

a. 由于合同约定了承租人的付款总额，租赁资产的计税基础 =20×4=80（万元）。

b. 折旧抵税。按同类固定资产的折旧年限计提折旧费：

租赁资产的年折旧额 =80×（1−5%）÷5=15.2（万元）

每年折旧抵税 =15.2×25%=3.8（万元）

c. 期末资产变现。该设备租赁期届满时租赁资产所有权不转让：

期末资产变现流入 =0（万元）

期末资产账面价值 =80−15.2×4=19.2（万元）

期末资产变现损失 =19.2−0=19.2（万元）

期末资产变现损失抵税 =19.2×25%=4.8（万元）

d. 各年现金流量。

第 1 年年初（第 0 年年末）现金流量 =−20（万元）

第 1 年至第 3 年每年年末现金流量 =−20+3.8=−16.20（万元）

第 4 年年末现金流量 =3.8+4.8=8.6（万元）

e. 租赁方案现金流量总现值 =−20−16.20×（*P*/*A*，8%，3）+8.60×（*P*/*F*，8%，4）

=−20−16.20×2.5771+8.60×0.7350=−55.43（万元）

租赁方案

单位：万元

时间（年末）	0	1	2	3	4
租金支付	−20	−20	−20	−20	—
（折旧）	—	15.2	15.2	15.2	15.2
折旧抵税	—	3.8	3.8	3.8	3.8
期末资产变现流入	—	—	—	—	0
（期末资产账面价值）	—	—	—	—	19.2

续表

时间（年末）	0	1	2	3	4
（期末资产变现损益）	—	—	—	—	−19.2
期末资产变现损失减税	—	—	—	—	4.8
各年现金流量	−20	−16.2	−16.2	−16.2	8.6
折现系数（8%）	1	0.9259	0.8573	0.7938	0.7350
各年现金流量现值	−20.00	−15.00	−13.89	−12.86	6.32
租赁流出总现值	−55.43	—	—	—	—

③购买方案现金流量总现值计算。

a. 购置设备。

第 1 年年初购置设备 =100（万元）

b. 折旧抵税。按税法规定计提折旧费：

购买资产的年折旧额 =100×（1−5%）÷5=19（万元）

每年折旧抵税 =19×25%=4.75（万元）

c. 税后维修费用。

每年年末税后维修费用 =1×（1−25%）=0.75（万元）

d. 期末资产变现。

期末资产变现流入 =30（万元）

期末资产账面价值 =100−19×4=24（万元）

期末资产变现利得 =30−24=6（万元）

期末资产变现利得缴税 =6×25%=1.5（万元）

e. 各年现金流量。

第 1 年年初（第 0 年年末）现金流量 =−100（万元）

第 1 年至第 3 年每年年末现金流量 =4.75−0.75=4（万元）

第 4 年年末现金流量 =4.75−0.75+30−1.5=32.5（万元）

f. 购买方案现金流量总现值 =−100+4×（P/A，8%，3）+32.5×（P/F，8%，4）

=−100+4×2.5771+32.5×0.7350=−65.80（万元）

购买方案

单位：万元

时间（年末）	0	1	2	3	4
购置设备	−100	—	—	—	—
（折旧）	—	19	19	19	19
折旧抵税	—	4.75	4.75	4.75	4.75
税后维修费用	—	−0.75	−0.75	−0.75	−0.75

续表

时间（年末）	0	1	2	3	4
期末资产变现流入	—	—	—	—	30
（期末资产账面价值）	—	—	—	—	24
（期末资产变现损益）	—	—	—	—	6
期末资产变现利得纳税	—	—	—	—	-1.5
各年现金流量	-100	4	4	4	32.5
折现系数（8%）	1	0.9259	0.8573	0.7938	0.7350
各年现金流量现值	-100	3.70	3.43	3.18	23.89
借款购买的现金流量总现值	-65.80	—	—	—	—
租赁优势	10.37	—	—	—	—

④租赁方案相对购买方案的净现值。

租赁方案相对购买方案的净现值 =-55.43-（-65.80）=10.37（万元）

本例中，采用租赁方案更有利。

（2）

租赁方案相对于购买方案差额现金流量分析

单位：万元

时间（年末）	0	1	2	3	4
租赁方案：					
租金支付	-20	-20	-20	-20	—
折旧抵税	—	3.8	3.8	3.8	3.8
期末资产变现流入	—	—	—	—	0
期末资产变现损失减税	—	—	—	—	4.8
购买方案：					
购置设备	-100	—	—	—	—
折旧抵税	—	4.75	4.75	4.75	4.75
税后维修费用	—	-0.75	-0.75	-0.75	-0.75
期末资产变现流入	—	—	—	—	30
期末资产变现利得纳税	—	—	—	—	-1.5
差额现金流量	80	-20.2	-20.2	-20.2	-23.9
折现系数（8%）	1	0.9259	0.8573	0.7938	0.7350

续表

时间（年末）	0	1	2	3	4
现值	80	−18.7	−17.32	−16.03	−17.57
租赁净现值	10.38	—	—	—	—

租赁净现值大于 0，因此应当选择租赁方案。

（五）租赁对投资决策的影响

有时一个投资项目按常规筹资有负的净现值，如果租赁的价值较大，抵补常规分析负的净现值后还有剩余，则采用租赁筹资可能使该项目具有投资价值。

项目的调整净现值 = 项目的常规净现值 + 租赁净现值

解题高手

命题角度：以主观题形式考查租赁筹资决策分析（自行购置 vs 融资租赁）。

租赁决策分析，类似于投资项目资本预算，需要对现金流量进行归纳总结：

（1）自行购置（1+2+2）。

①初始期（1 项）：购置设备支出。

②营业期（2 项）：折旧费用抵税 + 维护费用支出（税后）。

提示：折旧费用按照税法要求算，维护费用支出要算税后的。

③终止期（2 项）：变现收入 + 变现损失抵税 / 收益纳税。

提示：不要忘记计算变现收益 / 损失的税务影响。

（2）融资租赁（2+2）。

①营业期（2 项）：折旧费用抵税 + 租金费用（税前）。

提示：由于计税基础不同，折旧费用的计算与借款购买也不同，且租金费用无法抵扣，应计算税前的。

②终止期（2 项）。

a. 所有权不转移：变现收入（0）+ 变现损失抵税（机会收益）。

b. 所有权转移：变现收入 + 变现损失抵税 / 收益纳税。

提示：所有权不转移时由于资产存在账面净残值，因此会产生变现损失的抵税效应。

【斯考卡片】
扫码背重点

340

至此，财务成本管理的学习已经进行了60%，继续加油呀！

60%

第十章

股利分配、股票分割与股票回购

学习提要

重要程度： 次重点章节　　**平均分值：** 4分

考核题型： 以客观题为主，主观题为辅

本章提示： 本章考点比较分散，难度较小，一定要"吃透"每一个细节，保证考试不丢分

考点精讲

第一节 股利理论与股利政策

一、股利理论（★★）

（一）股利无关论

1. 基本假设

基于完美资本市场假设，因而股利无关论又被称为完全市场理论。

2. 主要观点

（1）投资者不关心公司股利的分配，对股利和资本利得没有偏好。

（2）公司价值完全由其投资政策及获利能力所决定，公司的盈余在股利和保留盈余之间的分配并不影响公司的价值。

（二）股利相关论

1. 税差理论

税差理论强调了税收在股利分配中对股东财富的重要作用，其中税收主要包括股利收益税和资本利得税。股利收益税是收取股利时需要缴纳的税；资本利得税是股票出售时，赚取买卖差价需要缴纳的税。股票出售时可能会存在交易成本，如果存在交易成本，股东财富会因此而减损，在研究时也应当考虑。

情形一：一般来说，出于保护和鼓励资本市场投资的目的，会采用股利收益税率高于资本利得税率的差异税率制度，致使股东会偏好资本利得而不是派发现金股利，因此企业应采取低现金股利支付率政策。

情形二：即使股利与资本利得具有相同的税率，股东在支付税金的时间上也是存在差异的。股利收益纳税是在收取股利的当时，而资本利得纳税只是在股票出售时才发生，显然继续持有股票来延迟资本利得的纳税时间，可以体现递延纳税的时间价值，因此企业应采取低现金股利支付率政策。

情形三：如果存在股票的交易成本，当资本利得税与交易成本之和大于股利收益税时，股东自然会倾向于企业采用高现金股利支付率政策。

典例研习·10-1 多项选择题

根据税差理论，下列情形会导致股东偏好高现金股利政策的有（　　）。

A. 不考虑股票交易成本，资本利得税小于股利收益税

B. 考虑股票交易成本，资本利得税大于股利收益税

C. 考虑货币时间价值，资本利得税小于股利收益税

D. 不考虑货币时间价值，资本利得税大于股利收益税

斯尔解析 本题考查股利理论。如果不考虑股票交易成本，当资本利得税小于股利收益税时，股利收益纳税较高，股东会偏好低现金股利政策，选项 A 不当选。考虑交易成本，并且资本利得税大于股利收益税时，股利收益整体纳税较低，股东会偏好高现金股利政策，选项 B 当选。若考虑货币时间价值，且资本利得税小于股利收益税时，资本利得纳税的金额较少，并且可以享受递延纳税的好处，股东会更加偏好资本利得，而选择低现金股利政策，选项 C 不当选。不考虑货币时间价值，且资本利得税大于股利收益税时，资本利得纳税金额较大，且不存在递延纳税的好处，此时股东会偏好高现金股利政策，选项 D 当选。

本题答案 BD

2. 客户效应理论

客户效应理论是对税差理论的进一步扩展，研究处于不同税收等级的投资者对待股利分配态度的差异。

（1）收入高的投资者因其边际税率较高表现出偏好低股利支付率的股票，希望少分现金股利或不分现金股利，以更多的留存收益进行再投资，从而提高所持有的股票价格。

（2）收入低的投资者以及享有税收优惠的养老基金投资者表现出偏好高股利支付率的股票，希望支付较高而且稳定的现金股利。

3. “一鸟在手”理论

由于企业在经营过程中存在着诸多的不确定性因素，股东会认为现实的现金股利要比未来的资本利得更为可靠，会更偏好于确定的股利收益。因此，资本利得好像林中之鸟，虽然看上去很多，但却不一定抓得到。而现金股利则好像在手之鸟，是股东有把握按时、按量得到的现实收益。

股东在对待股利分配政策态度上表现出来的这种宁愿现在取得确定的股利收益，而不愿将同等的资金放在未来价值不确定性投资上的态度偏好，被称为“一鸟在手，强于二鸟在林”。

“一鸟在手”理论所强调的是为了实现股东价值最大化的目标，企业应实行高股利分配率的股利政策。

4. 代理理论

冲突对象	利益诉求
股东与债权人	债权人希望企业采取低股利支付率政策，以保证有充裕现金留在企业以防发生债务支付困难
经理人员与股东	实施多分配少留存的股利政策，既可以抑制经理人员随意支配自由现金流的代理成本，也有利于满足股东取得股利收益的愿望
控股股东与中小股东	处于对外部投资者的保护程度较弱环境的中小股东希望企业采用多分配少留存的股利政策，以防控股股东的利益侵害

5. 信号理论

（1）内部经理人员与外部投资者之间存在信息不对称，股利分配可以作为一种信息传递机制，股东或投资者依据股利信息判断公司的经营状况和发展前景。

（2）鉴于投资者对股利信号信息的理解不同，所作出的对企业价值的判断也不同。

情形	股利支付率提高	股利支付率下降
一般情形	前景良好，业绩增长、股价上升	预计衰退，股价下降
处于成熟期的企业	无好项目，成长性趋缓甚至下降，股价应下降	增加留存为新项目融资，前景好，股价应上升

典例研习 · 10-2 单项选择题

下列关于股利分配的说法中，错误的是（　　）。

A. 税差理论认为，当股票资本利得与股票交易成本之和大于股利收益税时，应采用高现金股利支付率政策

B. 客户效应理论认为，对于高收入投资者，应采用高现金股利支付率政策

C. “一鸟在手”理论认为，由于股东偏好当期股利收益胜过未来预期资本利得，应采用高现金股利支付率政策

D. 代理理论认为，为解决控股股东和中小股东之间的代理冲突，应采用高现金股利支付率政策

斯尔解析 本题考查股利理论。客户效应理论认为，收入高的投资者因其边际税率较高，表现出偏好低股利支付率的股票，希望少分现金股利或不分现金股利，以更多的留存收益进行投资，从而提高所持有股票的价格，选项 B 当选。

本题答案 B

10-1-2

二、股利政策（★★）

（一）剩余股利政策

1. 含义

在公司有着良好的投资机会时，根据一定的目标资本结构（最佳资本结构），测算出投资所需的权益资本，先从盈余当中留用，然后将剩余的盈余作为股利予以分配。

2. 计算步骤

采用剩余股利政策时，应遵循四个步骤：

（1）设定目标资本结构，即确定权益资本与债务资本的比率，在此资本结构下，加权平均资本成本将达到最低水平。

（2）确定目标资本结构下投资所需的股东权益数额。

（3）最大限度地使用保留盈余来满足投资方案所需的权益资本数额。

（4）投资方案所需权益资本已经满足后若有剩余盈余，再将其作为股利发放给股东。

3. 评价

（1）优点：**保持理想的资本结构，使加权平均资本成本最低**。

（2）缺点：股利发放额每年随投资机会和盈利水平的波动而波动，不利于投资者安排收入与支出。

典例研习 · 10-3

甲公司当年利润下年分配股利。甲公司上年净利润 600 万元，公司采用剩余股利政策。预计今年需要增加长期资本 800 万元。公司的目标资本结构是权益资本占 60%，债务资本占 40%，今年继续保持。按法律规定，至少要提取 10% 的公积金。问：公司应分配多少股利？

斯尔解析

利润留存 =800×60%=480（万元）

股利分配 =600−480=120（万元）

精程答疑

问题 1： 根据剩余股利政策，分配股利时，可以动用以前年度未分配利润吗？

解答 1： 一般是不可以的。因为在剩余股利政策下，企业需要保持最佳资本结构，指的是企业目前资本结构已经是目标资本结构，企业筹资时也应当按照目标资本结构筹资。如果动用以前年度未分配利润用于分配股利，会导致当前的资本结构不满足目标资本结构要求，因此一般情况下，是不能动用以前年度未分配利润的。

问题 2： 分配股利时，可以将本年净利润全部分给股东，然后去按照目标资本结构比率增发股份和借款吗？

解答 2： 不可以，这么做不经济。出于经济有利的原则，企业如果需要补充权益资金，应当首先从净利润当中留存。

问题 3： 剩余股利政策对年初未弥补亏损和提取公积金是如何考虑的？

解答 3： 根据法律规定，企业实现的净利润需要先弥补年初未弥补亏损，然后提取盈余公积，之后才能进行分配。年初未弥补亏损和提取盈余公积，是对本年利润“留存”最低数额的限制，而不是对股利分配的限制。也就是说，法律约束的只是留存的下限，只要实际留存超过下限就是符合法律规定的，在此基础上多出来的利润就可以用于股利分配，而留存的利润（包括提取的盈余公积）也都是可以支出的，比如用于投资新项目等。以【典例研习·10−3】为例，企业至少要提取 60 万元盈余公积作为收益留存，而根据剩余股利政策，企业决定留存利润 480 万元，已经超过了法律要求留存的下限，所以剩余的利润都可以用于股利分配。

提示：弥补亏损只是会计上对所有者权益进行调整，并不会真的动用现金流去补亏。因此，我们通常先根据剩余股利政策计算出可用于发放的股利金额，然后比较利润留存与未弥补亏损，只要利润留存金额大于未弥补亏损，则不影响最终的股利发放。

典例研习·10-4 单项选择题

甲公司 2022 年度净利润 5 000 万元，提取 10% 的法定公积金。2022 年初未分配利润为 0。预计 2023 年投资项目需长期资本 6 000 万元，目标资本结构是债务资本和权益资本各占 50%，公司采用剩余股利政策，当年利润当年分配，2022 年度应分配现金股利（　　）万元。

A. 2 000　　B. 3 000　　C. 3 250　　D. 0

斯尔解析 本题考查剩余股利政策。利润留存 =6 000×50%=3 000（万元），股利分配 =5 000−3 000=2 000（万元），选项 A 当选。

本题答案 A

（二）固定股利或稳定增长股利政策

1. 含义

固定股利或稳定增长股利政策是企业将每年派发的股利固定在某一特定水平或是在此基础上维持某一固定增长率从而逐年稳定增长。

其中，固定股利政策是将每年发放的股利固定在某一相对稳定的水平上并在较长的时期内不变，只有当公司认为未来盈余将会显著地、不可逆转地增长时，才提高年度股利发放额。稳定增长股利政策是每年发放的股利在上一年股利的基础上按固定增长率稳定增长。

固定股利或稳定增长股利政策适用于成熟的、盈利充分且获利能力比较稳定的、扩张需求减少的公司。从公司发展的生命周期考虑，稳定增长期的企业可采用稳定增长股利政策，成熟期的企业可采用固定股利政策。

2. 评价

固定股利或者稳定增长股利政策的理论依据是“一鸟在手”理论和股利信号理论。

（1）优点：

①固定或稳定增长的股利向市场传递着公司经营业绩正常或稳定增长的信息，有利于树立公司良好的形象，增强投资者对公司的信心，从而使公司股价保持稳定或上升。

②有利于投资者安排股利收入和支出。

（2）缺点：

①股利支付与盈余相脱节。

②不能像剩余股利政策那样保持较低的资本成本。

（三）固定股利支付率政策

1. 含义

公司确定一个股利占净利润的比率，长期按此比率支付股利的政策。

2. 评价

（1）优点：**使股利与公司盈余紧密地配合，以体现多盈多分、少盈少分、无盈不分的原则**。

（2）缺点：各年的股利变动较大，极易造成公司不稳定的感觉，对稳定股票价格不利。

精准答疑

问题：如何正确计算股利支付率？

解答：计算股利支付率时，一定要注意股利和利润的匹配关系，即 2022 年的股利支付率应当用 2022 年利润中用于分配的部分除以 2022 年的利润。如果当年取得的利润于当年完成分配，则比较简单。但这里容易出错的地方在于，当年取得的利润可能在下年进行分配。比如，甲公司采用固定股利支付率政策，当年取得的利润在下年分配，2022 年净利润 10 000 万元，2023 年分配现金股利 3 000 万元，预计 2023 年净利润 12 000 万元，则其固定股利支付率 =3 000/10 000=30%，因为 2023 年分配的现金股利是以 2022 年的净利润为基础的。

（四）低正常股利加额外股利政策

1. 含义

公司一般情况下每年只支付固定的、数额较低的股利，在盈余多的年份，再根据实际情况向股东发放额外股利。但额外股利并不固定化，不意味着公司永久地提高了规定的股利支付率。

2. 评价

（1）**具有较大灵活性**。当公司盈余较少或投资需用较多资金时，可维持设定的较低但正常的股利，股东不会有股利跌落感；而当盈余有较大幅度增加时，则可适度增发股利，把经济繁荣的部分利益分配给股东，使他们增强对公司的信心，这有利于稳定股票的价格。

（2）使那些依靠股利度日的股东每年至少可以得到虽然较低但比较稳定的股利收入，从而吸引住这部分股东。

典例研习 · 10-5 单项选择题

下列关于股利分配政策的说法中，错误的是（   ）。

A. 采用剩余股利分配政策，可以保持理想的资本结构，使加权平均资本成本最低

B. 采用固定股利支付率分配政策，可以使股利和公司盈余紧密配合，但不利于稳定股票价格

C. 采用固定股利或稳定增长股利政策，当盈余较低时，容易导致公司资金短缺，增加公司风险

D. 采用低正常股利加额外股利政策，股利和盈余不匹配，不利于增强股东对公司的信心

斯尔解析 本题考查股利分配政策。采用低正常股利加额外股利政策具有较大的灵活性。当公司盈余较少或投资需用较多资金时，可维持较低但正常的股利；而当盈余有较大幅度增加时，则可适度增发股利，使股东增强对公司的信心，这有利于稳定股票价格，选项D当选。

本题答案 D

三、股利政策的影响因素（★）

限制因素		说明
法律限制	资本保全的限制	公司不能用资本（包括股本和资本公积）发放股利
	企业积累的限制	按照法律规定，公司税后利润必须先提取法定公积金。此外还鼓励公司提取任意公积金，只有当提取的法定公积金达到注册资本的50%时，才可以不再提取
	净利润的限制	规定公司年度累计净利润必须为正数时才可发放股利，以前年度亏损必须足额弥补
	超额累积利润的限制	许多国家规定公司不得超额累积利润，一旦公司的保留盈余超过法律认可的水平，将被加征额外税额
	无力偿付的限制	基于对债权人的利益保护，如果一个公司已经无力偿付负债，或股利支付会导致公司失去偿债能力，则不能支付股利
股东因素	稳定的收入和避税考虑	依靠股利维持生活的股东要求支付稳定的股利
		边际税率较高的股东出于避税考虑，往往反对发放较多的股利
	防止控制权稀释考虑	为防止控制权的稀释，持有控股权的股东希望少募集权益资金，少分股利
公司因素	盈余的稳定性	盈余相对稳定的公司有可能支付较高的股利，盈余不稳定的公司一般采取低股利政策
	公司的流动性	公司的流动性较低时往往支付较低的股利
	举债能力	具有较强的举债能力的公司往往采取高股利政策，而举债能力弱的公司往往采取低股利政策
	投资机会	有良好投资机会的公司往往少发现金股利，缺乏良好投资机会的公司倾向于支付较高的现金股利。因此，处于成长中的公司多采用低股利政策，处于经营收缩中的公司多采取高股利政策
	资本成本	保留盈余（不存在筹资费用）的资本成本低于发行新股。从资本成本考虑，如果公司有扩大资金的需要，也应当采取低现金股利政策
	债务需要	具有较高债务偿还需要的公司一般采取低现金股利政策

续表

限制因素		说明
其他因素	债务合同约束	如果债务合同限制现金股利支付，公司只能采取低股利政策
	通货膨胀	在通货膨胀的情况下，由于货币购买力下降，需要动用盈余补足重置固定资产的需要，因此在通货膨胀时期公司股利政策往往偏紧

典例研习 · 10-6 多项选择题

在其他条件相同的情况下，下列关于公司股利政策的说法中，正确的有（　　）。

A. 成长中的公司倾向于采取高股利支付率政策

B. 股东边际税率较高的公司倾向于采取高股利支付率政策

C. 盈余稳定的公司倾向于采取高股利支付率政策

D. 举债能力强的公司倾向于采取高股利支付率政策

斯尔解析 本题考查股利政策的影响因素。成长期的企业投资机会比较多，需要有强大的资金支持，应该采取低股利政策，选项A不当选。边际税率较高的股东出于避税的考虑（股利收益税率高于资本利得税率），希望低股利支付，选项B不当选。盈余稳定的企业相对于盈余不稳定的企业而言具有较高的股利支付能力，选项C当选。举债能力强的企业能够及时地筹措到所需的资金，选项D当选。

本题答案 CD

第二节　股利的种类、支付程序与分配的影响

一、股利的种类（★）

种类	含义
现金股利	以现金支付的股利，它是股利支付的主要方式，要求公司除了要有累计盈余外，还要有足够的现金
股票股利	公司以增发的股票作为股利的支付方式
财产股利	以现金以外的资产支付的股利，主要是以公司所拥有的其他企业的有价证券，如债券、股票，作为股利支付给股东
负债股利	公司以负债支付的股利，通常以公司的应付票据支付给股东，在不得已的情况下也有发行公司债券抵付股利的。 提示：财产股利和负债股利实际上是现金股利的替代

提示：

（1）以本公司增发的股票发放股利是股票股利，以持有的其他公司的股票发放股利是财产股利。

（2）以本公司发行的债券发放股利是负债股利，以持有的其他公司的债券发放股利是财产股利。

典例研习·10-7 单项选择题

如果甲公司以所持有的乙公司股票作为股利支付给股东，这种股利属于（　　）。

A. 现金股利

B. 负债股利

C. 财产股利

D. 股票股利

斯尔解析 本题考查股利的种类。财产股利是以现金以外的资产（主要以公司所拥有的其他企业的有价证券，如债券、股票）作为股利支付给股东，因此甲公司以所持有的乙公司股票作为股利支付给股东，这种股利属于财产股利，选项C当选。

本题答案 C

10-2-2

二、股利支付程序

（一）决策程序

董事会制定股利分派方案，提交股东大会审议通过后生效。

（二）信息披露

股利分配公告一般在股权登记日前3个工作日发布。

（三）重要日期

日期	说明
股利宣告日	董事会将股东大会通过本年度利润分配方案的情况及股利支付情况予以公告的日期
股权登记日	有权领取本期股利的股东其资格登记截止日期。股权登记日之后登记在册的股东无权领取本期分配的股利
除权除息日	股利所有权与股票本身分离的日期，（在我国）通常是股权登记日的下一个交易日，除权除息日起的股票价格中不包含本次派发的股利。 由于在除权除息日之前的股价中包含了本次派发的股利，而自除权除息日起的股价中则不包含本次派发的股利，通常需要除权调整上市公司每股股票对应的股利价值，以便投资者对股价进行对比分析
股利支付日	向股东正式发放股利的日期

典例研习 · 10-8 单项选择题

甲上市公司 2013 年度的利润分配方案是每 10 股派发现金股利 12 元，预计公司股利可以 10% 的速度稳定增长，股东要求的收益率为 12%。于股权登记日甲公司股票的预期价格为（ ）元。

A. 60　　B. 61.2　　C. 66　　D. 67.2

斯尔解析 本题考查股票价值的计算。2013 年的每股股利（D_0）=12/10=1.2（元），预计 2014 年的每股股利（D_1）=1.2×（1+10%），由于股权登记日的在册股东有权领取当期股利，所以股权登记日甲公司股票的预期价格 =D_0+D_1/（r_s−g）=1.2+1.2×（1+10%）/（12%−10%）=67.2（元），选项 D 当选。

陷阱提示 股票在某一时点的价值，可以用该股票所包含的未来股利现值进行估计。如果评估时点在股权登记日之前（包括股利宣告日和股权登记日），在该时点购买股票的股东可以获得当期股利，因此其所包含的未来现金流量包括当期股利（D_0）；如果评估时点在股权登记日之后（如除权除息日和股利支付日），在该时点购买股票的股东无权获得当期股利，因此其所包含的未来现金流量不包括当期股利（D_0）。

本题答案 D

三、股利分配的影响（★）

（一）股票股利

（1）无影响的项目包括：资产总额、负债总额、所有者权益总额、资本结构、每股面值、股东持股比例、股东所持股票的市场价值总额。

（2）有影响的项目包括：股数、所有者权益各项目结构（股本增加、留存收益减少）、每股收益、每股市价。

提示：发放股票股利以后，由于普通股股数增加会引起每股收益和每股市价（假设市盈率不变）的下降。

（3）发放股票股利后的每股收益 = $\dfrac{E_0}{1+D_s}$。

式中：

E_0：发放股票股利前的每股收益。

D_s：股票股利发放率。

（4）发放股票股利后的每股除权参考价 = $\dfrac{M}{1+D_s}$。

M：股利分配权转移日的每股市价。

D_s：股票股利发放率。

（二）转增资本

转增股本是将资本公积转为股本，对企业而言属于所有者权益内项目之间的调整，对股东而言可以按照其所持有股份的比例获得相应的转增股份。从股东持有的股份数量上看，公司发放股票股利与从资本公积转增股本都会使股东具有相同的股份增持效果，但并未增加股东持有股份的价值。

我国上市公司在实施利润分配方案时，可以是单独实施发放现金股利或股票股利的分配方案，也可以是现金股利与股票股利的组合方案，或者同时伴随着从资本公积转增股本的方案。由于股票股利与转增都会增加股数，但每个股东持有股份的比例并未改变，结果导致每股价值被稀释，从而使股票交易价格下降。

在除权除息日，上市公司发放现金股利、股票股利以及资本公积转增资本后：

$$股票的除权参考价=\frac{股权登记日收盘价-每股现金股利}{1+送股率+转增率}$$

典例研习·10-9 单项选择题

甲公司 2020 年度利润分配方案：向全体股东每 10 股送 2 股转增 4 股并派发现金股利 2 元。2021 年 5 月 12 日是股利宣告日，当日收盘价 108 元；5 月 18 日是股权登记日，当日收盘价 107 元。甲公司股票的除权参考价为（　　）元。

A. 66.75　　B. 67.38　　C. 76.29　　D. 77

斯尔解析 本题考查股票股利分配的影响。股票的除权参考价 =（股权登记日收盘价 − 每股现金股利）/（1+ 送股率 + 转增率），其中，每股现金股利 =2/10=0.2（元），送股率 =2/10=0.2，转增率 =4/10=0.4。因此，股票的除权参考价 =（107−0.2）/（1+0.2+0.4）=66.75（元），选项 A 当选。

本题答案 A

第三节　股票分割与股票回购

一、股票分割（★★）

10-3-1

（一）含义

将面额较高的股票交换成面额较低的股票的行为。

典例研习·10-10

甲公司本年净利润 440 000 元，目前有面值为 2 元的普通股 200 000 股，若按 1 股换成 2 股的比例进行股票分割，分割前、后的股东权益如表 1、表 2 所示（单位：元）。

表 1　股票分割前的股东权益

项目	金额
普通股（面额 2 元，已发行 200 000 股）	400 000
资本公积	800 000

续表

项目	金额
未分配利润	4 000 000
股东权益合计	5 200 000

表 2 股票分割后的股东权益

项目	金额
普通股（面额 1 元，已发行 400 000 股）	400 000
资本公积	800 000
未分配利润	4 000 000
股东权益合计	5 200 000

要求：

计算分割前、后的每股收益。

斯尔解析

股票分割前的每股收益 =440 000 ÷ 200 000=2.2（元）

股票分割后的每股收益 =440 000 ÷ 400 000=1.1（元）

（二）目的

对于公司来讲，实行股票分割的主要目的在于通过增加股票股数降低每股市价，从而吸引更多的投资者。此外，股票分割往往是成长中公司的行为，所以宣布股票分割后容易给人一种"公司正处于发展之中"的印象，这种利好信息会在短时间内提高股价。

精准答疑

问题：股票分割的目的是降低每股市价，但又会在短时间内提高股价，这不是相互矛盾吗？

解答：当前公司每股市价为 100 元，投资门槛太高。为了降低每股市价以吸引投资者购买公司股票，公司实行股票分割，比如将 1 股分割为 2 股，则分割后每股市价将瞬间降为 50 元。公司实行股票分割这一行为，向市场所传递出"公司正处在发展之中，需要吸引更多资金支持发展"的利好信号，会促进投资者涌入，进而在短时间内使已降至 50 元的股价进一步抬高，前后并不矛盾，只是比较对象不同。前者"降低每股市价"比较的是分割行为发生前后每股市价的瞬时变化，而后者"提高股价"比较的则是分割后的每股市价与投资者投资后进一步提高的股价。

典例研习·10-11 单项选择题

甲公司2024年6月按照1股换9股的比例实行股票分割，该行为对甲公司的影响是（　　）。

A. 每股收益上升　　B. 资产负债率下降

C. 每股面额下降　　D. 实体现金流量上升

斯尔解析 本题考查股票分割。股票分割是将面额较高的股票交换成面额较低的股票的行为，会使每股面额下降，选项C当选。股票分割会使普通股股数增加，每股收益下降，选项A不当选。实施股票分割，企业的股本、资本公积、留存收益等股东权益内部各项目的金额都不会发生变化，股东权益结构不变，故不改变资本结构，资产负债率不变，选项B不当选。股票分割不会影响实体现金流量，选项D不当选。

本题答案 C

（三）股票分割与股票股利的对比

维度	股票分割	股票股利
相同点	（1）股数增加。 （2）普通股股数增加会引起每股收益和每股市价（假定市盈率不变）的下降。 （3）股东持股比例和所持股份价值不变。 （4）资本结构不变。 （5）公司价值不变	
不同点	每股面值变小	每股面值不变
	股东权益结构不变	股东权益结构变化
	公司股价暴涨且预期难以下降时采用	公司股价上涨幅度不大时采用
	不属于股利支付方式	属于股利支付方式

（四）股票反分割

若公司认为自己股票的价格过低，为了提高每股市价，会采取反分割（也称股票合并）的措施；反分割是股票分割的相反行为，即将数股面额较低的股票合并为一股面额较高的股票。

典例研习·10-12 单项选择题

实施股票分割和股票股利产生的效果相似，它们都会（　　）。

A. 降低股票每股面值　　B. 降低股票每股价格

C. 减少股东权益总额　　D. 改变股东权益结构

斯尔解析 本题考查股票分割和股票股利。实施股票分割会降低每股面值，但实施股票股利每股面值不变，选项A不当选。实施股票分割和股票股利，都是在不改变企业盈利水平的情况下，但都会导致普通股股数增加，都会降低每股价格，选项B当选。实施股票分割和股票股利均不会改变股东权益总额，选项 C 不当选。实施股票分割，企业的股本、资本公积、留存收益等股东权益内部各项目的金额都不会发生变化，股东权益结构不变，实施股票股利，将导致股本增加、留存收益减少，会改变股东权益结构，选项 D 不当选。

本题答案 B

二、股票回购（★★）

10-3-2

（一）含义

股票回购是指公司出资购回自身发行在外的股票。股票回购时，公司以多余现金购回股东所持有的股份，这相当于公司回馈给股东现金。所以，可以将股票回购看作是一种现金股利的替代方式。

（二）意义

1. 对股东而言

股票回购后股东得到的资本利得需缴纳个人所得税（以下简称资本利得税），发放现金股利后股东则需就股利收入缴纳个人所得税（以下简称股利收益税）。在资本利得税率低于股利收益税率的情况下，股票回购将增加股东税后收益。但是股票回购相比现金股利对股东利益具有不确定的影响。

2. 对公司而言

第一，公司进行股票回购的目的之一是向市场传递股价被低估的信号。股票回购的市场反应通常是提升了股价。

第二，当公司可支配的现金流明显超过投资项目所需的现金流时，可以用自由现金流进行股票回购，有助于提高每股收益。股票回购减少了管理层可自由支配的现金流量，起到了降低管理层代理成本的作用。

第三，避免股利波动带来的负面影响。当公司自由现金流量是暂时的或者是不稳定的，没有把握能够长期维持高股利政策时，可以在维持一个相对稳定的股利的基础上，通过股票回购回馈股东。

第四，发挥财务杠杆的作用。如果公司认为资本结构中权益资本的比例较高，可以通过股票回购提高负债率，改变公司的资本结构，增加财务杠杆，并有助于降低加权平均资本成本。特别是如果是通过发行债券筹资回购本公司的股票，可以快速提高负债率。

第五，股票回购，可以减少外部流通股的数量，提高股票价格，在一定程度上降低公司被收购的风险。

第六，调节所有权结构。公司拥有回购的股票（库藏股），可以用来交换被收购或被兼并公司的股票，也可用来满足认股权证持有人认购公司股票或可转换债券持有人转换公司普通股的需要，还可以在执行管理层与员工股票期权时使用，避免发行新股而稀释收益。

（三）方式

分类标准	类型
回购地点	场内公开收购、场外协议收购
回购对象	资本市场上随机回购、向全体股东招标回购、向个别股东协商回购
筹资方式	举债回购、现金回购、混合回购（既动用剩余资金，又向银行等金融机构举债来回购本公司股票）
回购价格的确定方式	固定价格要约回购、荷兰式拍卖回购

（四）股票回购与现金股利的对比

内容	股票回购	现金股利
不同点	（1）股东得到的资本利得，需缴纳资本利得税，税负低。 （2）股票回购对股东利益具有不稳定的影响。 （3）不属于股利支付方式。 （4）可配合公司资本运作需要	（1）发放现金股利后股东则需缴纳股利收益税，税负高。 （2）稳定到手的收益。 （3）属于股利支付方式
相同点	（1）所有者权益减少。 （2）现金减少	

（五）股票回购与股票分割及股票股利的比较

内容	股票回购	股票分割及股票股利
股数	减少	增加
每股市价	提高	降低
每股收益	提高	降低
资本结构	改变，提高财务杠杆水平	不影响
控制权	巩固既定控制权或转移公司控制权	不影响

典例研习·10-13 多项选择题

下列关于股票回购的说法中，正确的有（　　）。

A. 股票回购可以降低财务杠杆

B. 股票回购可以调节所有权结构

C. 股票回购能向市场传递股价被低估的信号

D. 股票回购可以避免股利波动带来的负面影响

斯尔解析 本题考查股票回购。股票回购会导致企业资产减少、所有者权益减少、负债不变，因此会增加财务杠杆，选项A不当选。股票回购通常会使股东持股比例变化，进而调节所有权结构，选项 B 当选。公司进行股票回购的目的之一是向市场传递股价被低估的信号，选项 C 当选。当公司剩余现金流是暂时的或者是不稳定的，没有把握能够长期维持高股利政策时，可以在维持一个相对稳定的股利的基础上，通过股票回购回馈股东，避免股利波动带来的负面影响，选项 D 当选。

本题答案 BCD

【斯考卡片】
扫码背重点

341

至此，财务成本管理的学习已经进行了63%，继续加油呀！

63%

第十一章

营运资本管理

学习提要

重要程度： 重点章节　　**平均分值：** 6分

考核题型： 客观题、主观题

本章提示： 本章内容较多，考点比较分散，重点内容为应收账款管理和存货管理

考点精讲

第一节　营运资本管理策略

营运资本是指流动资产和流动负债的差额，是投入日常经营活动（营业活动）的资本。营运资本管理可以分为流动资产管理和流动负债管理两个方面，前者是对营运资本投资的管理，后者是对营运资本筹资的管理。

一、营运资本投资策略（★）

11-1-1

项目	具体内容
营运资本投资相关成本	短缺成本是指随着流动资产投资水平降低而增加的成本
	持有成本（机会成本）是指随着流动资产投资上升而增加的成本
流动资产投资相关成本分析	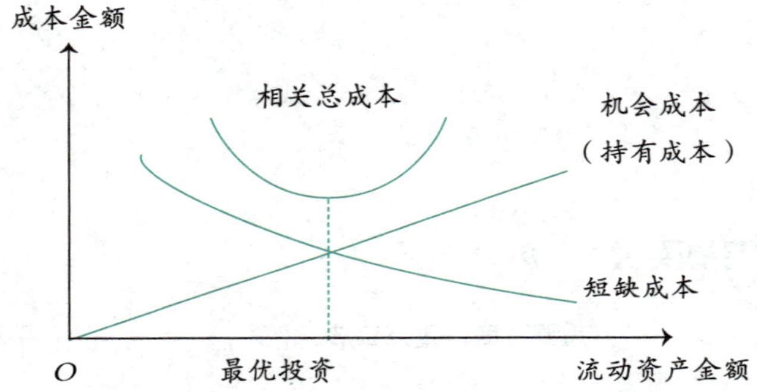
最优投资规模	流动资产最优的投资规模，取决于持有成本和短缺成本总计的最小化

类别	要点
适中型投资策略	使得持有成本和短缺成本总计的最小化，这种投资策略要求短缺成本和持有成本大体相等
保守型投资策略	企业持有较多的流动资产（流动资产与收入比较高），承担较高的流动资产持有成本，其短缺成本较低
激进型投资策略	企业持有较少的流动资产（流动资产与收入比较低），承担较低的流动资产持有成本，其短缺成本较高

典例研习·11-1 单项选择题

与激进型营运资本投资策略相比，保守型营运资本投资策略下的流动资产（　　）。

A. 持有成本较高，短缺成本较低　　　　B. 持有成本较低，短缺成本较高

C. 持有成本和短缺成本均较低　　　　D. 持有成本和短缺成本均较高

斯尔解析　本题考查流动资产投资策略。相对于激进型营运资本投资策略，在保守型营运资本投资策略下，企业配置的流动资产比较多，因此持有成本较高，而短缺成本较低，选项A当选。

本题答案　A

二、营运资本筹资策略（★★）

（一）流动资产和流动负债的重新划分

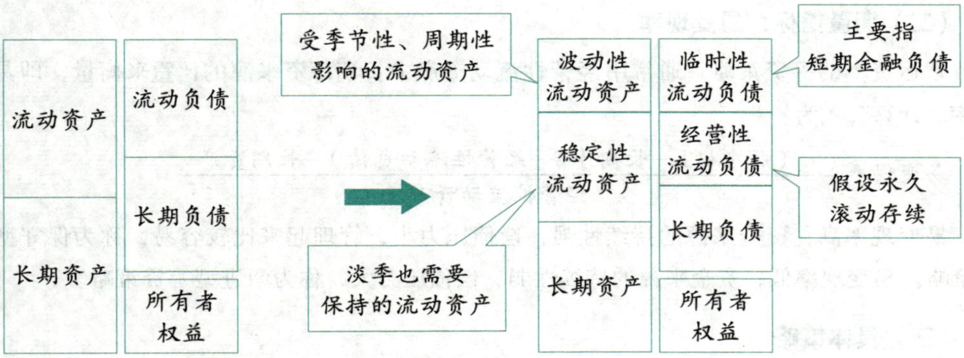

精准答疑

问题1： 金融资产是否属于波动性流动资产？

解答1： 金融资产属于企业多余资金的利用，既不属于波动性流动资产，也不属于稳定性流动资产。上述图表中所展示的波动性流动资产和稳定性流动资产，都是基于经营活动所需要的流动资产进行的划分。由于金融资产只有在企业资金多余时才会存在，因此并未反映在上述图表中，但会在后续具体分析时体现。

问题 2：营运资本筹资策略是基于管理用报表，还是基于传统报表的划分？

解答 2：营运资本筹资策略对资产和负债的划分，既不是完全基于管理用报表，也不是完全基于传统报表，而是在传统报表的基础上，吸收了部分管理用报表的思想进行的划分。比如对于流动负债，临时性负债指的是管理用报表中的短期金融负债，而经营性流动负债和管理用报表中的经营性流动负债含义是相同的。但对于长期负债，就没有按照经营活动和金融活动进行区分。

（二）衡量指标：易变现率

营运资本的筹资策略，通常用**经营性流动资产中长期筹资来源的比重**来衡量，即**易变现率**。计算公式为：

$$易变现率=\frac{（股东权益+长期债务+经营性流动负债）-长期资产}{经营性流动资产}$$

易变现率高，资金来源的持续性强，偿债压力小，管理起来比较容易，称为保守型筹资策略。易变现率低，资金来源的持续性弱，偿债压力大，称为激进型筹资策略。

（三）具体策略

1. 适中型筹资策略

特点：尽可能贯彻筹资的匹配原则，即**长期投资由长期资金支持，短期投资由短期资金支持**。

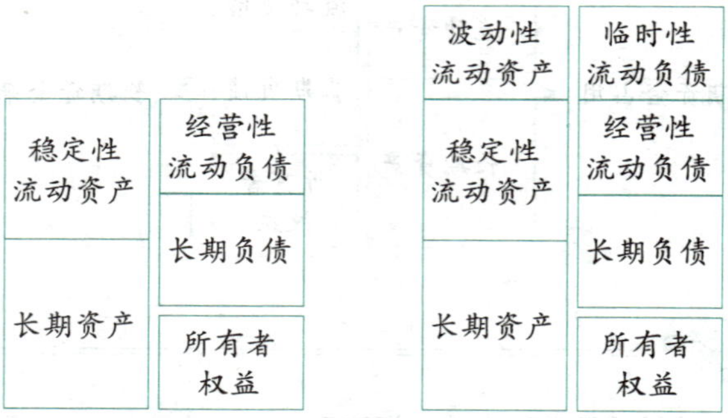

经营淡季　　经营旺季

对于波动性流动资产，用临时性负债筹集资金，也就是利用短期银行借款等短期金融负债工具取得资金；对于稳定性流动资产需求和长期资产，用权益资本、长期债务和经营性流动负债筹集。该策略可用以下公式表示：

长期资产＋稳定性流动资产＝所有者权益＋长期负债＋经营性流动负债

波动性流动资产＝临时性流动负债（短期金融负债）

典例研习 · 11-2

甲企业在生产经营的淡季，需占用 300 万元的流动资产和 500 万元的长期资产；在生产经营的高峰期，会额外增加 200 万元的季节性存货需求，企业只在生产经营的高峰期才借入 200 万元的短期借款。800 万元长期性资产（即 300 万元稳定性流动资产和 500 万元长期资产之和）均由权益资本、长期债务、经营性流动负债解决其资金需要。则：

在营业高峰期，易变现率 =（800−500）÷（300+200）×100%=60%。

在营业低谷期，易变现率 =（800−500）÷300×100%=100%。

2. 保守型筹资策略

特点：**短期金融负债只融通部分波动性流动资产的资金需要，另一部分波动性流动资产和全部稳定性流动资产，由长期资金来源支持。**极端保守的筹资策略完全不使用短期借款，全部资金都来自长期资金来源。其经营淡季和旺季的投资与筹资对应情况如图所示：

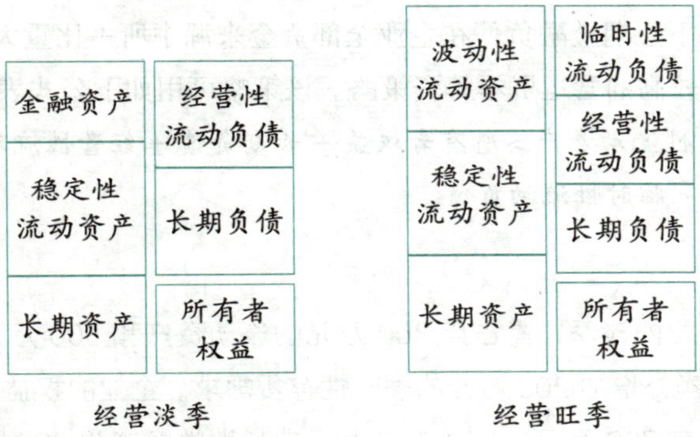

与适中型筹资策略相比，保守型筹资策略下短期金融负债占企业全部资金来源的比例较小，是一种风险和收益均较低的营运资本筹资策略。该策略可用如下公式表示：

长期资产 + 稳定性流动资产＜所有者权益 + 长期负债 + 经营性流动负债

波动性流动资产＞临时性流动负债

典例研习 · 11-3

甲企业在生产经营的淡季，需占用 300 万元的流动资产和 500 万元的长期资产；在生产经营的高峰期，会额外增加 200 万元的季节性存货需求，企业只在生产经营的旺季借入 100 万元的短期借款。无论何时，长期负债、经营性流动负债和权益资本之和总是等于 900 万元。那么，旺季季节性存货的资金需要只有一部分（100 万元）靠当时的短期借款解决，其余部分的季节性存货和全部长期性资金需要则由权益资本、长期债务和经营性流动负债提供。而在生产经营的淡季，企业则可将闲置的资金（100 万元）投资于短期有价证券。则：

在营业高峰期，易变现率 =（900−500）÷（300+200）×100%=80%。

在营业低谷期，易变现率 =（900−500）÷300×100%=133%。

3. 激进型筹资策略

特点：短期金融负债不但融通临时性流动资产的资金需要，还解决部分长期性资产的资金需要。

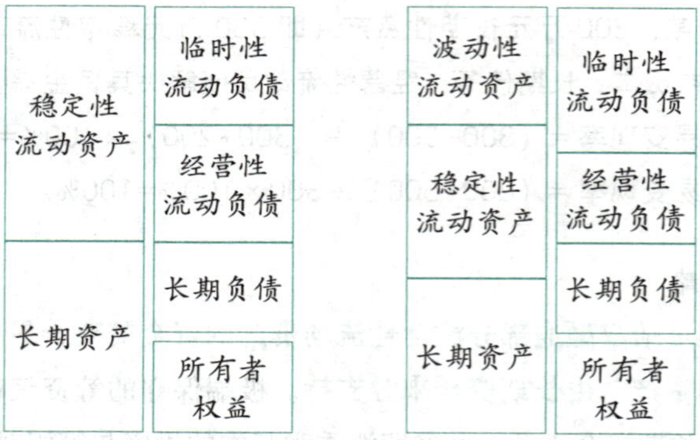

经营淡季　　经营旺季

激进型筹资策略下短期金融负债在企业全部资金来源中所占比重大于适中型筹资策略，是一种风险和收益均较高的营运资本筹资策略。该策略可用如下公式表示：

长期资产＋稳定性流动资产＞所有者权益＋长期负债＋经营性流动负债

波动性流动资产＜临时性流动负债

典例研习·11-4

甲企业在生产经营的淡季，需占用 300 万元的流动资产和 500 万元的长期资产；在生产经营的高峰期，会额外增加 200 万元的季节性存货需求。企业的权益资本、长期债务和经营性流动负债之和只有 700 万元，另外 100 万元的长期性资产和 200 万元的临时性流动资产（在经营高峰期内）由短期金融负债筹资解决。则：

在营业高峰期，易变现率 =（700−500）÷（300+200）×100%=40%。

在营业低谷期，易变现率 =（700−500）÷300×100%=67%。

解题高手

命题角度：判断企业的易变现率与 1 的关系。

项目	保守型筹资策略	适中型筹资策略	激进型筹资策略
营业高峰	易变现率＜1	易变现率＜1	易变现率＜1
营业低谷	易变现率＞1	易变现率 =1	易变现率＜1

提示：做题时也可直接根据金融资产和临时性负债来判断。

（1）若企业存在金融资产，则易变现率＞1。

（2）若企业存在临时性负债，则易变现率＜1。

（3）若企业既不存在金融资产，也不存在临时性负债，则易变现率 =1。

典例研习 · 11-5 多项选择题

甲公司是季节性生产企业，波动性流动资产等于经营性流动负债和短期金融负债之和。下列关于甲公司营运资本筹资策略的说法中，正确的有（ ）。

A. 甲公司采用的是保守型营运资本筹资策略

B. 甲公司在营业低谷时的易变现率小于 1

C. 甲公司在营业高峰时的易变现率等于 1

D. 甲公司在生产经营淡季有闲置资金

斯尔解析 本题考查营运资本筹资策略。波动性流动资产等于经营性流动负债和短期金融负债之和，意味着波动性流动资产大于短期金融负债，甲公司采用的是保守型营运资本筹资策略，选项 A 当选。在保守型营运资本筹资策略下，长期资金来源满足部分波动性流动资产，而淡季的时候不存在波动性流动资产，这部分资金就会闲置下来，形成闲置资金，选项 D 当选。由于在营业低谷时，会存在金融资产，因此易变现率大于 1，选项 B 不当选。在营业高峰时，由于企业存在短期金融负债，所以易变现率小于1，选项 C 不当选。

本题答案 AD

典例研习 · 11-6 单项选择题

甲公司在生产经营淡季占用 200 万元货币资金、300 万元应收账款、500 万元存货、900 万元固定资产以及 100 万元无形资产（除此以外无其他资产），在生产经营高峰期会额外增加 400 万元季节性存货。经营性流动负债、长期负债和股东权益总额始终保持在 2 000 万元，其余靠短期借款提供资金。甲公司的营运资本筹资策略是（ ）。

A. 适中型策略　　B. 保守型策略

C. 激进型策略　　D. 无法确定

斯尔解析 本题考查营运资本筹资策略。

方法一：长期资金占用（稳定性流动资产 + 长期资产）=200+300+500+900+100=2 000（万元）= 长期资金来源（股东权益 + 长期债务 + 经营性流动负债），所以，甲公司采用的是适中型筹资策略。

方法二：短期资金占用（波动性流动资产）=400（万元），短期资金来源 =200+300+500+900+100+400−2 000=400（万元），两者相等，所以，甲公司采用的是适中型筹资策略，选项 A 当选。

本题答案 A

三、司库管理与营运资本管理 新

司库管理的本质是对企业以资金为主要元素的金融资源从筹集到内部配置再到运营管理各个环节进行的动态及全面管理，目的是使资金管理高度契合企业战略且能迅速响应实体产业需求。简而言之，司库管理就是用金融模式解决业务问题。

11-1-3

司库管理是财务管理的一个重要组成部分，专注于资金管理及其风险控制；财务管理则涉及更广泛的财务活动，包括资金管理、成本控制、财务分析等。

本书将财务管理分为长期投资、长期筹资和营运资本管理，营运资本管理是对流动资金来源和运用的管理。与营运资本管理相比，我国的司库管理的特点是：

（1）作为管理体系的组成部分，主要服务于企业集团的财务管理。

（2）司库体系建设是财务管理数字化转型升级的切入口和突破口。

（3）司库体系建设的目标是提高资金运营效率、降低资金成本、防控资金风险。可以认为司库管理是现代经济环境下营运资本管理的升级与扩展。

第二节　现金管理

现金是企业中流动性最强的资产。属于现金内容的项目，包括企业的库存现金、各种形式的银行存款和银行本票、银行汇票。

有价证券是企业现金的一种转换形式。有价证券变现能力强，可以随时兑换成现金。企业有多余现金时，常将现金兑换成有价证券；现金流出量大于流入量，需要补充现金时，再出让有价证券换回现金。在这种情况下，有价证券就成了现金的替代品。

一、现金管理的目标及方法

11-2-1

（一）企业置存现金的原因

（1）交易性需要：置存现金以用于日常业务的支付。

（2）预防性需要：置存现金以防发生意外支付。

提示：预防性现金数额的多少与企业现金流量可预测性的强弱呈反向变动，与企业借款能力的强弱也呈反向关系。

（3）投机性需要：置存现金用于不寻常的购买机会。

（二）现金管理的方法

管理策略	内容
力争现金流量同步	如果企业能尽量使它的现金流入与现金流出发生的时间趋于一致，就可以使其所持有的交易性现金余额降到最低水平
使用现金浮游量	从企业开出支票，收票人收到支票并存入银行，至银行将款项划出企业账户，中间需要一段时间。现金在这段时间的占用称为现金浮游量。不过，在使用现金浮游量时，一定要控制好使用的时间，否则会发生银行存款的透支
加速收款	这主要指缩短应收账款的时间。做到既利用应收账款吸引顾客，又缩短收款时间，在这两者之间找到适当的平衡点

续表

管理策略	内容
推迟应付账款的支付	指企业在不影响自己信誉的前提下，尽可能地推迟应付款的支付期，充分运用供货方所提供的信用优惠

二、最佳现金持有量分析（★★）

11-2-2

（一）存货模式

1. 相关成本

（1）机会成本，现金持有量越大，机会成本越高。

（2）交易成本，企业以有价证券转换回现金所付出的代价（如经纪费用），与现金的转换次数（或每次的转换量）有关。

2. 基本假设

（1）企业在一定时期内现金使用量是确定的。

（2）现金每次的交易成本是固定的，则现金的交易成本只受交易次数的影响。

（3）现金使用量是均衡的，企业每次出售固定金额的有价证券换取现金，每当现金消耗完毕后，立即按固定金额出售下一批有价证券。则企业一段时期内的现金持有状况可用下图表示：

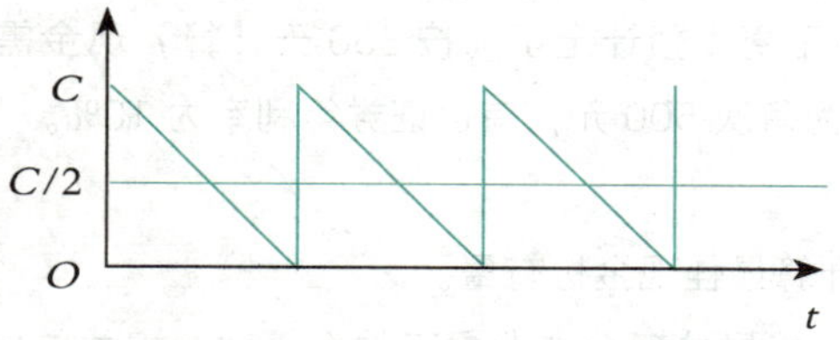

图中，C 代表各循环期之初的现金持有量，$C/2$ 代表各循环期内的现金平均持有量。

3. 最佳现金持有量的确定

在存货模式下，最佳现金持有量是使企业在一定时期内机会成本和交易成本之和最小的现金持有量。

其中：

（1）一定时期内的现金需求量，用 T 表示。

（2）现金持有量，用 C 表示，平均现金持有量为 $C/2$。

（3）每次换回现金的固定成本，用 F 表示。

（4）（一定时期）持有现金的机会成本率，用 K 表示。

则：

一定时期内出售有价证券换回现金的总交易成本为：交易成本 =（T/C）×F。

一定时期内持有现金的总机会成本为：机会成本 =（$C/2$）×K。

一定时期内，相关总成本 = 交易成本 + 机会成本 =（T/C）×F+（$C/2$）×K。

其成本随现金持有量 C 的变化如图所示：

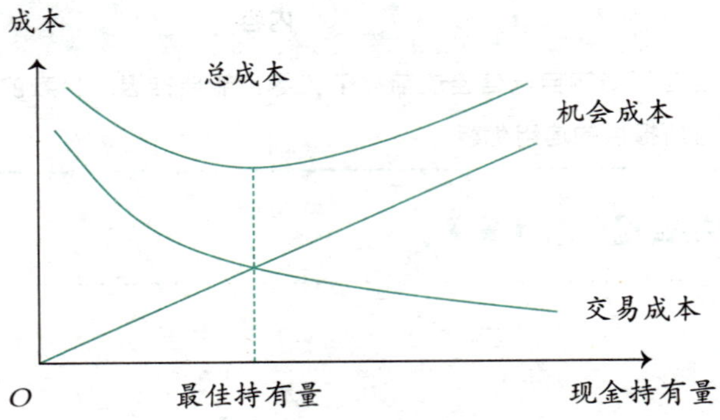

由上图可知，最佳现金持有量 C^*，是机会成本线与交易成本线交叉点对应的现金持有量，因此 C^* 应当满足：

交易成本 = 机会成本，即：$(T/C^*) \times F = (C^*/2) \times K$。

整理可得：

最佳现金持有量 $C^* = \sqrt{(2 \times T \times F)/K}$

最小相关总成本 $= \sqrt{2 \times T \times F \times K}$

最佳交易次数 $N^* = T/C^*$

最佳交易间隔期 $= 360/N^*$

典例研习·11-7 计算分析题

甲公司目前现金收支平衡，预计全年（按 360 天计算）现金需要量为 250 000 元，现金与有价证券的转换成本为每次 500 元，有价证券年利率为 10%。

要求：

（1）使用存货模式计算最佳现金持有量。

（2）使用存货模式计算最佳现金持有量下的全年现金相关总成本、全年现金交易成本和全年现金机会成本。

（3）计算最佳现金持有量下的全年有价证券交易次数和有价证券交易间隔期。

斯尔解析

（1）最佳现金持有量 $= \sqrt{\dfrac{2 \times 250\,000 \times 500}{10\%}}$ =50 000（元）。

（2）全年现金相关总成本 $= \sqrt{2 \times 250\,000 \times 500 \times 10\%}$ =5 000（元）。

全年现金交易成本 =250 000÷50 000×500=2 500（元）

全年现金机会成本 =50 000÷2×10%=2 500（元）

（3）全年有价证券交易次数 =250 000÷50 000=5（次）。

有价证券交易间隔期 =360÷5=72（天）

4. 存货模式特点

优点：现金持有量的存货模式是一种简单、直观的确定最佳现金持有量的方法。

缺点：假定现金的流出量稳定不变，实际上这种情况很少出现。相比而言，那些适用于现金流量不确定的控制最佳现金持有量的方法，就显得更具普遍应用性。

（二）随机模式

随机模式是在**现金需求量难以预知的情况下**进行现金持有量控制的方法。

1. 基本原理

企业根据历史经验和现实需要，测算出一个现金持有量的控制范围，即制定出现金持有量的上限和下限，将现金量控制在上下限之内。

（1）当现金存量**达到控制上限时**，则**用现金购入有价证券**，使现金持有量下降。

（2）当现金存量**达到控制下限时**，则**抛售有价证券换回现金**，使现金持有量回升。

（3）若现金存量**在上下限之间波动**，属于控制范围内的变化，是**合理的，不必进行现金与有价证券的转换**。

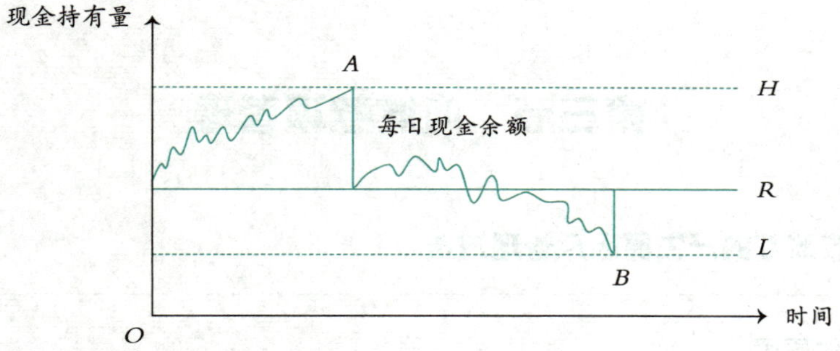

当现金存量达到 A 点，即达到了现金控制的上限，则用现金购买有价证券（$H-R$）；当现金存量降至 B 点，即达到了现金控制的下限，则应转让有价证券换回现金（$R-L$）；当现金存量在上下限之间时，不必进行现金与有价证券的转换。

2. 控制范围的确定

$$R=\sqrt[3]{\frac{3b\delta^2}{4i}}+L$$

$H-R=2\times（R-L）$，或 $H=3R-2L$。

式中：

b：每次有价证券的固定转换成本。

i：有价证券的日利息率。

δ：预期每日现金余额波动的标准差（可根据历史资料测算）。

下限 L 的确定会受到企业每日最低现金需要和管理人员的风险承受倾向等因素的影响。

提示：三条线的确定顺序 $L\rightarrow R\rightarrow H$。

随机模式建立在企业的未来现金需求总量和收支不可预测的前提下，因此计算出来的现金持有量比较保守。

典例研习 · 11-8 多项选择题

甲公司采用随机模式进行现金管理，确定最低现金持有量是 10 万元，现金返回线是 40 万元，下列操作中，正确的有（ ）。

A. 当现金余额为 50 万元时，应用现金 10 万元买入有价证券

B. 当现金余额为 8 万元时，应转让有价证券换回现金 2 万元

C. 当现金余额为 110 万元时，应用现金 70 万元买入有价证券

D. 当现金余额为 80 万元时，不用进行有价证券与现金之间的转换操作

斯尔解析 本题考查现金持有量的随机模式。$H=3R-2L=3\times40-2\times10=100$（万元），当现金余额为 50 万元时，在上下限之间，不用进行有价证券与现金之间的转换操作，选项 A 不当选。当现金余额为 8 万元时，小于最低现金持有量 10 万元，应转让有价证券换回现金 32 万元（40−8），选项 B 不当选。当现金余额为 110 万元时，大于现金持有量上限 100 万元，应用现金 70 万元（110−40）买入有价证券，选项 C 当选。当现金余额为 80 万元时，在上下限之间，不用进行有价证券与现金之间的转换操作，选项 D 当选。

本题答案 CD

第三节 应收款项管理

一、应收账款的产生原因及管理方法

11-3-1

（一）产生原因

商业竞争、销售和收款的时间差距。

（二）管理方法

1. 监督应收账款回收

编制账龄分析表，并对可能发生的坏账损失提前做好准备。

2. 制定收账政策

制定收账政策，要在收账费用和所减少坏账损失之间作出权衡。

二、信用政策（★）

11-3-2

信用政策包括：信用期间、信用标准和现金折扣政策。

（一）信用期间

信用期间是企业允许顾客从购货到付款之间的时间，或者说是企业给予顾客的付款期间。

延长信用期，会使销售额增加，产生有利影响；与此同时，应收账款、收账费用和坏账损失增加，会产生不利影响。当前者大于后者时，可以延长信用期，否则不宜延长。

（二）信用标准

信用标准，是指顾客获得企业的交易信用所应具备的条件。企业在设定某一顾客的信用标准时，往往要先评估其赖账的可能性，这可以通过“5C”系统来进行评估。

条件	含义
品质（Character）	顾客的信誉，即履行偿债义务的可能性
能力（Capacity）	顾客的（短期）偿债能力，即其流动资产的数量和质量以及与流动负债的比例
资本（Capital）	顾客的财务实力和财务状况
抵押（Collateral）	顾客拒付款项或无力支付款项时能被用作抵押的资产，适用于不知底细或信用状况有争议的顾客
条件（Conditions）	可能影响顾客付款能力的经济环境，需了解顾客在过去困难时期的付款历史

（三）现金折扣政策

现金折扣是企业对顾客在商品价格上所做的扣减。向顾客提供这种价格上的优惠，主要目的在于吸引顾客为享受优惠而提前付款，缩短企业的平均收款期。

平均收现期的计算：

（1）只有信用期，没有现金折扣期，没有逾期客户：

平均收现期＝信用期

（2）既有信用期，也有现金折扣期，但没有逾期客户：

平均收现期＝享受折扣的客户比率×折扣期＋放弃折扣的客户比率×信用期

（3）既有信用期和现金折扣期，也有逾期客户：

平均收现期＝享受折扣的客户比率×折扣期＋放弃折扣但未逾期的客户比率×信用期＋逾期客户比率×逾期客户的付款期

三、信用政策决策分析（★★）

（一）决策原则

若改变信用政策后增加的收益大于增加的成本，则改变信用政策是有利的。

（二）增加的收益

增加的收益，主要指增加的边际贡献。

销售增加，带来销售收入增加、变动成本增加，固定成本一般不变，则销售增加对税前损益的影响额即为增加的边际贡献。计算公式如下：

增加的边际贡献＝增加的销售数量×单位边际贡献

＝增加的销售额×边际贡献率

提示：若销售增加，导致固定成本增加，则应当考虑增加的固定成本对税前利润的影响。

（三）增加的成本

1. 应收账款占用资金应计利息（机会成本）的增加

应收账款占用资金的应计利息

=应收账款占用资金×资本成本

=应收账款平均余额×变动成本率×资本成本

=日销售额×平均收现期×变动成本率×资本成本

2. 现金折扣成本的增加

现金折扣成本=销售收入×现金折扣率×享受现金折扣的顾客比例

3. 存货占用资金应计利息的增加

存货成本中一般包含固定成本和变动成本，由于销售量增加，平均存货水平提升，增加的资金占用为存货中变动成本的增加，计算公式为：

存货占用资金应计利息的增加=平均存货水平增加量×单位变动生产成本×资本成本

提示：上述计算适用于企业的自产存货。企业也可能直接外购存货，此时的“单位变动生产成本”应用“存货外购单价”进行代替。

4. 收账费用和坏账损失的增加

计算相对简单，题目一般直接告知，或告知计算公式。

5. 应付账款节约资金应计利息的增加

销售收入增加，可能会导致经营负债增加，进而节约企业的营运资金，减少营运资金的“应计利息”。

应付账款抵减的占用资金应计利息=−应付账款平均余额×资本成本

典例研习·11-9 多项选择题

甲公司准备变更信用政策，拟选用缩短信用期或提供现金折扣两项措施之一。下列关于两项措施相同影响的说法中，正确的有（　　）。

A. 均增加销售收入　　B. 均增加应收账款

C. 均减少收账费用　　D. 均减少坏账损失

斯尔解析 本题考查应收账款信用政策。缩短信用期会减少销售收入，减少应收账款，减少收账费用，减少坏账损失。提供现金折扣会增加销售收入，增加应收账款，减少收账费用，减少坏账损失，选项CD当选。

本题答案 CD

典例研习·11-10 单项选择题

甲公司为一家智能穿戴设备经销商，为促进销售和回款，计划2025年采取信用政策“1/20，n/30”，预计2025年全年（按360天计算）销售额3.6亿元。其中，有40%的客户（按销售额计算）享受折扣优惠，没有顾客逾期付款，预计甲公司2025年企业应收账款平均余额是（　　）万元。

A. 2 000　　B. 2 400　　C. 2 600　　D. 3 000

斯尔解析 本题考查应收账款信用政策分析。应收账款平均余额 = 日销售额 × 平均收现期 =（3.6×10 000÷360）×［40%×20+（1−40%）×30］=2 600（万元），选项 C 当选。

本题答案 C

典例研习 · 11-11 计算分析题

甲公司目前采用 30 天按发票金额付款的信用政策。为扩大销量，现拟将信用期放宽至 60 天，并提出了“0.8/30，n/60”的现金折扣条件，估计会有一半的顾客（按销售额计算，下同）将享受现金折扣优惠，另一半顾客将在信用期满付款。由于销售量的增加，平均存货水平将从 9 000 件上升到 20 000 件。假设等风险投资的必要报酬率为 15%，一年按 360 天计算，其他有关的数据如下表所示：

甲公司信用期放宽的有关资料表

信用期项目	30 天	60 天
销售量（件）	100 000	120 000
销售额（元）（单价 5 元）	500 000	600 000
变动成本（元）（每件 4 元）	400 000	480 000
固定成本（元）	50 000	50 000
息税前利润（元）	50 000	70 000
可能发生的收账费用（元）	3 000	4 000
可能发生的坏账损失（元）	5 000	9 000

要求：

计算改变信用政策的净损益，并回答甲公司是否应当改变信用政策。

斯尔解析

（1）收益的增加。

收益的增加 = 销售量的增加 × 单位边际贡献 =（120 000−100 000）×（5−4）=20 000（元）

（2）应收账款占用资金应计利息的增加。

改变信用政策前的平均收现期 =30（天）

改变信用政策前应收账款占用资金应计利息 = $\frac{500\ 000}{360}\times 30\times \frac{400\ 000}{500\ 000}\times 15\%=5\ 000$（元）

改变信用政策后的平均收现期 =30×50%+60×50%=45（天）

改变信用政策后应收账款占用资金应计利息 =（600 000÷360）×45×80%×15%=9 000（元）

应收账款占用资金应计利息的增加 =9 000−5 000=4 000（元）

（3）收账费用和坏账损失的增加。

收账费用的增加 =4 000−3 000=1 000（元）

坏账损失的增加 =9 000−5 000=4 000（元）

（4）现金折扣成本的增加。

现金折扣成本的增加 =600 000 × 0.8% × 50%−0=2 400（元）

（5）存货占用资金应计利息的增加。

存货占用资金应计利息的增加 =（20 000−9 000）× 4 × 15%=6 600（元）

（6）改变信用政策的净损益。

改变信用政策的净损益 = 收益增加 − 成本增加

=20 000−（4 000+1 000+4 000+2 400+6 600）=2 000（元）

由于改变信用政策的净损益大于 0，甲公司应当改变信用政策。

第四节　存货管理

11-4-1

一、存货管理的目标

如果工业企业能在生产投料时随时购入所需的原材料，或者商业企业能在销售时，随时购入该项商品，就不需要存货。但实际上，企业总有储存存货的需要，并因此占用或多或少的资金。这种存货的需要出自以下原因：

第一，保证生产或销售的经营需要。为了避免或减少出现停工待料、停业待货等事故。

第二，出自价格的考虑。零购物资的价格往往较高，而整批购买常有优惠。但是，过多的存货要占用较多的资金，并且会增加包括仓储费、保险费、维护费、管理人员工资在内的各种开支。存货管理的目标就是要尽力在各种存货成本与存货效益之间作出权衡。

11-4-2

二、储备存货的成本（★）

（一）取得成本 TC_a

取得成本指为取得某种存货而支出的成本，通常用 TC_a 来表示，其又分为订货成本和购置成本。

1. 订货成本

订货成本指取得订单的成本。

类别	含义与计算
订货变动成本 $(\frac{D}{Q}K)$	与订货次数（批次）成正比，每次发生额相等，为存货经济批量决策的相关成本，如差旅费、邮资等
	订货变动成本 = 每次订货变动成本 × 订货次数（批次） = 每次订货变动成本 K× 存货年需要量 D/ 每次进货量 Q（即批量）

续表

类别	含义与计算
订货固定成本（F_1）	与订货次数（批次）无关，为存货经济批量决策的无关成本，如常设采购机构的基本开支等，用 F_1 表示

2. 购置成本

购置成本指存货本身的价值，为存货经济批量决策的无关成本，年需求量用 D 表示，单价用 U 表示，年购置成本 $=D\times U$。

3. 取得成本

取得成本（TC_a）= 订货成本 + 购置成本

= 订货固定成本 + 订货变动成本 + 购置成本

$$=F_1+\frac{KD}{Q}+DU$$

（二）储存成本 TC_c

储存成本指为保持存货而发生的成本，通常用 TC_c 来表示。

类别	含义与计算
储存变动成本（$K_c\frac{Q}{2}$）	与存货数量（平均储存量）成正比，为存货经济批量决策的相关成本，如存货占用资金的应计利息、存货的破损和变质损失、存货的保险费用等。 储存变动成本 = 单位储存变动成本 $K_c\times$ 平均库存量 $\frac{Q}{2}$
储存固定成本（F_2）	与存货数量（平均储存量）无关，为存货经济批量决策的无关成本，如仓库折旧、仓库职工的固定月工资等，通常用 F_2 来表示
储存成本（TC_c）	储存成本 = 储存变动成本 + 储存固定成本（$TC_c=F_2+K_c\frac{Q}{2}$）

（三）缺货成本 TC_s

由于存货供应中断而造成的损失，包括停工损失、拖欠发货损失、丧失销售机会的损失、商誉损失，以及紧急额外购入成本等。缺货成本为存货经济批量决策的相关成本，通常用 TC_s 来表示。

（四）储备存货的总成本 TC

储备存货的总成本 TC= 取得成本 + 储存成本 + 缺货成本 $=TC_a+TC_c+TC_s$

$$=F_1+\frac{KD}{Q}+DU+F_2+\frac{K_cQ}{2}+TC_s$$

企业存货的最优化，即是使上式 TC 值最小。

三、存货经济批量分析（★★）

按照存货管理的目的，需要通过合理的进货批量和进货时间，使存货的总成本最低，这个批量叫作经济订货量或经济批量。

（一）经济订货量的基本模型

1. 假设条件

（1）企业能够及时补充存货，即需要订货时便可立即取得存货。

（2）货物能集中到货，而不是陆续入库。

（3）不允许缺货，即无缺货成本，TC_s为0，这是因为良好的存货管理本来就不应该出现缺货成本。

（4）货物的年需求量稳定，并且能够预测，即D为已知常量。

（5）存货单价不变，即U为已知常量。

（6）企业现金充足，不会因现金短缺而影响进货。

（7）所需存货市场供应充足，不会因买不到需要的存货而影响其他方面。

依据经济订货量基本模型的假设条件，可确定企业存货储存量变化趋势：

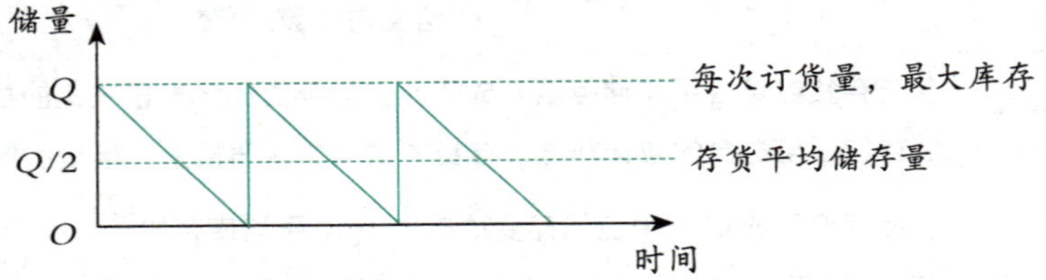

此时储备存货的总成本可以写成：

存货总成本＝订货固定成本＋订货变动成本＋储存固定成本＋储存变动成本＋购置成本

其中，经济订货量的相关成本为：

相关成本＝订货变动成本＋储存变动成本

＝每次订货变动成本×年需求量/订货量＋单位储存变动成本×订货量/2

则相关成本随订货量（每次订货数量）Q的变化如图所示：

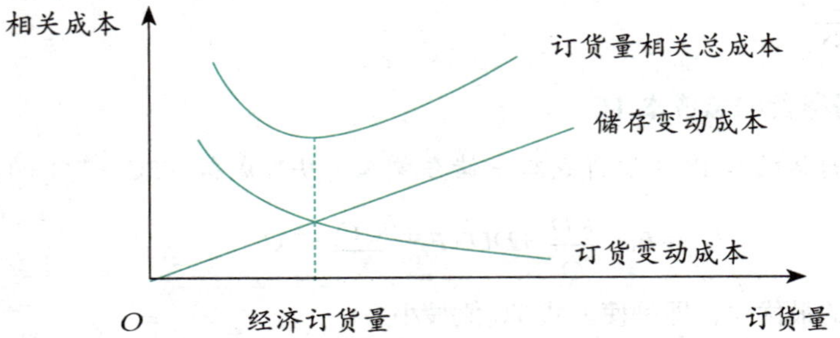

2. 经济订货量的计算

当订货变动成本 = 储存变动成本时，与订货量相关的总成本最小，此时的订货量为经济订货量。

每次订货变动成本 × 年需求量 / 经济订货量 = 单位储存变动成本 × 经济订货量 /2，可得：

（1）经济订货量：$Q^*=\sqrt{\frac{2\times 年需求量\times 每次订货变动成本}{单位储存变动成本}}=\sqrt{\frac{2KD}{K_c}}$。

（2）每年最佳订货次数公式：$N^*=\frac{年需求量}{经济订货量}=\frac{D}{Q^*}$。

（3）与批量有关的存货总成本公式：

$TC(Q^*)=\sqrt{2\times 年需求量\times 每次订货变动成本\times 单位储存变动成本}=\sqrt{2KDK_c}$

（4）最佳订货周期公式：$t^*=\frac{1}{每年最佳订货次数}=\frac{1}{N^*}$。

（5）经济订货量占用资金：$I^*=\frac{经济订货量}{2}\times 存货单价=\frac{Q^*}{2}\times U$。

典例研习 · 11-12 计算分析题

甲公司是一家汽车挡风玻璃批发商，为五家汽车制造商提供挡风玻璃。该公司总经理为了降低与存货有关的总成本，请帮助他确定最佳采购批量。有关资料如下：

（1）挡风玻璃的单位进货成本为 1 300 元。

（2）全年需求预计为 9 900 块。

（3）每次订货发出与处理订单的成本为 38.2 元。

（4）每次订货需要支付运费 68 元。

（5）每次收到挡风玻璃后需要验货，验货时外聘一名工程师，验货需要 6 小时，每小时支付工资 12 元。

（6）为存储挡风玻璃需要租用公共仓库。仓库租金每年 2 800 元，另外按平均存量加收每块挡风玻璃 12 元 / 年。

（7）挡风玻璃为易碎品，损坏成本为年平均存货价值的 1%。

（8）公司的年资金成本为 5%。

（9）从订货至挡风玻璃到货，需要 6 个工作日。

（10）在进行有关计算时，每年按 300 个工作日计算。

要求：

（1）计算每次订货的变动成本。

（2）计算每块玻璃的变动储存成本。

（3）计算经济订货量。

（4）计算与经济订货量有关的存货总成本。

（5）计算再订货点。

斯尔解析

（1）每次订货的变动成本 = 每次处理订单成本 + 每次订货需支付的运费 + 每次验货费 =38.2+68+6×12=178.2（元）。

（2）每块玻璃的变动储存成本 = 单件仓储成本 + 单件损毁成本 + 单件存货占用资金成本 =12+1 300×1%+1 300×5%=90（元）。

（3）经济订货批量 = $\sqrt{\frac{2\times9\,900\times178.2}{90}}$ =198（块）。

（4）与经济订货批量有关的存货总成本 = $\sqrt{2\times9\,900\times178.2\times90}$ =17 820（元）。

（5）再订货点 =6×9 900/300=198（块）。

（二）基本模型的扩展

1. 订货提前期

一般情况下，企业的存货不能做到随用随时补充，因此不能等存货用光再去订货，而需要在没有用完时提前订货（打破假设 1）。**在提前订货的情况下，企业再次发出订货单时，尚有存货的库存量，称为再订货点**，用 R 来表示。在不存在保险储备的情况下，它的数量等于平均交货时间（L）和每日平均需用量（d）的乘积：$R=L\times d$。

订货提前期对经济订货量并无影响（即订货周期、订货次数等均不受影响），仅仅是发出订单的日期提前而已。

则该模式下，企业存货储量变化趋势如图所示：

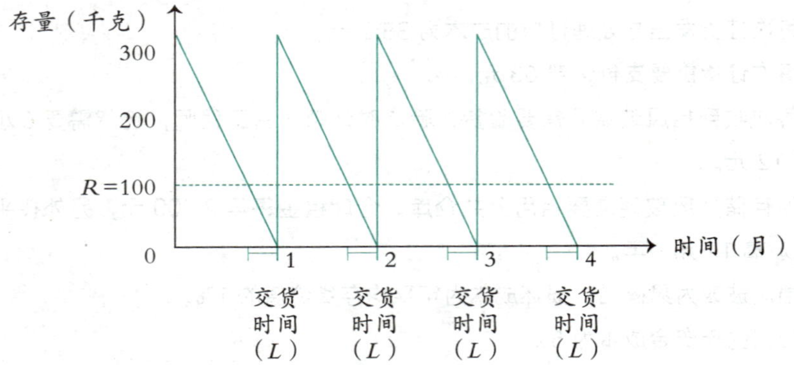

2. 存货陆续供应和使用

（1）模型假设。

在建立基本模型时，是假设存货一次全部入库，故存货增加时存量变化为一条垂直的直线。事实上，各批存货可能陆续入库，使存量陆续增加（打破假设 2）。尤其是产成品入库和在产品转移，几乎总是陆续供应和陆续耗用的。陆续供货时，存货储量的变动如图所示：

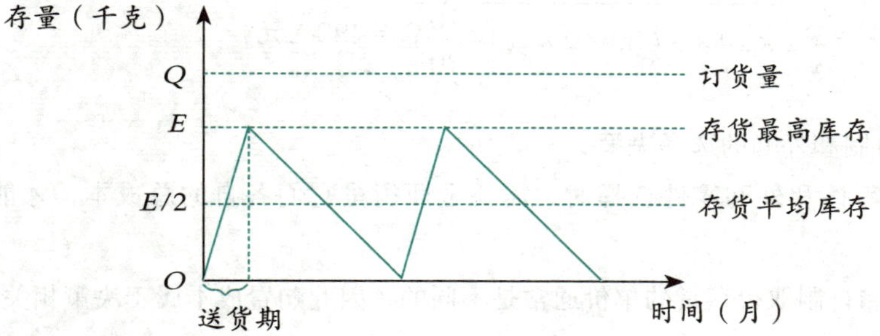

（2）指标计算。

设每批订货数为 Q，每日送货量为 P，每日耗用量为 d。则：

送货期 = 每批订货数 ÷ 每日送货量 = $\frac{Q}{P}$

送货期内的全部耗用量 = 送货期 × 每日耗用量 = $\frac{Q}{P} \times d$

最高库存量 = 订货量 − 送货期耗用量 = $Q - \frac{Q}{P} \times d$

平均存量 = 最高库存量 /2= $\left(Q - \frac{Q}{P} \times d\right)/2$

订货变动成本 = 每次订货变动成本 × 订货次数 = $K \times \frac{D}{Q}$

储存变动成本 = 单位储存变动成本 × 平均存量 = $K_c \times \left(Q - \frac{Q}{P} \times d\right)/2$

与批量相关的总成本 = 订货变动成本 + 储存变动成本 = $K \times \frac{D}{Q} + K_c \times \left(Q - \frac{Q}{P} \times d\right)/2$

与批量相关的总成本最小时，订货变动成本 = 储存变动成本，$K \times \frac{D}{Q} = K_c \times \left(Q - \frac{Q}{P} \times d\right)/2$。

故存货陆续供应和使用的经济订货量公式为：$Q^* = \sqrt{\frac{2KD}{K_c\left(1 - \frac{d}{P}\right)}}$。

经济订货量相关总成本 = $\sqrt{2KDK_c \times \left(1 - \frac{d}{P}\right)}$

典例研习 · 11-13 （计算分析题）

假设甲零件全年需用量（D）为 3 600 件，每日送货量（P）为 30 件，每日耗用量（d）为 10 件，单价（U）为 10 元，一次订货成本（生产准备成本）（K）为 24 元，单位储存变动成本（K_c）为 2 元。

要求：

确定存货陆续供应和使用的经济订货量和经济订货量相关总成本。

斯尔解析

$Q^* = \sqrt{\frac{2 \times 24 \times 3\,600}{2} \times \frac{30}{30-10}}$ =360（件）

$$TC(Q^*)=\sqrt{2\times 24\times 3\,600\times 2\times\left(1-\frac{10}{30}\right)}=480（元）$$

（3）自制和外购的选择决策。

在自制零件和外购零件选择时，需要全面衡量它们各自的总成本，才能作出正确的决策。

①外购和自制取得存货的单价通常是不同的，因此购置成本属于决策相关成本。

②外购需要发生订货成本，而自制需要发生生产准备成本，该生产准备成本的性质与订货成本类似。而外购的订货成本和自制的生产准备成本，通常是不同的，因此属于决策相关成本。

③外购和自制均需发生储存成本，但由于外购和自制取得存货的价格不同，则存货占用资金的应计利息等变动储存成本也不同，因此变动储存成本属于决策相关成本。但固定储存成本与储备存货的数量无关，因此属于决策的不相关成本。

④如果考虑缺货成本，外购和自制取得存货所产生的缺货成本通常是不同的，因此缺货成本也属于决策相关成本。

在计算时，需要先计算外购方案的最小相关总成本和自制方案的最小相关总成本，然后选择相关总成本最小的方案。

典例研习·11-14 计算分析题

甲生产企业使用 A 零件，可以外购，也可以自制。如果外购，单价 4 元，一次订货成本 10 元；如果自制，单位成本 3 元，每次生产准备成本 600 元，每日产量 50 件。零件的全年需求量为 3 600 件，储存变动成本为零件价值的 20%，每日平均需求量为 10 件。

要求：

分别计算零件外购和自制的总成本，以选择较优的方案。

斯尔解析

分析：

（1）外购和自制方案取得存货的单位成本不同，因此购置成本属于决策相关成本。

（2）由于储存变动成本为零件价值的 20%，因此外购和自制方案的储存变动成本也不同，因此储存变动成本也属于决策相关成本。

（3）外购方案一次订货成本为 10 元，自制方案每次生产准备成本为 600 元，因此订货变动成本也属于决策相关成本。

由于本题不涉及缺货成本和固定订货成本，因此决策相关成本为订货变动成本、储存变动成本和购置成本。

计算：

（1）外购零件（瞬时补充模型）：

$TC(Q^*)=\sqrt{2KDK_c}=\sqrt{2\times 10\times 3\,600\times 4\times 20\%}=240$（元）

$TC=DU+TC(Q^*)=3\,600\times 4+240=14\,640$（元）

（2）自制零件（陆续供应和使用模型）：

$$TC(Q^*)=\sqrt{2KDK_c\times\left(1-\frac{d}{P}\right)}=\sqrt{2\times600\times3\,600\times3\times20\%\times\left(1-\frac{10}{50}\right)}=1\,440\text{（元）}$$

$TC=DU+TC(Q^*)=3\,600\times3+1\,440=12\,240$（元）

由于自制的总成本（12 240 元）低于外购的总成本（14 640 元），故以自制为宜。

3. 保险储备

（1）模型假设。

按照某一订货批量（如经济订货批量）和再订货点发出订单后，如果需求增大或送货延迟，就会发生缺货或供货中断（打破假设 3）。**为防止由此造成的损失，就需要多储备一些存货以备应急之需，这称为保险储备（安全存量）**。

（2）再订货点调整。

R= 平均交货时间 × 平均日需求 + 保险储备 $=L\times d+B$

（3）最优保险储备量的确定。

建立保险储备，降低缺货成本的同时，由于存货平均水平的上升而增加储存成本。**最优保险储备量，是使缺货成本与保险储备成本之和达到最小值的储备量。**

设与此有关的总成本为 TC（S、B），缺货成本为 C_S，保险储备成本为 C_B，则：

$TC(S、B)=C_S+C_B$

设单位缺货成本为 K_U，一次订货缺货量为 S，年订货次数为 N，保险储备量为 B，单位储存变动成本为 K_c，则：

$C_S=K_U\times S\times N$

$C_B=B\times K_c$

$TC(S、B)=K_U\times S\times N+B\times K_c$

解题高手

命题角度：确定最优保险储备量。

确定保险储备量的“三步法”：

第一步：不设保险储备（即 B=0 时），计算再订货点 R_0、缺货量 S_0 和总成本 TC（S、B）。

第二步：按照交货期内各种可能需求量的递增幅度递增，分别计算对应的缺货量 S 和总成本 TC（S、B）。

第三步：逐步测试直至无缺货成本（即 S=0），寻找使总成本 TC（S、B）最小的保险储备量 B 和再订货点 R。

典例研习·11-15 计算分析题

甲企业A存货的年需要量D=3 600（件），一次订货成本K=25（元），单位储存变动成本K_c=2（元），单位缺货成本K_U=4（元），平均交货时间L=10（天）；已经计算出经济订货量Q=300（件），每年订货次数N=12（次）。交货期内的存货需要量及其概率分布如下表所示：

需要量（10×d）	70	80	90	100	110	120	130
概率（P）	0.01	0.04	0.20	0.50	0.20	0.04	0.01

要求：

确定合理的保险储备量和再订货点。

斯尔解析 先计算不同保险储备的总成本：

（1）不设置保险储备量。即令B=0，且以100件为再订货点。此种情况下，当需求量为100件或小于100件时，不会发生缺货，其概率为0.75（0.01+0.04+0.20+0.50）；当需求量为110件时，缺货10件（110−100），其概率为0.20；当需求量为120件时，缺货20件（120−100），其概率为0.04；当需求量为130件时，缺货30件（130−100），其概率为0.01。因此，B=0时缺货的期望值S_0、总成本TC（S、B）可计算如下：

S_0=（110−100）×0.2+（120−100）×0.04+（130−100）×0.01=3.1（件）

TC（S、B）=K_U×S_0×N+B×K_c=4×3.1×12+0×2=148.8（元）

（2）保险储备量为10件。即B=10（件），以110件为再订货点。此种情况下，当需求量为110件或小于110件时，不会发生缺货，其概率为0.95（0.01+0.04+0.20+0.50+0.20）；当需求量为120件时，缺货10件（120−110），其概率为0.04；当需求量为130件时，缺货20件（130−110），其概率为0.01。因此，B=10（件）时缺货的期望值S_{10}、总成本TC（S、B）可计算如下：

S_{10}=（120−110）×0.04+（130−110）×0.01=0.6（件）

TC（S、B）=K_U×S_{10}×N+B×K_c=4×0.6×12+10×2=48.8（元）

（3）保险储备量为20件。同样运用以上方法，可计算S_{20}、TC（S、B）为：

S_{20}=（130−120）×0.01=0.1（件），TC（S、B）=4×0.1×12+20×2=44.8（元）。

（4）保险储备量为30件。即B=30（件），以130件为再订货点。此种情况下可满足最大需求，不会发生缺货，因此：

S_{30}=0，TC（S、B）=4×0×12+30×2=60（元）。

然后，比较上述不同保险储备量的总成本，以其低者为最佳。

当B=20（件）时，总成本为44.8元，是各总成本中最低的。故应确定保险储备量为20件，或者说应确定以120件为再订货点。

第五节　短期债务管理

一、短期债务筹资的特点

短期债务筹资速度快，容易取得，富有弹性，筹资成本较低，但筹资风险高。

二、商业信用筹资（★）

（一）应付账款

1. 应付账款的成本

$$放弃现金折扣成本=\frac{折扣百分比}{1-折扣百分比}\times\frac{360}{信用期-折扣期}$$

提示：放弃现金折扣的成本与折扣百分比的大小、折扣期的长短同方向变化，与信用期的长短反方向变化。可见，如果买方企业放弃折扣而获得信用，其代价是较高的。然而，企业在放弃折扣的情况下，推迟付款的时间越长，其成本便会越小。

2. 决策原则

具体情况			决策
放弃现金折扣成本率	大于	短期借款利率或短期投资收益率	享受折扣，折扣期内付款
放弃现金折扣成本率	小于	短期借款利率或短期投资收益率	放弃折扣，信用期内付款
展延付款所降低的折扣成本	大于	展延付款的信用损失	展期付款

典例研习 · 11-16 单项选择题

供应商向甲公司提供的信用条件是“2/20，n/90”。一年按 360 天计算，不考虑复利，甲公司放弃现金折扣的成本是（　　）。

A. 8%　　　　B. 8.16%

C. 10.28%　　　　D. 10.5%

斯尔解析　本题考查商业信用筹资。甲公司放弃现金折扣的成本 =2%÷（1−2%）×360÷（90−20）=10.5%，选项 D 当选。

本题答案　D

（二）应付票据

应付票据的筹资成本低于银行借款成本，但应付票据到期必须归还，如若延期便要交付罚金，因而风险较大。

（三）预收账款

一般用于生产周期长、资金需要量大的货物销售。

（四）商业信用筹资的优缺点

1. 优点

首先是容易取得，对于多数企业来说，商业信用是一种持续性的信贷形式，且无须办理正式筹资手续；其次，如果没有现金折扣或使用不带息票据，商业信用筹资不负担成本。

2. 缺点

如果商业信用带有现金折扣，放弃现金折扣时所付出的成本较高。

11-5-3

三、短期借款筹资（★）

短期借款的有效年利率＝实际支付的年用资费用／实际可用的借款额

（一）信用条件

信用条件	内容要点
信贷限额	银行对借款人规定的无担保贷款的最高额，银行并不承担必须提供全部信贷限额的义务
周转信贷协定	（1）银行具有法律义务、承诺提供不超过某一最高限额的贷款协定。 （2）只要企业的借款总额未超过最高限额，银行必须满足企业不超过最高限额的借款；贷款限额未使用的部分，企业需要支付承诺费
补偿性余额	（1）银行要求借款企业在银行中保持按贷款限额或实际借用额一定百分比（一般为10%—20%）的最低存款余额。 （2）补偿性余额提高了借款的有效年利率
借款抵押	银行向财务风险较大的企业或对其信誉不甚有把握的企业发放贷款，有时需要有抵押品担保。抵押借款的成本通常高于非抵押借款，这是因为银行主要向信誉好的客户提供非抵押贷款，而将抵押贷款看成是一种风险投资，故而收取较高的利率；同时银行管理抵押贷款要比管理非抵押贷款困难，为此往往另外收取手续费
偿还条件	贷款的偿还有到期一次偿还和贷款期内定期（每月、季）等额偿还两种方式
其他承诺	银行有时还要求企业为取得贷款而作出其他承诺，如及时提供财务报表、保持适当的财务水平（如特定的流动比率）等

典例研习·11-17 单项选择题

甲公司向银行借款900万元，年利率为8%，期限1年，到期还本付息，银行要求按借款金额的15%保持补偿性余额（银行按2%付息）。该借款的有效年利率为（　　）。

A. 7.7%　　B. 9.06%　　C. 9.41%　　D. 10.1%

斯尔解析 本题考查短期借款筹资。由于年利息支出 =900×8%=72（万元），年利息收入 =900×15%×2%=2.7（万元），实际支付的年用资费用 =72−2.7=69.3（万元），实际占用的借款额 =900×（1−15%）=765（万元），所以，该借款的有效年利率 =69.3÷765×100%=9.06%，选项 B 当选。

本题答案 B

典例研习 · 11-18 单项选择题

企业取得 2016 年为期一年的周转信贷额为 1 000 万元，承诺费率为 0.4% 的借款。2016 年 1 月 1 日从银行借入 500 万元，8 月 1 日又借入 300 万元，如果借款年利率为 8%，则企业 2016 年末向银行支付的利息和承诺费共为（　　）万元。

A. 49.5　　B. 51.5　　C. 64.8　　D. 66.7

斯尔解析 本题考查周转信贷协定。年均贷款额 =500 + 300×5/12=625（万元），利息 =625×8%=50（万元），承诺费 =（1 000−625）×0.4%=1.5（万元），利息和承诺费 =50 + 1.5=51.5（万元），选项 B 当选。

本题答案 B

（二）借款利息的支付方法

类型	利息支付方式	有效年利率
收款法	借款到期时向银行支付利息的方法	有效年利率 = 报价利率
贴现法	发放贷款时先从本金中扣除利息，到期时偿还贷款全部本金（俗称砍头息）	有效年利率 = 报价利率 /（1− 报价利率）
加息法	分期等额偿还本息	有效年利率≈报价利率 ×2

典例研习 · 11-19 单项选择题

M 公司拟从某银行获得贷款，该银行要求的补偿性余额为 10%，贷款的年利率为 12%，且银行要求采用贴现法付息，计算贷款的有效年利率为（　　）。

A. 15.38%　　B. 14.29%　　C. 12%　　D. 10.8%

斯尔解析 本题考查短期债务管理。有效年利率 =12%/（1−10%−12%）=15.38%，选项 A 当选。

本题答案 A

【斯考卡片】
扫码背重点

342

至此，财务成本管理的学习已经进行了70%，继续加油呀！

70%

第十二章
产品成本计算

学习提要

重要程度： 重点章节　**平均分值：** 8分

考核题型： 客观题、主观题

本章提示： 本章在考试中主要以填表的形式考查主观题，考频很高。为应对该题型，大家需要多做题，总结规律和经验

考点精讲

第一节　成本的分类

一、按照经济用途（功能）分类

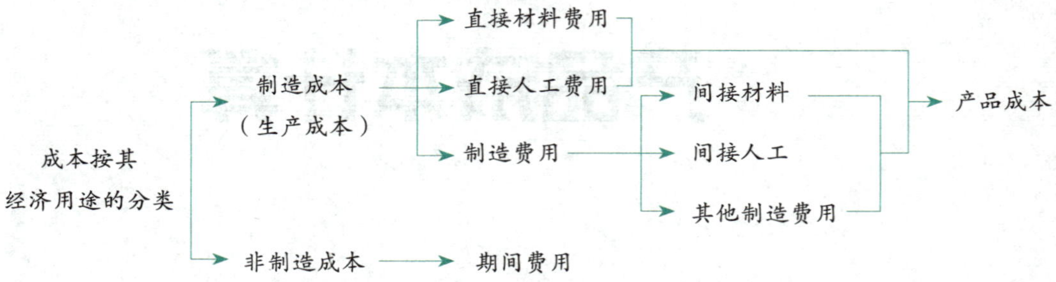

在传统制造业企业，成本按照经济用途（功能）划分为制造成本和非制造成本。制造成本就是生产成本，具体包括直接材料成本、直接人工成本和制造费用三项。非制造成本即期间费用，包括销售费用、管理费用和财务费用，它们不构成产品的制造成本。产品销售后其制造成本转化为营业成本，非制造成本按期间直接计入当期损益。

二、按照计入成本对象的方式分类

成本按照计入成本对象的方式分为直接成本和间接成本。直接成本是与成本对象直接相关的、可以用经济合理的方式直接追溯到成本对象的成本。间接成本是指与多个成本对象相关联，不能用一种经济合理的方式直接追溯到某一特定成本对象，而需要采用一定的分配方法在相关成本对象之间进行分配的成本。

成本计算的准确性，取决于直接成本在成本中的占比高低及间接成本分配的科学性。直接成本占比越高，成本越准确；间接成本分配标准选择得越科学、合理，间接成本分配越准确。

三、按照管理控制与决策的目的分类

除以上分类外，制造业企业的成本，按照成本习性可以分为固定成本、变动成本、混合成本；按照与决策的关系可以分为相关成本与非相关成本；按照可控性可以分为可控成本与不可控成本。

典例研习·12-1 单项选择题

在生产中，为生产工人发放安全生产头盔所产生的费用，应计入（　　）。

A. 直接材料

B. 直接人工

C. 管理费用

D. 制造费用

斯尔解析 本题考查成本的分类。在生产中，为生产工人发放安全生产头盔所产生的费用，属于生产单位为组织和管理生产而发生的间接费用，应计入制造费用，选项 D 当选。

本题答案 D

第二节　产品成本的归集和分配

产品成本核算的过程实际上是通过多次的成本归集和分配，最终计算出产品总成本和单位成本的过程。

一、产品成本归集和分配的基本原理（★）

1. 归集

通过一定的方式，将一定期间内发生的成本数据进行收集或汇总。

2. 分配

将归集的成本分配给各受益对象。

计算步骤：

（1）计算待分配金额。

（2）明确待分配对象。

（3）确定待分配对象分配标准。

（4）计算分配率：$分配率=\dfrac{待分配费用总额}{各种产品的分配标准之和}$。

（5）确定受益对象的成本：受益对象的成本 = 分配率 × 该对象分配标准。

二、基本生产费用的归集和分配（★）

成本项目	分配标准	分配去向
材料费用	材料定额消耗量比例、材料定额成本比例、产量或重量比例	能够直接确认生产某一特定产品发生的生产费用，直接归集在相应的成本项目中。不能直接归集的生产费用，采用一定的标准进行分配
人工费用	产品实用工时比例	
外购动力费用	按用途和使用部门分配，也可以按仪表记录、生产工时、定额消耗量比例分配	
制造费用	实用人工工时、定额人工工时、机器加工工时、直接人工费用等比例	

典例研习·12-2 计算分析题

某生产车间实际领用某种原材料 842.6 千克，单价 50 元，原材料费用合计 42 120 元，投产甲产品 400 件，乙产品 300 件。甲产品消耗定额 1.2 千克 / 件，乙产品消耗定额 1.1 千克 / 件。

要求：

按材料定额消耗量比例在甲、乙产品之间分配原材料费用。

斯尔解析

（1）计算待分配金额：42 120 元。

（2）明确待分配对象：甲产品和乙产品。

（3）确定待分配对象分配标准：甲产品消耗定额 =400×1.2=480（千克），乙产品消耗定额 =300×1.1=330（千克）。

（4）计算分配率：分配率 =42 120÷（480+330）=52（元 / 千克）。

（5）确定受益对象成本：

甲产品：400×1.2×52=24 960（元）。

乙产品：300×1.1×52=17 160（元）。

提示：材料的定额消耗量，可以理解为预计或者计划的消耗量。由于材料质量、废品率等原因，定额消耗量之和有可能与实际消耗量相同，也有可能与实际消耗量不同。但不论定额消耗量是否与实际消耗量相同，均不影响成本的分配。因为实际消耗量解决的是待分配金额的问题，而定额消耗量解决的是分配标准的问题。

12-2-3

三、辅助生产费用的归集和分配（★★）

（一）辅助生产费用的归集

企业的辅助生产主要是为基本生产服务的。辅助生产提供的产品和劳务，有时也对外销售，但这不是辅助生产的主要目的。

辅助生产主要包括：供水、供电、供气、运输和修理等。

辅助生产归集的费用主要包括：本辅助生产车间发生的直接材料、直接人工、制造费用和其他辅助生产车间提供的产品或劳务。

（二）辅助生产费用的分配

辅助生产费用的分配通常采用直接分配法和一次交互分配法。

方法	解读
直接分配法	不考虑辅助生产内部相互提供的劳务量，直接将各辅助生产车间发生的费用分配给辅助生产以外的各个受益单位或产品
一次交互分配法	对各辅助生产车间的成本费用进行两次分配的方法。首先，在各辅助生产车间之间进行一次交互分配；然后，将各辅助生产车间交互分配后的实际费用，对辅助生产车间以外的各受益单位进行分配

典例研习 · 12-3 计算分析题

某企业设有供电和锅炉两个辅助生产车间，两个车间的辅助生产明细账所归集的费用分别是：供电车间 89 000 元、锅炉车间 21 000 元；供电车间为生产甲乙产品、各车间管理部门和企业行政管理部门提供 362 000 度电，其中锅炉车间耗电 6 000 度；锅炉车间为生产甲乙产品、各车间及企业行政管理部门提供 5 370 吨热力蒸汽，其中供电车间耗用 120 吨。

要求：

分别用直接分配法和一次交互分配法分配辅助生产费用。

斯尔解析

辅助生产费用分配表（直接分配法）

20×0 年 5 月　　　　**单位：元**

借方科目		生产成本——基本生产成本			制造费用	管理	合计
		甲产品	乙产品	小计	（基本车间）	费用	
供电车间	耗用量（度）	220 000	130 000	350 000	4 200	1 800	356 000
	分配率	—	—	—	—	—	0.25（89 000 ÷ 356 000）
	金额	55 000	32 500	87 500	1 050	450	89 000
锅炉车间	耗用量（吨）	3 000	2 200	5 200	30	20	5 250
	分配率	—	—	—	—	—	4（21 000 ÷ 5 250）
	金额	12 000	8 800	20 800	120	80	21 000
金额合计		67 000	41 300	108 300	1 170	530	110 000

辅助生产费用分配表（一次交互分配法）

20×0 年 5 月　　　　**单位：元**

项目		供电车间			锅炉车间			合计
		耗用量（度）	单位成本	分配金额	耗用量（吨）	单位成本	分配金额	
交互分配费用		362 000	0.2459	89 000	5 370	3.9106	21 000	110 000
交互分配	辅助生产——供电	—	—	469.27	−120	—	−469.27	—
	辅助生产——锅炉	−6 000	—	−1 475.4	—	—	1 475.4	—

续表

项目		供电车间			锅炉车间			合计
		耗用量（度）	单位成本	分配金额	耗用量（吨）	单位成本	分配金额	
对外分配辅助生产费用		356 000	0.2472	87 993.87	5 250	4.1916	22 006.13	110 000
对外分配	基本生产——甲产品	220 000	—	54 384	3 000	—	12 574.8	66 958.8
	基本生产——乙产品	130 000	—	32 136	2 200	—	9 221.52	41 357.52
	制造费用	4 200	—	1 038.24	30	—	125.75	1 163.99
	管理费用	1 800	—	435.63	20	—	84.06	519.69
	合计	356 000	—	87 993.87	5 250	—	22 006.13	110 000

典例研习 · 12-4 单项选择题

甲公司设有机修和运输两个辅助车间，2023 年 7 月机修车间生产费用 80 万元，提供机修劳务 1 600 小时，其中运输车间 50 小时，基本生产车间 1 400 小时，管理部门 150 小时。运输车间生产费用 120 万元，提供运输 60 万千米，其中机修车间 4 万千米，基本生产车间 30 万千米，管理部门 26 万千米。甲公司采用一次交互分配法分配辅助生产费用，一次交互分配后，机修车间对外分配单位成本是（　　）元 / 小时。

A. 516.13　　B. 480.65　　C. 551.61　　D. 500

斯尔解析 本题考查辅助生产费用的归集和分配。机修车间分配给运输车间的费用 =800 000 ÷ 1 600 × 50=25 000（元）；运输车间分配给机修车间的费用 =1 200 000 ÷ 60 × 4=80 000（元），因此，机修车间对外分配单位成本 =（800 000−25 000+80 000）÷（1 600−50）=551.61（元 / 小时），选项 C 当选。

本题答案 C

（三）两种分配方法的优缺点及适用性

类型	优点	缺点	适用条件
直接分配法	计算简便	当辅助生产车间相互提供产品或劳务量差异较大时，分配结果往往与实际不符	适用辅助生产内部相互提供产品或劳务不多的情况
一次交互分配法	提高了分配结果的准确性	工作量较大	适用辅助生产内部相互提供产品或劳务较多的情况

四、完工产品和在产品的成本分配（★★★）

基本关系式：

月初在产品成本＋本月发生生产费用＝本月完工产品成本＋月末在产品成本

上述公式中前两项是已知数，在完工产品与月末在产品之间分配费用的方法有两种：第一种是将前两项之和按一定比例在后两项之间进行分配，从而求得完工产品与月末在产品的成本，属于比例分配法；第二种是先确定月末在产品成本，再计算求得完工产品的成本，属于扣除分配法。

（一）扣除分配法（4 种）

方法	适用范围	计算
不计算在产品成本	月末在产品数量很少，价值很低，并且各月在产品数量比较稳定	月末在产品成本 =0 完工产品的成本 = 本月生产费用
在产品成本按年初数固定计算	月末在产品数量很少，或者在产品数量虽多但各月之间在产品数量变动不大，月初、月末在产品成本的差额对完工产品成本影响不大的情况	月末在产品成本 = 年初固定数 完工产品的成本 = 本月生产费用 提示：年终时，根据实地盘点的在产品数量，重新调整计算在产品成本
在产品成本按其所耗用的原材料费用计算	原材料费用在产品成本中所占比重较大，而且原材料在生产开始时一次全部投入	月末在产品只计算应该负担的原材料费用，其他费用全部由完工产品负担。 月末在产品成本 = 月末在产品数量 × 单位在产品材料耗用
在产品成本按定额成本计算	在产品数量稳定或者数量较少，并且制定了比较准确的定额成本的情况	月末在产品成本 = 月末在产品数量 × 在产品定额单位成本

（二）比例分配法（2 种）

方法	适用范围	计算
定额比例法	各月末在产品数量变动较大，但制定了比较准确的消耗定额	（1）费用分配率 =（月初在产品成本 + 本月投入的实际费用）/（完工产品定额 + 月末在产品定额）。 （2）完工产品应分配的成本 = 完工产品定额 × 费用分配率。 （3）月末在产品成本 = 月末在产品定额 × 费用分配率。 提示：通常材料费用按定额消耗量比例分配，而其他费用按定额工时比例分配
约当产量法	—	具体细分为加权平均法和先进先出法

所谓约当产量，是指在产品按其完工程度大约相当于完工产品的数量。按约当产量比例分配的方法，就是将月末结存的在产品，按其完工程度折合成约当产量，然后再将产品应负担的全部生产费用，按完工产品产量和在产品约当产量的比例进行分配的一种方法。

1. 约当产量法——加权平均法

（1）在产品约当产量 = 在产品数量 × 完工程度。

（2）单位成本 =（月初在产品成本 + 本月发生的生产费用）/（产成品数量 + 月末在产品约当产量）。

（3）产成品成本 = 单位成本 × 产成品数量。

（4）月末在产品成本 = 单位成本 × 月末在产品约当产量。

解题高手

命题角度：关于完工程度的确定。

$$产成品单位成本 = \frac{产成品总成本}{产成品数量}$$

项目	内容要点	
直接材料	生产开始时一次投入	在产品原材料完工程度为 100%
	陆续均衡投入	按照各工序投入的累计材料费用在全部材料费用中所占的比例来计算在产品的投料程度约当产量
转换成本（直接人工、制造费用）	某道工序在产品完工程度 =（前面各道工序工时定额之和 + 本道工序工时定额 × 本工序内完工进度）÷ 产品工时总定额	

提示：为了简化核算，在题目没有明确指明的条件下，在计算各工序内在产品完工程度时，一般按平均完工 50% 计算。

2. 约当产量法——先进先出法

先进先出是假设生产的产品按投入生产的先后顺序完工的，先开始生产的产品先完工，那么月初在产品应先于本月投产产品完工，在产品生产周期小于一个月的情况下，先进先出法下的实物流和成本流如下图所示。

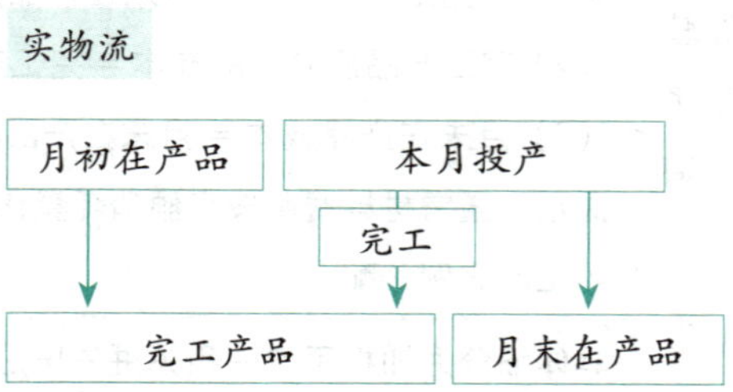

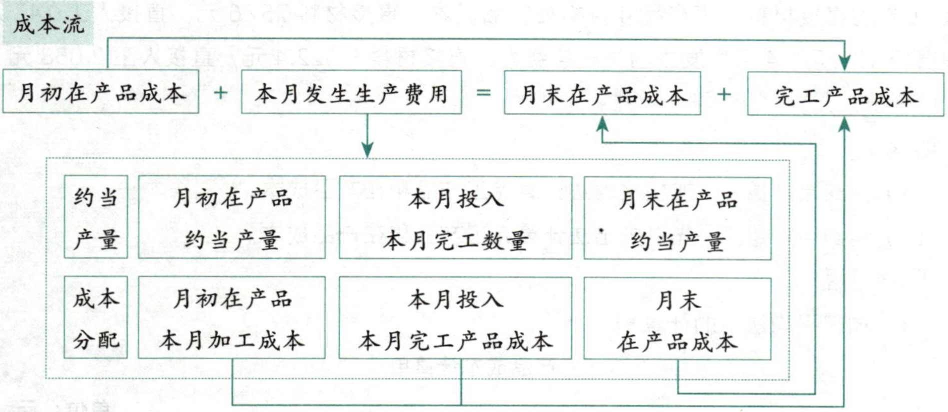

先进先出法下的计算步骤如下所示：

（1）“月初在产品成本”直接计入“完工产品成本”。

（2）只须分配“本月发生生产费用”：

单位成本（分配率）= 本月发生生产费用 /（月初在产品约当产量 + 本月投入本月完工产品数量 + 月末在产品约当产量）

①计算月初在产品本月加工约当产量。

月初在产品本月加工约当产量（直接材料）= 月初在产品数量 ×（1− 已投料比例）

月初在产品本月加工约当产量（直接人工 + 制造费用，即转换成本）= 月初在产品数量 ×（1− 月初在产品完工程度）

②计算本月投入本月完工产品数量。

本月投入本月完工产品数量 = 本月全部完工产品数量 − 月初在产品数量

③计算月末在产品约当产量。

月末在产品约当产量（直接材料）= 月末在产品数量 × 本月投料比例

月末在产品约当产量（转换成本）= 月末在产品数量 × 月末在产品完工程度

（3）计算完工产品成本。

完工产品成本

= 月初在产品成本 + 月初在产品本月加工成本 + 本月投入本月完工产品数量 × 分配率

= 月初在产品成本 + 月初在产品本月加工约当产量 × 分配率 + 本月投入本月完工产品数量 × 分配率

= 月初在产品成本 + 本月发生生产费用 − 月末在产品约当产量 × 分配率

（4）计算月末在产品成本。

月末在产品成本 = 月末在产品约当产量 × 分配率

典例研习 · 12-5 计算分析题

假定某企业生产丁产品。2020 年 4 月初结存在产品 50 件，加工程度为 40%，本月投产 430 件；本月完工产量为 400 件，月末结存在产品 80 件，加工程度为 50%。丁产品所耗用的直接材料，在丁产品开始生产时投入全部直接材料的 80%，当加工达到 60% 时再投入其余 20% 的直接材料。丁产品 4 月初在产品成本：直接材料 757.6 元，直接人工 142 元，制造费用 139 元；4 月份发生的生产耗费为：直接材料 8 522.4 元，直接人工 2 058 元，制造费用 3 381 元。

要求：

（1）用约当产量——加权平均法计算完工产品和在产品成本。

（2）用约当产量——先进先出法计算完工产品和在产品成本。

斯尔解析

（1）加权平均法下的计算：

产品成本计算单

单位：元

项目	直接材料	直接人工	制造费用	合计
月初在产品成本	757.6	142	139	1 038.6
本月发生生产费用	8 522.4	2 058	3 381	13 961.4
合计	9 280	2 200	3 520	15 000
约当总产量（件）	464	440	440	—
约当产量单位成本（分配率）	20	5	8	33
完工产品总成本	8 000	2 000	3 200	13 200
月末在产品成本	1 280	200	320	1 800

（2）先进先出法下的计算：

产品成本计算单

单位：元

项目	直接材料	直接人工	制造费用	合计
月初在产品成本	757.6	142	139	1 038.6
本月发生生产费用	8 522.4	2 058	3 381	13 961.4
合计	9 280	2 200	3 520	15 000
约当总产量（件）	424	420	420	—
分配率	8 522.40/424=20.1	4.9	8.05	33.05
月末在产品成本	1 286.4	196	322	1 804.4
完工产品总成本	7 993.6	2 004	3 198	13 195.6
单位成本	19.984	5.01	7.995	32.989

解题高手

命题角度：加权平均法与先进先出法对比。

维度	加权平均法	先进先出法
分配率计算方法不同	分配率 =（月初在产品成本 + 本月发生的生产费用）/（产成品数量 + 月末在产品约当产量）	分配率 = 本月发生生产费用 /（月初在产品本月加工约当产量 + 本月投入本月完工产品数量 + 月末在产品约当产量）
待分配的费用不同	月初在产品成本 + 本月发生的生产费用	本月发生的生产费用
产成品约当产量计算不同	产成品数量	月初在产品本月加工约当产量 + 本月投入本月完工产品数量

五、联产品和副产品的成本分配（★★）

（一）联产品和副产品的区别和联系

项目	联产品	副产品
相同点	使用同样材料，经过同一生产过程，同时生产出的产品	
不同点	联产品都是企业的主要产品	副产品是生产主要产品时附带生产出来的非主要产品
	按成本分配的原则核算各联产品成本	先确定副产品成本，再倒挤确定主要产品的加工成本

（二）联产品加工成本的分配

在分离点以前发生的成本，称为联合成本。“分离点”，是指在联产品生产中，投入相同原料，经过同一生产过程，分离为各种联产品的时点。

分离后的联产品，有的可以直接销售，有的还需进一步加工才可供销售。

1. 分离点售价法

在分离点售价法下，联合成本是以分离点上每种产品的总售价为比例进行分配的。采用这种方法，要求每种产品在分离点时的销售价格能够可靠地计量。

$$联合成本分配率=\frac{待分配联合成本}{A产品分离点的总售价+B产品分离点的总售价}$$

A 产品应分配联合成本 = 联合成本分配率 ×A 产品分离点的总售价

B 产品应分配联合成本 = 联合成本分配率 ×B 产品分离点的总售价

典例研习·12-6

甲公司生产联产品 A 和 B。1 月份发生联合加工成本 500 万元。A 和 B 在分离点上的销售价格合计为 3 000 万元，其中，A 产品的销售总价为 1 800 万元，B 产品的销售总价为 1 200 万元。使用分离点售价法分配联合成本。

斯尔解析

$$A\text{ 产品应分配的成本}=\frac{1\ 800}{3\ 000}\times 500=300\text{（万元）}$$

$$B\text{ 产品应分配的成本}=\frac{1\ 200}{3\ 000}\times 500=200\text{（万元）}$$

2. 可变现净值法

如果这些联产品尚需要进一步加工后才可供销售，可采用可变现净值进行分配。

$$\text{联合成本分配率}=\frac{\text{待分配联合成本}}{A\text{产品可变现净值}+B\text{产品可变现净值}}$$

A 产品应分配联合成本 = 联合成本分配率 ×A 产品可变现净值

B 产品应分配联合成本 = 联合成本分配率 ×B 产品可变现净值

典例研习·12-7

乙公司生产联产品 C 和 D。1 月份 C 和 D 在分离前发生联合加工成本为 400 万元。C 和 D 在分离后继续发生的单独加工成本分别为 300 万元和 200 万元，加工后 C 产品的销售总价为 1 800 万元，D 产品的销售总价为 1 200 万元。使用可变现净值法分配联合成本。

斯尔解析

C 产品的可变现净值 =1 800−300=1 500（万元）

D 产品的可变现净值 =1 200−200=1 000（万元）

$$C\text{ 产品应分配的成本}=\frac{1\ 500}{1\ 500+1\ 000}\times 400=240\text{（万元）}$$

$$D\text{ 产品应分配的成本}=\frac{1\ 000}{1\ 500+1\ 000}\times 400=160\text{（万元）}$$

3. 实物数量法

实物数量法是以产品实物数量或重量为基础分配联合成本的方法，通常适用于所生产的产品的价格很不稳定或无法直接确定的情况。

$$\text{单位数量（或重量）成本}=\frac{\text{联合成本}}{\text{各联产品的总数量（或总重量）}}$$

典例研习·12-8

甲公司生产联产品 A 和 B。1 月份发生联合加工成本 500 万元。假定 A 产品为 560 件，B 产品为 440 件。使用实物数量法分配联合成本。

斯尔解析

$$A\text{ 产品应分配的成本}=\frac{560}{560+440}\times 500=280\text{（万元）}$$

$$B\text{ 产品应分配的成本}=\frac{440}{560+440}\times 500=220\text{（万元）}$$

（三）副产品加工成本的分配

副产品指在同一生产过程中，使用同种原料，在生产主要产品的同时附带生产出来的非主要产品。例如，在肥皂的制作过程中，油脂和氢氧化钠共煮，水解为高级脂肪酸钠和甘油，前者经加工成形后是肥皂的主产品，甘油就是副产品。

由于副产品价值相对较低，而且在全部产品生产中所占的比重较小，因而可以采用简化的方法先确定其成本（如按预先规定的固定单价确定成本），然后从总成本中扣除，其余额就是主产品的成本。这种方法属于扣除分配法。

第三节　产品成本计算的方法

一、品种法（★）

12-3-1

（一）相关概念

品种法是最基础的成本计算方法，因为无论什么方法最终都要计算各种产品的成本，而且品种法的成本计算程序是成本计算的一般程序。

维度	解读
含义	品种法是以产品品种为产品成本对象，归集和分配生产费用的方法
适用范围	（1）大量大批单步骤生产的企业。如发电、供水、采掘等企业。 （2）生产是按流水线组织的、管理上不要求按照生产步骤计算产品成本的企业
主要特点	（1）成本对象是产品品种。 （2）品种法下一般定期（每月月末）计算产品成本，成本计算期与会计报告期一致。 （3）如果月末有在产品，要将生产费用在完工产品和在产品之间进行分配

（二）品种法下产品成本的计算

典例研习·12-9

甲产品本月完工产品产量 600 件，在产品 100 件，完工程度按照平均 50% 计算，原材料在开始时一次投入，其他费用按约当产量比例分配。

产品成本计算单

完工产成品数量：600 件

产品名称：甲产品　　2020 年 5 月　　单位：元

成本项目	月初在产品成本	本月生产费用	生产费用合计	产成品成本		月末在产品成本
				总成本	单位成本	
直接材料费	15 700	55 000	70 700	60 600	101	10 100
直接人工费	7 730	31 920	39 650	36 600	61	3 050
燃料和动力费	18 475	67 000	85 475	78 900	131.5	6 575
制造费用	6 290	22 960	29 250	27 000	45	2 250
合计	48 195	176 880	225 075	203 100	338.5	21 975

提示：甲产品燃料和动力费的本月生产费用数据来自【典例研习·12-3】辅助生产费用分配表（直接分配法）。

12-3-2

二、分批法（★★）

（一）相关概念

1. 含义

分批法是以产品批别计算产品成本的方法。在小批单件组织生产的企业中，根据订货单位的订单签发工作号来组织生产，按产品批次计算产品成本，往往与按订单计算产品成本一致。

2. 适用范围

（1）适用于单件小批量类型的生产（如造船业、重型机器设备制造业等）。

（2）新产品试制或试验的生产。

（3）在建工程以及设备修理作业等。

3. 主要特点

（1）成本对象是产品的批别。

（2）产品成本计算是不定期的，成本计算期与产品生产周期基本一致，而与核算报告期不一致。

（3）在计算月末产品成本时，一般不存在完工产品与在产品之间分配费用的问题。

①单件生产，不存在分配问题。

②小批生产，要么全部完工，要么全部未完工，一般也不存在分配问题。

③批量稍大，跨月陆续完工交货时，需要进行分配。

（二）分批法下产品成本的计算

典例研习 · 12-10

A 企业按照购货单位的要求，组织小批生产甲、乙两类产品。该厂 4 月份投产甲产品 10 件，批号为 401，5 月份全部完工；5 月份投产乙产品 60 件，批号为 501，当月完工 40 件，并已交货，还有 20 件尚未完工。401 批和 501 批产品成本计算单如下表所示。各种费用的归集和分配过程省略。采用分批法计算产品成本。

产品成本计算单

开工日期：4 月 15 日

批号：401　　产品名称：甲产品　　完工日期：5 月 20 日

委托单位：太阳公司　　批量：10 件　　单位：元

项目	直接材料费	直接人工费	制造费用	合计
4 月末余额	12 000	900	3 400	16 300
5 月发生费用：				
据材料费用分配表	4 600	—	—	4 600
据工资费用分配表	—	1 700	—	1 700
据制造费用分配表	—	—	8 000	8 000
合计	16 600	2 600	11 400	30 600
结转产成品（10 件）成本	16 600	2 600	11 400	30 600
单位成本	1 660	260	1 140	3 060

产品成本计算单

开工日期：5 月 5 日

批号：501　　产品名称：乙产品　　完工日期：5 月 25 日

委托单位：太阳公司　　批量：60 件　　单位：元

项目	直接材料费	直接人工费	制造费用	合计
5 月发生费用：				
据材料费用分配表	18 000	—	—	18 000
据工资费用分配表	—	1 650	—	1 650
据制造费用分配表	—	—	4 800	4 800
合计	18 000	1 650	4 800	24 450
单位成本	300	33	96	429
月末在产品成本	6 000	330	960	7 290

401 批甲产品 5 月份全部完工，所以发生的产品生产费用合计即为完工产品总成本。

501 批甲产品月末部分完工，而且完工产品数量占总指标的比重较大，应采用适当的方法将产品生产费用在完工产品与在产品之间进行分配。由于原材料费用在生产开始时一次投入，所以原材料费用按完工产品和在产品的实际数量作比例分配，而其他费用则按约当产量法进行分配。

（1）材料费用按完工产品数量和在产品数量比例分配：

产成品应负担的材料费用 =18 000÷（40+20）×40=12 000（元）

在产品应负担的材料费用 =18 000÷（40+20）×20=6 000（元）

（2）其他费用按约当产量法分配：

①计算 501 批乙产品在产品约当产量，如下表所示。

乙产品约当产量计算表

工序	完工程度	在产品（件）	在产品约当产量（件）	完工产品（件）	产量合计（件）
	①	②	③ = ① × ②	④	⑤ = ③ + ④
1	15%	4	0.6	—	—
2	25%	4	1	—	—
3	70%	12	8.4	—	—
合计	—	20	10	40	50

②直接人工费用按约当产量法分配：

产成品应负担的直接人工费用 =1 650÷（40+10）×40=1 320（元）

在产品应负担的直接人工费用 =1 650÷（40+10）×10=330（元）

③制造费用按约当产量法分配：

产成品应负担的制造费用 =4 800÷（40+10）×40=3 840（元）

在产品应负担的制造费用 =4 800÷（40+10）×10=960（元）

将各项费用分配结果记入 501 批乙产品成本计算单，即可计算出乙产品的产成品成本和月末在产品成本。

12-3-3

三、分步法（★★★）

（一）相关概念

1. 含义

分步法是以产品生产步骤为成本对象，归集和分配生产费用、计算产品成本的方法。

2. 适用范围

它适用于大量大批的多步骤生产，如纺织、冶金等大量大批的机械制造企业。在这类企业中，往往既要求按照产品品种计算成本，又要求按照生产步骤计算成本。

3. 分类

（1）逐步结转分步法（计算半成品成本分步法）。

（2）平行结转分步法（不计算半成品成本分步法）。

（二）逐步结转分步法

项目	要点
基本原理	逐步结转分步法也称计算半成品成本分步法，是按照产品加工的顺序，逐步计算并结转半成品成本，直到最后加工步骤才能计算出产成品成本的一种方法
优点	（1）能提供各个生产步骤的半成品成本资料。 （2）能够为各生产步骤的在产品实物管理和资金管理提供资料。 （3）能够全面地反映各生产步骤的生产耗费水平，更好地满足各生产步骤成本管理的要求
适用范围	适用于大量大批连续式复杂生产的企业。这种企业，有的不仅将最终产成品作为商品对外销售，而且生产步骤所产半成品也经常作为商品对外销售
分类	（1）综合结转法：是指上一步骤转入下一步骤的半成品成本，以“直接材料”或专设的“半成品”项目综合列入下一步骤的成本计算单中。 提示：需要成本还原。 （2）分项结转法：是指上一步骤半成品成本按原始成本项目分别转入下一步骤成本计算单中相应的成本项目内。 提示：无须成本还原

（1）逐步综合结转分步法核算流程示意图：

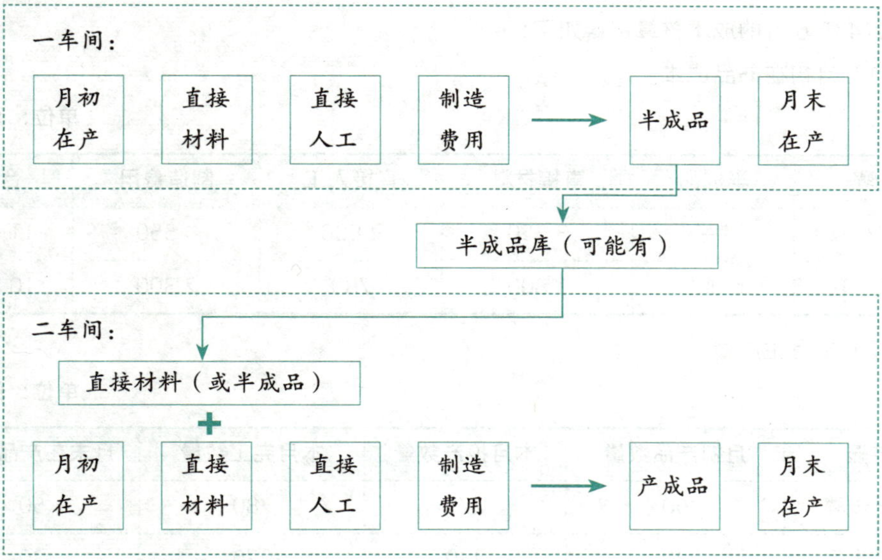

（2）逐步分项结转分步法核算流程示意图：

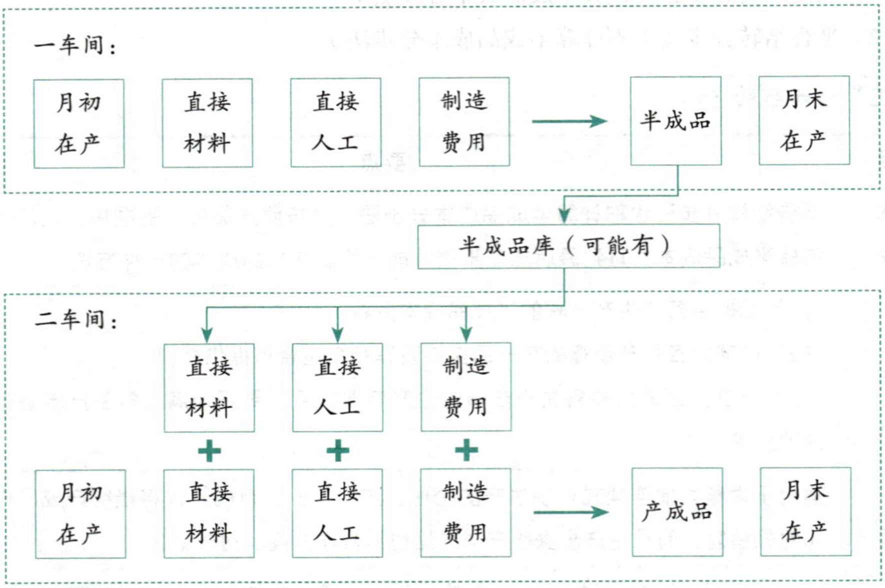

典例研习·12-11 计算分析题

甲公司是一家机械制造企业，只生产销售一种产品，生产过程分为两个步骤，第一步骤产出的半成品直接转入第二步骤继续加工，每件半成品加工成一件产成品，产品成本计算采用逐步综合结转分步法，月末完工产品和在产品之间采用约当产量法分配生产成本。

第一步骤耗用的原材料在生产开工时一次投入，其他成本费用陆续发生；第二步骤除耗用第一步骤半成品外，还需要追加其他材料，追加材料及其他成本陆续发生，第一步骤和第二步骤月末在产品完工程度均为本步骤的 50%。

2024 年 6 月的成本核算资料如下：

（1）月初在产品成本。

单位：元

步骤	半成品	直接材料	直接人工	制造费用	合计
第一步骤	—	3 750	2 800	4 550	11 100
第二步骤	6 000	1 800	780	2 300	10 880

（2）本月生产量。

单位：件

步骤	月初产品数量	本月投产数量	本月完工数量	月末在产品数量
第一步骤	60	270	280	50
第二步骤	20	280	270	30

（3）本月发生的生产费用。

单位：元

步骤	直接材料	直接人工	制造费用	合计
第一步骤	16 050	24 650	41 200	81 900
第二步骤	40 950	20 595	61 825	123 370

要求：

（1）编制第一、二步骤成本计算单（结果填入下方表格中，不用列出计算过程）。

第一步骤成本计算单

2024 年 6 月

单位：元

项目	直接材料	直接人工	制造费用	合计
月初在产品成本				
本月生产费用				
合计				
分配率				
完工半成品转出				
月末在产品				

第二步骤成本计算单

2024 年 6 月

单位：元

项目	半成品	直接材料	直接人工	制造费用	合计
月初在产品成本					
本月生产费用					
合计					
分配率					
产成品成本					
月末在产品					

（2）编制产成品成本还原计算表（结果填入下方表格中，不用列出计算过程）。

产成品成本还原计算表

2024 年 6 月

单位：元

项目	半成品	直接材料	直接人工	制造费用	合计
还原前产成品成本					
本月所产半成品成本					
成本还原					
还原后产成品成本					
还原后产成品单位成本					

斯尔解析

（1）

第一步骤成本计算单

2024 年 6 月

单位：元

项目	直接材料	直接人工	制造费用	合计
月初在产品成本	3 750	2 800	4 550	11 100
本月生产费用	16 050	24 650	41 200	81 900
合计	19 800	27 450	45 750	93 000
分配率	19 800/（280+50）=60	27 450/（280+50×50%）=90	45 750/（280+50×50%）=150	—
完工半成品转出	280×60=16 800	280×90=25 200	280×150=42 000	84 000
月末在产品	50×60=3 000	50×50%×90=2 250	50×50%×150=3 750	9 000

第二步骤成本计算单

2024 年 6 月

单位：元

项目	半成品	直接材料	直接人工	制造费用	合计
月初在产品成本	6 000	1 800	780	2 300	10 880

续表

项目	半成品	直接材料	直接人工	制造费用	合计
本月生产费用	84 000	40 950	20 595	61 825	207 370
合计	90 000	42 750	21 375	64 125	218 250
分配率	90 000/（270+30）=300	42 750/（270+30×50%）=150	21 375/（270+30×50%）=75	64 125/（270+30×50%）=225	—
产成品成本	270×300=81 000	270×150=40 500	270×75=20 250	270×225=60 750	202 500
月末在产品	30×300=9 000	30×50%×150=2 250	30×50%×75=1 125	30×50%×225=3 375	15 750

（2）

产成品成本还原计算表

2024 年 6 月

单位：元

项目	半成品	直接材料	直接人工	制造费用	合计
还原前产成品成本	81 000	40 500	20 250	60 750	202 500
本月所产半成品成本	—	16 800	25 200	42 000	84 000
成本还原	−81 000	16 800/84 000×81 000=16 200	25 200/84 000×81 000=24 300	42 000/84 000×81 000=40 500	0
还原后产成品成本		40 500+16 200=56 700	20 250+24 300=44 550	60 750+40 500=101 250	202 500
还原后产成品单位成本		56 700/270=210	44 550/270=165	101 250/270=375	750

精程答疑

问题： 如何进行成本还原？

解答： 首先，只有逐步综合结转分步法才涉及成本还原，品种法、分批法、逐步分项结转分步法和平行结转分步法均不需要进行成本还原。

其次，成本还原的对象是本月完工产品中所耗以前生产步骤半成品成本。

最后，成本还原本质也是成本分配的应用，其中：

（1）待分配金额：本月完工产品中所耗以前生产步骤半成品成本的金额。

（2）待分配对象：材料成本、人工成本和制造费用。

（3）分配标准：以前步骤该种半成品中材料成本、人工成本和制造费用的金额。

（4）成本还原分配率 $=\dfrac{\text{产成品所耗以前生产步骤半成品成本合计}}{\text{以前生产步骤所产该种半成品成本合计}}$。

（三）平行结转分步法

项目	要点
基本原理	也称不计算半成品成本分步法，是指在计算各步骤成本时，不计算各步骤所产半成品成本，也不计算各步骤所耗上一步骤的半成品成本，而只计算本步骤发生的各项其他费用，以及这些费用中应计入产成品成本的份额，将相同产品的各步骤成本明细账中的这些份额平行结转、汇总，即可计算出该产品的产成品成本
成本流转	在平行结转分步法下，随着半成品实体的流转，上一步骤的生产成本不结转到下一步骤
完工产品	完工产品，是指企业最后完工的产成品。 提示：广义在产品包括本步骤在产品和本步骤已完工但未最终完工的所有后续仍需继续加工的在产品、半成品
优点	（1）各步骤能同时计算产品成本，平行汇总计入产成品成本，不必逐步结转半成品成本。 （2）能够直接提供按原始成本项目反映的产成品成本资料，不必进行成本还原，因而能够简化和加速成本计算工作
缺点	（1）不能提供各个步骤半成品成本的资料。 （2）在产品的费用在产品最后完成以前，不随实物转出而转出，不能为各个生产步骤在产品的实物管理提供资料。 （3）各生产步骤的产品成本不包括所耗半成品费用，因而不能全面地反映各步骤产品的生产耗费水平（第一步骤除外），不能更好地满足这些生产步骤成本管理的要求

平行结转分步法示意图：

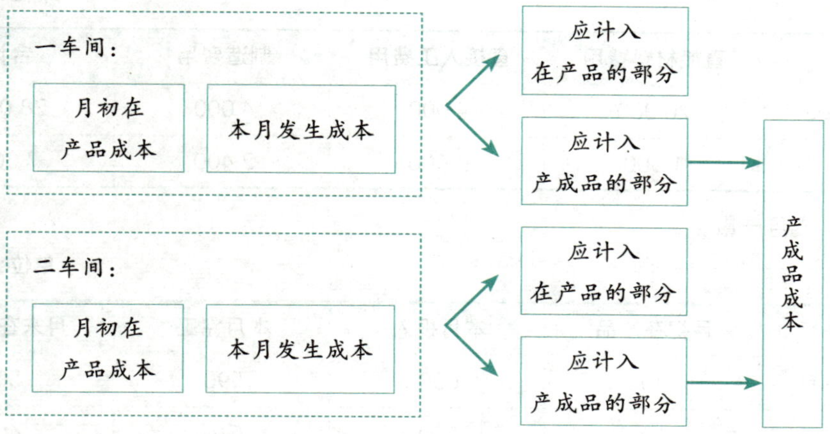

典例研习·12-12 多项选择题

F公司是一个家具制造企业。该公司按生产步骤的顺序，分别设置加工、装配和油漆三个生产车间。公司的产品成本计算采用平行结转分步法，按车间分别设置成本计算单。装配车间成本计算单中的“月末在产品成本”项目的“月末在产品”范围应包括（　　）。

A.“加工车间”正在加工的在产品　　B.“装配车间”正在加工的在产品

C.“装配车间”已经完工的半成品　　D.“油漆车间”正在加工的在产品

斯尔解析 本题考查平行结转分步法。平行结转分步法中的“月末在产品”指的是广义在产品，本题“装配车间”的“月末在产品”包括本步骤尚未加工完成的在产品和该步骤已完工但尚未最终完工的所有后续仍需继续加工的在产品、半产品，选项BCD当选。

陷阱提示 平行结转分步法计算中，最关键的一步是找到各步骤的月末在产品。确定广义在产品时，首先要明确题目问的是哪一步骤的广义在产品；然后再从该步骤出发向后看，只要经历过该步骤的加工，但是尚未最终完工的产品，均属于该步骤的广义在产品。上例中，如果问的是加工车间的“月末在产品”，选项ABCD当选。

本题答案 BCD

典例研习·12-13 计算分析题

甲公司生产A产品，生产过程分为两个步骤，分别在两个车间进行。第一车间为第二车间提供半成品，第二车间将半成品加工成产成品，每件产成品消耗一件半成品。甲公司用平行结转分步法结转产品成本，月末对在产品和产成品进行盘点，用约当产量比例法（加权平均法）在产成品和在产品之间进行分配。原材料在生产开始时一次投入，其他成本费用陆续发生。第二车间除了耗用第一车间的半成品外，还需要其他辅助材料，辅助材料在生产过程中陆续投入，其他成本费用陆续发生。两个车间的在产品相对本车间的完工度均为50%。相关资料如下：

（1）月初在产品成本余额。

单位：元

车间	直接材料费用	直接人工费用	制造费用	合计
第一车间	20 000	4 000	4 000	28 000
第二车间	1 500	3 600	2 400	7 500

（2）本月产量。

单位：件

车间	月初在产品	本月投入	本月完工	月末在产品
第一车间	40	600	590	50
第二车间	60	590	610	40

（3）本月发生费用。

单位：元

车间	直接材料费用	直接人工费用	制造费用	合计
第一车间	120 000	29 750	29 750	179 500
第二车间	30 000	72 000	48 000	150 000

要求：

（1）计算第一车间 A 产品成本。

单位：元

项目	产量（件）	直接材料费用	直接人工费用	制造费用	合计
月初在产品成本					
本月生产成本					
合计					
产成品本步份额					
月末在产品					

（2）计算第二车间 A 产品成本。

单位：元

项目	产量（件）	直接材料费用	直接人工费用	制造费用	合计
月初在产品成本					
本月生产成本					
合计					

续表

项目	产量（件）	直接材料费用	直接人工费用	制造费用	合计
产成品本步份额					
月末在产品					

（3）计算 A 产品成本计算汇总表。

单位：元

生产车间	产成品数量（件）	直接材料费用	直接人工费用	制造费用	合计
第一车间					
第二车间					
合计					
单位成本					

斯尔解析

（1）计算第一车间 A 产品成本。

单位：元

项目	产量（件）	直接材料费用	直接人工费用	制造费用	合计
月初在产品成本	—	20 000	4 000	4 000	28 000
本月生产成本	—	120 000	29 750	29 750	179 500
合计	—	140 000	33 750	33 750	207 500
产成品本步份额	610	122 000	30 500	30 500	183 000
月末在产品	90	18 000	3 250	3 250	24 500

（2）计算第二车间 A 产品成本。

单位：元

项目	产量（件）	直接材料费用	直接人工费用	制造费用	合计
月初在产品成本	—	1 500	3 600	2 400	7 500
本月生产成本	—	30 000	72 000	48 000	150 000
合计	—	31 500	75 600	50 400	157 500
产成品本步份额	610	30 500	73 200	48 800	152 500
月末在产品	40	1 000	2 400	1 600	5 000

（3）计算 A 产品成本计算汇总表。

单位：元

生产车间	产成品数量（件）	直接材料费用	直接人工费用	制造费用	合计
第一车间	—	122 000	30 500	30 500	183 000
第二车间	—	30 500	73 200	48 800	152 500
合计	610	152 500	103 700	79 300	335 500
单位成本	—	250	170	130	550

说明：

（1）第一车间。

第一车间的完工产品指的是最终完工产品 610 件，第一车间的广义在产品包括第一车间在产品 50 件和第二车间在产品 40 件。

由于第一车间原材料在生产开始时一次投入，其他成本费用陆续发生，所以月末在产品材料费用的约当产量 =90×100%=90（件），月末在产品直接人工和制造费用的约当产量 =50×50%+40=65（件）。

材料费用分配率 =140 000÷（610+90）=200（元 / 件）

人工费用分配率 =33 750÷（610+65）=50（元 / 件）

制造费用分配率 =33 750÷（610+65）=50（元 / 件）

（2）第二车间。

第二车间的完工产品指的是最终完工产品 610 件，第二车间的广义在产品包括第二车间的在产品 40 件。

由于第二车间辅助材料在生产过程中陆续投入，其他成本费用陆续发生，所以第二车间月末在产品约当产量 =40×50%=20（件）。

材料费用分配率 =31 500÷（610+20）=50（元 / 件）

人工费用分配率 =75 600÷（610+20）=120（元 / 件）

制造费用分配率 =50 400÷（610+20）=80（元 / 件）

【斯考卡片】
扫码背重点

343

至此，财务成本管理的学习已经进行了75%，继续加油呀！

75%

第十三章
标准成本法

学习提要

重要程度：次重点章节　　**平均分值：**4分

考核题型：客观题、主观题

本章提示：本章重点内容为标准成本差异分析，但该内容的灵活性不强，只要多做题，掌握住出题套路，得分是比较容易的

考点精讲

第一节　标准成本及其制定

13-1-1

一、标准成本的概念和作用

标准成本是通过精确的调查、分析与技术测定而制定的，用来评价实际成本、衡量工作效率的一种目标成本。在标准成本中，基本上排除了不应该发生的“浪费”，因此被认为是一种“应该成本”。

“标准成本”一词在实际工作中有两种含义：一种是成本标准；另一种是标准成本（总额）。

项目	成本标准	标准成本
含义	单位产品的标准成本	实际产量的标准成本总额
计算依据	根据单位产品的标准消耗量和标准单价计算出来的	根据实际产品产量和单位产品成本标准计算出来的
计算公式	单位产品标准消耗量 × 标准单价	实际产量 × 单位产品标准成本
用途	讨论标准成本制定	讨论成本差异计算

13-1-2

二、标准成本的种类（★）

（一）理想标准成本和正常标准成本

标准成本按其制定所依据的生产技术和经营管理水平，分为理想标准成本和正常标准成本。

类别	理想标准成本	正常标准成本
含义	在最优的生产条件下，利用现有的规模和设备能够达到的最低成本	在效率良好的条件下，根据下期一般应该发生的生产要素消耗量、预计价格和预计生产经营能力利用程度制定出来的标准成本
制定依据	理论上的业绩标准、生产要素的理想价格和可能实现的最高生产经营能力利用水平	把生产经营活动中一般难以避免的损耗和低效率等情况也计算在内，使之切合下期的实际情况，成为切实可行的控制标准

续表

类别	理想标准成本	正常标准成本
适用范围	(1)它提供了一个完美无缺的目标，揭示实际成本下降的潜力。 (2)因其提出的要求太高，不宜作为考核的依据	(1)理想标准成本<正常标准成本<历史平均水平。 (2)经过努力才能达到的一种标准，因而可以调动职工的积极性

(二)现行标准成本和基本标准成本

标准成本按其适用期，分为现行标准成本和基本标准成本。

类别	现行标准成本	基本标准成本
含义	根据其适用期间应该发生的价格、效率和生产经营能力利用程度等预计的标准成本	一经制定，只要生产的基本条件无重大变化，就不予变动的一种标准成本
修订条件	适用期间的价格、效率和生产经营能力利用程度等决定因素变化时，需要按照变化了的情况修订	生产的基本条件发生重大变化，需要修订
适用范围	可以作为评价实际成本的依据，也可以用来对存货和销货成本进行计价	基本标准成本与各期实际成本进行对比，可反映成本变动的趋势，但因其不按各期实际修订，故不宜用来直接评价工作效率和成本控制的有效性

提示：

生产的基本条件的重大变化	(1)产品的物理结构变化。 (2)重要原材料和劳动力价格的重要变化。 (3)生产技术和工艺的根本变化等
不属于生产的基本条件的重大变化	(1)由于市场供求变化导致的售价变化。 (2)生产经营能力利用程度变化。 (3)由于工作方法改变而引起的效率变化

典例研习·13-1 多项选择题

下列各项中，需要修订产品基本标准成本的有（　　）。

A. 产品生产能量利用程度显著提升

B. 生产工人技术操作水平明显改进

C. 产品物理结构设计出现重大改变

D. 产品主要材料价格发生重要变化

斯尔解析 本题考查标准成本的概念。基本标准成本是指一经制定，只要生产的基本条件无重大变化，就不予变动的一种标准成本。所谓生产的基本条件的重大变化，是指产品的物理结构变化、重要原材料和劳动力价格的重要变化、生产技术和工艺的根本变化等，选项 CD 当选。由于市场供求变化导致的售价变化和生产经营能力利用程度的变化、由于工作方法改变而引起的效率变化等，不属于生产的基本条件变化，对这些情况不需要修订基本标准成本，选项 AB 不当选。

本题答案 CD

典例研习 · 13-2 多项选择题

甲公司制定产品标准成本时采用现行标准成本。下列情况中，需要修订现行标准成本的有（ ）。

A. 季节原因导致材料价格上升

B. 订单增加导致设备利用率提高

C. 采用新工艺导致生产效率提高

D. 工资调整导致人工成本上升

斯尔解析 本题考查标准成本的概念。现行标准成本，是指根据其适用期间应该发生的价格、效率和生产经营能力利用程度等预计的标准成本，在这些决定因素发生变化时，需要按照改变了的情况加以修订，选项 ABCD 当选。

陷阱提示 一定要注意审题，看题目问的是要修订基本标准成本，还是要修订现行标准成本。基本标准成本一经制定，只要生产的基本条件无重大变化，就不予变动；现行标准成本要根据适用期的具体情况制定，即使不是生产的基本条件发生重大变化，也需要修订。

本题答案 ABCD

13-1-3

三、标准成本的制定（★）

制定标准成本，通常首先确定直接材料和直接人工的标准成本；其次确定制造费用的标准成本；最后汇总确定单位产品的标准成本。制定一个成本项目的标准成本，一般需要分别确定其用量标准和价格标准，两者相乘后得出单位产品该成本项目的标准成本。

成本项目	用量标准	价格标准
直接材料	单位产品材料标准消耗量	原材料标准单价
直接人工	单位产品标准工时	标准工资率
制造费用	单位产品标准工时（或台时）	制造费用标准分配率

提示：无论是价格标准还是用量标准，都可以是理想状态下的或正常状态下的标准，据此得出理想的标准成本或正常的标准成本。下面介绍正常标准成本的制定。

（一）直接材料标准成本

指标	含义
用量标准	单位产品的材料标准消耗量，是指在现有技术条件下，生产单位产品所需的材料数量，包括必不可少的消耗以及各种难以避免的损失
价格标准	预计下一年度实际需要支付的进料单位成本，包括发票价格、运费、检验和正常损耗等成本，是取得材料的完全成本

（二）直接人工标准成本

指标	含义
用量标准	单位产品的标准工时，是指在现有生产技术条件下，生产单位产品所需要的时间，包括直接加工操作必不可少的时间、必要的间歇和停工（如工间休息和设备调整准备时间）、不可避免的废品耗用工时等
价格标准	标准工资率，可能是预定的工资率，也可能是正常的工资率

（三）制造费用标准成本——变动制造费用与固定制造费用分别制定

指标	含义
用量标准	单位产品直接人工工时标准或机器工时等其他用量标准，变动制造费用与固定制造费用的用量标准要保持一致，以便进行差异分析
价格标准	标准分配率 =（变动或固定）制造费用预算总数 ÷ 标准（预算）总工时

典例研习 · 13-3 单项选择题

甲公司是制造业企业，生产 W 产品，生产工人每月工作 22 天，每天工作 8 小时，平均月薪 13 200 元。该产品的直接加工必要时间为每件 3 小时，正常工间休息和设备调整等非生产时间为每件 0.2 小时，正常的废品率 8%，单位产品直接人工标准成本是（　　）元。

A. 244.57　　B. 240　　C. 259.2　　D. 260.87

斯尔解析 本题考查标准成本的制定。价格标准 =13 200 ÷（22 × 8）=75（元 / 小时），用量标准 =（3+0.2）÷（1−8%）=3.4783（小时），单位产品直接人工标准成本 = 价格标准 × 用量标准 =75 × 3.4783=260.87（元），选项 D 当选。

本题答案 D

典例研习 · 13-4 多项选择题

企业采用标准成本法时，下列关于直接材料标准成本制定的表述中，正确的有（　　）。

A. 在确定材料标准价格时考虑仓储成本

B. 各材料的用量标准可用工业工程法确定，不考虑损耗数量

C. 应分材料确定用量标准和价格标准，最后进行汇总

D. 材料标准价格是材料的买价、保险费、装卸费、运输费等取得成本之和

斯尔解析 本题考查标准成本的制定。制定一个成本项目的标准成本，一般需要分别确定其用量标准和价格标准，两者相乘后得出该成本项目的单位产品标准成本，选项 C 当选。直接材料的标准消耗量，一般采用统计方法、工业工程法或其他技术分析方法确定，它是现有技术条件生产单位产品所需的材料数量，包括必不可少的消耗以及各种难以避免的损失，选项 B 不当选。直接材料的价格标准，是预计下一年度实际需要支付的进料单位成本，包括发票价格、运费、检验和正常损耗等成本，是取得材料的完全成本，不包括材料入库后的仓储成本，选项 A 不当选、选项 D 当选。

本题答案 CD

第二节　标准成本的差异分析

标准成本是一种目标成本，由于各种原因，产品的实际成本与目标成本往往不一致。实际成本与标准成本之间的差额，称为标准成本差异，或简称成本差异。成本差异是反映实际成本脱离预定目标程度的信息。为控制乃至消除这种偏差，需要对产生的成本差异进行分析，找出原因和可能对策，以便采取措施加以纠正。

一、变动成本差异的分析（★★）

13-2-1

（一）一般分析方法

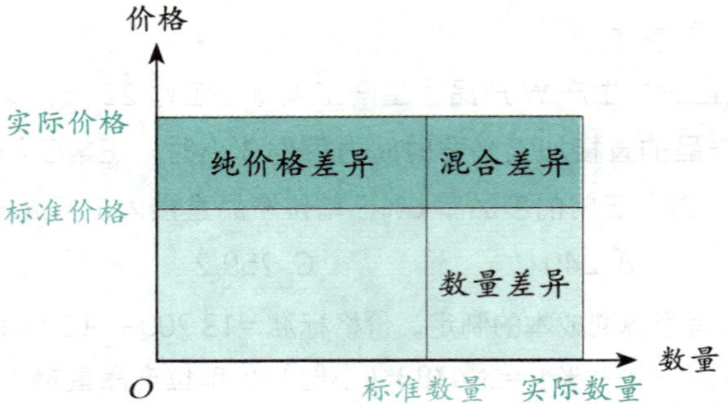

变动成本差异通用公式	成本差异 = 实际成本 − 标准成本 价差 =（实际价格 − 标准价格）× 实际数量 =$Q_{实}\times(P_{实}-P_{标})$ 量差 =（实际数量 − 标准数量）× 标准价格 =$(Q_{实}-Q_{标})\times P_{标}$ 提示： （1）结果是正数，表示成本超支，属于不利差异，通常用 U 表示。 （2）结果是负数，表示成本节约，属于有利差异，通常用 F 表示

（二）具体分析

差异类别		公式	差异原因
直接材料成本差异分析	价差	材料价格差异 = 实际数量 ×（实际价格 − 标准价格） $=Q_{实} \times (P_{实} - P_{标})$	材料价格差异是在采购过程中形成的，不应由耗用材料的生产部门负责，而应由材料的采购部门负责并说明
	量差	材料数量差异 =（实际数量 − 标准数量）× 标准价格 $=(Q_{实} - Q_{标}) \times P_{标}$	材料数量差异是在材料耗用过程中形成的，反映生产部门的成本控制业绩
直接人工成本差异分析	价差	直接人工工资率差异 = 实际工时 ×（实际工资率 − 标准工资率） $=Q_{实} \times (P_{实} - P_{标})$	工资率差异一般主要由人力资源部门管控，形成差异的具体原因会涉及生产部门或其他部门
	量差	直接人工效率差异 =（实际工时 − 标准工时）× 标准工资率 $=(Q_{实} - Q_{标}) \times P_{标}$	效率差异主要属于生产部门的责任，但也不是绝对的，例如，材料质量不高也会影响生产效率
变动制造费用差异分析	价差	变动制造费用耗费差异 = 实际工时 ×（变动制造费用实际分配率 − 变动制造费用标准分配率） $=Q_{实} \times (P_{实} - P_{标})$	耗费差异是部门经理的责任，他们有责任将变动制造费用控制在弹性预算限额之内
	量差	变动制造费用效率差异 =（实际工时 − 标准工时）× 变动制造费用标准分配率 $=(Q_{实} - Q_{标}) \times P_{标}$	效率差异的形成原因与人工效率差异相似

解题高手

命题角度：实际生产中常见的成本差异形成原因。

（1）直接材料价格差异形成原因：供应厂家调整售价、本企业未批量进货、未能及时订货造成的紧急订货、采购时舍近求远使运费和途耗增加、使用不必要的快速运输方式、违反合同被罚款、承接紧急订货造成额外采购等。

（2）直接材料数量差异形成原因：工人操作疏忽造成废品或废料增加、操作技术改进而节省材料、新工人上岗造成用料增多、机器或工具不适造成用料增加等。

（3）直接人工工资率差异的形成原因：直接生产工人升级或降级使用、奖励制度未产生实效、工资率调整、加班或使用临时工、出勤率变化等。

（4）直接人工效率差异的形成原因：工作环境不良、工人经验不足、劳动情绪不佳、新工人上岗太多、机器或工具选用不当、设备故障较多、生产计划安排不当、产量规模太少而无法发挥经济批量优势等。

典例研习·13-5 计算分析题

A 企业本月生产产品 400 件，使用材料 2 500 千克，材料单价为 0.55 元 / 千克；单位产品的直接材料标准成本为 3 元，即每件产品耗用 6 千克直接材料，每千克材料的标准价格为 0.5 元。

要求：

计算分析该产品的直接材料成本差异。

斯尔解析

直接材料价格差异 = 实际数量 ×（实际价格 − 标准价格）=2 500×（0.55−0.5）=125（元）（U）

直接材料数量差异 =（实际数量 − 标准数量）× 标准价格 =（2 500−400×6）×0.5=50（元）（U）

直接材料成本差异 = 实际成本 − 标准成本 =2 500×0.55−400×6×0.5=175（元）（U）

或：直接材料成本差异 = 直接材料价格差异 + 直接材料数量差异 =125+50=175（元）（U）。

典例研习·13-6 多项选择题

下列各项中，易造成材料数量差异的情况有（　　）。

A. 优化操作技术节约材料　　B. 材料运输保险费提高

C. 工人操作疏忽导致废品增加　　D. 机器或工具不合适多耗材料

斯尔解析 本题考查变动成本差异的分析。材料数量差异是在材料耗用过程中形成的，反映生产部门的成本控制业绩，例如，工人操作疏忽造成废品或废料增加、操作技术改进而节省材料、新工人上岗造成用料增多、机器或工具不合适造成用料增加等，选项 ACD 当选。材料运输保险费提高影响的是价格差异，选项 B 不当选。

本题答案 ACD

典例研习·13-7 计算分析题

A 企业本月生产产品 400 件，实际使用工时 890 小时，支付工资 4 539 元；直接人工的标准成本是 10 元 / 件，即每件产品标准工时为 2 小时，标准工资率为 5 元 / 小时。

要求：

计算分析该产品的直接人工成本差异。

斯尔解析

直接人工工资率差异＝实际工时 ×（实际工资率－标准工资率）

=890×（4 539÷890−5）=890×（5.10−5）=89（元）（U）

直接人工效率差异＝（实际工时－标准工时）× 标准工资率

＝（890−400×2）×5=（890−800）×5=450（元）（U）

直接人工成本差异＝实际直接人工成本－标准直接人工成本

=4 539−400×10=539（元）（U）

或：直接人工成本差异＝直接人工工资率差异＋直接人工效率差异

=89+450=539（元）（U）

典例研习 · 13-8 计算分析题

甲公司本月实际产量 400 件，使用工时 890 小时，实际发生变动制造费用 1 958 元；变动制造费用标准成本为 4 元 / 件，即每件产品标准工时为 2 小时，标准的变动制造费用分配率为 2 元 / 小时。

要求：

计算分析该产品的变动制造费用差异。

斯尔解析

变动制造费用耗费差异＝实际工时 ×（变动制造费用实际分配率－变动制造费用标准分配率）=890×（1 958÷890−2）=890×（2.2−2）=178（元）（U）

变动制造费用效率差异＝（实际工时－标准工时）× 变动制造费用标准分配率＝（890−400×2）×2=90×2=180（元）（U）

变动制造费用成本差异＝实际变动制造费用－标准变动制造费用 =1 958−400×4=358（元）（U）

或：变动制造费用成本差异＝变动制造费用耗费差异＋变动制造费用效率差异 =178+180=358（元）（U）。

典例研习 · 13-9 单项选择题

甲公司产销 X 产品。2022 年 7 月预算产量 4 000 件，每件产品标准工时为 2 小时，变动制造费用标准分配率为 26 元 / 小时。实际产量 4 250 件，实际工时 7 650 小时，实际变动制造费用 214 200 元。则本月变动制造费用耗费差异是（　　）元。

A. 不利差异 17 000

B. 不利差异 15 300

C. 有利差异 22 100

D. 有利差异 6 800

斯尔解析 本题考查变动成本差异的分析。变动制造费用耗费差异＝实际变动制造费用－实际工时×变动制造费用标准分配率＝214 200－7 650×26＝214 200－198 900＝15 300（元），正数为不利差异，选项 B 当选。

本题答案 B

二、固定制造费用差异的分析（★★）

固定制造费用总差异＝实际固定制造费用－实际产量的标准固定制造费用

固定制造费用的差异分析与各项变动成本差异分析不同，其分析方法有“二因素分析法”和“三因素分析法”两种。

二因素分析法，是将固定制造费用差异分为耗费差异和生产能力利用差异（可简称为能力差异）。三因素分析法，是将固定制造费用成本差异分为耗费差异、效率差异和闲置能力差异三部分。具体计算如下表所示。

具体项目					三分法	两分法
①实际数	=	实际工时	×	实际分配率	①－②＝耗费差异	①－②＝耗费差异
②预算数	=	生产能力（预算工时）	×	标准分配率	②－③＝闲置能力差异	②－④＝能力差异
③中间数	=	实际工时	×	标准分配率		
④标准成本	=	实际产量标准工时	×	标准分配率	③－④＝效率差异	

解题高手

命题角度：各差异形成原因的分析。

（1）由公式“固定制造费用耗费差异＝实际成本－预算成本”可得，固定制造费用耗费差异是由于实际成本脱离预算成本形成的差异。

（2）由公式“固定制造费用能力差异＝固定制造费用预算数－固定制造费用标准成本＝（生产能力－实际产量标准工时）×标准分配率＝（预算产量－实际产量）×标准工时×标准分配率”可得，固定制造费用能力差异是由实际产量标准工时脱离生产能力形成的差异，或者是由实际产量脱离预算产量形成的差异。

（3）由公式“固定制造费用闲置能力差异＝固定制造费用预算数－实际工时×固定制造费用标准分配率＝（生产能力－实际工时）×固定制造费用标准分配率”可得，固定制造费用闲置能力差异是由实际工时脱离生产能力形成的差异。

（4）由公式“固定制造费用效率差异 = 实际工时 × 固定制造费用标准分配率 − 固定制造费用标准成本 =（实际工时 − 实际产量标准工时）× 固定制造费用标准分配率”可得，固定制造费用效率差异是由实际工时脱离实际产量标准工时形成的差异。

典例研习 · 13-10 计算分析题

A 公司甲产品本月实际产量 400 件，发生固定制造成本 1 424 元，实际工时为 890 小时；企业生产能力为 500 件即 1 000 小时；每件产品固定制造费用标准成本为 3 元 / 件，即每件产品标准工时为 2 小时，标准分配率为 1.5 元 / 小时。

要求：

分别使用二因素法和三因素法计算分析该产品的固定成本差异。

斯尔解析

（1）二因素法：

固定制造费用耗费差异 =1 424−1 000×1.5=−76（元）（F）

固定制造费用能力差异 =1 000×1.5−400×2×1.5=1 500−1 200=300（元）（U）

固定制造费用成本差异 = 实际固定制造费用 − 标准固定制造费用 =1 424−400×3=224（元）（U）

或：固定制造费用成本差异 = 耗费差异 + 能力差异 =−76+300=224（元）（U）。

（2）三因素法：

固定制造费用耗费差异 =1 424−1 000×1.5=−76（元）（F）

固定制造费用闲置能力差异 =（1 000−890）×1.5=110×1.5=165（元）（U）

固定制造费用效率差异 =（890−400×2）×1.5=90×1.5=135（元）（U）

固定制造费用成本差异 = 耗费差异 + 闲置能力差异 + 效率差异 =−76+165+135=224（元）（U）

典例研习 · 13-11 多项选择题

甲公司月生产能力为 10 400 件，单位产品标准工时为 1.5 小时，固定制造费用标准分配率为 1 200 元 / 小时。本月实际产量 8 000 件，实际工时 10 000 小时，实际发生固定制造费用 1 900 万元。下列各项表述中正确的有（ ）。

A. 固定制造费用能力差异为不利差异 432 万元

B. 固定制造费用成本差异为不利差异 460 万元

C. 固定制造费用耗费差异为有利差异 28 万元

D. 固定制造费用效率差异为有利差异 240 万元

斯尔解析 本题考查固定制造费用差异分析。固定制造费用能力差异 = 固定制造费用预算成本 − 固定制造费用标准成本 =（生产能力 − 实际产量标准工时）× 固定制造费用标

准分配率 =（10 400×1.5−8 000×1.5）×1 200÷10 000=432（万元），正数为不利差异，选项 A 当选。固定制造费用成本差异 = 实际成本 − 实际产量标准成本 =1 900−8 000×1.5×1 200÷10 000=460（万元），正数为不利差异，选项 B 当选。固定制造费用耗费差异 = 固定制造费用实际成本 − 固定制造费用预算成本 =1 900−10 400×1.5×1 200÷10 000=28（万元），正数为不利差异，选项 C 不当选。固定制造费用效率差异 =（实际工时 − 实际产量标准工时）× 固定制造费用标准分配率 =（10 000−8 000×1.5）×1 200÷10 000=−240（万元），负数为有利差异，选项 D 当选。

本题答案　ABD

典例研习·13-12　单项选择题

使用三因素分析法分析固定制造费用差异时，固定制造费用的效率差异反映（　　）。

A. 实际耗费与预算金额的差异

B. 实际工时脱离生产能力形成的差异

C. 实际工时脱离实际产量标准工时形成的差异

D. 实际产量标准工时脱离生产能力形成的差异

斯尔解析　本题考查固定制造费用差异分析。实际耗费与预算金额的差异，属于耗费差异，选项 A 不当选。实际工时脱离生产能力形成的差异，属于闲置能力差异，选项 B 不当选。实际工时脱离实际产量标准工时形成的差异，属于效率差异，选项 C 当选。实际产量标准工时脱离生产能力形成的差异，属于能力差异，选项 D 不当选。

本题答案　C

【斯考卡片】
扫码背重点

344

至此，财务成本管理的学习已经进行了77%，继续加油呀！

77%

第十四章
作业成本法

学习提要

重要程度： 次重点章节

平均分值： 4分

考核题型： 客观题、主观题

本章提示： 本章专业名词较多，初学本章理解难度较大，学习时，可以先掌握整体框架，然后再研究细节问题。同时，为便于学习，本书将教材第十五章的变动成本法，移至本章第四节进行介绍

考点精讲

第一节 作业成本法的概念与特点

一、传统成本计算方法的缺陷及解决办法

传统的成本计算方法通常是完全成本法，全部制造费用采用单一的分配标准（例如，产量、人工工时、机器工时等）分配给不同的产品。其存在两个重要缺陷：

一个缺陷是将固定制造费用分摊给不同种类的产品。按照这种做法，随着产量的增加，单位产品分摊的固定制造费用下降，即使单位变动成本不变，平均成本也会随产量增加而下降。在销售收入不变的情况下，增加生产量可以使部分固定制造费用被存货吸收，减少当期销货成本，增加当期利润，从而刺激经理人员过度生产。变动成本法是针对这个缺点提出来的。

另一个缺陷是产生误导决策的成本信息。在传统的成本计算方法下，制造费用通常按直接人工工时或产量等以产量为基础的分配标准进行分配。实际上，有许多制造费用项目不是产量的函数，而与生产批次等其他变量存在因果关系。按照产量基础分配标准分配全部制造费用，会产生扭曲的成本信息，误导决策。随着“机器取代人”的自动化制造时代来临，企业的经营环境正在发生巨大改变。伴随这种改变，产品或劳务的成本结构亦发生重大改变，其特征就是直接人工成本比重大大下降，制造费用（主要是折旧费用等固定成本）比重大大增加，因此，制造费用分配的科学性将很大程度上决定产品成本计算的准确性和成本控制的有效性。作业成本法是针对后一个缺陷提出来的。

二、作业成本法的含义与核心概念（★）

（一）含义

作业成本法是将间接成本和辅助费用更准确地分配到产品和服务中的一种成本计算方法。在作业成本法下，直接成本可以直接计入产品或服务等成本对象，与传统的成本计算方法并无差异，只是直接成本的范围比传统成本计算的要大，凡是便于追溯到产品的材料、人工和其他成本都可以直接计入产品或服务等相关成本对象。不能直接追溯到特定的成本计算对象的间接成本，则先追溯到有关作业或分配到有关作业，计算作业成本，然后再将作业成本分配到产品或服务等有关成本对象。

（二）核心概念

1. 资源

资源是指作业耗费的人工、能源和实物资产（例如车床和厂房）等。任何一项产品的形成都经由一系列作业完成，完成每一项作业都需要消耗资源。

2. 作业

作业是指企业中特定组织（成本中心、部门或产品线）重复执行的任务或活动。执行或完成任何一项作业都需要耗费一定的资源。完成一项作业所消耗的资源的成本构成该作业的成本。资源成本可以直接追溯至特定的作业时，该资源成本为作业的直接计入成本；资源成本需要分配计入不同作业成本时，该资源成本为作业的间接计入成本。

3. 成本动因

含义	成本动因是指作业成本或产品成本的驱动因素	
分类	资源成本动因	资源成本动因是引起作业成本增加的驱动因素，用来衡量一项作业的资源消耗量。依据资源成本动因可以将资源成本分配给各有关作业
	作业成本动因	作业成本动因是衡量一个成本对象（产品、服务或顾客）需要的作业量，是产品成本增加的驱动因素

三、作业成本法的主要特点（★）

（一）成本计算分为两个阶段

作业成本法的基本指导思想是：“**作业消耗资源，产品（或服务）消耗作业**”。根据这一指导思想，作业成本法把成本计算过程划分为两个阶段。

第一阶段，将作业执行中耗费的资源分配（包括追溯和间接分配）到作业，计算作业的成本。

第二阶段，将第一阶段计算的作业成本分配（包括追溯和动因分配）到各有关成本对象（产品或服务）。

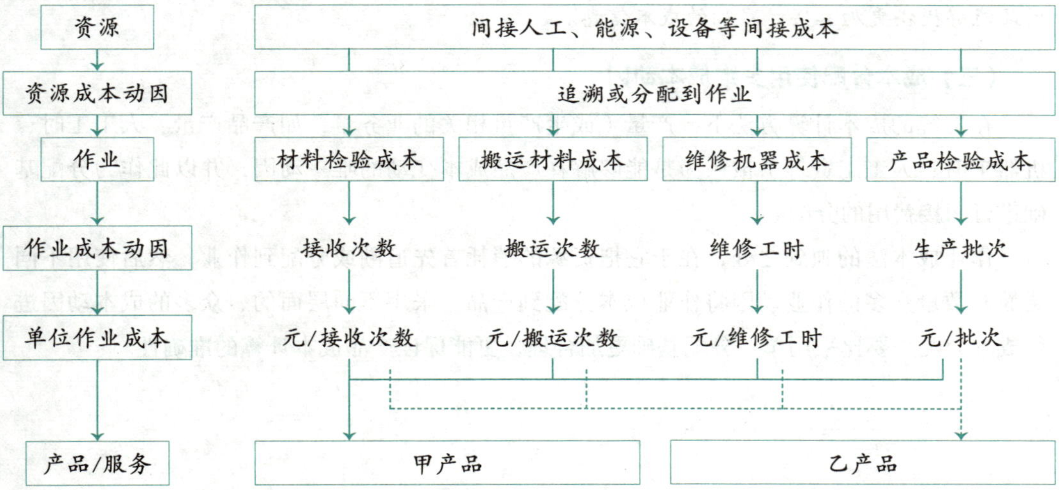

项目	传统成本计算方法	作业成本法
直接成本	直接追溯到产品	直接追溯到产品
间接费用	分配路径为资源→部门→产品，第二步是以产量为基础，将间接费用分配到各种产品	分配路径为资源→作业→产品，在第二阶段，按照作业消耗与产品之间不同的因果关系，将作业成本分配到产品

（二）成本分配强调因果关系

作业成本法认为，将成本分配到成本对象有三种不同的形式：追溯、动因分配和分摊。

成本追溯	含义	成本追溯，是指把成本直接分配给相关的成本对象
	基本观点	（1）作业成本法强调尽可能扩大追溯到个别产品的成本比例，以减少成本分配引起的信息失真。 （2）作业成本法认为，有些“制造费用”的项目可以直接归属于成本对象，应当追溯，不进行间接分配，例如特定产品的专用设备折旧费等
动因分配	含义	动因分配，是指根据成本动因将成本分配到各成本对象的过程
	基本观点	对不能追溯的成本，作业成本法则强调使用动因分配方式，动因分配虽然不像追溯那样准确，但只要因果关系建立恰当，成本分配的结果同样可以达到较高的准确程度
分摊	有些成本既不能追溯，也不能合理、方便地找到成本动因，只好使用产量作为分配基础，将其强制分摊给成本对象	

提示：作业成本法的成本分配主要使用追溯和动因分配，尽可能减少不准确的分摊，因此能够提供更加真实、准确的成本信息。

（三）成本分配使用多维成本动因

在传统的成本计算方法下，产量（或生产量相关的业务量，如产品产量、人工工时、机器工时、人工工资等）被认为是能够解释产品成本变动的唯一动因，并以此作为分配基础进行间接费用的分配。

作业成本法的独到之处，在于它把资源的消耗首先追溯或分配到作业，然后使用不同层面和数量众多的作业动因将作业成本分配到产品。采用不同层面的、众多的成本动因进行成本分配，**要比采用单一分配基础更加合理，更能保证产品成本计算的准确性。**

第二节 作业成本计算

一、作业成本的计算原理（★★）

（一）作业的认定

作业的认定需要对每项消耗资源的作业进行定义，识别每项作业在生产活动中的作用、与其他作业的区别，以及每项作业与耗用资源的联系。

以变速箱制造企业甲企业为背景的作业清单如下：

甲企业作业清单

作业名称	作业说明
材料订购	包括选择供应商、签订合同、明确供应方式等
材料检验	对每批购入的材料进行质量、数量检验
生产准备	每批产品投产前，进行设备调整等准备工作
发放材料	每批产品投产前，将生产所需材料发往各生产车间
材料切割	将管材、圆钢切割成适于机加工的毛坯工件
车床加工	使用车床加工零件（轴和连杆）
铣床加工	使用铣床加工零件（齿轮）
刨床加工	使用刨床加工零件（变速箱外壳）
产品组装	人工装配变速箱
产品质量检验	人工检验产品质量
包装	用木箱将产品包装
车间管理	组织和管理车间生产、提供维持生产的条件

（二）作业成本库的设计

作业成本库类别	含义	特点	举例
单位级作业成本库	指每一单位产品至少要执行一次的作业	直接成本，可以追溯到每个单位产品上	直接材料、直接人工工时、机器成本和直接能源消耗等
批次级作业成本库	指同时服务于每批产品或许多产品的作业	成本取决于批次，而不是每批中单位产品的数量	生产前的机器调试、成批产品转移至下一工序的运输、成批采购和检验等

续表

作业成本库类别	含义	特点	举例
品种级（产品级）作业成本库	指服务于某种型号或样式产品的作业	作业成本依赖于产品的品种数或规格型号数	产品设计、产品生产工艺规程制定、工艺改造、产品更新等
生产维持级作业成本库	指服务于整个工厂的作业	无法追溯到单位产品，并且和产品批次、产品品种无明显关系	工厂保安、维修、行政管理、保险、财产税等

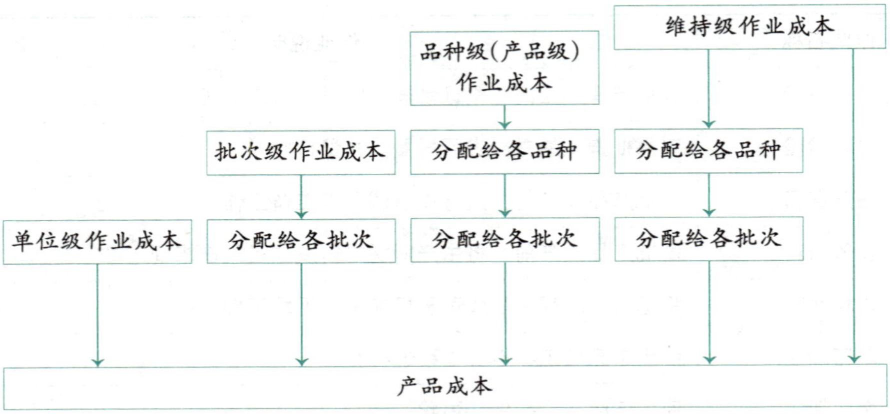

典例研习·14-1 多项选择题

下列各项作业中，属于品种级作业的有（　　）。

A. 产品生产工艺规程制定　　B. 产品质量检验

C. 产品设计　　D. 产品更新

斯尔解析　本题考查作业成本库的设计。品种级作业是指服务于某种型号或样式产品的作业，例如，产品设计、产品生产工艺规程制定、工艺改造、产品更新等，选项ACD当选。批次级作业是指同时服务于每批产品或许多产品的作业，例如，生产前机器调试、成批产品转移至下一工序的运输、成批采购和检验等，产品质量检验属于批次级作业，选项B不当选。

本题答案　ACD

典例研习·14-2 多项选择题

甲公司是一家品牌服装生产企业，采用作业成本法核算产品成本，现正进行作业成本库设计。下列说法中正确的有（　　）。

A. 服装设计属于品种级作业　　B. 服装加工属于单位级作业

C. 服装成品抽检属于批次级作业　　D. 服装工艺流程改进属于生产维持级作业

斯尔解析 本题考查作业成本库的设计。品种级作业是指服务于某种型号或样式产品的作业，例如，产品设计、产品生产工艺规程制定、工艺改造、产品更新等，选项 A 当选、选项 D 不当选。单位级作业是指每一单位产品至少要执行一次的作业，服装加工属于单位级作业，选项 B 当选。批次级作业是指同时服务于每批产品或许多产品的作业，例如，生产前机器调试、成批产品转移至下一工序的运输、成批采购和检验等，选项 C 当选。

本题答案 ABC

（三）资源成本分配到作业

资源成本借助于资源成本动因分配到各项作业。资源成本动因和作业成本之间一定要存在因果关系。

常用的资源成本动因如下：

作业的资源成本动因

作业	资源成本动因
机器运行作业	机器小时
安装作业	安装小时
清洁作业	平方米
材料移动作业	搬运次数、搬运距离、吨千米
人事管理作业	雇员人数、工作时间
能源消耗	电表、流量表、装机功率和运行时间
制作订单作业	订单数量
顾客服务作业	服务电话次数、服务产品品种数、服务的时间

（四）作业成本分配到成本对象

单位作业成本 = 本期作业成本库归集的总成本 ÷ 作业量

作业量的计量单位即作业成本动因有三类：业务动因、持续动因和强度动因。

项目	业务动因	持续动因	强度动因
含义	通常以执行的次数作为作业动因	是指执行一项作业所需的时间标准	是在某些特殊情况下，将作业执行中实际耗用的全部资源单独归集，直接计入某一特定的产品
具体说明	假定执行每次作业的成本（包括耗用的时间和单位时间耗用的资源）相等	当在不同产品所需作业量差异较大的情况下，应改用持续动因作为分配的基础	一般适用于某一特殊订单或某种新产品试制等，用产品订单或工作单记录每次执行作业时耗用的所有资源及其成本

典例研习 · 14-3 单项选择题

下列各项中，应使用强度动因作为作业量计量单位的是（　　）。

A. 产品的生产准备

B. 产品的机器加工

C. 产品的分批质检

D. 产品的研究开发

斯尔解析 本题考查作业成本动因。强度动因是在某些特殊情况下，将作业执行中实际耗用的全部资源单独归集，并将该项单独归集的作业成本直接计入某一特定产品，一般适用于某一特殊订单或某种新产品试制等，选项 D 当选。

本题答案 D

二、作业成本的计算例示

14-2-2

典例研习 · 14-4 计算分析题

甲公司成功地生产和销售两种打印机，假设该公司两种产品的财务和成本数据如下：

品种	豪华型	普通型
产量（台）	5 000	15 000
售价（元）	4 000	2 000
单位直接材料和人工成本（元）	2 000	800
直接人工（小时）	25 000	75 000

公司管理会计师划分了下列作业、间接成本集合及成本动因：

作业	间接成本集合	作业动因
调整	300 万元	调整次数
机器运行	1 625 万元	机器小时
包装	75 万元	包装单数量
合计	2 000 万元	—

两种产品的实际作业量如下：

作业动因	豪华型作业消耗	普通型作业消耗	合计
调整次数（次）	200	100	300
机器小时（小时）	55 000	107 500	162 500
包装单数量（个）	5 000	10 000	15 000

要求：

（1）采用完全成本法（产量基础的成本计算制度），以直接人工工时为分配标准，确定两种产品的单位盈利能力。

（2）采用作业成本法，确定两种产品的单位盈利能力。

斯尔解析

（1）直接人工小时合计 =25 000+75 000=100 000（工时）。

间接成本分配率 =20 000 000÷100 000=200（元 / 小时）

分配给豪华型的制造费用 =200×25 000=5 000 000（元）

单位豪华型的制造费用 =5 000 000÷5 000=1 000（元 / 台）

分配给普通型的制造费用 =200×75 000=15 000 000（元）

单位普通型的制造费用 =15 000 000÷15 000=1 000（元 / 台）

完全成本法下盈利分析

单位：元

项目	豪华型	普通型
单位售价	4 000	2 000
单位产品成本：		
直接材料和人工	2 000	800
制造费用	1 000	1 000
单位产品成本合计	3 000	1 800
单位产品利润	1 000	200

（2）

每一作业成本动因的成本动因率

作业动因	成本	作业消耗	作业率
调整次数	3 000 000 元	300 次	10 000 元 / 次
机器小时	16 250 000 元	162 500 小时	100 元 / 小时
包装单数量	750 000 元	15 000 个	50 元 / 个

豪华型（5 000 台）

金额单位：元

作业动因	作业率	作业量	间接成本合计	单位间接成本
调整次数	10 000 元 / 次	200 次	2 000 000	400
机器小时	100 元 / 小时	55 000 小时	5 500 000	1 100
包装单数量	50 元 / 个	5 000 个	250 000	50
合计	—	—	—	1 550

普通型（15 000 台）

金额单位：元

作业动因	作业率	作业量	间接成本合计	单位间接成本
调整次数	10 000 元 / 次	100 次	1 000 000	66.67
机器小时	100 元 / 小时	107 500 小时	10 750 000	716.67
包装单数量	50 元 / 个	10 000 个	500 000	33.33
合计	—	—	—	816.67

作业成本法下盈利分析

单位：元

项目	豪华型	普通型
单位售价（元）	4 000	2 000
单位产品成本（元）：		
直接材料和人工	2 000	800
间接成本	1 550	816.67
单位产品成本合计	3 550	1 616.67
单位产品利润	450	383.33

提示：

通过比较完全成本法和作业成本法的计算结果，可以看出：

①完全成本法扭曲了产品成本，即高估了普通型打印机的成本，低估了豪华型打印机的成本。

②作业成本法和完全成本法都是对全部生产成本进行分配，不区分固定成本和变动成本，这与变动成本法不同。从长远来看，所有成本都是变动成本，都应当分配给产品。

③完全成本法以直接人工作为间接费用的唯一分配率，夸大了高产量产品的单位成本。

典例研习 · 14-5 单项选择题

甲公司生产 X、Y 两种产品，2022 年 7 月 X 产品产量 350 件，Y 产品产量 225 件，甲公司采用作业成本法分配间接成本，相关数据如下：

作业	间接成本	作业动因	作业动因数量	
			X 产品	Y 产品
生产准备作业	1 070 万元	生产准备次数	30 次	70 次
生产设备维修作业	500 万元	机器工时	1 200 小时	3 800 小时

X 产品的单位间接成本是（　　）元。

A. 27 304.35　　B. 50 177.78　　C. 10 765.71　　D. 12 600

斯尔解析　本题考查作业成本法。生产准备作业的单位成本 =1 070÷（30+70）=10.7（万元 / 次），生产设备维修作业的单位成本 =500÷（1 200+3 800）=0.1（万元 / 小时），X 产品的总间接成本 =10.7×30+0.1×1 200=441（万元），X 产品的单位间接成本 =441÷350×10 000=12 600（元），选项 D 当选。

本题答案　D

三、作业成本法的优点、局限性与适用条件（★）

项目	要点	具体内容
优点	成本计算更准确	作业成本法减少了传统成本信息对于决策的误导
	成本控制与成本管理更有效	消除非增值作业、提高增值作业的效率，有助于持续降低成本和不断消除浪费
	为战略管理提供信息支持	（1）作业成本法与价值链分析概念一致，为其提供信息支持。 （2）对成本领先战略提供支持
缺点	开发和维护费用较高	作业成本法的成本动因数量较多，开发和维护费用较高
	不符合对外财务报告的要求	为使对外财务报表符合会计准则的要求，需要重新调整作业成本法下的数据，工作量大，技术难度大，可能出现混乱
	确定成本动因比较困难	间接成本并非都与特定的成本动因相关联。可能存在以下问题：（1）找不到成本动因；（2）寻找成本高；（3）成本动因相关程度都很低
	不利于通过组织控制进行管理控制	作业成本法的成本库与企业的组织结构不一致，不利于提供管理控制的信息
适用情景	成本结构	制造费用在产品成本中占有较大比重
	产品品种	产品多样性程度高
	外部环境	面临的竞争激烈
	公司规模	公司规模比较大，有强大的信息沟通渠道和完善的信息管理基础设施，并且对信息的需求更为强烈

典例研习 · 14-6　多项选择题

某企业生产经营的产品品种繁多，间接成本比重较高，成本会计人员试图推动该企业采用作业成本法计算产品成本。下列理由中，适合用于说服管理层的有（　　）。

A. 使用作业成本信息有利于价值链分析

B. 通过作业管理可以提高成本控制水平

C. 使用作业成本法可提高成本分配准确性

D. 使用作业成本信息可以提高经营决策质量

斯尔解析 本题考查作业成本法的优点。作业成本法与价值链分析概念一致，可以为其提供信息支持，选项 A 当选。作业成本法有助于改进成本控制，选项 B 当选。作业成本法可以获得更准确的产品和产品线成本，选项 C 当选。准确的成本信息，可以提高经营决策的质量，包括定价决策、扩大生产规模、放弃产品线等经营决策，选项 D 当选。

本题答案 ABCD

第三节 作业管理

作业管理是利用作业成本法提供的准确成本信息提高获利能力、增加客户满意度和改善公司业绩的管理方法。

（1）增值作业与非增值作业：作业管理通过识别哪些作业是增值作业，哪些作业是非增值作业，消除、转化或降低不增值作业，提高增值作业的效率，降低成本，增加价值，创建企业的竞争优势。

（2）基于作业的成本管理：作业管理通过使用作业成本信息，更好地进行与定价、产品组合、生产与管理优化、产品设计等相关的决策，为企业创造价值。

（3）作业预算：为了更好地管控成本，实行作业成本法核算的企业，可以按照作业编制预算，控制作业成本，提高作业效率。

14-3-1

一、增值作业与非增值作业的划分

项目	内容要点
区分	增值作业与非增值作业是站在顾客角度划分的。 最终增加顾客价值的作业是增值作业，否则就是非增值作业
作业管理核心	识别出不增加顾客价值的作业，从而找到进行改进的地方
非增值作业举例	等待作业、材料或者在产品堆积作业、产品或者在产品在企业内部迂回运送作业、废品清理作业、次品处理作业、返工作业、无效率重复某工序作业、由于订单信息不准确造成没有准确送达需要再次送达的无效率作业等

典例研习·14-7 多项选择题

下列关于增值作业与非增值作业的表述中，正确的有（　　）。

A. 作业成本管理的核心是降低、消除，甚至转化非增值作业

B. 是否为增值作业需要站在顾客的角度考虑

C. 产品设计作业属于增值作业

D. 客户地址错误导致的二次投递作业属于非增值作业

斯尔解析 本题考查增值作业与非增值作业的划分。作业成本管理的核心是分析哪些作业是增值作业，哪些作业是非增值作业。实行基于作业的成本管理，消除转化或降低非增值作业，提高增值作业效率，降低成本，增加价值，创建企业的竞争优势，选项 A 当选。增值作业与非增值作业是站在顾客角度划分的，最终增加顾客价值的作业是增值作业，否则就是非增值作业，选项 BCD 当选。

本题答案 ABCD

二、作业预算

14-3-2

1. 作业预算的含义

作业预算，是指基于“作业消耗资源、产品（服务或顾客）消耗作业”的原理，以作业为基础的预算管理方法。作业预算主要适用于作业类型较多且作业链较长、管理层对预算编制的准确性要求较高、生产过程多样化程度较高以及间接或辅助资源费用占比较大的企业。

2. 作业预算的编制

企业编制作业预算的前提是企业已使用作业成本法，资源、作业与产品（或服务）之间的关系已经建立。编制作业预算是作业成本法的逆序应用，通常以销售量为起点，根据销售量确定产量及作业需求量、再确定作业对资源的需求量。在作业预算编制过程中，需要反复平衡作业、资源的需求量与供给量，最后完成预算编制与审核等程序。具体如下：

（1）确定作业需求量。

企业应根据预测期销售量或销售收入预测各产品（或服务）的产出量（或服务量）、批次数、品种类别数以及每类设施能力投入量，进而分别按单位级作业、批次级作业、品种级作业、生产维持级作业等的作业消耗率计算各类作业的需求量。

①单位级作业。

该类作业的需求量一般与产品（或服务）的数量成正比例变动，计算公式如下：

单位级作业需求量 = ∑各产品（或服务）预测的产出量（或服务量）× 该产品（或服务）作业消耗率

②批次级作业。

该类作业的需求量一般与产品（或服务）的批次数成正比例变动，计算公式如下：

批次级作业需求量 = ∑各产品（或服务）预测的批次数 × 该批次作业消耗率

③品种级作业。

该类作业的需求量一般与品种类别的数量成正比例变动，计算公式如下：

品种级作业需求量 = ∑各产品（或服务）预测的品种类别数 × 该品种类别作业消耗率

④生产维持级作业。

该类作业的需求量一般与每类生产能力投入量成正比例变动，计算公式如下：

生产维持级作业需求量=∑各产品（或服务）预测的每类生产能力投入量×该类生产能力作业消耗率

上述作业消耗率，是指单位产品（或服务）、批次、品种类别、生产能力等消耗的作业数量。

（2）确定资源需求量。

企业应依据作业消耗资源的因果关系确定作业对资源的需求量。计算公式如下：

资源需求量=∑各类作业需求量×资源消耗率

资源消耗率，是指单位作业消耗的资源数量。

（3）平衡资源需求量与供给量。

资源供给量，是指企业目前经营期间所拥有并能投入作业的资源数量。企业应检查资源需求量与供给量是否平衡，如果没有达到基本平衡，需要通过增加或减少资源费用供给量或降低资源消耗率等方式，使两者的差额处于可接受的区间内。

（4）编制预算。

企业一般以作业中心为对象，按照作业类别编制资源费用预算。计算公式如下：

资源费用预算=∑各类资源需求量×该资源费用预算价格

资源费用的预算价格一般来源于企业建立的资源价格库。企业应收集、积累多个历史期间各资源的成本价、行业标杆价、预期市场价等，建立企业的资源价格库。

（5）审核最终预算。

作业预算初步编制完成后，企业应组织相关人员进行预算评审。预算评审小组一般应由企业预算管理部门、运营与生产管理部门、作业及流程管理部门、技术定额管理部门等组成。评审小组应从业绩要求、作业效率要求、资源效益要求等多个方面对作业预算进行评审，评审通过后上报企业预算管理决策机构进行审批。

企业应按照作业中心和作业进度进行作业预算控制，通过把预算执行的过程控制精细化到作业管理层次，把控制重点放在作业活动驱动的资源上，实现生产经营全过程的预算控制。企业作业预算分析主要包括资源动因分析和作业动因分析。资源动因分析主要揭示作业消耗资源的必要性和合理性，发现减少资源浪费、降低资源消耗成本的机会，提高资源利用效率；作业动因分析主要揭示作业的有效性和增值性，减少无效作业和不增值作业，不断地进行作业改进和流程优化，提高作业产出效果。

3. 作业预算的优点和缺点

维度	解读
优点	基于作业需求量配置资源，避免资源配置的盲目性
	通过总体作业优化实现最低的资源耗费，创造最大的产出成果
	作业预算可以促进员工对业务和预算的支持，有利于预算的执行
缺点	预算的建立过程复杂，需要详细地估算生产和销售对作业和资源的需求量，并测定作业消耗率和资源消耗率，因而数据收集成本较高

第四节　变动成本法

一、变动成本法的含义

变动成本法也称直接成本法、边际成本法。在此方法下，**产品成本只包括直接材料、直接人工和变动制造费用**，即变动生产成本，变动生产成本随生产量的变化呈正比例变化。在完全成本法下，产品成本包含直接材料、直接人工、变动制造费用、固定制造费用。

成本结构	变动成本法	完全成本法
产品成本	直接材料	直接材料
	直接人工	直接人工
	变动制造费用	变动制造费用
	—	固定制造费用
期间费用	固定制造费用	—
	变动销售与管理费用	变动销售与管理费用
	固定销售与管理费用	固定销售与管理费用

两种方法的核心差别在于对固定制造费用处理不同。在完全成本法下，固定制造费用进入了产品成本；而在变动成本法下，固定制造费用不进入产品成本，全部与期间费用一起一次进入当期损益。因为产品成本结构不同，导致变动成本法与完全成本法报表之间存在两大差异，即当期利润（收益或损益）计算不同，以及期末存货（产成品）计价不同。通常，管理会计使用变动成本法，财务会计使用完全成本法。

在变动成本法下与在完全成本法下，同一企业当期利润差异如下：

用 P_1 表示完全成本法下的当期利润（息税前利润）；用 P_2 表示变动成本法下的当期利润（息税前利润），二者之差用 ΔP 表示。

运用财务会计知识，可知：$P_1=P_2+\Delta P$。

完全成本法下的息税前利润 P_1

= 销售收入 − 变动销售成本 − 本期销售成本中的固定制造费用 − 销售与管理成本

变动成本法下的息税前利润 P_2

= 销售收入 − 变动销售成本 − 本期固定制造费用 − 销售与管理成本

$\Delta P=P_1-P_2$

= 本期固定制造费用 − 本期销售成本中的固定制造费用

（其中：本期销售成本中的固定制造费用 = 期初存货中固定制造费用 + 本期固定制造费用 − 期末存货中固定制造费用）

= 期末存货中固定制造费用 − 期初存货中固定制造费用

完全成本法下，存货中单位固定制造费用与选择的存货计价方法有关，运用时需加以注意。

上述结果表明，基于管理会计的变动成本法与基于财务会计的完全成本法是可以相互转换的：$P_1=P_2+\Delta P$。

如果日常采用变动成本法进行会计核算，企业可以利用这一关系调整存货成本、营业成本，使得对外财务会计报告符合完全成本法的存货计价与损益计算要求。

14-4-2

二、变动成本法的特点

（1）变动成本法消除了在完全成本法下，可通过增加生产、调节库存来调节利润的问题，可以使企业内部管理者更加注重销售，更加注重市场。

（2）便于分清各部门经济责任，进行更为合理的内部业绩评价。

（3）能够揭示利润和业务量之间的正常关系，为企业内部管理提供有用的管理信息，为企业预测前景、规划未来和作出正确决策服务。

（4）有利于进行成本控制。

（5）可以简化成本计算，便于加强日常管理。

典例研习·14-8 计算分析题

甲公司是一家小家电制造企业，只产销X产品。公司采用完全成本法核算产品成本，每年按实际产量分配固定制造费用，采用先进先出法进行存货计价。

2022年末，总经理收到会计部门转来的利润表后，比较了2022年和2021年的税前营业利润，发现了一个奇怪的现象：2022年销量比2021年增加24%，但税前营业利润却大幅下降。公司管理层就此问题进行了讨论，财务经理建议采用变动成本法重新核算产品成本，然后再做分析。

相关资料如下：

表1

2021年和2022年X产品实际数量

单位：件

项目	2021年	2022年
年初存货数量	0	12 000
本年产量	62 000	50 000
本年销量	50 000	62 000
年末存货数量	12 000	0

表2

2021年和2022年X产品生产费用实际数据

项目	金额
单价	58元/件
单位直接材料	6元/件

续表

项目	金额
单位直接人工	7 元 / 件
单位变动制造费用	2 元 / 件
固定制造费用总额	1 860 000 元
单位变动销售和管理费用	1 元 / 件
固定销售和管理费用总额	220 000 元

要求：

（1）分别计算 2021 年、2022 年 X 产品在完全成本法下和变动成本法下的单位产品成本。

（2）分别计算 2021 年、2022 年 X 产品在完全成本法下和变动成本法下的税前营业利润及其差异，并解释差异产生的原因。

（3）简要说明财务经理建议采用变动成本法的理由。

斯尔解析

（1）2021 年：

完全成本法下单位产品成本 =6+7+2+1 860 000 ÷ 62 000=45（元 / 件）

变动成本法下单位产品成本 =6+7+2=15（元 / 件）

2022 年：

完全成本法下单位产品成本 =6+7+2+1 860 000 ÷ 50 000=52.2（元 / 件）

变动成本法下单位产品成本 =6+7+2=15（元 / 件）

（2）2021 年两种方法下的税前营业利润：

完全成本法下税前营业利润 =（58−45−1）× 50 000−220 000=380 000（元）

变动成本法下税前营业利润 =（58−15−1）× 50 000−1 860 000−220 000=20 000（元）

利润差异：380 000−20 000=360 000（元）。

原因分析：完全成本法下的税前营业利润比变动成本法下的税前营业利润多 360 000 元，是因为没有年初存货，年末存货吸收了 36 万元 [12 000 ×（1 860 000 ÷ 62 000）−0=360 000（元）] 的固定制造费用。

2022 年两种方法下的税前营业利润：

完全成本法下税前营业利润 =58 × 62 000−12 000 × 45−50 000 × 52.2−62 000 × 1−220 000=164 000（元）

变动成本法下税前营业利润 =（58−15−1）× 62 000−1 860 000−220 000=524 000（元）

利润差异：164 000−524 000=−360 000（元）。

原因分析：完全成本法下的税前营业利润比变动成本法下的税前营业利润少 36 万元，是因为年初存货释放了 36 万元 [0−12 000 ×（1 860 000 ÷ 62 000）=−360 000（元）] 的固定制造费用。

（3）理由如下：

①变动成本法消除了在完全成本法下，可通过增加生产、调节库存来调节利润的问题，可以使企业内部管理者更加注重销售，更加注重市场。

②便于分清各部门经济责任，进行更为合理的内部业绩评价。

③能够揭示利润和业务量之间的正常关系，为企业内部管理提供有用的管理信息，为企业预测前景、规划未来和作出正确决策服务。

④有利于进行成本控制。

⑤可以简化成本计算，便于加强日常管理。

【斯考卡片】
扫码背重点

345

至此，财务成本管理的学习已经进行了80%，继续加油呀！

80%

第十五章
本量利分析

学习提要

重要程度： 重点章节　　**平均分值：** 8分

考核题型： 客观题、主观题

本章提示： 本章公式比较多，但理解难度不大。在学习公式时，首先要能够理解每个指标的具体内涵，然后再去理解和记忆公式，切勿死记硬背

考点精讲

第一节　本量利的一般关系

本量利分析是对成本、业务量、利润之间相互关系进行分析的一种系统方法。

一、成本性态分析（★★）

成本性态，又称成本习性，是指成本总额与业务量（如产品产量、销量等）之间的内在关系。

（一）变动成本

变动成本是指在特定的业务量范围内其总额随业务量变动而成正比例变动的成本。例如，直接材料、直接人工、外部加工费、销售佣金等。这类成本直接受产量的影响，两者保持正比例关系，比例系数稳定。这个比例系数就是单位产品的变动成本。

1. 图形表现

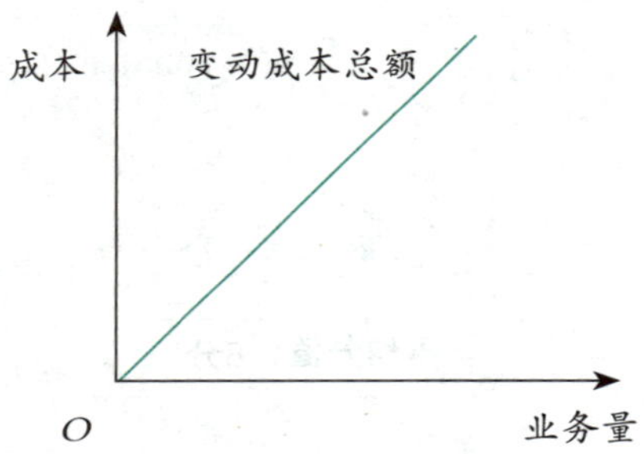

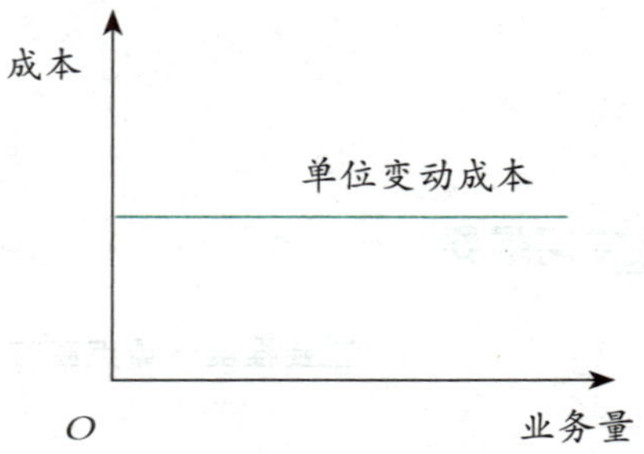

2. 变动成本的分类

维度	约束性变动成本（技术性变动成本）	酌量性变动成本
特征	与产量有明确的生产技术或产品结构设计关系的变动成本	可以通过管理决策行动改变的变动成本。经理人员的决策一经作出，其支出额将随业务量呈正比例变动，具有与技术变动成本同样的特性
举例	直接材料、直接人工	按销售额一定百分比开支的销售佣金、新产品研制费、技术转让费
作用	生产产品	提高竞争能力或改善企业形象

（二）固定成本

固定成本是指在特定的业务量范围内不受业务量变动影响，一定期间的总额能保持相对稳定的成本。例如，固定月工资、固定资产折旧费、取暖费、财产保险费、职工培训费、科研开发费、广告费等。

单位固定成本会随着业务量的增加而降低。

1. 图形表现

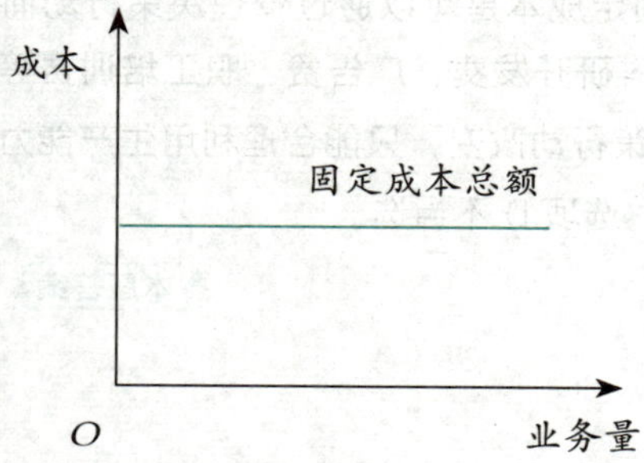

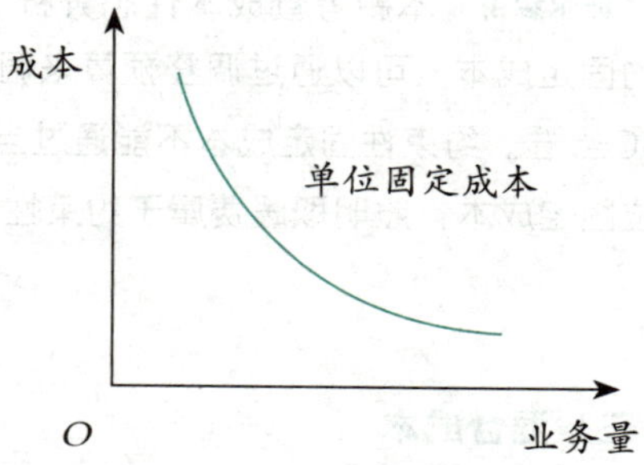

2. 固定成本的分类

维度	约束性固定成本	酌量性固定成本
特征	不能通过当前管理决策行动改变，只能合理利用生产能力，降低单位固定成本	可以通过管理决策行动而改变数额的固定成本，可以通过调整预算来调节
举例	固定资产折旧费、财产保险、管理人员工资、取暖费、照明费等	科研开发费、广告费、职工培训费等
用途	提供和维持生产经营所需设施、机构而发生的成本。实质上是生产经营能力成本，而不是产品成本	为完成特定活动而发生的固定成本。关系到企业的竞争能力，也是提供生产经营能力的成本

精准答疑

问题：如何区分科研开发费、新产品研制费和技术转让费？

解答：科研开发费的常见项目包括：研发活动中支出的技术图书资料费、资料翻译费、会议费、培训费、咨询费等费用。这类费用一般不会随产量的变动而变动，但其具体数额可以通过管理决策行动改变，因此属于酌量性固定成本。

新产品研制费的常见项目包括：研发活动直接消耗的材料、燃料和动力费等。技术转让费是指企业购买或使用专有技术所支付的费用。对于按照销售额一定百分比支付的新产品研制费和按照销售额一定百分比支付的技术转让费，其金额随销售额的变动而变动，属于变动成本。而在实务中，有些企业的新产品研制费和技术转让费，不是按照销售额一定百分比支付的，可能就不属于变动成本。

典例研习 · 15-1 （多项选择题）

下列各项费用中，通常属于酌量性固定成本的有（　　）。

A. 广告宣传费　　B. 实习培训费

C. 新品研发费　　D. 照明取暖费

斯尔解析 本题考查成本性态分析。酌量性固定成本是可以通过管理决策行动而改变数额的固定成本，可以通过调整预算来调节，例如科研开发费、广告费、职工培训费等，选项 ABC 当选。约束性固定成本不能通过当前管理决策行动改变，只能合理利用生产能力，降低单位固定成本，照明取暖费属于约束性固定成本，选项 D 不当选。

本题答案 ABC

（三）混合成本

类别	特征	图示
半变动成本（有初始、立即变）	在初始成本的基础上随业务量正比例增长的成本。 例如，电费和电话费等公用事业费、燃料、维护和修理费等，多属于半变动成本。如果用方程式表示，设 y 代表这类总成本，a 代表固定成本，b 代表单位变动成本，x 代表业务量，则有：$y=a+bx$	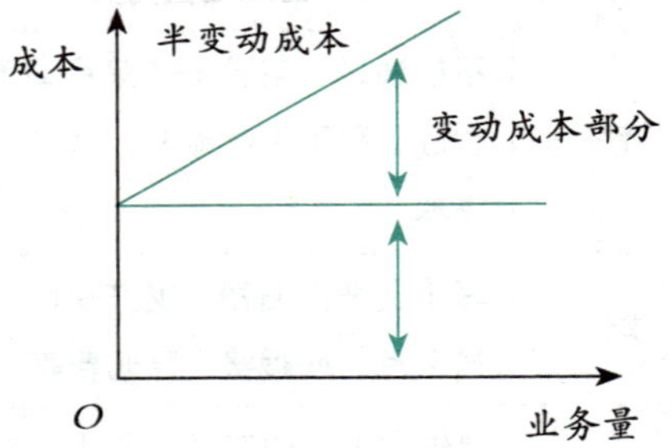
延期变动成本（有初始、延期变）	在一定业务量范围内总额保持稳定，超出特定业务量则开始随业务量同比例增长的成本。 例如，在正常业务量情况下给员工支付固定月工资，当业务量超过正常水平后则需支付加班费，这种人工成本就属于延期变动成本	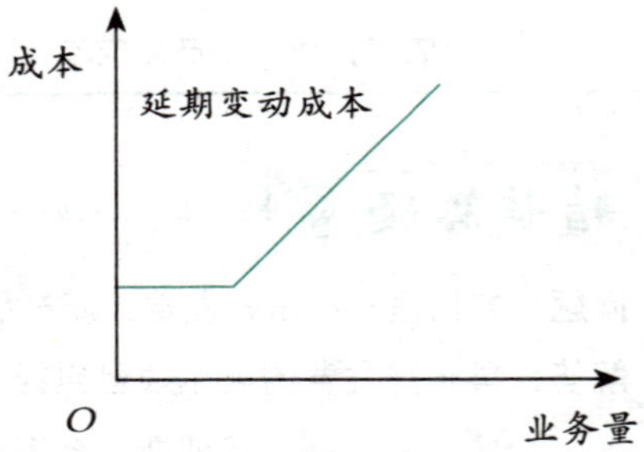
阶梯式成本	总额随业务量呈阶梯式增长的成本，亦称步增成本或半固定成本。 例如，受开工班次影响的动力费、整车运输费用、检验人员工资等	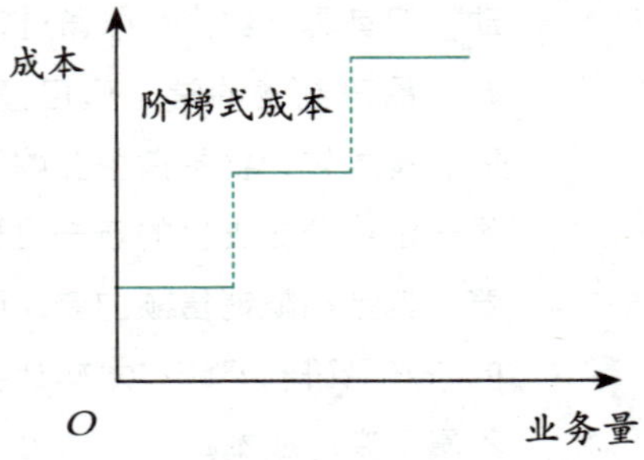

续表

类别	特征	图示
非线性成本	随业务量变动而变动，但变化率是递增或递减的。 在业务量相关范围内可以近似地看成是变动成本或半变动成本	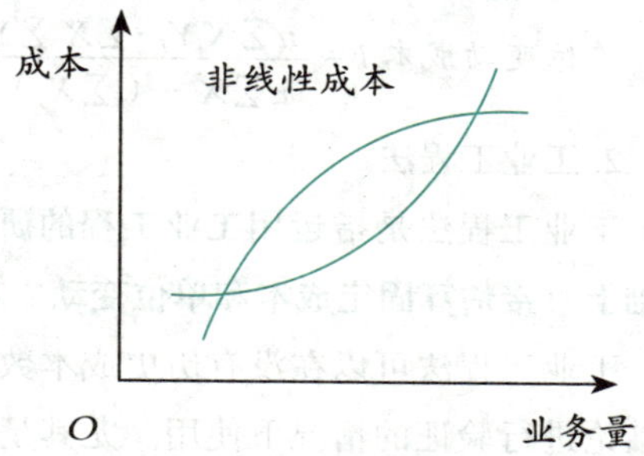

典例研习 · 15-2 单项选择题

甲消费者每月购买的某移动通信公司 58 元套餐，含主叫长市话 450 分钟，超出后主叫国内长市话每分钟 0.15 元。该通信费是（　）。

A. 变动成本　　B. 延期变动成本

C. 阶梯式成本　　D. 半变动成本

斯尔解析　本题考查成本性态分析。延期变动成本，是指在一定业务量范围内总额保持稳定，超过特定业务量则开始随业务量同比例增长的成本。本题中的通信费，在主叫长市话的时间不超过 450 分钟时，为 58 元，超过 450 分钟之后，每一分钟增加 0.15 元，所以是延期变动成本，选项 B 当选。

陷阱提示　考试中对混合成本的辨析，不要仅凭“电话费”三个字就判定属于哪种混合成本，一定要关注问题的具体描述，关于本题可以作如下变形：

（1）甲消费者每月购买的某移动通信公司流量套餐，套餐费 58 元不包含任何免费通话，每分钟通话 0.15 元，则该通信费是半变动成本。

（2）甲消费者注册加入的某移动通信公司活动套餐，没有套餐费，也不包含任何免费通话，每分钟通话 0.1 元，则该通信费是变动成本。

（3）甲消费者每月购买的某移动通信公司套餐，没有套餐费，月通话时长 1 000 分钟以内为 10 元，大于 1 000 分钟不超过 2 000 分钟为 20 元，大于 2 000 分钟不超过 3 000 分钟为 30 元，以此类推，则该通信费是阶梯式成本。

本题答案　B

（四）混合成本的分解

如果特定的成本是一项混合成本，就需要运用一定的方法分析成本与业务量之间的关系，并建立相应的成本函数模型，总成本直线方程：$y=a+bx$。

1. 直线回归法

直线回归法是**根据一系列历史成本资料，用数学上的最小平方法原理**，计算能代表平均成本水平的直线截距和斜率，以其作为固定成本和单位变动成本的一种成本估计方法。

直线回归法在理论上比较健全，结果精确，但计算过程比较繁琐。

$$固定成本\ a=\frac{\sum X_i^2\sum Y_i-\sum X_i\sum X_iY_i}{n\sum X_i^2-(\sum X_i)^2}$$

$$单位变动成本\ b=\frac{n\sum X_iY_i-\sum X_i\sum Y_i}{n\sum X_i^2-(\sum X_i)^2}$$

2. 工业工程法

工业工程法是指**运用工业工程的研究方法，逐项研究确定成本高低的每个因素，在此基础上直接估算固定成本和单位变动成本**的一种成本估计方法。

工业工程法可以在没有历史成本数据、历史成本数据不可靠，或者需要对历史成本分析结论进行验证的情况下使用。尤其是在建立标准成本和制定预算时，使用工业工程法比历史成本分析更加科学。

3. 账户分析法

该方法是根据会计核算账户中各成本的特点来分解混合成本的一种方法，将比较接近变动成本的账户或项目归为变动成本，将比较接近固定成本的账户或项目归为固定成本。

该方法简单、粗糙，但方便操作。

4. 高低点法

高低点法是根据若干时期的历史资料，**取其业务量（如产量）的最高点与最低点来分解混合成本的一种方法**。该方法首先计算单位变动成本，即以两点之间的成本增量除以两点之间的业务量增量计算出单位变动成本，再计算固定成本。计算公式如下：

$$单位变动成本=\frac{最高点成本-最低点成本}{最高点产量-最低点产量}$$

固定成本 = 高点（或低点）的总成本 − 单位变动成本 × 高点（或低点）产量

高低点法计算简单，但仅利用了高低点数据，忽略了其他数据信息。另外，如果高低点为异常值时，则不具有代表性，可能需要考虑更换数据。

典例研习 · 15-3 多项选择题

基于成本性态分析，对于企业推出的新产品所发生的的混合成本，不适宜采用的混合成本分解方法有（　　）。

A. 合同确认法　　B. 高低点法

C. 技术测定法　　D. 回归分析法

斯尔解析　本题考查混合成本的分解方法。高低点法和回归分析法，都属于历史成本分析的方法，它们仅限于有历史成本资料数据的情况，而新产品并不具有足够的历史数据，选项 BD 当选。

本题答案　BD

典例研习 · 15-4 计算分析题

某公司的业务量以直接人工小时为计量单位。该公司维修成本的历史资料如下表所示。

维修成本历史资料

月份	直接人工（千小时）X	实际成本（千元）Y	X^2	$X\times Y$
1	120	90	14 400	10 800
2	130	91	16 900	11 830
3	115	84	13 225	9 660
4	105	87	11 025	9 135
5	90	82	8 100	7 380
6	79	73	6 241	5 767
7	70	72	4 900	5 040
8	80	78	6 400	6 240
9	95	75	9 025	7 125
10	111	89	12 321	9 879
11	125	95	15 625	11 875
12	140	93	19 600	13 020
合计	1 260	1 009	137 762	107 751

要求：

分别采用高低点法和直线回归法得出维修成本的方程式。

斯尔解析

（1）直线回归法。

将有关数据代入公式：

$$a=\frac{137\ 762\times 1\ 009-1\ 260\times 107\ 751}{12\times 137\ 762-1\ 260^2}=49.37\text{（千元）}$$

$$b=\frac{12\times 107\ 751-1\ 260\times 1\ 009}{12\times 137\ 762-1\ 260^2}=0.3306\text{（千元/千小时）}$$

维修成本的一般方程式为：

Y（全月）$=49.37+0.3306X$

用全年总产量来验证：

Y（全年）$=49.37\times 12+0.3306\times 1\ 260$

$=1\ 008.996$（千元）

$\sum Y_i=1\ 009$，预测值 $Y=1\ 008.996$，两者基本一致，差异是因计算过程中四舍五入所致。

（2）高低点法。

业务量最高为 140 千小时，最低为 70 千小时，对应的成本分别为 93 千元和 72 千元。

代入公式：

单位变动成本 =（93−72）÷（140−70）=0.3（千元 / 千小时）

固定成本 =93−140×0.3=51（千元）或 72−70×0.3=51（千元）

维修成本的一般方程式为：Y（全月）$=51+0.3X$

二、本量利分析基本模型的相关假设

项目	含义
相关范围假设	区分一项成本是变动成本还是固定成本时，均限定在一定的相关范围内，包括期间假设和业务量假设
线性假设	固定成本不变；变动成本与业务量呈完全线性关系（即单位变动成本不变）；销售收入与销售数量呈完全线性关系（销售价格不变）
产销平衡假设	生产数量 = 销售数量
品种结构不变假设	各种产品的销售收入在总收入中所占的比重不变
共同假设	企业的全部成本可以合理地或者比较准确地分解为固定成本与变动成本

三、本量利分析基本模型（★★★）

（一）基本的损益方程式

息税前利润 = 销售收入 − 总成本

= 单价 × 销量 − 单位变动成本 × 销量 − 固定成本

=（单价 − 单位变动成本）× 销量 − 固定成本

$=(P-V)\times Q-F$

典例研习·15-5

甲企业每月固定成本为 1 000 元，仅生产一种产品，销售单价为 10 元，单位变动成本为 6 元，本月计划销售 500 件，计算该企业本月的预期利润。

斯尔解析

将有关数据代入损益方程式：

息税前利润 = 单价 × 销量 − 单位变动成本 × 销量 − 固定成本

=10×500−6×500−1 000=1 000（元）

（二）边际贡献方程式

两个基本概念	单位边际贡献	单位边际贡献 = 单价 − 单位变动成本
	边际贡献	边际贡献 =（单价 − 单位变动成本）× 销量 提示：制造边际贡献 = 销售收入 − 变动生产成本 产品边际贡献 = 制造边际贡献 − 变动销售和管理费用 通常，如果在边际贡献前未加任何定语，则是指产品边际贡献

续表

两个比率	边际贡献率	边际贡献率 = 边际贡献 ÷ 销售收入
	变动成本率	变动成本率 = 变动成本 ÷ 销售收入
	关系式	变动成本率 + 边际贡献率 =1
边际贡献方程式	息税前利润 = 销量 × 单位边际贡献 − 固定成本	
	息税前利润 = 销售收入 × 边际贡献率 − 固定成本	
	边际贡献总额 = 固定成本 + 息税前利润 提示：该公式表明边际贡献的用途，首先用于补偿固定成本，剩余部分形成企业利润	

（三）本量利关系图

1. 基本的本量利关系图

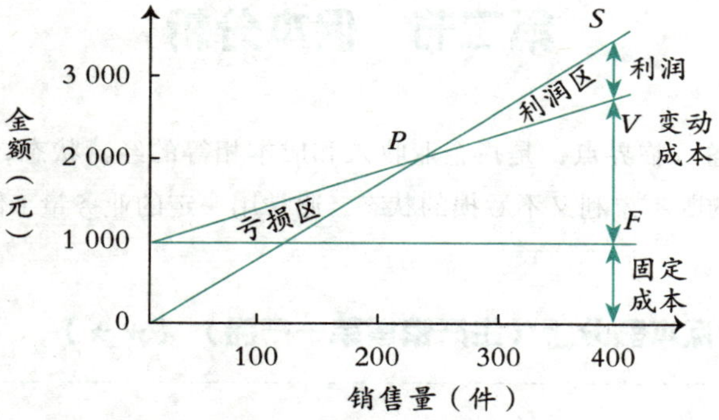

横坐标用销售量（Q）来表示时，收入线的斜率为单价（P），总成本线的斜率为单位变动成本（V）。

2. 正方形本量利关系图

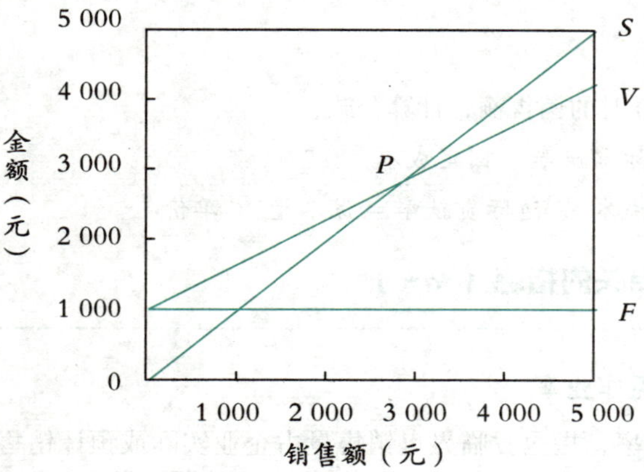

横坐标用销售收入（S）来表示时，收入线的斜率为1，总成本线的斜率为变动成本率。

3. 边际贡献式本量利关系图

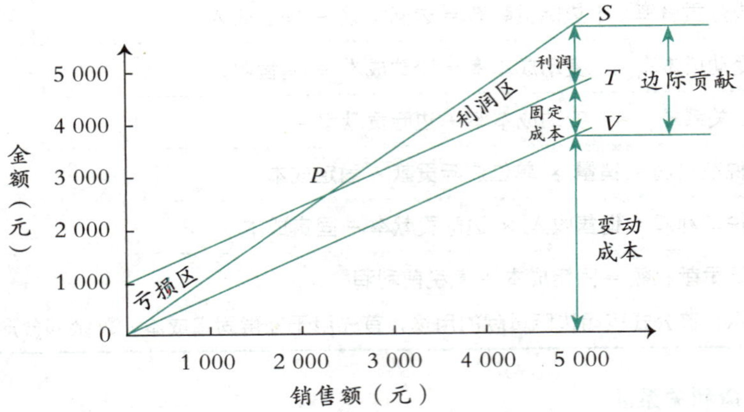

第二节　保本分析

保本点，亦称盈亏临界点，是指企业收入和成本相等的经营状态，即边际贡献等于固定成本时企业所处的既不盈利又不亏损的状态。通常用一定的业务量（保本量或保本额）来表示。

一、保本量和保本额分析（生产销售单一产品）（★★）

（一）保本量分析

保本量为利润 =0 时的销售量，计算公式：

0= 单价 × 保本量 − 单位变动成本 × 保本量 − 固定成本

保本量 Q_0= 固定成本 ÷（单价 − 单位变动成本）$=F\div(P-V)$

（二）保本额分析

保本额为利润 =0 时的销售额，计算公式：

0= 保本额 × 边际贡献率 − 固定成本

保本额 S_0= 固定成本 ÷ 边际贡献率 = 保本量 × 单价

二、与保本点有关的指标（★★）

（一）盈亏临界点作业率

盈亏临界点作业率，指盈亏临界点销售量占企业实际或预计销售量的比重，表明保本状态下的生产经营能力的利用程度。

盈亏临界点作业率 = 盈亏临界点销售量 ÷ 实际或预计销售量 ×100%$=Q_0\div Q$ 或 $S_0\div S$

（二）安全边际和安全边际率

安全边际，指实际或预计销售额（量）超过盈亏临界点销售额（量）的差额，表明销售额（量）下降多少企业仍不至亏损。

安全边际额 = 实际或预计销售额 − 盈亏临界点销售额 $=S-S_0$

安全边际量 = 实际或预计销售量 − 盈亏临界点销售量 $=Q-Q_0$

$$安全边际率=\frac{安全边际额（量）}{实际或预计销售额（量）［或实际订货额（量）］}\times 100\%$$

安全边际率 + 盈亏临界点作业率 =1

（三）安全边际与利润的关系

息税前利润 = 安全边际额 × 边际贡献率

= 安全边际量 × 单位边际贡献

= 安全边际率 × 边际贡献额

销售息税前利润率 = 安全边际率 × 边际贡献率

提示：

（1）安全边际和安全边际率的数值越大，企业发生亏损的可能性越小，企业就越安全。

（2）只有安全边际才能为企业提供利润，而盈亏临界点销售额扣除变动成本之后只能为企业弥补固定成本。安全边际部分的销售额减去其自身变动成本后成为企业息税前利润，即安全边际中的边际贡献等于企业利润。

典例研习 · 15-6

某企业仅产销一种产品，销售单价为 5 元，单位变动成本为 3 元，固定成本为 600 元 / 月，实际销售额为 5 000 元，计算其保本量、保本额、盈亏临界点作业率、安全边际额、安全边际量和安全边际率。

斯尔解析

保本量 = 固定成本 ÷ 单位边际贡献 =600 ÷（5−3）=300（件）

保本额 = 保本量 × 单价 =300 × 5=1 500（元）

盈亏临界点作业率 = 保本额 ÷ 实际销售额 =1 500 ÷ 5 000 × 100%=30%

安全边际额 = 实际销售额 − 保本额 =5 000−1 500=3 500（元）

安全边际量 = 安全边际额 ÷ 单价 =3 500 ÷ 5=700（件）

安全边际率 = 安全边际额 ÷ 实际销售额 =3 500 ÷ 5 000 × 100%=70%

典例研习 · 15-7 单项选择题

甲公司只生产销售一种产品，变动成本率为 30%，盈亏临界点作业率为 40%，甲公司息税前利润率为（　　）。

A. 18%　　B. 28%　　C. 12%　　D. 42%

斯尔解析 本题考查保本分析。息税前利润率 = 边际贡献率 × 安全边际率 =（1− 变动成本率）×（1− 盈亏临界点作业率）=（1−30%）×（1−40%）=42%，选项 D 当选。

本题答案 D

典例研习·15-8 多项选择题

甲公司生产一种产品，单价 30 元，固定成本 108 000 元，正常销售量 30 000 件，盈亏临界点销售量 18 000 件，下列表述正确的有（　　）。

A. 变动成本总额为 720 000 元

B. 安全边际额为 252 000 元

C. 息税前利润率为 8%

D. 安全边际率为 40%

斯尔解析 本题考查保本分析。盈亏临界点销售量 ×（单价 − 单位变动成本）= 固定成本，即 18 000×（30− 单位变动成本）=108 000，单位变动成本 =24（元），变动成本总额 =30 000×24=720 000（元），选项 A 当选。安全边际额 = 实际销售额 − 盈亏临界点销售额 =30 000×30−18 000×30=360 000（元），选项 B 不当选。息税前利润率 = 息税前利润 ÷ 销售收入 =［30 000×（30−24）−108 000］÷（30 000×30）=8%，选项 C 当选。安全边际率 = 安全边际额 ÷ 销售收入 =360 000÷（30 000×30）=40%，选项 D 当选。

本题答案 ACD

15-2-3

三、多品种情况下的保本分析（★★）

（一）分析方法

多品种下的保本点的确定采用边际贡献法。由于每个产品的边际贡献率不同，这时采用加权平均边际贡献率。

（二）计算步骤

第一步：计算加权平均边际贡献率。

方法一：

$$加权平均边际贡献率=\frac{\sum 各产品边际贡献}{\sum 各产品销售收入}\times 100\%$$

方法二：

加权平均边际贡献率 =Σ（各产品边际贡献率 × 各产品销售占总销售比重）

第二步：计算加权平均保本销售额。

加权平均保本销售额 = 固定成本总额 ÷ 加权平均边际贡献率

第三步：计算某种产品的保本销售额。

某种产品的保本销售额 = 加权平均保本销售额 × 某种产品的销售百分比

第四步：计算某种产品的保本销售量。

某产品的保本销售量 = 该产品的保本销售额 ÷ 该产品的销售单价

典例研习 · 15-9 计算分析题

甲企业计划生产 A、B、C 三种产品，固定成本总额为 50 000 元，它们的销售量、销售单价、单位变动成本资料如下表所示。

产品销售与成本情况相关资料

项目	A 产品	B 产品	C 产品
预计销售量（件）	1 500	1 000	2 500
销售单价（元）	20	15	14
单位变动成本（元）	10	6	7

要求：

（1）计算企业计划期内的加权平均边际贡献率、加权平均保本销售额。

（2）计算 B 产品的盈亏平衡销售额和盈亏平衡销售量。

斯尔解析

项目	A 产品	B 产品	C 产品	合计
销售额（元）	30 000	15 000	35 000	80 000
销售百分比	37.50%	18.75%	43.75%	100%
单位边际贡献（元）	10	9	7	—
边际贡献率	50%	60%	50%	—

（1）加权平均边际贡献率 = $\frac{\sum 各产品边际贡献}{\sum 各产品销售收入}\times 100\%$

$=(1\,500\times10+1\,000\times9+2\,500\times7)\div80\,000\times100\%$

$=51.875\%$

或加权平均边际贡献率 = Σ（各产品边际贡献率 × 各产品销售占总销售比重）

$=37.5\%\times50\%+18.75\%\times60\%+43.75\%\times50\%=51.875\%$

加权平均保本销售额 = 固定成本总额 ÷ 加权平均边际贡献率 =50 000 ÷ 51.875% ≈ 96 386（元）

（2）B 产品的盈亏平衡销售额 = 加权平均保本销售额 ×B 产品的销售百分比

$=96\,386\times18.75\%\approx18\,072$（元）

B 产品的盈亏平衡销售量 =B 产品的盈亏平衡销售额 ÷B 产品的单价 =18 072 ÷ 15 ≈ 1 205（件）

提示：对多产品中的某一产品保本额计算，不能使用"保本额 = 固定成本 ÷ 边际贡献率"这一公式进行计算，因为此时的固定成本是多产品一起承担，而不是单独由某一产品承担。

第三节 保利分析

这里保利分析需确定的保利点，是在单价和成本水平一定的情况下，为确保预先制定的目标利润可以实现，而必须达到的销售量或销售额。

一、保利量分析（★）

保利量就是使企业实现目标利润所需完成的业务量。

保利量 =（固定成本 + 目标利润）÷（单价 − 单位变动成本）

二、保利额分析（★）

保利额是企业为实现既定的目标利润所需的业务额。保利额可在保利量计算公式的基础上乘以单价加以计算。

保利额 =（固定成本 + 目标利润）÷ 边际贡献率

提示：此处目标利润默认为目标税前利润（EBIT），若为目标税后利润，则需将目标税后利润换算为目标税前利润，目标税前利润 = 目标税后利润 ÷（1− 企业所得税税率）。

典例研习 · 15-10 计算分析题

甲企业仅产销一种产品，销售单价为 2 元，单位变动成本为 1.2 元，固定成本为 1 600 元 / 月。

要求：

（1）若目标利润为 1 500 元，不存在所得税，计算保利量和保利额。

（2）若目标税后利润为 1 500 元，所得税税率为 25%，计算保利量和保利额。

斯尔解析

（1）保利量 =（1 600+1 500）÷（2−1.2）=3 875（件）。

保利额 =（1 600+1 500）÷［（2−1.2）÷2］=7 750（元）

（2）企业所得税税率为 25%，则：

保利量 =［1 600+1 500 ÷（1−25%）］÷（2−1.2）=4 500（件）

保利额 =［1 600+1 500 ÷（1−25%）］÷［（2−1.2）÷2］=9 000（元）

第四节 利润敏感分析

一、利润敏感分析的含义

本量利关系的利润敏感分析，主要研究分析有关参数发生多大变化会使盈利转为亏损，各参数变化对利润变化的影响程度，以及各因素变动时如何调整应对，以保证原目标利润的实现。常用的方法有最大最小法和敏感系数分析法。

二、最大最小法（★）

15-4-2

最大最小法是计算有关参数发生多大变化使盈利状态转为保本状态（假设其他因素不变，只求其中一个因素的变化）的方法。

计算方法：令“利润 =0”，在其他因素不变的情况下，求解得出此时的单价、单位变动成本、销量、固定成本的临界值。

由于单价和销售量与利润同向变动，单位变动成本和固定成本与利润反向变动，因此求出的单价和销售量为最小值（低于最小值将亏损），求出的单位变动成本和固定成本为最大值（高过最大值将亏损）。

典例研习 · 15-11 计算分析题

甲企业只生产和销售一种产品，销售单价为 2 元，单位变动成本为 1.20 元，预计明年固定成本为 40 000 元，产销量计划达 100 000 件。假设没有利息支出和所得税。

要求：

试确定有关参数发生多大变化将使得企业由盈利转为亏损。

斯尔解析

预计明年销售利润为：利润 =100 000 ×（2−1.20）−40 000=40 000（元）。

（1）单价的最小值。

设单价为 P：100 000 ×（P−1.20）−40 000=0。

P=1.60（元）

单价降至 1.60 元，即降低 20%（0.4 ÷ 2）时企业由盈利转入亏损。

（2）单位变动成本的最大值。

设单位变动成本为 V：100 000 ×（2−V）−40 000=0。

V=1.60（元）

单位变动成本由 1.20 元上升至 1.60 元时，企业利润由 40 000 元降至 0。此时，单位变动成本上升了 33%。

（3）固定成本最大值。

设固定成本为 F：100 000 ×（2−1.20）−F=0。

F=80 000（元）

固定成本增至 80 000 元时，企业由盈利转为亏损，此时固定成本增加了 100%。

（4）销售量最小值（盈亏临界点销售量）。

Q_0=40 000 ÷（2−1.20）=50 000（件）

销售计划如果只完成 50%，则企业利润为零。

三、敏感系数分析法（★★）

15-4-3

敏感系数 = 目标值变动百分比 ÷ 参数值变动百分比

表示参数值变动 1%，目标值即利润变化的百分数，可以反映目标值对参数值变化的敏感程度。

敏感系数符号	正	参量与利润同方向变化
	负	参量与利润反方向变化
敏感系数绝对值	大于 1	敏感因素
	小于等于 1	非敏感因素

典例研习 · 15-12 计算分析题

甲企业只生产一种产品，销售单价为 2 元，单位变动成本为 1.20 元，预计明年固定成本 40 000 元，产销量计划达 100 000 件。假设没有利息支出和所得税。

要求：

试确定有关参数对企业利润的敏感系数。

斯尔解析

（1）单价的敏感程度。

设单价增长 20%，则：P=2×（1+20%）=2.40（元）。

按此单价计算，利润 =100 000×（2.40−1.20）−40 000=80 000（元）。

利润原来是 40 000 元，其变化率为：目标值变动百分比 =（80 000−40 000）÷40 000×100%=100%。

单价的敏感系数 =100%÷20%=5

这就是说，单价对利润的影响很大，从百分率来看，利润以 5 倍的速率随单价变化。提价似乎是提高盈利的最有效手段，价格下跌也将是企业的最大威胁。经营者根据敏感系数知道，每降价 1%，企业将失去 5% 的利润，必须格外予以关注。

（2）单位变动成本的敏感程度。

设单位变动成本增长 20%，则：V=1.20×（1+20%）=1.44（元）。

按此单位变动成本计算，利润 =100 000×（2−1.44）−40 000=16 000（元）。

利润原来是 40 000 元，其变化率为：目标值变动百分比 =（16 000−40 000）÷40 000×100%=−60%。

单位变动成本的敏感系数 =（−60%）÷20%=−3

由此可见，单位变动成本对利润的影响比单价要小，单位变动成本每上升 1%，利润将减少 3%。但是，敏感系数绝对值大于 1，说明变动成本的变化会造成利润更大的变化，仍属于敏感因素。

（3）固定成本的敏感程度。

设固定成本增长 20%，则：F=40 000×（1+20%）=48 000（元）。

按此固定成本计算，利润 =100 000×（2−1.20）−48 000=32 000（元）。

原来的利润为 40 000 元，其变化率为：目标值变动百分比 =（32 000−40 000）÷40 000×100%=−20%。

固定成本的敏感系数 =（−20%）÷20%=−1

这说明固定成本每上升 1%，利润将减少 1%。

（4）销量的敏感程度。

设销量增长 20%，则：Q=100 000×（1+20%）=120 000（件）。

按此销量计算，利润 =120 000×（2−1.20）−40 000=56 000（元）。

利润原来是 40 000 元，其变化率为：目标值变动百分比 =（56 000−40 000）÷40 000×100%=40%。

销量的敏感系数 =40%÷20%=2

（5）就本例而言，影响利润的诸因素中最敏感的是单价（敏感系数 5），其次是单位变动成本（敏感系数 −3），再次是销量（敏感系数 2），最后是固定成本（敏感系数 −1）。

其中敏感系数为正值的，表明它与利润为同向增减；敏感系数为负值的，表明它与利润为反向增减。

典例研习 · 15-13 单项选择题

甲公司只生产一种产品，目前处于盈利状态，单位变动成本 10 元，息税前利润对变动成本的敏感系数为 −4，假设其他条件不变，甲公司盈亏平衡点时的单位变动成本为（　　）元。

A. 7.5　　B. 10.4　　C. 9.6　　D. 12.5

斯尔解析　本题考查利润敏感分析。公司从盈利状态到盈亏平衡点，息税前利润的变动百分比为 −100%，息税前利润对变动成本的敏感系数为 −4，变动成本的变动百分比为（−100%）÷（−4）=25%。因此，盈亏平衡点时的单位变动成本 =10×（1+25%）=12.5（元），选项 D 当选。

本题答案　D

第五节　杠杆系数的衡量

一、概述

（一）风险的概念

类型	指标含义	影响因素	衡量指标
经营风险	企业未使用债务时经营的内在风险	产品需求、售价、成本，调整价格的能力，固定经营成本的比重	经营杠杆系数
财务风险	由于企业运用了债务筹资方式而产生的丧失偿付能力的风险，而这种风险最终是由普通股股东承担的	息税前利润、固定筹资成本	财务杠杆系数
总体风险	经营风险和财务风险		联合杠杆系数

（二）杠杆效应

由于某项固定成本的存在，某一财务变量的变动，会放大另一相关财务变量的变动，具有放大盈利波动性的作用，从而影响公司的风险与收益。

类型	含义
经营杠杆效应	由于固定经营成本的存在，营业收入（销量）较小的变动，会引起息税前利润较大的变动
财务杠杆效应	由于固定融资成本的存在，息税前利润较小的变动，会引起每股收益较大的变动
联合杠杆效应	由于固定经营成本和固定融资成本的共同存在，营业收入（销量）较小的变动，会引起每股收益较大的变动

（三）相关指标

指标	字母表示
单位销售价格	P
单位变动成本	V
产品销售数量	Q
营业收入	$S=Q\times P$
固定经营成本总额	F
息税前利润	$\text{EBIT}=Q\times(P-V)-F$
利息	I
优先股股息	PD
税前固定融资成本总额	$I+\text{PD}\div(1-T)$
每股收益	$\text{EPS}=[(\text{EBIT}-I)\times(1-T)-\text{PD}]\div N$

二、经营杠杆系数（DOL）的衡量（★★★）

15-5-2

1. 定义公式

$$\text{DOL}=\frac{\text{息税前利润变化的百分比}}{\text{营业收入变化的百分比}}=\frac{\dfrac{\Delta \text{EBIT}}{\text{EBIT}}}{\dfrac{\Delta S}{S}}$$

2. 推导公式

$$\text{DOL}=\frac{\text{边际贡献}}{\text{息税前利润}}=\frac{\text{EBIT}+F}{\text{EBIT}}$$

$$\text{DOL}=\frac{(P-V)\times Q}{(P-V)\times Q-F}=\frac{M}{M-F}=\frac{\text{EBIT}+F}{\text{EBIT}}$$

提示：经营杠杆系数 = 销量的敏感系数 =1/ 安全边际率。

根据“EBIT= 安全边际率 × 边际贡献”，可得，“安全边际率 =EBIT ÷ 边际贡献”。

又根据“经营杠杆系数 = 边际贡献 ÷EBIT”，故经营杠杆系数与安全边际率互为倒数关系，即：“经营杠杆系数 =1/ 安全边际率”。

原理详解

经营杠杆系数计算公式的推导过程

基准：销量（Q_0），收入（$S_0=Q_0\times P$）。$\text{EBIT}_0=Q_0\times(P-V)-F$ ①

变化后：销量（Q_1），收入（$S_1=Q_1\times P$）。$\text{EBIT}_1=Q_1\times(P-V)-F$ ②

令②−①得：$\Delta\text{EBIT}=\Delta Q(P-V)$

$\Delta\text{EBIT}/\text{EBIT}_0=\Delta Q(P-V)/\text{EBIT}_0$ ③

$\Delta S/S_0=(S_1-S_0)/S_0=\Delta Q\times P/(Q_0\times P)=\Delta Q/Q_0$ ④

令③ ÷ ④得：

$$\frac{\Delta\text{EBIT}/\text{EBIT}_0}{\Delta S/S_0}=\frac{\Delta Q(P-V)/\text{EBIT}_0}{\Delta Q/Q_0}$$

$$=\frac{\Delta Q(P-V)}{\text{EBIT}_0}\times\frac{Q_0}{\Delta Q}$$

$$=\frac{Q_0\times(P-V)}{\text{EBIT}_0}$$

$$=\frac{\text{基准边际贡献}}{\text{基准息税前利润}}$$

提示：当固定经营成本$F=0$时，经营杠杆系数=1，不存在经营杠杆效应；当$F\neq0$时，通常经营杠杆系数都是大于1的（是否大于1，关注EBIT是否大于0），即存在经营杠杆效应。

3. 经营杠杆与经营风险的关系

项目	具体内容
前提条件	只要企业存在固定性经营成本，就存在销售量（或营业收入）较小变动引起息税前利润较大变动的经营杠杆放大效应。 经营杠杆本身并不是资产报酬不确定的根源，经营杠杆不存在（DOL=1），经营风险（息税前利润的变动性）仍会存在，只是不会被“放大”（息税前利润与产销量等比例变动）。 提示：$F=0$ 时，即 DOL=1 时，不存在经营杠杆效应；在销售额处于盈亏临界点时（息税前利润为零），经营杠杆趋于无穷大

续表

项目	具体内容
与经营风险的关系	经营杠杆放大市场和生产等因素变化对利润波动的影响，即：经营杠杆“放大”经营风险（息税前利润的变动性），经营杠杆作用越强，经营风险越高
影响因素	固定经营成本比重（正向）、销售数量（反向）、销售单价（反向）、单位变动成本（正向）
降低风险的方法	企业一般可以通过增加营业收入、降低产品单位变动成本、降低固定成本比重等措施使经营杠杆系数下降，降低经营风险

典例研习·15-14 单项选择题

下列关于经营杠杆的说法中，错误的是（　　）。

A. 经营杠杆反映的是营业收入的变化对每股收益的影响程度

B. 如果没有固定经营成本，则不存在经营杠杆效应

C. 经营杠杆的大小是由固定经营成本和息税前利润共同决定的

D. 如果经营杠杆系数为 1，表示不存在经营杠杆效应

斯尔解析 本题考查经营杠杆。经营杠杆反映的在某一固定成本比重作用下，由于销售量一定程度的变动引起息税前利润产生更大程度变动的现象，经营杠杆系数衡量经营杠杆效应，如果不存在固定成本，则不存在经营杠杆效应，经营杠杆系数为 1，选项 A 当选，选项 BD 不当选。经营杠杆系数 =（息税前利润 + 固定性经营成本）/ 息税前利润，选项 C 不当选。

本题答案 A

15-5-3

三、财务杠杆系数（DFL）的衡量（★★★）

1. 定义公式

$$DFL=\frac{\text{每股收益变化的百分比}}{\text{息税前利润变化的百分比}}=\frac{\Delta EPS/EPS}{\Delta EBIT/EBIT}$$

2. 推导公式

$$DFL=\frac{EBIT}{EBIT-I-PD/(1-T)}=\frac{\text{息税前利润}}{\text{归属于普通股股东的税前利润}}$$

3. 财务杠杆系数与财务风险的关系

项目	具体内容
前提条件	只要在企业的筹资方式中有固定性融资费用（债务或优先股），就会存在息税前利润的较小变动引起每股收益较大变动的财务杠杆效应。 提示：I=0 且 PD=0 时，即 DFL=1 时，不存在财务杠杆效应

续表

项目	具体内容
与财务风险的关系	财务杠杆放大了息税前利润变化对普通股每股收益的影响，财务杠杆系数越高，表明普通股每股收益的波动程度越大，财务风险也就越大
影响因素	债务资金比重（正向）、息税前利润（反向）、所得税税率（正向）
降低风险的方法	负债比率是可以控制的。企业可以通过合理安排资本结构，适度负债，使财务杠杆利益抵消风险增大所带来的不利影响

典例研习 · 15-15 单项选择题

甲公司 2019 年净利润 150 万元，利息费用 100 万元，优先股股利 37.5 万元。企业所得税税率 25%。甲公司财务杠杆系数为（　　）。

A. 2　　　　B. 1.85

C. 3　　　　D. 2.15

斯尔解析　本题考查财务杠杆系数的计算。甲公司息税前利润 =150/（1−25%）+100=300（万元）。甲公司财务杠杆系数 =EBIT/［EBIT−I−PD/（1−T）］=300/［300−100−37.5/（1−25%）］=2，选项 A 当选。

本题答案　A

四、联合杠杆系数（DTL）的衡量（★★★）

15-5-4

1. 定义公式

$$\text{DTL}=\frac{\text{每股收益变化的百分比}}{\text{营业收入变化的百分比}}=\frac{\Delta \text{EPS/EPS}}{\Delta S/S}=\text{DOL}\times\text{DFL}$$

2. 推导公式

$$\text{DTL}=\frac{\text{EBIT}+F}{\text{EBIT}-I-\text{PD}/(1-T)}=\frac{\text{边际贡献}}{\text{归属于普通股股东的税前利润}}$$

3. 联合杠杆系数对管理层的意义

（1）在一定的成本结构和融资结构下，当营业收入变化时，能够对每股收益的影响程度作出判断。

（2）有利于对经营风险和财务风险进行管理，即为了控制某一联合杠杆系数，经营杠杆和财务杠杆可以有很多不同的组合，比如为了将公司的总风险控制在一定的水平（即将联合杠杆系数控制在一定的水平），高经营杠杆系数（高经营风险）的企业可以在较低程度上使用财务杠杆（低财务杠杆），低经营杠杆系数（低经营风险）的企业可以在较高程度上使用财务杠杆（高财务风险）。

典例研习 · 15-16 单项选择题

甲公司 2016 年销售收入 1 000 万元，变动成本率 60%，固定经营成本 200 万元，利息费用 40 万元。假设不存在资本化利息且不考虑其他因素，该企业联合杠杆系数是（　　）。

A. 1.25　　B. 2

C. 2.5　　D. 3.75

斯尔解析 本题考查杠杆系数的衡量。该企业联合杠杆系数 = 边际贡献 /（边际贡献 − 固定经营成本 − 利息费用）=1 000 ×（1−60%）/［1 000 ×（1−60%）−200−40］=2.5，选项 C 当选。

本题答案 C

典例研习 · 15-17 单项选择题

甲公司的经营杠杆系数为 1.5，财务杠杆系数为 2。如果该公司销售额增长 80%，每股收益增长（　　）。

A. 120%　　B. 160%

C. 240%　　D. 280%

斯尔解析 本题考查杠杆系数的衡量。该企业联合杠杆系数 = 经营杠杆系数 × 财务杠杆系数 =1.5 × 2=3，根据定义公式，联合杠杆系数 = 每股收益的变动率 / 销售量（额）的变动率，故每股收益的增长率 =3 × 80%=240%，选项 C 当选。

本题答案 C

【斯考卡片】

扫码背重点

346

至此，财务成本管理的学习已经进行了85%，继续加油呀！

85%

第十六章 短期经营决策

学习提要

重要程度： 重点章节

平均分值： 5分

考核题型： 客观题、主观题

本章提示： 本章难度较低，但经常与其他章节结合考查主观题，学习时不可掉以轻心

考点精讲

第一节 短期经营决策概述

16-1-1

一、短期经营决策的含义与成本分类

短期经营决策指对企业一年以内或者维持当前的经营规模的条件下所进行的经营活动决策。

短期经营决策的主要特点是在既定的规模条件下决定如何有效地进行资源的配置，以获得最大的经济效益。通常不涉及固定资产投资和经营规模的改变，因此，短期经营决策通常是在成本性态分析时提到的“相关范围”内所进行的决策。

从与企业决策是否相关的角度划分，成本可分为两大类：相关成本和不相关成本（无关成本）。

16-1-2

二、相关成本与不相关成本（★）

相关成本是指与决策方案相关的、有差别的未来成本，在分析评价时必须加以考虑，它随着决策的改变而改变。

相关成本应该同时具备两个特点：

第一，相关成本是面向未来的。

第二，相关成本在各个备选方案之间应该有所差异。

不相关成本是相关成本的反义词，它是指与决策没有关联的成本，或者说不相关成本不随决策的改变而改变。下面分别就相关成本与不相关成本的具体表现形式进行总结。

分类	表现形式	概念
相关成本	边际成本	产量增加或减少一个单位所引起的成本变动
	机会成本	实行本方案的一种代价，即失去所放弃方案的潜在收益
	重置成本	目前从市场上购置一项原有资产所需支付的成本
	付现成本	需要在将来或最近期间支付现金的成本
	可避免成本	当方案或者决策改变时，这项成本可以避免或其数额发生变化
	可延缓成本	同已选定、但可延期实施而不会影响大局的某方案相关联的成本
	专属成本	可以明确归属于某种、某批或某个部门的固定成本
	差量成本	两个备选方案预期成本间的差异数

续表

分类	表现形式	概念
不相关成本	沉没成本	过去已经发生、现在和未来的决策无法改变的成本
	不可避免成本	不能通过管理决策行动而改变数额的成本
	不可延缓成本	即使财力有限也必须在企业计划期间发生，否则就会影响企业大局的已选定方案的成本
	无差别成本	两个或两个以上方案之间没有差别的成本
	共同成本	那些需由几种、几批或者有关部门共同分担的固定成本

典例研习·16-1 多项选择题

因大米的市场需求增长，南方某农场在决定是否生产双季稻时，下列各项需考虑的有（　　）。

A. 生产双季稻增加的种子购买成本

B. 生产双季稻增加的农场人工支出

C. 生产双季稻放弃的其他经济作物的收益

D. 生产双季稻使用现有耕地的年固定租金成本

斯尔解析 本题考查决策相关成本和不相关成本的区分。由于生产双季稻需要增加种子购买和人员雇佣，因此而增加的成本是决策时需要考虑的相关成本，选项AB当选。生产双季稻导致需要放弃生产其他经济作物，所丧失的收益是决策的机会成本，需要考虑，选项C当选。无论是否生产双季稻，现有耕地的年固定租金成本都是需要支付的，管理决策行动并不能改变其数额，因此年固定租金成本属于不相关成本（不可避免成本），决策时无须考虑，选项D不当选。

本题答案 ABC

第二节　生产决策

生产决策是企业短期经营决策的重要内容，它主要是针对企业短期内（或者当前经营规模范围内）是否生产、生产什么、怎样组织生产等问题进行的相关决策。典型的生产决策包括亏损产品是否需要停产的决策、零部件自制还是外购的决策、特殊订单是否接受的决策、约束资源如何最优利用的决策、产品是否进一步深加工的决策等。

一、生产决策的主要方法

（一）差量分析法

分析备选方案之间的差额收入与差额成本，根据差额利润进行选择的方法。

16-2-1

1. 决策标准

差额利润 = 差额收入 − 差额成本

差额收入 = 方案 A 的相关收入 − 方案 B 的相关收入

差额成本 = 方案 A 的相关成本 − 方案 B 的相关成本

2. 决策原则

（1）差额利润＞ 0，选择方案 A。

（2）差额利润＜ 0，选择方案 B。

（3）差额利润 =0，两个方案无差别。

（二）边际贡献分析法

通过对比各个备选方案的边际贡献额的大小来确定最优方案的决策方法。

1. 决策标准

（1）如果决策中不涉及追加专属成本，可以直接比较边际贡献额的大小。

边际贡献 = 销售收入 − 变动成本

（2）如果决策中涉及追加专属成本，则应比较各方案相关损益的大小。

某方案的相关损益 = 边际贡献 − 专属成本 = 相关收入 − 相关成本

2. 决策原则

选择边际贡献额或相关收益最大的备选方案。

（三）本量利分析法

利用成本、产量和利润之间的依存关系来进行生产决策。

1. 决策标准

息税前利润 = 销售收入 − 变动成本 − 固定成本

2. 决策原则

选择息税前利润最高的方案。

二、生产决策的具体情形（★★★）

（一）保留或关闭生产线或其他分部决策

1. 决策标准

边际贡献 = 销售收入 − 变动成本

2. 决策原则

在短期内，如果企业的亏损产品能够提供正的边际贡献，就不应该立即停产。

提示：若亏损产品的生产能力可以转移，转移亏损产品的产能可以获得比继续生产亏损产品更高的边际贡献，则应该停产该亏损产品，否则就不应该停产。

典例研习 · 16-2 计算分析题

A 企业生产甲、乙两种产品，两种产品的相关收益情况如下表所示。

相关数据资料

单位：元

项目	甲产品	乙产品	合计
销售收入	10 000	50 000	60 000
变动成本	6 000	30 000	36 000
固定成本	2 000	25 000	27 000

要求：

分别计算甲产品和乙产品的息税前利润，判断是否存在亏损产品。如果存在，请进一步分析 A 企业的管理层是否应该立即停产该产品。

斯尔解析

甲产品的息税前利润 =10 000−6 000−2 000=2 000（元），乙产品的息税前利润 = 50 000−30 000−25 000=−5 000（元），因为乙产品的息税前利润小于 0，所以存在亏损产品（乙产品）。

乙产品的边际贡献 =50 000−30 000=20 000（元），由于乙产品能够提供正的边际贡献，所以短期内不应该立即停产。

（二）零部件自制与外购的决策

指标	决策依据	相关成本	
		外购	自制
相关成本	因相关收入为零，故选择相关成本小的方案即可	外购成本	需要分情况分析，相关成本包括自制的变动成本、转产的机会成本、专属成本等

典例研习 · 16-3 计算分析题

甲公司是一家自行车制造商，每年制造自行车需要外胎 10 000 条，外购成本每条 58 元，自制外胎的相关单位成本资料如下表所示：

相关单位成本资料

单位：元

项目	单位成本
直接材料	32
直接人工	12
变动制造费用	7
固定制造费用	10

要求：

基于下列各种情况，分别作出该自行车外胎是自制还是外购的决策。

（1）如果公司现在具有足够的剩余生产能力，且剩余生产能力无法转移，即该生产车间不制造外胎时，闲置下来的生产能力无法被用于其他方面。

（2）如果公司现在具备足够的剩余生产能力，但剩余生产能力可以转移用于加工自行车内胎，每年可以节省内胎的外购成本 20 000 元。

（3）公司目前只有生产外胎 5 000 条的生产能力，且无法转移，若自制 10 000 条，则需租入设备一台，月租金 4 000 元，这样使外胎的生产能力达到 13 000 条。

（4）公司目前只有生产外胎 5 000 条的能力，若自制 10 000 条，则需租入设备一台，月租金 4 000 元。可以采用自制和外购外胎两种方式的结合，既可自制一部分，又可外购一部分。

斯尔解析

（1）由于有剩余生产能力且无法转移，所以零件自制外胎的相关成本仅包含自制的变动成本。

自制的单位变动成本 =32+12+7=51（元 / 条），自制相关成本 =51×10 000=510 000（元）。

外购的单位购置成本 =58（元 / 条），外购相关成本 =58×10 000=580 000（元）。

由于自制方案比外购方案每年节约成本 70 000 元（580 000−510 000），这种外胎应采用自制方案。

（2）外购相关成本 =58×10 000=580 000（元）。

自制相关成本 =51×10 000+20 000=530 000（元）

由于自制相关成本小，所以应选择自制。

（3）外购相关成本 =58×10 000=580 000（元）。

自制相关成本 =51×10 000+4 000×12=558 000（元）

自制外胎的年成本低于外购成本，差额成本为 22 000 元，公司应该选择自制该外胎。

（4）外购相关成本 =58×10 000=580 000（元）。

自制相关成本 =51×10 000+4 000×12=558 000（元）

自制 + 外购相关成本 =51×5 000+58×5 000=545 000（元）

综上，企业应该自制 5 000 条外胎，同时外购 5 000 条外胎。

典例研习·16-4 多项选择题

零部件自制或外购决策中，如果有剩余产能，需要考虑的因素有（　　）。

A. 变动成本　　B. 专属成本

C. 机会成本　　D. 沉没成本

斯尔解析 本题考查零部件自制或外购决策的相关成本。变动成本、专属成本和机会成本属于自制方案的相关成本，选项 ABC 当选。沉没成本属于不相关成本，不属于零部件自制与外购的决策需要考虑的因素，选项 D 不当选。

本题答案 ABC

（三）特殊订单是否接受的决策

企业往往会面对一些特殊的订货合同，这些订货合同的价格有时会低于市场价格，甚至低于平均单位成本。在决定是否接受这些特殊订货时，决策分析的基本思路是比较该订单所提供的边际贡献是否能够大于该订单所引起的相关成本，即接受订单增加的相关损益。

1. 决策标准

接受订单增加的相关损益 = 该订单所提供的边际贡献 − 该订单所引起的相关成本

提示：相关成本主要包括专属成本和机会成本。

机会成本包括：

（1）剩余产能可转移时采纳新订单丧失的收益。

（2）剩余产能不足时挤占正常销售丧失的边际贡献。

2. 决策原则

当接受订单增加的相关损益＞0 时，可接受订单。

典例研习 · 16-5 计算分析题

甲企业 A 产品的生产能力为 10 000 件，目前的正常订货量为 8 000 件，销售单价 10 元，单位产品成本为 8 元，成本构成如下表所示。

成本构成资料

单位：元

项目	金额
直接材料	3
直接人工	2
变动制造费用	1
固定制造费用	2

现有客户向该企业追加订货，且客户只愿意出价每件 7 元。

要求：

请分别针对下述不同情况，分析企业是否应该接受该订单。

（1）追加订货 2 000 件。若无该追加订单，剩余生产能力无法转移；若接受该订单，不需要追加专属成本。

（2）追加订货 2 000 件。若无该追加订单，剩余生产能力无法转移；若接受该订单，需要追加专属成本 1 000 元。

（3）追加订货 2 500 件。若无该追加订单，剩余生产能力无法转移；若接受该订单，不需要追加专属成本。

（4）追加订货 2 500 件。若无该追加订单，剩余生产能力可以对外出租，可获租金 3 000 元。若接受该订单需要追加专属成本 1 000 元。

斯尔解析

（1）订单提供的边际贡献 = [7-（3+2+1）] ×2 000=2 000（元），订单引起的相关成本 =0。

接受订单增加的相关损益 =2 000-0=2 000（元），接受订单增加的相关损益＞0，应接受该订单。

（2）订单提供的边际贡献为 2 000 元，订单引起的相关成本为 1 000 元。

接受订单增加的相关损益 =2 000-1 000=1 000（元），接受订单增加的相关损益＞0，应接受该订单。

（3）订单提供的边际贡献 =2 500×（7-6）=2 500（元）。

由于剩余生产能力仅能够生产 2 000 件，其余的 500 件要减少正常订货量，因此 500 件正常销售所带来的边际贡献是接受订单的机会成本，订单引起的机会成本 =500×（10-6）=2 000（元）。

接受订单增加的相关损益 =2 500-2 000=500（元），接受订单增加的相关损益＞0，应接受该订单。

（4）订单提供的边际贡献 =2 500×（7-6）=2 500（元）。

剩余生产能力可以对外出租，其年租金也应该作为接受订单的机会成本。该订单引起的相关成本包括机会成本和专属成本，其中机会成本又包括接受订单减少的正常边际贡献和转移剩余生产能力的可能收益。因此，该订单引起的相关成本 =500×（10-6）+3 000+1 000=6 000（元）。

接受订单增加的相关损益 =2 500-6 000=-3 500（元），接受订单增加的相关损益＜0，不应接受该订单。

典例研习·16-6 单项选择题

甲企业生产 X 产品，生产能力为 50 万件，正常销量 45 万件，产品单价 90 元，单位产品成本 60 元，其中单位变动成本 30 元，有客户追加订货 8 万件，报价 70 元，如果不接受追加订单，剩余生产能力对外出租可获租金 70 万元，如果接受追加订单需追加专属成本 30 万元，该订单不可分拆，原订单削减，下列关于甲企业决策表述中正确的是（　　）。

A. 增加利润 40 万元，可接受订单

B. 增加利润 10 万元，可接受订单

C. 增加利润 30 万元，可接受订单

D. 增加利润 110 万元，可接受订单

斯尔解析 本题考查特殊订单是否接受决策。接受订单增加的相关损益 = 该订单所提供的边际贡献 - 该订单所引起的相关成本；该订单所提供的边际贡献 =（70-30）×8=320（万元），该订单所引起的相关成本 = 专属成本 + 机会成本 =30+70+（45+8-50）×（90-30）=280（万元），接受订单增加的相关损益 =320-280=40（万元），接受订单增加的相关损益＞0，可接受订单，选项 A 当选。

本题答案 A

（四）约束资源最优利用决策

约束资源，是指制约企业实现生产经营目标的瓶颈资源，也称最紧缺资源。因资源有限，企业需要决策优先生产哪种产品，才能最大限度地利用好约束资源，让企业产生最大的经济效益，即如何安排生产才能最大化企业的总边际贡献。

1. 决策标准

单位约束资源边际贡献 = 单位产品边际贡献 ÷ 该单位产品耗用的约束资源量

2. 决策原则

优先安排“单位约束资源边际贡献”最大的方案。

典例研习 · 16-7 计算分析题

甲公司是一家汽车制造企业，主营业务是制造和销售 X、Y、Z 三种型号汽车，相关资料如下：

X、Y、Z 三种型号汽车的制造都需要通过一台生产设备，该设备是公司的关键限制资源，年加工能力 4 000 小时，公司年固定成本总额 3 000 万元，假设 X、Y、Z 三种型号的汽车均于生产当年销售，年初年末没有存货，预计 2019 年 X、Y、Z 三种型号汽车有关资料如下：

2019 年 X、Y、Z 三种型号汽车的有关资料

项目	X	Y	Z
市场正常销售量（辆）	1 500	600	1 000
单位售价（万元）	15	12	8
单位变动成本（万元）	12	8	5
单位限制资源消耗（小时）	3	2	1

要求：

为有效利用现有的一台关键设备，计算甲公司 X、Y、Z 三种型号汽车的生产安排的优先顺序和产量。在该生产安排下，税前营业利润总额是多少？

斯尔解析

X 汽车单位工时边际贡献 =（15−12）÷3=1（万元 / 小时）

Y 汽车单位工时边际贡献 =（12−8）÷2=2（万元 / 小时）

Z 汽车单位工时边际贡献 =（8−5）÷1=3（万元 / 小时）

根据单位工时边际贡献从大到小的顺序，应该优先安排生产 Z 汽车，其次是 Y 汽车，最后是 X 汽车。Z 汽车产量为 1 000 辆，Y 汽车产量为 600 辆，X 汽车产量 =（4 000−1 000×1−600×2）÷3=600（辆）。

在该生产安排下，税前营业利润总额 =（8−5）×1 000+（12−8）×600+（15−12）×600−3 000=4 200（万元）。

（五）出售或深加工决策

1. 决策标准

差额利润 = 深加工的相关收入 − 深加工的相关成本

需要特别注意的是，在这类决策中，进一步深加工前的半成品所发生的成本，都是无关的沉没成本。因为无论是否深加工，这些成本都已经发生而不能改变。相关成本只应该包括进一步深加工所需的追加成本，相关收入则是加工后出售和直接出售的收入之差。

2. 决策原则

当差额利润＞0 时，应进一步深加工该产品，否则应该直接出售该产品。

典例研习 · 16-8 计算分析题

甲企业生产 A 半成品 10 000 件，销售单价为 50 元，单位变动成本为 20 元，全年固定成本总额为 200 000 元，若把 A 半成品进一步加工为 B 产品，则每件需要追加变动成本 20 元，产品的销售单价为 80 元。

要求：

针对下列两种情况，分别分析甲企业是否应该将 A 半成品进一步加工为 B 产品。

（1）企业已经具备进一步加工 10 000 件 A 半成品的能力，该生产能力无法转移。如果进一步加工 A 产品，需要追加专属固定成本 50 000 元。

（2）企业只具备进一步加工 7 000 件 A 半成品的能力，该能力可用于对外承揽加工业务，加工业务一年可获得边际贡献 75 000 元。

斯尔解析

（1）深加工的相关收入 =10 000 ×（80−50）=300 000（元）。

深加工的相关成本 =10 000 × 20+50 000=250 000（元）

差额利润 =300 000−250 000=50 000（元）

由于深加工带来的差额利润为 50 000 元，因此企业应该进一步深加工该产品。

（2）深加工的相关收入 =7 000 ×（80−50）=210 000（元）。

深加工的相关成本 =7 000 × 20+75 000=215 000（元）

差额利润 =210 000−215 000=−5 000（元）

由于进一步深加工带来的差额利润为 −5 000 元，因此企业不应该进一步深加工该产品。

第三节　定价决策

一、产品销售定价决策原理

16-3-1

在市场经济环境中，产品的销售价格是由供需双方的力量对比所决定的。根据微观经济学的分类，按照市场中供应方的力量大小可以将市场分为完全竞争、垄断竞争、寡头垄断和完全垄断四种不同的市场结构。针对不同的市场类型，企业对销售价格的控制力如下表所示：

市场类型	完全竞争市场	垄断竞争市场	寡头垄断市场	完全垄断市场
市场中供应方的力量大小	单个厂商无法左右，是均衡价格的被动接受者	厂商可以对价格有一定的影响力		企业可自主决定产品的价格

从上表中不难发现，对于产品定价决策来说，通常是针对垄断竞争、寡头垄断和完全垄断市场的产品。管理会计人员主要应从产品成本与销售价格之间的关系角度为管理者提供产品定价的有用信息。

二、产品销售定价的方法（★）

从管理会计的角度，产品销售定价的基本规则是：从长期来看，销售收入必须足以弥补全部的生产、行政管理和营销成本，并为投资者提供合理的利润，以维持企业的生存和发展。因此，产品的价格应该是在成本的基础上进行一定的加成后得到的。

（一）成本加成定价法

产品的目标价格 = 成本基数 + 成数 = 成本基数 ×（1+ 加成率）

需要注意的是，这里的成本基数，既可以是完全成本计算法下的产品成本，也可以是变动成本计算法下的变动成本。

方法	具体说明
完全成本加成法	产品的目标价格 = 单位产品的制造成本 + 非制造成本及合理利润 以单位产品制造成本为成本基数，“加成”的内容包括非制造成本和合理利润
变动成本加成法	产品的目标价格 = 单位变动成本 + 固定成本和预期利润 以单位产品变动成本为成本基数，“加成”内容包括全部固定成本和预期利润

提示：除了使用完全成本加成法和变动成本加成法以外，企业还可以使用标准成本法，即以标准成本作为成本基数，在此基础上进行加成定价。

典例研习 · 16-9 计算分析题

甲公司正在研究某新产品的定价问题，该产品预计年产量为 10 000 件。相关资料如下表所示：

相关数据资料

单位：元

成本项目	单位产品成本	总成本
直接材料	6	60 000
直接人工	4	40 000
变动制造费用	3	30 000
固定制造费用	7	70 000

续表

成本项目	单位产品成本	总成本
变动销售及管理费用	2	20 000
固定销售及管理费用	1	10 000

要求：

（1）采用完全成本加成法进行产品定价，加成率为 50%。

（2）采用变动成本加成法进行产品定价，加成率为 100%。

斯尔解析

（1）单位制造成本 =6+4+3+7=20（元），目标销售价格 =20×（1+50%）=30（元）。

（2）单位变动成本 =6+4+3+2=15（元），目标销售价格 =15×（1+100%）=30（元）。

精准答疑

问题：不同情况下，如何区分变动成本的含义？

解答：不同情形下变动成本与完全成本的区分，通过下表进行对比总结。

情形	直接材料	直接人工	变动制造费用	固定制造费用	变动销售管理费用	固定销售管理费用
产品成本计算的完全成本法中的完全成本	√	√	√	√	×	×
产品成本计算的变动成本法中的变动成本	√	√	√	×	×	×
本量利分析中的变动成本	√	√	√	×	√	×
产品定价的完全成本加成法中的完全成本	√	√	√	√	×	×
产品定价的变动成本加成法中的变动成本	√	√	√	×	√	×

（二）市场定价法

对于有活跃市场的产品，可以根据市场价格来定价，或者根据市场上同类或者相似产品的价格来定价。市场定价法有利于时刻保持对市场的敏感性、对同行的敏锐性。

（三）新产品的销售定价方法

严格地讲，新产品销售定价方法，是市场定价法中的特殊情景。新产品的定价一般具有“不确定性”，因此通常要选择几个地区分别采用不同价格进行试销，通过试销，收集市场反应信息，以此确定产品的最终销售价格。新产品定价基本上存在撇脂性定价和渗透性定价两种策略。

种类	撇脂性定价	渗透性定价
含义	在新产品试销初期先定出较高的价格，以后随着市场的逐步扩大，再逐步把价格降低	在新产品试销初期以较低的价格进入市场，以期迅速获得市场份额，等到市场地位已经较为稳固的时候，再逐步提高销售价格
适用范围	一种短期性的策略，往往适用于产品的生命周期较短的产品。例如，“大哥大”，苹果智能手机刚进入市场时的定价	能有效排除其他的竞争，以便建立长期的市场地位。比如“小米”手机的定价

（四）有闲置能力条件下的定价方法

有闲置能力条件下的定价方法是指在企业具有闲置生产能力时，面对市场需求的变化所采用的定价方法。此时，管理者往往以产品的增量成本作为定价基础。当公司存在剩余生产能力时，增量成本即为该批产品的变动成本。在这种情况下，企业产品的价格应该在变动成本与目标价格之间进行选择。

变动成本 = 直接材料 + 直接人工 + 变动制造费用 + 变动销售和行政管理费用

目标价格 = 变动成本 + 成本加成

【斯考卡片】
扫码背重点

347

至此，财务成本管理的学习已经进行了88%，继续加油呀！

88%

第十七章 全面预算

学习提要

重要程度： 重点章节　　**平均分值：** 5分

考核题型： 客观题、主观题

本章提示： 本章重点内容为预算编制，其难度不大，但计算量比较大，需要注意的细节较多，一定要在平时强化练习

考点精讲

第一节　全面预算概述

全面预算是通过企业内外部环境的分析，在预测与决策基础上，调配相应的资源，对企业未来一定时期的经营和财务等作出一系列具体计划。全面预算体现了预算的全员、全过程、全部门的特征。

一、全面预算的体系

全面预算是由资本预算、经营预算和财务预算等类别的一系列预算构成的体系，各项具体预算之间相互联系、关系明了。以制造业企业为例，全面预算体系中各项预算之间的关系如下图所示。

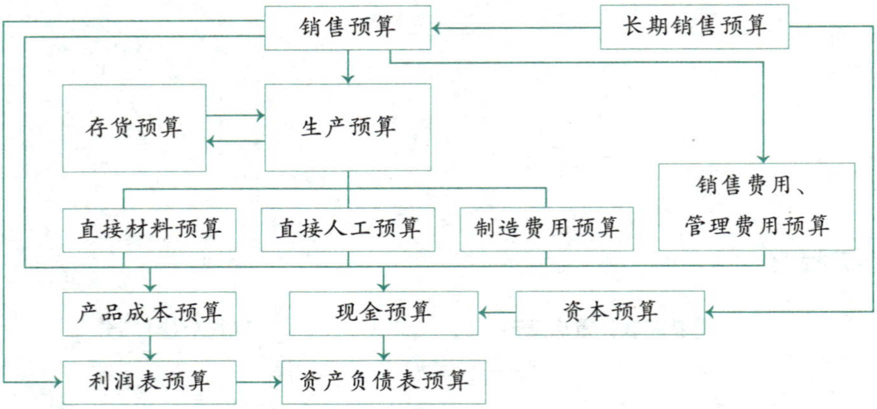

二、全面预算的分类

分类标准	类型	含义或举例
预算期	长期预算	如长期销售预算、资本预算、长期资本筹措预算、研发预算等
	短期预算	年度、季度或月度预算，如直接材料预算、现金预算等
预算内容	专门预算	反映企业某一方面经济活动的预算，如制造费用预算
	综合预算	资产负债表预算和利润表预算，反映企业的总体状况，是各种专门预算的综合
业务活动领域	投资预算	如资本预算
	营业预算	也称经营预算，是关于采购、生产、销售业务的预算，包括销售预算、生产预算和成本预算等

续表

分类标准	类型	含义或举例
业务活动领域	财务预算	关于利润、现金和财务状况的预算，包括现金预算、利润表预算和资产负债表预算等

三、全面预算的作用

企业全面预算是各级各部门工作的具体奋斗目标、协调工具、控制标准、考核依据，在经营管理中发挥着重大作用。

第二节　全面预算的编制方法

一、增量预算法与零基预算法（★★）

按出发点的特征不同，营业预算的编制方法可分为增量预算法和零基预算法两大类。

类型	增量预算法（调整预算法）	零基预算法
含义	以历史期实际经济活动及其预算为基础，结合预算期经济活动及相关影响因素的变动情况，通过调整历史期经济活动项目及金额形成预算的预算编制方法	不以历史期经济活动及其预算为基础，以零为起点，从实际需要出发分析预算期经济活动的合理性，经综合平衡，形成预算的预算编制方法
特点	（1）预算数额会受到基期不合理因素的干扰，可能导致预算的不准确。 （2）不利于调动各部门达成预算目标的积极性	（1）不受前期费用项目和费用水平的制约，能够调动各部门降低费用的积极性。 （2）编制工作量大
适用范围	（1）现有的业务活动是企业所必需的。 （2）原有的各项业务都是合理的	适用于企业各项预算的编制，特别是不经常发生的预算项目或预算编制基础变化较大的预算项目

典例研习 · 17-1 多项选择题

下列关于零基预算法的说法中，正确的有（　　）。

A. 零基预算法的主要缺点是编制工作量大

B. 零基预算法假设原有各项业务及金额都合理

C. 不经常发生的预算项目适合用零基预算法编制

D. 不受前期费用项目和费用水平的制约是零基预算法的优点之一

斯尔解析 本题考查零基预算法。零基预算法的特点：（1）不受前期费用项目和费用水平的制约，能够调动各部门降低费用的积极性（选项 D 当选）；（2）编制工作量大（选项 A 当选）；（3）适用于企业各项预算的编制，特别是不经常发生的预算项目或预算编制基础变化较大的预算项目（选项 C 当选）。增量预算法假设原有各项业务及金额都合理，选项 B 不当选。

本题答案 ACD

17-2-2

二、固定预算法与弹性预算法（★★）

（一）具体方法

按业务量基础的数量特征的不同，营业预算的编制方法可分为固定预算法和弹性预算法两大类。

类型	固定预算法（静态预算法）	弹性预算法（动态预算法）
含义	在编制预算时，只根据预算期内正常、可实现的某一固定的业务量（如生产量、销售量等）水平作为唯一基础来编制预算的方法	在成本性态分析的基础上，依据业务量、成本和利润之间的联动关系，按照预算期内相关的业务量（如生产量、销售量、工时等）水平计算其相应预算项目所消耗资源的预算编制方法
特点	（1）适应性差。 （2）可比性差	（1）预算适用范围大。 （2）便于预算执行的评价和考核
适用范围	（1）经营业务稳定，生产产品产销量稳定，能准确预测产品需求及产品成本的企业。 （2）用于编制固定费用预算	（1）理论上，适用于编制全面预算中所有与业务量有关的预算。 （2）实务中，主要用于编制成本费用预算和利润预算，尤其是成本费用预算

弹性预算法又分为公式法和列表法两种具体方法：

1. 公式法

内容	优点	缺点
$y=a+bx$	便于计算任何业务量的预算成本	阶梯成本和曲线成本只能用数学方法修正为直线，才能应用公式法

典例研习 · 17-2 计算分析题

乙企业经过分析得出某种产品的制造费用与人工工时密切相关，采用公式法编制的制造费用预算如下表所示。

制造费用预算（公式法）

单位：元

业务量范围	420 ~ 660（人工工时）	
费用项目	固定费用（元 / 每月）	变动费用（元 / 人工工时）
运输费用	—	0.20
电力费用	—	1.00
材料费用	—	0.10
修理费用	85	0.85
油料费用	108	0.20
折旧费用	300	—
人工费用	100	—
合计	593	2.35
备注	当业务量超过 600 工时后，修理费中的固定费用将由 85 元上升为 185 元	

要求：

运用公式法，分别测算当业务量为 550 工时和 650 工时时的制造费用总额。

斯尔解析 根据题目条件，制造费用 y 和人工工时 x 之间的关系如下：

当 $420 \leqslant x \leqslant 600$ 时，$y=593+2.35x$。

当 $600 < x \leqslant 660$ 时，$y=693+2.35x$。

因此，当业务量 $x=550$（人工工时）时，制造费用 $y=593+2.35\times550=1\ 885.5$（元）。

当业务量 $x=650$（人工工时）时，制造费用 $y=693+2.35\times650=2\ 220.5$（元）。

2. 列表法

内容	优点	缺点
用列表的方式，在相关范围内每隔一定业务量范围计算相关数值的预算	（1）不管实际业务量多少，不必经过计算即可找到与业务量相近的预算成本。 （2）混合成本中的阶梯成本和曲线成本，可按总成本性态模型计算填列，不必用数学方法修正为近似的直线成本	在评价和考核实际成本时，往往需要使用插补法来计算"实际业务量的预算成本"，比较麻烦

典例研习 · 17-3 计算分析题

甲企业采用列表法编制的 2021 年 6 月制造费用预算如下表所示。

制造费用预算（列表法）

单位：元

业务量（直接人工工时）	420	480	540	600	660
占正常生产能力百分比	70%	80%	90%	100%	110%
变动成本：					
运输费用（b=0.2）	84	96	108	120	132
电力费用（b=1.0）	420	480	540	600	660
材料费用（b=0.1）	42	48	54	60	66
合计	546	624	702	780	858
混合成本：					
修理费用	442	493	544	595	746
油料费用	192	204	216	228	240
合计	634	697	760	823	986
固定成本：					
折旧费用	300	300	300	300	300
人工费用	100	100	100	100	100
合计	400	400	400	400	400
总计	1 580	1 721	1 862	2 003	2 244

要求：

如果实际业务量为 500 工时，运用列表法测算制造费用总额。

斯尔解析 如果实际业务量为 500 工时，则有：

（1）变动成本 =0.2×500+1.0×500+0.1×500=650（元）。

（2）混合成本：可用内插法逐项计算。500 小时处在 480 小时和 540 小时两个水平之间，修理费用应该在 493 ~ 544 元之间。设实际业务的预算修理费为 x 元，可得：$\frac{500-480}{540-480}=\frac{x-493}{544-493}$，$x$=510（元）；同理，设实际业务的预算油料费为 y 元，可得：$\frac{500-480}{540-480}=\frac{y-204}{216-204}$，$y$=208（元）。

（3）固定成本 =400（元）。

因此，如果实际业务量为 500 工时，制造费用总额 =650+510+208+400=1 768（元）。

典例研习·17-4 单项选择题

某贸易公司的物流费用为混合成本，公司按弹性预算法编制物流费用预算，当物流运输量为基准量的 80%、100%、110%、120% 时，对应的物流费用分别为 896 万元、

920 万元、932 万元、944 万元。当物流运输量为基准量的 107% 时，预计物流费用为（　）万元。

A. 929.4　　B. 927.4　　C. 930.4　　D. 928.4

斯尔解析　本题考查混合成本的分解。假设物流运输的单位变动成本为 b，固定成本为 a，则 $a+80\%\times b=896$，$a+100\%\times b=920$，得出：$a=800$，$b=120$，$y=800+120x$。当物流运输量为基准量的 107% 时，预计物流费用 =800+120×107%=928.4（万元），选项 D 当选。

本题答案　D

（二）弹性预算差异

弹性预算差异，是指固定预算数额和实际数额之间的差异，可分解为作业量差异及收入和支出差异这两类差异。弹性预算差异不仅分析了实际业务量水平和固定预算业务量水平不同导致的差异，也分析了实际业务量水平下实际收入和支出与应实现收入和支出的差异。

1. 作业量差异

弹性预算反映的是在实际业务量水平下应发生的金额，而固定预算反映的是在预算业务量水平下应发生的金额。两者之间的差异完全是由于实际业务量水平和预算业务量水平不同而导致的，所以被称为作业量差异（activity variance）。例如下表所示，收入的作业量差异为 18 000 元（F），水电费的作业量差异为 10 元（U），以此类推。总计的作业量差异列示在该表的底部，即 13 710 元（F）的经营净利润差异。这项差异表明，由于业务量比预期高，经营净利润也应高出 13 710 元。需要注意的是，不要过分看重任何单一的差异。由于业务量增多，对成本的预计也会更高。如果将这些成本的不利差异看作是业绩不佳的表现，是具有误导性的。

作业量差异：基于实际作业量的弹性预算与固定预算的比较

（截至 6 月 30 日）　　　　单位：元

项目	弹性预算	固定预算	作业量差异
业务量（q）	1 100	1 000	
收入（$180q$）：	198 000	180 000	18 000（F）
费用：			
工资（$65\ 000+37q$）	105 700	102 000	3 700（U）
材料费用（$5.6q$）	6 160	5 600	560（U）
水电费（$1\ 500+0.1q$）	1 610	1 600	10（U）
租金（28 500）	28 500	28 500	0
保险费（24 100）	24 100	24 100	0
其他费用（$1\ 200+0.2q$）	1 420	1 400	20（U）
费用合计	167 490	163 200	4 290（U）
经营净利润	30 510	16 800	13 710（F）

2. 收入和支出差异

收入差异（revenue variance）是实际收入与当期实际业务量水平下应实现收入的差额。一般来说，如果平均售价高于预期，收入差异就是有利的；如果平均售价低于预期，收入差异则为不利的。发生这种情况的原因很多，包括销售价格的变动、销售产品的不同组合、折扣数额的改变等。

支出差异（spending variance）是实际成本与当期实际业务量水平下应发生成本的差额。若实际成本高于应发生成本，差异就是不利的；若实际成本低于应发生成本，差异就是有利的。

从下表中可以看到，经营净利润的整体差异为 9 280 元（U）。这意味着，经营净利润比当期实际业务量水平下应实现收益少了 9 280 元。表中的收入和支出差异分析，将有助于进一步理解实际经营净利润与实际业务量下应实现收益存在差异的原因。其中，支出差异可以根据第十三章的标准成本差异分析方法进行分析，以便企业找出支出差异产生的原因，并采取措施加以纠正。

提示：标准成本差异分析与全面预算中的弹性预算差异分析有一定的联系。弹性预算差异可分解为作业量差异及收入和支出差异两类。标准成本差异分析属于收入和支出差异类的支出差异分析，它是实际业务量水平下的实际成本与标准成本之间的差异。标准成本法中的成本差异分析并没有考虑预算业务量与实际业务量差异引起的作业量差异。若进行企业利润差异分析，该差异亦应考虑进去，它是导致预算利润与实际和润存在差异的因素之一。

收入和支出差异：实际结果与弹性预算的比较

（截至 6 月 30 日）　　单位：元

项目	实际结果	弹性预算	收入和支出差异
业务量（q）	1 100	1 100	
收入（180q）：	194 200	198 000	3 800（U）
费用：			
工资（65 000+37q）	106 900	105 700	1 200（U）
材料费用（5.6q）	8 490	6 160	2 330（U）
水电费（1 500+0.1q）	1 550	1 610	60（F）
租金（28 500）	28 500	28 500	0
保险费（24 100）	25 400	24 100	1 300（U）
其他费用（1 200+0.2q）	2 130	1 420	710（U）
费用合计	172 970	167 490	5 480（U）
经营净利润	21 230	30 510	9 280（U）

3. 基于作业量、收入和支出差异的业绩报告

弹性预算业绩报告

（截至 6 月 30 日）　　单位：元

项目	实际结果（1）	收入和支出差异（1）－（2）	弹性预算（2）	作业量差异（2）－（3）	固定预算（3）
业务量（q）	1 100		1 100		1 000
收入（$180q$）：	194 200	3 800（U）	198 000	18 000（F）	180 000
费用：					
工资（$65\,000+37q$）	106 900	1 200（U）	105 700	3 700（U）	102 000
材料费（$5.6q$）	8 490	2 330（U）	6 160	560（U）	5 600
水电费（$1\,500+0.1q$）	1 550	60（F）	1 610	10（U）	1 600
租金（28 500）	28 500	0	28 500	0	28 500
保险（24 100）	25 400	1 300（U）	24 100	0	24 100
其他费用（$1\,200+0.2q$）	2 130	710（U）	1 420	20（U）	1 400
费用合计	172 970	5 480（U）	167 490	4 290（U）	163 200
经营净利润	21 230	9 280（U）	30 510	13 710（F）	16 800

相对于简单的比较实际结果与固定预算，上表所示的弹性预算业绩报告能为管理者提供更多有用的信息。它区分了业务量变动产生的影响与价格控制、经营管理所产生的影响，使得管理者能够采取更加具有针对性的方法来评估经营活动。

解题高手

命题角度：差异类型的区分。

差异类型	公式
作业量差异	作业量差异＝实际业务量下应该发生的金额－预算业务量下应该发生的金额 提示：弹性预算－固定预算
收入／支出差异	收入／支出差异＝实际业务量下实际发生的金额－实际业务量下应该发生的金额 提示：实际结果－弹性预算
提示：收入、利润差异为正数是有利差异（F），成本、费用差异为正数是不利差异（U）	

典例研习 · 17-5 多项选择题

下列关于弹性预算差异的表述中，正确的有（　　）。

A. 收入差异是实际收入与实际业务量预算收入的差异

B. 弹性预算反映的是实际业务量水平下应发生的金额

C. 支出差异是固定预算成本与实际业务量应发生成本的差异

D. 作业量差异，是由实际业务量与固定预算业务量不同形成的差异

斯尔解析 本题考查弹性预算差异。弹性预算反映的是在实际业务量水平下应发生的金额，而固定预算反映的是在预算业务量水平下应发生的金额，两者之间的差异完全是由实际业务量水平和预算业务量水平不同而导致的，被称为作业量差异，选项 BD 当选。收入差异是实际收入与当期实际业务量水平下应实现收入的差额，选项 A 当选。支出差异是实际成本与当期实际业务量水平下应发生成本的差额，选项 C 不当选。

本题答案 ABD

典例研习 · 17-6 多项选择题

甲公司预算和实际情况如下：

项目	数量（万件）	单价（元）	成本（元）
预算	90	90	60
实际	100	80	50

下列说法中，正确的有（　　）。

A. 收入差异为 −1 000 万元

B. 税前经营利润的作业量差异为零

C. 税前经营利润收入和支出差异为 −300 万元

D. 成本费用的作业量差异为 600 万元

斯尔解析 本题考查弹性预算差异。收入差异是实际收入与当期实际业务量水平下应实现收入的差额，故收入差异 =100×80−100×90=−1 000（万元），选项 A 当选。作业量差异是实际业务量水平和预算业务量水平不同而导致的，故税前经营利润的作业量差异 = 弹性预算的税前经营利润 − 固定预算的税前经营利润 =100×（90−60）−90×（90−60）=300（万元），成本费用的作业量差异 =100×60−90×60=600（万元），选项 B 不当选、选项 D 当选。收入 / 支出差异是实际业务量下实际发生的金额与实际业务量下应该发生的金额的差额，税前经营利润收入和支出差异 =100×（80−50）−100×（90−60）=0（万元），选项 C 不当选。

本题答案 AD

17-2-3

三、定期预算法与滚动预算法（★★）

按预算期的时间特征不同，营业预算的编制方法可分为定期预算法和滚动预算法两类。

类型	定期预算法	滚动预算法
定义	是以固定不变的会计期间（如年度、季度、月份）作为预算期间编制预算的方法	是在上期预算完成情况的基础上，调整和编制下期预算，并将预算期间逐期连续向后滚动推移，使预算期间保持一定的时期跨度
特点	（1）保证预算期间与会计期间在时期上配比，便于比较、考核和评价。 （2）不利于前后各个期间的预算衔接，不能适应连续不断的业务活动过程的预算管理	（1）能够保持预算的持续性，能使预算与实际情况更相适应，有利于充分发挥预算的指导和控制作用。 （2）编制工作量大

滚动预算具体可分为逐月滚动、逐季滚动和混合滚动。

类型	含义	特点
逐月滚动	逐月滚动方式是指在预算编制过程中，以月份为预算的编制和滚动单位，每个月调整一次预算的方法	编制的预算比较精确，但工作量较大
逐季滚动	逐季滚动方式是指在预算编制过程中，以季度为预算的编制和滚动单位，每个季度调整一次预算的方法	比逐月滚动工作量小，但精确度较差
混合滚动	在预算编制过程中，同时以月份和季度作为预算的编制和滚动单位的方法	这种预算方法的理论依据是：近细远粗

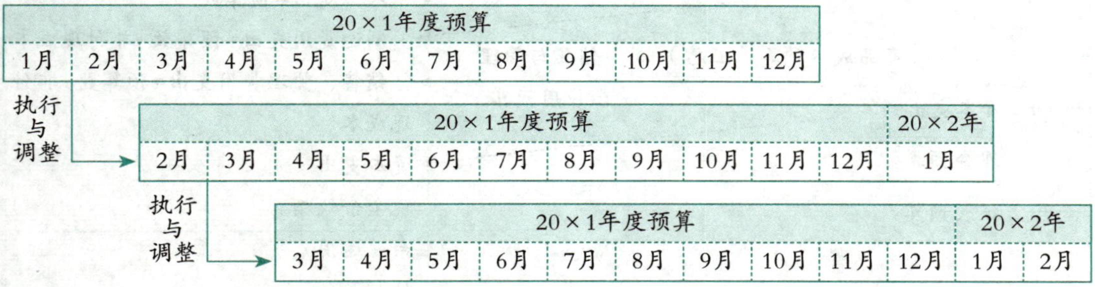

逐月滚动预算方式示意图

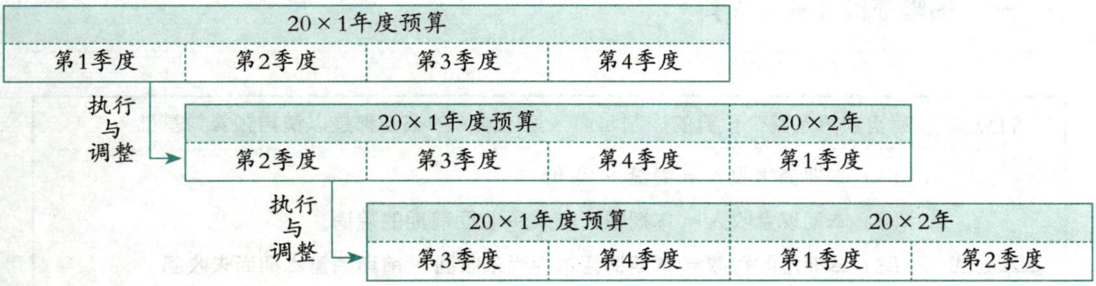

逐季滚动预算方式示意图

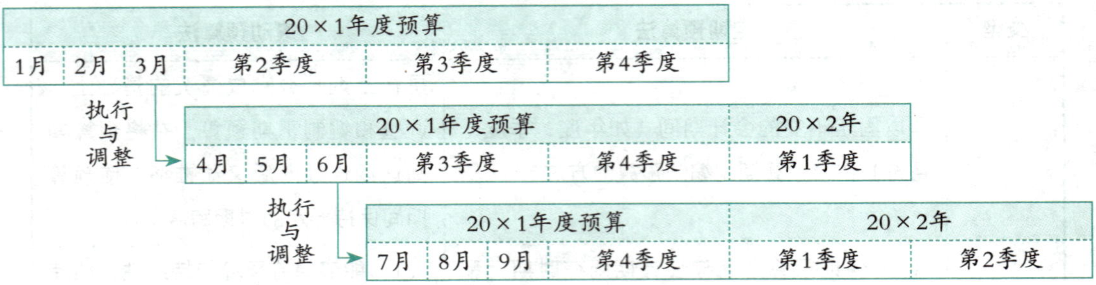

混合滚动预算方式示意图

第三节　营业预算的编制

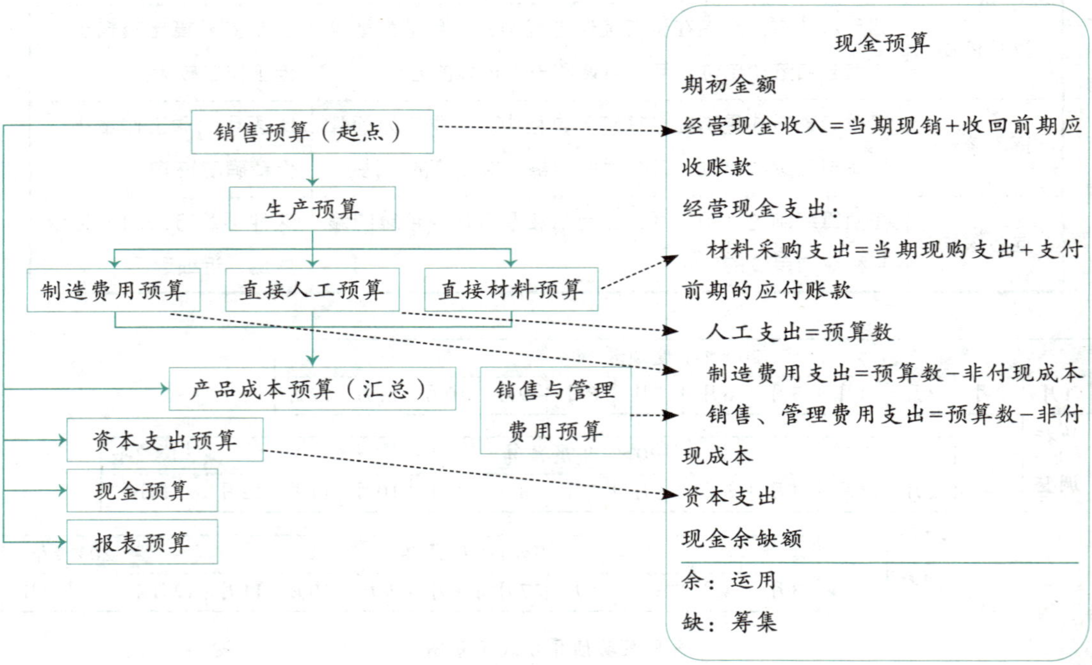

一、销售预算（★★★）

特点	销售预算是整个预算的编制起点，其他预算的编制都是以销售预算为基础
基本公式	（1）本期销售收入 = 销量 × 单价。 （2）本期现金收入 = 本期现销收入 + 收回前期的赊销。 （3）本期应收账款 = 本期销售本期尚未收回 + 前期销售本期尚未收回。 提示：销售数量一般根据市场预测或销货合同并结合企业生产能力确定，销售单价通过定价决策确定

典例研习 · 17-7 计算分析题

甲公司财务经理小白兔计划编制本年销售预算，预计全年四个季度的产品销售量分别为100件、150件、200件和180件，每件产品售价为200元。每季度销售收入中，本季度收到现金60%，另外的40%现金到下季度才能收到，甲公司上年年末应收账款尚有6 200元。

要求：

请代小白兔编制甲公司的销售预算，并预计各季度的现金收入和年末的应收账款。

斯尔解析 甲公司销售预算编制如下：

销售预算

单位：元

项目	第一季度	第二季度	第三季度	第四季度	全年
预计销售量（件）	100	150	200	180	630
预计单位售价	200	200	200	200	200
销售收入	20 000	30 000	40 000	36 000	126 000
预计现金收入					
上年应收账款	6 200	—	—	—	6 200
第一季度（销货20 000元）	12 000	8 000	—	—	20 000
第二季度（销货30 000元）	—	18 000	12 000	—	30 000
第三季度（销货40 000元）	—	—	24 000	16 000	40 000
第四季度（销货36 000元）	—	—	—	21 600	21 600
现金收入合计	18 200	26 000	36 000	37 600	117 800

甲公司年末的应收账款＝第四季度销售收入中尚未收回现金的部分＝36 000×40%＝14 400（元）

二、生产预算（★★★）

定义	生产预算是反映预算期产品销售数量、期初和期末产品存货和生产数量的预算
编制基础	生产预算是在销售预算的基础上，结合预算期期初存量、预算期期末存量编制的
基本公式	（1）预计期末产成品存货＝下期销售量 ×a%。 （2）预计期初产成品存货＝上期期末产成品存货。 （3）预计生产量＝（预计销售量＋预计期末产成品存货）－预计期初产成品存货
提示： ①生产预算只有实物量指标，没有价值量指标，不能直接为现金预算、利润表预算、资产负债表预算提供资料。 ②生产预算是直接材料预算、直接人工预算、（变动）制造费用预算和产品成本预算的编制依据	

典例研习·17-8 计算分析题

甲公司财务经理小熊猫计划编制本年生产预算，预计全年四个季度的产品销售量分别为100件、150件、200件和180件。甲公司年初有产成品存货10件，按下期销售量的10%安排各期末产成品存货，年末留存20件。

要求：

请代小熊猫编制甲公司的生产预算。

斯尔解析

甲公司生产预算编制如下：

生产预算

单位：件

项目	第一季度	第二季度	第三季度	第四季度	全年
预计销售量	100	150	200	180	630
加：预计期末产成品存货	15	20	18	20	20
合计	115	170	218	200	650
减：预计期初产成品存货	10	15	20	18	10
预计生产量	105	155	198	182	640

提示：全年时点数指标不可以累加，全年时期数指标可以累加，即在编制生产预算时，全年销售量和生产量可以按季度累加，全年产成品存货的期初数和期末数则不能按季度累加。

典例研习·17-9 多项选择题

甲企业2025年拟生产一种新产品。根据生产预算，1月生产5万件，2月生产6万件，3月生产7万件，销售价格为10元/件，当月销售70%，次月销售20%，第三个月销售10%。当月收到现金为销售额的60%，次月40%。下列表述中正确的有（　　）。

A. 3月末应收账款余额预计26.4万元

B. 3月份预计销售现金额60.4万元

C. 3月份预计实现销售额66万元

D. 3月末产成品库存数量预计3.8万件

斯尔解析 本题考查营业预算。预计生产量=（预计销售量+预计期末产成品存货）－预计期初产成品存货，则预计期末产成品存货=预计期初产成品存货+预计生产量－预计销售量。

项目	1月份	2月份	3月份
预计生产量（万件）	5	6	7

续表

项目	1月份	2月份	3月份
预计销售量（万件）	5×70%=3.5	5×20%+6×70%=5.2	5×10%+6×20%+7×70%=6.6
预计销售收入（万元）	3.5×10=35	5.2×10=52	6.6×10=66
预计期末产成品存货（万件）	5−3.5=1.5	1.5+6−5.2=2.3	2.3+7−6.6=2.7 （6×10%+7×30%=2.7）

3 月末应收账款余额 =66×40%=26.4（万元），选项 A 当选。3 月份销售现金额 =2 月份销售收入 ×40%+3 月份收入 ×60%=52×40%+66×60%=60.4（万元），选项 B 当选。3 月份预计销售额 =6.6×10=66（万元），选项 C 当选。3 月末产成品库存数量 =2.3+7−6.6=2.7（万件），选项 D 不当选。

本题答案 ABC

三、直接材料预算（★★★）

定义	直接材料预算是预算期产品生产直接耗用原材料及原材料采购的预算
编制基础	以生产预算为基础编制的，还要考虑预算期期初、期末的原材料存量
基本公式	（1）预计生产需用量 = 预计生产量 × 单位产品材料用量。 （2）预计期末材料存量 = 下期生产需用量 ×a%。 （3）预计期初材料存量 = 上期期末材料存量。 （4）预计采购数量 =（预计生产需用量 + 预计期末材料存量）− 预计期初材料存量。 提示： 商业企业存货关系公式：本期采购数量 = 本期销售数量 + 期末存量 − 期初存量。 （5）预计采购金额 = 预计采购数量 × 采购单价。 （6）预计采购现金支出 = 本期采购本期付款 + 前期采购本期付款。 （7）预计应付账款 = 本期采购本期尚未付款 + 前期采购本期尚未付款

典例研习 · 17-10 计算分析题

甲公司财务经理小蜜蜂计划编制本年直接材料预算，预计全年四个季度的产品生产量分别为 105 件、155 件、198 件和 182 件。甲公司年初有原材料 300 千克，单位产品材料用量为 10 千克 / 件，按下期生产需用量的 20% 安排各期末材料存量，年末留存原材料 400 千克。材料采购的货款有 50% 在本季度内付清，另外 50% 在下季度付清，材料采购单价为 5 元 / 千克。甲公司上年年末应付账款尚有 2 350 元。

要求：

请代小蜜蜂编制甲公司的直接材料预算，并预计各季度的材料采购现金支出和年末的应付材料款。

斯尔解析

甲公司直接材料预算编制如下：

直接材料预算

项目	第一季度	第二季度	第三季度	第四季度	全年
预计生产量（件）	105	155	198	182	640
单位产品材料用量（千克 / 件）	10	10	10	10	10
预计生产需用量（千克）	1 050	1 550	1 980	1 820	6 400
加：预计期末材料存量（千克）	310	396	364	400	400
合计	1 360	1 946	2 344	2 220	6 800
减：预计期初材料存量（千克）	300	310	396	364	300
预计材料采购量（千克）	1 060	1 636	1 948	1 856	6 500
单价（元 / 千克）	5	5	5	5	5
预计采购金额（元）	5 300	8 180	9 740	9 280	32 500
预计现金支出					
上年应付账款（元）	2 350	—	—	—	2 350
第一季度（采购 5 300 元）	2 650	2 650	—	—	5 300
第二季度（采购 8 180 元）	—	4 090	4 090	—	8 180
第三季度（采购 9 740 元）	—	—	4 870	4 870	9 740
第四季度（采购 9 280 元）	—	—	—	4 640	4 640
合计	5 000	6 740	8 960	9 510	30 210

甲公司年末的应付材料款 = 第四季度采购金额中尚未支付的部分 =9 280 × 50%= 4 640（元）

典例研习 · 17-11 单项选择题

甲公司正在编制 2024 年各季度直接材料预算，预计各季度末材料存量是下季度用量的 10%，单位产品材料用量为 6 千克 / 件，第二季度生产量为 2 000 件，材料采购数量为 12 600 千克，预计第三季度生产需要的直接材料为（　　）千克。

A. 16 000　　B. 11 000　　C. 6 000　　D. 18 000

斯尔解析 本题考查直接材料预算的编制。第二季度生产需用量 =2 000×6=12 000（千克），第二季度期初材料存量 =12 000×10%=1 200（千克），第二季度期末材料存量 = 第二季度期初材料存量 + 第二季度材料采购数量 − 第二季度生产需要数量 =1 200+12 600−12 000=1 800（千克）。因此，预计第三季度生产需要量 =1 800÷10%=18 000（千克），选项 D 当选。

本题答案 D

四、直接人工预算（★★）

定义	直接人工预算是预算期产品生产直接耗用人工及费用的预算
编制基础	直接人工预算也是以生产预算为基础编制的
主要内容	预计产量、单位产品工时，人工总工时、每小时人工成本和人工总成本。 （1）“预计产量”数据来自生产预算。 （2）单位产品人工工时和每小时人工成本数据，按照标准成本法确定。 （3）人工总工时和人工总成本是在直接人工预算中计算出来的
提示：由于工资都需要使用现金支付，不需另外预计现金支出，可直接参加现金预算的汇总	

典例研习 · 17-12 计算分析题

甲公司财务经理小龙虾计划编制本年直接人工预算，预计全年四个季度的产品生产量分别为 105 件、155 件、198 件和 182 件。甲公司单位产品人工工时为 10 小时 / 件，单位人工成本为 2 元 / 小时。

要求：

请代小龙虾编制甲公司的直接人工预算。

斯尔解析

甲公司直接人工预算编制如下：

直接人工预算

项目	第一季度	第二季度	第三季度	第四季度	全年
预计生产量（件）	105	155	198	182	640
单位产品工时（小时 / 件）	10	10	10	10	10
人工总工时（小时）	1 050	1 550	1 980	1 820	6 400
每小时人工成本（元 / 小时）	2	2	2	2	2
人工总成本（元）	2 100	3 100	3 960	3 640	12 800

五、制造费用预算（★★）

定义	制造费用预算是预算期产品生产所需制造费用的预算，分为变动制造费用和固定制造费用两部分
编制基础	（1）变动制造费用：以生产预算为基础来编制。 （2）固定制造费用：需要逐项进行预计，通常与本期产量无关，可按各期实际需要的支付额预计，然后求出全年数。 （3）制造费用预算数需扣除折旧、摊销等非付现成本，可得出“现金支出的费用”

典例研习 · 17-13 计算分析题

甲公司财务经理小鳄鱼编制制造费用预算如下表所示：

制造费用预算

单位：元

项目	第一季度	第二季度	第三季度	第四季度	全年
变动制造费用：					
间接人工（1 元 / 件）	105	155	198	182	640
间接材料（1 元 / 件）	105	155	198	182	640
修理费（2 元 / 件）	210	310	396	364	1 280
水电费（1 元 / 件）	105	155	198	182	640
小计	525	775	990	910	3 200
固定制造费用：					
修理费	1 000	1 140	900	900	3 940
折旧	1 000	1 000	1 000	1 000	4 000
管理人员工资	200	200	200	200	800
保险费	75	85	110	190	460
财产税	100	100	100	100	400
小计	2 375	2 525	2 310	2 390	9 600
合计	2 900	3 300	3 300	3 300	12 800

要求：

假设甲公司人工总工时为 6 400 小时，分别计算甲公司变动制造费用和固定制造费用的小时费用率，以及各季度和全年现金支出的制造费用总额。

斯尔解析

为了便于以后编制产品成本预算，通常需要计算制造费用的小时费用率（制造费用 ÷ 总工时），即分配率，其中总工时数据取自直接人工预算。

变动制造费用分配率 =3 200 ÷ 6 400=0.5（元 / 时）

固定制造费用分配率 =9 600 ÷ 6 400=1.5（元 / 时）

制造费用中的折旧不产生现金支出，在计算现金支出时应剔除折旧，即甲公司四个季度的制造费用现金支出分别为 1 900 元、2 300 元、2 300 元和 2 300 元，全年制造费用现金支出累计 8 800 元。

六、产品成本预算（★★）

17-3-6

定义	预算期产品生产成本的预算，其主要内容是产品的单位成本和总成本
编制基础	销售预算、生产预算、直接材料预算、直接人工预算和制造费用预算

典例研习 · 17-14 计算分析题

甲公司财务经理小海豚计划编制产品成本年预算，预计全年产品销售量为 630 件，预计生产量为 640 件，年末留存 20 件。甲公司单位产品材料用量为 10 千克 / 件，材料采购单价为 5 元 / 千克，单位产品人工工时为 10 小时 / 件，单位人工成本为 2 元 / 小时，变动制造费用的小时费用率为 0.5 元 / 小时，固定制造费用的小时费用率为 1.5 元 / 小时。假设甲公司期初 10 件存货的单位成本与预算产品成本相同。

要求：

请代小海豚编制甲公司的产品成本年预算。

斯尔解析

直接材料项目相关数据来自直接材料预算，直接人工项目相关数据来自直接人工预算，变动制造费用和固定制造费用相关数据来自制造费用预算。甲公司产品成本预算编制如下：

产品成本年预算

项目	单位成本			生产成本（640 件）	期末存货（20件）	销货成本（630 件）
	元 / 千克或元 / 小时	投入量	成本（元）			
直接材料	5	10 千克	50	32 000	1 000	31 500
直接人工	2	10 小时	20	12 800	400	12 600
变动制造费用	0.5	10 小时	5	3 200	100	3 150
固定制造费用	1.5	10 小时	15	9 600	300	9 450
合计	—	—	90	57 600	1 800	56 700

17-3-7

七、销售费用和管理费用预算（★★）

预算	销售费用	管理费用
定义	为了实现销售预算所需安排的费用预算	企业管理业务所必需的费用
编制基础	以销售预算为基础	多属于固定成本，所以，一般是以过去的实际开支为基础，按预算期的可预见变化来调整

典例研习 · 17-15 计算分析题

下表是甲公司的销售及管理费用预算，按季度支付。

销售费用及管理费用预算

单位：元

项目	金额
销售费用：	
销售人员工资	2 000
广告费	5 500
包装、运输费	3 000
保管费	2 700
管理费用：	
管理人员薪金	4 000
福利费	800
保险费	600
折旧费	200
办公费	1 400
合计	20 200

要求：

计算甲公司各季度销售费用及管理费用的现金支出。

斯尔解析

销售及管理费用中的折旧不产生现金支出，在计算现金支出时应剔除折旧，即甲公司各季度的销售及管理费用现金支出 =（20 200−200）÷4=5 000（元）。

典例研习 · 17-16 多项选择题

下列营业预算中，通常需要预计现金支出的有（　　）。

A. 生产预算

B. 销售费用预算

C. 制造费用预算

D. 直接材料预算

斯尔解析 本题考查营业预算的编制。生产预算是在销售预算的基础上编制的，其主要内容有销售量、生产量、期初和期末产成品存货量，它是不含价值量指标的预算，只涉及实物量指标，不需要预计现金支出，选项 A 不当选。销售费用预算、制造费用预算、直接材料预算都需要预计现金支出，选项 BCD 当选。

本题答案 BCD

第四节 财务预算的编制

财务预算是企业的综合性预算，包括现金预算、利润表预算和资产负债表预算。

一、现金预算（★★★）

17-4-1

现金预算由四部分组成：可供使用现金、现金支出、现金多余或不足、现金的筹资和运用。

现金预算的编制，以各项营业预算和资本预算为基础，它反映各预算期的收入款项和支出款项，但不涉及生产预算和产品成本预算。

现金预算的两个公式	期初余额 + 现金收入 − 现金支出 = 现金余缺额 现金余缺额 + 现金筹措 − 现金运用 = 期末现金余额 提示： （1）期初现金余额：第一期期初一般题目直接告知，或通过简单计算即得；以后各期期初余额，取上一期期末余额。 （2）预算期现金收入：销货产生的现金收入是其主要来源，数据来自销售预算。 （3）现金支出：直接材料、直接人工、制造费用、销售及管理费用等经营性支出（无财务费用），相关数据来自营业预算；所得税费用、购置设备、股利分配等现金支出，相关数据来自专门预算。 （4）现金的筹措与运用：现金有多余，可用于偿还过去向银行取得的借款，或者用于短期投资；现金不足，可以变卖短期投资或向银行取得新的借款

续表

利息的确定	通常借款在期初，还款在期末。 （1）若规定还款时支付利息：利息 = 还款额 × 利息率 × 借款期限。 （2）若规定每期定期支付利息：利息 =（期初借款余额 + 本期新借款额）× 期利息率
借款数额的确定	（1）假设借款在期初，分期付息：现金不足 + 借款数 − 借款利息 ≥ 最低现金余额。 （2）假设借款在期初，利随本清：现金不足 + 借款数 ≥ 最低现金余额
还款数额的确定	（1）假设还款在期末，分期付息：现金多余 − 还款数 − 借款利息 ≥ 最低现金余额。 （2）假设借款在期初，利随本清：现金多余 − 还款数 − 还款部分利息 ≥ 最低现金余额

精程答疑

问题：现金预算中的现金筹措与财务预测中外部融资需求额的测算有什么不同？

解答：一方面，两者要解决的需求不同。现金预算中的现金筹措是为了解决短期资金需求，而财务预测中的外部融资需求额则是为了解决长期资金需求。另一方面，两者在资金需求的解决途径上也不同。现金预算中出现的现金不足，解决途径是银行短期借款，即主要解决流动性的问题，而财务预测中外部融资需求额的解决途径则有很多，比如发行债券和股票等，主要考虑资本成本和资本结构的问题。

典例研习·17-17 计算分析题

甲公司是一个生产番茄酱的公司。该公司每年都要在 12 月份编制下一年度的分季度现金预算。有关资料如下：

（1）该公司只生产一种 50 千克桶装番茄酱。由于原料采购的季节性，只在第二季度进行生产，而销售全年都会发生。

（2）每季度的销售收入预计如下：第一季度 750 万元，第二季度 1 800 万元，第三季度 750 万元，第四季度 750 万元。

（3）所有销售均为赊销。应收账款期初余额为 250 万元，预计可以在第一季度收回。每个季度的销售有 2/3 在本季度内收到现金，另外 1/3 于下一个季度收回。

（4）采购番茄原料预计支出 912 万元，第一季度需要预付 50%，第二季度支付剩余的款项。

（5）直接人工费用预计发生 880 万元，于第二季度支付。

（6）付现的制造费用第二季度发生 850 万元，其他季度均发生 150 万元。付现制造费用均在发生的季度支付。

（7）每季度发生并支付销售和管理费用 100 万元。

（8）全年预计所得税 160 万元，分 4 个季度预交，每季度支付 40 万元。

（9）公司计划在下半年安装一条新的生产线，第三季度、第四季度各支付设备款 200 万元。

（10）期初现金余额为 15 万元，没有银行借款和其他负债。公司需要保留的最低现金余额为 10 万元。现金不足最低现金余额时需向银行借款，超过最低现金余额时需偿还借款，借款和还款数额均为 5 万元的整数倍。借款年利率为 8%，每季度支付一次利息，计算借款利息时，假定借款均在季度初发生，还款均在季度末发生。

要求：

请根据上述资料，为甲公司编制现金预算。编制结果填入下方给定的表格中，不必列出计算过程。

现金预算

单位：万元

季度	一	二	三	四	合计
期初现金余额					
现金收入：					
本期销售本期收款					
上期销售本期收款					
现金收入合计					
现金支出：					
直接材料					
直接人工					
制造费用					
销售与管理费用					
所得税费用					
购买设备支出					
现金支出合计					
现金多余或不足					
向银行借款					
归还银行借款					
支付借款利息					
期末现金余额					

斯尔解析

现金预算

单位：万元

季度	一	二	三	四	合计
期初现金余额	15	19	10.3	12.6	15
现金收入：					
本期销售本期收款	500	1 200	500	500	
上期销售本期收款	250	250	600	250	
现金收入合计	750	1 450	1 100	750	4 050
现金支出：					
直接材料	912÷2=456	456	0	0	912
直接人工	0	880	0	0	880
制造费用	150	850	150	150	1 300
销售与管理费用	100	100	100	100	400
所得税费用	40	40	40	40	160
购买设备支出	0	0	200	200	400
现金支出合计	746	2 326	490	490	4 052
现金多余或不足	19	−857	620.3	272.6	13
向银行借款		885			885
归还银行借款			590	255	845
支付借款利息		17.7	17.7	5.9	41.3
期末现金余额	19	10.3	12.6	11.7	11.7

相关数据说明：

（1）第一季度。

第一季度现金收入合计 = 应收账款期初余额 + 第一季度收入 ×2/3=250+750×2/3=750（万元）

第一季度期末现金余额 =15+750−746=19（万元）

（2）第二季度。

第二季度现金收入合计 =1 800×2/3+750×1/3=1 450（万元）

第二季度现金余缺 =19+1 450−2 326=−857（万元）

假设第二季度借款为 A，则：$-857+A-A\times2\% \geqslant 10$。

解得：$A \geqslant 884.69$，因为 A 必须是 5 万元的整数倍，所以 A=885（万元），即第二季度向银行借款 885 万元。

第二季度支付借款利息 =885 × 2%=17.70（万元），第二季度期末现金余额 =−857+885−17.7=10.30（万元）。

（3）第三季度。

第三季度现金收入合计 =750 × 2/3+1 800 × 1/3=1 100（万元）

第三季度现金余缺 =10.3+1 100−490=620.3（万元）

假设第三季度还款为 B，则：620.3−B−17.7 ≥ 10，解得：B ≤ 592.6（万元）。

由于 B 必须是 5 万元的整数倍，所以 B=590（万元），所以第三季度归还银行借款 590 万元。

第三季度支付借款利息 =885 × 2%=17.70（万元），第三季度期末现金余额 =620.3−590−17.7=12.60（万元）。

（4）第四季度。

第四季度现金收入合计 =750 × 2/3+750 × 1/3=750（万元）

第四季度现金余缺 =12.6+750−490=272.6（万元）

第四季度支付借款利息 =（885−590）× 2%=5.9（万元）

假设第四季度还款为 C，则：272.6−C−5.9 ≥ 10，解得：C ≤ 256.7（万元）。

由于 C 必须是 5 万元的整数倍，所以 C=255（万元），所以第四季度归还银行借款 255 万元。

第四季度支付借款利息 5.90 万元，第四季度期末现金余额 =272.6−255−5.9=11.70（万元）。

现金支出合计 =746+2 326+490+490=4 052（万元）

现金多余或不足 =15+4 050−4 052=13（万元）

二、利润表预算（★★）

通过编制利润表预算，可以了解企业预期的盈利水平。

主要内容	数据来源
销售收入	取自销售预算
销货成本	取自产品成本预算
毛利	毛利 = 销售收入 − 销货成本
销售费用和管理费用	取自销售费用和管理费用预算
借款利息	取自现金预算
利润总额	利润总额 = 毛利 − 销售费用和管理费用 − 借款利息
所得税费用	“所得税费用”项目是在利润预测时估计的，并已列入现金预算。它通常不是根据利润总额和所得税税率计算出来的
净利润	净利润 = 利润总额 − 所得税费用

17-4-2

典例研习·17-18 多项选择题

下列关于全面预算中的利润表预算编制的说法中，正确的有（　　）。

A. “销售收入”项目的数据，来自销售预算

B. “销货成本”项目的数据，来自生产预算

C. “销售及管理费用”项目的数据，来自销售及管理费用预算

D. “所得税费用”项目的数据，通常是根据利润表预算中的“利润”项目金额和本企业适用的法定所得税税率计算出来的

斯尔解析 本题考查利润表预算的编制。在编制利润表预算时，“销货成本”项目的数据，来自产品成本预算，选项B不当选。“所得税费用”项目的数据是在利润规划时估计的，并已列入现金预算，通常不是根据“利润”和所得税税率计算出来的，选项D不当选。

本题答案 AC

17-4-3

三、资产负债表预算（★★）

资产负债表预算反映预算期末的财务状况。该预算是利用本期期初会计的资产负债表，根据有关营业和财务等预算的有关数据加以调整编制的。

重点项目	数据来源
现金	取自现金预算
应收账款	取自销售预算
直接材料	取自直接材料预算
产成品	取自产品成本预算
固定资产	参考现金预算、制造费用预算以及销售费用和管理费用预算
应付账款	均取自直接材料预算
未分配利润	参考现金预算和利润表预算

【斯考卡片】

扫码背重点

348

至此，财务成本管理的学习已经进行了93%，继续加油呀！

93%

第十八章 责任会计

学习提要

重要程度： 次重点章节

平均分值： 4分

考核题型： 客观题、主观题

本章提示： 本章重点内容为责任中心的评价指标，其难度较低，学习压力不大，但仍不可掉以轻心

考点精讲

第一节　企业组织结构

一、企业的集权与分权

对比	优点	缺点
集权	（1）便于提高决策效率，对市场作出迅速反应。 （2）容易实现目标的一致性。 （3）可以避免重复和资源浪费	容易形成对高层管理者的个人崇拜，形成独裁，导致将来企业高管更替困难，影响企业长远发展
分权	（1）可以让高层管理者将主要精力集中于重要事务。 （2）权力下放，可以充分发挥下属的积极性和主动性，增加下属的工作满足感，便于发现和培养人才。 （3）下属拥有一定的决策权，可以减少不必要的上下沟通，并可以对下属权限内的事情迅速作出反应	可能产生与企业整体目标不一致的委托代理问题

二、企业组织结构的类型

（一）科层组织结构

1. 类型

（1）直线指挥机构（主体）：如总部、分部、车间、工段和班组等。

（2）参谋职能机构（辅助）：如研究开发部、人力资源部、财务部、营销部及售后服务部等。

提示：企业生产经营的决策权力主要集中在最高层的直线领导手中。

2. 优点

（1）各个职能部门目标明确，部门主管容易控制和规划。

（2）同类专业的员工一起共事，易于相互学习，提高技能。

（3）内部资源较为集中，由同一部门员工分享，可减少不必要的重复和浪费。

3. 缺点

（1）整个企业对外在环境的反应会比较迟钝。

（2）只看到本部门的目标和利益，缺乏整体意识和创新精神。

（二）事业部制组织结构

1. 含义

事业部制是一种分权的组织结构，管理原则为：集中决策、分散经营、协调控制。

2. 特点

（1）在总公司之下，企业按照产品类别、地区类别或者顾客类别设置生产经营事业部。

（2）每个事业部设置各自的执行总经理，每位执行总经理都有权进行采购、生产和销售，对其事业部的生产经营，包括收入、成本和利润的实现负全部责任。

（3）总公司在重大问题上集中决策，各个事业部独立经营、独立核算、自负盈亏，是一个利润中心。

（4）各个事业部的盈亏直接影响总公司的盈亏，总公司的利润是各个事业部利润之和，总公司对各个事业部下达利润指标，各个事业部必须保证实现总公司下达的利润指标。

（三）网络组织结构

1. 含义

它是一个由众多独立的创新经营单位组成的彼此有紧密联系的网络。

2. 特点

（1）分散性：它不是几个或几十个大的战略经营单位的结合，而是由为数众多的小规模经营单位构成的企业联合体，这些经营单位具有很大的独立性。

（2）创新性：最高管理层的权力主要集中在驱动创新过程，创新活动已由过去少数高层管理人员推动转变为企业基层人员的重要职责。

（3）高效性：行政管理和辅助职能部门被精简，基层企业可以自主地根据具体的市场情况组织生产经营活动，快速对市场作出反应。

（4）协作性：独立的小规模经营单位的资源是有限的，在生产经营中必须大量依赖与其他单位的广泛合作。

第二节　责任成本

一、责任成本的定义（★★）

（一）定义

责任成本是以具体的责任单位（部门、单位或个人）为对象，**以其承担的责任为范围所归集的成本，也就是特定责任中心的全部可控成本**。

18-2-1

（二）可控成本

在特定时期内、特定责任中心能够直接控制其发生的成本。可控成本通常应同时符合以下三个条件：

（1）成本中心有办法知道将发生什么性质的耗费（可预测）。

（2）成本中心有办法计量它的耗费（可计量）。

（3）成本中心有办法控制并调节它的耗费（可调控）。

凡不符合上述三个条件的，即为不可控成本。可控成本总是针对特定责任中心来说的，对某个责任中心来说是可控的一项成本，对另外的责任中心来说则是不可控的。

区别可控成本和不可控成本，还要考虑成本发生的时间范围。一般来说，在消耗或支付的当期成本是可控的，一旦消耗或支付就不再可控。

典例研习 · 18-1 多项选择题

下列选项中，责任中心判断一项成本是否可控的条件有（　　）。

A. 可预测性　　B. 可调控性

C. 可追溯性　　D. 可计量性

斯尔解析 本题考查可控成本的条件。可控成本通常应同时符合以下三个条件：

（1）成本中心有办法知道将发生什么性质的耗费，即可预测性。

（2）成本中心有办法计量它的耗费，即可计量性。

（3）成本中心有办法控制并调节它的耗费，即可调控性。因此，选项 ABD 当选。可追溯性是直接成本和间接成本的划分依据，选项 C 不当选。

本题答案 ABD

二、责任成本与其他成本的区别与联系（★）

（一）责任成本与直接成本

（1）直接成本和间接成本的划分依据，是成本的可追溯性。可直接追溯到个别产品或部门的成本是直接成本；由几个产品或部门共同引起的成本是间接成本。

（2）对生产的基层单位来说，大多数直接材料和直接人工是可控制的，但也有部分是不可控的。例如，工长的工资可能是直接成本，但工长无法改变自己的工资，对他来说该成本是不可控的。

（二）责任成本与变动成本、制造成本

维度	责任成本计算（责任成本法）	变动成本计算（变动成本法）	制造成本计算（完全成本法）
计算目的	评价成本控制业绩	经营决策	确定产品存货成本和销货成本
成本对象	责任中心	产品	产品
成本范围	各责任中心的可控成本	直接材料、直接人工和变动制造费用	直接材料、直接人工和全部制造费用

续表

维度	责任成本计算（责任成本法）	变动成本计算（变动成本法）	制造成本计算（完全成本法）
共同费用的分摊原则	按可控原则分配，谁控制谁负责，可控变动间接费用和可控固定间接费用都要分配给责任中心	按受益原则分配，谁受益谁承担，只分摊变动制造费用	按受益原则分配，谁受益谁承担，要分摊全部的制造费用

（三）责任成本与标准成本、目标成本

标准成本和目标成本主要强调事先的成本计算，而责任成本重点是事后的计算、评价和考核，是责任会计的重要内容之一。标准成本在制定时是分产品进行的，事后对差异进行分析时才判别责任归属。目标成本管理要求在事先规定目标时就考虑责任归属，并按责任归属收集和处理实际数据。不管使用目标成本还是标准成本作为控制依据，事后的评价与考核都要求核算责任成本。

三、责任成本的判别和分摊（★）

18-2-3

（一）判别成本费用支出责任归属的原则

通常，可以按以下原则确定责任中心的可控成本：

（1）假如某责任中心通过自己的行动能有效地影响一项成本的数额，那么该中心就要对这项成本负责（有效直接影响）。

（2）假如某责任中心有权决定是否使用某种资产或劳务，它就应对这些资产或劳务的成本负责（有权决定）。

（3）某管理人员虽然不直接决定某项成本，但是上级要求他参与有关事项，从而对该项成本的支出施加了重要影响，则他对该成本也要承担责任（重要间接影响）。

典例研习 · 18-2 多项选择题

判别一项成本是否归属责任中心的原则有（　　）。

A. 责任中心是否使用了引起该项成本发生的资产或劳务

B. 责任中心能否通过行动有效影响该项成本的数额

C. 责任中心是否有权决定使用引起该项成本发生的资产或劳务

D. 责任中心能否参与决策并对该项成本的发生施加重大影响

斯尔解析 本题考查成本费用支出责任归属的原则。通常，判断一项成本是否归属责任中心的原则包括三项，分别是“有效直接影响”“有权决定”“重要间接影响”，选项 BCD 当选。

本题答案 BCD

（二）制造费用的归属和分摊方法

将发生的直接材料和人工费用归属于不同的责任中心通常比较容易，而制造费用的归属则比较困难。一般是依次按下述五个步骤来处理：

（1）直接计入责任中心。将可以直接判别责任归属的费用项目，直接列入应负责的成本中心。例如，机物料消耗、低值易耗品的领用等，在发生时可判别耗用的成本中心，不需要采用其他标准进行分配。

（2）按责任基础分配。对不能直接归属于个别责任中心的费用，优先采用责任基础分配。有些费用虽然不能直接归属于特定成本中心，但它们的数额受成本中心的控制，能找到合理依据来分配，如动力费、维修费等。如果成本中心能自己控制使用量，可以根据其用量来分配。分配时要使用固定的内部结算价格，防止供应部门的责任向使用部门转嫁。

（3）按受益基础分配。有些费用不是专门属于某个责任中心的，也不宜用责任基础分配，但与各中心的受益多少有关，可按受益基础分配，如按装机功率分配电费等。

（4）归入某一个特定的责任中心。有些费用既不能用责任基础分配，也不能用受益基础分配，则考虑有无可能将其归属于一个特定的责任中心。例如，车间的运输费用和试验检验费用，难以分配到生产班组，不如建立专门的成本中心，由其控制此项成本，不向各班组分配。

（5）不能归属于任何责任中心的固定成本，不进行分摊。例如，车间厂房的折旧是以前决策的结果，短期内无法改变，可暂时不加控制，作为不可控费用。

典例研习 · 18-3 多项选择题

甲公司将某生产车间设为成本责任中心，该车间领用型号为 GB007 的材料，另外还发生机器维修费、试验检验费以及车间折旧费。下列关于成本费用责任归属的表述中，正确的有（　　）。

A. 型号为 GB007 的材料费用直接计入该成本责任中心

B. 车间折旧费按照受益基础分配计入该成本责任中心

C. 机器维修费按照责任基础分配计入该成本责任中心

D. 试验检验费归入另一个特定的成本中心

斯尔解析 本题考查制造费用的归属和分摊方法。将可以直接判别责任归属的费用项目，直接列入应负责的成本中心，例如，机物料消耗、低值易耗品的领用等，选项 A 当选。不能归属于任何责任中心的固定成本，不进行分摊，例如，车间厂房的折旧是以前决策的结果，短期内无法改变，可暂时不加控制，作为不可控费用，选项 B 不当选。对不能直接归属于个别责任中心的费用，优先采用责任基础分配，例如，动力费、维修费等，选项 C 当选。有些费用既不能用责任基础分配，也不能用受益基础分配，则考虑有无可能将其归属于一个特定的责任中心，例如，车间的运输费用和试验检验费用，选项 D 当选。

本题答案 ACD

第三节　成本中心

一、成本中心的划分和类型

（一）含义

成本中心是指只对其成本和费用承担经济责任并负责控制和报告成本或费用的责任中心。

（1）成本中心往往没有收入；或者有少量收入，但不成为主要的考核内容。

（2）一个成本中心可以由若干个更小的成本中心所组成。

（3）任何发生成本的责任领域，都可以确定为成本中心。

（4）成本中心的职责，是用一定的成本去完成规定的具体任务。

（二）类型

项目	标准成本中心	费用中心
产出物的特点	所生产的产品稳定而明确，产出物能用财务指标来衡量	产出物不能用财务指标来衡量
投入和产出之间的关系	投入和产出之间有密切关系	投入和产出之间没有密切关系
适用情况	各行业都可能建立标准成本中心。 提示：常见标准成本中心有银行的支票窗口，医院的放射科，快餐行业等	财务、人事、劳资、计划等行政管理部门，研究开发部门，销售部门等

二、成本中心的考核指标（★★）

类型	标准成本中心	费用中心
考核指标	（1）考核指标是既定产品质量和数量条件下可控的标准成本。 （2）不对生产能力的利用程度负责，而只对既定产量的投入量承担责任。不对固定制造费用的闲置能力差异承担责任，但仍需对固定制造费用的其他差异承担责任。 （3）标准成本中心必须按照规定的质量、时间标准和计划产量来进行生产	（1）通常使用可控费用预算来评价费用中心的控制业绩。 （2）费用中心的业绩涉及预算、工作质量和服务水平。要结合费用中心的工作质量和服务水平作出有根据的判断

典例研习 · 18-4 多项选择题

甲生产车间是一个标准成本中心，下列考核指标中应由甲车间负责的有（　　）。

A. 设备利用程度　　B. 计划产量完成情况

C. 生产工艺标准的执行情况　　D. 产品工时标准的执行情况

斯尔解析 本题考查成本中心的考核指标。标准成本中心不对生产能力的利用程度负责，而只对既定产量的投入量承担责任，选项 A 不当选。标准成本中心必须按规定的质量（生产工艺标准）、时间标准（产品工时标准）和计划产量进行生产，选项 BCD 当选。

本题答案 BCD

18-3-3

三、成本中心的业绩报告

（一）考核指标

成本中心的所有可控成本，即责任成本。每一级的业绩报告，除最基层只有本身的可控成本外，都应包括本身的可控成本和下属部门转来的责任成本。

（二）报告格式

通常是按成本中心可控成本的各明细项目列示其预算数、实际数和成本差异数的三栏式表格。

（三）编报格式

业绩报告应自下而上，从最基层的成本中心逐级向上汇编，直至最高层次的成本中心。

第四节 利润中心

18-4-1

一、利润中心的划分和类型

一个责任中心，同时赋予生产和销售职能，具有几乎全部经营决策权的责任中心，可以被确定为利润中心或投资中心。利润中心是指对利润负责的责任中心。由于利润等于收入减去成本或费用，所以利润中心是对收入成本和费用都要承担责任的责任中心。从根本目的上看，**利润中心是指管理人员有权对其供货的来源和市场的选择进行决策的单位。**

自然的利润中心	可以直接向企业外部出售产品，在市场上进行购销业务。 例如：某些公司采用事业部制，每个事业部均有销售、生产、采购的职能，有很大的独立性，这些事业部就是自然的利润中心
人为的利润中心	在企业内部按内部转移价格出售产品。 例如：公司内部的辅助部门，包括修理、供电、供水、供气等部门，可以按固定的价格向生产部门收费，它们也可以确定为人为的利润中心

二、利润中心的考核指标（★★）

指标及计算	特点
部门边际贡献 = 部门销售收入 − 部门变动成本总额	不够全面
部门可控边际贡献 = 部门边际贡献 − 部门可控固定成本	作为业绩评价可能是最佳选择，最适合评价部门经理，反映了部门经理在其权限和控制范围内有效使用资源的能力
部门税前经营利润 = 部门可控边际贡献 − 部门不可控固定成本	适合评价部门对公司利润和管理费用的贡献，而不适合于对部门经理的评价

典例研习 · 18-5 单项选择题

在下列业绩评价指标中，最适合评价利润中心部门经理的是（　　）。

A. 部门可控边际贡献

B. 部门税前经营利润

C. 部门边际贡献

D. 部门税后经营利润

斯尔解析 本题考查利润中心的评价指标。可控边际贡献反映了部门经理在其权限和控制范围内有效使用资源的能力，最适合评价利润中心部门经理的业绩，选项 A 当选。因为一部分固定成本是过去最高管理层投资决策的结果，现在的部门经理已很难改变，所以税前经营利润超出了经理人员的控制范围，不适宜用于评价其业绩，选项 B 不当选。部门经理至少可以控制某些固定成本，并且在固定成本和变动成本的划分上有一定选择余地，用部门边际贡献作为评价指标不能反映这些能力，选项 C 不当选。由于所得税是根据整个企业的收益确定的，与部门的业绩评价没有直接关系，所以部门和部门经理的业绩评价指标都选择税前指标，选项 D 不当选。

本题答案 A

三、利润中心业绩报告

（一）考核指标

通常为该利润中心的部门边际贡献、部门可控边际贡献和部门税前经营利润。

（二）报告格式

分别列出指标的预算数、实际数及实际与预算对比差异数的三栏式表格。

（三）编报格式

自下而上逐级汇编，直至整个企业的税前经营利润。

第五节　投资中心

18-5-1

一、投资中心的划分

投资中心是指某些分散经营的单位或部门，其经理所拥有的自主权不仅包括制定价格、确定产品和生产方法等经营决策权，而且还包括投资规模和投资类型等投资决策权。因此，对于投资中心不仅要衡量其利润，而且要衡量其资产的投资报酬率。

18-5-2

二、投资中心的考核指标（★★★）

由于所得税是根据整个企业的收益确定的，与部门的业绩评价没有直接关系，因此，通常使用部门税前经营利润和部门税前投资报酬率。

（一）部门投资报酬率

1. 计算

部门投资报酬率 = 部门税前经营利润 ÷ 部门平均净经营资产

提示：有些题目习惯用部门投资额来代替部门平均净经营资产。

2. 评价

优点	（1）它是根据现有的会计资料计算的，比较客观。 （2）相对数指标，可用于部门之间以及不同行业之间的业绩比较。 （3）部门投资报酬率可以分解为投资周转率和部门经营利润率两者的乘积，并可进一步分解为资产的明细项目和收支的明细项目，从而对整个部门的经营状况作出评价
缺点	部门经理会产生“次优化”行为，即部门会放弃高于公司要求的报酬率而低于目前部门投资报酬率的机会，或者减少现有的投资报酬率较低但高于公司要求的报酬率的某些资产，使部门的业绩获得较好评价，但却损害了公司整体的利益

典例研习·18-6 计算分析题

甲公司有 A 和 B 两个部门，相关数据如下表所示。

甲公司 A、B 部门相关数据

单位：元

项目	A 部门	B 部门
部门税前经营利润	108 000	90 000
所得税（税率 25%）	27 000	22 500
部门税后经营净利润	81 000	67 500
部门平均经营资产	900 000	600 000
部门平均经营负债	50 000	40 000
部门平均净经营资产（部门平均净投资资本）	850 000	560 000

要求：

（1）分别计算 A 部门和 B 部门的投资报酬率。

（2）甲公司要求的税前投资报酬率为 11%，B 部门经理面临一个税前投资报酬率为 13% 的投资机会，投资额为 100 000 元，每年可贡献部门税前经营利润 13 000 元。如果利用投资报酬率评价部门业绩，分析 B 部门经理是否愿意接受该投资。

（3）甲公司要求的税前投资报酬率为 11%，假设 B 部门现有一项资产价值 50 000 元，每年税前获利 6 500 元，税前投资报酬率为 13%。如果利用投资报酬率评价部门业绩，分析 B 部门经理是否愿意放弃该投资。

斯尔解析

（1）A 部门投资报酬率 =108 000 ÷ 850 000 × 100%=12.71%。

B 部门投资报酬率 =90 000 ÷ 560 000 × 100%=16.07%

（2）接受投资后 B 部门的投资报酬率 =（90 000+13 000）÷（560 000+100 000）× 100%=15.61%。

该投资税前报酬率为 13%，超过了公司要求的报酬率，对公司有利，但它却使这个部门的投资报酬率由过去的 16.07% 下降到 15.61%，若利用投资报酬率评价部门业绩，B 部门经理不愿接受该投资。

（3）放弃投资后的投资报酬率 =（90 000−6 500）÷（560 000−50 000）× 100%=16.37%。

该投资税前报酬率为 13%，超过了公司要求的报酬率，对公司有利，但如果利用投资报酬率评价部门业绩，放弃该项投资可以使部门的投资报酬率由过去的 16.07% 提高到 16.37%，所以 B 部门经理愿意放弃该投资。

典例研习 · 18-7 单项选择题

甲公司下设一投资中心，2024 年该投资中心税前经营利润 1 600 万元，平均净经营资产 8 000 万元，该投资中心经理提出处置一经营资产的方案，资产净值 2 000 万元，每年税前经营利润 310 万元。假设采用投资报酬率方法评价投资中心业绩，要求的税前投资报酬率为 15%，下列表述中正确的是（　）。

A. 站在投资中心的角度可以实施该方案，站在公司的角度不可以实施该方案

B. 站在投资中心和公司的角度都可以实施该方案

C. 站在投资中心的角度不可以实施该方案，站在公司的角度可以实施该方案

D. 站在投资中心和公司的角度都不可以实施该方案

斯尔解析 本题考查投资中心的考核指标。处置该经营资产后，部门投资报酬率 = 部门税前经营利润 ÷ 部门平均净经营资产 × 100%=（1 600−310）÷（8 000−2 000）× 100%= 21.5%；不处置该经营资产，部门投资报酬率 = 1 600 ÷ 8 000 × 100%=20%。该经营资产本身的投资报酬率 =310 ÷ 2 000 × 100%=15.5%，处置该资产会使部门投资报酬率提高，站在投资中心角度应该实施该方案。该经营资产本身的税前投资报酬率是高于公司要求的税前投资报酬率的，站在公司角度不应该实施该方案。综上，选项 A 当选。

本题答案 A

精程答疑

问题：税前经营利润和息税前利润是一样的吗？

解答：税前经营利润和息税前利润是不同的两个概念，但在特殊情况下，从计算结果看，两者可能是相等的。

税前经营利润指企业经营活动产生的完税前利润，是利用管理用利润表调节出的利润，即税前经营利润 = 利润总额 + 管理用利润表中的“利息费用”；息税前利润指不扣除利息也不扣除所得税的利润，是利用传统利润表调节出的利润，即息税前利润 = 利润总额 + 传统利润表中的“利息费用”。

（二）部门剩余收益

1. 计算

部门剩余收益 = 部门税前经营利润 − 部门平均净经营资产应计报酬

= 部门税前经营利润 − 部门平均净经营资产 × 要求的税前投资报酬率

= 部门平均净经营资产 ×（部门投资报酬率 − 要求的报酬率）

2. 评价

优点	（1）与增加股东财富的目标一致，可以使业绩评价与公司的目标协调一致，引导部门经理采纳高于公司资本成本的决策。 （2）允许使用不同的风险调整资本成本
缺点	指标是绝对数指标，不便于不同规模的公司和部门之间的比较，依赖于会计数据的质量

典例研习 · 18-8 （计算分析题）

甲公司有 A 和 B 两个部门，相关数据如下表所示。

甲公司 A、B 部门相关数据

单位：元

项目	A 部门	B 部门
部门税前经营利润	108 000	90 000
所得税（税率 25%）	27 000	22 500
部门税后经营净利润	81 000	67 500
部门平均经营资产	900 000	600 000
部门平均经营负债	50 000	40 000
部门平均净经营资产（部门平均净投资资本）	850 000	560 000

假设A部门要求的税前投资报酬率为10%，B部门的风险较大，要求的税前投资报酬率为12%。

要求：

（1）分别计算A部门和B部门的剩余收益。

（2）B部门经理面临一个税前投资报酬率为13%的投资机会，投资额为100 000元，每年可贡献部门税前经营利润13 000元。如果采用剩余收益作为部门业绩评价标准，计算B部门经理接受该投资后的部门剩余收益，并分析B部门经理是否愿意接受该投资。

（3）假设B部门现有一项资产价值50 000元，每年税前获利6 500元，税前投资报酬率为13%。如果采用剩余收益作为部门业绩评价标准，计算B部门经理放弃该投资后的部门剩余收益，并分析B部门经理是否愿意放弃该投资。

斯尔解析

（1）A部门剩余收益=108 000−850 000×10%=23 000（元）。

B部门剩余收益=90 000−560 000×12%=22 800（元）

（2）接受投资后的部门剩余收益=（90 000+13 000）−（560 000+100 000）×12%=23 800（元）。

B部门经理如果采纳该投资机会，可以增加部门剩余收益，因此B部门经理会采纳该投资机会。

（3）放弃投资后的部门剩余收益=（90 000−6 500）−（560 000−50 000）×12%=22 300（元）。

B部门经理如果放弃该投资，会降低部门剩余收益，因此B部门经理不会放弃该投资机会。

典例研习·18-9 单项选择题

甲公司下属投资中心本年度部门税前经营利润1 000万元，部门平均资产9 000万元（其中平均非经营资产为2 500万元），部门平均经营负债2 000万元，该部门要求的税前投资报酬率为6%，该投资中心的剩余收益为（　　）万元。

A. 580　　B. 730　　C. 460　　D. 610

斯尔解析 本题考查投资中心的考核指标。剩余收益=部门税前经营利润−部门平均净经营资产应计报酬=部门税前经营利润−部门平均净经营资产×要求的税前投资报酬率=1 000−［（9 000−2 500）−2 000］×6%=730（万元），选项B当选。

本题答案 B

三、投资中心业绩报告

（一）考核指标

主要考核指标是投资报酬率和剩余收益，补充的指标是现金回收率和剩余现金流量。

（二）报告格式

评价指标的预算数、实际数及实际与预算对比差异数的三栏式表格。

解题高手

命题角度：考查三大责任中心的特征比较。

如果对三大责任中心的特征进行归纳总结，可参考下表。

责任中心	应用范围	权利	考核范围	考核指标
成本中心	最广	可控成本的控制权	可控成本、费用	标准成本中心：既定产品质量和数量条件下的可控标准成本。 费用中心：可控费用预算
利润中心	较窄	有权对其供货的来源和市场的选择进行决策（经营决策权）	成本（费用）、收入、利润	部门边际贡献、部门可控边际贡献、部门税前经营利润
投资中心	最小	经营决策权、投资决策权	成本（费用）、收入、利润、投资效果（率）	部门投资报酬率、部门剩余收益

典例研习 · 18-10 多项选择题

下列关于责任中心的表述中，正确的有（　　）。

A. 责任成本是按照受益对象原则归属于不同责任中心的成本

B. 将部门投资报酬率作为业绩评价指标，可能使部门经理产生“次优化”行为

C. 标准成本中心不对生产能力的利用程度负责

D. 利润中心管理人员有权对具体供货来源和市场进行决策

斯尔解析 本题考查责任中心。责任成本计算按可控原则把成本归属于不同责任中心，谁控制谁负责，可控变动间接费用和可控固定间接费用都要分配给责任中心；制造成本计算按受益原则归集和分摊费用，选项A不当选。将部门投资报酬率作为业绩评价指标，可能使部门经理产生“次优化”行为，即部门会放弃高于公司要求的报酬率而低于目前部门投资报酬率的机会，或者减少现有的投资报酬率较低但高于公司要求的报酬率的某些资产，使部门的业绩获得较好评价，但却损害了公司整体利益，选项B当选。标准成本中心不对生产能力的利用程度负责，而只对既定产量的投入量承担责任，选项C当选。从根本目的上来看，利润中心是指管理人员有权对其供货的来源和市场的选择进行决策的单位，选项D当选。

本题答案 BCD

第六节　内部转移价格

一、内部转移价格的含义

企业内部分公司、分厂、车间、分部等责任中心之间相互提供产品（或服务）、资金等内部交易时所采用的计价标准。

二、内部转移价格的目的（★）

一是防止成本转移带来的部门间责任转嫁，使每个人为的利润中心都能作为单独的组织单位进行业绩评价（业绩评价目的）；二是作为一种价格机制引导下级部门采取明智的决策（价格制定决策目的）。

三、内部转移价格的类型（★）

（一）市场型内部转移价格

以市场价格为基础、由成本和毛利构成的内部转移价格，一般适用于**利润中心**。

原理详解

市场型内部转移价格如何应用？

（1）责任中心提供的产品（或服务）经常外销且外销比例较大的，或提供的产品（或服务）有外部活跃市场可靠报价的，可以外销价格或活跃市场报价作为内部转移价格。

（2）责任中心一般不对外销售且外部市场没有可靠报价的产品（或服务），或企业管理层和有关各方认为不需要频繁变动价格的，可参照外部市场或预测价格制定模拟市场价作为内部转移价格。

（3）责任中心没有外部市场但企业出于管理需要设置为模拟利润中心的，可在生产成本基础上加一定比例的毛利作为内部转移价格。

（二）成本型内部转移价格

以企业制造产品的完全成本或变动成本等相对稳定的成本数据为基础制定的内部转移价格，一般适用于**成本中心**。

（三）协商型内部转移价格

企业内部供求双方通过协商机制制定的内部转移价格，主要适用于**分权程度较高的企业**。协商价格的取值范围通常较宽，**一般不高于市场价，不低于单位变动成本**。

18-6-4

四、内部转移价格的国际视角

当跨国公司涉及跨境转让产品和服务时，转移价格的目标将主要在于降低税收和外汇兑换风险、提升公司竞争力和改善与外国政府的关系。虽然激励管理者和授予部门自主权等目标也是重要的，但在国际公司涉及跨国转让时这些目标将变得次要。公司会主要关注其转移价格是否减少税收支出和加强外国子公司竞争力等。

【斯考卡片】

扫码背重点

349

至此，财务成本管理的学习已经进行了97%，继续加油呀！

97%

第十九章 业绩评价

学习提要

重要程度：次重点章节

平均分值：4分

考核题型：客观题、主观题

本章提示：本章重点内容为平衡计分卡和经济增加值，其内容比较杂，理解和记忆难度比较高，需引起足够的重视

考点精讲

第一节　财务业绩评价与非财务业绩评价

财务业绩评价	含义		根据财务信息来评价管理者业绩，常见指标包括净利润、资产报酬率、经济增加值等
	特点	优点	（1）反映综合经营成果。 （2）容易从会计系统获得数据，操作简便、易于理解，应用广泛
		缺点	（1）体现企业当期财务成果，反映企业的短期业绩，无法反映长期努力。 （2）财务业绩是一种结果导向，即只注重最终的财务结果，而对达成该结果的改善过程则欠考虑。 （3）会计数据可能无法公允反映真正业绩
非财务业绩评价	含义		根据非财务信息指标来评价管理者业绩，常见指标包括市场份额、关键客户订货量、顾客满意度、顾客忠诚度等
	特点	优点	（1）非财务业绩评价更体现长远业绩，更体现外部对企业整体评价。 （2）可以避免财务业绩评价只侧重过去，比较短视的不足
		缺点	指标往往比较主观，数据收集困难，评价指标的可靠性难以保证

第二节　关键绩效指标法

一、关键绩效指标法的含义

含义	关键绩效指标法，是指基于企业战略目标，通过建立关键绩效指标体系，将价值创造活动与战略规划目标有效联系，并据此进行绩效管理的方法
关键绩效指标	关键绩效指标是对企业绩效产生关键影响力的指标，是通过对企业战略目标、关键成果领域的绩效特征分析，识别和提炼出的最能有效驱动企业价值创造的指标
使用方法	可以单独使用，也可以与经济增加值法、平衡计分卡等其他方法结合使用
应用对象	关键绩效指标法的应用对象可以是企业，也可以是企业所属的单位（部门）和员工

二、关键绩效指标法的应用（★）

19-2-2

（一）应用程序

（1）制定以关键绩效指标为核心的绩效计划。

（2）制定激励计划。

（3）执行绩效计划与激励计划。

（4）实施绩效评价与激励。

（5）编制绩效评价报告与激励管理报告等。

（二）制定绩效计划

1. 构建关键绩效指标体系

（1）对于一个企业，可以分三个层次来制定关键绩效指标体系。

	第一层次	第二层次	第三层次
指标体系	企业级关键绩效指标	所属单位（部门）级关键绩效指标	岗位（员工）级关键绩效指标
指标设定依据	根据战略目标，结合价值创造模式，综合考虑企业内外部经营环境等因素设定	根据企业级关键绩效指标，结合所属单位（部门）关键业务流程，按照上下结合、分级编制、逐级分解的程序，在沟通反馈的基础上设定	根据所属单位（部门）级关键绩效指标，结合员工岗位职责和关键工作价值贡献来设定

（2）企业的关键绩效指标一般可分为结果类和动因类两类指标。

类别	结果类	动因类
内含	反映企业绩效的价值指标	反映企业价值关键驱动因素的指标
指标	投资报酬率、权益净利率、经济增加值、息税前利润、自由现金流量等综合指标	资本性支出、单位生产成本、产量、销量、客户满意度、员工满意度等

提示：关键绩效指标应含义明确、可度量、与战略目标高度相关。

2. 分配指标权重

关键绩效指标的权重分配应以企业战略目标为导向，反映被评价对象对企业价值贡献或支持的程度，以及各指标之间的重要性水平。

（1）单项关键绩效指标权重一般设定在 5% ~ 30% 之间。

（2）对特别重要的指标可适当提高权重。

（3）对特别关键、影响企业整体价值的指标可设立“一票否决”制度，即如果某项关键绩效指标未完成，无论其他指标是否完成，均视为未完成绩效目标。

3. 确定目标值

企业确定关键绩效指标目标值，一般参考如下标准：

（1）参考国家有关部门或权威机构发布的行业标准或参考竞争对手标准，比如国务院国资委考核分配局编制并每年更新出版的《企业绩效评价标准值》。

（2）参照企业内部标准，包括企业战略目标、年度生产经营计划目标、年度预算目标、历年指标水平等。

（3）如果不能按照前面两种方法确定，可根据企业历史经验值确定。

19-2-3

三、关键绩效指标法的评价（★）

优点	（1）使企业业绩评价与战略目标密切相关，有利于企业战略目标的实现。 （2）通过识别价值创造模式把握关键价值驱动因素，能够更有效地实现企业价值增值目标。 （3）评价指标数量相对较少，易于理解和使用，实施成本相对较低，有利于推广实施
缺点	（1）关键绩效指标的选取需要透彻理解企业价值创造模式和战略目标，有效识别核心业务流程和关键价值驱动因素。 （2）指标体系设计不当将导致错误的价值导向或管理缺失

第三节　平衡计分卡

19-3-1

一、平衡计分卡框架（★★）

（一）含义

平衡计分卡，是指基于企业战略，从财务、客户、内部业务流程、学习与成长四个维度，将战略目标逐层分解转化为具体的、相互平衡的绩效指标体系，并据此进行绩效管理的方法。

（二）四个维度

平衡计分卡的目标和指标来源于企业的愿景和战略，这些目标和指标从四个维度来考察企业的业绩，即财务、顾客、内部业务流程、学习与成长，这四个维度组成了平衡计分卡的框架。

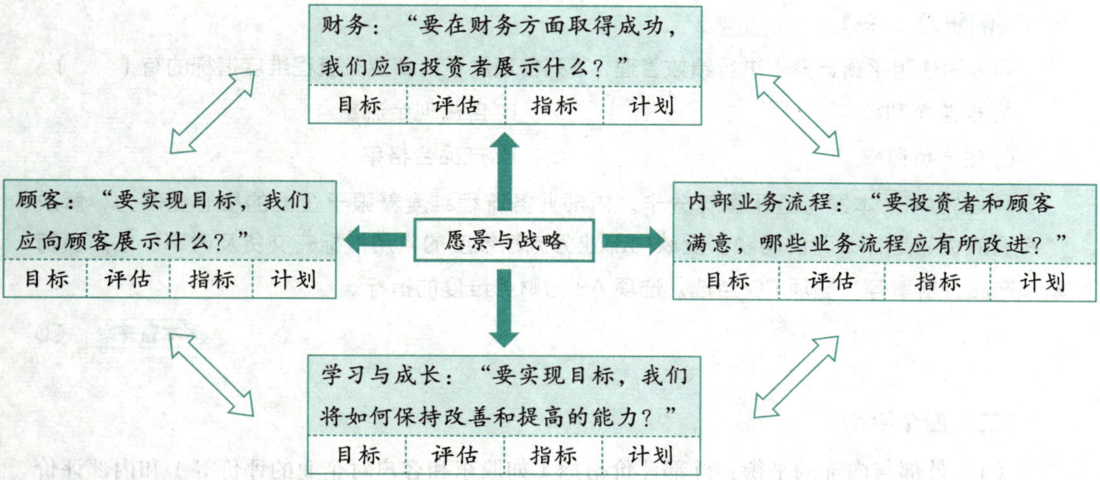

维度	解决的问题	指标
财务维度	股东如何看待我们	投资报酬率、权益净利率、经济增加值、息税前利润、自由现金流量、资产负债率、总资产周转率等
顾客维度	顾客如何看待我们	市场份额、客户满意度、客户获得率、客户保持率、客户获利率、战略客户数量等
内部业务流程维度	我们的优势是什么	交货及时率、生产负荷率、产品合格率、存货周转率、单位生产成本等
学习与成长维度	我们是否能继续提高并创造价值	员工保持率、员工生产率、培训计划完成率、员工满意度、新产品开发周期、人力资本准备度、信息资本准备度、组织资本准备度等

解题高手

命题角度：考查平衡计分卡的评价指标和评价维度的对应关系。

本知识点具有很强的可考性，从上述指标中任选四个即可组成一道选择题。虽然不需要逐个背诵，但看到具体指标之后一定要能够对应到具体维度，需特别关注的有：

（1）存货周转率和单位生产成本属于内部业务流程维度指标，而总资产周转率属于财务维度指标。

（2）市场份额属于顾客维度指标，其他顾客维度指标往往都与"客户"有关。

（3）内部业务流程维度指标往往都与"生产流程"有关，学习与成长维度指标往往都与"员工"和"创新"有关，注意新产品开发周期属于学习和成长维度指标，而非内部业务流程维度指标。

典例研习 · 19-1 多项选择题

甲公司使用平衡计分卡进行绩效管理，下列各项属于内部业务流程维度指标的有（　　）。

A. 权益净利率　　B. 自由现金流量

C. 生产负荷率　　D. 产品合格率

斯尔解析 本题考查平衡计分卡。内部业务流程维度着眼于企业的核心竞争力，解决“我们的优势是什么”的问题。反映内部业务流程维度的常用指标有交货及时率、生产负荷率、产品合格率等，选项 CD 当选。选项 AB 为财务维度的指标。

本题答案 CD

（三）四个平衡

（1）外部与内部的平衡：外部评价指标（如股东和客户对企业的评价等）和内部评价指标（如内部经营过程、新技术学习等）的平衡。

（2）成果与驱动因素的平衡：成果评价指标（如利润、市场占有率等）和导致成果出现的驱动因素评价指标（如新产品投资开发等）的平衡。

（3）财务和非财务的平衡：财务评价指标（如利润等）和非财务评价指标（如员工忠诚度、客户满意程度等）的平衡。

（4）短期和长期的平衡：短期评价指标（如利润指标等）和长期评价指标（如员工培训成本、研发费用等）的平衡。

典例研习 · 19-2 多项选择题

在使用平衡计分卡进行企业业绩评价时，需要处理几个平衡。下列各项中，正确的有（　　）。

A. 外部评价指标与内部评价指标的平衡

B. 财务评价指标与非财务评价指标的平衡

C. 定期评价指标与非定期评价指标的平衡

D. 成果评价指标与驱动因素评价指标的平衡

斯尔解析 本题考查平衡计分卡。平衡计分卡中的“平衡”包括内外部平衡、财务与非财务平衡、成果与驱动因素平衡、短期与长期平衡，不包括定期与非定期平衡，选项 ABD 当选。

本题答案 ABD

19-3-2

二、平衡计分卡与企业战略管理

（一）关系

一方面，战略规划中所制定的目标是平衡计分卡考核的一个基准；另一方面，平衡计分卡又是一个有效的战略执行系统，它通过引入四个程序，使得管理者能够把长期行为与短期行为联系在一起。

（二）四个程序

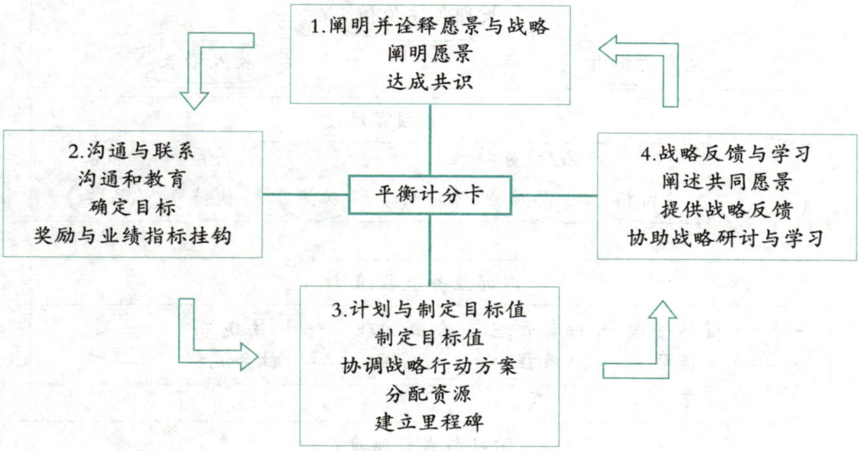

四个程序	阐述并诠释愿景与战略	沟通与联系	计划与制定目标值	战略反馈与学习
说明	有效地说明愿景，可以使其成为企业所有成员的共同理想和目标，有助于达成共识	使得管理人员在企业中对战略上下沟通，并将它与部门及个人目标联系起来	它使企业能够实现业务计划和财务计划一体化	它使得企业以一个组织的形式获得战略型学习与改进的能力

（三）三个要求

（1）平衡计分卡的四个方面应互为因果，最终结果是实现企业的战略。

（2）平衡计分卡中不能只有具体的业绩衡量指标，还应包括这些具体衡量指标的驱动因素。

（3）平衡计分卡应该最终和财务指标联系起来，因为企业的最终目标是实现良好的经济利润。

三、战略地图架构（★）

企业的战略主要说明如何设法为股东、顾客创造价值。如果企业的无形资产代表了价值创造的重要资源，那么，战略地图就是为战略如何连接无形资产与价值创造提供了一个架构。

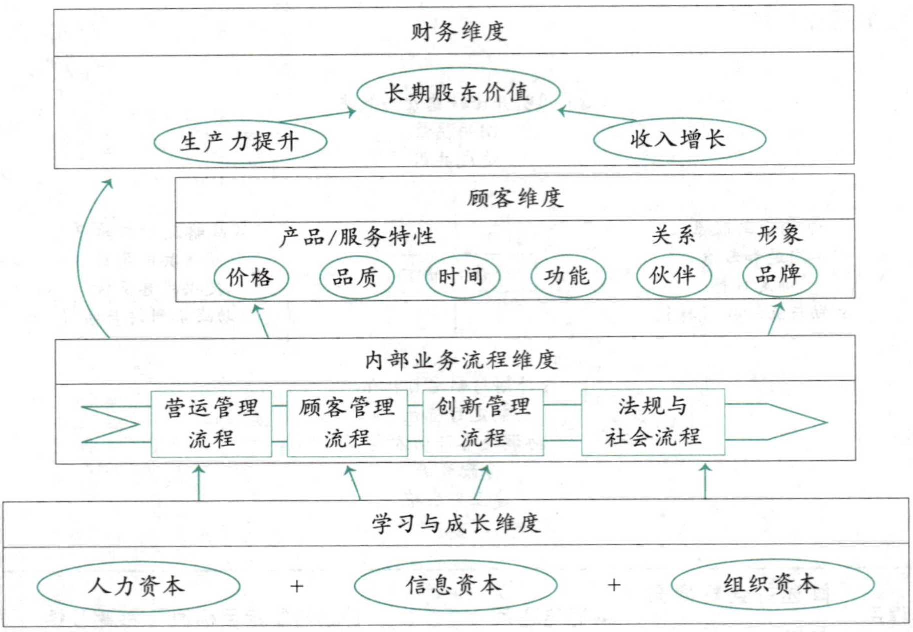

1. 财务维度：长短期对立力量的战略平衡

战略地图之所以保留了财务层面，是因为它们是企业的最终目标。公司财务绩效的改善，主要是收入的增长与生产力的提升两种基本途径。

2. 顾客维度：战略是基于差异化的价值主张

企业采取追求收入增长的战略，必须在顾客层面中选定价值主张。此价值主张说明了企业如何针对其目标顾客群创造出具有差异化而又可持续长久的价值。

3. 内部业务流程维度：价值是由内部业务流程创造的

内部业务流程完成了组织战略的两个重要部分：针对顾客的价值主张加以生产与交货；为财务层面中的生产力要件进行流程改善与成本降低的作业，内部业务流程由营运管理流程、顾客管理流程、创新管理流程和法规与社会流程四个流程组成。

4. 学习与成长维度：无形资产的战略性整合

战略地图的学习与成长层面，主要说明组织的无形资产及它们在战略中扮演的角色。无形资产可以归纳为人力资本、信息资本和组织资本三类。

19-3-4

四、平衡计分卡与传统业绩评价系统的区别

（1）从“制定目标——执行目标——实际业绩与目标值差异的计算与分析——采取纠正措施”的目标管理系统来看，传统的业绩考核注重对员工执行过程的控制，平衡计分卡则强调目标制定的环节。设定业绩评价指标的目的不在于控制员工的行为，而在于使员工能够理解企业的战略使命并为之付出努力。

（2）传统的业绩评价与企业的战略执行脱节。平衡计分卡把企业战略和业绩管理系统联系起来，是企业战略执行的基础架构。

（3）平衡计分卡在财务、客户、内部业务流程以及学习与成长四个方面建立公司的战

略目标。用来表达企业在生产能力竞争和技术革新竞争环境中所必须达到的、多样的、相互联系的目标。

（4）平衡计分卡帮助公司及时考评战略执行的情况，根据需要（每月或每季度）适时调整战略、目标和考核指标。

（5）平衡计分卡能够帮助公司有效地建立跨部门团队合作，促进内部管理过程的顺利进行。

五、平衡计分卡的优点和缺点（★）

（一）优点

（1）战略目标逐层分解并转化为评价对象的绩效指标和行动方案，使整个组织行动协调一致。

（2）从财务、客户、内部业务流程、学习与成长四个维度确定绩效指标，使绩效评价更为全面、完整。

（3）将学习与成长作为一个维度，注重员工的发展要求和组织资本、信息资本等无形资产的开发利用，有利于增强企业可持续发展的动力。

（二）缺点

（1）专业技术要求高，工作量比较大，操作难度也较大，需要持续的沟通和反馈，实施比较复杂，实施成本高。

（2）各指标权重在不同层级及各层级不同指标之间的分配比较困难，且部分非财务指标的量化工作难以落实。

（3）系统性强，涉及面广，需要专业人员的指导、企业全员的参与和长期持续的修正完善，对信息系统、管理能力的要求较高。

第四节　经济增加值

一、经济增加值的概念（★★）

（一）含义

经济增加值（economic value added，简称 EVA），指从税后净营业利润中扣除全部投入资本的资本成本后的剩余收益。

（二）计算

经济增加值 = 调整后税后净营业利润 − 调整后平均资本占用 × 加权平均资本成本

（1）税后净营业利润 = 税后经营净利润，衡量的是企业的经营盈利情况。

（2）平均资本占用反映的是企业持续投入的各种债务资本和股权资本。

（3）加权平均资本成本反映的是企业各种资本的平均成本率。

（三）不同的经济增加值

1. 基本的经济增加值

（1）含义：根据未经调整的经营利润和总资产计算的经济增加值。

（2）计算：

基本的经济增加值 = 税后净营业利润 − 报表平均总资产 × 加权平均资本成本

（3）评价：由于经营利润和总资产是按照会计准则计算的，它们歪曲了公司的真实业绩。不过，对于会计利润来说是个进步，因为它承认了股权资金的资本成本。

2. 披露的经济增加值

（1）含义：披露的经济增加值是利用公开会计数据进行调整计算出来的。这种调整是根据公布的财务报表及其附注中的数据进行的，通常对内部所有经营单位使用统一的资本成本。

（2）计算：

披露的经济增加值 = 调整后税后净营业利润 − 加权平均资本成本 × 调整后的平均资本占用

（3）调整项目。

①研究与开发费用：会计作为费用立即将其从利润中扣除，经济增加值要求将其作为投资并在一个合理的期限内摊销。

②战略性投资：会计将投资的利息（或部分利息）计入当期财务费用，经济增加值要求将其在一个专门账户中资本化并在开始生产时逐步摊销。

③为建立品牌、进入新市场或扩大市场份额发生的费用：会计作为费用立即从利润中扣除，经济增加值要求把争取客户的营销费用资本化并在适当的期限内摊销。

④折旧费用：会计大多使用直线折旧法处理，经济增加值要求对某些大量使用长期设备的公司，按照更接近经济现实的“沉淀资金折旧法”处理（前期折旧少，后期折旧多）。

（4）调整方法：上述调整不仅涉及利润表，还会涉及资产负债表的有关项目，需要按照复式记账原理同时调整。例如，将研发费用从当期费用中减除，必须相应增加平均资本占用。

典例研习 · 19-3 计算分析题

A 公司是一家处于成长阶段的上市公司，正在对 2024 年的业绩进行计量和评价，有关资料如下：

（1）A 公司 2024 年的销售收入为 2 500 万元，营业成本为 1 340 万元，销售及管理费用为 500 万元，利息费用为 236 万元。

（2）A 公司 2024 年的平均总资产为 5 200 万元，平均金融资产为 100 万元，平均经营负债为 100 万元，平均股东权益为 2 000 万元。

（3）目前资本市场上等风险投资的权益成本为 12%，税前净负债成本为 8%。

（4）A 公司适用的企业所得税税率为 25%。

要求：

计算A公司披露的经济增加值。

计算时需要调整的事项如下：为扩大市场份额，A公司2024年末发生营销支出200万元，全部计入销售及管理费用，计算披露的经济增加值时要求将该营销费用资本化。（提示：调整时按照复式记账原理，同时调整税后经营净利润和净经营资产）

斯尔解析

（1）平均净经营资产 =（5 200−100）−100=5 000（万元）。

平均净负债 =5 000−2 000=3 000（万元）

加权平均资本成本 =12%×（2 000/5 000）+8%×（1−25%）×（3 000/5 000）

=8.4%（用调整前的资本结构计算）

（2）调整前税后经营净利润 =（2 500−1 340−500）×（1−25%）=495（万元）。

调整后税后经营净利润 =495+200×（1−25%）=645（万元）

（3）调整后平均净经营资产 =5 000+200×（1−25%）=5 150（万元）。

（4）披露的经济增加值 =645−5 150×8.4%=212.4（万元）。

提示：很多同学在计算税后经营净利润时，错误地将“利息费用”进行了扣减。税后经营净利润衡量的是企业的经营盈利情况，而利息费用通常属于金融活动产生的损益，不应予以考虑。同时，本题已经专门指明调整事项只有营销支出，因此无须考虑其他调整事项。

二、简化的经济增加值的计算（★★）

下面简要介绍国资委关于经济增加值计算的相关规定。

提示：如果题目中指明是基于国资委经济增加值考核办法进行业绩评价，通常默认计算的是简化的经济增加值。

（一）含义

经济增加值是指经核定的企业税后净营业利润减去资本成本后的余额。

（二）计算公式

经济增加值 = 税后净营业利润 − 资本成本

= 税后净营业利润 − 调整后资本 × 平均资本成本率

（1）税后净营业利润 = 净利润 +（利息支出 + 研究开发费用调整项）×（1−25%）。

其中：

①利息支出指企业财务报表中“财务费用”项下的“利息支出”。

②研究开发费用调整项指企业财务报表中“期间费用”项下的“研发费用”和当期确认为无形资产的开发支出。

a. 对于承担关键核心技术攻关任务而影响当期损益的研发投入，可以按照100%的比例，在计算税后净营业利润时予以加回。

b. 对于勘探投入费用较大的企业，经国资委认定后，可以将其成本费用情况表中的“勘探费用”视同研究开发费用调整项予以加回。

③企业经营业务主要在国（境）外的，25% 的企业所得税税率可予以调整。

（2）调整后资本 = 平均所有者权益 + 平均带息负债 − 平均在建工程。

其中：

①带息负债是指企业带息负债情况表中带息负债合计。对从事银行、保险和证券业务且纳入合并报表的企业，将负债中金融企业专用科目从资本占用中予以扣除。基金、融资租赁等金融业务纳入国资委核定主业范围的企业，可约定将相关带息负债从资本占用中予以扣除。

②在建工程指财务报表中符合主业规定的在建工程。

（3）差异化资本成本率：

平均资本成本率 = 债权资本成本率 × 平均带息负债 /（平均带息负债 + 平均所有者权益）×（1−25%）+ 股权资本成本率 × 平均所有者权益 /（平均带息负债 + 平均所有者权益）

①债权资本成本率。

债权资本成本率 = 利息支出总额 / 平均带息负债

利息支出总额是指带息负债情况表中利息支出总额，包括费用化利息和资本化利息。

②股权资本成本率。

企业类型	股权资本成本率
主业处于充分竞争行业和领域的商业类企业	6.5%
主业处于关系国家安全、国家经济命脉的重要行业和关键领域、主要承担重大专项任务的商业类企业	5.5%
公益类企业	4.5%
对军工、电力、农业等资产通用性较差的企业，股权资本成本率下浮 0.5 个百分点	

③平均资本成本率。

企业类型		平均资本成本率
资产负债率高于上年且处于	65%（含）至 70% 的科研技术企业	上浮 0.2 百分点
	70%（含）至 75% 的工业企业	
	75%（含）至 80% 的非工业企业	
	70%（含）以上科研技术企业	上浮 0.5 百分点
	75%（含）以上的工业企业	
	80%（含）以上的非工业企业	

（4）其他重大调整：

发生以下情况之一，对企业经济增加值考核产生重大影响的，国资委酌情予以调整：①重大政策变化；②严重自然灾害等不可抗力因素；③企业重组、上市及会计准则调整等不可比因素；④国资委认可的企业结构调整等其他事项。

精程答疑

问题： 为什么在简化的经济增加值的计算中，研究开发费用调整项需要加回当期确认为无形资产的开发支出？

解答： 简化的经济增加值是用于对中央企业负责人进行业绩考核的指标，调整项的设置具有导向作用。允许企业在计算税后净营业利润时，将包括费用化和资本化在内的所有研发支出予以加回，有利于鼓励和促进企业加大研发投入，因为研发投入越大，可加回的调整项越大，调整后的税后净营业利润越高，简化的经济增加值越高，业绩评价结果越好。同样的，在计算调整后资本时，允许企业扣除符合主业规定的平均在建工程，也是为了鼓励企业加大基础建设投入，因为基建投入越大，可扣除的平均在建工程越大，调整后资本越小，简化的经济增加值越高，业绩评价结果越好。

典例研习 · 19-4 计算分析题

A 公司是一家中央电力企业，采用经济增加值业绩考核办法进行业绩计量和评价，有关资料如下：

（1）2020 年 A 公司的净利润为 40 亿元；费用化利息支出为 12 亿元，资本化利息支出为 16 亿元；研发费用为 20 亿元，当期无确认为无形资产的开发支出。

（2）2020 年 A 公司的年末无息负债为 200 亿元，年初无息负债为 150 亿元；年末带息负债为 800 亿元，年初带息负债为 600 亿元；年末所有者权益为 900 亿元，年初所有者权益为 700 亿元；年末在建工程为 180 亿元，年初在建工程为 220 亿元。

要求：

根据上述资料，计算 A 公司 2020 年的经济增加值。

斯尔解析

（1）计算税后净营业利润。

税后净营业利润 = 净利润 +（利息支出 + 研究开发费用调整项）×（1−25%）

研究开发费用调整项 = 研发费用 + 当期确认为无形资产的开发支出 =20+0=20（亿元）

税后净营业利润 =40+（12+20）×（1−25%）=64（亿元）

（2）计算调整后资本。

调整后资本 = 平均所有者权益 + 平均带息负债 − 平均在建工程

平均所有者权益 =（900+700）/2=800（亿元）

平均带息负债 =（800+600）/2=700（亿元）

平均在建工程 =（180+220）/2=200（亿元）

调整后资本 =800+700−200=1 300（亿元）

（3）计算平均资本成本率。

平均资本成本率 = 债权资本成本率 × 平均带息负债 /（平均带息负债 + 平均所有者权益）×（1−25%）+ 股权资本成本率 × 平均所有者权益 /（平均带息负债 + 平均所有者权益）

债权资本成本率 = 利息支出总额 / 平均带息负债

利息支出总额 = 费用化利息支出 + 资本化利息支出 =12+16=28（亿元）

债权资本成本率 =28/700×100%=4%

因 A 公司作为电力企业，其主业处于关系国家安全、国民经济命脉的重要行业和关键领域，且电力行业资产通用性较差。

股权资本成本率 =5.5% −0.5% =5%

平均资本成本率 =4%×700/（700+800）×（1−25%）+5%×800/（700+800）=4.07%

年末资产负债率 =（200+800）/（200+800+900）×100%=1 000/1 900×100%=52.63%

年初资产负债率 =（150+600）/（150+600+700）×100%=750/1 450×100%=51.72%

根据规定，不论是科研技术企业、工业企业还是非工业企业，只有当资产负债率高于上年且在 65%（含）以上，才有可能触发调整。A 公司资产负债率虽然高于上年，但低于 65%，故不属于需要调整的情况。

（4）计算经济增加值。

经济增加值 = 税后净营业利润 − 资本成本 = 税后净营业利润 − 调整后资本 × 平均资本成本率 =64−1 300×4.07% =64−52.91=11.09（亿元）

典例研习·19-5 单项选择题

甲公司是一家中央企业，采用国资委经济增加值考核办法进行考核评价，2023 年公司净利润 35 亿元，费用化利息支出 10 亿元，资本化利息支出 15 亿元，费用化研发支出 3 亿元，资本化研发支出 2 亿元，调整后资本 890 亿元，加权平均资本成本 4%，企业所得税税率 25%，2023 年经济增加值是（　　）亿元。

A. 18.5

B. 12.15

C. 9.15

D. 10.65

斯尔解析 本题考查简化的经济增加值的计算。税后净营业利润 = 净利润 +（利息支出 + 研究开发费用调整项）×（1−25%）=35+（10+3+2）×（1−25%）=46.25（亿元），经济增加值 =46.25−890×4%=10.65（亿元），选项 D 当选。

本题答案 D

三、经济增加值评价的优点和缺点（★）

特点	具体内容
优点	（1）经济增加值考虑了所有资本的成本，更真实地反映了企业的价值创造能力。 （2）实现了企业利益，经营者利益和员工利益的统一。 （3）能有效遏制企业盲目扩张规模以追求利润总量和增长率的倾向。 （4）经济增加值是一种全面财务管理和薪酬激励框架。 （5）经济增加值还是股票分析家手中的一个强有力的工具
缺点	（1）仅对企业当期或未来 1 至 3 年价值创造情况进行衡量和预判，无法衡量企业长远发展战略的价值创造情况。 （2）经济增加值计算主要基于财务指标，无法对企业的营运效率与效果进行综合评价。 （3）经济增加值是绝对数指标，不同企业调整项和资本成本各不相同，可比性差。 （4）如何计算经济增加值尚存许多争议，这些争议不利于建立一个统一的规范

第五节　绩效棱柱模型

一、绩效棱柱模型的含义

绩效棱柱模型，是指从企业利益相关者角度出发，以利益相关者满意为出发点，以利益相关者贡献为落脚点，以企业战略、业务流程、组织能力为手段，用棱柱的五个构面构建三维绩效评价体系，并据此进行绩效管理的方法。利益相关者，是指有能力影响企业或者被企业所影响的人或者组织，通常包括股东、债权人、员工、客户、供应商、监管机构等。

绩效棱柱模型用棱柱构面所解决的主要问题：

构面	解决的主要问题
利益相关者满意构面	谁是企业的主要利益相关者，他们的愿望和要求是什么
企业战略构面	企业应该采用什么战略来满足利益相关者需求，同时也满足企业自己要求
业务流程构面	企业需要哪些关键业务流程才能执行战略
组织能力构面	企业需要哪些能力才能开展和改善企业业务流程
利益相关者贡献构面	培育和发展组织能力，企业需要利益相关者为企业作出哪些贡献

绩效棱柱模型关注重要的利益相关者，既强调了利益相关者价值的获得和满意，又衡量了利益相关者对企业所作的贡献，有效地处理了企业与每一个利益相关者的关系，有利于企业可持续发展。

19-6-2

二、绩效棱柱模型的应用

通常来说，绩效棱柱模型根据不同利益相关者设置利益相关者满意、企业战略、业务流程、组织能力和利益相关者贡献五个构面的评价指标体系。其中，利益相关者分为投资者（包括股东和债权人）、员工、客户、供应商和监管机构。企业可以根据自身需要划分利益相关者，并设置相应指标。

绩效棱柱模型指标体系示例

评价指标	利益相关者				
	投资者	员工	客户	供应商	监管机构
利益相关者满意评价指标	总资产报酬率	员工满意度	客户满意度	逾期付款次数	社会贡献率
	净资产收益率	工资收入增长率	客户投诉率		资本保值增值率
	派息率	人均工资			
	资产负债率				
	流动比率				
企业战略评价指标	可持续增长率	员工职业规划	品牌意识	供应商关系质量	政策法规认知度
	资本结构	员工福利计划	客户增长率		企业的环保意识
	研发投入比率				
业务流程评价指标	标准化流程比率	员工培训有效性	产品合格率	采购合同履约率	环保投入率
	内部控制有效性	培训费用支出率	准时交货率	供应商的稳定性	罚款与销售比率
组织能力评价指标	总资产周转率	员工专业技术水平	售后服务水平	采购折扣率水平	节能减排达标率
	管理水平评分	人力资源管理水平	市场管理水平	供应链管理水平	

续表

评价指标	利益相关者				
	投资者	员工	客户	供应商	监管机构
利益相关者贡献评价指标	融资成本率	员工生产率	客户忠诚度	供应商产品质量水平	当地政府支持度
		员工保持率	客户毛利水平	按时交货率	税收优惠程度

企业设定绩效棱柱模型指标的绩效目标值，以利益相关者满意指标目标值为出发点，逐步分解得到企业战略、业务流程、组织能力的各项指标目标值，最终实现利益相关者贡献的目标值。各目标值应符合企业实际，具有可实现性和挑战性，使被评价对象经过努力可以达到。绩效棱柱模型的实施是一项长期管理改善工作，企业在实践中通常可采用先试点后推广的方式，循序渐进分步实施。

三、绩效棱柱模型的优点和缺点

19-6-3

（一）绩效棱柱模型的优点

（1）坚持主要利益相关者价值取向，使主要利益相关者与企业紧密联系。

（2）有利于实现企业与主要利益相关者的共赢，为企业可持续发展创造良好的内外部环境。

（二）绩效棱柱模型的缺点

（1）涉及多个主要利益相关者，对每个主要利益相关者都要从五个构面建立指标体系。

（2）指标选取复杂，部分指标较难量化。

（3）对企业信息系统和管理水平有较高要求。

（4）实施难度大、门槛高。

典例研习 · 19-6 多项选择题

下列关于绩效棱柱模型的应用说法中正确的有（　　）。

A. 社会贡献率属于利益相关者贡献评价指标

B. 员工培训有效性属于业务流程评价指标

C. 客户忠诚度属于业务流程评价指标

D. 总资产周转率属于组织能力评价指标

斯尔解析 本题考查绩效棱柱模型的应用。社会贡献率属于利益相关者满意评价指标，不是贡献评价指标，选项 A 不当选。员工培训有效性属于业务流程评价指标，选项 B 当选。客户忠诚度属于利益相关者贡献评价指标，选项 C 不当选。总资产周转率属于组织能力评价指标，选项 D 当选。

本题答案 BD

【斯考卡片】
扫码背重点

350

至此，财务成本管理的学习已经100%
完成，辛苦了，今年必过！

100%

附录

附录 A

复利终值系数表（*F*/*P*，*i*，*n*）

期数	1%	2%	3%	4%	5%	6%	7%	8%	9%	10%
1	1.0100	1.0200	1.0300	1.0400	1.0500	1.0600	1.0700	1.0800	1.0900	1.1000
2	1.0201	1.0404	1.0609	1.0816	1.1025	1.1236	1.1449	1.1664	1.1881	1.2100
3	1.0303	1.0612	1.0927	1.1249	1.1576	1.1910	1.2250	1.2597	1.2950	1.3310
4	1.0406	1.0824	1.1255	1.1699	1.2155	1.2625	1.3108	1.3605	1.4116	1.4641
5	1.0510	1.1041	1.1593	1.2167	1.2763	1.3382	1.4026	1.4693	1.5386	1.6105
6	1.0615	1.1262	1.1941	1.2653	1.3401	1.4185	1.5007	1.5869	1.6771	1.7716
7	1.0721	1.1487	1.2299	1.3159	1.4071	1.5036	1.6058	1.7138	1.8280	1.9487
8	1.0829	1.1717	1.2668	1.3686	1.4775	1.5938	1.7182	1.8509	1.9926	2.1436
9	1.0937	1.1951	1.3048	1.4233	1.5513	1.6895	1.8385	1.9990	2.1719	2.3579
10	1.1046	1.2190	1.3439	1.4802	1.6289	1.7908	1.9672	2.1589	2.3674	2.5937
11	1.1157	1.2434	1.3842	1.5395	1.7103	1.8983	2.1049	2.3316	2.5804	2.8531
12	1.1268	1.2682	1.4258	1.6010	1.7959	2.0122	2.2522	2.5182	2.8127	3.1384
13	1.1381	1.2936	1.4685	1.6651	1.8856	2.1329	2.4098	2.7196	3.0658	3.4523
14	1.1495	1.3195	1.5126	1.7317	1.9799	2.2609	2.5785	2.9372	3.3417	3.7975
15	1.1610	1.3459	1.5580	1.8009	2.0789	2.3966	2.7590	3.1722	3.6425	4.1772
16	1.1726	1.3728	1.6047	1.8730	2.1829	2.5404	2.9522	3.4259	3.9703	4.5950
17	1.1843	1.4002	1.6528	1.9479	2.2920	2.6928	3.1588	3.7000	4.3276	5.0545
18	1.1961	1.4282	1.7024	2.0258	2.4066	2.8543	3.3799	3.9960	4.7171	5.5599
19	1.2081	1.4568	1.7535	2.1068	2.5270	3.0256	3.6165	4.3157	5.1417	6.1159
20	1.2202	1.4859	1.8061	2.1911	2.6533	3.2071	3.8697	4.6610	5.6044	6.7275
21	1.2324	1.5157	1.8603	2.2788	2.7860	3.3996	4.1406	5.0338	6.1088	7.4002
22	1.2447	1.5460	1.9161	2.3699	2.9253	3.6035	4.4304	5.4365	6.6586	8.1403
23	1.2572	1.5769	1.9736	2.4647	3.0715	3.8197	4.7405	5.8715	7.2579	8.9543
24	1.2697	1.6084	2.0328	2.5633	3.2251	4.0489	5.0724	6.3412	7.9111	9.8497
25	1.2824	1.6406	2.0938	2.6658	3.3864	4.2919	5.4274	6.8485	8.6231	10.8347
26	1.2953	1.6734	2.1566	2.7725	3.5557	4.5494	5.8074	7.3964	9.3992	11.9182
27	1.3082	1.7069	2.2213	2.8834	3.7335	4.8223	6.2139	7.9881	10.2451	13.1100
28	1.3213	1.7410	2.2879	2.9987	3.9201	5.1117	6.6488	8.6271	11.1671	14.4210
29	1.3345	1.7758	2.3566	3.1187	4.1161	5.4184	7.1143	9.3173	12.1722	15.8631
30	1.3478	1.8114	2.4273	3.2434	4.3219	5.7435	7.6123	10.0627	13.2677	17.4494
40	1.4889	2.2080	3.2620	4.8010	7.0400	10.2857	14.9745	21.7245	31.4094	45.2593
50	1.6446	2.6916	4.3839	7.1067	11.4674	18.4202	29.4570	46.9016	74.3575	117.3909
60	1.8167	3.2810	5.8916	10.5196	18.6792	32.9877	57.9464	101.2571	176.0313	304.4816

续表

期数	12%	14%	15%	16%	18%	20%	24%	28%	32%	36%
1	1.1200	1.1400	1.1500	1.1600	1.1800	1.2000	1.2400	1.2800	1.3200	1.3600
2	1.2544	1.2996	1.3225	1.3456	1.3924	1.4400	1.5376	1.6384	1.7424	1.8496
3	1.4049	1.4815	1.5209	1.5609	1.6430	1.7280	1.9066	2.0972	2.3000	2.5155
4	1.5735	1.6890	1.7490	1.8106	1.9388	2.0736	2.3642	2.6844	3.0360	3.4210
5	1.7623	1.9254	2.0114	2.1003	2.2878	2.4883	2.9316	3.4360	4.0075	4.6526
6	1.9738	2.1950	2.3131	2.4364	2.6996	2.9860	3.6352	4.3980	5.2899	6.3275
7	2.2107	2.5023	2.6600	2.8262	3.1855	3.5832	4.5077	5.6295	6.9826	8.6054
8	2.4760	2.8526	3.0590	3.2784	3.7589	4.2998	5.5895	7.2058	9.2170	11.7034
9	2.7731	3.2519	3.5179	3.8030	4.4355	5.1598	6.9310	9.2234	12.1665	15.9166
10	3.1058	3.7072	4.0456	4.4114	5.2338	6.1917	8.5944	11.8059	16.0598	21.6466
11	3.4785	4.2262	4.6524	5.1173	6.1759	7.4301	10.6571	15.1116	21.1989	29.4393
12	3.8960	4.8179	5.3503	5.9360	7.2876	8.9161	13.2148	19.3428	27.9825	40.0375
13	4.3635	5.4924	6.1528	6.8858	8.5994	10.6993	16.3863	24.7588	36.9370	54.4510
14	4.8871	6.2613	7.0757	7.9875	10.1472	12.8392	20.3191	31.6913	48.7568	74.0534
15	5.4736	7.1379	8.1371	9.2655	11.9737	15.4070	25.1956	40.5648	64.3590	100.7126
16	6.1304	8.1372	9.3576	10.7480	14.1290	18.4884	31.2426	51.9230	84.9538	136.9691
17	6.8660	9.2765	10.7613	12.4677	16.6722	22.1861	38.7408	66.4614	112.1390	186.2779
18	7.6900	10.5752	12.3755	14.4625	19.6733	26.6233	48.0386	85.0706	148.0235	253.3380
19	8.6128	12.0557	14.2318	16.7765	23.2144	31.9480	59.5679	108.8904	195.3911	344.5397
20	9.6463	13.7435	16.3665	19.4608	27.3930	38.3376	73.8641	139.3797	257.9162	468.5740
21	10.8038	15.6676	18.8215	22.5745	32.3238	46.0051	91.5915	178.4060	340.4494	637.2606
22	12.1003	17.8610	21.6447	26.1864	38.1421	55.2061	113.5735	228.3596	449.3932	866.6744
23	13.5523	20.3616	24.8915	30.3762	45.0076	66.2474	140.8312	292.3003	593.1990	1 178.6772
24	15.1786	23.2122	28.6252	35.2364	53.1090	79.4968	174.6306	374.1444	783.0227	1 603.0010
25	17.0001	26.4619	32.9190	40.8742	62.6686	95.3962	216.5420	478.9049	1 033.5900	2 180.0814
26	19.0401	30.1666	37.8568	47.4141	73.9490	114.4755	268.5121	612.9982	1 364.3387	2 964.9107
27	21.3249	34.3899	43.5353	55.0004	87.2598	137.3706	332.9550	784.6377	1 800.9271	4 032.2786
28	23.8839	39.2045	50.0656	63.8004	102.9666	164.8447	412.8642	1 004.3363	2 377.2238	5 483.8988
29	26.7499	44.6931	57.5755	74.0085	121.5005	197.8136	511.9516	1 285.5504	3 137.9354	7 458.1024
30	29.9599	50.9502	66.2118	85.8499	143.3706	237.3763	634.8199	1 645.5046	4 142.0748	10 143.0193
40	93.051	188.83	267.86	378.72	750.38	1 469.8	5 455.9	19 427	66 521	*
50	289.00	700.23	1 083.7	1 670.7	3 927.4	9 100.4	46 890	*	*	*
60	897.60	2 595.9	4 384.0	7 370.2	20 555	56 348	*	*	*	*

* > 99 999

附录 B

复利现值系数表（P/F, i, n）

期数	1%	2%	3%	4%	5%	6%	7%	8%	9%	10%
1	0.9901	0.9804	0.9709	0.9615	0.9524	0.9434	0.9346	0.9259	0.9174	0.9091
2	0.9803	0.9612	0.9426	0.9246	0.9070	0.8900	0.8734	0.8573	0.8417	0.8264
3	0.9706	0.9423	0.9151	0.8890	0.8638	0.8396	0.8163	0.7938	0.7722	0.7513
4	0.9610	0.9238	0.8885	0.8548	0.8227	0.7921	0.7629	0.7350	0.7084	0.6830
5	0.9515	0.9057	0.8626	0.8219	0.7835	0.7473	0.7130	0.6806	0.6499	0.6209
6	0.9420	0.8880	0.8375	0.7903	0.7462	0.7050	0.6663	0.6302	0.5963	0.5645
7	0.9327	0.8706	0.8131	0.7599	0.7107	0.6651	0.6227	0.5835	0.5470	0.5132
8	0.9235	0.8535	0.7894	0.7307	0.6768	0.6274	0.5820	0.5403	0.5019	0.4665
9	0.9143	0.8368	0.7664	0.7026	0.6446	0.5919	0.5439	0.5002	0.4604	0.4241
10	0.9053	0.8203	0.7441	0.6756	0.6139	0.5584	0.5083	0.4632	0.4224	0.3855
11	0.8963	0.8043	0.7224	0.6496	0.5847	0.5268	0.4751	0.4289	0.3875	0.3505
12	0.8874	0.7885	0.7014	0.6246	0.5568	0.4970	0.4440	0.3971	0.3555	0.3186
13	0.8787	0.7730	0.6810	0.6006	0.5303	0.4688	0.4150	0.3677	0.3262	0.2897
14	0.8700	0.7579	0.6611	0.5775	0.5051	0.4423	0.3878	0.3405	0.2992	0.2633
15	0.8613	0.7430	0.6419	0.5553	0.4810	0.4173	0.3624	0.3152	0.2745	0.2394
16	0.8528	0.7284	0.6232	0.5339	0.4581	0.3936	0.3387	0.2919	0.2519	0.2176
17	0.8444	0.7142	0.6050	0.5134	0.4363	0.3714	0.3166	0.2703	0.2311	0.1978
18	0.8360	0.7002	0.5874	0.4936	0.4155	0.3503	0.2959	0.2502	0.2120	0.1799
19	0.8277	0.6864	0.5703	0.4746	0.3957	0.3305	0.2765	0.2317	0.1945	0.1635
20	0.8195	0.6730	0.5537	0.4564	0.3769	0.3118	0.2584	0.2145	0.1784	0.1486
21	0.8114	0.6598	0.5375	0.4388	0.3589	0.2942	0.2415	0.1987	0.1637	0.1351
22	0.8034	0.6468	0.5219	0.4220	0.3418	0.2775	0.2257	0.1839	0.1502	0.1228
23	0.7954	0.6342	0.5067	0.4057	0.3256	0.2618	0.2109	0.1703	0.1378	0.1117
24	0.7876	0.6217	0.4919	0.3901	0.3101	0.2470	0.1971	0.1577	0.1264	0.1015
25	0.7798	0.6095	0.4776	0.3751	0.2953	0.2330	0.1842	0.1460	0.1160	0.0923
26	0.7720	0.5976	0.4637	0.3607	0.2812	0.2198	0.1722	0.1352	0.1064	0.0839
27	0.7644	0.5859	0.4502	0.3468	0.2678	0.2074	0.1609	0.1252	0.0976	0.0763
28	0.7568	0.5744	0.4371	0.3335	0.2551	0.1956	0.1504	0.1159	0.0895	0.0693
29	0.7493	0.5631	0.4243	0.3207	0.2429	0.1846	0.1406	0.1073	0.0822	0.0630
30	0.7419	0.5521	0.4120	0.3083	0.2314	0.1741	0.1314	0.0994	0.0754	0.0573
35	0.7059	0.5000	0.3554	0.2534	0.1813	0.1301	0.0937	0.0676	0.0490	0.0356
40	0.6717	0.4529	0.3066	0.2083	0.1420	0.0972	0.0668	0.0460	0.0318	0.0221
50	0.6080	0.3715	0.2281	0.1407	0.0872	0.0543	0.0339	0.0213	0.0134	0.0085

续表

期数	12%	14%	15%	16%	18%	20%	24%	28%	32%	36%
1	0.8929	0.8772	0.8696	0.8621	0.8475	0.8333	0.8065	0.7813	0.7576	0.7353
2	0.7972	0.7695	0.7561	0.7432	0.7182	0.6944	0.6504	0.6104	0.5739	0.5407
3	0.7118	0.6750	0.6575	0.6407	0.6086	0.5787	0.5245	0.4768	0.4348	0.3975
4	0.6355	0.5921	0.5718	0.5523	0.5158	0.4823	0.4230	0.3725	0.3294	0.2923
5	0.5674	0.5194	0.4972	0.4761	0.4371	0.4019	0.3411	0.2910	0.2495	0.2149
6	0.5066	0.4556	0.4323	0.4104	0.3704	0.3349	0.2751	0.2274	0.1890	0.1580
7	0.4523	0.3996	0.3759	0.3538	0.3139	0.2791	0.2218	0.1776	0.1432	0.1162
8	0.4039	0.3506	0.3269	0.3050	0.2660	0.2326	0.1789	0.1388	0.1085	0.0854
9	0.3606	0.3075	0.2843	0.2630	0.2255	0.1938	0.1443	0.1084	0.0822	0.0628
10	0.3220	0.2697	0.2472	0.2267	0.1911	0.1615	0.1164	0.0847	0.0623	0.0462
11	0.2875	0.2366	0.2149	0.1954	0.1619	0.1346	0.0938	0.0662	0.0472	0.0340
12	0.2567	0.2076	0.1869	0.1685	0.1372	0.1122	0.0757	0.0517	0.0357	0.0250
13	0.2292	0.1821	0.1625	0.1452	0.1163	0.0935	0.0610	0.0404	0.0271	0.0184
14	0.2046	0.1597	0.1413	0.1252	0.0985	0.0779	0.0492	0.0316	0.0205	0.0135
15	0.1827	0.1401	0.1229	0.1079	0.0835	0.0649	0.0397	0.0247	0.0155	0.0099
16	0.1631	0.1229	0.1069	0.0930	0.0708	0.0541	0.0320	0.0193	0.0118	0.0073
17	0.1456	0.1078	0.0929	0.0802	0.0600	0.0451	0.0258	0.0150	0.0089	0.0054
18	0.1300	0.0946	0.0808	0.0691	0.0508	0.0376	0.0208	0.0118	0.0068	0.0039
19	0.1161	0.0829	0.0703	0.0596	0.0431	0.0313	0.0168	0.0092	0.0051	0.0029
20	0.1037	0.0728	0.0611	0.0514	0.0365	0.0261	0.0135	0.0072	0.0039	0.0021
21	0.0926	0.0638	0.0531	0.0443	0.0309	0.0217	0.0109	0.0056	0.0029	0.0016
22	0.0826	0.0560	0.0462	0.0382	0.0262	0.0181	0.0088	0.0044	0.0022	0.0012
23	0.0738	0.0491	0.0402	0.0329	0.0222	0.0151	0.0071	0.0034	0.0017	0.0008
24	0.0659	0.0431	0.0349	0.0284	0.0188	0.0126	0.0057	0.0027	0.0013	0.0006
25	0.0588	0.0378	0.0304	0.0245	0.0160	0.0105	0.0046	0.0021	0.0010	0.0005
26	0.0525	0.0331	0.0264	0.0211	0.0135	0.0087	0.0037	0.0016	0.0007	0.0003
27	0.0469	0.0291	0.0230	0.0182	0.0115	0.0073	0.0030	0.0013	0.0006	0.0002
28	0.0419	0.0255	0.0200	0.0157	0.0097	0.0061	0.0024	0.0010	0.0004	0.0002
29	0.0374	0.0224	0.0174	0.0135	0.0082	0.0051	0.0020	0.0008	0.0003	0.0001
30	0.0334	0.0196	0.0151	0.0116	0.0070	0.0042	0.0016	0.0006	0.0002	0.0001
35	0.0189	0.0102	0.0075	0.0055	0.0030	0.0017	0.0005	0.0002	0.0001	*
40	0.0107	0.0053	0.0037	0.0026	0.0013	0.0007	0.0002	0.0001	*	*
50	0.0035	0.0014	0.0009	0.0006	0.0003	0.0001	*	*	*	*

* < .0001

附录 C

年金终值系数表（*F/A*，*i*，*n*）

期数	1%	2%	3%	4%	5%	6%	7%	8%	9%	10%
1	1.0000	1.0000	1.0000	1.0000	1.0000	1.0000	1.0000	1.0000	1.0000	1.0000
2	2.0100	2.0200	2.0300	2.0400	2.0500	2.0600	2.0700	2.0800	2.0900	2.1000
3	3.0301	3.0604	3.0909	3.1216	3.1525	3.1836	3.2149	3.2464	3.2781	3.3100
4	4.0604	4.1216	4.1836	4.2465	4.3101	4.3746	4.4399	4.5061	4.5731	4.6410
5	5.1010	5.2040	5.3091	5.4163	5.5256	5.6371	5.7507	5.8666	5.9847	6.1051
6	6.1520	6.3081	6.4684	6.6330	6.8019	6.9753	7.1533	7.3359	7.5233	7.7156
7	7.2135	7.4343	7.6625	7.8983	8.1420	8.3938	8.6540	8.9228	9.2004	9.4872
8	8.2857	8.5830	8.8923	9.2142	9.5491	9.8975	10.2598	10.6366	11.0285	11.4359
9	9.3685	9.7546	10.1591	10.5828	11.0266	11.4913	11.9780	12.4876	13.0210	13.5795
10	10.4622	10.9497	11.4639	12.0061	12.5779	13.1808	13.8164	14.4866	15.1929	15.9374
11	11.5668	12.1687	12.8078	13.4864	14.2068	14.9716	15.7836	16.6455	17.5603	18.5312
12	12.6825	13.4121	14.1920	15.0258	15.9171	16.8699	17.8885	18.9771	20.1407	21.3843
13	13.8093	14.6803	15.6178	16.6268	17.7130	18.8821	20.1406	21.4953	22.9534	24.5227
14	14.9474	15.9739	17.0863	18.2919	19.5986	21.0151	22.5505	24.2149	26.0192	27.9750
15	16.0969	17.2934	18.5989	20.0236	21.5786	23.2760	25.1290	27.1521	29.3609	31.7725
16	17.2579	18.6393	20.1569	21.8245	23.6575	25.6725	27.8881	30.3243	33.0034	35.9497
17	18.4304	20.0121	21.7616	23.6975	25.8404	28.2129	30.8402	33.7502	36.9737	40.5447
18	19.6147	21.4123	23.4144	25.6454	28.1324	30.9057	33.9990	37.4502	41.3013	45.5992
19	20.8109	22.8406	25.1169	27.6712	30.5390	33.7600	37.3790	41.4463	46.0185	51.1591
20	22.0190	24.2974	26.8704	29.7781	33.0660	36.7856	40.9955	45.7620	51.1601	57.2750
21	23.2392	25.7833	28.6765	31.9692	35.7193	39.9927	44.8652	50.4229	56.7645	64.0025
22	24.4716	27.2990	30.5368	34.2480	38.5052	43.3923	49.0057	55.4568	62.8733	71.4027
23	25.7163	28.8450	32.4529	36.6179	41.4305	46.9958	53.4361	60.8933	69.5319	79.5430
24	26.9735	30.4219	34.4265	39.0826	44.5020	50.8156	58.1767	66.7648	76.7898	88.4973
25	28.2432	32.0303	36.4593	41.6459	47.7271	54.8645	63.2490	73.1059	84.7009	98.3471
26	29.5256	33.6709	38.5530	44.3117	51.1135	59.1564	68.6765	79.9544	93.3240	109.1818
27	30.8209	35.3443	40.7096	47.0842	54.6691	63.7058	74.4838	87.3508	102.7231	121.0999
28	32.1291	37.0512	42.9309	49.9676	58.4026	68.5281	80.6977	95.3388	112.9682	134.2099
29	33.4504	38.7922	45.2189	52.9663	62.3227	73.6398	87.3465	103.9659	124.1354	148.6309
30	34.7849	40.5681	47.5754	56.0849	66.4388	79.0582	94.4608	113.2832	136.3075	164.4940
40	48.8864	60.4020	75.4013	95.0255	120.7998	154.7620	199.6351	259.0565	337.8824	442.5926
50	64.4632	84.5794	112.7969	152.6671	209.3480	290.3359	406.5289	573.7702	815.0836	1 163.9085
60	81.6697	114.0515	163.0534	237.9907	353.5837	533.1282	813.5204	1 253.2133	1 944.7921	3 034.8164

续表

期数	12%	14%	15%	16%	18%	20%	24%	28%	32%	36%
1	1.0000	1.0000	1.0000	1.0000	1.0000	1.0000	1.0000	1.0000	1.0000	1.0000
2	2.1200	2.1400	2.1500	2.1600	2.1800	2.2000	2.2400	2.2800	2.3200	2.3600
3	3.3744	3.4396	3.4725	3.5056	3.5724	3.6400	3.7776	3.9184	4.0624	4.2096
4	4.7793	4.9211	4.9934	5.0665	5.2154	5.3680	5.6842	6.0156	6.3624	6.7251
5	6.3528	6.6101	6.7424	6.8771	7.1542	7.4416	8.0484	8.6999	9.3983	10.1461
6	8.1152	8.5355	8.7537	8.9775	9.4420	9.9299	10.9801	12.1359	13.4058	14.7987
7	10.0890	10.7305	11.0668	11.4139	12.1415	12.9159	14.6153	16.5339	18.6956	21.1262
8	12.2997	13.2328	13.7268	14.2401	15.3270	16.4991	19.1229	22.1634	25.6782	29.7316
9	14.7757	16.0853	16.7858	17.5185	19.0859	20.7989	24.7125	29.3692	34.8953	41.4350
10	17.5487	19.3373	20.3037	21.3215	23.5213	25.9587	31.6434	38.5926	47.0618	57.3516
11	20.6546	23.0445	24.3493	25.7329	28.7551	32.1504	40.2379	50.3985	63.1215	78.9982
12	24.1331	27.2707	29.0017	30.8502	34.9311	39.5805	50.8950	65.5100	84.3204	108.4375
13	28.0291	32.0887	34.3519	36.7862	42.2187	48.4966	64.1097	84.8529	112.3030	148.4750
14	32.3926	37.5811	40.5047	43.6720	50.8180	59.1959	80.4961	109.6117	149.2399	202.9260
15	37.2797	43.8424	47.5804	51.6595	60.9653	72.0351	100.8151	141.3029	197.9967	276.9793
16	42.7533	50.9804	55.7175	60.9250	72.9390	87.4421	126.0108	181.8677	262.3557	377.6919
17	48.8837	59.1176	65.0751	71.6730	87.0680	105.9306	157.2534	233.7907	347.3095	514.6610
18	55.7497	68.3941	75.8364	84.1407	103.7403	128.1167	195.9942	300.2521	459.4485	700.9389
19	63.4397	78.9692	88.2118	98.6032	123.4135	154.7400	244.0328	385.3227	607.4721	954.2769
20	72.0524	91.0249	102.4436	115.3797	146.6280	186.6880	303.6006	494.2131	802.8631	1 298.8166
21	81.6987	104.7684	118.8101	134.8405	174.0210	225.0256	377.4648	633.5927	1 060.7793	1 767.3906
22	92.5026	120.4360	137.6316	157.4150	206.3448	271.0307	469.0563	811.9987	1 401.2287	2 404.6512
23	104.6029	138.2970	159.2764	183.6014	244.4868	326.2369	582.6298	1 040.3583	1 850.6219	3 271.3256
24	118.1552	158.6586	184.1678	213.9776	289.4945	392.4842	723.4610	1 332.6586	2 443.8209	4 450.0029
25	133.3339	181.8708	212.7930	249.2140	342.6035	471.9811	898.0916	1 706.8031	3 226.8436	6 053.0039
26	150.3339	208.3327	245.7120	290.0883	405.2721	567.3773	1 114.6336	2 185.7079	4 260.4336	8 233.0853
27	169.3740	238.4993	283.5688	337.5024	479.2211	681.8528	1 383.1457	2 798.7061	5 624.7723	11 197.9960
28	190.6989	272.8892	327.1041	392.5028	566.4809	819.2233	1 716.1007	3 583.3438	7 425.6994	15 230.2745
29	214.5828	312.0937	377.1697	456.3032	669.4475	984.0680	2 128.9648	4 587.6801	9 802.9233	20 714.1734
30	241.3327	356.7868	434.7451	530.3117	790.9480	1 181.8816	2 640.9164	5 873.2306	12 940.8587	28 172.2758
40	767.09	1 342.0	1 779.1	2 360.8	4 163.2	7 343.2	27 290	69 377	*	*
50	2 400.0	4 994.5	7 217.7	10 436	21 813	45 497	*	*	*	*
60	7 471.6	18 535	29 220	46 058	*	*	*	*	*	*

* > 99 999

附录 D

年金现值系数表（P/A，i，n）

期数	1%	2%	3%	4%	5%	6%	7%	8%	9%	10%
1	0.9901	0.9804	0.9709	0.9615	0.9524	0.9434	0.9346	0.9259	0.9174	0.9091
2	1.9704	1.9416	1.9135	1.8861	1.8594	1.8334	1.8080	1.7833	1.7591	1.7355
3	2.9410	2.8839	2.8286	2.7751	2.7232	2.6730	2.6243	2.5771	2.5313	2.4869
4	3.9020	3.8077	3.7171	3.6299	3.5460	3.4651	3.3872	3.3121	3.2397	3.1699
5	4.8534	4.7135	4.5797	4.4518	4.3295	4.2124	4.1002	3.9927	3.8897	3.7908
6	5.7955	5.6014	5.4172	5.2421	5.0757	4.9173	4.7665	4.6229	4.4859	4.3553
7	6.7282	6.4720	6.2303	6.0021	5.7864	5.5824	5.3893	5.2064	5.0330	4.8684
8	7.6517	7.3255	7.0197	6.7327	6.4632	6.2098	5.9713	5.7466	5.5348	5.3349
9	8.5660	8.1622	7.7861	7.4353	7.1078	6.8017	6.5152	6.2469	5.9952	5.7590
10	9.4713	8.9826	8.5302	8.1109	7.7217	7.3601	7.0236	6.7101	6.4177	6.1446
11	10.3676	9.7868	9.2526	8.7605	8.3064	7.8869	7.4987	7.1390	6.8052	6.4951
12	11.2551	10.5753	9.9540	9.3851	8.8633	8.3838	7.9427	7.5361	7.1607	6.8137
13	12.1337	11.3484	10.6350	9.9856	9.3936	8.8527	8.3577	7.9038	7.4869	7.1034
14	13.0037	12.1062	11.2961	10.5631	9.8986	9.2950	8.7455	8.2442	7.7862	7.3667
15	13.8651	12.8493	11.9379	11.1184	10.3797	9.7122	9.1079	8.5595	8.0607	7.6061
16	14.7179	13.5777	12.5611	11.6523	10.8378	10.1059	9.4466	8.8514	8.3126	7.8237
17	15.5623	14.2919	13.1661	12.1657	11.2741	10.4773	9.7632	9.1216	8.5436	8.0216
18	16.3983	14.9920	13.7535	12.6593	11.6896	10.8276	10.0591	9.3719	8.7556	8.2014
19	17.2260	15.6785	14.3238	13.1339	12.0853	11.1581	10.3356	9.6036	8.9501	8.3649
20	18.0456	16.3514	14.8775	13.5903	12.4622	11.4699	10.5940	9.8181	9.1285	8.5136
21	18.8570	17.0112	15.4150	14.0292	12.8212	11.7641	10.8355	10.0168	9.2922	8.6487
22	19.6604	17.6580	15.9369	14.4511	13.1630	12.0416	11.0612	10.2007	9.4424	8.7715
23	20.4558	18.2922	16.4436	14.8568	13.4886	12.3034	11.2722	10.3711	9.5802	8.8832
24	21.2434	18.9139	16.9355	15.2470	13.7986	12.5504	11.4693	10.5288	9.7066	8.9847
25	22.0232	19.5235	17.4131	15.6221	14.0939	12.7834	11.6536	10.6748	9.8226	9.0770
26	22.7952	20.1210	17.8768	15.9828	14.3752	13.0032	11.8258	10.8100	9.9290	9.1609
27	23.5596	20.7069	18.3270	16.3296	14.6430	13.2105	11.9867	10.9352	10.0266	9.2372
28	24.3164	21.2813	18.7641	16.6631	14.8981	13.4062	12.1371	11.0511	10.1161	9.3066
29	25.0658	21.8444	19.1885	16.9837	15.1411	13.5907	12.2777	11.1584	10.1983	9.3696
30	25.8077	22.3965	19.6004	17.2920	15.3725	13.7648	12.4090	11.2578	10.2737	9.4269
35	29.4086	24.9986	21.4872	18.6646	16.3742	14.4982	12.9477	11.6546	10.5668	9.6442
40	32.8347	27.3555	23.1148	19.7928	17.1591	15.0463	13.3317	11.9246	10.7574	9.7791
50	39.1961	31.4236	25.7298	21.4822	18.2559	15.7619	13.8007	12.2335	10.9617	9.9148

续表

期数	12%	14%	15%	16%	18%	20%	24%	28%	32%
1	0.8929	0.8772	0.8696	0.8621	0.8475	0.8333	0.8065	0.7813	0.7576
2	1.6901	1.6467	1.6257	1.6052	1.5656	1.5278	1.4568	1.3916	1.3315
3	2.4018	2.3216	2.2832	2.2459	2.1743	2.1065	1.9813	1.8684	1.7663
4	3.0373	2.9137	2.8550	2.7982	2.6901	2.5887	2.4043	2.2410	2.0957
5	3.6048	3.4331	3.3522	3.2743	3.1272	2.9906	2.7454	2.5320	2.3452
6	4.1114	3.8887	3.7845	3.6847	3.4976	3.3255	3.0205	2.7594	2.5342
7	4.5638	4.2883	4.1604	4.0386	3.8115	3.6046	3.2423	2.9370	2.6775
8	4.9676	4.6389	4.4873	4.3436	4.0776	3.8372	3.4212	3.0758	2.7860
9	5.3282	4.9464	4.7716	4.6065	4.3030	4.0310	3.5655	3.1842	2.8681
10	5.6502	5.2161	5.0188	4.8332	4.4941	4.1925	3.6819	3.2689	2.9304
11	5.9377	5.4527	5.2337	5.0286	4.6560	4.3271	3.7757	3.3351	2.9776
12	6.1944	5.6603	5.4206	5.1971	4.7932	4.4392	3.8514	3.3868	3.0133
13	6.4235	5.8424	5.5831	5.3423	4.9095	4.5327	3.9124	3.4272	3.0404
14	6.6282	6.0021	5.7245	5.4675	5.0081	4.6106	3.9616	3.4587	3.0609
15	6.8109	6.1422	5.8474	5.5755	5.0916	4.6755	4.0013	3.4834	3.0764
16	6.9740	6.2651	5.9542	5.6685	5.1624	4.7296	4.0333	3.5026	3.0882
17	7.1196	6.3729	6.0472	5.7487	5.2223	4.7746	4.0591	3.5177	3.0971
18	7.2497	6.4674	6.1280	5.8178	5.2732	4.8122	4.0799	3.5294	3.1039
19	7.3658	6.5504	6.1982	5.8775	5.3162	4.8435	4.0967	3.5386	3.1090
20	7.4694	6.6231	6.2593	5.9288	5.3527	4.8696	4.1103	3.5458	3.1129
21	7.5620	6.6870	6.3125	5.9731	5.3837	4.8913	4.1212	3.5514	3.1158
22	7.6446	6.7429	6.3587	6.0113	5.4099	4.9094	4.1300	3.5558	3.1180
23	7.7184	6.7921	6.3988	6.0442	5.4321	4.9245	4.1371	3.5592	3.1197
24	7.7843	6.8351	6.4338	6.0726	5.4509	4.9371	4.1428	3.5619	3.1210
25	7.8431	6.8729	6.4641	6.0971	5.4669	4.9476	4.1474	3.5640	3.1220
26	7.8957	6.9061	6.4906	6.1182	5.4804	4.9563	4.1511	3.5656	3.1227
27	7.9426	6.9352	6.5135	6.1364	5.4919	4.9636	4.1542	3.5669	3.1233
28	7.9844	6.9607	6.5335	6.1520	5.5016	4.9697	4.1566	3.5679	3.1237
29	8.0218	6.9830	6.5509	6.1656	5.5098	4.9747	4.1585	3.5687	3.1240
30	8.0552	7.0027	6.5660	6.1772	5.5168	4.9789	4.1601	3.5693	3.1242
35	8.1755	7.0700	6.6166	6.2153	5.5386	4.9915	4.1644	3.5708	3.1248
40	8.2438	7.1050	6.6418	6.2335	5.5482	4.9966	4.1659	3.5712	3.1250
50	8.3045	7.1327	6.6605	6.2463	5.5541	4.9995	4.1666	3.5714	3.1250

附录 E

自然对数表（ln*N*）

N	0	1	2	3	4	5	6	7	8	9
1.0	0.0000	0.0100	0.0198	0.0296	0.0392	0.0488	0.0583	0.0677	0.0770	0.0862
1.1	0.0953	0.1044	0.1133	0.1222	0.1310	0.1398	0.1484	0.1570	0.1655	0.1740
1.2	0.1823	0.1906	0.1989	0.2070	0.2151	0.2231	0.2311	0.2390	0.2469	0.2546
1.3	0.2624	0.2700	0.2776	0.2852	0.2927	0.3001	0.3075	0.3148	0.3221	0.3293
1.4	0.3365	0.3436	0.3507	0.3577	0.3646	0.3716	0.3784	0.3853	0.3920	0.3988
1.5	0.4055	0.4121	0.4187	0.4253	0.4318	0.4383	0.4447	0.4511	0.4574	0.4637
1.6	0.4700	0.4762	0.4824	0.4886	0.4947	0.5008	0.5068	0.5128	0.5188	0.5247
1.7	0.5306	0.5365	0.5423	0.5481	0.5539	0.5596	0.5653	0.5710	0.5766	0.5822
1.8	0.5878	0.5933	0.5988	0.6043	0.6098	0.6152	0.6206	0.6259	0.6313	0.6366
1.9	0.6419	0.6471	0.6523	0.6575	0.6627	0.6678	0.6729	0.6780	0.6831	0.6881
2.0	0.6931	0.6981	0.7031	0.7080	0.7129	0.7178	0.7227	0.7275	0.7324	0.7372
2.1	0.7419	0.7467	0.7514	0.7561	0.7608	0.7655	0.7701	0.7747	0.7793	0.7839
2.2	0.7885	0.7930	0.7975	0.8020	0.8065	0.8109	0.8154	0.8198	0.8242	0.8286
2.3	0.8329	0.8372	0.8416	0.8459	0.8502	0.8544	0.8587	0.8629	0.8671	0.8713
2.4	0.8755	0.8796	0.8838	0.8879	0.8920	0.8961	0.9002	0.9042	0.9083	0.9123
2.5	0.9163	0.9203	0.9243	0.9282	0.9322	0.9361	0.9400	0.9439	0.9478	0.9517
2.6	0.9555	0.9594	0.9632	0.9670	0.9708	0.9746	0.9783	0.9821	0.9858	0.9895
2.7	0.9933	0.9969	1.0006	1.0043	1.0080	1.0116	1.0152	1.0188	1.0225	1.0260
2.8	1.0296	1.0332	1.0367	1.0403	1.0438	1.0473	1.0508	1.0543	1.0578	1.0613
2.9	1.0647	1.0682	1.0716	1.0750	1.0784	1.0818	1.0852	1.0886	1.0919	1.0953
3.0	1.0986	1.1019	1.1053	1.1086	1.1119	1.1151	1.1184	1.1217	1.1249	1.1282
3.1	1.1314	1.1346	1.1378	1.1410	1.1442	1.1474	1.1506	1.1537	1.1569	1.1600
3.2	1.1632	1.1663	1.1694	1.1725	1.1756	1.1787	1.1817	1.1848	1.1878	1.1909
3.3	1.1939	1.1969	1.2000	1.2030	1.2060	1.2090	1.2119	1.2149	1.2179	1.2208
3.4	1.2238	1.2267	1.2296	1.2326	1.2355	1.2384	1.2413	1.2442	1.2470	1.2499
3.5	1.2528	1.2556	1.2585	1.2613	1.2641	1.2669	1.2698	1.2726	1.2754	1.2782
3.6	1.2809	1.2837	1.2865	1.2892	1.2920	1.2947	1.2975	1.3002	1.3029	1.3056
3.7	1.3083	1.3110	1.3137	1.3164	1.3191	1.3218	1.3244	1.3271	1.3297	1.3324
3.8	1.3350	1.3376	1.3403	1.3429	1.3455	1.3481	1.3507	1.3533	1.3558	1.3584
3.9	1.3610	1.3635	1.3661	1.3686	1.3712	1.3737	1.3762	1.3788	1.3813	1.3838

续表

N	0	1	2	3	4	5	6	7	8	9
4.0	1.3863	1.3888	1.3913	1.3938	1.3962	1.3987	1.4012	1.4036	1.4061	1.4085
4.1	1.4110	1.4134	1.4159	1.4183	1.4207	1.4231	1.4255	1.4279	1.4303	1.4327
4.2	1.4351	1.4375	1.4398	1.4422	1.4446	1.4469	1.4493	1.4516	1.4540	1.4563
4.3	1.4586	1.4609	1.4633	1.4656	1.4679	1.4702	1.4725	1.4748	1.4770	1.4793
4.4	1.4816	1.4839	1.4861	1.4884	1.4907	1.4929	1.4951	1.4974	1.4996	1.5019
4.5	1.5041	1.5063	1.5085	1.5107	1.5129	1.5151	1.5173	1.5195	1.5217	1.5239
4.6	1.5261	1.5282	1.5304	1.5326	1.5347	1.5369	1.5390	1.5412	1.5433	1.5454
4.7	1.5476	1.5497	1.5518	1.5539	1.5560	1.5581	1.5602	1.5623	1.5644	1.5665
4.8	1.5686	1.5707	1.5728	1.5748	1.5769	1.5790	1.5810	1.5831	1.5851	1.5872
4.9	1.5892	1.5913	1.5933	1.5953	1.5974	1.5994	1.6014	1.6034	1.6054	1.6074
5.0	1.6094	1.6114	1.6134	1.6154	1.6174	1.6194	1.6214	1.6233	1.6253	1.6273
5.1	1.6292	1.6312	1.6332	1.6351	1.6371	1.6390	1.6409	1.6429	1.6448	1.6467
5.2	1.6487	1.6506	1.6525	1.6544	1.6563	1.6582	1.6601	1.6620	1.6639	1.6658
5.3	1.6677	1.6696	1.6715	1.6734	1.6752	1.6771	1.6790	1.6808	1.6827	1.6845
5.4	1.6864	1.6882	1.6901	1.6919	1.6938	1.6956	1.6974	1.6993	1.7011	1.7029
5.5	1.7047	1.7066	1.7084	1.7102	1.7120	1.7138	1.7156	1.7174	1.7192	1.7210
5.6	1.7228	1.7246	1.7263	1.7281	1.7299	1.7317	1.7334	1.7352	1.7370	1.7387
5.7	1.7405	1.7422	1.7440	1.7457	1.7475	1.7492	1.7509	1.7527	1.7544	1.7561
5.8	1.7579	1.7596	1.7613	1.7630	1.7647	1.7664	1.7681	1.7699	1.7716	1.7733
5.9	1.7750	1.7766	1.7783	1.7800	1.7817	1.7834	1.7851	1.7867	1.7884	1.7901
6.0	1.7918	1.7934	1.7951	1.7967	1.7984	1.8001	1.8017	1.8034	1.8050	1.8066
6.1	1.8083	1.8099	1.8116	1.8132	1.8148	1.8165	1.8181	1.8197	1.8213	1.8229
6.2	1.8245	1.8262	1.8278	1.8294	1.8310	1.8326	1.8342	1.8358	1.8374	1.8390
6.3	1.8405	1.8421	1.8437	1.8453	1.8469	1.8485	1.8500	1.8516	1.8532	1.8547
6.4	1.8563	1.8579	1.8594	1.8610	1.8625	1.8641	1.8656	1.8672	1.8687	1.8703
6.5	1.8718	1.8733	1.8749	1.8764	1.8779	1.8795	1.8810	1.8825	1.8840	1.8856
6.6	1.8871	1.8886	1.8901	1.8916	1.8931	1.8946	1.8961	1.8976	1.8991	1.9006
6.7	1.9021	1.9036	1.9051	1.9066	1.9081	1.9095	1.9110	1.9125	1.9140	1.9155
6.8	1.9169	1.9184	1.9199	1.9213	1.9228	1.9242	1.9257	1.9272	1.9286	1.9301
6.9	1.9315	1.9330	1.9344	1.9359	1.9373	1.9387	1.9402	1.9416	1.9430	1.9445

续表

N	0	1	2	3	4	5	6	7	8	9
7.0	1.9459	1.9473	1.9488	1.9502	1.9516	1.9530	1.9544	1.9559	1.9573	1.9587
7.1	1.9601	1.9615	1.9629	1.9643	1.9657	1.9671	1.9685	1.9699	1.9713	1.9727
7.2	1.9741	1.9755	1.9769	1.9782	1.9796	1.9810	1.9824	1.9838	1.9851	1.9865
7.3	1.9879	1.9892	1.9906	1.9920	1.9933	1.9947	1.9961	1.9974	1.9988	2.0001
7.4	2.0015	2.0028	2.0042	2.0055	2.0069	2.0082	2.0096	2.0109	2.0122	2.0136
7.5	2.0149	2.0162	2.0176	2.0189	2.0202	2.0215	2.0229	2.0242	2.0255	2.0268
7.6	2.0281	2.0295	2.0308	2.0321	2.0334	2.0347	2.0360	2.0373	2.0386	2.0399
7.7	2.0412	2.0425	2.0438	2.0451	2.0464	2.0477	2.0490	2.0503	2.0516	2.0528
7.8	2.0541	2.0554	2.0567	2.0580	2.0592	2.0605	2.0618	2.0631	2.0643	2.0656
7.9	2.0669	2.0681	2.0694	2.0707	2.0719	2.0732	2.0744	2.0757	2.0769	2.0782
8.0	2.0794	2.0807	2.0819	2.0832	2.0844	2.0857	2.0869	2.0882	2.0894	2.0906
8.1	2.0919	2.0931	2.0943	2.0956	2.0968	2.0980	2.0992	2.1005	2.1017	2.1029
8.2	2.1041	2.1054	2.1066	2.1078	2.1090	2.1102	2.1114	2.1126	2.1138	2.1150
8.3	2.1163	2.1175	2.1187	2.1199	2.1211	2.1223	2.1235	2.1247	2.1258	2.1270
8.4	2.1282	2.1294	2.1306	2.1318	2.1330	2.1342	2.1353	2.1365	2.1377	2.1389
8.5	2.1401	2.1412	2.1424	2.1436	2.1448	2.1459	2.1471	2.1483	2.1494	2.1506
8.6	2.1518	2.1529	2.1541	2.1552	2.1564	2.1576	2.1587	2.1599	2.1610	2.1622
8.7	2.1633	2.1645	2.1656	2.1668	2.1679	2.1691	2.1702	2.1713	2.1725	2.1736
8.8	2.1748	2.1759	2.1770	2.1782	2.1793	2.1804	2.1815	2.1827	2.1838	2.1849
8.9	2.1861	2.1872	2.1883	2.1894	2.1905	2.1917	2.1928	2.1939	2.1950	2.1961
9.0	2.1972	2.1983	2.1994	2.2006	2.2017	2.2028	2.2039	2.2050	2.2061	2.2072
9.1	2.2083	2.2094	2.2105	2.2116	2.2127	2.2138	2.2148	2.2159	2.2170	2.2181
9.2	2.2192	2.2203	2.2214	2.2225	2.2235	2.2246	2.2257	2.2268	2.2279	2.2289
9.3	2.2300	2.2311	2.2322	2.2332	2.2343	2.2354	2.2364	2.2375	2.2386	2.2396
9.4	2.2407	2.2418	2.2428	2.2439	2.2450	2.2460	2.2471	2.2481	2.2492	2.2502
9.5	2.2513	2.2523	2.2534	2.2544	2.2555	2.2565	2.2576	2.2586	2.2597	2.2607
9.6	2.2618	2.2628	2.2638	2.2649	2.2659	2.2670	2.2680	2.2690	2.2701	2.2711
9.7	2.2721	2.2732	2.2742	2.2752	2.2762	2.2773	2.2783	2.2793	2.2803	2.2814
9.8	2.2824	2.2834	2.2844	2.2854	2.2865	2.2875	2.2885	2.2895	2.2905	2.2915
9.9	2.2925	2.2935	2.2946	2.2956	2.2966	2.2976	2.2986	2.2996	2.3006	2.3016
10.0	2.3026	2.3036	2.3046	2.3056	2.3066	2.3076	2.3086	2.3096	2.3106	2.3115

附录 F

连续复利终值系数表（e^{rt}）

期数	1%	2%	3%	4%	5%	6%	7%	8%	9%	10%
1	1.0101	1.0202	1.0305	1.0408	1.0513	1.0618	1.0725	1.0833	1.0942	1.1052
2	1.0202	1.0408	1.0618	1.0833	1.1052	1.1275	1.1503	1.1735	1.1972	1.2214
3	1.0305	1.0618	1.0942	1.1275	1.1618	1.1972	1.2337	1.2712	1.3100	1.3499
4	1.0408	1.0833	1.1275	1.1735	1.2214	1.2712	1.3231	1.3771	1.4333	1.4918
5	1.0513	1.1052	1.1618	1.2214	1.2840	1.3499	1.4191	1.4918	1.5683	1.6487
6	1.0618	1.1275	1.1972	1.2712	1.3499	1.4333	1.5220	1.6161	1.7160	1.8221
7	1.0725	1.1503	1.2337	1.3231	1.4191	1.5220	1.6323	1.7507	1.8776	2.0138
8	1.0833	1.1735	1.2712	1.3771	1.4918	1.6161	1.7507	1.8965	2.0544	2.2255
9	1.0942	1.1972	1.3100	1.4333	1.5683	1.7160	1.8776	2.0544	2.2479	2.4596
10	1.1052	1.2214	1.3499	1.4918	1.6487	1.8221	2.0138	2.2255	2.4596	2.7183
11	1.1163	1.2461	1.3910	1.5527	1.7333	1.9348	2.1598	2.4109	2.6912	3.0042
12	1.1275	1.2712	1.4333	1.6161	1.8221	2.0544	2.3164	2.6117	2.9447	3.3201
13	1.1388	1.2969	1.4770	1.6820	1.9155	2.1815	2.4843	2.8292	3.2220	3.6693
14	1.1503	1.3231	1.5220	1.7507	2.0138	2.3164	2.6645	3.0649	3.5254	4.0552
15	1.1618	1.3499	1.5683	1.8221	2.1170	2.4596	2.8577	3.3201	3.8574	4.4817
16	1.1735	1.3771	1.6161	1.8965	2.2255	2.6117	3.0649	3.5966	4.2207	4.9530
17	1.1853	1.4049	1.6653	1.9739	2.3396	2.7732	3.2871	3.8962	4.6182	5.4739
18	1.1972	1.4333	1.7160	2.0544	2.4596	2.9447	3.5254	4.2207	5.0531	6.0496
19	1.2092	1.4623	1.7683	2.1383	2.5857	3.1268	3.7810	4.5722	5.5290	6.6859
20	1.2214	1.4918	1.8221	2.2255	2.7183	3.3201	4.0552	4.9530	6.0496	7.3891
21	1.2337	1.5220	1.8776	2.3164	2.8577	3.5254	4.3492	5.3656	6.6194	8.1662
22	1.2461	1.5527	1.9348	2.4109	3.0042	3.7434	4.6646	5.8124	7.2427	9.0250
23	1.2586	1.5841	1.9937	2.5093	3.1582	3.9749	5.0028	6.2965	7.9248	9.9742
24	1.2712	1.6161	2.0544	2.6117	3.3201	4.2207	5.3656	6.8210	8.6711	11.0232
25	1.2840	1.6487	2.1170	2.7183	3.4903	4.4817	5.7546	7.3891	9.4877	12.1825
30	1.3499	1.8221	2.4596	3.3201	4.4817	6.0496	8.1662	11.0232	14.8797	20.0855
35	1.4191	2.0138	2.8577	4.0552	5.7546	8.1662	11.5883	16.4446	23.3361	33.1155
40	1.4918	2.2255	3.3201	4.9530	7.3891	11.0232	16.4446	24.5325	36.5982	54.5982
45	1.5683	2.4596	3.8574	6.0496	9.4877	14.8797	23.3361	36.5982	57.3975	90.0171
50	1.6487	2.7183	4.4817	7.3891	12.1825	20.0855	33.1155	54.5982	90.0171	148.4132
55	1.7333	3.0042	5.2070	9.0250	15.6426	27.1126	46.9931	81.4509	141.1750	244.6919
60	1.8221	3.3201	6.0496	11.0232	20.0855	36.5982	66.6863	121.5104	221.4064	403.4288

附录 G

正态分布下的累积概率［*N*（*d*）］

（即变量取值小于其均值与 *d* 个标准差之和的概率）

X/σ	0.00	0.01	0.02	0.03	0.04	0.05	0.06	0.07	0.08	0.09
0.0	0.5000	0.5040	0.5080	0.5120	0.5160	0.5199	0.5239	0.5279	0.5319	0.5359
0.1	0.5398	0.5438	0.5478	0.5517	0.5557	0.5596	0.5636	0.5675	0.5714	0.5753
0.2	0.5793	0.5832	0.5871	0.5910	0.5948	0.5987	0.6026	0.6064	0.6103	0.6141
0.3	0.6179	0.6217	0.6255	0.6293	0.6331	0.6368	0.6406	0.6443	0.6480	0.6517
0.4	0.6554	0.6591	0.6628	0.6664	0.6700	0.6736	0.6772	0.6808	0.6844	0.6879
0.5	0.6915	0.6950	0.6985	0.7019	0.7054	0.7088	0.7123	0.7157	0.7190	0.7224
0.6	0.7257	0.7291	0.7324	0.7357	0.7389	0.7422	0.7454	0.7486	0.7517	0.7549
0.7	0.7580	0.7611	0.7642	0.7673	0.7704	0.7734	0.7764	0.7794	0.7823	0.7852
0.8	0.7881	0.7910	0.7939	0.7967	0.7995	0.8023	0.8051	0.8078	0.8106	0.8133
0.9	0.8159	0.8186	0.8212	0.8238	0.8264	0.8289	0.8315	0.8340	0.8365	0.8389
1.0	0.8413	0.8438	0.8461	0.8485	0.8508	0.8531	0.8554	0.8577	0.8599	0.8621
1.1	0.8643	0.8665	0.8686	0.8708	0.8729	0.8749	0.8770	0.8790	0.8810	0.8830
1.2	0.8849	0.8869	0.8888	0.8907	0.8925	0.8944	0.8962	0.8980	0.8997	0.9015
1.3	0.9032	0.9049	0.9066	0.9082	0.9099	0.9115	0.9131	0.9147	0.9162	0.9177
1.4	0.9192	0.9207	0.9222	0.9236	0.9251	0.9265	0.9279	0.9292	0.9306	0.9319
1.5	0.9332	0.9345	0.9357	0.9370	0.9382	0.9394	0.9406	0.9418	0.9429	0.9441
1.6	0.9452	0.9463	0.9474	0.9484	0.9495	0.9505	0.9515	0.9525	0.9535	0.9545
1.7	0.9554	0.9564	0.9573	0.9582	0.9591	0.9599	0.9608	0.9616	0.9625	0.9633
1.8	0.9641	0.9649	0.9656	0.9664	0.9671	0.9678	0.9686	0.9693	0.9699	0.9706
1.9	0.9713	0.9719	0.9726	0.9732	0.9738	0.9744	0.9750	0.9756	0.9761	0.9767
2.0	0.9772	0.9778	0.9783	0.9788	0.9793	0.9798	0.9803	0.9808	0.9812	0.9817
2.1	0.9821	0.9826	0.9830	0.9834	0.9838	0.9842	0.9846	0.9850	0.9854	0.9857
2.2	0.9861	0.9864	0.9868	0.9871	0.9875	0.9878	0.9881	0.9884	0.9887	0.9890
2.3	0.9893	0.9896	0.9898	0.9901	0.9904	0.9906	0.9909	0.9911	0.9913	0.9916
2.4	0.9918	0.9920	0.9922	0.9925	0.9927	0.9929	0.9931	0.9932	0.9934	0.9936
2.5	0.9938	0.9940	0.9941	0.9943	0.9945	0.9946	0.9948	0.9949	0.9951	0.9952
2.6	0.9953	0.9955	0.9956	0.9957	0.9959	0.9960	0.9961	0.9962	0.9963	0.9964
2.7	0.9965	0.9966	0.9967	0.9968	0.9969	0.9970	0.9971	0.9972	0.9973	0.9974
2.8	0.9974	0.9975	0.9976	0.9977	0.9977	0.9978	0.9979	0.9979	0.9980	0.9981
2.9	0.9981	0.9982	0.9982	0.9983	0.9984	0.9984	0.9985	0.9985	0.9986	0.9986
3.0	0.9987	0.9987	0.9987	0.9988	0.9988	0.9989	0.9989	0.9989	0.9990	0.9990
4.0	1.0000	1.0000	1.0000	1.0000	1.0000	1.0000	1.0000	1.0000	1.0000	1.0000
5.0	1.0000	1.0000	1.0000	1.0000	1.0000	1.0000	1.0000	1.0000	1.0000	1.0000

注册会计师考试辅导用书·基础进阶

只做好题·财务成本管理

题目册

斯尔教育　组编

電子工業出版社
Publishing House of Electronics Industry
北京·BEIJING

图书在版编目（CIP）数据

只做好题. 财务成本管理题目册 / 斯尔教育组编.
北京 ：电子工业出版社，2025. 2. -- (注册会计师考试辅导用书). -- ISBN 978-7-121-49750-6

Ⅰ. F23-44

中国国家版本馆CIP数据核字第20252UN137号

责任编辑：张春雨
印　　刷：河北鸿运腾达印刷有限公司
装　　订：河北鸿运腾达印刷有限公司
出版发行：电子工业出版社
　　　　　北京市海淀区万寿路173信箱　　邮编：100036
开　　本：787×1092　1/16　　印张：57　　字数：1369千字
版　　次：2025年2月第1版
印　　次：2025年2月第1次印刷
定　　价：90.00元（全3册）

凡所购买电子工业出版社图书有缺损问题，请向购买书店调换。若书店售缺，请与本社发行部联系，联系及邮购电话：（010）88254888，88258888。

质量投诉请发邮件至zlts@phei.com.cn，盗版侵权举报请发邮件至dbqq@phei.com.cn。

本书咨询联系方式：faq@phei.com.cn。

开卷必读

在艰苦、漫长的学习过程中，做题是非常重要的一环。本书收集、整理了大量真题，并根据最新考情、考试风格对真题进行了改编和完善。希望这本书可以成为大家备考路上的好帮手。为了让大家更好地使用本书，下面对本书特点进行简单介绍。

（1）解析详细：对每一道题进行详细解析，帮助大家吸收每一道题的“精华”。

（2）重点清晰：在题目解析中，对需要背诵、记忆的内容更换字体进行标记，一目了然。

（3）精准答疑：本栏目以“问题 + 解答”的形式呈现，设置在相关知识点之后；通过在总结用户真实提问的基础上，精选出高频、典型、与考试相关的问题，配以详细解答，帮助你顺利解决学习过程中可能出现的疑问，更贴心地满足日常学习需要。

（4）设置“做新变”栏目：将当年官方教材新变知识点单独配题，顺应考试“考新考变”的特点，帮助你更有针对性地练习。

使用本书时，要注重制订和落实计划，努力以学习“打好基础”分册图书的节奏完成练习内容。无论是在配套课程的课堂上还是斯尔教育组建的班级社群内，我们都会随着授课进度将本书的练习题布置为课后作业，只有以“今日事、今日毕”的态度完成之，才有助于扎实、透彻地掌握知识要点。

本书难免有疏漏之处，还望各位考生通过各类渠道向我们反馈、多多提出宝贵意见。

希望每位考生都能够在做题中学习、在做题中检验、在做题中进步、在做题中自信。

让我们共同努力、不负韶华！

目录

第一章　财务管理概述

一、单项选择题

1.1　与个人独资企业相比，下列各项中，不属于公司制企业优点的是（　　）。

A. 不存在代理问题　　B. 无限存续

C. 容易从资本市场筹集资金　　D. 有限责任

1.2　下列关于企业财务管理目标的说法中，错误的是（　　）。

A. 如果投入资本相同、利润取得的时间相同、获得利润承担的风险也相同，利润最大化是一个可以接受的观点

B. 如果每股收益的取得时间、承担风险相同，每股收益最大化是一个可以接受的目标

C. 在资本市场有效的情况下，如果股东投资资本不变，股价最大化与股东财富最大化具有同等意义

D. 如果债务价值不变，公司价值增加与股东权益价值增加具有相同意义

1.3　甲公司是一家上市公司，假设其他因素不变，下列各项中，符合债权人目标的是（　　）。

A. 提高股利支付率　　B. 发行公司债券

C. 发行新股　　D. 为其他公司提供担保

1.4　为了防止利益被侵害，债权人不应该采取的措施是（　　）。

A. 在借款合同中规定贷款的用途　　B. 限制公司发行新债的额度

C. 限制公司发行新股　　D. 提前收回已发放的贷款

1.5　下列各项中，属于货币市场工具的是（　　）。

A. 可转换债券　　B. 优先股

C. 商业票据　　D. 银行长期贷款合同

1.6　甲投资基金经理根据公开信息选择股票，投资基金的平均业绩与市场整体收益率大体一致，说明该资本市场至少是（　　）。

A. 弱式有效　　B. 完全无效

C. 强式有效　　D. 半强式有效

1.7　如果股票价格的变动与历史股价相关，则说明该资本市场是（　　）。

A. 无效　　B. 弱式有效

C. 半强式有效　　D. 强式有效

二、多项选择题

1.8　下列关于公司制企业的说法中，正确的有（　　）。

A. 公司是独立的法人

B. 公司的债务与股东自身债务无关

C. 公司股权可以转让

D. 公司在最初投资者退出后仍然可以继续存在

1.9 下列关于企业财务管理目标的说法中，错误的有（ ）。

A. 股东财富的增加可以用股东权益的市场价值来衡量

B. 公司与股东之间的交易会影响股价，同时也会影响股东财富

C. 每股收益最大化观点没有考虑每股收益的风险

D. 假设债务价值不变，公司价值最大化与增加股东财富具有相同的意义

1.10 在资本市场有效的情况下，如果股东投资资本和债务价值不变，下列各项中能够用以描述财务管理目标的有（ ）。

A. 股东财富最大化　　B. 每股收益最大化

C. 每股股价最大化　　D. 公司价值最大化

1.11 下列关于企业财务管理的目标的说法中，正确的有（ ）。

A. 企业财务管理的目标是利润最大化

B. 增加借款可以增加债务价值以及企业价值，但不一定增加股东财富，因此企业价值最大化不是财务目标的准确描述

C. 追加投资资本可以增加企业的股东权益价值，但不一定增加股东财富，因此股东权益价值最大化不是财务目标的准确描述

D. 财务目标的实现程度可以用股东权益的市场增加值来度量

1.12 为防止经营者背离股东目标，股东可以采取的措施有（ ）。

A. 根据业绩情况给经营者发放浮动奖金　　B. 统一提高经营者的月工资标准

C. 要求经营者按季度提交经营业绩报告　　D. 年底聘请注册会计师进行审计

1.13 甲公司是一家制造业企业，主要生产 M 产品。下列各项情形中，可能损害债权人利益的有（ ）。

A. 将仓库中的一批 M 产品用于对外抵押担保

B. 提高利润留存率

C. 将大量生产用机器设备对外进行出售

D. 连续多次进行股票回购

1.14 下列各项中，属于协调股东和债权人之间利益冲突的常见方式有（ ）。

A. 债权人在合同中限定借款用途

B. 债权人要求提前收回贷款

C. 债权人聘请注册会计师对公司进行全面审查

D. 股东给债权人发放股票期权

1.15 下列金融工具中，属于固定收益证券的有（ ）。

A. 按国债利率上浮两个百分点计算利息的公司债券

B. 票面利率第一年 0.8%、第二年 1.1%、第三年 1.8% 的可转换债券

C. 股息率为 6% 的优先股

D. 票面利率为 5% 的债券附送的认股权证

1.16 下列关于权益证券的说法中，正确的有（　　）。

A. 普通股股票属于权益证券

B. 权益证券是指代表特定公司所有权的证券

C. 权益证券投资风险通常高于固定收益证券

D. 权益证券是公司筹资的最基本形式

1.17 下列各项中，属于在场内交易市场进行证券交易的特点的有（　　）。

A. 有约定的交易对手　　B. 有固定的交易时间

C. 有协商的交易价格　　D. 有规范的交易规则

1.18 根据有效市场假说，下列说法中，不正确的有（　　）。

A. 只有所有的投资者都是理性的，市场才是有效的

B. 只有投资者的非理性偏差具有一致倾向，市场才是有效的

C. 如果投资者的非理性偏差不可以互相抵消，市场就不是有效的

D. 只要有专业投资者进行套利，市场就是有效的

1.19 甲投资基金经理利用市场公开信息进行价值分析和投资。在下列效率不同的资本市场中，该投资基金经理可获取超额收益的有（　　）。

A. 无效市场　　B. 半强式有效市场

C. 弱式有效市场　　D. 强式有效市场

1.20 投资基金经理结合宏观经济形势和行业状况对甲上市公司进行分析。在下列效率不同的资本市场中，该投资基金经理的平均业绩不可能持续超过市场整体收益率的有（　　）。

A. 无效市场　　B. 弱式有效市场

C. 半强式有效市场　　D. 强式有效市场

1.21 如果资本市场半强式有效，则投资者利用下列信息或工具不能获得超额收益的有（　　）。

A. 技术分析　　B. 估价模型

C. 基本面分析　　D. 非公开信息

1.22 下列关于资本市场效率的说法中，正确的有（　　）。

A. 如果股票价格的变动与历史股价相关，则资本市场达到了弱式有效

B. 在半强式有效资本市场中，投资者通过技术分析不能获得超额收益

C. 只要投资者的非理性偏差具有一致倾向，市场就是有效的

D. 在有效资本市场中，管理者不能通过改变会计方法提升股票价值

1.23 甲公司是一家制造业公司，在有效资本市场，下列关于公司财务管理决策的说法中，正确的有（　　）。

A. 管理者可以通过调整财务决策增加公司价值，从而提升股票价格

B. 管理者应该从事利率、外汇等金融产品的投资交易以获取超额收益

C. 管理者可以通过改变会计方法增加会计盈利，从而提升股票价格

D. 管理者可以通过关注公司股价变动获得对决策有益的信息

做新变 new

多项选择题

1.24 关于可持续发展目标，下列说法中正确的有（　　）。

A. 可持续发展目标不仅关注经济增长，还强调社会包容性和环境保护，以公平性、持续性、环保性为三大基本原则

B.ESG 理念强调企业要注重生态环境保护、履行社会责任、提高治理水平

C. 在治理方面，ESG 理念强调企业应承担的社会责任，如员工保护、慈善公益等

D. 在环境方面，ESG 理念强调企业应尽可能提升环境绩效表现，降低生产经营对环境带来的负面影响，在应对气候变化、资源利用、污染排放等方面采取有效措施

第二章 财务报表分析和财务预测

一、单项选择题

2.1 下列关于企业短期偿债能力的说法中，错误的是（　　）。

A. 营运资本是绝对数，不便于不同历史时期及不同企业之间的比较

B. 流动比率是对短期偿债能力的粗略估计

C. 应收款项的变现能力是影响速动比率可信性的重要因素

D. 现金流量比率中的流动负债采用期初和期末的平均数

2.2 下列事项中，有助于提高企业短期偿债能力的是（　　）。

A. 利用短期借款增加对流动资产的投资

B. 公司为其他企业提供担保，担保金额较大，担保事项很可能发生

C. 补充长期资本，使长期资本的增加量超过长期资产的增加量

D. 提高流动负债中的无息负债比率

2.3 在“$\text{利息保障倍数}=\dfrac{\text{净利润+利息费用+所得税费用}}{\text{利息支出}}$”计算式中，分母的“利息支出”是指（　　）。

A. 计入本期现金流量表的利息支出

B. 计入本期利润表的费用化利息

C. 计入本期利润表的费用化利息和资产负债表的资本化利息

D. 计入本期资产负债表的资本化利息

2.4 甲公司的生产经营情况呈季节性变化，每年的 6 月至 10 月是生产经营旺季，11 月至次年 5 月是生产经营淡季。如果使用应收账款年初余额和年末余额的平均数计算应收账款周转次数，下列关于计算结果的说法中，正确的是（　　）。

A. 高估应收账款周转速度

B. 低估应收账款周转速度

C. 正确反映应收账款周转速度

D. 无法判断对应收账款周转速度的影响

2.5 甲公司是一家白酒生产企业，每年 11 月至次年 2 月是销售旺季。假设其他因素不变，下列各项计算方法的改变中，可能导致总资产周转天数减少的是（　　）。

A. 应收账款从月均余额改为使用期初和期末的平均数计算

B. 应收账款从账面净额改为使用未计提坏账准备前的原值计算

C. 存货从完全成本法改为使用变动成本法计算

D. 存货从月均余额改为使用期初和期末的平均数计算

2.6 甲公司2023年初发行在外的普通股为8 000万股，优先股为200万股，面值为100元/股，股息率为6%；2023年9月30日用600万元以每股15元的价格回购股票用于员工持股计划。如果2023年净利润为17 180万元，年末普通股的每股市价为25元，甲公司的市盈率是（　　）。

A. 11.64　　B. 12.45　　C. 12.50　　D. 12.52

2.7 甲公司2023年初发行在外的普通股为1亿股，优先股为200万股，面值为100元/股，股息率为6%。2023年3月31日，甲公司用3 000万元以每股15元的价格回购股票用于员工激励。如果甲公司2023年净利润为16 800万元，年末股东权益合计50 000万元，优先股每股清算价值为12元，无拖欠的累积优先股股息。2023年末甲公司普通股每股市价为25元，市盈率和市净率分别是（　　）。

A. 17.10和4.86　　B. 15.71和5.05

C. 15.79和5.15　　D. 14.66和4.90

2.8 甲公司2023年的营业净利率比2022年下降5%，总资产周转率提高10%，假定其他条件与2022年相同，甲公司2023年的权益净利率比2022年提高（　　）。

A. 4.5%　　B. 5.5%　　C. 10%　　D. 10.5%

2.9 甲公司的权益净利率为40%，总资产净利率为10%，则产权比率为（　　）。

A. 1　　B. 2　　C. 3　　D. 4

2.10 甲公司2023年利润总额1 600万元，利息费用400万元，平均所得税税率25%。该公司2023年税后经营净利润是（　　）万元。

A. 1 200　　B. 1 500　　C. 1 400　　D. 900

2.11 甲公司2023年实现税后经营净利润300万元，折旧与摊销60万元，经营营运资本增加100万元，分配股利60万元，税后利息费用70万元，金融负债增加60万元，金融资产增加40万元，当年既没有增发股票也没有回购股票。下列关于甲公司2023年现金流量和资本支出的计算中，错误的是（　　）。

A. 营业现金毛流量360万元　　B. 债务现金流量50万元

C. 实体现金流量110万元　　D. 资本支出160万元

2.12 下列关于实体现金流量计算的公式中，错误的是（　　）。

A. 实体现金流量 = 税后经营净利润 − 净经营资产增加

B. 实体现金流量 = 税后经营净利润 − 经营营运资本增加 − 资本支出

C. 实体现金流量 = 税后经营净利润 − 经营资产增加 + 经营负债增加

D. 实体现金流量 = 税后经营净利润 − 经营营运资本增加 − 净经营长期资产增加

2.13 下列关于改进的杜邦分析体系表达式中，正确的是（　　）。

A. 权益净利率 = 经营差异率 + 杠杆贡献率

B. 权益净利率 = 经营差异率 − 杠杆贡献率

C. 权益净利率 = 净经营资产净利率 + 杠杆贡献率

D. 权益净利率 = 净经营资产净利率 − 税后利息率

2.14 甲公司 2023 年实现净利润 170 万元，利息费用 40 万元，2023 年末的净经营资产为 500 万元，股东权益为 340 万元，平均所得税税率为 25%，杠杆贡献率是（　　）。

A. 12%　　B. 10%　　C. 16%　　D. 20%

2.15 甲公司 2023 年末所有者权益 2 400 万元，可持续增长率 10%。该公司 2024 年的销售增长率等于 2023 年的可持续增长率，其经营效率和财务政策（包括不增发新的股票或回购股票）与上年相同。如果该公司 2024 年实现净利润 600 万元，则其股利支付率是（　　）。

A. 30%　　B. 40%　　C. 50%　　D. 60%

2.16 甲公司处于可持续增长状态，预计 2023 年末净经营资产 1 000 万元，净负债 340 万元，2023 年实现营业收入 1 100 万元，净利润 100 万元，股利支付率 40%。甲公司 2023 年的可持续增长率是（　　）。

A. 6.5%　　B. 6.1%　　C. 9.1%　　D. 10%

2.17 甲公司处于可持续增长状态，2023 年末的股东权益为 50 万元，可持续增长率为 20%。2024 年末，如果该公司的负债总额为 60 万元，则权益乘数是（　　）。

A. 1　　B. 1.5　　C. 2　　D. 2.5

2.18 下列关于可持续增长率和内含增长率相同点的说法中，正确的是（　　）。

A. 都不改变资本结构　　B. 都不发行股票

C. 都不从外部举债融资　　D. 都不改变股利支付率

二、多项选择题

2.19 某投资者计划投资甲公司，委托 A 注册会计师进行财务尽职调查。下列关于尽职调查的发现中，属于影响财务报表信息可靠性的"危险信号"的有（　　）。

A. 不及时提供财务报告或提供的财务报告不规范

B. 与销售相比应收账款异常增加

C. 关联方交易的定价不公允

D. 原因不明的会计调整

2.20 甲公司是一家制造业企业，假设其他因素不变，下列各项变化中，将导致经营营运资本需求降低的有（　　）。

A. 采用自动化流水生产线，减少存货投资

B. 原材料价格上涨，销售利润率降低

C. 市场需求减少，销售额减少

D. 发行长期债券，偿还短期借款

2.21 甲公司 2023 年末负债总额 300 万元，资产总额 500 万元，流动资产 200 万元，速动资产 100 万元，流动负债 150 万元，年利息费用 20 万元，无资本化利息，全年实现净利润 40 万元，所得税费用 10 万元。下列关于甲公司的财务比率指标中，正确的有（　　）。

A. 年末长期资本负债率是 42.86%　　B. 速动比率是 4/3

C. 利息保障倍数是 3.5　　D. 产权比率是 5/2

2.22 下列关于企业偿债能力分析的说法中，错误的有（　　）。

A. 现金流量与负债比率可以衡量企业的短期偿债能力，计算时分母的“流动负债”采用平均数更为合理

B. 营运资本是绝对数，不便于不同历史时期及不同企业之间的比较

C. 利息保障倍数表明每 1 元利息支出有多少倍的净利润作为偿付保障，可以反映企业的短期偿债能力

D. 产权比率和权益乘数是资产负债率的另外两种表现形式，资产负债率上升，产权比率和权益乘数也会上升

2.23 甲公司的生产经营存在季节性，夏季为生产经营淡季，冬季为生产经营旺季。下列关于存货周转天数计算方法和结果分析的说法中，正确的有（　　）。

A. 使用年初和年末的平均数会扭曲存货周转速度，应当使用各月月末平均数

B. 为了评价存货的变现能力和管理业绩，应当使用营业成本作为周转额

C. 分解总资产周转率时，应当统一使用营业收入作为周转额

D. 存货积压会导致过多的资金占用，应当尽可能减少存货周转天数

2.24 下列关于传统杜邦分析体系局限性的说法中，正确的有（　　）。

A. 没有区分金融负债与经营负债

B. 计算权益净利率的“所有者权益”和“净利润”不匹配

C. 没有区分金融资产与经营资产

D. 没有区分经营活动损益与金融活动损益

2.25 甲公司是制造业企业，采用管理用财务报表进行分析，下列各项中，属于甲公司金融负债的有（　　）。

A. 优先股

B. 融资租赁形成的长期应付款

C. 应付股利

D. 无息应付票据

2.26 甲公司本年实现净利润 200 万元，税后利息费用 40 万元，公司平均所得税税率 25%，下列关于甲公司本年的损益计算结果中，正确的有（　　）。

A. 金融损益 40 万元

B. 经营损益 160 万元

C. 税后经营净利润 240 万元

D. 金融损益 −40 万元

2.27 甲公司是制造业企业，采用管理用报表进行分析。下列关于管理用现金流量表指标的计算公式中，正确的有（　　）。

A. 营业现金毛流量 = 税后经营净利润 + 折旧与摊销抵税额

B. 实体现金流量 = 营业现金毛流量 − 经营营运资本增加 − 净经营长期资产增加

C. 债务现金流量 = 税后利息费用 − 净负债增加

D. 股权现金流量 = 股利分配 − 股票发行额 + 股票回购额

2.28 下列关于实体现金流量的说法中，正确的有（　　）。

A. 实体现金流量是可以提供给债权人和股东的税后现金流量

B. 实体现金流量是企业经营现金流量

C. 实体现金流量是税后经营净利润扣除净经营资产增加后的剩余部分

D. 实体现金流量是营业现金净流量扣除资本支出后的剩余部分

2.29 假设其他因素不变，下列变动中会导致企业外部融资需求减少的有（　　）。

A. 流动资产周转率提高　　B. 应付账款付款周期缩短

C. 预计股利支付率增加　　D. 预计营业净利率增加

2.30 甲公司无法取得外部融资，只能依靠内部积累实现增长。假设其他因素不变，下列说法中，正确的有（　　）。

A. 营业净利率越高，内含增长率越高

B. 净经营资产周转次数越高，内含增长率越高

C. 经营负债销售百分比越高，内含增长率越高

D. 股利支付率越高，内含增长率越高

2.31 假设其他因素不变，下列变动中，有利于提高可持续增长率的有（　　）。

A. 降低应收账款周转天数　　B. 降低产权比率

C. 提高股利支付率　　D. 提高产品毛利率

2.32 甲公司处于可持续增长状态，下列关于各项本期增加额的计算公式中，正确的有（　　）。

A. 本期总资产增加 =（本期销售增加 ÷ 基期销售收入）× 基期期末总资产

B. 本期负债增加 = 基期销售收入 × 销售净利率 × 利润留存率 ×（基期期末负债 ÷ 基期期末股东权益）

C. 本期股东权益增加 = 基期销售收入 × 销售净利率 × 利润留存率

D. 本期销售增加 = 基期销售收入 ×（基期净利润 ÷ 基期期初股东权益）× 利润留存率

2.33 下列关于可持续增长率与内含增长率的说法中，正确的有（　　）。

A. “可持续增长率”和“内含增长率”都不会改变资本结构

B. “可持续增长率”和“内含增长率”都不从外部融资

C. “可持续增长率”和“内含增长率”都不增发股票

D. 企业保持平衡增长时，本年销售实际增长率等于上年可持续增长率

三、计算分析题

2.34 甲公司是一家动力电池生产企业，拟采用管理用报表进行财务分析。相关资料如下：

（1）甲公司 2023 年主要财务报表数据（单位：万元）。

资产负债表项目	2023 年末
货币资金	200
应收账款	800
存货	1 500
固定资产	5 500
资产总计	8 000
应付账款	2 000

续表

资产负债表项目	2023 年末
长期借款	2 000
股东权益	4 000
负债及股东权益总计	8 000

利润表项目	2023 年度
营业收入	10 000
减：营业成本	6 000
税金及附加	320
销售和管理费用	2 000
财务费用	160
利润总额	1 520
减：所得税费用	380
净利润	1 140

（2）甲公司货币资金全部为经营活动所需，财务费用全部为利息支出。甲公司的企业所得税税率为 25%。

（3）乙公司是甲公司的竞争对手，2023 年相关财务比率如下：

项目	净经营资产净利率	税后利息率	净财务杠杆（净负债 / 股东权益）	权益净利率
乙公司	22%	8%	60%	30.4%

要求：

（1）编制甲公司 2023 年管理用财务报表（结果填入下方表格中，不用列出计算过程）。

单位：万元

管理用财务报表项目	2023 年
经营性资产	
经营性负债	
净经营资产	
金融负债	
金融资产	
净负债	
股东权益	

续表

管理用财务报表项目	2023 年
净负债及股东权益总计	
税前经营利润	
减：经营利润所得税	
税后经营净利润	
利息费用	
减：利息费用抵税	
税后利息费用	
净利润	

（2）基于甲公司管理用财务报表，计算甲公司的净经营资产净利率、税后利息率、净财务杠杆和权益净利率（注：资产负债表相关数据用年末数计算）。

（3）计算甲公司与乙公司权益净利率的差异，并使用因素分析法，按照净经营资产净利率、税后利息率和净财务杠杆的顺序，对该差异进行定量分析。

2.35 甲公司是一家机械加工企业，采用管理用财务报表分析体系进行权益净利率的行业平均水平差异分析。该公司 2023 年主要的管理用财务报表数据如下：

单位：万元

项目	2023 年
资产负债表项目（年末）：	
净经营资产	1 000
净负债	200
股东权益	800
利润表项目（年度）：	
销售收入	3 000
税后经营净利润	180
减：税后利息费用	12
净利润	168

为了与行业情况进行比较，甲公司收集了以下 2023 年的行业平均财务比率数据：

财务比率	净经营资产净利率	税后利息率	净财务杠杆	权益净利率
行业平均数据	19.50%	5.25%	40.00%	25.20%

要求：

（1）基于甲公司管理用财务报表有关数据，计算下列财务比率（结果填入下方表格中，不用列出计算过程）。

单位：万元

财务比率	2023 年
税后经营净利率	
净经营资产周转次数	
净经营资产净利率	
税后利息率	
经营差异率	
净财务杠杆	
杠杆贡献率	
权益净利率	

（2）计算甲公司权益净利率与行业平均权益净利率的差异，并使用因素分析法，按照净经营资产净利率、税后利息率和净财务杠杆的顺序，对该差异进行定量分析。

2.36 甲公司是一家汽车销售企业，现对公司财务状况和经营成果进行分析，以发现与主要竞争对手乙公司的差异，相关资料如下：

（1）甲公司 2023 年的主要财务报表数据（单位：万元）。

资产负债表项目	2023 年末
货币资金	1 050
应收账款	1 750
预付账款	300
存货	1 200
固定资产	3 700
资产总计	8 000
流动负债	3 500
非流动负债	500
股东权益	4 000
负债和股东权益总计	8 000

续表

利润表项目	2023 年度
营业收入	10 000
减：营业成本	6 500
税金及附加	300
销售费用	1 400
管理费用	160
财务费用	40
利润总额	1 600
减：所得税费用	400
净利润	1 200

注：假设资产负债表项目年末余额可代表全年平均水平。

（2）乙公司相关财务比率。

营业净利率	总资产周转次数	权益乘数
24%	0.6	1.5

要求：

（1）使用因素分析法，按照营业净利率、总资产周转次数、权益乘数的顺序，对 2023 年甲公司相对乙公司权益净利率的差异进行定量分析。

（2）说明营业净利率、总资产周转次数、权益乘数 3 个指标各自的经济含义及各评价企业哪方面能力，并指出甲公司与乙公司在经营战略和财务政策上的差别。

2.37 甲公司是一家新型建筑材料生产企业，为做好 2024 年财务计划，拟进行财务报表分析和预测。相关资料如下：

（1）甲公司 2023 年主要财务报表数据（单位：万元）。

资产负债表项目	2023 年末
货币资金	600
应收账款	1 600
存货	1 500
固定资产	8 300
资产总计	12 000
应付账款	1 000

续表

资产负债表项目	2023 年末
其他流动负债	2 000
长期借款	3 000
股东权益	6 000
负债及股东权益总计	12 000

利润表项目	2023 年度
营业收入	16 000
减：营业成本	10 000
税金及附加	560
销售费用	1 000
管理费用	2 000
财务费用	240
利润总额	2 200
减：所得税费用	550
净利润	1 650

（2）公司没有优先股且没有外部股权融资计划，股东权益变动均来自留存收益。公司采用固定股利支付率政策，股利支付率为 60%。

（3）销售部门预测 2024 年公司营业收入增长率为 10%。

（4）甲公司的企业所得税税率为 25%。

要求：

（1）假设 2024 年甲公司除长期借款外所有资产和负债与营业收入保持 2023 年的百分比关系，所有成本费用与营业收入的占比关系维持 2023 年水平，用销售百分比法初步测算公司 2024 年融资总需求和外部融资需求。

（2）假设 2024 年甲公司除货币资金、长期借款外，所有资产和负债与营业收入保持 2023 年的百分比关系，除财务费用和所得税费用外，所有成本费用与营业收入的占比关系维持 2023 年水平，2024 年新增财务费用按新增长期借款期初借入计算，所得税费用按当年利润总额计算。为满足资金需求，甲公司根据要求（1）的初步测算结果，以百万元为单位向银行申请贷款，贷款利率为 8%，贷款金额超出融资需求的部分计入货币资金。预测公司 2024 年末资产负债表和 2024 年度利润表（结果填入下方表格中，不用列出计算过程）。

财务报表

单位：万元

资产负债表项目	2024 年末
货币资金	
应收账款	
存货	
固定资产	
资产总计	
应付账款	
其他流动负债	
长期借款	
股东权益	
负债及股东权益总计	

单位：万元

利润表项目	2024 年度
营业收入	
减：营业成本	
税金及附加	
销售费用	
管理费用	
财务费用	
利润总额	
减：所得税费用	
净利润	

2.38 甲公司是一家靶向药生产企业，采用固定股利支付率政策，股利支付率为 50%，2021—2023 年部分财务数据如下（单位：万元）。

资产负债表项目	2021 年末	2022 年末	2023 年末
资产总计	5 000	6 250	8 750
流动负债	1 000	1 250	1 750

续表

资产负债表项目	2021 年末	2022 年末	2023 年末
非流动负债	1 500	1 875	3 000
股东权益	2 500	3 125	4 000
负债和股东权益合计	5 000	6 250	8 750

利润表项目	2021 年度	2022 年度	2023 年度
营业收入	10 000	12 500	17 500
净利润	1 000	1 250	1 750

假设甲公司所有资产均为经营资产，流动负债均为经营负债，非流动负债均为金融负债，不变的销售净利率可以涵盖增加的负债利息，各项经营资产和经营负债占销售收入的百分比保持不变，股东权益变动均来自利润留存。

要求：

（1）分别计算甲公司 2022 年的可持续增长率、2023 年的可持续增长率和实际增长率，从经营效率和财务政策的角度解释 2023 年可持续增长率和实际增长率的变动原因。

（2）如果甲公司预计 2024 年销售增长率为 20%，预计销售净利率较 2023 年增长 10%，股利支付率保持不变，计算 2024 年的外部融资需求。

（3）假定甲公司在目前的管理效率下，经营效率符合实际，公司不打算增发股票，并继续坚持固定股利支付率的分配政策。如果贷款银行要求公司的资产负债率不能超过 60%，计算确定甲公司 2024 年能够实现的最高销售增长率。

2.39 甲公司是一个材料供应商，拟与乙公司建立长期合作关系，为了确定对乙公司采用何种信用政策，需要分析乙公司的偿债能力和营运能力。为此，甲公司收集了乙公司 2023 年度的财务报表，相关的财务报表数据以及财务报表附注中披露的信息如下：

（1）资产负债表项目。

单位：万元

项目	年末金额	年初金额
流动资产合计	4 600	4 330
其中：货币资金	100	100
交易性金融资产	500	460
应收账款	2 850	2 660
预付账款	150	130
存货	1 000	980
流动负债合计	2 350	2 250

（2）利润表项目。

单位：万元

项目	本年金额	上年金额（略）
营业收入	14 500	
财务费用	500	
资产减值损失	10	
所得税费用	32.50	
净利润	97.50	

（3）乙公司的生产经营存在季节性，每年 3 月份至 10 月份是经营旺季，11 月份至次年 2 月份是经营淡季。

（4）乙公司按照应收账款余额的 5% 计提坏账准备，2023 年初坏账准备余额为 140 万元，2023 年末坏账准备余额为 150 万元。最近几年乙公司的应收账款回收情况不乐观，截至 2023 年末账龄三年以上的应收账款已达到应收账款余额的 10%。为了控制应收账款的增长，乙公司在 2023 年收紧了信用政策，减少了赊销客户的比例。

（5）乙公司 2023 年资本化利息支出为 100 万元，计入在建工程。

（6）计算财务比率时，涉及的资产负债表数据均使用其年初和年末的平均数。

要求：

（1）计算乙公司 2023 年的速动比率；评价乙公司的短期偿债能力时，需要考虑哪些因素？具体分析这些因素对乙公司短期偿债能力的影响。

（2）计算乙公司 2023 年的利息保障倍数；分析并评价乙公司的长期偿债能力。

（3）计算乙公司 2023 年的应收账款周转次数；评价乙公司的应收账款变现速度时，需要考虑哪些因素？具体分析这些因素对乙公司应收账款变现速度的影响。

2.40 甲公司 2021 年末总资产 1 000 万元，总负债 600 万元，2021 年度营业收入 500 万元，净利润 100 万元，股利支付率 80%。不考虑其他因素，回答下列问题。

要求：

（1）计算甲公司 2021 年的可持续增长率。

（2）若甲公司 2022 年不准备增发新股或回购股票，计划实现 10% 的销售增长率，请分别计算营业净利率、总资产周转次数、权益乘数、利润留存率达到多少时可以满足销售增长所需资金？假设每次测算时，只能改变一个财务比率，其他财务比率不变。

（3）若甲公司 2022 年保持 2021 年的营业净利率、总资产周转次数、权益乘数和利润留存率不变，计划通过增发新股以实现 10% 的销售增长率，计算甲公司应该筹集多少权益资金？

做新变 new

多项选择题

2.41 关于敏感系数，下列说法中正确的有（　　）。

A. 敏感系数等于目标变量变动百分比与选定影响因素变动百分比的比值

B. 只有敏感系数＞1，此因素才为敏感因素

C. 敏感系数是反映敏感程度的指标

D. 敏感系数表示选定影响因素变动1%导致目标变量变动的百分数，并可以直接显示变化后目标变量的值

2.42 某企业只生产一种产品，当年的息税前利润为30 000元。运用本量利关系对影响息税前利润的各因素进行敏感分析后得出，单价的敏感系数为3，单位变动成本的敏感系数为−2，销售量的敏感系数为1.2，固定成本的敏感系数为−0.8。下列说法中，正确的有（　　）。

A. 上述影响息税前利润的因素中，单价是最敏感的，固定成本是最不敏感的

B. 上述影响息税前利润的因素中，单价是最敏感的，单位变动成本是最不敏感的

C. 当单价提高10%时，息税前利润将增加3 000元

D. 当单位变动成本的上升幅度超过50%时，企业将转为亏损

第三章　价值评估基础

一、单项选择题

3.1　下列有关利率的说法中，正确的是（　　）。

A. 基准利率反映的是实际市场供求状况，没有反映市场对未来供求状况的预期

B. 流动性风险溢价反映了市场利率上升导致债券价格下跌的风险补偿

C. 无偏预期理论认为预期是影响利率期限结构的唯一因素

D. 流动性溢价理论认为收益率曲线上斜表明市场预期未来短期利率会上升

3.2　下列关于利率期限结构的表述中，属于无偏预期理论观点的是（　　）。

A. 不同到期期限的债券无法相互替代

B. 长期债券的利率等于在其有效期内人们所预期的短期利率的平均值

C. 到期期限不同的各种债券的利率取决于该债券的供给与需求

D. 长期债券的利率等于长期债券到期之前预期短期利率的平均值与随债券供求状况变动而变动的流动性溢价之和

3.3　目前 1 年期债券即期利率为 6%，预期 1 年后的 1 年期债券预期利率为 5%。根据无偏预期理论，目前 2 年期债券即期利率是（　　）。

A. 与 1 年期即期利率和 1 年后预期利率均无关

B. 与 1 年期即期利率有关，与 1 年后预期利率无关

C. $\sqrt{(1+6\%)\times(1+5\%)}-1$

D. 5.05%

3.4　下列各项说法中，符合流动性溢价理论的是（　　）。

A. 不同期限的债券市场互不相关

B. 长期即期利率是短期预期利率的无偏估计

C. 即期利率水平由各个期限债券市场上的供求关系决定

D. 债券期限越长，利率变动可能性越大，利率风险越高

3.5　甲公司折价发行 5 年期的公司债券，债券票面利率为 12%，每季度付息一次，到期一次偿还本金。该债券的有效年利率是（　　）。

A. 12%　　　　B. 12.55%

C. 10.5%　　　　D. 无法确定

3.6　假设银行年利率为 i，从现在开始每年年末存款 1 元，n 年后本利和是 $\frac{(1+i)^n-1}{i}$ 元。如果改为每年年初存款，存款期数不变，n 年后的本利和是（　　）元。

A. $\frac{(1+i)^{n+1}-1}{i}$　　　　B. $\frac{(1+i)^{n+1}-1}{i}+1$

C. $\frac{(1+i)^{n-1}-1}{i}+1$　　　　D. $\frac{(1+i)^{n+1}-1}{i}-1$

3.7 甲公司拟购置一条生产线，付款条件为首付 40 万元，从第 4 年开始，每年年初支付 20 万元，连续支付 8 年，共计 200 万元。假设甲公司的资本成本为 8%，则该方案相当于甲公司现在一次性付款（　　）万元。

A. 98.54　　B. 119.27　　C. 131.24　　D. 138.54

3.8 甲商场某型号电视机拟进行分期付款促销活动，价款可在 10 个月内按月分期，前 4 个月每月月初支付 500 元，第 5 个月开始每月月初支付 800 元。假设报价年利率为 12%。下列各项金额中，最接近该电视机月初一次性付款金额的是（　　）元。

A. 6 470.60　　B. 6 426.09　　C. 6 406.58　　D. 6 451.09

3.9 甲公司面临 X、Y 两个投资项目。经衡量，它们的期望报酬率相等，X 项目的标准差小于 Y 项目的标准差。对 X、Y 项目可以作出的判断是（　　）。

A. X 项目取得更高报酬和出现更大亏损的可能性均大于 Y 项目

B. X 项目取得更高报酬和出现更大亏损的可能性均小于 Y 项目

C. X 项目实际取得的报酬会高于其期望报酬

D. Y 项目实际取得的报酬会低于其期望报酬

3.10 下列关于单个证券投资风险度量指标的表述中，错误的是（　　）。

A. β 系数度量投资的系统风险

B. 方差度量投资的系统风险和非系统风险

C. 标准差度量投资的非系统风险

D. 变异系数度量投资的单位期望报酬率承担的系统风险和非系统风险

3.11 甲公司拟投资于两种证券 X 和 Y，两种证券期望报酬率的相关系数为 0.3，根据投资 X 和 Y 的不同资金比例测算，投资组合期望报酬率与标准差的关系如下图所示，甲公司投资组合的有效组合是（　　）。

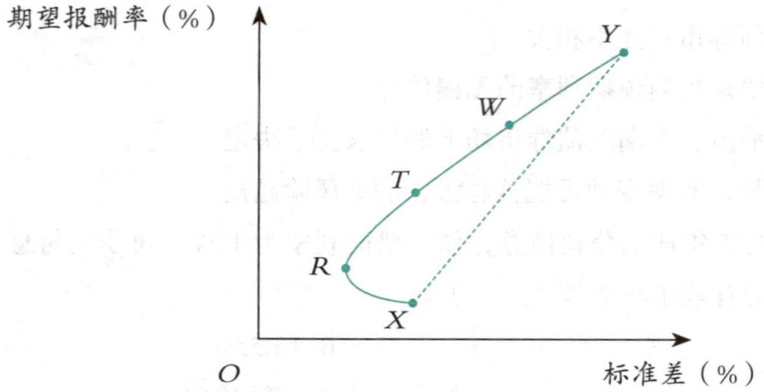

A. *XR* 曲线

B. *X*、*Y* 点

C. *RY* 曲线

D. *XRY* 曲线

3.12 在多种证券组合的机会集内，有效集以外的投资组合与有效边界上的投资组合相比，下列各项情况中，不会存在的是（　　）。

A. 相同的标准差和较低的期望报酬率

B. 相同的期望报酬率和较高的标准差

C. 较低的期望报酬率和较高的标准差

D. 较高的期望报酬率和较低的标准差

3.13 下列关于证券投资组合理论的表述中，正确的是（　　）。

A. 证券投资组合能消除大部分系统风险

B. 证券投资组合的总规模越大，承担的风险越大

C. 最小方差组合是所有组合中风险最小的组合，所以报酬最大

D. 一般情况下，随着更多的证券加入投资组合中，整体风险降低的速度会越来越慢

3.14 甲投资组合由证券 X 和证券 Y 两项资产构成，两项资产占比均为 50%。证券 X 的期望报酬率为 10%，标准差为 12%，β 系数为 1.2。证券 Y 的期望报酬率为 12%，标准差为 10%，β 系数为 1.3。下列说法中，正确的是（　　）。

A. 投资组合的 β 系数大于 1.3

B. 投资组合的期望报酬率大于 10%

C. 投资组合的标准差大于 10%

D. 投资组合的变异系数大于 11%

3.15 证券市场组合的期望报酬率是 16%，甲投资人以自有资金 100 万元和按 6% 的无风险利率借入的资金 40 万元进行证券投资，甲投资人的期望报酬率是（　　）。

A. 20%　　B. 18%　　C. 19%　　D. 22%

3.16 如果市场组合的期望报酬率和标准差分别为 15% 和 10%，无风险报酬率为 5%，甲将自有资金分为两部分，其中 60% 投资于市场组合，40% 投资于无风险资产。下列说法中，正确的是（　　）。

A. 总标准差为 12%　　B. 总期望报酬率为 10%

C. 该组合位于 M 点的左侧　　D. 该组合位于 M 点的右侧

3.17 某上市公司 2023 年的 β 系数为 1.25，无风险报酬率为 3.5%。市场组合的风险收益率为 8%，则投资者投资该公司股票的必要报酬率是（　　）。

A. 10.00%　　B. 9.13%　　C. 13.50%　　D. 11.50%

3.18 某投资者以 100 万元构建投资组合，该组合由 50 万元甲股票和 50 万元乙股票组成。长期政府债券到期收益率为 2%，市场组合的必要报酬率为 10%，其他相关信息如下：

股票	期望报酬率	标准差	β 系数
甲股票	8%	10%	0.6
乙股票	14%	20%	1.2

该投资组合的必要报酬率是（　　）。

A. 9%　　B. 10%　　C. 9.2%　　D. 12%

3.19 证券市场线可以用来描述市场均衡条件下单项资产或资产组合的期望报酬与风险之间的关系。当投资者的风险厌恶感普遍减弱时，会导致证券市场线（　　）。

A. 向上平行移动　　B. 向下平行移动

C. 斜率上升　　D. 斜率下降

二、多项选择题

3.20 按照流动性溢价理论，下列对上斜收益率曲线的解释中，正确的有（　　）。

A. 市场预期未来短期利率可能上升　　B. 市场预期未来短期利率可能不变

C. 市场预期未来短期利率可能下降　　D. 市场预期未来短期利率先上升后下降

3.21 下列关于利率的说法中，正确的有（　　）。

A. 期限风险溢价是债券因存在不能短期内以合理价格变现的风险而给予债权人的补偿

B. 预期理论无法解释不同期限债券的利率所体现出的同步波动现象

C. 流动性溢价理论认为投资者为了减少风险，相较于中长期债券，更偏好于短期债券

D. 其他条件不变，当债券一年按复利计息多次时，有效年利率大于报价利率

3.22 下列关于货币时间价值系数关系的表述中，正确的有（　　）。

A. 投资回收系数 =1 ÷ 普通年金现值系数

B. 偿债基金系数 =1 ÷ 普通年金现值系数

C. 预付年金现值系数 ×（1+ 折现率）= 普通年金现值系数

D. 预付年金终值系数 ÷（1+ 折现率）= 普通年金终值系数

3.23 市场上有两种有风险证券 X 和 Y，下列情况下，两种证券组成的投资组合风险低于二者加权平均风险的有（　　）。

A. X 和 Y 期望报酬率的相关系数是 0

B. X 和 Y 期望报酬率的相关系数是 −1

C. X 和 Y 期望报酬率的相关系数是 1

D. X 和 Y 期望报酬率的相关系数是 0.5

3.24 甲投资组合由证券 X 和证券 Y 各占 50% 组成。下列说法中，正确的有（　　）。

A. 甲的 β 系数 =X 的 β 系数 ×50%+Y 的 β 系数 ×50%

B. 甲的期望报酬率 =X 的期望报酬率 ×50%+Y 的期望报酬率 ×50%

C. 甲期望报酬率的标准差 =X 期望报酬率的标准差 ×50%+Y 期望报酬率的标准差 ×50%

D. 甲期望报酬率的变异系数 =X 期望报酬率的变异系数 ×50%+Y 期望报酬率的变异系数 ×50%

3.25 甲证券的期望报酬率是 12%，标准差是 10%；乙证券的期望报酬率是 20%，标准差是 15%。假设不允许买空卖空，下列关于甲、乙证券投资组合的说法中，正确的有（　　）。

A. 期望报酬率介于 12% 和 20% 之间

B. 标准差介于 10% 和 15% 之间

C. 最小方差组合是 100% 投资于甲证券

D. 最大期望报酬率组合是 100% 投资于乙证券

3.26 甲投资组合由M股票和N政府债券（无风险）组成，持仓占比分别为50%和50%，下列等式中，正确的有（　　）。

A. 甲期望报酬率 =M 的期望报酬率 ×50%

B. 甲报酬率的方差 =M 报酬率的方差 ×50%

C. 甲的 β 系数 =M 的 β 系数 ×50%

D. 甲报酬率的标准差 =M 报酬率的标准差 ×50%

3.27 下列因素中，影响资本市场线中市场均衡点位置的有（　　）。

A. 无风险报酬率

B. 风险组合的期望报酬率

C. 风险组合的标准差

D. 投资者个人的风险偏好

3.28 下列有关证券组合投资风险的表述中，正确的有（　　）。

A. 证券组合的风险不仅与组合中每个证券的报酬率的标准差有关，而且与各证券之间报酬率的协方差有关

B. 持有多种彼此不完全正相关的证券可以降低风险

C. 资本市场线反映了持有不同比例无风险资产与市场组合情况下风险和报酬的权衡关系

D. 投资机会集曲线描述了不同投资比例组合的风险和报酬之间的权衡关系

3.29 某投资者购买甲公司股票，下列各项中，影响该股票 β 系数大小的因素有（　　）。

A. 整个股票市场报酬率的标准差

B. 该股票报酬率的标准差

C. 整个股票市场报酬率与无风险报酬率的相关性

D. 该股票报酬率与整个股票市场报酬率的相关性

3.30 下列关于资本市场线和证券市场线的区别和联系的说法中，正确的有（　　）。

A. 两者的斜率均可为负数

B. 两者的横轴分别是报酬率的标准差和 β 系数

C. 两者的纵轴截距均为无风险报酬率

D. 两者的纵轴均为必要报酬率

3.31 下列关于证券组合投资风险的表述中，正确的有（　　）。

A. 无论资产间的相关系数如何，投资组合的收益都不低于单项资产的最低收益，而投资组合的风险都不高于单项资产的最高风险

B. 充分投资组合的风险，只受证券之间协方差的影响，而与各证券本身的方差无关

C. 证券市场线描述的是在市场均衡条件下单项资产或资产组合的必要报酬率与系统风险之间的关系，预计通货膨胀提高时，将导致证券市场线向上平移

D. 机会集上的无效组合可以通过投资比例的改变实现期望报酬率的提高且不增加风险

3.32 下列关于资本市场线的说法中，正确的有（　　）。

A. 不同风险偏好投资者的投资都是无风险资产和最佳风险资产组合的组合

B. 投资者在决策时不必考虑其他投资者对风险的态度

C. 当存在无风险资产并可按无风险利率自由借贷时，市场组合优于其他风险资产组合

D. 投资者对风险的态度不仅影响其借入或贷出的资金量，还影响最佳风险资产组合

3.33 下列关于资本市场线的说法中，正确的有（　　）。

A. 资本市场线中测度风险的工具是 β 系数

B. 直线的斜率代表风险的市场价格

C. 描述的是有效投资组合的期望收益与风险之间的关系

D. 存在无风险资产的情况下，投资者可以通过贷出资金减少自己的风险，同时保证预期的报酬率水平

第四章 资本成本

一、单项选择题

4.1 下列关于资本成本的说法中，错误的是（　　）。

A. 公司资本成本是公司取得资本使用权的代价

B. 不同公司的资本成本是不同的

C. 公司的资本成本是公司投资者的必要报酬率

D. 不同资本来源的资本成本是相同的

4.2 下列关于资本成本影响因素的说法中，正确的是（　　）。

A. 无风险利率上升会引起公司债务资本成本下降

B. 市场风险溢价不会影响股权资本成本

C. 税率属于影响资本成本的内部因素

D. 公司加大对高风险项目的投资会引起资本成本上升

4.3 下列选项中，属于影响企业资本成本内部因素的是（　　）。

A. 无风险利率

B. 市场风险溢价

C. 税率

D. 资本结构

4.4 甲公司是一家传统制造业企业，拟投资新能源汽车项目，预计期限为 10 年。乙公司是一家新能源汽车制造业企业，与该项目具有类似的商业模式、规模、负债比率和财务状况。下列各项中，最适合作为该项目债务资本成本的是（　　）。

A. 乙公司刚刚发行的 10 年期债券的到期收益率 6.5%

B. 刚刚发行的 10 年期政府债券的票面利率 5%

C. 乙公司刚刚发行的 10 年期债券的票面利率 6%

D. 刚刚发行的 10 年期政府债券的到期收益率 5.5%

4.5 甲公司采用风险调整法估计债务资本成本，在选择若干已上市公司债券以确定本公司的信用风险补偿率时，应当选择（　　）。

A. 与本公司信用级别相同的债券

B. 与本公司所处行业相同的公司的债券

C. 与本公司商业模式相同的公司的债券

D. 与本公司债券期限相同的债券

4.6 进行投资项目资本预算时，需要估计债务资本成本。下列说法中，正确的是（　　）。

A. 如果公司资本结构不变，债务资本成本是现有债务的历史成本

B. 如果公司有上市债券，可以使用债券承诺收益作为债务资本成本

C. 即使公司通过不断续约短债长用，债务资本成本也只是长期债务的成本

D. 如果公司发行“垃圾债券”，债务资本成本应是考虑违约可能后的期望成本

4.7 甲公司是一家上市公司，使用“债券收益率风险调整模型”估计甲公司的权益资本成本时，债券收益率是指（　　）。

A. 政府发行的长期债券的票面利率

B. 政府发行的长期债券的到期收益率

C. 甲公司发行的长期债券的税前债务资本成本

D. 甲公司发行的长期债券的税后债务资本成本

4.8 下列关于“运用资本资产定价模型估计权益成本”的表述中，正确的是（　　）。

A. 通货膨胀率较低时，可选择使用实际无风险利率计算资本成本

B. 公司三年前发行了较大规模的公司债券，估计 β 系数时应使用债券发行日之后的交易数据计算

C. 金融危机导致过去两年证券市场萧条，估计市场风险溢价时应剔除这两年的数据

D. 为了更好地预测长期平均风险溢价，估计市场风险溢价时应使用权益市场的算术平均收益率

4.9 某公司处于可持续经营状态，普通股目前的股价为 20 元 / 股，刚刚支付的每股股利为 2 元，本期利润留存率和期初权益本期净利率分别为 60% 和 10%，则该企业的普通股资本成本是（　　）。

A. 14.6%　　B. 16.6%　　C. 16.4%　　D. 14.4%

4.10 甲公司普通股当前的股价为 10 元 / 股，筹资费率为 4%，股利固定增长率为 3%，最近一期的每股股利为 2 元，则该公司的普通股资本成本是（　　）。

A. 23.00%　　B. 23.60%　　C. 23.83%　　D. 24.46%

4.11 在采用债券收益率风险调整模型估计普通股资本成本时，风险溢价是（　　）。

A. 目标公司普通股相对长期国债的风险溢价

B. 目标公司普通股相对短期国债的风险溢价

C. 目标公司普通股相对可比公司长期债券的风险溢价

D. 目标公司普通股相对目标公司债券的风险溢价

4.12 甲公司采用债券收益率风险调整模型估计股权资本成本，税前债务资本成本 8%，股权相对债权风险溢价 6%。企业所得税税率 30%。甲公司的股权资本成本是（　　）。

A. 11.6%　　B. 6%　　C. 14%　　D. 12%

4.13 甲公司适用的企业所得税税率为 25%，以面值平价发行优先股，筹资费率为 2%，年股息率为 8%，每年付息一次，甲公司将该优先股分类为权益工具，则该优先股的税后资本成本是（　　）。

A. 8.16%　　B. 8%　　C. 10%　　D. 7.5%

4.14 为反映现时资本成本水平，计算加权平均资本成本最适宜采用的价值权重依据是（　　）。

A. 账面价值权重

B. 实际市场价值权重

C. 目标资本结构权重

D. 清算价值权重

4.15 甲公司发行面值为 1 000 元的 2 年期债券，票面利率为 8%，每半年支付一次利息。假设年折现率为 10.25%，则该债券在发行时点的价值是（　　）元。

A. 1 000　　B. 964.54　　C. 968.34　　D. 950.68

4.16 甲公司于 2020 年 1 月 1 日发行了一批 5 年后到期的公司债券，每份债券的面值为 1 000 元，票面利率为 10%，每年年末付息一次，到期还本。假设年折现率为 10%，每份债券于 2023 年 7 月 1 日的价值是（　　）元。

A. 1 000　　B. 1 049　　C. 953.46　　D. 1 045

4.17 某公司发行面值为 1 000 元的 5 年期债券，债券票面利率为 10%，半年付息一次，发行后在二级市场上流通，假设等风险投资的必要投资报酬率为 10.25%，并保持不变，下列说法中，正确的是（　　）。

A. 溢价发行，发行后价值随着到期时间的缩短而逐渐下降，至到期日价值等于面值

B. 折价发行，发行后价值随着到期时间的缩短而逐渐上升，至到期日价值等于面值

C. 平价发行，发行后价值一直等于面值

D. 平价发行，发行后价值呈周期性波动

4.18 债券 A 和债券 B 是两只在同一资本市场上刚发行的按年付息的平息债券。它们的面值和票面利率均相同，只是到期时间不同。假设两只债券的风险相同，并且等风险投资的必要报酬率低于票面利率，下列说法中，正确的是（　　）。

A. 偿还期限长的债券价值低

B. 偿还期限长的债券价值高

C. 两只债券的价值相同

D. 两只债券的价值不同，但不能判断其高低

4.19 甲公司拟通过发行面值为 1 000 元的 5 年期平息债券进行筹资。假设市场利率为 8%，下列说法中，正确的是（　　）。

A. 如果票面利率为 6%，提高付息频率，债券价值将会下降

B. 如果票面利率为 6%，每年付息一次，到期日之前债券价值始终低于面值

C. 如果票面利率为 8%，不论付息频率如何调整，债券价值始终等于面值

D. 如果票面利率为 10%，每年付息一次，到期日之前债券价值始终高于面值

4.20 假设其他条件不变，当市场利率低于票面利率时，下列关于拟发行平息债券价值的说法中，错误的是（　　）。

A. 市场利率上升，价值下降

B. 期限延长，价值下降

C. 票面利率上升，价值上升

D. 计息频率增加，价值上升

4.21 某两年期债券，面值 1 000 元，票面利率 10%，每半年付息一次，到期还本。假设有效年折现率是 10.25%，该债券刚刚支付过上期利息，其价值是（　　）元。

A. 987.24　　B. 995.58　　C. 1 000　　D. 1 004.34

4.22 甲公司已进入稳定增长状态，固定股利增长率为 4%，股东要求的必要报酬率为 10%。公司最近一期的每股股利为 0.75 元，预计下一年的股票价格是（　　）元。

A. 7.5　　B. 13　　C. 12.5　　D. 13.52

4.23 某投资者持有甲公司的股票，投资必要报酬率为 12%。甲公司每年发放一次普通股股利，最近刚发放上年股利每股 2 元，预计未来 3 年股利将高速增长，增长率为 15%，之后转为正常增长，增长率为 10%，该公司股票目前每股价值是（　　）元。

A. 121.25　　B. 125.41　　C. 127.58　　D. 130.82

4.24 假设资本市场有效，在股利稳定增长的情况下，股票的资本利得收益率等于该股票的（　　）。

A. 股利增长率

B. 期望收益率

C. 风险收益率

D. 股利收益率

4.25 甲、乙公司已进入稳定增长状态，股票信息如下：

项目	甲	乙
最近一期每股股利	0.75 元	0.55 元
股利稳定增长率	6%	8%
股票价格	15 元	18 元

下列关于甲、乙股票投资的说法中，正确的是（　　）。

A. 甲、乙股票股利收益率相同

B. 甲、乙股票期望报酬率相同

C. 甲、乙股票股价增长率相同

D. 甲、乙股票资本利得收益率相同

4.26 甲、乙公司已进入稳定增长状态，可持续增长率为 5%。假设资本市场有效，如果两家公司最近一期支付的股利相同，甲公司股票价格为 12 元，乙公司股票价格为 16 元，下列说法中，错误的是（　　）。

A. 乙公司股票的资本利得收益率较高

B. 乙公司股票的股利收益率较低

C. 乙公司下一年的预期股票价格较高

D. 乙公司股票的期望报酬率较低

二、多项选择题

4.27 下列各项中，需要使用公司资本成本的有（　　）。

A. 筹资决策　　B. 营运资本管理

C. 企业价值评估　　D. 业绩评价

4.28 下列关于债务资本成本的说法中，正确的有（　　）。

A. 提供债务资本的投资者，没有权利获得高于合同规定利息之外的任何收益

B. 对于未来的决策，现有债务的历史成本是不相关成本

C. 由于加权平均资本成本主要用于资本预算，涉及的是长期债务，因此所有短期债务都不需要考虑

D. 由于违约风险的存在，因此债务的承诺收益可能小于债权人的期望收益

4.29 甲公司拟发行长期债券，并收集了 5 种上市交易的公司债券，计划使用风险调整法计算债务资本成本。下列关于信用风险补偿率的计算方法中，不正确的有（　　）。

A. 应选择与甲公司具有类似商业模式的同行业上市公司发行的债券

B. 应选择与上市交易的公司债券相同期限的政府债券

C. 应选择上市交易的公司债券和政府债券的票面利率

D. 应选择与甲公司拟发行债券到期日相近的政府债券

4.30 采用可比公司法估计债务资本成本，在寻找可比公司时，需要考虑的因素有（　　）。

A. 所处行业　　B. 信用评级

C. 商业模式　　D. 财务状况

4.31 采用实体现金流量模型进行企业价值评估时，为了计算资本成本，无风险利率需要使用实际利率的情况有（　　）。

A. 预测周期特别长　　B. 市场风险溢价较高

C. β 系数较大　　D. 存在恶性通胀

4.32 资本资产定价模型是估计权益成本的一种方法。下列关于资本资产定价模型参数估计的说法中，正确的有（　　）。

A. 估计无风险报酬率时，通常使用上市交易政府长期债券的到期收益率

B. 估计无风险报酬率时，如果存在恶性通货膨胀，应选择名义无风险利率

C. 估计 β 值时，选择的历史期长度越长越好

D. 估计市场风险溢价时，应选择较长的时间跨度，不应剔除经济繁荣期和经济衰退期的数据

4.33 普通股资本成本估计的模型包括（　　）。

A. 股利增长模型　　B. 资本资产定价模型

C. 债券收益率风险调整模型　　D. 财务比率法

4.34 下列关于间隔一段时间付息的平息债券价值的说法中，正确的有（　　）。

A. 当市场利率高于票面利率时，发行时债券价值高于债券面值

B. 当其他因素不变时，随着债券到期时间的缩短，溢价发行债券的价值波动下降，最终等于债券面值

C. 当其他因素不变时，随着债券到期时间的缩短，市场利率变化对债券价值的影响越来越小

D. 当票面利率不变时，溢价发行债券的计息期越短，债券价值越大

4.35 甲公司计划购买一只面值为 1 000 元的 5 年期平息债券，债券票面利率为 8%，半年付息一次，假设必要报酬率为 10.25%，下列关于债券价值的说法中，正确的有（　　）。

A. 到期日之前债券价值呈现周期性波动，永远低于面值

B. 到期日之前债券价值呈现周期性波动，可能高过面值

C. 到期日之前债券价值呈现周期性波动，永远高于面值

D. 随着到期时间缩短，必要报酬率的变动对债券价值的影响越来越小

4.36 甲公司拟发行平息债券，每年 6 月 30 日付息一次。假设其他条件不变，当市场利率高于票面利率时，下列说法中，正确的有（　　）。

A. 提高票面利率，债券价值增加

B. 提高付息频率，债券价值增加

C. 付息期内债券价值逐渐升高，可能高过面值

D. 随到期时间缩短，未来市场利率的变化对债券价值的影响越来越小

4.37 假设其他因素不变，下列事项中，会导致折价发行的平息债券价值下降的有（　　）。

A. 提高付息频率　　B. 延长到期时间

C. 提高票面利率　　D. 等风险债券的市场利率上升

4.38 甲公司两年前发行到期一次还本付息债券，该债券面值为 1 000 元，期限为 3 年，票面利率为 10%（单利计息），年折现率为 10%。下列说法中，错误的有（　　）。

A. 该债券发行时为平价发行

B. 目前购买该债券，持有至到期只能得到 1 年的利息

C. 该债券目前的价值为 1 181.83 元

D. 该债券目前的价值为 1 000 元

4.39 甲公司折价发行公司债券，该债券期限 5 年，面值 1 000 元，票面利率 8%，每半年付息一次，下列说法中，正确的有（　　）。

A. 该债券的到期收益率等于 8%　　B. 该债券的报价利率等于 8%

C. 该债券的计息周期利率小于 8%　　D. 该债券的有效年利率大于 8%

4.40 甲公司已进入稳定增长状态，当前的股票价格为每股 15 元，最近一期的股利为 0.75 元，股利稳定增长率为 6%，市场处于均衡条件，下列指标计算中，正确的有（　　）。

A. 甲公司股票股利收益率为 5%　　B. 甲公司股票价格增长率为 6%

C. 甲公司股票资本利得收益率为 6%　　D. 甲公司股票的期望收益率为 11%

4.41 下列关于优先股的说法中，错误的有（　　）。

A. 优先股股东仅在公司发行优先股时拥有表决权

B. 公司破产清算时，优先股股东将优先于无担保债权人求偿

C. 优先股属于兼具债务融资特征和权益融资特征的混合筹资工具

D. 优先股股东按照约定的票面股息率，优先于普通股股东分配公司利润

三、计算分析题

4.42 甲基金主要投资政府债券和货币性资产，目前正为 5 000 万元资金设计投资方案。三个备选方案如下：

方案一：受让银行发行的大额存单 A，存单面值 4 000 万元，期限 10 年，年利率为 5%，单利计息，到期一次还本付息。该存单尚有 3 年到期，受让价格为 5 000 万元。

方案二：以组合方式进行投资。其中，购入 3 万份政府债券 B，剩余额度投资于政府债券 C。B 为 5 年期债券，尚有 1 年到期，票面价值 1 000 元，票面利率为 5%，每年付息一次，到期还本，刚支付上期利息，当前市价为 980 元；该债券到期后，甲基金计划将到期还本付息金额全额购买 2 年期银行大额存单，预计有效年利率为 4.5%，复利计息，到期一次还本付息。C 为新发行的 4 年期国债，票面价值 1 000 元，票面利率为 5.5%，单利计息，到期一次还本付息，发行价格为 1 030 元；计划持有三年后变现，预计三年后债券价格为 1 183.36 元。

方案三：平价购买新发行的政府债券 D，期限 3 年，票面价值 1 000 元，票面利率为 5%，每半年付息一次，到期还本。

假设不考虑相关税费的影响。

要求：

分别计算三个投资方案的有效年利率，并从投资收益率角度指出应选择哪个投资方案。

4.43 甲公司拟于 2024 年 10 月发行 3 年期的公司债券，债券面值为 1 000 元，每半年付息一次，2027 年 10 月到期还本。甲公司目前没有已上市债券，为了确定拟发行债券的票面利率，公司决定采用风险调整法估计债务资本成本。财务部新入职的小 W 进行了以下分析及计算：

（1）收集同行业 3 家公司发行的已上市债券，并分别与各自发行期限相同的已上市政府债券进行比较，结果如下：

发债公司	公司债券			政府债券			票面利率差额
	期限	到期日	票面利率	期限	到期日	票面利率	
A	3 年期	2025 年 5 月 6 日	7.7%	3 年期	2026 年 6 月 8 日	4%	3.7%
B	5 年期	2026 年 1 月 5 日	8.6%	5 年期	2027 年 10 月 10 日	4.3%	4.3%
C	7 年期	2027 年 8 月 5 日	9.2%	7 年期	2028 年 10 月 10 日	5.2%	4%

（2）公司债券的平均信用风险补偿率 =（3.7%+4.3%+4%）÷3=4%。

（3）使用 3 年期政府债券的票面利率估计无风险利率，无风险利率 =4%。

（4）税前债务资本成本 = 无风险利率 + 公司债券的平均风险补偿率 =4%+4%=8%。

（5）拟发行债券的票面利率 = 税后债务资本成本 =8%×（1−25%）=6%。

要求：

（1）请指出小 W 在确定公司拟发行债券票面利率过程中的错误之处，并给出正确的做法（无须计算）。

（2）如果对所有错误进行修正后等风险债券的税前债务资本成本为8.16%，请计算拟发行债券的票面利率和每期（半年）付息额。

4.44 小W因购买个人住房向甲银行借款300 000元，年利率6%，每半年计息一次，期限5年，自2022年1月1日起至2027年1月1日止，小W选择等额本息还款方式偿还贷款本息，还款日在每年的7月1日和1月1日。2023年12月末小W收到单位发放的一次性年终奖60 000元，正在考虑这笔奖金的两种使用方案：

（1）2024年1月1日提前偿还银行借款60 000元。（当日仍需偿还原定的每期还款额）

（2）购买乙国债并持有至到期，乙国债为5年期债券，每份债券面值1 000元，票面利率4%，单利计息，到期一次还本付息，乙国债还有3年到期，当前价格1 020元。

要求：

（1）计算投资乙国债的到期收益率。小W应选择提前偿还银行借款还是投资国债，为什么？

（2）计算当前每期还款额，如果小W选择提前偿还银行借款，计算提前还款后的每期还款额。

4.45 甲公司计划以2/3（负债/权益）的资本结构为W项目筹资。如果决定投资该项目，甲公司将于2024年10月发行5年期债券。由于甲公司目前没有已上市债券，因此拟采用风险调整法确定债务资本成本。W项目的权益资本相对其税后债务资本成本的风险溢价为5%。

甲公司的信用级别为BB级，目前国内上市交易的BB级公司债券有3种，这3种债券及与其到期日接近的政府债券的到期收益率如下：

发债公司	上市债券到期日	上市债券到期收益率	政府债券到期日	政府债券到期收益率
H	2025年1月28日	6.5%	2025年2月1日	3.4%
M	2026年9月26日	7.6%	2026年10月1日	3.6%
L	2029年10月15日	8.3%	2029年10月10日	4.3%

甲公司适用的企业所得税税率为25%。

要求：

（1）根据所给资料，估计无风险利率，计算W项目的加权平均资本成本。其中，债务资本成本采用风险调整法计算，权益资本成本采用债券收益率风险调整模型计算。

（2）请列出不考虑发行费用的税前债务资本成本估计的方法和适用条件。

4.46 甲公司是一家制造业企业，信用级别为A级，目前没有上市债券，为投资新产品，公司拟通过发行面值1 000元的5年期债券进行筹资，公司采用风险调整法估计拟发行债券的税前债务资本成本，并以此确定该债券的票面利率。

2022年1月1日，公司收集了当时上市交易的3种A级公司债券及与这些上市债券到期日接近的政府债券的相关信息。

A 级公司债券			政府债券	
发债公司	到期日	到期收益率	到期日	到期收益率
X 公司	2026.5.1	7.5%	2026.6.8	4.5%
Y 公司	2027.1.5	7.9%	2027.1.10	5%
Z 公司	2028.1.3	8.3%	2028.2.20	5.2%

2022 年 7 月 1 日，本公司发行该债券，每年 6 月 30 日付息一次，2027 年 6 月 30 日到期，发行当天的等风险投资市场报酬率为 10%。

要求：

（1）计算 2022 年 1 月 1 日，A 级公司债券的平均信用风险补偿率，并确定甲公司拟发行债券的票面利率。

（2）计算 2022 年 7 月 1 日，甲公司债券的发行价格。

（3）2024 年 7 月 1 日，A 投资人在二级市场上以 970 元购买了甲公司债券，并计划持有至到期。投资当天等风险投资市场报酬率为 9%，计算 A 投资人的到期收益率，据此判断该债券是否值得购买。

第五章 投资项目资本预算

一、单项选择题

5.1 下列可以用于衡量投资项目流动性和风险的指标是（ ）。

A. 净现值

B. 现值指数

C. 静态回收期

D. 内含报酬率

5.2 甲公司计划将耗能大、使用年限短的M设备更换为节能环保、使用年限长的N设备，假设两设备能生产同品种和数量的产品且均能无限重置，甲公司应选择的决策方法是（ ）。

A. 动态回收期法

B. 净现值法

C. 平均年成本法

D. 内含报酬率法

5.3 甲公司计划使用内含报酬率法对A投资项目进行评估。A项目期限5年，原始投资额10万元，预计1～5年的现金流量会出现两次流入流出的交替。下列关于使用内含报酬率法对A项目进行评估的说法中，正确的是（ ）。

A. 可以清晰判断折现率的提高对流入还是流出产生的影响更大，且能够估计出A项目唯一的内含报酬率

B. 能够估计出A项目唯一的内含报酬率，但无法清晰判断折现率的提高对流入还是流出的影响更大

C. 可以清晰判断折现率的提高对流入还是流出产生的影响更大，但会出现内含报酬率多解或无解的情况

D. 无法清晰判断折现率的提高对流入还是流出产生的影响更大，且可能会出现内含报酬率多解或无解的情况

5.4 甲公司拟进行一项固定资产投资，目前有四个方案可供选择，其中方案一的项目期为10年，净现值为1 000万元；方案二的项目期为8年，现值指数为0.85；方案三的项目期11年，净现值的等额年金为150万元；方案四的项目期为6年，内含报酬率为10%。假定甲公司的资本成本为12%，则其应当选择的最优方案是（ ）。

A. 方案一

B. 方案二

C. 方案三

D. 方案四

5.5 甲公司有两个投资额相等的互斥项目 M 和 N，两个项目投资风险不同，均可重置。相关信息如下：

投资项目	投资期限	净现值	等额年金	永续净现值	内含报酬率
M	4 年	634 万元	200 万元	2 000 万元	15.72%
N	6 年	774 万元	210 万元	1 300 万元	21.69%

下列关于甲公司的投资判断，正确的是（　　）。

A. 应投资 N 项目，因为 N 的内含报酬率＞ M 的内含报酬率

B. 应投资 M 项目，因为 M 的永续净现值＞ N 的永续净现值

C. 应投资 N 项目，因为 N 的净现值＞ M 的净现值

D. 应投资 N 项目，因为 N 的等额年金＞ M 的等额年金

5.6 甲公司有 X、Y 两个项目组，分别承接不同的项目类型，X 项目组的资本成本为 8%，Y 项目组的资本成本为 12%，甲公司资本成本为 10%，下列项目中，甲公司可以接受的是（　　）。

A. 报酬率为 9% 的 X 类项目

B. 报酬率为 7% 的 X 类项目

C. 报酬率为 10% 的 Y 类项目

D. 报酬率为 11% 的 Y 类项目

5.7 甲公司适用的所得税税率为 25%，税前年营业收入为 1 000 万元，税后付现营业费用为 450 万元，税后经营净利润为 150 万元。则甲公司年营业现金毛流量为（　　）万元。

A. 300　　B. 350　　C. 400　　D. 450

5.8 甲公司拟投资某项目，一年前花费 10 万元做市场调查，后因故中止。现重启该项目，拟使用闲置的一间厂房，厂房购入时价格 2 000 万元，当前市价 2 500 万元，项目还需投资 500 万元购入新设备。在进行该项目投资决策时，初始投资是（　　）万元。

A. 2 500　　B. 2 510　　C. 3 000　　D. 3 010

5.9 甲公司于 2022 年末购置了一台生产设备，成本 1 000 万元。根据税法规定，该设备采用直线法计提折旧，折旧年限为 5 年，残值率 5%。该设备预计使用 3 年，税后年运行成本分别 150 万元、200 万元和 300 万元，均发生在各年年末。3 年后设备的变现价值为 400 万元。甲公司的加权平均资本成本为 12%，企业所得税税率为 25%，该设备的平均年成本是（　　）万元。

A. 461.37　　B. 463.59　　C. 470.26　　D. 459.14

5.10 甲公司是一家智能家电公司，准备进入电子通信设备行业。甲公司的企业所得税税率为 30%，目前的资本结构（净负债 / 股东权益）为 3/5，进入电子通信设备行业后仍维持该目标结构。在该目标资本结构下，债务税前资本成本 8%。电子通信设备行业代表企业乙公司的企业所得税税率为 25%，资本结构（净负债 / 股东权益）为 2/3，股东权益的 β 值为 1.4。假设无风险报酬率 5%，市场风险溢价 8%，运用可比公司法计算甲公司进入电子通信设备行业后的资本成本最接近的是（　　）。

A. 11.85%　　B. 12%　　C. 12.25%　　D. 12.75%

二、多项选择题

5.11 会计报酬率法是长期投资项目评价的一种辅助方法，下列关于该方法的表述中，正确的有（　　）。

A. 使用财务报告的数据，容易取得

B. 考虑了整个项目寿命期的全部利润

C. 忽视了折旧对现金流量的影响

D. 考虑了货币的时间价值

5.12 下列各项指标中，改变折现率影响其计算结果的有（　　）。

A. 净现值

B. 内含报酬率

C. 会计报酬率

D. 动态回收期

5.13 甲公司计划使用修订的内含报酬率法对 A 投资项目进行评估，下列关于甲公司对内含报酬率进行修订的原因表述中，正确的有（　　）。

A. 为了避免出现内含报酬率多解或无解的情况

B. 为了避免需要事先估计资本成本

C. 项目现金流入按资本成本计算再投资报酬率的假设更符合现实

D. 折现率使用项目资本成本计算的结果与净现值法的结论更可比

5.14 甲公司拟投资一条生产线，该项目投资期限 5 年，资本成本 12%，净现值 200 万元。下列说法中，正确的有（　　）。

A. 项目现值指数大于 1

B. 项目会计报酬率大于 12%

C. 项目折现回收期大于 5 年

D. 项目内含报酬率大于 12%

5.15 下列关于投资项目评估方法的表述中，正确的有（　　）。

A. 现值指数法克服了净现值法不能直接比较投资额不同的项目的局限性，它在数值上等于投资项目的未来现金净流量总现值除以原始投资额总现值

B. 动态回收期法克服了静态回收期法不考虑货币时间价值的缺点，但是仍然不能衡量项目的盈利性

C. 计算内含报酬率时，如果用试算的折现率得到的净现值大于零，说明项目的内含报酬率小于该试算的折现率

D. 内含报酬率法不能直接评价两个投资规模不同的互斥项目的优劣

5.16 下列投资项目的评价方法中，受资本结构影响的有（　　）。

A. 净现值法

B. 现值指数法

C. 内含报酬率法

D. 动态回收期法

5.17 下列各项关于独立项目评价的说法中，正确的有（　　）。

A. 净现值较大的项目，内含报酬率也较高

B. 现值指数消除了投资额差异，适用于原始投资额不同的独立方案的比较

C. 回收期未考虑回收期后的现金流，无法衡量项目的风险

D. 会计报酬率忽视了税后经营净利润的时间分布对项目经济价值的影响

5.18 在进行期限不同的互斥项目的选择时，共同年限法和等额年金法的共同缺点有（　　）。

A. 忽视了货币时间价值

B. 无法用于投资额不同的项目的优选问题

C. 未考虑通货膨胀严重时的重置成本上升问题

D. 未考虑技术进步快的投资领域的项目投资不可重复问题

三、计算分析题

5.19 甲公司投资一个项目，有 A、B、C 三种方案可供选择，资料如下：

A 方案：项目初始投资额 120 万元，没有建设期，期限 5 年，各年的现金净流量分别为 60 万元、50 万元、50 万元、30 万元和 30 万元。B 方案：项目建设期 2 年，经营期 6 年，净现值为 83 万元。C 方案：项目期限 10 年，净现值为 86 万元。A、B、C 三个项目的资本成本分别为 8%、10% 和 12%。

要求：

（1）计算 A 方案的净现值。

（2）计算三个方案的等额年金和永续净现值。

（3）根据上述计算结果，选择最优方案。

5.20 甲公司是一家智能装备制造公司，2024 年末公司计划对现有设备进行技术改造或者新购置一台专用生产设备。财务部新入职的小 W 收集了相关资料如下：

方案一：改造现有设备。现有设备于 2022 年末以 1 200 万元购入，年付现运行成本 70 万元，预计 2024 年末变现价值为 350 万元，税法规定的折旧年限为 3 年，按直线法计提折旧，折旧期满无残值。改造需支出 500 万元，税法允许一次性税前扣除。改造后，设备预计尚可使用 3 年，无残值，年付现运行成本可以减少 5 万元。

方案二：购置新设备。新设备购置成本为 800 万元，无需安装，预计使用 3 年。根据税法相关规定，该设备按直线法计提折旧，折旧年限 4 年，净残值率 5%。该设备年付现运行成本和年末变现价值的资料如下。

单位：万元

年份	2025 年	2026 年	2027 年
付现运行成本	50	60	90
年末变现价值	500	350	100

两个方案的资本成本均为 10%，所得税税率为 25%。假设年付现运行成本均发生在各年年末。

要求：

（1）计算方案一各年的现金净流量和项目净现值（计算过程及结果填入给定表格内，保留两位小数）。

单位：万元

项目	2024 年末	2025 年末	2026 年末	2027 年末
现金净流量				
折现系数（10%）				
现值				
净现值				

（2）计算方案二各年的现金净流量和项目净现值。

（3）根据上述计算结果判断甲公司应选择哪种方案，并说明理由。

5.21 甲汽车租赁公司拟购置一批新车用于出租，现有两种投资方案，相关信息如下：

方案一：购买中档轿车 100 辆，每辆车价格 10 万元，另需支付车辆价格 10% 的购置相关税费，每年平均出租 300 天，日均租金 150 元 / 辆，车辆预计使用年限为 8 年，8 年后变现价值为 0，前 5 年每年维护费 2 000 元 / 辆，后 3 年每年维护费 3 000 元 / 辆，车辆使用期间每年保险费 3 500 元 / 辆，其他税费 500 元 / 辆。每年增加付现固定运营成本 20.5 万元。

方案二：购买大型客车 20 辆，每辆车价格 50 万元，另需支付车辆价格 10% 的购置相关税费，每年平均出租 250 天，日均租金 840 元 / 辆，车辆可使用年限为 10 年，10 年后变现价值为 0，前 6 年每年维护费 5 000 元 / 辆，后 4 年每年维护费 10 000 元 / 辆，车辆使用期间每年保险费 30 000 元 / 辆，其他税费 5 000 元 / 辆。每年增加付现固定运营成本 10 万元。

根据税法相关规定，车辆购置相关税费计入车辆原值，采用直线法计提折旧，无残值。

等风险投资必要报酬率 12%，企业所得税税率 25%。

假设购车相关支出发生在年初，每年现金流入、现金流出均发生在年末。

要求：

（1）分别估计两个方案的现金流量。

（2）分别计算两个方案的净现值。

（3）分别计算两个方案净现值的等额年金。

（4）假设两个方案都可以无限重置，且是互斥项目，用等额年金法判断甲公司应采用哪个投资方案。

5.22 甲公司是一家中低端护肤品生产企业，为适应市场需求，2024 年末拟新建一条高端护肤品生产线，项目期限 5 年。相关资料如下：

（1）新建生产线需要一栋厂房、一套生产设备和一项专利技术。新建厂房成本 5 000 万元，根据税法相关规定，按直线法计提折旧，折旧年限 20 年，无残值。假设厂房建设周期很短，2024 年末即可建成使用，预计 5 年后变现价值 4 000 万元。生产设备购置成本 2 000 万元，无须安装，根据税法相关规定，按直线法计提折旧，折旧年限 5 年，无残值，预计 5 年后变现价值为零。一次性支付专利技术使用费 1 000 万元，可使用 5 年，根据税法相关规定，专利技术使用费按受益年限平均摊销。

（2）生产线建成后，预计高端护肤品第一年销售收入 5 000 万元，第二年及以后每年销售收入 6 000 万元。付现变动成本占销售收入的 20%，付现固定成本每年 1 000 万元。

（3）项目需增加营运资本 200 万元，于 2024 年末投入，项目结束时收回。

（4）项目投产后，由于部分原中低端产品客户转而购买高端产品，预计会导致中低端产品销售收入每年流失 500 万元，同时付现变动成本每年减少 200 万元。

（5）假设厂房、设备和专利技术使用费相关支出发生在 2024 年末，各年营业现金流量均发生在当年年末。

（6）项目加权平均资本成本 14%。企业所得税税率 25%。

要求：

（1）计算该项目 2024—2029 年末的相关现金净流量和净现值（计算过程和结果填入下方表格中）。

单位：万元

项目	2024 年末	2025 年末	2026 年末	2027 年末	2028 年末	2029 年末

续表

项目	2024 年末	2025 年末	2026 年末	2027 年末	2028 年末	2029 年末
现金净流量						
折现系数						
现值						
净现值						

（2）计算该项目的动态投资回收期。

（3）分别用净现值法和动态投资回收期法判断该项目是否可行，假设甲公司设定的项目动态投资回收期为 3 年。

5.23 甲公司主营电池生产业务，现已研发出一种新型锂电池产品，准备投向市场。为了评价该锂电池项目，需要对其资本成本进行估计。有关资料如下：

（1）该锂电池项目拟按照资本结构（净负债 / 权益）30/70 进行筹资，税前债务资本成本预计为 9%。

（2）目前市场上有一种还有 10 年到期的已上市政府债券。该债券面值为 1 000 元，票面利率 6%，每年付息一次，到期一次归还本金，当前市价为 1 120 元，刚过付息日。

（3）锂电池行业的代表企业是乙、丙公司，乙公司的资本结构（净负债 / 权益）为 40/60，股东权益的 β 系数为 1.5；丙公司的资本结构（净负债 / 权益）为 50/50，股东权益的 β 系数为 1.54。权益市场风险溢价为 7%。

（4）甲、乙、丙三个公司运用的企业所得税税率均为 25%。

要求：

（1）计算无风险利率。

（2）使用可比公司法计算锂电池行业代表企业的平均 $\beta_{资产}$、该锂电池项目的 $\beta_{权益}$与权益资本成本。

（3）计算该锂电池项目的加权平均资本成本。

5.24 甲公司计划投资一个新项目，通过尽职调查梳理了以下资料和信息：

（1）为评估项目的市场前景，公司支付了前期咨询费 10 万元。

（2）利用现有闲置厂房，原值 3 000 万元，已计提折旧 1 500 万元，目前变现价值为 1 000 万元，但为了不影响取得厂房所在园区的政策补贴，公司不计划出售。

（3）设备投资额 2 000 万元，项目经营期为 6 年，终结期变现净收入为 0。按税法规定，该类设备的折旧年限为 4 年，使用直线法计提折旧，残值率为 10%。计划于 2024 年初购进设备，安装建设期为 1 年。

（4）预计 2025 年初开业，每年项目收入 3 000 万元，付现成本 2 000 万元。

（5）项目投资后预计需要流动资产 200 万元，可用流动负债 50 万元。

（6）同行业的乙公司与该项目的商业模式类似。乙公司股票的 β 系数为 1.44，资本结构（净负债：权益）为 1 ： 1。甲公司税前债务资本成本为 8%，以后保持不变，公司的目标资本结构（净负债：权益）为 2 ： 3。

（7）当前无风险报酬率为 5%，市场组合平均报酬率为 10%。甲公司的企业所得税税率均为 25%，乙公司的企业所得税税率为 20%。除非特别说明，假设该项目的营业现金流量均发生在各年年末。

要求：

（1）估算该投资项目的初始现金净流量、各年现金净流量和必要报酬率。

（2）计算该投资项目的净现值和现值指数，判断是否应当投资，并说明理由。

5.25 甲公司目前生产一种产品，该产品的适销期预计还有 4 年，公司计划 4 年后停产该产品。生产该产品的设备已经使用 5 年，比较陈旧，运行成本（人工费、维修费和能源消耗等）和残次品率较高。目前市场上出现了一种新设备，其生产能力、生产产品的质量与现有设备相同。新设备虽然购置成本较高，但运行成本较低，并且可以减少存货占用资金、降低残次品率。除此以外的其他方面，新设备与旧设备没有显著差别。

甲公司正在研究是否应将现有旧设备更换为新设备，有关资料如下：

单位：元

继续使用旧设备		更换新设备	
当初购买和安装成本	200 000	新设备购买和安装成本	300 000
旧设备当前市值	50 000	税法规定折旧年限（年）	10
税法规定折旧年限（年）	10	税法规定折旧方法	直线法
税法规定折旧方法	直线法	税法规定残值率	10%
税法规定残值率	10%	运行效率提高减少半成品存货占用资金	15 000
已经使用年限（年）	5	已经使用年限（年）	0
预计尚可使用年限（年）	4	计划使用年限（年）	4
预计 4 年后设备变现净收入	0	预计 4 年后设备变现净收入	200 000
年运行成本（付现营业费用）	110 000	年运行成本（付现营业费用）	77 000
年残次品成本（付现营业费用）	8 000	年残次品成本（付现营业费用）	3 000

甲公司更新设备投资的资本成本为 10%，所得税税率为 25%。

要求：

（1）采用差额分析法，计算甲公司出售旧设备购置新设备方案的净现值，并据此判断是否实施更新设备的方案（计算结果填入给定表格内，无须列出计算过程）。

单位：元

项目 / 时间	0	1	2	3	4
差额现金净流量					
折现系数					
现值					
净现值					

（2）①计算甲公司继续使用旧设备的相关现金流量总现值（计算结果填入给定表格内，无须列出计算过程）。

单位：元

项目 / 时间	0	1	2	3	4
丧失的变现收入					
丧失的变现损失抵税					
税后付现营业费用					
年折旧抵税额					
终结期变现净收入					
终结期账面价值					
终结期变现损失抵税					
现金净流量					
折现系数					
现值					
现金流量现值合计					

②计算甲公司更换新设备方案的相关现金流量总现值（计算结果填入给定表格内，无须列出计算过程）。

单位：元

项目 / 时间	0	1	2	3	4
新设备的购置成本					
节约的营运资本					
节约营运资本的恢复					
每年税后付现营业费用					
新设备年折旧抵税额					
新终结期变现净收入					
终结期账面价值					
新设备变现收益纳税					
现金净流量					
折现系数					
现值					
现金流量现值合计					

③计算两个方案的平均年成本，并判断是否实施更新设备的方案。

四、综合题

5.26 甲公司是一家建设投资公司，业务涵盖市政工程绿化、旅游景点开发等领域。近年来，夏日纳凉休闲项目受到青睐，甲公司计划在位于市郊的A公园开发W峡谷漂流项目（以下简称W项目），目前正在进行项目评价，有关资料如下：

（1）甲公司与A公园进行洽谈并初步约定，甲公司一次性支付给A公园经营许可费700万元（税法规定在5年内摊销，期满无残值），取得W项目5年的开发与经营权；此外，甲公司还需每年按营业收入的5%向A公园支付景区管理费。

（2）W项目前期投资包括：修建一座蓄水池，预计支出100万元；漂流景区场地、设施等固定资产投资200万元；购入橡皮艇200艘，每艘市价5 000元。按税法规定，以上固定资产可在10年内按直线法计提折旧，期满无残值。5年后，A公园以600万元买断W项目，甲公司退出W项目的经营。

（3）为宣传推广W项目，前期需投入广告费50万元。按税法规定，广告费在项目运营后第1年年末税前扣除。甲公司经调研预计W项目的游客服务价格为200元/人次，预计第1年可接待游客30 000人次；第2年及以后年度项目将满负荷运营，预计每年可接待游客40 000人次。

（4）预计W项目第1年的人工成本支出为60万元，第2年增加12万元，以后各年人工成本保持不变。

（5）漂流河道、橡皮艇等设施的年维护成本及其他营业开支预计为100万元。

（6）为维持W项目正常运营，预计需按照营业收入的20%垫支营运资金。

（7）甲公司计划以2/3（净负债/权益）的资本结构为W项目筹资。如果决定投资该项目，甲公司将于2024年10月发行5年期债券。由于甲公司目前没有已上市债券，因此拟采用风险调整法确定债务资本成本。W项目的权益资本相对其税后债务资本成本的风险溢价为5%。

甲公司的信用级别为BB级，目前国内上市交易的BB级公司债券有3种，这3种债券及与其到期日接近的政府债券的到期收益率如下：

发债公司	上市债券到期日	上市债券到期收益率	政府债券到期日	政府债券到期收益率
H	2025年1月28日	6.5%	2025年2月1日	3.4%
M	2026年9月26日	7.6%	2026年10月1日	3.6%
L	2029年10月15日	8.3%	2029年10月10日	4.3%

（8）预计W项目短时间可建成，可以假设没有建设期。为简化计算，假设经营许可费、项目初始投资、广告费均发生在第1年年初（零时点），项目营业收入、付现成本等均发生在以后各年年末，垫支的营运资金于各年年初投入，在项目结束时全部收回。

（9）甲公司适用的企业所得税税率为25%。

要求：

（1）根据所给资料，估计无风险利率；计算 W 项目的加权平均资本成本，其中，债务资本成本采用风险调整法计算，权益资本成本采用债券收益加风险溢价法计算。

（2）计算 W 项目的初始（零时点）现金流量、每年的现金净流量及项目的净现值（计算过程及结果填入下方表格中），判断项目是否可行并说明原因。

单位：万元

项目	零时点	第 1 年	第 2 年	第 3 年	第 4 年	第 5 年
现金净流量						
折现系数（9%）						
现金净流量的现值						
净现值						

（3）以项目目前净现值为基准，假设 W 项目各年接待游客人次下降 10%，用敏感程度法计算净现值对接待游客人次的敏感系数。

5.27 甲公司是一家电器制造企业，主营业务是厨卫家电的生产和销售，为扩大市场份额，准备投产智能型家电产品（以下简称智能产品），目前相关技术研发已经完成，正在进行该项目的可行性研究，相关资料如下：

（1）如果可行，该项目拟在 2025 年初投产，预计该智能产品 3 年后（即 2027 年末）停产，即项目预期持续 3 年。智能产品单位售价 1 500 元，2025 年销售 10 万台，销量以后每年按 10% 增长，单位变动制造成本 1 000 元；每年付现固定制造费用 200 万元，每年付现销售和管理费用占销售收入的 10%。

（2）为生产该智能产品，需要添置一条生产线，预计购置成本 6 000 万元。该生产线可在 2024 年末前安装完毕。按税法规定，该生产线折旧年限 4 年，预计净残值率 5%，采用直线法计提折旧，预计 2027 年末该生产线的变现价值为 1 200 万元。

（3）公司现有一闲置厂房对外出租，每年年末收取租金 40 万元，该厂房可用于生产该智能产品，因生产线安装期较短，安装期间租金不受影响。由于智能产品对当前产品的替代效应，因此当前产品 2025 年销量下降 1.5 万台，下降的销量以后每年按 10% 增长；2027 年末智能产品停产，替代效应消失，2028 年当前产品销量恢复至智能产品项目投产前的水平。当前产品的单位售价为 800 元，单位变动成本为 600 元。

（4）营运资本为销售收入的 20%，智能产品项目垫支的营运资本在各年年初投入，在项目结束时全部收回；减少的当前产品垫支的营运资本在各年年初收回，在智能产品项目结束时重新投入。

（5）项目加权平均资本成本 9%，公司所得税税率 25%。假设该项目的初始现金流量发生在 2024 年末，营业现金流量均发生在以后各年年末。

要求：

（1）计算项目的初始现金净流量（2024 年末增量现金净流量）、2025—2027 年的增量现金净流量及项目的净现值、折现回收期和现值指数，并判断项目是否可行（计算过程和结果填入下方表格中）。

单位：万元

项目	2024 年末	2025 年末	2026 年末	2027 年末
现金净流量				
折现系数（9%）				
现值				
净现值				
折现回收期（年）				
现值指数				

（2）为分析未来不确定性对该项目净现值的影响，应用最大最小法计算单位变动制造成本的最大值，应用敏感程度法计算当单位变动制造成本上升 5% 时，净现值对单位变动制造成本的敏感系数。

5.28 甲公司是一家制造业上市公司，主营业务是易拉罐的生产和销售。为进一步满足市场需求，公司准备新增一条智能化易拉罐生产线，目前正在进行该项目的可行性研究。相关资料如下：

（1）该项目如果可行，拟在 2024 年 12 月 31 日开始投资建设生产线，预计建设期为 1 年，即项目将在 2025 年 12 月 31 日建设完成，2026 年 1 月 1 日投资使用。该生产线预计购置成本 4 000 万元，项目预期持续 3 年。按税法规定，该生产线折旧年限 4 年，残值率 5%。按直线法计提折旧，预计 2028 年 12 月 31 日项目结束时该生产线变现价值 1 800 万元。

（2）公司有一闲置厂房拟对外出租，每年租金 60 万元，在出租年度的上年年末收取。该厂房可用于安装该生产线，安装期间及投资后，该厂房均无法对外出租。

（3）该项目预计 2026 年生产并销售 12 000 万罐，产销量以后每年按 5% 增长，预计易拉罐单位售价 0.5 元，单位变动制造成本 0.3 元；每年付现销售和管理费用占销售收入的 10%；2026 年、2027 年、2028 年每年固定付现成本分别为 200 万元、250 万元、300 万元。

（4）该项目预计营运资本占销售收入的 20%，垫支的营运资本在运营年度的上年年末投入，在项目结束时全部收回。

（5）为筹资所需资金，该项目拟通过发行债券和留存收益进行筹资：发行期限 5 年、面值 1 000 元、票面利率 6% 的债券，每年年末付息一次，发行价格 960 元。发行费用率为发行价格的 2%，公司普通股 β 系数 1.5，无风险报酬率 3.4%，市场组合必要报酬率 7.4%。当前公司的资本结构（净负债 / 权益）为 2/3，目标资本结构（净负债 / 权益）为 1/1。

（6）公司所得税税率 25%。

假设该项目的初始现金流量发生在 2024 年末，营业现金流量均发生在投产后各年年末。

要求：

（1）计算项目债务税后资本成本、股权资本成本和项目加权平均资本成本。

（2）计算项目 2024 年及以后各年年末现金净流量及项目净现值，并判断该项目是否可行（计算过程和结果填入下方表格）。

单位：万元

项目	2024 年末	2025 年末	2026 年末	2027 年末	2028 年末

续表

项目	2024 年末	2025 年末	2026 年末	2027 年末	2028 年末
现金净流量					
折现系数（8%）					
现金流量现值					
净现值					

（3）假设其他条件不变，利用最大最小法计算生产线可接受的最高购置价格。

5.29 甲公司是一家手机生产企业，2024 年拟投资生产智能穿戴设备，目前正在进行项目的可行性研究。相关资料如下：

（1）如果可行，该项目拟在 2024 年末开始投资建设生产线，预计建设期为 1 年，2026 年初投入使用。预计该生产线的购置和安装成本合计为 4 000 万元，项目预期持续 3 年。按照税法规定，该生产线的折旧年限为 5 年，残值率为 10%，按直线法计提折旧。预计 2028 年末该生产线的变现价值为 1 800 万元。假设生产线的购置和安装相关的现金流量均发生在 2024 年末。

（2）公司现有一间闲置厂房对外出租，每年年末收取租金 80 万元。该厂房可用于安装该生产线，安装期间及投资后，该厂房均无法对外出租。

（3）为生产该智能穿戴设备，甲公司需要使用乙公司的一项专利技术。在生产线建设完成之后，正式开始生产产品之前，甲公司向乙公司一次性支付专利技术使用费 1 200 万元（税法规定在 3 年内摊销，期满无残值）；此外甲公司还需每年按照营业收入的 2%，向乙公司支付专利技术维护费。

（4）生产线建成之后，预计智能穿戴设备 2026 年、2027 年、2028 年每年的产销量分别为 2 万件、3 万件、4 万件；预计 2026 年、2027 年、2028 年每年的销售价格分别为 2 000 元、1 800 元、1 600 元；单位变动制造成本为 600 元；每年付现销售和管理费用占销售收入的 5%；每年的付现固定成本均为 400 万元。假设营业现金流量均发生在投产后各年年末。

（5）该项目预计营运资本占销售收入的 20%，垫支的营运资本在运营年度的上年年末投入，在项目结束时全部收回。

（6）甲公司计划以 2/3（净负债 / 权益）的资本结构为该项目筹资。如果决定投资该项目，甲公司将于 2024 年 12 月发行 5 年期债券，面值 1 000 元，票面利率为 10%，每年付息一次，发行价格为 1 108.78 元。甲公司普通股 β 系数为 1.75，无风险报酬率为 4%，市场组合必要报酬率为 10%，当前公司资本结构为 1/1（净负债 / 权益），假设该项目经营风险与公司目前的经营风险相同。

（7）甲公司适用的企业所得税税率为 25%。

要求：

（1）根据所给资料，计算项目债务税后资本成本、股权资本成本和项目加权平均资本成本。

（2）计算项目 2024 年末以后各年年末现金净流量及项目净现值，并判断该项目是否可行（计算过程和结果填入下方表格中）。

单位：万元

项目	2024 年末	2025 年末	2026 年末	2027 年末	2028 年末

续表

项目	2024 年末	2025 年末	2026 年末	2027 年末	2028 年末
现金净流量					
折现系数					
现值					
净现值					

（3）以项目目前净现值为基准，假设该项目生产线购置和安装成本上升 10%，用敏感程度法，计算净现值对生产线购置和安装成本的敏感系数。

第六章　期权价值评估

一、单项选择题

6.1　甲公司于2023年3月10日与乙公司签订合同，约定在2023年6月30日，向乙公司交付400吨铜。甲公司于签订合同当日，购买现货铜400吨，价格为5万元/吨。为了降低铜价格波动所带来的风险，甲公司在期货交易所，卖出了6月30日到期的期铜400吨，价格为5.05万元/吨。若2023年6月30日，现货市场铜的价格与期铜价格均为5.12万元/吨，甲公司投资的净损益为（　　）万元。

A. 20　　B. −20　　C. 28　　D. −28

6.2　2024年8月2日，甲公司股票每股市价50元。市场上有以甲公司股票为标的资产的欧式看涨期权，每份看涨期权可买入1股股票，执行价格为48元，2024年10月26日到期。下列情形中，持有该期权多头的理性投资人会行权的是（　　）。

A. 2024年10月26日，甲公司股票每股市价40元

B. 2024年8月26日，甲公司股票每股市价50元

C. 2024年8月26日，甲公司股票每股市价40元

D. 2024年10月26日，甲公司股票每股市价50元

6.3　甲公司股票目前市价为20元，有1股以该股票为标的资产的看涨期权，期限为6个月，执行价格为24元，期权价格为4元。若到期日股价为30元，下列各项说法中，错误的是（　　）。

A. 多头看涨期权到期日价值为6元

B. 空头看涨期权到期日价值为−6元

C. 多头看涨期权净损益为−2元

D. 空头看涨期权净损益为−2元

6.4　某投资者得知甲公司的未决诉讼将要宣判，如果胜诉，预计股价将翻一番，如果败诉，预计股价将下跌一半。下列期权的投资策略中，该投资者最有可能选择的是（　　）。

A. 保护性看跌期权

B. 抛补性看涨期权

C. 多头对敲

D. 空头对敲

6.5　同时售出甲股票的1股看涨期权和1股看跌期权，执行价格均为50元，到期日相同，看涨期权的价格为5元，看跌期权的价格为4元。如果到期日的股票价格为48元，该投资组合的净损益是（　　）元。

A. 5　　B. 7　　C. 9　　D. 11

6.6 市场上有以甲公司股票为标的资产的欧式看涨期权和欧式看跌期权。每份看涨期权可买入1股股票，每份看跌期权可卖出1股股票；看涨期权每份价格5元，看跌期权每份价格3元；执行价格均为60元，到期日相同。如果到期日的股票价格为64元，购入一份看涨期权的同时购入一份看跌期权的投资组合的净损益是（　　）元。

A. −8　　B. −4　　C. 4　　D. 8

6.7 某投资者买入1股甲公司股票的同时，出售该股票的1股看涨期权，股票当前市价为40元，看涨期权价格为5元，执行价格为40元。如果到期日的股票价格是44元，则该投资组合的净损益是（　　）元。

A. 4　　B. 5　　C. −4　　D. −5

6.8 为了降低单独投资股票的风险，可以采用的投资策略为（　　）。

A. 每购买1股股票，同时购入该股票的1股看涨期权

B. 每购买1股股票，同时购入该股票的1股看跌期权

C. 每购买1股股票，同时卖出该股票的1股看跌期权

D. 每购买1股股票，同时卖出该股票的1股看涨期权

6.9 甲公司股票当前市价为20元，有一种以该股票为标的资产的6个月到期的看涨期权，执行价格为25元，期权价格为4元，该看涨期权的内在价值是（　　）元。

A. 0　　B. 1　　C. 4　　D. 5

6.10 某公司股票的当前市价为10元，有一种以该股票为标的资产的看跌期权，执行价格为8元，到期时间为三个月，期权价格为3.5元。下列关于该看跌期权的说法中，正确的是（　　）。

A. 该期权处于实值状态

B. 该期权的内在价值为2元

C. 该期权的时间溢价为3.5元

D. 买入一股该看跌期权的最大净收入为4.5元

6.11 某欧式看涨期权目前处于实值状态，在其他条件不变的情况下，下列关于该看涨期权内在价值的说法中，正确的是（　　）。

A. 股票市价越高，期权的内在价值越大

B. 期权到期期限越长，期权的内在价值越大

C. 股价波动率越大，期权的内在价值越大

D. 期权执行价格越高，期权的内在价值越大

6.12 下列各项中，对股票期权价值影响最主要的因素是（　　）。

A. 执行价格　　B. 股票价格的波动性

C. 无风险报酬率　　D. 股票价格

6.13 假设其他因素不变，期权有效期内预计发放的红利增加时（　　）。

A. 美式看跌期权价格降低

B. 美式看涨期权价格降低

C. 欧式看跌期权价格降低

D. 欧式看涨期权价格不变

6.14 假设其他条件不变，下列影响期权价值的各项因素中，会引起期权价值同向变动的是（　　）。

A. 执行价格

B. 无风险利率

C. 标的股票市价

D. 标的股票股价波动率

6.15 甲公司股票当前价格 60 元，以该股票为标的资产的看涨期权执行价格为 65 元。每份看涨期权可买入 1 份股票。预计未来甲公司股价或者上涨 20 元，或者下跌 10 元。下列投资组合中，可复制 1 份多头该看涨期权投资效果的是（　　）。

A. 购入 0.5 份甲公司股票，同时借入必要的款项

B. 购入 2 份甲公司股票，同时借入必要的款项

C. 购入 0.5 份甲公司股票，同时贷出必要的款项

D. 购入 2 份甲公司股票，同时贷出必要的款项

6.16 某股票的现行价格为 20 元，以该股票为标的资产的欧式看涨期权和欧式看跌期权执行价格均为 24.96 元，均在 6 个月后到期，年无风险利率 8%，如果看涨期权的价格为 10 元，看跌期权的价格是（　　）元。

A. 6　　B. 6.89　　C. 13.11　　D. 14

二、多项选择题

6.17 与基础资产相比，下列各项中，属于衍生工具在交易方面的特点的有（　　）。

A. 未来性　　B. 杠杆性　　C. 确定性　　D. 虚拟性

6.18 甲投资者同时买进一只股票的看涨期权和看跌期权，该投资策略适合的情形有（　　）。

A. 预计标的股票市场价格将小幅下跌

B. 预计标的股票市场价格将小幅上涨

C. 预计标的股票市场价格将大幅上涨

D. 预计标的股票市场价格将大幅下跌

6.19 下列关于空头对敲策略的说法中，正确的有（　　）。

A. 空头对敲策略是指同时卖出一只股票的看涨期权和看跌期权，它们的执行价格、到期日都相同

B. 空头对敲的最好结果是到期股价与执行价格一致，投资者白白赚取出售看涨期权和看跌期权的收入

C. 空头对敲的股价偏离执行价格的差额必须小于期权出售收入，才能给投资者带来净收益

D. 空头对敲策略对于预计市场价格将相对比较稳定的投资者非常有用

6.20 甲投资人同时买入一只股票的 1 份看涨期权和 1 份看跌期权，执行价格均为 50 元，到期日相同，看涨期权的价格为 5 元，看跌期权的价格为 4 元。如果不考虑期权费的时间价值，下列情形中，能够给甲投资人带来净收益的有（　　）。

A. 到期日股票价格低于 41 元

B. 到期日股票价格介于 41 元至 50 元之间

C. 到期日股票价格介于 50 元至 59 元之间

D. 到期日股票价格高于 59 元

6.21 甲公司股票目前价格 20 元，同时有一股以甲公司股票为标的资产的欧式看跌期权，执行价格 22 元，到期期限 6 个月，期权费 4 元。假设到期日甲公司股票价格 24 元。下列关于投资者当前构建的组合的说法中，正确的有（　　）。

A. 单纯投资股票的净损益为 4 元

B. 单纯投资期权到期日价值为 −4 元

C. 同时投资股票和看跌期权到期日价值为 22 元

D. 同时投资股票和看跌期权净损益为 0 元

6.22 股票当前市价 20 元，市场上有以该股票为标的资产的看涨期权和看跌期权，执行价格均为 18 元。下列说法中，正确的有（　　）。

A. 看涨期权处于实值状态

B. 看涨期权时间溢价大于 0

C. 看跌期权处于虚值状态

D. 看跌期权时间溢价小于 0

6.23 下列关于美式期权的说法中，正确的有（　　）。

A. 实值期权的时间溢价小于 0

B. 未到期的虚值期权不会被理性投资者执行

C. 未到期的虚值期权的时间溢价大于 0

D. 未到期的实值期权不一定会被理性投资者执行

6.24 现有一份甲公司股票的欧式看涨期权，1 个月后到期，执行价格 50 元。目前甲公司股票市价 60 元，期权价格 12 元。下列说法中，正确的有（　　）。

A. 期权处于实值状态

B. 期权时间溢价 2 元

C. 期权目前应被执行

D. 期权到期时应被执行

6.25 在其他条件不变的情况下，下列各项中，会导致看涨期权价值上升的有（　　）。

A. 标的资产价格上升

B. 期权有效期内预计发放红利增加

C. 无风险利率提高

D. 股价波动率加剧

6.26 假设其他因素不变，下列各项中，会导致欧式看跌期权价值增加的有（　　）。

A. 期权到期期限延长

B. 期权执行价格提高

C. 无风险报酬率增加

D. 股价波动率加大

6.27 在其他条件不变的情况下，下列关于期权价值影响因素的说法中，正确的有（　）。

A. 股票价格越低，看跌期权价值越大

B. 到期期限缩短，美式看跌期权价值越大

C. 股票波动率越大，期权价值越大

D. 无风险利率越低，看涨期权价值越小

6.28 在其他因素不变的情况下，下列变动会导致美式看跌期权价值下降的有（　）。

A. 股价波动率上升　　B. 股票市价上升

C. 无风险报酬率上升　　D. 到期期限延长

6.29 下列关于实物期权的表述中，正确的有（　）。

A. 实物期权的存在可能会降低项目的价值

B. 扩张期权是一项看涨期权

C. 延迟期权是一项看跌期权

D. 放弃期权是一项看跌期权

三、计算分析题

6.30 甲公司是一家制造业上市公司，当前每股市价 40 元，市场上有两种以该股票为标的资产的期权：欧式看涨期权和欧式看跌期权。每份看涨期权可买入 1 股股票，每份看跌期权可卖出 1 股股票；看涨期权每份 5 元，看跌期权每份 3 元。两种期权执行价格均为 40 元，到期时间为 6 个月。目前，有四种投资组合方案可供选择：保护性看跌期权、抛补性看涨期权、多头对敲、空头对敲。

要求：

（1）投资者希望将净损益限定在有限区间内，应选择哪种投资组合？该投资组合应该如何构建？假设 6 个月后该股票价格上涨 20%，该投资组合的净损益是多少？

（注：计算投资组合净损益时，不考虑期权价格、股票价格的货币时间价值）

（2）投资者预期未来股价大幅度波动，应该选择哪种投资组合？该组合应该如何构建？假设 6 个月后股票价格下跌 50%，该投资组合的净损益是多少？

（注：计算投资组合净损益时，不考虑期权价格、股票价格的货币时间价值）

6.31 甲公司是一家上市公司，当前每股市价 60 元。市场上有两种以该股票为标的资产的期权：欧式看涨期权和欧式看跌期权。每份看涨期权可以买入 1 股股票，每份看跌期权可以卖出 1 股股票。两种期权行使权利的价格都为 70 元，都是三个月到期，到期前甲公司不分配现金股利。预计三个月后甲公司股价上涨 26 元或者下跌 14 元，三个月的无风险报酬率为 0.8%。

乙投资者准备买入 1 000 股甲公司股票，同时买入 1 000 份看跌期权。

要求：

（1）利用套期保值原理，计算套期保值比率和每份看涨期权的价值。

（2）利用看涨期权 - 看跌期权平价定理，计算每份看跌期权的价值。

（3）在要求（2）的基础上，如果股票价格下跌 14 元，计算乙投资者的组合净损益。

6.32 甲基金买入A公司的股票，投资必要报酬率15%。预计A公司未来3年股利将高速增长，增长率20%，在此以后转为正常增长，增长率为12%，该公司最近一期支付每股股利2元。

甲基金在买入A公司股票的同时卖出了同等数量的欧式看涨期权，该欧式看涨期权以A公司股票为标的资产，每一份看涨期权可买入1股A公司股票，期权的执行价格为85元，到期时间是6个月。该股票在期权到期前不派发红利，半年无风险利率为2%。（除d_1、d_2计算结果保留两位小数，其他的计算过程和结果均保留4位小数）

要求：

（1）计算A公司股票目前的价格。

（2）采用BS模型，计算A公司股票看涨期权的价值，并计算该期权的内在价值和时间溢价。（已知股票价格的标准差 σ =0.7）

（3）甲基金的期权组合投资策略属于何种投资策略？分别计算6个月后A公司股价涨至105元和跌至80元时，该投资组合的净损益分别是多少？

（注：计算投资组合净损益时，不考虑货币时间价值）

6.33 甲公司股票当前每股市价50元，6个月以后股价有两种可能：上升25%或下降20%。市场上有两种以该股票为标的资产的期权：看涨期权和看跌期权。每份看涨期权可以买入1股股票，每份看跌期权可以卖出1股股票。两种期权执行价格均为51.25元，到期时间均为6个月。期权到期前，甲公司不派发现金股利，无风险利率为每年4%。

（注：计算股票价格区间和组合净损益时，均不考虑货币时间价值）

要求：

（1）利用风险中性原理，计算看涨期权股价上行时到期日价值、上行概率及期权价值，利用看涨期权－看跌期权平价定理，计算看跌期权的期权价值。

（2）利用套期保值原理计算每份看涨期权的价值。假设目前市场上每份看涨期权的价格为6元，分析是否存在套利空间，如果存在，指出应当如何进行套利。

（3）假设目前市场上每份看涨期权的价格为6元，每份看跌期权的价格为4元，投资者同时买入1份看涨期权和1份看跌期权，计算确保该组合不亏损的股票价格区间。

6.34 甲公司是一家上市公司，最近刚发放上年现金股利每股2.5元，目前每股市价60元。

证券分析师预测，甲公司未来的股利增长率为8%，等风险投资的必要报酬率为12%。市场上有两种以甲公司股票为标的资产的期权：欧式看涨期权和欧式看跌期权。每份看涨期权可买入1股股票，每份看跌期权可卖出1股股票；看涨期权价格每份5元，看跌期权价格每份2.5元。两种期权的执行价格均为60元，期限均为1年。

投资者小刘和小马都认为市场低估了甲公司股票，预测1年后股票价格将回归内在价值，于是每人投资62 500元。

小刘的投资是：买入1 000股甲公司股票，同时买入1 000份甲公司股票的看跌期权。

小马的投资是：买入甲公司股票的看涨期权12 500份。

（注：计算投资净损益时不考虑货币时间价值和股利收益的影响）

要求：

（1）采用股利折现模型，估计 1 年后甲公司股票的内在价值。

（2）如果预测正确，分别计算小刘和小马 1 年后的投资净损益。

（3）假如 1 年后甲公司股票下跌到每股 40 元，分别计算小刘和小马的投资净损益。

6.35 甲公司是一家户外露营服务提供商，计划在云南投入建设一处野奢营地，预计项目投资资金为 5 000 万元，营地建成并投入运营后，预期每年税后营业现金流量为 400 万元。由于野奢营地投入成本高、风险大，甲公司可以延迟投资，但必须于一年后根据市场需求作出投资或放弃的决策。假设一年后的市场需求存在以下两种可能：

（一）在乐观的预期下，营地每年能创造的税后可持续营业现金流量为 600 万元。

（二）在悲观的预期下，营地每年能创造的税后可持续营业现金流量为 300 万元。

等风险投资的必要报酬率为 10%，无风险报酬率为 4%。

要求：

（1）计算不含期权的项目净现值。

（2）采用二叉树模型，计算含有期权的项目净现值和延迟期权价值，判断是否应当延迟投资。

第七章 企业价值评估

一、单项选择题

7.1 下列关于企业的整体价值的说法中，错误的是（　　）。

A. 企业的整体价值来源于要素的结合方式

B. 企业单项资产价值的总和等于企业整体价值

C. 资源的重组可以改变企业的价值

D. 部分只有在整体中才能体现出其价值

7.2 甲公司拟以6亿元收购乙公司的全部股权。收购前，乙公司报表显示的所有者权益为1.5亿元，负债总额为0.8亿元，总股数1亿股，股票价格为每股3元。下列说法中，正确的是（　　）。

A. 收购前，乙公司股权的公平市场价值为3亿元

B. 收购前，乙公司股权的公平市场价值为2.3亿元

C. 收购前，乙公司股权的公平市场价值为3.8亿元

D. 收购后，乙公司原股东的财富增加3亿元

7.3 下列关于现金流量折现模型的说法中，错误的是（　　）。

A. 股权现金流量只能用股权资本成本折现

B. 实体现金流量只能用加权平均资本成本折现

C. 股利现金流量是企业分配给股权投资人的现金流量

D. 实体现金流量是企业一定期间可以提供给所有投资人的税前现金流量

7.4 下列计算公式中，错误的是（　　）。

A. 内在市销率 = 销售净利率 × 股利支付率 ÷（股权资本成本 − 增长率）

B. 内在市盈率 = 股利支付率 ÷（股权资本成本 − 增长率）

C. 内在市净率 = 股利支付率 ×（1+ 增长率）× 权益净利率 ÷（股权资本成本 − 增长率）

D. 预期市净率 = 股利支付率 × 权益净利率 ÷（股权资本成本 − 增长率）

7.5 甲公司本期销售收入4亿元，销售净利率9.8%，拟使用修正平均市销率模型评估公司股权价值，可比公司相关资料如下：

可比公司	本期市销率	销售净利率
M	9.8	10%
N	10.0	9.4%
P	10.2	10.3%

经评估的甲公司股权价值是（　　）亿元。

A. 38.42　　B. 40　　C. 39.6　　D. 40.41

7.6 甲公司 2023 年每股收益 2 元，分配股利 0.5 元 / 股，净利润和股利增长率均为 6%，β 值为 1.25，长期政府债券利率 5%，股票风险补偿率 7%，该公司的预期市盈率是（　　）。

A. 3.23　　B. 3.42　　C. 9.68　　D. 16.67

7.7 甲公司是一家汽车生产企业，目前每股收益 0.7 元，每股股利 0.35 元，权益净利率 15%，预计净利润和股利的长期增长率 3%。假设甲公司的 β 系数为 0.8，无风险利率 4%，平均风险股票报酬率 12%。乙公司也是一家汽车生产企业，与甲公司具有可比性，目前每股净资产 3.94 元。根据市净率模型估计乙公司的每股股票价值是（　　）元。

A. 2.79　　B. 2.87　　C. 3.99　　D. 4.11

7.8 甲公司采用固定股利支付率政策，股利支付率 50%，2023 年甲公司每股收益 2 元，预期可持续增长率 4%，股权资本成本 12%，期末每股净资产 10 元，没有优先股。2023 年末甲公司的本期市净率是（　　）。

A. 1.20　　B. 1.25　　C. 1.30　　D. 1.35

7.9 甲公司采用固定股利支付率政策，股利支付率为 50%。2024 年，甲公司每股收益为 2 元，预期可持续增长率为 4%，股权资本成本为 12%，期末每股营业收入为 10 元。2024 年末甲公司的本期市销率为（　　）。

A. 1.20　　B. 1.25　　C. 1.30　　D. 1.35

7.10 甲公司是一家制造业企业，每股营业收入为 40 元，销售净利率为 5%，与甲公司可比的 3 家制造业企业平均市销率是 0.8 倍，平均销售净利率为 4%，用修正平均市销率法估计甲公司的每股价值是（　　）元。

A. 32　　B. 25.6　　C. 40　　D. 33.6

7.11 使用股票市价比率模型进行企业价值评估时，通常需要确定一个关键因素，并用此因素的可比企业平均值对可比企业的平均市价比率进行修正。下列说法中，正确的是（　　）。

A. 修正市盈率的关键因素是每股收益

B. 修正市盈率的关键因素是股利支付率

C. 修正市净率的关键因素是权益净利率

D. 修正市销率的关键因素是增长率

二、多项选择题

7.12 下列关于企业价值的说法中，错误的有（　　）。

A. 企业实体价值是企业全部资产的总体价值

B. 企业实体价值等于企业的现时市场价格

C. 企业公平市场价值是企业持续经营价值

D. 企业股权价值等于少数股权价值和控股权价值之和

7.13 甲公司 2023 年 9 月 30 日资产负债表显示，总资产 100 亿元，所有者权益 50 亿元，总股数 5 亿股。当日甲公司股票收盘价每股 25 元。下列关于当日甲公司股权价值的说法中，正确的有（　　）。

A. 会计价值是 50 亿元　　B. 清算价值是 50 亿元

C. 持续经营价值是 100 亿元　　D. 现时市场价值是 125 亿元

7.14 甲公司 2021 年的税后经营净利润为 250 万元，折旧和摊销为 55 万元，经营营运资本增加 80 万元，分配股利 50 万元，税后利息费用为 65 万元，净负债增加 50 万元，公司当年未发行权益证券。下列说法中，正确的有（　　）。

A. 公司 2021 年的营业现金毛流量为 225 万元

B. 公司 2021 年的债务现金流量为 50 万元

C. 公司 2021 年的实体现金流量为 65 万元

D. 公司 2021 年的资本支出为 160 万元

7.15 下列关于股权现金流量的说法中，正确的有（　　）。

A. 股权现金流量的现值等于企业的实体价值减去长期负债的公允价值

B. 公司进入稳定状态后的股权现金流量增长率等于实体现金流量增长率

C. 股权现金流量全部作为股利发放时其现值等于股利现金流量现值

D. 股权现金流量通常使用加权平均资本成本作为折现率

7.16 下列关于不同现金流量的说法中，正确的有（　　）。

A. 实体现金流量是企业全部现金流入扣除成本费用和必要的投资后的剩余部分

B. 股权现金流量等于企业实体现金流量扣除对债权人支付后剩余的部分

C. 实体现金流量是企业一定期间可以提供给所有投资者（包括股权投资者和债权投资者）的税后现金流量

D. 股权现金流量是企业分配给股权投资者的现金流量

7.17 运用现金流量折现模型评估企业价值时，往往需要将预测期间划分为两个阶段，即详细预测期和永续期。下列属于企业进入永续期标志的有（　　）。

A. 稳定的销售增长率

B. 稳定的利润增长率

C. 稳定的净投资资本报酬率

D. 稳定的股利增长率

7.18 应用市盈率模型评估企业的股权价值，在确定可比企业时，需要考虑的因素有（　　）。

A. 收益增长率

B. 销售净利率

C. 未来风险

D. 股利支付率

7.19 下列关于相对价值评估模型的说法中，正确的有（　　）。

A. 相对价值法是用可比企业的价值衡量目标企业内在价值的方法

B. 市盈率模型最适合连续盈利的企业

C. 运用市净率模型时，应选择权益净利率、增长潜力和风险类似的企业作为可比企业

D. 市销率对价格政策和企业战略变化敏感，可以反映变化的后果

7.20 下列关于相对价值评估模型的说法中，错误的有（ ）。

A. 市盈率模型把价格和收益联系起来，直观地反映投入和产出的关系

B. 市净率模型最适合连续盈利的企业

C. 亏损企业和资不抵债企业也可以使用市销率模型

D. 市销率模型不适用于传统行业的企业

三、计算分析题

7.21 2024年初，甲投资基金对乙上市公司普通股股票进行估值。

乙公司2023年的营业收入为6 000万元，销售成本（含销货成本、销售费用、管理费用等）占营业收入的60%，净经营资产为4 000万元。该公司自2024年开始进入稳定增长期，可持续增长率为5%。目标资本结构（净负债：股东权益）为1：1，2024年初流通在外的普通股为1 000万股，每股市价为22元。

该公司债务税前利率为8%，股权相对债权风险溢价为5%，企业所得税税率为25%。

为简化计算，假设现金流量均在年末发生，利息费用按净负债期初余额计算。

要求：

（1）预计2024年乙公司税后经营净利润、实体现金流量、股权现金流量。

（2）计算乙公司股权资本成本，使用股权现金流量法估计乙公司2024年初每股价值，并判断每股市价是否高估。

7.22 C公司是2023年1月1日成立的高新技术企业。为了进行以价值为基础的管理，该公司采用股权现金流量模型对股权价值进行评估。评估所需的相关数据如下：

（1）C公司2023年的销售收入为1 000万元。根据目前市场行情预测，其2024年、2025年的增长率分别为10%、8%；2026年及以后年度进入永续增长阶段，增长率为5%。

（2）C公司2023年的经营性营运资本周转率为4，净经营性长期资产周转率为2，净经营资产净利率为20%，净负债/股东权益=1/1。公司税后利息率为6%，股权资本成本为12%。评估时假设以后年度上述指标均保持不变。

（3）公司未来不打算增发或回购股票。为保持当前资本结构，公司采用剩余股利政策分配股利。

（4）为简化计算，假设现金流量均在年末发生，利息费用按净负债期末余额计算。

要求：

（1）计算C公司2024年至2026年的股权现金流量。

（2）计算C公司2023年12月31日的股权价值。

7.23 甲公司是一家尚未上市的机械加工企业。公司目前发行在外的普通股股数为4 000万股，预计2024年的销售收入为18 000万元，净利润为9 360万元。公司拟采用相对价值评估模型中的市销率估价模型对股权价值进行评估，并收集了三个可比公司的相关数据，具体如下：

可比公司名称	预计销售收入（万元）	预计净利润（万元）	普通股股数（万股）	当前股票价格（元 / 股）
A 公司	20 000	9 000	5 000	20.00
B 公司	30 000	15 600	8 000	19.50
C 公司	35 000	17 500	7 000	27.00

要求：

（1）计算三个可比公司的市销率，使用修正平均市销率法计算甲公司的股权价值。

（2）分析市销率估价模型的优点和局限性，该种估价方法主要适用于哪类企业？

7.24 甲公司是一家尚未上市的高科技企业，固定资产较少，人工成本占销售成本的比重较大。为了进行以价值为基础的管理，公司拟采用相对价值评估模型对股权价值进行评估，有关资料如下：

（1）甲公司 2023 年度实现的净利润为 3 000 万元，年初股东权益总额为 20 000 万元，年末股东权益总额为 21 800 万元，2023 年股东权益的增加全部源于利润留存。公司没有优先股，2023 年末普通股股数为 10 000 万股，公司当年没有增发新股，也没有回购股票。预计甲公司 2024 年及以后年度的利润增长率为 9%，权益净利率保持不变。

（2）甲公司选择了同行业的 3 家上市公司作为可比公司，并收集了以下相关数据：

可比公司	每股收益（元）	每股净资产（元）	权益净利率	每股市价（元）	预期利润增长率
A 公司	0.4	2	21.20%	8	8%
B 公司	0.5	3	17.50%	8.1	6%
C 公司	0.5	2.2	24.30%	11	10%

要求：

（1）使用市盈率模型下的修正平均市盈率法，计算甲公司的每股股权价值。

（2）使用市净率模型下的修正平均市净率法，计算甲公司的每股股权价值。

（3）判断甲公司更适合使用市盈率模型和市净率模型中的哪种模型进行估值，并说明原因。

（4）使用市盈率模型下的股价平均法，计算甲公司的每股股权价值。

（5）使用市净率模型下的股价平均法，计算甲公司的每股股权价值。

7.25 甲公司是一家投资公司，拟于 2024 年初以 18 000 万元收购乙公司全部股权，为分析收购方案可行性，收集资料如下：

（1）乙公司是一家传统汽车零部件制造企业，收购前处于稳定增长状态，增长率 7.5%。2023 年净利润 750 万元。当年取得的利润在当年分配，股利支付率 80%。2023 年末（当年利润分配后）净经营资产 4 300 万元，净负债 2 150 万元。

（2）收购后，甲公司将通过拓宽销售渠道、提高管理水平、降低成本费用等多种方式，提高乙公司的销售增长率和营业净利率。预计乙公司 2024 年营业收入 6 000 万元，2025 年营业收入比

2024 年增长 10%，2026 年进入稳定增长状态，增长率 8%。

（3）收购后，预计乙公司相关财务比率保持稳定，具体如下：

项目	比率
营业成本 / 营业收入	65%
销售和管理费用 / 营业收入	15%
净经营资产 / 营业收入	70%
净负债 / 营业收入	30%
债务利息率	8%
企业所得税税率	25%

（4）乙公司股票等风险投资必要报酬率收购前为 11.5%，收购后为 11%。

（5）假设各年现金流量均发生在年末。

要求：

（1）如果不收购，采用股利现金折现模型，估计 2024 年初乙公司股权价值。

（2）如果收购，采用股权现金流量折现模型，估计 2024 年初乙公司股权价值（计算过程和结果填入下方表格中）。

单位：万元

项目	2024 年	2025 年	2026 年
股权现金流量			
乙公司股权价值			

（3）计算该收购产生的控股权溢价、为乙公司原股东带来的净现值、为甲公司带来的净现值。

（4）判断甲公司收购是否可行，并简要说明理由。

7.26 甲公司是一家医疗美容行业的上市公司，只生产和销售 M 产品，2023 年 12 月 31 日的股票价格为每股 18 元，为了对当前股价是否偏离价值进行判断，公司拟对企业整体价值进行评估，有关资料如下：

（1）甲公司 2023 年的主要财务报表数据。

单位：万元

资产负债表项目	2023 年末
货币资金	400
应收账款	1 200
存货	1 000
固定资产	5 000
无形资产	2 000
资产总计	9 600
应付账款	500
长期借款	5 100
股本（普通股 800 万股）	800
留存收益	3 200
负债及股东权益总计	9 600

单位：万元

利润表项目	2023 年度
一、营业收入	10 000
减：营业成本	7 000
销售和管理费用	1 000
财务费用（利息费用）	300
二、营业利润	1 700
营业外收入	100
营业外支出	160
三、利润总额	1 640

续表

利润表项目	2023 年度
减：所得税费用	410
四、净利润	1 230

（2）对甲公司 2023 年度的财务数据进行修正，作为预测基期数据。甲公司货币资金中经营活动所需的货币资金数额为销售收入的 3%，应付账款均为自发性无息负债。营业外收入和营业外支出均为偶然项目，不具有持续性。

（3）预计甲公司 2024 年度 M 产品的销售量将增长 4%，2025 年及以后年度将保持 2% 的速度稳定增长；2024 年度 M 产品的销售价格将增长 2%，2025 年及以后年度销售价格将稳定在 2024 年的水平上，不再增长。

（4）营业成本、销售费用、经营资产、经营负债与销售收入的百分比均稳定在基期水平。

（5）甲公司目前的负债率较高，计划将资本结构（净负债 / 净经营资产）逐步调整到 50%，资本结构高于 50% 之前不分配股利，多余现金首先用于归还借款。企业采用剩余股利政策分配股利，未来不打算增发或回购股票。净负债的税前资本成本平均预计为 8%，以后年度将保持不变。财务费用按照期初净负债计算。

（6）甲公司适用的企业所得税税率为 25%，加权平均资本成本为 10%。

（7）采用实体现金流量折现模型估计企业价值，净负债价值按净负债账面价值估计。

要求：

（1）编制修正后 2023 年及 2024 年度、2025 年度的预计资产负债表和预计利润表（结果填入下方表格中，不用列出计算过程）。

单位：万元

管理用资产负债表项目	2023 年末（修正）	2024 年末	2025 年末
经营营运资本			
净经营性长期资产			
净经营资产总计			
净负债			
股东权益合计			
净负债及股东权益总计			

单位：万元

管理用利润表项目	2023 年（修正）	2024 年	2025 年
一、营业收入			
减：营业成本			
销售及管理费用			

续表

管理用利润表项目	2023 年（修正）	2024 年	2025 年
二、税前营业利润			
减：经营利润所得税			
三、税后经营净利润			
利息费用			
减：利息费用抵税			
四、税后利息费用			
五、净利润合计			

（2）根据修正后的 2023 年的财务数据，计算 2023 年的净经营资产周转次数、净经营资产净利率，并计算甲公司 2024 年度及 2025 年度的实体现金流量。

（3）计算甲公司 2023 年 12 月 31 日的实体价值和每股股权价值，判断甲公司的股价是被高估还是低估。

四、综合题

7.27 甲公司是一家制造业上市公司，乙公司是一家制造业非上市公司，两家公司生产的产品不同，且非关联方关系，甲公司发现乙公司的目标客户多是小微企业，与甲公司的市场能有效互补，拟于 2023 年末通过对乙公司原股东非公开增发新股的方式换取乙公司 100% 的股权以实现对乙公司的收购。目前，甲公司已完成该项目的可行性分析，拟采用实体现金流量折现法估计乙公司价值。相关资料如下：

（1）乙公司成立于 2020 年初，截至目前仅运行了 4 年，但客户数量增长较快。乙公司 2020—2023 年主要财务报表数据如下：

单位：万元

项目	2020 年末	2021 年末	2022 年末	2023 年末
货币资金	80	120	160	250
应收账款	120	180	240	260
存货	240	290	320	400
固定资产	540	610	710	827.5
资产总计	980	1 200	1 430	1 737.5
应付账款	180	200	280	300
长期借款	220	300	420	600
股东权益	580	700	730	837.5
负债及股东权益	980	1 200	1 430	1 737.5

续表

项目	2020 年末	2021 年末	2022 年末	2023 年末
营业收入	2 000	2 300	2 760	3 450
减：营业成本	1 000	1 100	1 200	1 600
税金及附加	14	16	22	30
销售和管理费用	186	356	250	348
财务费用	16	20	28	40
利润总额	784	808	1 260	1 432
减：所得税费用	196	202	315	358
净利润	588	606	945	1 074

乙公司货币资金均为经营活动所需，财务费用均为利息支出。

（2）甲公司预测，乙公司 2024 年、2025 年营业收入分别增长 20%、12%，自 2026 年起进入增长率为 4% 的稳定增长状态。假设收购不影响乙公司正常运营，收购后乙公司净经营资产周转率、税后经营净利率按 2020—2023 年的算术平均值估计。假设所有现金流量均发生在年末，资产负债表期末余额代表全年平均水平。

（3）乙公司的目标资本结构（净负债 / 股东权益）为 2/3，等风险债券税前资本成本为 8%；普通股 β 系数为 1.4，无风险报酬率为 4%，市场组合必要报酬率为 9%。企业所得税税率为 25%。

（4）甲公司非公开增发新股的发行价格按定价基准日前 20 个交易日公司股票均价的 80% 确定。定价基准日前 20 个交易日相关交易信息：

定价基准日	累计交易金额（亿元）	累计交易数量（亿股）	平均收盘价（元 / 股）
前 20 个交易日	4 000	160	24

要求：

（1）编制乙公司 2020—2023 年管理用资产负债表和利润表（结果填入下方表格中，不用列出计算过程）。

单位：万元

管理用财务报表项目	2020 年	2021 年	2022 年	2023 年
净经营资产				
净负债				
股东权益				
税后经营净利润				
税后利息费用				
净利润				

（2）预测乙公司 2024 年及以后年度净经营资产周转率、税后经营净利率。

（3）采用资本资产定价模型，估计乙公司的股权资本成本；按照目标资本结构，估计乙公司的加权平均资本成本。

（4）基于上述结果，计算 2024—2026 年乙公司实体现金流量，并采用实体现金流量折现法，估计 2023 年末乙公司实体价值（计算过程和结果填入正文表格中）。

单位：万元

项目	2023 年末	2024 年末	2025 年末	2026 年末
实体现金流量				
折现系数				
现值				
实体价值				

（5）假设乙公司净负债按 2023 年末账面价值计算，估计 2023 年末乙公司股权价值。

（6）计算甲公司非公开增发新股的发行价格和发行数量。

7.28 甲公司是一家医疗行业投资机构，拟对乙医院进行投资。乙医院是一家盈利性门诊医院，其营业收入为门诊收入，营业成本包括医生及护士薪酬、药品材料成本等。近年来乙医院发展态势良好，甲公司拟于 2024 年收购其 100% 股权。目前甲公司已完成该项目的可行性分析，拟采用实体现金流量折现法估计乙医院价值。相关资料如下：

（1）乙医院 2022—2024 年主要财务报表数据如下：

单位：万元

项目	2022 年	2023 年	2024 年
营业收入	26 600	30 000	33 600
门诊量（万人次）	140	150	160
单位门诊费（元 / 次）	190	200	210
营业成本	19 000	21 000	24 000
管理费用	2 280	2 700	3 216

续表

项目	2022 年	2023 年	2024 年
财务费用	480	480	480
利润总额	4 840	5 820	5 904
所得税费用	1 210	1 455	1 476
净利润	3 630	4 365	4 428

乙医院近三年的经营营运资本及净经营性长期资产周转率情况如下：

项目	2022 年	2023 年	2024 年
经营营运资本周转率（次）	9	11	10
净经营性长期资产周转率（次）	1.9	2.0	2.1

2024 年 12 月 31 日，乙医院长期借款账面价值 8 000 万元，合同年利率 6%，每年年末付息；无金融资产及其他金融负债。

（2）甲公司预测，乙医院 2025—2026 年门诊量将在 2024 年基础上每年增长 6%，2027 年以及以后年度门诊量保持 2026 年水平不变；2025—2026 年单位门诊费将在 2024 年基础上每年增长 5%，2027 年及以后年度将按照 3% 稳定增长。营业成本及管理费用占营业收入的比例、经营营运资本周转率、净经营性长期资产周转率将保持 2022—2024 年算术平均水平不变。所有现金流量均发生在年末。

（3）2024 年资本市场相关信息如下：

国债品种	发行日期	期限	票面利率	到期收益率
国债 1	2024 年 10 月 12 日	3 年	3.9%	4.0%
国债 2	2023 年 11 月 9 日	5 年	3.8%	4.1%
国债 3	2022 年 12 月 21 日	10 年	4.0%	4.4%

乙医院可比上市公司信息如下：

财务指标	$\beta_{资产}$	净负债 / 股权权益	市盈率
平均值	1.00	80%	15

（4）假设长期借款市场利率等于合同利率。平均风险股票报酬率 10.65%。企业所得税税率 25%。

要求：

（1）假设以可比上市公司 $\beta_{资产}$的平均值作为乙医院的 $\beta_{资产}$，以可比上市公司资本结构的平均值作为乙医院的目标资本结构（净负债 / 股东权益），计算乙医院的股权资本成本、加权平均资本成本。

（2）预测 2025 年及以后年度乙医院净经营资产占营业收入的比例、税后经营净利率。

（3）基于上述结果，计算 2025—2027 年乙医院实体现金流量，并采用实体现金流量折现法，估计 2024 年末乙医院实体价值（计算过程和结果填入下方表格中）。

单位：万元

项目	2024 年末	2025 年末	2026 年末	2027 年末
实体现金流量				
折现系数				
现值				
实体价值				

（4）假设乙医院净负债按 2024 年末账面价值计算，估计 2024 年末乙医院股权价值。

（5）采用市盈率法，计算 2024 年末乙医院股权价值。

（6）简要说明在企业价值评估中市盈率法与现金流量折现法的主要区别。

第八章　资本结构

一、单项选择题

8.1　下列关于资本结构的MM理论假设条件的说法中，错误的是（　　）。

A. 经营风险可以用息税前利润的方差来衡量

B. 公司或个人投资者的所有债务利率均为0，与债务数量无关

C. 资本市场是完善的，没有交易成本

D. 投资者预期的EBIT不变

8.2　在考虑企业所得税但不考虑个人所得税的情况下，下列关于资本结构有税MM理论的说法中，错误的是（　　）。

A. 财务杠杆越大，企业价值越大

B. 财务杠杆越大，企业权益资本成本越高

C. 财务杠杆越大，企业利息抵税现值越大

D. 财务杠杆越大，企业加权平均资本成本越高

8.3　根据有税的MM理论，下列各项中会影响企业价值的是（　　）。

A. 财务困境成本　　B. 债务代理收益

C. 债务代理成本　　D. 债务利息抵税

8.4　下列关于权衡理论的说法中，正确的是（　　）。

A. 整个破产清算阶段产生的各项法律费用和管理费用由于数额巨大，往往会给处于财务困境中的企业致命一击

B. 权衡理论强调在平衡债务利息抵税收益与财务困境成本的基础上，企业价值最大化时的资本结构就是最佳资本结构

C. 债务的代理收益将有利于减少企业的价值损失或者增加企业价值

D. 权衡理论主要讨论的是财务困境成本对于企业价值的影响，因此可以忽略债务的利息抵税效应

8.5　下列关于资本结构影响因素的说法中，正确的是（　　）。

A. 现金流量波动较大的企业要比现金流量较稳定的类似企业的负债水平高

B. 成长性好的企业要比成长性差的类似企业的负债水平低

C. 盈利能力强的企业要比盈利能力较弱的类似企业的负债水平高

D. 一般性用途资产比例高的企业要比特殊用途资产比例高的类似企业的负债水平高

8.6　甲公司计划筹集资金8 000万元用于投资某新兴项目。目前有以下三种筹资方式：

（1）方案一：长期借款4 000万元，发行普通股4 000万元。

（2）方案二：长期借款3 000万元，长期债券3 000万元，发行普通股2 000万元。

（3）方案三：长期债券 5 000 万元，发行普通股 3 000 万元。

其中，长期借款的税后资本成本 6%，长期债券的税前资本成本 10%，普通股的资本成本 12%，甲公司的企业所得税税率 25%。

如果使用资本成本比较法，甲公司的最优筹资方案是（　　）。

A. 方案一　　B. 方案二

C. 方案三　　D. 无法确定

8.7 甲公司因扩大经营规模需要筹集长期资本，有发行长期债券、发行优先股、发行普通股三种筹资方式可供选择。经过测算，发行长期债券与发行普通股的每股收益无差别点为 120 万元，发行优先股与发行普通股的每股收益无差别点为 180 万元。如果采用每股收益无差别点法进行筹资方式决策，下列说法中，正确的是（　　）。

A. 当预期的息税前利润为 100 万元时，甲公司应当选择发行长期债券

B. 当预期的息税前利润为 150 万元时，甲公司应当选择发行普通股

C. 当预期的息税前利润为 180 万元时，甲公司可以选择发行普通股或发行优先股

D. 当预期的息税前利润为 200 万元时，甲公司应当选择发行长期债券

8.8 下列关于每股收益无差别点的说法中，正确的是（　　）。

A. 每股收益无差别点法能确定最低的债务资本成本

B. 每股收益无差别点法没有考虑财务风险

C. 每股收益无差别点法能体现股东财富最大化的财务目标

D. 每股收益无差别点法能确定最低的股权资本成本

二、多项选择题

8.9 下列关于 MM 理论的说法中，错误的有（　　）。

A. 在不考虑企业所得税的情况下，企业的加权平均资本成本会随着负债比例的增加而降低

B. 在不考虑企业所得税的情况下，有负债企业的权益成本随负债比例的增加而增加

C. 在考虑企业所得税的情况下，企业价值会随负债比例的增加而增加

D. 一个有负债企业在有企业所得税情况下的权益资本成本要比无企业所得税情况下的权益资本成本高

8.10 下列关于有企业所得税情况下 MM 理论的说法中，正确的有（　　）。

A. 高杠杆企业的价值大于低杠杆企业的价值

B. 高杠杆企业的债务资本成本大于低杠杆企业的债务资本成本

C. 高杠杆企业的权益资本成本大于低杠杆企业的权益资本成本

D. 高杠杆企业的加权平均资本成本大于低杠杆企业的加权平均资本成本

8.11 根据有税的 MM 理论，当企业的负债比例提高时，下列表述中，正确的有（　　）。

A. 企业的权益资本成本上升

B. 企业的债务资本成本上升

C. 企业的加权平均资本成本下降

D. 企业的加权平均资本成本不变

8.12 下列各项中，属于财务困境的间接成本的有（　　）。

A. 破产清算环节的审查人员开支

B. 持续经营能力下降导致的核心员工流失

C. 投资者的警觉与谨慎导致的融资成本增加

D. 企业清算期间的管理费用

8.13 根据权衡理论，下列各项中，会影响企业价值的有（　　）。

A. 债务利息抵税　　B. 债务代理成本

C. 债务代理收益　　D. 财务困境成本

8.14 下列关于代理理论的说法中，错误的有（　　）。

A. 股东和经营者之间的冲突会产生投资过度或投资不足问题

B. 代理成本的具体表现包括引入债权人保护条款和对经理的约束

C. 财务困境成本不会影响企业价值

D. 利息抵税会影响企业价值

8.15 债务的代理收益具体表现为（　　）。

A. 债权人保护条款引入

B. 对经理随意支配现金流量浪费企业资源的约束

C. 在企业缺乏成长机会时，管理层通过扩大规模加强对企业资源的管理控制

D. 企业陷入财务困境时，管理层放弃净现值为正的投资项目以保全企业现有资产

8.16 下列关于资本结构理论的表述中，正确的有（　　）。

A. 根据 MM 理论，当存在企业所得税时，企业负债比例越高，企业价值越大

B. 根据权衡理论，平衡债务利息的抵税收益与财务困境成本是确定最优资本结构的基础

C. 根据代理理论，当负债程度较高的企业陷入财务困境时，股东通常会选择投资净现值为正的项目

D. 根据优序融资理论，当存在外部融资需求时，企业倾向于债务融资而不是股权融资

8.17 甲公司长期资本构成中有长期债务和普通股资本，无优先股资本。普通股账面价值 500 万元，长期债务账面价值 500 万元，税前债务资本成本 5%，假设长期债务的现值等于其账面价值。公司处于永续零增长状态，息税前利润 200 万元，适用所得税税率 25%。市场无风险利率 4%，市场组合收益率 6%，该公司股票的 β 系数为 1.2，加权平均资本成本的计算采用市场价值权重。下列各项结论中，正确的有（　　）。

A. 甲公司的普通股资本成本为 6.4%　　B. 甲公司普通股的市场价值为 2 050.78 万元

C. 甲公司加权平均资本成本为 5.1%　　D. 甲公司的市场价值为 2 550.78 万元

三、计算分析题

8.18 乙公司是一家上市公司，适用的企业所得税税率为 25%，当年息税前利润为 900 万元，预计未来年度保持不变。为简化计算，假定净利润全部分配，债务资本的市场价值等于其账面价值，确定债务资本成本时不考虑筹资费用。证券市场平均收益率为 12%，无风险收益率为 4%，两种不同的债务水平下的税前利率和 β 系数如表 1 所示。公司价值和平均资本成本如表 2 所示。

表 1 不同债务水平下的税前利率和 β 系数

债务账面价值（万元）	税前利率	β 系数
1 000	6%	1.25
1 500	8%	1.50

表 2 公司价值和平均资本成本

单位：万元

债务市场价值	股票市场价值	公司总价值	税后债务资本成本	权益资本成本	平均资本成本
1 000	4 500	5 500	(A)	(B)	(C)
1 500	(D)	(E)	×	16%	×

注：表中的“×”表示省略的数据。

要求：

（1）确定表 2 中英文字母代表的数值（不需要列示计算过程）。

（2）依据公司价值分析法，确定上述两种债务水平的资本结构哪种更优，并说明理由。

四、综合题

8.19 甲公司是一家生产体温监测仪的上市公司，现有生产线已满负荷运转。为防控新冠疫情，各地对电子体温计的需求爆发性增长，公司准备购置一条生产线，相关资料如下。

资料一：可供选择的生产线购置方案。

A 方案生产线的购置成本为 7 200 万元，预计可使用 6 年，6 年后的变现价值为 720 万元，税法规定按照直线法计提折旧，预计净残值率为 10%；B 方案生产线的购置成本为 9 000 万元，预计可使用 8 年，8 年后的变现价值为 450 万元，税法规定按照直线法计提折旧，预计净残值率为 5%。两个方案的生产线投产时都需要垫支营运资本 1 200 万元，以满足日常经营活动需要，生产线运营期满时全部收回。假定生产线购入后可立即投入使用，投入使用后，预计每年新增销售收入 11 880 万元，每年新增付现成本 8 800 万元。

资料二：甲公司目前资本结构（按市场价值计算）为总资本 40 000 万元，其中债务资本 16 000 万元（市场价值等于其账面价值，平均年利率为 8%），普通股资本 24 000 万元（每股股票价格 6 元，股数为 4 000 万股）。公司今年已宣告并发放每股股利 0.3 元，预计股利年增长率为 10%，且未来股利政策保持不变。

资料三：甲公司投资所需资金 7 200 万元需要从外部筹措，有两种方案可供选择。方案一为全部增发普通股，增发价格为 6 元 / 股。方案二为全部平价发行债券，债券年利率为 10%，每年付息一次，到期一次性归还本金。

假设不考虑筹资过程中发生的筹资费用。甲公司预期的年息税前利润为 4 500 万元。甲公司适用的企业所得税税率为 25%，不考虑其他相关税金，公司要求的最低投资报酬率为 12%。

要求：

（1）根据资料一，对比 A、B 两个方案的初始现金净流量、生产线投入使用后的每年现金净流量及项目净现值，分析甲公司应当选择哪个方案进行投资，并说明理由。

（2）根据资料二和资料三，计算方案一和方案二的每股收益无差别点（以息税前利润表示）和每股收益无差别点的每股收益，判断甲公司应选择哪种筹资方案，并说明理由。

（3）假定甲公司按方案二进行筹资，根据资料二和资料三，计算甲公司普通股的资本成本，以及筹资后甲公司的加权平均资本成本。

做新变 new

new

多项选择题

8.20 关于哈马达模型的表述，正确的有（　　）。

A. 哈马达模型在无税 MM 理论基础上结合资本资产定价模型提出

B. 假定不考虑其他因素，根据哈马达模型，若负债比率越高，β_{sL}^{T} 越低

C. 哈马达模型将权益资本的系统风险分解为经营风险和财务风险

D. 若 $\beta_{sU}^{T}=1.2$，所得税税率 =30%，$D/E=0.6$，则根据哈马达模型，$\beta_{sL}^{T}=1.704$

8.21 关于米勒模型，下列说法正确的有（　　）。

A. 米勒模型是同时考虑了企业所得税和个人所得税的资本结构理论模型

B. 当 $T_C=T_E=T_D=0$ 时，米勒模型即为无税的 MM 理论

C. 如果 $T_E < T_D$，债务的节税收益会增加，如果 $T_E > T_D$，债务的节税收益会减少

D. 当 $(1-T_C)\times(1-T_E)=1-T_D$ 时，财务杠杆不发挥任何效应

第九章　长期筹资

一、单项选择题

9.1　长期借款筹资与长期债券筹资相比，其特点是（　　）。

A. 利息能节税

B. 筹资弹性大

C. 筹资费用大

D. 信息披露成本高

9.2　相对于股权筹资方式而言，长期借款筹资的缺点是（　　）。

A. 信息披露成本较大

B. 筹资成本较高

C. 限制条款较多

D. 筹资速度较慢

9.3　下列关于普通股筹资定价的说法中，正确的是（　　）。

A. 股票发行采取溢价发行的，其发行价格可以由发行人与承销的证券公司协商确定

B. 上市公司向原有股东配股时，发行价格可由发行人自行确定

C. 上市公司公开增发新股时，发行价格不能低于公告招股意向书前 20 个交易日公司股票均价的 90%

D. 上市公司非公开增发新股时，发行价格不能低于定价基准日前 20 个交易日公司股票的均价

9.4　甲上市公司计划通过非公开发行股票的方式为新项目筹资，下列各项中，可以选择的是（　　）。

A. 向原股东配售股份

B. 一次向 30 名特定对象发行证券

C. 向不特定对象募集股份

D. 分次向 300 名特定对象发行证券且每次不超过 30 名

9.5　甲上市公司计划向原股东配售股份，下列各项关于配股的说法中，正确的是（　　）。

A. 拟配售股份数量不超过本次配售后股本总额的 50%

B. 可以采用代销或者包销方式发行

C. 控股股东应当在配股方案发布前公开承诺认配股份的数量

D. 配股价格由主承销商和发行人协商确定

9.6　配股是上市公司股权再融资的一种方式。下列关于配股的说法中，正确的是（　　）。

A. 配股价格一般采取网上竞价的方式确定

B. 配股价格低于市场价格，会减少老股东的财富

C. 配股权是一种看涨期权，其执行价格等于配股价格

D. 每股股票配股权价值等于配股除权参考价减配股价格

9.7 甲公司采用配股方式进行融资，每 10 股配 5 股，配股价 20 元，配股前股价 27 元。最终参与配股的股权占 80%。乙在配股前持有甲公司股票 1 000 股，若其全部行使配股权，乙的财富将（　　）。

A. 增加 1 000 元　　B. 增加 500 元

C. 不发生变化　　D. 减少 1 000 元

9.8 甲公司拟向全体股东配售股份，每 10 股配 3 股，配股价格 22 元 / 股，股票目前价格 25 元股，预计 80% 的股东将行使配股权，乙投资者在配股前持有甲公司 1 000 股股票。下列表述中，不正确的是（　　）。

A. 如果乙投资者行使了配股权，其收益为 580 元

B. 该方案的每股股票配股权价值为 0.73 元

C. 该方案配股除权参考价为 24.42 元

D. 如果乙投资者未行使配股权，其损失为 580 元

9.9 甲公司采用配股方式进行融资。每 10 股配 2 股，配股前股价为 6.2 元，配股价为 5 元。如果除权日股价为 5.85 元，所有股东都参加了配股，除权日股价下跌（　　）。

A. 2.42%　　B. 2.50%　　C. 2.56%　　D. 5.65%

9.10 甲公司有普通股 20 000 股，拟采用配股方式进行融资，每 10 股配 3 股，配股价为 16 元 / 股，股权登记日收盘市价 20 元 / 股，假设共有 1 000 股普通股的原股东放弃配股权，其他股东全部参与配股，配股后除权参考价是（　　）元。

A. 18　　B. 19.2　　C. 19.11　　D. 20

9.11 甲公司拟以公司 2023 年 12 月 31 日总股数 100 000 股为基数，每 10 股配 2 股，配股价格为配股说明书公布前 20 个交易日公司股票收盘价平均值每股 5 元的 80%，即配股价格为每股 4 元，2024 年 3 月 21 日为配股除权登记日。假定在分析中不考虑新募集资金投资产生净现值引起的企业价值变化，80% 股东参与了本次配股的情况下，每股股票配股权的价值是（　　）元。

A. 0.167　　B. 0.172　　C. 0.431　　D. 0.862

9.12 甲公司计划采用公开增发的方式筹集资金，现有总股数 1 000 万股，计划增发 200 万股，增发价格为 5 元 / 股。老股东和新股东分别认购 100 万股，增发前一个交易日股票市价为 6 元 / 股，假设不考虑新募集资金投资的净现值引起的企业价值变化，老股东的财富将（　　）。

A. 增加 83.33 万元　　B. 减少 83.33 万元

C. 增加 100 万元　　D. 减少 100 万元

9.13 下列关于认股权证与看涨期权的共同点的说法中，正确的是（　　）。

A. 都有一个固定的行权价格

B. 行权时都能稀释每股收益

C. 都能使用布莱克 – 斯科尔斯模型定价

D. 都能作为筹资工具

9.14 下列关于附认股权证债券的说法中，正确的是（　　）。

A. 由于附认股权证债券的票面利率一般较低，因此其筹资成本一般低于同风险下债务的市场利率

B. 认股权证执行时，其股票来自二级市场

C. 发行附认股权证债券可以起到一次发行，两次融资的作用

D. 附认股权证债券的发行者，目的是发行股票而不是债券

9.15 甲公司拟发行可转换债券，当前等风险普通债券的市场利率 5%，股东权益资本成本 7%，甲公司的企业所得税税率 20%，要使发行方案可行，可转换债券税前资本成本的区间是（　　）。

A. 5% ~ 7%　　B. 4% ~ 8.75%

C. 5% ~ 8.75%　　D. 4% ~ 7%

9.16 甲公司于 2 年前发行了可转换债券，期限 10 年，该债券面值 1 000 元，票面利率 8%，每年年末支付利息，到期还本。当前等风险普通债券的市场利率 10%，转换价格 50 元，当前甲公司普通股每股股价 45 元，该可转换债券当前的底线价值是（　　）元。

A. 909.28　　B. 1 000　　C. 900　　D. 898.92

二、多项选择题

9.17 甲公司向银行申请 5 年期长期借款。银行为防止自身利益受到损害，在签订合同时约定的下列条款中，属于一般性保护性条款的有（　　）。

A. 限制甲公司净经营性长期资产投资规模

B. 限制甲公司使用该笔借款的方式或用途

C. 限制甲公司新增其他长期债务的规模

D. 限制甲公司发放现金股利的金额

9.18 下列关于股权再融资对企业影响的说法中，正确的有（　　）。

A. 股权再融资会降低企业资产负债率

B. 由于权益资本成本高于债务资本成本，股权再融资一定会增加企业的加权平均资本成本

C. 企业在运营及盈利状况不变的情况下，采用股权再融资会降低企业净资产报酬率

D. 就配股而言，控股股东只要不放弃认购的权利，就不会削弱控制权

9.19 下列关于优先股筹资的表述中，正确的有（　　）。

A. 与债券相比，不支付股利不会导致公司破产

B. 没有到期期限，不需要偿还本金

C. 与普通股相比，发行优先股一般不会稀释股东权益

D. 优先股股利通常被视为固定成本，增加公司的财务风险进而增加普通股的成本

9.20 甲公司是一家生物制药企业，目前正处于高速成长阶段。公司计划发行 10 年期限的附认股权证债券进行筹资。下列说法中，正确的有（　　）。

A. 认股权证是一种看涨期权，可以使用布莱克 – 斯科尔斯模型对认股权证进行定价

B. 使用附认股权证债券筹资的主要目的是当认股权证执行时，可以以高于债券发行日股价的执行价格给公司带来新的权益资本

C. 使用附认股权证债券筹资的缺点是当认股权证执行时，会稀释股价和每股收益

D. 为了使附认股权证债券顺利发行，其内含报酬率应当介于债务市场利率和税前普通股成本之间

9.21 下列关于附认股权证债券的说法中，错误的有（　　）。

A. 附认股权证债券的筹资成本略高于公司直接增发普通股的筹资成本

B. 提高认股权证的执行价格可以提高附认股权债券投资人的内含报酬率

C. 附认股权证债券可以吸引投资者购买票面利率低于市场利率的长期债券

D. 认股权证在认购股份时会给公司带来新的权益资本，行权后股价不会被稀释

9.22 甲上市公司是一家主板上市的制造业企业，计划通过公开发行可转换债券为新项目筹资，下列各项情形中，会影响甲公司可转换债券发行的有（　　）。

A. 最近 1 年财务会计报告被出具保留意见的审计报告，但保留意见所涉及事项的重大不利影响已消除

B. 2 年前买入原油期货投机套利，并已于最近一期期末平仓

C. 最近 3 个会计年度加权平均净资产收益率分别为 8%、5%、7%

D. 现任总经理去年因操纵股价受到中国证监会行政处罚

9.23 为了提高可转换债券投资人的报酬率，发行公司可以采取的措施有（　　）。

A. 提高转换价格

B. 提高转换比率

C. 提高赎回价格

D. 提高债券的票面利率

9.24 为确保债券平价发行，假设其他条件不变，下列各项中，可导致票面利率降低的有（　　）。

A. 附认股权证　　B. 附转换条款

C. 附赎回条款　　D. 附回售条款

9.25 下列关于可转换债券主要条款的说法中，正确的有（　　）。

A. 设置不可赎回期的目的在于保护债券持有人的利益

B. 设置回售条款的目的在于保护发行公司的利益

C. 赎回价格一般会随着债券到期日的临近而减少

D. 设置强制性转换条款，是为了保证可转换债券顺利地转换为股票，实现发行公司扩大权益筹资的目的

9.26 企业在发行的可转换债券中设置回售条款的目的包括（　　）。

A. 保证可转换债券顺利转换成股票

B. 保护债券投资人的利益，以降低投资风险

C. 使投资者具有安全感，有利于吸引投资者

D. 促使债券持有人转换为股份

9.27 下列关于可转换债券赎回条款设置目的的说法中，正确的有（　　）。

A. 设置赎回条款是为了促使债券持有人加速转换股份

B. 合理的赎回条款能够降低投资者的风险，使其具有安全感

C. 赎回条款能够使发行公司避免市场利率下降造成的损失

D. 赎回条款能够使发行公司避免股价持续下跌造成的损失

9.28 下列关于租赁分析的折现率的表述中，正确的有（ ）。

A. 租赁费现金流量的折现率应采用有担保债券的利率

B. 折旧抵税额的折现率要比租赁费的折现率低

C. 期末资产余值的折现率要比借款利率高

D. 租赁费现金流量的折现率应采用无担保债券的利率

三、计算分析题

9.29 甲公司为扩大产能，拟平价发行分离型附认股权证债券进行筹资。方案如下：

债券每份面值 1 000 元，期限 5 年，票面利率 5%，每年付息一次，同时附送 20 张认股权证，认股权证在债券发行 3 年后到期，到期时每张认股权证可按 11 元的价格购买 1 股甲公司普通股股票。

甲公司目前有发行在外的普通债券，5 年后到期，每份面值 1 000 元，票面利率 6%，每年付息一次，每份市价 1 020 元（刚刚支付过最近一期利息）。

公司目前处于生产经营的稳定增长期，可持续增长率 5%，普通股每股市价 10 元，公司的企业所得税税率 25%。

要求：

（1）计算公司普通债券的税前资本成本。

（2）计算该分离型附认股权证债券的税前资本成本。

（3）判断筹资方案是否合理，并说明理由。如果不合理，请给出调整建议。

9.30 甲公司是一家从事新材料研发、生产和销售的上市公司。为了投资新项目，公司拟发行“分离型”附认股权证债券进行筹资，相关资料如下：

（1）每份债券面值 1 000 元，期限 10 年，票面利率 6%，每年年末付息一次，到期还本，债券按面值发行。每份债券同时附送 50 张认股权证，每张认股权证可按 55 元价格购买一股普通股；认股权证期限 5 年，自债券发行日开始计算，假设认股权证均在第 5 年年末行权。

（2）预计公司未来 7 年的股权自由现金流量分别为 30 000 万元、42 000 万元、50 000 万元、54 000 万元、57 000 万元、63 000 万元和 66 000 万元，以后保持 5% 的永续增长。

（3）公司目前发行在外普通股 2 亿股，股权资本成本 10.5%，等风险普通债券市场利率 8%，企业所得税税率 25%。

要求：

（1）什么是认股权证？什么是分离型附认股权证债券？附认股权证债券筹资有什么优缺点？

（2）预计第 5 年年末甲公司股票每股价值。

（3）计算甲公司分离型附认股权证债券的税前资本成本。

（4）判断该筹资方案是否合理，并说明理由。如果不合理，请计算票面利率的合理区间。

9.31 甲公司是一家处于成长期的上市公司，拟发行可转换债券筹资1亿元建设新生产线。筹资方案如下：

（1）可转换债券按面值发行，期限5年。每份可转换债券的面值为1 000元，票面利率为5%，每年年末付息一次，到期还本。可转换债券发行一年后可以转换为普通股，转换价格为25元。

（2）可转换债券不可赎回期3年，第3年年末赎回价格1 020元，第4年年末赎回价格1 010元。转股和赎回必须在年末付息后进行。

（3）公司已进入稳定增长状态，增长率4%。预期下年每股股利1.14元。

（4）公司股权资本成本9%，等风险普通债券市场利率6%，企业所得税率25%。

要求：

（1）计算发行日不含可转换权的每份纯债券的价值。

（2）计算第3年年末付息后每份可转换债券的底线价值，判断投资者是否应在第3年年末将可转换债券转为普通股。

（3）计算可转换债券的税前资本成本，判断筹资方案是否可行，说明理由。

（4）如果预期下一年每股股利1.2元，假设其他条件不变，甲公司司拟采取修改票面利率的方式修改筹资方案，计算使筹资方案可行的票面利率区间（要求：票面利率需为整百分数，例如：5%）。

9.32 H公司是一个高成长的公司，适用的所得税税率为25%，目前每股价格为20元，每股股利为1元，股利预期增长率为6%。公司现在急需筹集资金5 000万元，有以下三个备选方案：

方案一：按照目前市价增发股票250万股。

方案二：平价发行10年期的长期债券。目前新发行的10年期政府债券到期收益率为3.6%。H公司的信用级别为AAA级，目前上市交易的AAA级公司债券有3种，这3种公司债券及与其到期日接近的政府债券到期收益率如下表所示：

债券发行公司	上市债券到期日	上市债券到期收益率	政府债券到期日	政府债券到期收益率
甲	2024年7月1日	6.5%	2024年6月30日	3.4%
乙	2025年9月1日	6.25%	2025年8月1日	3.05%
丙	2027年6月1日	7.5%	2027年7月1日	3.6%

方案三：平价发行10年期的可转换债券，债券面值为每份1 000元，票面利率为5%，每年年末付息一次，转换价格为25元，不可赎回期为5年，5年后可转换债券的赎回价格为1 050元，此后每年递减10元。假设等风险普通债券的市场利率为7%。

要求：

（1）计算按方案一发行股票的资本成本。

（2）计算按方案二发行债券的税前资本成本。

（3）根据方案三，计算第5年年末可转换债券的底线价值，并计算按方案三发行可转换债券的税前资本成本。

（4）判断方案三是否可行并解释原因。如果方案三不可行，请提出三种可行的具体修改建议（例如：票面利率至少提高到多少，方案才是可行的。修改发行方案时，债券的面值、期限、付息方式均不能改变，不可赎回期的改变以年为最小单位，赎回价格的确定方式不变）。

9.33 甲公司是一家制造业企业，产品市场需求处于上升阶段，为增加产能，公司拟于 2024 年初添置一台设备。有两种方案可供选择：

方案一：自行购置。预计设备购置成本 1 600 万元，按税法规定，该设备按直线法计提折旧，折旧年限 5 年，净残值率 5%，预计该设备使用 4 年，每年年末支付维护费用 16 万元，4 年后变现价值 400 万元。

方案二：租赁。甲公司租用设备进行生产，租赁期 4 年，设备的维护费用由提供租赁服务的公司承担，租赁期内不得撤租，租赁期满时设备所有权不转让，租赁费总计 1 480 万元，分 4 年偿付，每年年初支付 370 万元。

甲公司的企业所得税税率为 25%，税前有担保的借款利率为 8%。

要求：

（1）计算方案一的初始投资额、每年折旧抵税额、每年维护费用税后净额、4 年后设备变现税后净额，并计算考虑货币时间价值的平均年成本。

（2）计算方案二的考虑货币时间价值的平均年成本。

（3）比较方案一和方案二的平均年成本，判断甲公司应选择方案一还是方案二。

9.34 甲公司是一家制造业企业，产品市场需求处于上升阶段。为提高产能，公司拟新建一个生产车间。该车间运营期 6 年，有两个方案可供选择：

方案一：设备购置。预计购置成本 320 万元，首年年初支付。设备维护费用每年 2 万元，年末支付。

方案二：设备租赁。租赁期 6 年，租赁费每年 50 万元，年初支付。租赁公司负责设备的维护，不再另外收费。租赁期内不得撤租，租赁期满时租赁资产所有权以 60 万元转让。

6 年后该设备按 85 万元出售，但需支付处置费用 5 万元。根据税法相关规定，设备折旧年限 8 年，净残值率 4%，按直线法计提折旧。税前有担保借款利率 8%，企业所得税税率 25%。

要求：

（1）计算设备租赁相对于购置的差额现金流量及其净现值（计算过程和结果填入下方表格中）。

单位：万元

项目	T=0	T=1	T=2	T=3	T=4	T=5	T=6

续表

项目	T=0	T=1	T=2	T=3	T=4	T=5	T=6
差额现金流量							
折现系数							
现值							
净现值							

（2）甲公司应选择哪种方案？

四、综合题

9.35 甲公司是一家制造业上市公司。目前公司股票每股 45 元。预计股价未来增长率 8%；长期借款合同中保护性条款约定甲公司长期资本负债率不可高于 50%、利息保障倍数不可低于 5 倍。为占领市场并优化资本结构（长期负债 / 股东权益），公司拟于 2024 年末发行附认股权证债券筹资 20 000 万元。为确定筹资方案是否可靠，收集资料如下：

资料一：甲公司 2024 年预计财务报表主要数据。

单位：万元

资产负债表项目	2024 年末
资产总计	105 000
流动负债	5 000
长期借款	40 000
股东权益	60 000
负债和股东权益总计	105 000

单位：万元

利润表项目	2024 年度
营业收入	200 000
财务费用	2 000

续表

利润表项目	2024 年度
利润总额	12 000
所得税费用	3 000
净利润	9 000

甲公司 2024 年财务费用均为利息费用，资本化利息 200 万元。

资料二：筹资方案。

甲公司拟平价发行附认股权证债券，面值 1 000 元，票面利率 6%，期限 10 年，每年年末付息一次，到期还本。每份债券附送 20 张认股权证，认股权证 5 年后到期，在到期前每张认股权证可按 60 元的价格购买 1 股普通股。不考虑发行成本等其他费用。

资料三：甲公司尚无上市债券，也找不到合适的可比公司。评级机构评定甲公司的信用级别为 AA 级。目前上市交易的同行业其他公司债券及与之到期日相近的政府债券信息如下：

公司债券				政府债券	
发行公司	信用等级	到期日	到期收益率	到期日	到期收益率
乙	AAA	2026 年 2 月 15 日	5.05%	2026 年 1 月 31 日	4.17%
丙	AA	2027 年 11 月 30 日	5.63%	2027 年 12 月 10 日	4.59%
丁	AA	2030 年 1 月 1 日	6.58%	2029 年 11 月 15 日	5.32%
戊	AA	2034 年 11 月 30 日	7.20%	2034 年 12 月 1 日	5.75%

甲公司股票目前 β 系数 1.5，市场风险溢价 4%，企业所得税税率 25%，假设公司所筹资金全部用于购置资产，资本结构以长期资本账面价值计算权重。

资料四：如果甲公司按筹资方案发债，预计 2025 年营业收入比 2024 年增长 20%，财务费用在 2024 年财务费用基础上增加新发债券利息，资本化利息保持不变，企业应纳税所得额为利润总额，营业净利率保持 2024 年水平不变，不分配现金股利。

要求：

（1）根据资料一，计算筹资前长期资本负债率、利息保障倍数。

（2）根据资料二，计算发行附认股权证债券的资本成本。

（3）为判断筹资方案是否可行，根据资料三，利用风险调整法，计算甲公司税前债务资本成本；假设无风险利率参考 10 年期政府债券到期收益率，计算筹资后股权资本成本。

（4）为判断是否符合借款合同中保护性条款的要求，根据资料四，计算筹资方案执行后 2025 年末长期资本负债率、利息保障倍数。

（5）基于上述结果，判断筹资方案是否可行，并简要说明理由。

9.36 甲公司是一家生产和销售医疗器械的上市公司。由于市场需求井喷，董事会召开专门会议，拟对公司当前资金需求进行测算，并制定方案满足需求。财务部收集并整理了相关资料如下：

资料一：

（1）甲公司2023年末的财务状况。

单位：万元

资产负债表项目	2023年末
货币资金	5 000
应收账款	12 000
存货	35 000
固定资产	28 000
资产合计	80 000
应付账款	16 500
其他流动负债	9 500
长期借款	18 000
股东权益	36 000
负债及股东权益合计	80 000

（2）甲公司2023年度的经营成果。

单位：万元

利润表项目	2023年度
营业收入	96 000
减：营业成本	54 000
税金及附加	3 360
销售费用	8 700
管理费用	12 500
财务费用	1 440
利润总额	16 000
减：所得税费用	4 000
净利润	12 000

注：甲公司的货币资金均为经营活动所需，其他流动负债均为自发性的无息负债。

甲公司没有优先股，采用固定股利支付率政策，股利支付率45%。甲公司原计划2024年实现营业收入增长12%；受疫情的刺激影响，甲公司将营业收入预期增长率调高至30%。

资料二：为了支持业务快速增长，甲公司拟发行可转换债券，有关资料如下表所示。

每份可转债售价	1 000 元	**不可赎回期**	3 年
期限	5 年	**赎回价格**	3 年后 1 005 元，此后每年递减 2.5 元
票面利率	10%	**股利年增长率**	8%
转换比率	20	**当前期望股利**	2.4 元 / 股
转换价格	50 元	**当前股价**	40 元 / 股

等风险普通债券的市场利率为 12%，甲公司适用的企业所得税税率为 25%。假定可转换债券利息每年年末支付一次，到期还本，发行一年后可以转股，但转股必须在年末进行，赎回可以在可赎回期内立即执行。

要求：

（1）根据资料一，假设 2024 年甲公司各项经营资产销售百分比、经营负债销售百分比和营业净利率均维持 2023 年水平，测算甲公司的内含增长率，分别判断其调整增长目标前后是否需要外部融资，简要说明理由；如需要，运用销售百分比法进一步测算融资总需求和外部融资需求。

（2）根据资料二，计算发行日每份纯债券的价值和第 3 年年末每份可转债的底线价值；确定可转债的资本成本，并判断该筹资方案是否可行，简要说明理由；若筹资方案不可行，请给出调整建议。

第十章　股利分配、股票分割与股票回购

一、单项选择题

10.1 根据“一鸟在手”股利理论，公司的股利政策应采用（　　）。

A. 低股利支付率　　B. 不分配股利

C. 用股票股利代替现金股利　　D. 高股利支付率

10.2 下列各项股利理论中，认为股利政策不影响公司市场价值的是（　　）。

A. 信号理论　　B. 客户效应理论

C.“一鸟在手”理论　　D. 无税 MM 理论

10.3 甲公司采用剩余股利政策分配股利，董事会正在制订 2023 年度的股利分配方案。在计算股利分配额时，不需要考虑的因素是（　　）。

A. 公司的目标资本结构　　B. 2023 年末的货币资金

C. 2023 年实现的净利润　　D. 2024 年需要的投资资本

10.4 甲公司 2023 年初未分配利润 −100 万元，2023 年实现净利润 1 200 万元。公司计划 2024 年新增资本支出 1 000 万元，目标资本结构（债务：权益）为 3 ： 7。法律规定，公司须按净利润 10% 提取公积金。若该公司采取剩余股利政策，应发放现金股利（　　）万元。

A. 310　　B. 400　　C. 380　　D. 500

10.5 甲公司 2024 年实现税后利润 1 000 万元，2024 年初未分配利润为 200 万元，公司按 10% 提取法定盈余公积。预计 2025 年需要新增投资资本 500 万元，目标资本结构（净负债 / 股东权益）为 4/6，公司执行剩余股利分配政策，2024 年可分配现金股利（　　）万元。

A. 600　　B. 700　　C. 800　　D. 900

10.6 甲公司发行在外的普通股为 100 万股，上年实现净利润 500 万元，按照固定股利支付率发放每股股利 3 元。由于经济不景气，本年净利润下降至 475 万元。公司计划投资 800 万元设立新厂，目标资本结构（净负债 / 股东权益）为 6 ： 4。如果公司本年计划改用剩余股利政策，相较于继续沿用原分配政策，每股股利将（　　）。

A. 减少 1.3 元　　B. 减少 1.45 元

C. 增加 1.3 元　　D. 增加 1.45 元

10.7 公司采用固定股利支付率政策时，考虑的理由通常是（　　）。

A. 稳定股票市场价格　　B. 维持目标资本结构

C. 保持较低资本成本　　D. 使股利与公司盈余紧密配合

10.8 甲公司采用固定股利支付率政策，股利支付率为 60%。公司 2023 年实现净利润 8 000 万元。提取 10% 法定公积金。甲公司 2023 年应分配现金股利（　　）万元。

A. 5 600　　B. 4 800　　C. 4 000　　D. 4 320

10.9 下列有关股利分配的说法中，正确的是（　　）。

A. 剩余股利政策下，公司盈余中应当尽量满足投资方案的资本需求，剩余盈余再作为股利发放给股东

B. 固定股利或稳定增长股利政策下，股利发放相对稳定，有利于公司更好地安排资金预算及使用，从而使加权平均资本成本维持较低水平

C. 固定股利支付率政策下，能够使股利与公司盈余紧密地配合，从而真正公平地对待每一位股东，有利于稳定公司股价

D. 低正常股利加额外股利政策下，可以使公司具有较大的灵活性

10.10 甲公司为一家互联网公司，近年来盈利不断增长，公司 2024 年 6 月 22 日发布公告，公布 2023 年度利润分配方案，全体股东每 10 股送 2 股转增 4 股，并派发现金股利 6 元。当日，甲公司普通股收盘价 111 元，2024 年 6 月 28 日是股权登记日，当日收盘价 109 元。甲公司普通股除权参考价是（　　）元 / 股。

A. 67.53　　B. 67.75　　C. 69　　D. 68.78

10.11 下列关于股票回购的说法中，正确的是（　　）。

A. 股票回购会导致公司普通股股数增加　　B. 股票回购会导致普通股每股收益提高

C. 股票回购会导致普通股每股市价下降　　D. 股票回购会导致财务杠杆水平降低

10.12 甲公司目前普通股 400 万股，每股面值 1 元，股东权益总额 1 400 万元。如果按 2 股换成 1 股的比例进行股票反分割，下列各项中，正确的是（　　）。

A. 甲公司股数 200 万股　　B. 甲公司每股面值 0.5 元

C. 甲公司股本 200 万元　　D. 甲公司股东权益总额 700 万元

10.13 在净利润和市盈率不变的情况下，公司实行股票反分割导致的结果是（　　）。

A. 每股收益上升　　B. 每股面额下降

C. 每股市价下降　　D. 每股净资产不变

二、多项选择题

10.14 下列关于客户效应理论的表述中，正确的有（　　）。

A. 边际税率高的投资者会选择实施低股利支付率的股票

B. 边际税率低的投资者则会选择实施高股利支付率的股票

C. 边际税率低的投资者则会选择实施低股利支付率的股票

D. 公司在制定或调整股利政策时，不应该忽视股东对股利政策的需求

10.15 下列关于股利分配理论的说法中，错误的有（　　）。

A. 税差理论认为，当资本利得税与交易成本之和大于股利收益税时，股东会倾向于企业采用低现金股利支付率政策

B. 客户效应理论认为，边际税率高的投资者会选择实施低股利支付率的股票

C. “一鸟在手”理论认为，股东更偏好于资本利得

D. 代理理论认为，为解决经理人员与股东之间的代理冲突，应采用高现金股利支付率政策

10.16 下列关于股利分配的说法中，错误的有（　　）。

A. 剩余股利政策下，应当最大限度地使用保留盈余来满足投资方案所需的权益资本数额，剩余盈余作为股利发放给股东

B. 固定股利或稳定增长股利政策下，股利发放相对稳定，有利于公司更好地安排资金预算及使用，从而使加权平均资本成本维持较低水平

C. 固定股利支付率政策下，能够使股利与公司盈余紧密地配合，从而真正公平地对待每一位股东，有利于稳定公司股价

D. 根据信号理论，处于成长期的公司，如果提高股利支付率，将向股东预示公司前景向好，有利于公司股价上升

10.17 公司基于不同的考虑会采用不同的股利分配政策。采用剩余股利政策的公司更多地关注（　　）。

A. 盈余的稳定性　　B. 公司的流动性

C. 投资机会　　D. 资本成本

10.18 不考虑其他因素，下列关于公司股利政策的说法中，错误的有（　　）。

A. 盈余稳定的公司倾向于采取高股利支付率政策

B. 处于成长中的公司往往采取高股利支付率政策

C. 通货膨胀期间，公司往往采取高股利支付率政策

D. 边际税率较高的股东往往反对公司采取高股利支付率政策

10.19 下列关于各股利政策类型优缺点的说法中，正确的有（　　）。

A. 剩余股利政策能够保持理想的资本结构，使加权平均资本成本最低

B. 固定股利或稳定增长股利政策的缺点之一是股利支付与盈余相脱节

C. 固定股利支付率政策有利于稳定公司股票价格

D. 低正常股利加额外股利政策具有较大的灵活性

10.20 甲持有乙公司股票，乙公司 2023 年利润分配方案是每 10 股送 10 股股票股利。假设分红后股价等于除权参考价，下列关于利润分配结果的说法中，正确的有（　　）。

A. 乙股价不变　　B. 甲财富不变

C. 甲持有乙的股数不变　　D. 甲持有乙的股份比例不变

10.21 下列关于股票分割的说法中，正确的有（　　）。

A. 增加股数，减少未分配利润

B. 增加股数，降低每股收益

C. 将面值大的股票换成面值小的股票

D. 降低每股价格，吸引投资者

10.22 下列关于股票分割和股票股利的说法中，不正确的有（　　）。

A. 股票分割后，股东持股比例和所持股份价值增加

B. 发放股票股利后，普通股每股面值变小

C. 无论是股票分割，还是发放股票股利，公司的资本结构不变

D. 股票分割属于股利支付方式

10.23 甲公司盈利稳定，有多余现金，拟进行股票回购用于将来奖励本公司职工，在其他条件不变的情况下，股票回购产生的影响有（　　）。

A. 每股面额下降　　B. 资本结构变化

C. 每股收益提高　　D. 自由现金流减少

10.24 下列关于股票回购和现金股利影响的说法中，属于二者共同点的有（　　）。

A. 均减少所有者权益　　B. 均减少公司现金

C. 均改变所有者权益结构　　D. 均降低股票市场价格

三、计算分析题

10.25 甲公司是一家能源类上市公司，当年取得的利润在下年分配。2022 年公司净利润 10 000 万元。2023 年分配现金股利 3 000 万元，预计 2023 年净利润 12 000 万元。2024 年只投资一个新项目，总投资额 8 000 万元。

要求：

（1）如果甲公司采用固定股利政策，计算 2023 年净利润的股利支付率。

（2）如果甲公司采用固定股利支付率政策，计算 2023 年净利润的股利支付率。

（3）如果甲公司采用剩余股利政策，目标资本结构是负债 / 权益等于 2/3，计算 2023 年净利润的股利支付率。

（4）如果甲公司采用低正常股利加额外股利政策，低正常股利为 2 000 万元，额外股利为 2023 年净利润扣除低正常股利后余额的 16%，计算 2023 年净利润的股利支付率。

（5）比较上述各种股利政策的优点和缺点。

10.26 甲公司是一家高科技上市公司，流通在外普通股加权平均股数 2 000 万股，2023 年净利润 5 000 万元。为回馈投资者，甲公司董事会正在讨论相关分配方案，资料如下：

方案一：每 10 股发放现金股利 6 元。

方案二：每 10 股发放股票股利 10 股。

预计股权登记日：2024 年 10 月 20 日。

除权除息日：2024 年 10 月 21 日。

现金红利到账日：2024 年 10 月 21 日。

新增无限售条件流通股份上市日：2024 年 10 月 22 日。

假设甲公司股票 2024 年 10 月 20 日收盘价 30 元。

要求：

（1）如果采用方案一，计算甲公司每股收益、每股股利。如果通过股票回购等额现金支付给股东，回购价格每股 50 元。设计股票回购方案，并简述现金股利与股票回购的异同。

（2）如果采用方案二，计算发放股票股利后甲公司每股收益、每股除权参考价。如果通过股票分割达到同样的每股收益稀释效果，设计股票分割方案，并简述股票股利与股票分割的异同。

第十一章 营运资本管理

一、单项选择题

11.1 与激进型营运资本投资策略相比，适中型营运资本投资策略下的流动资产（　　）。

A. 持有成本和短缺成本均较低　　B. 持有成本较高，短缺成本较低

C. 持有成本和短缺成本均较高　　D. 持有成本较低，短缺成本较高

11.2 下列关于保守型营运资本筹资策略的说法中，正确的是（　　）。

A. 保守型筹资策略是一种风险较低、收益较高的营运资本筹资策略

B. 营业低谷期，易变现率大于1

C. 营业高峰期，易变现率大于1

D. 波动性流动资产小于短期金融负债

11.3 下列关于激进型营运资本筹资策略的表述中，正确的是（　　）。

A. 激进型筹资策略的营运资本小于0

B. 激进型筹资策略是一种风险和收益均较低的营运资本筹资策略

C. 在营业低谷时，激进型筹资策略的易变现率小于1

D. 在营业低谷时，企业不需要短期金融负债

11.4 甲公司在生产经营的低谷期，拥有经营性流动资产100万元和长期资产400万元，在生产经营的高峰期，会额外增加200万元的季节性存货需求，并借入100万元的短期借款。下列说法中，错误的是（　　）。

A. 甲公司采取的是保守型筹资策略

B. 甲公司经营低谷期的易变现率为200%

C. 甲公司经营高峰期的易变现率为67%

D. 在该筹资策略下，甲公司的风险和收益均较高

11.5 甲公司营运资本筹资策略拟从激进型转为保守型，下列各项措施中，符合转型要求的是（　　）。

A. 增加长期借款购置固定资产　　B. 增加短期借款购买原材料

C. 增发公司股票偿还短期借款　　D. 发行长期债券回购公司股票

11.6 甲公司是一家啤酒生产企业，淡季需占用300万元货币资金、200万元应收账款、500万元存货、1 000万元固定资产以及200万元无形资产（除此以外无其他资产），旺季需额外增加300万元季节性存货。经营性流动负债、长期负债和股东权益总额始终保持在2 000万元，其余靠短期借款提供资金。甲公司的营运资本筹资策略是（　　）。

A. 保守型策略　　B. 适中型策略

C. 激进型策略　　D. 无法确定

11.7 甲公司根据存货模型确定的最佳现金持有量为 100 000 元，有价证券的年利率为 10%。在最佳现金持有量下，该公司与现金持有量相关的现金使用总成本是（　　）元。

A. 5 000　　B. 10 000　　C. 15 000　　D. 20 000

11.8 甲公司采用存货模式确定最佳现金持有量，在现金需求量保持不变的情况下，当有价证券转换为现金的交易费用从每次 100 元下降至 50 元、有价证券投资报酬率从 4% 上涨至 8% 时，甲公司现金管理应采取的措施是（　　）。

A. 最佳现金持有量保持不变　　B. 将最佳现金持有量降低 50%

C. 将最佳现金持有量提高 50%　　D. 将最佳现金持有量提高 100%

11.9 甲公司采用随机模式进行现金管理。最低现金持有量 1 000 万元，现金返回线 1 500 万元。假设某日甲公司的现金余额是 2 800 万元，下列操作中，正确的是（　　）。

A. 不进行证券买卖　　B. 买入有价证券 300 万元

C. 买入有价证券 1 300 万元　　D. 买入有价证券 1 800 万元

11.10 在依据“5C”系统原理确定信用标准时，应掌握客户“能力”方面的信息，下列各项指标中，最能反映客户“能力”的是（　　）。

A. 净经营资产利润率　　B. 杠杆贡献率

C. 现金流量比率　　D. 长期资本负债率

11.11 甲公司全年销售额为 30 000 元（一年按 300 天计算），信用政策是“1/20，n/30”，平均有 40% 的顾客（按销售额计算）享受现金折扣优惠，没有顾客逾期付款。甲公司应收账款的年平均余额是（　　）元。

A. 2 000　　B. 2 400　　C. 2 600　　D. 3 000

11.12 甲公司每年生产产品需要某零件 3 600 件。自制该零件的单位成本 3 元 / 件，每次生产前的设备调试成本 600 元，每日产量 50 件，每日平均需求量 10 件，仓储成本为零件价值的 20%，年自制总成本是（　　）元。

A. 1 440　　B. 1 610　　C. 12 240　　D. 12 410

11.13 甲公司生产产品所需某种原料的需求量不稳定，为保障产品生产的原料供应，需要设置保险储备，确定合理保险储备量的判断依据是（　　）。

A. 缺货成本与保险储备成本之和最小　　B. 缺货成本与保险储备成本之和最大

C. 边际保险储备成本大于边际缺货成本　　D. 边际保险储备成本小于边际缺货成本

11.14 甲公司生产所需的零件全部通过外购取得，公司根据扩展的经济订货量模型确定进货批量。下列情形中，能够导致零件经济订货量增加的是（　　）。

A. 订货提前期延长　　B. 每次订货的变动成本增加

C. 供货单位每天的送货量增加　　D. 供货单位延迟交货的概率增加

11.15 甲公司按“2/10，n/40”的信用条件购入货物，该公司放弃现金折扣的年成本（一年按 360 天计算）是（　　）。

A. 18%　　B. 18.37%　　C. 24%　　D. 24.49%

11.16 甲公司计划采购一批 100 万元的货物，供应商 A 提出的信用条件是“2/30，n/60”，供应商 B 提出的信用条件是“1/45，n/60”，同期的银行短期借款年利率为 12%，通过衡量放弃折扣成本的大小（按单利计算），一年按360天计算，甲公司应当选择（　）。

A. 供应商A，在折扣期内付款　　B. 供应商A，在信用期内付款

C. 供应商B，在折扣期内付款　　D. 供应商B，在信用期内付款

11.17 甲公司与银行签订周转信贷协议：银行承诺一年内随时满足甲公司最高1 000万元的贷款。甲公司在签订协议同时申请一年期贷款400万元，年利率6%，按年单利计息，到期一次还本付息，在此期间未使用承诺贷款额度的其他贷款。同时协议约定，贷款限额未使用的部分需支付承诺费，按照0.5%的承诺费率于年末支付。该笔贷款的实际成本最接近于（　）。

A. 6.75%　　B. 6%　　C. 6.4%　　D. 8%

11.18 甲公司与某银行签订周转信贷协议，银行承诺一年内随时满足甲公司最高8 000万元的贷款，承诺费按承诺贷款额度的0.5%于签订协议时支付，公司取得贷款部分已支付的承诺费用在一年后返还，甲公司在签订协议同时申请一年期贷款5 000万元，年利率8%，按年单利计息，到期一次还本付息，在此期间未使用承诺贷款额度的其他贷款，该笔贷款的实际成本最接近于（　）。

A. 8.06%　　B. 8.8%　　C. 8.3%　　D. 8.37%

11.19 甲公司拟使用短期借款进行筹资。下列借款条件中，不会导致有效年利率高于报价利率的是（　）。

A. 按贷款一定比例在银行保持补偿性余额　　B. 按贴现法支付银行利息

C. 按收款法支付银行利息　　D. 按加息法支付银行利息

二、多项选择题

11.20 下列关于营运资本投资决策相关成本的表述中，正确的有（　）。

A. 短缺成本随流动资产投资水平上升而降低

B. 持有成本随流动资产投资水平上升而上升

C. 总成本随流动资产投资水平上升，先降低而后上升

D. 总成本随流动资产投资水平上升，先上升而后降低

11.21 下列关于营运资本投资策略的说法中，不正确的有（　）。

A. 流动资产投资越少，越节约投资成本，对企业越有利

B. 最佳投资需要量，是短缺成本和管理成本之和最小化的投资额

C. 持有成本主要是与流动资产相关的机会成本

D. 保守型的投资策略是指企业持有较多的流动资产

11.22 甲公司的波动性流动资产为120万元，经营性流动负债为20万元，短期金融负债为100万元。下列关于该公司营运资本筹资策略的说法中，正确的有（　）。

A. 该公司采用的是适中型营运资本筹资策略

B. 该公司在营业低谷期的易变现率大于1

C. 该公司在营业高峰期的易变现率小于1

D. 该公司在生产经营淡季，可将20万元闲置资金投资于短期有价证券

11.23 与采用激进型营运资本筹资政策相比，企业采用保守型营运资本筹资政策时（　　）。

A. 资金成本较高　　B. 易变现率较高

C. 举债和还债的频率较高　　D. 蒙受短期利率变动损失的风险较高

11.24 某企业采用随机模式控制现金的持有量。下列事项中，能够使现金返回线上升的有（　　）。

A. 有价证券的收益率提高　　B. 管理人员对风险的偏好程度提高

C. 企业每日的最低现金需要量提高　　D. 企业每日现金余额变化的标准差增加

11.25 甲公司采用随机模式进行现金管理，下列说法中，正确的有（　　）。

A. 影响现金返回线的因素包括机会成本与转换成本

B. 当现金余额在上下限之间时，不需要进行现金与有价证券的转换

C. 当现金存量达到控制上限时，买入有价证券，使现金持有量回落到控制下限

D. 当现金存量达到控制下限时，卖出有价证券，使现金持有量上升到现金返回线

11.26 甲公司采用随机模式确定最佳现金持有量，最优现金返回线水平 7 000 元，现金存量下限 2 000 元，公司财务人员的下列做法中，正确的有（　　）。

A. 当持有的现金余额为 5 000 元时，转让 2 000 元的有价证券

B. 当持有的现金余额为 12 000 元时，购买 5 000 元的有价证券

C. 当持有的现金余额为 20 000 元时，购买 13 000 元的有价证券

D. 当持有的现金余额为 1 500 元时，转让 5 500 元的有价证券

11.27 存货模式和随机模式是确定最佳现金持有量的两种方法。下列关于这两种方法的表述中，正确的有（　　）。

A. 两种方法都考虑了现金的交易成本和机会成本

B. 存货模式简单、直观，比随机模式有更广泛的适用性

C. 随机模式可以在企业现金未来需要总量和收支不可预测的情况下使用

D. 随机模式确定的现金持有量，更易受到管理人员主观判断的影响

11.28 甲公司为了扩大销量决定改变目前付款的信用政策，由原本的现销改为“2/30，n/50”的现金折扣条件，估计会有一半的客户（按销售额计算，下同）将享受现金折扣，一半的客户在信用期满付款。假设等风险投资的必要报酬率为 15%，一年按照 360 天计算。甲公司的相关销售数据如下：

项目	信用期	
	0 天	50 天
销售量（件）	160 000	180 000
单价（元）	10	10
变动成本（元）	6	6
固定成本（元）	60 000	70 000
可能发生的收账费用（元）	5 000	6 000
可能发生的坏账损失（元）	7 000	10 000

下列关于甲公司的说法中，错误的有（　　）。

A. 改变信用政策后，应收账款占用资金应计利息增加额为 30 000 元

B. 改变信用政策后，现金折扣成本的增加额为 18 000 元

C. 应该改变信用政策

D. 不应该改变信用政策

11.29 下列各项中，属于存货储存变动成本的有（　　）。

A. 差旅费　　B. 存货的变质损失

C. 存货的保险费用　　D. 存货占用资金的应计利息

11.30 根据存货经济批量模型，下列各项中，会导致存货经济订货批量增加的情况有（　　）。

A. 单位储存成本增加　　B. 存货年需求量增加

C. 订货固定成本增加　　D. 单位订货变动成本增加

三、计算分析题

11.31 C 企业在生产经营淡季，需占用 1 250 万元的流动资产和 1 875 万元的固定资产；在生产经营高峰期，会额外增加 650 万元的季节性存货需求。企业目前有两种营运资本筹资方案。

方案 1：权益资本、长期债务和自发性负债始终保持在 3 400 万元，其余靠短期借款提供资金来源。

方案 2：权益资本、长期债务和自发性负债始终保持在 3 000 万元，其余靠短期借款提供资金来源。

要求：

（1）如采用方案 1，计算 C 企业在营业高峰期和营业低谷期的易变现率，分析其采取的是哪种营运资本筹资政策。

（2）如采用方案 2，计算 C 企业在营业高峰期和营业低谷期的易变现率，分析其采取的是哪种营运资本筹资政策。

（3）比较分析方案 1 与方案 2 的风险与收益。

11.32 E 公司生产、销售一种产品，该产品的单位变动成本是 60 元，单位售价是 80 元。公司目前采用 30 天按发票金额付款的信用政策，80% 的顾客（按销售量计算，下同）能在信用期内付款，另外 20% 的顾客平均在信用期满后 20 天付款，逾期应收账款的收回需要支出占逾期账款 5% 的收账费用，公司每年的销售量为 36 000 件，平均存货水平为 2 000 件。

为了扩大销售量、缩短平均收现期，公司拟推出“5/10，2/20，n/30”的现金折扣政策。采用该政策后，预计销售量会增加 15%，40% 的顾客会在 10 天内付款，30% 的顾客会在 20 天内付款，20% 的顾客会在 30 天内付款，另外 10% 的顾客平均在信用期满后 20 天付款，逾期应收账款的收回需要支出占逾期账款 5% 的收账费用。为了保证及时供货，平均存货水平需提高到 2 400 件，其他条件不变。

假设等风险投资的必要报酬率为 12%，一年按 360 天计算。

要求：

（1）计算改变信用政策后边际贡献、收账费用、应收账款应计利息、存货应计利息、现金折扣成本的变化。

（2）计算改变信用政策的净损益，并回答E公司是否应推出该现金折扣政策。

11.33 甲公司生产并销售某种产品，目前采用现金销售政策，年销售量180 000件，产品单价10元，单位变动成本6元，年平均存货周转次数（按销售成本计算）为3次，为了扩大销售量，甲公司拟将目前的现销政策改为赊销并提供一定的现金折扣，信用政策为“2/10，n/30”，改变信用政策后，年销售量预计提高12%，预计50%的客户（按销售量计算，下同）会享受现金折扣优惠，40%的客户在30天内付款，10%的客户平均在信用期满后20天付款，收回逾期应收账款发生的收账费用为逾期金额的3%，存货周转次数保持不变，应付账款年平均余额将由目前的90 000元增加至110 000元。

等风险投资的必要报酬率为15%，一年按360天计算。

要求：

（1）计算改变信用政策引起的以下项目变动额：边际贡献、现金折扣成本、应收账款占用资金的应计利息、收账费用、存货占用资金的应计利息、应付账款占用资金的应计利息。

（2）计算改变信用政策引起的税前损益变化，并说明该信用政策改变是否可行。

11.34 甲公司是一家小家电企业，只生产单一小家电产品。产品单位售价200元/件，单位变动成本120元/件。甲公司目前采用“n/30”的信用政策，预计70%（按销售量计算，下同）的顾客在信用期内付款，30%的顾客在信用期满后20天付款。收回逾期的应收账款需要承担的收账费用及坏账损失占逾期金额的5%。甲公司目前每年销售40 000件，平均存货3 500件，为加强营运资本管理，甲公司正考虑采用以下2种政策。

政策一：推出“5/10，3/30，n/60”的信用政策，预计每年销量将增加5%。40%的顾客在10天内付款，30%的顾客在30天内付款，25%的顾客在60天内付款，另有5%的顾客在信用期满后20天付款，收回逾期应收账款需要承担的收账费用及坏账损失占逾期金额的8%，为确保及时供货，平均存货需提高到3 650件，其他条件不变。

政策二：通过一家金融服务商对应收账款进行保理（即将应收账款转让给服务商），该服务商在销售实现时按销售额的98%向甲付款，其余2%作为甲公司支付给该服务商的利息。此外，甲还需付给服务商销售额的3%作为保理费用。应收账款的现金折扣、收账费用及坏账损失等费用由服务商承担。

等风险投资必要报酬率12%，假设不考虑企业所得税的影响，一年按360天计算。

要求：

（1）放宽信用政策会带来哪些收益、成本项目的变化？如采取政策一，分别计算放宽信用政策会带来哪些收益、成本项目的变化额和改变信用政策给甲带来的净损益，并判断甲是否应采取政策一。

（2）基于（1）的结果，如果进一步采取政策二，计算应收账款保理给甲带来的净损益，并判断是否应采取政策二。

（3）为提高应收账款质量，降低收账费用和坏账损失，企业需要制定享受信用优惠的信用标准，什么是评价顾客违约可能性的5C系统，简要介绍具体内容。

11.35 甲公司是一家机械加工企业，产品生产需要某种材料，年需求量为720吨（一年按360天计算）。该公司材料采购实行供应商招标制度，年初选定供应商并确定材料价格，供应商根据甲公司指令发货，运输费由甲公司承担。目前有两个供应商方案可供选择，相关资料如下：

方案一：选择A供应商，材料价格为每吨3 000元，每吨运费100元，每次订货还需支付航空、路桥等固定运费500元。材料集中到货，正常情况下从订货至到货需要10天，正常到货的概率为50%，延迟1天到货的概率为30%，延迟2天到货的概率为20%，当材料缺货时，每吨缺货成本为50元。如果设置保险储备，以一天的材料消耗量为最小单位。材料单位储存成本为200元/年。

方案二：选择当地B供应商，材料价格为每吨3 300元，每吨运费20元，每次订货还需要支付固定运费100元。材料在甲公司指令发出当天即可送达，每日最大送货量为10吨。材料单位储存成本为200元/年。

要求：

（1）计算方案一的经济订货量，分别计算不同保险储备量的相关总成本并确定最合理的保险储备量，计算方案一的总成本。

（2）计算方案二的经济订货量和总成本。

（3）从成本角度分析，甲公司应选择哪个方案？

11.36 甲公司是一家化工生产企业，生产需要X材料。该材料价格2 300元/吨，年需求量3 600吨（一年按360天计算）。一次订货成本600元，单位储存成本300元/年，缺货成本每吨1 000元，运费每吨200元。材料集中到货，正常到货概率为80%，延迟1天到货概率为10%，延迟2天到货概率为10%。假设交货期内材料总需求量根据每天平均需求量计算。

如果设置保险储备，以每天平均需求量为最小单位。

要求：

（1）计算X材料的经济订货量、年订货次数、与批量相关的年存货总成本。

（2）计算X材料不同保险储备量的年相关总成本，并确定最佳保险储备量。

11.37 甲公司是一家电子产品制造企业，生产需要使用X零件。该零件单价5元，全年需求量72 000件（一年按360天计算）。一次订货成本250元，单位储存成本1元/年，单位缺货成本0.5元。

零件集中到货，从订货至到货需要5天，正常到货概率为100%。在5日交货期内，甲公司零件需求量及其概率如下：

需求量（件）	800	1 000	1 200	1 400
概率	10%	40%	30%	20%

如果设置保险储备，以每天平均需求量为最小单位。

要求：

（1）计算 X 零件的经济订货量、年订货次数、与批量相关的年存货总成本。

（2）计算 X 零件不同保险储备量的年相关总成本，并确定最佳保险储备量。

第十二章　产品成本计算

一、单项选择题

12.1　甲公司生产 X 产品，设有供电和锅炉两个辅助生产车间。2023 年 7 月，供电车间发生生产费用 315 000 元，供电 450 000 度，其中锅炉车间 30 000 度、X 产品 320 000 度、基本生产车间 60 000 度、行政管理部门 40 000 度；锅炉车间发生生产费用 119 000 元，提供热力蒸汽 150 000 吨，其中供电车间 10 000 吨、X 产品 100 000 吨、基本生产车间 25 000 吨、行政管理部门 15 000 吨。甲公司采用直接分配法分配辅助生产成本，供电车间的分配率是（　　）元 / 度。

A. 0.70　　B. 0.72　　C. 0.75　　D. 0.85

12.2　甲公司基本生产车间生产 X 和 Y 两种产品，供电和锅炉两个辅助生产车间分别为 X 产品、Y 产品、行政管理部门提供动力和蒸汽，同时也相互提供服务。若采用直接分配法分配辅助生产费用，供电车间的生产费用不应分配给（　　）。

A. X 产品　　B. Y 产品

C. 行政管理部门　　D. 锅炉辅助生产车间

12.3　甲公司月末在产品数量较多，各月在产品数量变化较大，各项费用的比重相差不多，生产费用在完工产品和月末在产品之间分配，最适合采用的方法是（　　）。

A. 在产品成本按年初数固定计算　　B. 在产品成本按其所耗用的原材料费用计算

C. 在产品成本按定额成本计算　　D. 约当产量法

12.4　甲公司采用品种法核算产品成本，基本生产车间生产乙产品，依次经过三道工序，工时定额分别为 20 小时、30 小时和 50 小时，月末完工产品和在产品采用约当产量法（加权平均法）分配。假设制造费用随加工进度在每道工序陆续均匀发生，各工序内在产品完工程度平均为 50%，第二道工序月末在产品数量 1 000 件。分配制造费用时，第二道工序在产品约当产量是（　　）件。

A. 350　　B. 400　　C. 450　　D. 500

12.5　甲公司生产和销售 A 产品，只需经过一个生产步骤，月末完工产品和在产品采用约当产量法（先进先出法）分配。月初在产品数量 200 件（完工程度 50%），本月投入生产 400 件，本月完工产品 520 件，月末在产品 80 件（完工程度 40%），原料在开始生产时一次投入，直接人工和制造费用陆续均匀发生。下列指标中，计算错误的是（　　）。

A. 月末在产品约当产量（直接材料）为 80 件

B. 月末在产品约当产量（直接人工和制造费用）为 32 件

C. 月初在产品本月加工约当产量（直接材料）为 100 件

D. 月初在产品本月加工约当产量（直接人工和制造费用）为 100 件

12.6 甲公司生产某种产品，需两道工序加工完成，公司不分步计算产品成本。该产品的定额工时100小时，其中第一道工序的定额工时20小时，第二道工序的定额工时80小时。月末盘点时，第一道工序的在产品数量100件，第二道工序的在产品数量200件。如果各工序在产品的完工程度均按50%计算，月末在产品的约当产量是（　　）件。

A. 90　　B. 120　　C. 130　　D. 150

12.7 甲公司生产X、Y两种联产品。2023年9月，X、Y产品在分离前发生联合成本32万元。X产品在分离后无须继续加工，直接出售，销售总价30万元；Y产品需继续加工，尚需发生加工成本10万元，完工后销售总价20万元。采用可变现净值法分配联合成本，X产品应分摊的联合成本是（　　）万元。

A. 8　　B. 12.8　　C. 19.2　　D. 24

12.8 甲工厂生产联产品X和Y，9月份产量分别为690件和1 000件。分离点前发生联合成本40 000元，分离点后分别发生深加工成本10 000元和18 000元，X和Y的最终销售总价分别为970 000元和1 458 000元。按照可变现净值法，X和Y的总加工成本分别是（　　）。

A. 12 000元和28 000元　　B. 16 000元和24 000元

C. 22 000元和46 000元　　D. 26 000元和42 000元

12.9 下列关于成本计算分步法的表述中，正确的是（　　）。

A. 逐步结转分步法不利于各步骤在产品的实物管理和成本管理

B. 当企业经常对外销售半成品时，应采用平行结转分步法

C. 采用逐步分项结转分步法时，无须进行成本还原

D. 采用平行结转分步法时，无须将产品生产费用在完工产品和在产品之间进行分配

12.10 下列成本核算方法中，不利于考察企业各类存货资金占用情况的是（　　）。

A. 品种法　　B. 分批法

C. 逐步结转分步法　　D. 平行结转分步法

12.11 下列成本计算方法中，需要进行成本还原的是（　　）。

A. 品种法　　B. 逐步分项结转分步法

C. 逐步综合结转分步法　　D. 平行结转分步法

12.12 甲公司生产X产品，该产品由三个生产步骤构成，采用逐步结转分步法计算成本。本月第一生产步骤转入第二生产步骤的生产费用4 000元，第二生产步骤转入第三生产步骤的生产费用3 000元。本月第三生产步骤月初在产品费用1 000元，发生的费用3 500元（不包括上一生产步骤转入的费用），月末在产品费用700元，本月该种产品的产成品成本是（　　）元。

A. 7 500　　B. 6 800　　C. 6 500　　D. 1 700

12.13 甲公司只生产一种产品，生产分两个步骤在两个车间进行，第一车间为第二车间提供半成品，第二车间将半成品加工成产成品。月初两个车间均没有在产品。本月第一车间投产100件，有80件完工并转入第二车间，月末第一车间尚未加工完成的在产品相对于本步骤的完工程度为60%；第二车间完工50件，月末第二车间尚未加工完成的在产品相对于本步骤的完工程度为50%。该公司按照平行结转分步法计算产品成本，各生产车间按约当产量法

（加权平均法）在完工产品和在产品之间分配生产费用。月末第一车间的在产品约当产量是（　　）件。

A. 12　　B. 27　　C. 42　　D. 50

12.14 甲公司生产 X 产品，需要经过三个步骤，第一步骤半成品直接转入第二步骤，第二步骤半成品直接转入第三步骤，第三步骤生产出产成品。各步骤加工费用随加工进度陆续发生。该公司采用平行结转分步法计算产品成本。月末盘点：第一步骤月末在产品 100 件，完工程度 60%；第二步骤月末在产品 150 件，完工程度 40%；第三步骤完工产品 540 件，在产品 200 件，完工程度 20%，按照约当产量法（加权平均法），第二步骤加工费用应计入完工产品成本的份额占比是（　　）。

A. 90%　　B. 40%　　C. 48.15%　　D. 67.5%

二、多项选择题

12.15 下列成本费用中，属于制造费用的有（　　）。

A. 构成产品实体的原材料

B. 直接参与生产产品的员工的福利费

C. 间接材料成本

D. 生产设备的折旧费

12.16 甲公司有供电、燃气两个辅助生产车间，公司采用一次交互分配法分配辅助生产成本。本月供电车间供电 40 万度，成本费用为 20 万元，其中燃气车间耗用 2 万度电；燃气车间供气 20 万吨，成本费用为 40 万元，其中供电车间耗用 1 万吨燃气。下列计算中，不正确的有（　　）。

A. 供电车间分配给燃气车间的成本费用为 1 万元

B. 燃气车间分配给供电车间的成本费用为 2 万元

C. 供电车间对外分配的成本费用为 19 万元

D. 燃气车间对外分配的成本费用为 41 万元

12.17 下列关于完工产品和在产品成本分配的表述中，正确的有（　　）。

A. 在产品成本按年初数固定计算，适用于月末在产品数量很少，或者在产品数量虽多但各月之间在产品数量变动不大的情况

B. 在产品成本按其所耗用的原材料费用计算，适用于原材料费用在产品成本中所占比重较大，而且原材料是在生产开始时一次全部投入的情况

C. 在产品成本按定额成本计算，适用于在产品数量稳定或者数量较少，并且制定了比较准确的定额成本的情况

D. 定额比例法适用于各月月末在产品数量变动较大，但制定了比较准确的消耗定额的情况

12.18 下列关于产品成本计算逐步结转分步法的说法中，正确的有（　　）。

A. 应进行成本还原

B. 对外销售半成品的企业一般适宜采用逐步结转分步法

C. 能够全面反映各步骤的生产耗费水平

D. 半成品成本随半成品实物在各步骤间转移

12.19 采用逐步综合结转分步法核算产品成本时，需要进行成本还原。下列有关成本还原的说法中，正确的有（　　）。

A. 成本还原的对象是产品成本中所耗用的半成品项目

B. 成本还原需要从后面一个步骤往前逐步推算分解，还原成以前的成本项目

C. 还原后的各成本要素汇总金额与还原前的成本汇总金额不同

D. 通过成本还原，能全面地反映各步骤产品的生产耗费水平

12.20 下列关于平行结转分步法的说法中，错误的有（　　）。

A. 平行结转分步法下的在产品是尚未最终完成的产品

B. 平行结转分步法适用于经常对外销售半成品的企业

C. 平行结转分步法有利于考察在产品存货资金占用情况

D. 平行结转分步法有利于各步骤在产品的实物管理和成本管理

12.21 甲公司是一家制造业企业，按照生产步骤，分别设置第一、第二、第三生产车间。公司采用平行结转分步法，按车间设置成本计算单。则第一车间成本计算单中“月末在产品”项目的“月末在产品”范围应包括（　　）。

A. 第一车间正在加工的半成品　　B. 第二车间正在加工的半成品

C. 第三车间正在加工的半成品　　D. 第三车间的完工产品

12.22 下列关于产品成本计算分步法的说法中，正确的有（　　）。

A. 逐步结转分步法适用于大量大批连续式复杂生产的企业

B. 平行结转分步法需要计算和结转产品的各步骤半成品成本

C. 平行结转分步法的某步骤在产品既包括该步骤尚未加工完成的在产品，也包括该步骤已完工但尚未最终完成的产品

D. 逐步结转分步法的计算与产品生产周期基本一致，但与核算报告期不一致

三、计算分析题

12.23 甲公司有锅炉和供电两个辅助生产车间，分别为基本生产车间和行政管理部门提供蒸汽和电力，两个辅助生产车间之间也相互提供产品或服务，2023 年 9 月份的辅助生产及耗用情况如下：

（1）辅助生产情况。

项目	锅炉车间	供电车间
生产费用	60 000 元	100 000 元
生产数量	15 000 吨	200 000 度

（2）各部门耗用辅助生产产品情况。

耗用部门		锅炉车间	供电车间
辅助生产车间	锅炉车间	—	75 000 度
	供电车间	2 500 吨	—
基本生产车间		12 000 吨	100 000 度
行政管理部门		500 吨	25 000 度

要求：

（1）分别采用直接分配法、一次交互分配法对辅助生产费用进行分配（结果填入下方表格中，不用列出计算过程）。

辅助生产费用分配表（直接分配法）

单位：元

项目		锅炉车间	供电车间	合计
待分配费用				
分配	基本生产成本			
	管理费用			

辅助生产费用分配表（一次交互分配法）

单位：元

项目		锅炉车间	供电车间	合计
对外分配辅助生产费用				
分配	基本生产成本			
	管理费用			

（2）比较直接分配法、一次交互分配法各自的优缺点，并指出甲公司适合采用哪种方法对辅助生产费用进行分配。

12.24 甲公司是一家模具生产企业，只生产一种产品，产品分两个生产步骤在两个基本生产车间进行，第一车间为第二车间提供半成品，第二车间将半成品加工成产成品，每件产成品耗用 2 件半成品。甲公司采用平行结转分步法计算产品成本，月末对在产品进行盘点，并按约当产量法（加权平均法）在完工产品和在产品之间分配生产费用。

第一车间耗用的原材料在生产过程中逐渐投入，其他成本费用陆续发生。第二车间除耗用第一车间生产的半成品外，还需耗用其他材料，耗用的半成品和其他材料均在生产开始时一次投入，其他成本费用陆续发生。第一车间和第二车间的在产品相对于本车间的完工程度均为 50%。

甲公司还有机修和供电两个辅助生产车间，分别为第一车间、第二车间和行政管理部门提供维修和电力，两个辅助生产车间之间也相互提供产品或服务。甲公司按照一次交互分配法分配辅助生产费用。

甲公司 2023 年 8 月份的成本核算资料如下：

（1）月初在产品成本。

单位：元

生产车间	直接材料	直接人工	制造费用	合计
第一车间	8 125	3 500	11 250	22 875
第二车间	5 500	3 500	3 700	12 700

（2）本月生产量。

单位：件

生产车间	月初在产品	本月投入	本月完工	月末在产品
第一车间	5	75	70	10
第二车间	5	35	30	10

（3）机修车间本月发生生产费用 8 250 元，提供维修服务 150 小时；供电车间本月发生生产费用 10 500 元，提供电力 21 000 度。各部门耗用辅助生产车间产品或服务情况如下：

耗用部门		机修车间（小时）	供电车间（度）
辅助生产车间	机修车间	—	1 000
	供电车间	50	—
基本生产车间	第一车间	45	9 800
	第二车间	45	9 700
行政管理部门		10	500
合计		150	21 000

（4）基本生产车间本月发生的生产费用。

单位：元

生产车间	直接材料	直接人工	制造费用
第一车间	42 875	22 000	56 302.50
第二车间	34 500	38 500	39 916.25

注：制造费用中尚未包括本月应分配的辅助生产费用。

要求：

（1）编制辅助生产费用分配表（结果填入下方表格中，不用列出计算过程。单位成本要求保留四位小数）。

辅助生产费用分配表（一次交互分配法）

单位：元

项目		机修车间			供电车间		
		耗用量（小时）	单位成本	分配金额	耗用量（度）	单位成本	分配金额
交互分配费用							
交互分配	机修车间	—	—			—	
	供电车间		—		—	—	

续表

项目		机修车间			供电车间		
		耗用量（小时）	单位成本	分配金额	耗用量（度）	单位成本	分配金额
对外分配辅助生产费用							
对外分配	第一车间		—			—	
	第二车间		—			—	
	行政管理部门		—			—	
	合计		—			—	

（2）编制第一车间的成本计算单（结果填入下方表格中，不用列出计算过程）。

第一车间成本计算单

2023 年 8 月　　单位：元

项目	产量（件）	直接材料	直接人工	制造费用	合计
月初在产品	—				
本月生产费用	—				
合计	—				
分配率	—				
产成品中本步骤份额					
月末在产品	—				

（3）编制第二车间的成本计算单（结果填入下方表格中，不用列出计算过程）。

第二车间成本计算单

2023 年 8 月　　单位：元

项目	产量（件）	直接材料	直接人工	制造费用	合计
月初在产品	—				
本月生产费用	—				
合计	—				
分配率	—				
产成品中本步骤份额					
月末在产品	—				

（4）编制产品成本汇总计算表（结果填入下方表格中，不必列出计算过程）。

产品成本汇总计算表

2023 年 8 月　　　　单位：元

生产车间	产成品数量（件）	直接材料	直接人工	制造费用	合计
第一车间	—				
第二车间	—				
合计					
单位成本	—				

12.25 甲公司是一家制造业企业，只生产和销售一种新型保温容器。产品直接消耗的材料分为主要材料和辅助材料。公司在分配当月完工产品与月末在产品的成本时，对主要材料和辅助材料采用约当产量法（先进先出法），对直接人工和制造费用采用定额比例法。

2023 年 6 月有关成本核算、定额资料如下：

（1）本月生产数量。

单位：只

月初在产品数量	本月投产数量	本月完工产品数量	月末在产品数量
300（平均完工程度 60%）	3 700	3 500	500

（2）主要材料在生产开始时一次全部投入，辅助材料陆续均衡投入，月末在产品平均完工程度 60%。

（3）本月月初在产品成本和本月发生生产费用。

单位：元

项目	主要材料	辅助材料	人工费用	制造费用	合计
月初在产品成本	32 000	3 160	9 600	1 400	46 160
本月发生生产费用	518 000	36 200	138 400	28 200	720 800
合计	550 000	39 360	148 000	29 600	766 960

（4）单位产品工时定额。

项目	产成品	在产品
人工工时定额（小时 / 只）	2	0.8
机器工时定额（小时 / 只）	1	0.4

要求：

（1）计算本月完工产品和月末在产品的主要材料费用。

（2）计算本月完工产品和月末在产品的辅助材料费用。

（3）按定额人工工时比例计算本月完工产品和月末在产品的人工费用。

（4）按定额机器工时比例计算本月完工产品和月末在产品的制造费用。

（5）计算本月完工产品总成本和单位成本。

12.26 甲公司是一家制造业企业，下设一基本生产车间生产 X 产品。公司按品种法核算产品成本，直接材料、直接人工和制造费用在发生时直接计入产品成本，月末按约当产量法（加权平均法）在完工产品与在产品之间分配生产成本。原材料在开工时一次投入，直接人工、制造费用随加工进度陆续发生。

X 产品有两个型号 X-1 和 X-2，使用相同工艺切割同一材料，经过三个工序加工完成，材料和加工成本不易按型号分别核算。公司确定 X-1 为标准产品，经测算，X-2 的直接材料成本是标准产品的 1.2 倍，直接人工、制造费用是标准产品的 1.25 倍。在成本分配时，将 X-2 折算为标准产品。

2023 年 7 月相关资料如下：

（1）月初及本月生产费用。

单位：元

项目	直接材料	直接人工	制造费用	合计
月初在产品成本	552 000	244 000	477 000	1 273 000
本月生产费用	3 600 000	1 400 000	2 400 000	7 400 000
合计	4 152 000	1 644 000	2 877 000	8 673 000

（2）本月完工产量。

单位：件

项目	X-1	X-2
完工产品数量	100 000	80 000

（3）月末在产品数量及累计完工程度。

工序	X-1		X-2	
	数量（件）	累计完工程度	数量（件）	累计完工程度
1	2 000	20%	1 000	20%
2	2 500	40%	2 000	40%
3	2 000	80%	1 250	80%
合计	6 500	—	4 250	—

要求：

（1）计算 X-1、X-2 月末在产品直接材料、直接人工、制造费用的约当产量。

（2）编制 X 产品成本计算单（结果填入下方表格中，不用列出计算过程）。

X产品成本计算单

2023年7月　　　　　　　　　　　　　　　　　　　　　　　　单位：元

项目	直接材料	直接人工	制造费用	合计
月初在产品成本				
本月生产费用				
合计				
分配率				
完工产品总成本				
月末在产品成本				

（3）编制X产品单位产品成本计算单（分型号）（结果填入下方表格中，不用列出计算过程）。

X产品单位产品成本计算单（分型号）

2023年7月　　　　　　　　　　　　　　　　　　　　　　　　单位：元

产品型号	单位产品成本			
	直接材料	直接人工	制造费用	合计
X-1				
X-2				

12.27 甲公司基本生产车间生产X、Y产品，采用品种法核算成本。

原材料日常收发按计划成本核算，月末按材料成本差异率对发出材料计划成本进行调整。X、Y产品分别领用直接材料并于开工时一次性投入。其他加工费用随加工进度陆续发生，按实际工时比例在X、Y产品之间分配。

月末，分配本月完工产品与月末在产品成本时，直接材料按照定额成本比例分配，直接人工和制造费用按定额工时比例分配。

X、Y单位完工产品定额资料如下：

产品	材料单耗定额（元）	工时单耗定额（小时）
X	60	6
Y	40	4

2023年9月，产品成本相关资料如下：

资料一：月初在产品成本。

单位：元

产品	直接材料	直接人工	制造费用	合计
X	25 900	2 850	5 040	33 790
Y	45 000	5 600	7 000	57 600

资料二：本月产量。

单位：件

产品	月初在产品	本月投入	本月完工	月末在产品
X	1 800	4 200	5 000	1 000
Y	100	900	1 000	0

资料三：本月生产与管理费用。

（1）耗用材料的计划成本及材料成本差。

单位：元

项目	X	Y	基本车间一般耗用	行政管理部门
耗用材料计划成本	340 000	400 000	40 000	8 000
注意：本月材料计划价格差异率为 +2.5%				

（2）实际工时和工资。

实际工时	X	30 000 小时
	Y	45 000 小时
基本生产车间	生产工人工资	30 000 元
	管理人员工资	5 000 元

（3）本月基本车间折旧费用 10 000 元，其他生产费用 4 000 元。

资料四：月末在产品定额成本。

产品	产量（件）	材料定额（元）		工时定额（小时）		
		材料单耗定额	材料定额成本	工时单耗定额	平均完工程度	工时定额总数
X	1 000	60	60 000	6	50%	3 000
Y	0	40	0	4	0	0

要求：

（1）按照 X、Y 产品当月实际工时比例分配基本生产车间本月生产工人工资。

（2）计算本月基本生产车间的制造费用，按照 X、Y 产品当月实际工时比例分配。

（3）编制 X 产品的产品成本计算单（结果填入下方表格中，不用列出计算过程）。

产品成本计算单

产品：X 产品　　2023 年 9 月　　单位：元

项目	直接材料	直接人工	制造费用	合计
月初在产品成本				
本月生产费用				

续表

项目	直接材料	直接人工	制造费用	合计
合计				
分配率				
完工产品总成本				
完工产品单位成本				
月末在产品成本				

12.28 甲企业使用同种原料生产联产品 A 和 B，采用平行结转分步法计算产品成本。产品生产分为两个步骤，第一步骤对原料进行预处理后直接转移到第二步骤进行深加工，生产出 A、B 两种产品，原料只在第一步骤生产开工时一次性投放，两个步骤的直接人工和制造费用随加工进度陆续发生，第一步骤和第二步骤均采用约当产量法（加权平均法）在产成品和在产品之间分配成本，月末留存在本步骤的实物在产品的完工程度分别为 60% 和 50%。联产品成本按照可变现净值法进行分配，其中：A 产品可直接出售，售价为 8.58 元 / 千克；B 产品需继续加工，加工成本为 0.336 元 / 千克，售价为 7.2 元 / 千克。A、B 两种产品的产量比例为 6 ∶ 5。

2023 年 9 月相关成本核算资料如下：

（1）本月产量资料。

单位：千克

步骤	月初留存在本步骤的实物在产品	本月投产	合计	本月本步骤完成的产品	月末留存在本步骤的实物在产品
第一步骤	8 000	92 000	100 000	90 000	10 000
第二步骤	7 000	90 000	97 000	88 000	9 000

（2）月初在产品成本。

单位：元

步骤	直接材料	直接人工	制造费用	合计
第一步骤	50 000	8 250	5 000	63 250
第二步骤	—	3 350	3 600	6 950

（3）本月发生成本。

单位：元

步骤	直接材料	直接人工	制造费用	合计
第一步骤	313 800	69 000	41 350	424 150
第二步骤	—	79 900	88 900	168 800

要求：

（1）编制各步骤产品成本计算单以及产品成本汇总计算单（结果填入下方表格中，不用列出计算过程）。

第一步骤成本计算单

2023 年 9 月　　　　　　　　　　　　　　　　　　　　单位：元

项目	直接材料	直接人工	制造费用	合计
月初在产品成本				
本月生产成本				
合计				
分配率				
产成品成本中本步骤份额				
月末在产品				

第二步骤成本计算单

2023 年 9 月　　　　　　　　　　　　　　　　　　　　单位：元

项目	直接材料	直接人工	制造费用	合计
月初在产品成本	—			
本月生产成本	—			
合计	—			
分配率	—			
产成品成本中本步骤份额	—			
月末在产品	—			

产品成本汇总计算单

2023 年 9 月　　　　　　　　　　　　　　　　　　　　单位：元

步骤	直接材料	直接人工	制造费用	合计
第一步骤				
第二步骤	—			
合计				

（2）计算 A、B 产品的单位成本。

12.29 甲公司是一家机械制造企业，生产多种规格的厨房设备，按照客户订单要求分批组织生产。各种产品均需经过两个步骤加工，第一车间为机械加工车间，第二车间为装配车间。

7月份生产的601号和701号订单的有关资料如下：

（1）批号601生产甲产品；6月末第一车间在产品10台（6月份投产）；7月20日全部完工入库；月末两车间均无601号甲产品在产品。

（2）批号701生产乙产品；6月末无在产品，7月份投产8台，7月末3台完工入库，剩余5台为第一车间在产品（平均完工程度40%）。

生产601号和701号的直接材料均在各车间开始生产时一次投入，直接人工费用和制造费用在加工过程中陆续发生。甲公司采用分批法计算产品成本，各车间的直接人工费用和制造费用按实际加工工时在各批产品之间进行分配，各批产品的生产费用采用约当产量法（加权平均法）在完工产品和在产品之间进行分配。

7月份有关成本核算的资料如下：

（1）直接材料费用。

单位：元

批号	第一车间	第二车间	合计
601号（甲产品）	—	24 000	24 000
701号（乙产品）	67 200	28 800	96 000

（2）实际加工工时。

各车间除加工601号、701号订单外，还加工其他批别产品。

单位：小时

批号	第一车间	第二车间
601号（甲产品）	3 000	2 600
701号（乙产品）	4 000	2 800
其他批别产品	3 000	2 600
合计	10 000	8 000

（3）直接人工费用。

第一车间发生直接人工费用100 000元，第二车间发生直接人工费用72 000元。

（4）制造费用。

第一车间发生制造费用80 000元，第二车间发生制造费用56 000元。

（5）601号订单月初在产品成本。

单位：元

项目	直接材料	直接人工	制造费用	合计
月初在产品成本	56 000	14 000	15 200	85 200
其中：第一车间	56 000	14 000	15 200	85 200
第二车间	0	0	0	0

要求：

（1）计算填列 601 号订单的产品成本计算单。

产品成本计算单

批号：601（甲产品）　　开工时间：2023 年 6 月 1 日　　完工时间：2023 年 7 月 20 日

批量：10 台　　完工数量：10 台　　单位：元

项目	直接材料	直接人工	制造费用	合计
月初在产品成本				
其中：第一车间				
第二车间				
本月生产费用				
其中：第一车间				
第二车间				
合计				
完工产品成本				
其中：第一车间				
第二车间				

（2）计算填列 701 号订单的产品成本计算单。

产品成本计算单

批号：701（乙产品）　　开工时间：2023 年 7 月 1 日　　完工时间：2023 年 × 月 × 日

批量：8 台　　完工数量：3 台　　单位：元

项目	直接材料	直接人工	制造费用	合计
月初在产品成本				
本月生产费用				
其中：第一车间				
第二车间				
合计				
完工产品成本				
其中：第一车间				
第二车间				
月末在产品成本				
其中：第一车间				
第二车间				

12.30 甲公司生产口罩。产品生产分为两个步骤，分别由第一车间和第二车间完成，第一车间生产的半成品全部为第二车间耗用。甲公司采用平行结转分步法计算产品成本，各步骤均采用约当产量法（加权平均法）。2023 年 10 月的相关成本核算资料如下：

（1）本月产量及完工程度资料。

单位：件

项目	第一车间	第二车间
月初留存在本步骤的在产品	200	180
本月投入	1 800	1 900
本月本步骤完工的产品	1 900	2 000
月末留存在本步骤的在产品	100	80
完工程度	60%	50%

（2）第一步骤所需要的原材料以及第二步骤所需要的原材料和半成品均是在生产开工时一次性投放，两个步骤的直接人工和制造费用随加工进度陆续发生。

（3）月初在产品成本。

单位：元

步骤	直接材料	直接人工	制造费用
第一步骤	38 760	14 980	14 620
第二步骤	9 940	19 920	16 080

（4）本月发生成本。

单位：元

步骤	直接材料	直接人工	制造费用
第一步骤	358 000	267 500	216 500
第二步骤	89 900	435 000	345 000

要求：

（1）编制各步骤产品成本计算单（结果填入下方表格中，不用列出计算过程）。

第一步骤成本计算单

2023 年 10 月　　　　单位：元

项目	直接材料	直接人工	制造费用	合计
月初在产品成本				
本月生产成本				
合计				

续表

项目	直接材料	直接人工	制造费用	合计
分配率				
产成品中本步骤份额				
月末在产品				

第二步骤成本计算单

2023 年 10 月　　单位：元

项目	直接材料	直接人工	制造费用	合计
月初在产品成本				
本月生产成本				
合计				
分配率				
产成品中本步骤份额				
月末在产品				

（2）编制产品成本汇总计算表（结果填入下方表格中，不必列出计算过程）。

产品成本汇总计算表

2023 年 10 月　　单位：元

步骤	直接材料	直接人工	制造费用	合计
第一步骤				
第二步骤				
合计				
单位成本				

12.31 甲企业生产产品 A，采用逐步综合结转分步法计算产品成本，产品生产分为两个步骤，第一步骤对原料进行预处理，随后直接转移到第二步骤进行深加工。原料在第一步骤生产开工时一次性投放，第二步骤领用第一步骤产成品（即半成品）继续加工，不再投入新的原料。两个步骤的直接人工和制造费用随加工进度陆续发生。第一步骤和第二步骤均采用约当产量法（加权平均法）在产成品和在产品之间分配成本。月末在产品的完工程度分别为 60% 和 50%。

2023 年 9 月成本核算相关资料如下：

（1）本月产量资料。

单位：千克

步骤	月初在产品	本月投产	合计	产成品	月末在产品
第一步骤	8 000	92 000	100 000	90 000	10 000
第二步骤	6 000	90 000	96 000	88 000	8 000

（2）月初在产品成本。

单位：元

步骤	直接材料	半成品	直接人工	制造费用	合计
第一步骤	40 000	—	8 000	5 000	53 000
第二步骤	—	84 000	29 000	31 000	144 000

（3）本月发生成本。

单位：元

步骤	直接材料	直接人工	制造费用	合计
第一步骤	290 000	55 360	37 240	382 600
第二步骤	—	799 000	889 000	1 688 000

要求：

（1）编制各步骤产品成本计算单（结果填入下方表格中，不用列出计算过程）。

第一步骤成本计算单

2023 年 9 月　　　　单位：元

项目	直接材料	直接人工	制造费用	合计
月初在产品成本				
本月生产成本				
合计				
分配率				
完工半成品转出				
月末在产品				

第二步骤成本计算单

2023 年 9 月　　单位：元

项目	半成品	直接人工	制造费用	合计
月初在产品成本				
本月生产成本				
合计				
分配率				
产成品				
月末在产品				

（2）计算 A 产品单位成本，并进行成本还原（结果填入下方表格中，不用列出计算过程）。

产成品成本还原计算表

产品名称：A 产品　　单位：元

项目	半成品	直接材料	直接人工	制造费用	成本合计
还原前产成品成本		—			
本月所产半成品单位成本	—				
成本还原					
还原后产成品成本	—				
还原后产成品单位成本	—				

第十三章　标准成本法

一、单项选择题

13.1 下列关于制定正常标准成本的表述中，正确的是（　　）。

A. 直接材料的价格标准不包括购进材料发生的检验成本

B. 直接人工标准工时包括直接加工操作必不可少的时间，不包括各种原因引起的停工工时

C. 直接人工的价格标准是指标准工资率，它可以是预定的工资率，也可以是正常的工资率

D. 固定制造费用和变动制造费用的用量标准可以相同，也可以不同。例如，以直接人工工时作为变动制造费用的用量标准，同时以机器工时作为固定制造费用的用量标准

13.2 甲公司是一家化工生产企业，生产单一产品，按正常标准成本进行成本控制。公司预计下一年度的原材料采购价格为 13 元 / 公斤，运输费为 2 元 / 公斤，运输过程中的正常损耗为 5%，原材料入库后的储存成本为 1 元 / 公斤。该产品的直接材料价格标准为（　　）元。

A. 15　　B. 15.75　　C. 15.79　　D. 16.79

13.3 甲公司是制造业企业，生产 W 产品。生产工人每月工作 22 天，每天工作 8 小时，平均月薪 6 600 元。该产品的直接加工必要时间每件 1.5 小时，正常工间休息和设备调整等非生产时间每件 0.1 小时，正常的废品率 4%，单位产品直接人工标准成本是（　　）元。

A. 56.25　　B. 58.5　　C. 62.4　　D. 62.5

13.4 甲公司生产 X 产品仅需消耗 M 材料，材料用量标准 3.4 千克 / 件，价格标准 0.45 元 / 千克。2023 年 5 月，采购 M 材料 2 000 千克，单价 0.5 元 / 千克，当月生产产品 500 件，实际耗用当月采购的 M 材料 1 600 千克，X 产品直接材料价格差异是（　　）。

A. 不利差异 100 元　　B. 不利差异 80 元

C. 不利差异 75 元　　D. 不利差异 45 元

13.5 甲公司生产销售乙产品，当月预算产量 1 200 件，材料标准用量 5 千克 / 件，材料标准单价 2 元 / 千克，当月实际产量 1 100 件，购买并耗用材料 5 050 千克。实际采购价格比标准价格低 10%。则当月直接材料成本数量差异是（　　）元。

A. −900　　B. −1 100　　C. −1 060　　D. −1 900

13.6 甲公司采用标准成本法进行成本控制。某种产品的变动制造费用标准分配率 3 元 / 小时，每件产品的标准工时 2 小时。2023 年 9 月，该产品的实际产量 100 件，实际工时 250 小时，实际发生变动制造费用 1 000 元，变动制造费用耗费差异是（　　）元。

A. 150　　B. 200　　C. 250　　D. 400

13.7 下列关于变动成本差异责任归属的说法中，正确的是（　　）。

A. 人工效率差异主要由人事劳动部门负责

B. 材料价格差异主要由生产部门负责

C. 材料用量差异主要由采购部门负责

D. 变动制造费用耗费差异主要由生产部门负责

13.8 甲公司本月发生固定制造费用 35 800 元，实际产量 2 000 件，实际工时 2 400 小时。企业生产能力 3 000 小时，每件产品标准工时 1 小时，固定制造费用标准分配率 10 元 / 小时，固定制造费用耗费差异是（　　）。

A. 不利差异 5 800 元　　B. 不利差异 4 000 元

C. 不利差异 6 000 元　　D. 不利差异 10 000 元

13.9 甲企业生产能力 1 100 件，每件产品标准工时 1.1 小时，固定制造费用标准分配率 8 元 / 小时。本月实际产量 1 200 件，实际工时 1 000 小时，固定制造费用 12 000 元。固定制造费用标准成本是（　　）元。

A. 9 680　　B. 8 000　　C. 10 560　　D. 14 520

13.10 甲企业采用标准成本法进行成本控制，当月产品实际产量大于预算产量导致的成本差异是（　　）。

A. 直接材料数量差异　　B. 直接人工效率差异

C. 变动制造费用效率差异　　D. 固定制造费用能力差异

13.11 使用三因素法分析固定制造费用差异时，固定制造费用闲置能力差异是（　　）。

A. 实际工时偏离生产能力而形成的差异

B. 实际费用与预算费用之间的差异

C. 实际工时脱离实际产量标准工时形成的差异

D. 实际产量标准工时偏离生产能力形成的差异

13.12 企业进行固定制造费用差异分析时可以使用三因素分析法。下列关于三因素分析法的说法中，正确的是（　　）。

A. 固定制造费用耗费差异 = 固定制造费用实际成本 − 固定制造费用标准成本

B. 固定制造费用闲置能力差异 =（生产能力 − 实际工时）× 固定制造费用标准分配率

C. 固定制造费用效率差异 =（实际工时 − 标准产量标准工时）× 固定制造费用标准分配率

D. 三因素分析法中的闲置能力差异与二因素分析法中的能力差异相同

13.13 甲公司本月发生固定制造费用 15 800 元，实际产量 1 000 件，实际工时 1 200 小时。企业生产能力 1 500 小时，每件产品标准工时 1 小时，固定制造费用标准分配率 10 元 / 小时。固定制造费用耗费差异是（　　）。

A. 不利差异 800 元　　B. 不利差异 2 000 元

C. 不利差异 3 000 元　　D. 不利差异 5 000 元

13.14 甲公司生产单一产品，实行标准成本管理。每件产品的标准工时 3 小时，固定制造费用的标准成本 6 元 / 件，企业生产能力为每月生产产品 400 件。7 月份公司实际生产产品 350 件，发生固定制造成本 2 250 元，实际工时 1 100 小时。根据上述数据计算，7 月份公司固定制造费用效率差异是（　　）元。

A. 100　　B. 150　　C. 200　　D. 300

13.15 甲公司生产乙产品，月产能 3 000 件，每件产品标准工时 2 小时，固定制造费用标准分配率 10 元 / 时。本月实际产量 2 900 件，实际工时 5 858 小时，实际发生固定制造费用 66 000 元，固定制造费用闲置能力差异是（　　）。

A. 不利差异 6 000 元　　B. 不利差异 580 元

C. 不利差异 1 420 元　　D. 不利差异 8 000 元

二、多项选择题

13.16 甲公司制定产品标准成本时采用基本标准成本。下列情况需要修订基本标准成本的有（　　）。

A. 季节原因导致材料价格上升

B. 订单增加导致设备利用率提高

C. 采用新工艺导致生产效率提高

D. 工资调整导致人工成本上升

13.17 甲公司制定成本标准时采用现行标准成本。下列情形需要修订现行标准成本的有（　　）。

A. 主要原材料的价格大幅度上涨

B. 操作技术改进，单位产品的材料消耗大幅度减少

C. 市场需求增加，机器设备的利用程度大幅度提高

D. 技术研发改善了产品性能，产品售价大幅度提高

13.18 制定正常标准成本时，直接材料价格标准应包括（　　）。

A. 运输费　　B. 仓储费

C. 入库检验费　　D. 运输途中的合理损耗

13.19 下列各项原因中，属于材料价格差异形成原因的有（　　）。

A. 材料运输保险费率提高　　B. 运输过程中的损耗增加

C. 加工过程中的损耗增加　　D. 储存过程中的损耗增加

13.20 下列各项材料数量差异中，应由生产部门负责的有（　　）。

A. 工人操作疏忽导致废料增加

B. 工艺流程管理不善造成用料增多

C. 购入材料质量不稳定造成使用量超标

D. 机器设备没有正常操作导致多耗材料

13.21 甲公司本月生产产品 200 件，实际工时 360 小时，支付工资 5 760 元，每件产品标准工时 2 小时，标准工资率 15 元 / 小时。下列各项计算中，正确的有（　　）。

A. 工资率差异为不利差异 360 元　　B. 人工效率差异为有利差异 600 元

C. 直接人工成本差异为有利差异 240 元　　D. 直接人工标准成本为 6 000 元

13.22 下列关于直接人工标准成本制定及其差异分析的说法中，正确的有（　　）。

A. 直接人工效率差异受工人经验影响

B. 直接人工标准工时包括设备调整时间

C. 直接人工工资率差异受使用临时工影响

D. 直接人工效率差异 =（实际工时 − 标准工时）× 实际工资率

13.23 甲公司生产 X 产品，每件产品的标准工时 3 小时，固定制造费用的标准成本 9 元 / 件，每月生产能力 380 件。甲公司 3 月份实际产量 350 件，发生固定制造费用 2 250 元，实际工时 1 100 小时。下列各项表述中，正确的有（　）。

A. 固定制造费用能力差异为不利差异 270 元

B. 固定制造费用成本差异为不利差异 900 元

C. 固定制造费用耗费差异为有利差异 1 170 元

D. 固定制造费用效率差异为有利差异 150 元

三、计算分析题

13.24 甲公司是一家制造业企业，只生产和销售防滑瓷砖一种产品。产品生产工艺流程比较成熟，生产工人技术操作比较熟练，生产组织管理水平较高，公司实行标准成本制度，定期进行标准成本差异分析。

甲公司生产能力 6 000 平方米，2023 年 9 月实际生产 5 000 平方米。其他相关资料如下：

（1）实际消耗量。

项目	直接材料	直接人工	变动制造费用	固定制造费用
实际使用量	24 000 千克	5 000 人工小时	8 000 机器小时	8 000 机器小时
实际单价	1.5 元 / 千克	20 元 / 小时	15 元 / 小时	10 元 / 小时

（2）标准成本资料。

项目	用量标准	价格标准
直接材料	5 千克 / 平方米	1.6 元 / 千克
直接人工	1.2 小时 / 平方米	19 元 / 小时
变动制造费用	1.6 小时 / 平方米	12.5 元 / 小时
固定制造费用	1.5 小时 / 平方米	8 元 / 小时

要求：

（1）计算直接材料的价格差异、数量差异和成本差异。

（2）计算直接人工的工资率差异、人工效率差异和成本差异。

（3）计算变动制造费用的耗费差异、效率差异和成本差异。

（4）计算固定制造费用的耗费差异、闲置能力差异、效率差异和成本差异。

（5）计算产品成本差异总额和单位成本差异。

第十四章 作业成本法

一、单项选择题

14.1 下列关于作业成本法核心概念的说法中，不正确的是（　　）。

A. 作业成本动因用来衡量一项作业的资源消耗量

B. 资源成本动因是引起作业成本增加的驱动因素

C. 作业是连接资源和产品的纽带，它在消耗资源的同时生产出产品

D. 成本动因分为作业成本动因和资源成本动因两类

14.2 下列关于作业成本法和传统完全成本法的说法中，正确的是（　　）。

A. 作业成本法中间接成本的分配路径为“资源—部门—产品”

B. 两种方法下，直接追溯的成本范围是相同的

C. 两种方法都是对全部生产成本进行分配

D. 作业成本法下成本不可以强制分摊给成本对象

14.3 甲公司采用作业成本法计算产品成本，每批产品生产前需要进行机器调试，在对调试作业中心进行成本分配时，最适合采用的作业成本动因是（　　）。

A. 产品品种

B. 产品数量

C. 产品批次

D. 每批产品数量

14.4 下列关于作业成本动因的说法中，错误的是（　　）。

A. 作业成本动因有三类：业务动因、持续动因和强度动因

B. 持续动因假定执行每次作业耗用的时间和单位时间耗用的资源相等

C. 持续动因是指执行一项作业所需的时间标准

D. 强度动因一般适用于某一特殊订单或某种新产品试制

14.5 甲公司生产 X、Y 两种产品，2023 年 7 月 X 产品产量 4 000 件，Y 产品产量 1 000 件。甲公司采用作业成本法分配间接成本。相关数据如下：

作业	间接成本（万元）	作业动因	作业动因数量	
			X 产品	Y 产品
机器调整作业	1 400	机器调整次数（次）	15	13
机加工作业	960	机器工时（小时）	40 000	8 000

X 产品的单位间接成本是（　　）元。

A. 8 100　　B. 1 550　　C. 3 875　　D. 810

14.6 关于增值作业和非增值作业划分标准的说法中，正确的是（ ）。

A. 最终增加企业价值的作业是增值作业，否则就是非增值作业

B. 最终增加股东财富的作业是增值作业，否则就是非增值作业

C. 最终增加顾客价值的作业是增值作业，否则就是非增值作业

D. 最终增加每股收益的作业是增值作业，否则就是非增值作业

二、多项选择题

14.7 与作业成本法相比，以产量为基础的传统成本计算方法存在的局限性有（ ）。

A. 间接成本集合缺乏同质性

B. 成本计算过于复杂

C. 容易夸大高产量产品的成本

D. 成本分配基础与间接成本集合之间缺乏因果联系

14.8 下列各项中，适合作为单位级作业的作业动因有（ ）。

A. 生产准备次数　　B. 零部件产量

C. 采购次数　　D. 耗电千瓦时数

14.9 下列各项作业中，属于品种级作业的有（ ）。

A. 产品组装　　B. 产品生产工艺改造

C. 产品检验　　D. 产品推广方案制定

14.10 甲公司采用作业成本法，下列各项中，属于批次级作业成本库的有（ ）。

A. 生产前的机器调试　　B. 产品工艺改造

C. 原材料采购　　D. 半成品检验

14.11 在作业成本法中，下列各项中，属于生产维持级作业的有（ ）。

A. 工艺改造　　B. 工厂保安　　C. 行政管理　　D. 订单处理

14.12 下列关于完全成本法和变动成本法的说法中，正确的有（ ）。

A. 当期末存货量不为零，而期初存货量为零时，变动成本法确定的税前利润大于完全成本法确定的税前利润

B. 当期末存货量为零，而期初存货量不为零时，变动成本法确定的税前利润大于完全成本法确定的税前利润

C. 如果期初、期末存货量均不为零，单位固定生产成本相等，且每期生产量均大于销售量时，完全成本法确定的税前利润大于变动成本法确定的税前利润

D. 如果期初、期末存货量均不为零，单位固定生产成本相等，且每期销售量均大于生产量时，完全成本法确定的税前利润大于变动成本法确定的税前利润

14.13 下列关于作业成本法优点的说法中，正确的有（ ）。

A. 成本计算更准确

B. 成本控制与成本管理更有效

C. 符合对外财务报告的需要

D. 利于通过组织控制进行管理控制

14.14 采用作业成本法的公司一般应具备的条件包括（　　）。

A. 制造费用在产品成本中占有较大比重

B. 产品多样性程度高

C. 面临的竞争激烈，传统成本系统增加了决策失误引起的成本

D. 公司规模比较小

14.15 对于制造业企业，下列各项中，属于非增值作业的有（　　）。

A. 迂回运送作业　　B. 次品处理作业

C. 返工作业　　D. 废品清理作业

14.16 下列各项情形中，适合以作业管理为基础进行预算管理的有（　　）。

A. 作业类型较多且作业链较长　　B. 管理层对预算编制的准确性要求较高

C. 生产过程多样化程度较高　　D. 间接或辅助资源费用占比较大

14.17 下列关于作业预算编制的说法中，正确的有（　　）。

A. 企业应依据作业消耗资源的因果关系确定作业对资源的需求量

B. 企业应通过增加或减少资源供给量或降低资源消耗率等方式，使资源费用的供需量达到基本平衡

C. 企业一般以部门为对象，按照作业类别编制资源费用预算

D. 企业作业预算分析主要包括资源动因分析和作业动因分析

14.18 甲公司正在组织作业预算的评审小组，下列各部门中，通常应当包含（　　）。

A. 企业预算管理部门　　B. 运营与生产管理部门

C. 作业及流程管理部门　　D. 技术定额管理部门

14.19 下列关于作业预算评价的说法中，正确的有（　　）。

A. 基于部门需求量配置资源，避免了资源配置的盲目性

B. 通过总体作业优化有利于实现最低的资源耗费

C. 有利于实现生产经营全过程的预算控制

D. 预算的建立过程复杂，数据收集成本较高

三、计算分析题

14.20 甲公司是一家制造企业，生产 A、B 两种产品，按照客户订单分批组织生产，采用分批法核算产品成本。由于产品生产工艺稳定，机械化程度较高，制造费用在总成本中所占比重较大，公司采用作业成本法按实际分配率分配制造费用。公司设有三个作业成本库：材料切割作业库，以切割次数作为成本动因；机器加工作业库，以机器工时作为成本动因；产品组装作业库，以人工工时作为成本动因。

2023 年 9 月，公司将客户本月订购 A 产品的 18 个订单合并成 901A 批，合计生产 2 000 件产品；本月订购 B 产品的 6 个订单合并成 902B 批，合计生产 8 000 件产品。A、B 产品各自领用 X 材料，共同耗用 Y 材料，X、Y 材料在各批次开工时一次领用，依次经材料切割、机器加工、产品组装三个作业完成生产。其中，材料切割在各批次开工时一次完成，机器加工和产品组装随完工进度陆续均匀发生。

9 月末，901A 批产品全部完工，902B 批产品有 4 000 件完工，4 000 件尚未完工。902B 未完工产品机器加工完工进度 50%，产品组装尚未开始。902B 生产成本采用约当产量法（加权平均法）在完工产品和月末在产品之间进行分配。

其他相关成本资料如下：

（1）本月直接材料费用。

901A、902B 领用 X 材料的成本分别为 160 000 元、100 000 元；共同耗用 Y 材料 20 000 千克，单价 5 元 / 千克，本月 901A、902B 的 Y 材料单耗相同，按产品产量进行分配。

（2）本月制造费用。

作业成本库	作业成本（元）	成本动因	作业量		
			901A	902B	合计
材料切割	240 000	切割次数（次）	12 000	12 000	24 000
机器加工	900 000	机器工时（小时）	2 000	1 000	3 000
产品组装	435 000	人工工时（小时）	1 700	1 200	2 900
合计	1 575 000	—	—	—	—

要求：

（1）编制直接材料费用分配表、作业成本分配表（结果填入下方表格中，不用列出计算过程）。

直接材料费用分配表

金额单位：元

产品批次	共同耗用 Y 材料的分配			X 材料费用	直接材料费用总额
	产量（件）	分配率	应分配材料费用		
901A					
902B					
小计					

作业成本分配表

金额单位：元

作业成本库	作业成本	成本分配率	901A		902B	
			作业量	分配金额	作业量	分配金额
材料切割						
机器加工						
产品组装						
合计		—	—		—	

（2）编制 901A、902B 的产品成本计算单（结果填入下方表格中，不用列出计算过程）。

产品成本计算单

产品批次：901A　　　　单位：元

项目	月初在产品成本	本月生产成本	合计	完工产品成本	完工产品单位成本	月末在产品成本
直接材料						
制造费用						
其中：材料切割						
机器加工						
产品组装						
制造费用小计						
合计						

产品成本计算单

产品批次：902B　　　　单位：元

项目	月初在产品成本	本月生产成本	合计	完工产品成本	完工产品单位成本	月末在产品成本
直接材料						
制造费用						
其中：材料切割						
机器加工						
产品组装						
制造费用小计						
合计						

（3）作业成本库按作业成本动因分类可以分为几类，分别是什么。

14.21 甲公司是一家制造业企业，生产 A、B 两种产品。生产车间有两台设备，其中，一台属于高端智能制造设备，另一台属于手工加工设备。A、B 产品均需先后经过智能制造和手工加工两道作业工序方可完成。A 产品主要由智能制造设备完成，B 产品主要由手工加工设备完成。原材料均在开工时一次性投入。公司现采用传统成本计算法计算成本，直接材料、直接人工直接计入产品成本，制造费用先按车间归集，再按直接人工工资比例分配进入产品成本。2023 年 9 月，生产成本相关资料如下：

（1）本月生产量。

单位：件

项目	月初在产品	本月投产	本月完工	月末在产品
A 产品	0	120	80	40
B 产品	0	100	50	50

（2）传统成本计算法下，A、B 产品成本计算单。

A 产品成本计算单

2023 年 9 月　　单位：元

项目	直接材料	直接人工	制造费用	合计
月初在产品成本	0	0	0	0
本月生产费用	15 000	12 500	62 500	90 000
合计	15 000	12 500	62 500	90 000
完工产品成本（80 件）	10 000	10 000	50 000	70 000
单位成本	125	125	625	875
月末在产品成本（40 件）	5 000	2 500	12 500	20 000

B 产品成本计算单

2023 年 9 月　　单位：元

项目	直接材料	直接人工	制造费用	合计
月初在产品成本	0	0	0	0
本月生产费用	40 000	45 000	225 000	310 000
合计	40 000	45 000	225 000	310 000
完工产品成本（50 件）	20 000	30 000	150 000	200 000
单位成本	400	600	3 000	4 000
月末在产品成本（50 件）	20 000	15 000	75 000	110 000

（3）产品毛利。

单位：元

项目	单位成本	单位售价	单位毛利
A 产品	875	1 000	125
B 产品	4 000	3 600	−400

目前，A 产品供不应求，B 产品滞销。公司销售经理建议 A 提价、B 降价，以提高公司获利能力。生产经理认为制造费用大部分由智能制造设备引起，按直接人工工资比例分配导致 A、B 产品成本计算不准确，应采用作业成本法对制造费用分配进行优化，从而为调价提供可靠的成本数据。公司财务部门和生产技术部门对生产过程进行了分析，识别出三项作业，分别是设备检修作业、智能制造作业和手工加工作业。设备检修作业负责对智能制造设备、手工加工设备进行检修，作业动因是检修次数；智能制造作业的作业动因是机器工时；手工加工作业的作业动因是人工工时。直接人工成本不再单列成本项目，被归入相应作业库。相关资料如下：

（1）月末在产。A 在产品 40 件，全部处于智能制造阶段，尚未进入手工加工阶段，平均完成智能制造作业的 50%；B 在产品 50 件，智能制造作业全部完成，手工加工作业平均完成 60%。

（2）作业成本。

作业成本库	作业成本（元）	作业动因	作业量		
			智能制造作业	手工加工作业	合计
设备检修作业	72 000	检修次数（次）	5	1	6
—	—	—	A 产品	B 产品	合计
智能制造作业	53 000	机器工时（小时）	350	150	500
手工加工作业	220 000	人工工时（小时）	20	230	250
合计	345 000	—	—	—	—

要求：

（1）编制作业成本分配表（结果填入下方表格中，不用列出计算过程）。

作业名称	分配率	作业成本（元）	
		智能制造作业	手工加工作业
设备检修作业			
—	—	A 产品	B 产品
智能制造作业			
手工加工作业			

（2）编制产品成本计算单（结果填入下方表格中，不用列出计算过程）。

A 产品成本计算单

2023 年 9 月　　　　　　　　　　　　　　　　　　　　单位：元

项目	直接材料	作业成本		合计
		智能制造作业	手工加工作业	
月初在产品成本				
本月生产费用				

续表

项目	直接材料	作业成本		合计
		智能制造作业	手工加工作业	
合计				
完工产品成本				
单位成本				
月末在产品成本				

B 产品成本计算单

2023 年 9 月　　单位：元

项目	直接材料	作业成本		合计
		智能制造作业	手工加工作业	
月初在产品成本				
本月生产费用				
合计				
完工产品成本				
单位成本				
月末在产品成本				

（3）根据作业成本法计算的单位产品成本，判断 A、B 产品目前定价是否合理，并简要说明理由。

第十五章　本量利分析

一、单项选择题

15.1 下列各项中，属于酌量性变动成本的是（　　）。

A. 直接材料成本　　B. 产品销售税金及附加

C. 按销售额一定比例支付的销售代理费　　D. 直接人工成本

15.2 下列关于甲公司的各项成本费用中，属于半变动成本的是（　　）。

A. 工资费用，每月给员工支付基本工资，并按照超额工作量支付加班费

B. 能源费用，按季度支付固定的制冷制暖费，并根据耗电量按月支付电费

C. 带宽费用，根据并发量的不同区间价格标准按月支付套餐费

D. 销售佣金，根据销售额一定百分比按月支付给渠道商的佣金

15.3 下列关于混合成本性态分析的说法中，错误的是（　　）。

A. 半变动成本可分解为固定成本和变动成本

B. 延期变动成本是指在初始成本的基础上随业务量正比例变化的成本

C. 阶梯式成本在一定业务量范围内为固定成本，当业务量超过一定限度，成本跳跃到新的水平时，以新的成本作为固定成本

D. 为简化数据处理，在相关范围内曲线成本可以近似看成变动成本或半变动成本

15.4 甲公司职工每月正常工作在 12 000 小时内时，工资总额固定为 480 000 元，职工加班时按每小时 80 元支付加班费。本月实际工作 17 600 小时，工资总额 928 000 元。根据成本性态分析，该公司的人工成本属于（　　）。

A. 半固定成本　　B. 阶梯式成本

C. 延期变动成本　　D. 半变动成本

15.5 甲公司销售员的月固定工资 5 000 元，在此基础上，每月完成销售额 10 万元后，还可按销售额的 5% 提成。根据成本性态分析，销售员的月工资是（　　）。

A. 半变动成本　　B. 阶梯式成本

C. 半固定成本　　D. 延期变动成本

15.6 甲公司机床维修费为半变动成本，机床运行 100 小时的维修费为 250 元，运行 150 小时的维修费为 300 元。机床运行时间为 80 小时时，维修费为（　　）元。

A. 200　　B. 220　　C. 230　　D. 250

15.7 甲公司销售收入 50 万元，边际贡献率 40%。该公司仅设 M 和 N 两个部门，其中 M 部门的变动成本 26 万元，边际贡献率 35%。下列说法中，错误的是（　　）。

A. M 部门边际贡献 14 万元　　B. M 部门销售收入 40 万元

C. N 部门销售收入 10 万元　　D. N 部门变动成本 6 万元

15.8 甲公司产销一种产品，相关信息如下：

单位售价	30 元
单位变动制造成本	7 元
固定制造费用	950 000 元
固定管理费用	650 000 元
销售佣金	售价的 10%

该产品的盈亏临界点销售量是（ ）件。

A. 32 500 B. 40 000 C. 47 500 D. 80 000

15.9 甲公司只产销一种产品，目前年产销量 500 万件，息税前利润对销量的敏感系数是 4，处于盈利状态，假定其他条件不变，甲公司盈亏临界点的产销量是（ ）万件。

A. 500 B. 375 C. 480 D. 125

15.10 甲便利店销售一种新产品，销售单价 10 元，单位变动成本 2 元，年固定成本总额 1 000 万元，企业所得税税率 25%，全年税后目标利润 5 250 万元。该产品全年的保利额是（ ）万元。

A. 10 000 B. 7 812.5 C. 6 250 D. 5 375

15.11 甲公司只产销 X 产品，X 产品正常年销售量 10 万件，单价 40 元，变动成本率 60%，安全边际率 25%。假设变动成本率不变，利润对单价的敏感系数是（ ）。

A. 10 B. 4 C. 1 D. 2

15.12 甲公司只产销 X 产品，X 产品正常年销售量 10 万件，单价 40 元，变动成本率 60%，安全边际率 25%。假设单位变动成本不变，利润对单价的敏感系数是（ ）。

A. 10 B. 4 C. 1 D. 2

15.13 甲公司只生产一种产品，目前处于盈利状态，每件产品单价 5 元，单价敏感系数是 5。假定其他条件不变，甲公司盈亏平衡时的产品单价是（ ）元。

A. 3 B. 3.5 C. 4 D. 4.5

15.14 甲公司只生产一种产品，销售单价 4 元，单位变动成本 2 元，预计明年固定成本 60 000 元，产销量计划达 120 000 件。假设没有利息支出和所得税，企业利润对销售单价和单位变动成本的敏感系数分别为（ ）。

A. 2.67 和 −1.33

B. −2.67 和 1.33

C. 1.33 和 −2.67

D. −1.33 和 2.67

15.15 甲公司 2023 年只生产一种产品，产品单价 16 元，单位变动成本 10 元，产品销量 30 万件，固定成本 30 万元，利息支出 8 万元，优先股股利 10 万元。企业所得税税率 30%，甲公司的财务杠杆系数是（ ）。

A. 1.1745 B. 1.1658 C. 1.1364 D. 1.1245

15.16 联合杠杆可以反映（　　）。

A. 营业收入变化对息税前利润的影响程度

B. 营业收入变化对每股收益的影响程度

C. 息税前利润变化对每股收益的影响程度

D. 营业收入变化对边际贡献的影响程度

15.17 甲公司 2023 年每股收益 1 元，经营杠杆系数 1.2，财务杠杆系数 1.5，假设公司不进行股票分割。如果 2024 年每股收益达到 1.9 元，根据杠杆效应，其营业收入应比 2023 年增加（　）。

A. 50%　　B. 90%　　C. 75%　　D. 60%

15.18 甲公司 2023 年边际贡献总额 300 万元，2024 年经营杠杆系数为 3，假设其他条件不变，如果 2024 年销售收入增长 20%，息税前利润预计是（　　）万元。

A. 100　　B. 150　　C. 120　　D. 160

二、多项选择题

15.19 下列各项成本费用中，通常属于约束性固定成本的有（　　）。

A. 运输车辆保险费　　B. 广告费

C. 生产部门管理人员工资　　D. 科研开发费

15.20 甲公司使用高低点法分解混合成本，下列关于该方法的评价中，正确的有（　　）。

A. 可以在没有历史成本数据的情况下使用

B. 高低点数据异常时，需要考虑更换数据

C. 仅利用了高低点数据，忽略了其他数据信息

D. 既要考虑成本增量，又要考虑业务量增量，计算烦琐

15.21 下列关于本量利分析基本模型假设的说法中，正确的有（　　）。

A. 企业的总成本按其性态可以近似地描述为线性模型

B. 本量利分析的“量”指的是销售数量，并假设产销平衡

C. 在多品种生产和销售的企业中，各种产品销售收入在总收入中占比不变

D. 区分一项成本是变动成本还是固定成本，需限定在一定的相关范围内

15.22 甲公司的经营处于盈亏临界点，下列表述中，正确的有（　　）。

A. 安全边际等于零

B. 经营杠杆系数等于零

C. 边际贡献等于固定成本

D. 销售额等于销售收入线与总成本线交点处销售额

15.23 在本量利分析中，假设其他因素不变，单位产品变动成本上升时，下列说法中，正确的有（　　）。

A. 单位边际贡献下降　　B. 盈亏临界点作业率下降

C. 安全边际额下降　　D. 息税前利润率下降

15.24 甲公司只产销 X 产品，单位变动成本 12 元，变动成本率 40%，2023 年变动成本总额 6 000 万元，息税前利润 1 800 万元。2024 年销量预计增长 8%，假设其他因素不变，下列各项中，正确的有（　　）。

A. 2024 年销售收入 15 000 万元

B. 2024 年预计息税前利润 2 520 万元

C. 2024 年保本销售额 12 000 万元

D. 2024 年盈亏临界点作业率 74.07%

15.25 甲公司销售收入 50 万元，边际贡献率 30%。该公司仅设 K 和 W 两个部门，其中 K 部门的变动成本为 30 万元，边际贡献率 25%。下列说法中，正确的有（　　）。

A. K 部门变动成本率为 70%

B. K 部门边际贡献为 10 万元

C. W 部门销售收入为 10 万元

D. W 部门边际贡献率为 50%

15.26 甲公司只生产一种产品，当年的息税前利润 20 000 元。运用本量利关系对影响息税前利润的各因素进行敏感分析后得出，单价的敏感系数 4.0，单位变动成本的敏感系数 −2.5，销售量的敏感系数 1.5，固定成本的敏感系数 −0.5。下列说法中，正确的有（　　）。

A. 上述影响息税前利润的因素中，单价是最敏感的，固定成本是最不敏感的

B. 当单价提高 10% 时，息税前利润将增长 8 000 元

C. 当单位变动成本的上升幅度超过 40% 时，企业将转为亏损

D. 企业的安全边际率为 66.67%

15.27 甲公司 2023 年销售额 600 万元，变动成本率 68%，全部固定成本和费用 120 万元，总资产 500 万元，资产负债率 40%，负债的平均成本 8%，公司所得税税率 25%。公司拟改变 2024 年经营计划，追加投资 200 万元，促使销售增长 20%，变动成本率下降至 60%，但每年固定成本将增加 20 万元，企业净利润全部分配。假定投资所需资本以 10% 的利率借款取得。追加投资之后，关于甲公司的下列说法中，正确的有（　　）。

A. 净资产收益率为 32%　　B. 经营杠杆系数为 1.95

C. 财务杠杆系数为 1.32　　D. 联合杠杆系数为 2.57

15.28 下列关于经营杠杆的说法中，正确的有（　　）。

A. 如果不存在固定经营成本，就不存在经营杠杆效应，此时经营杠杆系数为零

B. 经营杠杆的大小由固定经营成本与息税前利润共同决定

C. 其他条件不变，降低单位变动成本可以降低经营杠杆系数

D. 在固定经营成本不变的情况下，营业收入越大，经营杠杆效应越大

15.29 下列关于杠杆效应的描述中，正确的有（　　）。

A. 财务杠杆的大小是由固定融资成本和息税前利润共同决定的

B. 当固定融资成本为零时，财务杠杆系数等于 1，不存在财务杠杆效应

C. 财务杠杆系数越高，表明普通股收益的波动程度越大，财务风险也就越大

D. 控制联合杠杆系数有利于对经营风险和财务风险进行管理

15.30 甲公司只生产和销售一种产品，单位销售价格 15 元，单位变动成本 10 元，2023 年销售量 5 万件，固定成本 10 万元，利息费用 5 万元，适用的所得税税率 25%。不考虑其他情况，下列指标计算中，正确的有（　　）。

A. 边际贡献总额为 25 万元　　B. 保本点销售量为 2 万件

C. 经营杠杆系数为 1.5　　D. 联合杠杆系数为 2.5

三、计算分析题

15.31 甲公司拟承包乙集团投资开发的主题公园中的游乐场，承包期限 5 年，承包时一次性支付经营权使用费 25 000 万元，按承包年限平均分摊，承包期内每年上交 5 000 万元承包费，并且每年按其年收入的 10% 向乙集团支付管理费。甲公司目前正在进行 2024 年盈亏平衡分析。相关资料如下：

（1）游乐场售卖两种门票，均当日当次有效。票价如下：

单位：元

票种	游乐场门票	公园观光和游乐场联票
成人普通票（普通票）	60	80
儿童及 60 岁以上老人优惠票（优惠票）	30	40

（2）2024 年预计门票售卖情况：游乐场门票 500 万张，联票 400 万张。假设各类已售门票中，普通票和优惠票的比例均为 40%：60%。

（3）联票收入甲、乙分享，各占 50%。

（4）物业费为固定费用，2024 年甲公司支付游乐场物业费 10 286 万元。

（5）假设不考虑企业所得税。

要求：

（1）分别计算游乐场 2024 年边际贡献总额、固定成本总额和营业利润。

（2）分别计算游乐场 2024 年平均每人次边际贡献、盈亏临界点游客人次和安全边际率。

（3）如果甲公司计划 2024 年实现营业利润 10 000 万元，拟将游乐场普通票提价至 70 元，其他票价不变，联票销售预计增长 50%。假设其他条件不变，计算至少需要售卖多少万张游乐场门票才能实现目标利润。

15.32 某物业公司在服务住宅区内开设了一家家政服务中心，为住宅区内住户提供钟点家政服务。家政服务中心将物业公司现有办公用房作为办公场所，每月固定分摊物业公司折旧费、水电费、电话费等共计 4 000 元。此外，家政服务中心每月发生其他固定费用 900 元。

家政服务中心现有 2 名管理人员，负责接听顾客电话、安排调度家政工人以及其他管理工作，每人每月固定工资 2 000 元；招聘家政工人 50 名，家政工人工资采取底薪加计时工资制，每人除每月固定工资 350 元外，每提供 1 小时家政服务还可获得 6 元钱。

家政服务中心按提供家政服务小时数向顾客收取费用，目前每小时收费 10 元，每天平均有 250 小时的家政服务需求，每月按 30 天计算。

根据目前家政工人的数量，家政服务中心每天可提供360小时的家政服务。为了充分利用现有服务能力，家政服务中心拟采取降价10%的促销措施。预计降价后每天的家政服务需求（小时数）将大幅提高。

要求：

（1）计算采取降价措施前家政服务中心每月的边际贡献和税前利润。

（2）计算采取降价措施前家政服务中心每月的盈亏临界点销售量和安全边际率。

（3）计算降价后每月家政服务需求至少应达到多少小时，降价措施才是可行的？此时的安全边际额是多少？

15.33 甲公司生产A、B、C三款饮料产品，固定成本总额5 000万元。2023年末，公司计划、销售和财务部门一起编制下一年的生产计划。财务部整理了三款产品的销售和成本情况，相关资料如下：

2024年产品销售和成本情况相关资料

项目	A产品	B产品	C产品
预计销量（万件）	1 500	1 000	2 500
销售单价（元）	6	4	10
单位变动成本（元）	2	1	3

要求：

（1）计算甲公司计划期内的加权平均边际贡献率和加权平均保本销售额。

（2）分别计算三款产品的盈亏平衡销售额和盈亏平衡销售量。

15.34 甲公司拟加盟乙服装连锁集团，乙集团对加盟企业采取不从零开始的加盟政策，将达到盈亏平衡条件的自营门店整体转让给符合条件的加盟商；加盟经营协议期5年，加盟时一次性支付120万元加盟费；加盟期内，每年按年营业额10%向乙集团支付特许经营使用费和广告费。甲公司预计于2024年12月31日正式加盟。目前正进行2025年度盈亏平衡分析。其他相关资料如下：

（1）面积100平方米，每平方米年租金1 500元。

（2）为扩大营业规模，新增一项固定资产，原值5万元，直线法折旧，折旧年限5年（无残值）。

（3）服装每件售价1 000元，变动制造成本率40%，每年正常销售1 600件，每年固定成本、变动成本率保持不变。

要求：

（1）计算每年固定成本总额、单位变动成本、盈亏临界点销售额及正常销量时的安全边际率。

（2）如果计划每年目标税前利润120万元，计算销量。

（3）其他条件不变，如果销售价格上浮15%，以目标税前利润120万元为基数，计算目标税前利润变动百分比及目标税前利润对单价的敏感系数。

（4）如果计划每年目标税前利润达 120 万元且销量 4 000 件，计算可接受的最低售价。

15.35 甲公司是一家生物制药企业，研发出一种专利产品。该产品投资项目已完成可行性分析，厂房建造和设备购置安装工作也已完成，新产品将于 2025 年开始生产并销售。目前，公司正对该项目进行盈亏平衡分析。相关资料如下：

（1）专利研发支出资本化金额 350 万元，专利有效期 10 年，预计无残值；建造厂房使用的土地使用权，取得成本 300 万元，使用年限 30 年，预计无残值。两种资产均采用直线法计提摊销。

厂房建造成本 500 万元，折旧年限 30 年，预计净残值率 10%；设备购置成本 100 万元，折旧年限 10 年，预计净残值率 5%。两种资产均采用直线法计提折旧。

（2）新产品销售价格每瓶 100 元，销量每年可达 10 万瓶；每瓶材料成本 20 元，变动制造费用 15 元，包装成本 9 元。

公司管理人员实行固定工资制，生产工人和销售人员实行基本工资加提成制。预计新增管理人员 2 人，每人每年固定工资 5 万元；新增生产工人 15 人，人均月基本工资 1 500 元，生产计件工资每瓶 1 元；新增销售人员 5 人，人均月基本工资 1 500 元，销售提成每瓶 5 元。

每年新增其他费用：财产保险费 6.5 万元，广告费 60 万元，职工培训费 10 万元，其他固定费用 8 万元。

（3）假设年生产量等于年销售量。

要求：

（1）计算新产品的年固定成本总额和单位变动成本。

（2）计算新产品的盈亏平衡点年销售量、安全边际率和年息税前利润。

（3）计算该项目的经营杠杆系数。

15.36 甲公司乙部门只生产一种产品，投资额 25 000 万元，2023 年销售 500 万件。该产品单价 25 元，单位变动成本资料如下：

单位：元

项目	单位变动成本
直接材料	3
直接人工	4
变动制造费用	2
变动销售费用	1
合计	10

该产品目前盈亏临界点作业率为 20%，现有产能已满负荷运转。因产品供不应求，为提高销量，公司经可行性研究，2024 年拟增加 50 000 万元投资。新产能投入运营后，每年增加 2 700 万元固定成本。假设公司产销平衡，不考虑企业所得税。

要求：

（1）计算乙部门2023年税前投资报酬率；假设产能扩张不影响产品单位边际贡献，为达到2023年税前投资报酬率水平，计算2024年应实现的销量。

（2）计算乙部门2023年经营杠杆系数；假设产能扩张不影响产品单位边际贡献，为达到2023年经营杠杆水平，计算2024年应实现的销量。

15.37 甲公司是一家上市公司，目前的长期资金来源包括：长期借款7 500万元，年利率5%，每年付息一次，5年后还本；优先股30万股，每股面值100元，票面股息率8%；普通股500万股，每股面值1元。

为扩大生产规模，公司现需筹资4 000万元，有两种筹资方案可供选择：方案一是平价发行长期债券，债券面值1 000元，期限10年，票面利率6%，每年付息一次；方案二是按当前每股市价16元增发普通股，假设不考虑发行费用。

目前公司年销售收入1亿元，变动成本率60%，除财务费用外的固定成本为2 000万元，预计扩大规模后每年新增销售收入3 000万元，变动成本率不变，除财务费用外的固定成本新增500万元。公司的企业所得税税率为25%。

要求：

（1）计算追加筹资前的经营杠杆系数、财务杠杆系数、联合杠杆系数。

（2）计算方案一和方案二每股收益无差别点的销售收入，并据此对方案作出选择。

（3）基于要求（2）的结果，计算追加筹资后的经营杠杆系数、财务杠杆系数、联合杠杆系数。

15.38 甲公司是一家生产和销售新材料的上市公司，每年预计销量45 000件，单价2 400元，单位变动成本2 000元，固定成本200万元。公司现有债务4 000万元，年利率5%，每年付息一次，8年后还本；普通股200万股，每股面值1元；优先股30万股，每股面值100元，票面股息率8%。公司管理层对2024年预算提出了两种意见：

方案一：更新设备并运用负债筹资。预计更新设备需投资6 000万元，产销量不变，但单位变动成本将下降10%，固定成本将增加至500万元。平价发行债券，面值1 000元，期限10年，票面利率6.25%，每年付息一次。

方案二：更新设备并运用普通股筹资。更新设备的情况与方案一相同，但通过增发普通股筹资，预计新股发行股价为每股40元，不考虑发行费用。

公司的企业所得税税率为25%。

要求：

（1）计算两个方案下的经营杠杆系数、财务杠杆系数和联合杠杆系数。

（2）计算方案一和方案二每股收益相等时的息税前利润，并分析当公司销售量预计为45 000件时，应选择哪种方案。

第十六章 短期经营决策

一、单项选择题

16.1 下列关于经营决策相关成本和不相关成本的表述中，正确的是（　　）。

A. 共同成本是相关成本　　B. 专属成本是不相关成本

C. 不可避免成本是相关成本　　D. 无差别成本是不相关成本

16.2 甲公司生产销售乙、丙、丁三种产品，固定成本 50 000 元。除乙产品外，其余两种产品均盈利。乙产品销售量 2 000 件，单价 105 元，单位成本 110 元（其中，单位直接材料成本 20 元，单位直接人工成本 35 元，单位变动制造费用 45 元，单位固定制造费用 10 元）。假定生产能力无法转移，在短期经营决策时，决定继续生产乙产品的理由是（　　）。

A. 乙产品单价大于 55 元　　B. 乙产品单价大于 20 元

C. 乙产品单价大于 100 元　　D. 乙产品单价大于 80 元

16.3 甲公司产销多种产品，其中 M 产品发生亏损 3 000 万元。经了解 M 产品全年销售收入 9 000 万元，变动成本 8 000 万元，折旧等固定成本 4 000 万元。若停止生产 M 产品，相关设备可用于生产 N 产品。根据市场预测，N 产品全年可实现销售收入 8 000 万元，需耗用材料、人工等变动成本 6 000 万元。假设第二年其他条件不变。甲公司应采取的决策是（　　）。

A. 继续生产 M 产品　　B. 停产 M 产品与继续生产 M 产品无差别

C. 停产 M 产品但不生产 N 产品　　D. 停产 M 产品并生产 N 产品

16.4 甲公司是一家汽车制造企业，每年需要 M 零部件 20 000 个，可以自制或外购。自制时，直接材料 400 元 / 个，直接人工 100 元 / 个，变动制造费用 200 元 / 个，固定制造费用 150 元 / 个。甲公司有足够的生产能力，如不自制，设备出租可获得年租金 400 000 元。甲公司选择外购的条件是单价小于（　　）元。

A. 680　　B. 720　　C. 830　　D. 870

16.5 甲公司生产 A 产品，产能 1 000 件，目前正常订货量 800 件，剩余生产能力无法转移。A 产品正常售价 100 元，单位产品成本 50 元，其中变动成本 40 元。现有客户追加订货 250 件，报价 80 元，甲公司若接受该订货，需追加专属成本 1 000 元。甲公司若接受该订货，将增加利润（　　）元。

A. 4 000　　B. 5 000　　C. 6 000　　D. 9 000

16.6 甲公司生产乙产品，生产能力为 500 件，目前正常订货量为 400 件，剩余生产能力可以出租，出租剩余生产能力可以使利润增加 1 200 元。正常销售单价 80 元，单位产品成本 50 元，其中变动成本 40 元。现有客户追加订 100 件，报价 70 元，甲公司如果接受这笔订货，需要追加专属成本 1 200 元。甲公司若接受这笔订货，将增加利润（　　）元。

A. 600　　B. 2 000　　C. 1 800　　D. 3 000

16.7 甲公司生产A半成品10 000件，销售单价50元，单位变动成本20元，全年固定成本总额200 000元，若把A半成品进一步深加工为B产品，则每件需要追加变动成本20元。目前公司只具备进一步加工7 000件A半成品的能力，该能力可用于对外承揽加工业务，预计一年可获得边际贡献70 000元。甲公司选择进一步深加工的条件是B产品的销售单价（　　）。

A. 大于70元　　B. 大于80元　　C. 大于101.43元　　D. 大于110元

16.8 甲公司产品销售定价采用的是变动成本加成定价法，在变动成本的基础上，加成100%作为其产品的目标销售价格。该公司单位产品的直接材料6元，直接人工5元，变动制造费用4元，固定制造费用7元，变动销售及管理费用2元，固定销售及管理费用1元，甲公司产品的目标销售价格是（　　）元。

A. 30　　B. 44　　C. 34　　D. 50

16.9 甲公司只生产X产品，预计年产量120万件，固定成本总额8 400万元，单位变动成本125元，其中直接材料50元，直接人工30元，变动制造费用20元，变动销售与管理费用25元。采用变动成本加成定价法，实现息税前利润9 600万元的加成率是（　　）。

A. 150%　　B. 64%　　C. 120%　　D. 175%

16.10 下列各项经营活动中，通常不使用资本成本的是（　　）。

A. 产品定价决策　　B. 营运资本管理

C. 存货采购决策　　D. 企业价值评估

二、多项选择题

16.11 下列成本中，属于决策相关成本的有（　　）。

A. 边际成本　　B. 付现成本

C. 无差别成本　　D. 重置成本

16.12 甲企业计划生产M产品。现有旧设备一台，原值5 000万元，已提折旧3 500万元，账面价值1 500万元。如使用旧设备生产M产品，需对其进行技术改造，追加支出1 000万元。企业也可购入新设备生产M产品，新设备市价2 000万元，可将旧设备作价1 200万元以旧换新。假设不考虑所得税等相关税费的影响，下列关于企业改造旧设备或购买新设备的决策中，正确的有（　　）。

A. 旧设备的已提折旧与决策无关　　B. 旧设备的账面价值属于无关成本

C. 旧设备的以旧换新作价与决策无关　　D. 改造旧设备比购买新设备多支出200万元

16.13 企业在进行零部件的自制还是外购决策时，应当考虑的因素包括（　　）。

A. 外购产品的单价　　B. 外购产品的质量

C. 供货商的新产品研发能力　　D. 本企业有关职工的抱怨程度

16.14 甲公司是一家电子计算器制造商，计算器外壳可以自制或外购。如果自制，需为此购置一台专用设备，购价7 500元（使用1年，无残值），单位变动成本2元。如果外购，采购量10 000件以内，单位报价3.2元；采购量10 000件及以上，单位报价可优惠至2.6元。下列关于自制或外购决策的说法中，正确的有（　　）。

A. 预计采购量为8 000件时应自制　　B. 预计采购量为4 000件时应自制

C. 预计采购量为 16 000 件时应外购　　D. 预计采购量为 12 000 件时应外购

16.15 甲公司生产需要一种零件，如果自制，单位变动成本为 1 元，并需要购置一台年折旧额为 2 200 元的设备；如果外购，供应商规定，凡一次购买量在 3 000 件以下时，单位售价 2 元，超过 3 000 件时，单位售价 1.55 元。如果自制方案比外购方案更有利，零件的需要量为（　　）。

A. 低于 2 200 件　　B. 2 200 件至 3 000 件之间

C. 3 000 件至 4 000 件之间　　D. 4 000 件以上

16.16 产品定价决策主要针对的市场包括（　　）。

A. 完全竞争市场　　B. 垄断竞争市场

C. 寡头垄断市场　　D. 完全垄断市场

16.17 基于成本加成定价法，下列关于成本基数计算的说法中，正确的有（　　）。

A. 完全成本加成定价法的成本基数包括直接材料、直接人工，制造费用和销售及管理费用

B. 完全成本加成定价法的成本基数包括直接材料、直接人工和制造费用

C. 变动成本加成定价法的成本基数包括直接材料、直接人工和变动制造费用

D. 变动成本加成定价法的成本基数包括直接材料、直接人工、变动制造费用和变动销售及管理费用

三、计算分析题

16.18 甲公司生产 A、B 两种产品。A 产品是传统产品，造价高、定价低、多年亏损，但市场仍有少量需求，公司一直坚持生产。B 产品是最近几年新开发的产品，由于技术性能好、质量高，颇受用户欢迎，目前市场供不应求。2023 年末，公司计划、销售和财务部门一起编制下一年的生产计划，在该计划基础上，财务部门预测收入、成本和利润。相关信息如下：

预计利润表

2024 年　　单位：万元

项目	A	B	合计
营业收入	1 220	560	1 780
营业成本	1 260	440	1 700
税前营业利润	−40	120	80

经财务部门测算，A、B 产品的变动成本率分别为 70% 和 40%。

公司领导根据财务部门预测，提出如下几个问题：

（1）2024 年公司税前营业利润能否达到 100 万元?

（2）A 产品亏损 40 万元，可否考虑停产?

（3）若能添置设备，扩大生产能力，增产能否增利?

根据公司领导提出的问题，财务部门和相关部门共同研究，提出如下三个方案：

方案一：停止生产 A 产品，按原计划生产 B 产品。

方案二：停止生产 A 产品，调整生产计划，平衡生产能力，使 B 产品增产 80%。

方案三：在 2024 年原生产计划基础上，投资 50 万元购置一台设备，用于生产 B 产品，产品增产 10%。预计该设备使用年限 5 年，按直线法计提折旧，无残值。

要求：

（1）分别计算 A、B 产品的变动成本和边际贡献。

（2）分别计算三个方案的税前营业利润，并据以选择最优方案。

（3）基于要求（2）的结果，依次回答公司领导提出的三个问题，并简要说明理由。

16.19 甲公司是一家制药公司，生产用于加工成品药的 A、B 产品。生产和产品相关信息如下：

（1）甲公司的 A、B 产品均存在萃取环节，都需使用萃取反应釜，该设备是公司的约束资源，年加工能力 7.5 万小时，假设产品当年生产，当年销售，年初年末均无库存。

项目	A 产品	B 产品
销量（千克）	150 000	100 000
单位售价（元）	390	220
单位直接材料成本（元）	120	40
单位直接人工成本（元）	60	30
单位变动制造费用（元）	20	15
分摊固定制造费用（万元）	240	160
单位产品约束资源消耗（小时）	0.50	0.25

（2）假设根据市场需求变化，2025 年只生产并销售 A 产品，预计销量达到 250 000 千克，但需新购反应釜设备，使 A 产品加工能力增加至 14 万小时，2025 年固定制造费用在 2024 年基础上增加 287.5 万元，单位变动成本保持不变。

要求：

（1）为有效利用约束性资源获得最大利润，甲公司 2024 年应生产 A、B 产品各多少千克，可实现税前经营利润总额是多少？

（2）基于资料（2），假设 2025 年要求至少达到要求（1）的税前经营利润，计算 A 产品可接受的最低售价是多少？

（3）基于资料（2），客户丙向甲公司追加订购 A 产品 60 000 千克，报价 330 元 / 千克，该订单不可拆分，但原订单可削减，原订单报价 390 元 / 千克，剩余产能可对外出租，年租金 120 万元，甲公司可接受订单的最低售价是多少，是否接受追加订单？

（4）基于资料（2），如果在正常市场需求外，客户丁订购 A 产品 25 000 千克，甲公司拟使用完全成本加成定价法确定投标价格，在单位完全成本基础上加成 50%，作为目标报价，若剩余产能无法转移，原固定成本和新增设备成本按产量计算单位产品固定制造费用，甲公司的投标报价是多少？

16.20 甲公司生产和销售单一产品，2024 年的有关数据如下：产品单价 50 元，正常销量 3 000 件，单位变动成本 25 元，固定成本 50 000 元。

资料一：公司年度利润目标为 40 000 元。生产部门提出，公司年最大生产能力为 3 500 件。销售部门提出，如果要完成 3 500 件产品销售目标，产品单价至少应下降 4%。在分析研究了产销量和产品单价变动的影响后，管理层认为需要进一步深挖成本开支的节约潜力。生产部门经过分析研究，认为可以通过降低直接材料、直接人工和其他直接成本以扩大利润。

资料二：不考虑以上方案实施的影响，现有客户向甲公司追加订货，且客户只愿出价每件 45 元，有关情况如下：

情况一：如果订货 500 件，剩余生产能力无法转移，且追加订货不需要追加专属成本。

情况二：如果订货 500 件，剩余生产能力无法转移，但需要追加一台专用设备，全年需要支付专属成本 5 000 元。

情况三：如果订货 1 000 件，剩余生产能力无法转移，也不需要追加专属成本。

情况四：如果订货 1 000 件，剩余生产能力对外出租，可获租金 3 000 元，另外追加订货需要追加专属成本 5 000 元。

要求：

（1）根据资料一，假设各因素保持不变，计算为实现计划年度利润目标，公司要实现的产品销量，并计算仅降低产品单价 4%，维持正常成本开支水平可以达到的预计利润水平。

（2）根据资料一，如果进一步挖掘成本开支的节约潜力，计算分析当单位变动成本降低至多少时，可以实现计划的年度利润目标。

（3）根据资料一，假定生产部门经过分析研究，认为单位变动成本最低只能降至 23 元，分析是否可以达到计划的年度利润目标，如不能，建议可以采取的进一步方案。

（4）根据资料二，分别针对四种不同情况，分析企业是否应该接受订单。

16.21 甲公司有一基本生产车间，对外承接工业性加工服务，按照客户订单组织生产并核算成本。各订单分别领料，直接人工、制造费用分别按实际人工工时、实际机器工时在订单之间分配。原材料各订单开工时一次投入，加工费用随加工进度陆续发生。

2023 年 9 月，产品成本相关资料如下：

（1）9 月初公司承接一新订单，订单编号 901，客户订购 M 产品 10 000 公斤，立即开工，月底交付。在加工 M 产品时，同时产出 N 副产品。

（2）本月生产费用及工时资料：901 订单开工时实际耗用直接材料 178 000 元。801 订单和 901 订单生产工人工资 154 000 元，车间制造费用 113 000 元。实际人工工时 12 320 小时，其中：801 订单 7 040 小时，901 订单 5 280 小时。实际机器工时 14 125 小时，其中：801 订单 8 125 小时，901 订单 6 000 小时。

（3）本月订单完成情况：截至 9 月 30 日，801 订单全部未完工，901 订单全部完工，加工完成 M 产品 10 000 公斤，同时产出 N 副产品 500 公斤。M 产品市场售价 45 元 / 公斤。N 副产品进一步简装需每公斤支付 2 元，简装后市场售价 10.8 元 / 公斤。由于副产品价值相对较低，在计算 M 产品成本时，可将 N 副产品价值从 M 产品直接材料中扣除。

要求：

（1）什么是副产品？副产品成本分配通常采用何种方法？

（2）编制 901 订单产品成本计算单（结果填入下方表格中，不用列出计算过程）。

产品成本计算单

订单编号：901　　　　2023 年 9 月　　　　单位：元

项目	直接材料	直接人工	制造费用	合计
月初在产品成本				
本月生产费用				
合计				
扣除副产品价值				
完工产品总成本				
完工产品单位成本				

（3）在出售或深加工决策中，公司管理者通常需要考虑哪些因素？用何种方法决策？假如公司对 N 副产品进一步深加工并简装后出售，简装成本仍为每公斤 2 元，市场售价可提高至 15 元 / 公斤，公司可接受的最高加工成本总额是多少？

16.22 甲公司是一家无人机研发制造企业，主要生产农业植保无人机。三种主力机型分别是 X、Y 和 Z，这三种机型的制造都需要使用同一台生产设备，该设备是关键约束资源，年加工能力 8 000 小时，年固定成本总额 304 000 千元。假设 X、Y 和 Z 三种机型均当年生产、当年销售，年初、年末没有存货。2023 年相关资料如下：

项目	X	Y	Z
销量（台）	20 000	10 000	16 000
单位售价（千元）	30	39	20
单位变动成本（千元）	18	27	13
单位限制资源消耗（小时）	0.2	0.3	0.1

要求：

（1）按照最有效利用关键设备实现最大利润的原则，确定生产安排优先顺序。在该优先顺序下，X、Y 和 Z 三种机型各应生产多少台？税前经营利润总额为多少？

（2）假设市场只需要 X 机型，预计 2024 年 X 机型销量达到 40 000 台，单位变动成本保持不变，固定成本总额保持不变。如果需要维持要求（1）的税前经营利润总额，X 机型的最低售价是多少？

（3）基于要求（2）的结果，计算税前经营利润总额对单位售价的敏感系数。

四、综合题

16.23 甲公司是一家空气净化器制造企业，共设三个生产部门，分别生产X、Y、Z三种空气净化器，最近几年该行业市场需求变化较大，公司正进行生产经营的调整和决策。

公司预计2024年X净化器销量3万台，单位售价10 000元，单位变动成本6 000元，固定成本3 375万元；Y净化器销量3万台，单位售价6 000元，单位变动成本3 000元，固定成本2 025万元；Z净化器销量4万台，单位售价3 000元，单位变动成本2 625元，固定成本1 350万元。总部管理费用4 500万元，按预测的销售收入比例分摊给X、Y、Z三种净化器的生产部门。

要求：

（1）分别计算X、Y、Z三种净化器的边际贡献、营业利润，分别判断应继续生产还是停产，并说明理由。

（2）基于要求（1）的结果，计算该企业2024年的加权平均边际贡献率、加权平均盈亏平衡销售额及X净化器的盈亏平衡销售额、盈亏平衡销售量、盈亏临界点作业率。

（3）假设该公司根据市场需求变化，调整产品结构，计划2025年只生产X净化器。预计2025年X净化器销量达到6万台，单位变动成本、固定成本总额保持不变，总部管理费用增加到5 250万元。若想达到要求（1）的营业利润总额，2025年该企业X净化器可接受的最低销售单价是多少？

（4）基于要求（3）的单位售价、单位变动成本、固定成本和销量，分别计算在这些参数增长10%时营业利润对各参数的敏感系数，然后按营业利润对这些参数的敏感程度进行排序，并指出对营业利润而言哪些参数是敏感因素。

16.24 甲公司是一家智能机器人制造企业，目前生产A、B、C三种型号机器人。最近几年该行业市场需求变化较大，公司正在进行生产经营的调整和决策。相关资料如下：

（1）预计2024年A型机器人销量1 500台，单位售价24万元，单位变动成本14万元；B型机器人销量1 000台，单位售价18万元，单位变动成本10万元；C型机器人销量2 500台，单位售价16万元，单位变动成本10万元。固定成本总额10 200万元。

（2）A、B、C三种型号机器人都需要通过同一台关键设备加工，该设备是公司的关键限制资源，该设备总的加工能力为5 000小时，A、B、C三种型号机器人利用该设备进行加工的时间分别为1小时、2小时和1小时。

要求：

（1）为有效利用关键设备，该公司2024年A、B、C三种型号机器人各应生产多少台？营业利润总计是多少？

（2）基于要求（1）的结果，计算公司2024年的加权平均边际贡献率、加权平均盈亏平衡销售额及A型机器人的盈亏平衡销售额、盈亏平衡销售量、盈亏临界点作业率。

（3）假设公司根据市场需求变化，调整产品结构，计划2025年只生产A型机器人，预计2025年A型机器人销量达到5 000台，单位变动成本保持不变，固定成本增加到11 200万元。若要达到要求（1）的营业利润，2025年公司A型机器人可接受的最低销售单价是多少？

（4）基于要求（3）的单位售价、单位变动成本、固定成本和销量，分别计算在这些参数增长

10% 时营业利润对各参数的敏感系数，然后按营业利润对这些参数的敏感程度进行排序，并指出对营业利润而言哪些参数是敏感因素。

16.25 甲公司是一家制造业上市公司，生产 A、B、C 三种产品，最近几年，市场需求旺盛，公司正在考虑通过筹资扩大产能。2023 年，公司长期债务 10 000 万元，年利率 6%，流通在外普通股 1 000 万股，每股面值 1 元，无优先股。

资料一：A、B、C 三种产品都需要通过一台关键设备加工，该设备是公司的关键限制资源，年加工能力 2 500 小时。假设 A、B、C 三种产品当年生产，当年销售。年初、年末无存货，预计 2024 年 A、B、C 三种产品的市场正常销量及相关资料如下：

项目	A 产品	B 产品	C 产品
市场正常销量（件）	400	600	1 000
单位售价（万元）	2	4	6
单位变动成本（万元）	1.2	1.6	3.5
单位限制资源消耗（小时）	1	2	2.5
固定成本总额（万元）	1 000		

资料二：为满足市场需求，公司 2024 年初拟新增一台与关键限制资源相同的设备，需要筹集 10 000 万元。该设备新增年固定成本 600 万元，原固定成本总额 1 000 万元照常发生，现有两种筹资方案可供选择。

方案 1：平价发行优先股筹资 6 000 万元，面值 100 元，票面股息率 10%，按每份市价 1 250 元发行债券筹资 4 000 万元，期限 10 年，面值 1 000 元，票面利率 9%。

方案 2：平价发行优先股筹资 6 000 万元，面值 100 元，票面股息率 10%，按每股市价 10 元发行普通股筹资 4 000 万元。

资料三：新增关键设备到位后，假设 A 产品尚有市场空间，其他条件不变，如果剩余产能不能转移，公司拟花费 200 万元进行广告宣传，通过扩大 A 产品的销量实现剩余产能的充分利用。

公司的企业所得税税率为 25%。

要求：

（1）根据资料一，为有效利用现有的一台关键设备，计算公司 A、B、C 三种产品的生产安排优先顺序和产量，在该生产安排下，公司的经营杠杆和财务杠杆各是多少？

（2）根据资料二，采用每股收益无差别点法计算两个方案每股收益无差别点的息税前利润，并判断公司应选择哪一个筹资方案。在该筹资方案下，公司的经营杠杆、财务杠杆、每股收益各是多少？

（3）结合要求（1）、要求（2）的结果，需要说明经营杠杆、财务杠杆发生变化的主要原因。

（4）根据资料三，计算并判断公司是否应利用该剩余产能。

16.26 甲公司是一家汽车制造企业，主营业务是制造和销售 X、Y、Z 三种型号乘用汽车。相关资料如下：

资料一：X、Y、Z 三种型号汽车的制造都需要通过一台生产设备，该设备是公司关键约束资源，年加工能力 4 000 小时，公司年固定成本总额 3 000 万元。假设 X、Y、Z 三种型号汽车当年生产当年销售，年初、年末没有存货。预计 2025 年 X、Y、Z 三种型号汽车的市场正常销量及相关资料如下。

项目	X 型号	Y 型号	Z 型号
市场正常销量（辆）	1 500	600	1 000
单位售价（万元）	15	12	8
单位变动成本（万元）	12	8	5
单位约束资源消耗（小时）	3	2	1

资料二：为满足市场需求，公司 2025 年初拟新增一台与关键限制资源相同的设备，以解决关键资源瓶颈问题。现有两种筹资方案可供选择。

方案 1：自行购置。借款 5 000 万元购买设备，年利率 8%，预计设备使用 4 年，每年年末支付维护费用 50 万元，4 年后变现价值 1 200 万元。税法规定，该设备按直线法计提折旧，折旧年限 5 年，5 年后净残值率 10%。

方案 2：租赁。合同约定，租期 4 年，租赁费 4 400 万元，分 4 年偿付，每年年初支付 1 100 万元，在租赁开始日首付，租赁手续费 400 万元，在租赁开始日一次性付清，租赁期满时设备所有权不转让，租赁公司承担设备维护修理费。税前有担保借款利率 8%。

甲公司的企业所得税税率 25%。

资料三：新增关键设备后，X 型号汽车年生产能力增至 1 800 辆。现有乙汽车销售公司向甲公司追加订购 X 型号汽车，报价为每辆车 13 万元。相关情况如下：

情景 1：假设剩余生产能力无法转移，如果追加订货 300 辆，为满足生产需要，甲公司需另外支付年专属成本 200 万元。

情景 2：假设剩余生产能力可以对外出租，年租金 250 万元，如果追加订货 350 辆，将冲减甲公司原正常销量 50 辆。

要求：

（1）根据资料一，为有效利用现有的一台关键设备，计算公司 X、Y、Z 三种型号汽车的生产安排优先顺序和产量。在该生产安排下，税前营业利润总额是多少？

（2）根据资料二，分别计算两种方案下考虑货币时间价值的平均年成本，并判断甲公司应选择自行购置方案，还是租赁方案。

（3）根据资料三，分别计算并分析两种情景下甲公司是否应接受追加订单，并简要说明有闲置能力时产品定价的区间范围。

第十七章　全面预算

一、单项选择题

17.1 下列关于弹性预算的表述中，错误的是（　　）。

A. 编制弹性预算应选用最能代表生产经营活动水平的业务量计量单位

B. 成本性态分析是编制弹性预算的基础

C. 实际成本与当期实际业务量水平下应发生成本的差额称为支出差异

D. 实际收入与当期实际业务量水平下应实现收入的差额称为作业量差异

17.2 甲公司正在编制下一年度的生产预算，期末产成品存货按照下季度销量的 10% 安排。预计一季度和二季度的销售量分别为 150 件和 200 件，一季度的预计生产量是（　　）件。

A. 145　　B. 150　　C. 155　　D. 170

17.3 甲公司正在编制 2024 年各季度销售预算。销售货款当季度收回 70%，下季度收回 25%，下下季度收回 5%，2024 年初应收账款余额 3 000 万元，其中，2023 年第三季度销售形成的应收账款为 600 万元，第四季度销售形成的应收账款为 2 400 万元。2024 年第一季度预计销售收入 6 000 万元。2024 年第一季度预计现金收入是（　　）万元。

A. 6 600　　B. 6 800　　C. 5 400　　D. 7 200

17.4 甲公司编制第四季度的直接材料消耗与采购预算，预计直接材料的期初存量 1 000 千克，本期生产消耗量 3 500 千克，期末存量 800 千克；材料采购单价为每千克 25 元，材料采购货款有 30% 当季付清，其余 70% 在下季付清。该公司第四季度采购材料形成的“应付账款”期末余额预计是（　　）元。

A. 3 300　　B. 24 750　　C. 57 750　　D. 82 500

17.5 甲公司正在编制现金预算，预计采购货款第一季度 5 000 元，第二季度 8 000 元，第三季度 9 000 元，第四季度 10 000 元。采购货款的 60% 在本季度内付清，另外 40% 在下季度付清。假设年初应付账款 2 000 元，预计全年现金支出是（　　）元。

A. 28 000　　B. 30 000　　C. 32 000　　D. 34 000

17.6 2023 年 10 月底，甲公司短期借款余额 8 000 万元，月利率 1%，企业没有长期负债。该公司正编制 11 月的现金预算，在确保月末保留最低现金余额 1 000 万元的情况下，预计 11 月现金短缺 6 000 万元。现金不足时，通过向银行借款解决，银行借款金额要求是 100 万元的整数倍；借款本金在借款当月月初借入，在还款当月月末归还，利息每月月末支付一次。该公司 11 月向银行借款的最低金额是（　　）万元。

A. 6 000　　B. 7 000　　C. 6 900　　D. 6 200

二、多项选择题

17.7 与增量预算编制方法相比，零基预算编制方法的优点有（　　）。

A. 编制工作量小

B. 可以重新审视现有业务的合理性

C. 可以避免前期不合理费用项目的干扰

D. 可以调动各部门降低费用的积极性

17.8 短期预算可采用定期预算法编制，该方法（　　）。

A. 有利于前后各个期间的预算衔接

B. 可以适应连续不断的业务活动过程的预算管理

C. 有利于按财务报告数据考核和评价预算的执行结果

D. 使预算期间与会计期间在时期上配比

17.9 下列各项中，属于使用列表法编制弹性预算的主要特点的有（　　）。

A. 不管实际业务量多少，不必经过计算即可找到与业务量相近的预算成本

B. 混合成本中的阶梯成本和曲线成本可按其性态直接在预算中反映

C. 评价和考核实际成本时往往需要使用插补法计算实际业务量的预算成本

D. 不以成本性态分析为前提

17.10 下列各项预算中，以生产预算为基础编制的有（　　）。

A. 直接材料预算　　B. 直接人工预算

C. 销售费用预算　　D. 固定制造费用预算

17.11 甲公司正在编制直接材料预算，下列各项中，会影响各季度预计材料采购现金支出额的有（　　）。

A. 材料采购单价　　B. 预计产量

C. 供货商提供的信用政策　　D. 预计材料库存量

17.12 甲公司正在编制直接人工预算，下列各项中，会影响直接人工总成本的有（　　）。

A. 预计产量

B. 预计直接人工工资率

C. 预计车间辅助人员工资

D. 预计单位产品直接人工工时

三、计算分析题

17.13 甲公司是一家制造业企业，正在编制 2024 年第一、二季度现金预算，年初现金余额 52 万元。相关资料如下：

（1）预计第一季度销量 30 万件，单位售价 100 元；第二季度销量 40 万件，单位售价 90 元；第三季度销量 50 万件，单位售价 85 元，每季度销售收入 60% 当季收现，40% 下季收现，2024 年初应收账款余额 800 万元，第一季度收回。

（2）2024 年初产成品存货 3 万件，每季季末产成品存货为下季销量的 10%。

（3）单位产品材料消耗量 10 千克，单价 4 元 / 千克，当季所购材料当季全部耗用，季初、

季末无材料存货，每季度材料采购货款 50% 当季付现，50% 下季付现。2024 年初应付账款余额 420 万元，第一季度偿付。

（4）单位产品人工工时 2 小时，人工成本 10 元 / 小时；制造费用按人工工时分配，分配率 7.5 元 / 小时。销售和管理费用全年 400 万元，每季度 100 万元。假设人工成本、制造费用、销售和管理费用全部当季付现。全年所得税费用 100 万元，每季度预缴 25 万元。

（5）公司计划在上半年安装一条生产线，第一、二季度分别支付设备购置款 450 万元、250 万元。

（6）每季季末现金余额不能低于 50 万元。低于 50 万元时，向银行借入短期借款，借款金额为 10 万元的整数倍。借款季初取得，每季季末支付当季利息，季度利率 2%。高于 50 万元时，高出部分按 10 万元的整数倍偿还借款，季末偿还。

第一、二季度无其他融资和投资计划。

要求：

根据上述资料，编制公司 2024 年第一、二季度现金预算（结果填入下方表格中，不用列出计算过程）。

现金预算

单位：万元

项目	第一季度	第二季度
期初现金余额		
加：销货现金收入		
可供使用的现金合计		
减：各项支出		
材料采购		
人工成本		
制造费用		
销售和管理费用		
所得税费用		
购买设备		
现金支出合计		
现金多余或不足		
加：短期借款		
减：归还短期借款		
减：支付短期借款利息		
期末现金余额		

17.14 甲公司是一家制造业企业，正在编制 2024 年 10 ~ 12 月现金预算，10 月初的现金余额为 70 万元。相关资料如下：

（1）产品单位售价 100 元，预计 9 月销量 40 万件，之后每月销量保持 10% 的增长率稳定增长，2025 年每月销量增速预计下降至 5%。每月销售收入 30% 当月收现，70% 下月收现。

（2）10 月初产成品存货 4.4 万件，每月月末产成品存货为下月销量的 10%。

（3）单位产品的直接材料消耗量 10 千克，采购单价 2 元 / 千克，各月直接材料当月全部耗用，月初、月末均无直接材料存货，每月所购材料款 50% 当月付现，50% 下月付现。

（4）预计 10 ~ 12 月的制造费用分别为 2 000 万元、2 500 万元、2 200 万元，10 月制造费用中包括设备折旧费 1 000 万元，11 月和 12 月制造费用中分别包括设备折旧费 1 150 万元。单位产品人工工时 2 小时，人工成本 15 元 / 小时。制造费用和人工成本全部当月付现。甲公司全年所得税费用 320 万元，每季度末预缴 80 万元。

（5）预计甲公司 10 月份购置一台加工设备，需要支付 1 500 万元。

（6）甲公司 9 月末有长期借款 20 000 万元，两年后到期，年利息率 15%。

（7）甲公司每月月末现金余额不能低于 60 万元。现金不足时向银行申请短期借款（为 10 万元的整数倍），月初取得借款，月末还款，借款需一次性还清，借款年利率为 12%。长期借款利息每月月末支付，短期借款利息还本时支付。甲公司 10 ~ 12 月无其他融资和投资计划。

要求：

根据上述资料，完成甲公司 2024 年 10 ~ 12 月的现金预算编制工作（结果填入下方表格中，不用列出计算过程）。

甲公司 2024 年 10 ~ 12 月现金预算

单位：万元

项目	10 月	11 月	12 月
期初现金余额			
加：销货现金收入			
可供使用的现金合计			
减：现金支出			
直接材料采购支出			
制造费用支出			
人工成本支出			
预缴所得税			
购置固定资产			
现金支出合计			
现金多余或不足			
加：短期借款			

续表

项目	10 月	11 月	12 月
减：归还银行借款			
支付借款利息			
期末现金余额			

第十八章 责任会计

一、单项选择题

18.1 甲生产车间是一个标准成本中心。为了对该车间进行业绩评价，需要计算的责任成本范围是（ ）。

A. 该车间的直接材料、直接人工和全部制造费用

B. 该车间的直接材料、直接人工和变动制造费用

C. 该车间的直接材料、直接人工和可控制造费用

D. 车间的全部可控成本

18.2 下列各项中，不属于划分成本中心可控成本的条件的是（ ）。

A. 可预知　　B. 可计量

C. 可控制　　D. 可承受

18.3 甲公司将某生产车间设为成本责任中心，下列关于如何将发生的机器维修费用分摊到该车间的方法中，正确的是（ ）。

A. 直接计入该成本责任中心

B. 按照受益基础分配计入该成本责任中心

C. 按照责任基础分配计入该成本责任中心

D. 归入另一个特定的成本中心

18.4 下列指标中，适合对利润中心部门经理业绩进行评价的是（ ）。

A. 部门可控边际贡献

B. 部门剩余收益

C. 部门边际贡献

D. 部门税前经营利润

18.5 部门剩余收益是评价投资中心业绩的指标之一。下列关于部门剩余收益指标的说法中，正确的是（ ）。

A. 部门剩余收益可以根据现有财务报表资料直接计算

B. 部门剩余收益可以引导部门经理采取与企业总体利益一致的决策

C. 计算部门剩余收益时，对不同部门应使用相同的资本成本

D. 部门剩余收益指标可以直接用于不同部门之间的业绩比较

18.6 甲公司适用的企业所得税税率 25%，下属投资中心本年部门税前经营利润 20 万元，部门平均资产 100 万元，部门平均经营资产 80 万元，部门平均经营负债 20 万元，该部门要求的税前投资报酬率为 10%，该中心的剩余收益是（ ）万元。

A. 12　　B. 14　　C. 9　　D. 7

18.7 甲公司适用的企业所得税税率为 25%，下属投资中心本年部门税前经营利润 20 万元，部门平均经营资产 100 万元，部门平均经营负债 20 万元，该部门要求的税前投资报酬率为 10%，该中心的投资报酬率为（ ）。

A. 20%　　B. 10%　　C. 25%　　D. 18.75%

18.8 下列关于不同责任中心的说法中，不正确的是（ ）。

A. 标准成本中心不对生产能力的利用程度负责，只对既定产量的投入量承担责任

B. 剩余收益与增加股东财富的目标一致，可用于不同投资中心间的业绩比较

C. 利润中心是对收入、成本和费用都要承担责任的责任中心

D. 投资中心的经理所拥有的自主权不仅包括经营决策权，还包括投资决策权

18.9 下列各项中，不属于内部转移价格类型的是（ ）。

A. 市场型　　B. 价值型

C. 成本型　　D. 协商型

二、多项选择题

18.10 甲公司一个生产部门为利润中心，全年实现销售收入 800 万元，部门变动制造成本 300 万元，部门变动管理和销售费用 100 万元，部门可控固定成本 100 万元，部门不可控固定成本 200 万元，则下列指标计算中，正确的有（ ）。

A. 部门边际贡献为 400 万元

B. 部门边际贡献为 500 万元

C. 部门可控边际贡献为 300 万元

D. 部门税前经营利润为 100 万元

18.11 下列各项中，对于投资中心而言，既能全面反映其投入产出关系，还可使其利益与企业整体利益一致的考核指标有（ ）。

A. 经济增加值　　B. 投资报酬率

C. 部门税前经营利润　　D. 剩余收益

18.12 下列指标中，适合作为投资中心考核指标的有（ ）。

A. 部门边际贡献　　B. 部门税前经营利润

C. 部门投资报酬率　　D. 部门剩余收益

18.13 甲公司用剩余收益指标考核下属投资中心，下列关于该指标的说法中，正确的有（ ）。

A. 依赖于会计数据的质量，如果会计信息的质量低劣，会导致低质量的剩余收益和业绩评价

B. 便于不同行业之间的业绩比较

C. 便于按风险程度的不同调整资本成本

D. 引导部门经理采纳高于公司要求的税前投资报酬率的决策

18.14 甲部门是一个标准成本中心，下列成本差异中，属于甲部门责任的有（ ）。

A. 操作失误造成的材料数量差异

B. 作业计划不当造成的人工效率差异

C. 生产设备闲置造成的固定制造费用闲置能力差异

D. 由于采购材料质量缺陷导致工人多用工时造成的变动制造费用效率差异

18.15 甲公司制造部是一个成本中心，下属两个分厂，每个分厂设有甲、乙、丙三个车间。该制造部的业绩报告中，考核指标应包括（　　）。

A. 制造部的行政费用

B. 一分厂的管理人员工资

C. 二分厂甲车间产品的返修成本

D. 一分厂乙车间的水电费

18.16 下列关于责任中心的表述中，正确的有（　　）。

A. 责任中心业绩报告反映实际业绩与预期业绩及二者的差异

B. 责任中心有权决定使用某项资产，就应对该项资产的成本负责

C. 采用部门边际贡献考核利润中心部门经理业绩体现了可控原则

D. 费用中心支出没有超过预算说明该中心业绩良好

三、计算分析题

18.17 甲公司下属乙部门生产 A 产品，全年生产能力 1 200 000 机器工时，单位产品标准机器工时 120 小时。2023 年实际产量 11 000 件，实际耗用机器工时 1 331 000 小时。

2023 年标准成本资料如下：

（1）直接材料标准消耗 10 千克 / 件，标准价格 22 元 / 千克。

（2）变动制造费用预算 3 600 000 元。

（3）固定制造费用预算 2 160 000 元。

2023 年完全成本法下的实际成本资料如下：

（1）直接材料实际耗用 121 000 千克，实际价格 24 元 / 千克。

（2）实际变动制造费用 4 126 100 元。

（3）实际固定制造费用 2 528 900 元。

该部门作为成本中心，一直采用标准成本法控制成本和考核业绩。最近，新任部门经理提出，按完全成本法下的标准成本考核业绩不合理，建议公司调整组织结构，将销售部门和生产部门合并为事业部，采用部门可控边际贡献考核经理业绩。目前，该产品年销售 10 000 件，每件售价 1 000 元。经分析，40% 的固定制造费用为部门可控成本，60% 的固定制造费用为部门不可控成本。

要求：

（1）计算 A 产品的单位标准成本和单位实际成本。

（2）分别计算 A 产品总成本的直接材料的价格差异和数量差异、变动制造费用的耗费差异和效率差异，用三因素分析法计算固定制造费用的耗费差异、闲置能力差异和效率差异，并指出各项差异是有利差异还是不利差异。

（3）计算乙部门实际的部门可控边际贡献。

18.18 甲公司是一家保健品代工企业，公司乙部门主要负责国内市场生产销售。乙部门生产 X、Y 两种产品，其中：X 产品有品牌和非品牌系列，Y 产品只有品牌系列。目前甲公司正在对乙部门进行业绩考核。

项目		X 产品	Y 产品
销量（万盒）	品牌系列	500	1 500
	非品牌系列	1 500	—
售价（元 / 盒）	品牌系列	2.40	8.00
	非品牌系列	1.20	—
变动制造成本（元 / 盒）	品牌系列	0.85	2.80
	非品牌系列	0.85	—
包装成本（元 / 盒）	品牌系列	0.15	0.40
	非品牌系列	0.05	—

其他资料：

（1）所有产品按盒售卖，每盒 12 粒，乙部门目前最大年产能 48 000 万粒。

（2）乙部门年固定制造费用 3 700 万元，年固定销售及管理费用 1 650 万元。

（3）乙部门年均净经营资产 12 000 万元，公司要求的最低投资报酬率 10%。

要求：

（1）计算乙部门的投资报酬率和剩余收益。

（2）乙部门现有一个新的投资机会，投资额 1 800 万元，每年税前营业利润 270 万元。假设甲公司按投资报酬率考核，乙部门是否愿意接受该投资？假设甲公司按剩余收益考核，乙部门是否愿意接受该投资？哪种考核指标更符合公司利益？简要说明理由。

（3）预测 2024 年各产品国内市场需求均增长 16%，假设乙部门可以在最大产能范围内灵活安排生产。为有效利用产能，确定 2024 年产品生产的优先顺序、计算各产品产量及总税前营业利润。

第十九章 业绩评价

一、单项选择题

19.1 下列关于关键绩效指标法的说法中，不正确的是（ ）。

A. 企业的关键绩效指标一般可分为结果类和动因类两类指标

B. 关键绩效指标法的应用对象可以是企业，也可以是企业所属的单位（部门）和员工

C. 单项关键绩效指标权重一般设定在 15% ～ 30% 之间

D. 对特别关键、影响企业整体价值的指标可设立“一票否决”制度

19.2 企业关键绩效指标一般可分为结果类和动因类两类指标，下列各项中，属于结果类指标的是（ ）。

A. 经济增加值　　B. 资本性支出

C. 员工满意度　　D. 销量

19.3 甲公司使用平衡计分卡进行绩效评价，下列各项中，属于学习与成长维度指标的是（ ）。

A. 销售增长率　　B. 交货及时率

C. 新产品开发周期　　D. 市场份额

19.4 甲公司 2023 年税前净营业利润 100 万元，平均净经营资产 400 万元，平均总资产 500 万元，加权平均资本成本 10%，适用的所得税税率 25%。甲公司的基本经济增加值是（ ）万元。

A. 60　　B. 50　　C. 35　　D. 25

19.5 根据公司公开的财务报告计算披露的经济增加值时，不需要纳入调整的事项是（ ）。

A. 计入当期损益的品牌推广费

B. 计入当期损益的研发支出

C. 资本化的利息支出

D. 计入当期损益的折旧费用

19.6 甲公司是一家中央企业上市公司，依据国资委《中央企业负责人经营业绩考核办法》采用经济增加值进行业绩考核。2023 年公司净利润 10 亿元，利息支出 3 亿元、研发支出 2 亿元全部计入损益；调整后资本 100 亿元，资本成本率 6%。企业所得税税率 25%。公司 2023 年经济增加值是（ ）亿元。

A. 7　　B. 7.75　　C. 9　　D. 9.5

19.7 甲公司是一家中央企业，采用国资委经济增加值考核办法进行业绩评价。2023 年公司净利润 9.5 亿元；利息支出 5 亿元，其中资本化利息支出 2 亿元；研发支出 3 亿元，全部费用化；调整后资本 120 亿元，资本成本率 6%；企业所得税税率 25%。2023 年甲公司经济增加值是（ ）亿元。

A. 6.05　　B. 6.8　　C. 7.55　　D. 8.3

19.8 甲公司采用绩效棱柱模型进行绩效管理，下列各项指标中，适合作为投资者满意评价指标的是（ ）。

A. 资本保值增值率　　B. 总资产报酬率

C. 总资产周转率　　D. 可持续增长率

二、多项选择题

19.9 下列各项中，属于关键绩效动因类指标的有（ ）。

A. 投资报酬率　　B. 单位生产成本

C. 客户满意度　　D. 经济增加值

19.10 甲公司用平衡计分卡进行业绩考评，下列各种维度中，平衡计分卡需要考虑的有（ ）。

A. 顾客维度　　B. 债权人维度

C. 股东维度　　D. 学习与成长维度

19.11 下列各项中，属于平衡计分卡财务维度的有（ ）。

A. 资产负债率　　B. 总资产周转率

C. 存货周转率　　D. 市场份额

19.12 下列各项中，属于平衡计分卡框架中常用的内部业务流程维度指标的有（ ）。

A. 客户获得率　　B. 交货及时率

C. 产品合格率　　D. 员工生产率

19.13 下列关于战略地图的说法中，正确的有（ ）。

A. 战略地图内部业务流程包括营运管理流程、顾客管理流程、创新管理流程和法规与社会流程

B. 战略地图为战略如何连接无形资产与价值创造提供了架构

C. 战略地图中无形资产包括人力资本、信息资本和组织资本

D. 战略地图顾客层面的价值主张说明了企业如何针对目标顾客群创造出具有差异化且可持续长久的价值

19.14 甲公司是一家中央电力企业，采用经济增加值业绩考核办法进行业绩计量和评价，下列表述中，错误的有（ ）。

A. 甲公司适用5.5%的股权资本成本率

B. 用于计算税后净营业利润和债权资本成本率的“利息支出”指费用化利息

C. 计入利润表的研发费用应当作为投资并在合理期限内摊销

D. 经济增加值的吸引力主要在于它把资本预算、业绩评价和激励报酬结合起来了

19.15 下列关于绩效棱柱模型的说法中，正确的有（ ）。

A. 以利益相关者满意为落脚点

B. 以利益相关者贡献为出发点

C. 以企业战略、业务流程、组织能力为手段

D. 五个构面存在内在因果关系并共同影响组织绩效

19.16 下列有关绩效棱柱模型设置的利益相关者满意的评价指标中，说法正确的有（　　）。

A. 将工资收入增长率设置为员工满意的评价指标

B. 将社会贡献率设置为监管机构满意的评价指标

C. 将总资产报酬率设置为投资者满意的评价指标

D. 将采购合同履约率设置为供应商满意的评价指标

三、计算分析题

19.17 甲公司是一家中央企业，采用经济增加值业绩考核办法进行业绩计量和评价，有关资料如下：

（1）2023 年甲公司的净利润为 15 亿元；费用化利息支出为 3 亿元，资本化利息支出为 5 亿元；记入“期间费用”的研发费用为 1 亿元，当期确认为无形资产的开发支出为 4 亿元。

（2）2023 年甲公司的年末无息负债为 60 亿元，年初无息负债为 50 亿元；年末带息负债为 210 亿元，年初带息负债为 190 亿元；年末所有者权益为 330 亿元，年初所有者权益为 270 亿元；年末在建工程为 170 亿元，年初在建工程为 130 亿元。

（3）甲公司的股权资本成本为 5%，适用的企业所得税税率为 25%。

要求：

（1）计算甲公司 2023 年税后净营业利润。

（2）计算甲公司 2023 年调整后资本。

（3）计算甲公司 2023 年平均资本成本率。

（4）计算甲公司 2023 年经济增加值。

19.18 甲公司是一家国有控股上市公司，采用经济增加值作为业绩评价指标。目前，控股股东正对甲公司 2023 年度的经营业绩进行评价，相关资料如下：

（1）甲公司 2022 年末和 2023 年末资产负债表如下：

单位：万元

项目	2023 年末	2022 年末	项目	2023 年末	2022 年末
货币资金	405	420	应付账款	1 350	1 165
应收票据	100	95	应付职工薪酬	35	30
应收账款	2 050	2 040	应交税费	100	140
其他应收款	330	325	其他应付款	140	95
存货	2 300	2 550	长期借款	2 500	2 500
固定资产	4 600	4 250	优先股	1 200	1 200
在建工程	2 240	1 350	普通股	5 000	5 000
			留存收益	1 700	900
合计	12 025	11 030	合计	12 025	11 030

（2）甲公司2023年度利润表相关资料如下：

单位：万元

项目	2023年度
管理费用	1 950
其中：研究与开发费	360
财务费用	220
其中：利息支出	200
营业外收入	400
净利润	1 155

（3）甲公司长期借款还有3年到期，年利率8%，优先股12万股，每股面额100元，票面股息率10%，普通股 β 系数1.2。

（4）无风险报酬率3%，市场组合的必要报酬率13%，公司所得税税率25%。

要求：

（1）以账面价值平均值为权数计算甲公司的加权平均资本成本（假设各项长期资本的市场价值等于账面价值，为简化计算，以长期借款的资本成本作为企业的债务资本成本率）。

（2）计算2023年甲公司调整后税后净营业利润、调整后资本和经济增加值。

注：除平均资本成本率按要求（1）计算的加权平均资本成本外，其余按国务院国有资产监督管理委员会《中央企业负责人经营业绩考核暂行办法》的相关规定计算。

（3）回答经济增加值作为业绩评价指标的优点和缺点。

注册会计师考试辅导用书·基础进阶

只做好题·财务成本管理

答案册

斯尔教育　组编

電子工業出版社
Publishing House of Electronics Industry
北京·BEIJING

图书在版编目（CIP）数据

只做好题. 财务成本管理答案册 / 斯尔教育组编. 北京 ： 电子工业出版社，2025. 2. --（注册会计师考试辅导用书）. -- ISBN 978-7-121-49750-6

Ⅰ. F23-44

中国国家版本馆CIP数据核字第20253X316A号

责任编辑：张春雨
印　　刷：河北鸿运腾达印刷有限公司
装　　订：河北鸿运腾达印刷有限公司
出版发行：电子工业出版社
　　　　　北京市海淀区万寿路173信箱　　　邮编：100036
开　　本：787×1092　1/16　　印张：57　　字数：1369千字
版　　次：2025年2月第1版
印　　次：2025年2月第1次印刷
定　　价：90.00元（全3册）

凡所购买电子工业出版社图书有缺损问题，请向购买书店调换。若书店售缺，请与本社发行部联系，联系及邮购电话：（010）88254888，88258888。

质量投诉请发邮件至zlts@phei.com.cn，盗版侵权举报请发邮件至dbqq@phei.com.cn。

本书咨询联系方式：faq@phei.com.cn。

开卷必读

在艰苦、漫长的学习过程中，做题是非常重要的一环。本书收集、整理了大量真题，并根据最新考情、考试风格对真题进行了改编和完善。希望这本书可以成为大家备考路上的好帮手。为了让大家更好地使用本书，下面对本书特点进行简单介绍。

（1）解析详细：对每一道题进行详细解析，帮助大家吸收每一道题的“精华”。

（2）重点清晰：在题目解析中，对需要背诵、记忆的内容更换字体进行标记，一目了然。

（3）精准答疑：本栏目以“问题＋解答”的形式呈现，设置在相关知识点之后；通过在总结用户真实提问的基础上，精选出高频、典型、与考试相关的问题，配以详细解答，帮助你顺利解决学习过程中可能出现的疑问，更贴心地满足日常学习需要。

（4）设置“做新变”栏目：将当年官方教材新变知识点单独配题，顺应考试“考新考变”的特点，帮助你更有针对性地练习。

使用本书时，要注重制订和落实计划，努力以学习“打好基础”分册图书的节奏完成练习内容。无论是在配套课程的课堂上还是斯尔教育组建的班级社群内，我们都会随着授课进度将本书的练习题布置为课后作业，只有以“今日事、今日毕”的态度完成之，才有助于扎实、透彻地掌握知识要点。

本书难免有疏漏之处，还望各位考生通过各类渠道向我们反馈、多多提出宝贵意见。

希望每位考生都能够在做题中学习、在做题中检验、在做题中进步、在做题中自信。

让我们共同努力、不负韶华！

目录

第一章 财务管理概述
答案与解析

一、单项选择题

1.1 ▶ A	1.2 ▶ B	1.3 ▶ C	1.4 ▶ C	1.5 ▶ C
1.6 ▶ D	1.7 ▶ A			

二、多项选择题

1.8 ▶ ABCD	1.9 ▶ ABD	1.10 ▶ ACD	1.11 ▶ BCD	1.12 ▶ ACD
1.13 ▶ ACD	1.14 ▶ AB	1.15 ▶ AC	1.16 ▶ ABCD	1.17 ▶ BD
1.18 ▶ ABC	1.19 ▶ AC	1.20 ▶ CD	1.21 ▶ ABC	1.22 ▶ BD
1.23 ▶ AD				

一、单项选择题

1.1 斯尔解析 A 本题考查企业的组织形式。相比于个人独资企业，公司制企业的优点：（1）无限存续（选项B）；（2）股权可以转让；（3）有限责任（选项D）。正是由于公司制企业具有以上三个优点，因此其更容易在资本市场上筹集到资金（选项C）。公司制企业的局限性：（1）双重课税；（2）组建成本高；（3）存在代理问题。个人独资企业不存在代理问题，选项A当选。

1.2 斯尔解析 B 本题考查财务管理的目标。如果每股收益的取得时间、承担风险、投入资本相同，则每股收益最大化也是一个可以接受的目标，选项B当选。

提示：如果债务价值不变，公司价值增加与股东权益价值增加具有相同意义。如果股东投资资本和债务价值不变，公司价值最大化与股东财富最大化具有相同的意义，因此选项D不当选。

1.3 斯尔解析 C 本题考查利益相关者的要求。债权人把资金借给公司，其目的是到期时收回本金，并获得约定的利息收入。提高公司的偿债能力，有利于保障债权人的利益。提高股利支付率会增加股利支付的金额，减少现金和所有者权益，导致资产负债率上升，降低公司偿债能力，选项A不当选。发行公司债券，股东权益不变，负债增加，导致资产负债率上升，降低公司偿债能力，选项B不当选。发行新股，负债不变，股东权益上升，导致资产负债率下降，公司偿债能力提高，选项C当选。为其他公司提供担保，若未来需要履行担保义务，会导致资金流出企业，降低公司偿债能力，选项D不当选。

1.4 斯尔解析 C 本题考查利益相关者的要求。债权人为了防止其利益被损害，可以在借款合同中加入限制性条款，如规定贷款的用途、规定不得发行新债或限制发行新债的额度等；当发现公司有损害其债权利益意图时，可以拒绝进一步合作，不再提供新的贷款或提前收回贷款，故选项ABD不当选。公司发行新股可以获得更多的股权资本，并不会侵害债权人的利益，反而有利于提升企业的偿债能力，因此不应当限制，选项C当选。

1.5 斯尔解析 C 本题考查金融市场的类型。货币市场交易的金融工具期限不超过1年，而资本市场交易的金融工具期限在1年以上。可转换债券的期限通常都在1年以上，优先股没有到期日，银行长期贷款合同的期限在1年以上的，都属于资本市场工具，选项ABD不当选。商业票据的最长期限为6个月，属于货币市场工具，选项C当选。

1.6 斯尔解析 D 本题考查资本市场效率。遵循“三步法”进行判断：第一步，找信息（公开信息）；第二步，看收益（与市场整体收益率大体一致，未取得超额收益）；第三步，得结论（股价已包含公开信息），则资本市场至少达到半强式有效，选项D当选。

1.7 斯尔解析 A 本题考查资本市场效率。历史股价属于历史信息，股票价格的变动与历史信息相关，表明股票价格中尚未反映该历史信息，此时资本市场尚未达到弱式有效，即该资本市场属于无效资本市场，选项A当选。

二、多项选择题

1.8 斯尔解析 ABCD 本题考查企业的组织形式。公司是独立法人，具有以下优点：

（1）无限存续。一个公司在最初的所有者和经营者退出后仍然可以继续存在。

（2）股权可以转让。公司的所有者权益被划分为若干股权份额，每个份额可以单独转让。

（3）有限责任。公司债务是法人的债务，不是所有者的债务，所有者对公司债务的责任以其出资额为限。

综上，选项 ABCD 均当选。

1.9 斯尔解析 ABD 本题考查财务管理的目标。股东财富的增加可以用股东权益的市场增加值（而非股东权益的市场价值）来衡量，选项A当选。公司与股东之间的交易会影响股价，但不影响股东财富，例如公司分派现金股利时会导致股价下跌，股东持有的股份价值下跌，但持有的现金会增加，总的财富是不变的，选项B当选。每股收益最大化观点的局限性包括没有考虑每股收益取得的时间、没有考虑每股收益的风险和没有考虑现实中每股股票投入资本的差别，选项C不当选。如果股东投资资本和债务价值不变，公司价值最大化与股东财富最大化具有相同的意义，选项D当选。

1.10 斯尔解析 ACD 本题考查财务管理的目标。股东财富最大化是财务管理目标的准确表述，不必考虑特定前提，选项A当选。如果每股收益的取得时间、风险和投入相同，则每股收益最大化是一个可以接受的观点，选项B不当选。在资本市场有效的情况下，如果股东投资资本不变，股价最大化与股东财富最大化具有同等意义，选项C当选。如果股东投资资本和债务价值不变，公司价值最大化与股东财富最大化具有同等意义，选项D当选。

1.11 斯尔解析 BCD 本题考查财务管理的目标。企业财务管理的目标是股东财富最大化，而非利润最大化，股东财富最大化可以用股东权益的市场增加值来度量，选项A不当选、选项D当选。增加借款会导致企业价值和债务的市场价值同时提高，追加投资资本会导致企业价值和股东权益价值同时提高，均不能带来增量股东财富，因此企业价值最大化和股东权益价值最大化都不能准确描述财务目标，选项BC当选。

1.12 斯尔解析 ACD 本题考查利益相关者的要求。为防止经营者背离股东目标，股东可以采取的措施包括监督和激励。随业绩浮动的奖金具有激励效果，选项A当选。不考虑业绩表现，“一刀切”地提高月工资标准并不能起到激励作用，选项B不当选。要求经营者按季度提交经营业绩报告、年底聘请注册会计师进行审计，均可以对经营者进行监督，选项CD当选。

1.13 斯尔解析 ACD 本题考查利益相关者的要求。将存货用于对外抵押担保、将大量生产用机器设备对外出售，可能会减少企业未来经营现金流量的产生，降低企业的偿债能力，选项AC当选。连续多次进行股票回购，会消耗企业大量现有现金流量，会加大企业偿债的风险，降低企业偿债能力，可能损害债权人利益，选项D当选。提高利润留存率，可以增加股东权益，为偿债提供更多保障，有利于债权人利益的保护，选项B不当选。

1.14 斯尔解析 AB 本题考查利益相关者的要求。债权人为了防止其利益被损害，通常会采取以下制度性措施：第一，在借款合同中加入限制性条款，如规定借款的用途、规定不得发行新债或限制发行新债的额度等；第二，发现公司有损害其债权利益意图时，拒绝进一步合作，不再提供新的贷款或提前收回贷款，选项AB当选。债权人的一般保护性条款仅要求借款企业定期向银行提交财务报表，其目的在于及时掌握企业的财务情况。股东为了防止经营者背离其目标，往往会支付审计费聘请注册会计师对财务报表进行审计，但也不是全面审查，选项C不当选。债权人把资金借给公司，要求到期收回本金，并获得约定的利息收入，其主要诉求是资金和收益的安全性，而股票期权无法满足这一诉求，因此也无法协调利益冲突，选项D不当选。

1.15 斯尔解析 AC 本题考查金融工具的类型。固定收益证券是指能够提供固定或根据固定公式计算出来的现金流的证券，既包括固定利率债券，也包括有明确计算方法的浮动利率债券和固定股息率的优先股，选项AC当选。可转换债券和认股权证的价值和收益依赖于其他证券（可转换或认购的标的股权），属于衍生证券，选项BD不当选。

1.16 斯尔解析 ABCD 本题考查金融工具的类型。权益证券是指代表特定公司所有权的证券，典型例子是普通股股票，选项AB当选。发行人事先不对持有者作出支付承诺，收益的多少不确定，通常与公司经营的业绩和公司净资产的价值相关。权益证券投资风险通常高于固定收益证券，选项C当选。权益证券是公司筹资的最基本形式，任何公司都必须有股权资本，选项D当选。

1.17 斯尔解析 BD 本题考查金融市场的类型。场内交易市场是指由证券交易所组织的集中交易市场，有固定的交易场所、固定的交易时间和规范的交易规则，价格由竞价形成，交易所按拍卖市场的程序进行交易，无约定的交易对手，选项AC不当选、选项BD当选。

1.18 斯尔解析 ABC 本题考查资本市场效率。满足以下条件之一，资本市场即为有效：（1）理性的投资者；（2）独立的理性偏差；（3）有专业投资者进行套利。即使有非理性的投资者，只要非理性的偏差可以相互抵消，市场依然有效，选项A当选。如果投资者的非理性偏差存在一致倾向，则偏差不能被抵消，资本市场无法保持有效，选项B当选。如果投资者的非理性偏差不可以互相抵消，那么只要有专业的投资者进行套利，市场就依然有效，选项C当选。只要有专业的投资者进行套利，市场就是有效的，选项D不当选。

1.19 斯尔解析 AC 本题考查资本市场效率。第一步，找信息（公开信息）；第二步，看收益（可获取超额收益）；第三步，得结论（股价未包含公开信息），则资本市场未达到半强式有效，此时资本市场可能无效，也可能弱式有效，选项AC当选。

1.20 斯尔解析 CD 本题考查资本市场效率。第一步，找信息（公开信息）；第二步，看收益（无法获取超额收益）；第三步，得结论（股价已经包含公开信息），资本市场达到半强式有效或强式有效，选项CD当选。

提示：利用宏观经济形势和行业状况进行分析，属于利用公开信息的基本面分析。

1.21 斯尔解析 ABC 本题考查资本市场效率。如果资本市场半强式有效，技术分析、基本面分析和各种估价模型都是无效的，各种共同基金就不能取得超额收益，选项ABC当选。半强式有效市场没有反映内部信息，可以利用非公开信息获取超额收益，选项D不当选。

1.22 斯尔解析 BD 本题考查资本市场效率。如果股票价格的变动与历史股价相关，说明历史股价对股票价格的变动仍有影响，则资本市场尚未达到弱式有效，选项A不当选。在半强式有效资本市场中，只有利用内部信息才可以获得超额收益，通过技术分析是不能获得超额收益的，选项B当选。如果投资者的非理性偏差存在一致倾向，则偏差不能被抵消，资本市场也无法保持有效；如果投资者的非理性偏差可以相互抵消，则资本市场就是有效的，选项C不当选。在有效资本市场中，管理者通过改变会计方法提升股票价值，在技术上是行不通的，选项D当选。

1.23 斯尔解析 AD 本题考查资本市场效率。财务决策包括筹资决策、投资决策等，恰当的财务决策可以增加公司的价值从而提升股票价格，选项A当选。实业公司在资本市场上的角色主要是筹资者，而不是投资者。实业公司从事利率和外汇期货等交易的正当目的是套期保值，锁定其价格，降低金融风险，不应指望通过金融投资获利，选项B不当选。改变会计方法，虽然可以调节当期的净利润，但是投资者也可以通过数据分析测算出不同会计政策下的会计利润，所以管理者的努力是无益的，不能达到提升公司股价的目的，选项C不当选。管理者关注自己公司的股价，可以从中看出市场对公司行为的评价，进而获得有用的信息，选项D当选。

做新变 new

多项选择题

1.24 ▶ BD

多项选择题

1.24 斯尔解析　BD　本题考查可持续发展目标。可持续发展目标不仅关注经济增长，还强调社会包容性和环境保护，以公平性、持续性、共同性为三大基本原则，选项A不当选。ESG理念强调企业要注重生态环境保护、履行社会责任、提高治理水平，选项B当选。治理方面，企业应该关注治理结构的合理性、透明度和责任性等，选项C不当选。环境方面，企业应尽可能提升环境绩效表现，降低生产经营对环境带来的负面影响，在应对气候变化、资源利用、污染排放等方面采取有效措施，选项D当选。

第二章 财务报表分析和财务预测
答案与解析

一、单项选择题

2.1 ▶ D	2.2 ▶ C	2.3 ▶ C	2.4 ▶ A	2.5 ▶ C
2.6 ▶ C	2.7 ▶ C	2.8 ▶ A	2.9 ▶ C	2.10 ▶ B
2.11 ▶ D	2.12 ▶ B	2.13 ▶ C	2.14 ▶ B	2.15 ▶ D
2.16 ▶ D	2.17 ▶ C	2.18 ▶ B		

二、多项选择题

2.19 ▶ ABCD	2.20 ▶ AC	2.21 ▶ AC	2.22 ▶ AC	2.23 ▶ AC
2.24 ▶ ACD	2.25 ▶ ABC	2.26 ▶ CD	2.27 ▶ CD	2.28 ▶ ABCD
2.29 ▶ AD	2.30 ▶ ABC	2.31 ▶ AD	2.32 ▶ AD	2.33 ▶ CD

一、单项选择题

2.1 斯尔解析 D 本题考查短期偿债能力比率。现金流量比率中的流动负债采用期末数而非平均数，因为实际需要偿还的是期末金额，而非平均金额，选项D当选。

2.2 斯尔解析 C 本题考查短期偿债能力比率。选项A会使流动负债、流动资产同时增加，营运资本不变，但流动比率的变化不一定增加，不一定会提高企业短期偿债能力，选项A不当选。与担保有关的或有事项可能会降低企业的短期偿债能力，选项B不当选。选项C可以使流动资产增加，但流动负债不变，流动比率上升，有助于提高短期偿债能力，选项C当选。选项D是流动负债内部有息负债和无息负债此增彼减，流动资产与流动负债均不会发生变化，流动比率不变，不会提高短期偿债能力，选项D不当选。

2.3 斯尔解析 C 本题考查长期偿债能力比率。在利息保障倍数计算公式中，分子的“利息费用”是指计入本期利润表中财务费用的利息费用；**分母的“利息支出”是指本期的全部利息支出，不仅包括计入利润表中财务费用的费用化利息，还包括计入资产负债表固定资产等成本的资本化利息**，选项C当选。

2.4 斯尔解析 A 本题考查营运能力比率。应收账款周转次数=营业收入÷应收账款，甲公司的生产经营情况呈季节性变化，应收账款原则上应该取各月月末的平均数；年初和年末均处于该企业的生产经营淡季，若使用年初余额和年末余额的平均数，则应收账款的数额较小，会高估应收账款周转速度，选项A当选。

提示：营业收入为全年的营业收入，是时期数，不受淡旺季的影响。

2.5 斯尔解析 C 本题考查营运能力比率。总资产周转天数=365×总资产÷营业收入。甲公司每年11月至次年2月是销售旺季，应收账款和存货从月均余额改为使用期初和期末的平均数计算，会使得总资产增加，从而使得总资产周转天数增加，选项AD不当选。应收账款从账面净额改为使用未计提坏账准备前的原值计算，会使得总资产增加，从而使得总资产周转天数增加，选项B不当选。完全成本法下，产品成本包含直接材料、直接人工、变动制造费用和固定制造费用；而变动成本法下，产品成本只包括变动生产成本，即直接材料、直接人工和变动制造费用；存货从完全成本法改为使用变动成本法计算会使得存货减少，总资产减少，从而会使得总资产周转天数减少，选项C当选。

2.6 斯尔解析 C 本题考查市价比率。甲公司2023年发行在外的普通股加权平均股数=8 000−600÷15×3/12=7 990（万股）；甲公司每股收益=（净利润−优先股股利）÷发行在外的普通股加权平均股数=（17 180−200×100×6%）÷7 990=2（元/股）；市盈率=每股市价÷每股收益=25÷2=12.50，选项C当选。

提示：发行在外的普通股加权平均股数=期初发行在外普通股股数+当期新发行普通股股数×已发行时间÷报告期时间−当期回购普通股股数×已回购时间÷报告期时间。

2.7 斯尔解析 C 本题考查市价比率的计算。甲公司的市盈率=每股市价÷每股收益=每股市价÷［（净利润−优先股股息）÷发行在外普通股加权平均股数］=25÷［（16 800−200×100×6%）÷（10 000−3 000÷15×9/12）］=15.79。甲公司的市净率=每股市价÷每股净资产=每股市价÷［（股东权益总额−优先股的清算价值及全部拖欠的股息）÷发行在外普通股股数］=25÷［（50 000−12×200）÷（10 000−3 000÷15）］=5.15，选项C当选。

2.8 斯尔解析 A 本题考查杜邦分析体系。权益净利率=营业净利率×总资产周转次数×权益乘数，假设甲公司2022年的营业净利率为a，总资产周转次数为b，权益乘数为c，则甲公司2023年营业净利率=a×（1−5%），2023年总资产周转次数=b×（1+10%），2023年权益乘数为c，2022年权益净利率=$a\times b\times c$，2023年权益净利率=a×（1−5%）×b×（1+10%）×c，2023年权益净利率的增长率=［a×（1−5%）×b×（1+10%）×$c-a\times b\times c$］÷（$a\times b\times c$）=（1−5%）×（1+10%）−1=4.5%，选项A当选。

2.9 斯尔解析 C 本题考查杜邦分析体系。权益净利率=总资产净利率×权益乘数，可得：权益乘数=权益净利率÷总资产净利率=40%÷10%=4，产权比率=总负债÷股东权益=（总资产−股东权益）÷股东权益=权益乘数−1=4−1=3，选项C当选。

2.10 斯尔解析　B　本题考查管理用利润表。税后经营净利润=净利润+税后利息费用=利润总额×（1−平均所得税税率）+利息费用×（1−平均所得税税率）=1 600×（1−25%）+400×（1−25%）=1 500（万元），选项B当选。

2.11 斯尔解析　D　本题考查管理用现金流量表。营业现金毛流量=税后经营净利润+折旧与摊销=300+60=360（万元），选项A不当选。债务现金流量=税后利息费用−净负债增加=税后利息费用−（金融负债增加−金融资产增加）=70−（60−40）=50（万元），选项B不当选。股权现金流量=股利分配−股票发行+股票回购=60−0=60（万元），实体现金流量=债务现金流量+股权现金流量=50+60=110（万元），选项C不当选。根据“实体现金流量=营业现金毛流量−经营营运资本增加−资本支出”可得：资本支出=营业现金毛流量−经营营运资本增加−实体现金流量=360−100−110=150（万元），选项D当选。

2.12 斯尔解析　B　本题考查管理用现金流量表。实体现金流量=税后经营净利润+折旧与摊销−经营营运资本增加−资本支出，资本支出=净经营长期资产增加+折旧与摊销，因此实体现金流量=税后经营净利润+折旧与摊销−经营营运资本增加−净经营长期资产增加−折旧与摊销=税后经营净利润−经营营运资本增加−净经营长期资产增加（选项D不当选），因为净经营资产增加=经营资产增加−经营负债增加=（经营流动资产增加+经营长期资产增加）−（经营流动负债增加+经营长期负债增加）=（经营流动资产增加−经营流动负债增加）+（经营长期资产增加−经营长期负债增加）=经营营运资本增加+净经营长期资产增加，因此实体现金流量=税后经营净利润−净经营资产增加（选项A不当选）=税后经营净利润−（经营资产增加−经营负债增加）=税后经营净利润−经营资产增加+经营负债增加（选项C不当选）。综上，选项B当选。

2.13 斯尔解析　C　本题考查管理用财务分析体系。改进的杜邦分析体系中：权益净利率=净经营资产净利率+杠杆贡献率=净经营资产净利率+经营差异率×净财务杠杆=净经营资产净利率+（净经营资产净利率−税后利息率）×净财务杠杆，选项C当选。

2.14 斯尔解析　B　本题考查管理用财务分析体系。根据“权益净利率=净经营资产净利率+杠杆贡献率”可得：杠杆贡献率=权益净利率−净经营资产净利率=净利润÷股东权益×100%−税后经营净利润÷净经营资产×100%=170÷340×100%−［170+40×（1−25%）］÷500×100%=10%，选项B当选。

2.15 斯尔解析　D　本题考查可持续增长率的测算。企业处于可持续增长状态，所有者权益增长率=可持续增长率=10%，2024年所有者权益增加=2 400×10%=240（万元），由于不增发新的股票或回购股票，因此该企业2024年所有者权益增加全部来自留存收益增加，则2024年留存收益增加240万元，股利支付率=1−240÷600×100%=60%，选项D当选。

2.16 斯尔解析　D　本题考查可持续增长率的测算。年末股东权益=净经营资产−净负债=1 000−340=660（万元），本期利润留存=100×（1−40%）=60（万元），可持续增长率=本期利润留存÷（本期期末股东权益−本期利润留存）=60÷（660−60）=10%，选项D当选。

2.17 斯尔解析　C　本题考查可持续增长率的测算。由于甲公司处于可持续增长状态，因此股东权益增长率=可持续增长率=20%，2024年末股东权益=50×（1+20%）=60（万元），

2024年末权益乘数=总资产÷股东权益=（60+60）÷60=2，选项C当选。

2.18 斯尔解析 B 本题考查可持续增长率与内含增长率。不进行外部融资，仅依靠内部积累（即增加的留存收益）实现销售增长，此时的销售增长率为内含增长率，在此状态下，企业未来的资金供给全部来源于权益资本（留存收益），资金供给量的多少与内含增长率的高低取决于未来的盈利水平和股利政策，既无法保持资本结构不变，也不要求股利支付率保持不变，选项AD不当选。可持续增长率是指不增发新股或回购股票，不改变经营效率（不改变营业净利率和资产周转率）和财务政策（不改变权益乘数和利润留存率）时，其下期销售所能达到的增长率。在可持续增长状态下，企业虽然不发行新股，但并不限制从外部举债融资，且为保持目标资本结构，往往需要为投资机会配置一定比例的债务资本，选项B当选、选项C不当选。

二、多项选择题

2.19 斯尔解析 ABCD 本题考查财务报表分析的局限性。不规范的财务报告，其可靠性应受到怀疑，不能及时提供报告暗示企业当局可能与注册会计师存在分歧，选项A当选。与销售相比应收账款异常增加，可能存在提前确认收入的问题，选项B当选。关联方交易的定价不公允，存在转移利润的可能，选项C当选。原因不明的会计调整，可能是利用会计政策的灵活性"粉饰"报表数据，选项D当选。

提示：

常见的"危险信号"包括：（1）财务报告失范；（2）数据出现异常；（3）关联方交易异常；（4）资本利得金额大；（5）审计报告异常。

2.20 斯尔解析 AC 本题考查短期偿债能力比率。经营营运资本=经营性流动资产−经营性流动负债，选项A会减少经营性流动资产，降低经营营运资本需求，选项A当选。原材料价格上涨，如果其他条件不变，同等存货需求下存货的投资额会增加，经营性流动资产增加，则经营营运资本需求也会增加，选项B不当选。选项C会减少流动资产投资，降低经营营运资本需求，选项C当选。长期债券和短期借款都属于金融负债，对经营营运资本没有影响，选项D不当选。

2.21 斯尔解析 AC 本题考查偿债能力比率。长期负债=负债总额−流动负债=300−150=150（万元），所有者权益=资产总额−负债总额=500−300=200（万元），长期资本=长期负债+所有者权益=150+200=350（万元），长期资本负债率=长期负债÷长期资本×100%=150÷350×100%=42.86%，选项A当选。速动比率=速动资产÷流动负债=100÷150=2/3，选项B不当选。息税前利润=净利润+所得税费用+利息费用=40+10+20=70（万元），利息保障倍数=息税前利润÷利息支出=70÷20=3.5，选项C当选。产权比率=负债总额÷所有者权益=300÷200=3/2，选项D不当选。

2.22 斯尔解析 AC 本题考查偿债能力比率。现金流量与负债比率可以衡量企业的长期偿债能力，而非短期偿债能力，计算时分母的"负债总额"应取期末值，而非平均值，因为实际需要偿还的负债是期末数，选项A当选。**营运资本是绝对数，不便于不同历史时期及不同企业之间的比较**，选项B不当选。利息保障倍数衡量的是每1元利息支出有多少倍的息税前利润（而非净利润）作为偿付保障，同时该指标衡量的是企业的长期偿债能力，而非短期偿债能力，选项C当选。产权比率和权益乘数是资产负债率的另外两种表现形式，三者同方向变动，一个指标上升，另外两个指标也会上升，选项D不当选。

2.23 斯尔解析　AC　本题考查存货周转率。甲公司的生产经营存在季节性，年初和年末均为生产经营旺季，其平均数只能代表旺季，不能代表全年的平均水平，因此应使用各月月末平均数，选项A当选。评价存货变现能力时，应使用营业收入作为周转额，**评价存货管理业绩时，应使用营业成本作为周转额**，选项B不当选。分解总资产周转率时，为了统一各项资产的周转额取数口径，应统一使用营业收入作为周转额，选项C当选。存货过多会浪费资金，存货过少不能满足流转需要，在特定的生产经营条件下存在一个最佳的存货水平，所以存货不是越少越好，那么存货周转天数也不是越少越好，选项D不当选。

2.24 斯尔解析　ACD　本题考查杜邦分析体系。杜邦分析体系的局限性一共表现在四个方面：（1）计算总资产净利率的“总资产”与“净利润”不匹配；（2）没有区分金融活动损益与经营活动损益；（3）没有区分金融资产与经营资产；（4）没有区分金融负债与经营负债。综上，选项ACD当选。

2.25 斯尔解析　ABC　本题考查管理用资产负债表。**优先股属于金融负债**，因为从普通股股东的角度看，发行优先股也是企业的筹资活动，选项A当选。融资租赁属于企业的长期筹资活动，融资租赁形成的长期应付款属于金融负债，选项B当选。应付股利产生于企业的各项股权筹资活动，属于金融负债，选项C当选。无息应付票据产生于企业的经营活动，属于经营负债，选项D不当选。

2.26 斯尔解析　CD　本题考查管理用利润表。金融损益=-税后利息费用=-40（万元），选项A不当选、选项D当选。经营损益=税后经营净利润=净利润+税后利息费用=200+40=240（万元），选项B不当选、选项C当选。

2.27 斯尔解析　CD　本题考查管理用现金流量表。营业现金毛流量=税后经营净利润+折旧与摊销=税后营业收入-税后付现营业费用+折旧与摊销抵税额=营业收入-付现营业费用-所得税，选项A不当选。实体现金流量=营业现金毛流量-经营营运资本增加-资本支出=营业现金毛流量-经营营运资本增加-（净经营长期资产增加+折旧与摊销），选项B不当选。债务现金流量=税后利息费用-净负债增加，选项C当选。股权现金流量=股利分配-股票发行额+股票回购额，选项D当选。

2.28 斯尔解析　ABCD　本题考查管理用现金流量表。经营现金流量也称为实体现金流量，是可以提供给债权人和股东的税后现金流量，实体现金流量=债务现金流量+股权现金流量=经营现金流量=税后经营净利润-净经营资产增加=营业现金净流量-资本支出，因此选项ABCD均当选。

2.29 斯尔解析　AD　本题考查外部融资需求的测算。外部融资额=融资总需求-预计可动用的金融资产-预计增加的留存收益=净经营资产销售百分比×营业收入增加额-预计可动用金融资产-预计营业收入×预计营业净利率×（1-预计股利支付率），流动资产周转率提高，会带动净经营资产周转率上升，净经营资产销售百分比下降，进而降低外部融资额，选项A当选。应付账款付款周期缩短意味着在同样的销售收入下，应付账款的金额减少，这会减少经营负债，进而增加外部融资额，选项B不当选。预计股利支付率增加，会减少预计增加的留存收益，进而增加外部融资额，选项C不当选。预计营业净利率增加，会使预计增加的留存收益上升，进而降低外部融资额，选项D当选。

2.30 斯尔解析 ABC 本题考查内含增长率的测算。内含增长率=（预计营业净利率×净经营资产周转次数×预计利润留存率）÷（1-预计营业净利率×净经营资产周转率×预计利润留存率），根据公式可知预计营业净利率、净经营资产周转次数、预计利润留存率与内含增长率同向变动，选项AB当选。经营负债销售百分比提高，净经营资产销售百分比下降，净经营资产周转次数提高，从而使内含增长率提高，选项C当选。股利支付率越高，利润留存率越低，内含增长率越低，选项D不当选。

2.31 斯尔解析 AD 本题考查可持续增长率。可持续增长率=（营业净利率×期末总资产周转次数×本期利润留存率×期末权益乘数）÷（1-营业净利率×期末总资产周转次数×本期利润留存率×期末权益乘数），根据公式可知，营业净利率、总资产周转次数、利润留存率和权益乘数与可持续增长率同向变动。降低应收账款周转天数会引起总资产周转次数增加，总资产周转次数与可持续增长率同向变动，选项A当选。权益乘数=1+产权比率，降低产权比率会使权益乘数也降低，进而降低可持续增长率，选项B不当选。提高股利支付率会导致利润留存率降低，利润留存率与可持续增长率同向变动，提高股利支付率会降低可持续增长率，选项C不当选。提高产品毛利率会提高营业净利率，营业净利率与可持续增长率同向变动，选项D当选。

2.32 斯尔解析 AD 本题考查可持续增长率的应用。甲公司处于可持续增长状态，故本期销售增加÷基期销售收入=销售增长率=总资产增长率，本期总资产增加=总资产增长率×基期期末总资产，选项A当选。本期负债增加=基期期末负债×本期负债增长率，在可持续增长状态下，本期收益留存=本期股东权益增加，本期负债增长率=本期股东权益增长率。因此，本期负债增加=基期期末负债×本期股东权益增长率=基期期末负债×本期收益留存÷基期期末股东权益=基期期末负债×本期销售收入×销售净利率×利润留存率÷基期期末股东权益，应将"基期销售收入"改为"本期销售收入"，选项B不当选。在可持续增长状态下，本期收益留存=本期股东权益增加=本期销售收入×销售净利率×利润留存率，应将"基期销售收入"改为"本期销售收入"，选项C不当选。在可持续增长状态下，本期实际销售增长率=基期可持续增长率=基期股东权益增长率=基期股东权益增加÷基期期初股东权益=基期收益留存÷基期期初股东权益=基期净利润×利润留存率÷基期期初股东权益，选项D当选。

2.33 斯尔解析 CD 本题考查可持续增长率与内含增长率的辨析。内含增长率对资本结构的改变不能确定，因为股东权益在增加，同时经营负债也在增加，可持续增长率不改变资本结构，选项A不当选。在满足内含增长的情况下，外部融资为0，但是可持续增长率是不增发或回购股票，为保持资本结构，可以从外部进行债务融资，选项B不当选。可持续增长率与内含增长率均不增发股票，选项C当选。企业保持平衡增长，即企业处于可持续增长状态，本年的实际增长率等于上年的可持续增长率，选项D当选。

三、计算分析题

2.34 斯尔解析

（1）

单位：万元

管理用财务报表项目	2023年
经营性资产	8 000
经营性负债	2 000
净经营资产	6 000
金融负债	2 000
金融资产	0
净负债	2 000
股东权益	4 000
净负债及股东权益总计	6 000
税前经营利润	1 680
减：经营利润所得税	420
税后经营净利润	1 260
利息费用	160
减：利息费用抵税	40
税后利息费用	120
净利润	1 140

（2）净经营资产净利率 =1 260÷6 000=21%。

税后利息率 =120÷2 000=6%

净财务杠杆 =2 000÷4 000=50%

权益净利率 =1 140÷4 000=28.5%

（3）权益净利率的差异 =28.5%−30.4%=−1.9%。

净经营资产净利率差异引起的权益净利率差异 =21%+（21%−8%）×60%−30.4%
=28.8%−30.4%=−1.6%

税后利息率差异引起的权益净利率差异 =21%+（21%−6%）×60%−28.8%
=30%−28.8%=1.2%

净财务杠杆差异引起的权益净利率差异 =21%+（21%−6%）×50%−30%
=28.5%−30%=−1.5%

提示：

①由于题干已说明甲公司货币资金全部为经营活动所需，因此甲公司货币资金为经营资产，甲

公司资产总额即为经营资产，经营资产 =8 000（万元），经营负债 = 应付账款 =2 000（万元）。

②金融负债 = 长期借款 =2 000（万元），金融资产 =0（万元）。

③税前经营利润 = 营业收入 − 营业成本 − 税金及附加 − 销售和管理费用 =10 000−6 000−320−2 000=1 680（万元）。

2.35 斯尔解析

（1）

单位：万元

财务比率	2023年
税后经营净利率	6%
净经营资产周转次数	3
净经营资产净利率	18%
税后利息率	6%
经营差异率	12%
净财务杠杆	25%
杠杆贡献率	3%
权益净利率	21%

（2）甲公司权益净利率与行业平均权益净利率的差异 =21%−25.2%=−4.2%。

①替代净经营资产净利率：18%+（18%−5.25%）×40%=23.1%。

②替代税后利息率：18%+（18%−6%）×40%=22.8%。

③替代净财务杠杆：18%+（18%−6%）×25%=21%。

净经营资产净利率不同对权益净利率的影响 =23.1%−25.2%=−2.10%

税后利息率不同对权益净利率的影响 =22.8%−23.1%=−0.3%

净财务杠杆不同对权益净利率的影响 =21%−22.8%=−1.8%

提示：

税后经营净利率 = 税后经营净利润 ÷ 营业收入 ×100%=180÷3 000×100%=6%

净经营资产周转次数 = 营业收入 ÷ 净经营资产 =3 000÷1 000=3（次）

净经营资产净利率 = 税后经营净利润 ÷ 净经营资产 ×100%=180÷1 000×100%=18%

税后利息率 = 税后利息费用 ÷ 净负债 ×100%=12÷200×100%=6%

经营差异率 = 净经营资产净利率 − 税后利息率 =18%−6%=12%

净财务杠杆 = 净负债 ÷ 股东权益 ×100%=200÷800×100%=25%

杠杆贡献率 = 经营差异率 × 净财务杠杆 =12%×25%=3%

权益净利率 = 净经营资产净利率 + 杠杆贡献率 =18%+3%=21%

2.36 斯尔解析

（1）2023 年甲公司指标：

营业净利率 =1 200 ÷ 10 000 × 100%=12%

总资产周转次数 =10 000 ÷ 8 000=1.25

权益乘数 =8 000 ÷ 4 000=2

甲公司权益净利率 =12% × 1.25 × 2=30%

乙公司权益净利率 =24% × 0.6 × 1.5=21.6%

营业净利率变动对权益净利率的影响 =（12%−24%）× 0.6 × 1.5=−10.8%

总资产周转次数变动对权益净利率的影响 =12% ×（1.25−0.6）× 1.5=11.7%

权益乘数变动对权益净利率的影响 =12% × 1.25 ×（2−1.5）=7.5%

（2）营业净利率是净利润与营业收入的比值，表明每 1 元营业收入带来的净利润，反映企业的盈利能力。总资产周转次数是营业收入与平均总资产的比值，表明 1 年中总资产周转的次数（或者表明每 1 元总资产支持的营业收入），反映企业的营运能力。权益乘数是总资产与股东权益的比值，表明每 1 元股东权益控制的资产额，反映企业的长期偿债能力。

两公司在经营战略上存在较大差别：甲公司采取的是“低盈利、高周转”（或薄利多销）的策略；乙公司采取的是“高盈利、低周转”（或多利薄销）的策略。在财务政策上，两公司也有很大不同：甲公司采取的是相对高风险的财务政策，财务杠杆较大；乙公司采取的是相对低风险的财务政策，财务杠杆较小。

2.37 斯尔解析

（1）2024 年融资总需求 =（12 000−1 000−2 000）× 10%=900（万元）。

2024 年外部融资需求 = 融资总需求 − 留存收益的增加 = 融资总需求 − 预期净利润 × 利润留存率 =900−1 650 ×（1+10%）×（1−60%）=174（万元）

（2）

财务报表

单位：万元

资产负债表项目	2024年末
货币资金	688.4
应收账款	1 760
存货	1 650
固定资产	9 130
资产总计	13 228.4
应付账款	1 100
其他流动负债	2 200

续表

资产负债表项目	2024年末
长期借款	3 200
股东权益	6 728.4
负债及股东权益总计	13 228.4

单位：万元

利润表项目	2024年度
营业收入	17 600
减：营业成本	11 000
税金及附加	616
销售费用	1 100
管理费用	2 200
财务费用	256
利润总额	2 428
减：所得税费用	607
净利润	1 821

提示：

①第一问中，假设除长期借款外，所有资产和负债与营业收入保持稳定的百分比关系，可以将除长期借款外的所有资产和负债视同经营资产和经营负债，进而计算融资总需求。

由于所有成本费用与营业收入的占比关系不变，即营业净利率不变，因此净利润与营业收入的增长率相同，预期净利润 = 基期净利润 ×（1+10%）。

②第一问中初步测算结果为174万元，第二问要求按照第一问的初步测算结果，以百万元为单位向银行申请贷款，故需申请200万元贷款。

题干指出贷款金额超出融资需求的部分计入货币资金，而应该计入货币资金的金额并非26万元（200−174）。因为第二问和第一问的假设条件不同，第一问中货币资金与营业收入保持稳定的百分比关系，而第二问中，没有此条件；第一问财务费用和所得税费用与收入保持稳定百分比关系，而第二问中，没有此条件。所以根据第二问要求测算出的真正的融资需求并非174万元，超出资金也非26万元。因此第二问中，年末货币资金的数额，需要根据基本的会计等式倒挤得出，具体填写顺序如下：

a. 与收入保持稳定百分比关系的资产和负债项目：

应收账款 =1 600×（1+10%）=1 760（万元）

存货 =1 500×（1+10%）=1 650（万元）

固定资产 =8 300×（1+10%）=9 130（万元）

应付账款 =1 000×（1+10%）=1 100（万元）

其他流动负债 =2 000×（1+10%）=2 200（万元）

b. 计算长期借款：长期借款 =3 000+200=3 200（万元）。

c. 与收入保持稳定百分比关系的损益项目：

营业收入 =16 000×（1+10%）=17 600（万元）

营业成本 =10 000×（1+10%）=11 000（万元）

税金及附加 =560×（1+10%）=616（万元）

销售费用 =1 000×（1+10%）=1 100（万元）

管理费用 =2 000×（1+10%）=2 200（万元）

d. 依据新增借款，计算财务费用：财务费用 =200×8%+240=256（万元）。

e. 计算利润总额、所得税费用和净利润：

利润总额 =17 600−11 000−616−1 100−2 200−256=2 428（万元）

所得税费用 =2 428×25%=607（万元）

净利润 =2 428−607=1 821（万元）

f. 依据利润留存率，计算年末股东权益：股东权益 =6 000+1 821×（1−60%）=6 728.4（万元）。

g. 倒挤货币资金：

负债及股东权益总计 = 资产总计 =1 100+2 200+3 200+6 728.4=13 228.4（万元）

货币资金 =13 228.4−9 130−1 650−1 760=688.4（万元）

2.38 斯尔解析

（1）利润留存率 =1−50%=50%。

2022 年可持续增长率 =1 250×50%÷2 500=25%

2023 年可持续增长率 =1 750×50%÷3 125=28%

2023 年实际增长率 =17 500÷12 500−1=40%

2022 年可持续增长率＜ 2023 年可持续增长率

2022 年可持续增长率＜ 2023 年实际增长率

2023 年销售净利率 =1 750÷17 500×100%=10%，2022 年销售净利率 =1 250÷12 500×100%=10%。

2023 年总资产周转率 =17 500÷8 750=2，2022 年总资产周转率 =12 500÷6 250=2。

2023 年权益乘数 =8 750÷4 000=2.1875，2022 年权益乘数 =6 250÷3 125=2。

2023 年销售净利率和总资产周转率不变，则 2023 年的经营效率不变。2023 年股利支付政策不变，权益乘数发生了改变，则 2023 年的财务政策发生了改变。由于 2023 年的权益乘数升高，使 2023 年的实际增长率超过了 2022 年的可持续增长率，也使得 2023 年的可持续增长率超过了 2022 年的可持续增长率。

（2）经营资产销售百分比 =8 750÷17 500×100%=50%，经营负债销售百分比 =1 750÷17 500×100%=10%。

融资总需求 =（50%−10%）×17 500×20%=1 400（万元）

预计营业净利率 =10%×（1+10%）=11%

预计增加的留存收益 =17 500×（1+20%）×11%×50%=1 155（万元）

外部融资额 =1 400−1 155=245（万元）

（3）设甲公司 2024 年能够实现的销售收入为 X。

2024 年末总资产 = 营业收入 ÷ 总资产周转率 $=X\div 2=0.5X$

2024 年末股东权益 = 期初股东权益 + 增加的留存收益 $=4\,000+X\times 10\%\times 50\%=4\,000+0.05X$

资产负债率 $=[0.5X-(4\,000+0.05X)]\div 0.5X\leqslant 60\%$

解得：$X\leqslant 26\,666.67$（万元）。

甲公司 2024 年能够实现的最高销售增长率 =（26 666.67−17 500）÷17 500×100%=52.38%

2.39 斯尔解析

（1）速动资产年初和年末的平均数 =（100+100+500+460+2 850+2 660）÷2=3 335（万元）。

流动负债年初和年末的平均数 =（2 350+2 250）÷2=2 300（万元）

速动比率 =3 335÷2 300=1.45

评价乙公司的短期偿债能力时，需要考虑应收账款的变现能力。乙公司按照应收账款余额的 5% 计提坏账准备，2023 年末账龄在三年以上的应收账款已达到应收账款余额的 10%，实际坏账很可能比计提的坏账准备多，从而降低乙公司的短期偿债能力。

乙公司的生产经营存在季节性，报表上的应收账款金额不能反映平均水平，即使使用年末和年初的平均数计算，仍然无法消除季节性生产企业年末数据的特殊性。乙公司年末处于经营淡季，应收账款、流动负债均低于平均水平，计算结果可能不能正确反映乙公司的短期偿债能力。

（2）利息保障倍数 = 息税前利润 ÷ 利息支出 =（97.50+32.50+500）÷（500+100）=1.05。

乙公司的利息保障倍数略大于 1，说明自身产生的经营收益勉强可以支持现有的债务规模。由于息税前利润受经营风险的影响，存在不稳定性，而利息支出又是固定的，因此乙公司的长期偿债能力仍然较弱。

（3）应收账款年初余额 =2 660+140=2 800（万元）。

应收账款年末余额 =2 850+150=3 000（万元）

应收账款年初和年末的平均数 =（2 800+3 000）÷2=2 900（万元）

应收账款周转次数 =14 500÷2 900=5（次 / 年）

乙公司的生产经营存在季节性，报表上的应收账款金额不能反映平均水平，即使使用年末和年初的平均数计算，仍然无法消除季节性生产企业年末数据的特殊性。乙公司年末处于经营淡季，应收账款余额低于平均水平，计算结果会高估应收账款变现速度。

计算应收账款周转次数时应使用赊销额，由于无法取得赊销数据而使用销售收入计算时，会高估应收账款周转次数。乙公司 2023 年减少了赊销客户比例，现销比例增大，会进一步高估应收账款变现速度。

2.40 斯尔解析

（1）本期利润留存 =100×（1−80%）=20（万元），期末股东权益 =1 000−600=400（万元）。

2021 年的可持续增长率 = 本期利润留存 ÷（期末股东权益 − 本期利润留存）=20÷（400−20）=5.26%

（2）2021 年营业净利率 =100÷500=20%，2021 年总资产周转次数 =500÷1 000=0.5。

2021 年权益乘数 =1 000÷400=2.5，利润留存率 =1−80%=20%。

①改变营业净利率：

当收入增长 10% 时：2022 年营业收入 =500×（1+10%）=550（万元）。

由于总资产周转次数不变，可知：

550÷2022 年末总资产 =0.5，2022 年末总资产 =1 100（万元）。

由于权益乘数不变，可知：

1 100÷2022 年末股东权益 =2.5，2022 年末股东权益 =440（万元）。

由于不增发新股或回购股票，2022 年股东权益增加额 =2022 年利润留存 =440−400=40（万元）。

由于利润留存率不变，可知：

40÷2022 年净利润 =20%，2022 年净利润 =200（万元）。

2022 年营业净利率 =200÷550=36.36%。在不改变其他因素的情况下，将营业净利率提升至 36.36% 时，甲公司可以实现 10% 的销售增长。

②改变总资产周转次数：

当收入增长 10% 时：2022 年营业收入 =500×（1+10%）=550（万元）。

由于营业净利率不变，可知：

2022 年净利润 ÷550=20%，2022 年净利润 =110（万元）。

由于利润留存率不变，可知：

2022 年利润留存 ÷110=20%，2022 年利润留存 =22（万元）。

由于不增发新股或回购股票，所以 2022 年末股东权益 =400+22=422（万元）。

由于权益乘数不变，可知：

2022 年末总资产 ÷422=2.5，2022 年末总资产 =1 055（万元）。

2022 年总资产周转次数 =550÷1 055=0.52。在不改变其他因素的情况下，将总资产周转率提升至 0.52 时，甲公司可以实现 10% 的销售增长。

③改变权益乘数：

当收入增长 10% 时：2022 年营业收入 =500×（1+10%）=550（万元）。

由于营业净利率不变，可知：

2022 年净利润 ÷550=20%，2022 年净利润 =110（万元）。

由于利润留存率不变，可知：

2022 年利润留存 ÷110=20%，2022 年利润留存 =22（万元）。

由于不增发新股或回购股票，所以 2022 年末股东权益 =400+22=422（万元）。

由于总资产周转次数不变，可知：

550÷2022 年末总资产 =0.5，2022 年末总资产 =1 100（万元）。

2022 年权益乘数 =1 100÷422=2.61。在不改变其他因素的情况下，将权益乘数提升至 2.61 时，甲公司可以实现 10% 的销售增长。

④改变利润留存率：

当收入增长 10% 时：2022 年营业收入 =500×（1+10%）=550（万元）。

由于营业净利率不变，可知：

2022 年净利润 ÷550=20%，2022 年净利润 =110（万元）。

由于总资产周转次数不变，可知：

550÷2022 年末总资产 =0.5，2022 年末总资产 =1 100（万元）。

由于权益乘数不变，可知：

1 100÷2022 年末股东权益 =2.5，2022 年末股东权益 =440（万元）。

由于不增发新股或回购股票，2022 年股东权益增加额 =2022 年利润留存 =440-400=40（万元）。

2022 年利润留存率 =40÷110=36.36%，在不改变其他因素的情况下，将利润留存率提升至 36.36% 时，甲公司可以实现 10% 的销售增长。

（3）当收入增长 10% 时：2022 年营业收入 =500×（1+10%）=550（万元）。

由于总资产周转次数不变，可知：

550÷2022 年末总资产 =0.5，2022 年末总资产 =1 100（万元）。

由于权益乘数不变，可知：

1 100÷2022 年末股东权益 =2.5，2022 年末股东权益 =440（万元）。

所以，2022 年股东权益增加额 =440-400=40（万元）。

由于营业净利率不变，可知：

2022 年净利润 ÷550=20%，2022 年净利润 =110（万元）。

由于利润留存率不变，可知：

2022 年利润留存 ÷110=20%，2022 年利润留存 =22（万元）。

因此，2022 年甲公司应筹集的权益资金 =2022 年股东权益增加额 -2022 年利润留存 =40-22=18（万元）。

做新变 new

多项选择题

2.41 ▶ AC　　2.42 ▶ AD

多项选择题

2.41 斯尔解析 AC 本题考查敏感程度法。敏感系数=目标变量变动百分比÷选定影响因素变动百分比，选项A当选。敏感系数绝对值>1（敏感系数大于1或小于-1），此因素为敏感因素，选项B不当选。敏感系数表示选定影响因素变动1%导致目标变量变动的百分数，可以反映目标变量对于选定因素变化的敏感程度，但不能直接显示变化后目标变量的值，选项C当选、选项D不当选。

2.42 斯尔解析 AD 本题考查敏感程度法。息税前利润对4个因素的敏感程度应按敏感系数的绝对值排序，分别是：单价（3）>单位变动成本（2）>销售量（1.2）>固定成本（0.8），选项A当选、选项B不当选。息税前利润对单价的敏感系数为3，表明当单价提高10%时，息税前利润将增长30%，即息税前利润将增长9 000元（30 000×30%），选项C不当选。息税前利润对单位变动成本的敏感系数为-2，当企业由盈利转为亏损时息税前利润的变动率应超过-100%，则单位变动成本的变动率应超过50%［-100%/（-2）］，选项D当选。

第三章　价值评估基础
答案与解析

一、单项选择题

3.1 ▶ C	3.2 ▶ B	3.3 ▶ C	3.4 ▶ D	3.5 ▶ B
3.6 ▶ D	3.7 ▶ D	3.8 ▶ A	3.9 ▶ B	3.10 ▶ C
3.11 ▶ C	3.12 ▶ D	3.13 ▶ D	3.14 ▶ B	3.15 ▶ A
3.16 ▶ C	3.17 ▶ C	3.18 ▶ C	3.19 ▶ D	

二、多项选择题

3.20 ▶ ABC	3.21 ▶ CD	3.22 ▶ AD	3.23 ▶ ABD	3.24 ▶ AB
3.25 ▶ AD	3.26 ▶ CD	3.27 ▶ ABC	3.28 ▶ ABCD	3.29 ▶ ABD
3.30 ▶ BC	3.31 ▶ ABCD	3.32 ▶ ABC	3.33 ▶ BC	

一、单项选择题

3.1 斯尔解析 C　本题考查利率。市场化是基准利率的基本特征之一，基准利率由市场供求关系决定，不仅反映实际市场供求状况，还要反映市场对未来供求状况的预期，选项A不当选。流动性风险溢价指债券因存在不能短期内以合理价格变现的风险而给予债权人的补偿，选项B不当选。无偏预期理论认为，利率期限结构完全取决于市场对未来利率的预期，预期是影响利率期限结构的唯一因素，选项C当选。按照流动性溢价理论，上斜收益率曲线表明市场预期未来短期利率既可能上升，也可能不变，还可能下降，选项D不当选。

3.2 斯尔解析 B　本题考查利率期限结构。根据无偏预期理论的观点，不同到期期限的债券可以完全替代，投资者对不同到期期限的债券没有偏好，资金在长期资金市场和短期资金市场之间的流动完全自由，长期即期利率是短期预期利率的无偏估计，选项A不当选、选项B当选。根据市场分割理论的观点，不同期限的债券市场互不相关，债券的即期利率水平完全由各个期限市场上的供求关系决定，选项C不当选。根据流动性溢价理论，长期即期利率是未来短期预期利率平均值加上一定的流动性风险溢价，选项D不当选。

3.3 斯尔解析 C 本题考查利率期限结构。无偏预期理论认为，长期债券即期利率是短期债券预期利率的无偏估计，此时投资者投资长期债券与分期投资短期债券所获得的收益是相等的。设长期债券利率为i，则$(1+i)^2=(1+6\%)\times(1+5\%)$，解得$i=\sqrt{(1+6\%)\times(1+5\%)}-1$，选项C当选。

3.4 斯尔解析 D 本题考查利率期限结构。市场分割理论认为不同期限的债券市场互不相关，选项A不当选。无偏预期理论认为长期即期利率是短期预期利率的无偏估计，选项B不当选。市场分割理论认为即期利率水平完全由各个期限债券市场上的供求关系决定，选项C不当选。流动性溢价理论认为短期债券的流动性比长期债券高，因为债券到期期限越长，利率变动的可能性越大，利率风险就越高，选项D当选。

3.5 斯尔解析 B 本题考查有效年利率的计算。债券的有效年利率$=(1+12\%\div4)^4-1=12.55\%$，选项B当选。

提示：无论债券是溢价、折价还是平价发行，都不影响债券本身的有效年利率。债券的有效年利率=（1+计息期利率）$^{年计息次数}-1$。

3.6 斯尔解析 D 本题考查货币时间价值。预付年金终值系数在普通年金终值系数的基础上“期数+1，系数−1”，选项D当选。

3.7 斯尔解析 D 本题考查货币时间价值。后续款项的付款条件约定第4年年初（即第3年年末）支付第一笔20万元，连续支付8年，可以判定后续款项的现金流属于递延期为2期，连续收支期为8期的递延年金。付款总现值$=40+20\times[(P/A,8\%,10)-(P/A,8\%,2)]=40+20\times(6.7101-1.7833)=138.54$（万元），选项D当选。

提示：递延年金现值的计算有两种方法。

（1）**作差法**：$P=A\times[(P/A,i,m+n)-(P/A,i,m)]$。

（2）**两次折现法**：$P=A\times(P/A,i,n)\times(P/F,i,m)$］。［付款总现值$=40+20\times(P/A,8\%,8)\times(P/F,8\%,2)=40+20\times5.7466\times0.8573=138.53$（万元）］

3.8 斯尔解析 A 本题考查货币时间价值。由于本题的款项属于按月分期支付，则计息期利率$=12\%\div12=1\%$，前4个月为预付年金折现，后6个月为递延年金折现，可得：

前4个月：$P=A\times(P/A,1\%,4)\times(1+1\%)=500\times3.9020\times1.01=1\ 970.51$（元）。

后6个月：$P=A\times(P/A,1\%,6)\times(P/F,1\%,3)=800\times5.7955\times0.9706=4\ 500.09$（元）。

1 970.51+4 500.09=6 470.60（元），选项A当选。

提示：本题中，两次付款的间隔期为1个月，因此折现时需要用月利率，而题目给出的是年报价利率。从报价利率换算为计息期利率，需要利用公式“计息期利率=报价利率÷每年复利次数”。

3.9 斯尔解析 B 本题考查单项资产的风险与报酬。由于X、Y两个项目的期望报酬率相等，则标准差越大，风险越大，因此X项目的风险小于Y项目的风险，即X项目报酬率的波动性小于Y项目报酬率的波动性，X项目取得更高报酬和出现更大亏损的可能性均小于Y项目，选项A不当选、选项B当选。项目的实际报酬只有等到项目最终结束才可以确定，选项CD不当选。

3.10 斯尔解析　C　本题考查单项资产的风险与报酬。方差、标准差、变异系数度量的是总风险（包括系统风险和非系统风险），β系数度量的是系统风险，选项C当选。

3.11 斯尔解析　C　本题考查投资组合的风险与报酬。XRY曲线为投资机会集曲线，XR曲线为投资无效集，X点为最低期望报酬率组合点，Y点为最高期望报酬率组合点，R点为最小方差组合点，RY曲线为投资有效集曲线（即从最小方差组合点到最高期望报酬率组合点的那段曲线），选项C当选。

3.12 斯尔解析　D　本题考查投资组合的风险与报酬。机会集外缘的顶部，从最小方差组合点起到最高期望报酬率点止为有效集；机会集中的其余组合点均位于有效集的右下方（风险高、收益低），为无效集。在机会集内，有效集以外的投资组合与有效边界上的投资组合相比，有三种情况（均为无效投资组合）：相同的标准差和较低的期望报酬率（相同风险，收益更低）；相同的期望报酬率和较高的标准差（相同收益，风险更高）；较低的期望报酬率和较高的标准差（风险更高，收益更低）。综上，选项D当选。

3.13 斯尔解析　D　本题考查投资组合的风险与报酬。系统风险是不可分散风险，无法通过投资组合消除，选项A不当选。证券投资组合的规模越大，分散的非系统性风险越多，承担的风险越小，选项B不当选。最小方差组合是所有组合中风险最小的组合，但并非报酬最大的组合，选项C不当选。增加投资组合项目数量的初期，风险分散化效应较明显，但增加到一定程度后，风险分散化效应就会减弱，选项D当选。

3.14 斯尔解析　B　本题考查投资组合的风险与报酬。β系数衡量的是不可分散的系统风险，投资组合的β系数等于组合内各单项证券β系数的加权平均数，投资组合的β系数$=1.2\times50\%+1.3\times50\%=1.25$，小于1.3，选项A不当选。两种证券组合的期望报酬率等于组合内各单项证券期望报酬率的加权平均数，投资组合的期望收益率$=10\%\times50\%+12\%\times50\%=11\%$，大于10%，选项B当选。由于题目中没有给出相关系数，因此无法计算投资组合的标准差，选项C不当选。投资组合的变异系数=投资组合的标准差÷投资组合的期望收益率，由于投资组合的标准差无法计算，故投资组合的变异系数也无法计算，选项D不当选。

3.15 斯尔解析　A　本题考查资本市场线。总期望报酬率$=Q\times$风险组合的期望报酬率$+(1-Q)\times$无风险报酬率$=(140\div100)\times16\%+(1-140\div100)\times6\%=20\%$，选项A当选。

提示：Q为风险资产组合的投资额占投资者的自有资本的比例。

3.16 斯尔解析　C　本题考查资本市场线。因为无风险资产的标准差为0，所以该投资组合的总标准差$=\sqrt{Q^2\times\sigma_A^2+2\times0\times Q\times\sigma_A\times(1-Q)\times0+(1-Q)^2\times0}=Q\times\sigma_A$（市场组合的标准差）$=0.6\times10\%=6\%$，选项A不当选。总期望报酬率$=Q\times$风险组合的期望报酬率$+(1-Q)\times$无风险报酬率$=0.6\times15\%+(1-0.6)\times5\%=11\%$，选项B不当选。根据$Q$小于1可知，甲并未借入资金且同时持有无风险资产和市场组合，该投资组合位于M点的左侧，选项C当选、选项D不当选。

提示：组合中资产构成情况（M点左侧和右侧）。

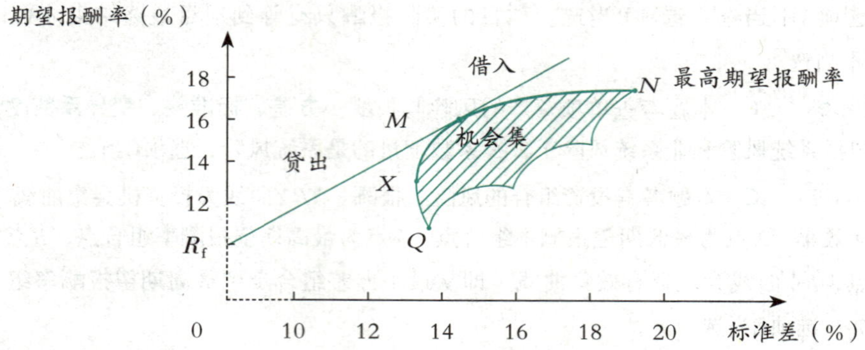

资本市场线上任一点揭示出持有不同比例的无风险资产和市场组合情况下风险与预期报酬率之间的关系。

在M点左侧，是不借入资金且同时持有无风险资产和市场组合的情况，风险较低。

在M点右侧，仅持有市场组合，并且会借入资金以进一步投资于市场组合，风险较高。

3.17 斯尔解析 C 本题考查资本资产定价模型。根据资本资产定价模型，必要报酬率=3.5%+1.25×8%=13.50%，选项C当选。

提示：

R_m表示市场中所有股票的平均收益率，而（R_m-R_f）表示市场中所有股票平均收益率超出无风险利率的差额，是由于投资者购买股票承担了风险而要求的风险溢价。常见表述如下表所示：

指标	常见表述	理解要点
R_m	证券市场收益率、平均风险股票收益率、市场平均收益率、市场组合收益率	收益率形容的是整体股票市场的平均收益率
（R_m-R_f）	市场（平均）风险溢酬（溢价、补偿率、附加率）、风险收益率、风险价格	收益率形容的是**市场当中风险的收益率**，强调的是在无风险收益率基础之上多出来的那部分

3.18 斯尔解析 C 本题考查资本资产定价模型。投资组合的β等于该组合各证券β值的加权平均数，故该投资组合的β系数=0.6×50%+1.2×50%=0.9；根据资本资产定价模型，该投资组合的必要报酬率=2%+0.9×（10%−2%）=9.2%，选项C当选。

提示：本题也可以先算各资产的必要报酬率，然后在计算该投资组合的必要报酬率。

甲股票的必要报酬率=2%+0.6×（10%−2%）=6.8%

乙股票的必要报酬率=2%+1.2×（10%−2%）=11.6%

投资组合的必要报酬率=50÷100×6.8%+50÷100×11.6%=9.2%

3.19 斯尔解析 D 本题考查证券市场线。证券市场线的斜率表示经济系统中风险厌恶感的程度，**投资者对风险的厌恶感越弱，其对风险资产所要求的必要报酬率越低**，证券市场线的斜率越小，选项D当选、选项C不当选。当无风险报酬率增加时，证券市场线会向上平行移动；

当无风险报酬率降低时，证券市场线会向下平行移动，选项AB不当选。

精程答疑

问题：怎么理解投资者对风险的厌恶感越弱，其对风险资产所要求的必要报酬率越低？

解答：证券市场线的斜率为市场风险溢价（R_m−R_f），表示经济系统中风险厌恶感的程度。对风险的厌恶感可以简单理解为投资者对风险的接受程度，投资者对风险的厌恶感越弱，说明其越愿意接受风险。所以，对于同一项风险资产，如果投资者的风险厌恶感强（风险接受程度低），就会要求更高的风险补偿，如果投资者的风险厌恶感弱（风险接受程度高），就可以接受较低的风险补偿。故投资者对风险的厌恶感越弱，其对风险资产所要求的风险补偿越低，即对风险资产所要求的必要报酬率越低。

二、多项选择题

3.20 斯尔解析　ABC　本题考查利率期限结构。按照流动性溢价理论，上斜收益率曲线表明市场预期未来短期利率既可能上升，也可能不变，还可能下降，选项ABC当选、选项D不当选。

提示：本题作答需严格遵循官方教材观点。

3.21 斯尔解析　CD　本题考查利率。期限风险溢价是指债券因面临存续期内市场利率上升导致价格下跌的风险而给予债权人的补偿。债券因存在不能短期内以合理价格变现的风险而给予债权人的补偿指的是流动性风险溢价，选项A不当选。预期理论认为长期债券即期利率是短期债券预期利率的函数，解释了不同期限债券的利率同步波动的现象。市场分割理论认为不同期限的债券市场互不相关，投资者会比较固定地投资于某一期限的债券，因此无法解释不同期限债券的利率同步波动的现象，选项B不当选。根据流动性溢价理论的观点，投资者为了减少风险，偏好于流动性好的短期债券，因此长期债券要给予投资者一定的流动性溢价，选项C当选。根据有效年利率的计算公式“有效年利率=（1+计息期利率）^{每年复利次数}−1”可知，其他条件不变，当债券一年按复利计息多次时，有效年利率大于报价利率，选项D当选。

3.22 斯尔解析　AD　本题考查货币时间价值。普通年金现值系数与投资回收系数互为倒数，普通年金终值系数与偿债基金系数互为倒数，选项A当选、选项B不当选。预付年金现值系数=普通年金现值系数×（1+折现率），预付年金终值系数=普通年金终值系数×（1+折现率），选项C不当选、选项D当选。

3.23 斯尔解析　ABD　本题考查投资组合的风险。**只要投资组合中两项资产的相关系数小于1，投资组合就会产生风险分散化效应**，组合风险就会低于各资产加权平均风险，选项ABD当选、选项C不当选。

3.24 斯尔解析 AB 本题考查投资组合的风险与报酬。β系数衡量的是不可分散的系统风险，投资组合的β系数是组合内各单项证券β值的加权平均数，选项A当选。两种或两种以上证券的组合，其期望报酬率为单个证券期望报酬率的加权平均数，选项B当选。标准差和变异系数衡量的是总风险，证券组合的标准差不是单个证券标准差的简单加权平均，因为证券组合的风险不仅取决于组合内的各证券的风险，还取决于各个证券之间的关系，选项CD不当选。

3.25 斯尔解析 AD 本题考查投资组合的风险与报酬。两种证券组合的期望报酬率为组合内各单项证券期望报酬率的加权平均数，最小期望报酬率组合为100%投资于甲证券，最大期望报酬率组合为100%投资于乙证券，选项AD当选。当两种证券构成的机会集曲线向左侧凸出时，最小方差组合点将不是100%投资于甲证券的组合，此时最小方差组合点的标准差将小于10%，选项BC不当选。

3.26 斯尔解析 CD 本题考查投资组合的风险与报酬。两种证券组合的期望报酬率等于组合内各单项证券期望报酬率的加权平均数，甲的期望报酬率=M的期望报酬率×50%+N的期望报酬率×50%，选项A不当选。β系数衡量的是不可分散的系统风险，投资组合的β系数等于组合内各单项证券β系数的加权平均数，甲的β系数=M的β系数×50%+N的β系数×50%，N为无风险债券，β系数为0，选项C当选。方差和标准差衡量的是总风险，证券组合的方差和标准差不是单个证券方差和标准差的简单加权平均，因为证券组合的风险不仅取决于组合内的各证券的风险，还取决于各个证券之间的关系，投资组合的方差$\sigma_P^2=A_1^2\times\sigma_1^2+A_2^2\times\sigma_2^2+2A_1\sigma_1A_2\sigma_2r_{1,2}$，标准差$\sigma_P=\sqrt{A_1^2\times\sigma_1^2+A_2^2\times\sigma_2^2+2A_1\sigma_1A_2\sigma_2r_{1,2}}$，因N为无风险政府债券，其方差和标准差为0，故甲报酬率的方差=M报酬率的方差×$50\%^2$，甲报酬率的标准差=M报酬率的标准差×50%，选项B不当选、选项D当选。

3.27 斯尔解析 ABC 本题考查资本市场线。资本市场线指的是在y轴上从无风险资产的报酬率（选项A当选）开始，做有效边界的切线而得到的直线。资本市场线中的市场均衡点指的是切点M。切点M的纵坐标为风险组合的期望报酬率（选项B当选），横坐标为风险组合的标准差（选项C当选）。**市场均衡点代表唯一最有效的风险资产组合**，个人的效用偏好与最佳风险资产组合相独立（选项D不当选）。

3.28 斯尔解析 ABCD 本题考查投资组合的风险与报酬。证券组合的标准差不仅取决于单个证券的标准差，还取决于证券之间的协方差，随着证券组合中证券个数的增加，协方差项比方差项越来越重要，选项A当选。当组合中资产的相关系数小于1，投资组合可以分散风险，选项B当选。资本市场线反映了持有不同比例无风险资产与市场组合情况下风险和报酬的权衡关系，如果将全部资金投资于M点，可以理解为持有无风险资产的比例为0%，持有市场组合的比例为100%，选项C当选。投资机会集曲线描述了不同投资比例组合的风险和报酬之间的权衡关系，选项D当选。

3.29 斯尔解析 ABD 本题考查资本资产定价模型。根据β系数的定义公式$\beta_J=\frac{cov(K_J, K_M)}{\sigma_M^2}=\frac{r_{JM}\sigma_J\sigma_M}{\sigma_M^2}=r_{JM}\left(\frac{\sigma_J}{\sigma_M}\right)$可知，影响某股票$\beta$系数大小的因素包括：该股票报酬率与整个股票

市场报酬率的相关性、该股票报酬率的标准差和整个股票市场报酬率的标准差，选项ABD当选。

3.30 斯尔解析 BC 本题考查资本市场线和证券市场线。资本市场线的斜率是（R_m-R_f）/市场组合标准差σ_m，证券市场线的斜率为风险溢价（R_m-R_f），二者均为正数，选项A不当选。资本市场线的横轴为标准差，纵轴为期望报酬率，证券市场线的横轴为β系数，纵轴为必要报酬率，故选项B当选、选项D不当选。两者的纵轴截距均为无风险报酬率R_f，选项C当选。

提示：

项目	资本市场线	证券市场线
含义	风险资产和无风险资产构成的投资组合期望收益与风险之间的关系	市场均衡条件下单项资产或资产组合的必要报酬率与风险之间的关系
理论模型基础	有效边界模型	资本资产定价模型
适用性	仅适用于**有效组合**	普遍适用于各单项资产或资产组合
用途	根据期望收益确定投资组合比例	利用必要报酬率进行股票估值
坐标轴	横轴：标准差。 纵轴：期望报酬率。 **总风险**与报酬的权衡关系	横轴：β 系数。 纵轴：必要报酬率。 **系统风险**与报酬的权衡关系
截距	无风险收益率R_f	无风险收益率R_f
斜率	**单位风险市场价格**（R_m-R_f）/σ_m	**市场风险溢价**（R_m-R_f）
风险偏好影响	个人的风险偏好仅影响其借入或贷出的资金量，不影响最佳风险资产组合	投资者整体对风险越厌恶，对风险资产要求的风险补偿越大，证券市场线斜率越大

3.31 斯尔解析 ABCD 本题考查投资组合的风险与报酬。投资组合的收益不会低于单项资产的最低收益，也不会高于单项资产的最高收益，投资组合的风险有可能小于单项资产的最低风险，但不会高于单项资产的最高风险，选项A当选。当一个组合扩大到能够包含所有证券时，只有协方差是重要的，方差项将变得微不足道。因此，**充分投资组合的风险，只受证券之间协方差的影响，而与各证券本身的方差无关**，选项B当选。证券市场线在纵轴的截距为无风险报酬率，当通货膨胀提高时，无风险报酬率会上升，证券市场线将向上平移，选项C当选。对于机会集上的无效组合，可以通过改变投资比例，实现风险不增加且收益率上升，选项D当选。

精程答疑

问题：为什么无风险利率提高，证券市场线的斜率（R_m-R_f）不变？

解答：首先我们来回顾一下利率的基础知识，市场平均报酬率 R_m= 无风险利率 R_f+ 市场风险溢价。无风险利率和市场风险溢价是市场平均报酬率的影响因素，两者的变化会影响市场平均报酬率的大小，但是两者之间是相互独立，互不影响的，所以**无风险利率提高，市场平均报酬率相应提高，市场风险溢价是不变的**。

3.32 斯尔解析 ABC 本题考查资本市场线。**当存在无风险资产并可以按无风险利率自由借贷时，市场组合是唯一最有效的风险资产组合**，选项C当选。此时，投资者都会选择无风险资产和最佳风险资产组合构成的组合，即选择资本市场线上的组合，而不选择其他组合，选项A当选。由于个人的效用偏好与最佳风险资产组合相独立，因此投资者在决策时不必考虑其他投资者对风险的态度，选项B当选。**最佳风险资产组合的确定独立于投资者的风险偏好，投资者对风险的态度仅影响其借入或贷出的资金量**，选项D不当选。

3.33 斯尔解析 BC 本题考查资本市场线。资本市场线描述的是持有不同比例的无风险资产和市场组合的情况下风险与期望报酬率之间的关系，测度风险的工具是标准差而非β系数，资本市场线仅适用于有效组合，选项A不当选、选项C当选。资本市场线的截距表示无风险报酬率，斜率代表风险的市场价格，选项B当选。存在无风险资产的情况下，投资者可以通过贷出资金减少自己的风险，但同时会降低期望报酬率，选项D不当选。

第四章　资本成本
答案与解析

一、单项选择题

4.1 ▶ D	4.2 ▶ D	4.3 ▶ D	4.4 ▶ A	4.5 ▶ A
4.6 ▶ D	4.7 ▶ D	4.8 ▶ B	4.9 ▶ B	4.10 ▶ D
4.11 ▶ D	4.12 ▶ A	4.13 ▶ A	4.14 ▶ B	4.15 ▶ B
4.16 ▶ B	4.17 ▶ D	4.18 ▶ B	4.19 ▶ D	4.20 ▶ B
4.21 ▶ C	4.22 ▶ D	4.23 ▶ B	4.24 ▶ A	4.25 ▶ B
4.26 ▶ A				

二、多项选择题

4.27 ▶ ABCD	4.28 ▶ AB	4.29 ▶ ABCD	4.30 ▶ ACD	4.31 ▶ AD
4.32 ▶ AD	4.33 ▶ ABC	4.34 ▶ BCD	4.35 ▶ BD	4.36 ▶ ABCD
4.37 ▶ BD	4.38 ▶ ABD	4.39 ▶ BCD	4.40 ▶ BC	4.41 ▶ AB

一、单项选择题

4.1 斯尔解析　D　本题考查资本成本的概念。每一种资本来源的投资者都希望在投资上取得报酬，但由于风险不同，每一种资本来源的投资者所要求的报酬率不同，因此不同资本来源的资本成本是不同的，选项D当选。

4.2 斯尔解析　D　本题考查资本成本的影响因素。无风险利率上升，投资机会成本增加，公司债务资本成本上升，选项A不当选。根据资本资产定价模型$r_S=r_{RF}+\beta\times(r_m-r_{RF})$可知，市场风险溢价（$R_m-R_f$）会影响股权资本成本，选项B不当选。税率是个别公司无法控制的，属于资本成本的外部影响因素，选项C不当选。公司的资本成本反映现有资产的平均风险，如果公司向高于现有资产风险的新项目大量投资，公司资产的平均风险就会提高，并使得资本成本上升，选项D当选。

4.3 斯尔解析 D 本题考查资本成本的影响因素。影响企业资本成本的外部因素包括：无风险利率、市场风险溢价和税率，选项ABC不当选。影响企业资本成本的内部因素包括：资本结构和投资政策，选项D当选。

4.4 斯尔解析 A 本题考查债务资本成本的估计。如果需要计算债务资本成本的公司没有上市债券，就需要找一个拥有可上市交易债券的可比公司作为参照物。计算可比公司长期债券的到期收益率，作为本公司的长期债务资本成本。本题中乙公司为可比公司，所以乙公司长期债券的到期收益率可以作为甲公司的长期债务资本成本，选项A当选。

提示：在估计税前债务资本成本时，需注意可比公司法中的可比公司与风险调整法中上市公司债券的选择方法。

可比公司（可比公司法）：应选择同一行业、具有类似商业模式，最好两者的规模、负债比率和财务状况也比较类似的公司。

上市公司债券（风险调整法）：应选择与本公司信用级别相同（不要求满足可比公司的条件）的上市公司发行的长期债券。

4.5 斯尔解析 A 本题考查债务资本成本的估计。信用风险的大小可以用信用级别来估计，因此，应选择若干与本公司信用级别相同（仅要求信用级别相同，不要求其他条件）的上市的公司债券，选项A当选。

4.6 斯尔解析 D 本题考查债务资本成本的估计。作为投资决策和企业价值评估依据的资本成本，只能是未来借入新债务的成本。现有债务的历史成本，对于未来的决策来说是不相关的沉没成本，选项A不当选。对于筹资人来说，债权人的期望收益是其债务的真实成本，选项B不当选。值得注意的是，有时候公司无法发行长期债券或取得长期银行借款，被迫采用短期债务筹资并将其不断续约。这种债务，实质上是一种长期债务，是不能忽略的，选项C不当选。如果筹资公司处于财务困境或者财务状况不佳，债务的承诺收益率可能非常高，例如，各种“垃圾债券”。所以债务资本成本应是考虑违约可能后的期望成本，选项D当选。

提示：“短债长用”的实质是长期债务，但是形式上还是短期债务，选项C中说的“债务资本成本也只是长期债务的成本”是错误的，应该是长期债务的成本和“短债长用”的短期债务的成本。

4.7 斯尔解析 D 本题考查利用债券收益率风险调整模型估计普通股资本成本。债券收益率风险调整模型的理论基础为：普通股股东对企业的投资风险大于债券持有者，因而会在债券投资者要求的收益率上再要求一定的风险溢价，因此选择的债券是甲公司发行的债券，而非政府发行的债券，选项AB不当选。计算公式为：股权资本成本=税后债券资本成本+股东比债权人承担更大风险所要求的风险溢价，因此应选择税后债券资本成本，选项C不当选、选项D当选。

4.8 斯尔解析　B　本题考查普通股资本成本的估计。实务中，一般使用含通胀的名义货币编制预计财务报表并确定现金流量，与此同时，使用含通胀的无风险利率计算资本成本，但如果存在恶性通货膨胀或预测周期特别长时，应使用实际无风险利率，选项A不当选。计算β系数时，如果公司的风险特征发生了重大变化，应使用变化后的年份作为历史期长度，选项B当选。**市场收益率的估计应反映长期平均水平，因此应选择较长的时间跨度，既要包括经济繁荣时期，也要包括经济衰退时期**，不应剔除经济萧条的年份，选项C不当选。几何平均数考虑了复合平均，能更好地预测长期平均风险溢价，选项D不当选。

4.9 斯尔解析　B　本题考查普通股资本成本的估计。由于企业处于可持续增长状态，因此，股利年增长率=可持续增长率=本期利润留存率×期初权益本期净利率=60%×10%=6%，普通股资本成本=$D_1 \div P_0 + g$=2×（1+6%）÷20+6%=16.6%，选项B当选。

提示：本题计算过程中，需要关注两个细节。

（1）可持续增长率的计算。

（2）题干中的表述是刚刚支付的股利为2元，意味着D_0=2（元/股），而$D_1 = D_0 \times (1+g)$。

4.10 斯尔解析　D　本题考查利用股利增长模型估计普通股资本成本。题目中最近一期的每股股利为D_0，根据股利增长模型，普通股资本成本=［D_0×（1+g）］÷［P_0×（1−F）］+g=［2×（1+3%）］÷［10×（1−4%）］+3%=24.46%，选项D当选。

4.11 斯尔解析　D　本题考查普通股资本成本的估计。某公司的普通股风险溢价是对其自身发行的债券而言的，大约在3%～5%之间，选项D当选。

4.12 斯尔解析　A　本题考查普通股资本成本的估计。根据债券收益率风险调整模型：股权资本成本=本公司税后债务资本成本+股东比债权人承担更大风险所要求的风险溢价=8%×（1−30%）+6%=11.6%，选项A当选。

提示：本题的易错点是直接用税前债务资本成本计算，未将其转换为税后债务资本成本。

4.13 斯尔解析　A　本题考查优先股资本成本的估计。由于该优先股每年付息一次，因此优先股资本成本=8%÷（1−2%）=8.16%。同时由于甲公司将该优先股分类为权益工具，其股息应当作为发行企业的利润分配，不可税前抵扣，故计算结果已为税后资本成本，选项A当选。

提示：注意区分优先股是分类为权益工具还是分类为金融负债。如果分类为权益工具，则股息不可税前抵扣，直接作为税后股息计算其资本成本；如果分类为金融负债，其股息可以税前抵扣，故计算其资本成本时需要考虑企业所得税的影响。

4.14 斯尔解析　B　本题考查加权平均资本成本的估计。计算加权平均资本成本的权重依据包括**账面价值权重、实际市场价值权重和目标资本结构权重**。清算价值权重只是干扰项，应首先排除，选项D不当选。账面价值权重侧重反映历史，实际市场价值权重侧重反映现在，而目标资本结构权重侧重反映未来，选项B当选、选项AC不当选。

4.15 斯尔解析　B　本题考查债券价值的计算。年折现率为按年计算的有效年利率，由于该债券每半年支付一次利息，因此在计算价值时，应利用半年期折现率。根据有效年折现率=（1+半年期折现率）^{2}−1=10.25%，可得：半年期的折现率=5%。发行时点债券价值=1 000×8%÷2×（P/A，5%，4）+1 000×（P/F，5%，4）=964.54（元），选项B当选。

4.16 斯尔解析 B 本题考查债券价值的计算。债券价值的评估时点为2023年7月1日，未来的现金流量包括2023年12月31日的利息100元和2024年12月31日的本息和1 100元，将未来现金流量按照非整数计息期折现，则每份债券于2023年7月1日的价值=100÷（1+10%）$^{1/2}$+1 100÷（1+10%）$^{3/2}$=1 048.81（元），选项B当选。

提示：本题不可以使用半年作为计息期，因为是每年年末付息一次，不是每半年付息一次。如果改成每半年付息一次，则应用半年作为计息期进行计算。

4.17 斯尔解析 D 本题考查债券价值的影响因素。票面利率为10%，半年付息一次，则计息期利率为5%，半年期折现率=$\sqrt{1+10.25\%}-1$=5%=计息期利率，则债券为平价发行，选项AB不当选。同时，债券每半年付息一次，发行后其价值呈现周期性波动，而非始终不变，选项C不当选、选项D当选。

4.18 斯尔解析 B 本题考查债券价值的影响因素。因为等风险投资的必要报酬率低于票面利率，说明两只债券都是溢价发行。溢价发行的债券，到期时间越长，价值越高，选项B当选。

提示：

（1）注意分辨平价债券和平息债券。**“平价”形容的是债券的发行价格**，当债券的发行价格等于债券面值时，债券为平价债券。**“平息”形容的是债券利息的支付方式**，平息债券是指利息在期间内平均支付的债券。

（2）该债券按年付息，且等风险必要报酬率低于票面利率，即计息期折现率（等风险必要报酬率）小于债券计息期利率（票面利率），说明该债券是溢价发行。

（3）溢价是企业以后各期多付利息，而事先得到的补偿。到期时间越长，企业多付的利息越多，得到的补偿就应该越多，溢价就越多，债券价值越大，故到期时间越长，溢价发行的债券价值越大。

4.19 斯尔解析 D 本题考查债券价值的影响因素。提高付息频率，可以使投资者更早得到部分利息，债券的价值将会上升，与债券的票面利率无关，选项AC不当选。当票面利率为6%，且每年付息一次时，债券票面利率小于市场利率，债券为折价发行债券，其价值随到期日临近呈周期性波动上升趋势，到期日之前可能高于面值，也可能低于或等于债券面值，选项B不当选。当票面利率为10%，且每年付息一次时，债券为溢价发行债券，其价值随着到期日临近呈周期性波动下降的趋势，到期日之前始终高于面值，选项D当选。

4.20 斯尔解析 B 本题考查债券价值的影响因素。市场利率与债券价值反向变动，选项A不当选。当市场利率低于票面利率时，债券溢价发行，期限延长，价值上升，选项B当选。票面利率与价值同向变动，选项C不当选。计息频率增加，债券价值上升，选项D不当选。

4.21 斯尔解析 C 本题考查债券价值的计算。由于债券半年付息一次，半年期的票面利率=10%÷2=5%，半年期的折现率=$\sqrt{1+10.25\%}-1$=5%，半年期的票面利率=半年期的折现率，该债券是平价发行，由于刚刚支付过上期利息，因此，目前的债券价值=债券面值=1 000（元），选项C当选。

精雅答疑

问题：为什么平价发行的债券刚刚支付过利息，债券价值就等于债券面值？

解答：平价发行的债券，至到期日价值的变化如下所示。

（1）当债券是连续支付利息时，债券价值的运动轨迹如图所示：

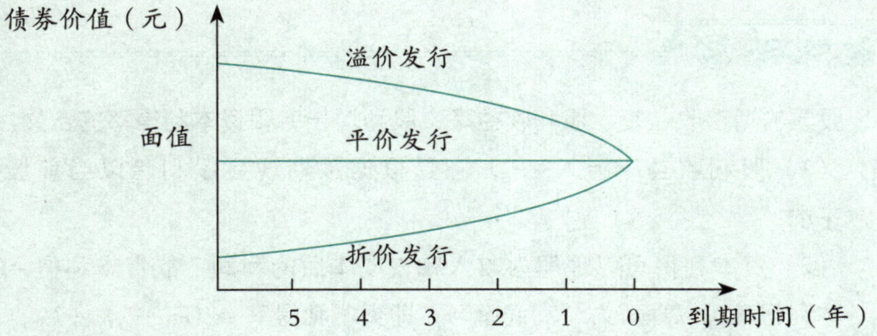

（2）当债券是每间隔一段时间支付一次利息，受应计利息现值的影响，债券价值在两个付息日之间呈现周期性波动，总体趋势和连续付息一样。债券价值的运动轨迹如图所示（如果题目没有特别指明，平息债券默认为每间隔一段时间支付一次利息的债券）：

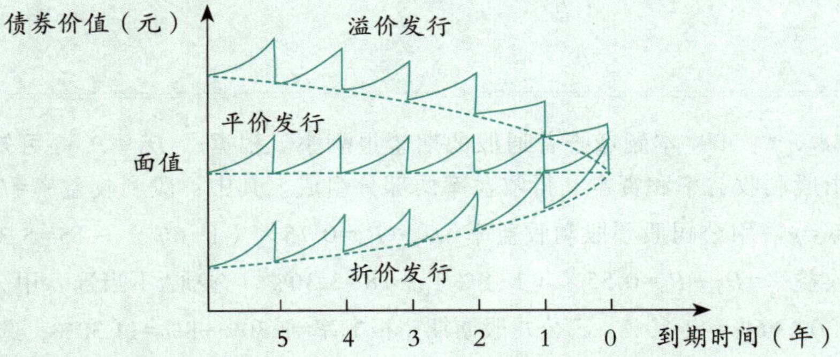

故对于平价发行的债券，如果属于连续付息债券，则债券价值一直等于面值；如果属于每间隔一段时间支付一次利息的债券，债券价值波动持平，到期日前债券价值可能高于、等于债券面值，在付息日债券价值等于面值，即付息后债券价值回归面值。

4.22 斯尔解析　D　本题考查普通股价值的计算。最近一期的每股股利为0.75元，即D_0=0.75（元），下一年的股票价格$P_1=D_2$÷（r_s-g）=D_0×（1+g）^{2}÷（r_s-g）=0.75×（1+4%）^{2}÷（10%−4%）=13.52（元），选项D当选。

提示：本题求的是下一年的价格，所以计算的是P_1，$P_0=D_1$÷（r_s-g），则$P_1=D_2$÷（r_s-g）。

4.23 斯尔解析　B　本题考查普通股价值的计算。前3年现金流量现值之和=2×（1+15%）×（P/F，12%，1）+2×（1+15%）^{2}×（P/F，12%，2）+2×（1+15%）^{3}×（P/F，12%，3）=6.33（元），第4年及以后现金流量现值=2×（1+15%）^{3}×（1+10%）÷（12%−10%）×

（P/F，12%，3）=119.08（元），公司股票目前每股价值=6.33+119.08=125.41（元），选项B当选。

4.24 斯尔解析 A 本题考查普通股的期望报酬率。根据股利固定增长模型$P_0=D_1\div(r_s-g)$，得$P_1=D_1\times(1+g)\div(r_s-g)$。假设资本市场有效，在股利稳定增长的情况下，股票的资本利得收益率=$(P_1-P_0)\div P_0=g$，选项A当选。

精准答疑

问题： 股票的期望收益率、股利收益率、股利增长率和资本利得率的含义。

解答：（1）股利收益率 $=D_1\div P_0$，它是根据预期现金股利除以当前股价计算出来的。

（2）资本利得可以理解为收入减去成本后的利润，故资本利得 $=P_1-P_0$，资本利得率可以理解为“利润率”，即资本利得率 =（P_1-P_0）$\div P_0$。

（3）股利固定增长模型下，股利的增长速度就是股价的增长速度，因此，g 可以解释为股价增长率或资本利得收益率，原因如下：

$(P_1-P_0)\div P_0=[D_1\times(1+g)\div(r_s-g)-D_1\div(r_s-g)]\div[D_1\div(r_s-g)]=g$

（4）股票的期望收益率 $r_s=D_1\div P_0+g=$ 股利收益率 + 资本利得收益率。

（5）在有效市场中股票的期望报酬率就是与该股票风险相适应的必要报酬率。

4.25 斯尔解析 B 本题考查普通股的期望报酬率。根据$r_s=D_1\div P_0+g$可知，股票的期望报酬率由股利收益率和资本利得收益率两部分组成。其中：股利收益率=$D_1\div P_0$，资本利得收益率=g。甲公司股票股利收益率=$D_1\div P_0$=0.75×（1+6%）÷15=5.30%，乙公司股票股利收益率=$D_1\div P_0$=0.55×（1+8%）÷18=3.30%，选项A不当选。甲公司股票期望报酬率=5.30%+6%=11.30%，乙公司股票期望报酬率=3.30%+8%=11.30%，选项B当选。甲、乙公司已进入稳定增长状态，股价增长率、资本利得收益率与股利稳定增长率相同，分别为6%和8%，选项CD不当选。

精准答疑

问题： 为什么本题没有说明资本市场有效，股价增长率、资本利得收益率与股利稳定增长率是相同的呢？

解答： 在可持续增长条件下，企业的股利增长率并非一定与实际股价增长率相等。在现实的资本市场中，股价可能被低估，也可能被高估，实际股价增长率可能是不稳定的。因此，只有当企业处于可持续增长状态，并且资本市场有效时（股票价格可以反映股票价值，既不会高估，也不会低估），股票价格增长率才等于股利增长率。

> 由于未来实际的股票价格具有很强的不确定性，因此在估计企业未来的股价增长率时，我们通常用未来的股票价值来估计未来的股票价格（即不存在被高估和低估的情况）。因此，在面向未来作决策时，只要企业处于可持续增长状态，企业的可持续增长率、股利增长率和股价增长率就是相等的。

4.26 斯尔解析　A　本题考查普通股的期望报酬率。甲、乙公司均已进入稳定增长状态且资本市场有效，股利增长率=资本利得收益率=股价增长率=可持续增长率，选项A当选。股利收益率=$D_1 \div P_0$，由于两公司最近一期的股利相同，增长率相同，未来各期的股利也相同，但乙公司股票当前的股价较高，因此股利收益率较低，选项B不当选。由于股价增长率=可持续增长率，乙公司股票当前的股价较高，因此下一期的股价也较高，选项C不当选。由于两公司股票的资本利得收益率相同，但是乙公司股票股利收益率较低，因此乙公司股票的期望报酬率较低，选项D不当选。

二、多项选择题

4.27 斯尔解析　ABCD　本题考查资本成本的应用。公司的资本成本主要用于投资决策、筹资决策、营运资本管理、企业价值评估和业绩评价，选项ABCD当选。

4.28 斯尔解析　AB　本题考查债务资本成本的概念。债务合同产生合同的权利和义务，提供债务资本的投资者没有权利获得高于合同规定利息之外的任何收益，选项A当选。现有债务的历史成本对于未来的决策来说是不相关的沉没成本，选项B当选。有时企业被迫采用短期债务筹资并将其不断续约，这种债务实质是一种长期债务，是不能忽略的，选项C不当选。债务的承诺收益是得到合同规定的本金和利息，如果债务人违约，债权人可能得不到约定的本金和利息，此时债权人的期望收益可能小于承诺收益，选项D不当选。

4.29 斯尔解析　ABCD　本题考查债务资本成本的估计。使用风险调整法估计债务资本成本，计算企业信用风险补偿率时应选择与目标公司（甲公司）信用级别相同的上市公司发行的债券，而非具有类似商业模式的同行业可比公司发行的债券，选项A当选。应选择与上市交易的公司债券到期日相同或相近的政府债券，而非与甲公司拟发行债券到期日相近的政府债券，也不是与上市交易的公司债券相同期限的政府债券，选项BD当选。应选择上市交易的公司债券和政府债券的到期收益率，而非票面利率，选项C当选。

4.30 斯尔解析　ACD　本题考查债务资本成本的估计。利用可比公司法估计债务资本成本时，可比公司应当与目标公司处于同一行业，具有类似的商业模式，最好两者的规模、负债比率和财务状况也比较类似，但不需要考虑企业的信用评级，选项ACD当选。

4.31 斯尔解析　AD　本题考查普通股资本成本的估计。实务中，一般情况下使用含通胀的名义货币编制预计财务报表并确定现金流量，与此同时，使用含通胀的无风险利率计算资本成本。只有在以下两种情况下，才使用**实际利率计算资本成本：一是存在恶性通货膨胀；二是预测周期特别长**，选项AD当选。

4.32 斯尔解析 AD 本题考查资本资产定价模型的参数估计。估计无风险报酬率时，如果存在恶性通货膨胀或预测周期特别长，应选择真实无风险利率，而非名义无风险利率，选项B不当选。在估计β值时，如果公司的风险特征发生重大变化，应使用变化后的年份作为历史期长度，而不是越长越好，选项C不当选。

4.33 斯尔解析 ABC 本题考查普通股资本成本的估计。普通股资本成本的估计方法有三种：资本资产定价模型、股利增长模型和债券收益率风险调整模型，选项ABC当选。财务比率法是估计债务资本成本的方法，选项D不当选。

4.34 斯尔解析 BCD 本题考查债券价值的影响因素。当市场利率高于票面利率时，此时债券属于折价发行，债券价值低于债券面值，选项A不当选。当其他因素不变时，随着债券到期时间的缩短，溢价发行债券的价值在两个付息日之间呈现周期性波动，总体呈现下降趋势，最终等于债券面值，选项B当选。当其他因素不变时，债券到期期限越短，市场利率变化对债券价值的影响越小，选项C当选。当票面利率不变时，溢价发行债券的计息期越短，债券的付息频率越大，故溢价发行债券的价值就越大，选项D当选。

4.35 斯尔解析 BD 本题考查债券价值的影响因素。债券的计息期利率=8%÷2=4%，计息期折现率=$\sqrt{1+10.25\%}-1$=5%，债券的计息期利率<计息期折现率，该债券属于折价发行的平息债券。折价发行的平息债券，随着到期时间的缩短，债券价值变化的总趋势是回归面值，付息期内价值逐渐升高，至付息日回落，到期日之前其价值可能高于面值、可能低于面值、也可能等于面值，选项B当选、选项AC不当选。债券的价值取决于未来现金流量的现值，债券期限越短，未来的现金流量越少，折现率（即必要报酬率）变动对现金流量现值的影响越小，选项D当选。

4.36 斯尔解析 ABCD 本题考查债券价值的影响因素。债券价值是未来利息和本金使用市场利率进行折现的现值，提高票面利率，每期利息额增加，会使现值增加，即债券价值增加，选项A当选。提高付息频率，会提前收到部分利息，使现值增加，即债券价值增加，选项B当选。市场利率高于票面利率，意味着债券折价发行。固定付息频率的折价债券价值呈现周期性波动，付息期内价值逐渐升高，价值回升过程中可能高过面值，选项C当选。债券的价值取决于未来现金流量的现值，对于平息债券，债券期限越短，未来的现金流量越少，折现率（即市场利率）变动对现金流量现值的影响越小，选项D当选。

4.37 斯尔解析 BD 本题考查债券价值的影响因素。对于折价发行的平息债券，加快付息频率，债券价值上升，选项A不当选。对于折价发行的平息债券，偿还时间越长，债券价值越低，选项B当选。提高票面利率，债券价值上升，选项C不当选。等风险债券的市场利率（折现率）上升，债券价值降低，选项D当选。

4.38 斯尔解析 ABD 本题考查债券价值的计算。发行时债券的价值=（1 000+1 000×10%×3）×（*P*/*F*，10%，3）=976.69（元），发行时为折价发行，选项A当选。该债券属于到期一次还本付息债券，如果现在购买持有至到期日，可以获得全部3年期的利息，选项B当选。该债券目前的价值=（1 000+1 000×10%×3）×（*P*/*F*，10%，1）=1 181.83（元），选项C不当选、选项D当选。

精准答疑

问题：为什么本题不直接通过票面利率和折现率的比较来判断债券属于折价发行还是溢价发行呢？

解答：首先要明确债券折价发行和溢价发行的判断依据是债券面值和债券价值进行比较。

债券价值>债券面值，债券溢价发行。

债券价值＝债券面值，债券平价发行。

债券价值<债券面值，债券折价发行。

典型的债券是固定利率、按年支付利息、到期还本。因此，债券的基本估值模型为：

V_d= 年利息 ×（P/A，r_d，n）+ 面值 ×（P/F，r_d，n）

满足上述基本估值模型的债券，可以通过直接比较票面利率和折现率的大小来判断债券是折价发行还是溢价发行。

需要注意的是，本题的付息方式是单利计息，到期一次还本付息，不符合债券基本的估值模型，故本题需要按照单利计息，到期一次还本付息的要求计算出发行时的债券价值，并和债券面值进行比较，以此来判断债券属于折价发行还是溢价发行。

4.39 斯尔解析 BCD 本题考查债券的到期收益率。由于该公司债券属于折价发行的债券，因此其到期收益率大于票面利率8%，选项A不当选。债券的报价利率即票面利率，等于8%，选项B当选。该债券半年付息一次，计息周期利率=8%÷2=4%，选项C当选。该债券的有效年利率=（1+8%÷2）^{2}−1=8.16%，选项D当选。

4.40 斯尔解析 BC 本题考查普通股的期望收益率。甲公司股票股利收益率=0.75×（1+6%）÷15=5.3%，选项A不当选。由于甲公司已经进入稳定增长状态，市场处于均衡条件，因此甲公司股价增长率=股利增长率=资本利得收益率=6%，选项BC当选。期望收益率=5.3%+6%=11.3%，选项D不当选。

4.41 斯尔解析 AB 本题考查优先股的特殊性。除以下情况外，优先股股东不出席股东大会会议，所持股份没有表决权：（1）修改公司章程中与优先股相关的内容；（2）一次或累计减少公司注册资本超过10%；（3）公司合并、分立、解散或变更公司形式；（4）发行优先股；（5）公司章程规定的其他情形。综上，选项A当选。公司破产清算时，优先股股东优于普通股股东求偿，选项B当选。混合筹资兼具债权和股权筹资双重属性，主要包括优先股筹资、永续债筹资、附认股权证债券筹资和可转换债券筹资等，选项C不当选。优先股股东按照约定的票面股息率，优先于普通股股东分配公司利润，在完全支付约定的股息之前，不得向普通股股东分配利润，选项D不当选。

三、计算分析题

4.42 斯尔解析

方案一：

（4 000+4 000×5%×10）×（P/F，r，3）=5 000

（P/F，r，3）=5 000÷（4 000+4 000×5%×10）=0.8333

使用内插法：（P/F，6%，3）=0.8396；（P/F，7%，3）=0.8163。

（6%−7%）÷（r−7%）=（0.8396−0.8163）÷（0.8333−0.8163）

r=（0.8333−0.8163）×（6%−7%）÷（0.8396−0.8163）+7%=6.27%

方案二：

C 投资的初始金额 =5 000−3×980=2 060（万元），份数 =2 060÷1 030=2（万份）。

B 投资三年后终值 =3×1 000×（1+5%）×（1+4.5%）^{2}=3 439.88（万元）

C 投资三年后终值 =2×1 183.36=2 366.72（万元）

5 000=（2 366.72+3 439.88）×（P/F，r，3）

（P/F，r，3）=5 000÷（2 366.72+3 439.88）=0.8611

使用内插法：

（P/F，5%，3）=0.8638；（P/F，6%，3）=0.8396。

（5%−6%）÷（r−6%）=（0.8638−0.8396）÷（0.8611−0.8396）

r=（0.8611−0.8396）×（5%−6%）÷（0.8638−0.8396）+6%=5.11%

方案三：

r=（1+5%÷2）^{2}−1=5.06%

综上，方案一的投资收益率（有效年利率）最高，所以选择方案一。

4.43 斯尔解析

（1）小 W 在确定拟发行债券票面利率的过程中，主要有以下错误：

①使用风险调整法估计债务资本成本时，应选择若干信用级别与本公司相同的已上市公司债券，小 W 选择的是同行业公司发行的已上市债券。

②计算债券平均信用风险补偿率时，应选择与已上市公司债券到期日相同或相近的政府债券，小 W 选择的是发行期限相同的政府债券。

③计算债券信用平均风险补偿率时，应使用已上市公司债券的到期收益率和同期政府债券的到期收益率，小 W 使用的是票面利率。

④估计无风险利率时，应按与拟发行债券到期日（即 2027 年 10 月）相同或相近的政府债券的到期收益率估计，小 W 使用的是与拟发行债券发行期限相同的政府债券的票面利率。

⑤确定票面利率时应使用税前债务资本成本，小 W 使用的是税后债务资本成本。

⑥债务资本成本属于有效年利率口径的指标，而票面利率属于报价利率口径的指标。拟发行债券每半年付息一次，应首先根据债务资本成本计算出半年的计息期利率，再与计息期次数相乘后得出票面利率，而小 W 直接使用了有效年利率口径的债务资本成本估计报价利率口径的票面利率。

（2）票面利率 =（$\sqrt{1+8.16\%}$ −1）×2=8%。

每期（半年）付息额 $=1\,000\times8\%\div2=40$（元）

提示：本题要求根据债务的资本成本，估计债券的票面利率。债务的资本成本即投资者要求的必要报酬率为8.16%，属于有效年利率口径指标。因此公司发行债券的有效年利率应达到8.16%，此时债券的计息期利率 $=\sqrt{1+8.16\%}-1=4\%$，债券的报价利率 $=4\%\times2=8\%$，因此债券的票面利率应为8%。虽然本题中，债券的有效年利率等于债务的资本成本，但是该结论并不具有普遍适用性。

4.44 斯尔解析

（1）设投资乙国债的到期收益率为 i，则：

$1\,020=1\,000\times(1+4\%\times5)\times(P/F,\ i,\ 3)$

$(P/F,\ i,\ 3)=0.85$

当 $i=5\%$ 时，$(P/F,\ i,\ 3)=0.8638$。

当 $i=6\%$ 时，$(P/F,\ i,\ 3)=0.8396$。

$(i-5\%)\div(6\%-5\%)=(0.85-0.8638)\div(0.8396-0.8638)$

$i=5.57\%$

银行借款的有效年利率 $=(1+6\%\div2)^2-1=6.09\%$

投资乙国债的到期收益率5.57%小于借款的有效年利率，所以投资国债不合适，小W应选择提前偿还银行借款。

（2）当前每期还款额 $=300\,000\div(P/A,\ 3\%,\ 10)=35\,169.16$（元）。

设还款后每期还款额为 X 元，则：

$35\,169.16\times(P/A,\ 3\%,\ 4)+60\,000\times(P/F,\ 3\%,\ 4)+X\times(P/A,\ 3\%,\ 6)\times(P/F,\ 3\%,\ 4)=300\,000$

$X=24\,092.73$（元）

精程答疑

问题： 如何理解提前还款后的每期还款额的计算思路？

解答： 本题还款方式为等额本息，故意味着每次还款额是相同的，还款构成的现金流量符合普通年金的特征。计算的核心思路是：未来各期还款额的现值 = 借款的现值。由于提前还款时小W已经还款2年，故本题的计算时点可以是2023年12月31日，也可以是2022年1月1日。

选择2022年1月1日作为计算时点：

前4期还款额的现值 + 提前还款额的现值 + 未来6期新还款额的现值 = 初始借款金额

$35\,169.16\times(P/A,\ 3\%,\ 4)+60\,000\times(P/F,\ 3\%,\ 4)+X\times(P/A,\ 3\%,\ 6)\times(P/F,\ 3\%,\ 4)=300\,000$

$X=24\,092.73$（元）

> 选择 2023 年 12 月 31 日作为计算时点：
> 在不提前还款的情况下，未来 6 期的现金流量在第 4 期期末的现值 = 提前还款额在第 4 期期末的现值 + 未来 6 期新还款额在第 4 期期末的现值。
> 35 169.16×（P/A，3%，6）=60 000+X×（P/A，3%，6）
> X=24 093.33（元）
> 正因为计算时点选择的不同，所以才会产生计算结果的差异，虽然结果不完全一样，但两个结果都是正确的。因为现值系数本身是四舍五入的近似结果，所以采用不同的系数计算，可能会产生小数尾差。

4.45 斯尔解析

（1）平均信用风险补偿率 =［（6.5%−3.4%）+（7.6%−3.6%）+（8.3%−4.3%）］÷3=3.7%。

甲公司拟发行债券的到期日为 2029 年 10 月，与该到期日相同或相近的政府债券（2029 年 10 月 10 日到期的政府债券）的到期收益率为 4.3%。

税前债务资本成本 =4.3%+3.7%=8%

权益资本成本 =8%×（1−25%）+5%=11%

加权平均资本成本 =8%×（1−25%）×2/5+11%×3/5=9%

（2）不考虑发行费用的税前债务资本成本估计方法如下：

①到期收益率法：公司目前有上市的长期债券。

②可比公司法：目标公司没有上市的长期债券，但有一个拥有可上市交易债券的可比公司作为参照物。

③风险调整法：目标公司没有上市的长期债券，也找不到合适的可比公司，但是公司有信用评级资料。

④财务比率法：目标公司没有上市的长期债券，也找不到合适的可比公司，并且没有信用评级资料，那么可以使用财务比率法估计公司的信用级别，进而估计债务资本成本。

4.46 斯尔解析

（1）平均信用风险补偿率 =［（7.5%−4.5%）+（7.9%−5%）+（8.3%−5.2%）］÷3=3%。

甲公司拟发行债券的到期日为 2027 年 6 月 30 日，与此日期最接近的政府债券是到期日为 2027 年 1 月 10 日的政府债券，该政府债券的到期收益率为 5%，税前债务资本成本 =5%+3%=8%。

由于该债券每年付息一次，以此确定的债券票面利率为 8%。

（2）发行价格 =1 000×8%×（P/A，10%，5）+1 000×（P/F，10%，5）=924.16（元）。

（3）设到期收益率为 i，则：

1 000×8%×（P/A，i，3）+1 000×（P/F，i，3）=970

i=9%，1 000×8%×（P/A，9%，3）+1 000×（P/F，9%，3）=974.70。

i=10%，1 000×8%×（P/A，10%，3）+1 000×（P/F，10%，3）=950.25。

（i−9%）÷（10%−9%）=（970−974.70）÷（950.25−974.70）

则 i=9.19%，高于等风险投资市场报酬率 9%，该债券值得购买。

提示：

①由于资本成本为有效年利率口径的指标，而票面利率为报价利率口径的指标。如果该债券不是一年付息一次，而是一年付息多次，则在确定票面利率时，应当首先将资本成本折算为计息期利率，然后再将计息期利率转换为报价利率。

②判断一项资产是否值得购买时，可以从两个维度出发：一是比较资产的价值与价格，如果资产的价值大于价格，则该资产值得购买；二是比较资产的预期收益率与投资人要求的必要报酬率，如果资产的预期收益率大于投资人要求的必要报酬率，则该资产值得购买。在题目没有指明具体用哪种方法的时候，两种方法都可以选择，但是本题要求以投资人的到期收益率为基础进行判断，因此只能选择第二种方法。

第五章　投资项目资本预算
答案与解析

一、单项选择题

5.1 ▶ C	5.2 ▶ C	5.3 ▶ D	5.4 ▶ A	5.5 ▶ B
5.6 ▶ A	5.7 ▶ B	5.8 ▶ C	5.9 ▶ D	5.10 ▶ A

二、多项选择题

5.11 ▶ ABC	5.12 ▶ AD	5.13 ▶ ACD	5.14 ▶ AD	5.15 ▶ ABD
5.16 ▶ ABD	5.17 ▶ BD	5.18 ▶ CD		

一、单项选择题

5.1 斯尔解析　C　本题考查投资项目的评价指标。回收期可以衡量项目投资成本可以在多长时间内收回，即可以大致衡量项目的流动性，且回收期越短，风险越低，也可以大致衡量项目风险，因此选项C当选。净现值衡量的是投资项目对股东财富的影响金额，现值指数衡量的是单位投资的效率，内含报酬率衡量的是项目的盈利能力，均不能衡量项目的流动性和风险，选项ABD不当选。

5.2 斯尔解析　C　本题考查固定资产更新决策分析。固定资产更新决策可以视为使用旧设备与使用新设备的互斥方案决策。如果新旧设备使用年限相同，则可以使用净现值法进行决策；如果新旧设备使用年限差异较大，则应该使用平均年成本法进行决策。由于本题中M设备和N设备的使用年限差异大，故应该使用平均年成本法，选项C当选。

5.3 斯尔解析　D　本题考查内含报酬率法。对于项目现金流量先流出再流入的情况（或者反过来先流入再流出的情况），在计算内含报酬率的试错过程中，可以清晰判断折现率的提高对流入还是流出产生的影响更大，进而内插估计出该项目唯一的内含报酬率，但**如果项目现金流量出现两次或两次以上流入流出的交替，则无法判断折现率的提高对流入还是流出的影响更大，进而可能导致无解或多解的情况**。A项目预计1～5年的现金流量会出现两次流入流出的交替，因此无法清晰判断折现率的提高对流入还是流出的影响更大，且可能会出现内含报酬率多解或无解的情况，选项D当选。

5.4 斯尔解析 A 本题考查投资项目的评价方法。方案二的现值指数小于1，应当放弃，选项B不当选。方案四的内含报酬率小于资本成本，应当放弃，选项D不当选。方案一与方案三属于互斥项目，且项目期限不同，应使用净现值的等额年金进行比较，方案一净现值的等额年金=1 000÷（P/A，12%，10）=176.98（万元），大于方案三，因此最优方案为方案一，选项A当选、选项C不当选。

提示：

（1）本题是四个方案中选择一个，所以这四个方案互斥。

（2）本题只给出甲公司的资本成本，所以默认这四个投资项目的资本成本等于公司的资本成本（12%）。

（3）在资本成本相同时，等额年金大的项目永续净现值肯定大，根据等额年金大小就可以直接判断项目的优劣。

5.5 斯尔解析 B 本题考查投资项目的评价方法。由于M和N属于**投资额相等但期限不同的互斥项目决策，因此应当采用共同年限法或等额年金法进行决策**，而不能直接比较净现值和内含报酬率，选项AC不当选。在采用等额年金法进行决策时，如果项目的风险不同，则需要计算永续净现值进行决策；如果项目的风险相同，则既可以计算永续净现值进行决策，也可以直接根据等额年金进行决策。本题中两个项目的风险不同，所以必须使用永续净现值进行决策，选项D不当选。M项目的永续净现值大于N项目的永续净现值，应当投资M项目，选项B当选。

精程答疑

问题：互斥项目的判断标准到底是怎样的？

解答：互斥项目的优选，是要解决评价指标结论出现矛盾时（尤其是基本指标净现值和内含报酬率的结论出现矛盾时），应当如何选择的问题。

评价指标出现矛盾的可能原因：一是投资额不同；二是时间分布不同；三是项目期限不同。

（1）如果时间分布相同、项目期限相同，但投资额不同，应当净现值法优先，因为它可以给股东带来更多的财富。股东需要的是实实在在的报酬，而不是报酬的比率。

（2）如果投资额相同、项目期限相同，但时间分布不同，应当净现值法优先，因为它可以给股东带来更多的财富。

（3）如果净现值与内含报酬率的矛盾是由项目期限不同引起的，通常有两种解决办法，一种是共同年限法，另一种是等额年金法。

①共同年限法。

假设投资项目可以在终止时进行重置，通过重置使两个项目达到相同的年限，然后比较其净现值，该方法也被称为重置价值链法。

②等额年金法。

第一步：计算两项目的净现值。

第二步：计算净现值的等额年金额。

第三步：假设项目可以无限重置，并且每次重置都在该项目的终止期，等额年金的资本化就是项目的净现值。（在资本成本相同时，等额年金大的项目永续净现值肯定大，根据等额年金大小就可以直接判断项目的优劣）

需要注意的是，内含报酬率形容的是项目的收益率，属于相对数指标。对于互斥项目，只有在投资额和寿命期都相同的情况下，才可以使用内含报酬率进行评价。

5.6 斯尔解析 A 本题考查投资项目的评价方法。当投资项目的报酬率大于项目的资本成本时，项目是可以接受的，X项目组的资本成本为8%，报酬率为9%的X类项目大于项目组的资本成本，可以接受，选项A当选。报酬率为7%的X类项目小于项目组的资本成本，不可以接受，选项B不当选。Y项目组的资本成本为12%，报酬率为10%和11%的Y类项目的报酬率均小于项目组的资本成本，均不可以接受，选项CD不当选。

提示：因为给出了每个项目组的资本成本，所以项目接受与否应和项目的资本成本进行比较，不需要考虑公司的资本成本，公司的资本成本属于干扰信息。

5.7 斯尔解析 B 本题考查投资项目现金流量的估计。

税前付现营业费用 =450÷（1−25%）=600（万元）

税前经营利润 =150÷（1−25%）=200（万元）

所得税 =200×25%=50（万元）

折旧摊销 =1 000−600−200=200（万元）

折旧摊销抵税 =200×25%=50（万元）

税后营业收入 =1 000×（1−25%）=750（万元）

直接法：营业现金毛流量 = 营业收入 − 付现营业费用 − 所得税 =1 000−600−50=350（万元）。

间接法：营业现金毛流量 = 税后经营净利润 + 折旧 =150+200=350（万元）。

分算法：营业现金毛流量 = 税后营业收入 − 税后付现营业费用 + 折旧摊销抵税 =750−450+50=350（万元），选项 B 当选。

提示：

营业现金毛流量=营业收入−付现营业费用−所得税（直接法）

=营业收入−（营业费用−折旧）−所得税

=税前经营利润+折旧−所得税

=税后经营净利润+折旧（间接法）

=（营业收入−营业费用）×（1−税率）+折旧

=（营业收入−付现营业费用−折旧）×（1−税率）+折旧

=营业收入×（1−税率）−付现营业费用×（1−税率）−折旧×（1−税率）+折旧

=营业收入×（1−税率）−付现营业费用×（1−税率）−折旧+折旧×税率+折旧

=营业收入×（1−税率）−付现营业费用×（1−税率）+折旧×税率

=税后营业收入−税后付现营业费用+折旧摊销抵税（分算法）

5.8 斯尔解析 C 本题考查投资项目现金流量的估计。市场调查花费的10万元是一年前发生的成本，该成本不会由于重启该项目而发生变化，因此不属于该项目的增量现金流量，不应当计入该项目的初始投资额。重启该项目之后，会使用闲置厂房，如果厂房不用于该投资项目，则可以在市场上出售2 500万元，因此使用该厂房的机会成本是2 500万元，而非购入时的价格2 000万元。另外，购置新设备的支出，也应当计入该项目的初始投资额，该项目初始投资=2 500+500=3 000（万元），选项C当选。

5.9 斯尔解析 D 本题考查固定资产平均年成本的计算。固定资产年折旧额=1 000×（1−5%）÷5=190（万元），年折旧抵税额=190×25%=47.5（万元），3年后固定资产账面价值=1 000−190×3=430（万元），3年后固定资产变现损失抵税额=（430−400）×25%=7.5（万元），故现金流出总现值=1 000+150×（P/F，12%，1）+200×（P/F，12%，2）+300×（P/F，12%，3）−47.5×（P/A，12%，3）−（400+7.5）×（P/F，12%，3）=1 000+150×0.8929+200×0.7972+300×0.7118−47.5×2.4018−407.5×0.7118=1 102.77（万元），固定资产平均年成本=现金流出总现值÷（P/A，i，n）=1 102.77÷（P/A，12%，3）=1 102.77÷2.4018=459.14（万元），选项D当选。

5.10 斯尔解析 A 本题考查运用可比公司法估计投资项目的资本成本。

（1）乙公司 $\beta_{资产}=\beta_{权益}$ ÷［1+（1−T）×（净负债/股东权益）］=1.4÷［1+（1−25%）×2/3］=0.9333。

（2）甲公司 $\beta_{权益}=\beta_{资产}$ ×［1+（1−T）×（净负债/股东权益）］=0.9333×［1+（1−30%）×3/5］=1.3253。

（3）股权资本成本 =5%+1.3253×8%=15.60%。

（4）加权平均资本成本 =8%×（1−30%）×3/8+15.60%×5/8=11.85%。

综上，选项 A 当选。

二、多项选择题

5.11 斯尔解析 ABC 本题考查投资项目的评价方法。会计报酬率法的优点：（1）一种衡量盈利性的简单方法，概念易于理解；（2）使用财务报告的数据，容易取得；（3）考虑了整个项目寿命期的全部利润；（4）揭示了采纳一个项目后财务报表将如何变化，使经理人员知道业绩的预期成果，也便于项目的后续评价。会计报酬率法的缺点：（1）使用账面利润而非现金流量，忽视了折旧对现金流量的影响；（2）忽视了税后经营净利润的时间分布对项目经济价值的影响（货币时间价值因素）。综上，选项ABC当选。

5.12 斯尔解析 AD 本题考查投资项目的评价方法。净现值指特定项目未来现金净流量现值与原始投资额现值的差额，如果改变折现率，则会改变未来现金流量净现值，影响净现值的计算结果，选项A当选。内含报酬率在计算时无须提前预估折现率，所以改变折现率也不会影响内含报酬率的计算结果，选项B不当选。会计报酬率=年平均税后经营净利润÷资本占用×100%，折现率的变化不会影响会计报酬率的计算结果，选项C不当选。动态回收期指在考虑货币时间价值的情况下，投资引起的未来现金流量现值累计到与原始投资额相等时所需要的时间，改变折现率，会改变未来现金流量现值，进而影响动态回收期的计算结果，选项D当选。

5.13 斯尔解析　ACD　本题考查内含报酬率法。使用修订的内含报酬率法，以项目资本成本为折现率分别计算现金流出的现值和现金流入的终值，然后再以内插计算该终值与现值的内含报酬率，避免了一个项目的内含报酬率多解或无解的情况，选项A当选。原本在计算内含报酬率时就不必事先估计资本成本，这并不是甲公司对内含报酬率进行修订的原因，因此选项B不当选。用给定的折现率计算现值时，隐含了一个假设，现金流入按该折现率进行了再投资，即再投资报酬率等于折现率。内含报酬率作为净现值为0时的折现率，意味着项目的再投资报酬率就是项目本身的内含报酬率，但这并不符合现实。相比而言，再投资报酬率等于资本成本的假设更合理一些，并且净现值法的折现率也是项目资本成本，因此以项目资本成本为折现率修订内含报酬率，也会使两种方法的评估结论更可比，选项CD当选。

5.14 斯尔解析　AD　本题考查投资项目的评价方法。对于单一投资项目，当净现值大于0时，现值指数大于1，内含报酬率大于资本成本，项目是可行的，选项AD当选。会计报酬率是基于年平均净利润计算的，而非基于现金流量计算的，同时在计算时没有考虑货币时间价值，因此仅依据净现值，无法判定会计报酬率的大小，选项B不当选。该项目的投资期限为5年，且净现值大于0，说明未来5年现金流量现值大于原始投资额现值，折现回收期小于项目投资期5年，选项C不当选。

5.15 斯尔解析　ABD　本题考查投资项目的评价方法。现值指数是相对数指标，可以用于比较不同投资额的项目，选项A当选。无论是动态回收期还是静态回收期，都没有考虑回收期以后的现金流量，所以不能衡量项目的盈利性，但动态回收期考虑了货币时间价值，而静态回收期没有考虑货币时间价值，选项B当选。计算内含报酬率时，如果用试算的折现率得到的净现值大于零，说明项目的内含报酬率高于该试算的折现率，选项C不当选。对于互斥项目应当以净现值（或调整后的净现值）为优先，因为净现值反映的是实实在在的股东财富增加额，所以内含报酬率法不能直接评价两个投资规模不同的互斥项目的优劣，选项D当选。

5.16 斯尔解析　ABD　本题考查投资项目评价方法。资本结构的不同会影响资本成本的大小，净现值、现值指数和动态回收期的大小均会受到资本成本大小的影响，选项ABD当选。内含报酬率计算过程中不必事先估计资本成本，只是最后需要一个切合实际的资本成本来判断项目是否可行。因此，**内含报酬率的计算结果不会受到项目资本成本大小的影响，也不会受资本结构的影响**，选项C不当选。

5.17 斯尔解析　BD　本题考查投资项目的评价方法。**内含报酬率衡量的是项目本身的盈利能力**，比率高的项目，绝对数（净现值）不一定大，反之亦然，选项A不当选。现值指数是相对数指标，消除了投资额的差异，便于进行项目比较，选项B当选。回收期反映投资收回的速度，可以大致衡量项目的流动性和风险，一般项目回收期越短，风险越低，选项C不当选。会计报酬率没有考虑**税后经营净利润**的时间分布对项目经济价值的影响，选项D当选。

5.18 斯尔解析 CD 本题考查投资项目的评价方法。共同年限法和等额年金法存在的共同缺点：

（1）有的领域技术进步快，目前就可以预期升级换代不可避免，不可能原样复制。

（2）如果通货膨胀比较严重，必须考虑重置成本的上升，这是一个非常具有挑战性的任务，两种方法对此都没有考虑。

（3）从长期来看，竞争会使项目净利润下降，甚至被淘汰，两种方法分析时对此也没有考虑。

综上，选项 CD 当选。

三、计算分析题

5.19 斯尔解析

（1）A 方案的净现值 =60×（P/F，8%，1）+50×（P/F，8%，2）+50×（P/F，8%，3）+30×（P/F，8%，4）+30×（P/F，8%，5）−120=60×0.9259+50×0.8573+50×0.7938+30×0.7350+30×0.6806−120=60.58（万元）。

（2）A 方案的等额年金 =60.58÷（P/A，8%，5）=60.58÷3.9927=15.17（万元）。

A 方案的永续净现值 =15.17÷8%=189.63（万元）

B 方案的等额年金 =83÷（P/A，10%，2+6）=83÷5.3349=15.56（万元）

B 方案的永续净现值 =15.56÷10%=155.6（万元）

C 方案的等额年金 =86÷（P/A，12%，10）=86÷5.6502=15.22（万元）

C 方案的永续净现值 =15.22÷12%=126.83（万元）

（3）最优投资方案为 A 方案，因为 A 方案的永续净现值最高。

5.20 斯尔解析

（1）

单位：万元

项目	2024年末	2025年末	2026年末	2027年末
丧失固定资产变现的收入	−350			
丧失变现损失抵税	−12.5			
税后改造支出	−375			
税后年付现运行成本		−48.75	−48.75	−48.75
固定资产折旧抵税		100		
现金净流量	−737.5	51.25	−48.75	−48.75
折现系数（10%）	1	0.9091	0.8264	0.7513
现值	−737.5	46.59	−40.29	−36.63
净现值	−767.83			

提示：

现有设备每年折旧 =1 200÷3=400（万元）

2024 年末账面价值 =1 200−400×2=400（万元）

丧失变现损失抵税 =−（400−350）×25%=−12.5（万元）

税后改造支出 =−500×（1−25%）=−375（万元）

税后年付现运行成本 =−（70−5）×（1−25%）=−48.75（万元）

因为改造需支出的 500 万元，税法允许一次性税前扣除，所以不计入固定资产的原值中进行折旧抵税。

税法规定的现有设备的折旧年限为 3 年，按直线法计提折旧，折旧期满无残值。2025 年是现有设备需要折旧的最后一年，所以 2025 年固定资产折旧抵税 =400×25%=100（万元）。

（2）2024 年末相关现金流量 = 购置新设备现金流量 =−800（万元）。

2025 年：

新设备折旧抵税 =800×（1−5%）÷4×25%=47.5（万元）

税后年付现运行成本 =−50×（1−25%）=−37.5（万元）

2025 年末的现金净流量 =47.5−37.5=10（万元）

2026 年：

新设备折旧抵税 =800×（1−5%）÷4×25%=47.5（万元）

税后年付现运行成本 =−60×（1−25%）=−45（万元）

2026 年末的现金净流量 =47.5−45=2.5（万元）

2027 年：

新设备折旧抵税 =800×（1−5%）÷4×25%=47.5（万元）

税后年付现运行成本 =−90×（1−25%）=−67.5（万元）

2027 年末新设备账面价值 =800−800×（1−5%）÷4×3=230（万元）

新设备变现收入 =100（万元）

新设备变现损失抵税 =（230−100）×25%=32.5（万元）

2027 年末的现金净流量 =47.5−67.5+100+32.5=112.5（万元）

项目净现值 =−800+10×0.9091+2.5×0.8264+112.5×0.7513=−704.32（万元）

（3）应该选择方案二。方案一和方案二的项目寿命期相同，因此可以直接比较净现值进行决策，方案一的净现值（−767.83 万元）小于方案二的净现值（−704.32 万元），所以应该选择方案二。

5.21 斯尔解析

（1）方案一的现金流量：

T=0：−100×10×（1+10%）=−1 100（万元）。

T=1 ~ 8：每年收入 =150×300×100÷10 000=450（万元）。

每年折旧 =1 100÷8=137.5（万元）

T=1 ~ 5：每年付现成本 =（0.2+0.35+0.05）×100+20.5=80.5（万元）。

每年现金流量 =（450−80.5）×（1−25%）+137.5×25%=311.5（万元）

T=6 ~ 8：每年现金流量 =311.5−（0.3−0.2）×100×（1−25%）=304（万元）。

方案二的现金流量：

T=0：−20×50×（1+10%）=−1 100（万元）。

T=1 ~ 10：每年收入 =840×250×20÷10 000=420（万元）。

每年折旧 =1 100÷10=110（万元）

T=1 ~ 6：每年付现成本 =（0.5+3+0.5）×20+10=90（万元）。

每年现金流量 =（420−90）×（1−25%）+110×25%=275（万元）

T=7 ~ 10：每年现金流量 =275−（1−0.5）×20×（1−25%）=267.5（万元）。

（2）方案一净现值 =−1 100+311.5×（P/A，12%，5）+304×（P/A，12%，3）×（P/F，12%，5）=437.18（万元）。

方案二净现值 =−1 100+275×（P/A，12%，6）+267.5×（P/A，12%，4）×（P/F，12%，6）=442.24（万元）

（3）方案一等额年金 =437.18÷（P/A，12%，8）=88.01（万元）。

方案二等额年金 =442.24÷（P/A，12%，10）=78.27（万元）

（4）甲公司应当选择方案一。

提示：

①方案一中，车辆的使用年限为 8 年，由于前 5 年每年的维护费用和后 3 年的不同，因此，经营期现金净流量的计算需要分为两个阶段分别计算。其中，经营期后 3 年的现金净流量计算可以按照常规公式“税后收入 − 税后付现成本 + 折旧摊销抵税”进行计算，也可以在前 5 年现金净流量计算基础之上，扣除后 3 年相对前 5 年每年增加的税后付现成本进行计算，本题解析中采用的是后一种方法。方案二同理。

②本题中的“每年增加付现固定运营成本 20.5 万元”和“每年增加付现固定运营成本 10 万元”，指的是在发生前述的税费、保险费和维修费等固定费用之后每年的付现固定运营成本，每年都是固定的 20.5 万元和 10 万元，不是逐年递增的。此外，还需要注意，付现固定运营成本不是垫支的营运资金，所以不需要在营运期结束后收回。

③由于两个项目的资本成本相同，因此在利用等额年金法进行互斥方案决策时，可以直接根据等额年金的大小进行项目决策，方案一的等额年金大，因此应当选择方案一。

5.22 斯尔解析

（1）

单位：万元

项目	2024年末	2025年末	2026年末	2027年末	2028年末	2029年末
厂房成本	−5 000	—	—	—	—	—
生产设备购置成本	−2 000	—	—	—	—	—
专利技术使用费	−1 000	—	—	—	—	—

续表

项目	2024年末	2025年末	2026年末	2027年末	2028年末	2029年末
高端产品税后收入	—	3 750	4 500	4 500	4 500	4 500
高端产品税后付现变动成本	—	−750	−900	−900	−900	−900
高端产品税后付现固定成本	—	−750	−750	−750	−750	−750
厂房折旧抵税	—	62.5	62.5	62.5	62.5	62.5
生产设备折旧抵税	—	100	100	100	100	100
专利技术使用费摊销抵税	—	50	50	50	50	50
厂房变现相关现金流量	—	—	—	—	—	3 937.5
垫支营运资本	−200	—	—	—	—	—
营运资本收回	—	—	—	—	—	200
丧失中低端产品税后收入	—	−375	−375	−375	−375	−375
节约中低端产品税后付现变动成本	—	150	150	150	150	150
现金净流量	−8 200	2 237.5	2 837.5	2 837.5	2 837.5	6 975
折现系数	1	0.8772	0.7695	0.6750	0.5921	0.5194
现值	−8 200	1 962.74	2 183.46	1 915.31	1 680.08	3 622.82
净现值	3 164.41					

提示：

①营业期现金流量的计算（以 2025 年为例）：

高端产品税后收入 =5 000×（1−25%）=3 750（万元）

高端产品税后付现变动成本 =−3 750×20%=−750（万元）

高端产品税后付现固定成本 =−1 000×（1−25%）=−750（万元）

厂房折旧抵税 =5 000÷20×25%=62.5（万元）

生产设备折旧抵税 =2 000÷5×25%=100（万元）

专利技术使用费摊销抵税 =1 000÷5×25%=50（万元）

丧失中低端产品税后收入 =−500×（1−25%）=−375（万元）

节约中低端产品税后付现变动成本 =200×（1−25%）=150（万元）

②厂房变现相关现金流量：

项目终结期厂房的账面价值 =5 000−5 000÷20×5=3 750（万元）

厂房变现收益纳税 =（4 000−3 750）×25%=62.5（万元）

厂房变现相关现金流量 =4 000−62.5=3 937.5（万元）

（2）动态回收期 =4+（8 200−1 962.74−2 183.46−1 915.31−1 680.08）÷3 622.82=4.13（年）。

［或：

第 4 年年末累计现金净流量现值 + 第 5 年现金净流量的现值 = 净现值

第 4 年年末累计现金净流量现值 = 净现值 − 第 5 年现金净流量的现值 =3 164.41−3 622.82=−458.41（万元）

动态回收期 =4+458.41÷3 622.82=4.13（年）］

（3）由于项目净现值大于 0，因此从净现值法的角度看项目可行。

动态投资回收期 4.13 年大于设定的项目动态投资回收期 3 年，从动态投资回收期的角度看项目不可行。

5.23 斯尔解析

（1）设无风险利率为 i，

NPV=1 000×6%×（P/A，i，10）+1 000×（P/F，i，10）−1 120=0

设利率为 4%，1 000×6%×（P/A，4%，10）+1 000×（P/F，4%，10）−1 120=42.25。

设利率为 5%，1 000×6%×（P/A，5%，10）+1 000×（P/F，5%，10）−1 120=−42.80。

利用内插法：（i−4%）÷（5%−4%）=（0−42.25）÷（−42.80−42.25）。

无风险利率 i=（5%−4%）×（0−42.25）÷（−42.80−42.25）+4%=4.5%

（2）乙企业 $\beta_{资产}$=1.5÷［1+（1−25%）×（40/60）］=1。

丙企业 $\beta_{资产}$=1.54÷［1+（1−25%）×（50/50）］=0.88

平均 $\beta_{资产}$=（1+0.88）÷2=0.94

该锂电池项目的 $\beta_{权益}$=0.94×［1+（1−25%）×30/70］=1.24

权益资本成本 =4.5%+1.24×7%=13.18%

（3）加权平均资本成本 =9%×（1−25%）×3/10+13.18%×7/10=11.25%。

5.24 斯尔解析

（1）项目初始现金净流量为 −2 000 万元。

第 1 年的现金净流量为 −150 万元

第 2 ~ 5 年每年的营业现金净流量 =（3 000−2 000）×（1−25%）+450×25%=862.5（万元）

第 6 年的营业现金净流量 =（3 000−2 000）×（1−25%）=750（万元）

第 7 年的现金净流量 =2 000×10%×25%+150+750=950（万元）

乙公司的 $\beta_{资产}$=1.44÷［1+（1−20%）×1］=0.8

甲公司的 $\beta_{权益}$=0.8×［1+（1−25%）×2/3］=1.2

甲公司的权益资本成本 =5%+1.2×（10%−5%）=11%

该项目的必要报酬率 =8%×（1−25%）×（2/5）+11%×（3/5）=9%

（2）净现值 =−2 000−150×（P/F，9%，1）+862.5×（P/A，9%，4）×（P/F，9%，1）+750×（P/F，9%，6）+950×（P/F，9%，7）=−2 000−150×0.9174+862.5×3.2397×0.9174+

750×0.5963+950×0.5470=−2 137.61+3 530.31=1 392.70（万元）。

现值指数 =3 530.31÷2 137.61=1.65

由于该投资项目的净现值大于 0，且现值指数大于 1，因此甲公司应当投资该项目。

提示：

①为评估该项目市场前景而支付的咨询费，属于该投资项目的非相关成本，因为最终无论是否实施该项目，该咨询费支出都无法改变，不属于该投资项目的增量现金流量。

②该项目虽然利用了闲置的厂房，但是公司并不计划出售该厂房，其变现价值也并不构成与该项目相关的机会成本，因此无须考虑。同时，无论是否实施该项目，都不会改变该厂房的折旧费用，每年的折旧抵税金额不变，因此，其折旧抵税金额也不属于该项目的增量现金流量，也无须考虑。

③项目初始现金流量仅包括 2024 年初购入设备的支出。由于该设备的安装期为 1 年，项目于 2025 年初开始营业，如果题目不作特殊说明，垫支营运资金发生在经营期期初，所以，垫支营运资金的现金流量发生在第 1 年年末。

④虽然设备处于安装建设期是不需要计提折旧的，但是建设期也属于项目周期，仍会影响后续营业期现金流折现的年限。

⑤虽然项目营业期为 6 年，但税法规定的设备折旧年限仅为 4 年，即折旧抵税收益仅能享受 4 年。

⑥第 7 年现金净流量包括：营业期现金净流量、收回垫支的营运资金、设备变现损失对现金净流量的影响。其中，终结期变现净收入为 0，而按照税法计算终结期的账面价值 =2 000×10%=200（万元），设备变现损失对现金净流量的影响 =200×25%=50（万元）。

5.25 斯尔解析

（1）

单位：元

项目/时间	0	1	2	3	4
旧设备变现收入	50 000	—	—	—	—
旧设备变现损失抵税	15 000	—	—	—	—
新设备的购置成本	−300 000	—	—	—	—
营运资本	15 000	—	—	—	−15 000
原旧设备每年付现营业费用	—	−118 000	−118 000	−118 000	−118 000
新设备每年付现营业费用	—	−80 000	−80 000	−80 000	−80 000
节约的税后付现营业费用	—	28 500	28 500	28 500	28 500
原旧设备年折旧额	—	18 000	18 000	18 000	18 000
新设备年折旧额	—	27 000	27 000	27 000	27 000

续表

项目/时间	0	1	2	3	4
增加的折旧抵税	—	2 250	2 250	2 250	2 250
原旧设备终结期变现净收入	—	—	—	—	0
原旧设备终结期账面价值	—	—	—	—	38 000
原旧设备终结期变现损失抵税	—	—	—	—	9 500
新设备终结期变现净收入	—	—	—	—	200 000
新设备终结期账面价值	—	—	—	—	192 000
新设备变现收益纳税	—	—	—	—	−2 000
增加的变现相关的现金流量	—	—	—	—	188 500
差额现金净流量	−220 000	30 750	30 750	30 750	204 250
折现系数	1	0.9091	0.8264	0.7513	0.6830
现值	−220 000	27 954.825	25 411.8	23 102.475	139 502.75
净现值	−4 028.15				

由于净现值小于0，因此不应实施更新设备的方案。

（2）①继续使用旧设备。

单位：元

项目/时间	0	1	2	3	4
丧失的变现收入	−50 000	—	—	—	—
丧失的变现损失抵税	−15 000	—	—	—	—
税后付现营业费用	—	−88 500	−88 500	−88 500	−88 500
年折旧抵税额	—	4 500	4 500	4 500	4 500
终结期变现净收入	—	—	—	—	0
终结期账面价值	—	—	—	—	38 000
终结期变现损失抵税	—	—	—	—	9 500
现金净流量	−65 000	−84 000	−84 000	−84 000	−74 500
折现系数	1	0.9091	0.8264	0.7513	0.6830
现值	−65 000	−76 364.4	−69 417.6	−63 109.2	−50 883.5
现金流量现值合计	−324 774.7				

②更换新设备。

单位：元

项目/时间	0	1	2	3	4
新设备的购置成本	−300 000	—	—	—	—
营运资本	15 000	—	—	—	−15 000
每年税后付现营业费用	—	−60 000	−60 000	−60 000	−60 000
新设备年折旧抵税额	—	6 750	6 750	6 750	6 750
新终结期变现净收入	—	—	—	—	200 000
终结期账面价值	—	—	—	—	192 000
新设备变现收益纳税	—	—	—	—	−2 000
现金净流量	−285 000	−53 250	−53 250	−53 250	129 750
折现系数	1	0.9091	0.8264	0.7513	0.6830
现值	−285 000	−48 409.575	−44 005.8	−40 006.725	88 619.25
现金流量现值合计	−328 802.85				

③继续使用旧设备的平均年成本 =324 774.7÷（*P*/*A*，10%，4）=102 455.82（元）。

使用新设备的平均年成本 =328 802.85÷（*P*/*A*，10%，4）=103 726.57（元）

由于继续使用旧设备的平均年成本比较低，因此不应当实施设备更新方案。

提示：

a. 固定资产更新决策是继续使用旧设备与购置新设备的选择。进行决策时，通常有两种方法：第一种方法是采用差额分析法；第二种方法是将沿用旧设备与购置新设备视作两个互斥项目，通过计算其平均年成本进行决策。

本题第一问要求采用第一种方法，第二问要求采用第二种方法。采用第一种方法计算时，需要同时考虑出售旧设备引起的增量现金流量和购置新设备引起的增量现金流量，整体计算难度较高。另外，如果新旧设备的未来使用年限不同，则会出现某些年份无法计算其差额现金流量的情况，所以第一种方法只适用于未来使用年限相同时的决策。

第二种方法计算思路相对比较简单，不论未来使用年限是否相同，均可适用。实务中，通常采用第二种方法进行决策。但考试时，如果题目有要求，则一定要按照题目要求的方法去作答。

b. 旧设备相关指标计算说明：

旧设备每年折旧 =200 000×（1−10%）÷10=18 000（元）

旧设备目前账面价值 =200 000−18 000×5=110 000（元）

如果现在将旧设备出售，将得到 50 000 元的变现收入，而此时该设备的账面价值为 110 000 元，变现损失为 60 000 元，变现损失抵税 =60 000×25%=15 000（元），如果将旧设备出售，得到的现金流入合计额 =50 000+15 000=65 000（元），因此继续使用旧设备的机会成本为 65 000 元。

4 年后变现价值为 0 元，账面价值 =200 000−18 000×9=38 000（元），变现损失抵税 =38 000×25%=9 500（元）。

c. 新设备相关现金流量指标计算说明：

新设备每年折旧 =300 000×（1−10%）÷10=27 000（元）

折旧抵税 =27 000×25%=6 750（元）

第 4 年年末账面价值 =300 000−27 000×4=192 000（元）

4 年后变现利得纳税 =（200 000−192 000）×25%=2 000（元）

更换新设备，运行效率提高会减少半成品存货占用资金，即使用新设备期间会导致营运资金节约 15 000 元，相当于现金流入。寿命期末可以收回的营运资金减少 15 000 元，相当于现金流出。

精准答疑

问题 1： 差额分析法中，既然视作旧设备已经出售，为什么后续还要考虑旧设备的折旧抵税、终结期的变现收入和变现损益对现金流量的影响呢？

解答 1： 如果旧设备继续使用，那么旧设备每年的折旧就会产生折旧抵税，会影响现金流量，如果旧设备已经出售，那么后续旧设备就不会折旧，也不会产生折旧抵税。这里的折旧抵税就是机会成本，是需要考虑的决策相关成本。

同理，继续使用旧设备在终结期会产生变现收入和变现损益对现金流量的影响，如果旧设备已经出售，那么就丧失了终结期旧设备的变现收入和变现损益对现金流量的影响，故终结期的变现收入和变现损益对现金流量的影响也属于丧失的机会成本。

综上，旧设备的折旧抵税、终结期的变现收入和变现损益对现金流量的影响都是需要考虑的。

问题 2： 本题中“运行效率提高会减少半成品存货占用资金”为什么是节约的垫支营运资本？

解答 2： 所谓营运资本的需要，指增加的经营性流动资产与增加的经营性流动负债之间的差额。半成品存货属于经营性流动资产，本题中“运行效率提高会减少半成品存货占用资金”，说明半成品存货占用资金减少，即经营性流动资产减少，进而减少营运资本的需求，故节约了垫支的营运资本。

四、综合题

5.26 斯尔解析

（1）甲公司拟发行债券的到期日为 2029 年 10 月，与该到期日相近的政府债券的到期收益率为 4.3%，因此无风险利率为 4.3%。

企业信用风险补偿率 =［（6.5%−3.4%）+（7.6%−3.6%）+（8.3%−4.3%）］÷3=3.7%

税前债务资本成本 =4.3%+3.7%=8%

股权资本成本 =8% ×（1−25%）+5%=11%

加权平均资本成本 =8% ×（1−25%）× 2/5+11% × 3/5=9%

（2）

单位：万元

项目	零时点	第1年	第2年	第3年	第4年	第5年
经营许可费	−700	—	—	—	—	—
固定资产投资	−400	—	—	—	—	—
广告费支出	−50	—	—	—	—	—
许可费摊销抵税	—	35	35	35	35	35
固定资产折旧抵税	—	10	10	10	10	10
广告费抵税	—	12.5	—	—	—	—
税后营业收入	—	450	600	600	600	600
税后人工成本	—	−45	−54	−54	−54	−54
税后营运及维护成本	—	−75	−75	−75	−75	−75
税后景区管理费	—	−22.5	−30	−30	−30	−30
项目残值收入	—	—	—	—	—	600
残值净收入纳税	—	—	—	—	—	−100
垫支营运资金	−120	−40	—	—	—	160
现金净流量	−1 270	325	486	486	486	1 146
折现系数（9%）	1	0.9174	0.8417	0.7722	0.7084	0.6499
现金净流量的现值	−1 270	298.16	409.07	375.29	344.28	744.79
净现值	901.59					

W 项目净现值大于 0，项目可行。

（3）当游客人次下降 10% 时，项目净现值变化 =120 × 10%+40 × 10% ×（*P*/*F*，9%，1）−（450 × 10%−22.5 × 10%）×（*P*/*F*，9%，1）−（600 × 10%−30 × 10%）×（*P*/*A*，9%，4）×（*P*/*F*，9%，1）−160 × 10% ×（*P*/*F*，9%，5）=−203.36（万元）。

净现值对游客人次的敏感系数 =（−203.36 ÷ 901.59）÷（−10%）=2.26

提示：

①零时点固定资产投资的现金净流量 =−（100+200+200 × 5 000 ÷ 10 000）=−400（万元）。

零时点经营许可费 =−700（万元）

零时点广告费 =−50（万元）

经营许可费摊销抵税 =700 ÷ 5 × 25%=35（万元）

固定资产折旧抵税 =400 ÷ 10 × 25%=10（万元）

第 1 年年末广告费抵税 =50×25%=12.5（万元）

第 1 年年末营业收入 =200×30 000÷10 000=600（万元）

第 1 年年末税后营业收入 =600×（1−25%）=450（万元）

第 2 ~ 5 年每年年末营业收入 =200×40 000÷10 000=800（万元）

第 2 ~ 5 年每年年末税后营业收入 =800×（1−25%）=600（万元）

第 1 年年末税后人工成本 =−60×（1−25%）=−45（万元）

第 2 ~ 5 年每年年末税后人工成本 =−（60+12）×（1−25%）=−54（万元）

第 1 ~ 5 年每年年末税后营运及维护成本 =−100×（1−25%）=−75（万元）

第 1 年年末税后变动成本（景区管理费）=−600×5%×（1−25%）=−22.5（万元）

第 2 ~ 5 年每年年末税后变动成本（景区管理费）=−800×5%×（1−25%）=−30（万元）

第 1 年需要的营运资金 =600×20%=120（万元），需要在第 1 年年初垫支，所以，零时点营运资本垫支引起的现金净流量 =−120（万元）。

第 2 年需要的营运资金 =800×20%=160（万元），由于零时点已经垫支 120 万元，因此在第 2 年年初，需要继续垫支营运资金 =160−120=40（万元），所以第 1 年年末营运资本垫支引起的现金净流量 =−40（万元）。

第 5 年年末固定资产账面价值 =400−400÷10×5=200（万元）

残值变现净损益对现金流量的影响 =（200−600）×25%=−100（万元）

②游客人次下降 10%，会导致零时点和 1 时点垫支营运资金的金额减少 10%，5 时点营运资金的回收金额减少 10%，各年的税后营业收入下降 10%，同时支付给景区的税后管理费用也会降低 10%。

5.27 斯尔解析

（1）

单位：万元

项目	2024年末	2025年末	2026年末	2027年末
智能产品销量（万台）	—	10	11	12.1
智能产品税后营业收入	—	11 250	12 375	13 612.5
智能产品税后付现制造成本	—	−7 500	−8 250	−9 075
税后固定付现成本	—	−150	−150	−150
税后付现销售和管理费用	—	−1 125	−1 237.5	−1 361.25
生产线购置成本	−6 000	—	—	—
年折旧额	—	1 425	1 425	1 425
年折旧额抵税	—	356.25	356.25	356.25
智能产品生产线变现收入	—	—	—	1 200

续表

项目	2024年末	2025年末	2026年末	2027年末
智能产品生产线变现损失抵税	—	—	—	131.25
减少的税后租金收入	—	−30	−30	−30
当前产品减少的税后营业收入	—	−900	−990	−1 089
当前产品减少的税后变动成本	—	675	742.5	816.75
智能产品占用营运资本	−3 000	−300	−330	3 630
减少当前产品营运资本占用	240	24	26.4	−290.4
现金净流量	−8 760	2 300.25	2 512.65	7 751.1
折现系数（9%）	1	0.9174	0.8417	0.7722
现值	−8 760	2 110.25	2 114.90	5 985.40
净现值	1 450.55			
折现回收期（年）	2.76			
现值指数	1.17			

因净现值＞0（或，折现回收期＜3年；或，现值指数＞1），故项目可行。

（2）设单位变动制造成本的最大值为VC：

1 450.55−（VC−1 000）×10×（1−25%）×（P/F，9%，1）−（VC−1 000）×10×（1+10%）×（1−25%）×（P/F，9%，2）−（VC−1 000）×10×（1+10%）^{2}×（1−25%）×（P/F，9%，3）=0

可得，VC=1 069.63（元）。

单位变动制造成本上升5%，即单位变动制造成本增加50元，则：

净现值的变化值=−50×10×（1−25%）×（P/F，9%，1）−50×10×（1+10%）×（1−25%）×（P/F，9%，2）−50×10×（1+10%）^{2}×（1−25%）×（P/F，9%，3）=−1 041.61（万元）

净现值的变化程度=−1 041.61÷1 450.55=−71.81%

净现值对单位变动制造成本的敏感系数=−71.81%÷5%=−14.36

提示：

①建设期垫支的营运资金属于原始投资额的组成部分，而营业期垫支的营运资金不属于原始投资额的组成部分。

②租金收取方式及对应现金流量计算：

租金收取方式	现金流量计算
每年年末收取	可直接确定每年年末丧失的税后租金
上年年末收取	可直接确定上年年末丧失的税后租金
本年年初收取	丧失的租金收入发生在本年年初，节约的租金纳税发生在本年年末，需分开计算

③ 2025 年末智能产品税后营业收入 =1 500×10×（1−25%）=11 250（万元）。

2026 年末智能产品税后营业收入 =11 250×（1+10%）=12 375（万元）

2027 年末智能产品税后营业收入 =12 375×（1+10%）=13 612.5（万元）

2025 年末智能产品税后付现制造成本 =−1 000×10×（1−25%）=−7 500（万元）

2026 年末智能产品税后付现制造成本 =−7 500×（1+10%）=−8 250（万元）

2027 年末智能产品税后付现制造成本 =−8 250×（1+10%）=−9 075（万元）

生产线年折旧额 =6 000×（1−5%）÷4=1 425（万元）

生产线年折旧额抵税 =1 425×25%=356.25（万元）

2027 年末生产线变现损失抵税 =（6 000−1 425×3−1 200）×25%=131.25（万元）

2025 年末当前产品减少的税后营业收入 =−1.5×800×（1−25%）=−900（万元）

2026 年末当前产品减少的税后营业收入 =−900×（1+10%）=−990（万元）

2027 年末当前产品减少的税后营业收入 =−990×（1+10%）=−1 089（万元）

2025 年末当前产品减少的税后变动成本 =1.5×600×（1−25%）=675（万元）

2026 年末当前产品减少的税后变动成本 =675×（1+10%）=742.5（万元）

2027 年末当前产品减少的税后变动成本 =742.5×（1+10%）=816.75（万元）

2024 年末智能产品占用的营运资本增加额 =−15 000×20%=−3 000（万元）

2025 年末智能产品占用的营运资本增加额 =−（16 500−15 000）×20%=−300（万元）

2026 年末智能产品占用的营运资本增加额 =−（18 150−16 500）×20%=−330（万元）

2024 年末当前产品占用的营运资本减少额 =1 200×20%=240（万元）

2025 年末当前产品占用的营运资本减少额 =（1 320−1 200）×20%=24（万元）

2026 年末当前产品占用的营运资本减少额 =（1 452−1 320）×20%=26.4（万元）

折现回收期 =2+（8 760−2 110.25−2 114.9）÷5 985.4=2.76（年）

现值指数 =（2 110.25+2 114.9+5 985.4）÷8 760=1.17

5.28 斯尔解析

（1）①设甲公司拟发行债券的税前资本成本为 i，则：

960×（1−2%）=1 000×6%×（P/A，i，5）+1 000×（P/F，i，5）

940.8=60×（P/A，i，5）+1 000×（P/F，i，5）

当 i=7% 时，

60×（P/A，7%，5）+1 000×（P/F，7%，5）=959.01

当 i=8% 时，

60×（P/A，8%，5）+1 000×（P/F，8%，5）=920.16

利用内插法：

（i−7%）÷（8%−7%）=（940.8−959.01）÷（920.16−959.01）

解得，i=7.47%。

税后债务资本成本 =7.47%×（1−25%）=5.60%

② $\beta_{资产}$=1.5÷［1+（1−25%）×2/3］=1。

$\beta_{权益}=1\times[1+(1-25\%)\times1/1]=1.75$

股权资本成本 =3.4%+1.75×（7.4%−3.4%）=10.40%

③加权平均资本成本 =5.6%×50%+10.4%×50%=8%。

（2）

单位：万元

项目	2024年末	2025年末	2026年末	2027年末	2028年末
生产线购置支出	−4 000	—	—	—	—
生产线折旧	—	—	950	950	950
生产线折旧抵税	—	—	237.5	237.5	237.5
丧失税后租金收入	−45	−45	−45	−45	—
税后销售收入	—	—	4 500	4 725	4 961.25
税后变动制造成本	—	—	−2 700	−2 835	−2 976.75
税后付现销售管理费用	—	—	−450	−472.5	−496.125
税后固定付现成本	—	—	−150	−187.5	−225
生产线变现收入	—	—	—	—	1 800
生产线变现收益纳税	—	—	—	—	−162.5
营运资本垫支	—	−1 200	−60	−63	—
营运资本收回	—	—	—	—	1 323
现金净流量	−4 045	−1 245	1 332.5	1 359.5	4 461.38
折现系数（8%）	1	0.9259	0.8573	0.7938	0.7350
现金流量现值	−4 045.00	−1 152.75	1 142.35	1 079.17	3 279.11
净现值			302.88		

综上，项目净现值大于 0，所以项目可行。

（3）设生产线购置成本增加 X 万元时，项目净现值为 0，此时的生产线购置成本为可接受的最高购置价格。

生产线折旧额 =（4 000+X）×（1−5%）÷4=950+X×（1−5%）÷4=950+0.2375X

生产线折旧抵税 =237.5+0.059375X

增加的折旧抵税 =0.059375X

寿命期末生产线账面价值 =（4 000+X）−（950+0.2375X）×3=1 150+0.2875X

生产线变现价值 =1 800（万元）

生产线变现收益纳税额 =（1 800−1 150−0.2875X）×25%=162.5−0.071875X

减少的生产线变现收益纳税额 =0.071875X

$-X+0.059375X\times(P/A,8\%,3)\times(P/F,8\%,1)+0.071875X\times(P/F,8\%,4)=-302.88$

解得：X=376.03（万元）。

能够接受的最高购置价格 =4 000+376.03=4 376.03（万元）

提示：

生产线折旧 =4 000×（1−5%）÷4=950（万元）

生产线折旧抵税 =950×25%=237.5（万元）

生产线变现收益纳税 =−［1 800−（4 000−950×3）］×25%=−162.5（万元）

2025 年末营运资本垫支 =−12 000×0.5×20%=−1 200（万元）

2026 年末营运资本垫支 =−12 000×0.5×（1+5%）×20%−（−1 200）=−60（万元）

2027 年末营运资本垫支 =−12 000×0.5×（1+5%）^{2}×20%−（−1 200−60）=−63（万元）

5.29 斯尔解析

（1）①设债务税前资本成本为 K，则：

1 108.78=1 000×10%×（P/A，K，5）+1 000×（P/F，K，5）

当 K=7% 时，100×（P/A，K，5）+1 000×（P/F，K，5）=100×4.1002+1 000×0.7130=1 123.02。

当 K=8% 时，100×（P/A，K，5）+1 000×（P/F，K，5）=100×3.9927+1 000×0.6806=1 079.87。

（K−7%）÷（8%−7%）=（1 108.78−1 123.02）÷（1 079.87−1 123.02）

解得：K=7.33%。

债务税后资本成本 =7.33%×（1−25%）=5.50%

② $\beta_{资产}$=1.75÷［1+（1−25%）×1/1］=1。

$\beta_{权益}$=1×［1+（1−25%）×2/3］=1.5

股权资本成本 =4%+1.5×（10%−4%）=13%

③加权平均资本成本 =5.50%×2/5+13%×3/5=10%。

（2）

单位：万元

项目	2024年末	2025年末	2026年末	2027年末	2028年末
生产线的购置和安装成本	−4 000	—	—	—	—
丧失的厂房的税后租金收入	—	−60	−60	−60	−60
专利技术使用费	—	−1 200	—	—	—
智能穿戴设备的销量（万件）	—	—	2	3	4
智能穿戴设备的销售价格（元）	—	—	2 000	1 800	1 600
销售收入	—	—	4 000	5 400	6 400
税后销售收入	—	—	3 000	4 050	4 800
税后变动制造费用	—	—	−900	−1 350	−1 800
税后付现销售和管理费用	—	—	−150	−202.5	−240

续表

项目	2024年末	2025年末	2026年末	2027年末	2028年末
税后付现固定成本	—	—	−300	−300	−300
税后专利技术维护费	—	—	−60	−81	−96
营运资本需求	—	—	800	1 080	1 280
营运资金垫支	—	−800	−280	−200	—
营运资金收回	—	—	—	—	1 280
生产线折旧	—	—	720	720	720
生产线折旧抵税	—	—	180	180	180
专利技术使用费摊销	—	—	400	400	400
专利技术使用费摊销抵税	—	—	100	100	100
项目结束时生产线账面价值	—	—	—	—	1 840
生产线变现收入	—	—	—	—	1 800
变现损失抵税	—	—	—	—	10
现金净流量	−4 000	−2 060	1 530	2 136.5	5 674
折现系数	1	0.9091	0.8264	0.7513	0.6830
现值	−4 000	−1 872.75	1 264.39	1 605.15	3 875.34
净现值	872.13				

由于该项目的净现值大于零，因此该项目可行。

（3）如果生产线的购置和安装成本上升10%，即生产线的购置和安装成本上升400万元，达到4 400万元，则2026年、2027年、2028年每年的折旧费用增加额=400×（1−10%）÷5=72（万元），每年折旧抵税增加额=72×25%=18（万元），项目结束时的账面价值增加额=400−72×3=184（万元），变现损失抵税增加额=184×25%=46（万元）。

净现值的增加额=−400+18×0.8264+18×0.7513+（18+46）×0.6830=−327.89（万元）

净现值的变动率=−327.89÷872.13=−37.60%

净现值对生产线购置和安装成本的敏感系数=−37.60%÷10%=−3.76

提示：

2026年末现金净流量=−60+3 000−900−150−300−60−280+180+100=1 530（万元）

2027年末现金净流量=−60+4 050−1 350−202.5−300−81−200+180+100=2 136.5（万元）

2028年末现金净流量=−60+4 800−1 800−240−300−96+1 280+180+100+1 800+10=5 674（万元）

精程答疑

问题：题干中的“计算过程和结果填入下方表格中”的“计算过程”究竟是什么含义？

解答：对于项目现金流量计算类的题目，常常会见到题干上备注“计算过程和结果填入下方表格中”，这里的计算过程指的是求出结果前的计算步骤项目。

以该题为例，要求（2）：计算项目2024年末以后各年年末现金净流量及项目净现值，并判断该项目是否可行（计算过程和结果填入下方表格中）。

这里的“结果”就是题干要求计算的项目2024年末以后各年年末现金净流量及项目净现值。

这里的“计算过程”指求出上述结果的具体步骤项目，如：税后销售收入、税后变动制造费用、税后付现销售和管理费用、税后付现固定成本、营运资金垫支、营运资金收回、生产线折旧抵税等，至于这些具体步骤项目数字的计算过程是不要求写在表格内的。

第六章　期权价值评估
答案与解析

一、单项选择题

6.1 A	6.2 D	6.3 C	6.4 C	6.5 B
6.6 B	6.7 B	6.8 B	6.9 A	6.10 C
6.11 A	6.12 B	6.13 B	6.14 D	6.15 A
6.16 D				

二、多项选择题

6.17 ABD	6.18 CD	6.19 ABCD	6.20 AD	6.21 AD
6.22 ABC	6.23 BCD	6.24 AB	6.25 ACD	6.26 BD
6.27 ACD	6.28 BC	6.29 BD		

一、单项选择题

6.1　斯尔解析　A　本题考查衍生工具交易目的。在现货市场的投资损益=（5.12−5）×400=48（万元），在期货市场的投资损益=（5.05−5.12）×400=−28（万元），甲公司投资的净损益=48−28=20（万元），选项A当选。

6.2　斯尔解析　D　本题考查单一期权的损益分析。**欧式期权只能在到期日行权**，选项BC不当选。当理性投资人持有多头看涨期权时，只有在股价高于执行价格时，才会行权，选项A不当选、选项D当选。

6.3　斯尔解析　C　本题考查单一期权的损益分析。多头看涨期权到期日价值=Max（30−24，0）=6（元），选项A不当选。空头看涨期权到期日价值=−Max（30−24，0）=−6（元），选项B不当选。多头看涨期权净损益=6−4=2（元），选项C当选。空头看涨期权净损益=−6+4=−2（元），选项D不当选。

6.4 斯尔解析 C 本题考查期权的投资策略。多头对敲投资策略适用于预计市场价格将剧烈变动、但不确定变化方向的情况。某投资者预计甲公司的股价将发生剧烈波动，应该采用多头对敲投资策略，选项C当选。

提示：根据投资者的预期，选择合适的投资策略。

常见预期	投资策略
希望降低单独投资股票的风险	保护性看跌期权
希望将净损益限定在有限区间内	抛补性看涨期权
预计未来股价大幅度波动	多头对敲
预计未来股价波动较小	空头对敲

6.5 斯尔解析 B 本题考查期权的投资策略。到期日股价48元小于期权的执行价格，空头看跌期权净损益=-（50-48）+4=2（元），空头看涨期权净损益=5（元），投资组合净损益=5+2=7（元），选项B当选。

6.6 斯尔解析 B 本题考查期权的投资策略。到期日的股票价格为64元，高于执行价格，看涨期权到期日净收入=64-60=4（元），看跌期权到期日净收入=0（元），投资组合净收入=4（元），投资组合成本=5+3=8（元），投资组合净损益=4-8=-4（元），选项B当选。

6.7 斯尔解析 B 本题考查期权的投资策略。股票到期日净收入=44（元），空头看涨期权到期日净收入=-（44-40）=-4（元），投资组合净收入=44+（-4）=40（元），投资组合成本=40-5=35（元），投资组合净损益=投资组合净收入-投资组合成本=40-35=5（元），选项B当选。

6.8 斯尔解析 B 本题考查期权的投资策略。购买1股股票，同时购入该股票的1股看跌期权，可以锁定组合的最低净收入和最低净损益，降低单独投资股票的风险，该策略称为保护性看跌期权，选项B当选。

6.9 斯尔解析 A 本题考查金融期权价值构成。期权的内在价值，是指期权立即执行产生的经济价值，内在价值的大小取决于期权标的资产的现行市价与期权执行价格的高低。由于该股票当前市价低于执行价格，该看涨期权立即执行不会给持有人带来净收入，持有人也不会执行期权，此时该看涨期权的内在价值为0元，选项A当选。

6.10 斯尔解析 C 本题考查金融期权价值构成。期权的内在价值，是指期权立即执行产生的经济价值，对于看跌期权，资产现行市价高于执行价格时，期权不会被执行，其内在价值为0元，处于“虚值状态”，选项AB不当选。时间溢价=期权价格-内在价值=3.5-0=3.5（元），选项C当选。如果买入一股该股票看跌期权，当股票市价高于执行价格时，期权不会被执行，其净收入为0；当股票市价低于执行价格时，其净收入为“执行价格-股票市价”；当股票市价为0时，获得最大净收入，即最大净收入为8元，最大净收益为4.5元，选项D不当选。

6.11 斯尔解析　A　本题考查金融期权价值构成。期权的内在价值，是指期权立即执行产生的经济价值，内在价值的大小取决于期权标的资产的现行市价与期权执行价格的高低，与期权到期期限和股价波动率没有关系，选项BC不当选。股价与看涨期权内在价值同向变动，执行价格与看涨期权内在价值反向变动，选项A当选、选项D不当选。

6.12 斯尔解析　B　本题考查期权价值的影响因素。在期权估值过程中，价格的波动性是最重要的因素，如果股票的价格波动性很小，其期权也值不了多少钱，选项B当选。

6.13 斯尔解析　B　本题考查期权价值的影响因素。假设其他因素不变，期权有效期内预计发放的红利增加时，会引起除息日后股价下跌，进而导致看跌期权价值上升，看涨期权价值下降，选项B当选。

提示：影响期权价值主要有6大因素，分别是股票市价、执行价格、到期期限、股价波动率、无风险利率和预期红利，具体影响如下。

影响因素	期权价值变动	
	看涨期权	看跌期权
股票市价上升	上升	下降
期权有效期内预计发放的红利上升	下降	上升
执行价格上升	下降	上升
无风险利率上升	上升	下降
到期期限变长	美式：上升	美式：上升
	欧式：不确定	欧式：不确定
股价波动率上升	上升	上升

6.14 斯尔解析　D　本题考查期权价值的影响因素。执行价格与看涨期权价值反向变动，与看跌期权价值同向变动，选项A不当选。无风险利率与看涨期权价值同向变动，与看跌期权价值反向变动，选项B不当选。标的股票市价与看涨期权价值同向变动，与看跌期权价值反向变动，选项C不当选。期权持有者的最大损失均以期权费为限，而股价波动越剧烈，其可能获得的收益越高，因此股价波动率的增加会使期权价值增加，选项D当选。

6.15 斯尔解析　A　本题考查复制原理。复制原理是通过构造一个股票和借款的适当组合，使得无论股价如何变动，投资组合的损益与期权均相同，选项CD不当选。S_u=60+20=80（元），S_d=60−10=50（元），C_u=S_u−X=80−65=15（元），C_d=0，则购入股票数量=套期保值比率=（C_u−C_d）÷（S_u−S_d）=（15−0）÷（80−50）=0.5（份），选项A当选、选项B不当选。

6.16 斯尔解析　D　本题考查平价定理。根据平价定理：看涨期权价格C−看跌期权价格P=标的资产价格S−执行价格现值PV（X），所以看跌期权的价格P=−20+10+24.96÷（1+8%÷2）=14（元），选项D当选。

提示：这里的“8%÷2”指的是与期权到期时间相同的计息期的无风险利率，而市场中已知的，往往是年无风险利率。通过年无风险利率，计算期无风险利率也有两种选择：一是按照有效年利率折算；二是按照报价利率折算。不过为了计算方便，如果题目没有特别指明，通常按照报价利率折算。

二、多项选择题

6.17 斯尔解析 ABD 本题考查衍生工具交易特点。与基础资产相比，衍生工具在交易方面具有很多特点。

（1）未来性。衍生工具是在现时对基础资产未来可能产生的结果进行交易，交易结果要在未来时刻才能确定。

（2）灵活性。衍生工具的种类繁多，其设计和创造具有较高的灵活性，与基础资产相比更能适应各类市场参与者的需要。

（3）杠杆性。衍生工具可以使交易者用较少成本获取现货市场上用较多资金才能完成的结果，因此具有高杠杆性。

（4）风险性。衍生工具是在市场动荡不安的环境下，为实现交易保值和风险防范而进行的工具创新，但其内在的杠杆作用和交易复杂性也决定了衍生工具交易的高风险性。

（5）虚拟性。衍生工具的交易对象是对基础资产在未来特定条件下进行处置的权利和义务。衍生工具本身没有价值，它只是一种收益获取权的凭证，其交易独立于现实资本运动之外，具有虚拟性。

综上，选项ABD当选。

提示：根据特点（4），高风险说明不确定性大，故选项C不当选。

6.18 斯尔解析 CD 本题考查期权的投资策略。同时买进一只股票的看涨期权和看跌期权为多头对敲投资策略，其对于预计市场价格将发生剧烈变动，但是不知道升高还是降低的投资者非常有用，选项CD当选。空头对敲投资策略适用于预计市场价格将相对比较稳定的情况，选项AB不当选。

6.19 斯尔解析 ABCD 本题考查期权的投资策略。空头对敲策略是指同时卖出一只股票的看涨期权和看跌期权，它们的执行价格、到期日都相同，选项A当选。空头对敲的最好结果是到期股价与执行价格一致，投资者白白赚取出售看涨期权和看跌期权的收入，选项B当选。空头对敲的股价偏离执行价格的差额必须小于期权出售收入，才能给投资者带来净收益，选项C当选。空头对敲策略对于预计市场价格将相对比较稳定的投资者非常有用，选项D当选。

6.20 斯尔解析 AD 本题考查期权的投资策略。该投资策略是多头对敲投资策略，只要股票价格偏离执行价格的差额大于付出的期权费9元（4+5），就可以给投资人带来净收益，所以股价可以低于41元（50−9），或高于59元（50+9），选项AD当选。

6.21 斯尔解析 AD 本题考查期权的投资策略。单纯投资股票到期日价值=24（元），单纯投资股票的净损益=24−20=4（元），选项A当选。单纯投资期权，由于到期日股价高于执行价格，多头看跌期权到期日价值为0元，多头看跌期权的净损益=0−4=−4（元），选项B不当选。同时投资股票和看跌期权到期日价值=24+0=24（元），到期日净损益=4+（−4）=0（元），选项C不当选、选项D当选。

提示：本题选项中的“同时投资股票和看跌期权”指的是买股票的同时也买看跌期权，所以期权的投资策略是保护性看跌期权。

6.22 斯尔解析　ABC　本题考查金融期权价值构成。对于看涨期权来说，标的资产现行市价高于执行价格时，立即执行期权能够给持有人带来净收入，期权处于“实值状态”，选项A当选。对于看跌期权来说，标的资产现行市价高于执行价格时，立即执行不会给持有人带来净收入，持有人也不会执行期权，期权处于“虚值状态”，选项C当选。期权的时间溢价是一种等待的价值，是时间带来的“波动价值”，是未来存在不确定性而产生的价值，不确定性越强，期权时间价值越大，**只要没有到期，时间溢价就大于0**，选项B当选、选项D不当选。

6.23 斯尔解析　BCD　本题考查金融期权价值构成。期权的时间溢价是一种等待的价值，因此时间溢价不会小于0，期权在到期前，时间溢价大于0，在到期日，时间溢价等于0，选项A不当选、选项C当选。当执行期权给持有人带来负回报时，称该期权为“虚值期权”。虚值期权被执行会给投资人带来负回报，故未到期的虚值期权不会被理性投资者执行，选项B当选。未到期的实值期权可能被执行，也可能不被执行，因为投资者可以继续持有观望，选项D当选。

提示：期权是实值期权还是虚值期权的判断标准是内在价值，也就是期权立即执行产生的经济价值，由标的资产的现行市价与执行价格决定。

类型	现行市价＞执行价格	现行市价＞执行价格	现行市价＜执行价格
看涨期权	内在价值＞0 期权处于实值状态	内在价值=0 期权处于平价状态	内在价值=0 期权处于虚值状态
看跌期权	内在价值=0 期权处于虚值状态	内在价值=0 期权处于平价状态	内在价值＞0 期权处于实值状态

6.24 斯尔解析　AB　本题考查金融期权价值构成。当执行期权给持有人带来正回报时，称该期权为“实值期权”。本题中的期权是看涨期权，每股市价（60元）大于执行价格（50元），期权执行可以给持有人带来正回报，故为“实值期权”，选项A当选。期权的时间溢价=期权价格-期权的内在价值=12-（60-50）=2（元），选项B当选。欧式期权，只能在到期日执行，选项C不当选。由于到期时的股价不确定，故到期时期权是否被执行也不确定，选项D不当选。

提示：期权价值=期权的内在价值+期权的时间溢价。期权的内在价值，是指期权立即执行产生的经济价值，由标的资产的现行市价与执行价格决定。期权的时间溢价，是指期权价值超过内在价值的部分，是一种等待的价值，时间溢价是时间带来的“波动的价值”，是未来存在不确定性而产生的价值，**不确定性越强，期权的时间溢价越大**。

6.25 斯尔解析　ACD　本题考查期权价值的影响因素。看涨期权在执行时，其收入为股票价格与执行价格的差额，股票价格越高，看涨期权的价值越大，选项A当选。预期发放红利的增加会引起股票价格下降，看涨期权价值下降，选项B不当选。无风险利率提高，执行价格的现值降低，从而增加看涨期权的价值，选项C当选。股票价格的波动率越大，股票价格上升或下降的机会越大，期权价值越大，选项D当选。

6.26 斯尔解析 BD 本题考查期权价值的影响因素。对于欧式期权来说，期权到期期限延长，并不增加执行的机会，因此不一定能增加期权价值，选项A不当选。期权执行价格越高，看涨期权价值越低，看跌期权价值越高，选项B当选。无风险报酬率越高，执行价格的现值越低，看跌期权价值越低，选项C不当选。股价波动率增加，期权价值增加，选项D当选。

6.27 斯尔解析 ACD 本题考查期权价值的影响因素。看跌期权在未来某一时间执行，其到期日价值是执行价格与股票价格的差额。如果其他因素不变，当股票市价下跌时，看跌期权的价值上升，选项A当选。到期期限与美式期权价值呈同向变化，到期期限缩短，美式期权价值下降，选项B不当选。股价波动率越大，期权价值越大，选项C当选。无风险利率越低，执行价格的现值就越大，从而降低看涨期权的价值，选项D当选。

提示：

（1）对于美式期权来说，较长的到期时间能增加期权的价值。到期日离现在越远，发生不可预知事件的可能性越大，股价变动的范围也越大，期权的价值越大。

（2）股价波动率是指股票价格变动的不确定性。

对于看涨期权持有者来说，股价上升对其有利，股价下降对其不利，最大损失以期权费为限，两者不会抵消。因此，股价的波动率增加会使看涨期权价值增加。

对于看跌期权持有者来说，股价下降对其有利，股价上升对其不利，最大损失以期权费为限，两者不会抵消。因此，股价的波动率增加会使看跌期权价值增加。

综上，**股价波动率增加会使期权价值增加**。

6.28 斯尔解析 BC 本题考查期权价值的影响因素。股价波动率上升，期权价值上升，选项A不当选。股票市价上升，看涨期权价值上升，看跌期权价值下降，选项B当选。无风险报酬率上升，执行价格的现值下降，看涨期权价值上升，看跌期权价值下降，选项C当选。到期期限延长会增加美式期权的价值，选项D不当选。

6.29 斯尔解析 BD 本题考查实物期权。实物期权的存在通常可以增加项目投资者的选择权，这些选择权是未来可以采取某种行动的权利而非义务，所以实物期权的存在可能会增加项目的价值，而不会降低项目的价值，选项A不当选。扩张期权是一种扩张选择权，本质是一项看涨期权，选项B当选。延迟期权是一种延迟投资的权利，本质是一种未到期的看涨期权，选项C不当选。放弃期权赋予了项目投资者中途放弃项目的可能性，本质是一种看跌期权，选项D当选。

三、计算分析题

6.30 斯尔解析

（1）①希望将净损益限定在有限区间内，应选择抛补性看涨期权。

②构建方法为购买 1 股股票，同时出售该股票的 1 股看涨期权。

③如果 6 个月后股价上涨 20%，到期日的股价 =40×（1+20%）=48（元），出售看涨期权的净损益 =-（48-40）+5=-3（元），购入股票的净损益 =48-40=8（元），投资组合的净损益 =-3+8=5（元）。

（2）①预期未来股价大幅波动，应该选择多头对敲组合。

②构建方法为同时买进一只股票的看涨期权和看跌期权。

③如果 6 个月后股价下跌 50%，到期日的股价 =40×（1−50%）=20（元），看跌期权净收入 =40−20=20（元）。

由于股价小于执行价格，因此看涨期权净收入为 0，组合净收入 =20+0=20（元），组合净损益 = 组合净收入 − 组合购买成本 =20−8=12（元）。

6.31 斯尔解析

（1）S_u=60+26=86（元），S_d=60−14=46（元）。

C_u=86−70=16（元），C_d=0（元）。

H=（C_u−C_d）÷（S_u−S_d）=16÷（86−46）=0.4（股）

根据 C_d=H×S_d−B×（1+r）=0.4×46−B×（1+r）=0，可得 B=18.4÷（1+0.8%）=18.25（元）。

C_0=H×S_0−B=0.4×60−18.25=5.75（元）

（2）P=C+PV（X）−S=5.75+70÷（1+0.8%）−60=15.19（元）。

（3）购入股票的净损益 =（46−60）×1 000=−14 000（元）。

购入看跌期权的净损益 =（70−46−15.19）×1 000=8 810（元）

乙投资者的组合净损益 =−14 000+8 810=−5 190（元）

6.32 斯尔解析

（1）前三年现金流量现值之和 =2×（1+20%）×（P/F，15%，1）+2×（1+20%）^{2}×（P/F，15%，2）+2×（1+20%）^{3}×（P/F，15%，3）=6.5369（元）。

第四年及以后现金流量现值 =D_4÷（r_S−g）×（P/F，15%，3）

=2×（1+20%）^{3}×（1+12%）÷（15%−12%）×0.6575=84.8333（元）

股票目前价值 V_0=6.5369+84.8333=91.3702（元）

（2）PV（X）=85÷（1+2%）=83.3333（元）。

d_1=ln［S_0÷PV（X）］÷（$\sigma\sqrt{t}$）+（$\sigma\sqrt{t}$）÷2

=ln（91.3702÷83.3333）÷（0.7×$\sqrt{0.5}$）+（0.7×$\sqrt{0.5}$）÷2

=0.0920÷0.4950+0.4950÷2=0.43

d_2=d_1−$\sigma\sqrt{t}$ =0.43−0.7×$\sqrt{0.5}$ =−0.06

查表得 N（0.43）=0.6664，N（−0.06）=1−N（0.06）=1−0.5239=0.4761。

代入 BS 模型公式，得：

C=S_0［N（d_1）］−PV（X）［N（d_2）］=91.3702×0.6664−83.3333×0.4761=21.2141（元）

期权内在价值 =91.3702−85=6.3702（元）

期权的时间溢价 =21.2141−6.3702=14.8439（元）

（3）甲基金的投资策略是抛补性看涨期权。

当股价大于执行价格时，抛补性看涨期权组合净损益 =X−S_0+C。

如果6个月后股价=105（元），抛补性看涨期权组合净损益=85−91.3702+21.2141=14.8439（元）。当股价小于执行价格时，抛补性看涨期权组合净损益$=S_t-S_0+C$。

如果6个月后股价=80（元），抛补性看涨期权组合净损益=80−91.3702+21.2141=9.8439（元）。

6.33 斯尔解析

（1）股价上行时到期日股价=50×（1+25%）=62.5（元）。

股价下行时到期日股价=50×（1−20%）=40（元）

股价上行时看涨期权的到期日价值=62.5−51.25=11.25（元）

股价下行时看涨期权的到期日价值=0（元）

半年期无风险利率=2%

2%=上行概率×25%+（1−上行概率）×（−20%）

可得：上行概率=0.4889，下行概率=1−0.4889=0.5111。

看涨期权价值=（11.25×0.4889+0.5111×0）÷（1+2%）=5.39（元）

看跌期权价值=51.25÷（1+2%）+5.39−50=5.64（元）

（2）套期保值比率$H=(C_u-C_d)\div(S_u-S_d)$=（11.25−0）÷（62.5−40）=0.5（股）

借款金额$B=(H\times S_d-C_d)\div(1+r)$=（0.5×40−0）÷（1+2%）=19.61（元）

每份看涨期权的价值=0.5×50−19.61=5.39（元）

由于看涨期权的市场价格大于其价值，因此存在套利空间。根据复制原理，可以复制一个“借款买股票”的适当组合，使该组合的到期收益与期权的到期日价值相同，则创建该组合的成本与期权价值相同，此时再同时出售1股看涨期权便能实现套利，即可以通过借款19.61元，购买0.5股股票，同时卖出1股看涨期权，即可实现套利=6−5.39=0.61（元）。

（3）买入看涨期权的净损益=Max（股票市价−执行价格，0）−期权价格

=Max（股票市价−51.25，0）−6

买入看跌期权的净损益=Max（执行价格−股票市价，0）−期权价格

=Max（51.25−股票市价，0）−4

组合净损益=Max（股票市价−51.25，0）+Max（51.25−股票市价，0）−（6+4）

当股价大于执行价格时：

组合净损益=（股票市价−51.25）−10≥0，可得：股票市价≥61.25（元）。

当股价小于执行价格时：

组合净损益=（51.25−股票市价）−10≥0，可得：股票市价≤41.25（元）。

所以，确保该组合不亏损的股票价格区间为0～41.25元和61.25元以上。

提示：进行套利决策时，如果期权市价高于期权价值，则应该卖出期权；如果期权市价低于期权价值，则应该买入期权。本题中，期权市价高于期权价值，因此需要通过卖出1股看涨期权，并通过借款19.61元，购买0.5股股票，进行套利。此时，不论到期日股价是上行还是下行，到期日净现金流量=0，而当前可以得到0.61元净现金流量。计算过程，如下表所示：

单位：元

交易策略	当前	到期日 S_u=62.5	到期日 S_d=40
买入 0.5 股股票	−0.5×50=−25	0.5×62.5=31.25	0.5×40=20
借入 19.61 元	19.61	−19.61×（1+2%）=−20	−19.61×（1+2%）=−20
卖出 1 股看涨期权	6	−11.25	0
合计净现金流量	0.61	0	0

6.34 斯尔解析

（1）1 年后甲公司股票的内在价值 =2.5×（1+8%）^{2}÷（12%−8%）=72.9（元）。

提示：一年后股票的内在价值为 P_1，计算公式为 $P_1=D_2\div(r_s-g)$，其中 $D_2=D_0\times(1+g)^2$，公司刚刚发放的上年现金股利每股 2.5 元，代表 D_0=2.5（元）。

（2）①小刘购买股票的净损益 =1 000×（72.9−60）=12 900（元）。

小刘买入看跌期权的净损益 =0−2.5×1 000=−2 500（元）

小刘 1 年后的净损益 =12 900−2 500=10 400（元）

②小马 1 年后的净损益 =（72.9−60−5）×12 500=98 750（元）。

（3）如果 1 年后甲公司股票下跌到每股 40 元：

①小刘购买股票的净损益 =1 000×（40−60）=−20 000（元）。

小刘买入看跌期权的净损益 =（60−40）×1 000−2.5×1 000=17 500（元）

小刘 1 年后的净损益 =−20 000+17 500=−2 500（元）

②小马的投资净损益 =0−5×12 500=−62 500（元）。

精程答疑

问题： 通过计算可知，股票期望收益率 =2.5×（1+8%）÷60+8%=12.5%，为什么不用 12.5% 进行折现计算股票的内在价值呢？

解答： $r_s=D_1\div P_0+g$，该公式是计算股票期望收益率的公式。如果市场处于均衡状态，股票的期望收益率 = 股票的必要报酬率，此时，可以用该公式计算股票的资本成本。如果市场不处于均衡状态，股票的期望收益率可能不等于股票的必要报酬率，此时，不可以用该公式计算股票的资本成本。综上，计算股票内在价值时，应使用 12%，而非 12.5%。同时需要注意，在题目已经给出必要报酬率的情况下，直接用即可，不需要再自行计算。

6.35 斯尔解析

（1）项目价值 = 预期可持续营业现金流量 ÷ 折现率 =400÷10%=4 000（万元）。

不含期权的项目净现值 = 项目价值 − 投资成本 =4 000−5 000=−1 000（万元）

（2）利用二叉树模型进行分析：

①构造现金流量和项目价值二叉树。

项目价值 = 可持续营业现金流量 ÷ 折现率

上行项目价值 =600 ÷ 10%=6 000（万元）

下行项目价值 =300 ÷ 10%=3 000（万元）

②构造净现值二叉树。

上行净现值 =6 000−5 000=1 000（万元）

下行净现值 =3 000−5 000=−2 000（万元）

③根据风险中性原理计算上行概率。

报酬率 =（本年现金流量 + 期末项目价值）÷ 期初项目价值 −1

上行报酬率 =（600+600 ÷ 10%）÷ 4 000−1=65%

下行报酬率 =（300+300 ÷ 10%）÷ 4 000−1=−17.50%

无风险报酬率 = 上行概率 × 上行报酬率 + 下行概率 × 下行报酬率

4%= 上行概率 ×65%+（1− 上行概率）× −17.50%

上行概率 =0.2606，下行概率 =0.7394。

④计算含有期权的项目净现值。

含有期权的项目净现值（延迟投资时点）=0.2606 × 1 000+0.7394 × 0=260.60（万元）

含有期权的项目净现值（现在时点）=260.60 ÷（1+4%）=250.58（万元）

⑤计算延迟期权的价值。

延迟期权的价值 =250.58−（−1 000）=1 250.58（万元）

⑥判断是否应延迟投资。

如果立即投资该项目，其净现值为负值，不是有吸引力的项目；如果延迟投资，考虑期权后的项目净现值为正值，是个有价值的投资项目，因此应当延迟投资。

精准答疑

问题：为什么最后计算含有期权的项目净现值使用的是无风险报酬率，而不是等风险投资的必要报酬率呢？

解答：计算含有期权的项目净现值利用的是风险中性原理，风险中性原理假设投资者对待风险的态度是中性的，所有证券的期望报酬率都应当是无风险利率，因此在使用风险中性原理折现时，折现率应使用无风险利率。

第七章　企业价值评估
答案与解析

一、单项选择题

7.1 ▶ B	7.2 ▶ D	7.3 ▶ D	7.4 ▶ C	7.5 ▶ C
7.6 ▶ A	7.7 ▶ D	7.8 ▶ C	7.9 ▶ C	7.10 ▶ C
7.11 ▶ C				

二、多项选择题

7.12 ▶ BCD	7.13 ▶ AD	7.14 ▶ CD	7.15 ▶ BC	7.16 ▶ ABC
7.17 ▶ AC	7.18 ▶ ACD	7.19 ▶ BD	7.20 ▶ BD	

一、单项选择题

7.1 斯尔解析　B　本题考查企业价值评估的对象。企业的整体价值来源于要素的结合方式，各种资源的结合方式不同，可以产生不同效率的企业以及不同的企业价值，选项A不当选。企业作为整体虽然是由部分组成的，但是它不是各部分的简单相加，而是有机的结合，选项B当选。资源的重组即改变各要素之间的结合方式，可以改变企业的功能和效率，进而改变企业的价值，选项C不当选。企业是整体和部分的统一，部分依赖于整体，整体支配部分，部分只有在整体中才能体现出它的价值，一旦离开整体，这个部分就失去了作为整体中一部分的意义，选项D不当选。

7.2 斯尔解析　D　本题考查企业价值评估的对象。由于题干中并未说明当前市场处于均衡状态，因此，收购前乙公司的股价（3元/股）反映的是其股权的现时市场价值，该现时市场价值可能是公平的，也可能是不公平的，选项A不当选。报表显示的所有者权益和负债总额反映的是会计价值，往往与公平市场价值和现时市场价值相差较大，因此根据题干信息，无法得知乙公司股权的公平市场价值的具体金额，选项BC不当选。收购前乙公司原股东全部股权价值3亿元（3×1），甲公司以6亿元价格完成收购，原股东财富增加3亿元，选项D当选。

提示：甲公司拟以6亿元收购乙公司的全部股权，这里的6亿元指的是甲公司收购实际支付的价格，不等于乙公司的经济价值，类似于股票的市场价格并不等于股票的价值。

7.3 斯尔解析 D 本题考查现金流量折现模型。折现率是现金流量风险的函数，折现率和现金流量要相互匹配，因此，**股权现金流量只能用股权资本成本折现，实体现金流量只能用加权平均资本成本折现**，选项AB不当选。股利现金流量是企业分配给股权投资人的现金流量，选项C不当选。股权现金流量是一定期间企业可以提供给股权投资人的现金流量，实体现金流量是企业一定期间可以提供给所有投资人的税后现金流量，选项D当选。

7.4 斯尔解析 C 本题考查相对价值评估模型。内在市净率=预期市净率=股利支付率×权益净利率÷（股权资本成本-增长率），选项C当选。

7.5 斯尔解析 C 本题考查相对价值评估模型。可比公司平均市销率=（9.8+10.0+10.2）÷3=10，可比公司平均销售净利率=（10%+9.4%+10.3%）÷3=9.9%。因此，甲公司股权价值=10÷（9.9%×100）×9.8%×100×4=39.6（亿元），选项C当选。

7.6 斯尔解析 A 本题考查市盈率的计算。股利支付率=每股股利÷每股收益=0.5÷2×100%=25%，股权资本成本=5%+1.25×7%=13.75%，预期市盈率=股利支付率÷（股权资本成本-增长率）=25%÷（13.75%-6%）=3.23，选项A当选。

提示：股票市场风险补偿率，即市场风险溢价（R_m-R_f），而非股票市场平均收益率水平R_m；预期市盈率（内在市盈率）的分子不要乘以（$1+g$）。

7.7 斯尔解析 D 本题考查市净率模型。根据市净率模型，乙公司的股票价值=甲公司的市净率×乙公司的每股净资产，由于题目条件中给出的均为两家公司的当前指标，故应计算甲公司的本期市净率。根据资本资产定价模型，甲公司的股权资本成本=4%+0.8×（12%-4%）=10.4%，甲公司的本期市净率=权益净利率×股利支付率×（1+增长率）÷（股权资本成本-增长率）=15%×（0.35÷0.7）×（1+3%）÷（10.4%-3%）=1.0439。乙公司的每股股票价值=3.94×1.0439=4.1130（元），选项D当选。

7.8 斯尔解析 C 本题考查市净率的计算。权益净利率=2÷10×100%=20%，本期市净率=股利支付率×权益净利率×（1+增长率）÷（股权资本成本-增长率）=50%×20%×（1+4%）÷（12%-4%）=1.30，选项C当选。

7.9 斯尔解析 C 本题考查市销率的计算。营业净利率=2÷10×100%=20%，本期市销率=股利支付率×营业净利率×（1+增长率）÷（股权资本成本-增长率）=50%×20%×（1+4%）÷（12%-4%）=1.30，选项C当选。

7.10 斯尔解析 C 本题考查市销率模型。根据修正平均市销率法，目标公司的每股价值=修正平均市销率×目标公司预期销售净利率×100×目标公司每股营业收入，修正平均市销率=可比公司平均市销率÷（可比公司平均销售净利率×100）=0.8÷（4%×100）=0.2，甲公司每股价值=0.2×5%×100×40=40（元），选项C当选。

7.11 斯尔解析 C 本题考查相对价值评估模型。**修正市盈率的关键因素是增长率，修正市净率的关键因素是权益净利率，修正市销率的关键因素是营业净利率**，选项C当选。

二、多项选择题

7.12 斯尔解析　BCD　本题考查企业价值评估的对象。**企业价值评估的目的是确定企业公平市场价值**，并不是现时市场价值，因为现时市场价值不一定是公平的，选项B当选。企业公平市场价值是企业持续经营价值与清算价值中**较高**的一个，选项C当选。少数股权价值和控股权价值都是企业的股权价值，只是体现的方式不同，选项D当选。

7.13 斯尔解析　AD　本题考查企业价值评估的对象。会计价值是指账面价值，由于所有者权益的账面价值为50亿元，因此股权的会计价值为50亿元，选项A当选。清算价值指企业停止经营，出售资产产生的现金流，从题干信息中无法得知相关信息，因此无法确定企业的清算价值，选项B不当选。持续经营价值是指由营业所产生的未来现金流量现值，从题干信息中，无法得知相关信息，因此无法确定企业的持续经营价值，选项C不当选。现时市场价值是指按现行市场价格计量的资产价值，股权的现时市场价值=5×25=125（亿元），选项D当选。

7.14 斯尔解析　CD　本题考查现金流量计算。营业现金毛流量=税后经营净利润+折旧摊销=250+55=305（万元），选项A不当选。债务现金流量=税后利息费用-净负债增加=65-50=15（万元），选项B不当选。股权现金流量=分配股利+股票回购-股票发行=50（万元），实体现金流量=股权现金流量+债务现金流量=50+15=65（万元），选项C当选。由“实体现金流量=营业现金毛流量-经营营运资本增加-资本支出”可知，资本支出=营业现金毛流量-经营营运资本增加-实体现金流量=305-80-65=160（万元），选项D当选。

7.15 斯尔解析　BC　本题考查现金流量折现模型。股权现金流量的现值（即股权价值）=实体价值-净负债价值，选项A不当选。公司进入稳定状态后，股权现金流量、实体现金流量均与营业收入同比增长，选项B当选。股权现金流量是一定期间企业可以提供给股权投资人的现金流量，如果把股权现金流量全部作为股利分配，则股权现金流量=股利现金流量，同时股权现金流量现值=股利现金流量现值，选项C当选。股权现金流量要用股权资本成本来折现，实体现金流量是用企业的加权平均资本成本来折现，选项D不当选。

7.16 斯尔解析　ABC　本题考查现金流量折现模型。**实体现金流量是企业全部现金流入扣除成本费用和必要的投资后的剩余部分**，也可以称为“实体自由现金流量”，简称“实体现金流量”，它是企业一定期间可以提供给所有投资者（包括股权投资者和债权投资者）的税后现金流量，选项AC当选。股权现金流量是一定期间企业可以提供给股权投资者的现金流量，它等于企业实体现金流量扣除对债权人支付后剩余的部分，也可以称为“股权自由现金流量”，简称“股权现金流量”，选项B当选。股利现金流量是企业分配给股权投资者的现金流量，选项D不当选。

提示：股权现金流量是一定期间企业可以提供给股权投资者的现金流量，但并不一定需要实际分配，而企业实际分配给股权投资者的现金流量是股利现金流量。

7.17 斯尔解析　AC　本题考查企业进入到永续期的标志。运用两阶段现金流量折现模型时，详细预测期通常为5～7年，企业进入永续期的标志包括：（1）**稳定的销售增长率**，大约等于宏观经济的名义增长率（选项A当选）；（2）**稳定的净投资资本报酬率**，与资本成本相近（选项C当选）。利润仅考虑了产出，没有考虑投入，稳定的投产比（净投资资本报酬率）才能够反映企业进入永续期，选项B不当选。股利受公司股利政策的影响较大，不能客观评价公司是否进入永续期，选项D不当选。

提示：净投资资本报酬率是指税后经营净利润与净投资资本（净负债加股东权益）的比率，它反映企业净投资资本的盈利能力。

竞争均衡理论认为，一个企业通常不可能在竞争的市场中长期取得超额收益，其净投资资本报酬率会逐渐恢复到正常水平，即当一个行业的净投资资本报酬率较高时，会吸引更多投资者导致竞争加剧，或者净投资资本报酬率较低时，会有一些竞争者退出该行业，最终都会使净投资资本报酬率回归到社会平均水平。故当出现稳定的净投资资本报酬率时，说明企业进入永续期。

7.18 斯尔解析 ACD 本题考查相对价值评估模型。由内在市盈率=股利支付率÷（股权成本-增长率）可知，市盈率的驱动因素是企业的增长潜力、股利支付率和风险（股权成本），因此，在确定可比企业时，需要考虑这三个因素，选项ACD当选。

7.19 斯尔解析 BD 本题考查相对价值评估模型。相对价值法是用可比企业的价值衡量目标企业的价值，是一种相对价值，而非目标企业的内在价值，选项A不当选。市净率模型的驱动因素包括权益净利率、增长潜力、股利支付率和风险，可比企业应选择以上四项驱动因素类似的企业，选项C不当选。

7.20 斯尔解析 BD 本题考查相对价值评估模型。市盈率模型最适合连续盈利的企业，市净率模型适用于拥有大量资产、净资产为正值的企业，选项B当选。市销率模型适用于销售成本率较低的服务类企业，或者销售成本率趋同的传统行业的企业，选项D当选。

三、计算分析题

7.21 斯尔解析

（1）2024年税后经营净利润=6 000×（1-60%）×（1-25%）×（1+5%）=1 890（万元）。

2024年实体现金流量=1 890-4 000×5%=1 690（万元）

2023年末净负债=2023年末股东权益=4 000÷2=2 000（万元）

2024年税后利息费用=2 000×8%×（1-25%）=120（万元）

2024年净负债增加=2 000×5%=100（万元）

2024年债务现金流量=120-100=20（万元）

2024年股权现金流量=1 690-20=1 670（万元）

（2）股权资本成本=8%×（1-25%）+5%=11%。

2024年初股权价值=1 670÷（11%-5%）=27 833.33（万元）

2024年初每股价值=27 833.33÷1 000=27.83（元）

每股价值（27.83元）大于每股市价（22元），说明每股市价被低估了。

提示：

①关于各年利息费用的计算，如果题目中没有特殊说明，则一般以年末负债为基础计算，但是在题目有要求的情况下，要根据题目要求计算。比如本题，由于题干要求“利息费用按净负债期初余额计算”，因此，应当以2024年初净负债（2 000万元）为基础计算利息费用。

②计算现金流量时，使用的公式包括：

实体现金流量 = 税后经营净利润 − 净经营资产增加

债务现金流量 = 税后利息费用 − 净负债增加

股权现金流量 = 实体现金流量 − 债务现金流量

解析中的计算方法并不是唯一的计算方法，比如：2024 年股权现金流量 = 净利润 − 股东权益的增加 =（税后经营净利润 − 税后利息费用）− 股东权益增加 =1 890−120−2 000×5%=1 670（万元）。上述解析是最简便的计算方法，大家在平时练习时，要注重积累，找到解题最快的计算方法。

7.22 斯尔解析

（1）净经营资产销售百分比 =1/4+1/2=75%。

2023 年净经营资产 =1 000×75%=750（万元）

2023 年税后经营净利润 =750×20%=150（万元）

2023 年净负债 =2023 年股东权益 =750÷2=375（万元）

2023 年税后利息费用 =375×6%=22.5（万元）

2023 年净利润 =150−22.5=127.5（万元）

2024 年股权现金流量 =127.5×（1+10%）−375×10%=102.75（万元）

2025 年股权现金流量 =127.5×（1+10%）×（1+8%）−375×（1+10%）×8%

=151.47−33=118.47（万元）

2026 年股权现金流量 =127.5×（1+10%）×（1+8%）×（1+5%）−375×（1+10%）×（1+8%）×5%

=159.04−22.28=136.76（万元）

（2）预测期现金流量现值 =102.75×（*P*/*F*，12%，1）+118.47×（*P*/*F*，12%，2）

=91.75+94.44=186.19（万元）

后续期现金流量现值 =136.76÷（12%−5%）×（*P*/*F*，12%，2）=1 557.5（万元）

股权价值 =186.19+1 557.50=1 743.69（万元）

提示：

①净经营资产销售百分比 = 净经营资产 ÷ 销售收入 =（经营性营运资本 + 净经营性长期资产）÷ 销售收入 =（经营性营运资本 ÷ 销售收入）+（净经营性长期资产 ÷ 销售收入）= 经营营运资本销售百分比 + 净经营长期资产销售百分比。

经营营运资本销售百分比 =1÷（销售收入 ÷ 经营性营运资本）=1÷ 经营营运资本周转率

净经营长期资产销售百分比 =1÷（销售收入 ÷ 净经营性长期资产）=1÷ 净经营性长期资产周转率

②净经营资产 = 营业收入 × 净经营资产销售百分比。

③税后经营净利润 = 净经营资产 × 净经营资产净利率。

④股权现金流量 = 净利润 − 股东权益增加。

⑤本题中各年税后经营净利润、净经营资产、净负债、股东权益、净利润与收入的增长率相同。原因如下：

由于经营性营运资本的周转率和净经营长期资产的周转率保持不变，因此净经营资产的周转率保持不变，净经营资产的增长率与收入的增长率相同；由于净负债/股东权益比率不变，因此净负债和股东权益与净经营资产的比例关系不变，三者保持同比例增长；净经营资产净利率保持不变，税后经营净利润与净经营资产保持同比例增长；由于税后利息率不变，因此税后利息费用与净负债保持同比例增长；净利润 = 税后经营净利润 − 税后利息费用，由于税后经营净利润和税后利息费用的增长率与收入的增长率相同，因此净利润的增长率与收入的增长率相同。

因此，2024 年的股权现金流量 =2024 年净利润 −2024 年股东权益增加 =2023 年净利润 ×（1+增长率）−2024 年初股东权益 × 增长率。

7.23 斯尔解析

（1）A 公司的市销率 =20÷（20 000÷5 000）=5。

B 公司的市销率 =19.5÷（30 000÷8 000）=5.2

C 公司的市销率 =27÷（35 000÷7 000）=5.4

平均市销率 =（5+5.2+5.4）÷3=5.2

平均预期销售净利率 =（9 000÷20 000+15 600÷30 000+17 500÷35 000）÷3×100%=49%

修正平均市销率 =5.2÷（49%×100）=0.1061

甲公司每股价值 =0.1061×（9 360÷18 000）×100×（18 000÷4 000）=24.83（元）

甲公司股权价值 =24.83×4 000=99 320（万元）

［或：甲公司股权价值 =5.2÷（49%×100）×（9 360÷18 000）×100×（18 000÷4 000）×4 000=99 330.6（万元）］

（2）优点：它不会出现负值，对于亏损企业和资不抵债的企业，也可以计算出一个有意义的价值乘数。它比较稳定、可靠，不容易被操纵。市销率对价格政策和企业战略变化敏感，可以反映这种变化的后果。

局限性：不能反映成本的变化，而成本是影响企业现金流量和价值的重要因素之一。

适用范围：市销率估价方法主要适用于销售成本率较低的服务类企业，或者销售成本率趋同的传统行业的企业。

7.24 斯尔解析

（1）甲公司每股收益 =3 000÷10 000=0.3（元）。

可比公司平均市盈率 =（8÷0.4+8.1÷0.5+11÷0.5）÷3=19.4

可比公司平均增长率 =（8%+6%+10%）÷3=8%

修正平均市盈率 = 可比公司平均市盈率 ÷（可比公司平均增长率 ×100）

=19.4÷（8%×100）=2.425

甲公司每股股权价值 = 修正平均市盈率 × 甲公司预期增长率 ×100× 甲公司每股收益

=2.425×9%×100×0.3=6.55（元）

（2）甲公司每股净资产 =21 800÷10 000=2.18（元）。

甲公司权益净利率 =3 000÷［（20 000+21 800）÷2］×100%=14.35%

可比公司平均市净率 =（8÷2+8.1÷3+11÷2.2）÷3=3.9

可比公司平均权益净利率 =（21.2%+17.5%+24.3%）÷3=21%

修正平均市净率 = 可比公司平均市净率 ÷（可比公司平均权益净利率 ×100）

=3.9÷（21%×100）=0.1857

甲公司每股股权价值 = 修正平均市净率 × 甲公司预期权益净利率 ×100× 甲公司每股净资产 =0.1857×14.35%×100×2.18=5.81（元）

（3）甲公司的固定资产较少，净资产与企业价值关系不大，市净率法不适用；市盈率法把价格和收益联系起来，可以直观地反映收入和产出的关系，用市盈率法对甲公司估值更合适。

（4）使用市盈率模型下的股价平均法：

甲公司每股收益 =3 000÷10 000=0.3（元）

甲公司每股股权价值 = 可比公司修正市盈率 × 甲公司预期增长率 ×100× 甲公司每股收益

按 A 公司计算甲公司每股股权价值 =（8÷0.4）÷（8%×100）×9%×100×0.3=6.75（元）

按 B 公司计算甲公司每股股权价值 =（8.1÷0.5）÷（6%×100）×9%×100×0.3=7.29（元）

按 C 公司计算甲公司每股股权价值 =（11÷0.5）÷（10%×100）×9%×100×0.3=5.94（元）

甲公司每股股权价值 =（6.75+7.29+5.94）÷3=6.66（元）

（5）使用市净率模型下的股价平均法：

甲公司每股净资产 =21 800÷10 000=2.18（元）

甲公司权益净利率 =3 000÷［（20 000+21 800）÷2］×100%=14.35%

甲公司每股股权价值 = 可比公司修正市净率 × 甲公司股东预期权益净利率 ×100× 甲公司每股净资产

按 A 公司计算甲公司每股股权价值 =（8÷2）÷（21.2%×100）×14.35%×100×2.18=5.90（元）

按 B 公司计算甲公司每股股权价值 =（8.1÷3）÷（17.5%×100）×14.35%×100×2.18=4.83（元）

按 C 公司计算甲公司每股股权价值 =（11÷2.2）÷（24.3%×100）×14.35%×100×2.18=6.44（元）

甲公司每股股权价值 =（5.90+4.83+6.44）÷3=5.72（元）

精程答疑

问题： 为什么本题计算甲公司每股股权价值中的市盈率、市净率取用的是预期数据而不是本期数据？题目中的哪些数据要对应使用预期市盈率和预期市净率？

解答： 本题中计算甲公司每股股权价值使用的是修正模型中的修正平均比率法和股价平均法，在修正模型下不区分本期和内在，都是对关键因素（预期增长率、预期权益净利率、预期营业净利率）进行的修正。

但如果使用的不是修正模型，而是基本模型，则需要注意区分本期比率和预期比率，以市盈率基本模型为例：

市盈率分为本期市盈率和内在市盈率（预期市盈率），具体使用哪种比率，关键是看题目中给出的目标企业每股收益是本期每股收益还是预期每股收益。如果题目中给出的是目标企业本期的每股收益，就选择本期市盈率；如果题目中给出的是目标企业预期的每股收益，就选择内在市盈率。目标企业每股股权价值 = 目标企业本期每股收益 × 可比企业本期市盈率，或者目标企业每股股权价值 = 目标企业预期每股收益 × 可比企业预期市盈率。

7.25 斯尔解析

（1）2024 年初股权价值 =750×80%×（1+7.5%）÷（11.5%−7.5%）=16 125（万元）。

（2）如果收购，采用股权现金流量折现模型，2024 年初乙公司股权价值的估算如下表所示：

单位：万元

项目	2024年	2025年	2026年
营业收入	6 000	6 600	7 128
减：营业成本	3 900	4 290	4 633.2
销售和管理费用	900	990	1 069.2
税前经营利润	1 200	1 320	1 425.6
减：经营利润所得税	300	330	356.4
税后经营净利润	900	990	1 069.2
净经营资产	4 200	4 620	4 989.6
减：净经营资产增加	−100	420	369.6
实体现金流量	1 000	570	699.6
净负债	1 800	1 980	2 138.4
减：税后利息费用	108	118.8	128.3
加：净负债增加	−350	180	158.4
债务现金流量	458	−61.2	−30.1
股权现金流量	542	631.2	729.7
乙公司股权价值	20 741.94 （答案在20 741.8～20 742之间，均正确）		

2026 年及以后各年现金流量的现值 =729.7÷（11%−8%）÷（1+11%）^{2}=19 741.36（万元）

2024 年初乙公司股权价值 =542÷（1+11%）+631.2÷（1+11%）^{2}+19 741.36=20 741.94（万元）

（3）收购产生的控股权溢价 =V（新的）−V（旧的）=20 741.94−16 125=4 616.94（万元）。

（答案在 4 616.8 万元～ 4 617 万元之间，均正确）

收购为乙公司原股东带来的净现值 =18 000−16 125=1 875（万元）

收购为甲公司带来的净现值 =20 741.94−18 000=2 741.94（万元）

（答案在 2 741.8 万元～ 2 742 万元之间，均正确）

收购可行，因为收购为甲公司和乙公司原股东都带来了正的净现值。

提示：

①第一问要求根据股利现金流量折现模型计算，首先需要找到未来各年的股利，2023 年的股利 =750×80%=600（万元），由于收购前企业处于稳定增长状态，未来各年股利将保持 7.5% 的增长率稳定增长，因此 2024 年末的股利（D_1）=600×（1+7.5%）=645（万元）。

②由于乙公司股票等风险投资必要报酬率收购前（即不收购）为 11.5%，收购后为 11%，而第一问计算的是不收购时乙公司的股权价值，因此折现率应该选择 11.5%，而第二问计算的是收购后乙公司的股权价值，折现率应选择 11%。

③常用的股权现金流量计算公式有两个，如果题目没有指明运用哪个计算公式时，则可选择自己运用熟练的公式或者根据题目数据计算简便的公式。

a. 股权现金流量 = 实体现金流量 − 债务现金流量（本题选择的公式），具体计算过程如下（以 2024 年为例）：

税后经营净利润 =6 000×（1−65%−15%）×（1−25%）=900（万元）

净经营资产 =6 000×70%=4 200（万元）

净经营资产增加 =4 200−4 300=−100（万元）

实体现金流量 =900−（−100）=1 000（万元）

税后利息费用 =6 000×30%×8%×（1−25%）=108（万元）

净负债增加 =6 000×30%−2 150=−350（万元）

债务现金流量 =108−（−350）=458（万元）

股权现金流量 =1 000−458=542（万元）

b. 股权现金流量 = 净利润 − 股东权益增加，该方法主要是计算净利润和股东权益的增加（以 2024 年为例）：

税后经营净利润 =6 000×（1−65%−15%）×（1−25%）=900（万元）

税后利息费用 =6 000×30%×8%×（1−25%）=108（万元）

净利润 =900−108=792（万元）

所有者权益 =6 000×（70%−30%）=2 400（万元）

所有者权益增加 =2 400−（4 300−2 150）=250（万元）

股权现金流量 =792−250=542（万元）

④本题选择 2026 年末的股权现金流量作为 D_1，若选择 2027 年末的数据作为 D_1，则：

2024 年初乙公司股权价值 =542÷（1+11%）+631.2÷（1+11%）^{2}+729.7÷（1+11%）^{3}+729.7×（1+8%）÷（11%−8%）÷（1+11%）^{3}=20 741.95（万元）

542÷（1+11%）：2024 年末股权现金流量折现到 2024 年初的现值。

631.2÷（1+11%）^{2}：2025 年末股权现金流量折现到 2024 年初的现值。

729.7÷（1+11%）^{3}：2026 年末股权现金流量折现到 2024 年初的现值。

729.7×（1+8%）÷（11%−8%）÷（1+11%）^{3}：2027 年及以后各年股权现金流量折现到 2024 年初的现值。

7.26 斯尔解析

（1）

单位：万元

管理用资产负债表项目	2023年末（修正）	2024年末	2025年末
经营营运资本	2 000	2 121.6	2 164.03
净经营性长期资产	7 000	7 425.6	7 574.11
净经营资产总计	9 000	9 547.2	9 738.14
净负债	5 000	4 773.6	4 869.07
股东权益合计	4 000	4 773.6	4 869.07
净负债及股东权益总计	9 000	9 547.2	9 738.14

单位：万元

管理用利润表项目	2023年（修正）	2024年	2025年
一、营业收入	10 000	10 608	10 820.16
减：营业成本	7 000	7 425.6	7 574.11
销售及管理费用	1 000	1 060.8	1 082.02
二、税前营业利润	2 000	2 121.6	2 164.03
减：经营利润所得税	500	530.4	541.01
三、税后经营净利润	1 500	1 591.2	1 623.02
利息费用	300	400	381.89
减：利息费用抵税	75	100	95.47
四、税后利息费用	225	300	286.42
五、净利润合计	1 275	1 291.2	1 336.6

（2）2023 年的净经营资产周转次数 =10 000÷9 000=1.11（次）。

2023 年的净经营资产净利率 =1 500÷9 000×100%=16.67%

2024 年的实体现金流量 =1 591.2−（9 547.2−9 000）=1 044（万元）

2025 年的实体现金流量 =1 623.02−（9 738.14−9 547.2）=1 432.08（万元）

（3）实体价值 =［1 044+1 432.08÷（10%−2%）］÷（1+10%）=17 222.73（万元）。

股权价值 =17 222.73−5 000=12 222.73（万元）

每股股权价值 =12 222.73÷800=15.28（元）

每股市价大于每股股权价值，股价被高估了。

精准答疑

问题：如何判定 2024 年实现了目标资本结构呢？

解答：2023 年经营营运资本 =10 000×3%+1 200+1 000−500=2 000（万元）。

2023 年净经营性长期资产 =5 000+2 000=7 000（万元）

2023 年净经营资产总计 =2 000+7 000=9 000（万元）

2023 年净负债 =5 100−（400−10 000×3%）=5 000（万元）

2023 年股东权益合计 =800+3 200=4 000（万元）

2024 年营业收入 =10 000×（1+4%）×（1+2%）=10 608（万元）

2025 年营业收入 =10 608×（1+2%）=10 820.16（万元）

2024 年末净经营资产 =9 000×（1+4%）×（1+2%）=9 547.2（万元）

目标资本结构为净负债 / 所有者权益 =1/1，则目标资本结构下：净负债 = 所有者权益 =9 547.2÷2=4 773.6（万元）。

2023 年的净负债是 5 000 万元，2024 年的净负债是 4 773.6 万元，所以 2024 年需要偿还的债务为：5 000−4 773.6=226.4（万元）。

净经营资产增加 =9 547.2−9 000=547.2（万元）

题目说明不增发新股和回购股票，采用剩余股利政策，故净经营资产增加的来源为净利润的留存。

故 2024 年需要的总留存额分为两部分，一部分是达到目标资本结构需要偿还的债务，另一部分是达到目标资本结构需要满足的净经营资产增加。

2024 年总留存额 =226.4+547.2=773.6（万元）

2024 年净利润 1 291.2 万元中，留存 773.6 万元（其中 547.2 万元用于增加净经营资产，226.4 万元用于偿还债务），其余分配。

2024 年净利润可以满足目标资本结构的需求的总留存额，故 2024 年可以实现目标资本结构。

四、综合题

7.27 斯尔解析

（1）

单位：万元

管理用财务报表项目	2020年	2021年	2022年	2023年
净经营资产	800	1 000	1 150	1 437.5
净负债	220	300	420	600
股东权益	580	700	730	837.5

续表

管理用财务报表项目	2020年	2021年	2022年	2023年
税后经营净利润	600	621	966	1 104
税后利息费用	12	15	21	30
净利润	588	606	945	1 074

（2）净经营资产周转率 =（2 000÷800+2 300÷1 000+2 760÷1 150+3 450÷1 437.5）÷4=2.4（次）。

税后经营净利率 =（600÷2 000+621÷2 300+966÷2 760+1 104÷3 450）÷4×100%=31%

（3）乙公司的股权资本成本 =4%+1.4×（9%−4%）=11%。

乙公司的加权平均资本成本 =8%×（1−25%）×2/5+11%×3/5=9%

（4）

单位：万元

项目	2023年末	2024年末	2025年末	2026年末
收入	3 450	4 140	4 636.8	4 822.27
税后经营净利率	—	31%	31%	31%
税后经营净利润	1 104	1 283.4	1 437.41	1 494.90
净经营资产周转率	—	2.4	2.4	2.4
净经营资产	1 437.5	1 725	1 932	2 009.28
净经营资产增加	—	287.5	207	77.28
实体现金流量	—	995.9	1 230.41	1 417.62
折现系数	—	0.9174	0.8417	0.7722
现值	—	913.64	1 035.64	1 094.69
实体价值	25 813.50			

（5）股权价值 =25 813.50−600=25 213.50（万元）。

（6）定价基准日前 20 个交易日股票交易均价 =4 000÷160=25（元/股）。

发行价格 =25×80%=20（元）

发行数量 =25 213.50÷20=1 260.68（万股）

提示：

①管理用财务报表的填列（以 2020 年为例）：

净经营资产 = 经营资产 − 经营负债 =980−180=800（万元）

净负债 = 金融负债 − 金融资产 =220−0=220（万元）

税前经营利润 = 营业收入 − 营业成本 − 税金及附加 − 销售和管理费用

=2 000−1 000−14−186=800（万元）

税后经营净利润 =800×（1−25%）=600（万元）

税后利息费用 =16×（1−25%）=12（万元）

②实体价值 $=995.9\times0.9174+1\,230.41\times0.8417+\frac{1\,417.62}{9\%-4\%}\times0.8417=25\,813.50$（万元）。

③已知条件（3）：其等风险债券税前资本成本 8%、普通股 β 系数 1.4、无风险报酬率 4%、市场组合必要报酬率 9% 都是目标资本结构下的数据，因此不需要加载、卸载杠杆，直接计算即可。

7.28 斯尔解析

（1）$\beta_{权益}=1\times[1+80\%\times(1-25\%)]=1.6$。

乙医院的股权资本成本 =4.4%+1.6×（10.65%−4.4%）=14.4%

加权平均资本成本 =6%×（1−25%）×80%÷（80%+100%）+14.4%×100%÷（80%+100%）=10%

提示：最常见的做法是选用 10 年期的政府债券到期收益率作为无风险利率，故无风险利率为 4.4%。

（2）2025 年及以后年度经营营运资本周转率 =（9+11+10）÷3=10（次）。

2025 年及以后年度净经营长期资产周转率 =（1.9+2+2.1）÷3=2（次）

2025 年及以后年度净经营资产占营业收入的比例 =1÷10+1÷2=60%

2025 年及以后年度营业成本及管理费用占营业收入的比例 =［（19 000+2 280）÷26 600+（21 000+2 700）÷30 000+（24 000+3 216）÷33 600］÷3=80%

2025 年及以后年度税后经营净利率 =（1−80%）×（1−25%）=15%

（3）

单位：万元

项目	2024年末	2025年末	2026年末	2027年末
营业收入	33 600	37 396.8	41 622.64	42 871.32
税后经营净利润	—	5 609.52	6 243.40	6 430.70
净经营资产	19 360	22 438.08	24 973.58	25 722.79
净经营资产增加	—	3 078.08	2 535.50	749.21
实体现金流量	—	2 531.44	3 707.90	5 681.49
折现系数	—	0.9091	0.8264	0.7513
现值	—	2 301.33	3 064.21	4 268.50
实体价值	72 439.59			

（4）2024 年末乙医院股权价值 =72 439.59−8 000=64 439.59（万元）。

（5）2024 年末乙医院股权价值 = 每股市价 × 股票数量

= 每股收益 × 市盈率 × 股票数量

= 净利润 × 市盈率 =4 428×15=66 420（万元）

（6）市盈率法是利用可比公司估计目标公司的股权价值，计算的是相对价值。

现金流量折现法是利用目标公司的数据估计目标公司的股权价值，计算的是内在价值。

提示：

①在应用资本资产定价模型估计普通股资本成本时，关于无风险利率的估计，通常会面临两个问题：一是选择短期政府债券利率还是选择长期政府债券利率，由于普通股是长期的有价证券，政府长期债券期限长比较接近普通股现金流的时间覆盖范围，因此通常选用长期政府债券的利率；二是选择票面利率还是到期收益率，由于票面利率可比性较弱，因此应当选择到期收益率。最常见的做法是选择10年期政府债券的到期收益率作为无风险利率的代表。

②实体现金流量各指标计算（以2025年为例）：

2025年营业收入=33 600×（1+6%）×（1+5%）=37 396.8（万元）

2025年税后经营净利润＝营业收入×税后经营净利率=37 396.8×15%=5 609.52（万元）

2025年净经营资产＝营业收入×净经营资产与收入比=37 396.8×60%=22 438.08（万元）

2024年净经营资产＝（33 600÷10+33 600÷2.1）=19 360（万元）

2025年净经营资产增加=22 438.08−19 360=3 078.08（万元）

2025年实体现金流量＝税后经营净利润－净经营资产增加=5 609.52−3 078.08=2 531.44（万元）

③实体价值 $=2\,531.44\times0.9091+3\,707.90\times0.8264+\dfrac{5\,681.49}{10\%-3\%}\times0.8264=72\,439.59$（万元）。

第八章　资本结构
答案与解析

一、单项选择题

8.1 ▶ B	8.2 ▶ D	8.3 ▶ D	8.4 ▶ B	8.5 ▶ D
8.6 ▶ B	8.7 ▶ D	8.8 ▶ B		

二、多项选择题

8.9 ▶ AD	8.10 ▶ AC	8.11 ▶ AC	8.12 ▶ BC	8.13 ▶ AD
8.14 ▶ ABC	8.15 ▶ AB	8.16 ▶ ABD	8.17 ▶ ABD	

一、单项选择题

8.1　斯尔解析　B　本题考查资本结构的MM理论。MM理论的假设条件：（1）经营风险可以用息税前利润的方差来衡量，经营风险相同的企业处于同一风险等级（选项A不当选）；（2）投资者等市场参与者对公司未来的收益与风险的预期是相同的；（3）资本市场是完善的，没有交易成本（选项C不当选）；（4）投资者可同企业一样以同等利率获得借款；（5）无论借债多少，企业及个人的负债均无风险，故负债利率为无风险利率（选项B当选）；（6）投资者预期的EBIT不变，即假设企业的增长率为零，从而所有现金流量都是年金（选项D不当选）。

8.2　斯尔解析　D　本题考查资本结构的MM理论。财务杠杆越大，即企业的负债比例越高，此时企业债务利息抵税收益现值越大，企业价值越大，选项AC不当选。**根据有税MM理论，有负债企业的权益资本成本=无负债企业的权益资本成本+风险溢价**，风险溢价与以市值计算的财务杠杆成正比，因此财务杠杆越大，企业权益资本成本越高，选项B不当选。在考虑所得税的条件下，有负债企业的加权平均资本成本随着债务筹资比例的增加而降低，选项D当选。

提示：

项目	随着负债比例的不断上升	
	无税MM理论	有税MM理论
企业价值	不变	上升
加权平均资本成本	不变	降低
负债资本成本	不变（无风险利率）	不变（税后无风险利率）
股权资本成本	上升（幅度大）	上升（幅度小，因为考虑了所得税的影响）

8.3 斯尔解析 D 本题考查资本结构的MM理论。有税MM理论认为，有税有负债企业的价值等于具有相同风险等级的有税无负债企业的价值加上债务利息抵税收益的现值，选项D当选。财务困境成本是权衡理论和代理理论需要考虑的因素，选项A不当选。债务代理收益和债务代理成本是代理理论需要考虑的因素，选项BC不当选。

8.4 斯尔解析 B 本题考查资本结构的权衡理论。破产清算阶段产生的各项法律费用和管理费用属于直接成本，直接成本通常比间接成本小得多，间接成本往往会给处于财务困境中的企业致命一击，选项A不当选。所谓权衡理论，就是强调在平衡债务利息的抵税收益与财务困境成本的基础上，企业价值最大化时的资本结构就是最佳资本结构，此时所确定的债务比率应当使债务抵税收益的边际价值等于增加的财务困境成本现值，选项B当选。债务的代理收益是代理理论需要考虑的因素，选项C不当选。权衡理论是MM理论的延伸，基于有税的MM理论命题，有税有负债企业的价值是有税无负债企业价值加上债务利息抵税收益的现值，再减去财务困境成本的现值，故权衡理论考虑了债务利息的抵税效应，选项D不当选。

8.5 斯尔解析 D 本题考查资本结构的影响因素。现金流量波动较大的企业经营风险较高，应搭配较低的财务杠杆水平，故其负债水平应比现金流量较稳定的类似企业的负债水平低，选项A不当选。成长性好的企业因其快速发展，对外部资金需求比较大，要比成长性差的类似企业的负债水平高，选项B不当选。盈利能力强的企业能够取得更多的内源融资，根据优序融资理论，可减少对外部融资的需求，因此相较于盈利能力较弱的类似企业的负债水平更低，选项C不当选。一般性用途资产比例高的企业更容易从银行取得贷款，因此较具有特殊用途资产比例高的类似企业的负债水平高，选项D当选。

8.6 斯尔解析 B 本题考查资本成本比较法。资本成本比较法，是指在不考虑各种筹资方式在数量与比例上的约束以及财务风险差异时，通过计算各种长期筹资组合方案的加权平均资本成本，并根据计算结果**选择加权平均资本成本最小的筹资方案**。三个方案的加权平均资本成本计算如下：

方案一：4 000÷8 000×6%+4 000÷8 000×12%=9%。

方案二：3 000÷8 000×6%+3 000÷8 000×10%×（1−25%）+2 000÷8 000×12%=8.06%。

方案三：5 000÷8 000×10%×（1−25%）+3 000÷8 000×12%=9.19%。

综上，方案二的加权平均资本成本最小，选项 B 当选。

8.7 斯尔解析　D　本题考查每股收益无差别点法。因为增发普通股的每股收益线斜率低，增发优先股和增发债券的每股收益线斜率相同，由于发行优先股与发行普通股的每股收益无差别点（180万元）高于发行长期债券与发行普通股的每股收益无差别点（120万元），可以判定发行债券的每股收益线在发行优先股的每股收益线上，即本题按每股收益判断始终是债券筹资优于优先股筹资，选项C不当选。因此，当预期的息税前利润高于120万元时，甲公司应当选择发行长期债券，当预期的息税前利润低于120万元时，甲公司应当选择发行股票，选项AB不当选、选项D当选。

8.8 斯尔解析　B　本题考查每股收益无差别点法。每股收益无差别点法是在计算不同融资方案下企业的每股收益（EPS）相等时所对应的息税前利润（EBIT）基础上，通过比较在企业预期盈利水平下的不同融资方案的每股收益，进而选择每股收益较大的筹资方案。这种方法侧重于对不同融资方式下的每股收益进行比较，没有考虑各融资方案给公司带来的财务风险，选项B当选。每股收益无差别点法无法确定最低的债务资本成本和最低的股权资本成本，选项AD不当选。**每股收益无差别点法选择的是每股收益最大的筹资方案，但是每股收益最大，并不代表股东财富最大**，因此无法体现股东财富最大化的财务目标，选项C不当选。

精程答疑

问题：为什么每股收益提高不是股东财富最大化的体现？

解答：此处需要结合第一章第二节“财务管理的目标”进行理解。

股东财富最大化的观点认为，增加股东财富是财务管理的基本目标。

股东财富可以用股东权益的市场价值来衡量。股东财富的增加可以用股东权益的市场价值与股东投资资本的差额来衡量，它被称为“股东权益的市场增加值”。股东权益的市场增加值是公司为股东创造的价值。

每股收益无差别点法选择的是每股收益最大的筹资方案，但是每股收益最大，并不代表股东财富最大。在第一章第二节的学习中，我们知道每股收益最大化存在局限性：（1）没有考虑每股收益取得的时间；（2）没有考虑每股收益的风险；（3）现实中每股股票投入资本差别也很大，不同公司的每股收益不可比。

综上，每股收益无差别点法无法体现股东财富最大化的财务目标，每股收益提高不是股东财富最大化的体现。

二、多项选择题

8.9 斯尔解析　AD　本题考查资本结构的MM理论。在不考虑企业所得税的情况下，企业的资本结构与企业价值无关，企业加权平均资本成本与其资本结构无关，选项A当选。不论是否考虑所得税，有负债企业的权益成本都会随着负债比例的增加而增加，选项B不当选。在考虑企业所得税的情况下，由于利息抵税收益的存在，导致企业价值会随负债比例的增加而增加，选项C不当选。在考虑所得税的条件下，由于利息抵税效应的存在，导致有负债企业的权益资本成本比无税时要低，选项D当选。

8.10 斯尔解析 AC 本题考查资本结构的MM理论。债务利息可以在税前扣除，相当于增加了企业的现金流，因此随着企业负债比例的提高，企业价值也随之提高，理论上全部融资来源于负债时，企业价值达到最大，选项A当选。根据MM理论的基本假设，无论借债多少，企业及个人的负债均无风险，即负债利率为无风险利率，因此高杠杆企业的债务资本成本等于低杠杆企业的债务资本成本，选项B不当选。有税有负债企业权益资本成本等于有税无负债企业的权益资本成本加上风险溢价，风险溢价与以市值计算的财务杠杆成正比，因而有税有负债企业的权益资本成本随着财务杠杆的提高而增加，即高杠杆企业的权益资本成本大于低杠杆企业的权益资本成本，选项C当选。在考虑所得税条件下，有负债企业的加权平均资本成本随着债务筹资比例的增加而降低，选项D不当选。

8.11 斯尔解析 AC 本题考查资本结构的MM理论。有税的MM理论认为有税有负债企业的权益资本成本等于相同风险等级的有税无负债企业的权益资本成本加上与以市值计算的债务与权益比例成比例的风险溢价（$r_{sL}^{0}=r_{sU}^{0}$+风险溢价$=r_{sU}^{0}+(r_{sU}^{0}-r_{d}^{0})\dfrac{D}{E}$），选项A当选。当企业负债比例提高时，债务资本成本不变，选项B不当选。有税的MM理论认为企业使用债务筹资时所支付的利息成本中，有一部分被利息抵税所抵消，使实际债务利息成本为$r_{d}^{T}(1-T)$，此时有税有负债企业的加权平均资本成本，随着债务筹资比例的增加而降低，选项C当选、选项D不当选。

8.12 斯尔解析 BC 本题考查资本结构的权衡理论。财务困境的间接成本是指因财务困境所引发企业资信状况恶化，以及持续经营能力下降而导致的企业价值损失。具体表现为企业客户、供应商、员工的流失，投资者的警觉与谨慎导致的融资成本增加等，选项BC当选。企业因破产、清算或重组所发生的法律费用和管理费用等属于财务困境的直接成本，选项AD不当选。

8.13 斯尔解析 AD 本题考查资本结构的权衡理论。根据权衡理论的观点，有负债企业的价值是无负债企业价值加上利息抵税收益的现值，再减去财务困境成本的现值，选项AD当选。债务代理成本和债务代理收益属于代理理论需要考虑的因素，选项BC不当选。

8.14 斯尔解析 ABC 本题考查资本结构的代理理论。经理的目标是扩大管理控制权和赚钱，只有当经理代表自己时，才会和股东产生冲突，经理与股东之间的利益冲突会表现为经理的机会主义行为，导致过度投资问题，但并不会导致投资不足问题（股东与债权人之间的冲突可能导致过度投资问题和投资不足问题），选项A当选。债务的代理收益具体表现为债权人保护条款引入，对经理提升企业业绩的激励措施以及对经理随意支配现金流量、浪费企业资源的约束等，而非债务的代理成本具体表现，选项B当选。代理理论的表达式为：$V_L=V_U$+PV（利息抵税）−PV（财务困境成本）−PV（债务代理成本）+PV（债务代理收益）。利息抵税和财务困境成本均会影响企业价值，选项C当选、选项D不当选。

8.15 斯尔解析 AB 本题考查资本结构的代理理论。债务的代理收益具体表现为债权人保护条款引入，对经理提升企业业绩的激励措施以及对经理随意支配现金流量浪费企业资源的约束等，选项AB当选。选项CD属于债务代理成本的表现，选项CD不当选。

8.16 斯尔解析 ABD 本题考查资本结构理论。根据MM理论，当存在企业所得税时，有负债企业的价值=具有相同风险等级的无负债企业价值+债务利息抵税收益的现值，企业负债比例越高，债务利息抵税收益现值越大，企业价值越大，选项A当选。**权衡理论，就是强调在平衡债务利息的抵税收益与财务困境成本的基础上，企业价值最大化的资本结构就是最佳资本结构**，选项B当选。根据代理理论，企业陷入财务困境且债务比例较高时，从企业整体角度而言净现值为正的项目，可能发生财富从股东转移至债权人，从而使股东拒绝投资净现值为正的项目，选项C不当选。**优序融资理论是当企业存在融资需求时，遵循“先内后外，先债后股”的原则**，即首先选择内源融资，其次选择债务融资，最后选择股权融资，选项D当选。

8.17 斯尔解析 ABD 本题考查企业价值比较法。普通股资本成本=4%+1.2×（6%−4%）=6.4%，选项A当选。甲公司普通股的市场价值=［（息税前利润−利息）×（1−所得税税率）］÷普通股资本成本=［（200−500×5%）×（1−25%）］÷6.4%=2 050.78（万元），选项B当选。甲公司税后债务资本成本=5%×（1−25%）=3.75%，加权平均资本成本=3.75%×500÷（500+2 050.78）+6.4%×2 050.78÷（500+2 050.78）=5.88%，选项C不当选。公司的市场价值=普通股的市场价值+长期债务的市场价值=2 050.78+500=2 550.78（万元），选项D当选。

精程答疑

问题： 如何理解本题中息税前利润扣除利息和所得税后就是股权现金流量？为什么不需要考虑股利支付率？

解答： 做题时需要根据题干的信息来判断所考查的知识点，本题考查的是企业价值比较法，企业价值比较法有如下基本假设：

（1）长期债务（长期借款和长期债券）和优先股的现值等于其账面价值，且长期债务和优先股的账面价值等于其面值。

（2）股票的现值等于企业未来的净收益按照股东要求的报酬率折现。

（3）企业的经营利润永续，股东要求的回报率（权益资本成本）不变，则普通股的市场价值为：$S=\frac{(EBIT-I)\ (1-T)\ -PD}{r_s}$。

根据题干信息，本题满足使用企业价值比较法的基本假设。所以本题中普通股市场价值直接适用上述公式进行计算即可，不需要考虑股利支付率。

三、计算分析题

8.18 斯尔解析

（1）A=4.5%，B=14%，C=12.27%，D=3 656.25，E=5 156.25。

（2）债务市场价值为 1 000 万元时的资本结构更优。理由是债务市场价值为 1 000 万元时，公司总价值最大，平均资本成本最低。

提示：

A=6%×（1−25%）=4.5%

B=4%+1.25×（12%−4%）=14%

C=4.5%×（1 000÷5 500）+14%×（4 500÷5 500）=12.27%

D=（900−1 500×8%）×（1−25%）÷16%=3 656.25（万元）

E=1 500+3 656.25=5 156.25（万元）

四、综合题

8.19 斯尔解析

（1）方案 A：

初始现金流量 =−（7 200+1 200）=−8 400（万元）

生产线每年折旧 =7 200×（1−10%）÷6=1 080（万元）

生产线投入使用后第 1 ~ 5 年每年的现金净流量 =（11 880−8 800）×（1−25%）+1 080×25%=2 580（万元）

寿命期末生产线变现价值 =720（万元），寿命期末生产线账面价值 =7 200−1 080×6=720（万元），设备变现对所得税的影响为 0。

生产线投入使用后第 6 年的现金净流量 =2 580+1 200+720=4 500（万元）

项目净现值 =−8 400+2 580×（P/A，12%，5）+4 500×（P/F，12%，6）

=−8 400+2 580×3.6048+4 500×0.5066=3 180.08（万元）

方案 B：

初始现金流量 =−（9 000+1 200）=−10 200（万元）

生产线每年折旧 =9 000×（1−5%）÷8=1 068.75（万元）

生产线投入使用后第 1 ~ 7 年每年的现金净流量 =（11 880−8 800）×（1−25%）+1 068.75×25%=2 577.19（万元）

寿命期末生产线变现价值 =450（万元），寿命期末生产线账面价值 =9 000−1 068.75×8=450（万元），设备变现对所得税的影响为 0。

生产线投入使用后第 8 年的现金净流量 =2 577.19+1 200+450=4 227.19（万元）

项目净现值 =−10 200+2 577.19×（P/A，12%，7）+4 227.19×（P/F，12%，8）

=−10 200+2 577.19×4.5638+4 227.19×0.4039=3 269.14（万元）

两个方案的项目寿命期不同，不能直接比较净现值的大小进行决策；由于两个方案的资本成本均为 12%，因此可以使用等额年金法直接计算两个方案的等额年金进行比较。

方案 A 的等额年金 =3 180.08÷（P/A，12%，6）=3 180.08÷4.1114=773.48（万元）

方案 B 的等额年金 =3 269.14÷（P/A，12%，8）=3 269.14÷4.9676=658.09（万元）

由于方案 A 的等额年金大于方案 B 的等额年金，因此甲公司应选择方案 A。

（2）设每股收益无差别点的息税前利润为 EBIT：

方案一的每股收益 EPS_1=［（EBIT−16 000×8%）×（1−25%）］÷（4 000+7 200÷6）

方案二的每股收益 EPS_2=［（EBIT−16 000×8%−7 200×10%）×（1−25%）］÷4 000

当 EPS_1=EPS_2 时，EBIT=4 400（万元）。

每股收益无差别点的每股收益 =（4 400−16 000×8%）×（1−25%）÷（4 000+7 200÷6）=0.45（元）

甲公司预期息税前利润 4 500 万元大于每股收益无差别点的息税前利润水平，所以应选择财务杠杆较大的债务筹资，即应选择方案二。

（3）甲公司普通股的资本成本 =0.3×（1+10%）÷6+10%=15.5%。

筹资后甲公司的加权平均资本成本 =15.5%×24 000÷（40 000+7 200）+8%×（1−25%）×16 000÷（40 000+7 200）+10%×（1−25%）×7 200÷（40 000+7 200）=11.06%

做新变 new

多项选择题

8.20 ▶ CD　8.21 ▶ ABD

多项选择题

8.20 斯尔解析 CD 本题考查哈马达模型。哈马达模型在考虑企业所得税的MM理论的基础上结合资本资产定价模型提出，非无税MM理论，选项A不当选。

根据哈马达模型，$\beta_{sL}^{T}=\beta_{sU}^{T}\times[1+(1-T)\frac{D}{E}]$。

若负债比率越高，β_{sL}^{T} 越高，选项 B 不当选。

与资本资产定价模型相比，哈马达模型将权益资本承担的系统风险分为经营风险和财务风险，该模型能更好地解释资本结构对权益资本成本的影响，选项 C 当选。

将数据代入哈马达模型公式中，$\beta_{sL}^{T}=1.2\times[1+(1-30\%)\times0.6]=1.704$，选项 D 当选。

8.21 斯尔解析 ABD 本题考查米勒模型。如果$T_E<T_D$，债务的节税收益会减少，如果$T_E>T_D$，债务的节税收益会增加，选项C不当选。

第九章　长期筹资
答案与解析

一、单项选择题

题号	答案	题号	答案	题号	答案	题号	答案	题号	答案
9.1	B	9.2	C	9.3	A	9.4	B	9.5	D
9.6	C	9.7	B	9.8	A	9.9	B	9.10	C
9.11	B	9.12	B	9.13	A	9.14	C	9.15	C
9.16	C								

二、多项选择题

题号	答案	题号	答案	题号	答案	题号	答案	题号	答案
9.17	ACD	9.18	ACD	9.19	ABCD	9.20	CD	9.21	ABD
9.22	AD	9.23	BCD	9.24	ABD	9.25	ACD	9.26	BC
9.27	AC	9.28	AC						

一、单项选择题

9.1　斯尔解析　B　本题考查长期债务筹资。长期借款筹资和长期债券筹资的利息均能节税，选项A不当选。采用长期借款筹资，企业与金融机构可直接接触，可通过直接商谈来确定借款的时间、数量、利息、偿付方式等条件，筹资弹性比较大，选项B当选。**一般情况下，采用长期债券筹资，发行债券的程序比较复杂，导致筹资费用比较大；发行债券需要公开披露募集说明书及其引用的审计报告、资产评估报告、资信评级报告等多种文件，债券上市后也需要披露定期报告和临时报告，信息披露成本较高**，选项CD不当选。

9.2　斯尔解析　C　本题考查长期债务筹资。**相对于股权筹资而言，长期借款筹资的优点包括筹资弹性较大、筹资成本较低、筹资速度较快、信息披露成本较低等，缺点主要是限制条款较多、筹资数额有限等**，选项C当选、选项ABD不当选。

9.3 斯尔解析 A 本题考查普通股的发行定价。我国《证券法》规定，股票发行采取溢价发行的，其发行价格由发行人与承销的证券公司协商确定，选项A当选。配股一般采取网上定价发行的方式，配股价格由主承销商和发行人协商确定，选项B不当选。上市公司公开增发新股的定价通常按照“发行价格应不低于公开招股意向书前20个交易日公司股票均价或前1个交易日的均价”来确定，选项C不当选。上市公司非公开增发新股时，发行价格应不低于定价基准日前20个交易日公司股票均价的80%，选项D不当选。

9.4 斯尔解析 B 本题考查普通股的发行方式。甲公司计划采用非公开发行股票的方式筹资，上市公司向原股东配售股份（简称配股）、向不特定对象募集股份（简称增发）均属于公开发行股票，选项A不当选。非公开发行，是指上市公司采用非公开方式，向特定对象发行股票的行为。我国证券监督管理委员会于2023年2月17日发布的《上市公司证券发行注册管理办法》规定，上市公司向特定对象发行证券，发行对象应当符合股东大会决议规定的条件，且每次发行对象不超过35名，选项B当选、选项C不当选。《证券法》规定，有下列情形之一的，为公开发行：（1）向不特定对象发行证券；（2）向特定对象发行证券累计超过200人，但依法实施员工持股计划的员工人数不计算在内；（3）法律、行政法规规定的其他发行行为。选项D的表述中特定对象累计已超过200人，触发了上述第（2）种情形，为公开发行，选项D不当选。

9.5 斯尔解析 D 本题考查配股条件和配股价格。上市公司配股的，拟配售股份数量不超过本次配售前（而非配售后）**股本总额的50%**，并应当采用**代销**方式发行，选项AB不当选。控股股东应当在股东大会召开前公开承诺认配股份的数量，选项C不当选。配股一般采取**网上定价**发行的方式，配股价格由**主承销商和发行人协商确定**，选项D当选。

9.6 斯尔解析 C 本题考查配股。配股一般采取网上定价发行的方式，配股价格由主承销商和发行人协商确定，选项A不当选。配股权是一种看涨期权，执行价格等于配股价格，若配股价格低于市场价格，只能表明配股权是实值期权，老股东的财富变化还取决于其参与配股的情况，选项B不当选、选项C当选。每股股票配股权价值=（配股除权参考价−配股价格）÷购买一股新股所需的原股数，选项D不当选。

9.7 斯尔解析 B 本题考查配股。配股除权参考价=（配股前每股股票价格+配股价格×股份变动比例）÷（1+股份变动比例）=（27+20×50%×80%）÷（1+50%×80%）=25（元/股），乙财富的变化=1 000×（1+50%）×25−20×1 000×50%−1 000×27=500（元），选项B当选。

9.8 斯尔解析 A 本题考查配股。股份变动比例=3÷10×80%=24%，配股除权参考价=（配股前每股价格+配股价格×股份变动比例）÷（1+股份变动比例）=（25+22×24%）÷（1+24%）=24.42（元/股），每股股票配股权价值=（配股除权参考价−配股价格）÷（购买一股新配股所需的原股数）=（24.42−22）÷（10÷3）=0.73（元/股），选项BC不当选。如果乙投资者行使了配股权，其股东财富变化=24.42×1 000×（1+3÷10）−25×1 000−1 000×3÷10×22=146（元），选项A当选。如果乙投资者未行使配股权，其股东财富变化=24.42×1 000−25×1 000=−580（元），选项D不当选。

9.9 斯尔解析 B 本题考查配股。配股除权价格=（配股前每股股票价格+配股价格×股份变动比例）÷（1+股份变动比例）=（6.2+5×0.2）÷（1+0.2）=6（元/股），除权日股价为5.85元，相对于除权参考价下降的金额=6−5.85=0.15（元），股价下跌百分比=0.15÷6×100%=2.50%，选项B当选。

提示：除权参考价是除权后股票的理论除权基准价格，是计算除权日股价涨跌幅度的基准。

9.10 斯尔解析 C 本题考查配股。每10股配3股，即配售比例为30%。配股数量=（20 000−1 000）×30%=5 700（股），配股除权参考价=（配股前股票市值+配股价格×配股数量）÷（配股前股数+配股数量）=（20×20 000+16×5 700）÷（20 000+5 700）=19.11（元），选项C当选。

提示：配股除权参考价格=（配股前每股价格+配股价格×股份变动比例）÷（1+股份变动比例），利用该公式计算过程如下。

配股股数=（20 000−1 000）÷10×3=5 700（股）

股份变动比例=5 700÷20 000×100%=28.50%

配股除权参考价格=（20+16×28.50%）÷（1+28.50%）=19.11（元）

需要注意的是，配股股数是按照参与配股的股数进行每10股配3股的，而不是按照总股数计算每10股配3股，再减去不参与配股的股数，很多同学错误计算配股股数=20 000÷10×3−1 000=5 000（股），股份变动比例=5 000÷20 000×100%=25%。

9.11 斯尔解析 B 本题考查配股。根据配股方案和假定条件，甲公司将以每股4元的价格发行16 000股新股，筹集资金64 000元。由于不考虑新投资的净现值引起的企业价值变化，普通股总市场价值增加了本次配股融资的金额，配股后的股票价格应等于配股除权价格。配股除权参考价=（500 000+16 000×4）÷（100 000+16 000）=4.86（元）。由于原有股东每拥有10份股票将配得2份股票，故为得到一股新股需要5股原股票，因此每股股票的配股权价值=（4.86−4）÷5=0.172（元），选项B当选。

9.12 斯尔解析 B 本题考查增发新股。以每股5元的价格发行200万股新股，筹集了1 000万元，由于不考虑新投资的净现值引起的企业价值变化，普通股总市场价值增加了1 000万元，老股东财富变化=$\frac{1\,000\times6+200\times5}{1\,000+200}\times(1\,000+100)-(1\,000\times6+100\times5)=-83.33$（万元），新股东财富变化=$\frac{1\,000\times6+200\times5}{1\,000+200}\times100-100\times5=83.33$（万元），选项B当选。

9.13 斯尔解析 A 本题考查附认股权证债券筹资。**认股权证与股票看涨期权的共同点：（1）均以股票为标的资产，其价值随股票价格变动；（2）均在到期前可以选择执行或不执行，具有选择权；（3）均有一个固定的执行价格**。综上，选项A当选。股票看涨期权执行时，其股票来自二级市场，而当认股权执行时，股票是新发股票。认股权证的执行会引起股份数的增加，从而稀释每股收益和股价；股票看涨期权不存在稀释问题，选项B不当选。布莱克−斯科尔斯模型假设没有股利支付，股票看涨期权可以适用。认股权证不能假设有效期限内不分红，5～10年不分红很不现实，不能用布莱克−斯科尔斯模型定价，选项C不当选。认股权证与公司债券同时发行，用来吸引投资者购买票面利率低于市场要求的长期债券，因此可以作为筹资工具使用，而股票看涨期权是一种衍生金融工具，只能作为投资工具，选项D不当选。

9.14 斯尔解析 C 本题考查附认股权证债券筹资。虽然附认股权证债券的票面利率一般较低，但是由于附带的有认股权证，因此整体筹资成本高于同风险下债务的市场利率，选项A不当选。认股权证执行时，股票是新发股票，而非来自二级市场，选项B不当选。**企业发行附认股权证债券时，可以筹集一次资金，认股权证执行时，又可以筹集一次资金，因此可以起到一次发行两次融资的作用**，选项C当选。**发行附认股权证债券的主要目的是发行债券而非股票**，直接发行债券需要较高的票面利率，通过捆绑期权以较低利率吸引投资者，而发行可转换债券的主要目的是发行股票而非债券，选项D不当选。

9.15 斯尔解析 C 本题考查可转换债券筹资。税前股权资本成本=7%÷（1−20%）=8.75%，可转换债券的税前融资成本应在债务市场利率（5%）与税前普通股成本（8.75%）之间，选项C当选。

9.16 斯尔解析 C 本题考查可转换债券筹资。可转换债券的底线价值应该是纯债券价值和转换价值两者中的较高者，纯债券价值=1 000×8%×（*P*/*A*，10%，8）+1 000×（*P*/*F*，10%，8）=1 000×8%×5.3349+1 000×0.4665=893.29（元），转换比率=1 000÷50=20，转换价值=20×45=900（元），所以底线价值为900元，选项C当选。

二、多项选择题

9.17 斯尔解析 ACD 本题考查长期借款筹资。**一般性保护条款主要包括**：（1）**对借款企业流动资金保持量的规定**；（2）**对支付现金股利和再购入股票的限制**；（3）**对净经营性长期资产总投资规模的限制**；（4）**限制其他长期债务**；（5）**借款企业定期向银行提交财务报表**；（6）**不准在正常情况下出售较多资产**；（7）**如期缴纳税费和清偿其他到期债务**；（8）**不准以任何资产作为其他承诺的担保或抵押**；（9）**不准贴现应收票据或出售应收账款**；（10）**限制租赁固定资产的规模**。综上，选项ACD当选。

9.18 斯尔解析 ACD 本题考查股权再融资。股权再融资会增加企业的股权资本，企业总资产会上升，总负债不变，资产负债率会下降，选项A当选。虽然权益资本成本高于债务资本成本，但是股权再融资并不一定会增加企业的加权平均资本成本，因为一般随着负债比例的上升，企业加权平均资本成本呈现先降低后增加的趋势，当负债比例下降时，企业的加权平均资本成本有可能上升，也有可能下降，选项B不当选。股权再融资将增加企业的净资产，在盈利状况不变的情况下，企业的净资产报酬率将下降，选项C当选。配股时只要控股股东不放弃认购的权利，持股比例将不会下降，就不会削弱控制权，选项D当选。

9.19 斯尔解析 ABCD 本题考查优先股筹资。优先股筹资的特点如下：

特点	具体说明
优点	与债券相比，不支付股利不会导致公司破产；没有到期期限，不需要偿还本金
	与普通股相比，发行优先股一般不会稀释股东权益

续表

特点	具体说明
缺点	优先股股利不可以税前扣除（税收劣势），但投资者购买优先股所获股利免税（税收优势）。 提示：按金融工具准则，优先股根据合同条款可分类为金融负债或权益工具。 如分类为金融负债，优先股股利可税前抵扣，但投资者需缴个人所得税，与债券利息没什么差别；如分类为权益工具，优先股股利不可以税前扣除，但投资者可免缴个人所得税
	优先股股利通常被视为固定成本（固定性融资成本、产生财务杠杆作用），增加公司的财务风险并进而增加普通股的成本

综上，选项 ABCD 均当选。

9.20 斯尔解析 CD 本题考查附认股权证债券筹资。布莱克–斯科尔斯模型假设没有股利支付，认股权证不能假设有效期限内不分红，5至10年不分红很不现实，不能用布莱克–斯科尔斯模型定价，选项A不当选。使用附认股权证债券筹资的主要目的是为了发行债券，但直接发行债券需要较高的票面利率，因此希望捆绑期权以较低利率吸引投资者，选项B不当选。当认股权证行权时，股票是新发股票，引起股份数的增加，从而稀释每股收益和股价，选项C当选。为了使附认股权证债券顺利发行，其内含报酬率应当介于债务市场利率和税前普通股成本之间，选项D当选。

9.21 斯尔解析 ABD 本题考查附认股权证债券筹资。附认股权证债券的筹资成本低于公司直接发行普通股筹资的税前成本时，发行人才愿意发行，选项A当选。提高认股权证的执行价格会增加行权支出，降低投资人的内含报酬率，选项B当选。作为筹资工具，认股权证与公司债券一起发行，用来吸引投资者购买票面利率低于市场利率的长期债券，选项C不当选。认股权证在行权时，会引起股份数的增加，从而稀释每股收益和股价，选项D当选。

精程答疑

问题： 附认股权证债券的利率不是应该介于市场利率和股权资本成本之间吗？为什么选项 C 是低于市场利率呢？

解答： 选项 C 表述的是票面利率低于市场利率。附认股权证债券是一个组合产品，即“债券 + 认股权证”的组合。选项 C 的票面利率指的是组合里“债券”的票面利率，不是组合的资本成本。

组合产品本意是想发行债券，而且是以较低的票面利率（低于市场利率发债）发行。正常情况下，投资人并不会购买票面利率低于市场利率的债券，但发行方为了能够以较低成本发行债券，于是在普通债券的基础上附赠了认股权证，以吸引投资人购买。

考虑认股权证的成本后，该组合（债券 + 认股权证）的资本成本处在债务市场利率和税前普通股资本成本之间，才可以被发行人和投资者同时接受。

9.22 斯尔解析 AD 本题考查可转换债券的发行条件。上市公司公开发行可转债，应当符合最近3年财务会计报告被出具无保留意见审计报告，选项A当选。除金融类企业外，上市公司公开发行可转债应符合最近一期末不存在金额较大的财务性投资，由于甲公司已于最近一期期末平仓，因此该期货投机并不会影响甲公司公开发行可转债，选项B不当选。交易所主板上市公司公开发行可转债的，还应当满足最近3个会计年度盈利，且最近3个会计年度加权平均净资产收益率平均不低于6%，甲公司最近3个会计年度加权平均净资产收益率平均为6.67%，选项C不当选。上市公司或者其现任董事、监事和高级管理人员最近3年受到中国证监会行政处罚，或者最近1年受到证券交易所公开谴责，或者因涉嫌犯罪正在被司法机关立案侦查或者涉嫌违法违规正在被中国证监会立案调查的，不得向不特定对象发行可转债，选项D当选。

9.23 斯尔解析 BCD 本题考查可转换债券筹资。提高转换价格会降低转换比率，进而降低转换价值，对投资人不利，不利于提高投资人的报酬率，选项A不当选。提高转换比率、提高赎回价格、提高债券的票面利率，都对投资人有利，可以提高投资人的报酬率，选项BCD当选。

9.24 斯尔解析 ABD 本题考查可转换债券筹资。发行附认股权证债券，可以以潜在的股权稀释为代价换取较低的利息，选项A当选。附转换条款的债券为可转换债券，其可以使公司以较低的利率取得资金，因债权人有机会分享公司未来发展带来的收益，所以可转换债券的票面利率低于同一条件下的普通债券的利率，降低了公司前期的筹资成本，选项B当选。**设置赎回条款是为了促使债券持有人转换股份，因此又被称为加速条款，赎回权是发行方的权利，需要以较高的利率才能吸引到投资人**，选项C不当选。**设置回售条款可以保护债券投资人的利益，使他们能够避免遭受过大的投资损失，从而降低投资风险，回售权是给到债券持有方的权利，发行方可以以较低的利率取得资金**，选项D当选。

9.25 斯尔解析 ACD 本题考查可转换债券筹资。设置不可赎回期是为了防止发行企业滥用赎回权，以保护债券持有人的利益，选项A当选。设置回售条款是为了保护债券投资人的利益，使他们能够避免遭受过大的投资损失，从而降低投资风险，选项B不当选。赎回价格是事前规定的发行公司赎回债券的出价，一般高于面值，赎回期内每年的赎回价格都是事先规定的；赎回价格随着债券到期日的临近而减少，选项C当选。强制性转换条款是在某些条件具备之后，债券持有人必须将可转换债券转换为股票，无权要求偿还债券本金，目的是保证可转换债券顺利转换成股票，实现发行公司扩大权益筹资的目的，选项D当选。

9.26 斯尔解析 BC 本题考查可转换债券筹资。回售条款指在可转换债券发行公司的股价达到某种程度时，债券持有人有权按照约定的价格将可转换债券卖给发行公司的有关规定（相当于债券持有人的“看跌期权”）。设置回售条款是为了保护债券投资者的利益，使他们能够避免遭受过大的投资损失，从而降低投资风险。合理的回售条款，可以使投资者具有安全感，因而有利于吸引投资者，选项BC当选。

9.27 斯尔解析 AC 本题考查可转换债券筹资。设置赎回条款是为了促使债券持有人转换股份，因此又被称为加速条款，选项A当选。赎回条款有利于保护发行公司的权益，不能降低投资者的风险，回售条款可以降低投资者的风险，选项B不当选。市场利率下降时，赎回条款能使发行公司回购债券，避免继续向债券持有人按照较高的债券票面利率支付利息所蒙受的损失，选项C当选。当股价持续下跌，债券持有人不会行使转股权，发行公司无法达到其筹资权益资本的目的，即使订有赎回条款，也不能帮助其达成此目的，因此赎回条款无法帮助发行公司避免股价持续下跌造成的损失，选项D不当选。

9.28 斯尔解析　AC　本题考查租赁的分析决策。租赁资产就是租赁筹资的担保物，租赁费现金流量和有担保借款在经济上是等价的，因此，租赁费现金流量的折现率应采用有担保债券的利率，它比无风险利率稍高一些，选项A当选、选项D不当选。使用折旧额乘以所得税税率计算折旧抵税额，隐含了一个假设，就是全部折旧抵税额均有足够的应税所得用于抵税，并且公司适用的税率将来不会变化；实际上经营总有不确定性，有些公司的盈利水平很低，没有足够的应税所得用于折旧抵税，适用税率也可能有变化，因此，折旧抵税额的风险比租赁费大一些，折现率也应高一些，选项B不当选。通常认为，持有资产的经营风险大于借款的风险，因此期末资产余值的折现率要比借款利率高，选项C当选。

三、计算分析题

9.29 斯尔解析

（1）假设公司普通债券的税前资本成本为 r_d，则：

$1\,020=1\,000\times6\%\times(P/A,\ r_d,\ 5)+1\,000\times(P/F,\ r_d,\ 5)$

当 $r_d=5\%$ 时：

$1\,000\times6\%\times(P/A,\ 5\%,\ 5)+1\,000\times(P/F,\ 5\%,\ 5)=60\times4.3295+1\,000\times0.7835=1\,043.27$

当 $r_d=6\%$ 时：

$1\,000\times6\%\times(P/A,\ 6\%,\ 5)+1\,000\times(P/F,\ 6\%,\ 5)=1\,000$

$(r_d-5\%)\div(6\%-5\%)=(1\,020-1\,043.27)\div(1\,000-1\,043.27)$

解得：$r_d=5.54\%$。

则甲公司普通债券的税前资本成本为 5.54%。

（2）三年后公司普通股每股市价 $=10\times(1+5\%)^3=11.58$（元）。

假设该分离型附认股权证债券的税前资本成本为 i，则：

$1\,000=1\,000\times5\%\times(P/A,\ i,\ 5)+(11.58-11)\times20\times(P/F,\ i,\ 3)+1\,000\times(P/F,\ i,\ 5)$

当 $i=5\%$ 时：

$1\,000\times5\%\times(P/A,\ 5\%,\ 5)+(11.58-11)\times20\times(P/F,\ 5\%,\ 3)+1\,000\times(P/F,\ 5\%,\ 5)=50\times4.3295+0.58\times20\times0.8638+1\,000\times0.7835=1\,010$

当 $i=6\%$ 时：

$1\,000\times5\%\times(P/A,\ 6\%,\ 5)+(11.58-11)\times20\times(P/F,\ 6\%,\ 3)+1\,000\times(P/F,\ 6\%,\ 5)=50\times4.2124+0.58\times20\times0.8396+1\,000\times0.7473=967.66$

$(i-5\%)\div(6\%-5\%)=(1\,000-1\,010)\div(967.66-1\,010)$

解得：$i=5.24\%$。

则该分离型附认股权证债券的税前资本成本为 5.24%。

（3）该分离型附认股权证债券的税前资本成本 5.24% 小于公司普通债券的税前资本成本

5.54%，所以该筹资方案不合理。

调整建议：提高票面利率，降低执行价格等。

提示：第（3）问的调整建议不仅限于提高票面利率和降低执行价格，言之有理即可，核心是使调整后的附认股权证债券的税前资本成本处于普通债券的税前资本成本和税前普通股资本成本之间。本题的调整建议目的是使附认股权证债券的税前资本成本提高。

9.30 斯尔解析

（1）①认股权证是公司向股东发放的一种凭证，授权其持有者在一个特定期间以特定价格购买特定数量的公司股票。

②分离型附认股权证债券指认股权证与公司债券可以分开，单独在流通市场上自由买卖。

③优点：可以起到一次发行，两次（发行债券、发行股票）融资的作用。

缺点：灵活性较差；如果将来公司发展良好，股票价格会大大超过执行价格，原有股东也会蒙受较大损失；附认股权证债券的承销费用通常高于债务融资。

（2）甲公司股票在第5年年末的价值 =63 000÷（1+10.5%）+66 000÷（10.5%−5%）÷（1+10.5%）=1 142 986.43（万元）。

甲公司股票在第5年年末的每股价值 =1 142 986.43÷20 000=57.15（元/股）

（3）假设该分离型附认股权证债券的税前资本成本为 i，则：

1 000=1 000×6%×（P/A，i，10）+1 000×（P/F，i，10）+（57.15−55）×50×（P/F，i，5）

当 i=8% 时：

1 000×6%×（P/A，8%，10）+1 000×（P/F，8%，10）+（57.15−55）×50×（P/F，8%，5）=938.97

当 i=7% 时：

1 000×6%×（P/A，7%，10）+1 000×（P/F，7%，10）+（57.15−55）×50×（P/F，7%，5）=1 006.36

利用插值法：（i−7%）÷（8%−7%）=（1 000−1 006.36）÷（938.97−1 006.36）。

可得：i=7.09%。

则该附认股权证债券的税前资本成本为7.09%。

（4）①不合理。因为**分离型附认股权证债券的税前资本成本，必须处在等风险普通债券市场利率和税前普通股成本之间，才可以被发行人和投资者同时接受**。债务的市场利率为8%，税前普通股资本成本 =10.5%÷（1−25%）=14%。而甲公司分离型附认股权证债券的税前资本成本为7.09%，小于等风险普通债券市场利率8%。

②设票面利率的最小值为 R_1，此时附认股权证债券的税前资本成本为8%，则：

1 000=1 000×R_1×（P/A，8%，10）+1 000×（P/F，8%，10）+（57.15−55）×50×（P/F，8%，5）

1 000=1 000×R_1×6.7101+1 000×0.4632+107.5×0.6806

R_1=6.91%

设票面利率的最大值为 R_2，此时附认股权证债券的税前资本成本为14%，则：

1 000=1 000×R_2×（P/A，14%，10）+1 000×（P/F，14%，10）+（57.15−55）×50×（P/F，14%，5）

1 000=1 000×R_2×5.2161+1 000×0.2697+107.5×0.5194

R_2=12.93%

票面利率的合理区间范围为 6.91% ~ 12.93%。

精准答疑

问题：为什么第 7 年的股权现金流量 66 000 万元可以作为 D_1，后续期是如何确定的？

解答：根据题意，从第 8 年开始股权现金流量保持 5% 的永续增长，说明第 8 年年末的股权现金流量和第 7 年年末的股权现金流量满足永续增长 5% 的关系，所以第 7 年的股权现金流量可以作为 D_1。本题中第 7 年是详细预测期的终点，也是后续期的起点，既可以将其计入详细预测期，单独计算该股利的现值，也可将其计入后续期，一并计算整个后续期价值的现值。两种计算结果殊途同归，没有区别，计算结果造成的尾差属于合理尾差。

故本题也可以按照如下方式进行计算（将第 8 年的股权现金流量作为 D_1）：

甲公司股票在第 5 年年末的价值 =63 000÷（1+10.5%）+66 000÷（1+10.5%）^{2}+66 000×（1+5%）÷（10.5%−5%）÷（1+10.5%）^{2}=1 142 986.43（万元）

对于该类题目，D_1 的选取总结如下：

（1）如果给出的是现金流的增长率，则满足永续增长年度的年初数据（如本题第 8 年满足永续增长，第 8 年年初即第 7 年年末的数据）可以作为 D_1，因为年初数据和年底数据满足永续增长的条件。

（2）如果给出的是收入的增长率，则需要找到现金流稳定增长的起点，而不是收入稳定增长的起点，通常情况下，现金流量进入稳定增长的时间点要比收入进入稳定增长的时间点晚一期。而计算价值依据的是现金流量，因此需要重点关注企业现金流量何时进入稳定增长状态，而非收入何时进入稳定增长状态。

9.31 斯尔解析

（1）发行日每份纯债券的价值 =1 000×5%×（P/A，6%，5）+1 000×（P/F，6%，5）=50×4.2124+1 000×0.7473=957.92（元）。

（2）可转换债券的转换比率 =1 000÷25=40。

第 3 年年末每份纯债券价值 =1 000×5%×（P/A，6%，2）+1 000×（P/F，6%，2）=50×1.8334+1 000×0.8900=981.67（元）

第 3 年年末的股价 =D_4÷（R_S−g）=1.14×（1+4%）^{3}÷（9%−4%）=25.65（元/股）

第 3 年年末每份可转换债券的转换价值 =40×25.65=1 026（元）

底线价值是纯债券价值和转换价值两者中的较高者，所以第 3 年年末每份可转换债券的底线价值为 1 026 元。

第 3 年年末的赎回价格（1 020 元）小于第 3 年年末的转换价值（1 026 元），应该在第 3 年年末将可转换债券转为普通股。

（3）设可转换债券的税前资本成本为 i，则有：

1 000=1 000×5%×（P/A，i，3）+1 026×（P/F，i，3）

当 i=5% 时：

1 000×5%×（P/A，5%，3）+1 026×（P/F，5%，3）=50×2.7232+1 026×0.8638=1 022.42

当 i=6% 时：

1 000×5%×（P/A，6%，3）+1 026×（P/F，6%，3）=50×2.6730+1 026×0.8396=995.08

（i−5%）÷（6%−5%）=（1 000−1 022.42）÷（995.08−1 022.42）。

i=（1 000−1 022.42）×（6%−5%）÷（995.08−1 022.42）+5%=5.82%

税前资本成本（5.82%）＜等风险普通债券市场利率（6%），对投资人没有吸引力，筹资方案不可行。

（4）第 3 年年末的股价 =D_4÷（R_S-g）=1.2×（1+4%）^{3}÷（9%−4%）=27（元 / 股）。

第 3 年年末的转换价值 = 第 3 年年末的股价 × 转换比例 =27×40=1 080（元）

因为其他条件不变，故转股还是在第 3 年年末进行，且要使该筹资方案可行，则可转换债券的税前资本成本必须大于等风险普通债券的市场利率 6%，同时小于税前股权资本成本 12%［9%÷（1−25%）］。

设可转换债券票面利率为 r，使用临界值等风险普通债券的市场利率（6%）和税前股权资本成本（12%）可得出：

①使用等风险普通债券市场利率 6% 计算票面利率：

1 000=1 000×r×（P/A，6%，3）+1 080×（P/F，6%，3）=1 000×r×2.6730+1 080×0.8396

r=（1 000−1 080×0.8396）÷（1 000×2.6730）=3.49%

②使用税前股权资本成本 12% 计算票面利率：

1 000=1 000×r×（P/A，12%，3）+1 080×（P/F，12%，3）=1 000×r×2.4018+1 080×0.7118

r=（1 000−1 080×0.7118）÷（1 000×2.4018）=9.63%

因为票面利率需为整百分数，故票面利率的区间为 4% ~ 9%。

9.32 斯尔解析

（1）股票的资本成本 =1×（1+6%）÷20+6%=11.3%。

（2）债券的税前资本成本 =3.6%+［（6.5%−3.4%）+（6.25%−3.05%）+（7.5%−3.6%）］÷3=7%。

（3）第 5 年年末纯债券价值 =1 000×5%×（P/A，7%，5）+1 000×（P/F，7%，5）=918.01（元）。

第 5 年年末转换价值 =1 000÷25×20×（1+6%）^{5}=1 070.58（元）

底线价值为纯债券价值和转化价值中的较高者，所以第 5 年年末可转换债券的底线价值为 1 070.58 元。

设可转换债券的税前资本成本为 K，则：

1 000=1 000×5%×（P/A，K，5）+1 070.58×（P/F，K，5）

当 K=6% 时：

1 000×5%×（P/A，6%，5）+1 070.58×（P/F，6%，5）=50×4.2124+1 070.58×0.7473=1 010.66

当 K=7% 时：

1 000×5%×（P/A，7%，5）+1 070.58×（P/F，7%，5）=50×4.1002+1 070.58×0.7130=968.33

（K−6%）÷（7%−6%）=（1 000−1 010.66）÷（968.33−1 010.66）

解得：K=6.25%。即可转换债券的税前资本成本为 6.25%。

（4）不可行。由于可转换债券的税前资本成本 6.25% 小于等风险普通债券的市场利率 7%，对投资人没有吸引力。

可转换债券税前资本成本应当在等风险普通债券的市场利率和税前普通股资本成本之间。

税前普通股资本成本 =11.3%÷（1−25%）=15.07%，因此可转换债券的税前资本成本应当介于 7% 和 15.07% 之间。

调整建议 1：

至少提高票面利率至 W，其他因素不变，此时可转换债券的税前资本成本为 7%：

根据：1 000=1 000×W×（P/A，7%，5）+1 070.58×（P/F，7%，5）。

可知：W=5.77%。

即票面利率至少提高到 5.77%。

调整建议 2：

降低转换价格到 Y 元，其他条件不变，此时可转换债券的税前资本成本为 7%：

第 5 年年末的转换价值 =1 000÷Y×20×（F/P，6%，5）=26 764÷Y

1 000=1 000×5%×（P/A，7%，5）+26 764÷Y×（P/F，7%，5）

解得：Y=24.00（元）。

即至少把转换价格降低到 24.00 元。

调整建议 3：

延长不可赎回期至 7 年。

第 7 年年末的纯债券价值 =1 000×5%×（P/A，7%，3）+1 000×（P/F，7%，3）=947.52（元）

第 7 年年末的转换价值 =1 000÷25×20×（1+6%）^{7}=1 202.90（元）

由于第 7 年年末的转换价值高于赎回价值，因此投资者会在第 7 年年末转股。设可转换债券的税前资本成本为 K，则：

1 000=1 000×5%×（P/A，K，7）+1 202.90×（P/F，K，7）

1 000=50×（P/A，K，7）+1 202.90×（P/F，K，7）

当 K=7% 时：

50×（P/A，7%，7）+1 202.90×（P/F，7%，7）=50×5.3893+1 202.90×0.6227=1 018.51

当 K=8% 时：

50×（P/A，8%，7）+1 202.90×（P/F，8%，7）=50×5.2064+1 202.90×0.5835=962.21

利用内插法，可得 K=7.33%，符合介于 7% 和 15.07% 之间的条件，故可行。

提示：

①纯债券价值是不考虑转股权的可转换公司债券价值，任何一个时间点的纯债券价值等于该时点未来利息和本金的现值。本题中可转换债券期限为 10 年，则第 5 年年末的纯债券价值等于第 6 ~ 10 年利息和第 10 年本金在第 5 年年末的价值。

②延长不可赎回期至 7 年，是如何判断的呢？此处的判断方法和内插法测算时的试错是类似的，结果并不一定非得是 7 年，只要延长不可赎回期后，能够使资本成本满足条件，就都可以。

9.33 斯尔解析

（1）①初始投资额 =1 600（万元）。

②每年折旧 =（1 600−1 600×5%）÷5=304（万元），每年折旧抵税额 =304×25%=76（万元）。

③每年维护费用税后净额 =16×（1−25%）=12（万元）。

④ 4 年后账面价值 =1 600−304×4=384（万元），4 年后设备变现税后净额 =400−（400−384）×25%=396（万元）。

⑤税后有担保的借款利率 =8%×（1−25%）=6%。

现金流出总现值 =1 600+（−76+12）×（*P*/*A*，6%，4）−396×（*P*/*F*，6%，4）

=1 064.56（万元）

平均年成本 =1 064.56÷（*P*/*A*，6%，4）=307.22（万元）

（2）该合同不属于选择简化处理的短期租赁和低价值资产租赁，符合融资租赁的认定标准，租赁费不可在税前扣除。

每年折旧 =（1 480−1 480×5%）÷5=281.2（万元）

每年折旧抵税额 =281.2×25%=70.3（万元）

4 年后账面价值 =1 480−281.2×4=355.2（万元）

4 年后设备变现税后净额 =355.2×25%=88.8（万元）

现金流出总现值 =370×（*P*/*A*，6%，4）×（1+6%）−70.3×（*P*/*A*，6%，4）−88.8×（*P*/*F*，6%，4）=1 045.08（万元）

平均年成本 =1 045.08÷（*P*/*A*，6%，4）=301.60（万元）

（3）方案一的平均年成本大于方案二的平均年成本，所以甲公司应选择方案二。

提示：

①租赁合同约定付款总额时，融资租入固定资产的计税基础 = 约定付款总额 + 交易费用。

②融资租入固定资产的折旧方法参照固定资产的折旧方法，包括折旧年限和净残值率。

9.34 斯尔解析

（1）该设备租赁相对于购置的差额现金流量及其净现值：

单位：万元

项目	T=0	T=1	T=2	T=3	T=4	T=5	T=6
租赁方案：							
租金	−50	−50	−50	−50	−50	−50	—
支付转让价款	—	—	—	—	—	—	−60
折旧	—	43.2	43.2	43.2	43.2	43.2	43.2
折旧抵税	—	10.8	10.8	10.8	10.8	10.8	10.8
变现净收入	—	—	—	—	—	—	80
第6年年末账面价值	—	—	—	—	—	—	100.8
变现损失抵税	—	—	—	—	—	—	5.2
自行购置方案：							
购置成本	−320	—	—	—	—	—	—
折旧	—	38.4	38.4	38.4	38.4	38.4	38.4
折旧抵税	—	9.6	9.6	9.6	9.6	9.6	9.6
税后维护费	—	−1.5	−1.5	−1.5	−1.5	−1.5	−1.5
变现净收入	—	—	—	—	—	—	80
第6年年末账面价值	—	—	—	—	—	—	89.6
变现损失抵税	—	—	—	—	—	—	2.4
差额现金流量	270	−47.3	−47.3	−47.3	−47.3	−47.3	−54.5
折现系数	1	0.9434	0.8900	0.8396	0.7921	0.7473	0.7050
现值	270	−44.62	−42.10	−39.71	−37.47	−35.35	−38.42
净现值	32.33						

（2）因为租赁净现值大于0，所以应选择租赁方案。

提示：

①融资租入固定资产的计税基础＝约定付款总额（租赁费＋留购价款）＋交易费用＝50×6+60=360（万元）。

②租入资产的年折旧费＝360×（1−4%）÷8=43.2（万元）。

③租入设备第6年年末账面价值＝360−43.2×6=100.8（万元）。

④固定资产的变现净收入＝售价－处置费用＝85−5=80（万元）。

四、综合题

9.35 斯尔解析

（1）长期资本负债率 $=\dfrac{40\ 000}{40\ 000+60\ 000}\times100\%=40\%$。

利息保障倍数 $=\dfrac{9\ 000+3\ 000+2\ 000}{2\ 000+200}=\dfrac{14\ 000}{2\ 200}=6.36$（倍）

（2）5年后预期股价 $=45\times(1+8\%)^5=66.12$（元）。

设附认股权证债券的资本成本为 i，则：

$1\ 000=1\ 000\times6\%\times(P/A,i,10)+20\times(66.12-60)\times(P/F,i,5)+1\ 000\times(P/F,i,10)$

$1\ 000=60\times(P/A,i,10)+122.4\times(P/F,i,5)+1\ 000\times(P/F,i,10)$

当 $i=7\%$ 时：

$60\times(P/A,7\%,10)+122.4\times(P/F,7\%,5)+1\ 000\times(P/F,7\%,10)=60\times7.0236+122.4\times0.7130+1\ 000\times0.5083=1\ 016.99$

当 $i=8\%$ 时：

$60\times(P/A,8\%,10)+122.4\times(P/F,8\%,5)+1\ 000\times(P/F,8\%,10)=60\times6.7101+122.4\times0.6806+1\ 000\times0.4632=949.12$

资本成本 $=7\%+\dfrac{1\ 016.99-1\ 000}{1\ 016.99-949.12}\times(8\%-7\%)=7\%+0.25\%=7.25\%$

（答案在7.24%～7.26%之间，均正确）

（3）平均信用风险补偿率 $=[(5.63\%-4.59\%)+(6.58\%-5.32\%)+(7.20\%-5.75\%)]\div3=1.25\%$。

税前债务资本成本 $=5.75\%+1.25\%=7\%$

筹资后 β 系数 $=1.5\div\left[1+(1-25\%)\times\dfrac{40\ 000}{60\ 000}\right]\times\left[1+(1-25\%)\times\dfrac{40\ 000+20\ 000}{60\ 000}\right]=1.5\div1.5\times1.75=1.75$

筹资后股权资本成本 $=5.75\%+1.75\times4\%=12.75\%$

（答案在12.74%～12.76%之间，均正确）

（4）长期资本负债率 $=\dfrac{40\ 000+20\ 000}{60\ 000+40\ 000+20\ 000+9\ 000\times(1+20\%)}\times100\%=\dfrac{60\ 000}{130\ 800}\times100\%=45.87\%$。

利息保障倍数 $=\dfrac{9\ 000\times(1+20\%)/(1-25\%)+2\ 000+20\ 000\times6\%}{2\ 000+200+20\ 000\times6\%}=\dfrac{17\ 600}{3\ 400}=5.18$（倍）

（5）附认股权证的债券属于混合筹资，资本成本应介于税前债务资本成本和税前股权资本成本之间。

此方案税前资本成本（7.25%）大于税前债务资本成本（7%），小于税前股权资本成本（$17\%=\dfrac{12.75\%}{1-25\%}$）。

与长期借款合同中保护性条款的要求相比，长期资本负债率（45.87%）低于50%，利息保障倍数（5.18倍）高于5倍。

因此筹资方案可行。

提示：

①由于2025年营业净利率不变，所以2025年净利润的增长率=2025年营业收入的增长率=20%，2025年净利润=2024年净利润×（1+20%）=9 000×（1+20%）=10 800（万元）。由于甲公司不分配股利，所以2025年留存收益的增加额=净利润=10 800（万元），即2025年股东权益增加了10 800万元。2025年末长期负债=40 000+20 000=60 000（万元），2025年末股东权益=60 000+10 800=70 800（万元）。

②筹资后的β系数是指在2024年末筹资之后的β系数，计算资本结构时，无须考虑2025年的股东权益增加额。同时，加载、卸载杠杆时，选用的资本结构，题目当中一般会告知，比如本题中，告知的资本结构是长期负债与股东权益的比例关系，所以无须考虑流动负债。如果题目没有告知，优先选择长期负债与股东权益的比例关系代表资本结构。

9.36 斯尔解析

（1）预计营业净利率=12 000÷96 000×100%=12.5%。

净经营资产周转次数=96 000÷（80 000−16 500−9 500）=1.78（次/年）

预计利润留存率=1−45%=55%

内含增长率=（12.5%×1.78×55%）÷（1−12.5%×1.78×55%）=13.94%

由于甲公司原计划的2024年营业收入增长率（12%）低于内含增长率（13.94%），即仅依靠内部积累可以满足增长目标，所以不需要进行外部融资。

调整后的2024年营业收入增长率（30%）高于内含增长率（13.94%），即仅依靠内部积累无法满足增长目标，所以需要进行外部融资。

融资总需求=净经营资产的增加额=（80 000−16 500−9 500）×30%=16 200（万元）

外部融资需求=16 200−96 000×（1+30%）×12.5%×55%=7 620（万元）

（2）发行日每份纯债券的价值=1 000×10%×（*P/A*，12%，5）+1 000×（*P/F*，12%，5）=100×3.6048+1 000×0.5674=927.88（元）。

第3年年末时：

每份纯债券的价值=1 000×10%×（*P/A*，12%，2）+1 000×（*P/F*，12%，2）

=100×1.6901+1 000×0.7972=966.21（元）

每份转换价值=40×（1+8%）^{3}×20=1 007.77（元）

因此，第3年年末每份可转债的底线价值为其转换价值1 007.77元。

从第4年开始可转债将进入可赎回期，甲公司可以在进入可赎回期后立即行使赎回权，赎回价格1 005元将低于第3年年末的转换价值，而可转债持有人只能于每年年末行使转换权，因此应当于第3年年末完成转股。

设可转换债券的税前资本成本为i，则：

1 000×10%×（*P/A*，i，3）+1 007.77×（*P/F*，i，3）=1 000

当i=10%时，100×（*P/A*，10%，3）+1 007.77×（*P/F*，10%，3）=1 005.83。

当i=11%时，100×（*P/A*，11%，3）+1 007.77×（*P/F*，11%，3）=981.25。

$(11\%-i) \div (11\%-10\%) = (981.25-1\ 000) \div (981.25-1\ 005.83)$

所以，可转债的税前资本成本 $i=10.24\%$。

由于可转换债券的税前资本成本 10.24% 小于等风险普通债券的市场利率 12%，对投资人没有吸引力，因此该筹资方案不可行。

修改建议：可以提高票面利率、提高转换比率或延长赎回保护期间。

第十章　股利分配、股票分割与股票回购
答案与解析

一、单项选择题

题号	答案	题号	答案	题号	答案	题号	答案	题号	答案
10.1	D	10.2	D	10.3	B	10.4	D	10.5	B
10.6	A	10.7	D	10.8	B	10.9	D	10.10	B
10.11	B	10.12	A	10.13	A				

二、多项选择题

题号	答案	题号	答案	题号	答案	题号	答案	题号	答案
10.14	ABD	10.15	AC	10.16	BC	10.17	CD	10.18	BC
10.19	ABD	10.20	BD	10.21	BCD	10.22	ABD	10.23	BCD
10.24	ABC								

一、单项选择题

10.1 斯尔解析　D　本题考查股利理论。根据“一鸟在手”理论，股东会认为现实的现金股利要比未来的资本利得更为可靠，会更偏好于确定的股利收益，因此，公司应该采用高股利支付率政策，选项D当选。

10.2 斯尔解析　D　本题考查股利理论。**股利无关论认为股利分配对公司的市场价值不会产生影响**，股利无关论又被称为完全市场理论，也就是无税MM理论，选项D当选。信号理论、客户效应理论、“一鸟在手”理论都属于股利相关论，选项ABC不当选。

10.3 斯尔解析　B　本题考查股利政策。剩余股利政策是指在公司有着良好的投资机会时，根据一定的**目标资本结构**，测算出投资所需的**权益资本**，先从盈余当中留用，然后将剩余的盈余作为股利予以分配。综上，选项ACD不当选。分配股利的现金问题，是营运资金管理问题，与筹集长期资本无直接关系，选项B当选。

10.4 斯尔解析 D 本题考查股利政策。利润留存=1 000×7÷（3+7）=700（万元），应发放现金股利=1 200−700=500（万元），选项D当选。

精程答疑

问题：为什么年初未分配利润为负值不影响股利发放额的计算？

解答：在剩余股利政策下，年初未弥补亏损和提取盈余公积，是对本年利润“留存”最低数额的限制，而不是对股利分配的限制。也就是说，法律约束的只是留存的下限，只要实际留存超过下限就是符合法律规定的，在此基础上多出来的利润就可以用于股利分配，而留存的利润（包括提取的盈余公积）也都是可以支出的，比如用于投资新项目等。

年初未分配利润为负值，说明存在未弥补亏损，而弥补亏损只是会计上对所有者权益进行调整，并不会真的动用现金流去补亏。因此，我们通常先根据剩余股利政策计算出可用于发放的股利金额，然后比较利润留存与未弥补亏损，只要利润留存金额大于未弥补亏损，则不影响最终的股利发放。

本题中利润留存700万元满足了弥补亏损和提取公积金的要求（700＞100+1 200×10%），因此未弥补亏损和提取盈余公积未对股利发放金额产生实际限制。

10.5 斯尔解析 B 本题考查股利政策。2025年新增投资资本500万元所需要的权益资金=500×6÷（4+6）=300（万元），2024年可分配现金股利=1 000−300=700（万元），选项B当选。

提示：执行剩余股利政策计算当期的股利分配额时，不需要考虑以前年度的累计未分配利润。

10.6 斯尔解析 A 本题考查股利政策。甲公司上年每股收益=500÷100=5（元），固定股利支付率=3÷5×100%=60%，如果本年继续沿用固定股利支付率政策，则应发放每股股利=475×60%÷100=2.85（元）。如果改用剩余股利政策，设立新厂需要利润留存=800×40%=320（万元），可分配股利=475−320=155（万元），即每股股利=155÷100=1.55（元），较原固定股利支付率政策下减少1.3元（2.85−1.55），选项A当选。

10.7 斯尔解析 D 本题考查股利政策。主张实行固定股利支付率的人认为，这样做能使股利与公司盈余紧密地配合，以体现多盈多分、少盈少分、无盈不分的原则，选项D当选。

10.8 斯尔解析 B 本题考查股利政策。甲公司采用固定股利支付率政策，股利支付率为60%。故甲公司2023年应分配现金股利=8 000×60%=4 800（万元），选项B当选。

提示：本题中利润留存金额=8 000×40%=3 200（万元），满足了提取公积金800万元的要求，因此提取盈余公积未对股利发放金额产生实际限制。

10.9 斯尔解析 D 本题考查股利政策。剩余股利政策就是在公司有着良好的投资机会时，根据一定的目标资本结构（最佳资本结构），将测算出的投资方案所需权益资本（并非投资方案所需的全部资本），先从盈余当中留用，若有剩余盈余，再将其作为股利发放给股东，选项A不当选。固定股利或稳定增长股利政策下，股利发放相对稳定，但不能像剩余股利政策那样保持较低的资本成本，选项B不当选。固定股利支付率政策下，各年的股利变动较大，极易造成公司不稳定的感觉，对稳定股票价格不利，选项C不当选。

10.10 斯尔解析　B　本题考查股利分配方案。普通股除权参考价=（股权登记日收盘价-每股现金股利）÷（1+送股率+转增率）=（109-6÷10）÷（1+2/10+4/10）=67.75（元/股），选项B当选。

10.11 斯尔解析　B　本题考查股票回购。股票回购会导致公司流通在外的普通股股数减少，进而导致普通股每股收益和每股市价提高，选项B当选、选项AC不当选。股票回购会导致所有者权益减少，财务杠杆水平提高，选项D不当选。

10.12 斯尔解析　A　本题考查股票反分割。股票反分割实施完毕之后，每股面值=1×2=2（元），股数=400÷2=200（万股），股本=200×2=400（万元），股东权益总额不变，仍为1 400万元，选项A当选。

10.13 斯尔解析　A　本题考查股票反分割。股票反分割也称股票合并，是股票分割的相反行为，即将数股面额较低的股票合并为一股面额较高的股票，将会导致每股面额上升，每股市价上升，每股收益上升，股东权益总额不变，由于股数减少，所以每股净资产上升，选项A当选。

二、多项选择题

10.14 斯尔解析　ABD　本题考查股利理论。投资者依据自身边际税率而显示出的对实施相应股利政策股票的选择偏好现象被称为“客户效应”。**边际税率高的投资者会选择实施低股利支付率的股票，边际税率低的投资者则会选择实施高股利支付率的股票**。投资者的边际税率差异性导致其对待股利政策态度的差异性。因此，客户效应理论认为，公司在制定或调整股利政策时，不应该忽视股东对股利政策的需求。综上，选项ABD当选。

10.15 斯尔解析　AC　本题考查股利理论。税差理论认为，当资本利得税与交易成本之和大于股利收益税时，股东会倾向于企业采用高现金股利支付率政策，选项A当选。“一鸟在手”理论认为，股东认为现实的现金股利要比未来的资本利得更为可靠，会更偏好于确定的股利收益，而非资本利得，选项C当选。

10.16 斯尔解析　BC　本题考查股利政策。剩余股利政策就是在公司有着良好的投资机会时，根据一定的目标资本结构（最佳资本结构），将测算出的投资方案所需权益资本，先从盈余当中留用，若有剩余盈余，再将其作为股利发放给股东，选项A不当选。固定股利或稳定增长股利政策下，股利发放相对稳定，但不能像剩余股利政策那样保持较低的资本成本，选项B当选。固定股利支付率政策下，各年的股利变动较大，极易造成公司不稳定的感觉，对稳定股票价格不利，选项C当选。

10.17 斯尔解析　CD　本题考查股利政策。剩余股利政策就是在公司有着良好投资机会时，根据一定的目标资本结构（最佳资本结构），推算出投资所需的权益资本，先从盈余当中留用，然后将剩余的盈余作为股利予以分配，由此可见，采用剩余股利政策的公司更多关注的是投资机会和资本成本，选项CD当选。剩余股利政策分配的是全部剩余的盈余，分配金额的稳定性和分配后是否影响公司的流动性都不是该政策的主要考虑，因此选项AB不当选。

10.18 斯尔解析 BC 本题考查股利政策的影响因素。盈余相对稳定的公司相对于盈余不稳定的公司而言具有较高的股利支付能力，盈余稳定的公司对保持较高股利支付率更有信心，因此倾向于采取高股利支付率政策，选项A不当选。成长期的企业，投资机会比较多，需要有强大的资金支持，往往少发放股利，将大部分盈余用于投资，选项B当选。通货膨胀期间，由于货币购买力下降，公司股利政策往往偏紧，选项C当选。收入高的投资者因其边际税率较高表现出偏好低股利支付率的股票，希望少分现金股利或不分现金股利，以更多的留存收益进行再投资，从而提高所持有的股票价格，选项D不当选。

10.19 斯尔解析 ABD 本题考查股利政策。在固定股利支付率政策下，公司各年的股利变动较大，极易造成公司不稳定的感觉，对稳定股票价格不利，选项C不当选。

10.20 斯尔解析 BD 本题考查股票股利。发放股票股利，会导致普通股股数增加，会引起乙公司每股收益和每股市价下降，选项A不当选。由于分红后股价等于除权参考价，因此乙公司股东所持股票的市场价值总额仍保持不变，每位股东的财富也不变，选项B当选。发放股票股利，会使甲持有乙公司的股数增加，但是持股比例不变，选项C不当选、选项D当选。

精程答疑

问题： 为什么分红后股价等于除权参考价，甲的财富不变？

解答： 设分红前股东持有股票 1 000 股，乙公司 2023 年利润分配方案是每 10 股送 10 股股票股利，配股后股东持有股数 =1 000+1 000 ÷ 10 × 10=2 000（股）。

假设股权登记日收盘价为 *Y*，则：

分红后股价 = 股票的除权参考价 =（股权登记日收盘价 − 每股现金股利）÷（1+ 送股率 + 转增率）=*Y*÷（1+10÷10）=*Y*÷2

发放股票股利前股东财富 = 发放股票股利前股数 × 股权登记日收盘价 = 1 000 × *Y*

发放股票股利后股东财富 = 发放股票股利后股数 × 分红后股价 =2 000 × *Y*÷2=1 000 × *Y*

发放股票股利前股东财富 = 发放股票股利后股东财富

综上，分红后股价等于除权参考价，甲的财富不变。

10.21 斯尔解析 BCD 本题考查股票分割。股票分割不影响股东权益各个项目的金额，选项A不当选。股票分割是指将面额较高的股票交换成面额较低的股票的行为，股票分割将导致流通在外的股数增加，如果盈利总额和市盈率不变，则每股收益和每股市价下降，选项BC当选。对于公司而言，实施股票分割的主要目的在于通过增加股票股数降低每股市价，从而吸引更多的投资者，选项D当选。

10.22 斯尔解析 ABD 本题考查股票分割和股票股利。股票分割是指将面额较高的股票分割成面额较低的股票的行为，股票分割后，股东持股比例和所持股份价值不变，选项A当选。发放股票股利后，普通股每股面值不变，选项B当选。股票分割不影响股东权益各个项目的金额，股票股利是股东权益内部各个项目的变化，所以均不影响资本结构，选项C不当选。**股票分割不属于股利支付方式**，股票股利属于股利支付方式，选项D当选。

10.23 斯尔解析 BCD 本题考查股票回购。股票回购不影响每股面值，选项A不当选。企业用多余现金回购股票，将减少企业外部流通股的数量，减少总资产，负债总额不变，企业的股东权益减少，资本结构发生变化，选项B当选。由于企业是利用多余现金回购股票，不会影响企业正常经营活动，净利润不变，股数减少，每股收益增加，选项C当选。利用企业多余现金回购企业股票，减少了企业的自由现金流量，选项D当选。

10.24 斯尔解析 ABC 本题考查股票回购和现金股利。股票回购是指公司出资购回自身发行在外的股票，会导致资产（现金）减少，负债不变，股东权益减少；发放现金股利也会导致企业现金减少，所有者权益减少，选项AB当选。股票回购会导致股本减少，而留存收益不变，因此会改变所有者权益结构；发放现金股利会导致留存收益减少，而股本不变，也会改变所有者权益结构，选项C当选。公司进行股票回购的目的之一是向市场传递股价被低估的信号，股票回购的市场反应通常是提升了股价；发放现金股利通常会导致股票市场价格降低，选项D不当选。

三、计算分析题

10.25 斯尔解析

（1）采用固定股利政策：

2024年股利=2023年股利=3 000（万元）

股利支付率=3 000÷12 000×100%=25%

（2）采用固定股利支付率政策：

股利支付率=3 000÷10 000×100%=30%

（3）采用剩余股利政策：

股利=12 000−8 000×3/5=7 200（万元）

股利支付率=7 200÷12 000×100%=60%

（4）采用低正常股利加额外股利政策：

股利=2 000+（12 000−2 000）×16%=3 600（万元）

股利支付率=3 600÷12 000×100%=30%

（5）**固定股利政策：**

优点：避免由于经营不善而削减股利，有利于稳定股价。

缺点：股利支付与盈余脱节，可能导致资金短缺，且不利于保持较低的资本成本。

固定股利支付率政策：

优点：股利与盈余紧密结合，体现多盈多分、少盈少分、不盈不分的原则。

缺点：股利波动较大，不利于稳定股价。

剩余股利政策：

优点：保持目标资本结构，使加权平均资本成本最低。

缺点：股利波动，不利于稳定股价。

低正常股利加额外股利政策：

优点：具有较大灵活性，兼具固定股利政策和固定股利支付率政策的优点。

缺点：股利不稳定，兼具固定股利政策和固定股利支付率政策的缺点。

提示：某年的股利支付率 = 本年实现净利润分配的部分 ÷ 本年的净利润 ×100%。而在计算时，本年利润分配的时间，可能是在本年分配，也可能在下年分配。

10.26 斯尔解析

（1）每股收益 =5 000÷2 000=2.5（元）；每股股利 =6÷10=0.6（元）。

股票回购方案：甲公司共分配股利 1 200 万元（6×2 000÷10），若用相同金额以 50 元 / 股回购股票，共需回购 24 万股（1 200÷50）。

现金股利与股票回购的相同点：均会导致所有者权益和现金的减少。

现金股利与股票回购的不同点：

①股东的税负不同：股票回购股东得到的资本利得需缴纳资本利得税，发放现金股利后股东则需缴纳股利收益税。

②对股东利益的影响不同：现金股利是直接收益，股票回购的影响不确定。

（2）每股收益 =5 000÷（2 000×2）=1.25（元）；每股除权参考价格 =30÷（1+1）=15（元 / 股）。

股票分割方案：将 1 股股票分割为 2 股的股票分割方案可与上述股票股利政策达到相同的效果。

股票股利与股票分割的相同点：

①流通在外的股数增加。

②盈利总额不变，则每股收益下降，但公司价值不变。

③资本结构不变。

④都会向市场传递利好信号，帮助企业在短时间内提高股价。

股票股利与股票分割的不同点：

①面值：股票分割导致每股面值下降，发放股票股利不会影响每股面值。

②所有者权益各项目结构：股票分割不会导致变化，发放股票股利会导致变化。

③适用情形：股价暴涨且预期难以下降时，才会采用股票分割降低股价，其余情况下一般使用股票股利稳定股价。

第十一章　营运资本管理
答案与解析

一、单项选择题

11.1 ▶ B	11.2 ▶ B	11.3 ▶ C	11.4 ▶ D	11.5 ▶ C
11.6 ▶ C	11.7 ▶ B	11.8 ▶ B	11.9 ▶ C	11.10 ▶ C
11.11 ▶ C	11.12 ▶ C	11.13 ▶ A	11.14 ▶ B	11.15 ▶ D
11.16 ▶ A	11.17 ▶ A	11.18 ▶ D	11.19 ▶ C	

二、多项选择题

11.20 ▶ ABC	11.21 ▶ AB	11.22 ▶ BCD	11.23 ▶ AB	11.24 ▶ CD
11.25 ▶ ABD	11.26 ▶ CD	11.27 ▶ ACD	11.28 ▶ AD	11.29 ▶ BCD
11.30 ▶ BD				

一、单项选择题

11.1 斯尔解析　B　本题考查营运资本投资策略。与激进型营运资本投资策略相比，适中型营运资本投资策略配置的流动资产相对较多，持有成本相对较高，短缺成本相对较低，选项B当选。

提示：

策略	流动资产与收入比	流动资产持有成本	流动资产短缺成本	总成本
适中型投资策略	适中	适中	适中	最小
保守型投资策略	较高	较高	较低	较高
激进型投资策略	较低	较低	较高	较高

11.2 斯尔解析 B 本题考查营运资本筹资策略。保守型筹资策略下，短期金融负债占企业全部资金来源的比例较小，是一种风险和收益均较低的营运资本筹资策略，选项A不当选。**在保守型营运资本筹资策略下，营业低谷期，易变现率大于1，营业高峰期，易变现率小于1，**选项B当选、选项C不当选。在保守型营运资本筹资策略下，短期金融负债只融通部分波动性流动资产的资金需要，另一部分波动性流动资产和全部稳定性流动资产，由长期资金来源支持，因此波动性流动资产大于短期金融负债，选项D不当选。

11.3 斯尔解析 C 本题考查营运资本筹资策略。流动资产分为波动性流动资产和稳定性流动资产，流动负债分为短期金融负债（临时性流动负债）和自发性流动负债，激进型营运资本筹资策略下，临时性流动负债大于波动性流动资产，但是还有稳定性流动资产存在，所以激进型筹资策略的营运资本不一定小于0，选项A不当选。**激进型筹资策略下，短期金融负债在全部资金来源中占比较高，是一种风险和收益均较高的营运资本筹资策略**，选项B不当选。**激进型筹资策略下，不论是在营业高峰期还是低谷期，易变现率均小于1**，选项C当选。激进型筹资策略即使在营业低谷时，企业也会有短期金融负债的存在，选项D不当选。

11.4 斯尔解析 D 本题考查营运资本筹资策略。由于该企业波动性流动资产200万元大于临时性流动负债100万元，所以该企业采取的是保守型筹资策略，选项A不当选。易变现率=（股东权益+长期债务+经营性流动负债-长期资产）÷经营性流动资产，在生产经营高峰期，企业的总资产=100+400+200=700（万元），此时，临时性流动负债=100（万元），股东权益、长期债务和经营性流动负债之和=700-100=600（万元），经营高峰期经营性流动资产=100+200=300（万元），经营高峰期的易变现率=（600-400）÷300×100%=67%，选项C不当选。经营低谷期的易变现率=（600-400）÷100×100%=200%，选项B不当选。保守型筹资策略是一种风险和收益均较低的营运资本筹资政策，选项D当选。

11.5 斯尔解析 C 本题考查营运资本筹资策略。保守型筹资策略下，短期金融负债只融通部分波动性流动资产的资金需要，另一部分波动性流动资产和全部稳定性流动资产，由长期资金来源支持。增加长期借款购置固定资产，使长期资金来源和长期资产同时增加，不改变营运资本筹资策略，选项A不当选。增加短期借款购买原材料，使短期金融负债和流动资产同时增加，不改变营运资本筹资策略，选项B不当选。增发公司股票偿还短期借款，使企业资金来源中短期金融负债占比下降，符合激进型转为保守型的转型要求，选项C当选。发行长期债券回购公司股票，属于长期资金来源的一增一减，不改变营运资本筹资策略，选项D不当选。

11.6 斯尔解析 C 本题考查营运资本筹资策略。甲公司在淡季时，稳定性流动资产+长期资产=300+200+500+1 000+200=2 200（万元），长期资金来源（所有者权益+长期负债+经营性流动负债）=2 000（万元），长期资金来源＜长期资金占用（稳定性流动资产+长期资产），甲公司采用的是激进型筹资策略，选项C当选。

提示：不同营运资本筹资策略可通过如下指标间关系进行判断。

适中型筹资策略：长期资产+稳定性流动资产=所有者权益+长期负债+经营性流动负债

波动性流动资产=临时性流动负债

保守型筹资策略：长期资产+稳定性流动资产<所有者权益+长期负债+经营性流动负债
波动性流动资产>临时性流动负债

激进型筹资策略：长期资产+稳定性流动资产>所有者权益+长期负债+经营性流动负债
波动性流动资产<临时性流动负债

11.7 斯尔解析 B 本题考查现金持有量的存货模式。**在存货模式下，达到最佳现金持有量时，机会成本等于交易成本**，即与现金持有量相关的现金使用总成本应为机会成本的2倍，机会成本=$C\div2\times K$=100 000÷2×10%=5 000（元），所以，与现金持有量相关的现金总成本=2×5 000=10 000（元），选项B当选。

11.8 斯尔解析 B 本题考查现金持有量的存货模式。存货模式下，最佳现金持有量$C^*=\sqrt{(2T\times F)/K}$，有价证券利率上涨为原来的2倍，每次交易成本下降为原来的1/2，根据公式可知，根号内的表达式变为原来的1/4，开根号后变为原来的1/2，即下降50%，或$C_{原}^*=\sqrt{\frac{2T\times100}{4\%}}=\sqrt{5\ 000T}$，$C_{新}^*=\sqrt{\frac{2T\times50}{4\%\times2}}=\frac{1}{2}\sqrt{5\ 000T}$，选项B当选。

11.9 斯尔解析 C 本题考查现金管理的随机模式。现金余额的上限$H=3R-2L$=3×1 500−2×1 000=2 500（万元），现金余额为2 800万元时，高于现金余额上限2 500万元，应该买入有价证券，使其下降至现金返回线1 500万元，因此应该买入证券金额为2 800−1 500=1 300（万元），选项C当选。

提示：**当现金持有量达到或超过上限时，应当用现金购入有价证券，使现金持有量下降至现金返回线**，而非下降至上限或者下限。

11.10 斯尔解析 C 本题考查应收账款的信用标准。在“5C”系统中，能力指顾客的短期偿债能力，现金流量比率衡量的是企业的短期偿债能力，选项C当选。

11.11 斯尔解析 C 本题考查应收账款的现金折扣政策。平均收现期=享受折扣的客户比率×折扣期+放弃折扣的客户比率×信用期=40%×20+60%×30=26（天），应收账款的年平均余额=日销售额×平均收现期=30 000÷300×26=2 600（元），选项C当选。

提示：平均收现期的计算。

（1）只有信用期，没有现金折扣期，没有逾期客户：

平均收现期=信用期

（2）既有信用期，也有现金折扣期，但没有逾期客户：

平均收现期=享受折扣的客户比率×折扣期+放弃折扣的客户比率×信用期

（3）既有信用期和现金折扣期，也有逾期客户：

平均收现期=享受折扣的客户比率×折扣期+放弃折扣但未逾期的客户比率×信用期+逾期客户比率×逾期客户的付款期

11.12 斯尔解析 C 本题考查存货经济订货量的陆续供应和使用模型。在自制方案中，每次生产前的设备调试成本相当于每次订货变动成本600元，单位储存变动成本=3×20%=0.6（元），与批量相关的总成本=$\sqrt{2\times600\times3\ 600\times3\times20\%\times\left(1-\frac{10}{50}\right)}$=1 440（元），自制总成本包括生产成本和与批量相关的总成本，自制总成本=3 600×3+1 440=12 240（元），选项C当选。

11.13 斯尔解析 A 本题考查存货经济订货量的保险储备模型。研究保险储备的目的就是要找出合理的保险储备量，使缺货或中断损失和保险储备成本之和最小，选项A当选。

11.14 斯尔解析 B 本题考查存货经济订货量分析。订货提前期延长，会影响发出订单的时间，但不会改变经济订货量，选项A不当选。每次订货的变动成本增加，会导致经济订货量增加，选项B当选。每天的送货量增加，会导致经济订货量降低，选项C不当选。延迟交货的概率增加，会导致保险储备增加，不会影响经济订货量，选项D不当选。

提示：本题题干说明公司根据扩展的经济订货量模型确定进货批量，所以本题应使用存货陆续供应和使用的经济订货量公式，具体为：$Q^*=\sqrt{\dfrac{2\times \text{每次订货变动成本}\times \text{年需求量}}{\text{单位储存变动成本}\times（1-\text{每日耗用量}\div \text{每日送货量}）}}$。

11.15 斯尔解析 D 本题考查商业信用筹资。放弃现金折扣成本=2%÷（1−2%）×360÷（40−10）=24.49%，选项D当选。

11.16 斯尔解析 A 本题考查商业信用筹资。

放弃供应商 A 现金折扣的成本 $=\dfrac{2\%}{1-2\%}\times\dfrac{360}{60-30}=24.49\%$

放弃供应商 B 现金折扣的成本 $=\dfrac{1\%}{1-1\%}\times\dfrac{360}{60-45}=24.24\%$

由于放弃两个供应商现金折扣的成本均大于同期银行短期借款年利率 12%，因此不应放弃现金折扣，应选择在折扣期内付款，选项 BD 不当选。当决定享受现金折扣时，应选择放弃现金折扣成本最大的方案，选项 A 当选、选项 C 不当选。

提示：如果享受现金折扣，即不会发生放弃现金折扣的成本，可以将该不会发生的成本假设为一种收益，相当于享受供应商A的现金折扣政策时的收益是24.49%，享受供应商B的现金折扣政策时的收益是24.24%，所以，应当选择供应商A。

11.17 斯尔解析 A 本题考查短期借款筹资。实际支付的利息=400×6%=24（万元），实际支付的承诺费=（1 000−400）×0.5%=3（万元），实际占用的借款额=400（万元），实际成本=（24+3）÷400×100%=6.75%，选项A当选。

11.18 斯尔解析 D 本题考查短期借款筹资。该笔贷款的利息=5 000×8%=400（万元），未使用借款部分的承诺费=（8 000−5 000）×0.5%=15（万元），实际支付的用资费=400+15=415（万元），实际占用的借款额=5 000−8 000×0.5%=4 960（万元），该笔贷款的实际成本=（400+15）÷（5 000−8 000×0.5%）×100%=8.37%，选项D当选。

精准答疑

问题： 为什么本题中分母需要扣除全年的承诺费？本题与题目 11.17 有何不同？

解答： 短期借款的有效年利率 = 实际支付的年用资费用 ÷ 实际可用的借款额。

本题明确说明承诺费按承诺贷款额度的 0.5% 于签订协议时支付，公司取得贷款部分已支付的承诺费用在一年后返还，故本题中实际支付的年用资费用包括未使用借款部分的承诺费和贷款的利息，实际可用的借款额 =5 000−8 000×0.5%=4 960（万元），这里扣除未使用借款部分的承诺费的原因是承诺费于签订协议时支付。

> 题目 11.17 中，题干说明贷款限额未使用的部分需支付承诺费，按照 0.5% 的承诺费率于年末支付。年末支付承诺费，并不影响当年实际可用的借款额。
> 故在本类型题目中，同学们要额外关注承诺费的支付时间，不能一概而论。

11.19 斯尔解析 C 本题考查短期借款筹资。对于借款企业来说，补偿性余额会提高借款的有效年利率，选项A不当选。贴现法会使贷款的有效年利率高于报价利率，选项B不当选。收款法下有效年利率等于报价利率，选项C当选。加息法会使企业的有效年利率高于报价利率大约1倍，选项D不当选。

提示：

类型	利息支付方式	有效年利率
收款法	借款到期时向银行支付利息的方法	有效年利率＝报价利率
贴现法	发放贷款时先从本金中扣除利息，到期时偿还贷款全部本金（俗称砍头息）	有效年利率＝$\frac{\text{报价利率}}{(1-\text{报价利率})}$
加息法	分期等额偿还本息	有效年利率≈报价利率 ×2

二、多项选择题

11.20 斯尔解析 ABC 本题考查营运资本投资决策的相关成本。

相关成本	具体表现	变动趋势
短缺成本	指随着流动资产投资水平降低而增加的成本。例如，因投资不足出现存货短缺，打乱原有生产进程，丧失销售机会；因投资不足发生现金短缺，而承担违约成本等	随流动资产投资水平上升而降低
持有成本	指随着流动资产投资上升而增加的成本。与流动资产相关的机会成本。这些投资如果不用于流动资产，可用于其他投资机会并赚取收益	随流动资产投资水平上升而上升
总成本	短缺成本+持有成本	随流动资产投资水平上升，先降低而后上升

综上，选项 ABC 当选。

11.21 斯尔解析 AB 本题考查营运资本投资策略。流动资产投资越少，越节约投资成本，但会增加短缺成本，对企业不一定有利，选项A当选。最佳投资需要量，就是短缺成本和持有成本之和最小时的投资额，选项B当选。持有成本主要是与流动资产相关的机会成本，选项C不当选。保守型投资策略下，企业将配置较多的流动资产，选项D不当选。

11.22 斯尔解析 BCD 本题考查营运资本筹资策略。由于短期金融负债小于波动性流动资产，该企业采用的是保守型营运资本筹资策略，选项A不当选。**在营业低谷时，保守型营运资本**

筹资策略的易变现率大于1，适中型营运资本筹资策略的易变现率等于1，激进型营运资本筹资策略的易变现率小于1，选项B当选。在经营高峰时，波动性流动资产+稳定性流动资产+长期资产=临时性流动负债+经营性流动负债+长期债务+所有者权益，可知所有者权益+长期债务+经营性流动负债-长期资产=波动性流动资产+稳定性流动资产-临时性流动负债=经营性流动资产-100<经营性流动资产，易变现率计算公式中的分子小于分母，所以该企业在营业高峰时易变现率小于1，选项C当选。由于经营季节性需要企业波动性流动资产120万元，短期金融负债100万元，所以在经营淡季，企业会有闲置资金20万元，可投资于短期有价证券，选项D当选。

11.23 斯尔解析 AB 本题考查营运资本筹资策略。与采用激进型营运资本筹资政策相比，企业采用保守型营运资本筹资政策时，短期金融负债所占比重较小，长期资金来源占的比重大，因此资金成本较高，选项A当选。易变现率=（长期资金来源-长期资产）÷经营性流动资产，与采用激进型营运资本筹资政策相比，企业采用保守型营运资本筹资政策时，长期资金来源较多，易变现率较高，选项B当选。由于短期金融负债所占比重较小，因此执行保守型营运资本筹资政策时，举债还债的频率低，短期利率变动损失的风险较低，选项CD不当选。

11.24 斯尔解析 CD 本题考查现金持有量的随机模式。现金返回线$R=\sqrt[3]{\frac{3b\delta^2}{4i}}+L$，$i$表示有价证券的日利息率，当有价证券的日利息率提高时，现金返回线下降，选项A不当选。下限L的确定会受到企业每日最低现金需要和管理人员的风险承受倾向等因素的影响，当管理人员对风险的偏好程度提高时，L将下降，现金返回线下降，选项B不当选。当企业每日最低现金需要量提高时，L将上升，现金返回线上升，选项C当选。δ表示预期每日现金余额波动的标准差，当δ上升时，现金返回线上升，选项D当选。

11.25 斯尔解析 ABD 本题考查现金持有量的随机模式。现金返回线$R=\sqrt[3]{\frac{3b\delta^2}{4i}}+L$，影响现金返回线的因素包括每次有价证券的固定转换成本、有价证券的日利息率（机会成本）、预期每日现金余额波动的标准差，选项A当选。当现金余额在上下限之间时是合理的，不予理会，选项B当选。当现金存量达到控制上限时，应使用现金购入有价证券，使现金持有量下降至现金返回线，而非下限，选项C不当选。当现金存量达到控制下限时，卖出有价证券换回现金，使现金持有量上升至现金返回线，选项D当选。

11.26 斯尔解析 CD 本题考查现金持有量的随机模式。现金持有量的上限$H=3R-2L=3\times7\ 000-2\times2\ 000=17\ 000$（元），持有的现金余额为5 000元和12 000元时，均介于下限2 000元和上限17 000元之间，不必采取任何措施，选项AB不当选。当持有的现金余额为20 000元时，高于现金存量上限17 000元，需要购买13 000元（20 000-7 000）的有价证券使现金存量降至现金返回线7 000元水平；当持有的现金余额为1 500元时，低于现金存量下限2 000元，需要转让5 500元（7 000-1 500）的有价证券，使得现金存量达到最优现金返回线7 000元水平，选项CD当选。

11.27 斯尔解析　ACD　本题考查现金管理。**现金管理的存货模式考虑了机会成本和交易（转换）成本，随机模式考虑了机会成本和交易成本**，选项A当选。存货模式假定现金的流出量稳定不变，实际上这种情况很少出现，所以存货模式的适用范围较窄，选项B不当选。随机模式建立在企业的未来现金需求总量和收支不可预测的前提下，其现金持有量下限的确定会受到企业每日最低现金需要和管理人员的风险承受倾向等因素的影响，因此更易受到管理人员主观判断的影响，选项CD当选。

11.28 斯尔解析　AD　本题考查信用政策决策分析。改变信用政策后，平均收现期=30×50%+50×50%=40（天），应收账款占用资金应计利息增加额=180 000×10÷360×40×（6÷10）×15%=18 000（元），选项A当选。现金折扣成本的增加额=180 000×10×2%×50%=18 000（元），选项B不当选。改变信用政策的净损益=（180 000−160 000）×（10−6）−18 000−18 000−（70 000−60 000）−（6 000−5 000）−（10 000−7 000）=30 000（元），应改变信用政策，选项C不当选、选项D当选。

提示：**改变信用政策的净损益=收益增加−成本增加，如果净损益>0，则应改变信用政策。**

11.29 斯尔解析　BCD　本题考查存货储存的成本。存货储存变动成本与存货数量（平均储存量）成正比，是存货经济批量决策的相关成本，如存货资金的应计利息、存货的破损和变质损失、存货的保险费用等，选项BCD当选。差旅费属于订货成本，不属于储存成本，选项A不当选。

11.30 斯尔解析　BD　本题考查存货经济批量分析。

存货经济订货批量=$\sqrt{\dfrac{2\times\text{年需求量}\times\text{每次订货变动成本}}{\text{单位储存变动成本}}}$，单位储存成本增加，经济订货批量减少，选项A不当选。存货年需求量增加、单位订货变动成本增加，经济订货批量增加，选项BD当选。订货固定成本与存货经济订货批量无关，选项C不当选。

三、计算分析题

11.31 斯尔解析

（1）生产经营淡季占用的流动资产为稳定性流动资产，如采用方案 1：

长期资金占用 = 稳定性流动资产 + 长期资产 =1 250+1 875=3 125（万元）

长期资金来源 = 权益资本 + 长期债务 + 自发性负债 =3 400（万元）

长期资金占用<长期资金来源，该方案采用的是保守型营运资本筹资策略。

C 企业在营业低谷的易变现率 =（3 400−1 875）÷1 250=1.22

C 企业在营业高峰的易变现率 =（3 400−1 875）÷（1 250+650）=0.8

（2）生产经营淡季占用的流动资产为稳定性流动资产，如采用方案 2：

长期资金占用 = 稳定性流动资产 + 长期资产 =1 250+1 875=3 125（万元）

长期资金来源 = 权益资本 + 长期债务 + 自发性负债 =3 000（万元）

长期资金占用>长期资金来源，该方案采用的是激进型营运资本筹资策略。

C 企业在营业低谷的易变现率 =（3 000−1 875）÷1 250=0.9

C 企业在营业高峰的易变现率 =（3 000−1 875）÷（1 250+650）=0.59

（3）方案 1 是一种风险和收益均较低的营运资本筹资政策；方案 2 是一种风险和收益均较高的营运资本筹资政策。

11.32 斯尔解析

（1）①改变信用政策前销售收入 =36 000×80=2 880 000（元）。

改变信用政策增加的销售量 =36 000×15%=5 400（件）

改变信用政策后销售收入 =36 000×（1+15%）×80=3 312 000（元）

变动成本率 =60÷80×100%=75%

改变信用政策后边际贡献增加额 =5 400×（80−60）=108 000（元）

②改变信用政策前收账费用 =2 880 000×20%×5%=28 800（元）。

改变信用政策后收账费用 =3 312 000×10%×5%=16 560（元）

改变信用政策后收账费用增加额 =16 560−28 800=−12 240（元）

③改变信用政策前平均收账期 =30×80%+50×20%=34（天）。

改变信用政策前应收账款应计利息 =2 880 000÷360×34×75%×12%=24 480（元）

改变信用政策后平均收账期 =10×40%+20×30%+30×20%+50×10%=21（天）

改变信用政策后应收账款应计利息 =3 312 000÷360×21×75%×12%=17 388（元）

改变信用政策后应收账款应计利息增加额 =17 388−24 480=−7 092（元）

④改变信用政策后存货应计利息增加额 =（2 400−2 000）×60×12%=2 880（元）。

⑤现金折扣成本增加额 =3 312 000×（5%×40%+2%×30%）−0=86 112（元）。

（2）改变信用政策的净损益 =108 000−（−12 240−7 092+2 880+86 112）=38 340（元）。

由于改变信用政策的净损益大于零，E 公司应该推出该现金折扣政策。

11.33 斯尔解析

（1）①增加的边际贡献 =180 000×12%×（10−6）=86 400（元）。

②增加的现金折扣成本 =180 000×（1+12%）×10×2%×50%=20 160（元）。

③改变信用政策后应收账款平均收现期 =10×50%+30×40%+50×10%=22（天）。

变动成本率 =6÷10×100%=60%

改变信用政策后的年收入 =180 000×（1+12%）×10=2 016 000（元）

增加的应收账款占用资金的应计利息 =2 016 000÷360×22×60%×15%=11 088（元）

④增加的收账费用 =2 016 000×10%×3%=6 048（元）。

⑤改变信用政策前存货平均数量 =180 000÷3=60 000（件）。

改变信用政策后存货平均数量 =180 000×（1+12%）÷3=67 200（件）

增加的存货占用资金应计利息 =（67 200−60 000）×6×15%=6 480（元）

⑥节约的应付账款占用资金应计利息 =（110 000−90 000）×15%=3 000（元）。

（2）改变信用政策引起的税前损益变化 =86 400−20 160−11 088−6 048−6 480+3 000=45 624（元），由于改变信用政策引起的税前损益变化大于 0，因此该信用政策改变是可行的。

提示：存货占用资金应计利息的增加 = 平均存货水平增加额 × 单位变动生产成本 × 资本成本。

而根据公式：

$$存货周转次数=\frac{营业成本}{存货平均余额}=\frac{年销售量\times存货单位成本}{平均存货数量\times存货单位成本}=\frac{年销售数量}{平均存货数量}$$

可知：平均存货数量 = 年销售数量 ÷ 存货周转次数。

精准答疑

问题：应收账款占用资金应计利息变动额为什么不减去原信用政策下的应计利息？题目 11.32 中为什么减去了原信用政策下的应计利息？

解答：同学们在做题时一定要注意审题，这里并不涉及对于知识点的理解。

本题目题干为甲公司目前采用现金销售政策，现销是没有应收账款的，所以改变信用政策之前现销的应收账款占用资金应计利息为 0，故省略，应收账款占用资金应计利息变动额即为改变信用政策后的应收账款占用资金应计利息。

题目 11.32 的题干为公司目前采用 30 天按发票金额付款的信用政策，说明改变信用政策之前存在应收账款，所以，应收账款占用资金应计利息变动额 = 改变信用政策之后的应收账款占用资金应计利息 − 改变信用政策之前的应收账款占用资金应计利息。

11.34 斯尔解析

（1）放宽信用政策会带来下列收益和成本项目的变化：

收益：边际贡献的变化。

成本：应收账款占用资金应计利息（机会成本）的变化、现金折扣成本的变化，存货占用资金应计利息的变化、收账费用和坏账损失的变化、应付账款节约资金应计利息的变化。

采用政策一带来的收益和成本的变化及净损益：

增加的边际贡献 = 增加的销售数量 × 单位边际贡献 =40 000×5%×（200−120）=160 000（元）

增加的成本：

增加的应收账款占用资金应计利息（机会成本）=40 000×（1+5%）×200÷360×（10×40%+30×30%+60×25%+80×5%）×120÷200×12%−40 000×200÷360×（30×70%+50×30%）×120÷200×12%=53 760−57 600=−3 840（元）

增加的现金折扣成本 =40 000×（1+5%）×200×（40%×5%+30%×3%）−0=243 600（元）

增加的存货占用资金应计利息 =（3 650−3 500）×120×12%=2 160（元）

增加的收账费用和坏账损失 =40 000×（1+5%）×200×5%×8%−40 000×200×30%×5%=−86 400（元）

净损益 =160 000−（−3 840）−243 600−2 160−（−86 400）=4 480（元）

净损益＞0，故应采取政策一。

（2）采取政策一后：

不进行保理的成本：应收账款占用资金应计利息 + 现金折扣成本 + 收账费用和坏账损失 =40 000×（1+5%）×200÷360×（10×40%+30×30%+60×25%+80×5%）×120÷200×12%+40 000×

（1+5%）×200×（40%×5%+30%×3%）+40 000×（1+5%）×200×5%×8%=330 960（元）。

进行保理需要支出的成本：40 000×（1+5%）×200×2%+40 000×（1+5%）×200×3%=420 000（元）。

应收账款保理给甲带来的净损益 =330 960−420 000=−89 040（元）

净损益＜0，故不应采取政策二。

提示：存货占用资金应计利息不会因为保理而变化，属于不相关成本。

（3）“5C" 系统，是评估顾客信用品质的五个方面，即：**品质、能力、资本、抵押和条件**。

①品质：指顾客的信誉，即履行偿债义务的可能性。

②能力：指顾客的偿债能力，即其流动资产的数量和质量以及与流动负债的比例。

③资本：指顾客的财务实力和财务状况。

④抵押：指顾客拒付款项或无力支付款项时能被用作抵押的资产。

⑤条件：指可能影响顾客付款能力的经济环境。

11.35 斯尔解析

（1）经济订货量 =$\sqrt{2\times720\times500\div200}$ =60（吨）。

平均每天耗用量 =720÷360=2（吨）

交货期	不延迟	延迟1天	延迟2天
交货期内的总需要量（吨）	10×2=20	11×2=22	12×2=24
概率	50%	30%	20%

不设保险储备，B=0（吨），再订货点 R=10×2=20（吨）。

缺货量 S=（22−20）×30%+（24−20）×20%=1.4（吨），年订货次数 =720÷60=12（次）。

TC（S，B）=1.4×12×50+0×200=840（元）

设保险储备 B=2（吨），再订货点 R=10×2+2=22（吨）。

缺货量 S=（24−22）×20%=0.4（吨），TC（S，B）=0.4×12×50+2×200=640（元）。

设保险储备 B=4（吨），再订货点 R=10×2+4=24（吨）。

缺货量 S=0（吨），TC（S，B）=0×12×50+4×200=800（元）。

最合理的保险储备量 =2（吨）

方案一的总成本 =720×（3 000+100）+$\sqrt{2\times720\times500\times200}$ +640=2 244 640（元）

（2）经济订货量 =$\sqrt{\dfrac{2\times720\times100}{200\times(1-2/10)}}$ =30（吨）。

方案二的总成本 =720×（3 300+20）+$\sqrt{2\times720\times100\times200\times(1-2/10)}$ =2 395 200（元）

（3）因为方案一的总成本低，应选择方案一。

提示：

①本题中运费分为两类：一类是与材料吨数有关的运费，该类运费与订货批次无关，应计入购置成本，而非订货成本；另一类是与订货次数有关的航空、路桥等固定运费，应计入订货变动成本。

②确定保险储备时，测试的起点是从不设置保险储备开始测试，如果不考虑缺货成本，不设置保险储备，再订货点 = 正常的交货时间 × 每日平均需要量 =10×2=20（吨）。测试时，保险储备的递增幅度按照交货期内各种可能需要量的递增幅度确定，交货期内各种可能需要量的递增幅度为 2 吨，所以设置保险储备的递增幅度为 2 吨。

③采购方案的总成本包括与批量相关的总成本和与批量无关的购置成本等。

11.36 斯尔解析

（1）经济订货量 = $\sqrt{2\times3\ 600\times600/300}$ =120（吨）。

年订货次数 =3 600÷120=30（次）

与批量相关的年存货总成本 = $\sqrt{2\times3\ 600\times600\times300}$ =36 000（元）

（2）日需求量 =3 600÷360=10（吨）。

当保险储备 =0 时，TC（S，B）=（10%×10+10%×10×2）×30×1 000=90 000（元）。

当保险储备 =10（吨）时，TC（S，B）=（10%×10）×30×1 000+10×300=33 000（元）。

当保险储备 =20（吨）时，TC（S，B）=20×300=6 000（元）。

所以，最佳保险储备量为 20 吨。

精准答疑

问题 1：为什么运费 200 元不属于每次订货成本？

解答 1：同学们一定要注意题目表述，本题表述为每吨 200 元，不是每次 200 元，此类运费与订货批次无关，应计入购置成本，而非订货成本。

问题 2：不同保险储备量的年相关总成本如何进行计算？

解答 2：首先，确定保险储备时，测试的起点是从不设置保险储备开始测试，测试时，保险储备的递增幅度按照交货期内各种可能需要量的递增幅度确定。本题中，交货期内各种可能需要量的递增幅度为每天平均需求量，所以设置保险储备的递增幅度为每天平均需求量。

日需求量 d= 年需求量 D÷360=3 600÷360=10（吨）

当保险储备为 0 时：

延迟 1 天，共需要 10 吨，则缺货量为 10 吨，概率为 10%。

延迟 2 天，共需要 20 吨，则缺货量为 20 吨，概率为 10%。

一次订货缺货量 =10×10%+20×10%=3（吨）

当保险储备为 10 吨时：

延迟 1 天，共需要 10 吨，因存在保险储备 10 吨，故缺货量为 0 吨，概率为 10%。

延迟 2 天，共需要 20 吨，因存在保险储备 10 吨，故缺货量为 10 吨，概率为 10%。

一次订货缺货量 =0×10%+10×10%=1（吨）

当保险储备为 20 吨时：

延迟 1 天，共需要 10 吨，因存在保险储备 20 吨，故缺货量为 0 吨，概率为 10%。

延迟 2 天，共需要 20 吨，因存在保险储备 20 吨，故缺货量为 0 吨，概率为 10%。

一次订货缺货量 =0×10%+0×10%=0（吨）

根据公式进行计算：

保险储备相关总成本 TC（S、B）= 单位缺货成本 × 一次订货缺货量 × 年订货次数 + 保险储备量 × 单位储存变动成本

综上所述，当保险储备为 20 吨时，总成本最低为 6 000 元，所以最佳保险储备为 20 吨。

11.37 斯尔解析

（1）X 零件的经济订货量 = $\sqrt{2\times 72\ 000\times 250/1}$ =6 000（件）。

年订货次数 =72 000÷6 000=12（次）

与批量相关的年存货总成本 = $\sqrt{2\times 72\ 000\times 250\times 1}$ =6 000（元）

（2）每天平均需求量 =72 000÷360=200（件）。

再订货点 =200×5=1 000（件）

设保险储备为 0 时，与保险储备相关总成本 =［（1 200−1 000）×30%+（1 400−1 000）×20%］×12×0.5=840（元）。

设保险储备为 200 件时，再订货点 =1 000+200=1 200（件），与保险储备相关总成本 =200×1+（1 400−1 200）×20%×12×0.5=440（元）。

设保险储备为 400 件时，再订货点 =1 000+400=1 400（件），与保险储备相关总成本 =400×1=400（元）。

当保险储备为 400 件时，与保险储备相关总成本最低，所以最佳保险储备量为 400 件。

提示：

①确定保险储备时，测试的起点是从不设置保险储备开始测试，如果不考虑缺货成本，不设置保险储备，再订货点 = 正常的交货时间 × 每日平均需要量 =5×200=1 000（件）。

②测试时，保险储备的递增幅度按照交货期内各种可能需要量的递增幅度确定，交货期内各种可能需要量的递增幅度为 200 件，所以，设置保险储备的递增幅度为 200 件。

③涉及的计算公式：

保险储备相关总成本 = 缺货成本 + 保险储备成本

缺货成本 = 单位缺货成本 × 一次订货缺货量 × 年订货次数

一次订货缺货量 = 再订货点 − 需求量

保险储备成本 = 保险储备量 × 单位储存变动成本

第十二章　产品成本计算
答案与解析

一、单项选择题

12.1 ▶ C	12.2 ▶ D	12.3 ▶ D	12.4 ▶ A	12.5 ▶ C
12.6 ▶ C	12.7 ▶ D	12.8 ▶ D	12.9 ▶ C	12.10 ▶ D
12.11 ▶ C	12.12 ▶ B	12.13 ▶ C	12.14 ▶ D	

二、多项选择题

12.15 ▶ CD	12.16 ▶ CD	12.17 ▶ ABCD	12.18 ▶ BCD	12.19 ▶ AB
12.20 ▶ BCD	12.21 ▶ ABC	12.22 ▶ AC		

一、单项选择题

12.1 斯尔解析　C　本题考查辅助生产费用的归集和分配。**直接分配法的特点是不考虑辅助生产内部相互提供的劳务量，直接将各辅助生产车间发生的费用分配给辅助生产以外的各个受益单位或产品**，甲公司采用直接分配法下供电车间的分配率=315 000÷（450 000-30 000）=0.75（元/度），选项C当选。

12.2 斯尔解析　D　本题考查辅助生产费用的归集和分配。直接分配法的特点是不考虑辅助生产内部相互提供的劳务量，直接将各辅助生产车间发生的费用分配给辅助生产以外的各个受益单位或产品，因此，供电车间的生产费用不应分配给锅炉辅助生产车间，选项D当选。

12.3 斯尔解析　D　本题考查完工产品和在产品的成本分配。在产品成本按年初数固定计算，适用于月末在产品数量很少，或者在产品数量虽多但各月之间在产品数量变动不大，月初、月末在产品成本的差额对完工产品成本影响不大的情况，选项A不当选。在产品成本按其所耗用的原材料费用计算，适用于原材料费用在产品成本中所占比重较大，而且原材料是在生产开始时一次全部投入的情况下使用，甲公司各项费用的比重相差不多，选项B不当选。在产品成本按定额成本计算适用于在产品数量稳定或数量较少，并且制定了比较准确的定额成本的情况，选项C不当选。

12.4 斯尔解析 A 本题考查约当产量法。第二道工序在产品完工程度=（20×100%+30×50%+50×0）÷（20+30+50）×100%=35%，约当产量=1 000×35%=350（件），选项A当选。

提示：题目所述为“各工序内在产品完工程度平均为50%”，所以对于第二道工序在产品完工程度而言，第一道工序完工程度是100%，第三道工序完工程度是0，故第二道工序在产品完工程度=（20×100%+30×50%+50×0）÷（20+30+50）×100%=35%。

12.5 斯尔解析 C 本题考查约当产量法。月末在产品约当产量（直接材料）=月末在产品数量×本月投料比例=80×100%=80（件），选项A不当选。月末在产品约当产量（直接人工和制造费用）=月末在产品×月末在产品完工程度=80×40%=32（件），选项B不当选。月初在产品本月加工约当产量（直接材料）=月初在产品数量×（1-已投料比例）=200×（1-100%）=0（件），选项C当选。月初在产品本月加工约当产量（直接人工和制造费用）=月初在产品数量×（1-月初在产品完工程度）=200×（1-50%）=100（件），选项D不当选。

12.6 斯尔解析 C 本题考查约当产量法。第一道工序在产品的完工程度=20×50%÷100×100%=10%，第一道工序在产品约当产量=100×10%=10（件）；第二道工序在产品的完工程度=（20+80×50%）÷100×100%=60%，第二道工序在产品约当产量=200×60%=120（件），月末在产品的约当产量=10+120=130（件），选项C当选。

提示：本题描述为“公司不分步计算产品成本”。不分步计算产品成本，则在计算月末在产品的约当产量时，应当站在最终完工的角度计算各道工序在产品的完工程度和约当产量。根据题干“该产品的定额工时为100小时，其中第一道工序的定额工时为20小时，第二道工序的定额工时为80小时。各工序在产品的完工程度均按50%计算”，站在最终完工的角度，第一道工序在产品完工程度=20×50%÷100=10%，第二道工序在产品完工程度=（20+80×50%）÷100=60%，第一道工序在产品约当产量=100×10%=10（件），第二道工序在产品约当产量=200×60%=120（件），月末在产品的约当产量=10+120=130（件）。

12.7 斯尔解析 D 本题考查联产品加工成本的分配。X产品的可变现净值=30（万元），Y产品的可变现净值=20-10=10（万元），联合成本分配率=32÷（30+10）=0.8，X产品应分摊的联合成本=0.8×30=24（万元），选项D当选。

12.8 斯尔解析 D 本题考查联产品加工成本的分配。X产品的可变现净值=970 000-10 000=960 000（元），Y产品的可变现净值=1 458 000-18 000=1 440 000（元）；X产品应分摊的联合成本=40 000÷（960 000+1 440 000）×960 000=16 000（元），Y产品应分摊的联合成本=40 000÷（960 000+1 440 000）×1 440 000=24 000（元）。产品的总加工成本=分摊至该产品分离点前的联合成本+分离点后的深加工成本，X产品的总加工成本=16 000+10 000=26 000（元）；Y产品的总加工成本=24 000+18 000=42 000（元），选项D当选。

12.9 斯尔解析 C 本题考查产品成本计算的分步法。**逐步结转分步法要计算各步骤半成品成本，所以有利于各步骤在产品的实物管理和成本管理**，选项A不当选。**平行结转分步法不计算各步骤半成品成本**，当企业经常对外销售半成品时，应采用逐步结转分步法，选项B不当选。采用逐步分项结转分步法时，无须进行成本还原，**只有采用逐步综合结转分步法时，才需要进行成本还原**，选项C当选。采用平行结转分步法，每一生产步骤的生产费用也要在其完工产品与月末在产品之间进行分配，但这里的完工产品是指企业最后完工的产成品，这里的在产品是指各步骤尚未加工完成的在产品和各步骤已完工但尚未最终完成的产品，选项D不当选。

12.10 斯尔解析　D　本题考查产品成本的计算方法。平行结转分步法不计算各步骤在产品的成本，因而不利于考察企业各类存货资金占用情况，选项D当选。

12.11 斯尔解析　C　本题考查产品成本计算不同方法的特点。只有逐步综合结转分步法下才涉及成本还原，品种法、分批法、逐步分项结转分步法和平行结转分步法均不需要进行成本还原，选项C当选、选项ABD不当选。

12.12 斯尔解析　B　本题考查逐步结转分步法。本月该种产品的产成品成本=本月该种产品第三步骤完工产品成本。第三步骤本月发生费用=3 000+3 500=6 500（元），第三步骤完工产品成本=月初在产品成本+本月发生费用−月末在产品成本=1 000+6 500−700=6 800（元），此时，无须考虑第一步骤转入第二步骤的成本具体是多少，选项B当选。

精准答疑

问题： 计算第三步骤完工产品成本时，为什么不考虑第一步骤转入第二步骤的成本？

解答： 本题采用逐步结转分步法计算产品成本，这种方法是按照产品加工顺序先计算第一个加工步骤的半成品成本，然后结转给第二个加工步骤，此时，第二步骤把第一步骤转来的半成品成本加上本步骤耗用的材料和加工费用，作为第二个加工步骤的半成品成本结转给第三个加工步骤。

本题中第二生产步骤转入第三生产步骤的生产费用 3 000 元，已包含了第一步骤转入第二步骤的生产费用和第二步骤本身耗用的生产费用，故在计算第二步骤转入第三步骤的半成品成本时，不需要重复考虑第一步骤转入第二步骤的半成品成本。

12.13 斯尔解析　C　本题考查平行结转分步法。**平行结转分步法下，各步骤在产品包括本步骤在产品和本步骤已完工但尚未最终完工的所有后续仍需继续加工的在产品、半成品**，因此月末第一车间的广义在产品包括本步骤在产品20件，完工程度60%，和本步骤已完工但尚未最终完工的30件，本步骤已完工但尚未最终完工的在产品相对第一车间的完工程度为100%，所以月末第一车间的在产品约当产量=20×60%+30×100%=42（件），选项C当选。

12.14 斯尔解析　D　本题考查平行结转分步法。平行结转分步法下，每一步骤的生产费用需要在广义在产品和最终完工产品之间进行分配，因此第二步骤加工费用需要在第二步骤广义在产品和最终完工产品之间进行分配，第二步骤的广义在产品包括第二步骤月末在产品150件（相对于第二道工序的完工程度为40%）和第三步骤月末在产品200件（相对于第二道工序的完工程度为100%），最终完工产品为经过三个步骤加工完成的540件，因此，第二步骤广义在产品约当产量=150×40%+200=260（件），第二步骤加工费应计入完工产品成本的份额占比=540÷（540+260）=67.5%，应计入广义在产品成本的份额占比=260÷（540+260）=32.5%，选项D当选。

二、多项选择题

12.15 斯尔解析 CD 本题考查产品成本的分类。构成产品实体的原材料属于直接材料，选项A不当选。直接参与生产产品的员工的工资和福利费属于直接人工，选项B不当选。制造费用包括间接材料成本、间接人工成本、生产设备的折旧费、水电费等为组织和管理生产而发生的各项间接费用，因此，间接材料成本和生产设备的折旧费属于制造费用，选项CD当选。

12.16 斯尔解析 CD 本题考查辅助生产费用的归集和分配。供电车间分配给燃气车间的成本=20÷40×2=1（万元），选项A不当选。燃气车间分配给供电车间的成本=40÷20×1=2（万元），选项B不当选。供电车间对外分配的成本=20−1+2=21（万元），选项C当选。燃气车间对外分配的成本=40−2+1=39（万元），选项D当选。

12.17 斯尔解析 ABCD 本题考查完工产品和在产品的成本分配。在产品成本按年初数固定计算，是指各月在产品成本固定按年初数计算，年终时，根据实地盘点的在产品数量，重新调整计算在产品成本，适用于月末在产品数量很少，或者在产品数量虽多但各月之间在产品数量变动不大，月初、月末在产品成本的差额对完工产品成本影响不大的情况，选项A当选。在产品成本按其所耗用的原材料费用计算，是指在产品成本按所耗用原材料费用计算，其他费用全部由完工产品成本负担，适合于原材料费用在产品成本中所占比重较大，而且原材料是在生产开始时一次全部投入的情况下使用，选项B当选。在产品成本按定额成本计算，是指事先经过调查研究、技术测定或按定额资料，对各个加工阶段上的在产品直接确定一个定额单位成本，月终根据在产品数量，分别乘以各项定额单位成本，计算出月末在产品的定额成本，适用于在产品数量稳定或者数量较少，并且制定了比较准确的定额成本的情况，选项C当选。定额比例法，是指通常情况下材料费用按定额消耗量比例分配，而其他费用按定额工时比例分配，该方法适用于各月月末在产品数量变动较大，但制定了比较准确的消耗定额的情况，选项D当选。

12.18 斯尔解析 BCD 本题考查产品成本计算的逐步结转分步法。逐步结转分步法分为综合结转分步法和分项结转分步法，其中综合结转分步法需进行成本还原，分项结转分步法不需进行成本还原，选项A不当选。逐步结转分步法下，半成品成本随半成品实物在各步骤间转移，能够提供各个生产步骤的半成品成本资料，能够全面反映各个生产步骤的生产耗用水平，因此，对外销售半成品的企业应采用逐步结转分步法，选项BCD当选。

12.19 斯尔解析 AB 本题考查综合结转的成本还原。所谓成本还原，就是从最后一个步骤起，把所耗上一步骤半成品的综合成本还原成直接材料、直接人工、制造费用等原始成本项目，从而求得按原始成本项目反映的产成品成本资料，选项AB当选。还原后的各成本要素汇总金额与还原前的成本汇总金额相同，选项C不当选。**通过成本还原，能全面地反映最后步骤产品的生产耗费水平**，选项D不当选。

12.20 斯尔解析 BCD 本题考查产品成本计算的平行结转分步法。平行结转分步法的完工产品是指企业最终完工的产成品，在产品包括本步骤在产品和本步骤已完工但尚未最终完工的所有后续仍需继续加工的在产品、半成品，是广义的在产品，选项A不当选。逐步结转分步法能够提供各个生产步骤的半成品成本资料，能够为各生产步骤的在产品实物及资金管理提供资料，能够全面反映各个生产步骤的生产耗用水平，更好地满足各生产步骤成本管理的要求，适用于大量大批连续生产的企业，这种企业不仅将最终产成品作为商品对外销售，而且生产步骤所产半成品也经常作为商品对外销售，**平行结转分步法不计算半成品成本，不能提供各步骤半成品存货资金占用信息，不能全面地反映各步骤产品的生产耗费水平（第一步骤除外）**，无法很好地满足这些步骤成本管理的要求，选项BCD当选。

12.21 斯尔解析 ABC 本题考查平行结转分步法。平行结转分步法中的某步骤月末在产品指的是广义在产品，包括本步骤在产品和本步骤已完工但尚未最终完工的所有后续仍需继续加工的在产品、半成品，第一车间尚未完工产品属于第一车间尚未加工完成的在产品，第二车间尚未完工产品和第三车间尚未完工产品属于第一步骤已完工但尚未最终完工的产品，选项ABC当选。第三车间的完工产品，属于产成品，选项D不当选。

12.22 斯尔解析 AC 本题考查产品成本计算的分步法。平行结转分步法在计算各步骤成本时，不计算各步骤所产半成品的成本，也不计算各步骤所耗用上一步骤的半成品成本，而只计算本步骤发生的各项其他费用，以及这些费用中应计入产成品成本的份额，逐步结转分步法才需要计算和结转产品的各步骤成本，选项B不当选。逐步结转分步法一般定期计算产品成本，成本计算期与会计核算报告期一致，分批法的成本计算是不定期的，与产品生产周期基本一致，但与核算报告期不一致，选项D不当选。

三、计算分析题

12.23 斯尔解析

（1）

辅助生产费用分配表（直接分配法）

单位：元

项目		锅炉车间	供电车间	合计
待分配费用		60 000	100 000	160 000
分配	基本生产成本	57 600	80 000	137 600
	管理费用	2 400	20 000	22 400

辅助生产费用分配表（一次交互分配法）

单位：元

项目		锅炉车间	供电车间	合计
对外分配辅助生产费用		87 500	72 500	160 000
分配	基本生产成本	84 000	58 000	142 000
	管理费用	3 500	14 500	18 000

（2）①直接分配法不考虑辅助生产内部相互提供的劳务量，直接将各辅助生产车间发生的费用分配给辅助生产以外的各个受益单位或产品，计算简便。但是当辅助生产车间相互提供产品或劳务量较大时，分配结果往往与实际不符。因此，这种分配方法只适宜在辅助生产车间内部相互提供产品或劳务不多、不进行费用的交互分配对辅助生产成本和产品制造成本影响不大的情况采用。

②采用一次交互分配法，辅助生产车间内部相互提供产品或劳务全都进行了交互分配，从而提高了分配结果的准确性。但各辅助生产费用要计算两个单位成本（费用分配率），进行两次分配，因而增加了计算工作量。

③由于甲公司辅助生产车间内部相互提供产品或劳务较多、不进行费用的交互分配对辅助生产和产品制造成本影响较大，不适合采用直接分配法分配辅助生产费用。因此，甲公司适合采用一次交互分配法对辅助生产费用进行分配。

提示：

a. 直接分配法。

锅炉车间蒸汽分配率 =60 000÷（15 000−2 500）=4.8（元／吨）

基本生产成本分配蒸汽成本 =4.8×12 000=57 600（元）

管理费用分配蒸汽成本 =4.8×500=2 400（元）

供电车间电力分配率 =100 000÷（200 000−75 000）=0.8（元／度）

基本生产成本分配电力成本 =0.8×100 000=80 000（元）

管理费用分配电力成本 =0.8×25 000=20 000（元）

b. 一次交互分配法。

交互分配：

锅炉车间蒸汽分配率 =60 000÷15 000=4（元／吨）

供电车间电力分配率 =100 000÷200 000=0.5（元／度）

锅炉车间分配给供电车间的蒸汽成本 =4×2 500=10 000（元）

供电车间分配给锅炉车间的电力成本 =0.5×75 000=37 500（元）

锅炉车间对外分配的辅助生产费用 =60 000+37 500−10 000=87 500（元）

供电车间对外分配的辅助生产费用 =100 000+10 000−37 500=72 500（元）

对外分配：

锅炉车间蒸汽分配率 =87 500÷（15 000−2 500）=7（元／吨）

基本生产成本分配蒸汽成本 =7×12 000=84 000（元）

管理费用分配蒸汽成本 =7×500=3 500（元）

供电车间电力分配率 =72 500÷（200 000−75 000）=0.58（元／度）

基本生产成本分配电力成本 =0.58×100 000=58 000（元）

管理费用分配电力成本 =0.58×25 000=14 500（元）

12.24 斯尔解析

（1）

辅助生产费用分配表（一次交互分配法）

单位：元

项目		机修车间			供电车间		
		耗用量（小时）	单位成本	分配金额	耗用量（度）	单位成本	分配金额
交互分配费用		150	55	8 250	21 000	0.5	10 500
交互分配	机修车间	—	—	500	−1 000	—	−500
	供电车间	−50	—	−2 750	—	—	2 750
对外分配辅助生产费用		100	60	6 000	20 000	0.6375	12 750
对外分配	第一车间	45	—	2 700	9 800	—	6 247.50
	第二车间	45	—	2 700	9 700	—	6 183.75
	行政管理部门	10	—	600	500	—	318.75
	合计	100	—	6 000	20 000	—	12 750

（2）

第一车间成本计算单

2023年8月　　单位：元

项目	产量（件）	直接材料	直接人工	制造费用	合计
月初在产品	—	8 125	3 500	11 250	22 875
本月生产费用	—	42 875	22 000	65 250	130 125
合计	—	51 000	25 500	76 500	153 000
分配率	—	600	300	900	1 800
产成品中本步骤份额	60	36 000	18 000	54 000	108 000
月末在产品	—	15 000	7 500	22 500	45 000

（3）

第二车间成本计算单

2023年8月　　单位：元

项目	产量（件）	直接材料	直接人工	制造费用	合计
月初在产品	—	5 500	3 500	3 700	12 700
本月生产费用	—	34 500	38 500	48 800	121 800

续表

项目	产量（件）	直接材料	直接人工	制造费用	合计
合计	—	40 000	42 000	52 500	134 500
分配率	—	1 000	1 200	1 500	3 700
产成品中本步骤份额	30	30 000	36 000	45 000	111 000
月末在产品	—	10 000	6 000	7 500	23 500

（4）

产品成本汇总计算表

2023年8月　　单位：元

生产车间	产成品数量（件）	直接材料	直接人工	制造费用	合计
第一车间	—	36 000	18 000	54 000	108 000
第二车间	—	30 000	36 000	45 000	111 000
合计	30	66 000	54 000	99 000	219 000
单位成本	—	2 200	1 800	3 300	7 300

提示：

①第一车间产品计算单。

a. 本月发生的制造费用。

当月发生的制造费用，除了基本生产车间本身发生的 56 302.50 元外，还包括辅助生产车间分配进第一车间的制造费用，分别是机修车间分配给第一车间的 2 700 元和供电车间分配给第一车间的 6 247.50 元，三者合计即为本月发生的制造费用共 65 250 元。第二车间同理。

b. 约当产量的计算。

本题中第二车间将第一车间生产的半成品加工成产成品，但是每件产成品耗用 2 件半成品，所以，完工产品相对于第一车间的约当产量 = 完工产品数量 ×2。如果每件产成品耗用 1 件半成品，则完工产品相对于第一车间的约当产量 = 完工产品数量 ×1。同理，如果每件产成品耗用 4 件半成品，则完工产品相对于第一车间的约当产量 = 完工产品数量 ×4。

所以本题中产成品为 30 件，相对于第一车间的约当产量 =30×2=60（件）。

同理，第二车间每个在产品中也包含 2 个第一车间提供的半成品，所以，第二车间在产品相对于第一车间的约当产量 = 第二车间在产品数量 ×2=10×2=20（件）。

第一车间在产品的约当产量 = 在产品数量 × 完工程度 =10×50%=5（件）。广义在产品约当产量 =5+20=25（件）。

c. 分配率的计算。

直接材料分配率 =51 000÷（60+25）=600（元 / 件）

直接人工分配率 =25 500÷（60+25）=300（元 / 件）

制造费用分配率 =76 500÷（60+25）=900（元 / 件）

②第二步骤产品成本计算单。

a. 约当产量的计算。

由于每件完工产品，只需要经过第二车间的一次加工，因此每件完工产品相对于第二车间的完工程度为100%（此处与第一车间不同）。因此，产成品相对于第二车间的约当产量 =30×100%=30（件）。

由于直接材料于开工时一次性投入，因此第二车间在产品约当产量（直接材料）=10（件），直接人工和制造费用陆续发生，因此第二车间在产品约当产量（直接人工和制造费用）=10×50%=5（件）。

b. 分配率的计算。

直接材料分配率 =40 000÷（30+10）=1 000（元 / 件）

直接人工分配率 =42 000÷（30+5）=1 200（元 / 件）

制造费用分配率 =52 500÷（30+5）=1 500（元 / 件）

12.25 斯尔解析

（1）由材料（1）可知，月初在产本月完工产品实际数量为 300 件，本月投入本月完工产品实际数量为 3 200 件。则：

①本月完工产品的主要材料费用 =32 000+518 000÷（3 200+500）×3 200=480 000（元）。

②本月月末在产品的主要材料费用 =518 000÷（3 200+500）×500=70 000（元）。

（2）月初在产品本月加工约当产量 =300×（1−60%）=120（只），月末在产品约当产量 =500×60%=300（只）。

①本月完工产品的辅助材料费用 =3 160+36 200÷（120+3 200+300）×（120+3 200）=36 360（元）。

②本月月末在产品的辅助材料费用 =36 200÷（120+3 200+300）×300=3 000（元）。

（3）①本月完工产品的人工费用 =148 000÷（3 500×2+500×0.8）×（3 500×2）=140 000（元）。

②本月月末在产品的人工费用 =148 000÷（3 500×2+500×0.8）×（500×0.8）=8 000（元）。

（4）①本月完工产品的制造费用 =29 600÷（3 500×1+500×0.4）×（3 500×1）=28 000（元）。

②本月月末在产品的制造费用 =29 600÷（3 500×1+500×0.4）×（500×0.4）=1 600（元）。

（5）①本月完工产品总成本 =480 000+36 360+140 000+28 000=684 360（元）。

②本月完工产品单位成本 =684 360÷3 500=195.53（元）。

提示：本题要求对主要材料和辅助材料采用约当产量法（先进先出法）进行分配，对直接人工和制造费用采用定额比例法进行分配，所以在计算第（3）（4）问时不需要计算约当产量，需要计算本月完工产品和月末在产品的定额工时。大家做题时一定要认真审题，切勿形成惯性思维。

12.26 斯尔解析

（1）X−1 直接材料约当产量 =6 500（件）。

X−1 直接人工、制造费用的约当产量 =2 000×20%+2 500×40%+2 000×80%=3 000（件）

X−2 直接材料约当产量 =4 250（件）

X−2 直接人工、制造费用的约当产量 =1 000×20%+2 000×40%+1 250×80%=2 000（件）

（2）

X产品成本计算单

2023年7月　　单位：元

项目	直接材料	直接人工	制造费用	合计
月初在产品成本	552 000	244 000	477 000	1 273 000
本月生产费用	3 600 000	1 400 000	2 400 000	7 400 000
合计	4 152 000	1 644 000	2 877 000	8 673 000
分配率	20	8	14	42
完工产品总成本	3 920 000	1 600 000	2 800 000	8 320 000
月末在产品成本	232 000	44 000	77 000	353 000

（3）

X产品单位产品成本计算单（分型号）

2023年7月　　单位：元

产品型号	单位产品成本			合计
	直接材料	直接人工	制造费用	
X–1	20	8	14	42
X–2	24	10	17.5	51.5

提示：

① X 产品成本计算单。

a. 直接材料分配率 =4 152 000÷（100 000+80 000×1.2+6 500+4 250×1.2）=20（元／件）。

b. 直接人工分配率 =1 644 000÷（100 000+80 000×1.25+3 000+2 000×1.25）=8（元／件）。

c. 制造费用分配率 =2 877 000÷（100 000+80 000×1.25+3 000+2 000×1.25）=14（元／件）。

d. 完工产品成本直接材料 =20×（100 000+80 000×1.2）=3 920 000（元）。

e. 完工产品成本直接人工 =8×（100 000+80 000×1.25）=1 600 000（元）。

f. 完工产品成本制造费用 =14×（100 000+80 000×1.25）=2 800 000（元）。

② X 产品单位产品成本计算单（分型号）。

a.X–2 单位产品直接材料成本 =20×1.2=24（元／件）。

b.X–2 单位产品直接人工成本 =8×1.25=10（元／件）。

c.X–2 单位产品制造费用成本 =14×1.25=17.5（元／件）。

精准答疑

问题：“公司确定 X-1 为标准产品，经测算，X-2 的直接材料成本是标准产品的 1.2 倍，直接人工、制造费用是标准产品的 1.25 倍”，该如何理解和计算？

解答：题目指明公司确定 X-1 为标准产品，所以在成本分配时，应当将 X-2 折算为标准产品。

需要注意的是，公司确定 X-1 为标准产品，经测算，X-2 的直接材料成本是标准产品的 1.2 倍，并不是指 X-1 有 1 000 件，X-2 按照标准产品折算就有 1 200 件（1 000×1.2），而是指 X-2 的直接材料消耗是 X-1 的 1.2 倍。

结合本题具体数据，以直接材料为例（假设不存在月末在产品）：

本月完工产品数量包含 100 000 件 X-1 和 80 000 件 X-2。假设 1 件 X-1 消耗 a 的直接材料，则 1 件 X-2 需要消耗 1.2a 的直接材料，那么 100 000 件 X-1 消耗 100 000a 的直接材料，80 000 件 X-2 则需要消耗 80 000×1.2a 的直接材料。原材料在开工时一次投入，直接材料的分配率 =4 152 000÷（100 000a+80 000×1.2a）=4 152 000÷［（100 000+80 000×1.2）×a］。这里的分配率换算成“元 / 件”就需要乘以单耗 a，故以元 / 件为单位的分配率就是“4 152 000÷（100 000+80 000×1.2）”。

上述计算只考虑了完工产品，月末在产品同理。第一问已算出约当产量，所以，同时考虑月末在产品和完工产品的分配率，在计算时只需要在分母中加上月末在产品的约当产量即可。直接材料的分配率 =4 152 000÷（100 000+80 000×1.2+6 500+4 250×1.2）=20（元 / 件）。

直接人工和制造费用分配率的计算思路与直接材料一致。

12.27 斯尔解析

（1）生产工人工资的分配率 =30 000÷（30 000+45 000）=0.4（元 / 小时）。

X 产品分配基本生产车间本月生产工人工资 =30 000×0.4=12 000（元）

Y 产品分配基本生产车间本月生产工人工资 =45 000×0.4=18 000（元）

（2）本月基本生产车间的制造费用 =40 000×（1+2.5%）+5 000+10 000+4 000=60 000（元）。

制造费用分配率 =60 000÷（30 000+45 000）=0.8（元 / 小时）

X 产品分配制造费用 =30 000×0.8=24 000（元）

Y 产品分配制造费用 =45 000×0.8=36 000（元）

（3）

产品成本计算单

产品：X产品　　2023年9月　　单位：元

项目	直接材料	直接人工	制造费用	合计
月初在产品成本	25 900	2 850	5 040	33 790
本月生产费用	348 500	12 000	24 000	384 500
合计	374 400	14 850	29 040	418 290
分配率	1.04	0.45	0.88	2.37
完工产品总成本	312 000	13 500	26 400	351 900
完工产品单位成本	62.4	2.7	5.28	70.38
月末在产品成本	62 400	1 350	2 640	66 390

提示：

①**制造费用是指企业各生产单位为组织和管理生产而发生的各项间接费用，包括间接材料成本、间接人工成本和其他制造费用**。就本题而言，本月基本生产车间的制造费用包括：基本生产车间一般耗用的材料费（计划成本为40 000元）、基本生产车间管理人员工资（5 000元）、基本生产车间折旧费用（10 000元）和基本生产车间其他生产费用（4 000元）。

基本生产车间生产工人工资属于直接人工成本，行政管理部门耗用的材料费用属于管理费用。

②题中涉及的X产品工时平均完工程度50%是用于计算在产品的定额成本，与约当产量法没有关系。完工产品的消耗定额为6小时，那么完工50%的在产品消耗定额则是完工产品的一半，即消耗定额为3小时。

③本题表格内部分数据计算过程如下：

X产品本月发生的直接材料费用=340 000×（1+2.5%）=348 500（元）

X产品直接材料分配率=374 400÷（5 000×60+1 000×60）=1.04

X产品直接人工分配率=14 850÷（5 000×6+1 000×6×50%）=0.45（元/小时）

X产品制造费用分配率=29 040÷（5 000×6+1 000×6×50%）=0.88（元/小时）

12.28 斯尔解析

（1）

第一步骤成本计算单

2023年9月　　单位：元

项目	直接材料	直接人工	制造费用	合计
月初在产品成本	50 000	8 250	5 000	63 250
本月生产成本	313 800	69 000	41 350	424 150
合计	363 800	77 250	46 350	487 400

续表

项目	直接材料	直接人工	制造费用	合计
分配率	3.4	0.75	0.45	4.6
产成品成本中本步骤份额	299 200	66 000	39 600	404 800
月末在产品	64 600	11 250	6 750	82 600

第二步骤成本计算单

2023年9月　　单位：元

项目	直接材料	直接人工	制造费用	合计
月初在产品成本	—	3 350	3 600	6 950
本月生产成本	—	79 900	88 900	168 800
合计	—	83 250	92 500	175 750
分配率	—	0.9	1	1.9
产成品成本中本步骤份额	—	79 200	88 000	167 200
月末在产品	—	4 050	4 500	8 550

产品成本汇总计算单

2023年9月　　单位：元

步骤	直接材料	直接人工	制造费用	合计
第一步骤	299 200	66 000	39 600	404 800
第二步骤	—	79 200	88 000	167 200
合计	299 200	145 200	127 600	572 000

（2）A、B 两种产品的产量比例为 6 ∶ 5。

A 产品产量 =88 000×6÷（6+5）=48 000（千克）

B 产品产量 =88 000×5÷（6+5）=40 000（千克）

A 产品可变现净值 =48 000×8.58=411 840（元）

B 产品可变现净值 =40 000×（7.2−0.336）=274 560（元）

A 产品应分配的成本 =［411 840÷（411 840+274 560）］×572 000=343 200（元）

B 产品应分配的成本 =［274 560÷（411 840+274 560）］×572 000=228 800（元）

A 产品单位成本 =343 200÷48 000=7.15（元 / 千克）

B 产品单位成本 =228 800÷40 000+0.336=6.056（元 / 千克）

提示：

①第一步骤成本计算单。

a. 本步骤完工产品指最终完工产品，即第二步骤本月完工产品 88 000 千克，本步骤广义在产品包括本步骤在产品和本步骤已完工但尚未最终完工的产品，即位于第一步骤在产品 10 000 千克和第二步骤在产品 9 000 千克。

b. 由于原材料在生产开始时一次性投入，所以月末在产品原材料的完工程度为 100%，月末在产品约当产量（直接材料）=10 000+9 000=19 000（千克），直接材料分配率 =363 800÷（88 000+19 000）=3.4（元/千克）。

c. 由于直接人工和制造费用陆续发生，所以第一步骤在产品的完工程度（直接人工和制造费用）为 60%，第二步骤在产品的完工程度（直接人工和制造费用）为 100%，月末在产品约当产量（直接人工和制造费用）=10 000×60%+9 000=15 000（千克）。直接人工分配率 =77 250÷（88 000+15 000）=0.75（元/千克），制造费用分配率 =46 350÷（88 000+15 000）=0.45（元/千克）。

d. 产成品成本中本步骤份额：

直接材料 =88 000×3.4=299 200（元）

直接人工 =88 000×0.75=66 000（元）

制造费用 =88 000×0.45=39 600（元）

月末在产品成本：

直接材料 =19 000×3.4=64 600（元）

直接人工 =15 000×0.75=11 250（元）

制造费用 =15 000×0.45=6 750（元）

②第二步骤成本计算单。

a. 本步骤完工产品指最终完工产品，即第二步骤本月完工的产品 88 000 千克，本步骤广义在产品包括本步骤在产品和本步骤已完工但尚未最终完工的产品，即第二步骤在产品 9 000 千克。

b. 由于直接人工和制造费用陆续发生，所以第二步骤在产品的完工程度（直接人工和制造费用）为 50%，月末在产品约当产量（直接人工和制造费用）=9 000×50%=4 500（千克）。

直接人工分配率 =83 250÷（88 000+9 000×50%）=0.9（元/千克）

制造费用分配率 =92 500÷（88 000+9 000×50%）=1（元/千克）

12.29 斯尔解析

（1）

产品成本计算单

批号：601（甲产品）　开工时间：2023年6月1日　完工时间：2023年7月20日

批量：10台　完工数量：10台　单位：元

项目	直接材料	直接人工	制造费用	合计
月初在产品成本	56 000	14 000	15 200	85 200
其中：第一车间	56 000	14 000	15 200	85 200
第二车间	0	0	0	0

续表

项目	直接材料	直接人工	制造费用	合计
本月生产费用	24 000	53 400	42 200	119 600
其中：第一车间	0	30 000	24 000	54 000
第二车间	24 000	23 400	18 200	65 600
合计	80 000	67 400	57 400	204 800
完工产品成本	80 000	67 400	57 400	204 800
其中：第一车间	56 000	44 000	39 200	139 200
第二车间	24 000	23 400	18 200	65 600

（2）

产品成本计算单

批号：701（乙产品）　　开工时间：2023年7月1日　　完工时间：2023年×月×日

批量：8台　　完工数量：3台　　单位：元

项目	直接材料	直接人工	制造费用	合计
月初在产品成本	0	0	0	0
本月生产费用	96 000	65 200	51 600	212 800
其中：第一车间	67 200	40 000	32 000	139 200
第二车间	28 800	25 200	19 600	73 600
合计	96 000	65 200	51 600	212 800
完工产品成本	54 000	49 200	38 800	142 000
其中：第一车间	25 200	24 000	19 200	68 400
第二车间	28 800	25 200	19 600	73 600
月末在产品成本	42 000	16 000	12 800	70 800
其中：第一车间	42 000	16 000	12 800	70 800
第二车间	0	0	0	0

提示：

①一车间分配人工费用：

人工费用分配率 =100 000÷10 000=10（元/小时）

601 号订单分配人工费用 =10×3 000=30 000（元）

701 号订单分配人工费用 =10×4 000=40 000（元）

②一车间分配制造费用：

制造费用分配率 =80 000÷10 000=8（元/小时）

601 号订单分配制造费用 =8×3 000=24 000（元）

701 号订单分配制造费用 =8×4 000=32 000（元）

③二车间分配人工费用：

人工费用分配率 =72 000÷8 000=9（元 / 小时）

601 号订单分配人工费 =9×2 600=23 400（元）

701 号订单分配人工费 =9×2 800=25 200（元）

④二车间分配制造费用：

制造费用分配率 =56 000÷8 000=7（元 / 小时）

601 号订单分配制造费用 =7×2 600=18 200（元）

701 号订单分配制造费用 =7×2 800=19 600（元）

⑤ 701 号完工产品与在产品成本分配：

完工产品成本负担的第一车间材料费 =67 200÷（3+5）×3=25 200（元）

完工产品成本负担的第一车间人工费 =40 000÷（3+5×40%）×3=24 000（元）

完工产品成本负担的第一车间制造费用 =32 000÷（3+5×40%）×3=19 200（元）

由于第二车间无月末在产品，因此第二车间本月发生的各项生产费用全部计入本月完工产品成本。

精程答疑

问题： 能否在计算时将第一车间和第二车间视为一个整体，直接使用成本合计数（如 701 号乙产品的直接材料费用合计 96 000 元）进行完工产品和在产品的成本分配［如 701 号乙产品的完工产品成本 =96 000÷8×3=36 000（元）］？

解答： 根据题干（1）和（2），可以总结出批号 601 和批号 701 在两个车间的生产情况如下表。

项目	甲产品（批号601）		乙产品（批号701）	
	第一车间	第二车间	第一车间	第二车间
月初在产品	10台	0	0	0
完工产品	10台	10台	3台	3台
月末在产品	0	0	5台 （平均完工程度40%）	0

由于两个车间分工独立，相关生产成本均是具体发生在每个车间，且甲、乙产品均需要经过两个步骤的加工，因此，计算完工产品和在产品的成本分配（包括直接材料费用、人工费用和制造费用）需要按照第一车间和第二车间分开计算，加总求和。

12.30 斯尔解析

（1）

第一步骤成本计算单

2023年10月　　单位：元

项目	直接材料	直接人工	制造费用	合计
月初在产品成本	38 760	14 980	14 620	68 360
本月生产成本	358 000	267 500	216 500	842 000
合计	396 760	282 480	231 120	910 360
分配率	182	132	108	422
产成品中本步骤份额	364 000	264 000	216 000	844 000
月末在产品	32 760	18 480	15 120	66 360

第二步骤成本计算单

2023年10月　　单位：元

项目	直接材料	直接人工	制造费用	合计
月初在产品成本	9 940	19 920	16 080	45 940
本月生产成本	89 900	435 000	345 000	869 900
合计	99 840	454 920	361 080	915 840
分配率	48	223	177	448
产成品中本步骤份额	96 000	446 000	354 000	896 000
月末在产品	3 840	8 920	7 080	19 840

（2）

产品成本汇总计算表

2023年10月　　单位：元

步骤	直接材料	直接人工	制造费用	合计
第一步骤	364 000	264 000	216 000	844 000
第二步骤	96 000	446 000	354 000	896 000
合计	460 000	710 000	570 000	1 740 000
单位成本	230	355	285	870

提示：

①第一步骤成本计算单。

第一步骤广义在产品约当产量（直接材料）=100+80=180（件）

第一步骤广义在产品约当产量（直接人工和制造费用）=100×60%+80=140（件）

直接材料分配率 =396 760÷（2 000+180）=182（元 / 件）

直接人工分配率 =282 480÷（2 000+140）=132（元 / 件）

制造费用分配率 =231 120÷（2 000+140）=108（元 / 件）

②第二步骤成本计算单。

第二步骤广义在产品约当产量（直接材料）=80（件）

第二步骤广义在产品约当产量（直接人工和制造费用）=80×50%=40（件）

直接材料分配率 =99 840÷（2 000+80）=48（元 / 件）

直接人工分配率 =454 920÷（2 000+40）=223（元 / 件）

制造费用分配率 =361 080÷（2 000+40）=177（元 / 件）

12.31 斯尔解析

（1）

第一步骤成本计算单

2023年9月　　　单位：元

项目	直接材料	直接人工	制造费用	合计
月初在产品成本	40 000	8 000	5 000	53 000
本月生产成本	290 000	55 360	37 240	382 600
合计	330 000	63 360	42 240	435 600
分配率	3.3	0.66	0.44	4.4
完工半成品转出	297 000	59 400	39 600	396 000
月末在产品	33 000	3 960	2 640	39 600

第二步骤成本计算单

2023年9月　　　单位：元

项目	半成品	直接人工	制造费用	合计
月初在产品成本	84 000	29 000	31 000	144 000
本月生产成本	396 000	799 000	889 000	2 084 000
合计	480 000	828 000	920 000	2 228 000
分配率	5	9	10	24
产成品	440 000	792 000	880 000	2 112 000
月末在产品	40 000	36 000	40 000	116 000

（2）

产成品成本还原计算表

产品名称：A产品　　　　单位：元

项目	半成品	直接材料	直接人工	制造费用	成本合计
还原前产成品成本	440 000	—	792 000	880 000	2 112 000
本月所产半成品单位成本	—	3.3	0.66	0.44	4.4
成本还原	−440 000	330 000	66 000	44 000	0
还原后产成品成本	—	330 000	858 000	924 000	2 112 000
还原后产成品单位成本	—	3.75	9.75	10.5	24

提示：

①第一步骤产品成本计算单。

a. 原材料在生产开始时一次性投放，完工程度为 100%：

直接材料分配率 =330 000÷（90 000+10 000）=3.3（元 / 千克）

b. 直接人工分配率 =63 360÷（90 000+10 000×60%）=0.66（元 / 千克）。

c. 制造费用分配率 =42 240÷（90 000+10 000×60%）=0.44（元 / 千克）。

d. 完工半成品转出成本 = 完工半成品数量 × 分配率。

e. 月末在产品成本 = 在产品约当产量 × 分配率。

②第二步骤产品成本计算单。

a. 半成品一次性投入，完工程度为 100%：

半成品分配率 =480 000÷（88 000+8 000）=5（元 / 千克）

b. 直接人工分配率 =828 000÷（88 000+8 000×50%）=9（元 / 千克）。

c. 制造费用分配率 =920 000÷（88 000+8 000×50%）=10（元 / 千克）。

在没有特殊情况说明的情况下，半成品默认是一次性投入，完工程度为 100%。

③产品成本还原表。

a. 待还原对象：第二步骤完工产品中的半成品成本 440 000 元。

b. 还原目标：直接材料、直接人工、制造费用。

c. 还原标准：本月所产半成品单位成本中直接材料、直接人工和制造费用的成本，三者的比例关系为 3.3 ∶ 0.66 ∶ 0.44。此处选择的还原标准与教材例题不同，但是结果是相同的。教材中选择的还原标准为本月所产半成品成本中直接材料、直接人工和制造费用的成本，应用到本题中，三者的比例关系为 297 000 ∶ 59 400 ∶ 39 600，约分之后，三者的比例关系是相同的，所以不会对结果产生影响。考试时要看清楚表格当中给出的名称是本月所产半成品单位成本，还是本月所产半成品成本，灵活应变。

d. 成本还原计算过程如下。

成本还原为直接材料的成本 =440 000×3.3÷4.4=330 000（元）

成本还原为直接人工的成本 =440 000×0.66÷4.4=66 000（元）

成本还原为制造费用的成本 =440 000×0.44÷4.4=44 000（元）

第十三章　标准成本法
答案与解析

一、单项选择题

13.1 ▶ C	13.2 ▶ C	13.3 ▶ D	13.4 ▶ B	13.5 ▶ A
13.6 ▶ C	13.7 ▶ D	13.8 ▶ A	13.9 ▶ C	13.10 ▶ D
13.11 ▶ A	13.12 ▶ B	13.13 ▶ A	13.14 ▶ A	13.15 ▶ C

二、多项选择题

13.16 ▶ CD	13.17 ▶ ABCD	13.18 ▶ ACD	13.19 ▶ AB	13.20 ▶ ABD
13.21 ▶ ABCD	13.22 ▶ ABC	13.23 ▶ AC		

一、单项选择题

13.1　斯尔解析　C　本题考查标准成本的制定。直接材料的价格标准，是预计下一年度实际需要支付的进料单位成本，包括发票价格、运费、检验和正常损耗等成本，是取得材料的完全成本，选项A不当选。**标准工时是指在现有生产技术条件下，生产单位产品所需要的时间，包括直接加工操作必不可少的时间以及必要的间歇和停工，如工间休息、调整设备时间、不可避免的废品耗用工时等**，选项B不当选。直接人工的价格标准是指标准工资率，它可以是预定的工资率，也可以是正常的工资率，选项C当选。固定制造费用的用量标准与变动制造费用的用量标准相同，包括直接人工工时、机器工时、其他用量标准等，并且两者要保持一致，以便进行差异分析，选项D不当选。

13.2　斯尔解析　C　本题考查标准成本的制定。直接材料的价格标准包含发票价格、运费、检验费和正常损耗等成本，是取得材料的完全成本，原材料入库后的储存成本一般不计入取得材料的成本，所以该产品的直接材料价格标准=（13+2）÷（1−5%）=15.79（元），选项C当选。

13.3 斯尔解析 D 本题考查标准成本的制定。单位产品直接人工标准成本=标准工资率×单位产品的标准工时，其中，标准工资率可以是预定的工资率，也可以是正常的工资率，本题应选择正常的工资率作为标准工资率，即标准工资率=6 600÷（22×8）=37.5（元/小时）。单位产品的标准工时是指在现有的生产技术条件下，生产单位产品所需要的时间，包括直接加工操作必不可少的时间以及必要的间歇和停工，如工间休息、调整设备时间、不可避免的废品耗用工时等。W产品的单位产品标准工时=（1.5+0.1）÷（1−4%）=1.6667（小时），单位产品直接人工标准成本=37.5×1.6667=62.5（元），选项D当选。

13.4 斯尔解析 B 本题考查变动成本差异的分析。直接材料价格差异=（实际价格−标准价格）×实际数量=（0.5−0.45）×1 600=80（元），计算结果为正数，是不利差异，选项B当选。

13.5 斯尔解析 A 本题考查变动成本差异的分析。直接材料成本数量差异=（实际数量−实际产量下的标准数量）×标准价格=（5 050−1 100×5）×2=−900（元），选项A当选。

13.6 斯尔解析 C 本题考查变动成本差异的分析。变动制造费用耗费差异=实际工时×（变动制造费用实际分配率−变动制造费用标准分配率）=250×（1 000÷250−3）=250（元），选项C当选。

13.7 斯尔解析 D 本题考查变动成本差异的分析。**人工效率差异主要由生产部门负责**，选项A不当选。**材料价格差异主要由采购部门负责**，选项B不当选。**材料用量差异主要由生产部门负责**，选项C不当选。**变动制造费用耗费差异主要由生产部门负责**，选项D当选。

13.8 斯尔解析 A 本题考查固定制造费用差异分析。固定制造费用耗费差异=固定制造费用实际数−固定制造费用预算数=35 800−3 000×10=5 800（元），成本差异的计算结果为正数，属于不利差异，选项A当选。

13.9 斯尔解析 C 本题考查固定制造费用差异分析。固定制造费用标准成本=实际产量下的标准工时×固定制造费用标准分配率=1 200×1.1×8=10 560（元），选项C当选。

13.10 斯尔解析 D 本题考查固定制造费用差异分析。固定制造费用能力差异=固定制造费用预算成本−固定制造费用标准成本=（生产能力−实际产量标准工时）×标准分配率=（预算产量−实际产量）×标准工时×标准分配率，可得固定制造费用能力差异是由实际产量标准工时脱离生产能力形成的差异，或者说是由实际产量脱离预算产量形成的差异，选项D当选。

13.11 斯尔解析 A 本题考查固定制造费用差异分析。固定制造费用闲置能力差异=（生产能力−实际工时）×固定制造费用标准分配率，**实际工时偏离生产能力而形成的差异，属于闲置能力差异**，选项A当选。实际费用与预算费用之间的差异，属于固定制造费用耗费差异，选项B不当选。实际工时脱离实际产量标准工时形成的差异，属于固定制造费用效率差异，选项C不当选。**实际产量标准工时偏离生产能力形成的差异，属于固定制造费用能力差异**，选项D不当选。

精莹答疑

问题： 如何理解固定制造费用差异的形成原因？

解答： 固定制造费用的成本差异分析。

（1）二因素分析法。

①固定制造费用耗费差异＝固定制造费用实际数－固定制造费用预算数（实际成本－预算成本），由公式可知，固定制造费用耗费差异是由于实际成本脱离预算成本形成的差异。

②固定制造费用能力差异＝固定制造费用预算数－固定制造费用标准成本＝（生产能力－实际产量标准工时）×标准分配率＝（预算产量－实际产量）×标准工时×标准分配率，由公式可知，固定制造费用能力差异是由实际产量标准工时脱离生产能力形成的差异，或者是由实际产量脱离预算产量形成的差异。

（2）三因素分析法下，将能力差异进一步分为闲置能力差异和效率差异。

①固定制造费用闲置能力差异＝固定制造费用预算数－实际工时×固定制造费用标准分配率＝（生产能力－实际工时）×固定制造费用标准分配率，由公式可知，固定制造费用闲置能力差异是由实际工时脱离生产能力形成的差异。

②固定制造费用效率差异＝实际工时×固定制造费用标准分配率－固定制造费用标准成本＝（实际工时－实际产量标准工时）×固定制造费用标准分配率，由公式可知，固定制造费用效率差异是由实际工时脱离实际产量标准工时形成的差异。

13.12 斯尔解析 B 本题考查固定制造费用差异分析。固定制造费用耗费差异=固定制造费用实际成本-固定制造费用预算成本，选项A不当选。固定制造费用闲置能力差异=（生产能力-实际工时）×固定制造费用标准分配率，选项B当选。固定制造费用效率差异=（实际工时-实际产量标准工时）×固定制造费用标准分配率，选项C不当选。固定制造费用能力差异=（生产能力-实际产量标准工时）×固定制造费用标准分配率，固定制造费用闲置能力差异=（生产能力-实际工时）×固定制造费用标准分配率，两者不同，选项D不当选。

13.13 斯尔解析 A 本题考查固定制造费用差异分析。固定制造费用耗费差异=固定制造费用的实际成本-固定制造费用预算成本=15 800-1 500×10=800（元），成本差异为正，属于不利差异，选项A当选。

13.14 斯尔解析 A 本题考查固定制造费用差异分析。固定制造费用效率差异=（实际工时-实际产量标准工时）×固定制造费用标准分配率=（1 100-350×3）×6÷3=100（元），选项A当选。

13.15 斯尔解析 C 本题考查固定制造费用差异分析。固定制造费用闲置能力差异=（生产能力-实际工时）×固定制造费用标准分配率=（3 000×2-5 858）×10=1 420（元），正数属于不利差异，选项C当选。

二、多项选择题

13.16 斯尔解析 CD 本题考查标准成本的种类。**基本标准成本是指一经制定，只要生产的基本条件无重大变化，就不予变动的一种标准成本，所谓生产的基本条件的重大变化是指产品的物理结构变化、重要原材料和劳动力价格的重要变化、生产技术和工艺的根本变化等**，选项CD当选。由于市场供求变化导致的售价变化和生产经营能力利用程度的变化、由于工作方法改变而引起的效率变化等，不属于生产的基本条件变化，对此不需要修订基本标准成本，选项AB不当选。

13.17 斯尔解析 ABCD 本题考查标准成本的种类。现行标准成本，是指根据其适用期间应该发生的价格、效率和生产经营能力利用程度等预计的标准成本，在这些决定因素发生变化时，需要按照改变了的情况加以修订，选项ABCD均当选。

13.18 斯尔解析 ACD 本题考查标准成本的制定。直接材料的价格标准，是预计下一年度实际需要支付的进料单位成本，包括发票价格、运费、检验和正常损耗等成本，是取得材料的完全成本，选项ACD当选。材料的仓储费一般不属于取得材料的成本，选项B不当选。

13.19 斯尔解析 AB 本题考查变动成本差异的分析。材料价格差异是在采购过程中形成的，采购部门未能按标准价格进货的原因有很多，如：供应厂家价格变动、未按经济采购批量进货、未能及时订货造成的紧急订货、采购时舍近求远使运费和途耗增加、不必要的快速运输方式、违反合同被罚款、承接紧急订货造成额外采购等，选项AB当选。加工过程和储存过程中的损耗增加，不属于采购过程中发生的，不影响材料价格差异，选项CD不当选。

13.20 斯尔解析 ABD 本题考查变动成本差异的分析。材料数量差异是在材料耗用过程中形成的，反映生产部门的成本控制业绩，主要由生产部门负责，例如工人操作疏忽造成废品或废料增加、操作技术改进而节省材料、新工人上岗造成用料增多、机器或工具不适造成用料增加、工艺流程管理不善造成用料增多等，选项ABD当选。有时用料量增多并非生产部门的责任，可能是由于购入材料质量低劣、规格不符使用量超过标准，应由采购部门负责，选项C不当选。

精程答疑

问题： 如何判断变动成本差异的责任归属？

解答： 变动成本差异的责任归属，具体总结如下。

差异类型	原因	责任归属
材料价格差异	供应厂家调整售价、本企业未批量进货、未能及时订货造成的紧急订货、采购时舍近求远使运费和途耗增加、使用不必要的快速运输方式、违反合同被罚款、承接紧急订货造成额外采购等	采购部门负责

续表

差异类型	原因	责任归属
材料数量差异	工人操作疏忽造成废品或废料增加、操作技术改进而节省材料、新工人上岗造成用料增多、机器或工具不适造成用料增加等	主要由生产部门负责（有时用料量增多并非生产部门的责任，可能是由于购入材料质量低劣、规格不符使用量超过标准；也可能是由于工艺变更、检验过严使数量差异加大）
直接人工工资率差异	直接生产工人升级或降级使用、奖励制度未产生实效、工资率调整、加班或使用临时工、出勤率变化等	人力资源部门负责（具体原因可能会涉及生产部门或其他部门）
直接人工效率差异	工作环境不良、工人经验不足、劳动情绪不佳、新工人上岗太多、机器或工具选用不当、设备故障较多、生产计划安排不当、产量规模太少而无法发挥经济批量优势等	主要由生产部门负责（材料质量不高也会影响生产效率）
变动制造费用耗费差异	每小时业务量支出的变动制造费用脱离了标准	主要是（生产部门）部门经理的责任
变动制造费用效率差异	与人工效率差异相似	主要由生产部门负责

13.21 斯尔解析　ABCD　本题考查变动成本差异的分析。直接人工工资率差异=实际工时×（实际工资率-标准工资率）=360×（5 760÷360-15）=360（元），成本差异为正，属于不利差异，选项A当选。直接人工效率差异=（实际工时-标准工时）×标准工资率=（360-200×2）×15=-600（元），成本差异为负，属于有利差异，选项B当选。直接人工标准成本=200×2×15=6 000（元），选项D当选。直接人工成本差异=实际成本-标准成本=5 760-6 000=-240（元），差异为负，属于有利差异，选项C当选。

13.22 斯尔解析　ABC　本题考查标准成本的制定和变动成本差异的分析。**直接人工效率差异的形成原因，包括工作环境不良、工人经验不足、劳动情绪不佳、新工人上岗太多、机器或工具选用不当、设备故障较多、生产计划安排不当、产量规模太少而无法发挥经济批量优势等**，选项A当选。单位产品标准工时是指在现有生产技术条件下，生产单位产品所需要的时间，包括直接加工操作必不可少的时间、必要的间歇和停工（如工间休息、设备调整准备时间）、不可避免的废品耗用工时等，选项B当选。**直接人工工资率差异的形成原因，包**

括直接生产工人升级或降级使用、奖励制度未产生实效、工资率调整、加班或使用临时工、出勤率变化等，选项C当选。直接人工效率差异=（实际工时-标准工时）×标准工资率，选项D不当选。

13.23 斯尔解析 AC 本题考查固定制造费用差异分析。固定制造费用能力差异=固定制造费用预算数-固定制造费用标准成本=（生产能力-实际产量标准工时）×固定制造费用标准分配率=（380×3-350×3）×9÷3=270（元），正数为不利差异，选项A当选。固定制造费用成本差异=实际成本-实际产量标准成本=2 250-350×9=-900（元），负数为有利差异，选项B不当选。固定制造费用耗费差异=固定制造费用实际数-固定制造费用预算数=2 250-380×9=-1 170（元），负数为有利差异，选项C当选。固定制造费用效率差异=（实际工时-实际产量标准工时）×固定制造费用标准分配率=（1 100-350×3）×9÷3=150（元），正数为不利差异，选项D不当选。

三、计算分析题

13.24 斯尔解析

（1）直接材料的价格差异、数量差异和成本差异如下：

①直接材料的价格差异 =（1.5-1.6）×24 000=-2 400（元）（F）。

②直接材料的数量差异 =（24 000-5 000×5）×1.6=-1 600（元）（F）。

③直接材料的成本差异 =24 000×1.5-5 000×5×1.6=-4 000（元）（F）。

（2）直接人工的工资率差异、人工效率差异和成本差异如下：

①直接人工的工资率差异 =（20-19）×5 000=5 000（元）（U）。

②直接人工的效率差异 =（5 000-5 000×1.2）×19=-19 000（元）（F）。

③直接人工的成本差异 =5 000×20-5 000×1.2×19=-14 000（元）（F）。

（3）变动制造费用的耗费差异、效率差异和成本差异如下：

①变动制造费用的耗费差异 =（15-12.5）×8 000=20 000（元）（U）。

②变动制造费用的效率差异 =（8 000-5 000×1.6）×12.5=0（元）。

③变动制造费用的成本差异 =8 000×15-5 000×1.6×12.5=20 000（元）（U）。

（4）固定制造费用的耗费差异、闲置能力差异、效率差异和成本差异如下：

①固定制造费用的耗费差异 =8 000×10-6 000×1.5×8=8 000（元）（U）。

②固定制造费用的闲置能力差异 =（6 000×1.5-8 000）×8=8 000（元）（U）。

③固定制造费用的效率差异 =（8 000-5 000×1.5）×8=4 000（元）（U）。

④固定制造费用的成本差异 =8 000×10-5 000×1.5×8=20 000（元）（U）。

（5）产品成本差异总额和单位成本差异如下：

①成本差异总额 =-4 000-14 000+20 000+20 000=22 000（元）（U）。

②单位成本差异 =22 000÷5 000=4.4（元/平方米）（U）。

提示：对于该类题目，应写出是有利差异还是不利差异，也可以用 F/U 表示。

第十四章 作业成本法
答案与解析

一、单项选择题

14.1 ▶ A	14.2 ▶ C	14.3 ▶ C	14.4 ▶ B	14.5 ▶ C
14.6 ▶ C				

二、多项选择题

14.7 ▶ ACD	14.8 ▶ BD	14.9 ▶ BD	14.10 ▶ ACD	14.11 ▶ BC
14.12 ▶ BC	14.13 ▶ AB	14.14 ▶ ABC	14.15 ▶ ABCD	14.16 ▶ ABCD
14.17 ▶ ABD	14.18 ▶ ABCD	14.19 ▶ BCD		

一、单项选择题

14.1 斯尔解析 A 本题考查作业成本法的核心概念。资源成本动因是引起作业成本增加的驱动因素，用来衡量一项作业的资源消耗量；作业成本动因是衡量一个成本对象（产品、服务或顾客）需要的作业量，是产品成本增加的驱动因素，选项A当选。

14.2 斯尔解析 C 本题考查作业成本法的主要特点。**作业成本法下，间接成本的分配路径为“资源—作业—产品”，传统完全成本法下，间接成本的分配路径为“资源—部门—产品”**，选项A不当选。传统成本计算的直接成本通常仅限于直接材料和直接人工，作业成本法认为，有些“制造费用”的项目可以直接归属于成本对象，两者的范围是不同的，选项B不当选。两种方法都是对全部生产成本进行分配，不区分固定成本和变动成本，这与变动成本法不同，选项C当选。作业成本法下，有些成本不能追溯，也不能合理分配的情况下，是可以强制分摊的，选项D不当选。

精准答疑

问题：作业成本法和传统完全成本法有哪些联系和区别？

解答：两种方法的对比总结如下。

项目	传统完全成本法	作业成本法
直接成本	直接追溯到产品（仅限于直接人工和直接材料）	直接追溯到产品（有些“制造费用”的项目可以直接归属于成本对象）
间接费用	分配路径为“资源→部门→产品”，第二步是以产量为基础，将间接费用分配到各种产品	分配路径为“资源→作业→产品”，在第二阶段，按照作业消耗与产品之间不同的因果关系，将作业成本分配到产品
动因	产量（或生产量相关的业务量，如产品产量、人工工时、机器工时、人工工资等）	把资源的消耗首先追溯或分配到作业，然后使用不同层面和数量众多的作业动因将作业成本分配到产品
成本范围	全部成本	全部成本
特点	（1）将固定制造费用分摊给不同种类的产品。 （2）产生误导决策的成本信息	（1）成本计算分为两个阶段。 （2）成本分配强调因果关系。 （3）成本分配使用多维成本动因

14.3 斯尔解析 C 本题考查作业成本动因。由于每批产品生产前需要进行机器调试，所以调试作业属于批次级作业，它们的成本取决于批次，作业成本动因应采用产品批次，选项C当选。

14.4 斯尔解析 B 本题考查作业成本动因。**作业成本动因有三类，分别是业务动因、持续动因和强度动因**，选项A不当选。业务动因通常以执行的次数作为作业动因，并假定执行每次作业的成本（包括耗用的时间和单位时间耗用的资源）相等，持续动因的假设前提是执行作业的单位时间内耗用的资源是相等的，选项B当选。持续动因是指执行一项作业所需的时间标准，选项C不当选。强度动因一般适用于某一特殊订单或某种新产品试制等，用产品订单或工作单记录每次执行作业时耗用的所有资源及其成本，订单或工作单记录的全部作业成本也就是应计入该订单产品的成本，选项D不当选。

14.5 斯尔解析 C 本题考查作业成本计算。机器调整作业的单位成本=1 400÷（15+13）=50（万元/次），机加工作业的单位成本=960÷（40 000+8 000）=0.02（万元/小时），X产品的总间接成本=50×15+0.02×40 000=1 550（万元），X产品的单位间接成本=1 550÷4 000×10 000=3 875（元），选项C当选。

14.6 斯尔解析 C 本题考查增值作业和非增值作业的划分。增值作业与非增值作业是站在**顾客角度**划分的，最终增加顾客价值的作业是增值作业，否则就是非增值作业，选项C当选。

二、多项选择题

14.7 斯尔解析 ACD 本题考查作业成本法的主要特点。传统的成本计算方法，要把不同性质的各种间接费用按部门归集在一起，然后以产量为基础分配给各种产品，而作业成本法下，更强调使用动因分配方式，将成本分配到有关成本对象。所以传统的成本计算方法，间接成本集合缺乏同质性，成本分配基础与间接成本集合之间缺乏因果联系，导致容易夸大高产量产品的成本，选项ACD当选。作业成本法下，成本计算相对更加复杂，选项B不当选。

14.8 斯尔解析 BD 本题考查作业成本库的设计。**单位级作业是指每一单位产品至少要执行一次的作业**，单位级作业成本是直接成本，可以追溯到每个单位产品上，即直接计入成本对象的成本计算单，选项BD当选。选项AC属于批次级作业的作业动因，选项AC不当选。

14.9 斯尔解析 BD 本题考查作业成本库的设计。**品种级作业是指服务于某种型号或样式产品的作业，例如，产品设计、产品生产工艺规程制定、工艺改造、产品更新等**，选项BD当选。单位级作业是指每一单位产品至少要执行一次的作业，例如，机器加工、组装等，选项A不当选。批次级作业是指同时服务于每批产品或许多产品的作业，例如，生产前机器调试、成批产品转移至下一工序的运输、成批采购和检验等，选项C不当选。

14.10 斯尔解析 ACD 本题考查作业成本库的设计。**批次级作业成本库是指同时服务于每批产品或许多产品的作业，例如：生产前机器调试、成批产品转移至下一工序的运输、成批采购和检验等**，批次级作业成本取决于批次，而不是每批中单位产品的数量，选项ACD当选。产品工艺改造属于品种级（产品级）作业成本库，其服务于某种型号或样式的产品，随产品品种数而变化，选项B不当选。

14.11 斯尔解析 BC 本题考查作业成本库的设计。**生产维持级作业是指服务于整个工厂的作业，例如，工厂保安、维修、行政管理、保险、财产税等**，它们是为了维护生产能力而进行的作业，不依赖于产品的数量、批次和种类，选项BC当选。工艺改造属于品种级作业，选项A不当选。订单处理属于批次级作业，选项D不当选。

14.12 斯尔解析 BC 本题考查完全成本法和变动成本法的对比。完全成本法下的当期利润−变动成本法下的当期利润=期末存货中固定制造费用−期初存货中固定制造费用。当期末存货量不为零，而期初存货量为零时，上式的计算结果大于零，即变动成本法下的当期利润小于完全成本法下的当期利润，选项A不当选。如果期初、期末存货量均不为零，单位固定生产成本相等，且每期销售量均大于生产量，意味着期末存货量小于期初存货量，完全成本法下的当期利润小于变动成本法下的当期利润，选项D不当选。

14.13 斯尔解析 AB 本题考查作业成本法的优点。**作业成本法的优点包括成本计算更准确、成本控制与成本管理更有效、为战略管理提供信息支持**，选项AB当选。作业成本法不符合对外财务报告的需要，不利于通过组织控制进行管理控制，选项CD不当选。

14.14 斯尔解析 ABC 本题考查作业成本法的适用条件。采用作业成本法的公司一般应具备以下条件：（1）从成本结构看，这些公司的制造费用在产品成本中占有较大比重（选项A当选）；（2）从产品品种看，这些公司的产品多样性程度高（选项B当选）；（3）从外部环境看，这些公司面临的竞争激烈，传统成本系统增加了决策失误引起的成本（选项C当选）；（4）从公司规模看，这些公司的规模比较大（选项D不当选）。

14.15 斯尔解析 ABCD 本题考查增值作业和非增值作业的划分。非增值作业是指最终不能增加顾客价值的作业。一般而言，在一个制造企业中，非增值作业有：等待作业、材料或者在产品堆积作业、产品或者在产品在企业内部迂回运送作业、废品清理作业、次品处理作业、返工作业、无效率重复某工序作业、由于订单信息不准确造成没有准确送达需要再次送达的无效率作业等，选项ABCD均当选。

14.16 斯尔解析 ABCD 本题考查作业预算的适用情形。**作业预算主要适用于作业类型较多且作业链较长、管理层对预算编制的准确性要求较高、生产过程多样化程度较高以及间接或辅助资源费用占比较大的企业**，选项ABCD当选。

14.17 斯尔解析 ABD 本题考查作业预算的应用。企业一般以**作业中心**为对象，按照作业类别编制资源费用预算，选项C不当选。

14.18 斯尔解析 ABCD 本题考查作业预算评审小组的组成。作业预算初步编制完成后，企业应组织相关人员进行预算评审。预算评审小组一般应由企业预算管理部门、运营与生产管理部门、作业及流程管理部门、技术定额管理部门等组成，选项ABCD当选。

14.19 斯尔解析 BCD 本题考查作业预算的优点和缺点。企业应按照作业中心和作业进度进行作业预算控制，通过把预算执行的过程控制精细化到作业管理层次，把控制重点放在作业活动驱动的资源上，实现生产经营全过程的预算控制，选项C当选。

作业预算的主要优点：

（1）基于作业需求量配置资源，避免资源配置的盲目性，选项A不当选。

（2）通过总体作业优化实现最低的资源耗费，创造最大的产出成果，选项B当选。

（3）作业预算可以促进员工对业务和预算的支持，有利于预算的执行。

作业预算的主要缺点：建立过程复杂，需要详细地估算生产和销售对作业和资源的需求量，并测定作业消耗率和资源消耗率，数据收集成本较高，选项D当选。

三、计算分析题

14.20 斯尔解析

（1）

直接材料费用分配表

金额单位：元

产品批次	共同耗用Y材料的分配			X材料费用	直接材料费用总额
	产量（件）	分配率	应分配材料费用		
901A	2 000	10	20 000	160 000	180 000
902B	8 000	10	80 000	100 000	180 000
小计	10 000	10	100 000	260 000	360 000

作业成本分配表

金额单位：元

作业成本库	作业成本	成本分配率	901A		902B	
			作业量	分配金额	作业量	分配金额
材料切割	240 000	10	12 000	120 000	12 000	120 000
机器加工	900 000	300	2 000	600 000	1 000	300 000
产品组装	435 000	150	1 700	255 000	1 200	180 000
合计	1 575 000	—	—	975 000	—	600 000

（2）

产品成本计算单

产品批次：901A　　　　单位：元

项目	月初在产品成本	本月生产成本	合计	完工产品成本	完工产品单位成本	月末在产品成本
直接材料	0	180 000	180 000	180 000	90	0
制造费用						
其中：材料切割	0	120 000	120 000	120 000	60	0
机器加工	0	600 000	600 000	600 000	300	0
产品组装	0	255 000	255 000	255 000	127.5	0
制造费用小计	0	975 000	975 000	975 000	487.5	0
合计	0	1 155 000	1 155 000	1 155 000	577.5	0

产品成本计算单

产品批次：902B　　　　单位：元

项目	月初在产品成本	本月生产成本	合计	完工产品成本	完工产品单位成本	月末在产品成本
直接材料	0	180 000	180 000	90 000	22.5	90 000
制造费用						
其中：材料切割	0	120 000	120 000	60 000	15	60 000
机器加工	0	300 000	300 000	200 000	50	100 000
产品组装	0	180 000	180 000	180 000	45	0
制造费用小计	0	600 000	600 000	440 000	110	160 000
合计	0	780 000	780 000	530 000	132.5	250 000

（3）作业成本库按作业成本动因可分为四类，分别是单位级作业成本库、批次级作业成本库、品种级（产品级）作业成本库和生产维持级作业成本库。

提示：

①直接材料费用分配表。

901A 和 902B 共同耗用 Y 材料，单耗相同，按产品产量进行分配，分配率 =20 000×5÷（2 000+8 000）=10（元／件），901A 应负担的 Y 材料费用 =2 000×10=20 000（元），902B 应负担的 Y 材料费用 =8 000×10=80 000（元），两产品分别领用 X 材料，X 材料的成本不需要分配，直接计入各自产品成本。

②作业成本分配表。

材料切割作业的成本分配率 = 材料切割作业成本 ÷ 切割总次数 =240 000÷24 000=10（元／次）

机器加工作业的成本分配率 = 机器加工作业成本 ÷ 机器总工时 =900 000÷3 000=300（元／小时）

产品组装作业的成本分配率 = 产品组装作业成本 ÷ 人工总工时 =435 000÷2 900=150（元／小时）

③ 901A 批产品成本计算单。

901A 批产品属于本月新增加的订单，月初在产品成本为 0，本月全部完工，月末在产品成本为 0，所以，完工产品成本 = 本月生产成本。

④ 902B 批产品成本计算单。

题干中表述的是 902B 月末在产品的产品组装尚未开始，并非全部产品的产品组装尚未开始，已经完工的 4 000 件产品组装已经完成，否则无法称之为完工产品。

a. 材料在开工时一次性领用，月末在产品材料的完工程度为 100%，直接材料的分配率 =180 000÷（4 000+4 000）=22.5（元／件），完工产品应负担的直接材料成本 =22.5×4 000=90 000（元），月末在产品应负担的直接材料成本 =22.5×4 000=90 000（元）。

b. 材料切割在开工时一次性完成，月末在产品材料切割作业的完工程度为 100%，材料切割成本的分配率 =120 000÷（4 000+4 000）=15（元／件），完工产品应负担的材料切割成本 =15×4 000=60 000（元），月末在产品应负担的材料切割成本 =15×4 000=60 000（元）。

c. 月末未完工产品机器加工完工进度为 50%，月末在产品相对于机器加工作业的约当产量 =4 000×50%=2 000（件），机器加工成本的分配率 =300 000÷（4 000+2 000）=50（元／件），完工产品应负担的机器加工成本 =50×4 000=200 000（元），月末在产品应负担的机器加工成本 =50×2 000=100 000（元）。

d. 月末未完工产品的产品组装尚未开始，月末在产品的产品组装完工程度为 0%，月末在产品相对于产品组装作业的约当产量为 0，本月发生的产品组装成本全部应由完工产品承担。

14.21 斯尔解析

（1）

作业名称	分配率	作业成本（元）	
		智能制造作业	手工加工作业
设备检修作业	12 000	60 000	12 000
—	—	A产品	B产品
智能制造作业	226	79 100	33 900
手工加工作业	928	18 560	213 440

（2）

A产品成本计算单

2023年9月 单位：元

项目	直接材料	作业成本		合计
		智能制造作业	手工加工作业	
月初在产品成本	0	0	0	0
本月生产费用	15 000	79 100	18 560	112 660
合计	15 000	79 100	18 560	112 660
完工产品成本	10 000	63 280	18 560	91 840
单位成本	125	791	232	1 148
月末在产品成本	5 000	15 820	0	20 820

B产品成本计算单

2023年9月 单位：元

项目	直接材料	作业成本		合计
		智能制造作业	手工加工作业	
月初在产品成本	0	0	0	0
本月生产费用	40 000	33 900	213 440	287 340
合计	40 000	33 900	213 440	287 340
完工产品成本	20 000	16 950	133 400	170 350
单位成本	400	339	2 668	3 407
月末在产品成本	20 000	16 950	80 040	116 990

（3）根据作业成本法计算的单位产品成本，A产品目前定价不合理，其单位成本高于单位售价，A产品单位毛利为 −148 元（1 000−1 148）；B产品目前定价合理，其单位成本低于单位售

价，可为企业带来的单位毛利为 193 元（3 600−3 407）。

提示：

①作业成本分配表。

设备检修作业分配率 = 设备检修作业总成本 ÷ 检修次数 =72 000÷6=12 000（元/次），智能制造作业承担的设备检修成本 =12 000×5=60 000（元），手工加工作业承担的设备检修成本 =12 000×1=12 000（元）。

智能制造作业总成本 = 智能制造作业本身发生的成本 + 设备检修作业分配至智能制造作业的成本 =53 000+60 000=113 000（元），智能制造作业分配率 =113 000÷500=226（元/小时），A 产品的智能制造作业成本 =226×350=79 100（元），B 产品的智能制造作业成本 =226×150=33 900（元）。

手工加工作业总成本 = 手工加工作业本身发生的成本 + 设备检修作业分配至手工加工作业的成本 =220 000+12 000=232 000（元），手工加工作业分配率 =232 000÷250=928（元/小时），A 产品的手工加工作业成本 =928×20=18 560（元），B 产品的手工加工作业成本 =928×230=213 440（元）。

② A 产品成本计算单。

A 在产品 40 件，全部处于智能制造阶段，尚未进入手工加工阶段，平均智能制造作业的完工程度为 50%，手工加工作业的完工程度为 0%，月末在产品相对于智能制造作业的约当产量 =40×50%=20（件），月末在产品相对于手工加工作业的约当产量为 0 件。智能制造作业分配率 =79 100÷（80+20）=791（元/件），手工加工作业成本应全部归集至完工产品。

③ B 产品成本计算单。

B 在产品 50 件，智能制造作业全部完成，在产品智能制造作业完工程度为 100%，手工加工作业平均完成 60%，月末在产品相对于智能制造作业的约当产量 =50×100%=50（件），月末在产品相对于手工加工作业的约当产量 =50×60%=30（件）。智能制造作业分配率 =33 900÷（50+50×100%）=339（元/件），手工加工作业分配率 =213 440÷（50+50×60%）=2 668（元/件）。

精程答疑

问题 1： 为什么要将设备检修作业分配至智能制造作业和手工加工作业？

解答 1： 在作业成本法下，成本计算分为两个阶段。

第一阶段，将作业执行中耗费的资源分配（包括追溯和间接分配）到作业，计算作业的成本。

第二阶段，将第一阶段计算的作业成本分配（包括追溯和动因分配）到各有关成本对象（产品或服务）。

由于题目中说明设备检修作业负责对智能制造设备和手工加工设备进行检修，所以设备检修（资源）的对象（作业）是智能制造设备、手工加工设备，不是直接对产品，要先在智能制造设备、手工加工设备之间分配，再分配给各有关成本对象（产品或服务），这里和第十二章一次交互分配法分配制造费用原理类似，同学们可以结合起来理解。

问题 2： B 产品智能制造作业全部完成就属于完工产品了，为什么还有在产品成本 16 950 元？

解答 2： 本题中 A 产品和 B 产品是分开核算成本的，采用的是品种法，不是分步法，不需要分步进行核算，故只要没有最终完工的产品都属于在产品。

本题中 B 在产品 50 件，智能制造作业全部完成，手工加工作业平均完成 60%，不是最终的完工产品，所以属于在产品，智能制造作业完工程度为 100%，手工加工作业完工程度为 60%。

综上所述，B 在产品 50 件属于广义在产品，智能制造作业全部完成，月末在产品相对于智能制造作业的完工程度为 100%，约当产量 =50×100%=50（件），智能制造作业分配率 =33 900÷（50+50×100%）=339（元 / 件），B 产品智能制造作业月末在产品成本 =339×50×100%=16 950（元）。

第十五章　本量利分析
答案与解析

一、单项选择题

15.1 ▶ C	15.2 ▶ B	15.3 ▶ B	15.4 ▶ C	15.5 ▶ D
15.6 ▶ C	15.7 ▶ D	15.8 ▶ D	15.9 ▶ B	15.10 ▶ A
15.11 ▶ B	15.12 ▶ A	15.13 ▶ C	15.14 ▶ A	15.15 ▶ A
15.16 ▶ B	15.17 ▶ A	15.18 ▶ D		

二、多项选择题

15.19 ▶ AC	15.20 ▶ BC	15.21 ▶ ABCD	15.22 ▶ ACD	15.23 ▶ ACD
15.24 ▶ BCD	15.25 ▶ BCD	15.26 ▶ ABCD	15.27 ▶ BCD	15.28 ▶ BC
15.29 ▶ ABCD	15.30 ▶ ABD			

一、单项选择题

15.1 斯尔解析　C　本题考查成本性态分析。酌量性变动成本的发生额是由经理人员决定的，例如，按销售额一定百分比开支的销售佣金、新产品研制费、技术转让费等，选项C当选。直接材料成本、直接人工成本和产品销售税金及附加，通过当前管理决策行动无法改变，选项ABD不当选。

15.2 斯尔解析　B　本题考查成本性态分析。在正常业务量情况下给员工支付固定月工资，当业务量超过正常水平后则需支付加班费，这类人工成本属于延期变动成本，选项A不当选。在初始成本的基础上随业务量成正比例增长的成本是半变动成本，能源费用中制冷制暖费是固定部分，电费是变动部分，选项B当选。总额随业务量呈阶梯式增长的成本是阶梯式成本，根据不同并发量设置了不同区间价格标准的带宽费用属于阶梯式成本，选项C不当选。渠道佣金随销售额的增加而成正比增加，属于变动成本，选项D不当选。

15.3 斯尔解析 B 本题考查成本性态分析。**半变动成本，是指在初始成本的基础上随业务量正比例变化的成本。延期变动成本，是指在一定业务量范围内总额保持稳定，超出特定业务量则开始随业务量同比例增长的成本**。综上，选项B当选。

15.4 斯尔解析 C 本题考查成本性态分析。延期变动成本，是指在一定业务量范围内总额保持稳定，超出特定业务量则开始随业务量同比例增长的成本。该公司的人工成本分为两部分，工作时间在12 000小时内工资总额固定为480 000元，加班按每小时80元支付加班费，符合延期变动成本的特征，选项C当选。

15.5 斯尔解析 D 本题考查成本性态分析。延期变动成本，是指在一定业务量范围内总额保持稳定，超出特定业务量则开始随业务量同比例增长的成本。题干中，销售员的销售额在10万元内，只能获得固定工资5 000元，销售额超过10万元后，才可以按销售额的5%获得提成，符合延期变动成本的特征，因此选项D当选。

15.6 斯尔解析 C 本题考查成本性态分析。半变动成本满足“$y=a+bx$”，根据“$250=a+100\times b$，$300=a+150\times b$”可得：$a=150$，$b=1$，$y=150+x$。机床运行时间为80小时时，维修费=150+80=230（元），选项C当选。

15.7 斯尔解析 D 本题考查本量利分析基本模型。变动成本率+边际贡献率=1，M部门变动成本率=1−35%=65%，M部门的销售收入=变动成本÷变动成本率=26÷65%=40（万元），M部门边际贡献=M部门的销售收入×边际贡献率=40×35%=14（万元），选项AB不当选。N部门销售收入=甲公司收入总额−M部门销售收入=50−40=10（万元），选项C不当选。甲公司总变动成本=甲公司销售收入×变动成本率=50×（1−40%）=30（万元），N部门变动成本=30−26=4（万元），选项D当选。

15.8 斯尔解析 D 本题考查保本分析。盈亏临界点销售量=固定成本总额÷单位边际贡献，固定成本总额=固定制造费用+固定管理费用=950 000+650 000=1 600 000（元），单位变动成本=单位变动制造成本+单位产品销售佣金=7+30×10%=10（元），单位边际贡献=单价−单位变动成本=30−10=20（元），盈亏临界点销售量=1 600 000÷20=80 000（件），选项D当选。

精准答疑

问题： 如何区分本量利分析和变动成本法？

解答： 本量利分析是一种经营分析方法，是对成本、业务量、利润之间相互关系进行分析，这里的成本是指企业全部经营成本费用，其中的变动成本包括变动生产成本和变动期间费用（销售佣金）。变动成本法是计算产品成本的一种方法，变动成本法下，产品成本只包括直接材料、直接人工和变动制造费用，即变动生产成本，不包括变动期间费用。

15.9 斯尔解析　B　本题考查保本分析。息税前利润对销量的敏感系数=息税前利润变动百分比÷销量变动百分比=4，当甲公司处于盈亏临界点时，息税前利润=0，息税前利润变动百分比=−100%。因此，销量变动百分比=−100%÷4=−25%，甲公司盈亏临界点的产销量=500×（1−25%）=375（万件），选项B当选。

15.10 斯尔解析　A　本题考查保利分析。税后目标利润=（保利额×边际贡献率−固定成本）×（1−25%），边际贡献率=（10−2）÷10×100%=80%，5 250=（保利额×80%−1 000）×（1−25%），解方程可得，保利额=10 000（元），选项A当选。

15.11 斯尔解析　B　本题考查利润敏感分析。盈亏临界点作业率=1−25%=75%，盈亏临界点销售量=10×75%=7.5（万件），固定成本=7.5×40×（1−60%）=120（万元），甲公司目前的利润=10×40×（1−60%）−120=40（万元）。若单价上升10%，变化后的利润=10×40×（1+10%）×（1−60%）−120=56（万元），利润变动百分比=（56−40）÷40×100%=40%，利润对单价的敏感系数=40%÷10%=4，选项B当选。

15.12 斯尔解析　A　本题考查利润敏感分析。盈亏临界点作业率=1−25%=75%，盈亏临界点销售量=10×75%=7.5（万件），固定成本=7.5×40×（1−60%）=120（万元），甲公司目前的利润=10×40×（1−60%）−120=40（万元）。若单价上升10%，变化后的利润=［40×（1+10%）−40×60%］×10−120=80（万元），利润变动百分比=（80−40）÷40×100%=100%，利润对单价的敏感系数=100%÷10%=10，选项A当选。

精程答疑

问题： 为什么题目 15.11 和题目 15.12 的结果不一样？

解答： 题目 15.11 是假设变动成本率不变，题目 15.12 是假设单位变动成本不变，正是由于这两个假设的不一致，才会导致单价变动之后的利润是不一致的。

假设变动成本率不变，那么变动后的利润直接可以使用“变动后的单价 ×（1− 变动成本率）× 销量 − 固定成本总额”进行计算，但是假设单位变动成本不变的话，单价变动后的利润需要利用“（变动后的单价 − 单位变动成本）× 销量 − 固定成本总额”进行计算。

综上，大家在做题时，一定要看清题目的假设条件。

15.13 斯尔解析　C　本题考查利润敏感分析。公司从盈利状态到盈亏平衡状态，息税前利润的变动百分比为−100%，由：单价敏感系数=息税前利润变动百分比÷单价变动百分比，可得：处于盈亏平衡点时，单价变动百分比=息税前利润变动百分比÷单价的敏感系数=−100%÷5=−20%，此时，产品单价=5×（1−20%）=4（元），选项C当选。

15.14 斯尔解析　A　本题考查利润敏感分析。企业原预计利润=120 000×（4−2）−60 000=180 000（元）。设单价增长20%，则：P=4×（1+20%）=4.8（元），按此单价计算的利润=120 000×（4.8−2）−60 000=276 000（元），利润变动百分比=（276 000−180 000）÷180 000=53.33%，单价的敏感系数=53.33%÷20%=2.67。设单位变动成本增长

20%，则：$V=2\times(1+20\%)=2.4$（元），按此单位变动成本计算的利润=120 000×（4−2.4）−60 000=132 000（元），利润变动百分比=（132 000−180 000）÷180 000=−26.67%，单位变动成本的敏感系数=−26.67%÷20%=−1.33，选项A当选。

15.15 斯尔解析 A 本题考查杠杆系数的衡量。息税前利润=（16−10）×30−30=150（万元），财务杠杆系数=息税前利润÷（息税前利润−利息−税前优先股股息）=150÷［150−8−10÷（1−30%）］=1.1745，选项A当选。

15.16 斯尔解析 B 本题考查杠杆系数的衡量。**营业收入变化对息税前利润的影响程度，反映的是经营杠杆**，选项A不当选。**营业收入变化对每股收益的影响程度，反映的是联合杠杆**，选项B当选。**息税前利润变化对每股收益的影响程度，反映的是财务杠杆**，选项C不当选。营业收入变化对边际贡献的影响程度，不反映任何杠杆系数，选项D不当选。

15.17 斯尔解析 A 本题考查杠杆系数的衡量。2024年每股收益增长率=（1.9−1）÷1×100%=90%，联合杠杆系数=每股收益变动百分比÷营业收入变动百分比=经营杠杆系数×财务杠杆系数=1.2×1.5=1.8，则营业收入变动百分比=每股收益变动百分比÷联合杠杆系数=90%÷1.8=50%，选项A当选。

15.18 斯尔解析 D 本题考查杠杆系数的衡量。由于其他条件不变，2024年经营杠杆系数=2024年息税前利润增长率÷2024年营业收入增长率=2023年边际贡献÷2023年息税前利润，所以，2023年息税前利润=2023年边际贡献÷2024年经营杠杆系数=300÷3=100（万元），2024年息税前利润增长率=2024年营业收入增长率×2024年经营杠杆系数=20%×3=60%，2024年息税前利润=2023年息税前利润×（1+息税前利润增长率）=100×（1+60%）=160（万元），选项D当选。

二、多项选择题

15.19 斯尔解析 AC 本题考查成本性态分析。**约束性固定成本是不能通过当前管理决策行动改变，只能合理利用生产能力，降低单位固定成本**，包括固定资产折旧费、财产保险、管理人员工资、取暖费、照明费，选项AC当选。广告费和科研开发费属于酌量性固定成本，选项BD不当选。

15.20 斯尔解析 BC 本题考查高低点法的评价。**高低点法是根据若干时期的历史资料，取其业务量的最高点与最低点来分解混合成本的一种方法**，因此无法在没有历史成本数据的情况下使用，选项A不当选。该方法首先计算单位变动成本，即以两点之间的成本增量除以两点之间的业务量增量计算出单位变动成本，再计算固定成本，计算简单，但仅利用了高低点数据，忽略了其他数据信息，选项C当选、选项D不当选。另外，如果高低点为异常值时，则不具有代表性，可能需要考虑更换数据，选项B当选。

15.21 斯尔解析 ABCD 本题考查本量利分析基本模型。本量利分析基本模型的相关假设包括：

（1）相关范围假设，即区分一项成本是变动还是固定时，均限定在一定的相关范围内，包括期间假设和业务量假设（选项 D 当选）。

（2）线性假设，即固定成本不变，变动成本与业务量呈完全线性关系，销售收入与销售数量呈完全线性关系（选项 A 当选）。

（3）产销平衡假设（选项 B 当选）。

（4）品种结构不变假设，即各种产品的销售收入在总收入中所占的比重不变（选项 C 当选）。

（5）共同假设，即企业的全部成本可以合理地或者比较准确地分解为固定成本与变动成本。

15.22 斯尔解析 ACD 本题考查保本分析。**在盈亏临界点，销售额=盈亏临界点销售额，此时安全边际等于零**，选项A当选。经营杠杆系数=边际贡献÷息税前利润，在盈亏临界点，经营杠杆系数无穷大，选项B不当选。息税前利润=边际贡献−固定成本，在息税前利润等于0时，边际贡献=固定成本，选项C当选。息税前利润为0时，收入等于成本，企业处于盈亏临界状态，选项D当选。

15.23 斯尔解析 ACD 本题考查保本分析。单位产品变动成本上升，单位边际贡献下降，单位边际贡献下降，边际贡献率下降，盈亏临界点销售额=固定成本÷边际贡献率，因此，盈亏临界点销售额上升，盈亏临界点作业率上升，选项A当选、选项B不当选。由于盈亏临界点销售额上升，所以安全边际额下降，息税前利润率=边际贡献率×安全边际率，边际贡献率下降，安全边际率（安全边际额÷实际或预计销售额）下降，故息税前利润率下降，选项CD当选。

15.24 斯尔解析 BCD 本题考查保本分析。X产品的单价=12÷40%=30（元），2023年销量=6 000÷12=500（万件），2024年销售收入=500×（1+8%）×30=16 200（万元），选项A不当选。甲公司2023年边际贡献=500×30−6 000=9 000（万元），2023年固定成本=9 000−1 800=7 200（万元），2024年预计息税前利润=16 200×（1−40%）−7 200=2 520（万元），选项B当选。2024年保本销售额=7 200÷（1−40%）=12 000（万元），选项C当选。2024年盈亏临界点作业率=12 000÷16 200×100%=74.07%，选项D当选。

15.25 斯尔解析 BCD 本题考查本量利分析基本模型。变动成本率+边际贡献率=1，故K部门的变动成本率=1−25%=75%，选项A不当选。K部门销售收入=变动成本÷变动成本率=30÷75%=40（万元），则K部门边际贡献=40×25%=10（万元），选项B当选。W部门销售收入=50−40=10（万元），选项C当选。该公司边际贡献总额=50×30%=15（万元），W部门边际贡献=15−10=5（万元），W部门边际贡献率=5÷10×100%=50%，选项D当选。

15.26 斯尔解析 ABCD 本题考查利润敏感分析。**敏感系数的绝对值越大，影响因素越敏感**，单价的敏感系数4.0最高，固定成本的敏感系数−0.5最低，选项A当选。单价的敏感系数为4.0，表明单价提高10%，利润将提高40%，息税前利润增长额=20 000×40%=8 000（元），选项B当选。若单位变动成本的上升幅度超过40%，则利润下降幅度将超过2.5×40%=100%，企业将转为亏损，选项C当选。根据“息税前利润=边际贡献×安全边际率，经营杠杆系数=边际贡献÷息税前利润”可得：安全边际率=1÷经营杠杆系数=1÷销售量的敏感系数=1÷1.5=66.67%，选项D当选。

精准答疑

问题：销量的敏感系数是否等于经营杠杆系数？

解答：（1）销量的敏感系数 = 利润的变动百分比 ÷ 销量的变动百分比。

（2）经营杠杆系数 = 息税前利润变化的百分比 ÷ 营业收入变化的百分比。

根据上述两个计算式，二者相等是有一定的前提条件的，即假设单价不变且没有利息支出和所得税。

在没有利息支出和所得税的情况下，息税前利润等同于利润，二者的分子相等。营业收入 = 销量 × 单价，在单价不变的情况下，营业收入的变动等同于销量的变动，二者的分母相等。

综上，假设单价不变且没有利息支出和所得税，销量的敏感系数等于经营杠杆系数，即经营风险主要来源于销量的不确定性。

15.27 斯尔解析 BCD 本题考查杠杆系数的衡量。由于追加投资是以借款方式取得的，因此追加投资之后，企业净资产保持不变，故追加投资后：净资产=500×（1−40%）=300（万元），收入=600×（1+20%）=720（万元），边际贡献=720×（1−60%）=288（万元），息税前利润=288−（120+20）=148（万元），利息费用=500×40%×8%+200×10%=36（万元），净利润=（息税前利润−利息费用）×（1−25%）=84（万元），净资产收益率=净利润÷净资产×100%=84÷300×100%=28%，选项A不当选。经营杠杆系数=边际贡献÷息税前利润=288÷148=1.95，选项B当选。在不存在优先股的情况下，财务杠杆系数=息税前利润÷（息税前利润−利息）=148÷（148−36）=1.32，选项C当选。联合杠杆系数=经营杠杆系数×财务杠杆系数=1.95×1.32=2.57，选项D当选。

精准答疑

问题：题干中的固定成本和费用不包括追加投资前的利息费用吗？

解答：如果没有特殊说明的情况下，题目中表述的“固定成本和费用”仅仅是指固定经营成本费用，并不包含固定融资成本费用。

需要注意的是，本题所问的是追加投资之后的杠杆系数，应当以追加投资之后的财务数据为基准计算，不能以 2023 年的财务数据为基准计算。

15.28 斯尔解析 BC 本题考查杠杆系数的衡量。**固定经营成本是引发经营杠杆效应的根源，如果没有固定经营成本，则不存在经营杠杆效应，此时经营杠杆系数为1**，选项A不当选。经营杠杆系数=1+固定经营成本÷息税前利润，所以**经营杠杆的大小是由固定性经营成本和息税前利润共同决定的**，选项B当选。单位变动成本越小，息税前利润越大，经营杠杆系数越小，选项C当选。营业收入越大，息税前利润越大，经营杠杆越小，选项D不当选。

15.29 斯尔解析　ABCD　本题考查杠杆系数的衡量。固定融资成本是引发财务杠杆的根源，但息税前利润与固定融资成本之间的相对水平决定了财务杠杆的大小，即**财务杠杆的大小是由固定融资成本和息税前利润共同决定的**，选项A当选。当固定融资成本［I+PD÷（1−T）］=0时，财务杠杆系数=1，不存在财务杠杆效应；当固定融资成本［I+PD÷（1−T）］≠0时，通常财务杠杆系数都是大于1的，即存在财务杠杆效应，选项B当选。财务杠杆放大了息税前利润变化对普通股收益的影响，财务杠杆系数越高，表明普通股收益的波动程度越大，财务风险也就越大，选项C当选。控制联合杠杆系数有利于对经营风险和财务风险进行管理，即为了控制某一联合杠杆系数，经营杠杆和财务杠杆可以有很多不同的组合，选项D当选。

15.30 斯尔解析　ABD　本题考查杠杆系数的衡量。边际贡献=5×（15−10）=25（万元），选项A当选。保本点销售量=固定成本÷单位边际贡献=10÷（15−10）=2（万件），选项B当选。经营杠杆系数=边际贡献÷息税前利润=25÷（25−10）=1.67，选项C不当选。联合杠杆系数=边际贡献÷（息税前利润−利息费用）=25÷（25−10−5）=2.5，选项D当选。

三、计算分析题

15.31 斯尔解析

（1）游乐场2024年边际贡献总额、固定成本总额和营业利润：

游乐场门票收入=500×40%×60+500×60%×30=21 000（万元）

联票收入=400×40%×80+400×60%×40=22 400（万元）

游乐场2024年收入总额=游乐场门票收入+50%联票收入=21 000+50%×22 400=32 200（万元）

2024年边际贡献总额=32 200×（1−10%）=28 980（万元）

2024年固定成本总额=25 000÷5+5 000+10 286=20 286（万元）

2024年营业利润=28 980−20 286=8 694（万元）

（2）游乐场2024年平均每人次边际贡献、盈亏临界点游客人次和安全边际率：

游客人次=500+400=900（万人次）

2024年平均每人次边际贡献=28 980÷900=32.2（元）

2024年盈亏临界点游客人次=20 286÷32.2=630（万人次）

2024年安全边际率=1−630/900×100%=30%

（3）设游乐场门票售卖X万张：

［X×40%×70+X×60%×30+400×（1+50%）×40%×80×50%+400×（1+50%）×60%×40×50%］×（1−10%）−20 286=10 000

解得：X=366.33（万张）。

提示：

①甲公司2024年固定成本包括三项：一次性支付的经营权使用费在2024年的摊销金额为5 000万元、2024年上交的承包费5 000万元和2024年的物业费10 286万元。

②甲公司2024年的变动成本只有一项，即每年按收入10%支付的管理费，变动成本率为10%，边际贡献率为90%。

③甲公司 2024 年的收入主要来自两类：第一类是单独的游乐场门票收入，此类门票收入全部属于甲公司收入；第二类是联票收入，此类联票收入中只有 50% 属于甲公司收入。另外在计算收入时，需要进一步细分为普通票和优惠票。

④平均每人次边际贡献 = 边际贡献总额 ÷ 游乐场游玩总人次，需要注意的是，计算收入时联票收入中 50% 属于游乐场的收入，但计算人次时不需要乘以 50%。比如一个游客购买的是联票中的普通票，共花费 80 元，游乐场的收入是 40 元，去游乐场游玩的人次为 1 人次，不能说去游乐场游玩的人数为 0.5 人次。因此，不管是游乐场门票，还是联票，每出售 1 张，去游乐场游玩的人次便增加 1 人次。

15.32 斯尔解析

（1）每月的边际贡献和税前利润：

边际贡献 =250×30×10−250×30×6=30 000（元）

固定成本 =4 000+900+2 000×2+350×50=26 400（元）

税前利润 =30 000−26 400=3 600（元）

（2）每月的盈亏临界点销售量和安全边际率：

盈亏临界点销售量 =26 400÷（10−6）=6 600（小时）

安全边际率 =（250×30−6 600）÷（250×30）×100%=12%

（3）采取降价 10% 的促销措施后，每小时收费为 10×（1−10%）=9（元），假设最低销售量为 X 小时：

X×（9−6）−26 400=3 600

解得：最低销售量 X=10 000（小时）。

安全边际额 =［10 000−26 400÷（9−6）］×9=10 800（元）

提示：

①家政公司的销售单价为 10 元 / 小时，单位变动成本为 6 元 / 小时，销量 =250×30=7 500（小时）。

②固定成本包括：

a. 每月固定分摊物业公司折旧费、水电费、电话费等共计 4 000 元。

b. 其他固定费用 900 元。

c.2 名管理人员固定月工资共 4 000 元。

d. 家政人员的固定月工资 17 500 元（50×350）。

③降价是否可行的判断思路为：降价之后，企业的税前利润不低于降价之前，否则就不应该降价。降价之后，企业的销售单价下降，但是家政工人每小时的计时工资不变，即单位变动成本不变，此时，企业的变动成本率是发生变化的。在做题时，一定要认真审题，识别清楚，随着单价的变化，是变动成本不变，还是变动成本率不变。

15.33 斯尔解析

（1）加权平均边际贡献率和加权平均保本销售额：

A 产品收入 =1 500×6=9 000（万元）

B 产品收入 =1 000 × 4=4 000（万元）

C 产品收入 =2 500 × 10=25 000（万元）

甲公司收入总额 =9 000+4 000+25 000=38 000（万元）

A 产品边际贡献 =1 500 ×（6−2）=6 000（万元）

B 产品边际贡献 =1 000 ×（4−1）=3 000（万元）

C 产品边际贡献 =2 500 ×（10−3）=17 500（万元）

甲公司边际贡献总额 =6 000+3 000+17 500=26 500（万元）

甲公司加权平均边际贡献率 =26 500 ÷ 38 000 × 100%=69.74%

加权平均保本销售额 = 固定成本总额 ÷ 加权平均边际贡献率 =5 000 ÷ 69.74%=7 169.49（万元）

（2）三款产品的盈亏平衡销售额和盈亏平衡销售量：

A 产品的销售百分比 =9 000 ÷ 38 000 × 100%=23.68%

B 产品的销售百分比 =4 000 ÷ 38 000 × 100%=10.53%

C 产品的销售百分比 =25 000 ÷ 38 000 × 100%=65.79%

A 产品的盈亏平衡销售额 =7 169.49 × 23.68%=1 697.74（万元）

A 产品的盈亏平衡销售量 =1 697.74 ÷ 6=282.96（万件）

B 产品的盈亏平衡销售额 =7 169.49 × 10.53%=754.95（万元）

B 产品的盈亏平衡销售量 =754.95 ÷ 4=188.74（万件）

C 产品的盈亏平衡销售额 =7 169.49 × 65.79%=4 716.81（万元）

C 产品的盈亏平衡销售量 =4 716.81 ÷ 10=471.68（万件）

提示：

①加权平均边际贡献率的计算，也可以采用下述计算方法：

加权平均边际贡献率 = ∑（各产品边际贡献率 × 各产品占总销售比重）

A 产品边际贡献率 =（6−2）÷ 6 × 100%=66.67%

B 产品边际贡献率 =（4−1）÷ 4 × 100%=75%

C 产品边际贡献率 =（10−3）÷ 10 × 100%=70%

加权平均边际贡献率 =66.67% × 23.68%+75% × 10.53%+70% × 65.79%=69.74%

②多产品中的某一产品保本额计算，不能使用“保本额 = 固定成本 ÷ 边际贡献率”这一公式进行计算，因为此时的固定成本是多产品一起承担，而不是单独由某一产品承担的。所以计算时需要先计算加权平均保本销售额（加权平均保本销售额 = 固定成本总额 ÷ 加权平均边际贡献率），再计算某种产品的保本销售额（某种产品的保本销售额 = 加权平均保本销售额 × 某种产品的销售百分比）。

15.34 斯尔解析

（1）每年固定成本总额、单位变动成本、盈亏临界点销售额及正常销量时的安全边际率：

每年固定成本总额 =120 ÷ 5+100 × 1 500 ÷ 10 000+5 ÷ 5=40（万元）

单位变动成本 =1 000 ×（40%+10%）=500（元）

边际贡献率 =（1 000−500）÷ 1 000 × 100%=50%

盈亏临界点销售额 =40 ÷ 50%=80（万元）

正常销售额 =1 000 × 1 600 ÷ 10 000=160（万元）

安全边际率 =（160−80）÷ 160 × 100%=50%

（2）单位边际贡献 =1 000−500=500（元）。

目标税前利润 120 万元的销量 =（120+40）× 10 000 ÷ 500=3 200（件）

（3）单价上浮 15%，则：

单位边际贡献 =1 000 ×（1+15%）× 50%=575（元）

税前利润 =3 200 × 575 ÷ 10 000−40=144（万元）

税前利润变动百分比 =（144−120）÷ 120 × 100%=20%

税前利润对单价的敏感系数 =20% ÷ 15%=1.33

（4）假定单价为 X，则：4 000 × X × 50% ÷ 10 000−40=120。

解得：售价 X=800（元）。

提示：

①每年固定成本包括加盟费每年摊销金额、每年租金和新增固定资产每年折旧；变动成本包括按营业额 10% 比例支付的特许经营使用费和广告费，以及变动制造成本。

②由于题干中说明每年变动成本率不变，因此边际贡献率也不变，当单价上升时，单位变动成本和单位边际贡献也会随之而上升。

③在财务成本管理的考试中，折旧统一采用简便算法，即某年年初购入的固定资产等计提的折旧，当年按照一年进行折旧额计算（摊销同理）。

15.35 斯尔解析

（1）年固定成本总额和单位变动成本：

专利摊销 =350 ÷ 10=35（万元）

土地使用权摊销 =300 ÷ 30=10（万元）

厂房折旧 =500 ×（1−10%）÷ 30=15（万元）

设备折旧 =100 ×（1−5%）÷ 10=9.5（万元）

新产品的年固定成本总额 = 专利摊销 + 土地使用权摊销 + 固定资产折旧 + 管理人员工资 + 生产工人固定工资 + 销售人员固定工资 + 财产保险费 + 广告费 + 职工培训费 + 其他固定费用 =35+10+（15+9.5）+5 × 2+1 500/10 000 × 12 × 15+1 500/10 000 × 12 × 5+6.5+60+10+8=200（万元）

新产品的单位变动成本 = 材料费用 + 变动制造费用 + 包装成本 + 计件工资 + 销售提成 =20+15+9+1+5=50（元）

（2）盈亏平衡点年销售量、安全边际率和年息税前利润：

盈亏平衡点年销售量 =200 ÷（100−50）=4（万瓶）

安全边际率 =1−4 ÷ 10 × 100%=60%

年息税前利润 =（100−50）×（10−4）=300（万元）

（3）经营杠杆系数 =（息税前利润 + 固定成本）÷ 息税前利润 =（300+200）÷ 300=1.67。

15.36 斯尔解析

（1）边际贡献 =500×（25−10）=7 500（万元）。

固定成本 =7 500×20%=1 500（万元）

息税前利润 =7 500×80%=6 000（万元）

2023 年税前投资报酬率 =6 000÷25 000×100%=24%

设 2024 年的销量为 X，则：

$$\frac{X\times(25-10)-(1\ 500+2\ 700)}{25\ 000+50\ 000}\times 100\%=24\%$$

解方程得：X=1 480（万件）。

（2）2023 年经营杠杆系数 $=\frac{7\ 500}{6\ 000}=1.25$。

设 2024 年的销量为 Y，则：

$$\frac{Y\times(25-10)}{Y\times(25-10)-(1\ 500+2\ 700)}=1.25$$

解方程得：Y=1 400（万件）。

提示：本题的易错点是在计算单位变动成本时，只考虑直接材料、直接人工和变动制造费用。在一般情况下，本量利分析中的成本包括企业全部的经营成本，因此在计算利润时，不能只考虑制造成本，还应当考虑期间成本。此处须与变动成本法做好区分，变动成本法核算的是产品的生产成本，所以变动成本法下，产品成本只包括直接材料、直接人工和变动制造费用。

15.37 斯尔解析

（1）追加筹资前的经营杠杆系数、财务杠杆系数、联合杠杆系数：

边际贡献 =10 000×（1−60%）=4 000（万元）

息税前利润 =4 000−2 000=2 000（万元）

归属于普通股的税前盈余 =2 000−7 500×5%−30×100×8%÷（1−25%）=1 305（万元）

经营杠杆系数 =4 000÷2 000=2

财务杠杆系数 =2 000÷1 305=1.53

联合杠杆系数 =4 000÷1 305=3.07

（或，联合杠杆系数 =2×1.53=3.06）

（2）假设方案一和方案二的每股收益无差别点的息税前利润为 EBIT，则：

［（EBIT−7 500×5%−4 000×6%）×（1−25%）−30×100×8%］÷500=［（EBIT−7 500×5%）×（1−25%）−30×100×8%］÷（500+4 000/16）

解得：EBIT=1 415（万元）。

销售收入 ×（1−60%）−2 000−500=1 415，则：销售收入 =9 787.5（万元）。

预计销售收入 =10 000+3 000=13 000（万元），大于每股收益无差别点的销售收入，所以选择方案一进行筹资。

（3）追加筹资后的经营杠杆系数、财务杠杆系数、联合杠杆系数：

边际贡献 =13 000×（1−60%）=5 200（万元）

息税前利润 =5 200−2 000−500=2 700（万元）

归属于普通股的税前盈余 =2 700−7 500×5%−4 000×6%−30×100×8%÷（1−25%）=1 765（万元）

经营杠杆系数 =5 200÷2 700=1.93

财务杠杆系数 =2 700÷1 765=1.53

联合杠杆系数 =5 200÷1 765=2.95

（或，联合杠杆系数 =1.93×1.53=2.95）

15.38 斯尔解析

（1）方案一：

边际贡献 =［2 400−2 000×（1−10%）］×45 000÷10 000=2 700（万元）

息税前利润 =2 700−500=2 200（万元）

税前债务利息 =4 000×5%+6 000×6.25%=575（万元）

优先股股息 =30×100×8%=240（万元）

经营杠杆系数 =2 700÷2 200=1.23

财务杠杆系数 =2 200÷［2 200−575−240÷（1−25%）］=1.69

联合杠杆系数 =2 700÷［2 200−575−240÷（1−25%）］=2.07

（或，联合杠杆系数 =1.23×1.69=2.08）

方案二：

边际贡献 =2 700（万元）

息税前利润 =2 200（万元）

税前债务利息 =4 000×5%=200（万元）

优先股股息 =240（万元）

经营杠杆系数 =2 700÷2 200=1.23

财务杠杆系数 =2 200÷［2 200−200−240÷（1−25%）］=1.31

联合杠杆系数 =2 700÷［2 200−200−240÷（1−25%）］=1.61

（或，联合杠杆系数 =1.23×1.31=1.61）

（2）假设方案一和方案二的每股收益无差别点的息税前利润为 EBIT，则：

［（EBIT−575）×（1−25%）−240］÷200=［（EBIT−200）×（1−25%）−240］÷（200+6 000÷40）

解得：EBIT=1 395（万元）。

当销售量为 45 000 件时：

EBIT=［2 400−2 000×（1−10%）］×45 000÷10 000−500=2 200（万元）

当预期公司的息税前利润大于每股收益无差别点的息税前利润时，运用负债筹资可以获得较高的每股收益，甲公司应选择方案一。

提示：题干说明“更新设备并运用负债筹资”，所以这里更新设备所需要投资的金额就是运用负债需要筹资的金额，即本题需要筹资的金额为 6 000 万元。

第十六章　短期经营决策
答案与解析

一、单项选择题

16.1 ▶ D	16.2 ▶ C	16.3 ▶ D	16.4 ▶ B	16.5 ▶ C
16.6 ▶ A	16.7 ▶ B	16.8 ▶ C	16.9 ▶ C	16.10 ▶ A

二、多项选择题

16.11 ▶ ABD	16.12 ▶ ABD	16.13 ▶ ABCD	16.14 ▶ AD	16.15 ▶ BD
16.16 ▶ BCD	16.17 ▶ BD			

一、单项选择题

16.1 斯尔解析　D　本题考查相关成本和不相关成本的区分。不相关成本是指与决策没有关联的成本，或者说不相关成本不随决策的改变而改变，不相关成本对未来决策没有影响，因此在决策分析时不考虑，**不相关成本的表现形式主要有沉没成本、不可避免成本、不可延缓成本、无差别成本和共同成本等**，选项AC不当选、选项D当选。相关成本是指与决策方案相关的、有差别的未来成本，在分析评价时必须加以考虑，它随着决策的改变而改变，**相关成本的表现形式有很多，诸如边际成本、机会成本、重置成本、付现成本、可避免成本、可延缓成本、专属成本、差量成本等**，选项B不当选。

提示：共同成本是指那些需由几种、几批或有关部门共同分担的固定成本。共同成本具有共享性、基础性等特征，故属于不相关成本。

16.2 斯尔解析　C　本题考查保留或关闭生产线或其他分部决策。**在短期内，如果企业的亏损产品能够提供正的边际贡献（单价大于单位变动成本），就应该继续生产**。乙产品的单位变动成本=单位直接材料成本+单位直接人工成本+单位变动制造费用=20+35+45=100（元），由于乙产品单价（105元）大于单位变动成本（100元），所以乙产品可以提供正的边际贡献，因此应该继续生产乙产品，选项C当选。

16.3 斯尔解析　D　本题考查保留或关闭生产线或其他分部决策。M产品的边际贡献=9 000−

8 000=1 000（万元），若停止生产M产品，相关设备可用于生产N产品，N产品边际贡献=8 000−6 000=2 000（万元），N产品的边际贡献大于M产品的边际贡献，所以应该停产M产品并生产N产品，选项D当选。

16.4 斯尔解析 B 本题考查零部件自制与外购的决策分析。固定制造费用是与决策不相关的成本，不应予以考虑，自制的单位变动成本=直接材料+直接人工+变动制造费用=400+100+200=700（元）。由于甲公司的生产能力可以对外出租，年租金收益应当考虑为自制方案的机会成本。如果要选择外购，则外购的单价应小于自制的相关单位成本，自制的相关成本=自制的单位变动成本+自制引起的单位机会成本=700+400 000÷20 000=720（元），选项B当选。

16.5 斯尔解析 C 本题考查特殊订单是否接受的决策分析。甲公司产能1 000件，正常订货占用800件，剩余生产能力无法满足追加订货需求，存在接受订货引起的正常订货占用，即机会成本=50×（100−40）=3 000（元），还需要考虑接受订货引起的专属成本1 000 元，故接受订货增加的利润=订单提供的边际贡献−订单引起的机会成本和专属成本=250×（80−40）−3 000−1 000=6 000（元），选项C当选。固定成本是与决策不相关的成本，计算边际贡献时仅应考虑变动成本，选项A使用单位产品成本50元计算，选项A不当选。选项B不仅错误使用了单位产品成本，而且没有考虑订单引起的专属成本，选项B不当选。选项D虽然正确计算了订单提供的边际贡献和专属成本，但没有考虑订单引起的机会成本，选项D不当选。

16.6 斯尔解析 A 本题考查特殊订单是否接受的决策分析。甲公司产能为500件，正常订货占用400件，剩余生产能力可以满足追加订货需求（100件），但是剩余生产能力可以出租，所以需要考虑剩余生产能力带来的机会成本1 200元，同时也需要考虑接受订货引起的专属成本1 200元，因此接受订货增加的利润=订单提供的边际贡献−剩余生产能力的机会成本−订单引起的专属成本=100×（70−40）−1 200−1 200=600（元），选项A当选。

16.7 斯尔解析 B 本题考查出售或深加工决策。设B产品的销售单价为X，进一步深加工带来的增量收入=7 000X−50×7 000=7 000X−350 000，进一步深加工带来的增量成本=变动成本+机会成本=20×7 000+70 000=210 000（元）。如果甲公司选择进一步深加工，增量收入应大于增量成本，即7 000X−350 000＞210 000，解得，X＞80（元），选项B当选。

16.8 斯尔解析 C 本题考查定价决策。根据变动成本加成定价法，成本基数=直接材料+直接人工+变动制造费用+变动销售及管理费用=6+5+4+2=17（元），目标售价=成本基数+成本加成=17+17×100%=34（元），选项C当选。

精程答疑

问题 1：如何区分变动成本法、完全成本法、变动成本加成法、完全成本加成法、本量利分析？

解答 1：（1）产品成本的计算方法：变动成本法和完全成本法。

变动成本法包含的成本项目：直接材料、直接人工、变动制造费用。

完全成本法包含的成本项目：直接材料、直接人工、全部制造费用。

（2）产品定价方法：变动成本加成法和完全成本加成法。

变动成本加成法的成本基数：直接材料、直接人工、变动制造费用、变动销售以及管理费用。

完全成本加成法的成本基数：直接材料、直接人工、制造费用。

（3）对于本量利分析来说，完全是依靠成本性态，所以只看成本是否随着业务量的变动而变动。变动成本包括：直接材料、直接人工、变动制造费用、变动销售以及管理费用。固定成本包括：固定制造费用和固定销售以及管理费用。

可以按照下方表格进行记忆：

不同方法下的成本/成本基数项目		直接材料	直接人工	变动制造费用	固定制造费用	变动销售管理费用	固定销售管理费用
完全成本	产品成本计算的完全成本法	√	√	√	√	×	×
	产品定价的完全成本加成法	√	√	√	√	×	×
变动成本	本量利分析	√	√	√	×	√	×
	产品成本计算的变动成本法	√	√	√	×	×	×
	产品定价的变动成本加成法	√	√	√	×	√	×

问题 2：变动成本加成法下，产品的目标价格 = 单位变动成本 + 固定成本和预期利润，按照定义，本题中产品的目标价格为何没有单独加上固定制造费用？

解答 2：产品的目标价格 = 单位变动成本 + 固定成本和预期利润，这里的固定成本和预期利润就是需要加成的成数，公式也可以写成：产品的目标价格 = 单位变动成本 + 单位变动成本 × 加成率。本题给出的是在变动成本的基础上加成 100%，所以这里直接使用“产品的目标价格 = 单位变动成本 + 单位变动成本 × 加成率”公式计算即可。

16.9 斯尔解析　C　本题考查定价决策。设实现目标利润的单价为P，则120×（P−125）−8 400=9 600，可得，P=275（元）。采用变动成本加成定价法时，产品的目标价格=单位变动成本×（1+加成率），即275=125×（1+加成率），解得，加成率=120%，选项C当选。

16.10 斯尔解析 A 本题考查产品定价决策分析。产品定价决策中主要考虑产品的成本和产品的市场价格，无须考虑资本成本，选项A当选。营运资本管理中应收账款占用资金应计利息等的计算会使用资本成本，选项B不当选。存货采购决策中存货占用资金应计利息等的计算会使用资本成本，选项C不当选。企业价值评估中企业价值等的计算会使用资本成本，选项D当选。

二、多项选择题

16.11 斯尔解析 ABD 本题考查相关成本和不相关成本的区分。相关成本是指与决策方案相关的、有差别的未来成本，在分析评价时必须加以考虑，它随着决策的改变而改变，包括边际成本、机会成本、重置成本、付现成本、差量成本等，选项ABD当选。不相关成本是指与决策没有关联的成本，无差别成本是指两个或两个以上方案之间没有差别的成本，属于不相关成本，选项C不当选。

16.12 斯尔解析 ABD 本题考查相关成本和不相关成本的区分。旧设备的已提折旧属于非相关成本，与决策无关，选项A当选。旧设备的账面价值属于非相关成本，与决策无关，旧设备的以旧换新作价属于机会成本，与决策相关，选项B当选、选项C不当选。改造旧设备涉及追加支出1 000万元和丧失变现收益1 200万元，合计2 200万元，新设备市价2 000万元，改造旧设备比购买新设备多支出200万元（2 200−2 000），选项D当选。

16.13 斯尔解析 ABCD 本题考查零部件自制和外购决策的相关考虑因素。实务中，企业在进行自制还是外购决策时，决策者除了要考虑相关成本因素（比如外购产品的单价，选项A）以外，还要考虑外购产品的质量（选项B）、送货的及时性、长期供货能力、供货商的新产品研发能力（选项C）以及本企业有关职工的抱怨程度（选项D）等因素，在综合考虑各方面因素之后才能进行最后的选择，选项ABCD当选。

16.14 斯尔解析 AD 本题考查零部件自制与外购的决策分析。设甲公司采购量为X件，则自制相关总成本=7 500+2X。当X<10 000件时，外购相关总成本=3.2X；当X≥10 000件时，外购相关总成本=2.6X。

采购量<10 000（件）时，若选择自制，则7 500+2X<3.2X，解得：X>6 250（件）。因此，当采购量介于6 250件至10 000件之间时，应选择自制；当采购量小于6 250件时，应当外购。

采购量≥10 000（件）时，若选择自制，则7 500+2X<2.6X，解得：X>12 500（件）。因此，当采购量大于12 500件时，应当选择自制；当采购量介于10 000件至12 500件之间时，应当外购。综上，选项AD当选、选项BC不当选。

16.15 斯尔解析 BD 本题考查零部件自制与外购的决策分析。设自制方案的成本与一次购买量在3 000件以下的成本分界产量为X，则2 200+X=2X，解得：X=2 200（件）；设自制方案的成本与一次购买量在3 000件以上的成本分界产量为Y，则2 200+Y=1.55Y，解得：Y=4 000（件）。于是，整个需求量被划分为四个区域：2 200件以下、2 200件至3 000件、3 000件至4 000件、4 000件以上。判断时，假设一个数值代入公式计算即可确定，选项BD当选、选项AC不当选。

提示：**在零部件自制与外购的决策分析中，考虑的是不同方案下的年经营相关成本**，设备购置是一次性支出，而对运营成本的影响是通过年折旧额体现的，因此在考虑决策相关成本时，应该考虑的是设备的年折旧额，而非购置支出。

16.16 斯尔解析 BCD 本题考查产品定价决策的原理和市场类型的划分。对于产品定价决策来说，通常是针对垄断竞争、寡头垄断和完全垄断市场的产品，选项BCD当选。在完全竞争市场中，单个厂商无法左右市场价格，每个厂商只是均衡价格的被动接受者，因此产品定价决策无效，选项A不当选。

16.17 斯尔解析 BD 本题考查定价决策。完全成本加成定价法的成本基数为单位产品的制造成本，包括直接材料、直接人工和制造费用，不包括销售及管理费用，选项A不当选、选项B当选。变动成本加成定价法的成本基数为单位变动成本，包括直接材料、直接人工、变动制造费用和变动销售及管理费用，选项C不当选、选项D当选。

三、计算分析题

16.18 斯尔解析

（1）A 产品的变动成本 =1 220×70%=854（万元），A 产品的边际贡献 =1 220−854=366（万元）。

B 产品的变动成本 =560×40%=224（万元），B 产品的边际贡献 =560−224=336（万元）。

（2）企业总固定成本 =（1 260−854）+（440−224）=622（万元）。

方案一的税前营业利润 =336−622=−286（万元）

方案二的税前营业利润 =560×（1+80%）×（1−40%）−622=−17.2（万元）

方案三的税前营业利润 =80+560×10%×（1−40%）−50÷5=103.6（万元）

方案三的税前营业利润最大，应选择方案三。

（3）①基于方案三，2024 年公司税前营业利润能达到 100 万元。

②由于 A 产品能提供正的边际贡献，在短期内，即使停产 A 产品，其固定成本也不会降低，所以不能停产 A 产品。

③由于方案三可以增加税前经营利润，所以增产能增利。

16.19 斯尔解析

（1）A 产品单位变动成本 =120+60+20=200（元）。

B 产品单位变动成本 =40+30+15=85（元）

A 产品单位约束资源的边际贡献 =（390−200）÷0.50=380（元 / 小时）

B 产品单位约束资源的边际贡献 =（220−85）÷0.25=540（元 / 小时）

应该优先生产 B 产品。

100 000×0.25=25 000（小时）

（7.5×10 000−25 000）÷0.5=100 000（千克）

故生产 A 产品 100 000 千克，B 产品 100 000 千克。

税前经营利润总额 =（390−200）×100 000−240×10 000+（220−85）×100 000−160×10 000=28 500 000（元）

（2）设 A 产品可接受的最低售价为 P_1，则：

250 000×（P_1−200）−240×10 000−160×10 000−287.5×10 000=28 500 000

P_1=（28 500 000+240×10 000+160×10 000+287.5×10 000）÷250 000+200=341.50（元/千克）

（3）设备最大加工能力=14×10 000=140 000（小时），最大生产能力=140 000÷0.5=280 000（千克）。

生产 A 产品需要的生产能力=250 000（千克），剩余生产能力=280 000−250 000=30 000（千克）。

追加 A 产品 60 000 千克大于剩余生产能力 30 000 千克，会削减原有订单。

减少的边际贡献=（60 000−30 000）×（390−200）=5 700 000（元）

假设甲公司可接受订单的最低售价是 P_2，则：

60 000×（P_2−200）−5 700 000−120×10 000=0

P_2=（5 700 000+120×10 000）÷60 000+200=315（元/千克）

客户丙向甲公司追加订购 A 产品报价 330 元/千克，大于甲公司可接受低订单的最低售价，故接受追加订单。

（4）固定成本总额=240×10 000+160×10 000+287.5×10 000=6 875 000（元）。

单位产品固定制造成本=6 875 000÷（250 000+25 000）=25（元/千克）

甲公司的投标报价=（200+25）×（1+50%）=337.5（元/千克）

16.20 斯尔解析

（1）实现目标利润的产品销量=（40 000+50 000）÷（50−25）=3 600（件）。

当产量为 3 500 件，产品单价下降 4% 时，可以达到的预计利润=3 500×［50×（1−4%）−25］−50 000=30 500（元）。

（2）由于"利润=（$P-V$）×$Q-F$"，可以推导出"V=（P×$Q-F$−利润）÷Q"，因此，V=［50×（1−4%）×3 500−50 000−40 000］÷3 500=22.29（元/件），即如果单位变动成本能够从 25 元/件降低至 22.29 元/件，可以实现计划的年度利润目标。

（3）如果单位变动成本最低只能降至 23 元，则可以实现的预计利润=3 500×［50×（1−4%）−23］−50 000=37 500（元），尚不能达到计划的年度利润目标。

在产销量增至 3 500 件、降价 4% 和单位变动成本降至 23 元的同时，还应当压缩固定成本以实现计划的年度利润目标。在上述条件下，可以达到利润目标的固定成本=3 500×［50×（1−4%）−23］−40 000=47 500（元），即固定成本尚需压缩 2 500 元（50 000−47 500）才能实现利润目标。

（4）①特殊订单的定价为每件 45 元，单位变动成本为 25 元，因此，接受该订单可以增加边际贡献 10 000 元，应该接受该订单。

②订货可增加边际贡献 10 000 元，扣除增加的专属成本 5 000 元，可以增加利润 5 000 元，因此应该接受该订单。

③接受订单会影响到正常销售，企业的剩余生产能力能够生产 500 件。其余的 500 件要减少正常的订货量，因此，500 件正常销售所带来的边际贡献应该作为接受订单的机会成本。接受订单增加的边际贡献额=1 000×（45−25）=20 000（元），机会成本=500×（50−25）=12 500（元），增加的利润=20 000−12 500=7 500（元），因此应该接受该订单。

④剩余生产能力的年租金应该作为接受订单的机会成本。接受订单增加的边际贡献额 =1 000×（45−25）=20 000（元），扣除增加的专属成本 5 000 元，扣除影响正常销售的机会成本 12 500 元，再扣除租金收入的机会成本 3 000 元，接受订单带来的差额利润为 −500 元，即减少利润 500 元，因此不应该接受该订单。

16.21 斯尔解析

（1）①**副产品是指在同一生产过程中，使用同种原料，在生产主要产品的同时附带生产出来的非主要产品。**

②**由于副产品价值相对较低，而且在全部产品生产中所占的比重较小，因而可以采用简化方法确定成本，然后从总成本中扣除，其余额就是主要产品的成本。**比如，副产品可以按预先规定的固定单价确定成本。

（2）901 订单产品成本计算单编制如下：

产品成本计算单

订单编号：901　　2023年9月　　单位：元

项目	直接材料	直接人工	制造费用	合计
月初在产品成本	0	0	0	0
本月生产费用	178 000	66 000	48 000	292 000
合计	178 000	66 000	48 000	292 000
扣除副产品价值	4 400	0	0	4 400
完工产品总成本	173 600	66 000	48 000	287 600
完工产品单位成本	17.36	6.6	4.8	28.76

（3）①在出售或深加工决策中，考虑因素包括相关成本和相关收入，相关成本只包括进一步深加工所需的追加成本；相关收入是加工后出售和直接出售的收入之差。通常采用差量分析的方法计算出差额利润进行决策。

②如果进一步加工，N 副产品可以增加的收入 =（15−10.8）×500=2 100（元），所以公司可以接受的最高深加工成本总额为 2 100 元。

提示：

本月直接材料费用 =178 000（元）

本月直接人工费用 =154 000×［5 280÷（7 040+5 280）］=66 000（元）

本月制造费用 =113 000×［6 000÷（8 125+6 000）］=48 000（元）

N 副产品的总价值 =500×（10.8−2）=4 400（元）

16.22 斯尔解析

（1）X 机型单位边际贡献 =30−18=12（千元），单位约束资源边际贡献 =12÷0.2=60（千元）。Y 机型单位边际贡献 =39−27=12（千元），单位约束资源边际贡献 =12÷0.3=40（千元）。

Z 机型单位边际贡献 =20−13=7（千元），单位约束资源边际贡献 =7÷0.1=70（千元）。

生产顺序为 Z 机型优先，X 机型次之，Y 机型最后。

Z 机型生产 16 000 台，X 机型生产 20 000 台。

Y 机型生产量 =（8 000−16 000×0.1−20 000×0.2）÷0.3=8 000（台）

税前经营利润总额 =7×16 000+12×20 000+12×8 000−304 000=144 000（千元）

（2）设 X 机型的最低售价为 P，则：

（P−18）×40 000−304 000=144 000，解得：P=29.2（千元）。

（3）假设单价上升 10%：

变化后的税前经营利润总额 =［29.2×（1+10%）−18］×40 000−304 000=260 800（千元）

税前经营利润总额的变动率 =（260 800−144 000）÷144 000×100%=81.11%

税前经营利润总额对单位售价的敏感系数 =81.11%÷10%=8.11

四、综合题

16.23 斯尔解析

（1）X 净化器的边际贡献 =3×（10 000−6 000）=12 000（万元）。

Y 净化器的边际贡献 =3×（6 000−3 000）=9 000（万元）

Z 净化器的边际贡献 =4×（3 000−2 625）=1 500（万元）

X 净化器的销售收入 =3×10 000=30 000（万元）

Y 净化器的销售收入 =3×6 000=18 000（万元）

Z 净化器的销售收入 =4×3 000=12 000（万元）

销售收入总额 =30 000+18 000+12 000=60 000（万元）

X 净化器分摊的总部管理费用 =4 500×30 000÷60 000=2 250（万元）

Y 净化器分摊的总部管理费用 =4 500×18 000÷60 000=1 350（万元）

Z 净化器分摊的总部管理费用 =4 500×12 000÷60 000=900（万元）

X 净化器的部门营业利润 =12 000−3 375−2 250=6 375（万元）

Y 净化器的部门营业利润 =9 000−2 025−1 350=5 625（万元）

Z 净化器的部门营业利润 =1 500−1 350−900=−750（万元）

因为 X、Y、Z 三种净化器都有正的边际贡献，所以都应该继续生产。

（2）加权平均边际贡献率 =（12 000+9 000+1 500）÷60 000×100%=37.5%。

加权平均盈亏平衡销售额 =（3 375+2 025+1 350+4 500）÷37.5%=30 000（万元）

X 净化器的盈亏平衡销售额 =30 000×30 000÷60 000=15 000（万元）

X 净化器的盈亏平衡销售量 =15 000÷10 000=1.5（万台）

X 净化器的盈亏临界点作业率 =1.5÷3×100%=50%

（3）甲公司营业利润总额 =6 375+5 625−750=11 250（万元）。

假设 2025 年该企业 X 净化器可接受的最低销售单价是 W 元，则：

6×（W−6 000）−3 375−2 025−1 350−5 250=11 250

解得：W=9 875（元）。

（4）当单位售价增长 10% 时，单位售价增加 987.5 元，则：

营业利润增加额 =987.5×6=5 925（万元）

营业利润增长率 =5 925÷11 250×100%=52.67%

营业利润对单位售价的敏感系数 =52.67%÷10%=5.27

当单位变动成本增长 10% 时，单位变动成本增加 600 元，则：

营业利润增加额 =−6×600=−3 600（万元）

营业利润增长率 =−3 600÷11 250×100%=−32%

营业利润对单位变动成本的敏感系数 =−32%÷10%=−3.2

当固定成本增长 10% 时：

固定成本增加额 =（3 375+2 025+1 350+5 250）×10%=1 200（万元）

营业利润增加额 =−1 200（万元）

营业利润增长率 =−1 200÷11 250×100%=−10.67%

营业利润对固定成本的敏感系数 =−10.67%÷10%=−1.07

当销量增长 10% 时，销量增加 0.6 万台，则：

营业利润增加额 =0.6×（9 875−6 000）=2 325（万元）

营业利润增长率 =2 325÷11 250×100%=20.67%

营业利润对销量的敏感系数 =20.67%÷10%=2.07

营业利润对这些参数的敏感程度由大到小的顺序为：单位售价、单位变动成本、销量、固定成本，其中，单位售价、单位变动成本、销量、固定成本是敏感因素。

提示：是否属于敏感因素通过绝对值来判定，**绝对值大于 1 是敏感因素**，绝对值小于 1 是非敏感因素，**绝对值越大，敏感程度越大**。

16.24 斯尔解析

（1）A 型机器人的单位限制资源边际贡献 =（24−14）÷1=10（万元）。

B 型机器人的单位限制资源边际贡献 =（18−10）÷2=4（万元）

C 型机器人的单位限制资源边际贡献 =（16−10）÷1=6（万元）

为有效利用关键设备，即获取最大的边际贡献，应该在总工时 5 000 小时的前提下，按照单位限制资源边际贡献从大到小的顺序安排生产，所以，该公司 2024 年 A 型机器人应该生产 1 500 台，B 型机器人应该生产 500 台，C 型机器人应该生产 2 500 台。

营业利润总额 =1 500×10+500×8+2 500×6−10 200=23 800（万元）

（2）边际贡献总额 =1 500×10+500×8+2 500×6=34 000（万元）。

销售收入总额 =1 500×24+500×18+2 500×16=85 000（万元）

加权平均边际贡献率 =34 000÷85 000×100%=40%

加权平均盈亏平衡销售额 =10 200÷40%=25 500（万元）

A 型机器人的盈亏平衡销售额 =25 500×1 500×24÷85 000=10 800（万元）

A 型机器人的盈亏平衡销售量 =10 800÷24=450（台）

A 型机器人的盈亏临界点作业率 =450÷1 500×100%=30%

（3）假设2025年A型机器人可接受的最低销售单价是W万元，则：

5 000×（W−14）−11 200=23 800

解得：W=21（万元）。

（4）假设单位售价增长10%，即增加2.1万元，则：

营业利润变动额=5 000×2.1=10 500（万元）

营业利润变动率=10 500÷23 800×100%=44.12%

营业利润对单位售价的敏感系数=44.12%÷10%=4.41

假设单位变动成本增长10%，即增加1.4万元，则：

营业利润变动额=−5 000×1.4=−7 000（万元）

营业利润变动率=−7 000÷23 800×100%=−29.41%

营业利润对单位变动成本的敏感系数=−29.41%÷10%=−2.94

假设固定成本增长10%，即增加1 120万元，则：

营业利润变动额=−1 120（万元）

营业利润变动率=−1 120÷23 800×100%=−4.71%

营业利润对固定成本的敏感系数=−4.71%÷10%=−0.47

假设销量增长10%，即增加500台，则：

营业利润变动额=500×（21−14）=3 500（万元）

营业利润变动率=3 500÷23 800×100%=14.71%

营业利润对销量的敏感系数=14.71%÷10%=1.47

敏感程度由大到小的顺序为：单位售价、单位变动成本、销量、固定成本，其中单位售价、单位变动成本、销量属于敏感因素。

16.25 斯尔解析

（1）A产品单位限制资源边际贡献=（2−1.2）÷1=0.8（万元）。

B产品单位限制资源边际贡献=（4−1.6）÷2=1.2（万元）

C产品单位限制资源边际贡献=（6−3.5）÷2.5=1（万元）

B产品单位限制资源边际贡献＞C产品单位限制资源边际贡献＞A产品单位限制资源边际贡献，所以应先安排生产B产品，其次是C产品，最后生产A产品。

所以，B产品的产量=600（件），C产品的产量=（2 500−600×2）÷2.5=520（件），没有剩余加工能力，所以不生产A产品。

边际贡献=（4−1.6）×600+（6−3.5）×520=2 740（万元）

息税前利润=2 740−1 000=1 740（万元）

税前利润=1 740−10 000×6%=1 140（万元）

经营杠杆系数=2 740÷1 740=1.57

财务杠杆系数=1 740÷1 140=1.53

（2）设每股收益无差别点的息税前利润为EBIT，则：

［（EBIT−10 000×6%−4 000÷1 250×1 000×9%）×（1−25%）−6 000×10%］÷1 000=

［（EBIT−10 000×6%）×（1−25%）−6 000×10%］÷（1 000+4 000÷10）

解得：EBIT=2 408（万元）。

新增设备后，企业关键设备总的加工能力 =2×2 500=5 000（小时）。

A、B、C 三种产品对关键设备加工能力的总需求 =400×1+600×2+1 000×2.5=4 100（小时），因此三种产品可以按照市场正常销量安排生产。

预计息税前利润 =（2−1.2）×400+（4−1.6）×600+（6−3.5）×1 000−1 000−600=2 660（万元）

预计息税前利润 2 660 万元大于每股收益无差别点的息税前利润 2 408 万元，所以应该选择财务杠杆大的方案 1 进行筹资。

边际贡献 = 预计息税前利润 + 固定成本 =2 660+1 000+600=4 260（万元）

归属于普通股的税前利润 =2 660−10 000×6%−4 000÷1 250×1 000×9%−6 000×10%÷（1−25%）=972（万元）

经营杠杆系数 =4 260÷2 660=1.6

财务杠杆系数 =2 660÷972=2.74

每股收益 =［（2 660−10 000×6%−4 000÷1 250×1 000×9%）×（1−25%）−6 000×10%］÷1 000=0.73（元）

（3）固定成本是引发经营杠杆效应的根源（或企业销售量水平与盈亏平衡点的相对位置决定了经营杠杆的大小；或经营杠杆的大小是由固定性经营成本和息税前利润共同决定的），本题中主要是因为固定成本增加，导致经营杠杆变大。

固定性融资成本是引发财务杠杆效应的根源（或息税前利润与固定性融资成本的相对水平决定了财务杠杆的大小；或财务杠杆的大小是由固定性融资成本和息税前利润共同决定的），本题中主要是因为财务费用（或利息费用、优先股股利）增加，导致财务杠杆变大。

（4）新增设备后，按照市场正常销量生产后剩余的产能 =5 000−4 100=900（小时）。

该剩余产能可以生产的 A 产品产量 =900÷1=900（件）

增加的相关损益 =900×（2−1.2）−200=520（万元）

因为增加的相关损益金额＞0，所以应利用该剩余产能。

精准答疑

问题：为什么不使用 4 000 万元的筹资额计算债券每年的利息？

解答：因为债券筹资实际支付的利息只和债券的面值和票面利率有关，债券每年实际支付的利息 = 债券面值 × 票面利率。

本题中通过发行债券筹资 4 000 万元，每份债券市价 1 250 元，所以债券发行总份数 =4 000÷1 250=3.2（万份），发行债券总面值 =3.2×1 000=3 200（万元），每份债券票面利率 9%。因此，债券每年实际支付的利息 =3 200×9%=288（万元）。

综上，债券支付的利息 = 债券面值 × 票面利率，和实际的筹资金额没有直接关系，本题给出筹资金额和发行价格是为了计算实际发行的债券份数，进而计算发行债券的总面值和实际需要支付的利息。

16.26 斯尔解析

（1）X 型号汽车单位约束资源边际贡献 =（15−12）÷3=1（万元）。

Y 型号汽车单位约束资源边际贡献 =（12−8）÷2=2（万元）

Z 型号汽车单位约束资源边际贡献 =（8−5）÷1=3（万元）

Z 型号汽车单位约束资源边际贡献＞ Y 型号汽车单位约束资源边际贡献＞ X 型号汽车单位约束资源边际贡献，所以应先安排生产 Z 型号汽车、其次是 Y 型号汽车，最后是 X 型号汽车。

Z 型号汽车产量 = 销售量 =1 000（辆）

Y 型号汽车产量 = 销售量 =600（辆）

X 型号汽车产量 =（4 000−1 000×1−600×2）÷3=600（辆）

税前营业利润总额 =（15−12）×600+（12−8）×600+（8−5）×1 000−3 000=4 200（万元）

（2）税后有担保借款利率 =8%×（1−25%）=6%。

方案 1：

每年折旧额 =5 000×（1−10%）÷5=900（万元）

4 年后账面价值 =5 000−900×4=1 400（万元）

变现损失抵税 =（1 400−1 200）×25%=50（万元）

现金流出总现值 =5 000+50×（1−25%）×（P/A，6%，4）−900×25%×（P/A，6%，4）−（1 200+50）×（P/F，6%，4）=3 360.17（万元）

平均年成本 =3 360.17÷（P/A，6%，4）=969.72（万元）

方案 2：判断租赁的税务性质。该合同不属于选择简化处理方法的短期租赁和低价值资产租赁，符合融资租赁的认定标准。租赁费不能作为费用扣除，租入资产应当提取折旧费用，分期扣除。

每年折旧额 =（4 400+400）×（1−10%）÷5=864（万元）

4 年后账面价值 =（4 400+400）−864×4=1 344（万元）

变现损失抵税 =1 344×25%=336（万元）

现金流出总现值 =400+4 400÷4×（P/A，6%，4）×（1+6%）−864×25%×（P/A，6%，4）−336×（P/F，6%，4）=3 425.70（万元）

平均年成本 =3 425.70÷（P/A，6%，4）=988.63（万元）

方案 1 的平均年成本小于方案 2 的平均年成本，所以应该选择方案 1 即自行购置方案。

（3）情景 1：增加利润 =300×（13−12）−200=100（万元）。

增加利润大于 0，甲公司应接受追加订单。

设定价为 X，则：300×（X−12）−200 ＞ 0。

解得：X ＞ 12.67（万元）。

所以有闲置能力时产品定价的区间范围为 12.67 万元～ 15 万元。

情景 2：增加利润 =350×（13−12）−50×（15−12）−250=−50（万元）。

增加利润小于 0，甲公司不应接受追加订单。

设定价为 Y，则：350×（Y−12）−50×（15−12）−250 ＞ 0。

解得：Y ＞ 13.14（万元）。

所以有闲置能力时产品定价的区间范围为 13.14 万元～ 15 万元。

提示：

①在租赁决策分析时，为简化计算，通常统一使用**有担保债券的税后利率作为折现率**。

②项目以债务方式融资带来的利息支付和本金偿还以及以股权方式融资带来的现金股利支付等，均不包括在项目现金流量内，因为折现率已经包含了该项目的筹资成本，所以本题不需要另外考虑借款购买设备而发生的取得借款、利息支付和本金偿还等现金流量。

第十七章 全面预算
答案与解析

一、单项选择题

17.1	D
17.2	C
17.3	B
17.4	C
17.5	B
17.6	D

二、多项选择题

17.7	BCD
17.8	CD
17.9	ABC
17.10	AB
17.11	ABCD
17.12	ABD

一、单项选择题

17.1 斯尔解析 D 本题考查弹性预算法。弹性预算法又称动态预算法，是在成本性态分析的基础上，依据业务量、成本和利润之间的联动关系，按照预算期内相关的业务量（如生产量、销售量、工时等）水平计量其相应预算项目所消耗资源的预算编制方法；**编制弹性预算，要选用一个最能代表生产经营活动水平的业务量计量单位**，选项AB不当选。**实际成本与当期实际业务量水平下应发生成本的差额是支出差异**，选项C不当选。**实际收入与当期实际业务量水平下应实现收入的差额是收入差异**，选项D当选。

17.2 斯尔解析 C 本题考查生产预算。预计生产量=预计销售量+预计期末产成品存货−预计期初产成品存货=150+200×10%−150×10%=155（件），选项C当选。

提示：下年一季度的预计期初产成品存货就是本年第四季度的期末产成品存货，根据题意，期末产成品存货按照下季度销量的10%安排，一季度的预计期初产成品存货=150×10%=15（件）。

17.3 斯尔解析 B 本题考查销售预算。2023年第一季度预计现金收入=当季销售当季收回+上季度销售当季收回+上上季度销售当季收回=6 000×70%+2 400÷30%×25%+600=6 800（万元），选项B当选。

精雅答疑

问题： 如何理解2024年第一季度预计现金收入的构成和计算？

解答： 根据题目，"销售货款当季度收回70%，下季度收回25%，下下季度收回5%"，则2023年第三季度销售货款的70%在2023年第三季度收回，25%在2023年第四季度收回，5%在2024年第一季度收回。所以，站在2024年初的角度，2023年第三季度销售货款的95%（70%+25%）已经在2023年底之前收回了，只有5%在2024年初形成了应收账款，2023年第三季度销售形成的应收账款是600万元（即剩下5%未收回的部分），会在2024年第一季度全部收回。

第四季度销售形成的应收账款为2 400万元。同理计算，2023年第四季度销售货款的70%在当季收回，所以，站在2024年初的角度，2023年第四季度销售货款的70%已经在2023年底之前收回了，只有30%在2024年初形成了应收账款，即2 400万元是2023年第四季度销售货款尚未收回的剩余30%，2023年第四季度销售额=2 400÷30%=8 000（万元），2023年第四季度销售额的25%会在2024年第一季度收回，2024年第一季度收回2023年第四季度现金收入=8 000×25%=2 000（万元）。

综上，2024年第一季度预计现金收入=当季销售当季收回+上季度销售当季收回+上上季度销售当季收回=6 000×70%+2 400÷30%×25%+600=6 800（万元）。

17.4 斯尔解析 C 本题考查直接材料预算。第四季度材料采购量=3 500+800−1 000=3 300（千克），货款总额=3 300×25=82 500（元），采购材料形成的"应付账款"期末余额=82 500×70%=57 750（元），选项C当选。

17.5 斯尔解析 B 本题考查直接材料预算。预计全年现金支出=2 000+5 000+8 000+9 000+10 000×60%=30 000（元），选项B当选。

17.6 斯尔解析 D 本题考查现金预算。假设该企业11月份向银行借款的金额为X万元，则$X-6\ 000-1\%X-8\ 000\times1\%\geqslant0$，得出：$X\geqslant6\ 141.41$（万元），因为银行借款金额要求是100万元的整数倍，故借款金额最低为6 200万元，选项D当选。

提示：

（1）借款当月月初借入，利息每月月末支付一次，故11月需要支付借款利息为$1\%X+8\ 000\times1\%$。

（2）题目为"在确保月末保留最低现金余额1 000万元的情况下，预计11月现金短缺6 000万元"，这里的6 000万元已经考虑了最低现金余额1 000万元，所以直接用6 000万元进行计算即可。

二、多项选择题

17.7 斯尔解析　BCD　本题考查零基预算法的优点。零基预算法，是指企业不以历史期经济活动及其预算为基础，以零为起点，从实际需要出发分析预算期经济活动的合理性，经综合平衡，形成预算的预算编制方法。应用**零基预算法编制费用预算的优点是不受前期费用项目和费用水平的制约，能够调动各部门降低费用的积极性，但其缺点是编制工作量大**。综上，选项BCD当选。

17.8 斯尔解析　CD　本题考查定期预算法。**定期预算法的优点是保证预算期间与会计期间在时期上配比，便于依据会计报告的数据与预算的比较，考核和评价预算的执行结果；其缺点是不利于前后各个期间的预算衔接，不能适应连续不断的业务活动过程的预算管理**。综上，选项CD当选。

17.9 斯尔解析　ABC　本题考查弹性预算法。用列表法编制的弹性预算的优点是不管实际业务量是多少，不必经过计算即可找到与业务量相近的预算成本；混合成本中的阶梯成本和曲线成本，可按其性态计算填列，不必用数学方法修正为近似的直线成本，选项AB当选。但是在评价和考核实际成本时，往往需要使用插补法计算“实际业务量的预算成本”，比较麻烦，选项C当选。**弹性预算的编制应以成本性态分析为前提，无论是公式法还是列表法，都应以成本性态分析为前提**，选项D不当选。

17.10 斯尔解析　AB　本题考查营业预算的编制。**直接人工预算、直接材料预算以生产预算为基础编制**，选项AB当选。销售费用预算以销售预算为基础编制，选项C不当选。固定制造费用预算，需要逐项进行预计，通常与本期产量无关，按每季度实际需要的支付额预计，然后求出全年数，选项D不当选。

精准答疑

问题： 为什么制造费用预算不以生产预算为基础编制？

解答： 制造费用预算分为变动制造费用预算和固定制造费用预算，固定制造费用预算不以生产预算为基础编制，变动制造费用预算是以生产预算为基础编制的。

营业预算是根据“以销定产，以产定料工费”的原则去确定的。所以，以生产预算为基础编制的预算包括直接材料预算（料）、直接人工预算（工）、变动制造费用预算（费），固定制造费用与产量无关，因此不包括固定制造费用预算。

17.11 斯尔解析　ABCD　本题考查直接材料预算。材料采购量=生产需要量+期末材料存量−期初材料存量，材料采购金额=材料采购量×材料采购单价，而现金支出金额会随着供应商提供的信用政策的变化而变化，选项ABCD当选。

17.12 斯尔解析　ABD　本题考查直接人工预算。**直接人工预算是以生产预算为基础编制的**，其中，人工总成本=预计直接人工工资率×预计产量×预计单位产品直接人工工时，因此，选项ABD当选。车间辅助人员工资，计入制造费用，不影响直接人工总成本，选项C不当选。

三、计算分析题

17.13 斯尔解析

现金预算

单位：万元

项目	第一季度	第二季度
期初现金余额	52	50
加：销货现金收入	2 600	3 360
可供使用的现金合计	2 652	3 410
减：各项支出		
材料采购	1 040	1 440
人工成本	620	820
制造费用	465	615
销售和管理费用	100	100
所得税费用	25	25
购买设备	450	250
现金支出合计	2 700	3 250
现金多余或不足	−48	160
加：短期借款	100	0
减：归还短期借款	0	100
减：支付短期借款利息	2	2
期末现金余额	50	58

提示：

第一季度销货现金收入 =800+30×100×60%=2 600（万元）

第二季度销货现金收入 =30×100×40%+40×90×60%=3 360（万元）

第一季度产量 =30+40×10%−3=31（万件）

第二季度产量 =40+50×10%−40×10%=41（万件）

第一季度材料采购 =420+31×10×4×50%=1 040（万元）

第二季度材料采购 =31×10×4×50%+41×10×4×50%=1 440（万元）

第一季度人工成本 =31×2×10=620（万元）

第二季度人工成本 =41×2×10=820（万元）

第一季度制造费用 =31×2×7.5=465（万元）

第二季度制造费用 =41×2×7.5=615（万元）

设第一季度短期借款 X，则 $-48+X-X\times2\% \geqslant 50$，解得：$X \geqslant 100$（万元），借款金额为

10 万元的整数倍，所以，借款 100 万元。

设第二季度归还短期借款 Y，则 $160-Y-2 \geqslant 50$，解得：$Y \leqslant 108$（万元），高出部分按 10 万元的整数倍偿还借款，所以，归还短期借款 100 万元。

第一季度支付的短期借款利息 =100×2%=2（万元）

第二季度支付的短期借款利息 =100×2%=2（万元）

17.14 斯尔解析

甲公司2024年10～12月现金预算

单位：万元

项目	10月	11月	12月
期初现金余额	70	68.4	600.64
加：销货现金收入	4 120	4 532	4 985.2
可供使用的现金合计	4 190	4 600.4	5 585.84
减：现金支出			
直接材料采购支出	848.4	933.24	1 023.902
制造费用支出	1 000	1 350	1 050
人工成本支出	1 333.2	1 466.52	1 605.186
预缴所得税	—	—	80
购置固定资产	1 500	—	—
现金支出合计	4 681.6	3 749.76	3 759.088
现金多余或不足	−491.6	850.64	1 826.752
加：短期借款	810	—	—
减：归还银行借款	—	—	810
支付借款利息	250	250	274.3
期末现金余额	68.4	600.64	742.452

提示：

2024 年 10 月份销量 =40×（1+10%）=44（万件）

2024 年 11 月份销量 =44×（1+10%）=48.4（万件）

2024 年 12 月份销量 =48.4×（1+10%）=53.24（万件）

2025 年 1 月份销量 =53.24×（1+5%）=55.902（万件）

10 月份销货现金收入 =100×40×70%+100×44×30%=4 120（万元）

11 月份销货现金收入 =100×44×70%+100×48.4×30%=4 532（万元）

12 月份销货现金收入 =100×48.4×70%+100×53.24×30%=4 985.2（万元）

9 月份生产量 =40+44×10%−40×10%=40.4（万件）

10 月份生产量 =44+48.4×10%−44×10%=44.44（万件）

11 月份生产量 =48.4+53.24×10%−48.4×10%=48.884（万件）

12 月份生产量 =53.24+55.902×10%−53.24×10%=53.5062（万件）

10 月份材料采购支出 =40.4×10×2×50%+44.44×10×2×50%=848.4（万元）

11 月份材料采购支出 =44.44×10×2×50%+48.884×10×2×50%=933.24（万元）

12 月份材料采购支出 =48.884×10×2×50%+53.5062×10×2×50%=1 023.902（万元）

10 月份直接人工支出 =44.44×2×15=1 333.2（万元）

11 月份直接人工支出 =48.884×2×15=1 466.52（万元）

12 月份直接人工支出 =53.5062×2×15=1 605.186（万元）

9 月末的长期借款 20 000 万元属于企业原有的负债，并不会额外增加期初现金余额，由于是两年后才到期，预算期内也不涉及还本，但需要考虑每月应支付的利息 =20 000×15%×1÷12=250（万元）。

10 月份出现现金不足，除补足现金缺口外，还需要满足最低现金余额和长期借款的利息支付，因此，需增加短期借款 =491.6+60+250=801.6（万元）。同时，由于借款需为 10 万元的整数倍，因此，短期借款应新增 810 万元。

11 月份出现现金多余，但由于短期借款需一次性偿还且利息还本时支付，多余现金尚不足够。

12 月份出现现金多余，可以满足短期借款全部偿还，实际借款期为 3 个月，因此，短期借款利息 =810×12%×3÷12=24.3（万元）。

第十八章 责任会计
答案与解析

一、单项选择题

18.1 ▶ D　18.2 ▶ D　18.3 ▶ C　18.4 ▶ A　18.5 ▶ B
18.6 ▶ B　18.7 ▶ C　18.8 ▶ B　18.9 ▶ B

二、多项选择题

18.10 ▶ ACD　18.11 ▶ AD　18.12 ▶ CD　18.13 ▶ ACD　18.14 ▶ AB
18.15 ▶ ABD　18.16 ▶ AB

一、单项选择题

18.1 斯尔解析 D 本题考查责任成本。**责任成本是以具体的责任单位（部门、单位或个人）为对象，以其承担的责任为范围所归集的成本，也就是特定责任中心的全部可控成本**，选项D当选。

提示：

维度	责任成本计算（责任成本法）	变动成本计算（变动成本法）	制造成本计算（完全成本法）
计算目的	评价成本控制业绩	经营决策	确定产品存货成本和销货成本
成本对象	责任中心	产品	产品
成本范围	各责任中心的可控成本	直接材料、直接人工和变动制造费用	直接材料、直接人工和全部制造费用
共同费用的分摊原则	按可控原则分配，谁控制谁负责，可控变动间接费用和可控固定间接费用都要分配给责任中心	按受益原则分配，谁受益谁承担，只分摊变动制造费用	按受益原则分配，谁受益谁承担，要分摊全部的制造费用

18.2 斯尔解析 D 本题考查可控成本的条件。所谓可控成本，通常应符合三个条件：（1）**成本中心有办法知道将发生什么性质的耗费**（选项A）；（2）**成本中心有办法计量它的耗费**（选项B）；（3）**成本中心有办法控制并调节它的耗费**（选项C）。综上，选项D当选。

18.3 斯尔解析 C 本题考查制造费用的归属和分摊方法。制造费用的归属比较困难，一般是依次按下述五个步骤来处理：

（1）直接计入责任中心，将可以直接判别责任归属的费用项目，直接列入应负责的成本中心，例如机物料消耗、低值易耗品的领用等（选项A不当选）。

（2）按责任基础分配，对不能直接归属于个别责任中心的费用，优先采用责任基础分配，例如动力费、维修费等（选项C当选）。

（3）按受益基础分配。有些费用不是专门属于某个责任中心的，也不宜用责任基础分配，但与各中心的受益多少有关，可按受益基础分配，例如按装机功率分配电费等（选项B不当选）。

（4）归入某一个特定的责任中心。有些费用既不能用责任基础分配，也不能用受益基础分配，则考虑有无可能将其归属于一个特定的责任中心（选项D不当选）。

（5）不能归属于任何责任中心的固定成本，不进行分摊。

18.4 斯尔解析 A 本题考查利润中心的考核指标。**部门可控边际贡献**反映了部门经理在其权限和控制范围内有效使用资源的能力，**最适合评价利润中心部门经理的业绩**，选项A当选。部门剩余收益作为投资中心业绩评价指标，可以使业绩评价与公司的目标协调一致，引导部门经理采纳高于公司要求的税前投资报酬率的决策，选项B不当选。以边际贡献作为利润中心的业绩评价依据不够全面，选项C不当选。以部门税前经营利润作为业绩评价依据，适合评价该部门对公司利润的贡献，而不适合于对部门经理的评价，选项D不当选。

18.5 斯尔解析 B 本题考查投资中心的考核指标。部门剩余收益是基于部门要求的税前投资报酬率计算出的指标，是部门税前经营利润超过部门平均净经营资产应计报酬的收益，不能根据现有财务报表资料直接计算，选项A不当选。作为业绩评价指标，部门剩余收益与增加股东财富的目标一致，将部门业绩评价与公司的目标协调一致，引导部门经理采纳高于公司要求的税前投资报酬率的决策，选项B当选。在使用部门剩余收益指标时，可以对不同部门或者不同资产规定不同的资本成本百分数，选项C不当选。部门剩余收益是绝对数指标，不便于不同规模投资中心业绩的比较，选项D不当选。

18.6 斯尔解析 B 本题考查投资中心的考核指标。部门平均净经营资产=80−20=60（万元），部门剩余收益=部门税前经营利润−部门平均净经营资产×要求的税前投资报酬率=20−60×10%=14（万元），选项B当选。

精准答疑

问题： 本题能否使用公式"部门剩余收益 = 部门平均净经营资产 ×（部门投资报酬率 − 要求的报酬率）"进行计算？

解答： 可以，但显然本题使用上述解析中的公式计算更为简便。如果使用公式"部门剩余收益 = 部门平均净经营资产 ×（部门投资报酬率 − 要求的报酬率）"，具体计算过程如下：

部门平均净经营资产 = 部门平均经营资产 − 部门平均经营负债 =80−20=60（万元）

部门投资报酬率 = 部门税前经营利润 ÷ 部门平均净经营资产 ×100%=20÷60×100%=33.33%

部门剩余收益 = 部门平均净经营资产 ×（部门投资报酬率 − 要求的报酬率）=60×（33.33%−10%）=14（万元）

18.7 斯尔解析　C　本题考查投资中心的考核指标。部门平均净经营资产=100−20=80（万元），部门投资报酬率=部门税前经营利润÷部门平均净经营资产×100%=20÷80×100%=25%，选项C当选。

18.8 斯尔解析　B　本题考查不同责任中心特征的对比。标准成本中心的考核指标是既定产品质量和数量条件下的可控标准成本。**标准成本中心不对生产能力的利用程度负责，而只对既定产量的投入量承担责任**，选项A不当选。剩余收益是绝对数指标，不适合用于不同投资中心间的业绩比较，选项B当选。利润中心是指对利润负责的责任中心。由于利润等于收入减去成本或费用，所以**利润中心是对收入、成本和费用都要承担责任的责任中心**，选项C不当选。投资中心经理所拥有的自主权不仅包括制定价格、确定产品和生产方法等经营决策权，还包括投资规模和投资类型等投资决策权，选项D不当选。

18.9 斯尔解析　B　本题考查内部转移价格的类型。内部转移价格类型包括**市场型**（选项A）、**成本型**（选项C）和**协商型**（选项D）内部转移价格。综上，选项B当选。

二、多项选择题

18.10 斯尔解析　ACD　本题考查利润中心的考核指标。部门边际贡献=部门销售收入−部门变动成本=800−（300+100）=400（万元），选项A当选、选项B不当选。部门可控边际贡献=部门边际贡献−部门可控固定成本=400−100=300（万元），选项C当选。部门税前经营利润=部门可控边际贡献−部门不可控固定成本=300−200=100（万元），选项D当选。

18.11 斯尔解析　AD　本题考查投资中心的考核指标。作为业绩评价指标，投资报酬率可能导致部门经理产生"次优化"行为，选项B不当选。部门税前经营利润是利润中心的考核指标，不是投资中心的考核指标，选项C不当选。经济增加值是指从税后净营业利润中扣除全部投入资本的资本成本后的剩余收益，它和剩余收益均可全面反映投入产出关系，且与增加股东财富的目标一致，可以使业绩评价与公司的目标协调一致，选项AD当选。

18.12 斯尔解析 CD 本题考查投资中心的考核指标。**投资中心的评价指标有部门投资报酬率和部门剩余收益**，选项CD当选。**利润中心的评价指标有部门边际贡献、部门可控边际贡献、部门税前经营利润**，选项AB不当选。

18.13 斯尔解析 ACD 本题考查投资中心的考核指标。剩余收益指标的主要缺点包括：剩余收益指标是一个绝对数指标，不便于不同规模的公司和部门的比较；同时它依赖于会计数据的质量，如果会计信息的质量低劣，也会导致低质量的剩余收益和业绩评价，选项A当选、选项B不当选。剩余收益的主要优点包括：可以使业绩评价与公司的目标协调一致，引导部门经理采纳高于公司要求的税前投资报酬率的决策，可以避免部门经理产生“次优化”行为；同时允许使用不同的风险调整资本成本，使剩余收益这个指标更加灵活，选项CD当选。

18.14 斯尔解析 AB 本题考查标准成本中心的责任归属。标准成本中心需要对既定产量的投入量负责。操作失误将导致既定产量下的材料投入增加，同时计划不当也将导致既定产量下的人工投入增加，均属于标准成本中心的责任，因此，选项AB当选。标准成本中心不对生产能力的利用程度负责，所以，设备闲置造成的闲置能力差异不属于标准成本中心的责任，选项C不当选。采购材料质量缺陷导致的成本效率差异应当属于采购部门的责任，而非标准成本中心的责任，选项D不当选。

18.15 斯尔解析 ABD 本题考查责任中心业绩报告。成本中心的业绩考核指标是所有可控成本，即责任成本。每一级的业绩报告，除最基层只有本身的可控成本外，都应包括本身的可控成本和下属部门转来的责任成本。因此，制造部的业绩报告中应包括制造部本身的可控成本和下属各分厂和车间转来的责任成本，选项ABD当选。所有考核成本均应为可控成本，而企业往往无法预料产品返修的发生，并且一旦发生返修，其费用的多少往往不能在事前得知，因此产品返修成本不可控，选项C不当选。

18.16 斯尔解析 AB 本题考查责任中心。业绩报告的主要目的在于将责任中心的实际业绩与其在特定环境下本应取得的业绩进行比较，因此实际业绩与预期业绩之间差异的原因应得到分析并且应尽可能予以量化，业绩报告中应当传递出三种信息：（1）关于实际业绩的信息；（2）关于预期业绩的信息；（3）关于实际业绩与预期业绩之间差异的信息，选项A当选。假如某个责任中心有权决定是否使用某种资产或劳务，它就应对这些资产或劳务的成本负责，选项B当选。采用部门边际贡献作为利润中心的业绩评价依据不够全面，而可控边际贡献反映了部门经理在其权限和控制范围内有效使用资源的能力，最适合评价利润中心部门经理的业绩，选项C不当选。预算的有利差异只能说明比过去少花了钱，既不表明达到了应有的节约程度，也不说明成本控制取得了应有的效果。在考核预算完成情况时，要利用有经验的专业人员对该费用中心的工作质量和服务水平作出有根据的判断，才能对费用中心的控制业绩作出客观评价，选项D不当选。

三、计算分析题

18.17 斯尔解析

（1）单位标准成本＝直接材料标准成本＋变动制造费用标准成本＋固定制造费用标准成本＝10×22+3 600 000÷1 200 000×120+2 160 000÷1 200 000×120=220+360+216=796（元/件）。

单位实际成本 =121 000×24÷11 000+4 126 100÷11 000+2 528 900÷11 000=264+375.1+229.9=869（元/件）

（2）直接材料价格差异 =121 000×（24−22）=242 000（元）（不利差异）。

直接材料数量差异 =（121 000−11 000×10）×22=242 000（元）（不利差异）

变动制造费用耗费差异 =1 331 000×（4 126 100÷1 331 000−3 600 000÷1 200 000）=133 100（元）（不利差异）

变动制造费用效率差异 =（1 331 000−120×11 000）×（3 600 000÷1 200 000）=33 000（元）（不利差异）

固定制造费用耗费差异 =2 528 900−2 160 000=368 900（元）（不利差异）

固定制造费用闲置能力差异 =（1 200 000−1 331 000）×（2 160 000÷1 200 000）=−235 800（元）（有利差异）

固定制造费用效率差异 =（1 331 000−11 000×120）×（2 160 000÷1 200 000）=19 800（元）（不利差异）

（3）部门可控边际贡献 =10 000×（1 000−264−375.1）−2 528 900×40%=2 597 440（元）。

精程答疑

问题：如何理解部门可控边际贡献的计算？

解答：部门可控边际贡献 = 部门边际贡献 − 部门可控固定成本，其中部门边际贡献和部门可控固定成本往往需要分别计算，并且应当基于实际成本资料进行计算。

（1）部门边际贡献：边际贡献 =（单价 − 单位变动成本）× 销量，其中，单位变动成本 = 单位直接材料 + 单位直接人工 + 单位变动制造费用。因此，需要结合直接材料、直接人工（本题不涉及）和变动制造费用的实际成本资料，计算出单位变动成本。需要注意的是，在计算单位变动成本时分母应使用的是实际产量（11 000 件）而非实际销量（10 000 件），但在计算边际贡献时，需要乘以的是实际销量而非实际产量，因为尚未售出的产品并不会影响边际贡献。

（2）部门可控固定成本：固定成本包含可控部分和不可控部分，题目中往往会给出可控比例（本题为 40%），但固定成本并不受产销量的影响，因此无须计算单位成本。

18.18 斯尔解析

（1）税前营业利润 =500×（2.4−0.85−0.15）+1 500×（1.2−0.85−0.05）+1 500×（8−2.8−0.4）−3 700−1 650=3 000（万元）。

投资报酬率 =3 000÷12 000×100%=25%

剩余收益 =3 000−12 000×10%=1 800（万元）

（2）①投资后的投资报酬率 =（3 000+270）÷（12 000+1 800）×100%=23.70%。

投资后的投资报酬率小于原来的投资报酬率，乙部门不愿意接受该投资。

②投资后的剩余收益 =（3 000+270）-（12 000+1 800）×10%=1 890（万元）。

投资后的剩余收益大于原来的剩余收益，乙部门愿意接受该投资。

③剩余收益指标更符合公司利益。采用剩余收益指标，乙部门的目标跟公司整体利益一致。

（3）X 产品品牌系列的单位边际贡献 =2.4−0.85−0.15=1.4（元）。

X 产品非品牌系列的单位边际贡献 =1.2−0.85−0.05=0.3（元）

Y 产品品牌系列的单位边际贡献 =8−2.8−0.4=4.8（元）

因为所有产品按盒售卖，每盒 12 粒，所以可以直接比较单位边际贡献的大小。

Y 产品品牌系列的单位边际贡献＞X 产品品牌系列的单位边际贡献＞X 产品非品牌系列的单位边际贡献，所以优先安排生产 Y 产品品牌系列，其次是 X 产品品牌系列，最后是 X 产品非品牌系列。

Y 产品品牌系列的产量 =1 500×（1+16%）=1 740（万盒）

X 产品品牌系列的产量 =500×（1+16%）=580（万盒）

X 产品非品牌系列的产量 =48 000÷12−1 740−580=1 680（万盒）

总税前营业利润 =1 740×4.8+580×1.4+1 680×0.3−3 700−1 650=4 318（万元）

第十九章 业绩评价
答案与解析

一、单项选择题

19.1 C	19.2 A	19.3 C	19.4 D	19.5 C
19.6 B	19.7 B	19.8 B		

二、多项选择题

19.9 BC	19.10 AD	19.11 AB	19.12 BC	19.13 ABCD
19.14 ABC	19.15 CD	19.16 ABC		

一、单项选择题

19.1 斯尔解析 C 本题考查关键绩效指标法。单项关键绩效指标权重一般设定在5%～30%之间，选项C当选。

19.2 斯尔解析 A 本题考查关键绩效指标法。**结果类指标是反映企业绩效的价值指标，主要包括投资报酬率、权益净利率、经济增加值、息税前利润、自由现金流量等综合指标**，选项A当选。**动因类指标是反映企业价值关键驱动因素的指标，主要包括资本性支出、单位生产成本、产量、销量、客户满意度、员工满意度等**，选项BCD不当选。

19.3 斯尔解析 C 本题考查平衡计分卡。学习与成长维度目标是解决"我们是否能继续提高并创造价值"的问题。常用指标有新产品开发周期、员工满意度、员工保持率、员工生产率、培训计划完成率、人力资本准备度、信息资本准备度、组织资本准备度等，选项C当选。

19.4 斯尔解析 D 本题考查基本的经济增加值。基本的经济增加值=税后净营业利润－报表平均总资产×加权平均资本成本=100×（1－25%）－500×10%=25（万元），选项D当选。

19.5 斯尔解析 C 本题考查披露的经济增加值。计算披露的经济增加值时，典型的调整包括：**计入当期损益的研究与开发费用**（选项B不当选）、**计入当期财务费用的战略性投资的**

利息、计入当期损益的为建立品牌、进入新市场或扩大市场份额发生的费用（选项A不当选）和折旧费用（选项D不当选）。综上，选项C当选。

19.6 斯尔解析 B 本题考查简化的经济增加值。税后净营业利润=净利润+（利息支出+研究开发费用调整项）×（1−25%）=10+（3+2）×（1−25%）=13.75（亿元），经济增加值=税后净营业利润−调整后资本×平均资本成本率=13.75−100×6%=7.75（亿元），选项B当选。

19.7 斯尔解析 B 本题考查简化的经济增加值。简化的经济增加值=税后净营业利润−资本成本=税后净营业利润−调整后资本×平均资本成本率，税后净营业利润=净利润+（利息支出+研究开发费用调整项）×（1−25%）=9.5+（5−2+3）×（1−25%）=14（亿元），经济增加值=14−120×6%=6.8（亿元），选项B当选。

19.8 斯尔解析 B 本题考查绩效棱柱模型的应用。资本保值增值率是财政部制定的评价企业经济效益的关键指标之一，反映了企业资本的运营效益与安全状况，属于监管机构满意评价指标，选项A不当选。总资产报酬率反映了包括股东和债权人在内的投资者的投资回报水平，适合作为利益相关者（投资者）满意评价指标，选项B当选。总资产周转率反映了企业资产的周转效率，属于组织能力评价指标，选项C不当选。可持续增长率反映了企业战略制定和实施的质量，属于企业战略评价指标，选项D不当选。

二、多项选择题

19.9 斯尔解析 BC 本题考查企业关键绩效指标的分类。企业的关键绩效指标一般可分为结果类和动因类两类指标：

（1）结果类指标：反映企业绩效的价值指标，主要包括投资报酬率（选项 A 不当选）、权益净利率、经济增加值（选项 D 不当选）、息税前利润、自由现金流量等综合指标。

（2）动因类指标：反映企业价值关键驱动因素的指标，主要包括资本性支出、单位生产成本（选项 B 当选）、产量、销量、客户满意度（选项 C 当选）、员工满意度等。

19.10 斯尔解析 AD 本题考查平衡计分卡。平衡计分卡的目标和指标来源于企业的愿景和战略，这些目标和指标从四个维度来考察企业的业绩，即财务维度、顾客维度、内部业务流程维度、学习与成长维度，选项AD当选。

19.11 斯尔解析 AB 本题考查平衡计分卡。资产负债率和总资产周转率属于财务维度，选项AB当选。存货周转率属于内部业务流程维度，市场份额属于顾客维度，选项CD不当选。

19.12 斯尔解析 BC 本题考查平衡计分卡。反映内部业务流程维度的常用指标有交货及时率、生产负荷率、产品合格率等，选项BC当选。客户获得率属于顾客维度指标，选项A不当选。员工生产率属于学习与成长维度指标，选项D不当选。

19.13 斯尔解析 ABCD 本题考查战略地图。战略地图中的内部业务流程维度由营运管理流程、顾客管理流程、创新管理流程和法规与社会流程四个流程组成，选项A当选。组织的战略主要说明如何设法为股东、顾客创造价值。如果组织的无形资产代表了价值创造的重要资源，那么，战略地图就是为战略如何连接无形资产与价值创造提供一个架构，选项B当选。战略地图无形资产可以归纳为人力资本、信息资本和组织资本三类，选项C当选。企业采取追求收入增长的战略，必须在顾客层面中选定价值主张。此价值主张说明了企业如何针对其目标顾客群创造出具有差异化而又可持续长久的价值，选项D当选。

19.14 斯尔解析 ABC 本题考查简化的经济增加值的调整事项和经济增加值的评价。甲公司作为电力企业，其主业处于关系国家安全、国民经济命脉的重要行业和关键领域，股权资本成本率原则上应定为5.5%；同时，电力行业的资产通用性较差，股权资本成本下浮0.5个百分点，因此，甲公司适用5%的股权资本成本率，选项A当选。税后净营业利润中的利息支出是指企业财务报表中“财务费用”项下的“利息支出”，即只包括费用化的利息；计算债权资本成本率时使用的利息支出是指带息负债情况表中的“利息支出总额”，包括费用化利息和资本化利息，选项B当选。计入利润表的研发费用应直接作为调整项，在考虑所得税的情况下调增净利润；同时，简化的经济增加值中的研发费用调整项既包括企业财务报表中“期间费用”项下的“研发费用”，还包括当期确认为无形资产的开发支出，选项C当选。经济增加值不仅仅是一种业绩评价指标，还是一种全面财务管理和薪酬激励体制的框架，其吸引力主要在于它把资本预算、业绩评价和激励报酬结合起来了，选项D不当选。

19.15 斯尔解析 CD 本题考查绩效棱柱模型的含义。绩效棱柱模型，是指从企业利益相关者角度出发，以利益相关者满意为出发点，以利益相关者贡献为落脚点，以企业战略、业务流程、组织能力为手段，用棱柱的五个构面构建三维绩效评价体系，并据此进行绩效管理的方法，因此选项AB不当选、选项C当选。绩效棱柱模型用棱柱的五个构面分别表示影响组织绩效并且存在内在因果关系的五个关键要素，选项D当选。

19.16 斯尔解析 ABC 本题考查绩效棱柱模型的应用。利益相关者满意评价指标将工资收入增长率设置为员工满意的评价指标，选项A当选。将社会贡献率设置为监管机构满意的评价指标，选项B当选。将总资产报酬率设置为投资者满意的评价指标，选项C当选。业务流程评价指标将采购合同履约率设置为供应商满意的评价指标，选项D不当选。

三、计算分析题

19.17 斯尔解析

（1）税后净营业利润 =15+（3+1+4）×（1−25%）=21（亿元）。

（2）调整后资本 = 平均所有者权益 + 平均带息负债 − 平均在建工程。

平均所有者权益 =（330+270）÷2=300（亿元）

平均带息负债 =（210+190）÷2=200（亿元）

平均在建工程 =（170+130）÷2=150（亿元）

调整后资本 =300+200−150=350（亿元）

（3）债权资本成本率 =（3+5）÷200×100%=4%。

平均资本成本率 =4%×200÷（200+300）×（1−25%）+5%×300÷（200+300）=4.2%

年末资产负债率 =（60+210）÷（60+210+330）×100%=45%

年末资产负债率低于 65%，因此不需要调整平均资本成本率。

（4）经济增加值 =21−350×4.2%=6.3（亿元）。

精雅答疑

问题： 在计算简化的经济增加值时，为什么当期确认为无形资产的开发支出也需要调整加回？

解答：（1）简化的经济增加值是用于对中央企业负责人进行业绩考核的指标，调整项的设置具有导向作用。允许企业在计算税后净营业利润时，将包括费用化和资本化在内的所有研发支出予以加回，有利于鼓励和促进企业加大研发投入，因为研发投入越大，可加回的调整项越大，调整后的税后净营业利润越高，简化的经济增加值越高，业绩评价结果越好。

（2）同样的，在计算调整后资本时，允许企业扣除符合主业规定的平均在建工程，也是为了鼓励企业加大基础建设投入，因为基础建设投入越大，可扣除的平均在建工程越大，调整后资本越小，简化的经济增加值越高，业绩评价结果越好。

19.18 斯尔解析

（1）甲公司的加权平均资本成本：

债务资本成本 =8%×（1−25%）=6%

普通股资本成本 =3%+1.2×（13%−3%）=15%

优先股资本成本 =10%

长期借款所占比重 =［（2 500+2 500）÷2］÷［（2 500+2 500）÷2+（1 200+1 200）÷2+（5 000+5 000）÷2+（1 700+900）÷2］×100%=25%

优先股所占比重 =［（1 200+1 200）÷2］÷［（2 500+2 500）÷2+（1 200+1 200）÷2+（5 000+5 000）÷2+（1 700+900）÷2］×100%=12%

普通股及留存收益所占比重 =［（5 000+5 000）÷2+（1 700+900）÷2］÷［（2 500+2 500）÷2+（1 200+1 200）÷2+（5 000+5 000）÷2+（1 700+900）÷2］×100%=63%

加权平均资本成本 =6%×25%+10%×12%+15%×63%=12.15%

（2）甲公司调整后税后净营业利润、调整后资本和经济增加值：

调整后税后净营业利润 =1 155+（200+360）×（1−25%）=1 575（万元）

平均所有者权益 =（1 200+1 200）÷2+（5 000+5 000）÷2+（1 700+900）÷2=7 500（万元）

平均带息负债 =（2 500+2 500）÷2=2 500（万元）

平均在建工程 =（2 240+1 350）÷2=1 795（万元）

调整后资本 =7 500+2 500−1 795=8 205（万元）

经济增加值 =1 575−8 205×12.15%=578.09（万元）

（3）优点：经济增加值是最直接与股东财富创造相联系的财务指标，追求更高的经济增加值就是追求更高的股东价值；经济增加值不仅仅是一种业绩评价指标，还是一种全面财务管理和薪酬激励体制的框架。

缺点：不具有比较不同规模公司业绩的能力；经济增加值不能正确反映处于不同成长阶段公司的经营业绩；在计算经济增加值时，对净利润的调整及资本成本的确定还存在许多争议。

精程答疑

问题 1：为什么本题默认使用简化的经济增加值？

解答 1：因为甲公司是一家国有控股上市公司，采用国资委经济增加值考核办法进行业绩评价，国资委的规定就是采用简化的经济增加值作为业绩评价指标。

如果题目中的目标公司是国有控股公司、国有独资公司或中央企业，即使题目未指明，一般也默认采用简化的经济增加值作为其业绩评价指标。

问题 2：计算加权平均资本成本中股权资本的权重时，为什么还要考虑留存收益？

解答 2：很多同学会错误地认为，留存收益并没有资本成本。但实际上，留存收益是股东留存在公司继续支持公司发展用的资本，其要求的必要报酬率与普通股相同。所以，留存收益也有资本成本，是一种典型的机会成本，由于没有发行费用，其资本成本与不考虑发行费用的普通股资本成本相同。

本题中，没有提及发行费用，默认不考虑，所以留存收益的资本成本等于普通股资本成本，在计算加权平均资本成本中股权资本的权重时，也需要考虑留存收益。